草原地帯　〜機動力に富む遊牧世界

▲⑦遊牧民の放牧（モンゴル高原）
家畜は，遊牧民の衣食住に不可欠なもので，彼らは家畜とともに牧草を求め，春から秋にかけてほぼ一定のルートを遊牧する。そのため，彼らのゲルとよばれる家屋は，解体と組み立てが便利なテント式となっている。

　ユーラシア大陸の東西にのびる草原地帯には，水や草があり，馬によるすばやい移動が可能であった。**スキタイ・匈奴・モンゴル**などの**騎馬遊牧民**は，広大な地域を支配する大帝国を築いた（**遊牧国家**）。

家畜の歴史　馬

家畜化の起源 約6000年前　南ヨーロッパ

機動力 作業能率は人の5〜10倍。暑さに弱いため，おもに北方で使役された。移動速度が速く，アケメネス朝やモンゴル帝国の駅伝制を支えた。

軍事力 古くは戦車を引く動力として利用され，騎馬技術（轡，鐙，鞍などの馬具の発明による）により軍事力が飛躍的に高まった。

生活とのかかわり 食用としての価値は，軍事力の高まりにより減少。

◀⑧馬乳酒づくり　夏と秋に馬乳をもとにしてつくる発酵酒。タンパク質，ビタミンなどの栄養分が豊富で，**遊牧民**にとっては水がわりの重要な清涼飲料水の一種。

家畜の歴史　羊

家畜化の起源
約12000年前　西アジア

機動力 体が小さく，運搬や土地を耕したりする労役には向かない。砂漠の周辺やサバナ地帯，地中海地域などの草原地域で，大群で放牧される。

生活とのかかわり 羊は，最も早く家畜化された動物の一つ。乳と肉は食用，毛は衣料，皮は薄くてやわらかく，袋や羊皮紙として利用。

その他 12世紀にイベリア半島で品種改良によりメリノ種が生まれ，高級な羊毛がとれるようになって近世のイギリス毛織物業が繁栄した。

▲⑨羊の毛皮を縫うスキタイ人　スキタイ人は，戦闘技術に優れた騎馬民であり遊牧民でもあった。二人のスキタイ人がひざまずき，協力して針と糸とを使って羊の毛皮を縫っている。

海 140° 120° 100° 80° 60° 40°

ヴィクトリア島　バフィン島　グリーンランド

デービス海峡

ロッキー山脈　北アメリカ大陸　ハドソン湾　ラブラドル半島　大

60°　偏西風

プレーリー

アパラチア山脈

40°　貿易風

アラスカ湾

カリフォルニア半島　メキシコ高原　メキシコ湾　西インド諸島

ハワイ諸島　貿易風　20°

赤道　ガラパゴス諸島　カリブ海　ギアナ高地　西　0°

アマゾン川

南アメリカ大陸　ブラジル高地　20°

貿易風　アンデス山脈

南回帰線　40°

洋

マゼラン海峡

160° 140° 120° 100° 80° 60° 40°

自然環境と人類のかかわりについてさらに深めよう！

大河流域
- エジプト文明 ➡ p.54,56〜57
- メソポタミア文明 ➡ p.54〜55,304
- インダス文明 ➡ p.78〜79
- 古代中国文明 ➡ p.87〜89

砂漠地帯
- 「オアシスの道」 ➡ p.8〜11,95
- ソグド人の商業活動 ➡ p.20,95
- イスラームの出現 ➡ p.124
- サハラの塩金交易 ➡ p.131

草原地帯
- 「草原の道」 ➡ p.10〜11,95
- 騎馬遊牧民の誕生 ➡ p.94
- 遊牧民の大移動 ➡ p.14〜19
- モンゴルの拡大 ➡ p.110〜112

森林地帯
- レバノン杉 ➡ p.57
- ヨーロッパの森の世界 ➡ p.136
- 大開墾時代 ➡ p.147
- 南アメリカの森林破壊 ➡ p.305

海洋と風
- インド洋交易と「海の道」 ➡ p.10〜11,86
- アジアの海を渡る船 ➡ p.86
- 地中海の歴史 ➡ p.62
- 大航海時代 ➡ p.154

環境全般
- 自然災害・気候変動 ➡ p.304〜305
- 「環境問題」の認識 ➡ p.305

ドインデックス」に対応し
に役立ちます。

★2スロヴェニア、クロアティア、ボスニ

MAP F

600　700

飛鳥時代　奈

麗

突厥　突厥

時代　隋

環
シュリー

ヴァルダナ朝

タル　突厥　（唐領）　**2部2章**
ウマイヤ

正統カリ

ビザンツ帝国
（東ローマ帝国）

イスラ
（ガー

ート　ランゴバルド王国

フランク王国

（スラヴ）

（ノルマン）

（マヤ文明）

〈アンガス゠マディソン著『経済
計で見る 世界経済2000年史』

）00年に比して中国の割合が
なかでも工業化をいち早く達
やアフリカの割合が減少し

旧ソ連 377.1

中国
2286.0

日本
207.

ウェスタン
オフシューツ
9.4

森林地帯　〜生活必需品の供給源

▲⑩ヴェネツィアが管理した森林（イタリア，ドロミティ）　地中海の海上交易で栄えたヴェネツィアは，その繁栄を維持するため，干潟に建設した街の基礎となるくいや造船の材木を安定的に確保すべく，木々の伐採など，国による森林の管理を行った。

森林は，古くより住居の木材・燃料の薪・家畜のえさ・蜂蜜など，人間生活に必要な物資の供給源であったが，人間活動の活発化に伴う**開墾**や資源開発は，ときに**森林破壊**をもたらした。

家畜の歴史　豚

▲⑪中世ヨーロッパの豚の放牧　11月に森の中で豚にどんぐりを食べさせて太らせ，12月に屠殺しソーセージなどに加工して冬に備えた。

家畜化の起源）不明（新石器時代）
中国　インド　西アジア　中部ヨーロッパ

生活とのかかわり）もっぱら食用家畜として飼育され，肉・脂肪・内臓が食用となる。ヨーロッパでは，人々の肉食源であった反面，人間の生活から出る排出物で飼育されたことから，不潔な動物として悪魔や蔑視の代用語であった時期もあった。イスラーム世界では豚を食べることはタブーとされる。

ィナ，セルビア，モンテネグロ，マケドニア，コソヴォに分離独立。マケドニアは 2019 年，北マケドニアに国名変更。 ＊31991 年，ソ連は 15 の国に解体。ロシアに国名変更。※ベトナム社会主義共和国・フィリピン共和国・インドネシア連邦

＊各時代の実質GDP値の差が非常に大きいため，時代ごとに陸地面積が一定となるように調整し，GDP値の地域別割合の変遷がわかる地図とした。
また，2015年の実質GDP値算出は，1500・1820・1913年に合わせて算出国をピックアップした。

1913年の世界 世界全図p.44~45 この時代は，ヨーロッパの帝国主義政策が進み，アジアの値がヨーロッパの値を下まわった。ヨーロッパはイギリスやドイツ，旧ソ連を中心に増加した。また，ラテンアメリカととくにアメリカの値が激増した。

世界総計 27047.8億1990年国際ドル　1マス 20.8億1990年国際ドル

2015年の世界 世界全図p.50~51 現代は，1913年に比してさらにアメリカの割合が増えている。一方で，ヨーロッパは全体的に割合が減少している。アジアでは，中国の割合が再び増加してきている。また，日本の値も大きくなっている。

世界総計 694228.8億1990年国際ドル
1マス 534.0億1990年国際ドル

もくじ

本書の使い方

"タペストリー"の「ヨコ」の糸

世界史概観地図・各世紀の世界全図ページ

世界史概観地図

世界全図ページに対応した，各世紀の概観地図です。12世紀までは巻頭の折り込みで，13世紀以降は巻末の折り込みで扱っています。折り込み形式なので，どのページを見ているときも開いておけます。

各世紀の地域別インデックス

右下にその世紀に該当するページが記されているので，同時代の各地域のページにジャンプできます。「世界史概観地図」では，各世紀を一挙に見られるので，もくじのかわりにもなります。「各世紀の世界全図」では，地域通史ページの地域インデックスと位置を対照させています。

世界各地域のおもな事件

その世紀の世界史上の事件を，地域別に示した簡易年表です。世界史の最重要事件を簡単に追うことができます。

地域インデックス

その世紀をどのページで扱っているかを示しています。

 日本を扱うページへ

 東アジアを扱うページへ

 南・東南アジアを扱うページへ

 西・中央アジアを扱うページへ

 ヨーロッパを扱うページへ

 南北アメリカを扱うページへ

日本と東アジア海域

なじみのある日本史と，東アジア史とのつながりを解説しました。初めての世界史学習にあたっての導入や，時代のイメージづくりでの使用を意図しました。

世界史概観地図

そのときここでは

世界全図でつかんだ各世紀全体のようすを，地域ごとの詳細な地図で確認できる参照ページを紹介しています。世界全図と通史ページの相互に参照ページを記しました。

時代の概観

その世紀の事件を，概略地図とともに世界規模の視点で解説しました。時代の大きな流れの理解に役立ちます。

世界史の基礎知識

年代の示し方

紀元：歴史上で年を数える際の基準。イエス誕生を元年とする西暦紀元。
※実際のイエス誕生は前4年ごろ。

紀元前 B.C.(Before Christ)　　　紀元後 A.D.(Anno Dominī: ラテン語で「主の年」)

▲①年代と世紀の関係

古代	中世	近世	近代	現代
文明と階級が成立した社会。おもに，奴隷制を土台とする社会。	一般には奴隷制社会の後を受けた，封建制を土台とする社会。	近代と区別して，それ以前の一時期をさす。	一般には封建社会のあとを受けた，資本主義社会。	近代と区別して，それ以後現在にいたるまでの時期をさす。

▲②時代区分の方法　時代区分の方法は地域や歴史観によってさまざまで，一定ではない。古代・中世・近代の三区分を基本に，原始や近世，現代を入れて区分する。

国名略記号

米	アメリカ
英	イギリス
伊	イタリア
印	インド
豪	オーストラリア
墺	オーストリア
蘭	オランダ
西	スペイン
ソ	ソヴィエト連邦
中	中国
独	ドイツ
土	トルコ
日	日本
仏	フランス
普	プロイセン
葡	ポルトガル
墨	メキシコ
露	ロシア

時代別・地域別の通史ページ

"タペストリー"の「タテ」の糸

部のインデックス

- ・巻頭特集ページ ……………
- ・各世紀の世界全図 ………
- ・第1部 【古代】
- ・第2部 【中世・近世】
- ・第3部 【近代】
- ・第4部 【現代】

※年表中の記号の意味
○「およそそのころ」を意味する
西部開拓終了「時代の画期」

※地図右上の記号の意味
世界全図p.42~45
同時代の世界全図ページを示す
◀ ページをさかのぼって関係
▶ ページをくだって関係

※ 世界遺産 は世界遺産登録の文化財

※参照ページの記号
▶ p.248 内容上の関連先
▶ 巻頭 1 巻頭特集ページ
別冊史料 1 「別冊史料」
4 関連動画
▶ 巻頭13

---

206 アメリカ合衆国の発展 ～西部開拓と国家の真の統合

ヒストリーシアター
西部開拓の光と影

マニフェスト=デスティニー（明白な天命）

① アメリカの領土拡大

大草原の小さな家

④西部開拓者たちの丸太小屋

ヒストリーシアター

本書の地域通史ページにおかれている，各学習テーマの導入コーナーです。ここで紹介している絵画・写真は，各学習テーマにおける名場面，歴史の転機となった場面，当時を象徴する戯画などです。

① タイトル
歴史の動きを劇的に示し，学習テーマに，興味・関心がわくような劇空間を演出しました。

② よみとき
資料から時代のイメージをつかみ取り，歴史の転機・時代の本質を読み取るための視点が書かれています。

③ 写真内の解説
絵画・写真の中で，ポイントとなる部分には，その上に適宜解説を入れています。

QRコンテンツ

スマートフォンやタブレットなどのコード読み取りアプリで右のQRコードを読み取ると、ページが閲覧できます。

下のアドレスから、QRコードにアクセスすることもできます。

https://ict.teikokushoin.co.jp/materials/tapestry/2024/

※アクセスの際に発生する通信料は、各自のご負担になります。
※QRコンテンツの配信期間は2028年3月末までを予定しております。
※QRコードは、（株）デンソーウェーブの登録商標です。

ガイドインデックス

青いインデックスは、「世界史概観地図」と照合させることで各通史ページがどの**時代**を扱っているのか調べることができます。

赤いインデックスは、「もくじ」で示した**部・章**と対応しています。また、両者とも「**世界史対照表**」とも対応しているので、各通史ページが世界史学習のなかでどこに位置づけられるのか確認できます。

テーマ	テーマとして掘り下げて解説
ひと	人物のエピソードを紹介
キーワード	重要な用語について解説
環境	環境・風土にかかわるテーマの解説
歴史と芸術	文化的事項と歴史的事件のかかわりを紹介 ※芸術、絵画、文学、音楽、建築、技術の6種類があります。

主要地名・国名対照表

本書で使用の地名	各国語
アテネ（慣）	アテナイ（希）、アセンズ（英）
アドリアノープル（英）	ハドリアノポリス（希）、エディルネ（土）
アルザス（仏）	エルザス（独）、アルサス（英）
アントウェルペン（フラマン）	アントワープ（英）
ヴェストファーレン（独）	ウェストファリア（英）
ガリア（ラ）	ゴール（英）、（仏）
クラクフ（ポ）	クラコウ（英）、クラカウ（独）
コンスタンティノープル（英）	コンスタンティノポリス（ラ）
ザクセン（独）	サクソニー（英）
サルデーニャ（伊）	サルディニア（英）
シチリア（伊）	シシリー（英）
シュレジエン（独）	シロンスク（ポ）、シレジア（英）
ダンツィヒ（独）	グダンスク（ポ）
トロヤ（独）	トロイア（希）（英）
ハノーファー（独）	ハノーヴァー（英）
ビザンツ（英）	ビュザンティオン（希）、ビザンティウム（ラ）
プラハ（チェコ）	プラーグ（英）、プラーク（独）
フランドル（仏）	フランダース（英）
ブルゴーニュ（仏）	ブルグント（独）、ブルグンディ（英）
プロイセン（独）	プロシア（英）
ボヘミア（ラ）	ベーメン（独）
ロレーヌ（仏）	ローレン（英）、ロートリンゲン（独）

主要人名対照表

（伊）＝イタリア語 （英）＝英語 （蘭）＝オランダ語 （希）＝ギリシア語 （西）＝スペイン語
（独）＝ドイツ語 （土）＝トルコ語 （仏）＝仏語 （葡）＝ポルトガル語 （ポ）＝ポーランド語
（露）＝ロシア語 （ラ）＝ラテン語 （聖）＝聖書慣用 （慣）＝慣用

英語	そのほかの国の言語	英語	そのほかの国の言語
アーサー	アルトゥル（独）、アルトゥーロ（伊）	デーヴィド	ダヴィド（仏）、ダヴィデ（聖）
アルバート	アルベルト（独）、アルベール（仏）	テリーザ	テレジア（独）、テレーズ（仏）、テレーザ（伊）
アレクサンダー	アレクサンドル（仏）、アレクサンドロス（希）	ドミニク	ドミニコ（慣）、ドミニクス（ラ）
アンセルムス	アンゼルム（独）、アンセルム（仏）	ニコラス	クラウス（独）、ニコル（仏）、ニコライ（露）
アンソニー	アントワーヌ（仏）、アントニウス（露）（ラ）	バーソロミュー	バルテルミ・バルトロメ（仏）、バルトロメウ（葡）
アンナ（アン）	アンヌ（仏）、アンナ（露）（ラ）	ファーディナンド	フェルディナント（独）、フェルナンド（西）
イザベル（イザベラ）	イザベル（仏）、イサベル（西）、イサベルラ（伊）	フレデリック	フリードリヒ（独）、フレデリク（仏）
イノセント	イノサン（仏）、インノケンティウス（露）	ベネディクト	ベネディクトゥス（ラ）
ヴィクター	ヴィクトル（仏）、ヴィットリオ（伊）	ヘンリ	ハインリヒ（独）、アンリ（仏）、エンリケ（西）
ウィリアム	ヴィルヘルム（独）、ギヨーム（仏）、ウィレム（蘭）	ボニフェース	ボニファティウス（ラ）
エドワード	エードゥアルト（独）、エドゥワール（仏）	ポール	パウル（独）、パウロ（聖）
エマニュエル	エマニュエル（仏）、エマヌエーレ（伊）	ピーター	ペーター（独）、ピエール（仏）、ピョートル（露）、ピエトロ（伊）
エリザベス	エリザベート（独）、イサベル（西）	フィリップ	フェリペ（西）、フィリッポス（希）
オーガスティン	アウグスティーン（独）、アウグスティヌス（ラ）	フランシス	フランツ（独）、フランソワ（仏）、フランシスコ（西）
オーガスト	アウグスト（独）、アウグストゥス（ラ）	マーガレット	マルゲリータ（伊）
キャサリン（カザリン）	カトリーヌ（仏）、エカチェリーナ（露）	マーク	マルク（独）、マルコ（伊）
グレゴリ	グレゴリウス（ラ）	メアリ	マリア（独）、マリ（仏）、マリーア（伊）
コンスタンティン	コンスタンティヌス（ラ）	リチャード	リヒャルト（独）、リカルド（西）
シーザー	カイザー（独）、セザール（仏）、カエサル（ラ）	ルイス	ルートヴィヒ（独）、ルイ（仏）
ジョージ	ゲオルク（独）、ジョルジュ（仏）、ジョルジョ（伊）	ローレンス	ローレンツ（独）、ロラン（仏）、ロレンツォ（伊）
ジョセフ	ヨーゼフ（独）、ジョゼフ（仏）、ホセ（西）	ユークリッド	ユークリッド（仏）、エウクレイデス（希）
ジョン	ハンス（独）、ジャン（仏）、イヴァン（露）、ヨハネス（ラ）		
チャールズ	カール（独）、シャルル（仏）、カルロス（西）		

❶ 世界史探究はどう学べば良いのだろう？ー学習を始めるにあたってー

世界史探究では，歴史的事実を確認するだけでなく，自分で課題を設定して仮説を立て，それを検証するために，資料を集めて自分の言葉で表現する学習が求められます。こうした学習の効果を高めるためには，次にあげる**歴史を読み解くための視点**をもとに歴史的事実を見ることが大切です。

入学試験を解くときにも，これらの視点は重要なのですね。

歴史を読み解くための主な視点

因果関係をみる視点

- **背景や原因** … □なぜ，そのできごとは起こったのか？
- **経緯・経過** … □そのできごとは，どのように始まってどう展開したのだろうか？
- **変化や影響** … □それによって，歴史はどのように変化したのだろうか？
  □のちの時代への影響は？

多角的にみる視点

- **比較** … □他地域や他の時代で似たことがらはどのようなものがあるか？
  □違いは？類似点は？
- **立場や視点** … □さまざまな角度から歴史を見ると？
  □なぜ違った評価がなされるのだろう？
- **現在とのつながり** … □そのできごとは，私たちの社会にどのような影響をもたらしたか？

仮説 … 巻頭3-4ページ「読み解きトレーニング」では，この視点をもとに**仮説を立てる**練習も行います。

❷ 探究する「方法」を身につけよう―第一次世界大戦を例に―

上記の6つの視点の中でも，「背景・原因」と「変化・影響」のつながりを「歴史的因果関係」といい，歴史の流れを見るうえでとくに重視されます。「経緯・経過」とあわせて，「何が原因で何が起こり，その結果，何がどう変わったのか」をしっかりと押さえることが大切です。また，他の3視点は歴史を多面的・多角的に捉えるうえで重要です。歴史総合でも学習した第一次世界大戦を例に，これらの視点をあてはめて整理してみましょう。

背景や原因

■**帝国主義のもとでの列強の対立**
・植民地獲得競争と対立の激化
　同盟による対抗と安全保障 ➡ 三国同盟 対 三国協商
　（ドイツ・オーストリア・イタリア）（イギリス・フランス・ロシア）

■**従属国の独立要求**
・「火薬庫」としてのバルカン半島

比較

■**普仏戦争(1870～71)との比較**

(第一次世界大戦の方が)
・多くの国々が参戦
・**新兵器の開発**，軍備の変化
・戦い方の変化(塹壕戦)
・徴兵制の徹底，戦死者数が急増

　　　　　　　　　　　万人
　　0　100　200　300　400　500　600
普仏戦争(1870～71)　18.8
第一次世界大戦(1914～19)　855.6
〈『戦争と国際システム』〉

▲①**普仏戦争と第一次世界大戦の戦死者数**　新兵器が導入された結果，戦死者数も急増した。

第一次世界大戦の勃発(1914年)

経緯・経過

・1914年6月，オーストリアの帝位継承者夫妻暗殺
・オーストリアがセルビアに宣戦布告
➡三国同盟・三国協商それぞれの側が参戦…参戦条項に従い参戦の連鎖➡さらに関係国が参戦，戦争長期化・総力戦化

▲②**サライェヴォ事件**(1914年)　オーストリア帝位継承者夫妻がサライェヴォで暗殺されたことを伝えるフランスの絵入り新聞。

立場や視点

■**総力戦による女性の職場進出**
・男性の代わりに女性が労働力として工場や農地で活躍
　→大戦後，女性参政権運動へ
・女性の職業選択・役割の広がり

▶③**女性の労働を奨励するポスター**(イギリス)

THESE WOMEN ARE DOING THEIR BIT
LEARN TO MAKE MUNITIONS

現在とのつながり

■**戦争の違法化**
・不戦条約の締結(1928年)…国際紛争の解決に戦争を手段としないことを確認
・一方，自衛のための戦争を認めたため，不明確な解釈を残した

変化や影響

■**大帝国の解体・崩壊**
・ロシア…**ロシア革命**　・ドイツ…ドイツ革命➡休戦条約，
・オーストリア-ハンガリー…解体
■**国際秩序の変容**
・パリ講和会議➡ヴェルサイユ体制…ヨーロッパにおける「民族自決」，国民国家の誕生
・ワシントン体制

入試の事例　関連する入試問題のテーマ

■19～20世紀の女性の活躍・参政権獲得の歩み
■戦争を助長したり抑制したりする傾向
■20世紀の戦争と平和
(東京大学 2018, 2006, 2001年，ほか)

第一次世界大戦は重要な事項です。

世界史探究では、古代文明の誕生～第二次世界大戦終結までの期間を大きな三つの時代のまとまりにしている。各まとまりにおいて、複数の観点と資料を関連させて時代を通して考察する「問い」を設定していこう。ここでは例を紹介する。

1 大きな時代のまとまりと読み解く観点

❶ 諸地域の歴史的特質の形成
自然環境に応じた農耕・牧畜が発達し各地に形成された文明が、都市国家を伴い、多様な諸地域の文化を生んだことを扱っている。

読み解く観点
生業、身分と階級、王権、宗教、文化と思想

❷ 諸地域の交流・再編
❶で取りあげた諸地域間の交流や交易が発展してさらに範囲を広げ、世界規模に広がったこと、その結果、各地域が再編されたことなどを扱っている。

読み解く観点
交易の拡大、都市の発達、国家体制の変化、宗教や科学・技術及び文化・思想の伝播

❸ 諸地域の結合・変容
各地に伝播した工業化が経済面で相互に結びつく「世界市場」を形成していったこと、一方で植民地として支配された地域がそれに巻き込まれていったことなどを扱う。地域の結びつきに伴い、国内外の格差や対立、経済や社会の大衆化が進んだことも取りあげる。

読み解く観点
人々の国際移動、自由貿易の広がり、マスメディアの発達、国際規範の変容、科学・技術の発達、文化・思想の展開

2 ❷で，「交易の拡大」と「宗教や科学・技術及び文化・思想の伝達」を例に「問い」を設定しよう

◀ **①13世紀の交流圏** 12世紀まで各地で進んでいた結びつきが、13世紀のモンゴル帝国によってユーラシア全域の交易システムに再編された。→ p.111, 112

よみとき 東西の広域が交易路で結びついたことは、どのようなメリット、デメリットをもたらしただろうか。

▼ **②ペスト（黒死病）の伝播** → p.148

凡例：
■ ペストが発生した地域
→ ペストの伝播
（年代）記録されているペストの発生年代（おもなもの）

クラビホ『ティムール帝国紀行』

　この地方（サマルカンド）の供給は、ただ食糧だけではなく、そこで多く生産される絹の布や繻子（サテン）や薄絹や縮緬や薄琥珀織（タフタ織）やビロード織もある。…
　かくて、かの陛下（ティムール）は、…彼が征服したあらゆる地方から、大変に多くの人々を連れて来させて（て、彼らを）この町とその地方に居住させた。…そして、それほど（多く）の人々は、全ての世代、男も女も、この町に連れてこられたものであり、かれらは15万人以上であったといわれていた。そして、連れてこられた人々には、（次のような）多くの生まれを持っていた。トルコ人や、アラブ人や、…カトリック教徒のギリシア人や、ネストリウス教徒や、ヤコブ教徒や、前額と火で受洗した人々…そして、さらにまた、この町は、多くの場所から来た多くの商品によって非常に富んでいる。

〈歴史学研究会編『世界史史料4』岩波書店〉

◀ **④サマルカンドの繁栄**
（1404年）東西の交易や人々の結節点となったティムール帝国の首都サマルカンドは、当時の国際都市だった。→ p.95

よみとき 史料中で示される商品は、当時どこで生産されていたものだろうか

ヨーロッパ：日本から輸出された有田焼 → p.170
日本：伊万里焼 → p.122
中国
中央アジア コバルト顔料
ヨーロッパ：シノワズリのマイセン焼 → p.120
染付 → p.112
赤絵 → p.120
朝鮮：青磁など → p.123

▲ **③陶磁器の染付の広がり** 中央アジアのコバルト顔料を使う技法が、元代に中国に伝わり景徳鎮などで染付となった。朝鮮・日本などに広がったほか東南アジアを経てヨーロッパにも伝わった。

● **問いの例** ● ユーラシアの東西交易が活発になったことで、各地の社会に何がもたらされただろうか。

2ページ以降の本体ページも参照しながら、自分なりの「問い」を考えてみよう

以下の2枚の絵は，同じ人物の同じ事柄を描いたものであるが，大きく描かれ方が異なっている。周辺の情報と合わせて絵画資料を読み解き，表題の問に対する仮説をまとめてみよう。

問 2枚の絵がこのように異なっているのはなぜだろう

同時代 の画家が描いた ナポレオン

後世 の画家が描いた ナポレオン

ボナパルト
ハンニバル
カール大帝
ナポレオンの愛馬，マレンゴ

▲①**ダヴィド** (1748〜1825) 「サンベルナール越えのボナパルト」(1800年)〈マルメゾン博物館蔵〉

ラバ

▲②**ドラロッシュ** (1797〜1856) 「アルプスを越えるボナパルト」(1850年)〈ルーヴル美術館蔵〉

▼ナポレオンとフランスの主なできごと
（18世紀末〜19世紀中ごろ）

ナポレオン時代	1799	第一統領就任
	1800	第二次イタリア遠征（このとき，アルプスを越える）
	1804	フランス民法典制定　皇帝即位
	1812	ロシア遠征（失敗）
	1814.4	エルバ島に流刑
	1815	エルバ島脱出 ワーテルローの戦い
ナポレオン以降	1821	流刑先のセントヘレナ島で死去
	1830	七月革命
	1848	二月革命
	1852	ルイ=ナポレオン（ナポレオン3世）即位

1748	パリの商人の家に誕生，新古典主義派の画家に師事
1774	若手画家の登竜門で入賞
1789	フランス革命に参加 「球戯場の誓い」などの歴史的場面の絵を制作
1804	ナポレオンの庇護を受け，首席画家となる
1806-07	「ナポレオン1世の戴冠式と皇妃ジョゼフィーヌ」を作成
1816	ナポレオン失脚後，ベルギーに亡命

1797	パリに生まれ絵画鑑定の勉強をする
1816	19歳でパリ国立美術学校に入学
1822	サロンに初入選
1824	「ジャンヌ=ダルク」で注目を集める
1833	国立美術学校教授になる 歴史上の場面を主題とする絵画で称賛される
1843	学内のトラブルにより辞任

▲③ダヴィド(左)とドラロッシュ(右)の経歴

背景

どちらもナポレオンのイタリア遠征が題材であるが，①はナポレオンの公式画家であるダヴィドが1800年に描いたものである。
②はドラロッシュが，顧客から「ダヴィドの絵と同じ主題で描いてくれ」と依頼されて1850年に描いたものである。

STEP1 2枚の絵にはどのような違いがあるだろう

2枚の絵を見比べてみると，①の方が見栄えが良いように見えるなあ。馬に乗っているし，ポーズもかっこいい。②はなんだか寒そう。

STEP2 STEP1と③を参考に，2枚の絵が異なる理由について仮説を立ててみよう

ナポレオンが自分を宣伝するために，自分のことをかっこよく描かせたんじゃないかな。

根拠は，①の1800年がナポレオン時代の開始直後であることや，ナポレオンの専属画家が描いたこと，絵に英雄の名前が書かれていることだよ。
50年後のドラロッシュは「ナポレオンを支持しよう」という気がないから，ありのままを描いたんじゃないかな。

ナポレオンの描かれ方の違いの検証にはp.190の資料などが参考になります。
このように，一つのテーマをモチーフにした絵でも，**描く側の立場によってどのような絵になるか変わるもの**です。本書の中にもそのような例が多く掲載されています。下記のページの絵や写真を参考に，そのような違いが生まれた理由を考えてみましょう。

あわせて考えよう

明の洪武帝（朱元璋）の肖像画 ➡ p.114
アメリカの西部開拓と先住民の強制移住 ➡ p.206
第一次世界大戦の戦意高揚ポスターと実際の戦場 ➡ 巻頭13動画 2 , p.236

以下の資料は18世紀のフランスの知識人が中国（清）について述べた文章である。当時の背景と合わせて文字資料を読み解き，表題の問に対する仮説をまとめてみよう。

この資料は実際に**過去の東京大学の試験に使われたもの**です。18世紀のフランスの知識人の中国に対する様々な意見に触れ，当時の様子について読み解いてみましょう。

問 啓蒙思想家たちが中国を例えに出して訴えたかったことは何だろうか

儒教(じゅきょう)は実に称賛に値する。儒教には迷信もないし，愚劣な伝説もない。また道理や自然を侮辱する教理もない。(略)四千年来，中国の識者は，もっとも単純な信仰を最善のものと考えてきた。

▲①**ヴォルテール** (1694〜1778) → p.176

ヨーロッパ諸国の政府においては一つの階級が存在していて，彼らこそが，生まれながらに，自身の道徳的資質とは無関係に優越した地位をもっているのだ。(略) ヨーロッパでは，凡庸(ぼんよう)な宰相，無知な役人，無能な将軍がこのような制度のおかげで多く存在しているが，中国ではこのような制度は決して生まれなかった。この国には世襲的貴族身分が全く存在しない。

▲②**レーナル** (1713〜96) フランスの啓蒙思想家。身分制を批判した。

共和国においては徳が必要であり，君主国においては名誉が必要であるように，専制政体の国においては「恐怖」が必要である。(略)中国は専制国家であり，その原理は恐怖である。

▲③**モンテスキュー** (1689〜1755) → p.176

▼ 17〜18世紀のフランスのようす

政治体制	**絶対王政（専制政治）**
官僚登用制度	貴族が独占→特権身分化 **世襲制**(せしゅうせい)・売官制 （お金で官位を買うことができる）
宗教・言論の自由	1562〜98 **ユグノー戦争**（宗教内乱） 1685 **ナントの王令廃止** （プロテスタントの信仰の自由廃止）
17〜18世紀の政治状況	国王専制・アンシャンレジーム 度重なる戦争（1688〜1763）とユグノーの亡命による財政難 →平民に重税（貴族・聖職者は**免税**） 身分制度に対する反発→**フランス革命へ**

▼ 17〜18世紀の中国（清）のようす

政治体制	**皇帝専制**
官僚登用制度	科挙制度（身分に関係なく優秀な人材を登用）
宗教・言論の自由	辮髪令(べんぱつれい)（辮髪を漢民族に強制） **文字の獄**(もんじ)・**禁書**（雍正帝・乾隆帝時代に特に厳しく実施） →清朝に批判的な言論を**弾圧** 1704 典礼問題（イエズス会以外の布教禁止） →1724 **キリスト教布教全面禁止**
17〜18世紀の政治状況	皇帝の専制政治 明を滅ぼして台湾，ジュンガル部，回部などを征服 →皇帝権力による統治体制を確立

STEP1 3人の思想家はそれぞれどのような主張をしているのだろう

ヴォルテールは儒教をほめているね。レーナルはフランスの身分制度を挙げながら，中国の制度に触れている。モンテスキューは清の政治体制に批判的だね。

STEP2 3人の思想家が訴えたかったことについて，仮設を立ててみよう

彼らにはそれぞれ変えたいフランスの政治や社会があって，中国を引き合いに出しながら，フランスの社会体制を批判しているんじゃないのかな。

根拠は，ヴォルテールはフランスのカトリック教会の迷信を伴う世界観からの脱却を，レーナルは世襲貴族身分を引き合いに身分制の廃止を，モンテスキューは中国の恐怖政治を通して，フランスの絶対王政を批判している，のではないかな。

背景(はいけい)

17〜18世紀のフランスは、1685年にプロテスタントの信仰(しんこう)の自由を廃止(はいし)したり、戦争が多かったりして、国内が混乱していた。国の重要な役職を貴族が世襲(せしゅう)したり、官職が買われていたり、政治の混乱もあった。

フランスの啓蒙思想家たちは、それぞれの視点から中国を引き合いに出してフランスの政治体制を批判していますね。この考えがフランス革命につながっていくのです。こうした視点の多様性をふまえ、**多面的・多角的に考察**を深めることで、歴史上の人類の経験からの学びは飛躍的に豊かになるでしょう。

あわせて考えよう

フランスの絶対王政 → p.168　　啓蒙専制君主のよる近代化 → p.174
啓蒙思想 → p.176

イギリスにおける紅茶の普及

問 イギリスで労働者階級まで砂糖入りの紅茶が広がったのはなぜだろうか

資料A

【基礎情報】
エア=クロウ画
Eyre Crowe
（1824〜1910）
「ウィガンの昼食」
The Dinner Hour, Wigan
1874年制作
マンチェスター市立美術館蔵

◀①19世紀後半の紅茶を飲むようす

▼②18世紀前半の紅茶を飲むようす（リチャード=コリンズ画「お茶をとる3人家族」, 1727年, ヴィクトリア＆アルバート博物館蔵）当時, 中国からもたらされた紅茶は非常に高価であった。

さまざまな資料から自分なりの仮説を立ててみよう

読み解き

絵画から何が読み解けるだろう
① 資料A で紅茶を飲む女性たちはどのような階級の人々だろうか。資料B と比較して考えよう。

読み解き①の手がかり
(1) 基礎情報：資料A のタイトルにあるウィガンはマンチェスター近郊の都市である。この絵の制作当時の当所の状況を考えよう（→ p.181 5B）。
(2) 人物の服装：女性の服装は 資料A と 資料B でどのように異なるだろう。あ と い の女性の服装を機能面から考えよう。
(3) 場所：紅茶はそれぞれどのような場所でどのように飲まれているだろう。資料A の う や 資料B の え に注目して考えよう。

紅茶に砂糖を入れたのはイギリス人独自の工夫でした。この砂糖をめぐっても世界史が大きく動くことになります。詳しくは→ 巻頭 10,p.171 を見てみましょう。

資料B

視点 2 急増する工場労働者のエネルギー補給源として

資料E

C=H=デンヤー『紅茶とその他の定番飲物の消費』（1893年）

工場で働く女たちは, ティーポットを一日中, 暖炉のそばにおいており, 一人が一日に5回か6回も（紅茶販売店で）紅茶1ペニー分と砂糖1ペニー分を買い求めることも珍しくない。紅茶の飲みすぎは神経系と消化系に非常によくないということは, これまでの臨床例からも明らかなのだが, 女たちは最も濃いインド紅茶を欲しがる。

〈ラジ=パテル著『肥満と飢餓』作品社〉

資料Eの著者は紅茶を「有害」としていますが, 「砂糖入り紅茶」をベースとする「イギリス風朝食」は, 台所がない住宅に住む労働者でもお湯さえ沸かすことができれば, なんとか用意することができました。彼らにとって, カフェインを多く含む紅茶と即効性のカロリー源となる砂糖は労働に不可欠なものでした。

▲⑥貧しい宿で紅茶を飲む女性たち

 工場労働者の間に砂糖入りの紅茶を飲むことが広がった理由を二つあげてみよう。

▲⑤工場労働者における紅茶の定着　紅茶は賛否両論があったが, 国民的飲料として定着した。

資料C

❶ネイティブアメリカン
❷トナカイ
❸テン*
　*イタチ科の動物と推定される。
❹イギリス国旗と陸海軍兵士
❺自由
❻同胞愛
❼連合
❽1786年の帝国地図
❾茶を持つ東洋人
❿ブドウとワイン
⓫カンガルー
⓬ブーメランを持つアボリジニ
⓭羊
⓮羊毛を持つ西洋人
⓯砂金をスコップで掘る西洋人

▶❸**イギリス帝国地図**（雑誌『グラフィック』付録，ウォルター＝クレイン画，1886年）
　イギリス本国に加え，自治領や植民地が赤で塗られている。

資料D

視点 1 植民地下の大規模農業

背景

　19世紀，圧倒的な生産力をもち「世界の工場」となったイギリスは，世界各地を原材料の供給地や自国の製品の輸出市場として取り込んだ（**植民地帝国**）。

よみとき

① 資料C のおはイギリスを擬人化した"ブリタニア"である。－－－で囲まれたかはどこの地域を表しているだろうか。
② 資料D は 資料C のかの地域で茶を栽培・輸送するようすを示している。きとくの人物は，どこの地域の人々で，かの地域の人々とどのような関係にあるのだろうか。
③ 紅茶や砂糖はどこからイギリスに運ばれただろうか。それぞれ答えよう。

◀❹**セイロン茶の栽培のようす**（リプトン社（英）による紅茶の広告，1896年）　イギリスは，茶の供給を中国に依存することから脱却し，自らが栽培することを模索した。

資料F

1651	**航海法**制定（イギリスの植民地貿易から外国船を排除）
18世紀	イギリス**東インド会社**の活動さかん
1813	東インド会社の対インド貿易独占権**廃止**
15	**穀物法**制定
33	奴隷制度廃止（とれい）（砂糖の貿易自由化）東インド会社の対中国貿易独占権廃止 東インド会社のインド内商業活動を**全面禁止**
46	穀物法**廃止**
49	航海法**廃止** ★
58	東インド会社解散

▲❼**イギリスの貿易政策転換の流れ**

資料G

〈イギリス歴史統計〉単位　ポンド（茶）（砂糖）

（小麦）単位　1日あたりポンド

＊1923年4月以降，南アイルランドは外国として処理している。
＊2 小麦の値は10年ごとの平均値。1910年は1910〜1914年の平均値。

資料A　資料C　資料D

小麦（左めもり）
砂糖（右めもり）
茶（右めもり）

a　b

▲❽**イギリスにおける紅茶・砂糖・小麦の普及**　紅茶と砂糖の1人あたりの消費量は，ある時期を境に右肩上がりに転じた。パンの原料になる小麦の1人あたりの消費量も同様の時期に増加を示している。こうして， 資料A の女性たちの砂糖入り紅茶や，パンの消費が増加した。

よみとき

資料F の★にかけてのできごとが起きたのは 資料G のa・bどちらの時期だろうか。横軸の目盛りは50年ごとに入れている。

論述

18〜19世紀のイギリスの紅茶をめぐる歴史について、次の語を用いて120字以内で説明しよう。【中国・インド・東インド会社・自由貿易】

参照ページ

●交易ネットワーク
・1〜2世紀の世界　➡p.10〜11
・8〜9世紀の世界　➡p.22〜23
・13世紀の世界　➡p.30〜31

冒頭の問いに対する答えを考えよう

問 ヨーロッパの人々は何を求めてアメリカへ移民しただろうか

〈宮崎犀一他編『近代国際経済要覧』〉

凡例：
- 北欧・西欧
- 中欧
- 東欧
- 南欧
- アジア
- 南北アメリカ
- その他

◀①アメリカ合衆国への移民数 19世紀のヨーロッパでは，食生活や衛生環境が改善され，人口が激増して，合衆国へ移住する人が増えた。出身地域によって，1880年代以前の移民を「**旧移民**」，以後の移民を「**新移民**」とよぶ（ ⤷ p.208 ⑤）。20世紀に入ると，中南米からの移民が急増した。

よみとき
①アメリカ合衆国の移民数の増減に注目→移民数の増減とアメリカ国内事情との関連について考えてみよう。
②ヨーロッパ出身の移民の内訳に注目→移民の出身地はヨーロッパ内でどのように変化したのだろう？

▲②ヨーロッパからニューヨークに到着したアメリカへの移民 （1887年）

さまざまな資料から自分なりの仮説をたててみよう

背景

当時のアメリカでは工業が順調に発展して，多くの労働者を必要としていた。一方，ヨーロッパでは人口増加の反面，頻繁に政変が発生し社会が混乱して経済的な困窮が広がっていた。

視点 1 移民たちをひきつけたもの

〈Maddison database 2010 Historical Statistics of the World Economy〉

（ドル*）
*国際ドル

アメリカ／イギリス／ドイツ／イタリア

▲③1人あたりGDPの変化

〈紀平英作・亀井俊介著『世界の歴史㉓』〉

（万軒・万人）　（億ドル）

凡例：
- 製造施設数（万軒）
- 労働者数（万人）
- 総製造業品価値（億ドル）

▲④アメリカ合衆国の工業化の進展

サンフランシスコへの新しく立派な快速帆船

A NEW AND MAGNIFICENT CLIPPER FOR SAN FRANCISCO.
MERCHANTS' EXPRESS LINE OF CLIPPER SHIPS!
CALIFORNIA

▲⑤ゴールドラッシュ 1848年，カリフォルニアの水路で金塊が発見されたニュースが伝わると，世界中から人々が集まってきた。この**ゴールドラッシュ**（ ⤷ p.206,209）で，翌49年までに約8万人がカリフォルニアに移住した。

視点 2 さまざまな民族の移民

A ドイツ系移民

〈Historical Statistics of the United States〉
（万人）

ドイツ系

▲⑥アメリカへの移民に占めるドイツ系の割合

よみとき ドイツで発生したどのようなできごとが，アメリカへの移民を増加させたと考えられるだろうか。

▲⑦三月革命（ベルリン） 1848年3月18-19日にかけて発生したアレキサンダー広場の市街戦のよう。

ドイツへの手紙（Kamphoefner）

いちばんすばらしいのは，ここでは故郷よりもよほど自由勝手に動き回れるということです。今日何かを始めたとしても，満足できなければすぐに次のことに取りかかることができますが，そのことについて文句を言う者は誰もいません。自分の意志で自由に行動ができるというこのことこそが，アメリカに住む者にとっては一番大切なことなのです。そのほかのことはドイツもアメリカもさして変わりません。

〈松尾弐之著『民族から読みとく「アメリカ」』講談社〉

▲⑧移住したドイツ人の故郷への手紙（1868年）

B アイルランド系移民

(100万人)　〈B.R.ミッチェル著『イギリス歴史統計』他〉(億人)

* ヨーロッパ・ロシアを含む。
*2 1926年以降は北アイルランドとアイルランド共和国の合計値を使用した。

←(⑩の期間)→

アイルランド(左目盛り)*2

ヨーロッパ全体(右目盛り)*

1700　50　1800　50　1900　50　(年)

▲⑨ヨーロッパ全体の人口とアイルランドの人口　ヨーロッパ全体の人口は一貫して増加しているが，アイルランドの人口は1840年がピークである。

(万人)　〈Historical Statistics of the United States〉

1840　50　60　70　80　90　1900　10　20　30(年)

▲⑩アイルランドから出国した移民　おもな移民先であったニューヨークはアイルランドから5000km程の距離にある。蒸気船で約4日の船旅であった(→p.208)。

よみとき アイルランドの人口の変化の原因と，人々のとった行動はどのようなものだったろうか。

▲⑪じゃがいも飢饉　アイルランドの小作人は，栽培が容易で地代を払わなくてよいじゃがいもを食生活の中心とした。しかし1845年胴枯病*が流行し，じゃがいもが収穫できず，飢饉が発生した。→p.195
*植物が変色して枯死する病害。

参照ページ
●アイルランドの歴史　→p.195

C ポーランド系・イタリア系・ユダヤ系(ロシア)移民

(万人)　〈Historical Statistics of the United States〉

― ポーランド系*　― イタリア系
― ロシア系(ユダヤ系)

*1900〜19年はオーストリア=ハンガリー，ドイツ，ロシア帝国に含まれる

1860　70　80　90　1900　10　20　29(年)

▲⑫ポーランド系，イタリア系，ロシア系(ユダヤ系)の移民数の推移

▲⑬1863年のポーランド蜂起　大国による支配からの脱却を目指してたびたび蜂起が起こった。19世紀後半には国の近代化を進め富ませるために外国への出稼ぎや移民が多くなった。

よみとき 19世紀末以降，東ヨーロッパからの移民が増加しているのはなぜだろうか。彼らの住む国はどのような状況にあっただろうか。

ワルシャワの移民保護連盟宛ての手紙

わたしはアメリカにゆきたいと思いますが，わたしにはまったく財産がなく，妻と9人の子どもをかかえているため，旅費を調達することができません。わたしは45才で，頑健で健康なのですが，完全に失業中です。…わたしはポーランド国内のあちこちをわたりあるいてみましたが，どこでも仕事をみつけることができませんでした。…どんなきびしい仕事でもかまいません。移民保護連盟にお願いしたいのですが，アメリカへの渡航の便宜をはからっていただけませんか。

〈加藤秀俊著『アメリカのポーランド人』1968年〉

▲⑭アメリカへの移民を希望する人の手紙(19世紀後半)

参照ページ
●イタリア系・ユダヤ系移民　→p.208, 209

D 参考：アジアからの移民

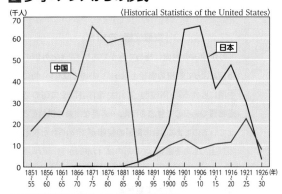

(千人)　〈Historical Statistics of the United States〉

中国　日本

1851　1856　1861　1866　1871　1876　1881　1886　1891　1896　1901　1906　1911　1916　1921　1926(年)
/55　/60　/65　/70　/75　/80　/85　/90　/95　1900　/05　/10　/15　/20　/25　/30

▲⑮アジアからのアメリカ移民の変化→p.209

よみとき ⑮のグラフに南北戦争(1861-65)，大陸横断鉄道開通年(1869)，移民法(1882，1924)を重ねるとどのようなことが読み取れるだろう。

▲⑯アメリカの奴隷解放宣言(1862年)　リンカン大統領はアメリカ連合(北部)と戦争中の南部連合のすべての州で奴隷の解放を宣言した。

▲⑰大陸横断鉄道(1869年開通)　アメリカ大陸の東と西から工事が始められた。奴隷解放の影響から，安価な労働者として中国からの移民が大量に投入された。→p.206,219

冒頭の問いに対する答えを考えよう

東アジア　南アジア　ヨーロッパ

問 世界貿易の主導権はどのようにアジアからヨーロッパへ移っただろうか

〈Maddison database 2010 Historical Statistics of the World Economy〉

▲①1500〜1870年の各地域の経済規模（GDP）の変化 → 世界史対照表

よみとき グラフから何が読み解けるだろう

①17世紀は，ほかの時代に比べてGDPが全体的に停滞している。→②A 17世紀の世界はどのような傾向にあったのだろうか。また，17世紀の西欧で経済を牽引したのはどこの国だろうか。

②18世紀のヨーロッパでは，GDPが上昇している。→②C 18世紀のヨーロッパでは，対外進出により，経済活動がどのように変化しただろうか。

さまざまな資料から自分なりの
仮説をたててみよう

▼②17〜19世紀の世界の大きな動き

アメリカ	ヨーロッパ	アジア
	「17世紀の危機」	
大西洋三角貿易	ポルトガル・オランダ アジアへ進出	アジアの交易ネットワーク
	イギリス「新大陸」へ進出	海禁政策
	産業革命	勤勉革命
	大英帝国の繁栄	→植民地化

グラフから読み取れるGDPの変化の背景には，それぞれの地域独自の歴史的現象があります。さらに16世紀以降，各地域がお互いに影響し合うようになることも，このグラフの変化に関係しています。

視点 1 東アジアの繁栄

A 東アジアの交易の充実 → p.116〜117

▲③東アジアの交易（模式図）

よみとき 18世紀におけるアジアの優位は，どのように維持されていたのだろうか

▲④マカートニーと乾隆帝の会見 イギリス人が描いた風刺画 → p.97

よみとき ④とp.97の絵と比較して，当時のイギリス人は中国をどのように見ていたと考えられるか。

B 東アジアの国内の充実

水車による粉ひき

◀⑤『農政全書』（徐光啓著） 1639年に刊行された『農政全書』は，それまでの中国の農業技術にとどまらず，製糸・綿業・水利なども扱っている。このような労働集約的な農法や生産技術の開発が，中国の勤勉革命につながった。日本でもこれを参考に，日本初の農業技術書である『農業全書』が発行された。

キーワード 勤勉革命

勤勉革命とは，労働生産性を上げるために資本を集約的に使う生産方法である産業革命（→ p.180〜182）とは異なり，土地が限られた国内で，人力や肥料を投入して生産性を上げる労働集約的な生産方法のことをいう。18世紀の日本・中国などのなかでも，先進地域において成立した。

▶⑥産業革命と勤勉革命 生産は資本と労働の組み合わせで示すことができる。

〈速水融氏原図を改編〉

資本の大量投下による生産の向上（産業革命）

労働力（人員×時間）生産の大量投下による生産の向上（勤勉革命）

資本 / 労働 / 生産 / 産業革命 / 勤勉革命

『東華続録』巻118

…わが中国の物産は極めて豊かであり，もともと外国の物産によって物資の需給を保っているのではない。特に中国に産する茶・陶磁器・生糸は，西洋各国や貴国の必需物資であるので恩恵を与え，…必要な物資の供給をさせているのである。いま貴国の使節が，定められた規定額以上のものを要請しているのは，わが国が遠国の人々にも配慮し，世界の各国に恩恵を施していこうとする道に背くものである。広東で貿易をするのは貴国だけではないのであるから，わずらわしいことを言ったり，実行しにくいことを願っても，それに従うわけにはいかない。

〈木村尚三郎監修「世界史資料」東京法令出版〉

▲⑦乾隆帝からイギリス国王への勅諭（1793年）

視点2 ヨーロッパの成長

A「17世紀の危機」 p.169,305

〈人口:『近代国際経済要覧』 気温:『MAKING SENSE OF HISTORY 1509-1745』〉

◀⑧気温と人口の変化

凡例:
- 北欧の平均気温
- 年平均人口成長率 ヨーロッパ
- 年平均人口成長率 アジア

▶⑨「17世紀の危機」 ヨーロッパは三十年戦争や内乱で混乱におちいった。東アジアや東南アジア大陸部では、ヨーロッパとの結びつきが弱まり、海禁や通貨管理政策が強化された。

	オランダ バルト海貿易で繁栄 →p.175		

	イギリス	フランス	ドイツ（神聖ローマ帝国）
内戦	ピューリタン革命名誉革命 →p.167	フロンドの乱 →p.168	三十年戦争 →p.169
対立軸	国王と議会	国王と貴族	皇帝と諸侯（勝者なし）
	□が優勢		
国家機構の変化	責任内閣制（議院内閣制）成立 →p.167	絶対王政強化 →p.168	「ドイツ」解体（プロイセン・オーストリアの台頭）→p.174

↕結びつき弱まる

東南アジア大陸部　海禁政策　東アジア →p.115

B アジア交易に進出したオランダの繁栄 p.170,171

〈羽田正著『興亡の世界史第15巻』講談社〉

▲⑩東インドに向かうヨーロッパ船の数 「17世紀の危機」で国内が混乱するなか、ヨーロッパはアジアとの貿易によって経済規模を拡大した。

よみとき オランダはどのようにして、アジアで利益を上げていたのだろうか

▲⑪17世紀のオランダの冬景色 ヨーロッパでは気候の寒冷化で川や運河が凍結し、経済活動に影響を与えた。オランダは、農業・造船業など生産面や、バルト海貿易など通商面、さらに金融面でも経済的繁栄を続けた。 →p.175■

▲⑫オランダ商人でにぎわうバタヴィア オランダは、バンテン王国と結んだイギリスを破り、ジャカルタを領有してバタヴィアと改称した（1619年）。またこの地に連合東インド会社の拠点をおき、アジアとの貿易で大きな利益を得た。 →p.165, p.170

C 世界貿易を独占したイギリスの対外進出 p.170

〈玉木俊明著『海洋帝国興隆史』講談社〉

▲⑬大西洋における奴隷の輸送数

◀⑭大西洋三角貿易 ヨーロッパから鉄砲・綿製品・雑貨などをアフリカ西海岸に輸出し、労働力として得た黒人奴隷をカリブ海域・アメリカ本土に連れていった。彼らをプランテーションで働かせ、その生産物をヨーロッパに運んだ（→p.40）。

▲⑮カリブ海のアンティグア島でさとうきびの刈り入れを行う奴隷 さとうきび収穫後の製糖作業には、短時間に多大な労働力を必要とした。

よみとき イギリスの交易は、世界の経済においてどのような変化をもたらしたのだろうか

参照ページ
●東アジアの繁栄
明・清代のアジア海域世界 →p.116～117
●オランダの覇権
オランダと世界貿易 →p.170～171
●イギリスの覇権
イギリスと世界貿易 →p.170～171
近代世界システム →p.184

▲⑯イギリスの対大西洋貿易における収支

▲⑰イギリスで機械生産されるようになった綿織物

▷冒頭の問いに対する答えを考えよう

日本
東アジア
東南アジア
ヨーロッパ
アメリカ

第一次世界大戦の過程でロシア革命が起こり，成立したソヴィエト政府は「平和に関する布告」を出して，無併合（「民族自決」）・無賠償の即時講和を各国に提起した。それに対抗して，アメリカ大統領ウィルソンは「十四か条の平和原則」を出し，「民族自決」などの国際正義にもとづいた，戦争の終結と戦後の国際政治に向けた計画を示した。「十四か条の平和原則」はパリ講和会議の原則となったが，植民地支配にこだわった各国のおもわくにより，完全な「民族自決」を伴う平和な国際秩序の構築とはならなかった。「民族自決」の考え方について，それぞれの国・人々がどのように考えていたのか，読み解いてみよう。

1 「民族自決」の理想と現実

史料から考えてみよう　(1)史料①「平和に関する布告」と史料②「十四か条の平和原則」との，「民族自決」に関する違いは何か。(2)史料③のヴェルサイユ条約の条文を読んで，史料②がもとになり実現したこととそうでないものを分類しよう。

史料① 「平和に関する布告」 ➡p.238

基礎情報　1917年11月8日，ロシア暦十月革命（十一月革命）直後に開かれた第2回全ロシア・ソヴィエト会議でレーニンにより提案され，満場一致で採択された。

……すべての交戦諸民族とその政府に対して，公正で民主的な講和についての交渉を即時に開始することを提議する。……**無併合**（すなわち，他国の土地を略奪することも他の諸国民を強制的に統合することもない），**無賠償の即時の講和**である。……政府が併合または他国の土地の略奪と理解しているのは……強大な国家が弱小民族を統合することである。……強国の領域内に強制的にひきとめられる民族がどれだけ発展しているか遅れているかにはかかわりない。さらに，その民族がヨーロッパに住んでいるか，遠い海外諸国に住んでいるかにもかかわりない。

〈斎藤稔訳『世界史史料10』岩波書店〉

史料② 「十四か条の平和原則」 ➡p.240

基礎情報　1918年1月8日，アメリカ大統領ウィルソンが，連邦議会での演説の中で発表した議会あての教書（大統領による政治上の意見書）。

われわれが，この戦争の結末として要求することは……世界が健全で安全に生活できる場となることであり……われわれは他の人々に正義が行われない限り，われわれにも正義はなされないということを明確に認識しています。……
1　……**外交はつねに正直に**，公衆の見守る中で進められねばならず……
2　……公海においては……完全な**航行の自由**が認められねばならない。……
3　すべての経済障壁をできる限り除去し……**平等な通商条件**が樹立されねばならない。
4　……最低限必要なところにまで**国家の軍事力が削減**されるように……
5　……**対象となる（植民地の）人民の利害が，主権の決定をうけることになる（支配国の）政府の公正な要求と平等の重みをもつという原則を厳格に守らねばならない。**
6〜13条は具体的な諸問題（自由な国としてのロシアへの歓迎と支援，アルザス・ロレーヌの帰属，オーストリア・ハンガリーの諸民族，バルカン諸国，ポーランドの独立など）
14　大国と小国とを問わず，政治的独立と領土的保全とを相互に保障することを目的とした明確な規約のもとに，**国家の一般的な連合**が樹立されねばならない。
……われわれは，ドイツが世界の人民の間において，……支配者の地位でなく平等なる地位を受け容れること，それのみを欲するのである。……

〈西崎文子訳『世界史史料10』岩波書店，中屋健弌訳『原典アメリカ史5』岩波書店〉

史料③ ヴェルサイユ条約 ➡p.240

基礎情報　パリ講和会議を受けて，1919年6月28日，戦勝27か国がヴェルサイユ宮殿で調印した対ドイツ講和条約。その後，敗戦国ごとに講和条約が結ばれた。

締約国は，……国際協力を促進し各国間の平和と安全を達成することを目的として，この**国際連盟**規約に合意する。

8　連盟加盟国は，平和を維持するために，……最低限度まで，その**軍備を縮小**する必要があることを承認する。……

87　ドイツ国は……**ポーランド国の完全な独立を承認**し……以上の地域に対する一切の権利と要求を放棄する。

119　**ドイツは海外領土にかかわるすべての権益，権利を放棄**し，これらは主要連合国と協調国に与えられる。

156　ドイツは……**山東省**にかかわるすべての権益……について，**日本のために放棄**する。

231　連合国とその協調国政府は……侵略の結果，……あらゆる損失と損害を生じさせたことに対し，**ドイツとその同盟国が責任を有する**ことを確認し，ドイツはこれを承認する。

（賠償条項）〈アジア歴史資料センター「平和条約及附属議定書訳文」，編集部にて一部改編〉

レーニンの「平和に関する布告」に対抗して「民族自決」にも言及しなくちゃ！でも……。

敗戦国ドイツの戦争責任を追及しよう！

▲①ウィルソン(米)
(1856〜1924)

▲②クレマンソー(仏)
(1841〜1929)

▲③ロイド=ジョージ(英)
(1863〜1945)

2 「民族自決」は正義なのか

史料から考えてみよう　(1)史料④でランシングは「民族自決」を実現不可能でダイナマイト付きと評したが，理由を考えよう。(2)ランシングが「民族自決」の思想を聞かせたくないのはどの人々か。彼らなら「数千の人命」をどうとらえるか。

史料④ 国務長官ランシングの日記

基礎情報　ランシングはウィルソン大統領の国務長官だったが，1920年に辞任し，大統領を批判する『平和会議秘録』を公表した。

（1918年12月30日の覚え書）……自分は**民族自決**権に関する大統領の宣言に就て……こうした思想を或人種の耳に入れる事の危険を感ずる。それは必定**講和会議に対する不可能な要求の基礎**となるだろうし，また多くの地方に騒擾を発生せしむべきことは明白である。……民族自決と云う語句は……**ダイナマイトを装填**[①]されているんだ。その標語は，決して実現し得ない希望を焚きつけるだろう。また**数千の人命を失わせる**様な事になりはしないだろうか。……其の熟語が一旦発表せられた事が既に不幸なのである。今後どんな不幸が持ち上るかも知れない。

①中に詰めて備えつけること

〈ロバート=ランシング著『平和会議秘録』大阪毎日新聞社〉

「民族自決」は実現不可能でダイナマイト付きだ！

◀④ランシング（1864〜1928）　1917年には日本と石井-ランシング協定を締結した（➡p.234）。

3 誰にとっての「民族自決」か

史料から考えてみよう　(1)史料⑤の「世界に正義・人道・公理がある」とは，具体的には何のことか。(2)史料⑤の「朝鮮は独立をはかって」とは，何をさしているのか。

史料⑤ 「北京学生界宣言」 ➡p.246

基礎情報　1919年5月4日，パリ講和会議で中国の要求が認められないことに抗議する北京大学などの学生たちが，天安門前の集会で読み上げた。

……そもそも講和会議が開幕したとき，われらが願い，慶祝したのは，**世界に正義・人道・公理がある**ということだったからではなかったか。青島を返還し，中日の密約や軍事協定およびその他の不平等条約を廃棄することは公理であり，すなわち正義である。……フランスはアルザス・ロレーヌ両州に対して「得られなければ，むしろ死んだほうがよい」と言った。……**朝鮮は独立をはかって**「独立できなければ，むしろ死んだほうがよい」と言った。……

〈高田幸男訳『世界史史料10』岩波書店〉

▶⑤五・四運動に立ち上がる中国の民衆

1920年代よりイギリスはパレスチナを委任統治していたが，48年にイギリスがこれを放棄して，パレスチナにユダヤ人国家を建設する国連の分割決議案が採択された。アラブ連盟はこれに反発し，第1次中東戦争が勃発した。イスラエル建国に対し，ユダヤ側・アラブ側・それ以外の人々がどのようなまなざしを向けていたのか読み解いてみよう。64年，パレスチナ人の民族自決を実現するためにPLO（パレスチナ解放機構）が設立され，69年，アラファトがその議長に就任した。しかしパレスチナ問題は，現在も深刻な衝突と人道上の危機が続いている。ユダヤ人・パレスチナ人それぞれの主張を読み解き，パレスチナ問題の解決のいとぐちを考えてみよう。

1 イスラエル建国へのまなざし

史料から考えてみよう (1)史料①の「シオニスト運動」とは何か。(2)図②から史料④のカリフォルニア大学教授の指摘を読み取ってみよう。(3)史料②でアラブ連盟事務局長はなぜ「大戦争」になると述べたのか，理由を考えてみよう。

▲①イスラエル初代首相ベン＝グリオン（1886〜1973）

史料① **イスラエル建国宣言** →p.293

基礎情報 1948年5月14日，世界シオニスト機関執行委員長ベン＝グリオンによりテルアヴィヴでイスラエル共和国の建国が宣言された。

……われわれ，すなわち**パレスチナのユダヤ民族と世界中のシオニスト運動を代表する**世界シオニスト機関執行委員会の構成員であるわれわれは，今日，荘厳なる会議に参集したのである。われわれはユダヤ民族の当然の，かつ歴史的な権利にのっとり，さらにまた国際連合の決議案にのっとって，**聖なる地にユダヤ人の国家を創建することを宣言する**ものである。

〈宮下太一郎翻訳『20世紀の歴史231』日本メール・オーダー〉

委任統治下のパレスチナ			国連分割決議によるパレスチナ		
所有者	面積（km²）*	比率（%）	所有国	面積（km²）*	比率（%）
アラブの土地	12,575	47.79	アラブ国	11,590	42.88
ユダヤの土地	1,492	5.67	ユダヤ国	15,262	56.47
公共地	12,115	46.00	イェルサレム（国際地帯）	176	0.65

*湖水は含めない。　〈パレスチナ・アラブ避難民協会資料より作成〉

▲②国連分割決議によるパレスチナの土地所有

史料② **アラブ連盟事務局長の宣言**

基礎情報 イスラエル建国宣言の翌日に出された宣言。同日，アラブ連盟はイスラエルと開戦した（第1次中東戦争）。

イスラエルの独立宣言は，やがて世界の歴史のなかに，かつてモンゴル軍や十字軍の遠征がもたらしたような，**皆殺しの大戦争**を書きとめることになるであろう。

〈宮下太一郎翻訳『20世紀の歴史231』日本メール・オーダー〉

史料③ **イスラエル外相の演説**

基礎情報 1949年5月11日，イスラエルの国連加盟を認めさせる投票直後の国連総会での演説。

……ユダヤ人は，**祖先の故郷において独立したユダヤ人の国家を確立**するのに長い間苦心してきた……独立を認められないということは，ユダヤ人にとって目に余る異常事態[明らかな規則違反]であり，耐え難い不法行為であっただろう。決断の時が来たとき，ユダヤ人は，自国における自らの生存と自由も，無数の世代の希望の達成も，危機にさらされていると知っていた。そうした確信があったからこそ，劣勢で武器が劣っていても，自分たちの身を守り独立を支持したのである。

〈国際バカロレア（2016年，歴史）より編集部訳〉

史料④ **カリフォルニア大学教授の指摘**

基礎情報 国連のパレスチナ分案について，その政治的意義は明らかに指摘できるとしたもの。

実際上，以前に植民地であったアジアと中東の全部がこの解決案に反対した。……アラブと他のアジア人にとって**この国連の決定は，外部世界——圧倒的に西方的で，紛争の場面からははるかに離れている——が東方の人民にその意志をいま一度押しつけたことを意味する**。彼らの見解によると，これはアジアの民族主義と自決を尊重するという……自由主義的主張と一致しない。〈甲斐静馬著『叢書現代のアジア・アフリカ7 中東戦争』三省堂〉

2 ユダヤ人の主張

史料から考えてみよう (1)ヘルツルに影響を与えたドレフュス事件とは，どのような事件か。→p.202 (2)史料⑤からヘルツルは，ユダヤ人にどのような主権を与えるように主張しているのか。(3)史料⑥に保障されてイスラエルに移民してきた人々の証言を調べてみよう。

史料⑤ **ヘルツル『ユダヤ国』**

基礎情報 ヘルツルは1860年，ブダペストで出生。96年にウィーンでこれを出版し，反ユダヤ主義が吹き荒れる中，賛否両論を巻き起こした。シオニズムの先駆的書物。

ユダヤ人問題は，ユダヤ人がいくらか目立つ数で生活するところではどこでも存在する。……**われわれはひとつの民族である。**……災難はわれわれをいっしょに結びつける。団結すればわれわれは突然われわれの力を発見する。そうだ，**われわれは国家，しかもまさに模範的国家を作るのに十分なだけ強力である。**われわれはこの目的のために必要なあらゆる人的・物的資源をもっている。

……**われわれに一民族の正当な要求を満足させるに十分なだけの大きさをもつ，地球の一部分への主権を与えよ，**残りはわれわれがわれわれ自身で処理するであろう。

〈甲斐静馬著『叢書現代のアジア・アフリカ7 中東戦争』三省堂〉

▲③シオニズム誕生の父 ヘルツル（1860〜1904）→p.293

史料⑥ **イスラエルの法律 帰還法**

基礎情報 1950年7月5日，イスラエル独立宣言から約2年後に制定された法律。

1 〔アリヤー①の権利〕すべてのユダヤ人は**この国②にオレー③として入国する権利**がある。
2 〔オレーの査証〕
　(a)アリヤーはオレーの査証に従う義務がある。
　(b)オレーの査証はイスラエルに移り住みたいと表明した**すべてのユダヤ人に認められなければならない**……

①ユダヤ人の入植　②イスラエル　③新移民　〈編集部訳〉

3 パレスチナ人の主張

史料から考えてみよう (1)史料⑦⑧に共通する「（民族）自決権」とは何か。(2)この場合のパレスチナ人の民族自決権とは何か。(3)イスラエルによるパレスチナ人の排除を目撃した人々の証言を調べてみよう。

史料⑦ **パレスチナ国民憲章**

基礎情報 PLO議長にアラファトが選出され，1969年7月17日に改定された憲章。

1 パレスチナはパレスチナ・アラブ人民の郷土であり，アラブ祖国の不可分の一部をなす。……
19 1947年のパレスチナ分割とイスラエル国家の樹立は，パレスチナ人民の意志と祖国における彼らの権利とに反しており，また国連憲章に具体化されている諸原則，特に**自決権**と矛盾しており，時間がいかに経過しようとも根本的に不法である。

〈藤田進訳『世界史史料11』岩波書店〉

史料⑧ **パレスチナ解放機構（PLO）アラファト議長の国連演説**

基礎情報 1974年11月13日，初めてニューヨークの国連総会で行った演説。PLOがパレスチナの人々の代表として国連総会で認められ，オブザーバーの地位を獲得。

……パレスチナ解放機構の議長としてパレスチナ革命の指導者として，私は私達の**民族自決権**を得るための戦いに参加するよう呼びかけます。この権利は国連憲章に含まれており，……幾度もこの総会の決議にあらわれました。私はまた武力，恐怖政治，抑圧によって私達に無理やりにしいられた亡命から，……私達の民族の地……に戻ることを援助してくださるよう再びアピールします。……今日私はオリーヴの枝と自由の戦士の銃をもってやってきました。どうかオリーヴの枝を私の手から落とさせないでください。……戦火はパレスチナの地に燃えあがります。しかし平和が生まれるのはパレスチナです。

〈三留理男著『パレスチナ』現代史出版会〉

▲④PLOアラファト議長（1929〜2004）→p.293

西（アジア）　ヨーロッパ　アメリカ

19世紀末にムービーカメラが発明されると，様々な歴史的事件が動画として記録されるようになりました。そのため，20世紀以降の世界史を考察するには，動画も重要な歴史資料となります。本体ページに登場するテーマの動画を確認し，近現代史をより深く読み解いてみましょう。

---

1 サライェヴォ事件

撮影日時 1914年6月28日　撮影場所 ボスニア・サライェヴォ
視聴時間 19秒（音声なし）

関連 第一次世界大戦① ➡ p.234

0:00:17　　0:00:19

基礎情報　オーストリアの帝位継承者夫妻が，当時オーストリア領であったボスニアの州都サライェヴォを視察した際，セルビア人青年に暗殺された事件。各国の政策決定者にとっては想定外の，第一次世界大戦の引き金となった。

●動画のポイント●　動画4秒目で中央最前列にいるのが，オーストリアの帝位継承者フランツ=フェルディナントである。13秒目でセルビア人青年が車に爆弾を投げ込むが，この暗殺は失敗に終わる。しかしこの後，別のセルビア人青年が銃による暗殺を決行し，フランツ=フェルディナント夫妻は死亡した。

考察　このように，暗殺を行ったセルビア人は複数人いた。彼らにとってフランツ=フェルディナントは何の象徴だったか，p.234から考えよう。

---

2 第一次世界大戦

撮影日時 1916年　撮影場所 フランス・ソンム　視聴時間 53秒（音声なし）

関連 第一次世界大戦② ➡ p.235

0:00:08　　0:00:53

基礎情報　三国同盟（独・墺・伊）と三国協商（英・仏・露）の対立を発端とする世界規模の戦争。1914年6月のサライェヴォ事件から1918年11月の休戦まで，4年に渡り続いた。経済力・政治力・国民の心理をも動員する「総力戦」であった。

●動画のポイント●　第一次世界大戦最大の会戦で，完全な消耗戦であった「ソンムの戦い」を撮影した記録映画の一部である。大戦中にヨーロッパで公開されたこの映画は，6週間で2000万人もの観客動員を達成した。膠着した戦線を突破するため各国は国内や植民地から多くの兵士を動員し，そのことが女性の社会進出や植民地の独立運動につながることとなった。➡ p.236

考察　第一次世界大戦は当時のヨーロッパ社会にどのような影響を与えたのか，p.236，p.242を見ながら考えよう。

---

3 ロシア革命

撮影日時 1917年　撮影場所 ロシア　視聴時間 37秒（音声なし）

関連 ロシア革命 ➡ p.238

0:00:14　　0:00:37

基礎情報　1917年，第一次世界大戦による食糧不足の悪化などで，ロシア民衆の不満が高まった。人々の反政府運動は二度の革命（二月革命・十月革命）へとつながり，レーニンを指導者とするソヴィエト政権が樹立された。

●動画のポイント●　ロシア十月革命の成功後に編集された映像で，革命前後のロシア国内の様子を見ることができる。順に，第一次世界大戦中の反戦デモ（0秒〜4秒），演説するレーニン（5秒〜13秒），亡命先のスイスからドイツ兵に守られてロシアに戻るレーニン（14〜22秒），食糧配給に並ぶ人々と炊き出し（23〜37秒）が映し出されている。

考察　動画14〜22秒に見られるように，ドイツはレーニンを支援していた。ドイツの意図を，p.234とp.238を見ながら考えよう。

---

4 1920年代のアメリカ

撮影日時 1927年　撮影場所 ニューヨークなど
視聴時間 55秒

関連 1920年代のアメリカ ➡ p.248

0:00:09　　0:00:55

基礎情報　第一次世界大戦により，アメリカは工業力と金融力に共に抜きんでた世界最大の債権国となった。大衆の購買力も増大し，大量生産・大量消費に基づく「アメリカ的生活様式」が生み出された。

●動画のポイント●　1920年代のアメリカの暮らしの様子がよくわかる映像である。ホームランを打ち塁を回るベーブ=ルースや当時流行していたジャズ，車からマシンガンを発射するギャング，無着陸で大西洋横断飛行を成し遂げ称賛されるリンドバーグなどが映っており，当時のアメリカの豊かさを見ることができる。

考察　動画の中に出てくる道具の中で，今も身の回りで使われているものはどのくらいあるのか，探してみよう。

二次元コードをスマートフォンやタブレットなどのコード読み取り用アプリを使って，読み込んでください。表示されたウェブサイトにアクセスすることで，それぞれの動画が鑑賞できます。動画形式はMP4形式になります。また，メディア端末などを教室の大型ディスプレイに接続することで，一斉に視聴することができます。個別に視聴する際には，周囲の迷惑とならないようにご留意ください。なお，アクセスする際に発生する通信料は，各自のご負担になります。予めご了承をお願い致します。

5 世界恐慌

撮影日時 1929年　撮影場所 ニューヨーク・ウォール街　視聴時間 8秒

関連 世界恐慌 → p.250

基礎情報　1929年10月，ニューヨーク証券取引所で株価が大暴落し，物価の急落や，企業倒産により人々の生活水準は大きく悪化した。世界経済の中心であったアメリカの経済破綻は各国に波及し，世界恐慌に発展した。

動画のポイント　ウォール街の証券取引所を映した映像で，当時の混乱した様子が伝わってくる。動画冒頭や4秒目では，証券所へと走って向かう人々が映っている。株価が刻一刻と下がっているため，一刻も早く株券を手放そうとしていたのである。このように破産を恐れた人々が取引所に殺到した結果，証券所では6秒目に見るように長蛇の列が作られた。

考察　世界恐慌により非常に多くの国が打撃を受けたが，ソ連にはほとんど影響がなかった。アメリカとソ連の経済の仕組みを比較して考えよう。

0:00:06　0:00:08

6 "塩の行進"

撮影日時 1930年　撮影場所 インド　視聴時間 48秒（音声なし）

関連 戦間期の南アジア → p.245

基礎情報　戦後の自治権の約束を信じ，イギリス側について第一次世界大戦に参加したインドでは，自治権獲得の運動が活発になった。その中でも，「非暴力・不服従」をとなえたガンディーの運動はインド大衆の心をとらえ，大規模な運動につながった。

動画のポイント　ガンディーが民衆の前で演説を行っているシーンである。ガンディーの話に聞き入る民衆の服装から，各々の宗教や文化の違いを見ることができる。異なる立場の民衆が，ガンディーの力によってひとつにまとまっている様子を見ることのできる映像である。

考察　動画の後半に映っている民衆は誰について歩き，どこへ向かっているのだろうか。p.245②の資料を手がかりに考えよう。

0:00:09　0:00:48

7 ヒトラーの演説

撮影日時 1935年　撮影場所 ドイツ　視聴時間 46秒

関連 ファシズム → p.252

基礎情報　第一次世界大戦の賠償金と世界恐慌により，ドイツ経済は極度に悪化し，人々の不満が高まった。そこに入り込む形で支持を集めたのが，ヒトラー率いるナチ党である。瞬く間に総統となったヒトラーは，各国に軍事力で挑む姿勢を強めていった。

動画のポイント　1935年にアメリカで公開されたニュース映画の抜粋で，ナチ党大会におけるヒトラーの演説を映したものである。8秒目や25秒目では，群衆が腕を斜め上に突き出すナチス式敬礼を行っている様が見て取れる。ヒトラーの演説は，わかりやすいフレーズを何回も繰り返して浸透させながら，感情をあらわにした迫力と圧倒的な声量で聴衆の心をひきつける点が特徴である。

考察　ナチ党がここまで支持を集めた理由の一つに，ドイツ国民がヴェルサイユ条約の内容に強い不満を持っていたことがある。p.241〜p.242から，その理由を探ろう。

0:00:20　0:00:46

8 日本軍による真珠湾攻撃 〜Remember Pearl Harbor

撮影日時 1941年12月8日（現地12月7日）　撮影場所 アメリカ・ハワイ，真珠湾　視聴時間 1分14秒

関連 第二次世界大戦② → p.255

基礎情報　1941年12月8日（日本時間），日本軍が真珠湾を攻撃し，太平洋戦争が始まった。日独伊三国同盟によってドイツとイタリアもアメリカに宣戦布告し，戦争は世界全体に広がった。

動画のポイント　攻撃後の真珠湾（パールハーバー）の状況を映したアメリカのニュース映像である。損傷した戦艦と負傷・死亡した兵士たちが次々に映し出されている。アメリカ政府は真珠湾攻撃を「だまし討ち」と喧伝し，「Remember Pearl Harbor（真珠湾を忘れるな）」のフレーズは太平洋戦争におけるアメリカの国民的スローガンとなった。本動画も，もの悲しい音楽によって「悲惨さ」が強調されており，アメリカ国民の反日感情をさらに高めただろう。

考察　第一次世界大戦以降の総力戦において，ニュース映像にはどのような役割があっただろう。p.236も参考にしつつ，この動画を事例として考えよう。

0:00:01　0:01:14

9 「鉄のカーテン」演説

撮影日時 1946年3月　撮影場所 アメリカ・ミズーリ州，ウェストミンスター大学　視聴時間 1分　別冊史料78

0:00:16　0:01:00

基礎情報　アメリカとソ連の対立関係は第二次世界大戦後に顕在化し，ソ連中心の東側陣営とアメリカ中心の西側陣営が対立し，冷戦が始まった。

関連 東西陣営の形成 → p.262

●動画のポイント●　この動画では，イギリス前首相チャーチルがアメリカを外遊中に演説した様子を見ることができる。ヨーロッパを縦断するラインを「鉄のカーテン」という言葉で表現したことで，ヨーロッパ各国で影響力を強めていたソ連を批判し，米英同盟の強化を図ったものである。この演説ののち，アメリカのトルーマン大統領がソ連・共産主義勢力の拡大を防ぐ「封じ込め政策」を提起し，ソ連との対立を決定的なものとした。

考察　チャーチルがこのような演説を行うほど心配していた当時のヨーロッパは，どのような状況だったのだろうか。p.282などを参考にして調べよう。

原文
From Stettin in the Baltic to Trieste in the Adriatic an "Iron Curtain" has descended across the continent. Behind that line lie all the capitals of the ancient states of Central and Eastern Europe. Warsaw, Berlin, Prague, Vienna, Budapest, Belgrade, Bucharest and Sofia; all these famous cities and the populations around them lie in what I must call the Soviet sphere, and all are subject, in one form or another, not only to Soviet influence but to a very high and in some cases increasing measure of control from Moscow.

訳文
バルト海のシュチェチンからアドリア海のトリエステまで，ヨーロッパ大陸をまたぐ鉄のカーテンが降りてしまった。その線の向こう側に，中・東欧の古き諸国の首都が並んでいる。ワルシャワ，ベルリン，プラハ，ウィーン，ブダペスト，ベオグラード，ブカレスト，そしてソフィアである。これらすべての有名な諸都市，そしてその周辺の人々は，私がソヴェトの圏域と呼ばねばならないも，それらすべては何らかのかたちで，ソヴェトの影響力に従属しているばかりか，とても強固で，多くの場合においてますます強まるモスクワのコントロールの下にあるのだ。

〈歴史学研究会編『世界史史料11』岩波書店〉

10 「ベルリンの壁」建設

撮影日時 1961年8月15日　撮影場所 ドイツ・ベルリン　視聴時間 20秒

0:00:16　0:00:20

基礎情報　敗戦国となったドイツは，東西に分断された。東ドイツからは，西ベルリン経由で西ドイツへと亡命する人が相次いだ。そこで，1961年8月13日，東ドイツは西ベルリンを包囲する「壁」を建設し，住民の流出に歯止めをかけた。

関連 東西陣営の形成 → p.262

●動画のポイント●　「ベルリンの壁」建設を映した映像。東ドイツは8月13日に西ベルリンを有刺鉄線で隔離し，徐々にコンクリートの壁を作っていった。動画9秒目のように警官の監視も行われ，西ドイツ住民は孤立を余儀なくされた。16秒目で有刺鉄線を飛び越えた人物は，東ドイツの警察官であったコンラート・シューマンである。彼の西側への亡命の写真は「自由への跳躍」と題され，西側メディアで広く取り上げられて冷戦の象徴の一つとなった。

考察　なぜ，このように亡命が相次いでいたのだろう。東ドイツを管理するソ連と，西ドイツを管理する仏英米の経済体制に注目し，考えよう。

11 文化大革命

撮影日時 1968年　撮影場所 中国・天津　視聴時間 49秒(音声なし)

0:00:32　0:00:49

基礎情報　大躍進政策に失敗した毛沢東は，一度は実権を失った。しかし劉少奇の政策に不満を抱き，自らの実権を取り戻すため，文化大革命を呼び掛けた。

関連 大国への道を歩む中国 → p.300

●動画のポイント●　この動画は1968年正月の天津の様子である。文化大革命では学生・青少年からなる紅衛兵が中心となり，「造反有理」(造反することにこそ道理が存在するという意味)というスローガンを掲げて古い伝統・文化からの脱却を呼びかけた。この動画では，『毛沢東語録』(毛沢東の思想を記した冊子)を朗読する様子や，毛沢東の肖像画を掲げ行進する様子が見られる。紅衛兵の活動は後に過激になり，中国国内に混乱を生み出すこととなる。

考察　この動画のように群衆が揃って『毛沢東語録』を朗読したり，肖像画を掲げて行進することにはどのようなねらいがあったのだろうか。考えよう。

12 キング牧師の演説『私には夢がある』

関連 根深く残る黒人差別 → p.281 1

撮影日時 1963年8月28日　撮影場所 ワシントンD.C.・リンカン記念堂前　視聴時間 20秒　別冊史料 91

0:00:11 ━━━━━━━ 0:00:20

基礎情報 奴隷解放宣言以降もアメリカでは黒人差別が根深く残っていた。白人と同等の権利を勝ち取ることを目的に，公民権運動が起こった。

●動画のポイント● 1963年8月，黒人差別の即時撤廃と「仕事と自由」を求め，20万以上の民衆がワシントン大行進を行った。リンカン記念堂の前でキング牧師は，「私には夢がある」と民衆に語りかけ，非暴力による公民権運動を盛り上げた。動画の演説はその際にリンカン記念堂の前で行われたものである。20世紀のアメリカを代表する名演説とされており，翌年，キング牧師はノーベル平和賞を受賞した。彼の誕生日に近い1月第3月曜は「キング牧師記念日」として祝日となっている。

考察 奴隷解放宣言以降の白人と黒人の関係を調べ，公民権運動が起こった理由について詳しく調べよう。

原文

I have a dream that one day this nation will rise up and live out the true meaning of its creed："We hold these truths to be self-evident, that all men are created equal."

I have a dream that one day on the red hills of Georgia, the sons of former slaves and the sons of former slave owners will be able to sit down together at the table of brotherhood.

訳文

　私には夢があります。アメリカン・ドリームの伝統に深く根ざした夢があるのです。いつの日かこの国は立ち上がり、国の礎となった信念にしたがって、「神はすべての人を平等に創り給われた、それは自明のことである」という信念にしたがって歩み始める、そんな夢が私にはあるのです。

　私には夢がある、ジョージアの赤土の丘の上で、かつての奴隷の子孫たちとかつての奴隷主の子孫たちが、友愛に固く結ばれてひとつのテーブルを囲む、そんな日が来るという夢が。

〈歴史学研究会編『世界史史料11』岩波書店〉

13 ベトナム戦争

撮影日時 1967年　撮影場所 ベトナム　視聴時間 42秒

関連 インドシナをめぐる紛争 → p.298

0:00:15 ━━━━━━━ 0:00:42

基礎情報 アメリカの駆逐艦が北ベトナム軍から攻撃を受けたとされるトンキン湾事件をきっかけに，アメリカは北ベトナムを爆撃（北爆）し，本格的な介入が行われた。

●動画のポイント● 北ベトナムが支援する南ベトナム解放民族戦線のゲリラ戦に対抗するため，アメリカ軍は枯葉剤を散布する作戦や民家を焼き払う作戦を実行した。この動画は1967年，アメリカ軍がベトナムの村を制圧するところを撮影したものである。動画9秒目ではゲリラと疑われた村人たちが連行されていく。23秒目からは火を付けられ燃える村が映されている。戦場の様子が報道されるにつれ，国内外からの批判や反戦ムードが高まっていくこととなった。

考察 この動画は本格介入後2年が経った1967年にアメリカ側が撮影・編集し，本国で放映された動画である。ベトナムの村が燃やされているにもかかわらず，軽快な音楽が流れているのはなぜだろうか。考えよう。

14 「ベルリンの壁」崩壊

撮影日時 1989年11月9日　撮影場所 ドイツ・ベルリン　視聴時間 18秒（音声なし）

関連 冷戦の終結へ → p.270

0:00:01 ━━━━━━━ 0:00:18

基礎情報 ソ連のペレストロイカ（改革）政策を受けて東欧諸国の民主化・自由化が進んだ。「ベルリンの壁」崩壊は東ヨーロッパ自由化の象徴的出来事となった。

●動画のポイント● 1989年11月9日，東ドイツ政府は国民の旅行の自由を認める記者会見を行った。このニュースを受けて，東ドイツの国民が東西冷戦の象徴であったベルリンの壁に押し寄せ，国境が開放された。この動画は深夜24時頃，東ドイツの青年たちが壁の上に上っている様子を撮影したものである。動画からは，東ドイツ国民の歓喜が伝わってくる。

考察 それまでは民衆を止めていた国境警備隊や警察が，この時は民衆を止められなかったのはなぜだろうか。p.286～287を参考に，当時の情勢から考えよう。

Topic① ロシアによるウクライナ侵攻

— 2022年のウクライナ侵攻 —

▲①激戦地となったバフムトの町(2023年) ウクライナは欧米の武器供与を受け，6月に東部ドネツク州で反攻を開始したが，期待した成果が得られていないとの見方もある。

2022年2月，ロシアがウクライナへの軍事侵攻をはじめた。侵攻の理由は，南東部に多いロシア系住民の保護，ウクライナの中立化などである。当初は，ロシア軍が圧倒的に優位と考えられていたが，開戦から1年以上経過し，欧米からウクライナへの武器供与もあって戦況は膠着状態となっている。一方，長引く紛争に，支援する側の欧米にも疲れが見えつつある。

2022年の侵攻
□ ロシア侵攻前から支配
■ ロシア侵攻とみられる地域
ドネツク州 ロシアが編入を宣言した州
-2023年12月現在-

▶②ロシア軍によるウクライナ侵攻(2022年12月)

■世界史の着眼点(1)　ウクライナから見たロシアとは

> よみとき これまでロシアとの関係はどのようなものだったか，帝政ロシア，ソ連時代も含めて検証しよう。独立を阻んできたものは何か。

赤字 戦争・紛争関係

9世紀	オレーグ，**キエフ公国**建国
989	ウラジーミル1世，ギリシア正教に改宗
1237	モンゴル軍，キエフを占領(〜40)
15世紀	クリム(クリミア)半島に**クリム=ハン国**建国
○	ロシア，南下政策
1772	第1回ポーランド分割(〜95第3回)
1853	**クリミア戦争**(〜56)
1917	ロシア革命
18	ウクライナ人民共和国独立宣言(〜20)
22	**ソヴィエト社会主義共和国連邦**の一員に
41	ドイツによるウクライナ占領(〜44)
54	ソ連，クリム半島をウクライナに編入
86	**チェルノブイリ原発事故**
91	**ウクライナ独立**，ソ連解体後，CIS創設
2004	**オレンジ革命**(親露派から親欧米派へ)
13	EU連合協定調印延期による反政府デモ
14	**ロシアがクリミアを連邦へ編入表明** 親欧米派のポロシェンコ，大統領就任 南東部のドネツク人民共和国・ルガンスク人民共和国の独立宣言
15	ミンスク合意
22	ロシアが両共和国を承認 **ロシアによるウクライナ侵攻開始**

▲⑤ウクライナの歴史

▲⑥18世紀後半のウクライナ 1772年のポーランド分割により，当時ポーランドに支配されていたウクライナもオーストリアとロシア帝国に分割された。19世紀後半になるとウクライナの文化・政治面での民族運動が勃興した。

ウクライナとロシアはそれぞれ歴史的にも文化的にも緊密な関係をもち，ソ連の中核をなしていた。ただし，第一次世界大戦以前からウクライナの領域ではすでに民族運動が生じており国家建設は悲願であった。1991年の独立達成後，自国を中・東欧国と位置づけ西欧諸国に接近していく政策を進めたことで，ウクライナのロシアとの対立もより鮮明になっていった。

▲⑦ソ連時代のウクライナ 1928年から始まる第一次および第二次五か年計画において，ウクライナに住む農民は集団農場への加入が強制された。

▲⑧ソ連からの独立を祝うウクライナの人々 1990年11月に新連邦条約に関する国民投票が行われ，国民の90%が完全独立に賛成した。その結果，ウクライナは1991年8月24日に独立を宣言した。さらに，12月に独立を問う国民投票が行われ90%の圧倒的多数で独立が認められた。

『ウクライナは滅びず』
ウクライナの栄光は滅びず
自由も然り
運命は再び我等に微笑まん
朝日に散る霧の如く敵は消え失せよう
我等が自由の土地を
自らの手で治めるのだ
自由のために身も心も捧げよう
今こそコサック民族の血を示す時ぞ!

▲⑨ウクライナ国歌の歌詞 現在のウクライナ国歌は，ロシア革命期に独立宣言したウクライナ人民共和国や西ウクライナ人民共和国が採用したものを2003年に復活させたものである。

民族 -2001年-
ウクライナ系 77.8%
ロシア系 17.3
その他 4.9

言語 -2001年-
ウクライナ語 67.5%
ロシア語 29.6
その他 2.9

▲⑩民族と言語の内訳 ロシア語話者は東側へ行くほど多い。ウクライナ系のロシア語話者，ロシア系のウクライナ語話者がいるため，両者を分けることは難しい面もある。

関連ページを見てみよう

●ルーシの起源
・ノヴゴロド国 ➡p.140 **1** **2**

●スラヴ民族
・キエフ公国 ➡p.141 **1** A
・モスクワ大公国 ➡p.141 **1** B

●モンゴル帝国のヨーロッパ遠征
・モンゴルの拡大 ➡p.110 **1**
・キプチャク=ハン国 ➡p.111 **1** ほか

●オスマン帝国の支配
・クリミアのクリム=ハン国 ➡p.133 **2**

●ポーランド分割
・ポーランド分割 ➡p.173 **5**

●ロシア革命とその影響
・ロシア革命における内戦と干渉戦争 ➡p.239

●ドイツによる占領
・大戦初期のヨーロッパ戦線 ➡p.254 **1**

●ウクライナの独立
・ソヴィエト連邦の解体 ➡p.270 **2**

今回の侵攻の背景には2014年の動きが大きく影響している。ウクライナでは，2000年代後半から親ロシア派と親欧米派の対立が深まり，2014年に親ロシア派政権が崩壊し親欧米政権が樹立された。このような政治的対立により，ロシア系住民の多い東部地域やクリミア半島の親ロシア派住民への差別が強まったことでロシアによるクリミア併合が強行された。

◀③ウクライナの州別ロシア系の割合(2001年)

— 2014年のクリミア併合 —

▲④親ロシア派政権へのデモ (2013年) EUとの連合協定調印を政府が凍結したことをめぐり，親欧米派の野党支持者が反政府デモを行った。

■世界史の着眼点(2) ロシアが考えるウクライナとは

> よみとき ロシアはこれまでの経緯からウクライナをどのようにとらえていると考えられるか検証しよう。

▲⑪クリミア戦争時のロシア帝国(19世紀半ば) 東欧や地中海への進出をめざすロシアに対し，東地中海地域への進出を狙うイギリスとフランスがオスマン帝国を支援したことでクリミア半島を戦場とするクリミア戦争が勃発した。

◀⑫三位一体の東スラヴ系民族(1914年ごろの絵葉書) ロシア・ウクライナ・ベラルーシの3国は，東スラヴ系で起源を同じとしているため歴史的にも一体性をもって語られてきた側面がある。現在でもこの考え方を受け継いでいる人々もいる。

ゴーゴリ (1809-1852)　フルシチョフ (任1953-64)

▲⑬ウクライナにゆかりのあるロシアの有名人

〔関連ページを見てみよう〕

●ロシアの南下政策
・クリミア戦争　➡p.205 2 A

●ゴーゴリ
・19世紀の欧米文化　➡p.212

●フルシチョフ
・東西陣営の変遷　➡p.264

ロシア・ウクライナ・ベラルーシはキエフ公国を共通の祖としている。モンゴル帝国の侵入を受けてこれらが分化するのは14世紀以降であったが，その後もウクライナはロシア帝国・ソ連の支配下に置かれた。さらに，当時の著名人でウクライナに縁のある人も多いことから，ロシアでは現在でもウクライナは自分たちの一部であると考える人は少なくない。

■世界史の着眼点(3) ロシアの対外的な立ち位置の変化

> よみとき 冷戦が終結後，度重なる経済制裁をうけながら欧米諸国とロシアの関係はどのように変化しているだろうか。

2023年

NATO(31か国)
アイスランド，アメリカ，イギリス，カナダ，ノルウェー，トルコ，アルバニア，モンテネグロ，北マケドニア

EU(27か国)
イタリア，エストニア，オランダ，ギリシア，クロアティア，スペイン，スロヴァキア，スロヴェニア，チェコ，デンマーク，ドイツ，ハンガリー，フィンランド，フランス，ブルガリア，ベルギー，ポーランド，ポルトガル，ラトヴィア，リトアニア，ルーマニア，ルクセンブルク

アイルランド，オーストリア，キプロス，スウェーデン，マルタ

アフリカ諸国

CSTO(集団安全保障条約機構)(6か国)
ロシア　カザフスタン
アルメニア　キルギス
ベラルーシ　タジキスタン

 中国

日本　トルコ　中東諸国

▲⑭欧米諸国とロシアの関係 1991年にソ連が崩壊したあと，体制転換をはかるロシアは欧米諸国との友好関係を築いていくことを基本的な外交方針とした。しかし，ソ連圏だった国々が相次いでNATOに加盟したことで欧米との対立が強まっていった。そのため，ロシアはかつてのソ連圏構成国との関係を強化し，アジア諸国との友好も重視している。またトルコのように，積極的に仲介を試みる国もあらわれた。

冷戦期，ソ連は構成国のほか，東欧諸国を衛星国家として社会主義圏を形成していた。しかし，冷戦終結後にソ連が崩壊しロシア連邦が誕生すると，東欧諸国が社会主義圏から離れ，さらにウクライナもソ連からの離脱を表明した。また，1999年以降ポーランド・チェコ・スロヴァキアなどの旧社会主義諸国が相次いでNATOへの加盟を表明するなど一層ロシア離れが明らかとなり，ヨーロッパとロシアの緊張関係が表面化していった。

〔関連ページを見てみよう〕

●東西冷戦期
・第二次世界大戦後のヨーロッパ　➡p.262②

●冷戦の終結
・デタントから新冷戦へ　➡p.270 1
・冷戦の終結とソ連の解体　➡p.270 2

●EU(EC)の拡大
・統合にむかうヨーロッパ　➡p.285 2

●ロシアと東欧の再編
・大国再生をめざすロシアと東欧の旧西側諸国への接近　➡p.287 2

Topic② 新型コロナウイルスの感染拡大とその終息

▲①撤去される観光案内所の飛沫防止シールド（日本，2023年5月）
日本では，新型コロナウイルスが2023年5月8日から「5類感染症」に移行することを受けて，観光案内所の飛沫防止シールドも撤去された。

◀②1回目のワクチン接種を受ける人（南アフリカ，2021年10月）　アフリカ諸国でのワクチン接種は予定よりも遅れている（2021年11月21日時点で世界全体のワクチン接種の約3％）。そのようななか，南アフリカで新たな変異株が検出され，WHO（世界保健機関）をはじめ各国で対応が急がれた。

― 世界中で3年以上続いた感染拡大 ―

　2019年冬に中国の武漢で新型コロナウイルス（COVID-19）の感染者が発見されて以降，日本を含めた世界各国で感染者が広がり，多くの死者も出た。感染拡大防止のため，日本では外出自粛要請やマスクの着用，ソーシャルディスタンス（社会的距離）確保などの意識づけを行い，公衆衛生の立場から対策が講じられてきた。2021年からはワクチンの接種が開始され，医療従事者等への接種，続いて65歳以上の高齢者への接種が優先的に行われた。その後何回かの感染拡大のピークを経て，感染者は次第に減少した。ワクチン接種の広がりもあって重症者数が激減し，2023年5月にWHOは2020年1月以来続いた新型コロナ「緊急事態宣言」の終了を発表した。

■世界史の着眼点（1）　個人の問題から社会の問題へ

＊細菌（0.5～10μm）は細胞構造を持ち自己増殖できるが，ウイルス（0.01～0.5μm）は細胞構造をもたず寄生して増殖する。μm（マイクロメートル）は1mmの1000分の1，1mの100万分の1にあたる。

よみとき　人々がとってきた病気への対策は，どのように変化していったのだろうか。また，変化が起こったのははぜだろうか。

病名（原因）	感染経路	おもな記録と影響
ペスト（細菌＊）	ネズミ・ノミ	14世紀ヨーロッパでの大流行（黒死病）→p.148⑧（人口が激減）フィレンツェの**ボッカッチョ**（ボッカチオ），小説『**デカメロン**』を著書（1348年のペスト流行を舞台）→p.158,161③
天然痘（ウイルス＊）	空気感染	大航海時代にヨーロッパからアメリカ大陸に持ち込まれ（コロンブス［コロン］の交換），先住民の人口激減の要因に→p.157⑭⑮**ジェンナー**による**種痘法**発明（ワクチン接種の起源）
コレラ（細菌）	経口感染（水）	産業革命期のロンドンなど，ヨーロッパ各地での流行→p.182環境医師ジョン＝スノウによる感染経路の解明→瘴気説の否定，公衆衛生制度誕生のきっかけに
インフルエンザ（ウイルス）	空気感染	スペインかぜの流行（1918-20）で死者4000～5000万人（推計）第一次世界大戦時の軍人の死者数（約800万人→p.237④⑤）を上回る
COVID-19（ウイルス）	空気感染	2019年末から世界的に流行，変異株が次々に発生人々の交流が極端に少なくなり経済にも大きな打撃

▲③世界史に影響を与えたおもな感染症　多くの感染症は，人口の密集する衛生状態の悪い都市で流行した。

	説の概要	個人が行う対策	社会が行う対策
四体液説（紀元前～19世紀）	体を流れる四種類の液体のバランスが崩れると病気になる	個人の生活習慣の改善，瀉血（血液の一部を抜き取る処置）	なし
瘴気説（紀元前～19世紀）	腐った水などから出る瘴気を吸い込むと病気になる	個人で瘴気を吸わないように身を守る	なし
接触感染説（16世紀～19世紀）	生きた伝染性生物が人を病気にし，病気の人に触れることでも病気になる→p.148①	病人に触れないようにする	感染者の隔離
細菌説（19世紀～現代）	肉眼では見えない細菌が体内に入ることで病気を引き起こす→p.212	うがいなど細菌から身を守る習慣の徹底	衛生観念の啓発，細菌が繁殖できる環境の排除

▲④ヨーロッパで考えられていた病気の原因となる説と対策

■世界史の着眼点（2）　公衆衛生＊という考え方の誕生

＊国民の健康を保つため，国などが保健所を中心に組織的に行う衛生活動。伝染病予防対策，上下水道の整備，母子保健などがある。

よみとき　公衆衛生という考え方は，どのような社会背景のもとで生まれたのだろうか。

都市の人口過密化の要因

農村
第2次囲い込み→p.180①B
による食料の増産
…人口増加

増加した人口　➡　移動

都市（産業革命の進展により多数の工業都市が誕生）
工業化による労働力不足
…農村から労働力を補充（→p.181⑤A）
…人口の過密化

➡

人口過密による衛生状態の悪化
→p.182

原因
・過密化によるスラムの発生
・未整備の下水道による汚水の河川へのたれ流し

コレラ・チフス・結核など
感染症の流行

労働力の減少
都市機能の低下

➡

感染症の流行を抑えて安心して働ける都市としたい！

・チャドウィックによる公衆衛生法の制定（1848年）
・科学的手法による感染症の原因，伝染経路解明

…自治体主導で衛生状態を改善し，感染症の流行を抑える

公衆衛生の概念の誕生

▲⑤イギリスの産業革命と公衆衛生の概念の誕生

◀⑥**チャドウィック**（1800～1890）
労働人口の確保が必要であったイギリスでは，労働者が安易に救貧法に依拠することを防ぐため，1834年に救貧法の改正が行われた。その調査会メンバーであったチャドウィックは，貧困の背景に疾病，疾病の背景に不衛生が存在することに着目し，都市部のスラムや下水道を実地調査し，その環境の劣悪さをレポートして都市部の衛生環境の改善を訴えた。このレポートはベストセラーとなり，公衆衛生法制定のきっかけとなった。

■世界史の着眼点(3)　一般化する公衆衛生

よみとき　現代の私たちにとって一般的な衛生観念や習慣は，いつごろ生まれ，どのように広まってきたのだろうか。

A アメリカで民間企業が広めた衛生観念

19世紀後半，アメリカは第2次産業革命によって世界一の工業大国となり，その中で中産階級が出現した。彼らは労働者階級との違いを示すための拠り所を求めていた。衛生商品を販売する企業はそこに目をつけ，中産階級に向けて広告を出し，身だしなみとして「清潔感」が重要というイメージを広めた。このような努力により，アメリカ社会において「清潔感」は「中産階級らしさ」を表すものとして，広く普及することとなった。

（➡p.213,219 **2** ,249）

▲⑦歯磨き粉の広告(1915年)　中産階級の主婦と子どもが歯磨きをしているイラストで，習慣的に歯磨きをすることは義務と呼びかけている。

B 欧米にならった日本の公衆衛生

日本では幕末から明治時代にかけてのコレラの大流行により，衛生観念が一気に高まった。明治維新を経て富国強兵政策を打ち出した日本は，岩倉使節団が現地で見聞したり，来日したヨーロッパ人医師の指導を受けたりしながら，公衆衛生制度を整備していった。

◀⑧スペインかぜ流行時の啓発ポスター　第一次世界大戦後の1918〜20年にかけて，日本でもスペインかぜが流行し，約38万人もの死者を出した。予防のためマスクの着用とうがいの実施が重要と呼びかけている。

〈国立保健医療科学院図書館所蔵，内務省衛生局著，流行性感冒，1922.3.〉

■世界史の着眼点(4)　予防医学・免疫学の登場

よみとき　感染症との戦いにおいて重要な役割を担うワクチンは，いつごろ，どのようにして誕生したのだろうか。

ジェンナー(英)(1749〜1823)	医師
種痘法の発見による予防接種の始まり	
パストゥール(仏)(1822〜1895)	化学者・微生物学者
炭そ病，狂犬病のワクチン開発。伝染病の予防・治療に貢献	
コッホ(独)(1843〜1910)	細菌学者
炭そ菌，結核菌，コレラ菌などを発見。破傷風の血清療法を確立した北里柴三郎は弟子	
フレミング(英)(1881〜1955)	医師・細菌学者
青カビの一種からつくられる抗生物質ペニシリン発見	

▲⑨近代医学発展に貢献した医師・研究者

	19世紀	20		21	
感染症	○**天然痘**大流行（ヨーロッパ・インドなど）　○**結核**大流行（イギリス→欧米・日本）　○**コレラ**大流行（アジア→世界）	・1918〜20 **スペインかぜ**大流行（全世界に拡大）	・1980年代〜 エイズの広がり　・2003 SARSの流行　・2014 エボラ出血熱流行(アフリカ)	・2020〜 新型コロナウイルス(COVID-19)大流行	
医学の進歩	・1796 **ジェンナー**，種痘法発明　・1882 **コッホ**，結核菌発見　83　コレラ菌発見　・1885 **パストゥール**，狂犬病ワクチン成功　・1894 北里柴三郎，ペスト菌発見　○19世紀末，ウイルスの発見	・1928 **フレミング**，ペニシリン発見→1940年代に製剤開発　・1940年代 ストレプトマイシン(結核治療薬)発見	・1980 WHO，天然痘根絶宣言	・2020〜 新型コロナウイルスワクチン接種	

▲⑩近現代における感染症と医学の歴史 ➡p.212,213 **1** A

➡p.213④

A 予防接種の創始 ジェンナー(英)

18世紀のヨーロッパでは天然痘が猛威をふるい，1世紀の間に6000万もの死者を出していた。イギリスの酪農地域で医師をしていたジェンナーは，牛飼いや羊飼いの人々が都会の人よりも天然痘罹患率が低いことに着目し，動物の体内を通過すると天然痘の毒が弱くなると推察した。そこで，弱毒化した牛の天然痘「牛痘」にかかった女性の水ぶくれから液体を採取して少年に接種し，2か月後その少年に天然痘を接種してみたが発症しないことを確認，牛痘接種による天然痘予防法を確立した。「ワクチン」という用語は，もともとラテン語で牝牛を意味する。ジェンナーが確立した予防法はヨーロッパから世界各地に広まり，1980年にはついに世界保健機関(WHO)が天然痘の根絶を宣言した。現在のところ，人類が唯一根絶に成功した感染症である。➡p.259 **2**

B 予防接種の発展 パストゥール(仏)

フランスで酵母の研究や微生物の自然発生説否定実験を行い微生物学の基礎を築いたパストゥールは，天然痘以外でもワクチン接種による感染症の予防の可能性を指摘し，羊や牛をおかす炭そ病ワクチンを開発した。さらにウイルス性の病で，人に感染すると死にいたる狂犬病に対するワクチンの開発にも成功した。

▲⑪ジェンナー(1749〜1823)

▶⑫ジェンナーによる種痘
人々は当初，牛痘を打つと牛になるのではという恐怖にとりつかれ，普及に時間を要した。

(風刺画)

▲⑬パストゥール研究所(フランス，パリ)　1888年，フランス政府がパストゥールの功績をたたえ，名を冠した研究所を設立。現在でも微生物学や血清療法などの研究や医療，教育などが行われている。設立当初の建物は現在博物館になっている。

探究する **視点** 歴史の中で女性はどのような役割を担い，どう評価されただろうか。

1 近代以前の女性〜歴史上の著名な女性を違う視点から見る

A 古代エジプト—王妃ネフェルティティとハトシェプスト女王（紀元前15〜14世紀）

アマルナ美術
→ p.57

▲①王妃ネフェルティティ　宗教改革を実施した王アクエンアテンと共同統治を行い，改革の象徴として多くの彫像が作られた。

▲②ハトシェプスト女王　息子の摂政として権力を握り，成長後は共同統治の王に即位した。男性の姿の彫像を多く作らせた。

◀▲③④ハトシェプスト葬祭殿（上）と後世に女王の部分が削られたレリーフ（左）　ハトシェプスト女王は壮大な神殿を建造し，自身の血統や外交成果を主張するレリーフを作らせた。死後，共同統治者であったトトメス3世により，王の姿をしたハトシェプスト像は破壊された。

よみとき　女性は，古代エジプトの王権の中でどのように位置づけられていただろうか。

B 唐代中国—唐の文化を吐蕃に伝えた文成公主（7世紀）

ソンツェン＝ガンポ
→ p.101

▲⑤文成公主　唐代には周辺民族との融和のために16回公主（皇帝の娘）が降嫁したが実際には皇帝の娘ではないこともあった。

▲⑥文成公主が建立したチベットの小昭寺　文成公主は，吐蕃に仏教を持ち込んだ。ソンツェン＝ガンポのもう一人の妃はネパール出身で，唐からもたらされた仏教とインド由来のものが融合して「チベット仏教」が生まれた。

貞観15（641）年，唐の太宗は文成公主を吐蕃の首領と結婚させることとし，…公主を吐蕃へと送った。吐蕃のソンツェン＝ガンポは兵を率いてみずから河原（黄河の水源）の地まで一行を出迎えた。公主に同行した皇帝の使いに会い，婿として大変礼儀正しい態度をとった。…公主と帰国してから…「私の祖先には皇帝の姫と結婚した者はおらず，公主を嫁として迎え入れることができて大変幸せである。…公主のために城を築いて後世に示そう」と，城を築いて公主をここに住まわせた。また，公主は女性が顔を赤く塗る吐蕃の伝統を嫌ったため，ソンツェン＝ガンポは国中でこれを禁止した。自ら吐蕃の装束である毛織物と毛皮を脱ぎ，唐風の絹の服を着るようになった。

〈『旧唐書』吐蕃伝上より要約〉

▲⑦ソンツェン＝ガンポが文成公主を迎えたときのようす（641年）　ソンツェン＝ガンポは公主を尊重し，吐蕃の伝統に反することでも受け入れた。公主は当初ソンツェン＝ガンポの息子と結婚したが，その死後，彼と再婚した。

よみとき　公主の降嫁は，吐蕃の外交や文化にどのような影響を与えただろうか。

C 中世末期のヨーロッパ—ジャンヌ＝ダルクへの後世の評価（15世紀）

救国の少女
→ p.149

▲⑧ジャンヌ＝ダルク　無名の羊飼いの少女が百年戦争において，神の啓示により劣勢のフランスを救った。

告発に対する意見書
…この女の主張は，神にあっては可能であるにもかかわらず，この女が奇跡を行うことによっても，あるいは聖書を証拠物として引用することによっても自らの供述を裏付けていないので，この女を信用する理由とはならない。同様にまた，（この女は）女装の拒否や女装に戻ることの拒否という，女性の名誉に反して行動しているように見える。また，もしこの女が…女装に戻らなければこの女に破門の宣告がもたらされる。…同様にこの女が地上の教会の判断に従おうとしないとき，この女は「唯一の聖なる教会」の誓いと教会法の審判に背いているように思われる。

〈歴史学研究会編『世界史史料5』岩波書店〉

▲⑨ジャンヌ＝ダルクの裁判の記録（1431年）　当時女性の男装は聖書で禁じられていた。

よみとき　ジャンヌ＝ダルクへの評価は，時代によってどのように変わっているだろうか。

▲⑩19世紀中頃の絵　近代のフランスでは，ジャンヌは国民統合や愛国心の象徴として扱われた。当時の女性の服装で描かれている。
→ p.202 2

▲⑪第二次世界大戦中ヴィシー政権下のポスター　ジャンヌがイギリス軍に処刑されたことを引き合いに，闘争心をあおるプロパガンダに利用された。

2 近代以降の女性〜男女の分業の発生と女性の権利獲得

A 近代化による男女の分業の発生 →p.214

▲⑫19世紀の紡績工場　女性は非熟練労働者として，男性労働者と比べて低い立場に置かれ，低賃金で労働に従事した。

〈18歳未満男子〉
15.9%
成人女子 36.0
25.5 成人男子
22.6
18歳未満女子
〈Abstract of British Historical Statistics〉

▲⑬繊維工業の従業員(1847年)

1844	女性の労働時間を若年労働者並みに週69時間に短縮
1847	女性と若年労働者の労働時間を1日あたり最高10時間にする
1874	週56時間制労働の実施

▲⑭工場法の改正

リーズの労働者による議会への嘆願書(1872年)

（労働時間短縮は）既婚女性がより多くの時間を家事その他妻の務めのために費やすという，社会的・道徳的理由からも望ましい。

労働者同盟の主張(1872年)

　九時間法案は工場に雇用される女性や児童のためのみに推進されていることを忘れるべきではない。成人男性は議会に彼らのための立法を求めたりしない。彼らは自ら望むものは，何なりと獲得することができるのだから。

〈竹内敬子『イギリス1874年工場法とジェンダー—「時間短縮運動」を中心に—』〉

▲⑮女性の労働に対する議員の意見　イギリスでは女性の長時間労働が問題視され，1844年以降労働時間が制限されるようになった。

よみとき	工場法で庇護の対象が若年労働者と女性のみだったのはなぜか，女性が当時どのようにとらえられていたかに着目して考えよう。

B 女性の権利獲得のあゆみ

🌐 世界の主なできごと		近代以降の女性の権利に関するできごと 🌾	
1740	オーストリア継承戦争	1740	オーストリアのマリア=テレジア即位 →p.174
	○イギリスで産業革命始まる		
1776	アメリカ独立宣言交付	1782	ルソー『エミール』刊行 →p.176
1787	アメリカ合衆国憲法採択・三権分立	1791	オランプ=ド=グージュ『女権宣言』 →p.214
1789	フランス革命	1792	ウルストンクラフト『女性の権利の擁護』 →p.214
1804	仏ナポレオン諸法典		
1814-1815	墺ウィーン会議		
1844	イギリス工場法(1848年に10時間に)	1859	ナイティンゲール(→p.205)『看護覚え書き』刊行
		1867	英女性参政権全国協会発足 →p.214
		1869	米全国女性参政権協会 →p.248
		1893	英領ニュージーランドで世界初の女性参政権 →p.242
		1903	マリ=キュリー　ノーベル物理学賞受賞 →p.213
1914	第一次世界大戦(〜18)	1907	中国の秋瑾が『中国女報』を創刊(『敬んで姉妹に告げる』)
1917	ロシア革命	1911	インドネシアでカルティニの書簡集(『闇を越えて光へ』)が，刊行される →p.227
1929	世界大恐慌		日本で平塚らいてうらが，『青鞜』を創刊
1939	第二次世界大戦(〜45)		○総力戦体制における女性労働力の動員 →p.236
1945	国際連合発足		○第一次世界大戦後，欧米で女性参政権が広がる
	○東西冷戦の始まり		
1948	国連世界人権宣言		
1957	ヨーロッパ経済共同体(EEC)発足	1966	インディラ=ガンディーがインド初の女性首相に就任 →p.294
	ローマ条約で男女同一賃金明記	1970年代	ウーマン・リブ運動
1973	第1次石油危機	1975	国連「国際女性年」，第1回世界女性会議(メキシコ・シティ)
		1979	女性差別撤廃条約成立
			サッチャー，イギリス首相に就任 →p.284
1989	社会主義国の民主化進む	1985	第3回世界女性会議(ナイロビ)
1991	ソ連邦崩壊	1988	パキスタンのブットがイスラーム圏初の女性首相に就任
	イラク戦争	1995	第4回世界女性会議(北京)
1994	EU発足	2000	国連女性2000年会議
2001	同時多発テロ	2005	メルケル，ドイツ首相に就任 →p.284
2008	リーマンショック	2006	世界経済フォーラムがジェンダーギャップ指数を発表
	EUの東方拡大		
2015	持続可能な開発のためのアジェンダ(SDGs)の採択	2017	「Me Too」運動の高まり
		2021	ハリスがアメリカ初の女性副大統領に就任

「女性は，自由なものとして生まれ，かつ，権利において男性と平等なものとして生存する」

◀オランプ=ド=グージュ(1748〜93)　フランス人権宣言を，「男性中心的である」として批判した。

「人生に恐れるべきことは何もありません。あるのは理解すべきことだけです」

▶マリ=キュリー(1867〜1934)　物理学者・化学者で2度のノーベル賞を受賞した。

「政治において言ってほしいことがあれば男に頼み，やってほしいことがあれば女に頼みなさい。」

◀マーガレット=サッチャー(任1979〜90)　初の女性イギリス首相となった。

「無知の壁，狭量な思考の壁を打ち壊しましょう。不変のものなど何もありません。」

▶アンゲラ=メルケル(任2005〜21)　16年にわたり首相としてドイツを率いた。

▲⑯世界の主なできごとと近代以降の女性の権利に関するできごと

よみとき	女性からの視点を意識して過去のできごとを考察すると，違ったものが見えてくる。あなたの興味のあるページを開いて，疑問に感じたことを書き出してみよう。

先史時代年表

年代	地質年代	考古年代	文化	化石(古生)人類	史的年代
年前700万	新生代 新第三紀	鮮新世	打製石器(礫石器)の製作 →オルドヴァイ文化(最古の旧石器文化) 狩猟・採集・漁労 獲得経済 群社会	**人類誕生** 直立二足歩行 **猿人** ラミダス猿人 **アウストラロピテクス群**など	
260万		旧石器時代 前期旧石器時代	打製石器(石核石器)の製作 握斧(ハンド=アックス) 火の使用 言語の使用	**原人** 〔ホモ=ハビリス〕 〔ホモ=エレクトゥス〕 ジャワ原人 **北京原人**など	
60万 20万 4万	更新世(洪積世)	旧中期旧石器時代	打製石器(剝片石器)の製作 埋葬の風習始まる 肉食の一般化 毛皮の利用(防寒)	**旧人** 〔ホモ=サピエンス=ネアンデルターレンシス〕 **ネアンデルタール人**など	先
	新生代 第四紀(第1〜4氷河期と間氷期)	後期旧石器時代	打製石器の精巧化(石刃が盛行) 骨角器の発達 銛・釣針・弓矢 衣服(縫製)の着用 装身具の使用 洞窟壁画 **ショベ**(仏,最古の洞窟壁画), **ラスコー**(仏), **アルタミラ**(西) 女性裸像 ヴィレンドルフなど 氷河期が終わり,気候温暖化	**新人** (現生人類:ホモ=サピエンス=サピエンス) **クロマニョン人** グリマルディ人 **周口店上洞人**	史
1.2万		中石器時代	細石器(矢じり・銛・釣針) 漁労技術の進歩(網・丸木舟など) そり・いかだ・丸木舟・車の発明 犬の家畜化		時
9000	完新世(沖積世) (後氷期)	新石器時代	**農耕・牧畜 生産経済** 氏族社会 農耕・牧畜遺跡 (イェリコ・ジャルモ) 磨製石器 (石斧・石鎌・石臼・石包丁) 土器の普及 織物の始まり(羊毛・麻・亜麻など) 地母神像 竪穴住居 巨石文化		代
5000 年前		金属器時代	文字の発明 青銅器の使用 職業分化,階級区分の発生 大規模灌漑農耕の開始(自然に依存する乾地農法より収穫量増大) 都市国家の成立		歴史時代

*文字が発生する以前が先史時代,文字が発生した以後が歴史時代である。

▲礫石器
石を打ち砕いただけの最も原始的な石器。
〈16cm×9cm〉

◀握斧
(石核石器)

骨角器

▲石刃 石核から細長い石片を剝ぎとり鋭い刃物として使用。
〈東京国立博物館蔵〉

▲石鏃 石製の矢じり。
〈東京国立博物館蔵〉
〈15cm×7cm〉

▲磨製石斧

▲ ヴィレンドルフの女性裸像(ヴィーナス,オーストリア)
高さ11cmの愛らしい姿の旧石器時代の石像。子孫の繁栄や獲物の豊漁を祈ってつくられたとされる。

*従来は原人段階にあると考えられていたが,近年では旧人に分類。

ホモ=ハイデルベルゲンシス(ドイツ)1907年
クロマニョン人(フランス)1868年
ネアンデルタール人(ドイツ)1856年
グリマルディ人(イタリア)1901年
ラスコー
ストーンヘンジ
アルタミラ
4万7000年前
10万年前
80万年前
テルニフィネ
ショベ
イェリコ
ジャルモ
タッシリナジェール
180万年前
ハダール
アラミス
バリンゴ
アトラントロプス=マウリタニクス(アルジェリア)1954年
ラミダス猿人(アルディピテクス=ラミダス)(エチオピア)1992年
サヘラントロプス=チャデンシス(トゥーマイ(生命の希望)猿人)(チャド)2001年
ラエトリ
オルドヴァイ
ブロークンヒル
スワートクランス
タウングス
ローデシア人(ザンビア)1921年
ジンジャントロプス=ボイセイ(タンザニア)1959年
ホモ=ハビリス(タンザニア)1964年
アウストラロピテクス=アフリカヌス(南アフリカ)1924年
パラントロプス=ロブストゥス(南アフリカ)1938年
0° 30° 60°

◀ラスコーの洞窟壁画 南フランスで発見された旧石器時代の洞窟壁画で,牛・馬・鹿などの100点以上の動物や狩猟場面が描かれている。ラスコーやアルタミラ(スペイン)の洞窟壁画は,新人のクロマニョン人が描いたものである。

世界遺産

■ヒトはいつ猿と分かれたか?

2001年の7月,世界中を1つのニュースがかけめぐった。チャド北部の砂漠で,約700〜600万年前と思われる猿人化石が見つかったのである。「トゥーマイ(生命の希望)猿人」と名づけられたこの猿人は,人類と類人猿両方の特徴をもつ。二足歩行をしていたと思われ,人と猿が分かれた直後の人類といえる。しかしDNAの研究では約500万年前が進化の分岐と考えられており,論争をよんでいる。

*オロリン(2000年発見)は約600万年前とされる

ゴリラ チンパンジー ヒト
0
100
200
300
400 約440万年前 ラミダス猿人
500
600 オロリン*
700 約700〜600万年前 トゥーマイ猿人(サヘラントロプス)
800
900 約950万年前 サンプルピテクス
1000(万年前)

■人類の進化 赤字 脳容積(mL)

人間へ向けての進化を示す模式図。大きさはほぼ比例している。

*旧人のネアンデルタール人と新人のクロマニョン人はそれぞれ原人から個別に進化したもので,両者はしばらくの間共存しながら,結果的にクロマニョン人がネアンデルタール人と入れかわる形でヨーロッパ人の祖先になったといわれる。

猿人 平均300〜550
原人 平均600〜1200
旧人 平均1200〜1600
新人 平均1300〜1600

700〜100万年前 | 240〜4万年前 | 80〜4万年前 | 20万年前〜現在

◀ストーンヘンジ
（イギリス）
一定の間隔をおいて巨石を環状に配列したもので，天体観測をするための祭祀遺跡と考えられている。

世界遺産

1万5000年前

1万8000年前の氷床の範囲

北京原人
（ホモ=エレクトゥス）
（中国）1929年

周口店
半坡
河姆渡

3万年前

160万年前

周口店上洞人
（中国）1933年

藍田原人
（中国）1963年

1500年前

アステカ王国
（14～16世紀）

オルメカ文明
（前12～前4世紀ごろ）

チャビン文化
（前10～前2世紀ごろ）

マヤ文明
（前10～後16世紀）

インカ帝国
（15～16世紀）

ナスカ文明
（1～8世紀）

サンギラン
トリニール

アウストラロピテクス
=アファレンシス（ルーシー）
（エチオピア）1974年

オロリン
（オロリン=ツゲネンシス）
（ケニア）2000年

ジャワ原人
（ホモ=エレクトゥス）
（インドネシア）1891年

1000年前

1万2000年前

1万8000年前の氷床の範囲	人類の拡散（数字は到達の推定年代）	● 旧石器時代の遺跡
1万8000年前の海岸線	→ 原人の移動	● 初期農耕遺跡
	→ 新人の移動	おもな栽培作物（BC4000年ごろまで）

おもな化石人類（数字は発見年）

猿人	アメリカ大陸への移動経路の新説
原人	→ 沿岸ルート説（2万～1万5000年前）
旧人	→ 大西洋ルート説（2万4000～1万8000年前）
新人	

おもな栽培作物：小麦／大麦／雑穀／米／とうもろこし

前30～前21世紀（文明の形成）

ウラル山脈
カフカス山脈
黒海
カスピ海
アラル海
天山山脈
ゴビ砂漠
黄河
パミール高原
タリム盆地
チベット高原
ヒマラヤ山脈
黄河文明
商
竜山
仰韶
三星堆
縄文時代
長江
河姆渡

大西洋
地中海

スサ
ウルク
ウル
ザグロス山脈
イラン高原

メンフィス
エジプト古王国
エジプト文明
メソポタミア文明

インダス文明
ハラッパー
モヘンジョ=ダロ
（モエンジョ=ダーロ）
ドーラーヴィラー
ロータル
デカン高原
インダス川
ガンジス川
アラビア半島
アラビア海

長江下流域にも農耕文明が広がった。

南シナ海
太平洋

▲彩文土器（イラン，スサ出土）
新石器時代の農耕が始まった時代の代表的遺物。中国でもつくられ，**彩陶**とよばれる。→p.87

⬛ 前3000～前2000年ごろの都市地域
― シュメールの海上交易路
◯ 彩文土器分布域

→ そのときここでは　各地域のくわしい地図

地中海	西アジア・オリエント	南アジア	東アジア
ギリシア人の南下→p.63 1	「エジプトはナイルの賜物」→p.56 1	ヴェーダ時代→p.79 2	農耕都市文明→p.87 1

前20〜前5世紀の世界

時代の概観
国家の形成と帝国の出現①

Ａ 前2000年ごろから，**インド＝ヨーロッパ語族諸族**が各地に広がり，都市文明（→p.3）と接触して新たな国家を建設していった。オリエントでは，ヒッタイトが**製鉄技術**を独占し，台頭した。前12世紀ごろにはフェニキア人などの**セム語派諸族**による交易活動が活発化し，諸国間の接触・交流が進んだ。一方中国の黄河流域には，前17世紀ごろには国家（**殷**）が現れた。

Ｂ 青銅器は前3000年代後半には使用されるようになっていたが，前1000年を過ぎると，**鉄器**の使用が広がり，生産力の増大をもたらした。前7世紀には，**アッシリア**がオリエントを統一し，史上初の**世界帝国**を建設した。地中海では前8世紀ごろからギリシア人の都市国家（**ポリス**）が誕生し，中国では殷を倒した**周**が新たな盟主となり，封建制で統治した。

Ａ 前20〜前11世紀の世界（インド＝ヨーロッパ語族諸族の大移動）

地中海	西アジア・オリエント	南アジア	東アジア
ギリシア人の南下→p.63	ヒッタイト→p.55	ヴェーダ時代→p.79	殷→p.88

Ｂ 前10〜前7世紀の世界（鉄器の広がり）

地中海	西アジア・オリエント	南アジア	東アジア
ギリシア人の植民活動→p.63	アッシリアと四王国→p.60	ヴェーダ時代→p.79	周（西周）→p.88

文化圏と地域世界

　文化圏(文明圏)とは、宗教や文字などによる文化的要素とその伝播によって、世界を区分する概念で、都市が発達した地域や大帝国が出現した地域が中心となる。それに対し、地域世界は、「住民の意識のなかにある(自らと関係があると意識されている地域)世界」である。意識に立脚した概念であるため、文化圏と比べて、多様な原理で成立しうる。例えば、東南アジアの熱帯雨林地域や中央ユーラシアの内陸乾燥地帯には、農耕地域に発展するような大都市や、影響力のある宗教・文字は発達しないが、風土環境に立脚した生活習慣・社会制度など、共通する点も多く、文化圏と認められなくても、地域世界としては存在しているといえるのである。

- 北方森林地帯 (シベリア)
- 西端半島部の大森林地帯 (ヨーロッパ世界) →p.136
- 西方の穏やかな地中海の周辺 →p.62 世界
- 中央部の砂漠・高原地帯 (中央ユーラシア世界) →p.94
- 「肥沃な三日月地帯」
- エジプト文明
- メソポタミア文明
- エジプト・メソポタミア文明周辺の乾燥地帯 「西アジア世界」(オリエント世界) →p.54
- インダス文明
- モンスーン(季節風)が吹く南部の山脈に囲まれた半島部 「南アジア世界」 →p.78
- 中国古代文明
- 東方の温帯農耕地帯 「東アジア世界」 →p.87
- 東南アジアの半島・島嶼の熱帯林地帯 「東南アジア世界」 →p.82

凡例:
- 砂漠地帯
- 砂漠・草原混在地帯
- 草原(高原)地帯
- 草原(平野)地帯
- 温帯林・低木林地帯
- 熱帯林・北方林地帯
- ▲▲▲ 山脈
- エジプト文明 紀元前3000年ごろの四大文明
- 古代に形成された地域世界

時代の概観　国家の形成と帝国の出現②

C オリエントでは、アッシリアについで、**アケメネス朝ペルシア**が世界帝国を誕生させた。アケメネス朝は、中央集権制の下、中央と地方を結ぶ交通網を整備し、積極的に商業活動も保護奨励したため、その活動範囲は西は地中海から東はインドに及んだ。北インド中部に定住した**アーリヤ人**は、前7世紀までにヴァルナ制と王政にもとづく多数の小国家(十六大国)を建設した。中国では、周の権力の弱体化により、諸侯が割拠する分裂時代(**春秋時代**、前770〜前403年)を迎えた。

世界各地域のおもな事件

赤字 戦争・紛争関係　青字 文化関係　□おもな治世者

	前3000	前2000	前1000	前800	前600	
日本 縄文時代	○1万年前より縄文時代続く	○貝塚・環状集落			○九州北部で水田稲作	306〜307
東アジア	○仰韶文化 ○竜山文化 ○良渚文化	夏 □殷(商)前16C〜前11C ○西周 前11C〜前770	○封建制実施	東周 □春秋時代 前770〜前403 ○春秋五覇	○戦国の七雄活躍 ○鉄の使用 ○諸子百家の活躍 中国古代文明	87〜90
南アジア		○インダス文明	○『リグ・ヴェーダ』成立 1500ごろ ○アーリヤ人、鉄の使用 ○アーリヤ人、移住 ○バラモン教成立	○仏教・ジャイナ教おこる アーリヤ人16国 16国並存	430ごろ ○マガダ国、ガンジス川流域を統一 ○コーサラ・マガダなど	78〜79
西アジア・オリエント	都市国家発展・抗争	○シュメール都市国家 □古バビロニア王国成立 1760 ○ハンムラビ法典	○ヒッタイトで鉄器使用 1500ごろ □アメンホテプ4世、宗教改革 ○カデシュの戦い 1286ごろ ○ヒッタイト、鉄の使用 アッシリア 前2000年期初〜前612	□アッシュル=バニパル 668 ○アッシリア、オリエント統一 即位	アケメネス朝、オリエント統一 前550〜前330 586 バビロン捕囚〜前538	54〜60
地中海	○トロイア(トロヤ)文明	○クレタ文明 ○ミケーネ文明	○ドーリス人、鉄の使用	□カルタゴ・ギリシアの繁栄 ○ポリス成立 525	509 ○ローマ共和政 500 ○ペルシア戦争〜前449 431 ○ペロポネソス戦争〜前404	62〜65

地中海のおもな治世者等の年表

C 前6〜前5世紀の世界

- 騎馬遊牧民スキタイ 騎馬遊牧文化を形成。ペルシアのダレイオス1世の遠征軍を破った。
- 前5世紀末、戦国時代に。以後、鉄製農具が普及。
- ガウタマ=シッダールタ(ブッダ)が仏教を創始。
- 「王の道」(スサ〜サルディス) ダレイオス1世が建設。宿駅や守備隊が整備されていた。
- ペルセポリス ダレイオス1世が建設を始め、その子クセルクセス1世の代にほぼ完成。アレクサンドロスに破壊され廃墟となった。

主要地名:
- スキタイ、カザフ草原、アラル海、ソグディアナ、パミール高原、バクトリア、タリム盆地、ゴビ砂漠、黄河
- ケルト人、エトルリア、ローマ、ギリシア、アテネ、スパルタ、ビュザンティオン、黒海、サルディス、エクバタナ(夏の王宮)、アケメネス朝ペルシア 前550〜前330
- マッサリア(マルセイユ)、イベリア半島、ガディラ(カディス)、カルタゴ、地中海、メンフィス、テーベ
- バビロン(冬の王宮)、スサ(行政府)、パサルガダイ(戴冠式を行う都)、ペルセポリス(新年の儀式のための都)
- ガンダーラ、コーサラ国、マガダ国、ブッダガヤ、ドラヴィダ人、ベンガル湾
- 犬戎、羌、東周(春秋時代)、洛邑、東夷、百越、東シナ海、南シナ海、インド洋、紅海、アラビア、イエメン、クシュ王国、メロエ、シバ王国

オリエント		インド	
■ アケメネス朝ペルシアの最大領域		▨ 十六大国のおよその範囲(前6世紀)	

→ そのとき　ここでは　**各地域のくわしい地図**

地中海	西アジア・オリエント	南アジア	東アジア
ギリシア人の植民活動 →p.63 3	アケメネス朝ペルシア →p.60 1 B	ヴェーダ時代 →p.79 2	春秋時代 →p.89 1 A

前4〜前3世紀の世界

地図中の注記（アレクサンドロスにかかる事項）

❶マケドニアの都で生まれる。
❷前333 ダレイオス3世のペルシア軍を破る。
❸この戦いでアケメネス朝ペルシアの崩壊が決定的になる。
❼前323 アラビア遠征の準備中に熱病で死亡。
❹前330 ペルセポリス焼き打ち。
❻帰路は部下が海路を使用。
ヘレニズム時代の一大経済文化都市へ発展。

凡例

地中海・西アジア
- マケドニア王国（前336年）
- アレクサンドロスの帝国（前326年）
- → アレクサンドロスの進路（前334〜前323年）赤数字は遠征年（紀元前）
- → アレクサンドロスの部下（将軍）の進路（前325〜前324年）
- ● アレクサンドロスの建てた都市
- ⬭ アレクサンドロスにかかわる事項
- ローマの勢力範囲（前3世紀半ば）
- カルタゴの勢力範囲（前3世紀半ば）

南アジア
- マガダ国（ナンダ朝）の領域（前4世紀半ば）
- マウリヤ朝の最大領域（前3世紀半ば）
- ● 仏教の聖地
- ▲ 仏教の遺跡

東アジア
- 戦 戦国の七雄（戦国時代）
- 中国統一時の秦の領域（前221年）
- ➡ 秦の拡大（周の旧領域の外への）

その他
- ▼ スキタイ文化の主要遺跡
- ▲ 銅鼓（前5世紀〜後2世紀ごろ）発見地
- ➡ 匈奴の進出
- ⬌ 騎馬遊牧文化の交流

➡そのときここでは 各地域のくわしい地図

地中海	西アジア・オリエント	南・東南アジア	東アジア
都市国家から半島統一へ→p.70❶ ポエニ戦争と社会の変容→p.71❸	アレクサンドロスの帝国の変化→p.66❶ＡＢＣ	マウリヤ朝→p.80❶Ａ 仏教の分裂と伝播→p.80❷	戦国時代→p.89❶Ｂ 秦の対外政策と衰退→p.91❷

時代の概観　各地に広がる帝国建設の動き

　ユーラシア各地で鉄器の使用と交易活動が進展し，帝国形成に向けての動きが活発化した。西方ではアケメネス朝を打倒した**アレクサンドロスの帝国**が誕生し，**ヘレニズム文化**形成のきっかけとなった。草原地帯では，騎馬遊牧民が遊牧国家を形成し，**匈奴**は遊牧帝国を誕生させた。インドではアレクサンドロス大王の侵入後に**マウリヤ朝**が，中国では戦国時代を制した**秦**が，それぞれ統一帝国を成立させた。

✓ここをcheck!!

東アジア
- 戦国時代の乱世で戦国の七雄が激しく競い合う。
- 秦帝国は中国の専制支配体制（中華帝国）の原型をつくった。

西アジア・オリエント
- アレクサンドロス大王の東征によりギリシア文化が伝播し，オリエントの諸文化と融合→ヘレニズム文化の形成。

地中海
- ローマがイタリア半島の征服を達成。
- 西地中海の覇権をめぐり，カルタゴとのポエニ戦争勃発。

地図ラベル（左の地図）

モンゴル高原
アルタイ山脈
シ ア
丁零
匈奴（胡）
ゴビ砂漠
月氏
冒頓単于のもとで勢力を拡大、遊牧帝国を形成。
前215 秦の将軍蒙恬の匈奴遠征。
粛慎
東胡
濊
貊
趙 長城
燕 長城
秦 長城
黄河
咸陽
渭水
洛邑
周
羌
魏
大梁
韓
斉 臨淄
魯
東シナ海
⑤前326 インドからの帰還を決意。
チベット高原
ヒマラヤ山脈
秦が中国統一 前221
前3世紀前半 昭襄王（始皇帝の祖父）の時代に、四川開拓。
秦
戦 国 時 代
蜀
巴
楚
郢
長江
呉 会稽
越
長沙
閩
石寨山
百越
ヤ 朝
マガダ（ナンダ朝）
ヴァラナシ
パータリプトラ
ブッダガヤ
カ
タムラリプティ
ガンジス川
ジャンター
ーンドラ
チョーラ
ディヤ
セイロン島
ベンガル湾
前214 南海遠征
バンチェン
ドンソン
メコン川
東南アジア大陸部では、前1000年紀後半から後1～2世紀まで青銅器、鉄器文化が発展（ドンソン文化など）。
古代の海岸線
太 平 洋
ド 洋

経度: 80° 100° 120° 140° 160°
緯度: ① ② ③ ④

G H I J K

世界各地域のおもな事件

赤字 戦争・紛争関係　青字 文化関係　▨おもな治世者

		前4世紀	前3世紀	
日本	縄文時代／弥生時代	○朝鮮半島を経て渡来人流入 ○九州最北端に水田稲作が定着	○九州北部でムラ（小共同体）の統合が始まる ○青銅器・鉄器の使用始まる ○西日本に水田稲作が定着	○東北北部に水田稲作伝播	306〜307
東アジア	東周「戦国時代」前403〜前221	○359 秦、商鞅の変法を実施 ○混乱を避け、朝鮮半島への逃亡民増加	秦 前8C〜前206 221 秦王政（始皇帝）、中国統一 209 秦始皇帝 209 陳勝・呉広の乱（〜208） 郡県一郡制実施	漢〈前漢〉前202〜後8 202 劉邦が建国 項羽・劉邦の争い 郡国制実施	89〜93
始皇帝					
南・東南アジア	マガダ国 ?〜前317	マウリヤ朝 前317ごろ〜前180 326ごろ アレクサンドロス、インド侵入〜前325 チャンドラグプタ、マウリヤ朝建国 ○ベトナムでドンソン文化が栄える	268ごろ アショーカ王即位 ○第3回仏典結集		80
アショーカ王 劉邦（高祖）					
西アジア・オリエント	アケメネス朝ペルシア 前550〜前330	333 イッソスの戦い 331 アルベラの戦い 317ごろ ディアドコイ戦争（アレクサンドロスの帝国分割）〜後226	248ごろ パルティア王国建国 パルティア王国 前248ごろ〜前226 アルサケス		60・61・66
アレクサンドロス アルサケス					
地中海	マケドニア 前7C半〜前168	371 レウクトラの戦い 338 カイロネイアの戦い（ギリシア制圧） 334 アレクサンドロスの東方遠征〜323 323 アレクサンドロス死去 ○ローマの共和政進展	287 法制定→ホルテンシウス 287 ローマで平民の台頭 264 第1次ポエニ戦争（〜241） 218 第2次ポエニ戦争（〜201） 216 カンネーの戦い 202 ザマの戦い		66・70・71

◀**日本の銅鐸**　日本では青銅器と鉄器は同時期に伝わった。青銅器はおもに銅鐸などの祭器として使われるようになった（→ p.9年表）。

日本と東アジア海域　稲作と金属器の広がり

　日本では前4〜前3世紀に水田稲作が本格的に開始され、**縄文時代**から**弥生時代**に移る時期であった。長江下流域に始まる水田稲作は、朝鮮半島から日本に移住した多数の**渡来人**が、灌漑技術とともに伝えたと考えられる。そのほか、青銅器や鉄器の**金属器**もほぼ同時にもたらされた。水田稲作と金属器の使用を特徴とする**弥生文化**は、渡来人と旧来の縄文人によってはぐくまれていった。

✓ここを check!!

日　本	□九州から西日本へと水田稲作が伝播し定着化。 □青銅器・鉄器、水田稲作の伝播による弥生文化の形成。 □低地への定住化が進み、小国（クニ）の成立がみられる。
朝鮮半島	□古朝鮮が建国され、前3世紀に鉄器時代に入る。
中　国	□戦国時代には鉄製農具が普及する。 □戦国時代の混乱を避け、朝鮮半島や日本列島に逃亡民が渡る。

朝鮮　前8世紀 青銅器使用　前3世紀 鉄器使用

中国　前1500〜前1000年ごろ 青銅器主流　前6世紀（春秋中期）鉄器使用　前4世紀（戦国）鉄製農具の普及

日本　前3世紀（弥生前期）青銅器・鉄器使用

黄河
竜山（城子崖）
仰韶
半坡
屈家嶺
彭頭山
河姆渡
良渚
砂沢
垂柳
宮ノ前
板付
菜畑
唐古・鍵
登呂
日本海
太平洋
東シナ海

0 400km

▨ナラ林帯　▨照葉樹林帯
●おもな稲作遺跡　○おもな畑作遺跡
▲北日本の雑穀出土遺跡
➡畑作・稲作の伝播ルート
➡水田稲作の伝播ルート*
*南方からのルートは疑問視されている。

前2〜前1世紀の世界

地図上の注釈・地名

カエサル(シーザー)のガリア遠征
前58〜前51 ケルト諸部族を征服。

ピュドナの戦い 前168
ローマ軍がマケドニアを
事実上支配下におく。

カルラエの戦い
前53 パルティア軍,
ローマ軍を破る。

匈奴・烏孫に追われ,
バクトリアに移る。

ヘレニズムの東の要衝として
さかえたギリシア系の王国。

イラン系。名馬の
汗血馬の産地。

第3次ポエニ戦争 前149〜前146
カルタゴを滅ぼす。

アクティウムの海戦 前31
ローマの地中海制覇完了。

地名ラベル

ゲルマン人
ルテティア(パリ)
ケルト人
ガリア
ブルディガラ(ボルドー)
ルグドゥヌム(リヨン)
マッシリア(マルセイユ)
大西洋
ヒスパニア
バレンシア
ガデス(カディス)
ヌミディア
マウレタニア
ローマ 共和政 前509〜前27
シチリア島
カルタゴ
シラクサ
カルタゴノヴァ
ダキア
イリリクム
トラキア
マケドニア
ビザンティウム
アテネ
スパルタ
ロードス島
クレタ島
ペルガモン
エフェソス(前133ローマ領)
ペルガモン王国
アンティオキア
セレウコス朝シリア 前312〜前64
ダマスクス
ティルス
パルミラ
アレクサンドリア
メンフィス
プトレマイオス朝エジプト 前304〜前30
コプトス
テーベ
シエネ
クシュ王国
メロエ
黒海
ポントゥス王国(前1Cローマ領)
カスピ海
アラル海
メソポタミア
メディア
エクバタナ
クテシフォン
セレウキア
バビロン
スサ
ペルセポリス
アポロゴス
ハルモジア
ペルシス
パルティア(安息) 前248ごろ〜後226
ニシャプール
ヘカトンピュロス
メルヴ
バクトラ
バクトリア
ヘラート
カーブル
ガンダーラ
カイバル峠
タクシラ
プルシャプラ
カシュガル(疏勒)
ヤルカンド(莎車)
ホータン(于闐)
大月氏
フェルガナ(大宛)
マラカンダ
烏孫
セミレチエ
サカ
シンド(身毒)
グジャラート
ウッジャイン
プラティシュターナ
サータヴァーハナ(アーンドラ)前1Cごろ〜後3Cご
サハラ砂漠
アラビア
紅海
イエメン
サヌア
アクスム
アクスム王国
アラビア海
イン
タナイス川(ドン川)
シル川
アム川
ペトラ

凡例

前漢の拡大(武帝時代)
武帝即位当時(前141)の前漢の領土
前漢末期の支配地
張騫の西域行路(前139〜前126)
前漢の進出
朝鮮4郡 河西4郡
南海9郡

ヘレニズム系
バクトリア王国の領域
バクトリア崩壊後のギリシア人の移動

遊牧民
匈奴の最大勢力(冒頓単于時代)
匈奴の進出
月氏の西遷
匈奴の本拠地

そのとき
ここでは
各地域のくわしい地図

地中海	西・中央アジア	南・東南アジア	東アジア
ポエニ戦争と社会の変容→p.71 3	パルティア王国→p.61 1 A	クシャーナ朝・サータヴァーハナ朝 →p.80 1 B	前漢の対外政策→p.93 2
ローマ帝国の領土の変化→p.73 3			

時代の概観　東西で成長する古代帝国

　ユーラシア大陸の東西で強大な帝国が成立した。東方に成立した**前漢**は,武帝のときに全盛期を迎えて周辺地域に支配を広げ,遊牧帝国の**匈奴**とは内陸アジアのオアシス国家を巻き込んで激しく争った。前漢がタリム盆地を奪ったことで,東西の交易が発展し,ユーラシアを東西につなぐ「**オアシスの道**」が形成され,西方に成立した**ローマ**と前漢が結ばれた。そして交易ルートをおさえた**パルティア**が中継貿易で繁栄した。

ここを check!!

東アジア
□ 前漢が,朝鮮半島・ベトナム・タリム盆地を支配下に。
□ 前漢と遊牧帝国匈奴とが激しく抗争。前漢が匈奴を挟み撃ちするために,大月氏に張騫を派遣→西域事情が伝わる。

西アジア
□ 東西交易路を押さえてパルティアが発展し,繁栄。
□ パルティアとローマとの抗争が始まる。

地中海
□ ローマがカルタゴや周辺諸国を制圧,地中海帝国を形成。

概観地図の地名

匈奴
ローマ
カルタゴ滅亡 前146年
プトレマイオス朝エジプト
セレウコス朝シリア
ペルシア湾・インド洋ルート
紅海インド洋ルート
「オアシスの道」
フェルガナ
大月氏
パルティア
匈奴討伐,張騫派遣
河西4郡
西域
西域事情,汗血馬
サータヴァーハナ朝
前漢
長安
朝鮮4郡
南海9郡

地図部分

白登山の戦い 前200
冒頓単于，劉邦を包囲。

匈奴王室の古墳群（前1～後1世紀）

バイカル湖
丁零
モンゴル高原
ノインウラ
単于王庭
アルタイ山脈
匈奴
鮮卑
烏桓
扶余
沃沮
玄菟
遼西
北平
車師後王国
車師前王国
月氏
クチャ（亀茲）
タリム盆地
クロライナ（楼蘭）
敦煌
延
酒泉
張掖
河西回廊
武威
オルドス
五原
太原
洛陽
陳留
真番
楽浪
臨屯
衛氏朝鮮（前190ころ～前108）
韓
倭（弥生時代）
日本海

チベット高原
羌
氐
長安
前漢
蜀
巴 前202～後8
楚
下邳202
呉
烏江
会稽
黄河
東シナ海
東海

パータリプトラ
シュンガ朝
タムラリプティ
カリンガ
チョーラ
パンディヤ
シンハラ（獅子国）
ベンガル湾
夜郎
益州
長沙
閩越
蒼梧
鬱林
南海（番禺）
南越
交趾
合浦
九真
儋耳
珠崖
日南
南シナ海
太平洋
インド洋

― おもな陸上交通路
― おもな河川交通路
― おもな海上交通路

世界各地域のおもな事件

赤字 戦争・紛争関係　青字 文化関係　▨ おもな治世者
□ 中国の歴史書による日本の記述

		前2世紀	前1世紀
日本	弥生時代	○九州北部で「クニ（小国）」への統合が始まる　○銅鐸や銅剣・銅矛を使った祭祀が始まる	○倭人は百余国に分かれ，定期的に楽浪郡に朝貢（『漢書』地理志）　○西日本各地で「クニ」への統合が始まる　○環濠集落（→p.11）が関東にも広がる
東アジア	匈奴／前漢	200『白登山の戦い』　190ころ 冒頓単于の下で勢力拡大　190 衛氏朝鮮建国　154 呉楚七国の乱　141 武帝即位　139 張騫を大月氏に派遣	121 河西4郡設置　108 朝鮮4郡設置　60 西域都護府設置　60 匈奴，東西に分裂／武帝
南・東南アジア	マウリヤ朝 前317ころ～前180／シュンガ朝	○インド分裂時代	111 漢，南海9郡設置／サータヴァーハナ朝 前1C～後3C／○サータヴァーハナ朝，海上交易で繁栄
西・中央アジア	パルティア王国 前248ころ～後226	○大月氏，シルクロードで栄える	○シルクロードの交流活性化（オアシスの道）　○パルティア，首都クテシフォン建設　53 カルラエの戦い
地中海	ローマ（共和政 前509～前27）	168 第3次ポエニ戦争（～146）　149 ～146　146 第3次ポエニ戦争　146 カルタゴ滅亡　121 グラックス兄弟の改革失敗／『内乱の一世紀』へ	91 同盟市戦争（～88）　60 第1回三頭政治（～53）　58 カエサルのガリア遠征（～51）　46 カエサルの独裁（～44）　31 アクティウムの海戦　27 オクタウィアヌス元首政／ローマ帝国 前27～後395／カエサル

▶飛燕を踏む汗血馬
「1日に400km走り，血の汗を流す」と言われたフェルガナ産の名馬。武帝が熱烈に求め，危険な遠征を2度も強行させて，ようやく獲得した。
→p.93 2 〈高さ34.5cm〉

306〜307
92〜93
80・84
61
70〜73

文明の接点　西域

光沢のある絹は，ローマでは大変貴重なもので，遠く中国から西域を経てオアシスの道を通って運ばれた。この東西交易では，ソグディアナ出身のソグド人が国際商人として活躍した。中国は絹の製法を秘密にしたため，さまざまな伝説が生まれた。7世紀の僧，玄奘が伝える伝説もその一つである。

玄奘が伝える蚕の伝説（7世紀）

昔，ホータン（于闐）には桑の木も無く，蚕もいなかった。中国にあると聞いた王は，使者に命じてこれを求めさせたが，中国ではこれを国外に持ち出すことを厳しく禁じていた。一計を案じた王は，中国の王女を后として迎えることを願い出た。……王は后となる中国の王女に，「わが国には元来絹糸や桑，蚕の種がないので，持って来て自ら衣服をつくるように」と伝えた。王女はホータンに嫁入りするとき，髪飾りの中に桑と蚕の種を隠してもち込んだ。〈『大唐西域記』より〉
→p.95

西域

ジュンガル盆地
ビシュバリク（車師後王国）
ソグディアナ
イリ
天山北路
クチャ（亀茲）
天山南路
天山山脈
トゥルファン（車師前王国）
トゥルファン盆地
カラシャール
カラシャール
敦煌
玉門関
タラス
フェルガナの勢力範囲
タシケント
マラカンダ
カシュガル（疏勒）
ヤルカンド（莎車）
パミール高原
大月氏の勢力範囲
バクトラ
ホータン（于闐）
ニヤ（抒彌）
チャドータ（精絶）
タリム盆地
タクラマカン砂漠
西域南道
西域北道
ロブ川
クロライナ（楼蘭）
ミーラン（鄯善）
前漢の領域
ヒンドゥークシ山脈
崑崙山脈

→ 張騫の行路（前139～前126年）
（注）川・湖は現在の呼び名

1～2世紀の世界

班超の部下甘英，
条支（シリア?）に到着。97

班超の西域経営
91～102

「パクス=ロマーナ」
トラヤヌス帝（位98～117）のころ
ローマ帝国領が最大に。

ローマ帝国
（大秦）前27～後395

120年ごろのローマ帝国の領域

パルティア（安息）
前248ごろ～後226

クシャーナ朝
1C～3C

イエス，十字架刑
30ごろ キリスト教が
誕生。

ヒッパロス，海岸沿いの
海賊を避け，インドへの
直接航海を試み，成功。

（11月～3月）

サハラ砂漠

アラビア

アラビア海
（エリュトゥラー海）

（4月～10月中旬）

今日の紅海，インド洋，
アラビア海，ペルシア湾
をも含む総称。エジプト
在住のギリシア人の航海
記（『エリュトゥラー海案
内記』）が残る。

凡例

東アジア
- - ▶ 班超の外征路

遊牧民
➡ 北匈奴の移動
⟱ 南匈奴の移住
▨ 後漢が南匈奴に居住を認めた地帯

地中海
● ○ パウロの伝道した都市

交流関係
➡ モンスーン（ヒッパロスの風）
➡ ヒッパロスの風による航海（インドへ）
· インドにおけるローマ貨幣の発見地
💬 交流にかかわる事項

▼ヘレニズム文化の東伝 顔つきや衣服の
ひだにギリシア風の特徴のある彫刻様式が，
東洋風に変化しながら伝わった。

ギリシア p.68
デルフォイ（デルフィ）
の御者（前5世紀）

ガンダーラ p.80
釈迦立像（2～3世紀）

中国 p.99
竜門石窟菩薩像（7世紀）

日本
法隆寺百済観音像
（7世紀）

『エリュトゥラー海案内記』
　はじめて舵手のヒッパロスが，商業地の位置と
海の状態とを了解して，大海横断による航海を発
見し，それ以来インド洋で局部的に，…大洋から
吹く季節風である南西風は，〈最初に発見した人
の名にちなみ〉ヒッパロスとよばれる…〈村川堅
太郎編訳『エリュトゥラー海案内記』中公文庫〉

➡ そのとき
ここでは **各地域のくわしい地図**

時代の概観　成熟する古代世界

　ユーラシア東西に大帝国が並立し，「海の道」が本格的に開拓されるな
ど通商路が整備されて交易活動が発展した。東方では匈奴が弱体化し，
後漢が西域のオアシス国家を支配下に入れるとともに，周辺諸国との朝
貢・冊封関係によって国際秩序を安定させた。西方では**ローマ帝国**が「パ
クス=ロマーナ（ローマの平和）」のもと全盛期を迎え，インドでは，陸路
で**クシャーナ朝**，海路で**サータヴァーハナ朝**が東西交易で繁栄した。

☑ ここを check!!
　　　　　　　　　　　　　　　　　＊ローマ帝国をさす

東アジア
- □ 西域都護府が設置され，西域都護の班超が経営に従事。
- □ 甘英が大秦をめざすがパルティアの妨害で失敗。

西アジア
- □ パルティアは長年のローマとの抗争で次第に衰退。

地中海
- □ 五賢帝時代にローマ帝国の領土は最大に発展。
- □ 陸上・海上の交易が地中海ネットワークで繁栄。
- □ 海上交易は季節風貿易のインド洋ネットワークと結合。

「草原の道」

「オアシスの道」

北匈奴　分裂・弱体化
南匈奴

ローマ帝国

パルティア　クシャーナ朝
ガンダーラ美術最盛期

西域都護府

仏教の東伝

後漢
25年に光武帝
が再興

96～180
五賢帝時代

サータヴァーハナ朝

ヒッパロスの風

扶南
オケオ

大秦王安敦の
使者，海路で
後漢に

「海の道」

地図（左）

100° H 120° I 140° J 160° K

匈奴弱体後に全モンゴルを支配。

鮮卑の勢力圏

鮮卑の故地

鮮卑石室

大興安嶺

キルギス

アルタイ山脈
丁零
モンゴル高原
鮮卑
匈奴
扶余

チエ

クチャ
亀茲
車師後王国
前王国
（伊吾城）
居延
弾汗山
烏桓
西域都護府
（部都）リム盆地
チェルチェン
（且末）
敦煌
酒泉
張掖
武威
甘南回廊
五原
北平
 オルドス
南匈奴
高句麗（コグリョ）
山脈
チベット高原
崑崙山脈
張掖
黄河
薊
鄴
洛陽
陳留
帯方
楽浪
馬韓
辰韓
弁韓
日本海

羌
氐
長安
襄陽
黄
（弥生時代）

後漢
25～220

蜀
巴
南郡
揚州
呉
会稽

後漢の最大領域

アヨーディヤ
バーリプトラ
マガダ
タムラリプティ

チベット

益州
長沙
鬱林
南海
交趾
ハノイ
九真
日南
徐聞
朱崖
東シナ海
太平洋

ーティシュターナ
ーヴァーハナ朝
前1Cごろ～後3Cごろ

アマラーヴァティー
ベンガル湾
ボドゥケ
チョーラ
ディヤ
シンハラ

チャンパー
扶南（林邑）
頓遜
ニャチャン
タコラ
オケオ メコン川

166 大秦王安敦の使者
海路で到着。

インドシナ半島

マレー半島

ド 洋

1世紀にギリシア人が紅海・イン
ド洋の航海・貿易について書いた
『エリュトゥラー海案内記』には，
「ヒッパロスの風」とよばれる季節
風が記されている→p.86

━━━ おもな陸上交通路
━━━ おもな河川交通路
━━━ おもな海上交通路

80° G 100° H 120° I

世界各地域のおもな事件

赤字 戦争・紛争関係　青字 文化関係　▨おもな治世者
☐ 中国の歴史書による日本の記述

		1世紀	2世紀
日本	弥生時代	57 倭の奴国王、後漢に遣使、光武帝より印綬を賜る『後漢書』東夷伝	107 倭国王帥升 後漢に遣使 生口（奴隷）を献上『後漢書』東夷伝 ／ ○倭国大乱『後漢書』ほか
東アジア	新 8～23	8 王莽が建国 ／ 18 赤眉の乱（～27）／ 25 劉秀（光武帝）が建国 ／ 32 高句麗が後漢に朝貢 ／ 漢（後漢）25～220	91 班超、西域都護となる ／ 97 班超、大秦（ローマ帝国）に甘英を派遣 ／ ○匈奴が南北に分裂 ／ *ローマ皇帝マルクス＝アウレリウス＝アントニヌスか。166 大秦王安敦の使者、海路で日南に到着 ／ 184 黄巾の乱
南・東南アジア	サータヴァーハナ朝前1C～後3C	○クシャーナ朝1C～3C ／ ○マヌ法典整備 ／ ○ローマとの交易 ／ ○扶南建国 ／ 〔海の道〕	128ごろ クシャーナ朝にカニシカ王即位（～152？）／ ○大乗仏教確立 ／ ○ガンダーラ美術隆盛 ／ ○チャンパー（林邑）成立 ／ カニシカ王
西・中央アジア	パルティア王国前248～後226	○オアシスの道が繁栄	97 後漢の甘英、条支（シリア？）に到着
地中海	ローマ帝政 前27～後395	30ごろ イエス処刑 ／ 64 ネロ、キリスト教を迫害 ／ ○キリスト教成立	96 五賢帝時代（～180）／ パクス＝ロマーナ ／ ・ネルヴァ ・トラヤヌス ・ハドリアヌス ・アントニヌス ・マルクス＝アウレリウス 他2名 ／ マルクス＝アウレリウス＝アントニヌス帝

306～307
92・93
80・84
61
72～73

◀金印とその印影（実物大）志賀島（福岡県）の農地で発見された金印とその印影。漢委奴国王と刻まれている。光武帝が奴国王に授けたものとされる。

日本と東アジア海域
朝貢と冊封による国際秩序

漢帝国は中華思想にもとづき周辺諸国との間に独自の国際秩序をつくりあげた。周辺国の王が使節を派遣し臣下の礼をとって貢ぎ物を出し（朝貢），皇帝は彼らに爵位を与えその支配を認めた（冊封）。このような君臣関係の形式をとった国際秩序を朝貢・冊封関係とよぶ。高句麗は32年に朝貢し冊封を受け，倭（日本）の奴国も57年に後漢の光武帝より冊封を受けた。朝貢・冊封関係は，その後の東アジアでの国際関係の基軸となった。

☑ ここをcheck!!

日本	□各地に「クニ」とよばれる政治的まとまりが成立。 □倭の奴国王，後漢に朝貢し，光武帝より印綬を受ける。 □2世紀後半から倭国大いに乱れる（『後漢書』東夷伝）。
朝鮮半島	□北方に狩猟民系の高句麗が成立。
中国	□高句麗，倭の奴国などが中国に朝貢し，冊封される。 □漢字を媒体とし交流により漢字文化圏の形成が進む。

北方遊牧民 匈奴は南北に分裂し，南匈奴は後漢に服属。

鮮卑
南匈奴
北狄
高句麗
楽浪
黄河
洛陽
中華
西戎
後漢
馬韓 辰韓
弁韓
志賀島
吉野ヶ里遺跡
倭（日本）
東夷
長江
会稽
東シナ海
南蛮

前37年ごろ建国。後32年，漢に朝貢。

倭（日本）小国間の争いがさかん。57年，北九州の奴国王が後漢に朝貢し冊封を受ける。

0 400km

■環濠集落（堀・塀で防御）　・高地性集落（戦時の避難所）
▨集落間の戦闘が激しかった地域（推定）

3世紀の世界

ローマ帝国

サ サ ン 朝 ペ ル シ ア
224〜651

サカ王朝

メロエ王国
メロエ○

アクスム王国
◎アクスム

エデッサの戦い
260 サ サ ン 朝 が
ローマ皇帝を捕虜
にする。

アジャンター石窟寺院を
支援するなど，諸芸術が
栄える。

東アジア
▨ 西晋の領域
遊牧民の大移動
➡ 鮮卑の移動
地中海・西アジア
➡ サ サ ン 朝 と ロ ー マ 帝 国 の 抗 争
⬀ ゲルマン人の侵略（251〜271）
● 四分統治制の都
南・東南アジア・仏教関係
∴ おもな仏教遺跡

➡ そのとき
ここでは **各地域のくわしい地図**

地中海	西アジア	南・東南アジア	東アジア
ローマ帝国の領土の変化➡p.73❸	サ サ ン 朝 ペ ル シ ア ➡p.61❶Ⓑ	東南アジア諸国家の形成➡p.84❶Ⓐ	三国時代・西晋➡p.98❶Ⓐ
キリスト教の発展➡p.74❶			

時代の概観　古代帝国の衰退と混乱期の始まり

　ユーラシア大陸の東西の帝国が弱体化し，混乱が続いた。西のローマ帝国では**軍人皇帝時代**となり，**「3世紀の危機」**と称される混乱が続いた。一方，東の中国では後漢が滅亡し，**魏・蜀・呉**による**三国**が抗争したが，魏にかわり**西晋**が中国を統一した。また，南アジアでは中南部のサータヴァーハナ朝・西北部のクシャーナ朝の二つの帝国が衰退し，西アジアでは**サ サ ン 朝**が成立してローマ帝国と激しく対立した。

☑**ここを check!!**

東アジア	□ 後漢が滅亡し，三国時代を経て西晋が中国を統一。
南アジア	□ クシャーナ朝やサータヴァーハナ朝が衰退し，小王国が並立。
西アジア	□ サ サ ン 朝 が成立し，シャープール1世の下で勢力拡大。 □ 東西交流により，さまざまな宗教を融合したマニ教が成立。
地中海	□ ローマ市民権が拡大し，帝国各地でローマ化が進む。 □「3世紀の危機」でローマ社会がしだいに変質化。

世界各地域のおもな事件

赤字 戦争・紛争関係　青字 文化関係　▨▨ おもな治世者
□ 中国の歴史書による日本の記述

3世紀

	3世紀
日本 弥生時代 → 古墳時代	卑弥呼（ひみこ） 239 邪馬台国女王卑弥呼が魏に遣使し、「親魏倭王」の称号を得る（『魏志』倭人伝） 247 邪馬台国、狗奴国と戦う 266 倭（邪馬台国の女王『壱与』？）、西晋に遣使 ○西日本で前方後円墳の造営始まる
東アジア 漢（後漢）25～220	208 赤壁の戦い（天下三分） 220 後漢滅亡 三国時代25～280 魏・蜀・呉が並存　曹丕・劉備・孫権　曹操の子 ○三国時代（魏 曹操の子）、蜀・呉が建国 263 蜀滅亡 265 司馬炎が建国 西晋265～316 280 呉滅亡 291 八王の乱～306 西晋、中国統一 司馬炎
南・東南アジア クシャーナ朝 1C～3C	○ドラヴィダ系王朝の並立 ○クシャーナ朝、サ サン朝、インドへ侵入 ○クシャーナ朝衰退 （インド分裂）
西アジア パルティア王国 前248？～後226 ササン朝ペルシア 224～651	226 パルティア滅亡 ササン朝ペルシアとなる 245ごろ マニ教が成立 ○ゾロアスター教、国教 260 シャープール1世 エデッサの戦い シャープール1世
地中海 ローマ（帝政）前27～後395	212 カラカラ帝、ローマ市民権を帝国全土に拡大 235～284 軍人皇帝時代（3世紀の危機） ○26人の軍人皇帝擁立（アントニヌス勅令） ○ウァレリアヌス帝（軍人皇帝） 293 ディオクレティアヌス帝、四分統治（テトラルキア）始める ディオクレティアヌス帝

306～307
92・93・98・99
80・81・84
61
72～73

▶**三角縁神獣鏡**（さんかくぶちしんじゅうきょう）　魏の皇帝が卑弥呼に授けたといわれる。しかし、中国本土で出土例がないため中国の技術者が日本でつくったとする説もある。

日本と東アジア海域　動乱と諸国家の形成

　後漢が滅亡したあと、混乱のなかから登場した**魏・蜀・呉の三国時代**となり、**魏晋南北朝時代**が始まった。華北を支配した魏は、朝鮮北部の**高句麗**を圧迫し、倭の**邪馬台国の卑弥呼**がこの魏に朝貢した。その後、魏にかわった**西晋**が中国を統一したが、八王の乱が始まるなど政治は安定しなかった。一方、朝鮮半島の中南部では**馬韓・辰韓・弁韓**による**三韓時代**となった。

☑ ここを check!!

日本
- □ 邪馬台国の卑弥呼が魏に遣使、「親魏倭王」の称号を贈られる。
- □ 卑弥呼の死後、倭国大乱。その後女王に立てられた壱与（いよ）が西晋に遣使。

朝鮮半島
- □ 楽浪郡（らくろうぐん）の南部から帯方郡（たいほうぐん）が設置される。
- □ 中南部が馬韓・辰韓・弁韓の三韓時代となる。

中国
- □ 魏・蜀・呉の三国時代を経て、西晋が中国を統一。

凡例（地図下）
- ＝＝ おもな陸上交通路
- ── おもな河川交通路
- ── おもな海上交通路

地図ラベル（抜粋）:
キルギス　北海（バイカル湖）　アムール川　丁零　アルタイ山脈（金山）　ウトゥケン山　モンゴル高原　鮮卑　扶余　鮮卑石室　ジュンガル盆地　高昌　ハミ（伊吾）　北匈奴　南匈奴　高句麗　丸都　竜城　玉門関　敦煌　西域　匈奴　魏 220～265　泰山　帯方　馬韓　辰韓　弁韓　倭　楽浪　キジル千仏洞　クチャ（亀茲）　ミーラン（都善）　莫高窟　陽関　姑臧　長安　洛陽　黄河　チェルチェン（且末）　婼羌　吐谷渾　漢中　襄陽　江陵　建業　鎮江　東シナ海　234 五丈原の戦い　チベット高原　羌　氐　成都　白帝城　南郡　蜀 221～263　巴　長沙　呉 222～280　晋安　会稽　208 赤壁の戦い　カナウジ　パータリプトラ　ブッダガヤ　永昌　雲南　南海　交趾　合浦　ベンガル湾　インドシナ半島　チャンパー（林邑）　扶南（林邑）　頓遜　盤盤　タコラ（投拘利）　ケダー（狼牙修）　ランカスカ（狼牙修）　シュリークシェートラ　ピュー　日南　チャキュウ　朱崖　南シナ海　太平洋　サーンチー　ナーグプル　パラヴァ　チョーラ朝　パーンディヤ朝　シンハラ　アヌラーダプラ

3世紀半ば以降、気候が寒冷化して災害が多発するようになると、鮮卑が華北に南下。

右下地図:
三国時代　魏 220～265 → 西晋 265～316　鮮卑　匈奴　高句麗　丸都　楽浪（平壌）　帯方　弁韓　辰韓　馬韓　対馬国　狗邪韓国（くやかんこく）　一支国（壱岐島）　倭　近畿説　九州説　「魏志」倭人伝による邪馬台国の位置　倭 135°　洛陽　建業　蜀 221～263　呉 222～280　208 赤壁の戦い　黄河　淮河　長江　東シナ海　3世紀初め公孫氏（こうそんし）が設定

邪馬台国の立地
近畿説…距離が正しい
九州説…方位が正しい
奴国（博多）までは特定

- → 邪馬台国への推定ルート（238年）
- ▨ 西晋（265～316）の支配領域
- 鮮卑 北方の遊牧民

0　400km

4世紀の世界

376 西ゴート人，ドナウ川を渡る（ゲルマン人の大移動始まる）。

カザフ草原地帯に出現した騎馬遊牧民。ゲルマン人の大移動をもたらす。

375 フン人

大西洋

ローマ帝国

395 ローマ帝国，東西に分裂。

サハラ砂漠

サ サ ン 朝 ペ ル シ ア 224〜651

スライマン山脈

350年ごろ メロエ王国がアクスム王国の侵攻により滅亡。

アクスム王国

4世紀初めにコプト派キリスト教が伝来。

サンスクリット（梵）語による文学や純インド的なグプタ美術が栄える。

東南アジアと積極的に交流。インド文化を東南アジアに伝える。

遊牧民の大移動
- ➡ 鮮卑の移動
- ⇒ フンの移動

地中海・西アジア
- ➡ ササン朝とローマ帝国の抗争
- ■■■ 東西ローマ帝国の分割線（395年）

南・東南アジア・仏教関係
- ―‥― 法顕の行路（399〜412）
- ∴ おもな仏教遺跡
- ➡ インド文明の伝播
- ◉ インド化した東南アジアのおもな都市

ペルシア
ササン朝の水さし
➡p.61①

中国
鳳首狩猟文の胡瓶

日本
漆胡瓶
（正倉院宝物，高さ41.3cm）

➡ そのときここでは　各地域のくわしい地図

地中海	西アジア	南・東南アジア	東アジア
ローマ帝国の領土の変化➡p.73 **3**	ササン朝ペルシア➡p.61 **1** B	グプタ朝➡p.81 **4** A	五胡十六国時代➡p.98 **1** B
キリスト教の発展➡p.74 **1**		東南アジアのインド化・中国化➡p.84 **1** B	
ゲルマン人の大移動➡p.137 **1** A			

時代の概観　民族移動と古代帝国の崩壊

　ユーラシア大陸の東西において混乱の時代が続いた。西方の混乱を鎮めようと**ローマ帝国**では**専制君主政**が始まり，**キリスト教**が公認された。しかし，**フン人**の西進により**ゲルマン人の大移動**が起こり，**ササン朝**との抗争で疲弊した**ローマ帝国は東西に分裂**した。東方の中国でも，遊牧民の侵入による**五胡十六国**の動乱が展開した。

☑ ここを check!!

- **東アジア**
  - □ 仏教が普及し，高句麗や百済に伝来した。
  - □ 北は遊牧民中心の五胡十六国，南は漢人が東晋を建国。
- **南アジア**
  - □ グプタ朝の下でヒンドゥー文化が開花し，東南アジアに伝播。
- **西アジア**
  - □ ササン朝がローマ帝国と対立する。
  - □ 精巧な装飾が特徴のササン朝美術が，のちに日本まで伝播。
- **地中海**
  - □ ローマ帝国では専制君主政を開始し，キリスト教を公認した。
  - □ ゲルマン人の大移動のなかでローマ帝国が東西に分裂した。

ゲルマン人の大移動　フン人　鮮卑侵入

ローマ帝国　395東西分裂　ササン朝ペルシア　マニ教　抗争　友好

オアシス都市に仏教定着　伝播

五胡十六国　東晋　仏教日本伝来538年（一説に552年）

グプタ朝　ヒンドゥー文化・仏教文化　パッラヴァ朝　海上進出

扶南　交易

東南アジアのインド化

➡ 仏教の伝播　➡ マニ教の伝播

地図内の注記

華北に南下し、拓跋部が北魏を、慕容部が前燕・後燕を建国。

五胡十六国時代 304〜439 内乱打開の援軍に使ってきた遊牧民が自立、中華は遊牧民が入り乱れる大混乱時代へ。

淝水の戦い 383

西晋が匈奴に滅ぼされた（永嘉の乱）のち、王族が南にのがれて建国。

東晋 317〜420

グプタ朝 318ごろ〜550ごろ

高句麗（コグリョ）丸都

新羅（シルラ）／熊津／斯盧

百済（ペクチェ）／加耶（加羅）

倭

前涼／前秦／前燕

長安／洛陽／鄴／建康

チャンパー（林邑）／扶南

地図凡例

― おもな陸上交通路
― おもな河川交通路
― おもな海上交通路

世界各地域のおもな事件

赤字 戦争・紛争関係　青字 文化関係　▨ おもな治世者

4世紀

日本（古墳時代）
- 百済・倭の連合軍、高句麗と戦う
- 前方後円墳の造営広がる
- 倭でヤマト王権発展
- 「空白の4世紀」中国の史料に倭国が登場せず　詳細情勢不明
- 372 百済王、七支刀をヤマト王権に贈る
- 古墳が東北中部まで波及
- 百済・倭の連合軍、高句麗の広開土王と戦う 306〜307

東アジア
- 五胡十六国 304〜439
- 313 高句麗の中国侵入
- 東晋・南朝 317〜420
- 317 司馬睿が建国
- 仏図澄・鳩摩羅什らにより仏教普及
- 376 前秦、一時華北統一
- 383 淝水の戦い
- 386 北魏、拓跋珪が建国
- 北魏（北朝）386〜534
- 南北朝時代
- 391 高句麗に広開土王 98〜99

南・東南アジア
- グプタ朝 318ごろ〜550ごろ
- 318ごろチャンドラグプタ1世が建国
- 375ごろチャンドラグプタ2世即位
- ヒンドゥー教発展
- 東南アジアのインド化が本格化（〜8世紀）
- 法顕のインド旅行（399〜412）80・81・84

西アジア
- サーサーン朝ペルシア 224〜651
- シャープール2世、ローマ軍と戦う
- 371 ローマ軍と戦う
- ミトラ教さかん 61

シャープール2世

ローマ（帝政）前27〜後395 地中海
- 313 コンスタンティヌス帝、ミラノ勅令（キリスト教公認）
- 325 ニケーア公会議
- 376 西ゴート人、ドナウ川を越えてローマ帝国に侵入（ゲルマン人の大移動）
- 392 ローマ帝国、キリスト教を国教に
- 395 ローマ帝国、東西に分裂 72・73・137

コンスタンティヌス帝

▶奈良の古墳から出土した鉄の延べ板　当時の日本には鉄鉱石から鉄をつくる技術がなく、鉄は延べ板の状態で朝鮮半島からもたらされ、武器や農具に加工された。

日本と東アジア海域　動乱と諸国家の形成

　遊牧民の侵入による中華帝国の混乱（五胡十六国時代）は周辺地域への影響力を低下させ、朝鮮半島や日本では国家形成の動きが本格化した。朝鮮では北部で**高句麗**が自立し、小国分立していた南部は**百済**と**新羅**が諸勢力を統一した（三国時代）。高句麗は新羅と対立して南下し、一方百済は南端の**加耶**諸国や倭人勢力と提携し対抗した。倭では大陸との密接な関係をもつ**ヤマト王権**が、鉄資源やさまざまな技術を取り入れて勢力を拡大した。

✓ここをcheck!!

日本
- □ 大規模な古墳が東北地方中部まで拡大。
- □ 朝鮮半島と強いつながりのあるヤマト王権が勢力を拡大。

朝鮮半島
- □ 楽浪郡に続き、帯方郡が滅ぼされる。 ➡p.13
- □ 百済・新羅が成立し、高句麗とあわせて三国時代となる。

中国
- □ 北には遊牧民による五胡十六国が、南には東晋が成立。
- □ 東晋代の仏僧法顕が仏典収集のため渡印。

右下地図

騎馬遊牧文化と中華文明の双方に接して発展。中国の混乱に乗じ、313年、楽浪郡を滅ぼして自立。

北魏／後秦／後燕／五胡十六国／鮮卑拓跋部／鮮卑慕容部

高句麗／広開土王碑／丸都

高句麗に従属しつつ発展。

孤立した帯方郡の漢人遺民を取り込み発展。

新羅／百済／加耶／倭／東晋

小国連合体。大陸の文化や鉄を求める倭人勢力が密接な関係をもつ。

ヤマト王権の中心地　鉄素材（延べ板など）の出土地と大型古墳の分布はほぼ重なっており、ヤマト王権は鉄を豪族に分配して勢力を拡大したと考えられている。

- ===== 高句麗・新羅連合
- ── 百済・加耶・倭連合
- ・ 鉄素材の出土地（倭）
- ⚑ 大型古墳の分布（4世紀後半）

0　400km

5世紀の世界

カタラウヌムの戦い 451
フン人を西ローマ・西ゴート・フランク・ブルグントが連合して破る。

アッティラ 位433ごろ〜453
フンの王。隆盛を誇ったが、カタラウヌムの戦いに敗れガリアから撤退。

5世紀半ばからトハリスタンを本拠地として中央アジア西部に勢力を広げる。

エフタルの最大勢力範囲

アッティラの居城

西ローマ帝国滅亡 476

431 エフェソス公会議

アクスム王国が紅海航路をおさえて発展。ペルシア湾をおさえたサンサ朝とインド洋貿易で争う。

遊牧民の大移動

- フンの移動
- 5世紀の高車の西進方向
- 5世紀後半〜6世紀初めのエフタルの進出方向

ゲルマン諸国

- アタナシウス派(ローマ=カトリック)に改宗
- その他

地中海・西アジア

- サンサ朝と東ローマ帝国の抗争

南・東アジア・仏教関係

- ∴ おもな仏教遺跡

→ そのときここでは 各地域のくわしい地図

地中海	西アジア	南・東南アジア	東アジア
ゲルマン人の大移動→p.137 **1** A	サンサ朝ペルシア→p.61 **1** B	グプタ朝→p.81 **4** A	南北朝時代→p.98 **1** C
キリスト教の発展→p.74 **1**		東南アジアのインド化・中国化→p.84 **1** B	

時代の概観　古代帝国の分裂と新たな遊牧民国家の成立

　前世紀から始まった地球規模の寒冷化を要因としたユーラシア各地の民族移動が本格化し，諸王朝が交替する混乱が続いた。東方の中国では，**北魏**が華北を統一(北朝)したものの南北朝の対立が続いた。一方，西方ではゲルマン諸国が各地で建国されるなかで，西ローマ帝国が滅亡した。中央アジアでは，**柔然**がモンゴル高原で勢力を拡大し，遊牧民の**エフタル**が台頭してサンサ朝やグプタ朝に侵入した。

☑ ここを check!!

東アジア
- □ 鮮卑の拓跋部が北魏を建て，華北を統一(北朝)。
- □ 東晋にかわって，同じ漢人の宋・斉・梁・陳が興亡(南朝)。

西・中央アジア
- □ モンゴル高原で柔然が勢力を拡大。
- □ 中央アジアの遊牧民エフタルが東西交易路を押さえて繁栄。

地中海
- □ 西方ではゲルマン諸国が建国されるなか，西ローマ帝国が滅亡。
- □ 東方では東ローマ帝国が発展の基礎を固めていた。

フンの王 アッティラ，ゲルマン諸国に撃退される。

世界各地域のおもな事件

赤字 戦争・紛争関係　青字 文化関係　▨▨▨ おもな治世者
□ 中国の歴史書による日本の記述

5世紀

	古墳時代 日本	404 倭国、帯方郡に進出し、高句麗と戦う	413 高句麗、東晋に遣使	414 高句麗 広開土王碑を建立	421 倭王讃 宋に朝貢	438 倭王珍 宋に朝貢	443 倭王済 宋に朝貢	462 倭王興 宋に朝貢	478 倭王武 宋に朝貢	「倭の五王」*の遣使	*済は允恭天皇、興は安康天皇、武は雄略天皇に比定されている。	306〜307

東アジア	五胡十六国 304〜439	東晋 317〜420	南朝 420〜589 宋おこる	439 北朝、華北統一	南北朝時代 北朝 439〜581	420 宋おこる	479 斉おこる	○漢化政策 ○六朝文化発展	494 孝文帝、洛陽に遷都	98・99

南・東南アジア：グプタ朝時代 320ごろ〜550ごろ　○チャンドラグプタ2世の下、グプタ朝全盛　○グプタ美術さかん　○ナーランダー僧院建立　81・84

西アジア：ササン朝ペルシア 224〜651　484 ササン朝ペルシア、エフタル、支配下に　エフタル 5Cごろ〜6C　○エフタル、ササン朝に侵入　対立　61

地中海：東ローマ 395〜1453　西ローマ 395〜476　410 西ゴート王アラリック、ローマ侵入　418 西ゴート王国建国　431 エフェソス公会議 →ネストリウス派、アジアへ　451 カタラウヌムの戦い　452 教皇レオ1世、アッティラを退ける　476 オドアケル、西ローマ帝国を滅ぼす　フランク王国成立 481〜751　481 フランク王国成立 メロヴィング朝　496 クローヴィス、カトリックに改宗　72・73 137・138

地図中注記（抜粋）

- 4〜6世紀。トルコ系遊牧民丁零の後身。北魏・柔然に押され、西に移動。
- モンゴル系？鮮卑拓跋部に従属していたが5世紀に自立。南朝諸国と通交。6世紀中ごろ、突厥に滅ぼされる。
- 494 平城から洛陽へ遷都
- 南北朝時代 439〜589 華北を統一した北魏（北朝）と江南の宋（南朝）が対峙。
- ナーランダー僧院 グプタ朝時代に建立。7世紀には数千人の僧が学ぶ。

北魏（北朝）386〜534　柔然 ?〜555　高車　高句麗　新羅　百済　加耶（加羅）　倭（ヤマト王権）　宋（南朝）420〜479　扶南（林邑）　チャンパー　グプタ朝 320ごろ〜550ごろ　パッラヴァ朝　チョーラ朝　シンハラ　オドアケル

凡例
― おもな陸上交通路
― おもな河川交通路
― おもな海上交通路

◀ 稲荷山古墳出土鉄剣(部分)

鉄剣の両面には銘文が記されている。表面の「辛亥の年」は471年、裏面の「獲加多支鹵大王」は『宋書』倭国伝にある倭王「武」(雄略天皇)とみられることから、5世紀後半にはヤマト王権と東国は関係があったことがわかる。

（鉄剣銘文：獲加多支鹵大王　ワカタケル）

5世紀初頭、西進して遼東を奪取。北朝の冊封を受けつつ、南朝とも通交して発展するが、6世紀以降自立した新羅の台頭により南下をさえぎられる。

初め百済と協議しながら南朝の冊封を受けて高句麗に対抗、のち南進し加耶の東南部を併合。

439年、鮮卑拓跋部の北魏が華北統一、南北朝時代へ。494年、洛陽に遷都。

北朝のち南朝に朝貢、高句麗・新羅と抗争、加耶の西部に進出。

朝鮮・倭の諸国は、南朝の冊封関係を受けることで、自国の安全保障や他国への介入権を得ようとする。

「倭の五王」が南朝の冊封を受け、朝鮮南部での行動権確保をめざすが、加耶の滅亡により、大陸との関係は百済中心に。

柔然　高句麗　北朝　北魏 386〜534　新羅　百済　加耶　倭 ヤマト王権　宋 420〜479　南朝（漢人王朝）　武川鎮　平城　遼東半島　長安　洛陽　建康　稲荷山古墳　オホーツク海

凡例
➡ 高句麗の拡大
➡ 新羅の拡大
■ 北魏の対柔然防衛拠点

日本と東アジア海域　南北朝の分立と朝鮮三国の抗争

　中国では、北魏から始まる遊牧民がつくった北朝と漢民族の南朝の分立状態が続いた。朝鮮半島の諸国や倭は、中国の南朝・北朝の**冊封**を受けて対抗し合った。朝鮮半島では**高句麗**の勢力が拡大した。一方で倭の**ヤマト王権**は、「**倭の五王**」が南朝の宋の冊封を受け、国内と朝鮮半島での勢力を優位にしようとした。また、倭の国内では、巨大化した古墳や、鉄製武具の副葬品から、ヤマト王権の統一が進んだことがわかる。

✓ ここをcheck!!

日本
- □「倭の五王」が南朝の宋に遣使し冊封を受ける。
- □ 倭は百済と友好的な関係を結んだ。

朝鮮半島
- □ 高句麗が平壌に都を遷し、遼東半島まで勢力を広げる。
- □ 高句麗が百済・新羅を圧迫する。

中国
- □ 北魏の孝文帝が都を洛陽に移し、漢化政策を実施。
- □ 軍事的に優勢な北朝に対して、南朝は百済や倭などと結ぶ。

0　400km

6世紀の世界

遊牧民
- ▨ 583年分裂前の突厥(とっくつ)の勢力圏

東アジア（隋の中国統一(とっけつ)）
- ⇨ 隋の高句麗遠征
- 〜〜〜 運河

北周 5世紀後半の南北朝時代の王朝
- ─ 5世紀後半の南北朝時代の国境

ゲルマン諸国
- ▨ アタナシウス派（ローマ＝カトリック）に改宗
- ▨ その他

地中海・西アジア
- ▭ ユスティニアヌス帝時代(527〜565)の東ローマ帝国の最大領域
- ⬌ ササン朝と東ローマ帝国の抗争

仏教関係
- ∴ おもな仏教遺跡

➡ そのとき ここでは　**各地域のくわしい地図**

地中海	西アジア	南・東南アジア	東アジア
ゲルマン人の大移動➡p.137 **1** B	ササン朝ペルシア➡p.61 **1** B	グプタ朝➡p.81 **4** A	隋の統一と周辺諸国➡p.100 **1**
ビザンツ帝国の盛衰➡p.139 **1** A		東南アジアのインド化・中国化➡p.84 **1** B	

時代の概観　混乱の収束と新たな国家の成立

ユーラシア大陸の東西における混乱が、しだいに収束や安定に向かい始めた。西では**東ローマ帝国**の**ユスティニアヌス帝**がローマ帝国の旧領をほぼ回復し、東では6世紀末に**隋**が中国を統一した。中央アジアでは前世紀に勢力を拡大した**エフタル**がグプタ朝を衰退させたが、中央ユーラシアの遊牧帝国**突厥**(とっくつ)と西アジアの**ササン朝**の挟撃を受け滅亡した。また、ササン朝と東ローマ帝国は抗争を続けた。

☑ **ここを check!!**

東アジア
- □ 北朝から出た隋が南朝の陳を滅ぼし中国統一。
- □ 北の遊牧民による文化と南の漢人による貴族文化が融合。

中央アジア
- □ 支配領域を拡大した突厥がササン朝と結び、エフタルを滅ぼす。

西アジア
- □ ササン朝と東ローマ帝国の対立により紅海ルートが活発化。

地中海
- □ ゲルマン人国家のフランク王国が西ヨーロッパで領土拡大。
- □ ユスティニアヌス治下の東ローマ帝国が地中海帝国の再興をめざす。

地図内の主な地名・注記：

突厥とササン朝に挟撃され滅亡。

フランク王国 481〜843

ブルグンド 443〜534

東ゴート王国 493〜555

西ゴート王国 418〜711

ヴァンダル王国 429〜534

東ローマ帝国 395〜1453

ササン朝ペルシア 224〜651

ガッサーン朝　ラフム朝

ササン朝・東ローマ帝国の抗争のなかで、東西交易路の要衝として浮上。

アラビア半島

アクスム王国

スエヴィ　トレド　マラガ　カルタゴノウァ　カルタゴ　シラクサ　ヒッポレギウス　キレネ　アレクサンドリア　メンフィス　テーベ　コプトス　メッカ　ジッダ　アドゥーレ　アクスム　ナジュラーン　イエメン　アデン　ライースト

サハラ砂漠

突厥　エフタル　グプタ朝滅亡 550年ごろ　隋　扶南

紅海ルートが活発化。メッカなど、周辺のオアシス都市も発達。

海上進出

インドにいたる海上ルートの情報が中国へ流入。

インド洋

通交

突厥　552〜744　トルコ系。柔然とエフタルを倒し、史上初めて中央ユーラシアにまたがる遊牧帝国となった。突厥とは「テュルク」の発音を漢字にあてたもの。

	6世紀					
日本 古墳時代	527 九州の豪族磐井の乱	538 百済、泗沘(扶余)に遷都	538 百済、泗沘(扶余)に仏教を伝える(552年説もあり)	○仏教の受容をめぐり 蘇我氏(受容派)と物部氏(反対派)が対立	562 新羅、大加耶を滅ぼす	飛鳥時代 587 蘇我馬子、崇峻天皇を廃す　592 蘇我氏、物部氏を滅ぼす　593 厩戸王(聖徳太子)、政務に参加

古代朝鮮半島の弥勒菩薩像　538年、百済から倭に仏像と経典が贈られた。これには大陸の先進文化を倭に提供して関係を深め、新羅に対抗するねらいがあったとみられる。写真は7世紀前半の仏像。

→p.122〈韓国国立中央博物館蔵〉

日本と東アジア海域　南北朝の分立と朝鮮三国の抗争

　6世紀半ば、朝鮮半島では加耶が滅亡し、**高句麗・新羅・百済**の激しい抗争のなかから新羅が台頭した。倭の**ヤマト王権**は、百済をはじめこの混乱を避けた**渡来人**から大陸文化や技術の受容を進めた。**仏教**が百済から倭に公式に伝えられたのもこの時期。仏教の導入をめぐっては、蘇我氏と物部氏との対立が生じたが、仏教はしだいに受容されていった。中国では、3世紀から続く長い混乱の時代(**魏晋南北朝時代**)に**隋**が終止符を打った。

✓ ここをcheck!!

日本	□倭のヤマト王権が大王を中心に独自の支配体制を確立。 □蘇我氏が仏教などの大陸文化や技術の導入をはかる。
朝鮮半島	□高句麗・新羅・百済の三国が激しく抗争。 □新羅が南朝と結んで高句麗に対抗、さらに加耶を併合。
中国	□北魏が分裂し、南朝も政権交替で不安定化続く。 □北朝の隋が南朝の陳を滅ぼし、中国を統一。

凡例	
━━	おもな陸上交通路
━━	おもな河川交通路
━━	おもな海上交通路

凡例(地図右下):
- ━━ 百済経由の南朝へのルート
- ━━ 遣隋使のルート(600年)
- ━━ 高句麗との交易ルート
- ➡ 新羅の進出
- ▨ 隋(文帝)が統一した地域

7世紀の世界

アルタイ系遊牧民。柔然の流れをくむとも。カール大帝のフランク王国に敗れ、スラヴやマジャール人に同化。

トルコ系民族。突厥文字を使用。ブルガール人を攻撃し、移動させる。

ウマイヤ朝の首都。シリアの中心都市で繁栄。

ヒジュラ（聖遷）622

イスラームの聖地

ニハーヴァンドの戦い 642

東アジア（唐の拡大と繁栄）

- ■ 六都護府（数字は設置年）
- ⇨ 太宗・高宗時代の唐の外征（[数字]は外征年）
- ➤ 玄奘の行路（629〜645）
- --- 義浄の行路（671〜695）

遊牧民
- ◫ 東突厥・西突厥の本拠地
- ← ブルガール人の移動
- ⧄ アヴァール人の移動

南・東南アジア
- ⬯ シュリーヴィジャヤの影響海域
- ◉ シュリーヴィジャヤの中心港市

西アジア（アラブの大征服）
- ▨ 第3代カリフ（656）までの征服領土
- ▢ ウマイヤ朝（661〜750）の征服領土
- ⧄ イスラームの進出（数字は進出年）

*7世紀以降の東ローマ帝国は、ギリシア語が公用語とされギリシア人の国家へと変化した。これ以降、首都の旧名ビザンティウム（コンスタンティノープル）にちなんで「ビザンツ帝国」とよばれる。

➡ そのとき ここでは

各地域のくわしい地図

ヨーロッパ	西・中央アジア	南・東南アジア	東アジア
ゲルマン人の大移動➡p.137 ❶ C	イスラーム帝国の成立と構造➡p.125 ❷	ヴァルダナ朝➡p.81 ❺ A	唐の進出と周辺諸国➡p.101 ❸
		東南アジアのインド化・中国化➡p.84 ❶ B	

時代の概観　混乱を収拾する新秩序

ユーラシア東西の新勢力が新制度を整えて大帝国をおこした。東方では、隋・唐が律令の法制を整備し、民衆に土地を与え（均田制）、負担として租庸調制と府兵制を課す制度をしいた。また、唐は遊牧民の騎馬軍団を傘下に入れて高句麗や突厥を服属させ、周辺国は唐に朝貢して制度や文化の導入に努めた。西方ではアラビア半島に出現したイスラームが、信徒の平等にもとづく共同体（ウンマ）を組織し、広大な地域を征服した。

✓ ここをcheck!!

東アジア
- □ 唐がユーラシア東方の大部分を支配下におく。
- □ 征服地には、都護府を設けて現地の首長の統治を監督する。

西・中央アジア
- □ イスラーム勢力が西アジア・北アフリカに拡大した。
- □ 中央ユーラシアでソグド人が東西交易で活躍した。

ヨーロッパ
- □ ゲルマン人国家のフランク王国が勢力を拡大する。
- □ イスラーム勢力がイベリア半島に進出する。

世界各地域のおもな事件

赤字 戦争・紛争関係　青字 文化関係　■ おもな治世者

7世紀

日本（飛鳥時代）
- 604 厩戸王（聖徳太子）、十七条憲法制定
- 607 小野妹子を隋に派遣
- 630 遣唐使派遣始まる
- 645 大化改新
- 663 白村江の戦い
- 672 壬申の乱
- 伝聖徳太子

東アジア
- 隋 581〜618
- 612 高句麗遠征（〜614）
- 煬帝
- 唐 618〜907
- 618 李淵が建国
- 626 太宗即位
- ○貞観の治
- 太宗
- 649 高宗即位
- 657 西突厥、唐に服属
- 668 高句麗が滅亡
- 676 新羅が朝鮮半島統一
- 690 則天武后即位
- 698 大祚栄が震国建国
- 高宗

南・東南アジア
- ヴァルダナ朝 606ご〜7C後
- 606ごろハルシャ・ヴァルダナが建国
- 629 玄奘の渡印（〜645）
- 671 義浄の渡印（〜695）
- ○シュリーヴィジャヤ、マラッカ海峡地域で栄える

西・中央アジア
- ササン朝ペルシア 224〜651
- 610ごろムハンマド
- 622 ヒジュラ（聖遷）
- 630 ムハンマドのメッカ占領
- 正統カリフ時代 632〜661
- 642 ニハーヴァンドの戦い
- 661 正統カリフのアリー暗殺
- ウマイヤ朝 661〜750
- 661 ムアーウィヤが建国
- ムハンマド
- イスラームの説教開始

ヨーロッパ
- ビザンツ帝国 610〜1453
- ○ビザンツ皇帝ヘラクレイオス1世、軍管区（テマ）制採用
- フランク王国 メロヴィング朝 481〜751
- ○カロリング家のピピン（中）がフランク王国の宮宰になり台頭

▶ **水城**（太宰府市付近）
海岸から川沿いに攻めてくる敵を防ぐため、白村江の戦いの直後に築かれた。全長1.2km、基底部幅80m、高さ13mの大堤。

日本と東アジア海域　唐の成立による動乱と新秩序

　唐の中国統一は東アジアに新たな国際秩序をもたらした。朝鮮半島では、**新羅**は唐と連合して百済と高句麗を滅ぼし、さらに吐蕃と抗争中であった唐のすきに乗じて、唐の駐留軍を制圧し半島を統一した。一方、百済に救援軍を送った**倭**は唐と新羅の遠征を恐れ防備を固め、都を内陸へ移し、百済からの**渡来人**の技術を取り入れて国家整備を急いだ。7世紀末に成立した**渤海**と日本は新羅との対抗上、友好関係を結んだ。

✓ ここをcheck!!

日本
- 百済と結んで、唐・新羅と戦う（白村江の戦い）が敗北。
- 対外防衛を進める一方、中央集権国家建設をめざす。

朝鮮半島
- 唐と結んだ新羅が、百済・高句麗を滅ぼして半島統一。
- 7世紀末、高句麗の遺民などが渤海を建国。

中国
- 唐帝国下で国際的な文化が花開き、周辺国に影響を与える。
- 唐は、朝貢とは冊封関係を結び世界帝国としてふるまう。

8〜9世紀の世界

トゥール・ポワティエ間の戦い 732

カールの戴冠 800

タラス河畔の戦い 751
中国からイスラーム世界に製紙法伝わる。

トルコ系ブルガール人が、南スラヴ人と同化。

イスラーム世界にスラヴ人奴隷を輸出。

イングランド王国
アーヘン
パリ
フランク王国 481〜843
ヴェネツィア
ラヴェンナ
アストゥリアス王国
教皇領
後ウマイヤ朝 756〜1031
バルセロナ
ローマ
コルドバ 756〜1031
イドリース朝 789〜926
フェズ
タンジール
チュニス
マグリブ
カイラワーン
トリポリ
バルカ

スラヴ諸族
アヴァール王国
ブルガリア
コンスタンティノープル
ビザンツ帝国 395〜1453
クレタ島
キプロス島

ヴォルガ=ブルガル国
ブルガル
ハザール王国
イティル
サルケル
マジャール
アラン
カフカス山脈
バクー
アルメニア
トレビゾンド
アダナ
アレッポ
シリア
ダマスクス
イェルサレム
サーマッラー
バグダード
クーファ
バスラ
シーラーズ
シーラーフ
ホルムズ

ウラル山脈
カルルク
タラス 751
スイアブ（砕葉）
タシケント
ソグディアナ
サマルカンド
ブハラ
メルヴ
ニーシャープール
ホラーサーン
レイ
イスファハーン
エクバタナ
バルフ
ヘラート
ブルシャブラ
カブール
カンダハル
スライマン山脈
カシュガル
ホータン（于闐）
カシミール

アッバース朝 750〜1258
（イスラーム帝国）

アレクサンドリア
フスタート
ギザ
クサイル
メディナ
ジッダ
メッカ
アラビア
イエメン
シフル
アデン

バグダード建設 762〜766

ガーナの貿易
輸出・・・金
輸入・・・塩

サハラ砂漠
トンブクトゥ
ガーナ王国

エチオピア
モガディシュ
マリンディ
ソコトラ島
アラビア海

シンド
ダイブル
プラテ
ウジャイン
カンベイ
ラーシュ

凡例

東アジア
- タラス河畔の戦い前の唐の領域
- 唐の十節度使
- 安禄山の進軍路

遊牧民
- 吐蕃の進出
- ウイグルの進出

南・東南アジア
- シュリーヴィジャヤの影響海域
- シュリーヴィジャヤの中心港市

西アジア（イスラーム世界の繁栄）
- アッバース朝の領域（800年ごろ）
- ムスリム商人の交易品

ヨーロッパ
- フランク王国の領域（814年）
- フランク王国の勢力圏（814年）
- スラヴ諸族の移動

そのときここでは 各地域のくわしい地図

ヨーロッパ	西・中央アジア	南・東南アジア	東アジア
カロリング時代のフランク王国➡p.138 ■A	イスラーム帝国の成立と構造➡p.125 ■2	東南アジアのインド化・中国化➡p.84 ■B	唐の進出と周辺諸国➡p.101 ■3
ビザンツ帝国の盛衰➡p.139 ■B			

時代の概観　イスラーム世界の繁栄

　ユーラシア東西の二大帝国のうち、ウマイヤ朝にかわり全ムスリムの平等を打ち出した**アッバース朝**が最盛期となり、イスラームの求心力はさらに高まった。一方、唐は**安史の乱**を経て弱体化し、**ウイグル**と**吐蕃**が台頭した。また、地方の軍司令官である**節度使**が各地で勢力をもった（**藩鎮**）。西方では、イスラームの拡大を止めた**フランク王国**が、ローマ教会と提携（**カールの戴冠**）し、独自の**西ヨーロッパ世界**を出現させた。

✓ここを check!!

東アジア
- □ 唐は弱体化して領土が縮小し、各地の藩鎮が勢力をにぎる。
- □ ウイグルと吐蕃が台頭し、唐はウイグルと和親を結ぶ。

西・中央アジア
- □ イスラームの下の平等を原則とするイスラーム帝国が形成。
- □ イスラーム=ネットワークが誕生し、海上交易網が発達。

ヨーロッパ
- □ ビザンツ皇帝はローマ教会への圧迫を強める。
- □ ローマ教会と結びつきを強めたフランク王国が、領土を拡大。

陸上交易ルート維持
ソグド商人
ウイグル
渤海
新羅
日本 遣唐使
フランク王国
ビザンツ帝国
後ウマイヤ朝
バグダード
吐蕃
唐 長安
和親
製紙法
バグダードを中心とするイスラーム=ネットワーク
アッバース朝
ムスリム商人・イラン系商人
インド系商人
パッラヴァ朝
カンボジア
チャンパー
来航
広州
シュリーヴィジャヤ
インド洋海上交易ルート急成長
─ イスラームの交易路

世界各地域のおもな事件

赤字 戦争・紛争関係　青字 文化関係　▨ おもな治世者

		8世紀	9世紀	
日本	飛鳥時代 奈良時代 平安時代	701 大宝律令制定　702 遣唐使派遣、「日本」の国号を名のる　710 平城京遷都　727 渤海使、初めて来日　784 長岡京遷都　794 桓武天皇 平安京遷都	797 坂上田村麻呂を征夷大将軍とし、蝦夷征討　805 最澄天台宗を開く　806 空海真言宗を開く　838 最後の遣唐使派遣　884 藤原基経、関白に就任　894 遣唐使の停止	100〜103 306〜307
東アジア	唐 618〜907	712 玄宗即位　○開元の治　722 募兵制開始　751 タラス河畔の戦い　755 安史の乱（〜763）　780 楊炎、両税法を実施　玄宗	840 ウイグル帝国崩壊　875 黄巣の乱（〜884）	100〜104
南・東南アジア		○藩鎮の台頭　○インド分裂状態　建国　シャイレーンドラ朝	○シャイレーンドラ朝、ボロブドゥール寺院を建設　○都城アンコール建設	84〜85
西・中央アジア	ウマイヤ朝 661〜750　アッバース朝 750〜1258	750 アッバース朝、ウマイヤ朝を破る　建国　アブー＝アルアッバース即位　751 タラス河畔の戦い　756 後ウマイヤ朝、バース朝、唐を破る　762 バグダード建国　786 ハールーン＝アッラシード即位	○イスラーム文化隆盛　875 サーマーン朝建国（〜999）　○トルコ人の移住　ハールーン＝アッラシード	124〜129
ヨーロッパ	ビザンツ帝国 610〜1453　フランク王国 メロヴィング朝 481〜843　カロリング朝 751〜843	726 レオン3世 聖像禁止令　732 トゥール・ポワティエ間の戦い　751 フランク王国カロリング朝が建国　756 ピピンの寄進（教皇領の始まり）　800 カールの戴冠	843 ヴェルダン条約（フランク王国三分）　862 ノヴゴロド王国建国（1478）　870 メルセン条約（中部フランク分割）　カール大帝	137〜141

地図中の注記（左上から）

8世紀末、ウイグルが吐蕃と争奪戦を行い、勝利。

トルコ系。安史の乱時には唐を援助。ソグド商人を保護。

キルギス

ウイグル 744〜840

アルタイ山脈

ウトゥケン山▲ ●オルドバリク（カラバルガスン）

北庭

西州（敦煌）

甘州　河西

涼州　朔方　霊武

莫高窟　河東 太原

タリム盆地

吐蕃 7C〜9C

ラサ　サムイエー

中国文化・インド文化の影響を受ける。しばしば唐に侵入。

キタイ（契丹）

上京竜泉府　東京竜原府

渤海 698〜926

遼陽

新羅 356ごろ〜935

金城（慶州）

日本（奈良〜平安時代）京都 平安京　比叡山　高野山　大宰府

河南　洛陽　青龍寺卍　汴州　黄河

長安 唐 618〜907

剣南 成都　襄陽

江陵　揚州

蘇州　泉州　福州

潭州　嶺南 広州

安史の乱 755〜763

交州（安南）

大理　南詔 7C〜902

唐と結び、吐蕃に対抗。漢字を公用化、仏教文化を受容。

絹織物　陶磁器

パーラ朝 8C〜12C

カナウジ

ヴィクラマシーラー　ナーランダー卍　ガウダ

密教文化の中心地

ターラナティ

クータ朝 〜11C　マーニヤケータ

ラーシュトラクータ朝 8C〜9C

チャールキヤ朝

パッラヴァ朝 3C〜9C

カーンチー

パーンチ　チョーラ朝　マドゥライ　パーンディヤ朝

シンハラ

くじゃく

ピュー（驃）　シュリークシェートラ　ペグー　ウートーン　ドヴァーラヴァティー

香木

カンボジア（真臘）

チャンパー（環王）

パンドゥランガ

ベンガル湾

サイの角

ニコバル島

ケダー　ランカスカ　ラムリ

シャイレーンドラ朝の進出

シュリーヴィジャヤ（室利仏逝）

パレンバン

ボロブドゥール卍

シャイレーンドラ朝

大乗仏教を信仰し、ボロブドゥール寺院を造営。

卍 密教の影響を受けたおもな寺院
↔ おもな陸上交通路
＝ おもな河川交通路
— おもな海上交通路

阿倍仲麻呂（698〜770）

〈安倍文殊院蔵〉

唐に渡ったあと、科挙に合格して高級官僚となり、詩人李白らと親交。753年、帰国の途につくが難破し断念。長安で生涯を終えた。→p.103 ❹

日本と東アジア海域　遣唐使の時代

　東アジア各国は遣唐使を派遣し、律令・都城制・漢訳仏教など漢字を媒介として制度・思想を導入し、漢字文化圏が形成された。倭国も国号を日本と改め遣唐使を派遣（朝貢）し、律令制定・平城京や平安京の造営・戸籍整備などを行ったが、形式的にでも臣下として扱われるのを嫌い冊封は受けなかった。一方で、日本は大王から天皇に称号を変え、国内征服に力を注ぎ、対外的には新羅や渤海を日本への朝貢国として扱った。

☑ ここを check!!

日本	□唐の制度を導入して、律令国家を建設。 □東北の蝦夷や九州の隼人を征服し、中央集権化を進める。
朝鮮半島	□新羅と渤海は対立。それぞれ唐に朝貢し冊封を受ける。 □新羅は日本と復交するが対等外交を主張して再び関係が悪化。
中国	□中央の統制力は弱まるが、江南地方の経済・文化は繁栄。 □黄巣の乱により江南が混乱におちいると唐の衰退は決定的に。

遣唐使の航路
…… 北路（7世紀）
—— 南路（8世紀）
---- 渤海路（8世紀）

日本の領域拡大
■ 東北征服の拠点
✕ 蝦夷・隼人のおもな抵抗

702年派遣の遣唐使で日本の国号を宣言。新羅との関係悪化により、遣唐使は危険な横断航路（南路）や渤海路をとる。

ウイグル　渤海　新羅　日本　唐

上京竜泉府　東京竜原府

秋田城（733）　志波城（803）　胆沢城（802）　多賀城（724）

金城（慶州）

登州　郡之津　敦賀　平安京　平城京　大宰府

長安　洛陽　揚州　蘇州　杭州

長江　江南　東シナ海

都城の大きさ 0 2km
0 400km

地図上の注記

ウイグル帝国崩壊 840
キルギス，ウイグルの首都を急襲，焼き討ち。→ p.23

燕雲十六州 936
後晋がキタイ（契丹）に割譲。

モンゴル系遊牧民のキタイ（契丹）が建国。947年に中華風に遼と称した。

西ウイグル王国

キルギス

アルタイ山脈

オルドバリク　モンゴル高原

ビシュバリク
コーチョー
ハミ

甘州ウイグル
沙州　甘州　涼州
夏州
晋陽
中京
南京（北京）
上京

遼（キタイ帝国）
916～1125

女真

突厥沙陀部の政権

タングート人の節度使が独立。のち，西夏に発展。

チベット
ラサ

ーラ朝
ヴァナシ
カジュラーホ

パーラ朝
8C～12C
ナディヤ

クータ朝
ウェーンギー
カーンチー
チョーラ朝
タンジョール

シンハラ

後唐・後晋・後漢
923～50
京兆府
河南
成都
後蜀
934～65
荊南 907～63
江陵
南唐
937～75
楚
907～51
鄂嗹

開京（開城）
高麗
918～1392
襄陽
汴州（開封）
揚州
金陵
杭州
呉越
907～78
潭州
閩 909～45
福州

高麗
コリョ
918～1392

慶州
大宰府

日本
（平安時代）
京都
（平安京）

大理
937～1253
大理
華園
南漢
917～71
広州

ベンガル湾

ペグー
モン人
インドラプラ
チャンパー
（占城）
アンコール
カンボジア
（アンコール朝）
テナッセリム
パンドゥランガ

土着勢力が独立。
11世紀には大越を建国。

シュリーヴィジャヤ（室利仏逝）の後身。港市国家のゆるやかな連合体。

ジャーヴァカ
（三仏斉）
ケダー
ランカスカ
ラムリ
ジャンビ
パレンバン
プランバナン
クディリ
クディリ朝
928ごろ～1222

サンスクリット文学をジャワ語へ翻訳。

凡例：
—— おもな陸上交通路
—— おもな河川交通路
—— おもな海上交通路

太　平　洋

南　シ　ナ　海

世界各地域のおもな事件

赤字 戦争・紛争関係　青字 文化関係　▨ おもな治世者

		10世紀	
平安時代	日本	935 平将門の乱（～940）／939 藤原純友の乱（～941）／○武士の台頭	306～307
		承平・天慶の乱	
唐 618～907	東アジア	五代十国 907～979 ／ 907 唐滅亡，後梁を建国 ／ 916 耶律阿保機，遼を建国（～1125）／ 923～50 後唐・後晋・後漢 ／ 936 キタイに燕雲十六州割譲 ／ 936 王建，高麗を建国（～1392）／ 960 宋（北宋）960～1127 ／ ○高麗，朝鮮半島統一 ／ ○太祖（趙匡胤）が建国 ／ ○中国，五代十国の混乱続く	104～105
	南・東南アジア	937 大理国建国 ／ ○北部ベトナム（大越），中国の支配を脱する ／ ○ジャーヴァカ（三仏斉）が栄える	85
アッバース朝 750～1258	西・中央アジア	909 ファーティマ朝建国（～1171）／ 946 ブワイフ朝，バグダード入城 ／ ○カラ=ハン朝建国 ／ ○トルコ系ムスリム政権の出現 ／ 962 ガズナ朝建国（～1186）／ 969 ファーティマ朝，カイロ建設 ／ ○アッバース朝の解体進む	126～129
ビザンツ帝国 610～1453	ヨーロッパ	911 ノルマンディー公国建国 ／ ○マジャール人の侵入 ／ ○ノルマン人の侵入 ／ 962 神聖ローマ帝国成立（オットー1世，ローマ教皇より戴冠）／ 987 ユーグ=カペー，カペー朝成立（～1328）／ 989 ウラディミル1世（キエフ大公），ギリシア正教に改宗	138～141

太祖（趙匡胤）

神聖ローマ帝国成立
（オットー1世，ローマ教皇より戴冠）

オットー1世

◀ 平将門　国司の任期後に土着した一族の出身。反乱に踏み切った際，渤海の滅亡を例に，世界は実力による支配の時代に移ったと述べ，「新皇」を称したという。

渤海
ウイグル滅亡
遼（キタイ帝国）
トルコ系遊牧民の移住

高麗
新羅
開京
慶州
新羅
後百済

京都
（平安京）
大宰府
壱岐島

平将門の乱 935～940
関東の地方豪族の国司・朝廷への反逆。

華北
五代

華中
十国

華南
福建　広東

藤原純友の乱 939～941
伊予の国司が海賊の首領となり，起こした反乱。

登州
揚州
明州

黄河
長江
東シナ海
日本海
太平洋

◀ 遼（キタイ帝国）の拡大
新羅 滅んだ勢力
---- 平将門の最大勢力範囲
—— 藤原純友の襲撃範囲

0　400km

日本と東アジア海域　国家体制の変容

　唐滅亡後，その周縁地域の律令国家があいついで崩壊し，諸民族が独自の国家体制を整えながら自立し始めた。動乱のなかで武人勢力が台頭し，中国では，貴族は武人勢力に追い落とされて荘園も失って没落し，かわって新興の地主層が台頭した（唐宋変革）。日本では，地方支配を一任された国司が，任地を収奪して土着化し，在地勢力と私的な主従関係を結び武士団を形成していった。こうしたなか，各地で反乱が続出した。

☑ ここを check!!

日本	□ 中・下級貴族が土着化し，在地領主として成長し始める。 □ 平将門や藤原純友の乱が起き，地方で武士の勢力が強まる。
朝鮮半島	□ 高麗が半島を統一し，国家整備を進める。
中国	□ モンゴル高原を支配下においた遼が，渤海を滅ぼす。 □ 唐が滅亡して華北はトルコ系民族が次々と建国する。 □ 十国が分立した華中・華南では，福建・広東の開発が進む。

11世紀の世界

ヘースティングズの戦い 1066
ノルマンディー公ウィリアム（ウィリアム1世)，イングランド征服。

クレルモン教会会議 1095
ウルバヌス2世，十字軍提唱。

マンジケルトの戦い 1071
セルジューク軍，ビザンツ軍を破り，アナトリアへ侵攻。

セルジューク朝入城 1055
アッバース朝のカリフを保護下におき，1058年にはスルタンとなる。

スウェーデン王国　デンマーク王国　イングランド王国　ロンドン　ノルマンディー公国　パリ　フランス王国　ケルン　神聖ローマ帝国 962〜1806　ポーランド王国　クラクフ　ヴォルガ＝ブルガル国　ノヴゴロド　スモレンスク　ウラジーミル　ブルガル　キエフ公国 9C後半〜13C　キエフ　カザフ草原　セルジューク朝の興起地　バルハシ湖　ジェンド　トルキスタン　ベラサグン　カラ＝ハン朝 (10C中ごろ〜12C中ごろ)　カシュガル　ホータン

ハンガリー王国　ペチェネグ人　ポロヴェツ人(キプチャク)　サルケル　イティル　黒海　コンスタンティノープル　トレビゾン　アゼルバイジャン　ウルゲンチ　マー＝ワラー＝アンナフル　ブハラ　サマルカンド　メルヴ　ニーシャープール　ホラーサーン　ヘラート　ガズナ朝 962〜1186　スリナガル　ラホール　ムルターン

クリューニ　クレルモン　ジェノヴァ　ヴェネツィア　ナバラ　アラゴン　レオン・カスティリャ王国　バルセロナ　ローマ　教皇領　ビザンツ帝国 395〜1453　アンティオキア　アレッポ　モスル　レイ　イスファハーン　ヤズド　シーラーズ　シースターン　ゴール　カーブル　ガズナ

大西洋　レコンキスタ　トレド　コルドバ　グラナダ　地中海　レジオ　チュニス　カイラワーン　十字軍　トリポリ　ダマスクス　イェルサレム　セルジューク朝 1038〜1194　バグダード　バスラ　シーラーズ　ホルムズ　マトゥラ

タンジール　フェズ　ジーリー朝 972〜1148　トリポリ　バルカ　アレクサンドリア　カイロ　ファーティマ朝 909〜1171　エジプト　キフト　クサイル　メディナ　アラビア　オマーン　マスカット

マラケシュ　ムラービト朝 1056〜1147　ムラービト朝の攻撃により衰退。

サハラ砂漠　アスワン　サワーキン　ジッダ　メッカ

トンブクトゥ　ガーナ王国　カネム王国　ライスート　サヌア　ハドラマウト　シフル　アデン　ゼイラ　ソコトラ島　カリカット　アラビア海

エチオピア　モガディシオ　マリンディ　モンバサ

凡例

東アジア
- □ 燕雲十六州
- ● 宋の四京
- ● 遼(キタイ帝国)の五京

遊牧民
- → ポロヴェツ人(キプチャク)の移動

ヨーロッパ
- □ ビザンツ帝国の領域(1070年)
- □ 神聖ローマ帝国の領域(1039年)
- → ヨーロッパのイスラームへの反攻
- □ カトリックの国家
- → ノルマン人のイングランド征服(1066年)

イスラーム
- □ セルジューク朝の最大領域(1090年ごろ)
- □ アラブ系王朝
- □ ベルベル系王朝
- □ トルコ系王朝
- → 1076年のムラービト朝のガーナ征服
- トルコ系ムスリムの進出
- ■ おもなニザーミーヤ学院所在地

南・東南アジア
- → チョーラ朝の進出
- ■ チョーラ朝が進出したとされる港市

→ そのときここでは　各地域のくわしい地図

ヨーロッパ	西・中央アジア	南・東南アジア	東アジア
ビザンツ帝国の盛衰→p.139①B	イスラーム世界の変遷→p.127③B	東南アジアの農業国家の発展→p.85①C	遼の台頭と動揺する宋→p.106①
十字軍の遠征→p.145②A		インドのイスラーム化→p.134①A	
レコンキスタ→p.145③A			

時代の概観　各地における自立化の動き

　大帝国の崩壊を経て，各地域の周縁勢力(**遼・西夏・高麗**や南インドの**チョーラ朝**など)が独自の文化や制度を発展させながら，自立化・強大化が進んだ。分立状態であったイスラーム世界では，トルコ人王朝が成立し，**セルジューク朝**や**ガズナ朝**などが，アナトリアやインドに侵入してイスラーム拡大の第2幕を開いた。ヨーロッパ世界では，**ローマ教会**がギリシア正教圏から分離する一方，イスラームへの反攻を始めた。

☑ここをcheck!!

東アジア
- □ 自立化・強大化した遼や西夏が，中華王朝の宋を圧迫。
- □ 宋では，新興地主層(形勢戸)が成長し，中央政治に進出。

西・中央アジア
- □ マンジケルトの戦いの結果，アナトリアがトルコ系に。
- □ セルジューク朝はカリフよりスルタンの称号を得る。

ヨーロッパ
- □ イスラームの侵入に対し，レコンキスタや十字軍で反攻。
- □ 教皇を頂点とするローマ＝カトリック圏が形成。

中世の地域文化の発展

大帝国の崩壊による各地の自立化の動きは，文化面にも影響を及ぼし，地域ごとに独自の特色をもつ文化を発展させた。

おもな地域文化
- □ 10世紀
- □ 11世紀
- □ 12世紀
- □ 13世紀

ヨーロッパ　12世紀ルネサンス
農・商工業の発展に伴い，イスラーム文化の影響を受けて，イタリアから西北ヨーロッパ各都市で教会建築や大学が発達。
- ゴシック建築・騎士道文学
- ロマネスク建築

イスラーム　地方都市の発展
アッバース朝の衰退に伴い，バグダードだけでなく各地方で都市文明が発達。
- アルハンブラ宮殿
- アズハル学院
- ニザーミーヤ学院・ペルシア文学

東アジア　国風文化の形成
唐の衰滅に伴い，中国文明の模倣だけでなく，独自に消化・発展する動きへ。
- キタイ(契丹)文字・女真文字
- 仮名文字・国風文学
- 西夏文字
- チューノム(字喃)
- 高麗版大蔵経・高麗青磁・金属活字

東南アジア　インド風芸術の深化
農業生産の発展に伴い，吸収したインド文明から独自の様式形成へ。
- アンコール＝ワット
- パガンの上座仏教寺院建築群
- 影絵芝居・ジャワ語文学

世界各地域のおもな事件

赤字 戦争・紛争関係　青字 文化関係　▨ おもな治世者

11世紀

平安時代 **日本**		1017 ○刀伊の入寇	1019 ▨**藤原道長** 摂関政治全盛	**藤原道長** 太政大臣となる	1051 前九年合戦（～62）	1053 藤原頼通、平等院鳳凰堂を建立	1083 後三年合戦（～87）	1086 ○白河上皇、院政を始める

〈国宝 紫式部日記絵詞第5段 藤田美術館蔵〉

| **宋（北宋）〜1127** **東アジア** | | 1004 ○澶淵の盟 | 1038 李元昊、西夏建国（～1227） | 1044 **王安石** 慶暦の和約 | **王安石** | 1069 ○**王安石の新法**開始 | | ○旧法党の司馬光と新法党の抗争激化 **司馬光** |

南・東南アジア	1009 ○大越（李朝）成立（～1225）	○ガズナ朝、インド侵入	1044 ○パガン朝成立（～1299）	○パガン朝、上座仏教を国教化

西・中央アジア	1038 ○セルジューク朝、トゥグリル=ベクが建国（〜1194） ○アフガニスタン中心にガズナ朝が栄える	1055 ○バグダード入城	1071 ○マンジケルトの戦い ○ホラズム朝成立（〜1231）	1077 1099 十字軍、イェルサレム王国を建国（〜1291） ○十字軍、イェルサレム占領

ヨーロッパ	○封建社会が成立	1066 ○イベリア半島でレコンキスタ（国土再征服運動）活性化 ○ヘースティングズの戦い／ノルマン朝建国	1077 ○カノッサの屈辱 ○叙任権闘争起こる **ウルバヌス2世**	1088 1095 教皇ウルバヌス2世即位 クレルモン教会議 1096 第1回十字軍が出発 ○ビザンツにプロノイア制

右側参照番号: 306～307 / 105～109 / 85・134 / 126～129 / 142～147

▶**宋の青白磁**（左）**と高麗青磁**（右）　高麗は、中国・浙江地域の磁器製作技術を受容して、さらに象嵌文様を描く高麗青磁を開発した。→p.123⑯

地図中のラベル

遼（キタイ帝国） 916～1125
西夏 1038～1227
西ウイグル王国
チベット
宋（北宋）960～1127
大理 937～1253
高麗 918～1392
日本（平安時代）京都（平安京）
パガン朝 1044～1299
大越（李朝）1009～1225
カンボジア（アンコール朝）
チャンパー（占城）
チョーラ朝
パーラ朝
ジャーヴァカ（三仏斉）
クディリ朝 928ごろ～1222

澶淵の盟 1004 宋を弟とし、毎年遼に銀や絹を贈る。

慶暦の和約 1044 西夏を宋に臣下の礼をとり、宋は西夏に毎年銀や絹を贈る。

初のビルマ人王朝。征服したモン人の文化（上座仏教）を受容。

中国の支配を脱し、ベトナム北部に成立した最初の長期政権。

クメール人を中心とする真臘国が、アンコールを都に拡大。

マラッカ海峡進出 1025, 1068

凡例:
― おもな陸上交通路
― おもな河川交通路
― おもな海上交通路

0 400km

日本と東アジア海域　国風文化の時代

　10世紀以降、**遼（キタイ帝国）・西夏・女真・ベトナム**など、周縁地域の諸民族の自立化が活発になるなかで、彼らが唐代に吸収した**仏教**などの文化を独自に消化し、各地域で「**国風文化**」が栄えた。これらの地域では、いずれも**漢字**をもとにした文字を制定し、日本でも**仮名文字**が生み出されて普及した。一方、中国では、五代十国の分裂期を**宋**がおさめ、武人優位の風潮を抑えて文人官僚を重用する**文治主義**をとった。

✓ここをcheck!!

日本	□武士が成長し、権力者と結びつきながら中央政界に進出。 □天皇の父方の上皇（院）が、実権をにぎる院政が展開。
朝鮮半島	□たびたび遼の侵攻を受け、高麗は長城を築造。 □高麗では仏教が保護され発展し、大蔵経が編纂される。
中国	□宋は遼や西夏の侵攻を受け、両国に毎年銀や絹を贈る。 □財政悪化により王安石が改革（新法）を実行→政局は混乱。

右下地図ラベル:
二重統治体制
遼（キタイ帝国）
女真
1019 ○高麗沿岸・対馬・壱岐・北九州を攻めるが撃退。
西夏文字 11世紀
キタイ（契丹）文字 10世紀
女真文字 12世紀
文治主義
西夏
高麗 開京（開城）
両班官僚の形成
宋（北宋）開封府（開封）
日本 京都（平安京）大宰府
手+求=捄（者の意）チュノム（字喃）13世紀（陳朝）
以→い 呂→ろ 仮名文字 9世紀
武士団の成長

□ 各国の政治・社会制度
→ 刀伊の入寇（来襲）
→ 遼（キタイ帝国）の侵攻

＊刀伊とは高麗が女真に用いた言葉。

12世紀の世界

東方植民 エルベ川以東への大規模な入植。

セルジューク朝マムルークの独立・拡大。ゴール朝を滅ぼす。

キエフ公国 9C後半〜13C

大翻訳時代 トレドやパレルモ・メッシナは、イスラーム文献翻訳の中心地に。→12世紀ルネサンス

クルド人の武将サラディンがファーティマ朝宰相となり、政権を奪う。

ムスリム侵攻のくいとめに活躍。

ムワッヒド朝 1130〜1269

アイユーブ朝 1169〜1250

アッバース朝 750〜1258

カラ＝キタイ（西遼） 1132〜1211

ホラズム朝 1077〜1231

ゴール朝 1148ごろ〜1215

ラージプート諸王国

凡例

東アジア・中央アジア
- 耶律大石の西遷路

南アジア・東南アジア
- 仏教が優位の地域
- イスラームが勢力を伸ばした地域
- ヒンドゥー教が優位の地域
- ジャーヴァカ（三仏斉）の影響海域

イスラーム
- ホラズム朝の進出
- ゴール朝の興起地
- ゴール朝の進出

ヨーロッパ
- カトリック圏の国家
- 11世紀末〜12世紀に十字軍運動で建国もしくは領土を広げた国家
- フリードリヒ1世
- リチャード1世の艦隊 } 第3回十字軍の進路（1189〜92）
- フィリップ2世
- ギリシア正教圏の国家

そのときここでは 各地域のくわしい地図

ヨーロッパ	西・中央アジア	南・東南アジア	東アジア
十字軍の遠征➡p.145 2 B	イスラーム世界の変遷➡p.127 3 C	東南アジアの農業国家の発展➡p.85 1 C	金の台頭と宋の南遷➡p.107 4
レコンキスタ➡p.145 3 B	インドのイスラーム化➡p.134 1 A		

時代の概観　群雄割拠の時代

　前世紀から始まった地方政権の台頭による多極化がさらに進んだ。また、気候温暖化の影響もあり、各地で人口増加や経済発展がみられた。とくに、**ダウ船**によるムスリム商人の活動と**ジャンク船**による中国商人の活動が本格化し、十字軍に伴うイタリア商人の**東方貿易**も活発化して、地中海から東シナ海にいたる**海上ネットワーク**が成立した。西ヨーロッパでは、農業生産力上昇による人口増加が、**東方植民**を引き起こした。

✓ここをcheck!!

東アジア
- □ 金が遼を滅ぼす。遼は西遷しカラ＝キタイを建国。
- □ 金が華北を占領し、宋が南遷（南宋）→江南開発が進む。

西・中央アジア
- □ マムルークなどの軍人が政権を奪取し自立化・強大化。

ヨーロッパ
- □ 荘園を基盤とした主従関係からなる支配（封建制）が広まる。
- □ 農業技術の革新が、集村や農村共同体の形成をうながす。
- □ イスラーム世界との接触により12世紀ルネサンスが開花。

ムスリム商人のうち、アイユーブ朝から保護を受けたカーリミー商人が、紅海ルートの香料交易などで活躍。

マラバル地方が東西インド洋世界の一大中心地として繁栄。

- ○ イスラーム圏
- カーリミー商人の交易ルート

世界各地域のおもな事件

赤字 戦争・紛争関係　青字 文化関係　　おもな治世者

		12世紀

日本（平安時代／鎌倉時代）
- ○奥州藤原氏が栄える（〜1189）
- 1156 保元の乱
- 1159 平治の乱
- 1167 平清盛 太政大臣となる
- ○日宋貿易さかん
- 1180 治承・寿永の乱（〜85）
- 1185 源頼朝，平氏を滅ぼし，全国に守護・地頭設置
- 1192 源頼朝 征夷大将軍となる
- 鎌倉時代

306・307

東アジア
宋（北宋）960〜1127　宋（南宋）1127〜1276
- ○木版印刷・羅針盤の発明
- 1115 完顔阿骨打，金を建国（〜1234）
- 1125 金，遼を滅ぼす
- 1126 靖康の変（〜27）北宋を滅ぼす
- 1127 高宗が建国
- 1132 ○紹興の和約 南宋の宰相 秦檜，金と和議を結ぶ
- 1142 ○江南開発が進む　秦檜，金・カラ=キタイ（西遼）を建つ（〜1211）

秦檜

106〜109

南・東南アジア
- 1113 スールヤヴァルマン2世即位 アンコール朝に
- ○アンコール=ワット建設
- ○アンコール朝，最盛期
- ○ゴール朝，インド侵入
- ○アンコール=トム完成

85・134

西・中央アジア
セルジューク朝 1038〜1194
- ○各地にマドラサ（学問施設）建設
- 1130 ムワッド朝建国（〜）
- 1148 ごろ ゴール朝成立（〜1215）
- 1169 サラディン，アイユーブ朝を建国（〜1250）
- 1187 サラディン，十字軍を退け，イェルサレム奪回

サラディン

126〜129

ヨーロッパ
- ○ボローニャ大学創立
- 1122 ヴォルムス協約
- ○三圃制始まる
- 1154 ヘンリ2世 プランタジネット朝建国（〜1399）
- 1189 即位 第3回十字軍派遣（〜92）
- 1198 インノケンティウス3世 即位 教皇権力最盛

インノケンティウス3世

142〜147

▶ 十三湊（青森県） 津軽半島の十三湖の西側に位置し，12世紀に整備され，14〜15世紀に北方との交易の中心として栄えた。

地図中ラベル：
- 遼の西遷 1125 金に滅ぼされ，中央アジアに移り，カラ=キタイ（西遼）建国。
- ツングース系女真人の王朝。キタイ人の騎馬軍団を活用して国家建設。
- 靖康の変 1126〜27 金が開封を占拠，北宋滅亡。
- 東西交通の中継貿易で繁栄。
- ゴール朝，仏教寺院を破壊し，東ベンガル地方にムスリムを移住させる。
- アンコールの繁栄 アンコール=ワット（ヒンドゥー教寺院のち上座仏教寺院），アンコール=トム（王都）建設。

凡例：
- おもな陸上交通路
- おもな河川交通路
- おもな海上交通路

日本と東アジア海域　経済と貿易の発展

　金と華北から追われた**南宋**が淮河を境にして南北に並立し，大陸の秩序は安定した。南宋では貨幣経済が発達し，**茶・絹・陶磁器**などの生産もさかんになり，**江南開発**も進んだ。南宋と私貿易（**日宋貿易**）を行った日本では，**宋銭**（銅銭）が貨幣として流通するなど，大きな影響を受けた。また，ほぼ同時期に**高麗**では**武人政権**，日本では**平氏政権**が誕生し，12世紀末には源頼朝が平氏政権を倒して**鎌倉幕府**が成立した。

✓ ここを check!!

日本	□東シナ海交易の拠点として博多が栄える。 □火薬の原料となる硫黄を中国に大量に輸出する。
朝鮮半島	□仏教を保護し繁栄していた高麗で武人が台頭し，世紀末に武人政権が成立。
中国	□日本・高麗との交易港の明州に，市舶司がおかれる。 □火薬・羅針盤が実用化され，交易を通してヨーロッパに伝来。

地図中：
- 金（女真人）
- 武人政権 12世紀後半〜
- 奥州藤原氏
- 鎌倉幕府 12世紀末〜1333
- 平氏政権 1167〜85
- 金と南宋の和睦 1142 南宋が金に臣従。
- 蘇湖地方「蘇湖（江浙）熟すれば天下足る」。
- 東南アジア・インドで宋銭と陶磁器が見つかっている。

凡例：
- 銅銭の動き
- 宋と日本・朝鮮の貿易の航路
- 市舶司が置かれた都市
- 金の進出

0　400km

13世紀の世界

ワールシュタット(リーグニッツ)の戦い 1241
バトゥのモンゴル西征軍が, ポーランド・ドイツ騎士団兵と遭遇戦。

ハイドゥ(カイドゥ)の乱 1266〜1301
オゴタイ家のハイドゥが, 元に断続的に反抗。

ノルウェー王国　スウェーデン　デンマーク王国　ドイツ騎士団領
イングランド王国　ロンドン　ブルッヘ(ブリュージュ)　パリ　ハンブルク　ポーランド王国　クラクフ　キエフ
神聖ローマ帝国　**キプチャク=ハン国(ジョチ=ウルス)** 1243〜1502
フランス王国　ブダ　ハンガリー王国　ワラキア　カザフ草原(キプチャク草原)
ヴェネツィア　ミラノ　ジェノヴァ　ザラ　ブルガリア王国　コンスタンティノープル
(新)サライ　(オゴタイ=ハン国)
カスティリャ王国　教皇領　ローマ　ナポリ王国　ビザンツ帝国　(旧)サライ　チャガタイ(チャガタイ=ハン国)
ポルトガル王国　リスボン　コルドバ　トレド　アラゴン王国　アナトリア　トレビゾンド
ナスル朝 1232〜1492　シチリア島　パレルモ　アンティオキア　キプロス王国　アゼルバイジャン　タブリーズ　アラムート　サマルカンド
タンジール　フェズ　ザイヤーン朝　ハフス朝 1228〜1574　トリポリ　アッコ(アッコン)　アレッポ　モスル　イル=ハン国(フレグ=ウルス) 1258〜1353
マリーン朝 1196〜1465　マラケシュ　1236〜1550　チュニス　バルカ　アレクサンドリア　ダミエッタ　エルサレム　バグダード　イスファハーン
デリー=スルタン朝 1206〜1526

アイユーブ朝のマムルークが政権奪取して建国。

マムルーク朝 1250〜1517

1291 十字軍最後の拠点が陥落。

1260 マムルーク朝, モンゴル軍を破り, 西進をはばむ。

ガザン=ハンのとき, イスラームに改宗。

ゴール朝のマムルークがデリーで独立。

アッバース朝滅亡 1258
フラグ(フレグ)のモンゴル軍により滅亡。

サハラ砂漠
マリ王国 13C〜15C　トンブクトゥ　ジェンネ　ガオ　カネム王国　クカ
ラスール朝 1229〜1454　メッカ　ジッダ
アラビア海
エチオピア　ソコトラ島

13世紀に再興, 繁栄。

凡例

ヨーロッパ
- カトリック圏の国家
- 13世紀に十字軍運動で建国もしくは領土を広げた国家
- ギリシア正教の国家
- ---→ 第6回十字軍の進路(1248〜54)
- → 第7回十字軍の進路(1270)
- ● ハンザ同盟のおもな拠点

イスラーム
- イスラーム国家

南・東南アジア
- → タイ人の移動
- ⊙ ムラユの有力港市

モンゴル帝国関連
- ⬭ モンゴル帝国の最大領域

旅行者
- ⇢ カルピニおよびルブルクが通ったジャムチルート
- ⇢ マルコ=ポーロの旅したルート

*ウルス:モンゴル語で国家の意味。
*2 オゴタイ家は分裂状態で, ハン国としての実態をもっていなかったとされる。

そのときここでは　各地域のくわしい地図

ヨーロッパ	西・中央アジア	南・東南アジア	東アジア
十字軍の遠征➡p.145 2 c	イスラーム世界の変遷➡p.127 3 D	東南アジアの農業国家の発展➡p.85 1 c	ユーラシアに君臨するモンゴル帝国➡p.111 1
レコンキスタ➡p.145 3 c		インドのイスラーム化➡p.134 1 B	

時代の概観　モンゴルによるユーラシアの一体化

この時代は「モンゴルの世紀」ともいわれ, モンゴル帝国が中央ユーラシアを席巻・支配し, 「草原の道」と「オアシスの道」を支配下において駅伝制を整備した。さらに南宋を征服し, 大運河を整備して「海の道」と結びつき, ユーラシア規模の円環交易ネットワークを成立させた。一方, イスラームは, **マムルーク朝**がエジプトを, **デリー=スルタン朝**が北インドを支配した。ヨーロッパでは第4回十字軍以降イタリア諸都市が繁栄した。

✓ ここをcheck!!

東アジア
- □ フビライが大都を建設し, 遊牧・農耕の両世界を支配。
- □ 大都は海路で東南アジア・インド洋にも結びつく。

西・中央アジア
- □ フレグがアッバース朝を滅ぼし, イル=ハン国建国。
- □ マムルーク朝がモンゴルと十字軍に対抗。

ヨーロッパ
- □ バトゥの征西によりキプチャク=ハン国が成立した。
- □ 十字軍国家は, 1291年アッコ陥落で消滅。

モンゴル高原統一 1206
テムジン，大モンゴル国と称す。

東征元帥府

元（大元ウルス*）
1271〜1368

サキャ派仏教
教団が優勢。

チベット

開城（開京）
高麗
1127〜
1392

日本
（鎌倉時代）
京都　鎌倉

蒙古襲来
（元寇）
1274・1281

1279　南海の小島で南宋皇帝
死亡（南宋の残存勢力滅亡）。

大越（陳朝）
1225〜1400

スコータイ朝
13c〜15c

タイ人の王朝。
上座仏教を導入。

チャンパー（占城）

カンボジア

パーンディヤ朝

セイロン島

東南アジアイスラーム受容の中心。
スマトラ島の語源。

ムラユ

香辛料の栽培・輸出で発展。

モルッカ
（香料諸島）

シンガサリ朝
1222〜92

おもな陸上交通路
おもな河川交通路

世界各地域のおもな事件

赤字 戦争・紛争関係　▨ おもな治世者
□ モンゴル軍の遠征

	13世紀
日本 鎌倉時代	1203 北条時政 執権就任　1221 承久の乱　1232 御成敗式目制定　1274 元，日本遠征（文永の役）1275 北条時宗　1281 元，再び日本遠征（弘安の役）　（文永の役）　（弘安の役）　蒙古襲来
宋（南宋）東アジア 1127〜1276	1206 テムジン（チンギス＝ハン），大モンゴル国建国　1219 チンギス，西征開始　1234 オゴタイ，金を滅ぼす　1236 バトゥ，西征開始　1253 フレグ，西征開始　1259 高麗，モンゴルに服属　1271 フビライ（クビライ），国号を元とする　1276 南宋，臨安を開城して降伏　1279 元，南宋の残存勢力を滅ぼす（崖山の戦い）　元 1271〜1368
南・東南アジア	1206 大越（陳朝）成立（〜1400）　1222 シンガサリ朝成立（〜92）　1225 奴隷王朝が成立（デリー＝スルタン朝の始まり）　○スコータイ朝成立（〜15世紀）　1271 元，ジャワ遠征（〜93）　1284 元，チャンパー・大越 遠征（〜87）　1292 元，ジャワ遠征（〜93）　フビライ
西・中央アジア	1204 ラテン帝国を建てる　1221 西夏を滅ぼす　1227 ホラズム朝滅ぶ　1243 キプチャク＝ハン成立　1250 マムルーク朝成立　1250 ルイ9世，イル＝ハン国建国　1258 バグダード占領，アッバース朝滅亡　1266 ハイドゥの乱（〜1301）　1299 オスマン1世が建国　オスマン帝国 1299〜1922
ヨーロッパ	○ヴェネツィアの台頭　1202 第4回十字軍（〜04）　1215 大憲章（マグナ＝カルタ）制定　1228 第5回十字軍（〜29）　1232 ナスル朝成立（〜1492）　1241 ワールシュタットの戦い　1248 第6回十字軍（〜54）　1254 大空位時代（〜73）　1266 ハンザ同盟の結成　1270 第7回十字軍　1291 イェルサレム王国滅亡　ルイ9世

110・306〜307
110〜112
85・134
126〜129
143〜147

フビライ（クビライ）時代の元の外征

〜〜〜 第1次南宋作戦時代（1267〜73）
⇒ 第2次南宋作戦時代（1274〜76）
➡ 江南平定後（1277〜94）
　（数字は年次）
≡≡ 大都と海上を結ぶ運河
── 中国からインドへ向かう海上交易路
⚓ 元の造船地

▨ フビライ即位時のモンゴル支配地域
□ 元の最大領域
● モンゴルとその属国
▦ 元へ積極的に朝貢
◎ 元の朝貢要求を拒否

日本と東アジア海域 ▨モンゴルの海洋進出

　フビライは，高麗を服属させ，南宋を征服すると
その航海技術を吸収し，東南アジア・インド洋への
進出をはかった。**日本・大越・チャンパー・ジャワ**
へ武力攻撃を伴いながら通商の拡大と交易路の確保
を要求した。結果，強い抵抗にあい撤兵となったが，
各地域と通交・通商関係をもつこととなった。

☑ ここを check!!

日本	□ 執権北条時宗が元の遠征（元寇）を撃退。
朝鮮半島	□ 高麗は元に服属し，三別抄も鎮圧される。
中国	□ フビライが国号を元と改める。 □ フビライは，内部に港がある大都を建設し，大運河を改修。
東南アジア	□ 大越（陳朝）が元軍を撃退。

チャンパーへの陸路攻撃の通り道として元軍に攻略されるが，ゲリラ戦で撃退。

モンゴル高原

元

六盤山

大越

スコータイ朝

チャンパー

ムラユ

シンガサリ

海上交通の要衝。重要拠点を攻略したフビライは，チャンパー（占城）進出のための特別部門「占城行省」を設置。

モンゴルに服属した高麗は，軍船供出を命じられる。島々では三別抄が反抗。

南宋と活発に交易している点に，フビライが注目。

高麗

日本

14世紀の世界

百年戦争 1337〜1453

1370 モンゴル帝国の有力貴族出身のティムールが建国。

キプチャク=ハン国からロシア諸公国の徴税をゆだねられ、モスクワ台頭。

1386 リトアニア=ポーランド王国成立。

イブン=バットゥータの旅行の出発点。

東方貿易で勢力拡大。

マンサ=ムーサ王、メッカ巡礼。途上カイロやメッカで黄金をふるまう。

14世紀後半に、内紛などでチャド湖南西部のボルヌーに遷都（ボルヌー王国）。

旧チャガタイ=ハン国の西半分と旧イル=ハン国の東半分は、分裂して混乱状態。

トゥグルク朝の太守が独立。

おもな地名・国名（地図中）

イングランド王国、フランス王国、神聖ローマ帝国、ドイツ騎士団領、ポーランド王国、リトアニア大公国、キプチャク=ハン国（ジョチ=ウルス）1243〜1502、カルマル同盟、ハンガリー王国、セルビア、ニコポリス（1396）、コソヴォ（1389）、オスマン帝国、ジャラーイル朝 1336〜1432、ティムール帝国 1370〜1507、東チャガタイ（モグー）、カスティリャ王国、アラゴン王国、ポルトガル王国、教皇領、ヴェネツィア、ジェノヴァ、コンスタンティノープル、ナスル朝、グラナダ、ハフス朝 1228〜1574、ザイヤーン朝 1336〜1550、マリーン朝 1196〜1465、マムルーク朝 1250〜1517、デリー=スルタン朝 1206〜1526、トゥグルク朝 1320〜1413、バフマニー朝 1347〜15、マリ王国 13C〜15C、カネム王国

凡例

東アジア
- 紅巾の乱の流れをくむ反乱勢力
- 朱元璋の勢力
- 14世紀前半の元の領域

イスラーム（ティムールの拡大）
- 1370年建国時のティムールの勢力圏
- ティムール帝国の最大領域
- ティムールの進出
- イブン=バットゥータの旅行路 →p.128
- イスラーム国家
- トゥグルク朝の最大領域

ヨーロッパ
- カルマル同盟（1397〜1523）
- フランスにおけるイングランド領（1360）
- ヴェネツィア領
- ジェノヴァ領
- ビザンツ帝国領

ペスト（黒死病）大流行
- ペスト伝播の推定ルート →p.148
- 疫病の大流行が記録されるアジア・アフリカのおもな都市

→そのときここでは **各地域のくわしい地図**

ヨーロッパ	西・中央アジア	南・東南アジア	東アジア
ペスト（黒死病）の流行 →p.148 1 C	ティムール帝国の発展 →p.130 1	東南アジアの農業国家の発展 →p.85 1 C	ユーラシアに君臨するモンゴル帝国 →p.111 1
百年戦争 →p.149 1 A		インドのイスラーム化 →p.134 1 B	

時代の概観　危機と新時代への胎動

　14世紀初から北半球で寒冷な気候が続き、各地で不作や飢饉が起こって政情不安になり、さらに、交易ネットワークを通じて**ペスト**（黒死病）がユーラシア西方に拡大した（「**14世紀の危機**」）。このなかで、モンゴル帝国が解体した。中国では**明**が建国され元を北方に追いやり（**北元**）、中央アジアでは**ティムール**が大帝国を築き、アナトリアでは**オスマン帝国**が領土を拡大し、**モスクワ**は後のロシア帝国への発展を準備していた。

☑ここをcheck!!

東アジア
- □ 漢民族の明が建国され、元は北に追われた（北元）。

西・中央アジア
- □ ティムールがサマルカンドを都にして、大帝国を築いた。
- □ アナトリアで形成したオスマン帝国が領土を拡大。

ヨーロッパ
- □ 貨幣経済の発達、疫病や飢饉、農民反乱の続発によって荘園を基盤とする封建社会が崩壊。また、教皇権が衰退したことで王権が伸張し、国王による中央集権化が進む。

- ■ ペストが発生した地域
- → ペストの伝播
- ‥‥ イブン=バットゥータが旅した海上ルート
- → 明の拡大
- → イスラームの拡大
- → 前期倭寇の活動

世界各地域のおもな事件

赤字 戦争・紛争関係　青字 文化関係　▓ おもな治世者

14世紀

日本	鎌倉時代 / 室町時代（南北朝時代）	1333 鎌倉幕府滅亡／1333 後醍醐天皇 建武の新政／1336 南北朝の争乱が始まる／1338 足利尊氏、征夷大将軍となる／1341 足利尊氏、貿易船を元に派遣／○前期倭寇の活動が激化／1378 足利義満 幕府を京の室町に移す（室町幕府）／1392 足利義満、南北朝を統一
東アジア（元 1271〜1368 / 明 1368〜1644）	1351 紅巾の乱（〜66）／○イブン=バットゥータ、大都にいたる／1368 朱元璋（洪武帝）が建国 洪武帝／1392 李成桂、朝鮮を建国（〜1910）／1399 靖難の役（〜1402）
南・東南アジア	1333 イブン=バットゥータ、デリーに到着／1336 ヴィジャヤナガル王国成立（〜1649）／1351 アユタヤ朝成立（〜1767）／○マラッカ王国成立（〜1511）
西・中央アジア	1299 オスマン帝国成立（〜1922）／1307 チャガタイ=ハン国成立／1370 ティムール帝国を形成（〜1507） ティムール／1396 ニコポリスの戦い、オスマン軍、ハンガリー王らを破る／○ティムール、イラン遠征
ヨーロッパ	1303 教皇のバビロン捕囚（アナーニ事件）（〜77）／1309 アヴィニョン／1328 ヴァロワ朝成立（〜1589）／1337 百年戦争（〜1453） エドワード3世、仏王位を主張／1346 クレシーの戦い／○ペスト（黒死病）流行（14世紀の危機）／1356 カール4世、金印勅書発布／1358 ジャックリーの乱／1378 教会大分裂（〜1417）／1381 ワット=タイラーの乱／1386 リトアニア=ポーランド王国成立（〜1572）／1396 連合十字軍出発／1397 北欧3国、カルマル同盟

| 306〜307 |
| 110〜117 |
| 85〜134 |
| 130・132〜133 |
| 148〜151 |

おもな地図ラベル

元（大元ウルス） 1271〜1368
モンゴル高原
カラコルム
ウイグル
チベット
ヒマラヤ山脈
ネパール
大越（陳朝） 1225〜1400
ランサン
チェンマイ
アユタヤ朝
アユタヤ
アンコール
カンボジア
チャンパー
ヴィジャヤ
パンドゥランガ
ヴィジャヤナガル王国 1336〜1649
アンダマン諸島
ニコバル諸島
スコータイ
パガン
高麗 918〜1392
日本（南北朝時代）
京都
博多
明の建国 1368
大都（北京）
上都
開封
河南
長安
成都
重慶
江陵
天臨（長沙）
福州
泉州
広州
大理
中慶
昇竜
マジャパヒト朝 1293〜1527ごろ
ブルネイ
ボルネオ
スマトラ
ジャワ
ジャンビ
パレンバン
サムドラ
マラユ
モルッカ（香料）諸島

パレンバンを完全征圧。マラッカ海峡地域の港市連合を解体。ヒンドゥー教国。

── おもな陸上交通路
── おもな河川交通路

▶新安沖で見つかった沈没船の積荷

1323年に沈んだ中国式ジャンク船が発見された。陶磁器や銅銭が多く、当時の交易品がわかる。
➡p.113③

日本と東アジア海域　民間貿易・前期倭寇

元寇後も日元間の民間貿易は活発に行われた。しかし、元が衰退し、日本も南北朝の混乱期を迎えると、海商・武士団などの西日本の自立的な勢力が独自の行動をとるようになり、海上や沿岸部で略奪行為をはたらいた（倭寇〔前期倭寇〕）。明は、これに対し民間貿易を禁止（海禁）し、対外関係を国家間の朝貢・冊封関係に限定した。朝鮮半島では、倭寇の討伐で名声を得た李成桂が、朝鮮王朝を建国して明の冊封を受けた。

✓ここを check!!

日本
□ 日元・日明貿易における博多の繁栄、博多商人の活躍。
□ 南北朝の混乱のなか、前期倭寇とよばれる集団が朝鮮半島・中国沿岸を襲撃。

朝鮮半島
□ 高麗が滅亡し、李成桂が朝鮮王朝を建国。

中国
□ 紅巾の乱の混乱のなか、漢民族の王朝の明が建国。
□ 明の下で東アジアの国際秩序である朝貢・冊封関係が再建。

下部地図

元の圧力と紅巾軍・倭寇の襲撃により衰退。

元寇防備に参じた御家人への恩賞不足から、不満が高まり、鎌倉幕府崩壊。南北朝の争乱時代へ。

1368年、紅巾の乱の指導者の一人であった朱元璋が、南京を都として明を建国。江南から中国内地を統一した初めての王朝となる。

北山・中山・南山の3勢力が形成される。

モンゴル高原
元
高麗
日本
琉球
紅巾の乱
上都
大都
開城
登州
奉元
集慶（南京）
福州
泉州
慶元（寧波）
広州
十三湊
鎌倉
京都
兵庫
五島列島
対馬

0　　500km

□ 前期倭寇の活動領域
→ 前期倭寇の進路
➡ 紅巾軍の高麗襲撃
■ 紅巾系海賊の活動領域

15世紀の世界

地図中のおもな地名・国名

ノルウェー　スウェーデン　デンマーク　イングランド王国　ロンドン　ハンブルク　リューベック　ストックホルム　リガ　ノヴゴロド　モスクワ大公国　モスクワ　シビル　シベリア

リトアニア＝ポーランド王国　ワルシャワ　クラクフ　キエフ　スモレンスク　ウラジーミル　カザン　カザン＝ハン国 1438〜1552　シビル＝ハン国 15C〜1598

神聖ローマ帝国　コンスタンツ　ウィーン　ブダ　ハンガリー王国　ベオグラード　モルドヴァ公国　ターナ　サライ　キプチャク＝ハン国 1243〜1502　アストラハン＝ハン国 1466〜1556　ウズベク

フランス王国　パリ　スイス　ミラノ　ジェノヴァ　ヴェネツィア　ヴェネツィア共和国　ローマ　教皇領　ナポリ　ナポリ王国　バルカン半島　アドリアノープル　コンスタンティノープル　ブルサ　オスマン帝国 1299〜1922

ポルトガル王国　スペイン王国　トレド　グラナダ　ナスル朝　チュニス　白羊朝　黒羊朝　タブリーズ　アルダビール　サファヴィー教団領　レイ　イスファハーン　ティフリス　デルベント　ウルゲンチ　サマルカンド　ブハラ　アンディジャーン　フェルガナ　カシュガル　東

リスボン　ザグレス　パロス　セウタ　フェズ　ザイヤーン朝　ハフス朝 1228〜1574　トリポリ　クレタ島　キプロス島　アレッポ　ダマスクス　バグダード　バスラ　シーラーズ　ヘラート　ガズナ　カブル　カンダハル　ペシャワール　デリー＝スルタン朝（サイイド朝 1414〜51）（ロディー朝 1451〜152 ）

ワッタース朝　マラケシュ　アレクサンドリア　カイロ　マムルーク朝 1250〜1517　メディナ　アラビア　メッカ　ジッダ　ホルムズ　マスカット　ラージプート　アーメダバード　グジャラート　ダイブル　ダウラターバード

マディラ　カナリア諸島　サンタクルス　サハラ砂漠　アルギン　ヴェルデ岬　ピサウ　トンブクトゥ　ガオ　ソンガイ王国　マリ王国　ボルヌー王国　チャド湖　スアーキン　サワーキン　アスワン　アイザーブ　アデン　ライスート　サファール　ハドラマウト　シフル　ゼイラ　モガディシュ　ブラワ　マリンディ　ソコトラ島　エチオピア

ティムール帝国 1370〜1507

注記

スペイン王国成立 1479

モスクワ大公国独立 1480　イヴァン3世、ツァーリ（皇帝）を名のり、ビザンツ帝国の後継者を自称。

レコンキスタ（国土再征服運動）完了 1492　スペイン、ナスル朝首都グラナダを陥落。

ビザンツ帝国滅亡 1453　オスマン軍により陥落。コンスタンティノープルは、のちにイスタンブルとよばれるようになる。

アンカラの戦い 1402　ティムールにオスマン帝国敗れる。

15世紀後半から分裂し弱体化。

インド洋交易で活躍。

ソンガイ王国に攻められ、衰退。

ヴァスコ＝ダ＝ガマの航路

（リスボン発アフリカ南端経由）

凡例

東アジア
- 明の最大領域（15世紀初め）
- オイラトの最大領域（エセンの時代）
- オイラトの進出
- 鄭和の航路 → 巻頭22
- 明の九辺鎮
- 永楽帝時代の明の外征

ヨーロッパ
- ヴェネツィア領
- スペイン領
- エンリケ航海王子時代（1415〜60）のポルトガル進出地

イスラーム
- ティムール帝国の最大領域（1404年）
- ウズベクの侵入
- バーブルの根拠地
- バーブルのウズベクからの敗走
- サファヴィー教団の進軍（1499〜1510）
- 1481年のオスマン帝国の勢力範囲
- イスラーム国家

→ そのとき ここでは　**各地域のくわしい地図**

ヨーロッパ	西・中央アジア	南・東南アジア	東アジア
東欧諸国・ロシアの変遷 → p.141 1 B	ティムール帝国の発展 → p.130 1	東南アジアの大交易時代 マラッカの繁栄 → p.85 1 D	明の対外政策 → p.115 2
中世末期のヨーロッパ → p.151 3	拡大するオスマン帝国 → p.133 2	インドのイスラーム化 → p.134 1 B	

時代の概観　アジアの海へ、ヨーロッパの"船出"

「14世紀の危機」が去ると、アジア各地域の経済が急速に回復し、海上交易がさらに発展した。**明の永楽帝**は朝貢貿易の活性化をねらい**鄭和の南海遠征**を行ったが、その後は対外的に消極化したため、**琉球王国**や**マラッカ王国**が**中継貿易**で繁栄した。ヨーロッパでは、**スペイン**や**ポルトガル**が、**オスマン帝国**などのイスラーム世界を介さないアジアとの直接交易とキリスト教布教をめざして対外進出を始めた（**大航海時代**）。

☑ ここを check!!

東アジア
- □ 明の永楽帝が朝貢を求めて鄭和の南海遠征を行った。
- □ 明の正統帝が土木の変でオイラトのエセンの捕虜となった。

西・中央アジア
- □ ティムールが勢力をほこるが、徐々に分裂し弱体化。
- □ オスマン帝国のメフメト2世がビザンツ帝国を滅ぼした。

ヨーロッパ
- □ レコンキスタを完させたスペインが西まわりで、ポルトガルが東まわりで、それぞれアジアをめざした。

- 鄭和の南海遠征海上ルート
- ヴァスコ＝ダ＝ガマの海上ルート

東南アジアのイスラーム化

世界各地域のおもな事件

赤字 戦争・紛争関係　青字 文化関係　▓ おもな治世者

		15世紀			
日本	室町時代	1404 勘合貿易(日明貿易)開始　足利義満	1429 ○琉球、さかんに遣明船派遣　琉球王国成立		戦国時代　1467 応仁・文明の乱(～77)　1485 1488 加賀の一向一揆(～1580)　山城の国一揆(～93)
東アジア	明 1368～1644	1402 永楽帝即位　1405 鄭和、南海遠征(～33)	1421 永楽帝、北京に遷都	1449 土木の変(エセン、正統帝をとらえる)	永楽帝
南・東南アジア		→ 1407 明、ベトナム占領(～27)　○マラッカ王国の台頭	1428 大越国(黎朝)成立(～1789)　○マラッカ、イスラーム化	○各地にイスラーム系港市国家成立	1498 ヴァスコ=ダ=ガマ、カリカットに到着　ヴァスコ=ダ=ガマ
西・中央アジア	オスマン帝国 1299～1922	1402 アンカラの戦い(ティムールに敗れ混乱)	1453 メフメト2世、コンスタンティノープルを攻略 → 1453 ビザンツ帝国滅亡		
ヨーロッパ		1414 コンスタンツ公会議　1419 フス戦争(～36)	1453 シャルル7世、百年戦争を終結	1453 ばら戦争(～85)　1455 1479 レコンキスタ完了　スペイン王国成立　1480 モスクワ大公国独立　1485 テューダー朝成立(～1613)　1492 コロンブス(コロン)、サンサルバドル島に到達　1492 教皇子午線を提示　1493 1494 トルデシリャス条約 →p.36	

| 306～307 |
| 114～117 |
| 85・134 |
| 130・132～133 |
| 148～155 |

◀ 万国津梁の鐘　1458年につくられ、もとは首里城正殿にあった。中継貿易で栄えた琉球のようすを記している。
→p.116　〈沖縄県立博物館・美術館蔵〉

琉球国は南海の勝地にして三韓(韓国)の秀をあつめ大明(中国)をもって輔車(ほお骨と歯ぐきのように重要な関係)となし日域(日本)をもって唇歯(唇と歯のように密接な関係)となす…

（地図中の注記・地名）

仏教文化が栄えていたが、徐々にイスラーム化。

明の永楽帝、ついでオイラトにおされる。ダヤン=ハーンのもとで再び勢力強大化。

土木の変 1449　明の正統帝(英宗)、オイラトの捕虜に。

モンゴル(北元)

オイラト　アルタイ山脈　カラコルム

バイカル湖　モンゴル高原(北元)

黒竜江

ヌルガン

野人女真　海西女真　建州女真

チャガタイ=ハン国　ビシュバリク　トゥルファン　ウイグル

沙州　甘州　粛州　寧夏　固原　榆林　大同　宣府　北京順天府　開原　遼東　瀋陽

チベット(ゲルク派)　ラサ　ヒマラヤ山脈

ネパール　アラハバード　ワラナシ

明 1368～1644

黄河　京兆府　太原　開封　襄陽　南京応天府　武昌　南昌　杭州　寧波　成都　貴陽　雲南　長沙　桂林　福州　泉州　広州

済南　朝鮮 1392～1910　漢城(漢陽)

日本(室町時代)　京都　博多　坊津　首里　琉球王国 1429～1879

長江　長陵

日本海　東シナ海　黄海

ヴィジャヤナガル王国 1336～1649　ヴィジャヤナガル　コーチン　カリカット　セイロン島　コロンボ

ペンガル湾

チャンパーを圧迫して南進。チャンパーを支援する明に一時併合される。

昇竜　大越(黎朝) 1428～1789　ルアンプラバン　チェンマイ　ダウング　ペグー　テナッセリム

アユタヤ朝 1351～1767　アユタヤ　プノンペン　アンコール　ヴィジャヤ　チャンパー

タイ人王朝。アンコールを占領。

タンブラリンガ　カンボジア　インドゥラプラ

ケダー　パタニ　マラッカ王国 1400ごろ～1611　マラッカ　シンガプラ

マラッカの繁栄　明との関係を背景に海峡地帯の支配拡大。イスラーム受容。

ブルネイ　ボルネオ

旧港(パレンバン)

モルッカ(香料)諸島

インド洋　太平洋

トゥバン　マジャパヒト　マジャパヒト朝 1293～1527ごろ

── おもな陸上交通路
── おもな河川交通路

日本と東アジア海域　明の対外政策と琉球

　港市国家に朝貢貿易を求めた鄭和の南海遠征以後、経費の増大もあり明の対外政策は消極化した。その結果、明の冊封を受けた琉球王国や鄭和艦隊の寄港地のマラッカ王国が、それぞれ海上交通の要衝にあり貿易の拠点として、中継貿易で繁栄した。

✓ ここを check!!

日本	□足利義満が勘合貿易開始。□琉球王国が統一され、中継貿易で繁栄。□応仁・文明の乱以後、戦国時代に。
朝鮮半島	□朝鮮王国は明の冊封を受ける。
中国	□明はオイラトと対立し、劣勢にたつ。□永楽帝期以後は、対外政策に消極的になり、海禁と朝貢・冊封関係を堅持する。

明をうしろだてに勢力を伸ばし、イスラームを受容して、東アジア海域とインド洋の貿易で繁栄する。

海禁と朝貢・冊封関係を組み合わせた厳しい対外管理体制。

明はモンゴルに対して、万里の長城を防衛線とし、部分的に貿易を行った。

インド洋　オイラト　モンゴル　明　北京

アユタヤ　大越　サムドラ　マラッカ　パタニ　マラッカ　バンドゥランガ　ジャンビ　パレンバン　チャンパー　ヴィジャヤ　広州　福州　寧波　漢城　朝鮮　女真　ヌルガン　アイヌの交易路

── 琉球王国の交易路
■ 鄭和の寄港地
→ 農業国家の進出
▬ 鄭和艦隊に進出を牽制された国家
▬ 鄭和艦隊に保護された港市国家

各国の物産を集めて明と朝貢貿易を行い、大いに繁栄する。

明の冊封を受ける。

足利義満が明の冊封を受け、勘合貿易(日明貿易)を開始。

南シナ海　東シナ海　ルソン島　首里　兵庫　京都　博多　坊津　十三湊　日本　日本海　マジャパヒト　トゥバン　琉球王国　太平洋

16世紀の世界

太平洋

大西洋

スウェーデン
モスクワ大公国
モスクワ
カザン
ワルシャワ
キエフ
アストラハン
黒海
イングランド アムステルダム
ロンドン アントウェルペン
アルマダ(1588)
フランス
パリ
神聖ローマ帝国 ウィーン
ジェノヴァ
ヴェネツィア
モハーチ(1526)
プレヴェザ(1538)
イスタンブル
アストラバン
ポルトガル スペイン マドリード
リスボン セビリャ
セウタ
アルジェ チュニス
トリポリ
レパント(1571)
オスマン帝国
アレッポ
カイロ
メッカ
ジッダ

アゾレス諸島
マデイラ諸島
カナリア諸島
ヴェルデ岬諸島
アルギン島
トンブクトゥ
カシュウ
サンジョルジェ
ソンガイ王国
ボルヌー王国
チャド湖
ベニン王国
フェルナンドボー
サンメ
コンゴ王国
ルアンダ
喜望峰
モンバサ
ザンジバル
モガディシ
マリンディ
モザンビーク
ソファラ

サカテカス銀山(1546発見)
ヌエバエスパーニャ副王領
メキシコ
ハバナ
ベラクルス
キューバ
西インド諸島
サンサルバドル島
サントドミンゴ
カリブ海
フロリダ半島

1519〜21
アステカ王国滅亡。

1513 バルボア
太平洋に到達。

アカプルコ
グアテマラ
パナマ
カルタヘナ
カラカス
ボゴタ
キト
リマ
クスコ
ラパス
アリーカ
ポトシ銀山(1545発見)
ペルー副王領
アスンシオン
サンティアゴ
ブエノスアイレス
マゼラン海峡

サンルイス
レシフェ
バイア
ブラジルへ
ブラジル
リオデジャネイロ

1532〜33
インカ帝国滅亡。

1545 スペイン人
が発見。多量の銀
がヨーロッパにも
たらされる。

教皇子午線(1493年)

トルデシリャス条約境界線(1494年)

教皇子午線 1493
コロンブスのアメリカ大陸発見後,
教皇が提示したスペインとポルト
ガルの支配領域の境界線。
しかしポルトガルは不服。

トルデシリャス条約 1494
ポルトガルとスペインが,ローマ教皇の
仲介でとりきめた,世界の支配権を二分
する条約。

凡例

ポルトガル領	拠点都市 ◇島
スペイン領	拠点都市 ◇島

- イスラーム拠点都市 ◆島
- ---- モルッカ諸島へ向かうムスリム商人のおもな航路
- → モルッカ諸島へ向かうポルトガルの航路
- → ポルトガルの奴隷貿易
- → スペインの護送船団の航路
- — ヨーロッパ沿岸のおもな航路
- — 海禁解除後の中国商人の海上貿易
- ポルトガルの砂糖栽培地
- ドレークの海賊船襲撃地
- オスマン帝国に服する海賊のおもな出没地
- モンゴルの最大勢力範囲(アルタン時代)

→そのとき ここでは 各地域のくわしい地図

アメリカ	ヨーロッパ
大航海時代の世界→p.155 **3**	宗教改革後の宗教分布→p.163 **7**
古アメリカ文明→p.156	絶対王政と主権国家の形成→p.164 **1**
	オランダの独立→p.165 **2**

時代の概観 アジアの繁栄と西半球の変革

　アジアでは国内経済が充実し,**オスマン帝国・サファヴィー朝・ムガル帝国**のイスラーム3帝国や,**明**が繁栄していた。経済の充実は周縁勢力の成長をうながし,明では,**朝貢**と**冊封**関係を破ろうとする遊牧民や海上民による**北虜南倭**に苦慮した。一方,ヨーロッパでは,大航海時代以降の対外的な発展のなかで,「新大陸」で大量の**銀**を手に入れたことで経済活動を拡大させ,アジア交易に参入するなど世界各地を結びつけた。

✓ここをcheck!!

東アジア
- □明,北虜南倭(モンゴルの侵入と後期倭寇)に苦しむ。
- □日本の銀産出量増大→南蛮貿易が行われる。

西アジア
- □マムルーク朝を滅ぼしたオスマン帝国がスンナ派盟主に。

ヨーロッパ
- □ポルトガル・スペインによる海外領土分割線の設定。

アメリカ
- □スペインによるインカ帝国・アステカ王国の征服
  →「新大陸」の銀がヨーロッパの価格革命の一因となる。

アカプルコ貿易(ガレオン貿易)
石見銀山
朝鮮人参
女真人
生糸・絹織物・陶磁器
中国
香辛料
東南アジア
銀納税制(一条鞭法)施行
南蛮貿易(ポルトガル)
メキシコ
サカテカス銀山
アカプルコ
価格革命
香辛料・綿織物
ヨーロッパ
オスマン帝国
インド
織物
ペルー
ポトシ銀山→p.155

→	銀の流れ
中国	銀が流入した地域
香辛料	銀で購入された商品
価格革命	銀購入で引き起こされた社会現象

銀が結ぶ世界経済

　スペインによってヨーロッパにもたらされたメキシコ銀と,朝鮮伝来の新技術により爆発的に増産された日本銀は,ヨーロッパ人の世界各地での交易参入によって,世界をかけめぐった。銀の活発な動きにより,急激に経済が拡大した。
→p.113

▼中国の馬蹄銀 重さで価値が決められた。

世界各地域のおもな事件

赤字 戦争・紛争関係　▨ おもな治世者
☐ ヨーロッパの進出

地図中のおもな地名・事項

モンゴル（韃靼） 女真
ピシュバリク　開原　フフホト
ヒヴァ＝ハン国　ブハラ＝ハン国　カシュガル＝ハン国
朝鮮　石見銀山　日本　京都
北京　平戸

サファヴィー朝　スファハーン　カーブル　デリー　アグラ
ムガル帝国　チベット　ラサ　西安　南京　明
ホルムズ　マスカット　ディウ沖海戦 ✕（1509）　寧波　福州
ディウ　ゴア　大越　漳州　広州　マカオ
カリカット　コーチン　コロンボ　モルディブ
ダウングー朝　アユタヤ朝　沈香　マニラ　サンミゲル　フィリピン諸島　太平洋
アチェ　マラッカ　パタニ　ブルネイ　スールー　ジョホール　バンテン　ドゥマク　テルナテ　ティドーレ　モルッカ（香料）諸島　丁子　香木　ナツメグ　ティリ
胡椒
マダガスカル島　インド洋

- アルタン、チベット仏教指導者にダライ＝ラマの称号を贈る。モンゴル一帯にチベット仏教広がる（韃靼は明朝からの蔑称）。
- 1543 種子島にポルトガル人より鉄砲伝来。
- 1557〜 ポルトガルが居住権を獲得。
- 1571〜 スペインの拠点
- 1510〜 ポルトガルの拠点
- 1518〜1656 ポルトガル領
- 1511〜1641 ポルトガル領
- ポルトガル人砲兵により強大化。

サラゴサ条約　1529
スペインとポルトガルの条約。スペインがモルッカ諸島をポルトガルに売却。

サラゴサ条約による境界線（1529年）

年表

	16世紀
日本	戦国時代／室町時代 1523 寧波の乱　○日本銀の産出増加　1543 ポルトガル人、種子島来航、鉄砲伝来　1549 フランシスコ＝ザビエル キリスト教を伝える　1573 室町幕府を滅ぼす　安土桃山時代　織田信長　1590 豊臣秀吉 全国統一　朝鮮出兵　1592 壬辰倭乱（文禄の役）（〜98）　1597 丁酉倭乱（慶長の役）（〜98）
明・東アジア	1368 明 1644 ○北虜南倭　1501 モンゴルのダヤン＝ハーン、華北に侵入　1550 モンゴルのアルタン＝ハーン、北京に迫る（後期倭寇）　1557 ポルトガル、マカオ居住権を獲得　○海禁を解除、倭寇が南京に迫る　1573 張居正の改革（〜82）一条鞭法（全国に拡大）　1582 マテオリッチ、マカオ上陸　○女真のヌルハチ、八旗制度を創始
南・東南アジア	1510 ポルトガル、マラッカ占領　1511 ポルトガル、ゴア占領　1526 ムガル帝国成立（〜1858）バーブル　1531 タウングー朝建国（〜1752）　1556 ムガル朝成立にアクバル即位（〜1605）　1571 スペイン、フィリピンにマニラ建設　○ムガル帝、北インド統一
西・中央アジア	オスマン帝国（1299〜1922）　1501 サファヴィー朝成立（〜1736）　1526 モハーチの戦い　1529 第1次ウィーン包囲　スレイマン1世、ハンガリー制圧　1538 プレヴェザの海戦　オスマン、バルカン半島・地中海を支配下に入れる　スレイマン1世　オスマン軍敗北　1597 サファヴィー朝のアッバース1世、イスファハーンへ遷都
ヨーロッパ	1517 ルター「95か条の論題」　1519 マゼラン艦隊、世界周航（〜22）　サラゴサ条約　1555 アウクスブルクの宗教和議　1568 オランダ独立戦争（〜1609）　1571 レパントの海戦　1588 アルマダの海戦　1598 ナントの王令（アンリ4世）ユグノー戦争終結
アメリカ	1513 バルボア、太平洋に到達（〜21）　1519 コルテス、アステカ王国征服（〜33）　1532 ピサロ、インカ帝国征服　1545 スペイン、ポトシ銀山発見　1584 ローリ（英）ヴァージニア植民（失敗）　ピサロ

122〜306〜307
114〜117
85〜134〜135
130〜132〜133
154〜168
154〜157

下部見出し

西・中央アジア	南・東南アジア	東アジア
オスマン帝国・サファヴィー朝・ムガル帝国の鼎立 ➡p.130 ②	東南アジアの植民地化➡p.85 ① E	明の対外政策➡p.115 ②
拡大するオスマン帝国 ➡p.133 ②	インドのイスラーム化➡p.134 ① C	

密貿易の行われた地域　銀のおもな流れ
スペイン人　密貿易のおもな従事者　解説文の丸数字は、できごとが起きた順番

日本と東アジア海域　後期倭寇と朝鮮出兵

　日本銀や**メキシコ銀**が流通し、それを代価にした明の絹織物・陶磁器などの国際商品を扱う国際貿易がさかんになった。明の周縁部では、**海禁**を破って貿易の利益を得ようと密貿易や海賊活動が再び激化した（**後期倭寇**）。一方、全国統一した豊臣秀吉は倭寇を禁止して、自ら海外に進出するため**朝鮮出兵**を行ったが、明との関係を決定的に悪化させた。

✓ ここを check!!

日本
- ☐ 朝鮮伝来の銀精錬法導入で銀の生産量増大。
- ☐ 豊臣秀吉が天下統一後、朝鮮出兵。

中国
- ☐ 明にメキシコ銀・日本銀が流入
  →銀納税制である一条鞭法の実施。

琉球
- ☐ 明の海禁解除で朝貢の意味が薄れ衰退。

インド洋　ダウングー朝　アユタヤ朝　大越　南シナ海　モンゴル　フフホト　黄河　長江　明　北京　南京　ヘトアラ　漢城　女真　朝鮮　釜山　マカオ　広州　福州　寧波　舟山　五島　首里　石見銀山　日本海　京都　堺　種子島　日本　太平洋

- ⑥銀が大量流入した明では、一条鞭法を全国に施行。
- ④密貿易を止められず、漳州を民間貿易に開放。
- ③ヨーロッパ人によりメキシコ銀到来、中国物産の密輸入へ。
- ①民間の密貿易商が現れる。
- ⑦豊臣秀吉、東アジア貿易圏支配をねらうも、朝鮮出兵で失敗。
- ⑧朝鮮人参買いなどで女真人にも銀が流れる。
- ②日本銀の産出激増、中国・朝鮮物産の密輸入へ。
- ⑤琉球は、海禁解除で朝貢による貿易仲介が意味を失い、衰退。
- 中国沿岸の民
- 西日本沿岸の民
- ポルトガル人　1557マカオ居住権獲得
- スペイン人　1571マニラ建設
- スペイン領アメリカから

17世紀の世界

フランスも領有を主張。

1628 オランダ西インド会社艦隊、スペイン銀船隊をまるごと拿捕。

オランダ領ブラジル 1630〜1654

ニューネーデルラント (1614〜64)

仏領ルイジアナ

ヌエバエスパーニャ副王領

ペルー副王領

ブラジル

奴隷輸出基地

奴隷購入取引地

ボルヌー王国

ベニン王国

オランダ領ケープ植民地

デンマーク−ノルウェー連合王国

スウェーデン

オランダ

イングランド

プロイセン

ポーランド

神聖ローマ帝国

フランス

ポルトガル

スペイン

オスマン帝国

地名・ルート
- スペイン銀船隊
- マニラ・ガレオン船（毎年1往復）
- オランダ領ブラジル
- オランダ東インド会社の貿易網

凡例
- スペイン領
  - ● 拠点都市 ◆ 島 ■ 海賊・密貿易根拠地
- イギリス*領
- オランダ領
  - ● 拠点都市 ◆ 島 ■ 海賊・密貿易根拠地
- フランス領
  - ● 拠点都市 ◆ 島 ■ 海賊・密貿易根拠地
- ポルトガル領
  - ○ 拠点都市
- ◉ イスラーム勢力拠点都市
- → オランダの奴隷貿易
- → ポルトガルの奴隷貿易
- → オランダ東インド会社の貿易網
- ‥‥ オランダのバルト海貿易路
- → スペインの護送船団の航路
- ― 鄭芝竜など福建商人の交易路
- ▭ オランダの進出にかかわる事項
- ✕ 銀鉱山

*「イギリス」という国名は、グレートブリテン王国が成立する（1707年）までイングランドの意味で表記する。

→ そのときここでは **各地域のくわしい地図**

アメリカ	ヨーロッパ
北米植民地の変遷 →p.186 **1** A	17世紀の戦争・反乱 〜「17世紀の危機」の影響 →p.169 **1**
	ロシアの拡大 →p.173 **3**

時代の概観 「17世紀の危機」と再編

　寒冷となった17世紀は、世界各地で飢饉や疫病、戦争が多発し、経済は不振であった（「17世紀の危機」）。ヨーロッパでは海運・産業の中心国であった**オランダ**のみ繁栄を続け、アジアの交易にも参入した。**ドイツ**では三十年戦争の被害が大きく、**イギリス**では2度の革命を経て**立憲王政**が成立。**フランス**ではルイ14世による**絶対王政**が展開した。一方、**明**は天災や重税で農村が疲弊して、新たに台頭した**清**にとってかわられた。

☑ **ここを check!!**

東アジア
- □ 明が李自成の乱で滅び、清が中国を支配。
- □ 明の遺臣（鄭氏）が台湾を拠点に活動→清が征服。

東南アジア
- □ バタヴィアにオランダ東インド会社の拠点建設→オランダがアンボイナ事件でイギリスを駆逐。

ヨーロッパ
- □ 「17世紀の危機」の打開を新大陸の経営に求める。

アメリカ
- □ アフリカ黒人を奴隷として連行する大西洋奴隷貿易を開始。

「新大陸」開発と奴隷貿易 巻頭10, p.171

　ヨーロッパの経済成長は、17世紀に入ると一転して停滞するようになり、人口の急増や価格の高騰などから経済は危機的状況を迎えた。ヨーロッパ諸国は、「新大陸」の植民地開発に打開策を見いだし、その労働力をアフリカの黒人奴隷に求め、競って大西洋奴隷貿易を展開した。

16〜17世紀に西ヨーロッパとの取引が急増した商品
- 穀物　奴隷　木材
- ピッチ・タール（船に塗る水もれ防止剤）　毛皮
（奴隷的労働でつくられたプランテーション作物や産物）
- 銀　たばこ　コチニール（赤色の染料）
- 砂糖　カカオ
（奴隷の食用商品）
- 魚　コカ

地図凡例
- 「新大陸」植民地を保有するヨーロッパ諸国
- その他のヨーロッパ諸国
- 植民地

北アメリカ　西ヨーロッパ　東ヨーロッパ　アフリカ　南アメリカ　大西洋　奴隷海岸

世界各地域のおもな事件

赤字 戦争・紛争関係　青字 文化関係
▓▓ おもな治世者　□ ヨーロッパの進出

17世紀

日本（江戸時代）

| 1603 徳川家康、江戸幕府を開く | 1609 島津氏、琉球を征服 | 1609 対馬の宗氏、朝鮮と通商条約を結ぶ | 1613 全国にキリスト教禁教令 | 1635 日本人海外渡航・帰国禁止 | 1636 初の朝鮮通信使来日（→38） | 1637 島原・天草一揆（～38） | 1641 オランダ人の来航を長崎に限定「鎖国」の完成 | 1669 シャクシャインの戦い |

東アジア（明 1368～1644／清 1636～1912）

ヌルハチ

| 1616 清、国号を清とする ヌルハチ、後金建国 | 1636 後金、国号を清とする | 1644 李自成の乱 | 1644 清が北京に遷都 | 1661 康熙帝即位（～1722） | 1661 呉三桂、三藩の乱を起こす（～81） | 1673 鄭成功、台湾を占領（～83） | 1689 ネルチンスク条約 p.41 |

南・東南アジア（ムガル帝国 1526～1858）

| 1619 蘭、バタヴィア建設 | 1623 アンボイナ事件 | 1632 タージ＝マハル造営 | 1639 英、マドラス進出 | ○日本の朱印船、さかんに渡航「日本町」を建設 | 1674 マラータ王国建国（～1818） | 1679 アウラングゼーブ、ジズヤ復活 |

西・中央アジア（オスマン帝国 1299～1922）

| 1683 カルロヴィッツ条約（ハンガリー、オスマンからオーストリアへ） | 1699 オスマン帝国、第2次ウィーン包囲（失敗） |

ヨーロッパ

ルイ14世

| 1618 三十年戦争（～48）「17世紀の危機」 | 1642 英、航海法制定 | 1648 仏、ウェストファリア条約 | 1648 仏、フロンドの乱（～53） | 1651 英、ピューリタン革命（～49） | 1652 英・蘭戦争（～74） | 1661 仏、ルイ14世、親政開始（～1715） | 1688 英、名誉革命（～89） | 1689 権利の章典制定 p.40 | 1700 北方戦争（～21） |

アメリカ

| 1607 英、ジェームズタウン建設 | 1608 仏、ケベックに植民 | 1620 ピルグリム＝ファーザーズ、プリマス上陸 | 1626 蘭、ニューアムステルダム建設 | ○プランテーション発達 | 1689 英・仏、ウィリアム王戦争（～97） |

| 306〜307 | 114〜119 | 85・134〜135 | 132〜133 | 167〜179 | 186〜187 |

地図中の注記

ロシア帝国

ジュンガルの最大勢力範囲

ヤクーツク／クラスノヤルスク／オホーツク／イルクーツク／ネルチンスク

カザフ＝ハン国／ジュンガル／クーロン（ウランバートル）／ハルハ／チャハル／後金（清）／サルフの戦い

ヴァ＝ハン国／ブハラ＝ハン国／カシュガル（回部）／トゥルファン／ホシュート／北京／朝鮮／日本／江戸

サファヴィー朝／カーブル／チベット／西安／南京／明／石見／長崎

ムガル帝国／デリー／カンベイ（カンバート）／台湾 1624〜61（オランダ）1661〜83（鄭氏）1683（清）／寧波／広州／マカオ／ゼーランディア城（台南）

ムガル皇帝の財宝船隊／シャンデルナゴル／スーラト／ボンベイ（ムンバイ）／ゴア／マスリパタム／トンキン／大越／フィリピン（スペイン領）／マニラ

カリカット（コジコーデ）／コーチン／クイロン／マドラス（チェンナイ）／ポンディシェリ／アユタヤ朝／コーチシナ

コロンボ／アチェ／マラッカ／ジョホール／ブルネイ／サンボアンガ／テルナテ／アンボイナ（アンボン）

バンテン／バタヴィア（ジャカルタ）／マタラム／マカッサル／ディリ

マダガスカル／モーリシャス／ブルボン（レユニオン）

ヨーロッパ諸国のライバルが排除され、オランダが日本への生糸輸出で巨利を得る。

インド商人に、オランダ発行の免許状購入を強制。

1619〜 オランダのアジア貿易の中心拠点

アンボイナ事件 1623 イギリス人を排除し、香料諸島を掌握。

インド洋／太平洋

90°／120°／150°／60°／30°／0°／30°

下段表

西・中央アジア	南・東南アジア	東アジア
拡大するオスマン帝国 → p.133	東南アジアの植民地化 → p.85	明の対外政策 → p.115
	インドのイスラーム化 → p.134	

凡例

▓▓ 中国商人の海上交易路　■ 日本町*
ーー ヨーロッパ人が中国物産を日本へ運ぶ航路　● ヨーロッパ人の拠点
── 朱印船のおもな航路　⬭生糸 朱印船が購入した物産

日本と東アジア海域　朱印船貿易から「鎖国」へ

　秀吉の**朝鮮出兵**によって明・朝鮮との公式な貿易が難しくなったなか、**江戸幕府**は、東南アジアで中国商人やヨーロッパ人と中継貿易を行う**朱印船貿易**を幕府主導で行った。しかし、日本からの金銀の流出やキリスト教禁教などの理由から、幕府は「**鎖国**」という対外関係管理体制に移行していった。

✓ここをcheck!!

日本
□ 江戸幕府の下、幕藩体制が成立。
□ 東南アジア各地に日本町が形成。
□ 17世紀中ごろ「鎖国」体制が完成。

中国
□ 満洲で後金（のちの清）が建国し、明は滅亡。

朝鮮半島
□ 国交回復し、朝鮮通信使が来日。

琉球
※薩摩、琉球を征服（日明両属体制）。

地図中の注記

インド洋／太平洋／南シナ海／黄河／長江

火薬・綿織物（インドから）／鹿皮・サメ皮（武具の材料）／生糸／南海物産

アユタヤ朝／トンキン／カンボジア／コーチシナ／旧港（パレンバン）／マラッカ／バンテン／バタヴィア／ブルネイ／ルソン／マニラ／ディリ／アンボイナ（アンボン）／バンダ

明／後金（清）／北京／山海関／南京／広州／マカオ／厦門／登州／寧波／台湾／ゼーランディア城／山東半島／漢城／朝鮮／釜山／対馬／平戸／長崎／京都／大阪／堺／江戸／松前／琉球／日本／日本海

倭寇以来の好戦的な日本を警戒。

1619 後金のヌルハチが明・朝鮮軍を破る

明から銀が流れて成長した女真が、後金（のちに清）を建国し、明打倒の意志を示す。

サルフの戦い

対馬の宗氏が、朝鮮出兵で断絶した日本・朝鮮の国交再開を交渉。

幕府主導で、日中間の新たな貿易のしくみを構築することで、幕府の収入増をねらう。

朱印船が中国商人とおちあう地

＊朱印船貿易がさかんになるとともに東南アジアに進出した日本人が拠点を形成した町。

18世紀の世界

フレンチ-インディアン戦争
1755～63
ヨーロッパでの七年戦争(1756～63)
のころ、イギリスとフランスの北米で
の争いは激戦の末、イギリスが勝利。

北方戦争 1700～21
バルト海支配をめぐるロシアとス
ウェーデンの戦い。ロシアが勝利。

1713 ユトレヒト条約
により獲得。

ジャコバイトの反乱
(1745)

1703 イギリスと通商条約
(メスエン条約)を結び、イギ
リスに経済的に従属。

ジェンキンズの
耳の戦争
(1738～48)

南米独立運動家
シモン・ボリバルの出身地

スペイン継承戦争(1701～13)後、
イギリス南海会社、スペイン領へ
の奴隷貿易権(アシエント)獲得。

本国経済がイギリスに圧倒され、
金の多くがイギリスに流出。

1763年パリ条約後の領土

- イギリス領
  - ● 拠点都市 ◆ 島 ▲ 密輸貿易港
- スペイン領
  - ◉ 拠点都市
- オランダ領
  - ◉ 拠点都市
- フランス領
  - ◉ 拠点都市 ◆ 島
- ポルトガル領
  - ◉ 拠点都市 ◇ 島

- 1776年に独立宣言した13植民地
- → イギリスの大西洋三角貿易ルート
- --- その他のイギリスの貿易ルート
- ⊗ イギリスの対フランス・スペイン戦争
- 清の最大領域(乾隆帝の時代)
- 清の直轄地
- ハルハ 清の藩部
- ■ 華僑の進出都市
- ⊗ 銀鉱山

イギリスとの自
由貿易をもとめる。
本国の統制に不
満高まる。

> ■⃗ そのとき
> ここでは 各地域のくわしい地図

アメリカ	ヨーロッパ
北米植民地の変遷➡p.186❶AB	ロシアの拡大➡p.173❸
アメリカ独立戦争➡p.187❸	ポーランド分割➡p.173❺
	プロイセン・オーストリアの形成➡p.174❹

時代の概観 工業化とアジアへの進出

　北米やインドを舞台とする第2次英仏百年戦争に勝利した**イギリス**は、広大な植民地との経済的分業や奴隷貿易によって**工業化(産業革命)**を進めた。しかし、重税などの植民地側の不満は**アメリカ独立革命**につながった。また、**啓蒙専制君主**の改革によって**ロシア・プロイセン・オーストリア**が台頭した。他方、ムガル帝国や東南アジアに列強が進出し、オスマン帝国は劣勢となった。東アジアでは、**清**が全盛期を迎えた。

☑ ここを check!!

東アジア	□ 清がロシアと中央ユーラシアを分割しつつ国境を画定。 □ 乾隆帝がジュンガルを滅ぼし清は最大領域に。
南アジア	□ イギリスがフランスとの争いに勝利し、インドで優位に。
ヨーロッパ	□ 大西洋三角貿易を展開し、ヨーロッパ各国が利益を得る。
アフリカ	□ 大西洋三角貿易の奴隷貿易で人的資源が流出。
アメリカ	□ 13植民地がイギリスから独立し、アメリカ合衆国成立。

ヨーロッパによるアジア物産の国産化

　ヨーロッパでは、アジア物産の需要拡大とアジアからの輸入増大を背景に、アジア物産の国産化がはかられ、農産物は新大陸で、加工品は本国での生産が試みられた。なかでもインドの綿栽培にあこがれるイギリスは、北米で綿花をつくり、本国で織機や紡績機の改良による綿工業を確立した。

- ◯ あこがれのアジア物産
- ◎ 奴隷制プランテーションの生産物
- ◉ 本国工場での生産が進んだもの

世界各地域のおもな事件

赤字 戦争・紛争関係　▧ おもな治世者　□ ヨーロッパの進出

18世紀

日本 江戸時代	1716 徳川吉宗 **享保の改革**（〜45）徳川吉宗〈徳川記念財団蔵〉	1772 ○田沼意次の政治（〜86）　1783 天明の飢饉　1787 松平定信 **寛政の改革**（〜93）	306〜307
清 1636〜1912 東アジア	1717 ○華僑増加　1722 雍正帝即位（〜35）地丁銀実施　1727 キャフタ条約　1735 乾隆帝即位（〜95）○清の版図最大となる　1757・1758 ジュンガルの併合 西欧諸国との貿易を広州に限定 乾隆帝	1796 白蓮教徒の乱（〜1804）	118〜119
南・東南アジア ムガル帝国 1526〜1858	1710 ○シク教徒の反乱　1744 カーナティック戦争（〜61）○マラータ同盟成立　1757 プラッシーの戦い　1765 英、ベンガル地方などの徴税権獲得（〜99）　1773 ○オランダ、ジャワ島支配 マラータ戦争（〜1818）　1786 英、ペナン島獲得　1792 英、カリカット獲得		85・134〜135
西・中央アジア オスマン帝国 1299〜1922	○チューリップ時代　1718 パッサロヴィッツ条約　1744ごろ ワッハーブ王国成立 ワッハーブ運動始まる　1774 キュチュク＝カイナルジャ条約　1789 **セリム3世**即位、西洋化改革に着手 セリム3世		222〜223
ヨーロッパ	1701 墺、マリア＝テレジア即位 スペイン継承戦争（〜13）ユトレヒト条約　1740 普、フリードリヒ2世即位 オーストリア継承戦争（〜48）アーヘン条約　1756 七年戦争（〜63）パリ条約　1772 ポーランド分割（〜95）　1789 フランス革命・人権宣言　1796 ナポレオン戦争（〜1815）英で工業化始まる マリア＝テレジア		167〜185・188〜189
アメリカ	1702 アン女王戦争（〜13）　1732 **13植民地**成立　1744 ジョージ王戦争（〜48）　1755 フレンチ・インディアン戦争（〜63）　1765 英、印紙法発布　1773 ボストン茶会事件　1776 **アメリカ独立宣言**　1783 パリ条約（アメリカ独立承認）　1789 **ワシントン**、初代大統領に就任（〜97）		186〜187

地図内注記

ロシア帝国　1689 ネルチンスク条約の国境　1727 キャフタ条約の国境　ヤクーツク　クラスノヤルスク　イルクーツク　ネルチンスク　トボリスク　オムスク　キャフタ　ハルハ　ジュンガル　ウルムチ　新疆　カシュガル　回部　チャハル　山海関　北京　朝鮮　日本（江戸時代）　江戸　長崎　寧波　南京　西安　青海　チベット　清　広州　マカオ　昇竜　ビルマ　シャム　大越　サイゴン　バンコク　マニラ　フィリピン（スペイン領）　ミンダナオ　ヒヴァ＝ハン国　ブハラ＝ハン国　コーカンド＝ハン国　テヘラン　アフシャール朝　カーブル　シク　ムガル帝国　デリー　ラージプート　アウド王国　ベンガル　カルカッタ（コルカタ）　シャンデルナゴル　ディウ　ボンベイ（ムンバイ）　ゴア　ニザーム　マドラス（チェンナイ）　ポンディシェリ　カーナティック　カリカット（コジコーデ）　クイロン　コロンボ　アチェ　パダン　マラッカ　ブルネイ　パレンバン　バタヴィア　バンテン

1757 貿易を広州一港に限定。

インド産綿織物「キャラコ」の語源。1792年イギリス領。

プラッシーの戦い 1757 イギリスは、フランスと在地領主の連合軍に勝利し、その後、ベンガル地方などを植民地化。

ポートジャクソン（シドニー）　ボタニー湾

下部凡例

西・中央アジア　オスマン帝国の縮小➡p.223 ②

南・東南アジア　東南アジアの植民地化➡p.85 ① E　インドのイスラーム化➡p.134 ① D　インド植民地化の始まり➡p.224 ①

東アジア　清の対外政策➡p.119 ②

長崎 鎖国下の「四つの口」　―― 朝鮮通信使のルート　―― 中国海商の交易路　→ 琉球の貿易　……… 蝦夷錦（江南製絹織物）が伝わったルート

日本と東アジア海域　「鎖国」と華僑の隆盛

江戸幕府は、「鎖国」という管理貿易体制（「四つの口」）をしいた。清は、17世紀後半に三藩の乱と台湾の鄭氏を平定すると、海関（税関）による統制は残しながらも中国船の海外渡航を認めた。そして、蓄積したネットワークをもつ華僑がヨーロッパのアジア拠点との流通に深く関与するようになった。

☑ ここを check!!

日本
□ 金銀の海外流出を制限し、俵物を輸出。
□ 木綿や生糸などのアジア物産を国産化。
□ 康熙・雍正・乾隆帝の清朝最盛期。

中国
□ 朝貢以外の民間貿易（互市貿易）を許可。
□ ヨーロッパとの貿易を広州一港に限定。
□ アメリカ大陸原産作物が普及し人口増加。

毛皮を求めてシベリアに進出。ネルチンスク条約で黒竜江流域から排除され、東に拡大。

1757年、ヨーロッパ商船との貿易を広州に限り許可。公行（特許商人の組合）が管理。

鄭氏一族鎮圧後、清は海禁解除。華僑進出が加速。

17世紀末〜オランダ、インドネシア各地の植民地化を開始。

薩摩藩、琉球に朝貢貿易をさせ、中国物産入手。

中国商人や、オランダ商人から海外物産を入手。

対馬の宗氏とは釜山で貿易。

松前藩の交易統制に対する近世最大のアイヌの蜂起。

ロシア帝国　清　ビルマ　シャム　大越　スペイン領フィリピン　ジャワ島　黄河　長江　北京　山海関　開原　ヘトアラ　瀋陽　杭州　福州　厦門　広州　マカオ　安平　淡水　対馬　朝鮮　釜山　琉球　薩摩　長崎　平戸　京都　大坂　江戸　松前　日本

19世紀前半の世界

独立後、大陸封鎖令時に、英の大西洋逆封鎖に反抗（米英戦争）するも、南部の綿花プランテーションと英との結びつきは続く。

1786年のイーデン条約で、貿易自由化。英国製品が流れ込み経済破綻、革命へ。ナポレオンが大陸封鎖令で挑戦するも、敗北。国内改革で工業化をめざす。

ナポレオンの大陸封鎖に対し、大西洋逆封鎖。他国のアメリカ植民地の取り込み、本国からの切り離しを画策。

トルコマンチャーイ条約 1828
ペルシア（イラン）の半植民地化の端緒。

1789 フランス革命
1830 七月革命
1848 二月革命

1853〜56 クリミア戦争

アラスカ（ロシア領）

エスキモルト

イギリス領カナダ

西漸運動

モントリオール

ニューヨーク

ワシントン

1783 アメリカ合衆国の独立

アメリカ合衆国

→p.185

環大西洋革命

サンクトペテルブルク
モスクワ
ロンドン オランダ プロイセン ベルリン
イギリス
フランス パリ ウィーン
ポルトガル スペイン オーストリア
リスボン マドリード
ジブラルタル
オ ス マ ン 帝 国
イスタンブル
ギリシア
トルコマンチャーイ

メキシコ
1821
ドロレス
メキシコシティ

1804 ハイチ独立

キューバ

ジャマイカ

1830 アルジェリアにフランス進出。

アルジェリア

対ロシア防衛の支援を受けるにつれて、不平等条約締結、貿易自由化。

カイロ
エジプト

中央アメリカ連邦
1823

カラカス

ボゴタ
大コロンビア
1819

ギアナ

ラテンアメリカ諸国の独立

セネガル

シエラレオネ

黄金海岸

アセンション島

ペルー
1821
リマ
アヤクチョ

ブラジル
1822

ボリビア
1825
スクレ
パラグアイ
1811
リオデジャネイロ

セントヘレナ島

独立を支援してもらうと同時に、貿易自由化。事実上、英の経済支配下に入る。

モザンビーク

アルゼンチン
チリ
サンティアゴ
1818
モンテビデオ
ブエノスアイレス
ウルグアイ
1828
ラプラタ連邦として独立宣言
1816

ケープ植民地
ケープタウン
ダーバン

フォークランド諸島

列強とその領土

- イギリスとその植民地（1850年）
  - イギリスの拠点都市
  - イギリス領の島
- イギリスとの関係に関する事項
- フランス（ナポレオン3世退位時1870年）
- スペイン（1850年） 旧スペイン植民地
- ポルトガル（1850年） 旧ポルトガル植民地
- オランダ（1850年）
- 赤数字 独立した年
- ペリー来航経路（1852〜54年）

イギリス・ロシアのユーラシア分割

- → インド兵シパーヒーを用いた拡大（1800〜1900年）
- → ロシアの拡大（南下政策）→p.205

アメリカのフロンティアの西進

- ······ 1800年 ─·─ 1830年 ── 1860年
- 1850年までに州となった地域

→ そのときここでは 各地域のくわしい地図

アメリカ	ヨーロッパ
ラテンアメリカ諸国の独立→p.194 ①	ウィーン体制と革命運動→p.193 ①
アメリカの領土拡大→p.206 ①	ロシアの南下政策→p.205 ② A
	ロシアの東方への進出→p.205 ③

時代の概観 「世界の工場」と植民地化進むアジア

工業化をいち早く達成した**イギリス**は、圧倒的な生産力で世界各地をイギリス中心の経済分業システムに組み込んでいき、**「世界の工場」**となった。イギリスは、自国製品の市場獲得のため、諸外国に対して**自由貿易**を迫り、ときには**アヘン戦争**のように武力を用いた。また、植民地をもたない欧米諸国は、幅広い階層の人々を工業化に結集する必要などから、フランス革命以後、**自由主義・ナショナリズム**による国内改革を進めた。

☑ ここを check!!

東アジア
- □ マカートニーやアマーストの対清交易交渉→失敗。
- □ 三角貿易によるアヘンの流入→アヘン戦争勃発→南京条約で5港開港し、朝貢貿易を放棄。

西アジア
- □ オスマン帝国・ペルシア、ヨーロッパの半植民地化。

南アジア
- □ インド大反乱によりムガル帝国滅亡。植民地化の完了。

ヨーロッパ
- □ 環大西洋で革命が連鎖（環大西洋革命）。

「世界の工場」イギリス

- イギリスの植民地（1900年）
- ○ イギリスの輸入品
- ◇ イギリスの輸出品

日本 生糸
カナダ 木材
アメリカ合衆国 綿花 小麦
イギリス 工業製品
ヨーロッパ諸国
清 陶磁器 茶・絹
オランダ領東インド ゴム 香辛料
ニュージーランド 羊毛
オーストラリア 金 穀物
西インド諸島 砂糖 タバコ
穀物 木材
インド ゴム 香辛料 綿花 茶
エジプト 綿花
ブラジル ゴム コーヒー
西アフリカ カカオ
東アフリカ コーヒー
肉 アルゼンチン
ケープ植民地 羊毛

産業革命をなしとげたイギリスは、「世界の工場」といわれた。世界各地を自国の製品の輸出地や、食料・原料の供給地として取り込み、広大な植民地帝国を確立した。この動きによって、世界が一つの市場（世界市場）となり、世界の一体化がヨーロッパを中心にさらに深まっていった。また、供給地となった地域では、モノカルチャー経済が進んだ。

世界各地域のおもな事件

赤字 戦争・紛争関係　▨ おもな治世者
▢ ヨーロッパの進出

19世紀前半～中ごろ

日本（江戸時代）

1808 フェートン号事件
1825 異国船打払令発布
1841 水野忠邦，天保の改革（～43）
1842 異国船打払令緩和，薪水給与令発布
1853 ペリー来航
1854 日米和親条約
1858 日米修好通商条約

1858 アメリカと日米修好通商条約を結び，貿易を始める。

東アジア（清 1636～1912）

○英・三角貿易実施（清にアヘン流入）
1839 林則徐，アヘン没収
1840 アヘン戦争（～42）
1842 南京条約
1851 洪秀全，太平天国の乱を起こす（～64）
1856 アロー戦争（～60）
1858 天津条約
1860 北京条約
李鴻章，洋務運動を推進

林則徐

アヘン密輸と武力で自由貿易を押しつけられ，香港島割譲（1842南京条約）。

南・東南アジア（ムガル帝国 1526～1858）

1802 阮福暎，越南（阮朝）建国
1819 英・シンガポール買収
1824 第1次イギリス・ビルマ戦争（～26）
1826 海峡植民地成立
1845 シク戦争（～49）
1857 インド大反乱（～59）

ムガル帝国（1858滅亡）

西・中央アジア（オスマン帝国 1299～1922）

1805 ムハンマド＝アリーの改革，エジプト，事実上独立
1811
1821 ギリシア独立戦争（～29）
1828 第1次イラン・トルコ戦争
1831 第1次エジプト・トルコ戦争（～33）
1838 トルコマンチャーイ条約（～42）
1839 タンジマート開始
アブデュルメジト1世，東方問題が叫ばれる

ヨーロッパ

1804 ナポレオン，帝位につく（～15）
1806 大陸封鎖令
1814 ウィーン会議
1830 仏・七月革命
1830 仏・アルジェリア占領
1837 英・ヴィクトリア女王即位（～1901）
1848 仏・独・三月革命
1853 クリミア戦争（～56）
1855 露・アレクサンドル2世即位（～81）

ナポレオン

アメリカ

1804 ハイチ独立
1812 米英戦争（～14）
1823 モンロー宣言（教書）
○シモン・ボリバルらによりラテンアメリカ諸国の独立
1846 アメリカ・メキシコ戦争（～48）
1848 カリフォルニア獲得，ゴールドラッシュ

308～309
228～229
224～227
222～223
190～205
194・206～207

西・中央アジア	南・東南アジア	東アジア
オスマン帝国の縮小➡p.223❷	植民地化への反抗➡p.225❸B	アヘン戦争➡p.228❶
	植民地化の時代➡p.226⑤	アロー戦争➡p.229❷B

→ ロシアの進出
— 英フェートン号の進路
…… アヘン戦争の英軍の進路
■ 南京条約で開かれた港
▨ イギリスの植民地
--- 米ペリー艦隊の進路
■ 日米和親条約の開港地
◎ 日米修好通商条約の開港地

日本と東アジア海域　アヘン戦争と日本の開国

イギリスは，インドの植民地化とともにシンガポールなどの**海峡植民地**を建設し，**アヘン戦争**を起こして東アジアへ侵略を開始した。日本では，通商を求めて来航した欧米列強に対して強硬な姿勢でのぞんだが，アヘン戦争の衝撃は大きく，ついに幕府の外交方針を変更して**開国**へと踏みきった。このため，国内は攘夷運動などで混乱した。

✓ここをcheck!!

日本
▢ 英・露・米などの外国船が来航。
▢ 異国船打払令を緩和し薪水給与令発布。
▢ ペリーが来航し日米和親条約締結。

中国
▢ 三角貿易でアヘンが流入。
▢ 林則徐の取り締まりでアヘン戦争に。

ヨーロッパ諸国との貿易港は広州に限定していたが，アヘン戦争に敗れて5港を開港。

1826 海峡植民地成立。

対清貿易で赤字が続いたため，アヘンを密輸出。

イギリスは，ナポレオン戦争時，フランスに占領されたオランダの植民地を奪取するため長崎にも侵入。

ラクスマン，大黒屋光太夫をともなって，通商を求め来航。

19世紀後半～20世紀初頭の世界

アラスカ
(1867 ロシアより購入)

中国へ→

カナダ
(1867自治領, カナダ連邦)

ニューファンドランド
(1854自治領)

ポートランド (1883)

リトルビッグホーン

ウンデッドニー (1869) Ⓧ

Ⓧ

オタワ

1861～65
南北戦争

サクラメント

サンフランシスコ
(1869)

カンザスシティ

シカゴ

オマハ

ワシントン (1872.3.4)

ノーフォーク

ロサンゼルス (1883)

フィリピンへ→

アメリカ合衆国

ニューオーリンズ

1869 最初の大陸横断鉄道
1890 フロンティア消滅
( )内は鉄道開通年

メキシコ

キューバ
(1895独立宣言)

1898 米西(アメリカ-
スペイン)戦争

プエルトリコ
(1898 米)

おもな探検家 ➡p.95 5 ,212

タスマン(蘭)
　1642年以降, タスマニア島・
　ニュージーランドなどを発見
クック(英)
　1768年以降, 太平洋方面探検
リヴィングストン(英)
　1855年, ヴィクトリア瀑布発見
スタンリー(米)
　1874年以降, コンゴ地方探検
ピアリ(米)
　1909年, 北極点初到達
アムンゼン(ノルウェー)
　1911年, 南極点初到達

パナマ

ベネズエラ

ギアナ

コロンビア

ペルー

ブラジル

ボリビア

チリ

アルゼンチン

トゥアモトゥ諸島
(1880仏)

Ⓑムルロア環礁(仏)

列強の領土と勢力圏

▨	イギリス
▨	フランス
▨	ドイツ
▨	ロシア
▨	アメリカ
▨	スペイン
▨	ポルトガル
▨	オランダ
▨	イタリア
▨	ベルギー

列強の進出

←	イギリス
←	フランス
←	ドイツ
←	ロシア
←	アメリカ

→ 岩倉使節団の経路
　(数字)はおもな到着日

Ⓧ アメリカ先住民と
　入植者の争い

ストックホルム

(1873.4.3) サンクトペテルブルク

モスクワ

イギリス

ベルギー

オランダ

ロンドン

ベルリン
(1872.12.5)

ドイツ

3B政策

フランス

パリ

1861 イタリア王国成立
1871 ドイツ帝国成立

オーストリア-
ハンガリー

ウィーン

イスタンブル
(ビザンティウム)

ポルトガル

スペイン

ローマ

イタリア

バルカン半島

オ ス マ ン 帝 国

1905, 1911
モロッコ事件

モロッコ

カイロ

バグダード

エジプト

1869
スエズ運河開通

フランス領
西アフリカ

スーダン

アフリカ縦断政策

アフリカ横断政策

ファショダ

アドワ

1898
ファショダ事件

エチオピア

リベリア

コンゴ自由国
(1885～1908)

モンバサ

ダルエスサラーム

ヴィクトリア
瀑布

モザンビーク

ドイツ領
南西アフリカ

1899～1902
南アフリカ戦争

南アフリカ連邦
(1910)

ダーバン

ケープタウン

ポートエリザベス

アセンション島

セントヘレナ島・

大 西 洋

太 平 洋

➡そのとき
ここでは **各地域のくわしい地図**

アメリカ	ヨーロッパ
アメリカの領土拡大➡p.206 1	フランスの対外進出➡p.198③
太平洋・カリブ海の分割➡p.221 2	イタリア・ドイツの統一➡p.201 2
	ロシアの東方への進出➡p.205 3

時代の概観　帝国主義列強の世界分割

　ドイツ・アメリカなどの欧米の新興国が重化学工業による**第2次産業革命**を通じて台頭した。欧米列強は強力な軍事力を背景に新たな国外市場と資本の投下先を求め, 植民地獲得にのりだし, 世界分割を進めて対立を深めた(**帝国主義**)。これに対し, アジア諸国は**近代化**に着手したが, 日本以外のアジア諸国は欧米列強に従属させられていった。植民地獲得競争は各地で紛争や戦争を引き起こし, 第一次世界大戦へとつながった。

☑**ここを check!!**

東アジア
□日清戦争以後, 列強との条約で中国分割が加速。

西アジア・アフリカ
□独が3B政策を推進, 英の3C政策と対立。

ヨーロッパ
□英の覇権が衰退。三国同盟に対抗し, 三国協商成立。
□バルカン半島(「ヨーロッパの火薬庫」)が対立の焦点。

アメリカ
□フロンティアが消滅し, 新たな領土を求め海外進出へ。
□米西戦争でフィリピン併合。中国の門戸開放通牒を出す。

世界分割と世界大戦　本国と植民地の面積比

　第2次産業革命により, 過剰な工業製品と資本を獲得した欧米列強は, 新たな国外市場と資本の投下先を植民地に求め, 欧米列強による世界分割が進められていった。

イギリス 33.8	ベルギー 2.43	ドイツ 3.4	ロシア 22.8*2
0.3	0.03	0.5	5.4*

*2 シベリアや中央アジアを指す。
* ヨーロッパロシアを指す。

アメリカ 9.7	フランス 11.1	イタリア 1.8	日本 0.7
9.4	0.5	0.3	0.4

●本国の面積　●植民地と本国の面積(1914年, 単位100万km²)

*東清鉄道を通るルートの全通は1904年。

世界各地域のおもな事件

赤字 戦争・紛争関係　▨ おもな治世者
□ ヨーロッパの進出

19世紀後半～20世紀初頭

日本（江戸時代／明治時代）
1867 大政奉還
1868 明治維新
1871 岩倉使節団派遣（～73）
1874 台湾出兵
1875 樺太・千島交換条約
1875 江華島事件
1879 琉球を沖縄県とする
1889 大日本帝国憲法発布
1894 日清戦争（～95）
1895 三国干渉
1895 下関条約
1902 日英同盟
1904 日露戦争（～05）
1905 ポーツマス条約
1910 韓国併合
230〜233 308〜309

東アジア（清 1636〜1912）
1876 日朝修好条規
1882 壬午軍乱
1884 甲申政変
1884 清仏戦争（～85）
1894 甲午農民戦争
1897 朝鮮、大韓帝国に
1898 戊戌の政変
1900 義和団事件（～01）
1900 西太后
1905 中国同盟会結成（孫文ら）
1911 辛亥革命（～12）
228〜233

南・東南アジア
1862 仏、カンボジア保護国化
1863 サイゴン条約
1877 インド帝国（英領）成立
1883 フエ（ユエ）条約
1883 ベトナムで清仏両軍衝突
1884 仏領インドシナに編入
1886 ビルマ、英領インドに編入
1887 仏領インドシナ連邦成立（～02）
1894 英領マレー連合州成立
1905 ベンガル分割令
1906 インド国民会議派、カルカッタ大会
○ベトナムでドンズー（東遊）運動
224〜227・245

西アジア・アフリカ（オスマン帝国 1299〜1922）
1869 スエズ運河開通
1876 ミドハト憲法発布
1877 露土戦争（～78）
1875 英、スエズ運河株式買収
1878 第2次アフガン戦争（～80）
1878 ベルリン条約
1881 オラービー運動（～82）
1882 エジプトを保護国化
1891 イラン＝タバコ＝ボイコット運動（～92）
1898 南アフリカ戦争
1898 ファショダ事件（～1902）
1905 イランタバコ革命（～02）
1911 第2次モロッコ事件
オラービー＝パシャ
222〜223・244

ヨーロッパ
1861 イタリア王国成立（～1946）
1866 普墺戦争
1870 普仏戦争（～71）
1871 ビスマルク、ドイツ帝国統一
1878 サンステファノ条約
1878 ベルリン会議
1882 三国同盟結成
1891 露仏同盟
1904 英仏協商
1905 独 3C 3B政策
1907 英露協商
三国協商成立
1912 バルカン戦争（～13）
195〜205・217〜220

アメリカ
1861 南北戦争（～65）
1863 奴隷解放宣言
1869 大陸横断鉄道開通
1890 フロンティアの消滅
1898 米西戦争
1898 ハワイ併合
1898 フィリピン領有
1899 ジョン＝ヘイ、中国の門戸開放通牒
1910 メキシコ革命（～17）
○セオドア＝ローズヴェルト、棍棒外交
ビスマルク
206〜207・221

地図内注記
ロシア帝国
シベリア
シベリア鉄道（国内線1916全通）＊
外モンゴル
東清鉄道
ハバロフスク
ウラジオストク
トルキスタン
新疆
北京
青島
南京
上海
チベット
大韓帝国（1897）
日本
東京（1871.12.23出発）
1871～73 岩倉使節団
1902 日英同盟
台湾（1895 日本領有）
九竜
香港
1899 門戸開放通牒　米、中国市場参入を意図
アメリカ領フィリピン（1898）
グアム島（1898 米）
カロリン諸島（1899 独）
フランス領インドシナ
ラングーン（ヤンゴン）
イギリス領マレー
アチェ
シンガポール
オランダ領東インド
1883 フエ（ユエ）条約　仏、ベトナム保護国化
ペルシア
アフガニスタン
クウェート
インド帝国
カラチ
ボンベイ
マドラス
コロンボ
カルカッタ
3C政策
セーシェル
マダガスカル
モーリシャス島
インド洋
オーストラリア（1901 英連邦自治領）
パース
アデレード
ニューカレドニア島（1853 仏）
ニュージーランド（1907 英連邦自治領）
タスマニア島
太平洋

西アジア・アフリカ	南・東南アジア	東アジア
アフリカの分割➡p.220	インド帝国の成立➡p.225	列強の中国侵略と日露戦争➡p.231
オスマン帝国の縮小➡p.223	植民地化の時代➡p.226⑤	

▨ 日本への亡命・留学　　▩ 繊維工場　　■ 鉄鉱山
⇨ 日本の輸入　　▥ 重工業工場　　▲ 炭田
⇨ 日本の輸出　　⚓ 造船所・軍港

日本と東アジア海域　開国後の日本とアジア

開国後の日本では、混乱のなかで江戸幕府が倒れた。欧米諸国と締結した不平等条約に苦しんだが、**明治政府**の下で近代国家の建設を進め、欧米諸国への**生糸**輸出で外貨をかせいだ。**日清戦争**後は、**綿製品**を輸出するなど、日本の対アジア貿易も増加し、軽工業中心の工業化（**産業革命**）が進展した。

✓ ここを check!!

日本
□ 明治政府が富国強兵・殖産興業を推進。
□ 官営八幡製鉄所が設立され重工業が発達。

朝鮮半島
□ 日朝修好条規により朝鮮が開国。
□ 大韓帝国が成立したが、日本に併合。

中国
□ 清仏戦争、日清戦争に敗北。
□ 辛亥革命で中華民国が成立し、清が滅亡。

下部地図内注記
インド帝国
インド洋
モンゴル
ロシア
中華民国
清（蘭州、黄河、長江）
南洋艦隊計画は西太后の浪費でうやむやに。
たくみな外交により英仏の緩衝地帯として独立を保つ。　シャム
東洋艦隊、清仏戦争で壊滅。
北洋艦隊、日清戦争で壊滅。
日清戦争の賠償金で八幡製鉄所設立。
フランス領インドシナ
ラングーン（ヤンゴン）
バンコク
ハノイ
サイゴン
広州
マカオ
香港
福建
台湾（1895年日本領有）
ドンズー（東遊）運動（日本留学運動）
孫文ら日本で活動
イギリス領マレー
シンガポール
パレンバン
バタヴィア
ブルネイ
アメリカ領フィリピン
マニラ
オランダ領東インド
北京
天津
開平
旅順
南京
漢陽
大治
萍郷
上海
変法派、日本へ亡命
朝鮮（1910年併合）
ウラジオストク
佐世保
日本
八幡
舞鶴
大阪
富岡
横須賀
横浜
鉄鋼・機械　ヨーロッパから
移民労働者　アジアへ
アジアへ　綿織物
アジア・中国から　絹綿糸
フランスへ　生糸
アメリカへ
太平洋

20世紀前半の世界

1918「十四か条の平和原則」
→ 1920 国際連盟成立
（アメリカは不参加）

アメリカ合衆国
（アラスカ）

カナダ
（英連邦自治領）
1931 外交自主権確立）

グリーンランド
（デンマーク領）

ニューファンドランド
（1934 イギリス領）

アイスランド
（1918 デンマークと同君連合）

アメリカ合衆国

オタワ◉

ニューヨーク

サンフランシスコ◯

ワシントン◯

1929.10.24
世界恐慌始まる。

メキシコ

メキシコシティ◉

キューバ
（1902）

ジャマイカ

ハイチ

プエルトリコ

運河地帯
（米）

ベネズエラ

ギアナ

1914
パナマ運河開通。

コロンビア

エクアドル

ペルー

ブラジル

ボリビア

パラグアイ

チ
リ

ウルグアイ

アルゼンチン

トゥアモトゥ諸島

大

西

洋

太

平

洋

イギリス
アイルランド自由国
（1922 英連邦自治領）
ロンドン◯

ベルギー
オランダ
ドイツ

パリ◯
フランス

ポルトガル
スペイン

イタリア

イスタンブル

トルコ共和国
（1923）

フィンランド
スウェーデン
ノルウェー

ポーランド

レニングラード
（1703～1914サンクトペテルブルク
（1914～24ペトログラード

モスクワ

イラク
（1932）

パレスチナ

カイロ◯

モロッコ
（1912）

アルジェリア

リビア
（1912）

エジプト
（1922）

サウジア
ビア王国
（1932）

サ　ハ　ラ

フランス領西アフリカ

スーダン
（1899～
英・エジプト
共同統治）

エチオピア
（1936～41
イタリアが支配）

リベリア

トーゴ

カメルーン

英・仏委任統治（1922）

ベルギー領
コンゴ
（1908）

東アフリカ
（タンガニーカ）

アンゴラ

南西アフリカ

南アフリカ連邦
委任統治（1919）

南アフリカ連邦
（1910 英連邦自治領）

ケープタウン◯

列強とその支配地

アメリカ	イタリア
イギリス	ベルギー
フランス	ドイツが失った海外領土・勢力圏
スペイン	→ アジアに広がる共産党結成の動き
ポルトガル	共産党支配あるいは影響下にある地域
オランダ	

→ そのとき
ここでは

各地域のくわしい地図

アメリカ	ヨーロッパ
太平洋・カリブ海の分割 → p.221 ②	ヴェルサイユ体制下のヨーロッパ → p.241 ③
	ドイツが失った海外領土・勢力圏 → p.241 ④

時代の概観　世界をおおう2度の総力戦

　この時代の帝国主義的な世界分割競争により，史上初の**総力戦**として**第一次世界大戦**が勃発した。ロシアではこの負担に耐えられず，社会主義革命が起き（**ロシア革命**），戦後，植民地では帝国主義への抵抗として**民族独立運動**が展開された。**ヴェルサイユ・ワシントン体制**により，世界は相対的安定期を迎えるが，**世界恐慌**後，世界は再び対立を深め，敗戦国のドイツでは**ファシズム**が台頭し，**第二次世界大戦**が勃発した。

✓ ここを check!!

東アジア
□ 日本に対し，三・一独立運動，五・四運動が起こる。
□ 日本，満洲に進出し日中戦争が勃発。

西アジア・アフリカ
□ オスマン帝国滅亡。スルタン制・カリフ制ともに廃止。

ヨーロッパ
□ 独，ポーランドに侵攻し，第二次世界大戦勃発。

アメリカ
□ 英にかわり世界最大の債権国に。国際連盟に不参加。
□ 1929年世界恐慌が起き，ニューディールで対処。

力を増すアメリカ合衆国

　第一次世界大戦後のアメリカは，イギリスにかわって世界最大の債権国となった。しかし，国際連盟に不参加など，アメリカ国内の世論は，世界全体の秩序への関与を避けようとする傾向があった。

ソヴィエト連邦

モンゴル

カナダ

シベリア出兵

日本

ワシントン会議（1921～22）
中国の門戸開放
日本の孤立化と軍備制限

アメリカ
合衆国

ハワイ諸島

アメリカ領フィリピン

グアム島

中国への
足場固め

投資と介入
（アメリカの裏庭）

パナマ

キューバ

貸付

投資

イギリス

ドイツ

フランス　イタリア

ソヴィエト連邦

モスクワ

イラン

インド

第二次世界大戦前の世界経済ブロック → p.251

スターリング・ブロック圏	金ブロック圏
ドル・ブロック参加国	円ブロック圏

0　2000km

世界各地域のおもな事件

赤字 戦争・紛争関係　▥ おもな治世者

20世紀前半

日本（大正時代・昭和時代）
- 1915 シベリア出兵（〜22）／中国に二十一か条要求
- 1918
- 1923 関東大震災
- 1928 張作霖爆殺事件
- 1928 第2次山東出兵
- 1931 柳条湖事件・満洲事変（〜33）
- 1932 「満洲国」建国宣言
- 1933 国際連盟脱退を通告
- 1937 盧溝橋事件・日中戦争（〜45）
- 1940 日独伊三国同盟
- 1941 太平洋戦争（〜45）

255〜257 308〜309

東アジア
- 1919 中国共産党結成
- 1919 五・四運動
- 1919 三・一独立運動
- 1921 中国国民党結成
- 1926 蔣介石 北伐（〜28）
- 1934 毛沢東 長征（〜36）
- 1936 張学良、西安事件起こす
- 1937 第2次国共合作（〜45）

246〜247 255〜257

南・東南アジア
- 1919 インドネシア共産党結成
- 1920 インド国民会議派 ラホール大会で完全独立を決議
- 1927 ローラット法・ガンディー非暴力・不服従運動
- 1929 インド国民会議派
- 1930 インドシナ共産党結成
- 1939 第二次世界大戦（〜45）
- 1940 日、北部仏印進駐
- 1942 日、マニラ・フィリピン等占領

ネルー

227・245

西アジア・アフリカ（オスマン帝国 1299〜1922）
- 1914 第一次世界大戦（〜18）
- 1923 ムスタファ=ケマル、トルコ共和国を建国
- 1925 パフラヴィー朝成立（〜79）
- 1932 イブン=サウード、サウジアラビア王国を建国（〜53）
- 1936 伊、エチオピア併合
- ○イギリスの多重外交

244

ヨーロッパ
- 1914 サライェヴォ事件
- 1917 ロシア革命
- 1919 ヴェルサイユ条約
- 1920 国際連盟発足
- 1921 ワシントン会議（〜22）
- 1922 ソヴィエト連邦成立
- 1933 ヒトラー、政権を握る
- 1936 フランコ、スペイン内戦（〜39）
- 1939 独、ポーランド侵攻
- 1940 日独伊三国同盟

ヒトラー／スターリン

234〜243 250〜256

アメリカ
- 1914 パナマ運河開通
- 1918 ウィルソン、「十四か条の平和原則」
- 1924 移民法（アジア系移民禁止）
- 1929 世界恐慌始まる
- 1933 ローズヴェルト、ニューディール開始
- 1941 日、真珠湾攻撃
- 1942 ミッドウェー海戦

ローズヴェルト

248〜251 254〜256

地図内注記
- 1917 ロシア革命
- ソヴィエト社会主義共和国連邦
- エカテリンブルク
- チェリャビンスク
- オムスク
- ノヴォシビルスク
- モンゴル（1924 人民共和国）
- ノモンハン
- 「満洲国」（1932）
- ウラジオストク
- 北京
- 延安
- 日本
- 東京
- 京城（ソウル）
- 上海
- 1919 三・一独立運動
- 1919 五・四運動
- 1921 中国共産党結成。
- 中華民国
- チベット
- パフラヴィー朝
- アフガニスタン（1919）
- インド帝国（英領）
- ラホール
- ボンベイ
- カルカッタ
- ビルマ
- 仏領インドシナ
- タイ
- フィリピン（アメリカ領）
- マニラ
- 1934 アメリカ、10年後の独立を約束。
- マリアナ諸島
- グアム島
- 日本の委任統治
- エメン国（1919）
- ソマリ
- 1929 インド国民会議派ラホール大会
- 1919 非暴力・不服従運動
- 1930.2 ベトナム共産党結成。.11 インドシナ共産党結成。
- イギリス領マレー
- シンガポール
- カロリン諸島
- ビスマルク諸島
- オランダ領東インド
- バタヴィア
- イギリス委任統治（1920）
- 1920 インドネシア共産党結成（アジア最初の共産党）。
- ダーウィン
- オーストラリア委任統治
- オーストラリア（1901 英連邦自治領）
- パース
- シドニー
- キャンベラ
- ニュージーランド（1907 英連邦自治領）
- タスマニア島
- インド洋
- 太平洋

西アジア・アフリカ	南・東南アジア	東アジア
西アジアの独立運動➡p.244 ①	ロシア革命における内戦と干渉戦争➡p.239 ②	第1次国共合作の崩壊と長征➡p.247 ②

凡例
- ➡ 日本の輸入
- ➡ 日本の輸出
- ⌒ 日本軍進出地域（1937）
- — 援蔣ルート（1938〜45）
- ⧺ おもな油田
- ▨ 共産党の革命根拠地

[漢冶萍公司]
- ⑦ 漢陽製鉄所
- ⑦ 大冶鉄山
- ⑦ 萍郷炭鉱

日本と東アジア海域 — 日本のブロック政策

日本はアジアとの貿易のなかで工業を発展させたが、さらなる近代化促進のため、欧米諸国と同様の、アジア諸国に進出する植民地帝国への道をとった。第一次世界大戦後の不況が続くと、日本は円ブロック経済圏（のちに「大東亜共栄圏」と称した）確立のため中国・東南アジアへの侵略を拡大した。

✓ここを check!!

日本
- □ 柳条湖事件を機に「満洲国」を建国。
- □ 石油など輸入面ではアメリカに依存。

朝鮮半島・台湾
- □ 日中戦争後、総力戦体制に組み込むため、日本は「皇民化」政策を開始。

中国
- □ 漢冶萍公司が日本の支配下に。
- □ 日中戦争勃発後、第2次国共合作成立。

地図内注記：マドラス／綿花／イギリス領インド／チベット／モンゴル／ロシア／ソヴィエト連邦／中華民国／黄河／ラングーン（ヤンゴン）／タイ／バンコク／ハノイ／フランス領インドシナ／重慶／成都／西安／延安／盧溝橋／北京／青島／南京／武漢／上海／イギリス領マレー／サイゴン／シンガポール／ゴム／石油／オランダ領東インド／スラバヤ／バタヴィア／南シナ海／マニラ／アメリカ領フィリピン／広州／マカオ／香港／福州／井岡山／瑞金／石炭・鉄鉱石／砂糖／米／長江／奉天／新京「満洲国」／大連／旅順／ウラジオストク／大豆／石炭／釜山／日本海／東京／日本／米／中国へ綿織物／東南アジア・インドへ綿織物・雑貨／アメリカへ生糸／石油・鉄くずアメリカから／太平洋／ノモンハン／ハバロフスク

1930年代、不況の日本が東南アジア各植民地に不当に低い価格で商品を輸出し、貿易摩擦があいつぎ、日本は孤立した。

20世紀後半の世界

ベルリン封鎖（1948〜49）
ドイツの管理をめぐって米・英・仏3国と対立したソ連が、西ベルリンへの交通を遮断。この事件により、ドイツの東西分裂は決定的になった。

キューバ革命、キューバ危機
キューバのカストロ政権は1961年社会主義宣言。62年には、核ミサイル基地の撤去をめぐって、米ソが核戦争のせとぎわまで緊張を高めた。

アメリカ合衆国

カナダ

メキシコ

キューバ
ドミニカ
ハイチ
グアテマラ
ホンジュラス
エルサルバドル
ニカラグア
コスタリカ
パナマ
ベネズエラ
コロンビア
エクアドル
ペルー
ブラジル
ボリビア
パラグアイ
チリ
ウルグアイ
アルゼンチン

太平洋

大西洋

北極

ノルウェー
イギリス　デンマーク
オランダ
ベルギー
ルクセンブルク
フランス
ベラルーシ
ポーランド
ウクライナ
チェコスロヴァキア
ユーゴスラヴィア
ギリシャ
トルコ
シリア
レバノン
イラク
エジプト
サウジアラビア
エチオピア
ガーナ
リベリア
南アフリカ
黒海
地中海

1959年の独立国
アメリカとその同盟国
共産主義国
その他の独立国
非独立国・地域
国際連合原加盟国

冷戦下の安全保障条約・機構
北大西洋条約機構加盟国
ワルシャワ条約機構加盟国
冷戦下の危機

そのとき
ここでは　**各地域のくわしい地図**

アメリカ	ヨーロッパ
アメリカとキューバの位置関係 → p.264⑧	第二次世界大戦後のヨーロッパ → p.262②
アメリカの介入と各国の状況 → p.283③	

時代の概観　東西冷戦の時代

　第二次世界大戦後、没落したヨーロッパにかわり、超大国となった**アメリカ**を中心とする**資本主義陣営**と、**ソ連**を中心とする**社会主義陣営**とが、世界規模で激しく対立した（**冷戦**）。一方、欧米の旧植民地であったアジア・アフリカ諸国は独立を果たし**第三勢力**を形成した。そして、アメリカの**ベトナム戦争**敗北、日本・西欧の経済的な発展、**中ソ対立**に伴う多極化の進行などにより、米ソ中心の冷戦構造はゆらいでいった。

☑ ここを check!!

東南アジア □南北ベトナムの対立にアメリカが介入しベトナム戦争へ。

西アジア □第4次中東戦争勃発、世界的規模の石油危機に。

ヨーロッパ □東西ドイツが分断され、「ベルリンの壁」構築。
□北大西洋条約機構とワルシャワ条約機構が対立。

アメリカ □キューバ革命後のキューバ危機で米ソ核戦争の危機。
□金とドルの交換停止によるブレトン=ウッズ体制の崩壊。

冷戦下の東西両陣営の同盟体制

　冷戦下の東西両陣営は、北大西洋条約機構やワルシャワ条約機構などさまざまな安全保障を結んで各陣営を固め、北極海をはさんで対峙した。

アメリカとその同盟国（1959年）
共産主義国（1959年）
＊キューバは1961年に社会主義宣言。

太平洋安全保障条約（ANZUS）1951〜85
日米安全保障条約1951
中ソ友好同盟相互援助条約1950〜1980
米州機構（OAS）1948〜
東南アジア条約機構（SEATO）1954〜1977
中央条約機構（CENTO）1959〜1979

キューバ
アメリカ合衆国
ブラジル
イギリス
ソ連
中国
日本
オーストラリア

共産主義包囲網とその参加国
北大西洋条約機構（NATO）
ワルシャワ条約機構

米ソのおもな軍事基地（1962年）
ソ連の大陸間弾道ミサイル（ICBM）基地
アメリカの大陸間弾道弾基地

世界各地域のおもな事件

赤字 戦争・紛争関係　▨おもな治世者
□冷戦期

朝鮮戦争（1950～53）
北朝鮮が統一をねらって韓国に侵攻。これにアメリカ軍を主力とする国連軍と中国の義勇軍が介入して、世界大戦に発展する危機が高まった。

ソ連

ソ 連

中華人民共和国*

朝鮮民主主義人民共和国
大韓民国
日本

イラン
アフガニスタン
パキスタン
クウェート
インド
ベトナム民主共和国
タイ
フィリピン
カンボジア
ベトナム共和国

アジア=アフリカ会議（1955）
日本を含め、アジア・アフリカの29か国の元首と首相らがバンドン（インドネシア）で一堂に会し、「平和十原則」を含む決議を行い、国際平和を訴えた。

バンドン

インドシナ戦争・ベトナム戦争
1945年ベトナム民主共和国が独立。これを認めないフランスと、翌年、戦争となる（～54）。1965年には南ベトナムの内戦にアメリカが介入。北ベトナムにまで戦争が拡大した。

インド洋

オーストラリア

ニュージーランド

＊1971年に台湾（中華民国）から中華人民共和国に国連代表権交替。

		20世紀後半 →
日本	昭和時代	1946 日本国憲法公布 ／ 1951 日米安全保障条約 ／ 1951 サンフランシスコ平和条約 ／ 1956 日ソ共同宣言 ／ 1956 国際連合加盟 ／ 高度経済成長始まる ／ 1965 日韓基本条約 ／ 1972 沖縄復帰 ／ 日中国交正常化 ／ 1978 日中平和友好条約 ／ ○平成時代 日米貿易摩擦激化 バブル経済（～91）／ 263～271 308～309
東アジア		1948 大韓民国・朝鮮民主主義人民共和国成立 ／ 1949 中華人民共和国成立 ／ 1950 朝鮮戦争（～53）／ 周恩来 ／ 1962 中印国境紛争 ／ 1966 毛沢東 文化大革命（～76）／ 1969 中ソ国境紛争 ／ 1988 台湾に李登輝政権（第2次）（～2000）／ 1989 天安門事件 ／ 262 271 299 303
南・東南アジア		1946 インドシナ戦争（～54）／ 1947 インド・パキスタン、分離独立 ／ 1954 ネルー・周恩来の平和五原則 ／ 1955 アジア=アフリカ会議 スカルノ ／ 1965 ベトナム戦争（～75）／ 1967 ASEAN発足 ／ 1945 国際連合発足 ／ 1975 サイゴン陥落 ／ 1979 中越戦争 ／ 1973 石油危機（オイル=ショック）／ 1989 APEC発足 ／ 266 271 294 298
西アジア・アフリカ		1948 イスラエル建国 ／ 1948 第1次中東戦争（～49）／ 1956 第2次中東戦争（～57）／ 1960 アルジェリア戦争（～62）／ アフリカの年（17か国独立）／ 1967 第3次中東戦争 ／ 1973 第4次中東戦争 ／ 1979 イラン=イラク戦争（～88）／ ソ連、アフガニスタン侵攻 ／ イラン=イスラーム革命 ／ ゴルバチョフ ／ 1980 ／ 266 269 288 293
ヨーロッパ		1946 チャーチル、「鉄のカーテン」演説 ／ 1948 ベルリン封鎖（～49）／ 1949 COMECON発足 ／ 1949 NATO発足 ／ ワルシャワ条約機構発足 ／ 1961 「ベルリンの壁」構築 ／ 1967 EC発足 ／ 1968 「プラハの春」／ 1979 ソ連のゴルバチョフ ／ ペレストロイカ ／ 1975 第1回主要先進国首脳会議（サミット）／ 1986 （冷戦終結宣言）／ 1989 マルタ会談 ／ 262 271 284 287
アメリカ		1947 マーシャル=プラン発表 ／ 1959 カストロ、キューバ革命 ／ ケネディ ／ 1962 ケネディ（キューバ危機）／ 1968 （金とドルの交換停止）／ 1971 ニクソン訪中 ／ ドル=ショック ／ ブッシュ（父）／ 262 271 280 283

西アジア・アフリカ
～フリカの独立→p.288 ■

南・東南アジア
現代の南アジア→p.295 ⑫
インドシナ戦争・ベトナム戦争→p.298 ■ A B

東アジア
朝鮮戦争による半島の分断→p.302 ■

1960年代前半
■ソ連の支配地域
▨ソ連の同盟国
□ソ連同盟国ではないが、社会主義政策を行っていた国
■日本
□沖縄（1972年復帰）
▨アメリカの同盟国
■新興工業経済地域（NIEs）
☠米軍が介入した戦争
✕社会主義国どうしの抗争

日本と東アジア海域　アジアにおける冷戦

アメリカにとって、極東地域は軍事・経済上重要であり、**朝鮮戦争**を機に日本を西側陣営に組み込むため講和を急ぎ、**日米安全保障条約**を結んだ。さらに東南アジアの共産化の連鎖を恐れ（**ドミノ理論**）、**ベトナム戦争**に介入した。社会主義陣営内では、このころから分裂（**中ソ対立**など）が起こり始めた。

☑ ここを check!!

日 本
□朝鮮戦争やベトナム戦争で経済が成長。
□1972年、沖縄が本土復帰。

朝鮮半島
□朝鮮戦争で「国連軍」と中国義勇軍が対立。
□国共内戦後、中華人民共和国建国。

中 国
□中華民国政府（国民党政権）、台湾へ。
□中ソ国境紛争が起こり、米中が接近。

モンゴル人民共和国
中華人民共和国
ソヴィエト連邦
インド洋
ビルマ
タイ
ラオス ラオス内戦 1953～75年
カンボジア内戦 1970～75年
カンボジア ベトナム
ベトナム戦争 1965～75年
1978～91年
マレーシア
シンガポール
ブルネイ
フィリピン
インドネシア
香港
台湾（中華民国）
大韓民国
朝鮮民主主義人民共和国
朝鮮戦争 1950～53年
中ソ国境紛争
中越戦争 1979年
珍宝島（ダマンスキー島）事件 1969年
韓国軍の出動。
日本
ASEAN
南シナ海
東シナ海
黄海
黄河
長江
日本海
太平洋
経済大国となった日本からの援助と経済進出
ベトナム戦争による特需
朝鮮戦争による特需
朝鮮戦争・ベトナム戦争の特需などに支えられ奇跡的な経済復興をとげる。
アメリカからの援助

20世紀末〜21世紀初頭の世界

各地域の地名・注記（地図内）

1993 ヨーロッパ連合（EU）発足

1994 北米自由貿易協定（NAFTA）発足
2020 米国・メキシコ・カナダ協定（USMCA）発足

1995 南米南部共同市場（MERCOSUR）発足

＊ ボリビアは各国の批准待ち。
＊2 ベネズエラは加盟資格停止中。

地図の凡例

政府開発援助（ODA）（2008年）

- DAC（開発援助委員会）加盟国（2021年）
- 日本が最大援助元の国
- アメリカが最大援助元の国・地域
- EU諸国が最大援助元の国
- 上記以外の国・地域が最大援助元の国
- データのない国・地域
- おもな地域統合

〈外務省ホームページ、ほか〉

- ★ アジア太平洋経済協力（APEC）参加国・地域（2021年）
- ☪ イスラーム協力機構（OIC）加盟国・地域（2021年）
- ■ アメリカのおもな海軍基地

そのときここでは 各地域のくわしい地図

アメリカ	ヨーロッパ
世界貿易の相互関係➡p.274②	ソヴィエト連邦の解体➡p.270⑦
	ヨーロッパ連合の拡大➡p.285⑪

時代の概観　冷戦後の世界の枠組み

　冷戦終結後、世界は資本主義経済の下、**「グローバル化」**が進展するとともに、経済競争に勝ちぬくために国家の枠を越え、一定の地域でまとまる**地域統合**が実現した。経済発展をとげた地域では、80年代以降、**ICT（情報通信技術）革命**を達成する。一方、途上国では民族問題や宗教的対立、経済の停滞などにより紛争・内戦となる国家もあり、国家間の格差がますます拡大している（**南北問題・南南問題**）。

✓ここをcheck!!

東南アジア
□ APEC発足、ASEANの拡大など地域統合進む。

西アジア・アフリカ
□ 湾岸戦争・イラク戦争でアメリカと対立。
□ 中東・アラブ諸国で民主化運動（「アラブの春」）高揚。

ヨーロッパ
□ 冷戦が終結し、東西ドイツ統一・ソ連解体へ。
□ EU発足、ユーロ導入。旧東欧諸国のEU加盟実現。

アメリカ
□ 同時多発テロ事件。リーマン＝ショック➡株価暴落。

地域統合の進展

　グローバル化のなかでの国家間の経済競争に勝ちぬくため、国家の枠をこえ、一定の地域でまとまる地域統合の動きが出ている。さらに、隣接地域に限らず、遠く離れた国どうしや国と地域の間であっても、FTA（自由貿易協定）やEPA（経済連携協定）など、地域統合に似た協力関係を結ぶ動きもみられる。

NAFTA ＊
人口 4.7億人
GDP 20.5兆ドル
貿易額 5.7兆ドル

＊2020年7月、新しい貿易協定USMCAが発効。

EU ＊2
人口 5.0億人
GDP 18.5兆ドル
貿易額 11.9兆ドル

＊2 2020年1月、イギリスが離脱。

MERCOSUR
人口 2.8億人
GDP 3.5兆ドル
貿易額 0.8兆ドル

ASEAN
人口 6.2億人
GDP 2.5兆ドル
貿易額 2.5兆ドル

▨ APEC参加国・地域の状況
□ 発効

日本のFTA・EPAの状況（2016年6月現在）

注）地域統合の人口、GDP、貿易額は2014年。

世界各地域のおもな事件

凡例: 赤字 戦争・紛争関係　おもな治世者　□ 地域統合

	20世紀末	21世紀	参照
日本	平成時代 1992 PKO協力法制定／1995 阪神・淡路大震災／1997 京都議定書	2002 日朝首脳会談、北朝鮮の日本人拉致問題表面化／2011 東日本大震災／2015 18歳選挙権成立、安全保障関連法成立　令和時代	308〜309
東アジア	1991 韓国・北朝鮮、国連加盟／1993 中国、社会主義市場経済を導入／1997 香港、中国に返還／1997 アジア通貨危機／1999 マカオ、中国に返還	2000 金大中・金正日、南北首脳会談／2001 中国、WTO加盟／2010 中国、GDP世界第2位／2015 アジアインフラ投資銀行(AIIB)発足	274〜275 300〜303
南・東南アジア	1995 米越国交樹立／1996 国連、包括的核実験禁止条約(CTBT)を採択／1998 インドネシア民主化／1999 ASEAN、東南アジア全域に拡大	2002 東ティモール独立／2015 ASEAN経済共同体(AEC)発足	274〜275 294〜298
西アジア・アフリカ	1990 湾岸戦争(〜91)／1993 パレスチナ暫定自治協定／1994 ルワンダ内戦(〜94)／1994 マンデラ、南アフリカ大統領に就任(〜99)／1995 世界貿易機関(WTO)発足	2001 米、アフガニスタン攻撃(タリバーン政権崩壊)／2003 イラク戦争／2011 南スーダン独立／2011 アラブ諸国で民主化運動(アラブの春)／2014 IS(イスラム国)樹立	274〜275 288〜293
ヨーロッパ	1990 東西ドイツ統一／1991 ソ連解体／1991 チェチェン紛争に突入／1993 ヨーロッパ連合(EU)発足／1994 ボスニア和平合意	1998 ユーロ導入／1999 NATO軍、ユーゴ空爆／1999 コソヴォ紛争(〜99)／2008 コソヴォ独立／2012 露、WTO加盟／2014 露、クリミア半島を編入／2020 英、EUを離脱／2022 露、ウクライナに侵攻	274〜275 284〜287
アメリカ	1994 NAFTA発足／1995 MERCOSUR発足	1999 米、パナマ運河を返還／2001 米で同時多発テロ事件／2008 リーマンショック／2015 オバマ、キューバと国交回復／2017 トランプ、移民制限／2020 USMCA発足／2021 バイデン政権成立	274〜275 280〜281

地図（左）

主な地名: ロシア連邦★、カザフスタン、モンゴル、朝鮮民主主義人民共和国、大韓民国、日本★（横須賀、佐世保、沖縄）、中華人民共和国★、ウズベキスタン、トルクメニスタン、キルギス、タジキスタン、アフガニスタン、イラン、クウェート、パキスタン、ネパール、ブータン、バングラデシュ、バーレーン、カタール、アラブ首長国連邦、オマーン、エメン、ソマリ、インド、ミャンマー、ラオス、タイ、ベトナム、カンボジア、香港、台湾、フィリピン、グアム、ミクロネシア、パラオ、太平洋、セーシェル、ディエゴガルシア、モルディヴ、スリランカ、マレーシア、ブルネイ、シンガポール★、インドネシア、東ティモール、パプアニューギニア、ソロモン諸島、インド洋、マダガスカル、モーリシャス、ノースウェストケープ、オーストラリア★、ニュージーランド

1967 東南アジア諸国連合(ASEAN)発足

GDP年平均成長率(2000〜2012年)
- 7%以上
- 5.0〜7.0
- 3.0〜5.0
- 0〜3.0
- 資料なし

国名 中国が最大の輸出国の国・地域
各国における日本の進出企業 1個は5000社（数字の単位は企業数）（2014年現在）

日本と東アジア海域　東アジア交易圏の復活

この地域は、日本→アジアNIEs→ASEAN→中国→インドの順に経済発展が起きた。1971年のドル=ショック後の円高で日本企業が進出した東南アジアでは、70年代後半から急速な経済発展をみせた。90年代後半には金融危機が襲ったが、この地域の経済成長は著しく、中国はアジアインフラ投資銀行(AIIB)の設立により、さらなる経済発展をめざしている。

☑ ここをcheck!!

- 日本　□世界各地に日本企業が進出。
- 朝鮮半島　□南北間で経済格差が拡大。□北朝鮮の外交的孤立化が進行。
- 中国　□文化大革命が終結し改革開放政策へ。□香港・マカオ返還。

地図（下）の主な数値・地名:
- インド 90年代後半経済成長開始
- ミャンマー 259
- 中華人民共和国 改革開放政策 80年代後半経済成長開始
- モンゴル、ロシア
- タイ 1641、ラオス、カンボジア、ベトナム
- マレーシア 1347、シンガポール 779、ブルネイ 10、インドネシア 1766、フィリピン 1521
- 香港 32667、台湾 1112、大韓民国 667
- 1388、1452
- 朝鮮民主主義人民共和国(北朝鮮)
- ASEAN 70年代後半経済成長開始
- アジアNIEs 60年代後半経済成長開始
- 日本 60年代経済成長開始
- 経済成長の連鎖
- 黄海、日本海、太平洋

1 世界の語族

▼①世界の「ありがとう」

中国語	シェシェ 谢谢。	アラビア語	シュクラン شكرًا.
英語	サンキュー Thank you.	フランス語	メルシー Merci.
ヒンディー語	ダンニャワード धन्यवाद।	ドイツ語	ダンケ Danke.
スペイン語	グラシアス Gracias.	韓国・朝鮮語	カムサハムニダ 감사합니다.
ロシア語	スパシーバ Спасибо.		

〈『Diercke Weltatlas』2000，ほか〉

☐ インド=ヨーロッパ語族	☐ ギリシア語派 ギリシア語	☐ ウラル語族	☐ オーストロネシア語族	☐ オーストラリア諸語

インド=ヨーロッパ語族
- ゲルマン語派 英語,ドイツ語,ノルウェー語,オランダ語, スウェーデン語,デンマーク語
- ラテン語派 フランス語,イタリア語,スペイン語, ポルトガル語,ルーマニア語
- スラヴ語派 ロシア語,ポーランド語,チェコ語, スロヴァキア語,セルビア語,ブルガリア語, ウクライナ語,モンテネグロ語
- ケルト語派 アイルランド語,ウェールズ語,ブルトン語
- バルト語派 ラトヴィア語,リトアニア語

- ギリシア語派 ギリシア語
- アルバニア語派 アルバニア語
- インド=イラン語派 ヒンディー語, ペルシア語,クルド語, ベンガリー語,ソグド語

アフロ・アジア語族
- セム語派 ヘブライ語,エチオピア語,アラビア語 アッカド語,アラム語,アッシリア語 フェニキア語
- 非セム語派：古代エジプト語

- ウラル語族 フィンランド語,ハンガリー語
- アルタイ諸語 モンゴル語,トルコ語
- ニジェール=コルドファン諸語 バンツー語,ヨルバ語
- シナ=チベット諸語 中国語,チベット語, ビルマ語,タイ語
- ドラヴィダ語族 タミル語,テルグ語

- オーストロネシア語族 インドネシア語,マレー語, ポリネシア語,タガログ語
- カフカス諸語 グルジア語
- オーストロアジア語族 ベトナム語

- オーストラリア諸語 アボリジニーの言語
- ナイル=サハラ諸語 マサイ語
- コイサン語族
- 韓国語・朝鮮語
- 日本語
- インディアン=インディオ諸語

注）_____ は消滅した言語

▶②人種の分布

[混血]
- ☐ コーカソイド
- ☐ モンゴロイド
- ☐ ネグロイド
- ☐ オーストラロイド
- ☐ オーストラロイド・ コーカソイド
- ☐ コーカソイド・ ネグロイド
- ☐ モンゴロイド・ コーカソイド

民族・人種の移動
← ヨーロッパ人 ← インド人 ← 日本人
← 黒人 ← 中国人

コーカソイド
（白色人種）

ネグロイド
（黒色人種）

モンゴロイド
（黄色人種）

オーストラロイド

注）上の分布図は身体的特徴による古典的人種分類だが，科学的な有効性を否定されている。
〈『Diercke Weltatlas』2000，ほか〉

▼③人種・語族・民族のちがい

人種	遺伝的・身体的特徴を指標として分類した人類の集団。基準として皮膚・毛髪・顔・目の色・骨格などで便宜的に区分した。人種がいくつかの大陸にまたがって分布しているのは,大航海時代以降に頻繁に人種の移動があったためである
語族	同じ語源から分化したと想定される言語群を語族といい,その分布は民族の成立・移動や他民族からの関係などの歴史を反映する。なお,語派とは,同一語族のなかで分化した言語のこと
民族	民族とは,文化的特徴を共有する人間集団をいう。民族を形づくる要素としては,言語・宗教・習慣や伝統・価値観があげられる。これらの要素はその属する社会生活の中で習得される ➡p.203,243,287

2 世界の暦

ヨーロッパ		アジア・アフリカ				南・北アメリカ

ヨーロッパ

古代ローマ
前8C ヌマ暦
- 1年355日
- 不完全なため,混乱

古代ギリシア
ギリシア暦

前45年 ユリウス暦 ←導入
- ユリウス=カエサルにより改暦
- 1年365.25日,4年に1度閏年の設置 → 各地へ広まる

近世ヨーロッパ
1582 グレゴリウス暦
- ローマ法王グレゴリウス13世による改暦
- 1年365.2425日
- カトリック国ではすぐに採用

フランス ➡p.189
1793 共和国(革命暦)
- 1805年に廃止

アジア・アフリカ

古代エジプト
エジプト暦
- 1年365日
- ナイル川の氾濫とシリウス星,太陽の動きにもとづく
→導入

古代バビロニア
バビロニア暦
- 月神の信仰にもとづく

古代インド
ヒンドゥー暦
- 1年360日
- 季節は6季
- ギリシア天文学の影響により七曜制が流入(5C) →影響

イスラーム世界
639 ヒジュラ暦
- 第2代正統カリフのウマルが定める
- ムハンマドのヒジュラの年を紀元元年とする。(西暦622年7月16日)
- 1年354日で閏月を設けないため,月と季節がずれ,約33年で一巡する
→影響

ギリシア 1924 ロシア 1918 トルコ 1927

古代中国
前14C 殷暦
前5C~4C 太陽太陰暦の発達
前漢
前104 太初暦 ・武帝による改暦(王朝の交替ごとに改暦)
元 ➡p.112 影響
→1281 授時暦 ←導入
- 郭守敬が作成
- 1年365.2425日
清 →1685
→1669 時憲暦 ➡p.121
- 「崇禎暦書」をもとにアダム=シャールらが作成
清末 ・それ以前は唐の宣明暦を使用していた

古代中央アメリカ
マヤ暦
- 常用暦(1年365日)
- 宗教暦(1年260日)

日本 ➡p.307
1685 貞享暦
- 元の授時暦をもとに作成

ヨーロッパ 16~18C (ヨーロッパの植民地は本国と同時に改暦) 中国 1912 日本 1873

▼④世界の暦の変遷

☐ 太陽暦
太陽の運行，すなわち季節が変化する周期をもとにしてつくられた暦。エジプト・ヨーロッパで，おもに用いられた。現在，世界のほとんどで使用。

☐ 太陰暦
月の周期的変化，すなわち月の満ち欠けをもとにしてつくられた暦。季節の変化とは無関係で，イスラーム世界のヒジュラ暦がその例。

☐ 太陰太陽暦
季節の変化と合うようにするため，太陰暦に太陽暦の要素を取り入れてつくられた暦。閏月を入れることで調節する。

特集 世界の文字

古代南アラビア文字　アラム文字 ➡ p.57　アラビア文字 ➡ p.129

ロシア文字　デーヴァナーガリー文字 ➡ p.27　チュノーム(字喃) ➡ p.27, 107　西夏文字　女真文字　キタイ(契丹)文字　満洲文字

凡例:
■ 古代4大文明の文字
ギリシア系アルファベットとその伝播
アラム系アルファベットとその伝播
ブラーフミー系文字とその伝播
漢字から派生した文字
その他の文字
? 未解読の文字
! 現在も使用されている文字

▼ ①古代文字の解読 ■ 古代4大文明の文字

古代文字	解読者	解読年	解読資料・関連事項
神聖文字(ヒエログリフ)	シャンポリオン(仏)	1822	ロゼッタストーン
楔形文字	グローテフェント(独)	1802	ペルセポリス(➡ p.60)碑文
	ローリンソン(英)	1847	ベヒストゥーン碑文 ➡ p.54
インダス文字	(未解読)		➡ p.79 ⬛
甲骨文字	劉鶚・羅振玉・王国維(清) 白川静*(日)	1903	殷墟卜辞 ➡ p.88 *白川は独自の再解釈を示したが、内容には異論も多い。
クレタ文字 聖刻文字(絵文字)	(未解読)		
クレタ文字 線文字A	(未解読)		➡ p.63
クレタ文字 線文字B(ミケーネ文字)	ヴェントリス(英) チャドウィック(英)	1952 (1953)	ギリシア古語を表す音節文字と判明 ➡ p.63
ヒッタイト楔形文字	フロズニー(チェコ)	1915	ボアズキョイ出土の粘土板 ➡ p.55
原カナーン/原シナイ文字	オルブライト(米)	1966	アルファベットの祖
ブラーフミー文字	プリンセプ(英)	1840ごろ	アショーカ王(➡ p.80)碑文
突厥文字	トムセン(デンマーク)	1893	オルホン碑文 ➡ p.96
マヤ絵文字	トンプソン(英)など		一部解読

▼ ②アルファベットの成立

原シナイ文字	牛の頭	家	ブーメラン	魚
後期原カナーン文字	＊＊＊＊	＊＊＊	＊＊	＊＊＊
フェニキア文字	＊	＊	＊	＊
ギリシア文字	(アルファ)A	(ベータ)B	(ガンマ)Γ	(デルタ)Δ
(ラテン文字)	A	B	C	D

テーマ 古代文字の解読 ～エジプト神聖文字と楔形文字

④神聖文字(ヒエログリフ)
⑤民衆文字(デモティック)
⑥ギリシア文字
③ロゼッタストーン
〈大英博物館蔵〉

⑦古代エジプトの神聖文字(ヒエログリフ)を読んでみよう
〈フィリップ・アーダ著『ヒエログリフを書こう』翔泳社〉

1799年、ナポレオンのエジプト遠征の際、発見されたロゼッタストーンは、神聖文字(ヒエログリフ ➡ p.56)・民衆文字(デモティック)・ギリシア文字の3部分からなる。ギリシア文字の部分から、前196年3月27日に建立されたプトレマイオス5世の布告とわかり、多くの人々が神聖文字の解読に挑戦した。

一方、楔形文字(➡ p.55)の解読においても、「西アジアのロゼッタストーン」といわれるベヒストゥーン碑文を利用して解読がなされた。この碑文は、イギリス軍人のローリンソンが地上約100mの断崖によじ登って文字を写し取った。この碑文にも古代ペルシア文字・エラム文字・バビロニア文字の3種の文字でダレイオス1世の即位の経緯とその正当性を主張する文章が刻まれている。

世界遺産

ダレイオス1世
アフラ＝マズダ ➡ p.61
スキタイ人

⑧ベヒストゥーン碑文のある岩壁(イラン西部)

第三種碑文 バビロニア文字
第二種碑文 エラム文字
第一種碑文 古代ペルシア文字

日本／東アジア／東南アジア／西アジア／ヨーロッパ／アメリカ／アフリカ

風土 オリエント（西アジア）世界の風土

「肥沃な三日月地帯」
9000年前、人類が最初に農耕を始めた地域の一つ。イラク北部、ティグリス・ユーフラテス川河谷、東地中海岸がほぼ三日月の形状をしているところから名づけられた。

「アーリヤ人たちの国」
インド＝ヨーロッパ系の一派アーリヤ人が前1000年ごろから住みついた。イランとは「アーリヤ人たちの国」を意味するとの説もある。

鉱産資源が豊富

ペルシア

イラン高原

ペヒストゥーン碑文
イラン西部、ザグロス山脈のふもとにある岩壁に刻まれた碑文。ダレイオス1世の業績が彫られている。→p.53

「塩害」に悩む
この地域では早くから灌漑農業が行われ、穀物の収量も増えた。一方で、灌漑用水に含まれる塩基物によって、土壌中の塩分も増加していった。そのため流域は最古の農業地域の一つでありながら、徐々に農業は衰退したと考えられる。また水量が豊かで、ときに大洪水を引き起こした。→p.304

「ギルガメシュ叙事詩」
古代メソポタミアの英雄でウルクの王とされているギルガメシュの伝説的叙事詩。「旧約聖書」の「ノアの箱舟」の原型だとされる洪水説話が記載されている。

アラビア半島

アラビア海

季節風

「エジプトはナイルの賜物」
ヘロドトス（→p.57.69）は、エジプトの豊かさを、定期的に氾濫を繰り返して沃土をもたらすナイル川のめぐみとしてこうよんだ。

「遊牧民の地」
アラブとは「遊牧民」を意味し、アラビアとは彼らが住んでいる地、すなわち砂漠を意味する。半島中央には246万km²（日本の面積の約6.5倍）の砂漠がある。

凡例：
- おもな遺跡
- おもな世界遺産
- 野生の小麦・大麦の分布
- 夏の風向き（4〜10月）
- 冬の風向き（11〜3月）

0　500km

西アジア

メソポタミア

◀①ユーフラテス川流域のなつめやし　高温少雨で乾燥地帯のメソポタミアはなつめやしの原産地。なつめやしの実は甘く高カロリーで、年2回の収穫が可能。枝葉や幹も、古くからロープ・マット・建材などに幅広く利用されてきた。

エジプト

ナイル川

◀⑤ナイル川流域の畑と集落　ナイル川の増水で肥沃な土壌が残される流域の細長い地域と河口デルタでのみ、耕作が可能である。古代エジプト人は自分たちの国をケメト（黒い土地）とよんだ。ナイル川の氾濫後に農地を測量するために測地術が発達した。

テーマ　メソポタミア文明を支えた粘土とアシ

"メソポタミアは粘土の歴史であり、アシの地"といわれる。豊富な粘土は日干しれんが、粘土板そして印章などに、水辺のアシは燃料、船材、建築材のほか文字を記すペンに利用された。

▶③楔形文字を書く

②アシ

④円筒印章（前2600年ごろ）

粘土板の上を転がし捺印する。左はシュメール人の宴会のようすが描かれている。

ストローでビールを飲む

▶⑥ナイル川の水量変化(左)とナイロメーター(右)　ナイル川の増水は定期的であり、各所にあるナイロメーターで水位を知ることができる。

（100万m³）
青ナイル川
白ナイル川
1　6　12（月）

ナイル川

ナイロメーター

◀⑦パピルスのつくり方　パピルスは湿地に生える大型のカヤツリ草の一種。茎の太さは3〜4cm、高さは1.5〜2mにもなる。茎の皮をはいで細かくさき、繊維状にしたものを石の台に縦横に重ね合わせ、木づちや石でたたいて圧縮し、乾燥させてつくる。おもにエジプトで使用された。

パピルス草
ナイフ
石
石の台
木づち
『Au temps des Anciens Egyptiens』

メソポタミア諸国家 ～諸民族の目まぐるしい興亡

ヒストリーシアター 「目には目を，歯には歯を」

▶①ハンムラビ法典

別冊史料2 ハンムラビ王

バビロニアの**ハンムラビ王**（位 前1800ごろ）が制定した法典。右にあるように「**目には目を，歯には歯を**」の同害復讐（どうがいふくしゅう）の原理にたっていた。ただし身分によって刑罰に差がつけられていた。〈スサ出土，ルーヴル美術館蔵〉

太陽神シャマシュ

▶②法典碑（全体像）

もし 人が
目を 子の(他)の人の
潰したなら
目を 彼の
潰す

〈飯島紀著『アッカド語』国際語学社〉

2.25m

0.6m

よみとき 上のハンムラビ法典の訳から，法典のどのような特徴がわかるだろうか。また，なぜ王と神が並んで彫られているのか，考えてみよう。

1 シュメール人の都市国家 ▶p.304

◀③ウルのジッグラト（復元）メソポタミアの各都市には，中央部に高層のジッグラト（聖塔）がつくられた。ウルのウル゠ナンム王は，日干しれんがの3層の基壇上に，月の神をまつった神殿を建設した。

◀④ウルのスタンダード ウルの王墓から出土した木製パネルで，戦争と平和の2面がある。写真は戦争の面で，軍人，戦車，捕虜の姿を表現した貴重な歴史的資料となっている。左下は「ろば」にひかせたシュメールの戦車。

〈大英博物館蔵，高さ21.6cm，幅49.5cm〉

投槍 ろば 木をつないだ車輪 4輪

現在に残るシュメール人の発明

- 七曜制（1週間7日制）
- 占星術（星座占い）
- 六十進法（1時間60分，円周360度）
- 太陰太陽暦 ▶p.52

シュメール諸都市国家では，ティグリス・ユーフラテス川が氾濫（はんらん）する時期を知るため，暦法などが発達した。

2 ヒッタイト

弓矢 馬

2輪 6輻の車輪

歴史と技術 秘蔵の製鉄技術

ヒッタイトは先住民のハッティを征服し，その製鉄技術を独占した。そして世界最初に鉄製武器を実用化して強盛を誇った。ヒッタイトの滅亡後，技術は拡散し，オリエント全域が鉄器時代となった。

◀⑤ヒッタイトの戦車 6本のスポーク（輻）の車輪で馬にひかせた戦車は，スピード・軽快さ・機動性で群を抜いていた。〈トルコ，アナトリア考古学博物館蔵〉

世界全図p.4 ▶p.60 1

オリエント諸国興亡年表 p.60▶

時代		ヌビア・エジプト	パレスチナ	シリア	小アジア	メソポタミア	イラン
紀元前4000	国家の形成期	ノモス（都市国家）分立 メネス王の統一		セム語派 非セム語派 インド゠ヨーロッパ語族 民族系統不明 赤字 王名 青字 文字		シュメール人 都市国家分立（ウル，ウルク，ラガシュなど）	
3000		古王国（前27～前22世紀）・都メンフィス・ギザの三大ピラミッド ▶p.56					
2350				セム語派民族の移動・侵入		アッカド王国（前24～前22世紀）・サルゴン1世	楔形文字 ▶p.53, 54
2000		中王国（前21～前18世紀）・都テーベ・ヒクソスの侵入（馬と戦車）		中央アジアからインド゠ヨーロッパ語族諸族の移動 ▶p.4		ウル第3王朝（前22～前21世紀）	
	民族移動・分立抗争期	ヒクソスの支配（前17～前16世紀）	カナーン人	ヒッタイト王国（前17～前12世紀）・都ハットゥシャ（ボアズキョイ）戦時 馬使用 鉄製武器使用（世界初）	（アッシリア）	古バビロニア王国（バビロン第1王朝）（前20末ごろ～前16世紀）・アムル人・都バビロン・ハンムラビ王 メソポタミア統一「ハンムラビ法典」滅	
1500		新王国（前16～前11世紀）・都テーベ・トトメス3世・アメンホテプ4世（前14世紀）テル゠エル゠アマルナ遷都 ラメセス（ラメス）2世	ヘブライ人			北 ミタンニ王国（前16～前14世紀） 南 カッシート朝（前16～前12世紀） エラムの侵入	
1200		撃		カデシュの戦い（前1286ごろ）滅	アッシリアの独立（前14世紀）		
		撃		「海の民」		オリエント世界に鉄器が普及	メディア人 ペルシア人
	オリエントの統一期	出エジプト（前13世紀ごろ）撃		フェニキア人 アラム人 シドン・ティルス ダマスクス			
1000		クシュ王国（黒人王国）・都メロエ	ヘブライ王国 南 ユダ 北 イスラエル	地中海貿易 カルタゴ建設 フェニキア文字 アラム文字 中心に交易 ▶p.53,57	アラム語普及		
		末期王朝期				初のオリエント統一を実現	
700			ユダ王国 滅			アッシリア（前2000初～前612）▶p.60・都ニネヴェ・サルゴン2世・アッシュル゠バニパル王	
		★第26王朝（前664～前525）・鉄器の使用・都サイス		リディア王国★・都サルディス		新バビロニア王国（カルデア王国）・都バビロン・ネブカドネザル2世	メディア王国★・都エクバタナ
		メロエ王国					
500						キュロス2世（建国）・カンビュセス2世（エジプト征服）・ダレイオス1世（全盛期）・ダレイオス3世（滅亡）アケメネス朝ペルシア・都スサ（前550～前330）▶p.60	
					アレクサンドロスの帝国 ▶p.66		
現在の国名		エジプト共和国	イスラエル・ヨルダン王国・レバノン共和国・シリア共和国	トルコ共和国		イラク共和国	イラン共和国

前15～前13世紀（新王国時代）

凡例：ヒッタイトの勢力範囲 ミケーネ文明の領域 「海の民」侵入

前1286ごろ ▶p.57⑭ **カデシュの戦い**

黒海 ハットゥシャ（ボアズキョイ） ヒッタイト王国 ミケーネ トロイア クノッソス ロードス島 キプロス島 ティルス イェルサレム 地中海 ミタンニ王国 カルケミシュ ニネヴェ アッシリア アッシュル カッシート朝（バビロニア）バビロン ウルク ウル 現在の海岸線 シナイ半島 メンフィス エジプト（新王国）テル゠エル゠アマルナ（アケトアテン）テーベ 紅海

前14世紀 アマルナ美術開花

0 500km

▶⑥カデシュの戦いの講和条約を記した粘土板 〈トルコ，ボアズキョイ出土，イスタンブール考古学博物館蔵〉

ヒストリーシアター 王（ファラオ）は神の化身

▶ ①ギザの三大ピラミッド 第四王朝期につくられた3王の**ピラミッド**。**クフ王**のものが最大で、10万人の労働者が毎年3か月ずつ働いて20年かけて建造したという。

よみとき エジプトでは、どのようにしてピラミッドのような巨大建造物を精密につくることができたのか、考えてみよう。

メンカウラー王のピラミッド
カフラー王のピラミッド
クフ王のピラミッド

高さ147m（現在は頂上部が欠けて137m）
底辺約230m
北
通気孔
王の室
（霞ヶ関ビル）
（東京駅）

◀ ②クフ王のピラミッドの内部と大きさの比較

世界遺産 カフラー王のピラミッド

▲ ③スフィンクス ライオンの体と人間の頭部をもち、その顔はカフラー王を模したともいわれている。

1キュービット

▲ ④ものさしは腕 ピラミッド建造の際使用された単位尺度。

1 「エジプトはナイルの賜物」
（ギリシアの歴史家ヘロドトスの言葉）

世界全図p.3

凡例：
耕地
草地
森林
砂漠・荒れ地
◎ エジプト王国の都
▲ ピラミッド
● フェニキア人の交易拠点
● アラム人の交易拠点

前1286ごろ カデシュの戦い
キプロス島
地中海
レバノン山脈
カデシュ
フェニキア人の交易の中心地（カルタゴの母市）
ビブロス
シドン
ダマスクス
ティルス
アラム人の交易の中心地
ヒクソスの支配 前17〜前16世紀
パレスチナ
イェルサレム
古王国の領域 前27〜前22世紀
中王国の領域 前21〜前18世紀
下エジプト
ロゼッタ
サイス
タニス
ギザ
メンフィス
ヘラクレオポリス
シナイ半島
上エジプト
テル＝エル＝アマルナ（アケトアテン）
紅海
王家の谷
カルナック神殿
テーベ
ルクソール神殿
アスワン
第一瀑
新王国の領域 前16〜前11世紀
アブシンベル神殿
ヌビア
ノモス（部族的独立集落）上エジプトに22、下エジプトに20のノモスが成立
第二瀑

西アジア
MAP A
1部1章

2 エジプト人の来世信仰
別冊史料①
*正義の女神マートの羽根

ヒエログリフ
42人の裁判官
羽根*
心臓
オシリス
心臓を食べる怪物アメミット
トト
アヌビス
ホルス
マート
死者

▲ ⑤死者の書 死者の生前の善行や再生復活のための呪文を**神聖文字（ヒエログリフ →p.53）**で**パピルス**に記し、**ミイラ**とともにおさめた。冥界の王**オシリス**の前で、山犬の神アヌビスが死者の心臓と真理を象徴する羽根を秤にかけ、知恵の神トトが記録している。天秤が傾けばその告白はいつわりとされて、怪物に飲み込まれ、無実となれば人間として再生できる。〈イタリア、トリノ、エジプト博物館蔵〉

▼ ⑥ツタンカーメン王（位前1361ごろ〜前1352ごろ）の黄金マスク〈王家の谷出土、エジプト考古学博物館蔵、高さ54cm、幅39.3cm〉

内棺
マスク
ミイラ

◀ ⑦ミイラの構造 霊魂の不滅・再生を信じたエジプト人は、肉体を**ミイラ**にして保存し、死後の世界への案内書である**死者の書**とともに葬った。ミイラづくりは、まず遺体から心臓以外の内臓と脳を取り出し、防腐処理をする。次に遺体を乾燥剤につけて脱水し、油や香料を塗り、包帯で整形。約70日後、ひつぎに入れて完成する。

テーマ ミイラが語る「少年王」死の真相

ツタンカーメンの死因については、1960年代にX線撮影によって後頭部に殴打の跡が確認され、以来「暗殺説」が有力であった。しかし、CTスキャンやDNA解析などを取り入れた最近の研究では、戦車から落下して骨折、その後感染症で死亡したとする説が有力とされている。

◀ ⑧ツタンカーメンのミイラを発見した考古学者カーター（1922年）

テーマ ピラミッドは何のためにつくられたか？

ピラミッドの用途をめぐっては，王墓・天文台・時計台など諸説ある。その造営に農閑期の多数の農民がかり出されたことから，王の権力を象徴する王墓説が有力であるが，ピラミッドの中からミイラ・骨は見つかっていない。また，ピラミッドの形状については，太陽神信仰と結びついた考え方が有力である。現世で**太陽神ラーの化身**であった王は，死後，太陽光線に乗って昇天するという考え方で，ピラミッドは太陽光線を目に見える形にした神殿であるという。ピラミッド造営も，農民にとってはナイル増水による農閑期の公共事業であるとともに，王が天から国土の繁栄を見守ってくれるという宗教的熱情に支えられた労働奉仕であったと考えられる。

死せる王は太陽光線に乗って昇天

◀⑨王権と太陽神信仰の結びつき

方錐形（底面が頂点に集約する形）は太陽光線の象徴

太陽神ラー

52°が理想の角度

③ アマルナ時代（新王国）

▼⑩アテン（アトン）神に供物をささげるアメンホテプ4世（位前1379ごろ～前1362ごろ）

彼は，首都**テーベ**の守護神**アメン（アモン）**の神官団が絶大な権力をもって政治に介入するのをきらい，**唯一太陽神アテン（アトン）**を信仰し，首都を**テル＝エル＝アマルナ（アケトアテン**，アテンの地平線の意）に移した。そしてアテンに有益な者を意味するアクエンアテン（**イクナートン**）と改名し，アメン神や伝統的な神々を退けた。しかし，急激な宗教改革は彼の死後すたれ，次王**ツタンカーメン**の治世には**アメン信仰**が復活した。

アテン神
アメンホテプ4世
王妃ネフェルティティ

▶⑪ネフェルティティの胸像（→巻頭21）エジプトの伝統的な様式を離れ，ありのままに表現する写実的な**アマルナ美術**が生まれた。目のふちのアイシャドウは緑色のくじゃく石の粉。強い太陽光線をやわらげ，ハエが運ぶ眼病の消毒剤の役割をしたといわれる。〈ベルリン，新博物館蔵，高さ49cm，幅24.5cm〉

④ 戦うファラオ

上エジプト　下エジプト　統一エジプト

◀⑫エジプト王の冠

世界遺産

▲⑬アブシンベル神殿　ラメセス（ラメス）2世（位前1304～前1237）によって建てられた神殿。高さ20mの巨像は4体ともラメセス2世。彼のかぶる赤白2色を重ねた王冠（→⑫）は，彼が**上・下両エジプトの統一者**であることを示している。神殿内部には，ヌビア遠征やヒッタイトとの**カデシュの戦い**（前1286年ごろ）のようすを示すレリーフがある。

▲⑭カデシュの戦いで戦車に乗るラメセス2世　→p.55⑥

⑤ 海上交易のフェニキア人・内陸交易のアラム人

フェニキア文字　　　　アラム文字

フェニキア文字			アラム文字		
フェニキア文字			フェニキア文字		
ギリシア文字	A	B	アラム文字		
エトルリア文字	A	B	ヘブライ文字		
ラテン文字	A	B	C	パフラヴィー文字（ササン朝期）		

▲⑮二つの国際商業文字　フェニキア人が22子音からなる表音文字（**フェニキア文字**）をつくると，地中海交易を通じて周辺民族に大きな影響を与え，また，**アルファベット**の起源ともなった。**アラム文字**は内陸交易とともに広がり，西アジア全域で使われた。→p.53

テーマ アフリカ大陸を一周したフェニキア人

フェニキア人は地中海東岸を拠点とし，海上交易で活躍した。**ヘロドトス**（→p.69）によれば，アフリカ大陸を周航したといわれるほど造船や航海技術にすぐれていた。彼らはシチリアに植民し，そこを「シクリ＝農民」の土地，近くの島をその形から「サルデーニャ＝足」と名づけたという説もある。のち**アケメネス朝ペルシア**の属州となり，海軍の主力となった。

◀⑯フェニキア人の船（想像図）

テーマ 王の宮殿をつくる杉，王の衣をいろどる貝

古代オリエントでは，神殿・船・青銅器の製作やパンを焼くために，大量の木材が必要だった。船のマストにも適したまっすぐで強いレバノン杉は，**フェニキア人**の交易の目玉となった。

またシドンやティルスは，ムレックスという巻き貝から採取した染料の産地。太陽にあてて乾かすと紫色に変わるその貝は，ごくわずかしかとれないため大変高価であり，紫色の衣は帝政ローマでは皇帝だけが着用できた。

▶⑰レバノン杉の使いみち

ミイラの防腐剤
ミイラのひつぎ
石材の運搬

▼⑱杉をデザインしたレバノンの国旗（上）とレバノン杉（下）

▼⑲レバノン杉の輸送

今日とのつながり　フェニキア人の商業拠点ビブロスは，パピルスの積み出し港であった。そこから「ビブロス」はギリシア語でパピルス＝書物を意味する語となった。これを語源とする「本」を意味する単語にはβιβλος（ギリシア語），livre（フランス語），libro（イタリア語）がある。

西アジア

MAPA

1部1章

西 アジア

「私のほかに，何者をも神としてはならない」

紅海

◀②『十戒』を受ける
預言者*モーセ（ラファ
エロ画） エジプトから
パレスチナへの帰還途
中，シナイ山で神ヤハ
ウェ（ヤーヴェ）はモー
セを通じて『十戒』を授
けたという。これが今
日のユダヤ教の基礎と
なっている。

モーセの『十戒』
①あなたは私のほかに，何者をも神
としてはならない。
②あなたは自分のために，刻んだ像
をつくってはならない。
③あなたは，あなたの神，主の名を，
みだりに唱えてはならない。
④安息日を覚えて，これを聖とせよ。
⑤あなたの父と母を敬え。
⑥あなたは殺してはならない。
⑦あなたは姦淫してはならない。
⑧あなたは盗んではならない。
⑨あなたは隣人について，偽証して
はならない。
⑩あなたは隣人の家をむさぼっては
ならない。
〈『旧約聖書』「出エジプト記20章」〉

*神の言葉を預かり，人々
に警告する者。ユダヤ民
族の危機に際し，出現。

◀①紅海の奇跡（映画「十戒」の一場面より） ヘブライ人はパレ
スチナに定住し，一部はエジプトに移住。だが，迫害によ
り，前13世紀，モーセに引率され脱出（出エジプト）した。
途中，エジプト軍の追撃をのがれるヘブライ人の前で，紅
海が割れ，道が開ける奇跡が起こったとの伝承が生まれた。

よみとき モーセの『十戒』から，ヘ
ブライ人と神との関係にみられ
る特色をあげてみよう。

ユダヤ人の歴史 p.258▶

王国の時代	前13世紀	**モーセ，出エジプト**（『十戒』を授かる）
	前10世紀	**ヘブライ王国 ダヴィデ王，イェルサレム遷都**
	前 960	**ソロモン王，第1神殿を建設**
	前 922	**イスラエル王国**（北部）・**ユダ王国**（南部）に分裂
	前 722	イスラエル王国，アッシリアにより滅亡
	前 586	**ユダ王国**，新バビロニアのネブカドネザル2世により**滅亡→バビロン捕囚**（〜前538）
	前 538	イェルサレム帰国　神殿再建
	○	**ユダヤ教確立** ➡p.59
	前 63	**ユダヤ，ローマに征服される**
	前後 6	**ユダヤ，ローマの属州になる**
	30ごろ	**イエス刑死**
	66	第1次ユダヤ戦争（〜70）→敗北
	132	第2次ユダヤ戦争（〜135）→敗北
流浪と離散の時代	**世界各地へ離散（ディアスポラ）**	
	313	**ミラノ勅令** ➡p.74 →パレスチナにキリスト教徒，多く居住
	392	**ローマ帝国，キリスト教を国教化**→**ユダヤ人への差別・迫害**が強まる
	1078	教皇グレゴリウス7世，ユダヤ人を公職追放→キリスト教徒とユダヤ人の共存否定
	1350ごろ	**ペスト**（黒死病）流行に伴い，**ユダヤ人虐殺** ➡p.148
	○	イタリアで**ゲットー***設置

*ユダヤ人強制隔離居住区

1 ヘブライ王国 ➡p.74②

ウガリット
キプロス島
ユーフラテス川
フェニキア
カデシュ
タドモル（パルミラ）
ビブロス
ベリトス（ベイルート）
アラム
ダマスクス
ティルス
地中海
サマリア
イェリコ
イスラエル王国
前922ごろ〜前722
ガザ
イェルサレム
ユダ王国
前922ごろ〜前586
タニス
エジプト王国
シナイ半島
エツィオン・ゲベル（エラテ）
シナイ山

*このルートで
は紅海を通っ
ていない

凡例：
ダヴィデ・ソロモン王
時代のヘブライ王国
（前10世紀）
出エジプトの経路*
おもな通商路
フェニキア人の居住地
（前10〜前8世紀）

0　　100km

▶⑤嘆きの壁（イェルサレム） かつてローマ帝国に
よって破壊された神殿の残された西壁を聖地とし
て，現在も礼拝を行っている。

▼③ダヴィデの星　ユダヤ教の象徴で，現在のイス
ラエル国旗にも使われている。ナチス＝ドイツ時代に
はユダヤ人が強制的に身につけさせられた。

▼④イスラエルの国旗

世界遺産

◀⑥壁に向かって
祈るユダヤ教徒

2 ユダヤ教の教え ➡p.59②③，74

安息日に禁じられた行為*の例
耕す・蒔く・刈り入れる・脱穀する・粉をひく・
こねる・パンを焼く・羊の毛を刈る・糸をつむ
ぐ・染める・織る・糸と糸を結ぶ・結びを解く・
縫う・狩りをする・切る・書く・消す・建てる・
こわす・火をつける・火を消す
*現在では，車の運転，テレビを見ることも禁止

◀⑧『旧約聖書』『新約聖書』の内容

	『旧約聖書』（〜前1世紀　ヘブライ語）*
モーセ五書	『創世記』『出エジプト記』『レビ記』『民数記』『申命記』（「ノアの箱舟」，「アダムとイヴのエデンの園」，「バベルの塔」など）
歴史書	『ヨシュア記』，『列王記』など
預言書	『イザヤ書』，『エレミヤ書』，『エゼキエル書』など
諸書	『詩篇』『ヨブ記』『箴言』黙示文学

*ユダヤ教の正典をキリスト教の正典として継承。

	『新約聖書』（2〜4世紀　ギリシア語「コイネー」）
四福音書	イエスの言行を弟子マタイ・マルコ・ルカ・ヨハネが記録したもの，イエスの伝記
『使徒行伝』	ペテロ・パウロの伝道を記述
書簡	パウロの書簡（『ローマ人への手紙』など）
『ヨハネの黙示録』	迫害に苦しむキリスト教徒のために新しい天地とイェルサレムの出現を黙示的に預言（最後の審判）

◀⑦ヘブライ
語でトーラー
（ユダヤ教の聖書
の一部）の読み
方を学ぶ少年

テーマ
ヘブライ人とユダヤ人

ヘブライ人は他称であり，自身は
イスラエルと称する。ユダヤとは，
ヘブライ人の主要な部族ユダ族の土
地という意味で，**バビロン捕囚**以後
はユダヤ人ともよばれるようになっ
た。以後，ユダヤ人は，一般的には
「ユダヤ人の母親から生まれた者，ま
たは**ユダヤ教**に改宗した者」で，前近
代のヨーロッパでは「ユダヤ人」と「ユ
ダヤ教徒」の用語上の区別はなかった。

MAP A

1部1章

青字 経典　赤字 創始者

世界の宗教別人口
―2014年―
- キリスト教 37%
- その他 14%
- 仏教 8%
- ヒンドゥー教 15%
- イスラーム 26%
- カトリック 19%
- プロテスタント 8%
- 正教会 4%
- その他のキリスト教 6%

〈『アルマナック』2016〉

ユダヤ人を母体として原始キリスト教が伝播。

紀元前　1000　500　紀元　500　1000　1500

アメリカ・ヨーロッパ

- アリウス派（異端）
- ゲルマン人へ
- アタナシウス派（正統）
- ローマ・カトリック
- カタリ派（アルビジョワ派）
- イギリス国教会 → イギリスへ
- ルター派 ┐ プロテスタント
- カルヴァン派 ┘ → ヨーロッパ・アメリカ大陸など
- 宗教改革
- 1054
- （イエズス会）→ 中南米・アジアへ → スペイン・イタリア・フランスへ
- ギリシア正教
- ロシア正教 → ロシアへ
- → 東欧へ

- キリスト教　イエス『新約聖書』　ディアスポラ
- ローマへ
- ネストリウス派（異端）
- 単性論
- アルメニア教会 → アルメニアへ
- コプト教会 → エジプトへ
- シリア教会 → シリア・南インドへ
- エチオピア教会 → エチオピアへ

北アフリカ・西アジア

- （モーセの十戒）
- ユダヤ教『旧約聖書』→ イスラエルほか, ユダヤ人へ
- 北アフリカへ
- ゾロアスター教　ゾロアスター『アヴェスター』→ イラン・西北インドへ
- ミトラ教
- （ササン朝）
- シーア派 → イランなど
- イスラーム『クルアーン（コーラン）』　ムハンマド
- スンナ派 → 西アジア・北・東アフリカなど
- マニ教　マニ

南・東南アジア

- バラモン教『ヴェーダ』
- ヒンドゥー教（ヴィシュヌ派・シヴァ派・シャクティ派）
- 『ラーマーヤナ』『マハーバーラタ』
- 13世紀以後インドのイスラーム化
- シク教　ナーナク → インドへ
- ジャイナ教　ヴァルダマーナ
- 上座仏教 → マレーシア・インドネシアへ
- → ビルマ・タイ・ラオス・カンボジアへ
- ガウタマ＝シッダールタ　仏教
- 大乗仏教
- 密教

中国・チベット

- 陰陽五行説
- 神仙思想
- 張角　太平道
- 張陵　五斗米道
- 讖緯思想
- 祆教 → 中国へ
- 摩尼教
- 景教 → 中国へ
- 道教　寇謙之
- 王重陽　全真教 → 中国へ
- （正一教）
- チベット仏教（ラマ教）→ チベット・モンゴルへ

- 紀元前後 中国伝来
- 孔子　儒教　四書五経 *
- 訓詁学
- 4〜5世紀 朝鮮伝来
- 浄土教・禅宗
- 朱子学
- 陽明学　考証学　公羊学派
- → 中国・日本へ
- → 中国・朝鮮・日本・ベトナムへ

日本

- 天台宗・真言宗伝来
- 鎌倉新仏教
- 仏教　538（552）仏教伝来
- （1549 イエズス会）→ アジア各地へ
- → 日本へ

＊儒教は神への信仰をうながすものではなく政治・倫理思想であることから, 宗教としない考えもある。

宗教の伝播
- → キリスト教　→ 上座仏教
- → 大乗仏教　→ イスラーム　→ チベット仏教

キリスト教
- プロテスタント
- カトリック
- 正教会（ギリシア正教）
- その他のキリスト教

仏教
- 大乗仏教
- 上座仏教
- チベット仏教

イスラーム
- スンナ派
- シーア派

- ヒンドゥー教
- ユダヤ教*
- 道教・儒教*
- 自然崇拝
- 神道
- その他

＊ユダヤ教は多くの民族に伝播するのではなく, 信者自身が世界中に拡散した。

ユダヤ教　馬・豚など反芻しない動物, 鱗のない魚は食べない

イスラーム　豚肉は食べない。アルコールは飲まない

仏教　動物の肉は食べない

ヒンドゥー教　牛を崇拝の対象とし, 食べない

◀ **①宗教の分布**　　▼ **②おもな宗教の特色**

	①成立	②創始者	③神	④経典	⑤特徴
ユダヤ教	①前6世紀 ②モーセ（前13世紀） ③唯一神ヤハウェ ④『旧約聖書』 ⑤律法主義（モーセの十戒）選民思想, 救世主（メシア）思想, 偶像否定				
キリスト教	①1世紀 ②イエス ③父なる神＝子なるイエス＝聖霊（唯一神, 三位一体をとる）④『旧約聖書』『新約聖書』⑤イエスをキリスト（救世主）とみなし, その復活を信じる（絶対愛と隣人愛）▶p.74				
イスラーム	①7世紀 ②ムハンマド ③唯一神アッラー ④『クルアーン（コーラン）』⑤神への絶対服従, 六信五行の実践, 偶像否定 ▶p.124				
仏教	①前5世紀 ②ガウタマ＝シッダールタ ③なし ④（多くの）仏典 ⑤ヴァルナ制の否定, 四諦を理解し八正道の実践による解脱 ▶p.79				
ヒンドゥー教	①紀元前後 ②特定の開祖なし ③多神（ヴィシュヌ神・シヴァ神など）④『ヴェーダ』など多数 ⑤ヴァルナ制の肯定, 輪廻からの解脱 ▶p.79				

◀ **③宗教による食生活の規制**　規制の程度は地域差・個人差がある。

オリエント世界の統一 〜オリエントを制した空前の大帝国

ヒストリーシアター　王の中の王

ラクダ
金の器
バクトリア人

謁見殿
基壇
百柱の間
クセルクセス門

世界遺産 ◀①ペルセポリス（イラン）アケメネス朝最盛期の王ダレイオス1世は，新都ペルセポリスの建設に着手し，次のクセルクセス1世のときほぼ完成した。長さ455m，幅300mの基壇上に建物がつくられ，新年の儀式がとり行われた。前4世紀にアレクサンドロス大王に征服され，破壊された。

◀②王に謁見するために訪れた外国の使節（左下）

よみとき 図②の人々はどこからペルシア王のもとに来たのか，下の地図で確認しよう。

オリエントの統一国家

◀p.55　p.66▶

世紀		
前8	統一国家の形成	**アッシリア**（前2000初め〜前612）都：**アッシュル→ニネヴェ**
		●他民族抑圧策…強制移住・徹底した破壊など
		サルゴン2世 位前722〜前705
		前722 イスラエル王国を滅ぼす
		前671 下エジプト征服 → **オリエント統一**（最初の世界帝国）
		アッシュル＝バニパル 位前668〜前627 全盛期
		前625 新バビロニア王国自立 → **1**A
		前612 ニネヴェ陥落，滅亡
前7	四王国の分立	**エジプト** 第26王朝（非セム語派）都：**サイス**
		リュディア王国 都：**サルディス**
		（インド＝ヨーロッパ語族）最古の金属貨幣を使用
		メディア王国 都：**エクバタナ**
		（インド＝ヨーロッパ語族）
		新バビロニア王国（カルデア）（セム語派）都：**バビロン**
		ネブカドネザル2世 位前605〜前562
		前586 ユダ王国征服
		前586〜前538 **バビロン捕囚** → p.61
前6	オリエントの再統一	**アケメネス朝ペルシア**（前550〜前330）都：**スサ**
		●服属民族に対して寛容…独自の宗教や慣習を容認
		キュロス2世 位前559〜前530
		前550 メディアを滅ぼし，建国 →リュディア王国（前546）・新バビロニア王国（前538）を征服→ユダヤ人を**バビロン捕囚から解放**
		カンビュセス2世 位前530〜前522
		前525 エジプトを征服 → **オリエント再統一**
		ダレイオス1世 位前522〜前486
		○中央集権体制整備 → ⑤
		○駅伝制（「王の道」整備）→ **1**B
		○新都ペルセポリス造営開始
		前500 **ペルシア戦争**（〜前449）失敗
前5		**クセルクセス1世** 位前486〜前465
		前480 ペルシア戦争3度目の遠征失敗（〜前479）
前4		前330 アレクサンドロス大王に征服される

▼⑤アケメネス朝の中央集権体制

中央
王（ダレイオス1世）
貨幣統一
税制を整備
直属　監察官
任命　貢納
「**王の目**」，「**王の耳**」
各州を巡察してサトラップの状況を王に報告（中央集権的機能を発揮）
監視
州約20
サトラップ（知事）
・徴税と治安維持
・世襲を許さず
・服属民族の宗教や慣習を容認
・フェニキア人，アラム人の商業活動を保護→税収確保
・アラム語を公用語に

MAP A
1部1章

1 アッシリアとアケメネス朝ペルシア

◀ p.55 **2**，p.66 **1**

世界全図p.4-5

A アッシリアと四王国

ビュザンティオン
黒海
カスピ海
アテネ **リュディア王国**
スパルタ サルディス
新バビロニア王国
ニネヴェ アッシュル
エクバタナ
メディア王国
バクトラ
地中海
シドン ティルス
バビロン スサ
サイス イェルサレム
前597
前586〜前538
バビロン捕囚
エジプト（第26王朝）
前586 ユダ王国滅亡
ナイル川 紅海 ペルシア湾 インダス川

0 500km

▶③最古の硬貨 リュディアの獅子が刻印されている。

🔴 アッシリアの本拠地
⬜ アッシリアの最大領域（前660 アッシュル＝バニパル時代のころ）
前600年ごろの四王国
新バビロニア王国
リュディア王国
メディア王国
エジプト

B アケメネス朝ペルシア

スキタイ人
黒海 カスピ海 アラル海
アテネ サルディス アルメニア
スパルタ ミレトス リュディア ソグディアナ
フリギア
「**王の道**」（全長約2400kmで111の宿駅を設置）
地中海 ニネヴェ
ダマスクス
シドン エクバタナ ベヒストゥーン
ティルス バビロン① **ベヒストゥーン碑文** → p.53,54
サイス ② ③スサ メディア ガンダーラ
メンフィス バビロン② バクトラ
パサルガダイ
アケメネス朝ペルシア
ペルセポリス
紅海 ペルシア湾 インダス川

0 500km

▶④アケメネス朝のダリック金貨

⬜ 成立期のペルシアの領土
キュロス2世の征服地
カンビュセス2世の征服地
ダレイオス1世の征服地
「王の道」（約2400km，111の宿駅）
① 夏の王宮所在地
② 冬の王宮所在地
③ 行政府所在地

2 オリエントの諸文明

* このほか神官文字（ヒエラティック），民衆文字（デモティック）がある。
*2 ギリシア文字をもとにしたアルファベット。

民族・国名	宗教	文字	文化	民族・国名	宗教	文字	文化
エジプト	太陽神ラーが主神　王（ファラオ）は神の化身	**神聖文字**＊（ヒエログリフ）	太陽暦　十進法　測地術	アラム	多神教	アラム文字	内陸中継貿易
		パピルスに記す	ミイラ　ピラミッド　死者の書	アッシリア		楔形文字　アラム文字	ニネヴェに大図書館建設
シュメール	多神教	**楔形文字** → p.53,55 粘土板に記す	太陰太陽暦　六十進法　占星術　七曜制　『ギルガメシュ叙事詩』	リュディア		リュディア文字＊2	世界最古の硬貨（コイン）
古バビロニア		楔形文字	ハンムラビ法典	ヘブライ	一神教（ユダヤ教，ヤハウェが唯一神）	ヘブライ文字（アルファベット）	選民思想　メシア思想　律法主義　『旧約聖書』→ p.58
ヒッタイト		楔形文字　象形文字	鉄器の使用 → p.55				
フェニキア		フェニキア文字（アルファベット）	地中海貿易　植民活動　造船・航海術 → p.53,57	ペルシア（アケメネス朝）	ゾロアスター教（善悪二元論）	楔形文字　アラム文字	オリエントの再統一→諸文化の融合　ペルセポリス建設　「王の道」建設

パルティア王国とササン朝ペルシア　～東西のはざまに生まれた融合文化

ヒストリーシアター　奈良に残るイラン文化 →p.14

サササン朝ペルシア

▶①ササン朝ペルシアの帝王獅子狩文銀皿(左)と②法隆寺の獅子狩文錦(右)　日本には生息しない獅子(ライオン)を描いた工芸品。日本の獅子舞はペルシアの獅子をモデルにしたという説もある。

獅子狩文

よみとき　ササン朝の銀皿と,日本の獅子狩文錦について,類似点を探してみよう。

日本

歴史と技術　**パルティアン=ショット**

▲③パルティアン=ショット(拡大)

東西交易で富を築いたパルティアはローマと対立した。パルティア軍は,弓矢を主体とする軽装騎兵が馬上からふり向きざまに矢を射る「パルティアン=ショット」を得意として,重装備のローマ軍を苦しめた。

内陸アジア

	シリア	メソポタミア	イラン	中央アジア	日本
	赤字 戦い	青字 文化関連			
前3世紀	セレウコス朝シリア →p.66	ヘレニズム文化		バクトリア王国	弥生時代
前2		前248ごろ パルティア王国 シリアより独立(アルサケス朝,中国名:**安息**)		前139ごろ トハラにより滅亡	
		ミトラダテス1世 位前171~前138		前130ごろ **大月氏**,トハラを討つ	
前1	前64 ローマ(共) 前27	前53 **カルラエの戦い** ローマのクラッスス軍敗北			
後1	ローマ帝国(大秦) トラヤヌス帝	後97 班超(後漢)が甘英を大秦に派遣 →p.92		クシャーナ朝 ガンダーラ美術	→p.80 カニシカ王
2					古墳時代
3		226 パルティア王国,滅亡			
		アルダシール1世 位224~241ごろ			
		224 ササン朝ペルシアを建国,ゾロアスター教を国教に			
		シャープール1世 位241~272		分裂	
	ウァレリアヌス帝	245ごろ マニ教が成立 ○ クシャーナ朝を征服 260 **エデッサの戦い** →p.72 ローマ皇帝ウァレリアヌス(ヴァレリアヌス)を捕虜に			
4	395	ササン朝美術 (ガラス器,銀器,織物など工芸品)		5世紀ごろ **エフタル** 6世紀滅亡	
5	東ローマ帝国				
6	ユスティニアヌス1世	**ホスロー1世** 位531~579 突厥と結んでエフタルを滅ぼす ○ 東ローマ帝国と抗争 最盛期を迎える		突厥 →西突厥	
7	632	642 **ニハーヴァンドの戦い** 651 ササン朝ペルシア,滅亡			飛鳥
	正統 カリフ 時代 →p.124				唐

---

1 パルティアとササン朝ペルシア →p.66 1, 125 2

A パルティア王国(前248ごろ~後226) 世界全図p.8-11

後115~117 トラヤヌス帝によるローマ帝国の一時占領地域 →p.72

パルティア王国の最大領土
おもな交易路
0 500km

B ササン朝ペルシア(224~651) 世界全図p.12-19

ササン朝の最大領域
おもな交易路
6世紀のササン朝と東ローマ帝国との係争地
エフタルの最大勢力範囲
0 500km

▼④パルティアの貴人像

遊牧民の服装

▼⑤ゾロアスター教の拝火壇が表現されたササン朝ペルシアのコイン　燃えさかる火

拝火壇

---

2 宗教の往来とペルシア諸国家

▼⑥イランを往来した宗教

	ゾロアスター教(拝火教)	マニ教	ネストリウス派キリスト教
開祖	ゾロアスター(前7世紀ごろ*) *前1200~前1000ごろという説あり。	イラン人のマニ(216ごろ~276)が創始	ネストリウス(?~451)の説に同調する一派
教義	善悪二元論。善神アフラ=マズダが悪神アーリマンに勝利し,善き人々の霊魂も救われる(**最後の審判**)。光明の象徴として火を神聖視。教典『**アヴェスター**』	ゾロアスター教にキリスト教・仏教を融合。二元論・禁欲主義	キリストの神性と人性は独立したものと主張
発展と伝播	**ササン朝で国教化**。イスラームの進展で衰退,中国(祆教 →p.102)・インドに伝播	ササン朝の王による弾圧で衰退。中央アジア・中国へ伝播し,ウイグルでは国教に(→p.102)	**エフェソス公会議**(431)で異端とされたのち,モンゴル・中国(景教 →p.102)に伝播

▼⑦イラン系諸王朝の比較

	アケメネス朝ペルシア →p.60 (前550~前330)	パルティア王国(安息) (前248ごろ~後226)	ササン朝ペルシア (224~651)
勃興	メディアを滅ぼし建国 建国者 キュロス2世	セレウコス朝シリアから独立 建国者 アルサケス	パルティアを滅ぼし建国 建国者 アルダシール1世
滅亡	アレクサンドロスに滅ぼされる	ササン朝に滅ぼされる	イスラーム勢力に滅ぼされる
都	スサ,**ペルセポリス** など	クテシフォン など	**クテシフォン**
政治	中央集権的(サトラップ設置) (民族政策は寛容)	地方分権的	中央集権的
経済	金・銀貨を発行 フェニキア人やアラム人の活動を保護	ローマと争いながら,東西交易路を独占 中継貿易で繁栄	陸路に加え,アフリカからインド洋までの海路も支配 中継貿易で繁栄
文化	楔形文字で表記したペルシア語,オリエント世界で共通のアラム語を公用語とする	ヘレニズムの影響(公用語ギリシア語) イラン固有の文化(公用語ペルシア語)	ペルシアの伝統を重視しつつ,東西交流の影響を受けるササン朝美術が中国,日本に伝わる →p.14
宗教	ゾロアスター教信仰	ゾロアスター教信仰	**ゾロアスター教の国教化**(『アヴェスター』) マニ教の成立

風土 地中海世界の風土

偏西風

ローマ帝国とゲルマニア
ライン川とドナウ川両大河に沿った線がローマ帝国とゲルマニアの境界線となった。この線の南側にローマ起源の都市が多い。

オリーヴ栽培の北限

「貧困はギリシアの伴侶」
ヘロドトス（前5世紀）はアッティカ（アテネー帯）をこのように評した。「穀物生産に適した肥沃な土地は少ない。」

エーゲ海（多島海）
その名のとおりたくさんの島々。複雑な海岸線は、防御を固めた港をつくるのに適していた。

「新しいカルタゴ」とイベリア半島
「カルタゴノウァ（新しいカルタゴ）」とかつてよばれた都市があるように、カルタゴの勢力下にはいった。リスボン、バルセロナなどフェニキア起源の地名が今も残る。

ローマを生んだテヴェレ川
イタリア南部のギリシア人、中部のエトルリア人の交易中継地がテヴェレ川沿いにでき物資が集散した。のちに都市国家ローマに発展。

「ローマ市民の穀倉」
肥沃なナイル川流域でつくられた小麦はローマ市民が食べる「パン」となったので、こうよばれた。

- おもな遺跡
- おもな世界遺産
- 暖流
- 寒流
- 夏の風向き
- 冬の風向き

0　　　500km

地中海

複雑な海岸線と島々

▲①エーゲ海の島（ミコノス島）　ギリシアの国土は**地中海性気候**のため、高温少雨で乾燥が激しい。地形は山がちで広大な平野がなく、地質についても荒れた岩山が多く、石灰岩質のやせた土地であるため農地は乏しいが、**果樹栽培**には適している。一方、海岸線は複雑で多島海でもあるため、島づたいに容易に航行できた。また大理石と陶土にめぐまれていた。

世界への玄関　地中海

▶②古代カルタゴの港（想像図）　**フェニキア人**が建設した植民都市カルタゴは、北アフリカを拠点に海上交通の要衝をおさえ、イベリア半島東南部海岸からシチリア島までの西地中海貿易を支配した。

乾燥した気候

▲③オリーヴ畑　ギリシアでは気候と地形を生かし、古くからぶどうやオリーヴの栽培がさかんであった。オリーヴは植樹後、収穫まで10年以上かかるが、その後はほとんど世話がいらない。そのため、ギリシアで敵に最も損害を与える行為は、オリーヴ畑の破壊であった。オリーヴは穀類との混作が可能であり、油は食用・燈火用、化粧品、薬にも利用された。また、ワインやオリーヴを輸出し、穀物の輸入を行うことによって、海上交通が発達した。

▲④オリーヴの収穫を描いた壺（前6世紀）

テーマ 女神からの贈り物・オリーヴ

都市国家アテネ（→p.64）に初めてオリーヴをもたらしたのは、女神アテナであるという。そのため、アテネではオリーヴが聖木とされた。

◀⑤女神アテナの使者ふくろうとオリーヴが刻まれた銀貨（前5世紀）

古代地中海文明の生成 ～海がはぐくんだ文明

ヒストリーシアター 母なる海から生まれた文明

▲①クノッソス宮殿の王妃の間に描かれた壁画
宮殿はミノス王によってつくられた。この部屋にはイルカと海綿が色彩あざやかに美しく描かれ，表現は自由でいきいきとしている。

▲②クレタ島出土の壺

よみとき 図②に描かれている生き物は何だろうか。また，①の壁画や②の壺の特色をあげながら，古代ギリシアの人々と海とのかかわりを考えてみよう。

1 ギリシア人の南下

世界全図p.3~4

トロイア（トロヤ）文明（前2600~前1200ごろ）
ミケーネ文明（前1600~前1200ごろ）
クレタ文明（前2000~前1400ごろ）

凡例：
- アイオリス人
- イオニア人
- ドーリス（ドーリア）人
- 北西ギリシア人
- → アイオリス人の進出
- → イオニア人の進出
- → ドーリス人の進出
- → 北西ギリシア人の進出

0　100km

2 エーゲ文明の興亡

*未解読　*2 内部崩壊説もある

	トロイア（トロヤ）文明（前2600~前1200ごろ）	クレタ文明（前2000~前1400ごろ）	ミケーネ文明（前1600~前1200ごろ）
民族／中心地	不明／トロイア（トロヤ）	不明／クノッソス，ファイストス	アカイア人（ギリシア人）／ミケーネ，ティリンス
政治	王が巨大な権力をもつオリエント風の政治	王が巨大な権力をもつオリエント風の政治	小国家が分立
美術	顔・動物をかたどった壺　ミケーネ文明と同じ傾向	彩色土器　花鳥や宮廷生活の壁画　写実的・海洋文明	抽象・幾何学文様の陶器　壁画（戦士・馬・狩猟），尚武的
発掘者	シュリーマン〔独〕	エヴァンズ〔英〕	シュリーマン〔独〕
文字		聖刻文字（絵文字）・線文字A* ➡p.53	線文字B（ヴェントリス〔英〕らが解読） ➡p.53
滅亡	アカイア人により滅亡	アカイア人により滅亡？	ドーリス（ドーリア）人または「海の民」により滅亡*2

歴史と文学 トロイア戦争は本当にあったのか

ホメロスの叙事詩『イリアス』➡p.69 にうたわれたギリシアとトロイアとの戦争は長い間つくり話だと思われていた。19世紀後半ドイツ人シュリーマン（1822~90）が小アジアでトロイア遺跡を，ギリシア本土でミケーネ遺跡を発見すると，戦争が空想ではないことが立証された。

世界遺産 ▲③トロイア遺跡

クレタ文明　ミケーネ文明

▲④クノッソス宮殿　数百もの部屋と複雑な構造のために，「迷宮（ラビュリントス）」とよばれた。ギリシア神話では牛頭人身の怪物ミノタウロスを幽閉するために迷宮が建てられたとされる。

▲⑤ミケーネの獅子門　巨石をたくみに組み合わせた堅固な城砦。正門部分には2頭の獅子の浮き彫りが見える。

◀⑥黄金のマスク　城内の墳墓から出土。発掘したシュリーマンはトロイアを滅ぼしたギリシア軍総大将アガメムノンだと思い込んだ。〈アテネ国立考古博物館蔵〉

3 ギリシア人の植民活動

世界全図p.4~5 ➡p.65 3

凡例：
- ギリシア人の植民活動範囲
- ● ギリシア人の都市
- → ギリシア人の植民方向
- フェニキア人の植民活動範囲
- ● フェニキア人の都市
- → フェニキア人の植民方向
- エトルリア人の植民活動範囲
- ● エトルリア人の都市
- 赤字　各地の特産物

0　500km

キーワード ギリシア人の同胞意識

古代ギリシア人はポリス間で戦争を繰り返しながらも，強い同胞意識をもっていた。自分たちを「神話上の英雄ヘレンの子孫たち」を意味するヘレネスといい，異民族をバルバロイ（意味のわからない言葉を話す人）とよんだ。

ヘレネス
・ギリシア人
・オリュンピア競技 ➡p.68
・デルフォイの神託
・共通の言語

▼⑦劇の仮面

・異民族　バルバロイ

ギリシア都市国家 ～ポリスの誕生と衰退

アテネ民主政の主役たち

衝角（敵船に突撃し穴を開けて水没させる）

▶①戦う重装歩兵
安価な武具の流通により，平民も自前で武器や武具を購入できるようになると，彼らは重装歩兵（→p.66）として大人数からなる密集隊（ファランクス）戦法で戦い，活躍した。重装歩兵がポリス防衛の主力になるにしたがい，政治参加を求める平民の声が強まり，民主政の成立をうながした。

笛を吹いて攻撃の合図をする伝令

兜　槍
盾
すねあて

▲②三段櫂船と▶③船の断面図　こぎ手には武具が必要なかったので，無産市民（平民）もこぎ手として戦争に参加し，サラミスの海戦では，祖国の勝利に貢献した。これにより，無産市民も参政権を得ることになった。

よみとき　歩兵はどのような武器を身につけているかあげてみよう。また，重装歩兵と軍船をこいでいる兵は，それぞれどのような階級に属しているだろうか。

アテネ民主政の歩み　▶p.66

青字 おもな戦い

王政	前12世紀	暗黒時代（～前8世紀）
		ミケーネ文明滅亡後，鉄器時代に移行
貴族政治	前8世紀	ポリスの成立（集住＝シュノイキスモス） （クレーロスの制度による土地分配）
	前750ごろ	ギリシア人の植民活動（地中海・黒海沿岸）が活発になる（～前550ごろ）
		↓ 商工業発展（貨幣使用）・重装歩兵活躍 貴族政治の動揺
財産政治	前621ごろ	ドラコンの成文法（慣習法の成文化）
	前594	ソロンの改革
		対立する貴族と平民の調停者として →負債帳消し，債務奴隷の禁止，財産の多少により市民を4等級に分け，参政権と軍役に差を設ける（財産政治） →混乱を招く
僭主政治	前6世紀中ごろ	ペイシストラトスの僭主政治 貴族と平民の対立のなかで，平民勢力を背景に僭主政治（独裁政治）を確立
	前510	僭主ヒッピアスの追放
民主政治の確立	前508	クレイステネスの改革 4部族制（血縁）から10部族（デーモス）制（地縁）へ 500人評議会　陶片追放 僭主の疑いを受けた政治家→アテネから10年間追放 貴族政弱体化　民主政の基礎が確立
	前500	イオニア植民市の反乱
		ペルシア戦争（～前449）▶p.65 ③ ポリスの勝利
	前490	マラトンの戦い：アテネの重装歩兵（有産市民）の活躍
	前480	サラミスの海戦：テミストクレス率いる軍船のこぎ手として無産市民活躍（ラウレイオン銀山からの資金で軍艦建造）
	前479	プラタイアイの戦い
	前478	デロス同盟成立：ペルシア再来に備え，ポリス間の団結をはかる　アテネの隆盛
民主政の完成	前443	ペリクレス時代（～前429）▶p.65 民会（最高決議機関，直接民主政，参政権は男子市民のみ）　古代民主政の最盛期 パルテノン神殿再建
	前431	ペロポネソス戦争（～前404）▶p.65 ④ スパルタの勝利 アテネでは扇動政治家（デマゴーゴス）登場
衆愚政治	前371	レウクトラの戦い（指導者エパメイノンダス）テーベの台頭
	○	傭兵の流行，ポリス間の抗争　ポリス社会の衰退
	前338	カイロネイアの戦い▶p.66　マケドニアの勝利
	前337	コリントス（ヘラス）同盟結成

① アテネ民主政のしくみ

市民の階級	農産物収入	国家の役職	軍備のレベル
500石階級	大	財務官 アルコン	重装歩兵として武装できるほか，馬・戦車などの機動力を用意できる
騎士階級		アルコン	馬・戦車などの機動力を用意できる
農民階級		低位の役職	馬・戦車なしの重装歩兵
労働者階級	小	民会への出席のみ	重装歩兵の装備なし，軽装兵か船のこぎ手

ΘΕΜΙΣΘΟΚΛΕΣ
テミストクレス

▲④ソロンの改革

◀⑤陶片追放（オストラキスモス）　僭主になるおそれのある人物名を陶器片（オストラコン）に刻んで投票し，6000票をこえた者のうち最多票の1名が10年間アテネから追放された。ただし市民権や財産を失うことはなかった。

▲⑥粘土を採掘する奴隷*　前700年ごろの詩人ヘシオドスは代表作『労働と日々』で労働の大切さを説いた。しかし，民主政期には市民の勤労精神が薄れ，つらい労働は奴隷に押しつけ，市民は政治と学問に専念した。
＊陶器をつくるため粘土を採掘した。

② アテネとスパルタ

500人評議会　民会の予備審議の場　1部族50人×10部族

将軍　1部族1人×10部族
執政官（アルコン）9人

抽選　選挙　抽選　抽選

民会　最高決議機関　18歳以上の全男子市民参加（女子・在留外国人・奴隷は除く）

民衆裁判所　30歳以上の男子で，抽選により陪審員（定員6000人）を選び，いくつかのグループに分かれて審判

▲⑦アテネの政治のしくみ

長老会　選挙で選ばれた60歳以上の男子28人

国王　国王

監督官（エフォロス）

ペリオイコイ　スパルタ市民（スパルティアタイ）前400年ごろに約3000人　ペリオイコイ

ヘイロータイ（ヘロット，奴隷）国有奴隷として農業に従事する市民の約10倍

＊劣格市民。半自由民で参政権はないが，自治権をもつ。市民の約4倍。

▲⑧スパルタの政治のしくみ

アテネ…イオニア人		スパルタ…ドーリス（ドーリア）人
集住（シュノイキスモス）	ポリスの形成	先住民（アカイア人）を征服
直接民主政	政治	貴族政「リュクルゴスの制」
海軍中心　開放的	外交・軍事	陸軍中心　閉鎖的（他のポリスと交易せず）
商工業発達　学問・芸術発達	経済・文化	農業中心（穀物自給）・土地の売買禁止　質実剛健
市民数*の約3分の2（総人口の約3分の1） 市民の個人所有 債務奴隷，戦争捕虜などで農業や手工業，鉱山労働に従事した（家内奴隷）	奴隷制	市民数*の約10倍 国有制（市民共有） 先住民のアカイア人をヘイロータイ（ヘロット，奴隷）に。しばしば反乱を起こす ＊その家族も含む。

▲⑨アテネとスパルタの比較

今日とのつながり　cosmopolis（国際都市），megalopolis（巨大都市）はpolis（ポリス，都市国家）から生まれた言葉である。また，「デモクラシー（民主政治）」は，ギリシア語の「デーモス（民衆）」と「クラチア（支配）」が結びついた語である。

世界遺産

神殿の入口　ニケ神殿　パルテノン神殿

▲⑩現在のアクロポリス　ローマ時代の劇場

パルテノン神殿
アクロポリス（ポリスの中心部の丘）
ストア（列柱廊）
アゴラ（広場）

▲⑪古代アテネ（想像図）

3 ペルシア戦争 ～諸ポリスの勝利

← p.63 3

サラミスの海戦
- 🔵🔵 ギリシア艦隊（テミストクレス指揮）
- ■ ギリシアの上陸部隊
- → ギリシア軍の攻撃

0　　　5km

マケドニア
ベラ
タソス
アトス岬
エーゲ海
アケメネス朝ペルシア
テルモピュライ 前480
レスボス島
キュメ
ペイライエウス
サラミス島
ファレロン
デルフォイ（デルフィ）
テーベ　エレトリア
アテネ
マラトン 前490
サルディス
プラタイアイ 前479
コリントス
ミカレー岬
ミレトス
ギリシア
デロス島
ラウレイオン銀山
スパルタ
サラミス 前480
ミロス島
ナクソス島
0　　　200km
ロードス島
→拡大図

🔵 ギリシアの戦勝地
✕ ペルシアの戦勝地

■ ペルシアとの交戦国
■ ペルシアとその属国
■ イオニア植民市の反乱地域

ペルシア軍の進路
→ 第1回（前492）
→ 第2回（前490）
→ 第3回（前480～前479）

ペルシア艦隊（クセルクセス王指揮）
■ ペルシアの上陸部隊
→ ペルシア軍の攻撃
--→ ペルシア軍の退却路

4 ペロポネソス戦争 ～ポリス間の抗争

→ p.66 1

■ スパルタとその同盟国・都市（ペロポネソス同盟）
→ スパルタ軍の進路
✕ スパルタの戦勝地

トラキア
ビュザンティオン
前422
前405
前411
前411
前410
マケドニア
前429
前406
テッサリア
アケメネス朝ペルシア
タラス
セゲスタ
ヒメラ
イオニア海
前429
前424
テーベ
キオス島（ヒオス）
サルディス
レウクトラ 前371
前418
アテネ
エフェソス
前413 シラクサ
コリントス
ミレトス
シチリア島
ペロポネソス半島
デロス島
前425
スパルタ
ミロス島
ロードス島
クレタ島

■ アテネとその同盟国・都市（デロス同盟）
→ アテネ軍の進路
✕ アテネの戦勝地
⚓ アテネに対する反乱

0　　　200km

5 ポリス社会の衰退

アテネ	敗	前431～前404年 ペロポネソス戦争	勝	スパルタ
デロス同盟（前478～前404）				ペロポネソス同盟（前550ごろ～前366）

アテネ
・人口減少（疫病の流行）
・衆愚政治
マケドニアの勢力拡大

・ギリシア全土の農地の荒廃
・傭兵の流行（市民皆兵の原則崩壊）
・市民の連帯感喪失

スパルタ
・土地の売買（金銀流入）
・貧富の差の発生
ポリス社会の衰退

ペリクレス（前495ごろ～前429）

ギリシアの政治家。アテネ民主政を完成させ、黄金時代を築いた。民衆法廷への出席手当の賦与や大規模公共建築による雇用の創出をはかった。前431年、ペロポネソス戦争の戦没者追悼のために行った演説は、直接民主政をたたえたものとして有名。別冊史料3

アテネ		現代
女性・奴隷・在留外人を除く成年男子市民（18歳以上）	参政権	18歳以上の男女（日本の場合）
直接民主政（民会が最高議決機関）	立法	間接民主政（議会制民主政）
官職は抽選で選ばれた者（任期1年）	司法行政	専門職の官吏（公務員）による
奴隷制社会	社会基盤	自由・平等な市民社会

▲⑬古代アテネと現代の民主政の違い

テーマ アテネとスパルタの人々の一生

アテネ	歳	スパルタ
母親のもとで育てられる	0歳	健康な新生児のみ養育（部族の長老が決定）
学校で文字・音楽・体育を学ぶ	6～7歳	親もとを離れ、集団生活（男子のみ）
	12歳	兵士としての訓練本格化
成人として認められる	16歳	
2年間の兵役（国境警備）につく	18歳	軍隊に編入（非戦闘員）
	20歳	兵営常駐の主力軍となる
結婚		結婚（妻とは別居、兵営で生活）
	30歳	兵営を離れ、家庭生活を営む 兵役義務、共同食事の義務
兵役義務の免除（公務からの引退）	60歳	兵役の解除 長老会員の被選挙権をもつ

▲⑭アテネ・スパルタ市民（男子）の一生

糸つむぎ
機織り機

▲⑮アテネの少女　アテネでは、娘は疑問を抱かず従順になるよう育てることが望ましいとされた。女子のための学校はなく、家庭で母親などが読み書きの教育を行った。

▼⑯スパルタの少女
アテネと対照的にスパルタの少女は健康な子どもを産むため、スポーツに励んだ。

〈高さ11.4cm〉

地 中海

MAP A～B

1部2章

今日とのつながり　多数の先住民を征服し成立したスパルタは、強大な軍事力を維持する必要があり、厳格な集団教育が求められた。スパルタ教育という言葉はこれにちなむ。近代オリンピック競技のマラソンは、アテネの一兵士が、マラトンでの勝利を伝えるため、戦場からアテネまでの約40kmを走った故事にちなむといわれる。

ヒストリーシアター ギリシアとオリエントの覇者, 激突す

ダレイオス3世
アレクサンドロス
馬にむちをあてる御者
腹部を貫かれたペルシア兵

◀①イッソスの戦い（前333年）　前334年に東方（ペルシア）遠征を開始したアレクサンドロス（前356～323）は, 翌年, ダレイオス3世（前380½～330½）率いる東の大国ペルシアを破り, さらに東へと進軍した。
〈ポンペイ出土, ナポリ考古学博物館蔵, 313cm×582cm〉

▼②アレクサンドロス軍のファランクス戦法　長槍密集隊戦術。長槍と盾を持った重装歩兵が隊列を組み, 集団で戦った。この戦術はギリシアで生まれ, ヘレニズム時代のマケドニアで改良されて, アルベラの戦いなどで重要な役割を果たした。

よみとき 図①の戦いのアレクサンドロスやペルシア兵のようすに着目して, 勝者がどちらであるか考えよう。

世界全図p.6-7 ←p.60 ❶, 61 ❶

1 アレクサンドロスの帝国の変化

◀p.60,64　**ヘレニズム世界の展開**　p.61,72▶

□はギリシア人が建てた国家, マケドニア内の□□□□はアレクサンドロス関連事項

世紀			マケドニア
前4世紀	共和政ローマ	ギリシア諸ポリス（都市国家）	前356 **マケドニア王家に生まれる**
			前343（13歳）家庭教師**アリストテレス**と出会う →p.67
			前338 **カイロネイアの戦い**（**フィリッポス2世**, アテネ・テーベ連合軍を制圧）
			前337 ギリシア都市, **コリントス（ヘラス）同盟**を結成
			前336（20歳）マケドニア王に即位
			前334（22歳）**東方（ペルシア）遠征開始**
			前333（23歳）**イッソスの戦い**
			前331（25歳）**アルベラの戦い**
			○ ペルシア人女性との**集団結婚**
			前326ごろ 西北インドへ進攻
			前323（33歳）バビロンで病死

アケメネス朝ペルシア　前330 滅亡

ヘレニズム時代「コスモポリタニズム（世界市民主義）」

ディアドコイ（後継者）戦争始まる（～前280）

前301 **イプソスの戦い**（帝国の分裂）──ヘレニズム三国

前3		プトレマイオス朝エジプト	アンティゴノス朝マケドニア	セレウコス朝シリア		バクトリア王国
前2			前168ピュドナの戦い　マケドニア滅亡	前167～前142マカベア戦争前142ユダヤ王国再建	前248ごろ パルティア王国（アルサケス朝）	前3世紀半ば
前1		前146 ローマ, コリントスを破壊（全ギリシア, ローマの属州に）				前140ごろ

前64～ ポンペイウス, シリアを征服 →p.61
前53 カルラエの戦い ローマ軍を撃退
大月氏

前31 **アクティウムの海戦**
前30 滅亡（**クレオパトラ**自殺）

前27　ローマ帝国

●**東西の政治・文化の融合**をはかった（ペルシア風礼式や行政制度の採用）
・公用語に古代ギリシア語（**コイネー**）を採用
・征服地に**アレクサンドリア**市を建設し拠点とした
・インダス川を越えてさらに東進しようとしていたが, 部下たちの反対にあって断念

▲④エジプト王ファラオの姿をしたアレクサンドロス

▶③アレクサンドロスの政策

A **アレクサンドロスの帝国の最大領域（前330年ごろ）**

前333 イッソスの戦い
前331 アルベラ（ガウガメラ）の戦い
前338 カイロネイアの戦い
前323 アレクサンドロス熱病で死亡

→ アレクサンドロスの進路（前334～前323）
→ 将軍たちの進路（前325）
● アレクサンドロスが建てた都市
▢ アレクサンドロスの帝国
▢ マケドニア王国
▢ コリントス同盟（ヘラス同盟）

B **帝国の分裂（前300年ごろ）**

カサンドロス朝マケドニア
リュシマコス朝マケドニア
前301 イプソスの戦い
セレウコス朝シリア
プトレマイオス朝エジプト
バクトリア王国
マウリヤ朝

C **帝国の分裂（前200年ごろ）**

アンティゴノス朝マケドニア
ペルガモン王国
前168 ピュドナの戦い
パルティア王国
バクトリア王国
セレウコス朝シリア
プトレマイオス朝エジプト
マウリヤ朝

1 古代ギリシアの自然科学の流れ ～自然界の本質に迫ろうとした最初の哲学者たち→p.312

エジプト・バビロニアの先進文化

イオニアの自然哲学 | **万物の根源(アルケー)は何か?**

神秘主義の流れ(ディオニソス信仰など)

ピュタゴラス（前582ご〜前497ご）数

三平方の定理

ピュタゴラスの三平方の定理

$$AB^2 = BC^2 + AC^2$$

5 / 3 / 直角 / 4

▲①ピュタゴラス　宇宙の秩序を数的な調和から説いた。1は点，2は線，3は面，4は立体で，これらの和である10(1+2+3+4=10)は，点・線・面・立体すべてを含む完全な数であるとされた。

- タレス（水）（前624ご〜前546ご）
- アナクシマンドロス（無限なるもの）（前610ご〜前547ご）
- アナクシメネス（空気）（前585ご〜前528ご）— 一元論
- ヘラクレイトス（火）（前544ご〜?）「万物は流転する」
- パルメニデス（前515ご〜前445ご）永遠不変の存在を唱える

▶②ピュタゴラス学派（教団）*のシンボルマーク「聖数10」

*ピュタゴラス学派は，数の原理による世界解釈と魂の浄化を説いた宗教的学派。

- エンペドクレス（火・空気・水・土）（前495ご〜前435ご）4元素説を提唱 — 多元論
- デモクリトス（原子(アトム)）（前460ご〜前370ご）

自然諸現象の体系化・理論化　**アリストテレス**（前384〜前322）の自然学体系『形而上学』

物質観(4元素説)　温／火／乾／空気／土／湿／水／冷

運動論
- 自然的 —— 天の円運動／下界の上下運動
- 強制的 —— 外から「押す・引く」力

宇宙観
地球=宇宙の中心
大地(土)の周囲は水・空気・火が層をなしている。その外側を月等の天球がとりまく

自然発生説
「生物は生物以外のものから自然に生まれる」
自然の段階説
植物→つくりの単純な動物→つくりの複雑な動物

学問の系譜
- 化学
- 物理学・幾何学
- 天文学
- 生物学・医学
★アレクサンドリアで活動

▶③アリストテレス
マケドニア出身で，アレクサンドロスの家庭教師を務めた。当時の学問を体系的にまとめ，それが学問の基礎とされたため「万学の祖」とよばれた。

平面幾何学の集大成
★エウクレイデス（ユークリッド，前300ご）『幾何学原本』三角形の内角の和は180°

技術への関心
★アルキメデス（前287ご〜前212）浮力の原理　てこの原理　カタパルトやポンプの発明

アリスタルコス（前310ご〜前230ご）地動説を主張

★エラトステネス（前275ご〜前194）地球の周囲の長さを測定

天動説理論の集大成
★プトレマイオス（2世紀ごろ）『天文学大全』

プリニウス（23ご〜79）『博物誌』

古代の医学者
ヒッポクラテス（前460ご〜前370ご）迷信を否定　食事療法　4体液説　「医学の父」とよばれる
★ガレノス（130ご〜200ご）血液循環理論

2 アテネで活躍した哲学者たち ～「哲学は天空から人間界へと呼びおろされた」

民主政の産物=弁論

ソフィスト(職業教師)の登場
弁論=相手をいかに説得するか
例:プロタゴラス（前485ごろ〜前415ごろ）「人間が万物の尺度」

↕ 対立

ソクラテス（前469ごろ〜前399）無知を自覚し，真の知への探究を行うことを自らの使命に

師弟

プラトン（前427ごろ〜前347）
・永遠不変で実在するのは善・美・正義などのイデアのみで，それは理性によってとらえられる
・哲人政治を主張

師弟

アリストテレス（前384〜前322）
・現実の個々の事物は性質を与えるエイドス(形相)と素材のヒュレー(質料)から構成される
・共同体すべての構成員が平等に権力にあずかることを主張

キーワード　ソフィスト　ソフィストは，教授料を取って弁論術を教える職業的教師のこと。紀元前5世紀半ばからギリシアのポリスを渡り歩き，裕福な家の子弟に知識を授けた。弁論が重視されたのは，民主政において議論に勝つことが成功を意味したからであった。相手を説得することに弁論の目的をおくソフィストたちにとって，すべての価値は相対的なものであり，普遍的・客観的な真理を悟ることを目的としたソクラテスと対立した。

▲④毒杯をあおぐソクラテス　彼は街頭で青年たちへの問答を通して無知を自覚させ，真の知識に到達させようと努めた。彼の影響が広がり始めると，国家の神々を否定し青年を害した罪で告発され死刑判決を受けた。

　哲学者たちが国々において王となるのでない限り，あるいは，今日王と呼ばれ，権力者と呼ばれている人たちが，真実に，かつ十分に哲学するのでない限り，つまり，政治的権力と哲学的精神とが一体化されて，多くの人々の素質が現在のようにこの二つのどちらかの方向に別々に進むことを強制的に禁止されるのでない限り，…国々にとって不幸のやむことはない。
〈プラトン著『国家』藤沢令夫訳〉

　大切にしなければならないのは，ただ生きるということではなくて，よく生きるということなのだ。…とにかく不正というものは，よいものでもなければ，美しいものでもない。…たとい不正な目にあったとしても，不正の仕返しをするということは，世の多数の者が考えるようには，許されないことになる。
〈プラトン著『クリトン』田中美知太郎他訳〉

テーマ　アカデメイアとは?

　前387年ごろ，プラトンがアテネ郊外の地アカデメイアに学塾を開き，彼の弟子や後継者によって以後約900年間活動が続けられた。体育や算術・幾何学・天文学を学んだ後，哲学を学ばせ，真の政治家を養成しようとした。
　今日でもアカデミーは大学や高等教育機関をさす言葉として残っている。

▲⑤アカデメイアにつどう人々

ギリシア・ヘレニズムの文化 ～現代ヨーロッパ文化に息づく美術と思想

ヒストリーシアター　身近なギリシア文化

ギリシア文化はキリスト教とともに、ヨーロッパ文化の根底をなしている。学問・芸術・政治・言葉・食物など多方面に及び、世界史に果たした役割ははかり知れない。
→ p.310

▲①ギリシア風の柱をもつ生命保険会社の建物(東京都, 千代田区)

よみとき　図①の建物に使われている柱頭部分は、図②～④のどの様式を模したものか。

ドーリス(ドーリア)式

▲②パルテノン神殿(前5世紀)　太鼓状の大理石が積み上げられた柱, 簡素さ, 荘重さが特徴。

イオニア式

▲③ニケ神殿(前5世紀, アテネ)　柱頭はうず巻き模様でかざられている。軽快, 優美さが特徴。

コリント式

▲④ゼウス神殿(後2世紀完成, アテネ)　柱頭は葉形装飾。複雑な華麗さが特徴。

→ p.65

1 静から動へ～ギリシアの彫刻

アルカイック様式
(前650～前480年ごろ)
正面性, アルカイック=スマイル

アルカイック=スマイル

▶⑤クーロス(青年)像　アルカイック期は、若者の美しさを好んで表現した。〈アテネ国立考古学博物館蔵, 高さ179cm〉

厳格様式・古典様式
(前480～前320年ごろ)
運動の瞬間, 理想の均整美

▲⑥エレクティオン　アテネのアクロポリスにあるイオニア式の神殿で6本の少女の円柱が屋根を支える。

◀⑦ゼウス像*　右手で雷を投げる瞬間の肉体の躍動感を表現している。〈アテネ国立考古学博物館蔵, 高さ209cm〉
*ポセイドンが三又の槍を持つとする説もある。

▶⑧円盤投げ　円盤投げのポーズによって、人体のもつ美しさと見た目のバランスを表現している。〈国立ローマ美術館蔵, 高さ155cm〉

2 ギリシア人に共通した信仰と祭り

	収容人員
デルフォイの円形劇場	10000
日本武道館	14000
国技館	11000

世界遺産

アポロン祭壇
アポロン神殿
円形劇場

▲⑨デルフォイ(デルフィ)　デルフォイの神託は全ギリシア世界で信じられ、人々は植民地建設や法典制定, 宣戦布告の前などに神託を受けて最終決定を下した。アポロンにささげた神殿, 背後の山々を借景にした劇場がある。

神託に翻弄された男『オイディプス王』あらすじ
テーベの王ライオスは「自分の息子に殺される」との神託を受け、生まれたばかりの息子オイディプスを山に捨てる。一方、成人したオイディプスは「父を殺し、母と結婚する」との神託を受け、恐れおののく。

青字 女性　黒字 男性
( )内はラテン語の英語読み
　オリュンポス12神

*アフロディテはウラノスの娘とする説もある。

ガイア 大地の神 — ウラノス 天空の神

クロノス — レア
オケアノス 大河と海(水)の神
プロメテウス 人間に火(恩恵)を与えた

デメテル(セレス) 収穫の神
ゼウス(ジュピター) 天空の神々の王
ヘラ(ジュノー) ゼウスの正妻
ハデス 冥界の王
ポセイドン(ネプチューン) 海と地震の神

ペルセポネ 冥界の女王
(ゼウスの子どもたち)
ヘファイストス(バルカン) 火と鍛冶の神
アレス(マルス) 戦争の神
ヘスティア(ヴェスタ) 炉の神

アテナ(ミネルヴァ) 英知の神
アポロン(アポロ) 太陽芸術の神
アルテミス(ダイアナ) 月・狩りの神
ディオニソス ブドウと酒の神
ヘルメス(マーキュリー) 商業・眠りの神

ヘラクレス 12の功業を成しとげた英雄
ペルセウス メドゥサの首をとった英雄
ヘレネ 絶世の美女 トロイア戦争の原因に
ムーサ(9人) 音楽・学問の神
アフロディテ*(ヴィーナス) 美と愛の神

▲⑩古代ギリシアの神々の系譜　古代のギリシア人は、主神ゼウスを含むオリュンポス12神(オリュンポス山上に住むとされる)を中心とした多神教を信仰していた。教義や教典をもつことはなく、特権的な神官もいない。神々は、人間と同じような姿や感性をもち、そうした神々の物語がギリシア神話である。

▼⑫現在も行われているグレコ=ローマンスタイルのレスリング

▲⑪オリュンピア競技　ゼウス信仰の中心地オリュンピアで4年に1度夏の農閑期に5日間開催された。競技期間は戦争も中止された。初めは徒競走とレスリングだけであったが、のちに戦車競走なども行われた。

ギリシア神話由来の言葉
エコー　おしゃべりな精霊エコーが罰を受け、相手の話した言葉の数語を繰り返すしかできなくなり、失恋のすえ身体がなくなり、こだまだけになってしまったことから。
パニック　牧畜の神パンが家畜の群れをおびえさせたことから。

❸ 英雄と神々が活躍するヨーロッパ最古の文学

▼⑭オデュッセウス 『オデュッセイア』の主人公オデュッセウスは，**トロイア（トロヤ）戦争**からの帰途，船の難破のため10年間にわたって諸地を漂流する。物語は彼が各地でさまざまな危険をのりこえて故国に帰還するまでの冒険談と，夫の留守中の妻と息子の苦労をつづっている。

▲⑬アキレウス 『イリアス』に登場するギリシア第一の勇者。親友を殺した敵将ヘクトルを討つものの，敵の矢が唯一の弱点であったかかとのすじ（アキレス腱）にあたって死亡する。

古典ギリシア語	ローマ字で表記した場合と古代ギリシアでの意味		ここから派生した英語
ΘΕΑΤΡΟΝ テアトロン	theatron	劇場	theater
ΧΑΡΑΚΤΗΡ カラクテール	kharakter	印，特徴	character
ΒΙΟΣ ビオス	bios	生命	biology
ΣΧΟΛΗ スコレー	skhole	ひま，討論	school
ΤΕΧΝΗ テクネー	tekhne	技術	technic technique
ΛΟΓΟΣ ロゴス	logos	言葉	logic

◀⑮ヨーロッパ言語の母「古典ギリシア語」 古典ギリシア語を起源とする言葉は，ヨーロッパの諸言語にみられる。英語では約12%の言葉が，古典ギリシア語を起源とするとの説もある。

▼⑯アレクサンドリア ➡p.66

テーマ
学術都市アレクサンドリア

アレクサンドロスは征服地に**ギリシア人植民市**を建設し，自分の名をつけた。**ヘレニズム文化**の中心地の一つであるナイル河口の**アレクサンドリア市**には，多くの**パピルス文書**を集めた学芸の中心施設**ムセイオン**がつくられた。

❹ ダイナミズムの表象〜ヘレニズムの彫刻

▼⑰ラオコーン像 トロイア（トロヤ）戦争で神の怒りに触れた父子を題材にし，毒蛇に絞め殺される苦悶の姿を表現している。
〈ヴァティカン美術蔵，高さ184cm〉

◀⑱サモトラケのニケ 勝利の女神ニケが舞い降りて来る姿を表現したもの。ロードス島の人々が**セレウコス朝**に対する勝利を記念して奉納した。
〈ルーヴル美術館蔵，高さ245cm〉

▶⑲ミロのヴィーナス 1820年，ミロス（ミロ）島で出土した美と愛の神アフロディテ（ヴィーナス）の大理石像。上半身と下半身の比率はギリシア人の考案した人体を最も美しく表現できる1：1.618の黄金比で構成されている。
〈ルーヴル美術館蔵，高さ204cm〉

後姿

ヘレニズム様式（前320年以降）
ダイナミックな運動・感情表現
ヘレニズムは19世紀ドイツの歴史家**ドロイゼン**が提唱した，**「ギリシア風」**を意味する造語。

❺ ギリシア・ヘレニズムの文化

ギリシアの文化

青字 三大悲劇詩人

哲学	イオニア自然哲学	タレス	前624ご〜前546ご	万物の根源を**水**とする　日食を予言　ミレトス学派
		ピュタゴラス	前582ご〜前497	万物の根源を**数**とする　ピュタゴラスの定理
		ヘラクレイトス	前544ご〜?	万物の根源を**火**とする　「万物は流転する」
		デモクリトス	前460ご〜前370ご	万物の根源を**「原子」**(Atom)とする**「原子論」**
	ソフィスト	プロタゴラス	前485ご〜前415ご	真理の相対化を説く**「人間は万物の尺度」**
	アテネ哲学	ソクラテス	前469ご〜前399	**「無知の知」**を自覚させ，客観的真理の存在を説く
		プラトン	前427ご〜前347	**イデア論**　理想国家を論じた**『国家論』**
		アリストテレス	前384〜前322	現実主義・経験重視の立場から諸学問を体系化…**「万学の祖」**『**政治学**』
	医学	ヒッポクラテス	前460ご〜前370ご	**「医学の父」**といわれる
文学	悲劇	アイスキュロス	前525ご〜前456	『縛られたプロメテウス』『アガメムノン』
		ソフォクレス	前496ご〜前406	『オイディプス王』『アンティゴネー』『エレクトラ』
		エウリピデス	前485ご〜前406	『メデイア』『アンドロマケ』『トロイアの女』
	喜劇	アリストファネス	前450ご〜前385ご	『女の議会』『女の平和』『雲』『蛙』『蜂』
	叙事詩	ホメロス（ホーマー）	前750ご〜前700ご	『イリアス』『オデュッセイア』
		ヘシオドス	前700ご	『労働と日々』『神統記』
	叙情詩	サッフォー	前612ご〜?	女流詩人　恋愛詩
		アナクレオン	前570ご〜?	酒や恋愛をうたう
		ピンダロス	前518〜前438	オリュンピア競技の優勝者をたたえる
	歴史学	ヘロドトス	前484ご〜前425ご	『歴史』（ペルシア戦争を物語風に記述）
		トゥキュディデス	前460ご〜前400ご	『歴史』（ペロポネソス戦争を科学的に記述）
美術	彫刻	フェイディアス	前490ご〜前430ご	「アテナ女神像」「ゼウス像」
		プラクシテレス	前4世紀	「ヘルメス像」「クニドスのヴィーナス」

◀敦煌の壁画に描かれた風神

エーゲ文明 → ギリシア文化 → ヘレニズム文化 ← オリエント文明
ギリシア文化 → ローマ文化

ガンダーラ美術 ➡p.80,81

◀クシャーナ朝の風神ヴァドー

▶俵屋宗達が描いた風神〈建仁寺蔵〉

中国 → 日本

◀ギリシアの風の神ボレアス

▲⑳ヘレニズム文化の影響と風の神の変遷 ヘレニズム文化は，アレクサンドロス大王の遠征によってオリエントとギリシアの文化が融合して生まれた。西はローマ帝国，東はインド・中国・日本と東西に伝播し，文化的影響を与えた。➡p.10

ヘレニズムの文化

●ポリスの枠組みにとらわれない**世界市民主義**の風潮（コスモポリタニズム）
●ギリシア語が共通語（**コイネー**）となる

哲学		ゼノン	前335ご〜前263	**ストア派**（禁欲による幸福を追求）を創始
		エピクロス	前342ご〜前271ご	快楽（魂の安静）を重視する**エピクロス派**を創始
自然科学		エウクレイデス	前300ご	平面幾何学を大成『幾何学原本』
		アリスタルコス	前310ご〜前230ご	天文学者。地球の公転と自転を主張
		アルキメデス	前287ご〜前212	てこの原理，浮力の原理（アルキメデスの原理）
		エラトステネス	前275ご〜前194	地球を球形と考え，地球の周囲の長さを計算
文学	歴史学	ポリュビオス	前200ご〜前120ご	ギリシア人の歴史家『ローマ史』
美術	彫刻			「ミロのヴィーナス」「サモトラケのニケ」「ラオコーン」「瀕死のガリア人」

共和政ローマ　〜都市国家から地中海域を統一する大国家へ

共和政ローマの歩み　p.72▶

	国内情勢	対外発展

王政

▶④ローマ建国伝説の像　狼に育てられた双子ロムルスとレムスが前753年にローマ市を建国したといわれている。

◀⑤エトルリア時代の門　ローマ建築の特徴であるアーチ工法は、前7世紀末にローマを支配したエトルリア人が伝えた。

（アーチ工法）

前753　**イタリア人の一派ラテン人**、都市国家**ローマ**建国（伝説）

前7世紀末　**エトルリア人**、ローマを支配

前509　共和政樹立（ラテン人、エトルリア人の王を追放）

前494　聖山事件
→護民官・平民会を設置
貴族に対抗し平民の利益を保護

共和政

貴族・平民の対立（身分闘争）

前450ごろ　**十二表法**（ローマ最古の成文法）
貴族による法知識の独占を規制

前390　**ケルト人**、ローマに侵入

前367　**リキニウス-セクスティウス法**
公有地先占を500ユゲラ（約125ha）に制限
執政官の1名を平民から選ぶ
○ **新貴族**、政権を独占（貴族と富裕な平民出身者）

前287　**ホルテンシウス法**
平民会の決議を国法として認める

重装歩兵市民の活躍

前396　ウェイイ征服
以後エトルリアの征服進む

* 「ポエニ」はローマ人からのフェニキア人の呼称。

前290　サムニウム平定

前272　**タレントゥム**（ギリシア人植民地）を占領

イタリア半島統一完成

前264　**第1次ポエニ戦争**（〜前241 **シチリア**（最初の属州）獲得）

閥族派・平民派の対立

第2次ポエニ戦争後のローマ社会の変化

属州から奴隷の大量流入 → **ラティフンディウム**の成立

→ 貧富の差拡大

有力者の土地買い占めと属州公有地の私有化 → **中小農民の没落**

→ **重装歩兵市民軍の解体と無産市民の傭兵化**

属州から安い穀物流入

→ 有力者の私兵化

前218　**第2次ポエニ戦争**（〜前201）

前216　カンネーの戦い

前202　**ザマの戦い**
スキピオ（ローマ軍の将）がハンニバル（カルタゴ軍の将）を破る

前168　ピュドナの戦い（マケドニアを攻略）

前149　**第3次ポエニ戦争**（〜前146 **カルタゴ滅亡**）

前146　マケドニア・ギリシアを属州化

重装歩兵市民の没落

共和政の動揺

前135　**シチリアの第1回奴隷反乱**（〜前132）

前133　**グラックス兄弟の改革**（〜前121）
有力者の大土地占有を抑え、無産市民への土地分配→失敗

前107　マリウスの軍制改革

前104　シチリアの第2回奴隷反乱（〜前99）

前91　**同盟市戦争**（〜前88）
イタリア半島の全自由民にローマ市民権を付与

前88　**マリウス**（平民派）・**スラ**（閥族派）の戦い（〜前82）→スラの独裁

前88　ミトリダテス戦争（〜前63 ポンペイウス、小アジア平定）

前73　**スパルタクスの反乱**（〜前71）

内乱の一世紀

第1回三頭政治　前60〜前53
（ポンペイウス・クラッスス・カエサル）

前111　ユグルタ戦争（〜前105 北アフリカ平定）

前64　ポンペイウス、シリア征服（〜前63 セレウコス朝滅亡）

前46　カエサル独裁（〜前44）
インペラトルの称号を得る

前58　カエサル、ガリア遠征（〜前51）

第2回三頭政治　前43〜前36
（オクタウィアヌス・アントニウス・レピドゥス）

前31　アクティウムの海戦

帝政

前27　オクタウィアヌス、元老院よりアウグストゥス（尊厳なる者）の称号を受ける

前30　オクタウィアヌス、エジプト征服（プトレマイオス朝滅亡）

帝政の始まり

地中海統一

（縦書き欄外）半島統一期→❶　地中海征服期→❸　オリエント・ヨーロッパ拡大→p.73

（左欄外）王政／共和政／帝政／内乱の一世紀／地中海／地中海／MAP A〜C／1部2章

ヒストリーシアター

古代ローマを表す4つの頭文字S.P.Q.R.

▲①元老院（後世の想像図）　共和政期の国政最高決定機関。公職経験者の**貴族**が議員を独占していたが、新貴族とよばれる富裕な**平民**がしだいに台頭していった。

◀②トガの着用と身分　奴隷や未成年の市民はトゥニカ（短衣、Ⓐ）のままで、市民で成人（17歳以上）になると白いトガ（長衣、Ⓑ）を着用する。執政官など高位公職経験者などは、緋色（赤紫）の縁取りのあるトガ（Ⓒ）を着用した。

▶③S.P.Q.R.　ローマ人は自分たちの国家を示すとき、「ローマの元老院と民衆」（Senatus Populusque Romanus）というラテン語の頭文字をとった略号を用いた。ローマに**元老院**とその他の民衆との区別があったことがわかる。（マンホールの蓋に刻まれたS.P.Q.R.）

よみとき　図①の中には図②のⒶⒷⒸのうち、どの身分の人がいるだろうか。また、国政の中心となったのはそのうちのどの身分の人々だろうか。

❶ 都市国家から半島統一へ

世界全図p.6-7　p.63❸

凡例：
- 前338年までのローマの領土
- 前338〜前290年までのローマの獲得地
- 前290〜前264年までのローマの獲得地
- 前4世紀ごろのエトルリア人の勢力範囲
- 前4世紀ごろのギリシア人の勢力範囲
- 前4世紀ごろのフェニキア人の勢力範囲
- 前4世紀ごろのケルト人の居住地域
- おもな街道

（地図中）
アキレイア／メディオラヌム（ミラノ）／ダルマティア／前390 ケルト人の侵入／ガリア／ルビコン川／ヴォルテラ／キウジ／タルクイニア／ウェイイ／ローマ／オスティア／サムニウム／アドリア海／コルシカ島（コルシカ）／ティレニア海／アッピア街道 →p.77／ネアポリス（ナポリ）／カプア／ポンペイ／パエストゥム／ブルンディシウム／タレントゥム（タラス）／マケドニア／前272 イタリア半島統一／サルデーニャ島／パノルムス（パレルモ）／メッサナ／マグナ・グラエキア／イオニア海／地中海／シチリア島／アクラガス／シラクサ／カルタゴ

0　200km

2 ローマ共和政と支配のしくみ

▲⑥共和政のしくみ（前287年まで）

貴族（パトリキ）…血統貴族。主要な公職を独占し、初め平民との通婚も禁止して特権を享受した。

新貴族（ノビレス）…リキニウス-セクスティウス法制定以降に形成された支配者層。貴族に一部の裕福な平民が加わって形成。

騎士（エクィテス）…騎馬で軍務につく特権的立場の人をさしたが、のち元老院身分につぐ第2の階級となる。徴税請負人など経済的に活動。

平民（プレブス）…貴族に対する一般のローマ市民。中小農民を主とする。

キーワード ローマ市民権 民会への出席及び投票権を中心に、婚姻権・所有権・裁判権など内容は多岐にわたる。アテネと違い、ローマはイタリアや属州の自由民にも市民権を拡大していった。

			市民権	納税	兵役
イタリア半島（イタリア半島統一期）	植民市	ローマ人が建設した都市で、ローマと同等の権限を与えられた都市	有	有	有
	自治市	ローマに征服された都市で、一定の自治が認められた都市	条件付きで有（参政権は付与されず）	有	有
	同盟市	ローマに征服された、または同盟を結んだ都市で、独立を保持した都市	無（同盟市戦争により獲得）	無	有

分割統治 ローマと各都市（国家）は個別に結ばれており、都市間の同盟は禁止されていた。各都市によって権限・義務は千差万別で、上記のように画一的なわけではなかった。

			支配体系	納税	兵役
イタリア半島以外（地中海征服期）	属州	イタリア半島以外のローマの領土 例：シチリア（最初の属州）など	総督（プロコンスル）◆徴税請負人（エクィテス 騎士階級が多い）◆被征服民	有	有
	直轄領	帝政期の皇帝直轄の属州 例：ユダヤ属州など	代官◆被征服民	有	有

▲⑦ローマ支配のしくみ

3 ポエニ戦争と社会の変容

世界全図p.6-9 → p.73 3

凡例：
- 前264（第1次ポエニ戦争開戦）までのローマの領土
- 第1次ポエニ戦争開戦までのカルタゴの勢力範囲
- 第2次ポエニ戦争開戦までにカルタゴが新たに獲得した領土
- → ハンニバル軍の進路
- → スキピオ軍の進路

ローマが新たに獲得した地域：
- 前218（第2次ポエニ戦争開戦）まで
- 前201（第2次ポエニ戦争終結）まで
- 前146（第3次ポエニ戦争終結）まで（カルタゴ滅亡）

約8万人のローマ軍をその約半数のハンニバルのカルタゴ軍が破る

ハンニバルのカルタゴ軍が、スキピオのローマ軍に敗れる

◀⑧ハンニバルと象を刻んだカルタゴの金貨　ローマの同盟市サグントゥムを攻撃し、**第2次ポエニ戦争**を起こした。その際4万人の兵士と37頭の戦象を率いて雪の降るアルプス山脈を越える強行策をとった。

表　裏

テーマ 変わるローマ社会 ～ラティフンディウム

征服地の拡大とともに、ローマは**貴族**に征服地の一部の占有を許可した。第2次ポエニ戦争以後、貴族が、**属州**からの安価な穀物の流入により、没落してゆく農民と土地を兼併して**奴隷制大農場経営（ラティフンディウム）**を行うことがさかんになった。農場主となった貴族は、奴隷を使って、利潤の高い果樹栽培を行い、巨大な富を得た。

▼⑨ラティフンディウム（ラティフンディア）（想像図）　別冊史料4

ぶどう畑／ぶどう畑／奴隷の家／ぶどう酒の貯蔵庫／農場主の家／オリーヴ畑／ぶどう畑／庭／野菜畑

4 内乱の一世紀

▼⑪小麦の無料配給

▼⑫平民派と閥族派の対立

没落農民のローマ流入
↓
ローマの都市人口増大
↓
貧しい住民の飢餓
↓
前123 **グラックス（弟）の改革**　小麦を定期的に低価格で供給
↓
前58 小麦の無料配給（受給者約32万人）

▲⑩穀物をめぐる政策

袋で連搬／壺に入れて分配

徴兵による重装歩兵市民軍の崩壊・軍事力の弱体化
↓
マリウスの軍政改革：無産市民から志願者を募り、職業軍人化
→ **軍隊の私兵化進む**、権力抗争の激化

←**平民派 マリウス**（前157ごろ～前86）・民会が基盤
対立
閥族派 スラ→（前138ごろ～前78）・元老院と結託

◀⑬スパルタクスの反乱　トラキア出身の剣奴**スパルタクス**は仲間とともに剣奴養成所を脱出し、ヴェズヴィオ山に立てこもった。これは最大規模の奴隷反乱に発展したが、**クラッスス、ポンペイウス**らによって打倒された。

映画「スパルタカス」より

▶⑭「ブルートゥスよ、お前もか」　権力を一身に集中させ、**共和政**の伝統に反した独裁政治を行った**カエサル（シーザー）**は、前44年共和主義者らに襲われた。暗殺者の中に信頼していた**ブルートゥス**がいたことに驚いてカエサルがこの言葉を発したといわれる。

カエサル

今日とのつながり　紀元前3世紀初めには、貴族と平民の法の下の平等が実現したが、ローマ人はこうした国家を"res publica"（「公の事」）とよんだ。これがrepublic（共和国）の語源となった。

地中海

帝政ローマ ～ローマ帝国の繁栄と衰退

ヒストリーシアター　ローマで実権をにぎったのは誰だ？

▶①クレオパトラ
（前69～前30年）
プトレマイオス朝エジプトの女王（弟と共同統治）。

対立　敗　前31年　勝

アクティウムの海戦

▲④オクタウィアヌス（オクタヴィアヌス）
（前63～後14年）

カエサルの死後、結婚　恋人（前48～前44年）　養子

連合

部下

◀②アントニウス
（前82～前30年）

◀③カエサル
（前100ごろ～前44年）

⑤オクタウィアヌスが刻まれた貨幣　死後の紀元25年に製造され"神君アウグストゥス"と刻印。貨幣は、権力者の権威のあかしであり、それを広く知らせる役割ももつ。

神君　アウグストゥス

⑥アウグストゥスの像　足元のキューピッドは、ユリウス家の女神ヴィーナスの子であり、アウグストゥスが神々の子孫であることを示そうとしている。

よみとき　図⑤⑥からオクタウィアヌスとそれまでの権力者との違いを考えてみよう。

キーワード　プリンケプス（第一人者）

オクタウィアヌスは前27年、元老院より"アウグストゥス"（尊厳なる者の意。本来は宗教的権威を示す）の尊号を受け、事実上帝政を開始。カエサル（シーザー）の失敗から共和政の諸官職を存続、その伝統を守り自らを"プリンケプス"（第一人者）と称した。

帝政ローマの歩み～元首政から専制君主政へ

◀p.70　　　　　　　　　　　　　p.137▶

青字 キリスト教関連事項　　前27

オクタウィアヌスが実権をにぎる（～後14）

前27	元老院からアウグストゥス（尊厳なる者）の称号を受け、元首政（プリンキパトゥス）を開始
	○ ラテン文学の黄金期
後09	トイトブルクの森の戦いでゲルマン人に大敗
30頃	イエスの処刑

ネロ帝 位54～68

64	ローマ市の大火→キリスト教徒迫害
66	第1次ユダヤ戦争始まる（～70）▶p.58
79	ヴェスヴィオ火山が噴火、ポンペイ等が埋没 ▶p.76
80	ローマのコロッセウムが完成

⑦ネロ帝　母の再婚で前帝の養子となり、17歳で即位。のちに母を殺害するにいたるが、この貨幣には二人そろって刻まれている。

五賢帝時代 96～180

96	ネルウァ帝即位（～98）
98	トラヤヌス帝即位（～117）
	ダキアを属州とし ローマ帝国最大版図
117	ハドリアヌス帝即位（～138）　ブリタニアに城壁建設
132	第2次ユダヤ戦争始まる（～135）
138	アントニヌス=ピウス帝即位（～161）
161	マルクス=アウレリウス=アントニヌス帝即位（～180）
193	セプティミウス=セウェルス帝即位（～211）

⑧マルクス=アウレリウス=アントニヌス帝　ネルウァ以来、養子縁組によって帝位が受け継がれてきた、五賢帝最後の皇帝。哲学に通じ、「哲人皇帝」とよばれている。また、後漢に使者を送った「大秦王安敦」とされる。▶p.312

カラカラ帝 位198～217

| 212 | アントニヌス勅令（帝国内の全自由民にローマ市民権を与える） |

軍人皇帝時代 235～284

	この間26人の皇帝擁立
249	デキウス帝、キリスト教徒を迫害（～251）
260	ウァレリアヌス帝がシャープール1世にとらえられる（→エデッサの戦い▶p.61）

ディオクレティアヌス帝 位284～305

284	専制君主政（ドミナトゥス）を開始
293	帝国を東西二分し、それぞれ正・副2人の皇帝が統治する四分統治（四帝分治制、テトラルキア）開始
303	キリスト教徒大迫害を開始（～305）

コンスタンティヌス帝（1世）位306～337（324以降正帝）

313	ミラノ勅令により キリスト教公認 ▶p.74
325	ニケーア公会議（アタナシウス派を正統、アリウス派を異端とした）
330	コンスタンティノープル（ビザンティウム）に遷都
332	コロヌスの土地緊縛の措置

⑨コンスタンティヌス帝（1世）　彼は帝位をめぐる争いのさなか、「なんじ、これにて勝て」と書かれた光り輝く十字架を見たといわれている。

361	ユリアヌス帝即位（～363）
	異教の復興を掲げ、「背教者」とよばれる
375	ゲルマン人の大移動が始まる

テオドシウス帝（1世）位379～395

392	キリスト教以外の宗教を全面禁止（キリスト教を国教とする）
395	没後、ローマ帝国東西に分裂
410	西ゴート王 アラリック、ローマに侵入
476	ゲルマン人の傭兵隊長オドアケルがロムルス帝を廃し、西ローマ帝国滅亡

⑩テオドシウス帝（1世）の横顔（金貨）

元首政（プリンキパトゥス）　後284　284　専制君主政（ドミナトゥス）

1 パクス=ロマーナ（ローマの平和）

世界遺産

◀⑪凱旋門　戦勝を記念するローマ独自の建築物。この門は第1次ユダヤ戦争（▶p.58）の戦勝記念にティトゥス帝の業績として、82年につくられた。

▼⑫凱旋門のアーチに彫られたレリーフ　ユダヤ教信仰の象徴である七枝の燭台をローマ人が運び出す場面。

▶⑬ハドリアヌス帝　トラヤヌス帝の領土拡大から帝国防衛を最優先させ、ブリタニア北部に構築された城壁は高さ約6m、長さは東西に約117kmに及ぶ。

▲⑭ハドリアヌスの城壁

2 アテネと比較したローマの特徴

	アテネ	ローマ
民主政	民会に市民全員が参加する直接民主政	貴族と平民が対立し、民主政は実現せず
公職	市民なら誰でも就ける	貴族が公職を独占
参政権	市民の成年男性に限る	市民の成年男性に限る
市民権	アテネ市民の両親から生まれた子に限る	ローマ以外の諸部族・諸民族にも与えた→帝国拡大の要因に
植民市	ポリスとして独立 地中海沿岸	ローマ国家からは切り離されず 地中海沿岸、ヨーロッパ内陸部
統治形態	デロス同盟　ポリス　ポリス　盟主アテネ　ポリス　ポリス	ローマ帝国　直接統治　属州　属州　ローマ　属州　属州　イタリア半島　海外領土

凡例
- 前133ごろのローマ領土
- 前44(カエサルの死)までの獲得領
- 後14(オクタウィアヌスの死)までの獲得領
- 後117(トラヤヌス時代)までの獲得領
- トラヤヌス以後の獲得領
- ---- ディオクレティアヌス帝以前の属州の境界線
- ⊗ おもな戦場
- ● 四分統治者のおもな居住地
- --- ディオクレティアヌス帝の四分統治の分割線
- ── 後395のローマ帝国分裂の境界線
- 数字 ローマの領土獲得年(紀元前)
- (数字) ローマの領土獲得年(紀元後)

▶⑮ 植民市の建設 ダキア地方(現在のルーマニア)を征服したトラヤヌス帝の勝利を記念した円柱の浮き彫り。城壁を築く兵士たちのようすが描かれている。

れんがを積む / れんがをつくる

330 ビザンティウムに遷都,コンスタンティノープルと改称

ローマ帝国の最大版図(トラヤヌス帝)

0 ─── 1000km

◀⑯ ペルシア王に降伏するローマ皇帝 → p.61

ペルシア王シャープール1世 / ローマ皇帝ウァレリアヌス(ヴァレリアヌス)

④ 専制君主政の始まりと社会変化

◀⑰ 元首政(プリンキパトゥス)と専制君主政(ドミナトゥス)

元首政(プリンキパトゥス)		専制君主政(ドミナトゥス)
前27～後284年	期間	284年～
プリンケプス(市民の第一人者)	語源	ドミヌス(奴隷の主人)
オクタウィアヌス(オクタヴィアヌス)	確立者	ディオクレティアヌス
①共和政の伝統尊重 ②元老院との共同統治(①②は形式上) ③事実上の独裁政治(帝政の開始)	政治	①共和政の伝統全廃 ②元老院は事実上,消滅 ③オリエント的な君主政,ペルシア風の制度・儀礼の採用,皇帝権の絶対化,生ける神として神格化
皇帝と元老院の二元統治	属州統治	皇帝のみの一元統治
ローマ市民中心(主力:重装歩兵)	軍隊	属州民や外民族(ゲルマン人など)中心の傭兵(主力:重装騎兵)

◀⑱ 分割して統治する正帝と副帝(ヴェネツィア,イタリア) 広大な領地を一人の皇帝で統治することが不可能であることを感じたディオクレティアヌス帝は,四分統治を開始し,自ら東の正帝となった。

▼⑲ ラティフンディウムとコロナトゥス

ラティフンディウム(ラティフンディア)		コロナトゥス
ポエニ戦争(前264～前146)以後	時期	軍人皇帝時代(235～284)以後
大土地所有者の直接経営	経営方法	コロヌス(小作人)に賃貸して耕作させる
奴隷(多くは戦争の捕虜)	労働力	コロヌス(没落農民,解放奴隷など)
オリーヴ,ぶどう,家畜飼育	主要作物	穀物

テーマ
コインに見るローマ帝国の変化
ユピテル神を守護神としたディオクレティアヌス帝は皇帝崇拝を拒むキリスト教徒に大迫害を加えたが,半世紀後のマグネンティウス帝期になるとキリスト教が定着していった。

◀㉑ ディオクレティアヌス帝(位284～305)時代のコイン(左)と㉒マグネンティウス帝(位350～353)時代のコイン(右)
XPはギリシア語でキリストを表す最初の2文字を合成した符号

ユピテル神

〈湯浅赳男著『文明の「血液」』新評論〉

▲㉓ 一枚の金貨の重量 帝末末期には,東方諸国,へレニズム世界へ貴金属は流出し,貨幣の質も悪化した。

⑳ 帝国末期の社会の変化と帝国の衰退

	前2世紀	前1世紀	後1世紀	後2世紀	後3世紀	後4世紀	後5世紀

イタリア半島
- 中小土地所有農民(重装歩兵の没落)
- 属州からの安い穀物の流入
- ゲルマン人の移住
- 貧富の差拡大
- パンと見世物の市民(無産市民化) → コロヌス化
- ラティフンディウム(奴隷制大農場経営)
- 「ローマの平和」→ 衰退 → コロヌス化
- 奴隷の反乱,奴隷流入の減少,生産の停滞
- 奴隷解放
- コロナトゥス(コロヌスによる自給自足生産)
- コロヌス(小作人)
- 没落自由農民
- 自給自足による半独立的大所領化
- 地方分権化 → 荘園制へ

属州
- オリーヴ油,ぶどう,小麦
- 巨大な軍隊と官僚制
- 傭兵の増加
- 軍費増大 → 都市に重税
- 「3世紀の危機」
- 外敵の侵入 パルティア・ササン朝ペルシア ゲルマン人
- 都市の衰退
- 商工業・貿易の衰退
- 帝国の没落
- *貨幣の粗悪化が進み,インフレ進行

キリスト教の成立・発展 〜迫害から愛の世界宗教へ

← p.58 1, → p.293 1

ヒストリーシアター 十字架のイエス

ユダヤ人の王様　ばんざい

▶①十字架にかけられるイエス

ユダヤ教指導者の告発により、**イェルサレム**でローマ総督**ポンティウス=ピラトゥス(ピラト)**に引き渡された**イエス**は、ゴルゴタの丘の十字架上で処刑された。彼は血を流しながら人類の罪をあがなうため、とりなしの祈りをささげたという。「神よ、神よ、なぜ私をお見捨てになるのか」が最後の言葉と伝えられる。

〈ルーベンス画、アントウェルペン大聖堂蔵、462cm×341cm〉

よみとき 図①でイエスの頭上に「ユダヤ人の王様　ばんざい」とあるのは、何を意味しているだろうか。

地図凡例（②古代のパレスチナ）
- ローマの属州シリア州
- ヘロデ王治下のユダヤ王国（前37〜前4）
- ヘロデ王の後継者たちの領土（ローマの属国）
- シリア州の行政長官が支配する地域
- ── イエスのおもな宣教活動
- ● 「死海文書」の発見地

（地図内）
- シドン、ヘルモン山、ティルス、フェニキア、イエス宣教を開始、ダマスクス、ナイン、カナ、ティベリアス、カペナウム、ガリラヤ湖、ナザレ、ベテシャン、デカポリス、カエサレア、サマリア、サマリア、ペレヤ、地中海
- イエス青少年時代を過ごす
- 後30ごろ イエス処刑
- ヨッパ（ヤッファ）、イェリコ、クムラン、イェルサレム
- 前4ごろ イエス誕生（新約聖書）
- アスカロン、ユダヤ、ベツレヘム、死海
- ガザ、ムラバート、イドゥマエア、マサダ
- 1947 のちに「死海文書」とよばれるユダヤ教エッセネ派の文書が発見される
- 0　30km

◀②古代のパレスチナ

キーワード メシア

ヘブライ語で「膏を注がれた者」の意味。ユダヤ人の間では、ローマの苛酷な支配が続くなか、**メシア(救世主)**待望熱が高まった。**イエス**は処刑され3日後に**復活**、弟子達の前に姿を現したと信じられることで、この死と復活が人類の罪をあがなうものであり、イエスが**キリスト**(メシアのギリシア語訳)であるとする信仰が定着していく。

青字 キリスト教の宗派 → p.59

---

1 キリスト教の発展

世界全図p.10-17 ← p.59①、→ p.143 2

（地図内）
- 313 「ミラノ勅令」
- 392 キリスト教の国教化(異教の全面禁止)
- 3〜4世紀、アリウス派キリスト教、ゲルマン人へ
- 325 ニケーア公会議
- 396〜430 アウグスティヌス 司教として活躍
- 431 エフェソス公会議
- 430ごろ、ネストリウス派キリスト教、ササン朝ペルシアへ
- ロンドン、カンタベリ、ケルン、パリ、ヴィエンヌ、メディオラヌム、アルル(ミラノ)、ラヴェンナ、アクイレイア、トレド、ローマ、コルドバ、ネアポリス(ナポリ)、カプア、シチリア島、シラクサ、ヒッポレギウス、カルタゴ、マルタ島、キレネ、アレクサンドリア、コンスタンティノープル、ヘラクレア、フィリピ、テッサロニキ、コリントス、クレタ島、エフェソス、ニケア、カルケドン、カッパドキア、ニシビス、ダルマス、アンティオキア、サラミス、ティルス、カエサレア、イェルサレム、黒海、大西洋、地中海
- ローマ帝国の最大領域

凡例
- 1〜2世紀におけるキリスト教の教団
- キリスト教化された地域（3世紀／4世紀／5世紀）
- おもな教会
- **ローマ** ローマ総大司教座(五本山)
- おもな司教座
- おもな公会議場
- ── 使徒パウロの伝道路(45〜61年)

▲③キリストの象徴 魚 ギリシア語の「イエス=キリスト、神の子、救い主」という言葉の頭文字をつなぐと、ギリシア語の「魚」の語になる。そこからキリストのシンボルとなった。

〈4世紀 キリスト教徒の墓石〉

▲④カタコンベ(ローマ) 初期キリスト教徒の地下墓地。ここで礼拝や会合を行ったといわれる。羊飼いはキリストを、くじゃくはキリストの復活を象徴的に表している。（羊飼い／アダムとイヴ／くじゃく）

〈4世紀 フレスコ画 ラティーナ街道〉

▲⑤ペテロ(左)**とパウロ**(右)

使徒ペテロとパウロ
(?〜64ごろ)(?〜64ごろ)

ペテロは漁夫出身で、**イエス**が選んだ使徒(直弟子)のひとり。初代ローマ司教とされ、**ネロの迫害**を受け**殉教**したとされる。**パウロ**は当初ユダヤ教徒として**キリスト教**を迫害したが、復活後のイエスの声に接し回心して、東方各地を伝道、「**異邦人の使徒**」とよばれた。ローマに伝道中、ネロの迫害を受け、ペテロと同様殉教したと伝えられる。

今日とのつながり イエスが処刑された地に聖墳墓教会が建立され、イェルサレム(→ p.293)はキリスト教各派共通の聖地となっている。

ローマ時代の文化 ～永遠の都に生まれた建造物と法

世界遺産

ヒストリーシアター **都市をうるおす水**

▶①ローマ時代の水道橋（ガール橋，ニーム，フランス）　現在でも水の使用量は生活の豊かさの指標となるが，とくに都市での需要は極めて高く，その確保は不可欠だった。土木建築技術を駆使し，水源から導いたその給水量は，ローマ市との比較で現在の数倍にあたる。

よみとき 水はどこを通って，どのようなところで使用されたのだろうか。

	（m³／日）
ローマ	1,000,000
ニーム	124,000
カルタゴ	86,400
リヨン	75,000
トゥールーズ	19,000
ポンペイ	6,480

▲②ローマ時代の都市水道の給水量〈藤原武著『ローマの道の物語』原書房〉

◀③水道橋のしくみ〈藤原武著『ローマの道の物語』原書房〉

1 コンクリートと大理石の街ローマ ▶p.310

▲④4世紀のローマ（復元模型）

ローマを題材にした格言・諺

●ローマは一日にしてならず　●すべての道はローマに通じる
●コロッセウムがある限り，ローマがある。
　コロッセウムが崩壊するとき，ローマは滅びる。ローマが滅びるとき，世界は滅びる。
●郷に入らば郷に従え(Do in Rome, as the Romans do)

ラテン語〈 〉内は意味	英語〈 〉内は意味
videō 〈（私は）見る〉	video 〈ビデオ〉
audiō 〈（私は）聞く〉	audio 〈音声〉
opiniō 〈（私は）考える〉	opinion 〈意見〉
sal 〈塩〉	salary 〈給料〉＊ 古代ローマでは兵士たちに塩を買うための金が渡された。
salarium 〈塩を買うための金〉＊	
Augustus 〈アウグストゥス〉＊2	August 〈8月〉＊2 アウグストゥスがこの月の戦勝を記念して名付けた。

▲⑤身近なラテン語
―― はギリシア人

2 ローマの文化

▶⑧ローマの哲学者・文学者・科学者など▶p.312

テーマ **古代ローマの女性**

アテネの女性と対照的な女性たち
アウグストゥス時代には3人の子どもがいれば，後見人の必要のない独立人格とみなされ，男性たちにまじって，堂々と政治や軍事について議論することができた。文学を熱く語ったり，剣闘の練習で汗を流したり，最新の流行の髪型を競い合ったりした。
女性をとりまく当時の社会 ローマ社会では避妊や堕胎の方法も知られ，嬰児遺棄も珍しくなかった。夫か妻の片方の意思で，離婚は成立した。

▶⑥香水びんを持つローマの女性（前1世紀）

特色	●ギリシア文化の継承　●実用を重んじる学問の発達（法律・建築） ●ローマ字（ラテン文字）・ラテン語の使用（ローマ帝国内の共通語）		
文学	キケロ	前106～前43	雄弁家・政治家・散文家。カエサル・アントニウスらと対立，暗殺された。『友情論』『国家論』（ラテン語散文の傑作）
	ウェルギリウス（ヴェルギリウス）	前70～前19	古代ローマ最大の詩人。『アエネイス』（ローマ建国叙事詩）
	ホラティウス	前65～前8	叙情詩人。『叙情詩集』。ギリシア語の詩形をラテン語に生かす
	オウィディウス（オヴィディウス）	前43～後17ごろ	叙情詩人。『愛の歌』。アウグストゥスにより，流刑とされ没した
歴史・地理	ポリュビオス	前201ごろ～前120ごろ	「政体循環史観」の立場から『歴史』を記述。全40巻
	カエサル	前100ごろ～前44	『ガリア戦記』（ガリア・ゲルマニア・ブリタニアの社会を簡潔に記述）
	ストラボン	前64ごろ～後21	『地理誌』全17巻（地中海各地の地誌と伝承を記した）
	リウィウス（リヴィウス）	前59～後17	『ローマ建国史』（ローマ建国から帝政初期）。アウグストゥスと交際
	プルタルコス（プルターク）	後46ごろ～120ごろ	『対比列伝（英雄伝）』（ギリシア・ローマの政治家を対比）
	タキトゥス	後55ごろ～120ごろ	『ゲルマニア』（ゲルマン人の風俗や地誌を記した）『年代記』
自然科学	プリニウス＊	後23ごろ～79	『博物誌』全37巻（農業・医学・鉱物学などを含む百科事典）＊79年，ヴェズヴィオ火山噴火の調査におもむき，殉職した
	プトレマイオス	2世紀ごろ	『天文学大全』（地球中心の天動説）
	ガレノス	後130ごろ～200ごろ	医者。マルクス＝アウレリウス＝アントニヌス帝の侍医
哲学	ルクレティウス	前99ごろ～前55ごろ	エピクロス派。「事物の性質について」
	セネカ	前4ごろ～後65	ストア派。ネロ帝の師。彼に死を強制され，自殺。『幸福論』
	エピクテトス	後55ごろ～135ごろ	ストア派。奴隷出身，実践的方面を重視。『語録』
	マルクス＝アウレリウス＝アントニヌス	後121～180	ストア派。五賢帝最後の皇帝で『哲人皇帝』。『自省録』
	プロティノス	後205ごろ～269	新プラトン主義の創始者→中世キリスト教神学に影響
建築その他（宗教）	ユリウス暦（エジプト太陽暦を修正）をユリウス＝カエサル（シーザー）が制定▶p.52 コロッセウム・水道橋・凱旋門・公共浴場・パンテオン（万神殿）▶p.310・フォルム（広場）・道路（軍道：アッピア街道など）など実用的な建設にすぐれた能力を発揮した→アーチ工法・円蓋を使用▶p.310　多神教（ミトラ教・マニ教・イシス教などの密儀宗教）→キリスト教公認(313)→キリスト教国教化(392)		

前450 → 十二表法（最初の成文法）→ 他民族の慣習　212　ローマ市民権の拡大　ストア学派の影響 → 市民法 → アントニヌス勅令（カラカラ帝）→ 万民法 → 『ローマ法大全』 6世紀にユスティニアヌス帝集大成・体系化 ＊トリボニアヌスが編纂　→ヨーロッパ近代法

慣習法
ローマ市民にのみ適用　帝国内の全自由民に適用

▲⑦後世に大きな影響を与えたローマ法 ▶p.312

今日とのつながり 19世紀の法学者イェーリング（1818～92）は，「ローマは三度世界を征服した。一度は武力で二度目はキリスト教で今度は法律で」と言葉を残した。

地中海
MAP A～E
1部2章

特集 パンと見世物* ～ローマの人々の暮らし

*「パン」は穀物などの食料の配給,「見世物」は剣闘士の決闘などの娯楽のことをいう。

1 コロッセウムと剣闘士の世界

▲①ローマのコロッセウム(円形闘技場) 外壁高さ52m,長径188m,短径156mの巨大な円形闘技場で,約5万人の観客を収容できた。 ➡p.75,310

日よけ・雨よけの天幕
女性と下層民のための席(木製)
出口
アレーナ
元老院議員の席(大理石製)
地下から猛獣をつり上げる装置
入口(80か所)
▲②コロッセウムの構造

▲③剣闘士のヘルメット 試合前日には饗宴が開かれ,剣闘士に豪勢な食事や酒がふるまわれる。試合当日,剣闘士は美しくかざられて,はなやかなパレードのなかで闘技場まで運ばれる。

内部構造 白い砂を敷きつめた闘技面(アレーナ)と,それを取り囲む観客席からなる。支柱は同心の楕円を七重に描くように,80本ずつ等間隔で配置されている。入口には番号が刻まれており,入場券(テッサラ)にも入口番号が記され,混雑防止がはかられていた。

地下構造 アレーナの下には6mの深さの地下空間があり,そこから動物をいれた鉄の檻が滑車でつり上げられて,観客の見守るアレーナに登場するしくみになっていた。

剣闘士試合
野獣狩り
▲④円形闘技場で行われた見世物 初期には競技場に水を張り模擬海戦が行われたが,のちにはおもに剣闘士どうしや動物どうし,あるいは野獣狩りのように人間と動物との生死を賭けた試合が行われた。これらの見世物は,ローマ市民に無料で提供された。

皇帝
勝者
敗者
▲⑤皇帝の前でお伺いを立てる剣闘士 真剣勝負では,一方の剣闘士が傷ついて倒れると試合の決着がつく。敗者を助けるかどうかの最終決定権は,皇帝など主催者の意思にゆだねられていた。

皇帝は観客の意向をくみ,最終決断を下した。コロッセウムは,皇帝にとっては民衆の意思を知り,民衆にとっては皇帝に直接自分たちの意思表示をできる場所でもあった。

テーマ 古代ローマの人々の生活 ～ポンペイを中心に

半島中南部ナポリ近郊にあるポンペイは,79年のヴェズヴィオ火山の大噴火による火砕流で埋没した古代都市である。1748年に発見され,発掘が進むにつれてローマ人の都市生活の詳細が明らかとなった。石畳の直線道路が縦横にはしり,都市生活の中核となる広場を中心に,神殿や会議場など公共建築物が並んでいる。

劇場
剣闘士の営舎
▼⑩発掘されたポンペイ

▲⑪噴火で命を落とした人 噴火で火山灰に埋もれた人々の遺骸の空洞に,石膏を流し込んで生前の姿そのままに再現されている。

▲⑫町の辻々にある公共の水道 富裕者の邸宅には上下水道設備が完備されていた上で,自分の家に水道を引くことのできない庶民は,こうした共同水場から毎日水をくんで生活をしていた。

◀⑬公共浴場の熱浴室 午後から日没までが入浴の時間。まず運動で汗を出し,熱浴室で汗を流し,温浴室で身体をさまし,冷温室で泳ぐ。入浴後は宴会場でのんびり過ごすこともできた。

② 剣闘士（剣奴）の日常生活

世界遺産

▲⑥**剣闘士養成所跡**（ポンペイ，イタリア）
➡p.75

剣闘士となった人々　戦争でとらえられた捕虜や，自由身分でありながら，債務のためや好戦的な性格から志願する者，重罪人として刑罰を科せられた奴隷身分の者などであった。

剣闘士養成所での生活　各種の武器の使い方を教えられ，実戦のための厳しい訓練に明け暮れた。その反面，剣闘士には十分な食事が与えられ，負傷した剣闘士を治療するための医師が存在するなど，養成所の経営者は剣闘士の健康管理に十分な配慮をしていた。

古代ローマの人々が見た剣闘士試合

●五年目戸口調査役のCn=アッレイウス=ニギディウス=マイウスが公共の財源をわずらわせることなく提供する剣闘士20組とその補充闘士がポンペイにおいて戦う。
＊剣闘士試合の広告。地元の名士といわれる人々は自費で民衆に見世物を提供することで，自分たちへの信頼・人気を得ようとした。
〈本村凌二『ポンペイ・グラフィティ』中央公論新社〉

●…各人の心の状態にとって最も有害なのは，ある種の見世物に熱中することをおいてほかにありません。…観客は殺した者が，今度は彼を殺さんとする他の者と闘わせられるよう要求します。…戦う者たちの出口は死です。
〈セネカ著，茂手木元蔵訳『道徳書簡集』東海大学出版会〉

③ ローマの繁栄を支えた道

マイルストン

歩道　車道　歩道
1～1.5m　3m　1～1.5m

▲⑦**アッピア街道**（上）**と断面図**（下）

第75番目
（ベネヴェントゥムから約110km）

皇帝カエサルネルウァ・トラヤヌス

ベネヴェントゥムからブルンディシウムまで彼自身の費用で建設した

▲⑧**街道脇のマイルストン**（カンネー，イタリア）

海上交通の所要日数
プテオリ～アレクサンドリア　15～20日
陸上交通の所要日数
ローマ～アレクサンドリア　55日

▲⑨**ローマの街道と陸路の発達**　最古の軍用道路アッピア街道や，都ローマと征服地をすべて結びつけた道路網は，幹線道路で総延長8万5000km，支線まで含めると赤道10周分にも達し，交易や軍事面などさまざまな点で，ローマを根底から支える動脈となった。円形闘技場で使われた動物も，帝国各地からローマに集められた。

---

1 玄関
2 広間（アトリウム）
3 居間・主人の部屋
4 中庭
5 寝室
6 食堂
7 貸店舗

▲⑭**家のつくり**　玄関を入ると採光のための広間（アトリウム）や中庭を囲むように部屋が並んでおり，奥には祭壇が安置されている。壁には今日でも色あざやかな絵画が残されている。

▶⑯**ローマ時代の料理のメニュー**（左）**とレシピ**（右）　食卓には世界中から珍味が集められ，満腹になると鳥の羽でのどを刺激して食べたものをすべて吐き出してから次の料理を口にする者もいた。哲学者セネカは，「ローマ人は食べるために吐き，吐くために食べる」と評した。メロン・牡蠣などはローマ人が食べ始めた食物である。

出席者

家内奴隷　芸人

◀⑮**宴会のようす**　出席者たちは専用の食事服を着て，コの字形に配置された臥台に寝そべったまま，前におかれた食卓から料理を手づかみで食べ，芸人たちのパフォーマンスを楽しんだ。

前菜　蜂蜜で割ったワイン
松の実・卵などの腸詰め
クラゲと卵

メイン料理
フラミンゴとなつめやしの煮込み
ゆでた だちょうのソース添え
生牡蠣の冷製 マヨネーズ風ソース
詰めものをしてゆでた子豚

デザート　松の実・くるみを詰めたなつめやし　りんご　ケーキ
揚げ菓子の蜂蜜がけ

ゆでた だちょうのソース添え
①だちょうは，煮くずれないように羽毛をつけたままゆでる。
②ソース：こしょう・ミント・から煎りしたクミン＊・セロリの種・イェリコ産のなつめやし・蜂蜜・酢・甘口白ワイン・ガルム＊²・油を煮たて，片栗粉でとろみをつける。
③だちょうを切り分け，②のソース＊³をかけ，こしょうをふる。

＊　エジプト原産のセリ科の植物
＊2 魚醤のようなもの。塩が貴重だったので，塩の代用品として使用
＊3 このころのローマにはまだトマトやとうがらしはなかった

〈アピキウス原典，千石玲子訳，塚田孝雄解説『古代ローマの調理ノート』小学館より作成〉

◀⑰**ポンペイから見つかった炭化したパン**

▲⑱**パン屋の店先**　古代ローマの都市には，3階・4階建てのインスラ（賃貸高層住宅）が並び，たくさんの庶民が暮らしていた。彼らの多くは，自宅にパンを焼くための かまどさえもたなかったため，前2世紀ごろから都市には専門のパン焼き職人が出現した。製法は2000年前のエジプトと変わらなかった。

地　中海

MAP
A～E

1部2章

風土 南アジア世界の風土

環境 カイバー（カイバル）峠

アフガニスタンのカーブルからペシャーワルに通ずる要路で，**アーリヤ人**，**アレクサンドロス**，ガズナ朝のマフムード，ムガル帝国の**バーブル**などが，ここを通ってインドにはいった。また，**法顕**，**玄奘**もここを通り，この峠のふもとの**ガンダーラ**地方で初めて仏像がつくられた。

▼①ペシャーワル側から見たカイバー峠

▼②インダス川流域　ほぼ全域が乾燥地帯であり，熱風が吹きつけるため，最高気温は50度近くになる。一方，豊水期になると上流の**パンジャーブ**（5つの川の意）**地方**では洪水が頻発する。

◀③ガンジス川流域　肥沃な平原が広がり，稲・ジュート・小麦・綿などが栽培され，人口密度も高い。天然資源に富み，**バラモン教・仏教**などが発達した。

◀④デカン高原　玄武岩台地で鉱物資源に恵まれ，肥沃な黒色土が分布する。雑穀と綿などが栽培されるが，山脈でモンスーンがさえぎられ降水量が少なく，灌漑もしにくい。

◀⑤南海岸部　南インドの海岸部は，古くからモンスーンを利用した海上交易で繁栄した。北インドのヒンドゥー系諸言語に対し，**ドラヴィダ系**言語が一般的である。

地図内の注記

西北方からの玄関口　このあたりの山脈は大変けわしいが，谷をさかのぼってカイバー峠などの峠を越える道は，海上交通が発達するまではインド亜大陸と西アジア地域を結ぶ唯一の通路であった。→①

インドの国名の由来→②　古代アーリヤ人が最初に定住したのがインダス川流域で，彼らはこの川を洪水や川を意味するシンドゥとよび，インドやヒンドゥー，天竺という名称もここから生まれた。

インド内部を守る天然の要害　大インド砂漠がヒマラヤ山脈のすぐ近くまで広がっているため，この付近は北西方向からインド内部へ抜ける唯一の回廊となっている。このため古来より北西からの侵入者との戦闘が多く行われた。

母なるガンジス　ヒマラヤ山脈の雪どけ水をたたえるガンジス川は，アーリヤ人の定住以来，ヒンドゥー教における聖河として神聖視され，河畔に多くの聖地を生み出した。→③

ヒンドゥークシ山脈，カイバー（カイバル）峠，カラコルム山脈，崑崙山脈，バーミアーン，カーブル，ガンダーラ仏跡，アフガニスタン，スライマン山脈，ペシャーワル，チベット高原，中国，パンジャーブ，ハラッパー，ボラーン峠，パキスタン，モヘンジョダロ（モエンジョダーロ），大インド（タール）砂漠，インダス川，タージ＝マハル，ネパール，ブータン，ブラフマプトラ川，カピラヴァストゥ（出家を決意），ルンビニー（生誕地），クシナガラ（入滅地），ヒンドスタン平原，サールナート（最初の説法），ラージャグリハ（「竹林精舎」の地），ブッダガヤ（悟りを開く），バングラデシュ，ミャンマー，アラカン山脈，カジュラーホ，サーンチー，ヴィンディア山脈，ナルマダ川，アジャンター，エローラ，インド，デカン高原，西ガーツ山脈，東ガーツ山脈，現在の海岸線，ベンガル湾，モンスーン，アラビア海，ゴア，コロマンデル海岸，マハーバリプラム，マラバル海岸，ヤルンツァンポ川，ヒマラヤ山脈，現在の海岸線，スリランカ，キャンディ，セイロン島，インド洋，貿易風

⑥南アジアの言語（宗教分布 →p.294）

カーブル，デリー，ダッカ，ムンバイ（ボンベイ），コロンボ

- インド語派
- ドラヴィダ語族
- イラン語派

0　500km

凡例

- 🏛 おもな遺跡
- 🏛 おもな世界遺産
- ▬ モンスーンの及ぶ範囲
- ●— 釈迦にまつわる都市と遍歴路
- ⇒ 夏の風向き（4〜10月）
- ⇒ 冬の風向き（11〜3月）

500km

テーマ ヒンドゥー教の神々 →p.81

ヒンドゥー教は，**シヴァ神**（破壊と再生の神），**ヴィシュヌ神**（世界維持の神），**ブラフマー神**（創造神）の三大神を中心に発達した多神教。シヴァ神とヴィシュヌ神は，インド全土にわたって崇拝されている。また，日本の七福神には，古代インドの神々に由来するものがある。例えば，大黒天＝シヴァ神，弁財天＝サラスヴァティー神（豊饒神），毘沙門天＝クベーラ神（財宝神）などである。

▶⑦ヴィシュヌ神

古代インド① ～インド古代社会の発展と仏教の誕生

ヒストリーシアター　偉大なるブッダ*の一生

*ブッダ…「悟りを開いた者」という意味。一般には、仏教の開祖ガウタマ=シッダールタをさす。

▼②出家 生・老・病・死の苦悩を解決しようと国と家族を捨て出家。城外で、人々の貧富の差や社会不安を目のあたりにし、救いの教えがないことを痛感した。

▲①生誕 シャカ族の王子としてカピラ城に誕生。16歳で結婚し、一児をもうけて幸福な生活を送るが、感受性が強く、人生の無常も感じていた。

▲③苦行 断食・不眠など過酷なまでに肉体を痛めつけ難行苦行を6年続けた。

▼④悟りを開く ブッダガヤの菩提樹の下で、静座して瞑想し、ついに35歳で悟りに到達した。

▲⑤入滅 弟子と北インド各地で布教し、80歳でクシナガラの沙羅双樹の下で身を横たえて永眠(涅槃)。

⑥新しい宗教の誕生

都市の発達(ガンジス川 中・下流域)
↓
クシャトリヤ・ヴァイシャの中の商人階層の台頭
↓
伝統にとらわれない自由な気風 — 支持 →
↓
新宗教の誕生(仏教・ジャイナ教など)

バラモン教
- バラモンが司祭として祭祀を独占
- 身分として独占し、特権雑著
- 祭祀万能主義
- 蔑視
- 非現実的な祭祀の権威を否定
- ヴァルナ差別を否定 ← 批判

よみとき ブッダの社会階層は何であったか、またこの時代に仏教が誕生し広まったのはなぜだろう。

南アジア

1 インダス文明期

大浴場らしき施設(沐浴用?)　高官の住宅　世界遺産

▲⑦モヘンジョ=ダロ(モエンジョ=ダーロ)(パキスタン) シンド語で「死者の丘」の意味。入念な都市計画に基づいて建設された。大浴場で使われた水は排水路から流し出された。

◀⑧印章 四方約6cm、厚さ1cmの凍石の表面に動物や人物、未解読の**インダス文字**が刻まれている。

▶⑨踊り子像 豊かな都市生活を謳歌していた住民をしのばせる。〈高さ10.5cm〉

2 ヴェーダ時代

世界全図p.3-5 → p.80 1

- ハラッパー文化(前2600～前1900)(インダス文明)
- 前期ヴェーダ文化(前1500～前1000)
- 後期ヴェーダ文化(前1000～前600)
- → アーリヤ人の侵入
- → ドラヴィダ系の移動
- 現在のドラヴィダ系の分布

▶⑪カースト制の成立 アーリヤ人は、4つの身分階層からなる**ヴァルナ制**を生み出した。その後、**ジャーティ**が成立し、ヴァルナの概念と結びついた。ポルトガル人がヴァルナとジャーティを区別せず、カスタ(血統の意)とよんだことに由来して、現在、この身分秩序はカースト制とよばれる。→ p.225

◀⑩ジャイナ教徒 仏教と同様、**ヴァルナ制**を否定。**不殺生**の戒めを守るため、修行者は虫を吸い込んだり踏んだりしないよう口を布でおおい、裸足で歩く。

ヨコの関係(農業カーストの例)		タテの関係		
バラモン司祭　交換関係		**バラモン**(司祭)	支配階級	4ヴァルナ(前8世紀ごろ成立) アーリヤ人
占星・系図作成　サービス　現物　会計書記		**クシャトリヤ**(王侯・武人)		
職人　**農業カースト**　職人		**ヴァイシャ**(農工商人)		
		シュードラ(隷属民)	先住民	
職人　雑用		**不可触民** 清掃など不浄とされる職業に従事		(4～7世紀ごろ成立)

〈山崎元一著『世界の歴史③』中央公論社より改編〉

3 インドの宗教と哲学

前10世紀ごろ **バラモン教** ← 批判 — 前7世紀ごろ **ウパニシャッド哲学*** *ウパニシャッド=「奥義書」 — 民間信仰と融合 — 紀元前後 **ヒンドゥー教**
← 批判 — 前6～前5世紀ごろ **ジャイナ教**
前6～前5世紀ごろ **仏教** *2 生没年には複数説がある。

宗教	バラモン教	ウパニシャッド哲学	ジャイナ教	仏教	ヒンドゥー教 → p.78 テーマ
成立	・**アーリヤ人**の原始宗教をもとに成立	・祭祀万能主義に陥ったバラモン教の内部革新として成立	・**ヴァルダマーナ**(尊称マハーヴィーラ、ジナ)(前549ごろ～477ごろ)*2が創始	・**ガウタマ=シッダールタ**(ブッダ、釈迦牟尼)(前563ごろ～483ごろ)*2が創始	・バラモン教に土着の非アーリヤ的民間信仰を融合し完成
教義	・明確な体系をもたず、『**ヴェーダ**』を聖典とし、犠牲を中心とする祭式を尊重 ・祭式を執行する**バラモン**の言行は神々以上の重みをもつ	・宇宙の根本原理**ブラフマン**(梵)と個人の根本原理**アートマン**(我)の合一(**梵我一如**)による**輪廻転生**からの**解脱**が目標	・バラモン教の祭祀や階級制度を否定 ・極端な**不殺生主義**をとり、厳しい戒律を守り、徹底した苦行による**解脱**が目標	・ヴェーダの祭式とバラモンの権威を否定 ・中道の実践(**八正道**)によって、「**諸行無常**」の真理を認識し、かつ涅槃(生老病死の四苦からの**解脱**=悟り)を目標とする	・**輪廻転生**からの**解脱**が人生最大の目標 ・『**ヴェーダ**』『**ラーマーヤナ**』『**マハーバーラタ**』『**マヌ法典**』などが聖典
展開	・アーリヤ人がインドにおける優位性を確立するため、バラモンを最上位とする**ヴァルナ制**をつくる	・輪廻転生と**業**(カルマ)の思想は、以後のインドの宗教・思想に大きな影響を与えた	・不殺生の教えから、農業に従事することは許されず、信者は**ヴァイシャ**、とくに商人に広まった	・バラモン教に不満をもつ**クシャトリヤ**から支持を受け広まる	・生活全般を規定する生活法の性格をもち、階級制を否定せず民族的色彩をもつ

MAP A

1部3章

古代インド② ～統一国家の形成と仏教の発展，ヒンドゥー教の形成

古代インドの変遷　p.134▶

青字　文化関連事項

インダス文明（前2600㌖～前1900㌖）
モヘンジョ=ダロ，ハラッパーなどの都市文明
（ドラヴィダ系?）中心
青銅器，彩文土器，印章（インダス文字）

アーリヤ人が中央アジアより南下（第1次移動）➡p.4

ヴェーダ時代（前1500㌖～前600㌖）
前1500㌖
アーリヤ人→パンジャーブ地方へ ➡p.4
半農半牧社会，自然神崇拝の多神教
『ヴェーダ』成立（最古は『リグ=ヴェーダ』）
前1000㌖
ガンジス川流域へ進出（第2次移動）
鉄器の使用，農業生産力の向上
バラモン教とヴァルナ制の発達 ➡p.79

統一の気運（前7～前4世紀）
小国の分立抗争（マガダ国・コーサラ国が強大化）
商工業の発達（クシャトリヤ・ヴァイシャの地位向上）
→バラモン中心の身分的儀礼に反対
ウパニシャッド哲学（前7～前4世紀），
ジャイナ教（前6世紀），仏教（前6世紀）成立
前326㌖ アレクサンドロス大王，インド西北部に侵入

マウリヤ朝（前317㌖～前180㌖）
都：パータリプトラ
創始：チャンドラグプタ
アショーカ王（阿育王）全盛期
（位前268㌖～前232㌖）
全インド統一（南端は除く）
ダルマ（法）による統治
仏教の発展
磨崖碑・石柱碑の設置，第3回仏典結集
セイロン島（スリランカ）へ布教→上座仏教南伝
前2世紀 サカ族（イラン系）の侵入

クシャーナ朝（1～3世紀）
都：プルシャプラ
イラン系，大月氏より独立，西北インド支配
カニシカ王全盛期
（位128㌖～155㌖）
第4回仏典結集
大乗仏教の展開，
仏教美術の発達
→ガンダーラ美術
3世紀 ササン朝により滅亡

サータヴァーハナ朝（アーンドラ朝）
（前1～後3世紀）
都：プラティシュターナ
ドラヴィダ系，中部インド支配
季節風貿易の結節点 ➡p.10

ドラヴィダ系王朝の並立（南インド）
チョーラ（前3～後13世紀）
チェーラ（ケーララプタ）朝（前3世紀～?）
パーンディヤ朝（前3～後14世紀）

グプタ朝（318㌖～550㌖）都：パータリプトラ
創始：チャンドラグプタ1世
チャンドラグプタ2世（超日王）全盛期（位375㌖～414㌖）
東晋時代の僧法顕，インド訪問 ➡p.95,99
ナーランダー僧院建立
・サンスクリット文学
カーリダーサ『シャクンタラー』
二大叙事詩『マハーバーラタ』
『ラーマーヤナ』完成
・グプタ美術
（アジャンター，エローラなどの石窟寺院）
・自然科学，数学（ゼロの概念や十進法）
・『マヌ法典』が定着　ヒンドゥー教の発展
エフタルの侵入で衰退

ヴァルダナ朝（606年～7世紀後半）都：カナウジ
創始：ハルシャ=ヴァルダナ
（戒日王 位606㌖～647㌖）北インドの統一
唐の僧玄奘のインド訪問（ナーランダー僧院で学ぶ）
仏教文化の保護，王の死後衰退 ➡p.95,100

ヒンドゥー教，さらに発展

→長い分裂時代（ラージプート時代）へ（～13世紀）

（左端縦書き）
世紀｜前7｜前6｜前4｜前3｜前2｜後1｜2｜3｜4｜5｜6｜7
南（アジア）
小国分立｜統一王朝時代
古典文化の成熟
MAP A～F
1部3章

ヒストリーシアター

仏像はギリシア文明から生まれた？

世界遺産

▲②法輪で表現されたブッダ

（よみとき）ブッダの表現方法はどう変化したのだろう。そして，なぜそのように変化したのかを考えよう。

▲①サーンチーのストゥーパ　ストゥーパ（仏塔）はブッダの遺骨（仏舎利）を納めるための建造物で，各地に建てられ信仰の対象となった。

ブッダの死 → 神格化（ストゥーパ・法輪・菩提樹など　ブッダへの思慕の念から，姿ではなく象徴で表現）→ ギリシア文化の流入（クシャーナ朝の）→ ガンダーラ仏（ギリシア風）仏像誕生 ↓影響 マトゥラー仏（純インド風）➡p.10

1 マウリヤ朝とクシャーナ朝・サータヴァーハナ朝

世界全図p.6-7 ➡p.79 2　　世界全図p.8-11

A マウリヤ朝（前3世紀）
0　　1000km

B クシャーナ朝・サータヴァーハナ朝（2世紀中ごろ）
0　　1000km

バクトリア王国
カピラヴァストゥ（釈迦生育の地）
クシナガラ（釈迦入滅の地）
サールナート（釈迦，説法の地）
パータリプトラ
ブッダガヤ（釈迦，悟りを開く）
マウリヤ朝
アラビア海
ガンジス川

*直接の統治でなく，従属ないし友好の地域を含む。

（凡例）
アショーカ王時代のマウリヤ朝*
アレクサンドロスの進路（前4C末）
アショーカ王の石柱碑
アショーカ王の磨崖碑

クシャーナ朝
サータヴァーハナ朝（アーンドラ朝）
チョーラ
パーンディヤ

カニシカ王時代のクシャーナ朝
サータヴァーハナ朝の最大領域
ローマ貨幣の出土地
おもな交易路（陸路）
おもな交易路（海路）

ひざ下までのコート
剣
皮製の靴

◀⑤アショーカ王石柱碑の柱頭
アショーカ王はダルマ（法）に基づく統治理念を徹底させるために，各地の領土で詔勅を石に刻ませた。とくに石柱碑は，美術的・技術的な面からも名高い。別冊史料6
〈高さ210cm〉
法輪

◀⑥カニシカ王　クシャーナ朝の最大版図を形成。仏教に厚く帰依し，第4回仏典結集を行った。首都プルシャプラを中心に，多くの寺院・仏像を造営し，ガンダーラ美術をさかんにした。➡p.10

2 仏教の分裂と伝播

世界全図p.6-7 ➡p.82 2

（地図内）
モンゴル
中国の三大石窟寺院。5～8世紀に開削された。
高句麗
新羅
日本（飛鳥時代）
チベット
中国（後漢時代）
ガウタマ=シッダールタが悟りを開いたところ。
エジプト・シリアへ
インド（マウリヤ朝）
シャム
カンボジア
セイロン
スマトラ
ジャワ島
太平洋
インド洋

各仏教の現在の分布地域
大乗仏教
上座仏教
チベット仏教

（凡例）
大乗仏教の伝播
上座仏教の伝播
チベット仏教の伝播
法顕の行路（399～412）

▼⑦大乗仏教・上座仏教の形成

部派仏教（原始仏教）
仏教教団は，ブッダの死後100年で内部対立

紀元前後ごろのストゥーパに集まりブッダ自身を崇拝する信者の運動

戒律・教義の相違で分裂

大乗仏教
・ナーガールジュナ（竜樹）による教学の確立
・経典（サンスクリット語）

出家・在家に関係なく救済を得るための教え（菩薩信仰）

ブッダの教えを矮小化した小乗と批判

上座部
有力な保守派の一派で，かつて教団の上層部を占めていた

解脱をめざした出家僧
戒律を守って修行
教義も複雑化
経典（パーリ語）

東南アジアに伝播し，上座仏教とよばれる

今日とのつながり　私たちが日常生活で使っている言葉には，仏教に関わるものが多く残っている。「大衆は身分の平等を求めて，法律をつくった」―文中の下線の言葉はすべて日本語として使われている仏教語である。

| 仏像の変化 |

ウェーブする髪
口ひげがある
ガンダーラ様式
深いひだの服

グプタ様式
らせん状の頭髪
薄い衣服

▲③ガンダーラ仏　　▲④マトゥラー仏

③ ヒンドゥー教の発展

◀⑧女神ガンガー　ガンジス川を神格化した女神で、ヒンドゥー教の神ヴィシュヌから生まれたとされる。罪とけがれを洗い清める力をもつといわれている。

▼⑨『マヌ法典』の一節

・これ(マヌの教え)は繁栄に導く最上の手段である。これは、判断力を増大させる。これは名誉と寿命を獲得させる。これは最高の至福に導く。
・手足は水によって清められる。心は真実によって清められる。人間の本体は学問と苦行によって、判断力は知識によって清められる。
・不浄なものを見たときは、常に、水をすすった後、注意深く、最善をつくして太陽に関する聖句、および清めの聖句を低唱すべし。
〈『マヌ法典』渡瀬信之訳〉

▲⑩ガンジス川で沐浴(もくよく)するヒンドゥー教徒(ヴァラナシ)　ヒンドゥー教は浄・不浄の観念を重んじる宗教で、聖なる川ガンジスで沐浴することで、その身が清められると信じられている。

南アジア

④ グプタ朝

世界全図p.14~19

| Aグプタ朝 (5世紀初) |

＊直接の統治でなく、従属ないし友好の地域を含む。

エフタル
サーサン朝ペルシア
プルシャプラ
タクシラ
ガンダーラ
ヤルンツァンポ川
マトゥラー
グプタ朝
ヴァラナシ
パータリプトラ
ウジャイン
ナーランダー
ブッダガヤ
アジャンター
エローラ
ガンジス川
アラビア海
パッラヴァ
チョーラ
ベンガル湾
パーンディヤ
アヌラーダプラ
シンハラ

チャンドラグプタ2世時代のグプタ朝＊
法顕の行路(399~412)
エフタル人の侵入
0　　1000km

世界遺産

▲⑫アジャンター石窟寺院(上)と壁画(右)　約550mにわたって大小29の石窟が並び、多数の壁画・彫刻が残る。純インド風のグプタ美術を今に伝える宝庫。この様式が法隆寺(ほうりゅうじ)金堂(こんどう)壁画にも伝わり、仏教美術東伝の証となっている。➡p.10

▲⑬法隆寺金堂壁画

世界遺産

▲⑪ナーランダー僧院　5世紀に建立。仏教学の中心地として、唐から訪れた玄奘のようにアジア各国から留学僧が集まった。

世界遺産

▲⑭エローラ石窟寺院　グプタ朝期に造営が始まり、初期には仏教寺院、7世紀からはヒンドゥー教寺院がつくられた。ほかにもジャイナ教寺院がある。写真は仏教寺院の仏像。

歴史と文学

サンスクリット文学

グプタ時代に、サンスクリット語(梵語)(ぼんご)が奨励され、神話や伝説、人類愛を題材とした『ラーマーヤナ』『マハーバーラタ』などの叙事詩(じょじし)や叙情詩(じょじょうし)が、宮廷詩人たちによってつむぎ出された。その一人カーリダーサは、詩聖として名高く、代表作に『シャクンタラー』がある。

▶⑮『マハーバーラタ』

⑤ ヴァルダナ朝

世界全図p.20~21　➡p.134 **1**

| Aヴァルダナ朝 (7世紀前半) |

0　　1000km

大夏(トハラ)
サーサン朝ペルシア
カシミール
カブール
プルシャプラ
ヤルンツァンポ川
シンド
カナウジ
ヴァルダナ朝
インダス川
ウジャイン
ナーランダー
ブッダガヤ
アジャンター
エローラ
ガンジス川
チャールキヤ
バーダーミ
パッラヴァ
アラビア海
カーンチー
パーンディヤ
チョーラ
ベンガル湾
シンハラ

ハルシャ王時代のヴァルダナ朝
玄奘の行路➡p.95

〈高さ96cm〉

▲⑯踊るシヴァ神　ヒンドゥー教は、グプタ朝以降、バラモン古典文化の復興に伴い、バラモン教と民間信仰とが融合して形成されたが、シヴァ神はその三大神の一つ。破壊とその後の再生をつかさどる。➡p.78

テーマ
仏教衰退の理由とは？

ヒンドゥー教の発展に伴い、仏教は支配者の支持を失い、経済的な基盤を弱めた。また、日常的な儀礼にヴァルナの慣行を受け入れ、僧院で修行する出家者が減り、教義を広げる際にヒンドゥー教から多くの要素を吸収したことが、仏教自体がヒンドゥー教に取り込まれる結果を招いた。さらに、8世紀以降のイスラームの進出も要因にあげられる。

⑥ 南インドの諸王朝

	前300 200 100 0 100 200 300 400 500 600 700 800 900 1000 1100 1200
北部	マウリヤ朝　　クシャーナ朝　　グプタ朝　ヴァルダナ　北西部からイスラーム勢力の進出
	サータヴァーハナ朝　　　　　チャールキヤ朝
南部	チョーラ朝(~13世紀)
	チェーラ(ケーララプタ)朝　　　パッラヴァ朝
	パーンディヤ朝(~14世紀)

▶⑰インド南部出土のローマ貨幣　インド南部における東西貿易路の繁栄を物語る資料。前1世紀にギリシア人のヒッパロスが発見したといわれる季節風は「ヒッパロスの風」(➡p.10)とよばれ、この風を利用したモンスーン貿易が、地中海・アラビア半島からインドの間で行われた。とくにサータヴァーハナ朝はローマと漢を結ぶ海上交通の中継港をもち、交易活動が活発に行われた。➡p.86

MAP A~F

1部3章

今日とのつながり　現在のアラビア数字(➡p.129)のもととなるインド数字や「零(ゼロ)」の概念は、グプタ朝時代に考えられた。

風土 東南アジア世界の風土

香辛料の産地
- ● 胡椒
- ⌒ シナモン
- □ ナツメグ
- ■ クローヴ（丁子）
- 沈香 その他の香料・香木の産地
- ▥ モルッカ（マルク）諸島の範囲
- → 夏の風向き（4〜10月）
- → 冬の風向き（11〜3月）
- ⛪ おもな世界遺産

中国／台湾／太平洋／南シナ海／フィリピン海

インドシナ半島／ミャンマー／ラオス／ベトナム／タイ／カンボジア／メコン川／エーヤワディー川／チャオプラヤ川／アンダマン海／クラ地峡／マレー半島／マレーシア／マラッカ海峡／シンガポール／スマトラ島／カリマンタン（ボルネオ）島／ブルネイ／ルソン島／パラワン島／ミンダナオ島／セレベス海／北マルク諸島／テルナテ島／ハルマヘラ島／バチャン島／モルッカ（マルク）諸島／スラウェシ島／アンボン島／バンダ諸島／ニューギニア島／ジャワ島／ジャワ海／バンダ海／東ティモール／ティモール島／白檀

タウンジー／スコータイ／アユタヤ／アンコール=トム／アンコール=ワット／バロック式教会群／ボロブドゥール／プランバナン／沈香

19世紀までクローヴ（丁子）の唯一の産地

17世紀末までナツメグの唯一の産地

現在の海岸線

▼法隆寺に伝わる白檀の原木

1891 ジャワ原人の骨が発見された ➡p.3

0 500km

1 世界の人気商品 香辛料

東南アジアやインドをおもな産地とする**香辛料**は、ヨーロッパで薬や肉の防腐剤などとして珍重され、原産地の数百倍の価格で取り引きされた。香辛料への需要の高まりが**大航海時代**（➡p.154）の導因の一つとなった。

▼①胡椒
[主産地]インド・マラバル地方・東南アジア

▼②シナモン
[主産地]インド・東南アジア

▼③ナツメグ
[主産地]モルッカ諸島

▼④クローヴ（丁子）
[主産地]インドネシア・モルッカ諸島

2 現代にいきづく宗教文化 ➡p.80 2

上座仏教／儒・仏・道教／イスラーム／キリスト教／ヒンドゥー教／その他

ミャンマー／ラオス／タイ／ベトナム／カンボジア／アンコール=ワット／フィリピン／ミンダナオ島／ブルネイ／マレーシア／バタック／インドネシア／ジャワ島／バリ島／ティモール島／南シナ海／フィリピン海

11世紀 5C／11世紀中ごろ 13C／4世紀／14C／13世紀末 160末 8C／15C中／7C／16C後半 1514〜23 1578以前／0°

→ 大乗仏教（黒数字は流入年 黒数字は国教化の時期）
→ 上座仏教（青数字は流入年 青数字は国教化の時期）
→ イスラーム（赤数字は流入年 赤数字は国教化の時期）

0 500km

▲⑤**現代の宗教分布** 大陸部には、セイロンから伝わった**上座仏教**が広がったが、ベトナムは大乗仏教の影響が強い。海上交易で栄えた**島嶼部**には**イスラーム**が広がり、インドネシアはムスリムの人口が世界最多となっている。フィリピンは欧米の植民地支配が長く、**キリスト教**を受容した。

A 仏教

◄⑥**托鉢**（ラオス）托鉢僧に布施することで在家信者がブン（徳）を積めると考えられている。

►⑦**ジャワの影絵芝居**（ワヤン=クリ、インドネシア）『ラーマーヤナ』や『マハーバーラタ』をおもな題材として演じられている。

B ヒンドゥー教

C イスラーム

モスク

◄⑧**モスク**（マレーシア）13世紀以降、交易を通じてイスラームが島嶼部に伝播し、現在も多くのモスクがある。

D キリスト教

世界遺産

►⑨**カトリック教会**（フィリピン）サン=オウガスチン教会の内部。フィリピンには、スペイン植民地時代の建築が多く残っている。

1 東南アジア諸国家の興亡と対外関係史

近代 ▶ p.226〜227　現代 ▶ p.296〜297

東南アジアを整理する！

①大陸部と島嶼部に分けられる

東南アジアは，インドシナ半島を主とする大陸部と，マレー半島やその他の島々からなる島嶼部に大きく分類される。

②全域を支配する国家はなかった

多くの王朝が登場するが，オリエントや中国のような強大な大帝国は存在しなかった。

③商業活動がさかん

海や河川を利用した水上交通が発達。香辛料の産地でもあり，商業中心の港市国家（▶p.84）が繁栄。

東南アジア世界の展開 ～海に開かれた多様な世界

ヒストリーシアター 文明のはざまに生まれた独自世界

▲①『ラーマーヤナ』の浮彫にかざられたプランバナン寺院（8～9世紀，ジャワ島，インドネシア）

▲②11世紀に設立された孔子廟（ハノイ，ベトナム）

〈チューノム〉
（字喃）

手＋求
↓
捄（箸の意）
天＋上
↓
≊（空の意）

▲③漢字をもとにつくられたチューノム（字喃）（大越国陳朝，13世紀ごろ）

よみとき 図①の『ラーマーヤナ』はどこの物語か，p.81から考えよう。図①～③から，古代の東南アジアの文化はどこの影響を深く受けたか，二つの地域をあげてみよう。

キーワード 港市国家

東南アジアでは，陸上交通が困難なため水上交通の要所に港市ができた。その中でも，外の文明世界とつながりが強い港市が中心となって，海域を支配する港市国家が誕生した。

おもな港市国家
シュリーヴィジャヤ, マラッカ王国, アチェ王国,
バンテン王国, ジョホール王国, マカッサル王国など

1 東南アジアの変遷

A 諸国家の形成（前4～後3世紀） 世界全図p.10-13

林邑の影響範囲
林邑の中心地域
扶南の影響範囲
扶南の中心地域

B インド化・中国化（4～9世紀） 世界全図p.14-23

最大勢力範囲
○ チャンパー
○ シュリーヴィジャヤ
── 義浄の行路
→ シャイレーンドラ朝の遠征

テーマ ドンソン（東山）文化

前1千年紀後半から後1～2世紀までベトナム北部では，中国文化の影響を受けた青銅器・鉄器文化が発達していた。遺物が最初に発見された村の名をとってドンソン文化とよぶ。写真の銅鼓は，祭儀の際に打ち鳴らされたもので，表面には，精巧な文様がほどこされており，各地に輸出されていた。▶④銅鼓 ➡ p.7

▲⑤扶南の外港オケオ出土のローマ金貨 近隣諸国のほか，中国やインドとも交易を行った。

東南アジアの外来宗教の受容と変容

	紀元前後
中国 ベトナム北部支配（前2～後10世紀）	基層文化と海上貿易による国家形成
	土俗信仰
	4～8世紀 インドシナ北部とフィリピンを除く全域
インド ヒンドゥー・大乗仏教の受容（「インド化」＝「サンスクリット化」）➡p.80	「インド化された王国」の成立
	ヒンドゥー・大乗仏教の変容 土俗信仰の併存
	11～14世紀 ビルマ・タイ・カンボジア・ラオス
スリランカ 上座仏教の受容（「シンハラ化」＝「パーリ化」）	「上座仏教国家」の成立
	ヒンドゥー・大乗仏教の形骸化 土俗信仰の包摂 上座仏教の変容と個別化
	15～16世紀 ＊ マレーシア・ブルネイ・インドネシア
海の道 イスラームの受容	イスラーム王国の形成
	ヒンドゥー，土俗信仰とからみ合う複雑な信仰に変化

＊フィリピンでは，スペイン植民地化の過程でキリスト教を受容

〈池端雪浦著『変わる東南アジア史像』〉

▲⑥ボロブドゥールの仏教遺跡（ジャワ島，インドネシア）8～9世紀にシャイレーンドラ朝がジャワに建立した大乗仏教遺跡。504体の仏像が配置されて密教の宇宙観を具現するが，中心塔に大日如来をおかず，大乗仏教の真髄である「空」の思想を強調した点にジャワの独自性が示される。

▲⑦ボロブドゥールの浮彫に刻まれた船 仏教説話をもとにした浮彫の中に，東南アジアやポリネシアの人々が使ったアウトリガー船（➡p.86）が彫られている。

▲⑧インド化された王侯の生活

今日とのつながり 大陸部では仏教徒が多く，タイの男性は短期間でも1回は出家することが奨励されている。一方，島嶼部のインドネシア，マレーシア，ブルネイではイスラームの影響が強い。

C 農業国家の発展（10〜14世紀）

世界全図p.24〜33

パガン朝
パガン
大理国
大理
宋→元
広州
泉州
スコータイ
昇竜
大越国
アユタヤ
チャンパー（占城）
スコータイ朝
アンコール
ヴィジャヤ
南シナ海
カンボジア
ジャーヴァカ（三仏斉）
ラムリ
ブルネイ
ジャンビ
パレンバン
シンガサリ朝
インド洋
クディリ
シンガサリ
クディリ朝

最大勢力範囲
○ チャンパー
○ カンボジア
○ ジャーヴァカ
○ クディリ朝
○ シンガサリ朝
→ 元軍の遠征
⋯ マルコポーロの帰路

● 中国陶磁器出土のおもな遺跡（9〜16世紀）
⇒ チョーラ朝（南インド）の遠征（11世紀）

500km

D 大交易時代 マラッカ王国の繁栄（15世紀）

世界全図p.34〜35

アヴァ
アヴァ朝
雲南
明
広州
大越国（黎朝）
昇竜（ハノイ）
トゥングー
ペグー朝
ペグー
ランサン
スコータイ
アユタヤ朝
アユタヤ
アンコール
ホイアン
プノンペン
ヴィジャヤ
チャンパー
マニラ
アチェ
サムドラ
カンボジア
南シナ海
マラッカ
ジョホール
ブルネイ
マラッカ王国
テルナテ
パレンバン
インド洋
バンジャルマシン
スマトラ
マジャパヒト
マジャパヒト朝
マカッサル
アンボイナ

最大勢力範囲
◯ マジャパヒト朝
◯ マラッカ王国
— マラッカを中心とする交易ルート
⋯ 鄭和の航路

500km

E 植民地化の時代（16〜18世紀）

世界全図p.36〜41
→ p.155 **3**,171

アラカン王国
アラカン
タウングー朝
チェンマイ
明→清
黎朝（鄭氏）
福州
厦門
ペグー
ヴィエンチャン
マカオ（1557,居住権）
ゼーランディア城（1624〜61,オランダ領）
ランサン王国
フエ
フィリピン
アユタヤ朝
アユタヤ
バンコク
プノンペン
広南朝（阮氏）
チャンパー
マニラ
アチェ王国
マラッカ
ハティエン王国
1571 スペインがマニラ建設
ジョホール王国
ブルネイ王国
ブルネイ
テルナテ王国
パダン
テルナテ島
1619 オランダがバタヴィア建設
1623 アンボイナ事件
バンテン王国
バンテン
バタヴィア（1619）
マカッサル
アンボイナ
スンダ海峡
マタラム王国
マタラム

おもなヨーロッパの占領地・貿易中継地
マカオ ポルトガル領
フィリピン スペイン領
パダン オランダ領
マタラム王国 イスラーム系の王国

⚐ 日本町 □ おもな華僑居住地
— 朱印船のおもな航路

500km

▲ ⑨カンボジアの国旗（左）と⑩アンコール=ワット（右，カンボジア）　12世紀，**スールヤヴァルマン2世**(位1112〜50)が**ヒンドゥー教**寺院兼自分の墓として建造，寺院全体でヒンドゥー教の宇宙観を具現する。中心の塔はヒンドゥー教の「須弥山」（世界の中心）を象徴する。一方で，「クメールの微笑」を浮かべる女神像など独自の芸術性もめだつ。16世紀に**上座仏教**寺院に転用された。

テーマ 📖 水利を生かしたヒンドゥー教都市

貯水池
バイヨン
貯水池
アンコール=ワット

王都アンコールには灌漑設備が張りめぐらされ，豊富な水によって農業が発展し経済的な安定をもたらした。水路はメコン川から南シナ海につながっており，内陸にありながら**交易都市**でもあった。

▲ ⑪アンコールの灌漑のようす

▶ ⑫マラッカの王宮を復元した博物館　14世紀末に建国され，15世紀前半にイスラーム国となったマラッカ王国は，南シナ海・東シナ海交易圏とインド洋交易圏の結節点に位置した。多くの中国商人やムスリム商人が集まり，海上（中継）交易で繁栄した。

〈静岡浅間神社蔵〉

◀ ⑬アユタヤの日本人義勇軍　日本人の移住は**朱印船貿易**以降加速し，東南アジア各地に**日本町**がつくられた。タイのアユタヤでは**山田長政**がスペインの侵攻を退け，国王より官位が与えられたが，王の後継者争いに巻き込まれて暗殺された。これらの日本町は日本の「**鎖国**」政策とともに衰退していった。→ p.39

▶ ⑭マラッカに残るポルトガルの要塞　（サンティアゴ要塞）16世紀，大航海時代の初めには，ポルトガル・スペインが進出し，それまでのイスラーム勢力と争いながら，香辛料・陶磁器などをヨーロッパに運ぶ中継拠点を占拠していった。交通の要所であるマラッカは，ポルトガル，ついでオランダに占拠されたが，最終的には英領マレーとして植民地化された。

今日とのつながり　南米原産の産物名かぼちゃは，大航海時代にポルトガル人によってカンボジア経由で日本へ伝えられたため，カンボジアの国名に由来している。

特集 海の道 ～東西交易路とユーラシア①

「草原とオアシスの道」→p.94～95

「海の道」とは ユーラシア南辺の沿岸都市を結び，文物を東西に運んだ交易路。古代のローマと南インドの季節風貿易に始まり，のちダウ船を利用した**ムスリム商人**と，やや遅れてジャンク船を利用した中国商人が主役となる。東から運ばれたアジア物産にちなんで「**香料の道**」「**陶磁の道**」ともよばれた。

宋・元の時代に貿易港として発展。アレクサンドリアと並ぶ世界最大の貿易港とたたえられた。

陸路の要衝 **サマルカンド**

14世紀に台頭，15世紀には鄭和も訪れている。

内陸の都市だったが，河川で海の道と連結。

11～15世紀，カーリミー商人が香辛料・香料・砂糖の貿易で活躍，カイロがイスラーム＝ネットワークの中心となる。

乳香 乳香樹の樹液からできる香

胡椒

犀角 サイの角 中国の腰帯の飾りになった

象牙

べっこう タイマイとよばれる亀の甲羅からつくられる

マッコウクジラ（竜涎香の原料）

べっこう 胡椒

金 奴隷 象牙

ダウ船 ジャンク船 クローヴ（丁子） モルッカ諸島（マルク） ナツメグ

── おもな海の交通路（11～12世紀ごろ）
モンスーン（ヒッパロスの風）⇨（4～10月）⇨（11～3月）→p.10～11

1 アジアの海を渡る船

①インド洋の主役 ダウ船

三角帆で船体にくぎを用いない木造縫帆船。おもにムスリム商人が用い，季節風を利用するインド洋貿易で活躍した。

②シナ海の主役 ジャンク船

帆が蛇腹式に伸縮し，船内を横断する隔壁で補強された中国の伝統的な帆船。南宋以降，中国から東南アジアにいたる東・南シナ海貿易で活躍した。

③太平洋の主役 アウトリガー船

太平洋の島々を渡るのに利用された。カヌーの本体に腕木を取りつけてあり，荷物を運ぶことができる。半日で100kmの移動が可能である。

「海の道」の歴史

青字 文化関連事項

「海の道」の芽生え～未知の海へ →p.10

紀元前～7世紀	前2000	**インダス文明**の諸都市，メソポタミアと交易
	前10世紀	ヘブライ王国，紅海貿易
	前4世紀	アレクサンドロスの部下ネアルコス，インドからペルシア湾へ航海

東南アジアで中継貿易～港市と港市国家の形成

	後1世紀	ヒッパロス，紅海を経てインダス河口へ モンスーン「**ヒッパロスの風**」の発見→**季節風貿易**（『**エリュトゥラー海案内記**』に記述される →p.10）
	166	**大秦王安敦**の使者，海路**日南**へ →p.11,92
	4～5世紀	**法顕**のインド旅行（陸路で渡印，海路で帰国）→p.14
	7世紀	**義浄**，往復南海経由で25年かけてインド旅行 →p.20

ムスリム商人によるネットワーク化～世界各地に展開 →p.22

8～9世紀		＊外国人居留地
	8世紀	**アッバース朝**の首都バグダード，世界経済の中心に 唐，広州に**市舶司**と番坊＊をおく →p.128
	8～9世紀	『**千夜一夜物語（アラビアン＝ナイト）**』の原型成立

中国の参入～中国商人，ムスリム商人と連携 →p.28

10～15世紀	10世紀	**宋**，明州・泉州・広州などに**市舶司**をおく 中国の**陶磁器**の輸出さかんに（**南シナ海貿易圏**） **ジャンク船**出現
	11世紀	**カーリミー商人**，紅海ルートで香料を販売（地中海とインド洋を結ぶ）→**カイロ繁栄**
	12世紀	宋で**羅針盤**が実用化 →p.109 マラッカ海峡の**港市国家**と中国商人が結びつく →p.85
	13世紀	**元**，南宋を滅ぼし，ジャワへも遠征 →p.110 **マルコ＝ポーロ**，ユーラシアを移動 →p.30～31

モンゴル帝国によるユーラシア交流圏の成立 →p.30,112

	14世紀	**イブン＝バットゥータ**，『**三大陸周遊記**』を著す →p.112
	14世紀末	**マラッカ王国**台頭（～1511）→p.85
	15世紀前半	**明**が**海禁政策**を続け，琉球王国が交易の中心に（**東シナ海交易圏**）→p.35
	1405	**鄭和の南海遠征**（～33）→p.35,114
	15世紀後半	マラッカ王国がイスラーム化 ムスリム商人，東南アジア各地で活躍

海洋アジア交易圏にヨーロッパ勢力が参入～大航海時代へ →p.34～37,154

15末～16世紀	1498	**ヴァスコ＝ダ＝ガマ**，カリカットへ到達，**インド航路**開拓
	1509	**ディウ沖の海戦**
	10	**ポルトガル，ゴア**占領
	11	ポルトガル，**マラッカ**占領 →p.85
	12	ポルトガル，**モルッカ（マルク）諸島**に進出
	19	**マゼラン**一行の**世界周航**（～22）
	43	ポルトガル人，種子島に漂着
	57	ポルトガル，**マカオ**の居住権を獲得
	71	**スペイン，マニラ**建設

遊牧民と農耕民の争奪地　黄河の湾曲部に位置する**オルドス地域**は、遊牧も灌漑による農業も可能であるため、古くからモンゴル・中国の両民族をはじめ、チベットやトルコなどの民族が激しく争奪を行った。

中華の地　黄河中下流域一帯の中原は、古くより高度に中国文化が発達した、漢族の住む中心地域。

中国大陸の南北分割線　淮河は、農業面で南の稲作、北の畑作との境界をなし、「南船北馬」といわれるように、この川を境に交通手段も異なっていた。

東西文化の接触地　渭水盆地一帯の関中は、天然の要害であるうえ、西域にも近いため東西交通路の要衝ともなり、中国文化がいち早く始まった地域の一つとなった。

交通の要衝　函谷関　関中と洛陽を中心とする中原を結ぶ交通の要衝地にあたり、古来より関所がおかれた。

🏛 おもな世界遺産　　∴ おもな遺跡
⇒ 夏の風向き（4〜10月）　⇒ 冬の風向き（11〜3月）

0 ─── 400km

中国の地方区分

1 農耕都市文明

凡例：⬭仰韶文化　⬭竜山文化　⬭良渚文化　⬭河姆渡文化　∴おもな遺跡

世界全図p.3 → p.88 1

▲①農耕都市文明

▲②黄河流域　屈曲、泥の川、段差、凍結などの特徴をもつ。肥沃な**黄土**地帯で、あわ・きび・麦などの畑作が行われた。段々畑が広がる。

▲③長江流域　降水量が多く、河川や湖沼も多いため、水路網が発達した。稲作が行われ、水田が広がる。

A 長江流域の文明

長江下流域の**河姆渡**や良渚では、**仰韶文化**と同時期に稲作農耕が行われていたと考えられている。木造家屋の跡などもあり、独自の新石器文化が発展した。

▼④稲作の器具　良渚文化で出土。稲を摘むための器具で、**長江流域**で使用された。

▼⑤三星堆遺跡の青銅仮面　殷代後期と同時代の四川地方の遺跡で、殷とは異なる特徴をもつ青銅器が多出土。飛び出した眼球は、始祖の特徴として崇拝されていた。

B 黄河文明

	仰韶文化	竜山文化
時期	前5000〜前3000ごろ	前3000〜前1500ごろ
地域	黄河中流域（仰韶は河南省の代表的遺跡名）	黄河下流域（竜山は山東省の代表的遺跡名）
特色	・小規模な環濠をもつ集落を形成 ・彩陶を使用 ・雑穀栽培 ・豚、鶏、犬などの家畜	・城壁に囲まれた大規模な集落を形成 ・黒陶、灰陶を使用 ・雑穀栽培 ・羊、牛などの家畜

▲⑥彩陶（彩文土器）薄手の素焼きの赤地に模様を描いた彩色土器。

▲⑦灰陶　粘土質で文様はなく、日常の煮炊きに使用。

▲⑧黒陶　ろくろを用い、高温で焼いた薄手の黒色磨研土器。

テーマ 伝説の夏王朝〜二里頭遺跡

前2000年ごろから、人口約2万人の王朝（夏）の都として栄えていたことが判明。実在が疑われた伝説の夏王朝の遺跡として一躍クローズアップされた。

▼⑨トルコ石象眼の板飾り（動物紋飾板、二里頭遺跡出土）

ヒストリーシアター 祭政一致の神権政治

▶①殷の王墓 殷代末期と推定される地下深く掘られた巨大な王墓。河南省安陽市小屯村付近の殷墟から発見された。

よみとき 図①から図②の青銅製の埋葬品を探してみよう。このような物や人を埋葬した王墓のようすから、殷王の性格を考えよう。

図中ラベル：殉死者／やり／侍女／殷の首／酒器／出陣用の旗／王の愛犬／敵の首／王／番犬／出陣用のかぶと／太鼓／王の愛犬／殉死者／王の棺を運んだ馬車／衛士

◀②殷の青銅器（高さ73.0cm）
▶③周の青銅器（高さ54.0cm）

キーワード 青銅器 青銅は支配階級が独占し、彼らの墓の副葬品などとして出土。殷代はとくに複雑な文様が特色で、おもに祭祀用として使用。その形状は、新石器時代の鼎・鬲（三足土器）の流れをくむ。周代は文様が簡素化したが、高度な技術とその芸術性は世界に類をみない。

* 近年発見された二里頭遺跡（➡p.87）が夏の王都といわれている。
*2 王位継承問題による内戦など諸説がある。

古代中国の変遷 ▶p.91

青字 文化関連事項／日本

時代	年代	事項
新石器時代	前5000年	河姆渡文化（長江下流域）
		仰韶（彩陶）文化（～前3000年）（黄河流域）
		○ 彩陶の使用
	前3000年	竜山（黒陶）文化（～前1500年）（黄河流域）
		○ 灰陶・黒陶の使用
		良渚文化（長江流域）
夏		夏*は、古代の帝王堯が舜に位を譲り、舜が禹に位を譲り、禹が始めた王朝である。伝説では、殷の湯王が夏王朝を滅ぼす。
殷（商）	前16世紀	殷の成立 神権政治
		○ 青銅器の使用
	前1400年	殷（商）が殷墟へ遷都
		○ 甲骨文字（卜辞）
周（西周）	前11世紀	殷を倒し、周（西周）の成立
		都：鎬京（～前770）
		○ 周の封建制（宗法、井田制）
	前771年	犬戎の侵入による東遷*2
	前770	洛邑に遷都→東周（～前256）
		→春秋時代（～前403）
	前651	斉の桓公、覇者となる
（東周、春秋・戦国時代）		春秋の五覇（尊王攘夷）
		斉の桓公（前651、初の覇者）宰相管仲
		晋の文公
		楚の荘王
		呉の夫差（または闔閭） *3 呉・越を除いて宋の襄公・秦の穆公とする説あり。
		越の勾践 *3
	前551	孔子が魯国に生まれる（～前479）
		○ 諸子百家 学術思想の発達➡p.90
	前453	晋の分裂
		→晋の三大夫（韓・魏・趙）が三分し自立
		○ 鉄製農具・牛耕農法始まる
	前403	韓・魏・趙が諸侯となる
		→戦国時代（～前221）
		戦国の七雄
		斉・楚・秦・燕・韓・魏・趙
	前333	蘇秦が秦を除く六国の同盟（合従策）で秦に対抗
	前311	秦の宰相張儀が他国との同盟（連衡策）により合従策を破る
	前278	楚の詩人屈原が入水自殺『楚辞』
	前256	周、秦に滅ぼされる
秦	前221	秦が中国統一 ➡p.91

日本：縄文時代／弥生時代

1 殷・周時代の変化 世界全図p.4 ➡p.87 1

A 殷（前17C～前11C）

地図ラベル：北狄 狩猟民／西戎 遊牧民／商（殷墟）／耿／亳／東夷 低地人／南蛮 焼畑農耕民／西戎 遊牧民／四 夷*2

● 殷時代の遺跡
◎ 殷の都（推定）*
— 殷の青銅器の分布
殷の勢力圏

*殷王朝の前期はしばしば遷都した。

B 周（西周）（前11C～前8C） 世界全図p.4

地図ラベル：周辺民族の侵入／北狄／犬戎／燕／邢／晋／斉／莱夷／秦 西虢 周／魏／衛／魯／邾／鄭 洛邑 曹／杞 滕 薛／許 陳 宋／蔡／淮夷／呉／楚／羌氏／鎬京／泰山

*東周の都
○ 周と同姓の諸侯 → 西周の進出方向
□ 異姓のおもな諸侯 西周の勢力圏

0 300km

*2 四夷とは、中華を中心に、周辺民族を東夷・西戎・南蛮・北狄と蔑視する見方。

2 殷・周時代の社会

殷（邑制国家）

大邑商 → 邑 邑 → 族邑 → 邑 邑
祭祀・軍事への参加／宗教的威圧

周（封建）

王 → 大邑／封土（邑）を預ける → 諸侯 諸侯 → 邑 → 卿・大夫・士 卿・大夫・士 卿・大夫・士 → 邑 邑 邑 邑 邑
軍役貢納

◀④殷・周の社会 殷は、黄河中流域のあわ作を中心とした農耕村落を支配する有力族邑の連合体国家。商という大邑を中心に成立した。黄河上流の渭水流域にあった周は、殷を滅ぼした後、共通の祖先から分かれ出た男系の血縁集団（宗族）に封土を分与して世襲の諸侯とし、支配を認めるかわりに、軍役と貢納の義務を負わせ国家秩序を維持した（封建）。また、宗族を統轄する宗法がつくられた。

テーマ 甲骨文字 ➡p.53 ▶⑤殷の甲骨文字

甲骨の亀裂から神意を読み取り、吉凶を判断するのが殷王の役割だった。王は、国事についての神意を占い、儀式をつかさどって、祭政一致の神権政治を行っていたと考えられる。占いの内容は祖先神の祭祀や軍事に関するものが多い。占った結果は甲骨に記録されたので、この文字を甲骨文字という。

馬 魚 鹿 羊

◀⑥穴の部分を熱し水で冷やして亀裂を生じさせる

（亀の甲羅）

テーマ 易姓革命 ➡p.92

中国での王朝交代を易姓革命という。天命を受け、新たな有徳者が天下を統治する考えで、殷を武力で倒した周が支配の正当化のために生み出した思想。

易姓革命		
禅譲	平和的に有徳者に位を譲ること	例 堯→舜→禹（夏）
放伐	武力によって先の王朝を倒すこと	例 紂王（殷）→武王（周）

今日とのつながり　殷が周の支配下に入り、殷の都であった商の人たちの多くは、品物を売り歩いて生計を立てた。商人、商品という言葉はここに由来しているという。

春秋・戦国 ～諸侯の自立

ヒストリーシアター 拡大する農地

▶①牛耕農法(牛犂耕)* 戦国時代には牛に鼻環を装着し,鉄製の犂を引かせる「牛犂耕」が発明され,**鉄製農具**の発明とともに農業上の技術革命がもたらされた。これにより耕作不能だった広大な華北平原・黄土台地は,あわを主作物にする安定した農地に変わっていった。
*後漢時代に表された画像石 ➡ p.92

よみとき 図①の2頭の牛に引かせた農具は何だろう。そして,その刃に注目し,従来の耕作とどのように変わったのかを考えよう。

▼③鉄製の犂の刃

▲②戦国時代の鉄鎌の鋳型
*鉄を打ち鍛えること

キーワード **鉄製農具** 中国では鍛鉄*より鋳型に鉄を流し込む鋳鉄の方が早くから発達した。初期の鋳鉄はもろかったため刀剣などの武器には適さず,**春秋時代**末期ごろより,自由な型でさまざまな**鉄製農具**(鋤,鍬,鎌など)が製造され,従来の木器や石器にかわって**戦国時代**にはかなり普及した。

1 春秋・戦国時代の変化 世界全図p.5

A 春秋(前770～前403年) *中原は黄河中下流域の平原。周が"中原の鹿"(王位)を失ったことにより,王位争奪戦が展開された。

前645年 韓原の戦い
前638年 泓水の戦い
前494年 夫椒の戦い
前506年 柏挙の戦い

■ 春秋五覇*2
◎ 諸侯の居城
Ⓧ おもな戦場
犬戎 夷狄(異民族)
*2 呉・越を除いて宋・秦をあげることもある。

0 500km

世界全図p.6-7 ➡ p.91 2

B 戦国(前403～前221年)

■ 戦国の七雄
◎ 各国の首都
■ おもな長城

0 500km

ひと 縦横家 ～蘇秦と張儀

蘇秦(?～前317)が趙王に説いた**合従策**(東方六国が連合して秦に対抗する策)は,**張儀**(?～前310)が秦王に説いた**連衡策**(秦が東方六国とそれぞれ連合する策)によって破られたが,2人はともに同じ先生の下で君主の説得術を学んだ。彼らの権謀術策は,33編からなる『戦国策』に収録されている。

合従 燕 趙
秦 斉 (東方六国)
連衡 魏 韓 楚

2 春秋・戦国時代の社会

鉄製農具 の使用
耕作技術 の進歩
(牛耕農法)

治水灌漑 の進展
農業知識 の進歩
(肥料・耕種など)

農業生産力の向上

氏族制を基盤とする農村共同体の崩壊
小家族の農業経営 …土地の私有制開始
土地兼併の進展
豪族の台頭

余剰生産物の発生
商工業の発展 都市の勃興
青銅貨幣の流通
(刀銭・布銭・蟻鼻銭・円銭)

豪商の出現 富国強兵策 小国の国境排除

統一国家の出現

今日とのつながり 春秋・戦国時代に登場した諸子百家(➡ p.90)の学説は,今日の中国の学術や思想の源泉となって脈々と生き続けている。

▼④青銅貨幣 商業の発展により地域ごとに各種の貨幣が出現した。**刀銭**は小刀,**布銭**は農具,**蟻鼻銭**は子安貝の形を模している。発行した都市名や,両替の便宜のために重量を鋳出した貨幣もある。

刀銭 (斉・燕・趙)

〈長さ 約18cm〉

蟻鼻銭 (楚)

長さ 約2cm

円銭(環銭) (周・秦・趙・魏)

直径 約4cm

布銭 (韓・魏・趙)

長さ 約5cm

貝貨 (殷・周)

長さ 約2.7cm

テーマ 古代中国の歴史から生まれた故事成語

隗より始めよ 戦国時代,燕の昭王に対し,郭隗が賢者を招くためにはまず自分のようなさほど優秀でないものを優遇せよと進言した。(物事はまず言いだした者が着手せよ)

会稽の恥 春秋時代,越王の勾践が会稽山で呉王の夫差に降伏したが,多年の辛苦のあとに夫差を破ってその恥をすすいだ。(以前に受けた恥辱)

臥薪嘗胆 春秋時代,呉王の夫差が,越王の勾践を倒して父である闔閭の仇を討とうと志し,つねに薪の上に臥した。また,勾践は,呉を討って会稽の恥をすすぐために胆を嘗めて報復を忘れまいとした。日清戦争後の三国干渉により清に遼東半島を返還したことに対し,日本国内で流行した。(将来を期して,苦労苦心すること)

特集 諸子百家 ～乱世がもたらした百家争鳴の黄金時代 ➡巻末折込

儒家

▶①孔子 魯出身で身分は低く、幼くして父を亡くす。仕官先を求め諸国を遊説したが志を得ず、晩年は弟子の教育に専念。**儒家の祖**。

▲②曲阜の孔子廟での祭り（世界遺産）

仁の徳と、仁の具体的な行為である**礼**の実践を説く。西周時代の礼楽（儀礼典礼）を理想化し、社会秩序の再建をめざす。

親兄弟にあたたかい気持を抱いている人間は、上司にさからったりしないであろう。上司にさからわない人間なら、集団の秩序を乱すこともない。「君主は何よりも根本を重視する。根本が定まってはじめて道が開ける」という言葉があるが、親兄弟へのあたたかい気持こそ、仁を実践するための出発点といえるだろう。*
〈久米旺生訳『論語』〉

*孔子の弟子である有子（有然）の言葉。

▶③孟子 孔子につぐ**儒家の賢人**といわれ、「**孟母三遷**」などの伝説も多い。

人の本質は善（徳を重視）

かわいそうだと思う心は、仁の芽生えである。悪を恥じ憎む心は、義の芽生えである。譲りあいの心は、礼の芽生えである。善悪を判断する心は、智の芽生えである。人間は生まれながら…この四つの芽生えを備えている。
〈今里禎訳『孟子』〉

▶④荀子 従来の思想家の説を批判的に摂取。弟子から**韓非・李斯**らが出た。

人の本質は悪（礼を重視）

天性や感情のままに行動すれば、必ず争いごとが起こり、秩序も道徳も破壊されて、社会が混乱してしまう。そこで…指導者と法とによる指導が必要であり、礼・義による教化が必要である。…人間の天性が悪であることは明らかだ。
〈杉本達夫訳『荀子』〉

批判 孔子の説く**仁**を差別的な愛と批判。万人に対する無差別な**兼愛**を主張。

批判 孔子の説く**仁**や**礼**を人為的なものと批判。一切の人為を否定し、**無為自然**を主張。

批判 孔子の説く徳治主義を現実に沿わないものと批判。信賞必罰の**法治主義**を主張。

墨家

▶⑤墨子 罪人または奴隷出身で、顔に入れ墨があったため、墨子とよばれたらしい。**非攻**の立場から教団を率い、小国の防衛戦争を援助した。

もし天下じゅうの人々が互いに兼愛しあい、自分以外の人間を愛する態度がまるで自分自身を愛する態度と同じようにすると仮定したら、どうであろうか。それでもなお、不孝者をはじめ目上の人に愛情を欠くものが存在するであろうか。…また、同じ仮定に立つとしたら、それでもなお、目下の人に愛情を欠く不慈な者が存在するであろうか。…だから、人々が互いに兼愛しあうならば、世の中に不孝や不慈な者などは存在しない。
〈渡邊卓訳『墨子』〉

道家

▶⑥老子 楚の人で周の王室図書館の役人となった。周の衰えをみて、西方に旅だったという。早くから神秘化され、実像は不明。春秋期の人か？

▲⑦荘子 生涯を隠遁者として過ごし、「万物斉同」の立場から生と死、是と非を同一視した。

賢人を尊重するようなことをしなければ、民のあいだに争いが起こることもないであろう。常に民を無知無欲のままにおくようにし、さかしら心をもつ人間を介入させないようにせよ。このような無為の政治をすれば、すべて治まらないものはなくなるのである。
〈森三樹三郎訳『老子』〉

法家

▶⑧韓非 韓の王族。荀子に学ぶ。吃音のため著述に専念し、その著作に感心した**秦王**（のちの**始皇帝**）に招かれたが、先に秦に仕えていた同門の**李斯**の讒言により獄中で死んだ。

商鞅の悲劇 秦の**孝公**（➡p.91）に仕え、信賞必罰主義で法を徹底し、改革を成功させた。孝公の死後、謀反の罪に問われて逃亡したが、通行手形のない者の宿泊を禁ずる自分がつくった法のため、宿に泊まることができず、法の徹底ぶりを嘆いた。

公孫鞅（商鞅）の法たるや、軽罪を重く罰した。…ひとに、容易なものを除いて、容易ならぬものに触れることのないようにさせる、これが統治の道というものだ。そもそも、小さな過ちが生ぜず、大きな罪が見舞わぬ、ということは、罪を犯すものがなく、したがって、乱が起こらぬ、ということなのである。
〈常石茂訳『韓非子』〉

1 諸子百家一覧

*孔子・孟子などの"子"は敬称。*2 儒家とは孔子を祖とする学派。孔子の思想を継承し、発展させた儒家の学問を儒学という。漢代にいたり、儒家の説をもとに国教としての儒教が成立した。*3 孔子の言を弟子がまとめたもの。*4 道家の源流。

学派	人物*		おもな内容	代表的書物
儒家*2	孔子（前551？～前479）		「仁」の実践による国家・社会の秩序をめざした	『論語』*3『春秋』
	孟子（前372？～前289？）		人の本質を善とした「性善説」、王道政治や易姓革命を是認	『孟子』
	荀子（前298？～前235？）		人の本質を悪とした「性悪説」、「礼」による教化を説いた	『荀子』
道家*4	老子（春秋期?）		道（タオ）に従い、一体化する生き方 無為自然を主張	『老子』
	荘子（前4世紀？）		自然と調和し、自由に生きることを理想とした	『荘子』
法家	商鞅（？～前338）		秦で法による厳格な統治「法治主義」を実践した	『商君書』
	韓非（？～前234）		法家の思想を大成するが、李斯の策略により殺された	『韓非子』
	李斯（？～前208）		秦の始皇帝に仕え、度量衡の統一、焚書・坑儒を進めた	
墨家	墨子（前480？～前390？）		無差別・平等の愛「兼愛」、侵略戦争を否定「非攻」を説いた	『墨子』
陰陽家	鄒衍（前305？～前240）		宇宙と社会の関係を陰陽五行説としてまとめた ➡p.97	
兵家	孫子（孫武）（不明）		戦乱期に戦略・戦術、および国家経営を論じた	『孫子』
	呉子（前440？～前381）		孫子と並び称される兵法家	『呉子』
縦横家	蘇秦（？～前317？）		秦と対抗する6国が連合する政策（合従策）を説いた ➡p.89	『戦国策』
	張儀（？～前310）		6国それぞれが秦と同盟を結ぶ政策（連衡策）を説いた	
名家	公孫竜（前320？～前250？）		名称と実体の関係を追求する論理学を説いた。「白馬は馬に非ず」	『公孫竜子』
農家	許行（生没年不明）		君主も民も平等に農耕すべきとする平等説を主張した	

テーマ 国家儒教の形成

前漢の武帝（➡p.92）が**五経博士**をおいて儒家の教説を官学化したことにより、**五経**の名が定まり、その後、経典の解釈が進んで**訓詁学**が成立した。唐の太宗は、**孔穎達**（574～648）に命じて『**五経正義**』をつくらせ、経典の解釈を統一。以降、清末まで儒教は政治・社会の中心的思想となった。

▼⑨四書五経

	五 経			四 書
易経	占いの書。陰と陽で自然と人生の法則を説く		大学	もと『礼記』の中の一編。修身から天下を治めるまでの根本原則を述べる
書経	堯・舜・禹から周までの王者の言行の記録		中庸	もと『礼記』の中の一編。天と人とを結ぶ原理を説いた哲学書
詩経	西周から春秋時代の歌謡をおさめた中国最古の詩集		論語	春秋時代の孔子と弟子たちの言行録。儒家の中心となる経典
礼記	礼についての解説と理論の書。唐代に五経に加わる		孟子	戦国時代の孟子の言行を弟子たちが編纂。性善説を説く思想書
春秋	春秋時代の魯国の年代記。編年体での記録			

ヒストリーシアター 不世出の名君？暴君？

▶①始皇帝(前259～前210)
名は政，前247年に13歳で秦王となり，たくみな外交政策とぬきんでた経済・軍事力で東方の6国を滅ぼし，前221年に全中国を初めて統一した。

よみとき 始皇帝が，図②④⑤のような兵馬俑をつくらせた目的が何であるかを考えてみよう。

▲②始皇帝がつくらせた兵馬俑坑 俑の総数約6000体。兵士俑の身長は約180cm，重さは300kg以上。

▲③始皇帝陵 咸陽の東(驪山)にあり，東西485m，南北515m，高さ約76mの方墳。地下には大宮殿，墓域の東側には兵馬俑坑がある。

▲④将軍俑　▲⑤彩色の残る兵馬俑

秦の変遷

◀p.88　　　　　　　　　　p.92▶

		青字 対外関係	日本
春秋・戦国時代	前8世紀　**秦**が成立		縄文時代
	前623　秦の**穆公**(→p.88)が西方で覇を唱える		
	前359　秦の**孝公**，**商鞅(法家)**を登用，**富国強兵策(変法)**開始		
	郡県制・什伍の制(隣保制)を実施 中央官制の整備(丞相・太尉・御史大夫の三公)		
	前350　秦が咸陽に遷都		
	前256　秦が東周を滅ぼす	＊「皇帝」とは煌々たる上帝の意。自称を「朕」，令を「詔」とした。	
	前247　秦王政即位(丞相，呂不韋)		
秦の統一	**始皇帝**(位前221～前210)　都:咸陽		弥生時代
	前221　**中国統一**を実現	前221　斉を滅ぼす	
	「**皇帝**」*の称号を創始	前215　蒙恬が匈奴を討伐→長城を修築	
	阿房宮造営		
	郡県制を全国で実施	前214　南海郡，桂林郡，象郡の3郡を設置	
	半両銭・度量衡・文字の統一		
	前213～前212　焚書・坑儒(丞相**李斯**の建言)		
	前209　**陳勝・呉広の乱**(～前208，農民反乱)→項羽・劉邦の挙兵		
	前206　劉邦，咸陽を陥落させ秦が滅亡→鴻門の会		
	前202　**垓下の戦い**→**前漢が成立**→p.92		

---

2 秦の対外政策と衰退

世界全図p.6-7
◀p.89 ① ・→p.93 ②

前215 蒙恬の匈奴遠征

前209～前208 陳勝・呉広の乱

前206 鴻門の会

南方遠征。南海郡など3郡設置

凡例
■ 秦成立のころの領土
■ 秦王 政即位時の領土(前247)
□ 中国統一時までの征服領土(前221)
○ 秦の郡
→ 秦の外征方向
→ 陳勝・呉広の反乱軍進路
▨ 前214年までの服属地域

0　500km

---

1 秦の統一政策

始皇帝の中央集権体制

文化政策	文字	李斯がつくった**小篆(篆書)**に統一 小篆 馬 例 馬 秦 楚 燕 斉 韓 魏 趙
	思想	・**法家の登用** ・**焚書・坑儒**…始皇帝は法家以外の諸説を禁じ，実用書以外の書物を焼かせ(**焚書**)，また儒家ら460人を穴に埋め(**坑儒**)，思想統制を強行した
経済政策	貨幣	**半両銭**…標準貨幣として中央に方形の孔をあけた銅銭を鋳造
	度量衡	・**度(長さ)・量(容積)・衡(重さ)の統一**…権(おもりの意)といわれる秤の分銅や，量(升の意)といわれる容器が鉄・石・銅などでつくられた。表面にはすべて，始皇帝が度量衡の統一を命じた文が刻まれている
	その他	・**車軌(車軸の長さ)の統一**…車の通った跡の轍の幅が一定になるようにした ・富豪を都の咸陽に移して監視した

▲⑥焚書・坑儒 焚書は，**李斯**の建言で医薬・卜筮・農書以外の書物を焼いた思想弾圧。坑儒は，始皇帝をあざむいた方士・儒家などを生き埋めにしたといわれている事件。　別冊史料7

◀⑦半両銭　巻末

▼⑧銅権(分銅)

▼⑨銅量(升)

▲⑩長城の建設(中国，固陽県) **始皇帝**は，戦国諸国が国境防備のために築いていた**長城**を，修築・連結・延長し，北方遊牧民族である匈奴の侵入に備えた。当時は，騎馬が越えられない高さに土をつき固めた簡単なつくりであった。(万里の長城→p.115)

▲⑪陳勝・呉広の乱 北方警備に徴発された貧しい農民の陳勝は，期日に遅れ死刑が確実になると，「**王侯将相いずくんぞ種あらんや**(王・諸侯・将軍・宰相になるのにどうして家柄や血統が関係あろうか)」と仲間に反乱をよびかけた。

今日とのつながり　「朕」「詔」「勅」「陛下」などは，始皇帝時代から使用されている皇帝専門用語である。

漢 ～秦を教訓にした大王朝の誕生

ヒストリーシアター 匈奴を討て！豪族をおさえろ！

荷車に載せられた収穫後の穀物

豪族の倉

穀物の山

匈奴討伐
張騫・衛青・霍去病らを派遣

西域事情や汗血馬を入手

▲①**武帝**（位前141～前87）→p.9

▶②**前漢の武将 霍去病の墓前に置かれた石像** 霍去病はおじの衛青とともに，匈奴遠征を行った。多くの武勲をあげたが，若くして病死。右の石像で馬に踏みつけられている人物は長髪に長いひげ，弓を手に持ち服の袖が短いという特徴がみえる。

弓
長いひげ
短い袖
長髪

▲③**豪族の生活を表した画像石** 画像石とは，彫刻がほどこされた墓の石材。しばしば墓主の生前の生活が反映されるため，重要な資料となっている。

▶④**光武帝**（位25～57） 豪族をまとめ，挙兵して漢を再興した（**後漢**）。

よみとき 図②で馬に踏みつけられている人はどこの人だろうか。また図③では，収穫した穀物をどこに運び入れているだろうか。その豊かな収穫物の所有者はどのような社会的立場の人物であるかを考えよう。

東アジア

漢の変遷

◀p.91　　　　　　　　　　　　　　　　　　p.98▶

前202	国内の主要事項	対外関係	日本
		青字 文化関連事項	
	劉邦（高祖） 位前202～前195		
	前202 垓下の戦い（**項羽**を破る）	前200 **白登山の戦い**	
	→ **前漢成立** 都：**長安**	→匈奴の冒頓単于に敗北	
	○ **郡国制**を実施	事実上の従属下に→p.94	
	→**郡県制**（中央）と**封建制**（地方）を併用		
前	**景帝** 位前157～前141		
	前154 **呉楚七国の乱**（諸侯王の反乱）→鎮圧		
	武帝 位前141～前87		弥
	○ 中央集権制確立（実質的に**郡県制**）	前139 **張騫**を大月氏に派遣	
	前136 董仲舒の献策により五経博士を設置（→儒学の官学化）	前129 衛青，匈奴討伐に派遣	
漢	前134 **郷挙里選**を実施	前121 **霍去病**を匈奴討伐に派遣	
	→**豪族**の台頭	→敦煌郡など河西4郡設置	
	前119 **塩・鉄・酒の専売**	前111 南越を滅ぼす	
	五銖銭（銅銭）鋳造	→南海郡など南海9郡設置	生
	前115 **均輸法**を実施	前108 衛氏朝鮮を滅ぼす	
	前110 **平準法**を実施	→楽浪郡など朝鮮4郡設置	
	○ 司馬遷が『史記』（紀伝体）を完成	前104 **李広利**をフェルガナ（大宛）に派遣→**汗血馬**を獲得	
		前60 **西域都護府**を設置（のち，中断）	
		前54 匈奴が東西に分裂，東匈奴は**前漢**に服属	
後8	前7 **限田法**を発布→実施されず	前33 **王昭君**が東匈奴の**呼韓邪単于**に嫁ぐ（和親政策）	時
8	**王莽** 位8～23		
新	後8 **前漢滅亡**…讖緯説を利用し，王莽が**新を建国**（易姓革命）→p.88		
	都：長安		
23	周を理想とした復古主義（儒教重視）的政治改革		代
	18 **赤眉の乱**（農民反乱，～27）		
25	**光武帝（劉秀）** 位25～57		
	25 **漢の再興（後漢）** 都：**洛陽**	57 **倭**（日本）の奴国王の使者に	
後	27 赤眉の乱（18～）を鎮圧	**漢委奴国王**の印を授ける（『後漢書』東夷伝）	
		91 **班超**（班固の弟）を**西域都護**に	
	105 宦官の蔡倫が製紙法を改良	任命（再び**西域都護府**を設置）	
漢	166 **党錮の禁**（166・169）	97 班超が部下の**甘英**を**大秦**	
	→宦官が官僚（党人）を弾圧	（ローマ帝国）に向けて派遣	
	184 **黄巾の乱→太平道**の張角が	107 倭王帥升，生口（奴隷）を献上	
	指導した農民反乱	166 **大秦王安敦**（マルクス＝アウレ	
	208 **赤壁の戦い**	リウス＝アントニヌス帝?）の使	
	→天下三分の形勢が決まる	者が日南に到着	
220	220 後漢が滅亡→**魏成立**→p.98		

1 漢の統治体制

皇帝
中央

御史大夫（監察） 太尉（軍事） 丞相（行政）

官僚
地方長官
豪族

周 **封建制**
諸侯 王
→諸侯が各地を支配

郡県制
皇帝が全国を支配（中央集権）
官吏 皇帝

郡国制
皇帝
→郡県制と封建制を折衷した統治方法

秦 地方
郡 県 郷 里

結託
直轄地

郷挙里選 →巻末
皇帝から派遣された地方長官は，郷里の評判にもとづき，官僚候補者として人口約20万人につき1人の優秀な人材を中央政府に推薦した。

秦は，全土を郡や県に編成し，中央から官僚を派遣して直轄する**郡県制**を施行。**漢**は，郡県制を踏まえ，郡県制と一族・功臣を諸侯に封じる封建制とを併用する**郡国制**を採用したが，景帝の諸侯王への圧迫に対する**呉楚七国の乱**鎮圧後は，実質は郡県制へと移行し，**武帝**期には集権化が完成した。

▼⑤武帝の経済政策

背景	たび重なる対外遠征による財政難
政策	伝統的な重農抑商政策を踏襲 ・**均輸法**…物価調整法 ・**平準法**…物価安定法 ・**塩・鉄・酒の専売** ・**五銖銭**の鋳造　　など

テーマ 豪族・諸侯の豪奢な暮らし

豪族は，大土地所有者として奴婢や小作人を使用して荘園を経営し，富を蓄えた。武力をもち，地方で影響力を高めた。やがて郷挙里選で，官僚となって中央政治にも進出した。黄巾の乱後，豪族勢力が各地に乱立し，後漢を滅亡させることとなった。

▶⑥**長信宮燈** 光量が調節できる銅製の燭台。諸侯王に封ぜられた満城県の中山王劉勝墓の副葬品で，当時の裕福な暮らしぶりを伝える。

▼⑦**金縷玉衣** 中山王劉勝の特製の喪服で，玉片2498枚を金糸でつないだもの。玉は遺体を腐敗から守り，悪霊を避ける力があると信じられた。

2 前漢の対外政策

世界全図p.8-9 ← p.91 2

前2世紀

匈奴に運命を翻弄された人々

◀⑧**司馬遷**（前145ごろ*〜前86ごろ*2）前漢の歴史家。前99年匈奴の手に落ちた将軍李陵を弁護したため，**武帝**の怒りを買い宮刑（去勢の刑）に処せられた。出獄後，絶望的な苦境のなかで屈辱に耐えながら『**史記**』全130巻（巻末折込）を書き上げた。

* 前135年という説もある。
*2 前87年という説もある。

▶⑨**匈奴へ嫁ぐ王昭君** 前漢の元帝（位前49〜前33）の後宮に仕えていたが，匈奴の攻勢に苦しむ漢は匈奴の君主の求めに応じ彼女を嫁がせた。王昭君は，元代の『**漢宮秋**』などで，後世，悲劇の主人公として語りつがれた。

前漢
軍備費調達の政策・塩・鉄・酒の専売・均輸法・平準法・新貨幣の鋳造

3 後漢の対外政策

世界全図p.10-11 → p.98 1

2世紀

4 漢代の社会変化

政治の変化		社会の二極化

前漢
武帝の対外遠征と領土拡大政策 → **宦官と外戚**の争いによる宮廷の混乱

財政難による収奪の強化 → 農民負担大

地方統制の弛緩 → 有力者への土地の集中 → **豪族の台頭**（豪族による大土地所有の進展）

農民層の分解・没落（小作化・流民化）

新
王莽の権力奪取と復古主義政策 ← 反発　支援・協力 →

赤眉の乱 → p.97

太平道・五斗米道などの新興宗教結社の流行

後漢
後漢の建国 → **豪族の成長**（中央官界への進出と門閥貴族化）
郷挙里選
後漢の滅亡（群雄割拠化）

黄巾の乱 → p.97

5 漢代の文化 → 巻末折込

儒学		前漢の武帝時代に官学化，董仲舒（公羊学）の献策，五経博士設置
	訓詁学	経書の字句解釈が目的，後漢の馬融・鄭玄らが集大成
宗教	仏教伝来	紀元後1世紀中ごろ
	太平道	後漢末，張角が創始した宗教結社　184年黄巾の乱の中心に
	五斗米道	後漢末，張陵が四川地方で創始した宗教。祈禱による病気治療，不老長寿を説き，謝礼に米五斗（日本の約5升）を受け取ったのでこの名がある　太平道とともに道教の一源流
史書	『史記』	司馬遷の著，黄帝から武帝にいたる歴史を紀伝体であらわす
	『漢書』	班固（班超の兄）の著，前漢一新の歴史を紀伝体であらわす　中国正史の模範　『漢書』地理志に倭国の記述あり → p.9
科学	製紙法	後漢の宦官蔡倫が改良 → p.97　木簡・竹簡にかわり徐々に普及
	候風地動儀	後漢の張衡の発明した地震計
その他	『塩鉄論』	前漢の桓寛の編集　武帝の塩・鉄の専売に関する討論集
	『説文解字』	後漢の許慎の編集した中国最古の字書　辞書の祖

テーマ　東アジア文化の礎　〜漢字と紙

中国では，**甲骨文字**から漢字が発達したが，秦の中国統一により全国規模の文書行政が必要になると，漢字がそれを支え，書く材料として木や竹の札（**木簡・竹簡**），絹布（**帛**）が使われた。漢字は，紙の発明（後漢の宦官**蔡倫** → p.97 の**製紙法**改良により実用化）によって周辺諸国に広がり，東アジア文化圏の礎となった。

⑩**製紙法**

①樹皮を水にひたす
②繊維を煮つめる
③つく
④紙をすく
⑤乾かしてさらす

⑪**漢字の変遷**

甲骨文	一	羽	陽
金文（周代）	一	羽	陽
小篆（秦代）	下	羽	陽
隷書（秦代〜）	下	友	陽
楷書（漢代末〜）	下	友	陽

今日とのつながり　文字と文章の基本は，ほぼこの時代に確立したので，「漢字」「漢文」とよばれている。

特集 草原とオアシスの道 ～東西交易路とユーラシア②

「海の道」 → p.86

遊牧民興亡年表

凡例：□アルタイ系　□ツングース（女真）系　□漢人系　■イラン系　⇒民族の移動

世紀	黒海沿岸 南ロシア（草原地帯）	カザフ草原	イラン高原	西トルキスタン	東トルキスタン	モンゴル高原	中国
前4 3 2 1 / 後1 2 3 4	スキタイ（スキタイ文化）	アレクサンドロスの帝国　アケメネス朝ペルシア　セレウコス朝シリア　バクトリア　パルティア（安息）　大月氏　クシャーナ朝			犬戎　月氏　匈奴 冒頓単于（位前209～前174） 最盛期　張騫を大月氏へ派遣	鎬京に侵入，西周滅亡	秦　漢
5	フン			ササン朝ペルシア	班超，西域都護に （西域諸国）　エフタル	鮮卑 156 モンゴル高原統一—439 華北統一　高車　柔然 北魏と対立 552	北魏
6	アヴァール	ウマイヤ朝				突厥 トルコ系遊牧民 初めソグド文字，のち突厥文字	隋 618
7 8	マジャール　ハザール	9世紀，ユダヤ教への改宗が進む	アッバース朝 タラス河畔の戦い	サーマーン朝	（唐）	744 ウイグル トルコ系，マニ教信仰 ソグド人重用 安史の乱で唐を援助 840	唐 907
9 10	キエフ公国 ペチェネグ	ヴォルガ＝ブルガル	ブワイフ朝	セルジューク朝	西ウイグル　カラ＝ハン朝 12世紀中ごろ	キルギス　遼（キタイ（契丹）） 西夏	北宋
11 12	（分裂）		ホラズム朝	カラ＝キタイ（西遼）　ナイマン タングート		靖康の変 金（女真）	南宋
13	キプチャク＝ハン国 1243～1502	1258～1353 イル＝ハン国	（オゴタイ＝ハン国）1225ごろ～1252　チャガタイ＝ハン国	モンゴル帝国 1206		1271 元 1279	
14	（モンゴルに服属）		1307～14世紀末（～16世紀）			1368	
15 16	モスクワ大公国　カザン＝ハン国 アストラハン＝ハン国　ウズベク	ティムール朝	サファヴィー朝	（ムガル）カザフ＝ハン国	オイラト 土木の変 モンゴル（韃靼）	明	
17	クリム＝ハン国	ヒヴァ＝ハン国　ブハラ＝ハン国		カシュガル＝ハン国　トゥルファン＝ハン国 ジュンガル	チャハル 1616 ハルハ 1644		
18 19	ロシア帝国		コーカンド＝ハン国		清 ツングース系女真		

---

1 騎馬遊牧民の誕生

鞍 背につけ，人が乗りやすくする／手綱／鐙 騎乗時に足を乗せ，体の安定を保つ／轡 馬の口にくわえさせ，馬を制御する

▲①馬具の発明　鞍や鐙，手綱など馬具の発明により，徒歩の10倍以上の距離を移動できるようになった。戦車よりも速い機動力は，軍事的に他の勢力を圧倒した。

キーワード 遊牧国家　騎馬と弓矢の技術で強力な軍事力をもった遊牧民が，中央ユーラシア地帯に建てた国家のこと。政治権力を掌握した遊牧民が農耕地帯やオアシスの定住民を支配し，貿易と外交はソグド人やムスリムなどの国際商人が担当した。このような遊牧民を中心とした多重的・混合的な連合体は，スキタイと匈奴によって確立された。

▲②スキタイの騎馬兵　騎馬技術を身につけたスキタイは，騎馬遊牧民へと変貌し，黒海北岸に強大な遊牧国家を形成した。この黄金の櫛には，勇壮なスキタイ戦士がかたどられている。

ひと 匈奴の王 冒頓単于（位前209～前174）

匈奴は，単于とよばれる王を中心とする遊牧集団。前3世紀に冒頓単于のもとで急速に勢力を拡大，中央ユーラシア東方最初の遊牧国家を樹立した。冒頓は，前210年に父を殺して単于となり，前200年には，漢の劉邦を攻め，大勝した。さらに，草原とオアシスの両ルートを掌握することにも成功し，全盛期を築きあげた。

---

2 遊牧諸民族の大移動と遊牧世界の膨張

A 諸民族の玉突き移動

ゲルマン諸族　北匈奴（2～4世紀）　鮮卑　フン　4世紀　突厥　4世紀建国　エフタル　匈奴　北魏　4世紀　西ローマ帝国　グプタ朝　西晋　東晋　宋　南朝　北朝　4～5世紀　5～6世紀　4世紀再興　5世紀交替　■…滅亡した国

B トルコ人の西進 → p.127 3B

世界全図p.24～25

▼③トルキスタンの成立　ウイグル帝国の崩壊（840年）により，9世紀以降，トルコ系諸民族の西方への移動が本格化し，彼らの支配した中央アジアや西アジアではトルコ語化が進み，トルキスタン（「トルコ人の土地」）とよばれるようになった。のち，住民にはイスラームが広まった。

コンスタンティノープル　アナトリア　カザフ草原　西トルキスタン　東トルキスタン　イラン高原　モンゴル高原

①トルコ共和国　②カザフスタン共和国　③アゼルバイジャン共和国　④トルクメニスタン　⑤ウズベキスタン共和国　⑥キルギス共和国

■トルコ人の原住地　○ウイグル帝国（8～9世紀）　○ハザール王国（8世紀）　○カラ＝ハン朝（10～11世紀）　○ガズナ朝（10～11世紀）　○セルジューク朝（11～12世紀）　○オスマン帝国（16世紀）　□現在のトルコ系国家（中国領内は「自治区」）

「絹の道」（シルク゠ロード）* 中国と西アジア・地中海とを結ぶユーラシア大陸の交通幹線のことで，古代から，馬やラクダを利用した物資運搬の商人団である**隊商（キャラバン）**などが往来し文物の交流が行われた。天山北路の「**草原の道**」と天山南路の「**オアシスの道**」が代表的であるが，実際は東西南北のネットワークである。　*「絹の道」はこのネットワークの奢侈品貿易を象徴する呼称。→p.9

おもな陸の交通路（8世紀ごろ）

オアシス都市の住人ソクド人は国際的商人として活躍。

インド・中央アジア・イラン・イランを結ぶ交通の要衝。

オアシス都市。交通の要衝。

ラピスラズリ 前3000年より利用される宝石。瑠璃色をしている

中国の僧（玄奘）

③ 遊牧民とオアシス民

▼④遊牧民とオアシス民の共生関係　騎馬の技術を身につけ，騎馬遊牧民へと変貌した遊牧民は，農耕地帯に侵入することもあったが，基本的には，オアシス民の交易の保護や，毛皮・乳製品などを提供するかわりに穀物や織物などを入手するなどして，共生をはかった。

遊牧民		オアシス民
・羊・ヤギ・牛・馬・ラクダなどを飼育 ・衣・食・住を原則として家畜に依存 　→毛織物と皮製の乗馬服，フェルト製のテント（ユルト，ゲル，パオなど） ・騎馬隊→強力な軍事組織	毛皮・肉・乳製品 隊商の警備 （交易の保護） → ← 穀物・生活用品	・灌漑施設をもち，定住農耕（カナート，カーレーズなどの地下水路） 　→小麦・うり・ぶどう・なつめやし・豆 ・商業の拠点 　→市場（バザール）や隊商宿（キャラバンサライ）をもつ

▶⑤**バザール**（カシュガル）砂漠に点在する水場の周囲に発展したオアシス都市では，定期的にバザール（市）が開かれ，東西交易の中継基地として重要な役割を果たした。なかでも，ソグド人による商業活動は活発だった。→p.20

◀⑥**盗賊に襲われる商人たち**　商人たちが山中で盗賊に襲われ，ロバに積んだ荷を奪われている。刀を抜いた盗賊に向かい，商人たちは手を合わせている。旅は危険と隣り合わせだった。

④ 東西交流の一翼を担った求法僧

▲⑦**玄奘**　629年，仏教経典の原典を求めて，ひそかに西域からインドに渡り，645年に唐の長安に戻って，持ち帰った経典を翻訳した。『西遊記』の三蔵法師として知られる。

▼⑧中国からインドに渡った僧

人名	旅行年	著作	時代（インド）
法顕 （東晋代）	399～412 陸路→海路	『仏国記』	グプタ朝
玄奘 （唐代）	629～645 陸路往復	『大唐西域記』	ヴァルダナ朝
義浄 （唐代）	671～695 海路往復	『南海寄帰内法伝』	分裂時代

→p.9, 20～21

▼⑨中国に渡った僧

人名	旅行年	業績	出身国
仏図澄 （ブドチンガ）	310	伝道と戒律	クチャ
鳩摩羅什 （クマラジーヴァ）	～401	仏典漢訳	クチャ
達磨（ダルマ）	6世紀	中国禅宗の祖	インド

→p.99

⑤ 秘境としての「絹の道」

▼⑩「絹の道」の探検家たち　19世紀末から20世紀にかけて，「地球最後の秘境」の一つとして「絹の道」の探検がさかんに行われた。**ロシア**の南下と，それに対抗しようとする**イギリス**との帝国主義的勢力争いの側面もあった。探検家 →p.44, 212

プルジェワルスキー（露） （1839～88）	1877年，タリム盆地でロプノール（湖）を発見 黄河の源流をきわめ，多くの旅行記を残した
ヘディン（スウェーデン） （1865～1952）	1893～1937年にかけて4回にわたり中央アジアを探検。楼蘭遺跡を発見。ロプノールを「さまよえる湖」と主張
スタイン（英）* （1862～1943） *ハンガリー人。イギリスに帰化。	1900年から3回にわたり中央アジアを探検 ニヤ遺跡（東トルキスタンの古代文明）を発見 1907年，敦煌千仏洞の古写本を発見
大谷光瑞（日） （1876～1948）	1902年から3回にわたって，西本願寺の財力を背景に中央アジア探検隊を組織。本人も第1回に参加した
ペリオ（仏） （1878～1945）	1906～08年にかけて中央アジアを探検。仏教諸遺跡の調査を行い，敦煌文書や絵画など，多くの文物を発見 多言語の出土文書を使い，中央アジア史研究に貢献した

左側：地図

匈奴／前漢 ○長安
前2世紀

匈奴 鮮卑／後漢 ○洛陽
後2世紀

柔然／北朝 ○平城／南朝 ○建康
5世紀

突厥／ソグド人 唐 ○長安
7世紀

ウイグル／ソグド人 唐 ○長安
8世紀

キタイ帝国（遼）／西夏 宋
11世紀

西夏／金 南宋 ○臨安
12世紀

モンゴル帝国
13世紀

オイラト モンゴル／明 ○南京
15世紀

清 ○北京
18世紀

中央：年表

中華王朝	民族	①活動（覇権）期間 ②民族 ③中華王朝との対立
周（西周）	犬戎	①前8世紀ごろ？ ②陝西・山西方面の遊牧民 ③西周とたびたび交戦 →周の東遷につながる
秦・漢	匈奴	①前4世紀～後2世紀 ②ユーラシア東部最初の騎馬遊牧民 ③秦・漢とたびたび衝突、脅威となる 冒頓単于のころ、前漢高祖を破り、全盛期を迎える〈司馬遷著『史記』李将軍列伝〉
魏晋南北朝	鮮卑	①156～6世紀 ②モンゴル高原の狩猟遊牧民 ③五胡十六国時代、拓跋部が華北に進出し活躍 のちに北魏を建国 孝文帝 漢化政策実施
	柔然	①?～555 ②モンゴル系遊牧民 ③鮮卑の拓跋部、のち北魏と対立
隋	突厥	①552～744 ②トルコ系遊牧民【突厥文字使用】 ③柔然を破って建国 隋・唐の羈縻政策下におかれる
唐	ウイグル	①744～840 ②トルコ系遊牧民【ウイグル文字使用、マニ教信仰】 ③東突厥を滅ぼして建国 安史の乱で唐に援軍を送る
五代十国／宋（北宋）	キタイ（契丹）	①916～1125（キタイ帝国（遼））、1132～1211（西遼） ②モンゴル系遊牧民【キタイ文字】 ③耶律阿保機がキタイ（遼）建国 燕雲十六州を支配 北宋と澶淵の盟を結ぶ ▶キタイ人の金面具（遼陳国公主墓出土）
	タングート	①1038～1227（西夏） ②チベット系タングート人【西夏文字】 ③李元昊が西夏建国 北宋と慶暦の和約を結ぶ
南宋	女真	①1115～1234（金） ②ツングース系狩猟・農耕民【女真文字】 ③完顔阿骨打が金建国 靖康の変で北宋を滅ぼす 南宋と紹興の和約を結ぶ
元	モンゴル	①1206～1368（モンゴル帝国）、15～16世紀（韃靼） ②モンゴル系遊牧民【パスパ文字、チベット仏教保護】 ③チンギス＝ハンがモンゴル帝国建国 フビライ＝ハンが元建国 フビライが南宋を滅ぼす ダヤン＝ハンの内モンゴル再統一 アルタン＝ハーンの北京包囲
明	オイラト	①15～18世紀 ②モンゴル系遊牧民 ③エセンが正統帝をとらえる（土木の変）
清	女真	①1616～1912（後金） ②ツングース系遊牧民【チベット仏教保護】 ③ヌルハチが後金建国 ホンタイジが国号を清と改称 華北へ侵攻し、中国を支配

1 匈奴
▼①匈奴の生活
家畜の多くは馬・牛・羊で…水や草を追って遊牧し、城郭や定住地、耕作する田畑もなかったが、それぞれの領域はあった。文章はなく、言語で約束をした。…成年男子は、強弓の使い手であり、みな甲冑で身を固めた騎士となった。〈司馬遷著『史記』李将軍列伝〉

テーマ 匈奴はフン人になったのか？

後1世紀に南北に分裂した匈奴のうち、**北匈奴**は西方に移動し、**フン人**になったという説がある。フン人の遺物である「フン型」鍑（儀式用の釜）の分布を調べると、その前身と思われる形式のものがモンゴル高原から出土しており、この説を裏づける一因となっている。
▶②「フン型」銅鍑（ウルムチ、中国新疆ウイグル自治区）〈新疆ウイグル自治区博物館蔵〉

2 突厥

▲③石人（新疆ウイグル自治区、中国）突厥がモニュメントとして作成したとされる。

▼④オルホン碑文（キョルテギン碑文、モンゴル）突厥の歴史が、**突厥文字**と漢字で刻まれている。2013年には、これに匹敵する最大級の碑文が発見され、注目を集めている。（世界遺産）

3 ウイグル

▲⑤ウイグル帝国の貴族（左）と貴婦人（右）（ベゼクリク千仏洞、中国新疆ウイグル自治区）
▼⑥カラバルガスン遺跡（オルドバリク、モンゴル）ウイグルの都城跡。ソグド人や漢人の使節、商人らの滞在用につくられた。（世界遺産）

テーマ 国際商人として活躍したソグド人

▲⑦ハープをかなでるソグド人女性（ペンジケント遺跡の壁画、タジキスタン）

◀⑧ソグド文字 ソグド文字はサマルカンドの文字と言語を標準形とし、ソグド人が東方への**商業活動**を活発に行った結果、7世紀後半には中央アジアの国際通商語となった。左の写真はマニ教徒の手紙。➡p.53

4 モンゴル

▲⑨モンゴル帝国が公式に製作したおもり（銅権）〈愛知県立大学古代文字資料館蔵〉

テーマ 多様な民族を結びつけたモンゴル帝国
生活スタイルや言語（トルコ語・ペルシア語・漢語）など文化の異なる多くの民族を支配したモンゴル帝国は、彼らを文化的・経済的に結びつける役割も果たした。モンゴル支配下の諸地域では、言語ごとに呼び名の異なる重量や容量、貨幣の単位が、実質的に**一つの体系**にまとめられた。さらに、モンゴルが主要な通貨とした銀は、イスラーム世界やヨーロッパの銀貨とも大まかな換算比率が定められていた。

ウイグル文字 アラビア文字 漢字 パスパ文字

1 皇帝の廟号と諡号

姓 …李
名 …世民
廟号 …太宗
諡号 …文武大聖大広孝皇帝
→p.101

なお元号は、一代に複数用いられていたが、明代以降、一代に一元号となった（一世一元の制）。

廟号
皇帝の死後、廟で霊をまつるときに贈られた尊称。例えば**高祖・太祖**は王朝の創始者に、**太宗**は2代目皇帝に、**世祖**は遷都した皇帝にそれぞれ贈られた廟号。

諡号
生前の行為により、死後にその徳をたたえて贈られた称号。初めは諡号でよばれるのが通例で、唐代より一般に廟号でよばれるようになる。

2 陰陽五行説

古くより中国人の思想の根底をなし、**陰陽説**（陰・陽の二気の交替）と**五行説**（木・火・土・金・水の五大要素の循環）により、自然や社会のありとあらゆる現象を説く理論。五行は、戦国期の**鄒衍**（→p.90）によって王朝交代の理論に適用され、歴代王朝もこれにより、自らを合理化した。**赤眉の乱**（→p.92）は火徳である漢の再興を願い赤を、**黄巾の乱**（→p.92）は漢に変わる王朝の建設を願い土徳の黄を標識にした。

青字は四神

玄武
水 冬 北 黒
金 秋 西 白 / 土 土用 中央 黄 / 木 春 東 青
白虎 / 青竜
火 夏 南 赤
朱雀

水 相生 木
金 木 / 金 水
土 火 相剋 土 火
相生 / 相剋

五行は万物を分類し、季節・色・方位・数などの観念と結び付いている。五行の循環には、相生（漢の劉歆が提唱）と相剋（戦国期に成立）の二説があり、相剋は勝つものが跡を継ぐ（水は火に勝ち…）のが相剋子が親の跡を継ぐ（木は火を生み…）が相生。

〈金文京著『中国の歴史04 三国志の世界』講談社より一部改変〉

水 木 火
後 前 前 / 土 金
趙 燕 秦
火 土 金 水 水 土 土 土 水 木 火
漢─魏─晋 北 西 後 隋─唐─梁 後 晋─漢─周─宋 ── 元
魏 魏 周 唐
金 水 木 火 土
東 宋─斉─梁─陳
晋

---- 王朝の実際の継承関係
── 五行思想による理念上の継承関係

◀ ①五行思想と王朝交代の原理 五行思想の**相生説**による運行を、王朝の交代に対応させた原理。王朝ごとに五行のうちの一つを自らの徳とすると、次の王朝は相生説の次の要素を担う王朝に交代していくという考え方。

3 男性と宦官

宦官は去勢された男子で、皇帝の日常生活の世話や後宮の雑役を担当した。身分は低く、卑しい存在とされたが、皇帝の身近にいたため、権力をふるい政治を乱すこともあった。とくに後漢・唐・明は宦官の弊害が顕著な時代である。著名な宦官には、後漢の**蔡倫**、明の**鄭和・魏忠賢**らがいる。

ひと と
蔡倫（?〜2世紀初）

後漢の宮中調度品製作の長官だった宦官の**蔡倫**は、**製紙法**を改良して樹皮・麻・ぼろきれ・漁網などを原料に紙をつくり、広く使われたという。製紙法は、751年、**タラス河畔の戦い**で西方へ伝播したといわれる。→p.93

▲ ②西太后の輿をひく清末の宦官たち 宦官は周代から清滅亡後の1923年まで存在し、その数は多いときは1万人以上、少ないときでも2千人はいたという。異民族の捕虜や罪人*が供給源となったほかに、明清時代には、生活のため自ら手術して応募する者も多数いた。＊宮刑者

4 女性と纏足

富裕な家庭の女性には、幼児期に足の四指を脱臼させ、布で緊縛して人為的に小足にする奇習があった。性的嗜好と行動制限のため**五代**のころに始まり、**宋学**が主張した貞節奨励と女性蔑視により**南宋**期に一般にも普及した。漢族だけの風習で、しばしば禁止されたが清末にようやくすたれた。

▲ ③纏足の少女

5 中華思想

中国には、古くから自分たちを文化的に優越する存在（中華）とみなし、異なる文化をもつ周辺の人々を、**夷狄（東夷・西戎・南蛮・北狄）**とよんで蔑視する意識があった。一方で夷狄とされた人々も、漢字文化や礼を学べば中華に加わることもあり、中華の範囲は時代によって幅があった。

北狄
徳
徳・礼
徳・礼・法
中華
内臣
外臣
客臣
西戎 / 東夷
南蛮
□ 夷狄

内臣：中国の徳・礼・法のすべてが及ぶ、直接支配による君臣関係。

外臣：中国の法は及ばないが礼は適用される、ゆるやかな主従関係。

客臣：中華皇帝の徳のみが及ぶ主客関係。客として扱われる。

◀ ④中華思想と周辺国の関係

テーマ **中華思想を拒んだイギリス使節団**

清代（1793年）に乾隆帝を訪ねたイギリスの**マカートニー**使節団は、**中華思想**にもとづいて、初め客として扱われたが、貿易の自由化という条件改善の要求は拒否された。1816年に第2回の使節として派遣された**アマースト**は、中国式の礼を拒否したため門前払いされた。→巻頭9, p.118,228

イギリスの使節

乾隆帝

魏晋南北朝 〜騎馬遊牧民の華北流入

ヒストリーシアター 鮮卑の華麗なる転身？

袖 靴 帯

漢化

◀②鮮卑の漢化政策 拓跋部の建てた北魏は，439年華北を統一した。5世紀後半に孝文帝が均田制や洛陽遷都を行い，鮮卑語を禁止，服装・姓名を中国風に改めさせた。

よみとき 図①②から鮮卑がどのように変化したのかを考えよう。

▲①鮮卑の男性像(左)と戦闘のようす(上)

◀p.92

ひと 三国志の英雄たち

三国時代の歴史書としては，西晋の陳寿が書いた『三国志』があるが，この正史を講談風に脚色したのが元末明初の『三国志演義』である。乱世の奸雄曹操の戦略，赤壁で防いだ孫権(182〜252)と周瑜，義人劉備(161〜223)と関羽・張飛の任侠道，「三顧の礼」で迎えた軍師諸葛亮(孔明)の活躍など，史実から離れて庶民の心をつかんだ。

◀③曹操(155〜220)
▶④諸葛亮(181〜234)

赤字 おもな戦い　青字 文化・制度史に関する事項

魏晋南北朝の変遷と周辺諸国の動向

p.100,122▶

朝鮮日本		魏晋南北朝の変遷	周辺諸国の動向
後漢 220	弥生時代 原三国時代	**184 黄巾の乱** ★六朝(都:現在の南京) ＊曹操の陵墓 2009年12月発見。 豪族の群雄割拠→曹操*・劉備・孫権 天下三分 **208 赤壁の戦い** 蘇軾『赤壁の賦』p.109,巻末折込	日本　朝鮮　中央ユーラシア 2世紀 鮮卑が台頭 2世紀 倭国大乱
三国時代		220 魏(文帝) 都:洛陽 九品官人法(九品中正) 屯田制 →巻末 221 蜀 劉備 都:成都 222★呉 孫権 都:建業	239 邪馬台国の女王卑弥呼が魏に使節を送る 3世紀 馬韓・辰韓・弁韓分立
西晋		263 滅亡 265 西晋 司馬炎(武帝) 都:洛陽 占田・課田法 280 西晋が呉を滅ぼす →中国統一	266 倭の女王(壱与?)，西晋に朝貢
五胡十六国時代	三国(高句麗・百済・新羅)時代 古墳時代	291〜306 八王の乱 311〜316 永嘉の乱(匈奴による動乱→西晋滅亡) 五胡の侵入 五胡十六国 鮮卑・匈奴 羯・羌・氐 ★317 東晋 司馬睿(元帝) 都:建康 江南開発 土断法 九品官人法 前秦 376 苻堅 383 淝水の戦い(前秦の南下をはばむ)	313 高句麗，楽浪郡を滅ぼす 346ごろ 百済成立 356ごろ 新羅成立
南北朝時代		北魏 386 鮮卑拓跋部の都:平城 拓跋珪が建国 439 太武帝 華北統一 442 道教を国教に，仏教弾圧(法難) 485 孝文帝，均田制 486 三長制 ○漢化政策 494 洛陽遷都	★420 宋 劉裕 都:建康 ★479 斉 蕭道成 都:建康 ★502 梁 蕭衍 都:建康 391 高句麗，広開土王(好太王)即位 5世紀 柔然の台頭 5世紀 倭の五王が南朝に朝貢し，冊封される 5世紀後半 ヤマト王権による統一が進む
	三国(高句麗・百済・新羅)時代	北朝 南朝 534 東魏 高歓 535 西魏 宇文泰 府兵制 550 北斉 高洋 556 北周 宇文覚 577 ★557 陳 陳覇先 都:建康 九品官人法	538(552)日本に仏教伝来 6世紀半ば 突厥の台頭
581 隋		581 隋建国 589 隋が陳を滅ぼす→中国統一	583 突厥東西分裂

▼⑤北朝と南朝のちがい

	北朝	南朝
政権・社会の特徴	・北方遊牧民の王朝・皇帝権が強大 ・漢人豪族は支配者と結び，特権を維持	・漢族王朝・皇帝権が弱い・門閥貴族の強大化 ・豪族の大土地所有，官職独占が進む，九品官人法(九品中正，魏〜)「上品に寒門なく，下品に勢族なし」 別冊史料⑧
おもな政策	・均田制(北魏)→大土地所有抑制策 ・三長制(北魏)→農民統制策 ・府兵制(西魏)→徴兵制 →巻末	・江南開発 ・水田農耕技術発達

1 魏晋南北朝の変遷

世界全図p.12-17 ◀p.93 3 ，▶p.100 1

A 三国時代・西晋(3世紀)

234 五丈原の戦い
200 官渡の戦い
208 赤壁の戦い

⊗ おもな戦場
西晋
匈奴の勢力範囲
0　500km

B 五胡十六国時代(4〜5世紀)

383 淝水の戦い

五胡の建てた国
鮮卑　羌
匈奴　氐
羯　漢族の国家

0　500km

C 南北朝時代(5世紀後半)

494 洛陽へ遷都

□ 太武帝時代の北魏
□ 500年ごろまでの北魏の征服地

0　500km

2 北朝の質実剛健な仏教文化 →巻末折込

*写真の大仏(第20窟)のモデルは北魏の道武帝といわれる。

▲⑥**敦煌の莫高窟と仏像** 千仏洞ともいう。北魏から元にかけて造営され,塑像と壁画が多い。仏像や衣服には西方様式がみられる。シルクロード研究は,列強の敦煌探検から始まった(→p.95)。

▲⑦**雲崗の石窟と仏像** 平城の西に北魏の文成帝の命で僧曇曜が開削した。第16〜20窟の5窟が最古で,北魏の皇帝5人を模した5体の大仏がある。**ガンダーラ様式**や**グプタ様式**の流れをくむ。→p.81

▲⑧**竜門の石窟と仏像** 遷都後,北魏の**孝文帝**が**洛陽**の南に造営し,唐の玄宗時代にいたるまで開削が続き,仏像は**中国風**になった。写真の仏像は**則天武后**(→p.101)時代のもので,奈良の大仏にも影響を与えた。→p.10

3 南朝の優雅な貴族文化(六朝文化) →巻末折込

▶⑨「**女史箴図**」"画聖"**顧愷之**が,張華の宮廷女官心得マニュアル『女史箴』に挿絵を描いたといわれる作品。現存は唐代の模写本。極細の筆線で東晋時代の女性像を表している。

人は咸,その容を飾ることを知るも,その性を飾ることを知るなし

◀⑩この時代に開発が進んだ江南の水郷風景

陶淵明(陶潜) (365〜427)

東晋の田園詩人。41歳で官界を辞し,俗事をきらって農村で隠遁生活を過ごした。**老荘思想**を反映した作品をあらわし,桃源郷の故事のもととなった『**桃花源記**』,自然生活を描いた『**帰去来辞**』や『飲酒』が有名である。

▶⑫陶淵明(右)

▲⑪**王羲之「蘭亭序」** 王羲之は**東晋**の書家。名門に属し,会稽近郊の蘭亭で詩宴を催して序文をつけ"書聖"と称された。書体は手本となり,真筆は唐の太宗に好まれ陵に副葬された。

▼⑬魏晋南北朝の文化

特色		華北−遊牧民文化の混入　　江南−中国固有文化・貴族文化	
社会と文化の関連		政治的分裂・混乱 ─ 貴族の台頭・**門閥貴族**の形成	
		─ 個人主義的生き方 ─ **老荘思想** / **清談**(「竹林の七賢」)*	*阮籍,嵇康,山濤,劉伶,阮咸,尚秀,王戎 の人をいう。
文芸	詩	**陶淵明(陶潜)**(東晋)『帰去来辞』〈田園詩〉 / **謝霊運**(宋)〈山水詩〉	散文 劉義慶(宋)『**世説新語**』〈魏・晋の逸話集〉
	詩文	**昭明太子**(梁)『**文選**』を編纂(四六駢儷体)	**顔之推**(北斉)『**顔氏家訓**』 歴史 陳寿(西晋)『**三国志**』・范曄(宋)『**後漢書**』(『三国志』『魏志』倭人伝・『後漢書』東夷伝に倭国の記述あり→p.11,13 沈約(梁)『**宋書**』
芸術	書	**王羲之**(東晋)「蘭亭序」「喪乱帖」,楷書・行書・草書の芸術化 **王献之**(東晋)王羲之の子	
	絵画	**顧愷之**(東晋)「女史箴図」	
宗教	仏教	特色 北朝─国家仏教　南朝─貴族仏教 渡来僧 **仏図澄**(ブドチンガ)……クチャ(亀茲)出身,仏寺を建立 **鳩摩羅什**(クマラジーヴァ)…クチャ出身,前秦・後秦で重用,**仏典漢訳** **達磨**(ダルマ)……インド僧,禅宗の始祖 渡印僧 **法顕**(東晋時代)…『**仏国記**』(『法顕伝』)陸路で渡印し,海路で帰国 →p.14〜15,81 別冊史料10 宋雲(北魏時代) 石窟寺院 **敦煌莫高窟・雲崗**(平城)・**竜門**(洛陽)・麦積山(甘粛省)	
	道教	特色 現世利益的 神仙思想→葛洪(東晋)『抱朴子』 **寇謙之**(北魏)の「**新天師道**」(道教教団確立) 老荘思想・陰陽五行説 → 北魏の**太武帝**が保護 讖緯思想・民間信仰 **太平道・五斗米道**(後漢)・仏教の影響 仏教弾圧(法難)	
その他	実学 地誌	『**傷寒論**』(医学書)…王叔和(西晋)が整理,『**荊楚歳時記**』…宗懍(梁) 『**水経注**』(地理書)…酈道元(北魏),『**斉民要術**』(最古の農業技術書)…賈思勰(北魏)→巻末折込	

⑭**達磨** 南インドの王族出身。華北の嵩山少林寺に入り,中国禅宗を確立した。

テーマ **道教の成立** →巻末折込

漢の滅亡 → 儒学の衰退
竹林の七賢(阮籍・嵇康ら) →老荘思想が広まる →清談の流行

寇謙之(北魏)の**道教「新天師道」**確立。後漢の**太平道・五斗米道**を源流とし神仙思想・老荘思想などの要素を取り入れた現世利益的な宗教。442年,**道教が国教**となる。

▲⑮**道教の聖地 泰山** 山東省。道教一の名山。天子が封禅の儀式を行う。

今日とのつながり 関帝廟は三国時代の蜀の武将関羽(?〜220)を軍神としてまつった廟。商売の神ともなり,中国各地のみならず,京都・長崎・神戸・横浜の中華街などにもおかれ,華僑(→p.209)の人々の崇拝を集めている。

隋・唐 ～東アジアの世界帝国の成立

ヒストリーシアター　皇帝の命令による偉大な事業

「舟曳きの歌」
わが兄征征けり、遼東へ
餓えて死にけり青山に
今のわたしは龍舟挽いて
またも困しむ隄防道
〈小宮進訳『海山記』〉

▲①煬帝　　▲②人民の苦悩

竜船

よみとき　誰が竜船に乗り，誰が船を動かしているのだろう。また，この大運河建設の目的について考えよう。

▲③竜船で運河を巡行する煬帝

▼④煬帝の大運河建設　隋の楊堅(文帝)とその子煬帝は高句麗遠征に備えて，大運河を整備し，政治の中心である華北と経済が発展している江南を結びつけたが，その建設には数百万の農民が酷使され，さらに重税も課せられた。
　※1 楊堅(文帝)による建設
　※2 当初の開通は文帝時代の587年

永済渠 608年	涿郡(北京) 高句麗遠征の前線基地	運河
広通渠※1 584年	通済渠 605年	
大興城(長安)	洛陽(開封) 汴州(開封)	山陽(淮安)
山陽瀆(邗溝) 605年※2	江都(揚州)	
0 500km	江南河 610年	余杭(杭州)

隋・唐の変遷

◀p.98　　　p.105▶

年	国内の主要事項	対外関係	朝鮮	日本
581		緑字:制度 青字:文化に関する事項 赤字:日本に関する事項	古墳時代	
	文帝(楊堅) 位581～604　都:**大興城(長安)**	・**突厥**を支配下におく		
	581 隋を建国	→583 突厥，**東西に分裂**		
	589 陳を滅ぼす **中国統一**			
隋	・**均田制・租庸調制・府兵制**を実施	600 遣隋使が始まる(～614)		
	・**科挙**を実施 **皇帝権強化**			
	煬帝(楊広) 位604～618	607 厩戸王(聖徳太子)，小野妹子らを隋に派遣	三国(高句麗・百済・新羅)	飛鳥時代
	・**大運河完成** **華北・江南の一体化**			
618	618 煬帝，近衛兵により暗殺 →隋，滅亡	612 3度の**高句麗遠征失敗**(～614)→各地で反乱		
618	**高祖(李淵)** 位618～626			
	618 唐を建国　都:**長安**	←東突厥が支援		
	太宗(李世民) 位626～649	629 玄奘のインド旅行(～645)		
	626 玄武門の変(李世民，兄弟を殺して即位)	630 **東突厥**が唐に服属 →**天可汗**の称号を贈る		
	・**律令国家体制**を確立	630 遣唐使が始まる		
	・**均田制・租庸調制・府兵制**を整備 巻末	641 唐の文成公主が**吐蕃**の王**ソンツェン=ガンポ**に降嫁		
	・「**貞観の治**」			
	高宗 位649～683　妻:**則天武后**	657 **西突厥**が唐に服属		
唐	・唐の**最大領土**を現出	660 唐・新羅が**百済**を滅ぼす		
	・**羈縻政策・都護府・冊封関係**を整備	663 白村江の戦いで倭が敗れる		
		668 唐・新羅が**高句麗**を滅ぼす		
		671 義浄のインド旅行(～695)		
		・**安東都護府**を設置		
		679 唐が**安南都護府**を設置		
	690 則天武后が即位 国号を周とする(武周革命)	「**武韋の禍**」	統一新羅	奈良時代
	710 韋后が皇帝**中宗**を毒殺	710 都護府にかわり**節度使**(河西節度使)を設置		
	○ 均田制の崩壊が始まる			
	玄宗(李隆基) 位712～756　妻:楊貴妃			
	713 「**開元の治**」(～741) ▶p.103			
	722 募兵制実施→749府兵制廃止	751 **タラス河畔の戦い** ▶p.22 →高仙芝敗れる		
	755 **安史の乱**(～763) →玄宗，四川へのがれる ▶p.104	製紙法西伝		
	○ 節度使の強大化(**藩鎮**の台頭)…**ウイグル**，鎮圧に協力			
	徳宗 位779～805			
	780 **両税法**を実施→宰相の**楊炎**建議 ▶p.104			
845	845 **武宗**(位840～846)，大規模な**廃仏**	840 ウイグル崩壊		平安時代
	875 黄巣の乱(～884)…農民反乱	894 日本，遣唐使停止		
907	907 **朱全忠**が唐を滅ぼす →**後梁**建国	華北で後梁・後唐・後晋・後漢・後周の5王朝(**五代**)が，周辺で10余りの国(**十国**)が興亡		
	五代十国(～979)が始まる →武断政治 ▶p.104			

1 隋の統一と周辺諸国

世界全図p.18～19 ▶ p.98 **1**

鉄勒	ウトゥケン山 突厥などの遊牧民の聖地	高句麗(～668)
西突厥(583～657)	東突厥(583～744)	
	600年ごろの東突厥	平壌 新羅
高昌	敦煌 張掖 武威	百済 倭
	600年ごろの西突厥	大宰府
吐谷渾 タングート(党項)	大興城(長安) 洛陽 汴州	太平洋
0 1000km	揚州 余杭(杭州)	
隋の離間策により分裂	隋 長沙	600～614 遣隋使のルート
東突厥 臣従 高句麗 3回にわたる遠征失敗		607「日出づる処の天子，書を日没する処の天子にいたす」とした国書を，隋の煬帝に送る
西突厥 隋 倭 遣隋使の派遣	南寧蛮 六詔 番禺夷 南海	流求
公主の降嫁 吐谷渾 征服 出兵 林邑	交趾 チャンパー(林邑)	

凡例	
▨	文帝(位581～604)が統一した地域
▨	煬帝(位604～618)が征服した地域
→	煬帝の高句麗遠征路

テーマ 拓跋国家 ～北朝と隋唐

北魏・東魏・西魏・北斉・北周の北朝から**隋・唐**までの諸王朝は，中国風の王朝名を称したが，すべてモンゴル高原南部から進出した鮮卑の**拓跋部**を中心とする有力家系によって建国された。北魏の**均田制**や西魏の**府兵制**などの制度や法制・官制は，隋・唐にいたっても大きく変わらなかった。これらの王朝には一連のつながりがあるとみなされ，総称して「**拓跋国家**」とよばれている。

▶⑤北周・隋・唐の婚姻関係図
番号は帝位の順　赤字は女性

北周	隋	唐
宇文肱	鮮卑族	李虎
顥 泰	独孤信 楊忠	昞
②護 ①閔帝 ③武帝	独孤皇后 元貞皇后 独孤皇后 独孤信の長女 楊堅①文帝	李淵①高祖 李昞
④宣帝	楊皇后 楊広②煬帝	李世民②太宗
⑤静帝		

▼⑥均田制の比較 巻末 *1=休耕田　*2=唐の100畝は約5.5ha　*3=世襲　*4=桑田のかわりとして

国	男女の年齢	穀物栽培地		桑・果樹栽培地		特色
北魏	丁男(15～69歳)	露田	40畝 倍田 40畝	桑田 20畝	麻田 10畝	**奴婢**にも良人と同等の給田
	丁妻(15～69歳)		20畝 20畝	—	5畝	**耕牛**1頭に30畝(4頭を限度)
隋	丁男(18～59歳)	露田	80畝	永業田*4	20畝	奴婢・耕牛に給田なし
	丁妻(18～59歳)		40畝		—	煬帝のときに妻の給田廃止 身分・官職に応じ永業田・職分田あり
唐	丁男(21～59歳)	口分田	80畝*2	永業田*3	20畝	妻・奴婢・耕牛に給田なし
	老男(60歳以上)		40畝(死後全て返還)		—	官吏には公田として官人永業田あり
	中男(16～20歳)		80畝		20畝	寡婦(戸主)は口分田30畝
日本	男(6歳～終身)	口分田	2段(0.23ha)			家人・私奴婢に良民の3分の1給田
	女(6歳～終身)		1段120歩			身分・官職に応じ位田・職分田あり

2 唐の統治体制

中央 皇帝 — 三省
中書省（詔勅の立案）
門下省（詔勅の審議）→封駁
尚書省（詔勅の実施）
御史台（官吏の監察）一台
九寺（祭祀など）
五監（教育など）
六部
吏部（官吏の任免）（ ）内容
戸部（戸籍・租税関係）
礼部（儀礼・外交・科挙）
兵部（軍事関係）
刑部（司法関係）
工部（土木関係）

州県制 地方
道〔按察使〕
州〔刺史〕
県〔令〕→長官

*詔勅をさしもどす拒否権（封駁）をもつ門下省を中心に、科挙（→p.105）の試験および蔭位の制で官僚となった門閥貴族が政治の実権をにぎった。そのため、門下省は、貴族の拠点となった。

律令格式
律…刑罰規定
令…行政法規
格…律令の補充改正規定
式…律令の施行細則

◀⑦**三省六部・律令格式** 中書省が皇帝の意志を受けて詔勅などを起草、門下省が内容を審議、尚書省が六部を通じて全国に施行・伝達した。行政は律・令・格・式の法制にのっとって行われた。六部は隋唐では尚書省に属したが、尚書省の権威低下を受けて、元では中書省に、明では皇帝直属となった（→p.114）。

◀⑧**太宗（李世民）**（598〜649） 律令格式にもとづく官制、均田制・租庸調制・府兵制などの支配体制を充実させ、名君として名高い。その治世は「貞観の治」とよばれる。

ひと **中国史上唯一の女帝 則天武后**
（624ごろ〜705）

3代高宗の皇后で、690年から親政を始め、子の中宗・睿宗を廃し聖神皇帝と称し国号を周とした。建国の功臣にかえ、官僚や新興地主層を抜擢し、また則天文字の制定など大胆な改革を行った。女性による政権奪取のため、後世「武韋の禍」と非難されたが、現在は再評価が進んでいる。

3 唐の進出と周辺諸国

世界全図p.20〜23 →p.104 2

唐の領域
唐の直接支配地
唐の最大勢力圏
■ 六都護府の位置（数字は設置年代）
→ 太宗・高宗時代の唐の外征
● 十節度使
→ 安禄山軍の進路

630〜838 遣唐使のルート
714〜市舶司設置

1000km

ひと **チベットを統一したソンツェン＝ガンポ**
（位629〜649）

7世紀前半のチベット（吐蕃）で勢力をのばし、諸王国を統一して吐蕃を建国した。唐との戦いののち和平を結び、懐柔策として文成公主が降嫁した。このころ、チベット文字が制定され、仏教もチベットに伝わった。→巻頭21

キーワード **朝貢・冊封関係** 中国は、周辺諸国との外交関係において、貢物とお返しのやりとり（朝貢貿易）を行った周辺諸国の支配者に対し、名目的に中国の官位や爵号を与えて皇帝の臣下とし（冊封）、中国を中心とする東アジア世界での国際的秩序を構築して内外に示そうとした。これを、朝貢・冊封関係という。1894年の日清戦争で最終的に崩壊したとされる。 →p.11,306

都護府 諸民族の族長を地方の長官に任じ、都護府の監督下でその自治を認めた（羈縻政策）

● **冊封国** 唐に使者を派遣して、朝貢する支配者に官爵を授け君臣関係を結ぶもの

● **朝貢国** 唐に使者を派遣して、朝貢による交易のみ行うもの

● **姻戚関係をもった国** 強力な西・北方諸国にも「天可汗」として君臨するため、皇帝の娘（公主）を降嫁させた

折襷
鳥羽冠
毛皮の帽子
黒い外衣
新羅の使節か
東ローマ帝国の使節か
東北の少数民族の使節か
黒い長靴
短靴
唐の官吏

▲⑨**長安を訪れる外国使節と唐の官吏**（章懐太子李賢墓） 章懐太子墓の東壁に描かれたこの「賓客図」は、唐と外国からやってきた使節のようすをよく表している。**長安**城内の鴻臚寺や典客署などの機関が使節の接待を行った。接待費用は巨額を要した。

今日とのつながり 則天武后が制定した則天文字は20字たらずであったが、「水戸黄門」として知られる徳川光圀の「圀」の字のように、現在でも使われている文字がある。

日本

東アジア

◀①**着かざった宮廷女官たち** 唐代には，西方文化の流入により国際色豊かで開放的な文化が花開いた。女性の服装も外来の胡服とよばれる折り返し襟の上着・革製ベルト・靴というスタイルや，胸元を大きく開いた上着にロングスカートという優雅で開放的なスタイルが流行した。

袖が狭い上着
折り返し襟の男装
ロングスカート

▲②**出土した唐代の餃子と菓子**(新疆アスターナ古墓) 小麦の製粉技術が西方から伝わり，唐代には，胡食とよばれた小麦粉の食品が普及した。

よみとき 図①②にみられる胡服，胡食の「胡」とはどのような意味だろう。また5世紀にネストリウス派を異端としたのは何という公会議だっただろうか。

◀③**大秦景教流行中国碑** 781年，長安の大秦寺(旧称は波斯寺)に建立。本文は縦書きの漢字とシリア文字で，ネストリウス派キリスト教(景教)の来歴と布教，盛衰について記している。高さは2.76m。

1 国際都市 長安の繁栄

▶④**長安城** 黄河支流の渭水の南に隋が大興城を建て，唐が完成させた。南北8.7km，東西9.7km，周囲を高さ約5mの城壁が囲む。

城壁の高さ約5m
開遠門
大秦寺
城壁の高さ10m以上
大明宮
小雁塔
西市
諸宮庁
鴻臚寺
太極殿
朱雀門
東市
興慶宮
朱雀大路
明徳門
青龍寺 入唐した空海が学んだ寺
大雁塔
芙蓉園
北

景教(ネストリウス派キリスト教)寺院
仏教寺院
祆教(ゾロアスター教)寺院
道教寺院

世界遺産

▶⑤**慈恩寺の大雁塔** 慈恩寺は高宗が母に養育してもらった恩を忘れないために創建した寺。インドから帰国した玄奘(→p.95)は，ここで経典の翻訳に従事し，652年，玄奘が持ち帰った仏典を保管するため，大雁塔が建てられた。創建当初は5層。

テーマ **都市の比較**

　長安は計画都市で，塀がめぐらされた坊とよばれる区画に整然と建物が配置された。この都城制は東アジアの各都市に影響を与えた。また，長安は経済・文化の中心地であったため，多くの人が各地から集まり，人口は約100万人だったと考えられている。

長 安	平安京	上京竜泉府
唐代約100万人	9～10世紀 約15万人	8～10世紀 約10万人

大明宮／宮城／皇城／興慶宮／西市／東市／朱雀大路
天内裏／右京／左京／朱雀大路／西市／東市
宮城／皇城／朱雀大路

バグダード
9世紀 約100万人

ブリュージュ	ヴェネツィア
→p.146	→p.147
14世紀 約5万人	14世紀 約16万人

0 2km

▼⑥**唐代の宗教**

仏　教	宮廷・貴族の保護で隆盛 **天台宗・華厳宗・真言宗・浄土宗・禅宗**など諸宗派成立	
	渡印僧 **玄奘**…陸路(629～645)『**大唐西域記**』→p.20～21,95	
	義浄…海路(671～695)『**南海寄帰内法伝**』→p.20～21	
	845年　会昌の廃仏(武宗の弾圧)祆教・景教・摩尼教をも弾圧	
道　教	歴代皇帝の保護により発展　道教の寺院を道観，僧を道士という	
祆　教(ゾロアスター教)	南北朝時代に北魏に伝来　631年長安に祆教寺院建立 **拝火教**ともいう →p.61	三夷教
摩尼教(マニ教)	**則天武后**時代に伝わる　おもにソグド人・ウイグル人が信奉したが，経典が漢訳され漢人にも影響を与えた →p.61	
景　教(ネストリウス派キリスト教)	**太宗**の貞観年間に伝来　638年に長安に波斯寺建立 781年大秦景教流行中国碑建立 →p.61	
回教(イスラーム)*	**広州・泉州**などの海港都市に居住するアラブ人が信仰	

*回教という呼び方は，後世のもの。

今日とのつながり 現在，日本に残る蘭陵王などの舞い(雅楽)やこれらの音楽をかなでる楽器(琵琶・ひちりきなど)は，この時代に西方から唐を経て，日本に伝わった。

2 詩文

[少年の行]
五陵の年少
金市の東
銀鞍
白馬
春風を度る
落花踏み尽くして
何れの処にか遊ぶ
笑つて入る
胡姫
酒肆の中

▲⑦李白　詩仙。42歳の時に玄宗の側近となつたが、宦官の中傷により宮中を追放された。自然と酒を愛し、各地を遊歴した。安史の乱の折、反乱軍とみなされ流罪にされたが、その後、許された。自由奔放で力強い秀作を絶句に残した。

[鹿柴]
空山 人を見ず
但だ人語の
響くを聞く
返景 深林に入り
復た照らす
青苔の上

▲⑧王維　詩仏。山水の情景を愛した自然詩人、かつ南画の祖。若くして官吏となり、玄宗に仕えた。仏教にも深く帰依し、仏寺などを歌つた詩も多い。

[春望]
国破れて山河あり
城春にして草木深し
時に感じて
花にも涙を濺ぎ
別れを恨んで
鳥にも心を驚かす
烽火三月に連り
家書万金に抵る
白頭掻けば更に短く
渾て簪に
勝えざらんと欲す

▲⑨杜甫　詩聖。官吏を志し、たびたび官吏登用試験（科挙）を受験するも失敗した。安史の乱では反乱軍の捕虜となり、長安城に軟禁された。このときの詩が、有名な「春望」。社会の矛盾や人間の苦悩など、社会的題材で律詩を完成させた。別冊史料⑪

▼⑩唐代の文化

儒学（訓詁学）
書
574 孔穎達『五経正義』648　五経の注釈書
581 顔師古 645
557 欧陽詢 641
558 虞世南 638
578 房玄齢『晋書』648
596 褚遂良 658　初唐三大書家

史書
661 劉知幾『史通』721
709 顔真卿 785
735 杜佑『通典』

絵画
閻立本『歴代帝王図巻』673
653 李思訓 718ごろ（山水画・北画の祖）
685ごろ 呉道玄 760ごろ
王維※2（山水画・南画の祖）

唐詩　律詩・絶句
699ごろ 王維 761　自然詩人
701 李白 762
712 杜甫 770
古文復興
768 韓愈（韓退之）824
773 柳宗元 819
772 白居易（白楽天）『長恨歌』846
812 李商隠 義山雑纂 858

工芸　唐三彩（緑・褐・白など）…副葬品・交易品に使用

初唐 太宗の治世 / 盛唐 玄宗の治世 / 中唐 / 晩唐

※2 唐詩の王維と同一人物
※3 玄宗のお抱え絵師。山水画・人物画・仏教画など生動的な画風。「画聖」。

＊唐詩の発展は初唐・盛唐・中唐・晩唐の4期に分けられる。

清少納言『枕草子』の文章形式に影響を与える

（→p.99）（→p.104）

3 書道・工芸

◄⑪顔真卿の書　盛唐の書家として知られ、従来の上品な王羲之流の書風（→p.99）に対し、力強い書風を確立した。優れた軍人でもあり、安史の乱では義勇軍を率いて乱の鎮圧に貢献し、その功績で栄達するも、その剛直な性格から何度も左遷され、最後はとらえられて殺された。

▲⑫顔真卿

▲⑬胡人とラクダをかたどつた唐三彩
緑・白・褐色など2色以上の釉薬のかかつた陶器で、多くは、貴人の墓に埋められる副葬品であつた。西域から来たラクダや胡人など、異国情緒の豊かな題材が好まれた。

ひと　玄宗（685～762）と傾国の美女楊貴妃（719～756）

第6代皇帝玄宗の治世前半は、「開元の治」とたたえられ、有能な臣を登用して政務に励んだが、晩年は政治にあき、楊貴妃との生活におぼれた。楊国忠をはじめ、楊貴妃の一族がみな高官となつたことで、節度使安禄山（→p.104）との間に政権争いが起き、安史の乱を招いた。楊貴妃は、玄宗と四川にのがれる途中、側近に殺害された。

▼⑭楊貴妃とそれを見つめる玄宗

楊貴妃　玄宗

4 遣唐使と渡来僧

皇帝名	年	人名	宗派	事項
高宗	653年出発	道昭	法相宗	玄奘に師事
則天武后	702年出発	道慈	律宗	唐からの戒師を要請
玄宗	717年出発	玄昉	法相宗	帰国後、政界に進出
	717年出発	阿倍仲麻呂		留学生　770年、唐で客死
	717年出発	吉備真備		留学生　735年、典籍を携えて帰国
	753年到着	鑑真＊	律宗	要請に応え来日（唐招提寺）
徳宗	804年出発	最澄	天台宗	比叡山延暦寺建立
	804年出発	空海	真言宗	高野山金剛峯寺建立
文宗	838年出発	円仁	天台宗	『入唐求法巡礼行記』※2を著す
宣宗	853年出発	円珍	天台宗	858年帰国　園城寺を賜る

＊ 生没年688～763。唐からの渡来人　※2 中国で弾圧（845 会昌の廃仏）を受けたようすを伝える。

▲⑮日本から唐に渡つた留学生・留学僧と日本に渡来した僧　玄奘や義浄がインドから伝えた仏教を学ぶために、日本からも留学僧が唐の長安へと派遣された。玄奘門下に興つた法相宗や最澄・空海らによつて天台宗・真言宗などが伝えられ、また唐からも鑑真和上などの戒師※3が来日した。

＊3 出家を望む者を僧侶に任命できる師僧

テーマ　遣唐使　～日本と唐の関連

630年の犬上御田鍬以降、日本は許可を得て遣唐使を派遣できるようになつた。894年に廃止されるまで計20回の遣唐使のうち、とくに702年の遣唐使は画期的で、この時点から中国側の資料が「倭国」から「日本国」に書き改められるようになつた。672年、壬申の乱が終わり、新しい国家体制の建設時であつた日本からは、留学生や留学僧が海を渡り、唐の最新の文化を取り入れた。鑑真和上など唐の碩学も来日した。一方、国際色豊かな唐では、阿倍仲麻呂のように、国籍に関係なく重用される例もあつた。

▼⑯日本に渡る途上で遭難する鑑真の一行〈「鑑真和尚東征絵伝」唐招提寺蔵〉

鑑真　難破する船

東アジア

①**安禄山**(705〜757) 唐は，**府兵制**が崩れると辺境に**節度使**をおいたが，**ソグド系**の安禄山は平盧・范陽・河東の3節度使を兼任し，強大な兵力を掌握した。755年，部下の**史思明**とともに反乱を起こした(**安史の乱**)。 ➡ p.103

[訳文]
…梨花の園中 冊して妃となし 金鶏の障りて 養いて児となす
禄山胡旋して君の眼を迷わし 兵は黄河を過ぐるも未だ反せずと
貴妃 胡旋して君の心を惑わし 死して馬嵬に棄つるも念い さらに深い

『新楽府』「胡旋女」より
(川合康三訳注『白楽天詩選』岩波書店)
白居易

楊貴妃は梨花の御苑で妃となり，安禄山を養子にした。安禄山は胡旋舞(ソグド人の踊り)を演じて主君(玄宗)の目をくらませ，玄宗はまだ反乱ではあるまいと疑っておられた。楊貴妃も胡旋舞を舞って玄宗を魅了し，楊貴妃の想いはさらに深くなった。

よみとき 反乱を起こした安禄山はどこの出身で，どのような役職についていただろうか。また白居易の詩を読んで，安禄山が玄宗にとってどのような存在であったか，考えてみよう。

古代の中国では むしろ の上に座る生活をしていたが，4世紀以降，遊牧民の影響で椅子に腰かける風習が宮中や貴族に受け入れられ，10世紀以降には，庶民にも広がった。下は江南の南唐の絵で椅子が用いられている。右上の男性は榻とよばれる長椅子の上にあぐらをかいている。

▼②南唐の貴族の宴

1 唐の社会変動

税 制	租庸調制	両 税 法
対 象	丁男(個人)に，本籍地で課す	戸別に現住地で課す
課税時期	秋1回	夏と秋の2回
課税方法	・税の収入によって政府の支出を決める(量入制出) ・丁男に等しく現物納に労役を加味して課税	・政府の必要支出額をもとに割りだす(量出制入) ・各戸の資産・土地所有の大小に応じて正税(戸税・地税)のみを課す
課税内容	租 粟(もみつきの穀物)2石(約120L) 庸 年間20日の労役または1日あたり絹3尺(麻なら3尺6寸)の代納 調 絹布または麻布 雑徭 地方官庁への労役(50〜60日あり負担が重かった)	戸税 資産額に対して貨幣で徴収 地税 耕地面積に対して穀物で徴収 商税 商人に対しては，売り上げの30分の1を徴収

▲③**租庸調制から両税法へ** 780年，宰相の**楊炎**は，**律令体制**の崩壊による財政悪化を改善するため，**租庸調制を廃止**し，農民の土地所有を認めて**両税法**を実施した。 ➡ 巻末 別冊史料 9

安史の乱後，国家財政を支えるため**塩**が**専売制**となり，価格が引き上げられた*。そのため，安価な密売塩の やみ 商人が活躍し，私兵を有して官軍に対抗した。こうした「塩賊」の**王仙芝**と**黄巣**が山東で反乱を起こし，黄巣は**長安**を占領して帝位を主張したが，突厥(沙陀)軍に破れ，逃走中に殺された。

▼④池塩を計量し出荷する塩商人 (宋代『経史証類本草』)

*塩の価格は原価の数十倍となった。

2 五代十国の興亡

▲⑤**五代十国の興亡** 907年，唐が**節度使**の**朱全忠**によって滅ぼされたのち，華北では5王朝が交代，華中・華南では10余りの国が興亡して，979年の**宋(北宋)**の統一まで分裂時代となった。

➤⑥五代の興亡から宋の建国へ

後梁(907〜923)
都:汴州(開封)
朱全忠(唐の節度使)

後唐(923〜936)
都:洛陽
李存勗，**突厥**(沙陀)出身

後晋(936〜946)
都:開封
石敬瑭，**突厥**(沙陀)出身

後漢(947〜950)
都:開封
劉知遠，**突厥**(沙陀)出身

後周(951〜960)
都:開封
郭威

宋(北宋)(960〜1127)
都:開封
趙匡胤(後周の武将)

▼⑦五代十国

世界全図p.24-25 ⬅ p.101 3 ，➡ p.106 1

五代の興亡中心地
後梁 907〜923
後唐 936〜946
後漢 947〜950
後周 951〜960

五代十国の範囲
国名 十国のうち950年以前に滅んだ国

今日とのつながり 中国の人口は，唐末〜宋の時代に南北が逆転し，現在にいたるまで，南部の人口の方が多くなっている。ただし現在は，南北より沿岸部と内陸部など東西の差の方が大きくなっている。

宋① ～皇帝独裁と文治主義

ヒストリーシアター　皇帝お墨つきのエリートたち

▲①殿試の創始者 太祖(趙匡胤)

▶②殿試を行っているようす

皇帝

よみとき　従来の科挙試験にはなかった図②の殿試では，誰が臨席しているだろう。そして，その影響について考えよう。

▲③四書五経の注釈が書かれたカンニング用下着　官吏任用試験の科挙に合格するには，四書五経(→p.90)を暗記し，かつ作文の練習も必要とされたため，受験者の中には，カンニングに工夫をこらす者もいた。写真は清代のもの。

▼④科挙の変化→別冊史料13 巻末

唐		宋
[合格](任官)		進士(任官)
吏部の選考(身・言・書・判)		殿試(皇帝による試験 君主独裁体制の強化)
合格(進士*)		
礼部の選考		省試(礼部での中央試験)
		合格(挙人)
		州試・解試(地方試験)

*貧賤出身の進士は，容易に任官できず。

五代十国・宋と北方民族の変遷

◀p.100　　　p.110▶

	国内	北方民族		日本
唐	755 安史の乱(～763)◀	青字 文化関連事項	ウイグル	奈良
	○節度使の藩鎮化→江南の徴税強化	ウイグル，鎮圧に協力		
	780 両税法を実施	840 キルギスが，ウイグルを滅ぼす		
907	875 黄巣の乱(～884)	916 キタイ(契丹)人の耶律阿保機がキタイ帝国皇帝に即位		
907	907 節度使の朱全忠が唐を滅ぼし，後梁を建国 五代十国(～979)が始まる →武断政治	926 キタイ人が渤海を滅ぼす	遼(キタイ帝国)	
五代十国	太祖(趙匡胤)位960～976	936 後晋がキタイに燕雲十六州を割譲→p.106		平
	●君主独裁制を強化，文治主義・殿試を開始	(後晋建国の援助への代償)このののち1368年まで，北方民族が約430年支配		
960	960 後周の武将趙匡胤が宋(北宋)を建国 都:開封(汴州，汴京)			
	971 広州に市舶司を設置	947 キタイの耶律堯骨，国号を遼に改称		
	太宗 位976～997			
979	979 北漢を滅ぼす→中国を再統一			安
	1004 澶淵の盟 北宋(真宗)を兄，遼(聖宗)を弟とする兄弟関係が成立	1038 西夏成立 李元昊(タングート人)，建国		
北宋	1044 慶暦の和約 北宋(仁宗)を君，西夏(景帝・李元昊)を臣とする君臣関係が成立→p.107			時
	神宗 位1067～85			
	1069 王安石，新法開始			代
	70 王安石を宰相に起用→p.106			
	76 司馬光ら旧法党と新法党が対立 →王安石，宰相を辞任	1115 金成立 阿骨打(女真人の完顔部出身)，建国	西	
	85 哲宗，司馬光を宰相とし新法廃止	25 金が遼を滅ぼす		
	徽宗 位1100～25		夏	
	●新法採用			
	●院体画(北画)の大家「桃鳩図」	26 靖康の変(～27)		
	1120 方臘の乱(～21)	金が開封を占領して北宋を滅ぼし，皇帝欽宗・上皇徽宗を連れ去る		
1127	欽宗 位1125～27 北宋滅亡◀			
1127	高宗 位1127～62			
	1127 臨安(杭州)を都とし，南宋成立→p.107	1132 耶律大石，カラ=キタイ(西遼)を建国		鎌倉時代
南宋	○主戦派(岳飛)・和平派(秦檜)の対立			
	1142 紹興の和議 淮河(淮水)を国境とし，金を君，南宋を臣とする君臣関係→p.107		金	
	○朱熹(1130～1200)，朱子学を大成	1167 王重陽，全真教をおこす		
		1211 カラ=キタイ滅亡		
		14 金，汴京(開封)に遷都		
		27 モンゴル，西夏を滅ぼす	モンゴル	
		34 モンゴル，金を滅ぼす		
1276	1276 元軍，臨安を占領，南宋滅亡			
	79 崖山の戦い，南宋の残存勢力も滅亡			

---

1 宋の建国と統治体制

皇帝（君主独裁制）

中央　　　　　　　　　　　　　　　　地方

三司(財政)　枢密院(軍事)　御史台(監察)　宰相(複数)
　　　　　　中書門下省(民政)

全国約20の行政区画　路／州／県／郷／村

知州・知県以下赴任する数名の官僚

禁軍 太祖のとき19万 仁宗のとき82万

宋代の六部は有名無実化していたが，新法党の改革で再編された。

厢軍 おもに土木工事を担当

胥吏といわれる地元の実務にたずさわる多数の下級職員

(自然村落)

▲⑤宋の統治体制

	政治	支配層	官吏の任用	土地制度	税制	文化	外交	学問・文化
唐	貴族的律令政治	門閥貴族	科挙・蔭位の制	均田制→荘園制	租庸調制→両税法	国際的・貴族的	冊封関係(羈縻政策)	訓詁学・唐詩
↓宋	文治主義・皇帝独裁政治	士大夫・新興地主(形勢戸)	科挙(殿試)	佃戸制	両税法	国粋的・庶民的	和平策・閉鎖的	宋学・宋詞

▲⑥唐から宋への変革(唐宋変革)　唐から宋にかけては，政治体制から文化にいたるまで大きな変化があり，中国史の転換期とされている。一つには，節度使の権限を削り，君主独裁体制を確立しようとしたことがあげられる。また，節度使の後任を文官(科挙官僚)にかえ，さらに枢密院の長官をも文官にかえて軍の指揮権を皇帝が完全に掌握した。ここに安史の乱以後200年余りにわたる武人優位の風潮(武断政治)は改められ，文治主義による統治体制が成立した。

周代 →	漢代 →	三国時代 →	南北朝 →	隋・唐代 →	唐末 →	宋代 →
士・大夫階級が民衆と区別される→p.88	地方の豪族が郷挙里選で中央に進出→p.92	九品官人法により貴族が高級官僚職を独占→豪族の貴族化が進む	北朝…鮮卑と漢人貴族の格付け，通婚奨励 南朝…南下した貴族が貴族制度維持「上品に寒門なく，下品に勢族なし」→p.98	科挙実施…貴族優遇 則天武后時代…科挙官僚の積極登用で貴族抑制 蔭位の制残る…唐まで貴族制度温存→p.101	唐宋変革 唐末…武人勢力や新興地主の台頭で貴族が没落	君主独裁体制→官僚が文官に 士大夫階級の台頭

▲⑦中国貴族の盛衰

今日とのつながり　現在の西洋諸国や日本も，軍(自衛隊)を文官の指揮下におくという文治主義(シビリアン=コントロール)体制をとっている。

宋②と遼・西夏・金 ～苦悩する宋と江南の発展

ヒストリーシアター 国防を忘れた風流天子の天国と地獄

▲①徽宗(1082〜1135) 北宋の皇帝。靖康の変(1126〜27)で金に拉致された。

よみとき 図②③から、徽宗はどんな皇帝であったのか、また史料④の内容から、南宋と金の関係を考えよう。

▲②徽宗の描いた「桃鳩図」(院体画) ➡ p.108

◀③太湖石 徽宗は珍奇な岩石を愛でる趣味をもっており、宰相の蔡京は花石綱とよぶ船団を組み、江南に産する太湖石などを都の開封まで運ばせた。この運搬には、多くの江南の人民が動員された。

これから子孫代々(金の皇帝に対して)謹んで臣節を守り、毎年貴皇帝の誕生日と正月にはお祝いを絶やしません。歳貢は銀25万両、絹25万匹を紹興12年(1142年)より、毎年春に淮州にもっていってお納めします。もし、この約束を守らなかった場合は、私の命を絶ち、民を滅ぼし、国家を滅ぼしても構いません。

*紹興の和約 〈綿引弘訳『宋史紀事本末』巻6〉

▲④南宋の皇帝が金の皇帝に送った国書

1 遼の台頭と動揺する宋 世界全図p.26-27 ➡ p.104 2

【11世紀の地図】キルギス／九姓タタル／ナイマン／モンゴル／遼(キタイ帝国)(916〜1125)／遼の興起地／上京臨潢府／生女真・熟女真／カラホト(黒水城)／中京大定府／東京遼陽府／西夏(1038〜1227)／西京大同府／南京析津府／沙州／甘州／興慶／京兆府 黄河／北京大名府／開城／高麗／チベット／ラサ／成都／東京開封府(開封)／南京応天府／揚州／日本／大宰府／杭州／明州／パガン朝／大理／宋(北宋)(960〜1127)／昇竜／大越(李朝)／欽州／雷州／広州／景徳鎮／福州／泉州／流求／南シナ海／1004 澶淵の盟 宋は毎年絹20万匹、銀10万両を遼に送る／遼の勢力圏／遼の五京／燕雲十六州／市舶司のおかれた都市／宋の四京／0 1000km

【10世紀の地図】936 後晋の高祖石敬瑭が遼に割譲／959 後周の世宗が回復／986 宋の聖宗が侵略／キタイ帝国(遼)／燕雲十六州／後晋／晋陽／渤海／0 150km

断面図／1500(m) 1000 500 0／長城／長城／燕州(北京)／A〜B 燕雲十六州

▲⑤燕雲十六州 10世紀、後晋の石敬瑭が建国を援助してくれたキタイ人に対して燕州など16の州を与えた。この地は長城の内外に広がり、鉱物資源にも恵まれた土地であった。

山水画の屏風／自画像／士大夫／香炉／書物／硯

▲⑥士大夫 唐代までの貴族にかわって、宋代以降は士大夫が、政治的・社会的・文化的な指導者階級となった。士大夫とは科挙に合格した官僚・知識人であるが、実務的な能力より、図のように、琴棋書画といった文化面での教養が重視された。実際の地方行政は、胥吏とよばれる無給の下級官吏が担当していた(➡ p.105)。

2 文治主義の矛盾と王安石の改革

【フローチャート】文治主義／節度使を廃止 地方軍事力が弱体化／官僚が増大／支出が増大／遼・西夏の侵入／軍事費・歳幣などの支出が増大／国家財政の窮乏／王安石の新法(富国強兵策)

【国家財政の収入源】官戸 両税／形勢戸(新興地主) 両税 差役／兼業 土地投資／富商 商税／佃戸(小作人)は、小作料で作物の約半分を地主に納め、両税は地主が国に納めた。／佃戸 地主への租／自作農 両税 差役／手工業者 中小商人 商税／両税 商税 専売益金

王安石の新法政策は、従来の安易な増税策による一時的な改革ではなく、自作農・中小商工業者・佃戸などの経済力を豊かにすることで、国全体の経済力を高め、税収を増やすという長期的な展望に立脚していた。しかし、司馬光ら旧法党(保守派)の激しい反対によって、まもなく新法のほとんどが廃止された。

▼⑦王安石の新法

赤字 旧法党から強く反対を受けた政策

改革のねらい		財政再建と経済安定・軍事力強化	地主・富商・保守官僚反対
富国策	青苗法(1069〜)	貧農救済策。政府が資金や種子を貸し出し、収穫時に低利子(2割)をつけ、穀物や金銭で返納させる。最も反対が強かった	
	募役法(1069〜)	農民の差役(農民に課せられていた租税の徴収、運搬の仕事)負担軽減策。富農・地主から免役銭を徴収し、希望者を募集して雇銭を支払う	
	均輸法(1069〜)	大商人の中間利潤を排除する物資統制策。政府が流通に関与し、価格の安定、流通の促進をはかる	
	市易法(1072〜)	中小商工業者保護の低利融資策。政府が低利(2割)で貸し付け、高利貸しから商人を守る	
強兵策	保甲法(1070〜)	募兵費用節減と治安維持を兼ねた兵農一致策。民戸10戸を1保、5保を1大保、10大保を1都保とし、農閑期に軍事訓練を行う	
	保馬法(1073〜)	軍馬の確保と飼育費の節約が目的。保甲単位で希望者に政府の馬を飼育させ、平時には使役を許し、戦時に徴発	

テーマ 宋代二大頭脳の激突 ➡ 巻末折込

いま、国政の運営に当を得ていないものが6ある。…陛下側近の臣で、表面では新法が良いとほめている者でも、内心では新法が適当でないことを知っている。
〈吉田寅訳『司馬温公文集』「応詔言朝政闕失状」〉

▼⑧司馬光(1019〜86)『資治通鑑』の著者。

旧法党 対立 新法党

▼⑨王安石(1021〜86) 唐宋八大家のひとり。

わが宋朝は積年の悪弊により臣僚に人物を得ず、…倹約を行っても民は富まず、憂いの念を強くしても、国力は強化されない。…まさに現在こそが大いに改革をなすべき時…
〈吉田寅訳、王安石著『王臨川集』巻41「本朝百年無事劄子」〉

3 遼・西夏・金

国号	遼(916～1125)	西夏(1038～1227)	金(1115～1234)
民族	キタイ(契丹)(モンゴル系)	タングート(党項)(チベット系)	女真(ツングース系)
建国者	耶律阿保機	李元昊	阿骨打(完顔阿骨打)
首都	臨潢府	興慶府	会寧府→燕京
支配地と宋との関係	・二重統治体制(部族制と州県制)→別冊史料12 ・澶淵の盟(宋が兄、遼が弟の関係とする。宋は遼に毎年絹20万匹・銀10万両を貢納)	・慶暦の和約(西夏は宋に臣下の礼をとり、宋が西夏に歳賜として銀7万2千両・絹15万3千匹・茶3万斤を貢納する講和条約)	・遼と(北宋)を滅ぼす ・二重統治体制(猛安・謀克制と州県制) ・紹興の和議(宋は金に臣下の礼をとり、宋が金に毎年銀25万両・絹25万匹を貢納)
文字	キタイ文字 漢字の流れをくむ表意文字の大字と、ウイグル文字をもとにした小字	西夏文字 李元昊がつくらせたと伝えられる。漢字を模した複雑な字体	女真文字 キタイ文字と漢字をもとにしてつくられた。民族意識の高揚に努めた

▲⑩遼の二重統治体制 キタイ人などの遊牧民に対しては、固有の部族を単位とした統治を行い、漢族・渤海人などの農耕民に対しては、中国的な州県制による統治を行った。

▲⑪金の二重統治体制 金は、遼の二重体制を採用し、女真人には固有の部族制(猛安・謀克制)、漢族には中国式の州県制で統治した。

東アジア

4 金の台頭と宋の南遷

世界全図p.28~29 ⮕p.110 ①

凡例
- → 耶律大石の西遷路
- ▢ 12世紀中ごろの西遼の勢力範囲
- → 南宋岳飛の北伐路
- → 金の進攻撃
- ◉ 市舶司がおかれた都市 ⮕p.116 ⑤

0　　　1000km

ひと 秦檜(1090～1155)と岳飛(1103～41)

金との抗戦を主張した南宋の武将岳飛は、長く愛国の英雄として神格化され、金の内情に通じ屈辱的講和を結んで主戦派を弾圧した南宋の宰相秦檜は売国奴とされてきた。しかし、近年、金との抗戦を国内民族間の争いとし、岳飛を英雄視しない見解も出ている。

▲⑫女真人 中国東北部の半猟半農民。毛皮帽と狩猟服姿が特徴。諸部族に分かれていたが、生女真の完顔部の族長阿骨打により統合された。

◀▲⑬岳飛(左)と岳飛の墓前にひざまずく秦檜夫妻(右)

5 江南の発展「蘇湖(江浙)熟すれば天下足る」 ⮕p.108

技術の進歩・治水
- 水利田の造成
  - 圩田・囲田・湖田・梯田の開発
  - クリーク(水路)の整備

の栽培・進歩方法
- 新しい技術 苗代・施肥・秧馬・
  - 客土法・正条植え・竜骨車
  - 品種の多様化 占城稲など

→ 耕地面積の増加
→ 生産高の増加(二期作・二毛作)

→ 「蘇湖(江浙)熟すれば天下足る」※長江下流域一帯 ※蘇湖(江浙)熟すれば天下足る

▼⑭竜骨車 江南の開発は農業生産の充実を背景としている。これは灌漑用の足踏み式水車で、複数の人力でベルトコンベア式に、水田に水を供給することができた。

▲⑮囲田 王禎『農書』挿図。長江デルタ地帯では水田耕作が始まった。太湖周辺の低湿地では、周囲に堤を築いて囲み、内側を干拓した新田が開発され、江蘇・浙江地域には大規模な佃戸制荘園が発達した。 ⮕巻末

テーマ 人口分布の変遷

北宋末期の人口は、初期の4～5倍も増加し、1億を突破した。漢や唐代、華北にかたよっていた人口は、宋代の本格的な江南開発によって南下し、北宋の時代に江南と華北の人口が逆転した。この人口増は、圩田・囲田などによる新田開発と、品種改良・漁業なども含む食品の増加によって支えられていた。「蘇湖(江浙)熟すれば天下足る」の蘇湖(江浙)とは、長江下流域の江蘇・浙江をさしている。

一方で、人口増加は自然破壊を引き起こし、耕作地の増加や燃料のために、森林が減少した。南宋になると、デルタ地域の湖沼は、圩田・囲田によって次々に耕地化され、それぞれの湖沼を水源にした下流の耕地が被害をこうむることもあった。

前漢時代の人口分布(後2年)
・1点1万人 華北地方の住人が移住した方向 — 漢の領域
0　　500km

宋代の人口分布(1102～1106年)
・1点3000戸 — 宋の領域
0　　500km

東アジア MAP-K 2部1章

今日とのつながり 中華料理の特徴である強力な火力は、宋代以降一般化した石炭による。また、製鉄にも石炭が用いられ、純度の高い「鋼」づくりが可能になった。

ヒストリーシアター **みなぎる消費エネルギー**

1 産業・商業の発展

▲③宋代の産業

1100年ごろの北宋の領域

おもな市舶司設置都市
▲ 鉄の産地
Cu 銅の産地
■ 石炭の産地
🏺 磁器の生産地
▨ 茶の生産地
▧ 塩の生産地

＊「蘇湖(江浙)熟すれば天下足る」といわれた長江下流域。 →p.107

400km

④銅銭(淳化元宝)

▲⑥交子 北宋の紙幣で銅銭不足を補った。

[万貫]
		神宗の時代 506		
(1年間の平均鋳造量)			徽宗の時代 300	
太宗の時代 80	真宗の時代 183	1080	1120	高宗の時代 22
995～997	1007ごろ	1080	1120	1156(年)

▲⑤銅銭の鋳造量の変化
『図説 中国文明史7』創元社

MAP I～K

2部1章

2 陶磁器の発達

◀⑦青白磁 宋代には釉薬技術が進化し,各地で精巧で優雅な作品が生産され重要な輸出品になった。とくに江西省の景徳鎮は,薄くてじょうぶな磁器原料の高嶺土にめぐまれ,分業制によって白磁や青白磁が大量生産された。一般にも普及して窯業の一大中心となった。
→p.27,巻末折込

テーマ 喫茶と陶磁器

唐に始まる喫茶の風習は大衆化し,宋代には周辺諸国に伝わった。その茶を飲むための器として,陶磁器の美がさまざまに追究された。写真は日本に伝わった天目茶碗。

〈国宝,静嘉堂文庫美術館蔵〉

3 院体画と文人画 →巻末折込

院体画

▲⑧「紅白芙蓉図」(李迪画,部分) 国立の絵画制作機関である画院によって形成された院体画(北画)は,徽宗が奨励したことにより隆盛をきわめた。写実的で鮮やかな色彩は,宮廷趣味を反映している。→p.106
〈国宝,東京国立博物館蔵〉

▼⑨「観音猿鶴図」(牧谿画,部分) 南宋の禅僧である牧谿の作品。儒教や詩文の教養をもつ士大夫が描く文人画(南画)は,淡くやわらかな線で光の濃淡や遠近を表し,その画法は禅宗の宇宙観と一致した。牧谿が描いた水墨画は日本にも多くもたらされ,水墨画の発展に大きな影響を与えた。

文人画

〈国宝,大徳寺蔵〉

〈伝 張択端画（模写）〉

日本
東アジア

◀①繁栄する開封（「清明上河図」） 唐までの都市は政治都市で、城門は夜間は閉ざされ、商売は制限されたが、宋代には制限の撤廃により商業が発達し、都の開封は人口100万の大都市となった。地方でも市・鎮などの小都市が各地に成立した。（絵巻物は右から左へ見る）

A 城門	F 正店*（酒楼）	K ロバ
B ひげそり屋	G 輿	L 士大夫
C ラクダ	H 露天商	M 行脚僧
D 収税所	I 肉屋	N 共同井戸
E 桶屋	J 荷車	O 薬屋 *一流の料亭

	唐（長安）	宋（開封）
市	城内の東西市、昼のみの営業	城外の交易場である草市の形成、夜市・暁市も開催
営業	城内のきまりに従い、自由な営業はできず	行（商人）・作（手工業者）の同業組合による商業独占

▲②唐と宋の都市比較 宋代には、商工業が発展し、都市化が著しかった。

よみとき 図①で、建物のつくりや人々のようす、どんな商売をしているのかに注目してみよう。

4 科学技術の発展と三大発明 →p.160②

木版印刷

▶⑩北宋時代の活字と印刷物
木版印刷術の発展と普及は、書物の出版を可能にし、学問や思想の広まりに大きな影響を与えた。宋代に科挙の受験者層が拡大したのも、経書や史書などの書物が流通したことによる。一方で、銅版による活字印刷も北宋において発明され、のちヨーロッパに伝わったが、アルファベットの方が大量印刷に適していた。 →p.160⑭

羅針盤

◀⑪羅針盤 水を張った磁器のたらいに浮かべると、地球の磁場の作用によって頭が北をさす指南魚が発明された（→p.160⑬）。遅くとも北宋の後期には、これをもとにした羅針盤が航海に使用されたと考えられている。羅針盤は、ムスリム商人を経てヨーロッパに伝わった。

武器としての火薬

▶⑫武器に転用された火薬
唐代に発明された火薬は、宋代に発達をとげた。硝石・硫黄（→p.307）・木炭を原料として威力を増した火薬は、武器に組み込まれ、戦場で活用された。写真は宋朝が編纂した軍事大全『武経総要』に紹介された火砲。

5 文学

▼⑬唐詩・宋詞の変遷 →巻末折込

唐代	周代の詩・六朝の楽府の流れを受けて、西域音楽の刺激により発生（定型…五言・七言絶句、律詩）
北宋	士大夫の文学として、唐詩に対する宋詞の性格が確立（非定型…長句・短句が入りまじり、曲に合わせて歌詞をつくる。情緒を扱う。）
南宋	技巧の熟練が進み、さらに流行

ひと 蘇軾（1036～1101）

号は蘇東坡。唐・宋代の代表的な文章家である唐宋八大家の一人。旧法党に属して王安石に反対、『赤壁の賦』を著した。書家としても才能を発揮し、宋の四大家の一人に数えられる。

▼⑭蘇軾が『赤壁の賦』を書いた湖北省の東坡赤壁*

*この地は実際に赤壁の戦いのあった場所ではない。

6 宋代の文化

特色	唐の国際的文化にかわり国粋主義的傾向。唐の貴族中心の文化にかわり士大夫と庶民中心		
儒学	訓詁学批判の立場から→宋学 北宋…周敦頤・程顥・程頤（新しい宇宙観を探る） ⑮朱熹（朱子、1130～1200）大義名分を説き、君臣関係の遵守を求めた。 南宋…朱熹（朱子）「格物致知」理気二元論 四書重視 性即理 大義名分論「華夷の区別」…中華思想強調 →元・明・清の官学に、朝鮮と日本へ伝播 陸九淵（陸象山）…「心即理」の唯心論 →明の陽明学へ →p.121		
宗教	仏教…禅宗（士大夫階級）と浄土宗（庶民層）が盛行、唐の教義仏教から実践仏教へ 道教…全真教の成立（金・華北）→王重陽が儒・仏・道教を融合 宋の太祖、『大蔵経』を成都で木版印刷		
歴史学	司馬光『資治通鑑』…戦国時代から五代末までの編年体の通史 欧陽脩『新唐書』…唐一代を記した紀伝体の正史 朱熹（朱子）『資治通鑑綱目』		
文学	唐宋八大家（唐代…韓愈、柳宗元 宋代…欧陽脩、蘇洵、蘇軾、蘇轍、王安石、曾鞏） …形式的な四六駢儷体を排し、古文復興 宋詞…宋代に流行した歌唱文学 口語、俗語を用いた雑劇→元代に元曲として完成		
絵画	院体画（北画）…徽宗「桃鳩図」→p.106 馬遠、夏珪、李迪（宮廷中心、写実的） 文人画（南画）…李公麟、米芾、梁楷、牧谿（知識人中心、主観的）		
科学技術	黒色火薬*・羅針盤*の実用化 木版印刷*術の普及→活字印刷 →p.160 の発明…北宋の軍昇 陶磁器（白磁・青磁・黒釉） *宋の三大発明、漢代の製紙法を含め、中国の四大発明という。		

MAP I～K 2部1章

モンゴル帝国① ～モンゴルの征服と拡大

ヒストリーシアター ユーラシアを席巻した蒼き狼

◀◀①現在のモンゴルの紙幣（左：表面，下：裏面の一部）

見本

A

よみとき 現在のモンゴルの紙幣にはモンゴル帝国の初代皇帝が描かれているが，それは誰だろう。裏面の絵から，彼らの生活様式を推察しよう。また，Aは何だろうか。p.112から探してみよう。

● 軽装備の騎兵だけの軍隊	移動速度が1日約70km（敵の歩兵軍団は1日20～30km）
● モンゴル馬	小がらで貧弱だが，持久力がある
● 馬の多角的活用（食料や武器として）	皮→渡河時の浮き袋，よろい　肉→食料　血→水のかわり　骨→矢じり
● 強力なモンゴル弓	接近戦による兵員の損失を避け，弓で戦った
● 千戸制（チンギス=ハンが創設）	建国時に全国の遊牧民を95の千戸集団に分け（その後増設），約1000人の兵士で1隊として，功臣に率いさせた
● 厳格な軍の規律（ヤサ）	違反者には，死刑などの厳罰でのぞんだ
● ムスリム商人の協力	資金・物資や情報の提供
● 実力主義	異民族であっても，功績があれば昇進させた

▲②モンゴル軍の強さの秘密

青字 東西交流に関する事項　赤字 おもな戦い・反乱

モンゴル帝国の変遷

◀p.105　　p.114▶

西アジア	南ロシア	中央アジア	北・東アジア		日本

チンギス=ハン（カン）位1206～27

1206	クリルタイでチンギス=ハンの称号を得る（幼名テムジン）　モンゴル帝国が成立
18	ナイマン（トルコ系）を征服
20	ホラズム朝（トルコ系）を征服（～31滅亡）
27	西夏を征服

オゴタイ（オゴデイ）位1229～41

1234	金を征服　淮河（淮水）以北を征服→南宋と対立
35	都をカラコルム（和林）に定める
36	バトゥの西征（ヨーロッパ遠征，～42）
41	ワールシュタット（リーグニッツ）の戦い
1243	キプチャク=ハン国（ジョチ=ウルス）が成立

グユク 位1246～48

1246	プラノ=カルピニがカラコルムに到着

モンケ 1251～59

1254	ルブルクがカラコルムに到着
○	フビライがチベット・大理を征服
58	フラグ（フレグ）がアッバース朝を征服　イル=ハン国（フレグ=ウルス）が成立
59	高麗がモンゴル帝国に服属

フビライ（クビライ）位1260～94

1260	高麗を服属国として冊封
64	中都（現北京，72 大都に改称）に遷都
66	ハイドゥ（カイドゥ）の乱（～14世紀初め）→オゴタイの孫ハイドゥの反乱
71	国号を元に改号（大元ウルス）
74	蒙古襲来（元寇，元の日本遠征，文永の役）
75	マルコ=ポーロが大都に到着
76	元軍，臨安を占領，南宋滅亡
79	崖山の戦い→南宋の残存勢力も滅亡
81	蒙古襲来（元寇，弘安の役）▶p.122
87	ビルマ（現ミャンマー）のパガン朝に侵攻
94	フビライが死去→政治が混乱
1294	モンテ=コルヴィノが大都に到着，中国で初めてカトリックを布教
1307	チャガタイ=ハン国（チャガタイ=ウルス）が成立
13ごろ	仁宗が科挙復活
45ごろ	イブン=バットゥータが泉州・大都に到着
14世紀半ば	チャガタイ=ハン国が東西に分裂
51	紅巾の乱（白蓮教徒の乱）（～66）▶p.114　→韓林児が指導した農民反乱
68	朱元璋，大都を占拠　元滅亡，明建国　→モンゴル高原に北元の成立

西アジア：イル=ハン国（1258～1353）
南ロシア：キプチャク=ハン国（1243～1502）
中央アジア：ハイドゥの勢力 / チャガタイ=ハン国（1307～14世紀）
（オゴタイ=ハン国 1225ごろ～1252分裂）
北・東アジア：元（1271～1368）
日本：鎌倉時代 / 南北朝 室町

*16世紀という説もある。

1 モンゴルの拡大

←p.107 4 , →p.111 1

1241 ワールシュタットの戦い

元寇	1274 文永の役　1281 弘安の役

モンゴル帝国の征服国
- □ チンギス=ハンの時代
- □ オゴタイの時代
- □ モンケの時代
- □ フビライの時代
- 赤字 モンゴル帝国による滅亡年・属国化年

モンゴル帝国の征服ルート
- → チンギス=ハン
- ⋯→ バトゥの西征
- ⇒ フラグの遠征
- ⋯⋯ オゴタイ
- ⋯⋯ フビライ

モンゴル帝国の領域
- モンゴルの故地
- 1206年
- 1236年
- 1259年
- モンゴル貢納国またはゆるやかな支配を受けた地域

◀③オゴタイ　チンギス=ハンの第3子。金を滅ぼし，兄の子バトゥに西征を命じるなど征服事業を受け継いだ。モンゴル皇帝の称号ハーン（カーン）を創始。

▶④バグダード攻略　1258年バグダードを包囲したフラグ（フレグ）軍は，投石機を使って攻撃し，この戦いによって，アッバース朝の精神的な権威も終焉を迎えた。

投石機

▲⑤蒙古襲来　元軍は，文永の役（1274）では，高麗軍中心で計3万人1000隻，弘安の役（1281）では高麗軍・旧南宋江南軍の計14万人4400隻で襲来し，火器や集団戦法で鎌倉武士らを苦しめた。左側が元軍。火器の「てつはう」が見える。〈「蒙古襲来絵詞」皇居三の丸尚蔵館蔵〉

今日とのつながり モンゴルの馬肉料理がダルタルステーキである。これがドイツのハンブルクに伝わりハンバーグになり，朝鮮においては「肉のさしみ」の意で，「ユッケ」となった。

モンゴル帝国② ～空前の大帝国の出現

ヒストリーシアター 港がある内陸の都「大都」

▲①フビライ(クビライ)(位1260～94)

よみとき 図②の積水潭はどこの運河と結びついていただろう。大都は現在，何とよばれる都市だろうか，地図帳などで確認しよう。

◀②大都の全景(CGによる想像図)

積水潭(都の内部につくられた港)

緑地　宮城　太液池(聖なる空間とされた湖)　通恵河　通州　市場

▲③元代の水上輸送

← p.110 **1**，→ p.115 **2** 世界全図 p.30-33

1 ユーラシアに君臨する大帝国

1236年に始まるバトゥの西征の結果，1243年に成立
14世紀後半，内部抗争で衰退，のちクリム=ハン国・カザン=ハン国・アストラハン=ハン国などに分裂
1480年，モスクワ大公国が自立 → p.172

1241 ワールシュタットの戦い

1258年 アッバース朝を倒したフラグを始祖として成立
14世紀半ばには事実上解体，ティムールの支配下に

キプチャク=ハン国(ジョチ=ウルス)

元(大元ウルス)

(オゴタイ=ハン国)*2

チャガタイ=ハン国(チャガタイ=ウルス)

イル=ハン国(フレグ=ウルス)

デリー=スルタン朝

蒙古襲来(元寇)
1274 文永の役
1281 弘安の役

1279 崖山の戦い

大越(陳朝)

■ モンゴル帝国の最大領域
― ジャムチルート
― おもな海上ルート
→ フビライの遠征(数字は遠征年)

1260 アインジャールートの戦い

1227年チャガタイがアルマリク周辺の土地を得るが，オゴタイ家の支配をうける
14世紀初め，政治的に自立
14世紀半ばには東西分裂し，西部からティムールが台頭

系図:

チンギス=ハン(幼名テムジン)(位1206～27) ― ボルテ

①～⑤ 継承順位(ハンはクリルタイで選出) 赤字 女性

(東方三王家*) *帝国の左翼(東方)を支えたチンギスの弟たちの三王家。

ジュチ(ジョチ) / チャガタイ / オゴタイ(オゴデイ)(位1229～41) / (オゴタイ*2=ハン国)都:エミール / トゥルイ(トゥイ)

バトゥ / グユク③(位1246～48) / ハイドゥ(カイドゥ)

モンケ④(位1251～59) / フビライ⑤(クビライ)(位1260～94) / フラグ(フレグ) / アリクブケ

キプチャク=ハン国(ジョチ=ウルス)都:サライ / チャガタイ=ハン国(チャガタイ=ウルス)都:アルマリク / 元朝(大元ウルス)都:大都 / イル=ハン国(フレグ=ウルス)都:タブリーズ

▲④モンゴル帝国の系図

*2 近年の研究では，オゴタイ家は分裂状態にあり，安定した勢力とはならなかったため，オゴタイ=ハン国の存在は疑問視されている。

0 ─ 1000km

キプチャク=ハン国
・ロシア平原に建国
・**ビザンツ帝国**や**マムルーク朝**と通交
・**ルーシ(ルス)**とよばれるロシアの諸公国を臣従させる
→東北ロシアの**モスクワ大公国**(→ p.141)に，ロシア諸公国からの徴税をゆだねる
(共存時代が約250年続く)

イル=ハン国
・イランに建国
・**マムルーク朝**と争い，ヨーロッパ諸国や**ビザンツ帝国**と通交
・**ガザン=ハン**時代(位1295～1304)に**イスラーム**を国教化
・**ラシード=ウッディーン**(1247?～1318)『集史』ペルシア語で編纂

▲⑤イスラームに改宗したガザン=ハン

チャガタイ=ハン国
・中央アジアの**トルキスタン**に建国
・13世紀後半にイスラーム化が進行
・14世紀初めに政治的自立を確立するも14世紀半ばには内紛で東西に分裂

▶⑥チャガタイの葬儀に参列する景教の僧

モンゴル帝国の社会と文化 〜統治体制と東西交流の活性化

東アジア

1 元代の文化と社会

特色	多文化・多言語主義。**モンゴル文字・パスパ(パクパ)文字*** が公文書に使われる。おおらかな統治のもと, 儒学は不振。宋代と同じように庶民文化が発達した *1269年, **チベット仏教**(ラマ教)サキャ派の法王**パスパ**(パクパ)がフビライ=ハンの命により作成。
宗教	**チベット仏教**, 全真教(道教), イスラーム, ネストリウス派キリスト教, ローマ=カトリックなど, 多様な宗教が共存
文学	**元曲**(雑劇の脚本)…宋に始まり, 元で完成。唱・音楽・踊り・せりふの歌劇。唱をとくに重視(元代の代表的文芸) 大都中心の**北曲『西廂記』**(王実甫)『**漢宮秋』**(馬致遠) 江南におこった**南曲, 『琵琶記』**(高明) → 郷村の廟の境内に舞台がおかれ, 庶民が楽しむ **全真教**(道教)布教に一役 口語体小説…『**水滸伝』『西遊記』『三国志演義』**の原型が成立
書画	**趙孟頫**(趙子昂)…元に仕えた書家, 画家。王羲之の伝統を継ぎ, 画では元末四大家に道を開いた。**文人画**を復興 元末四大家…黄公望, 倪瓚, 呉鎮, **王蒙(南画の大成者)** **細密画(ミニアチュール)**…中国画の影響がイスラーム世界に伝わり, 発展(イル=ハン国経由) → p.128,135
科学・工芸	天文学・数学は**イスラーム文化**の影響を受けた **郭守敬**が**授時暦**を作成(1年=365.2425日) →明の大統暦や日本の**貞享暦**に影響 → p.52,307 **回回砲**(フビライ=ハンに仕えたペルシア人が製作した投石機, 襄陽砲ともいう) 染付の顔料であるコバルトはイスラーム世界からもたらされた

モンゴル人支配層(100万人前後, 1.4%)

モンゴル出身者, 実力のある色目人・漢人・南人

↑ 実力・能力本位による人材登用 ↑

色目人 中央アジア・西アジア出身者 100万人前後, 1.4%	漢人 旧金朝治下の出身者 約1000万人, 13.9%	南人 旧南宋治下の出身者 約6000万人, 83.3%
アフマド*など	耶律楚材*2など	蒲寿庚*3など

青字 モンゴル出身以外の著名な人材登用者
* イラン系ムスリム商人。財務長官に。
*2 遼の王族出身の文人官僚。
*3 中国に来住したムスリム, 元の海軍創設に貢献。

◀④**チベット仏教寺院**(北京, 妙応寺白塔) **パスパ**(パクパ)は**フビライ**の帝師となり, **チベット仏教**を普及させた。

◀①**元の社会構造** 固定的な身分制度があったわけではなく, 実力を重視した登用を行った。

▶②**交鈔** モンゴルではほぼ**金**にならった紙幣を流通させた。交鈔は銀との兌換が保証され, 偽造者は死刑とされた。交鈔の流通により, 使われなくなった銅銭(宋銭)が日本などに大量に流出した。〈28cm×19cm〉 → p.108,113, 巻末

▼③**元の衰退原因**

地球規模の自然災害など		国内の政治的混乱	
1342年からほぼ毎年のように起こった黄河の大洪水による華北の荒廃	水害と飢え, ペストの流行, 無償の治水工事への徴発による農民の困窮	各宗教への寄進, 支配層の浪費による財政悪化, 交鈔の乱発によるインフレの発生	帝位継承戦争とたび重なる宮廷内のクーデタの発生

→ 1351〜66 **紅巾の乱** / **白蓮教**などの宗教結社を中心とした大農民反乱

元の弱体化・北元へ → p.114

2 ユーラシア大交流圏の成立

テーマ

ユーラシア交流圏

モンゴル帝国は商業を重視し, 陸路は**駅伝制(ジャムチ)**で整備した。海路は, **ムスリム商人**が宋代に来航しており, **元**が黄河と長江間の運河を整備し, 陸路・海路の結節点となる**大都**を建設したことで, 世界史上初めて, ユーラシア大陸を円環状に結ぶ一大交易網が成立した。 → p.30〜31

イスラーム・ヨーロッパ世界 ← [小火器] ← ・陶磁器(染付) → [染付] 東アジア世界
・ウコンなどの漢方薬
・火薬の使用
・唐・宋画の画法(自然描写・筆致)
・イランのコバルト顔料と絵付の技法 → [染付]
・天文・地理・数学・砲術・医学などのイスラームの科学技術 → [天文台][授時暦]
・カトリック ・イスラーム
[イランの細密画]

パスパ(パクパ)文字 / 漢字 / (聖旨牌)
(円牌) / ←ウイグル文字

▲⑥**駅伝制(ジャムチ)の牌符** 内陸交通路には**站(ジャム=駅)**がおかれ, 宿舎と馬が常備された。身分を証明する**円牌**を携帯した公用の使者には, 宿泊と官馬が提供され, 安全が保証された。**チンギス=ハン(カン)**の聖旨牌は, モンゴル皇帝の急使が持ち, 官吏は協力が最優先された。

▶⑦**染付** イラン産の**コバルト**顔料(呉須)で彩色し, 釉薬をかけて高温焼成した**景徳鎮**産の白磁は, 「青花(日本では**染付**)」とよばれる。「海の道」で運ばれ, 西アジアやヨーロッパでも珍重された。 → p.108, 巻末折込

	人物	生没年	おもなことがら
使	**プラノ=カルピニ** (イタリア) 往復:陸路	1182ごろ〜1252	**フランチェスコ**派修道士。**カラコルム**にいたるグユクに教皇の親書を渡す
節	**ルブルク** (フランス) 往復:陸路	1220ごろ〜93ごろ	**フランチェスコ**派修道士。**ルイ9世**の命で, **カラコルム**にいたり, モンケと会う。旅行記を残す
	モンテ=コルヴィノ (イタリア) 往:海路	1247〜1328	**フランチェスコ**派修道士。教皇の命で**大都**にいたり大司教に。中国初の**カトリック**布教者
旅行家	**マルコ=ポーロ*** (イタリア) 往:陸路, 復:海路	1254〜1324	**ヴェネツィア**出身。父・叔父とともに**大都**を訪れた。『**世界の記述(東方見聞録)』** 別冊史料14 → p.30
	イブン=バットゥータ (モロッコ) 往復:海路	1304〜77ごろ	**ムスリム**の旅行家。西アジア, インド, 中国, ヨーロッパ, アフリカなどを旅行。『**三大陸周遊記』** → p.32,128

▶⑧**観星台** イスラーム世界の測量術と天文学を学んだ**郭守敬**が**フビライ(クビライ)**の命で建設した天文台。彼の**授時暦**は**グレゴリウス暦**と同じ, 1年365.2425日であった。 → p.52

観星台のしくみ / 夏至の太陽 / 冬至の太陽

▲⑤**使節と旅行家** *17年間フビライ=ハンに仕えたといわれるが, 中国側の資料に記述はない。

今日とのつながり チベット仏教は, こののち16世紀にモンゴル地域の支配的宗教となり, 現在にいたっている。

日本

東アジア

1 元代の銀を基軸とした貨幣制度

銀
基軸通貨

遠距離や
高額取引
に使用

交換

交換

塩

補助貨幣
・交鈔（紙幣）
・塩引（高額紙幣）

紙幣制度

銅銭廃止 ➡ **日本**などへ輸出

補助貨幣 銅銭から紙幣へ

▲①元代の貨幣制度　重量をはかって使用する秤量貨幣である銀が，遠隔地間の高額決済に基軸通貨として広域で使用されたが，銀はつねに不足した。そこで銀との交換を義務づけた**交鈔**や，高額紙幣として**塩引**を発行し，この二つが銀の不足を補った。一方役割の低下した**銅銭**は日本など各国に輸出され，その国の経済活動を支える重要な役割を果たした。

▲②塩引　専売とされた塩の引換券で，高額紙幣の役割を果たした。塩の専売による収入は歴代王朝の重要な財源で巨額の利益を生んだ。高額の価格設定のため密売も横行し，歴代王朝はその対応に苦慮した。

テーマ **銅銭の日本への輸入** ➡ p.307

宋代に鋳造された**宋銭**や明代の**明銭**は日本に大量に輸出され，中世の日本の貨幣としてさかんに流通し，貨幣経済の発展を支えた。元代は銅銭を通貨としなかったため，宋銭の輸出はこの時期がとくに多かった。日本では古代の皇朝十二銭以降，貨幣鋳造が行われず中国銅銭がその代替貨幣となり，この状態は戦国時代に北条・今川・武田氏などが独自に貨幣鋳造を行うまで続いた。銅銭の価値は日本では約３倍になったという研究もあり，日本側の銅銭輸入の大きな原動力となった。室町時代には銅銭不足から粗悪な私鋳銭がつくられ，しばしば撰銭の傾向によって経済が混乱し，幕府や戦国大名は特定の悪貨以外の撰銭を禁止した。

▲③沈没船から引き上げられた銅銭　韓国の新安郡の沖合で，14世紀に中国から博多に向かったとされる船が発見された。船には7500貫の銅銭が積まれていた。

2 明～清代初期の中国に集まる世界の銀

中国における銀の動き

世紀		
12	宋	銅銭が大量に流通　　　赤字 銀関係
	銅銭と紙幣	紙幣の交子・会子の成立
13	元	モンゴル帝国成立（1206）
	銀経済の転換	銀が帝国の基軸通貨に（銀と紙幣を併用）→駅伝制（ジャムチ）の銀牌
14		→余った銅銭を近隣諸地域に輸出
		明建国（1368）→モンゴル時代の終焉
	銀経済の廃止	元の構築した銀経済から切り離す（銅銭と紙幣を併用）
15		**前期倭寇の激化** 厳しい**海禁政策と朝貢・冊封関係**を強化→前期倭寇の鎮静化
		中継貿易国家の隆盛（琉球・マラッカ） 日本銀➡⑥の増産と明への流入（1530～）
		後期倭寇の激化
16	明	**メキシコ銀**➡⑤の流入（1570～） 明の政策転換 ・銀使用の復活→**一条鞭法**の普及 ・海禁政策の**緩和**（1570ごろ）←
	銀経済の再開	豊臣秀吉による日本の国家統合（1590）→後期倭寇の取り締まりと朝鮮出兵（1592～93,97～98）→後期倭寇鎮静化 銀が明の周縁勢力へ→新興軍事勢力の形成
17		・女真による**後金**建国（1616）・清帝国へ（1636,清に国号を改める）・海上勢力の台頭→**鄭氏台湾**（1662～83）の成立
	清	

▲④16世紀の銀の流れ　スペインによって「新大陸」の銀はヨーロッパにもたらされ，またガレオン船による**アカプルコ貿易**で東アジアにも流入。これら「新大陸」の銀や日本銀は，中国産品の代価として中国に大量に流入した。流入した銀により，中国では元以来の銀経済が復活した。国内に銀が波及することで，税制などのちに大きな変化を生む要因となった。

マップ内ラベル：アルタン=ハーン率いるモンゴルの侵入（北虜）への対応で明の軍事費増大／女真のヌルハチが毛皮・薬用人参の貿易で銀を蓄える／1521 コルテス（西）がアステカ帝国を征服 1546年にスペインが発見／モンゴル／女真／スペイン ポルトガル／明／支払いや税制（一条鞭法）に銀を使用／16世紀半ばに開発／広州／日本 石見銀山➡p.303／インド ゴア（葡）マカオ（葡）／マニラ（西）／絹／サカテカス銀山／アカプルコ／大西洋／太平洋／マラッカ（葡）／インド洋／ケープタウン／1533 ピサロ（西）がインカ帝国を征服 1546年以降，スペインが開発／ポトシ銀山 p.155／茶・絹・陶磁器／× 銀の産地　（葡）ポルトガル領／□ 銀と交換された品物　（西）スペイン領／→ポルトガルの銀を運んだ航路／→スペインの銀を運んだ航路／**後期倭寇（南倭）**の活動への対応で明の軍事費増大／0 2000km

◀⑤メキシコ銀　ポトシ銀山など「新大陸」の銀を独占したスペインによって鋳造され，世界通貨として広く流通。スペイン銀ともいう。

▶⑥御取納丁銀　石見銀山で産出した銀でつくられた銀貨。1557年毛利元就が正親町天皇に献上したもので，現在確認されているのはわずか１枚のみ。

◀⑦中国に流入した日本銀・メキシコ銀　17世紀半ばには世界の銀生産量の3分の1が日本銀であった。

グラフ：数値はその年を含む過去5年間の合計。?は数値不明　■日本銀 ▨メキシコ銀　1605 20 40 60 80 1700年

テーマ **東アジアの銀本位制**

元代，西アジアに多く流出していた銀は，明代後期以降，日本と「新大陸」から大量にもたらされ，中国は世界の銀の終着駅となった。この変化は明代から清代に**一条鞭法**や**地丁銀**による銀納の新税法（➡p.120）を生み，東アジア世界では銀で決済される体制がしだいにできあがっていった。これが近代の銀本位制の基礎となっていくが，幕末の日本で大量の金貨流出があったように，交換比率など多くの問題があった。

◀⑧馬蹄銀　中国で使用された馬蹄形の銀塊。通常約50両（1800ｇ）で高額取り引きに使用。明・清代には銀貨の鋳造は行われず，秤量貨幣として用いられた。

日本

東 アジア

*近年の学説では，マストの数は6本とされる。

ヒストリーシアター 民間の国際交易を禁ず！

▲①永楽帝

よみとき p.34～35「15世紀の世界」を見て鄭和の航路をたどり，図②のようにキリンがどこから来たのか考えよう。

▲②明に献上されたキリン

◀③鄭和の大航海の想像図* 数十隻の船と2万人をこえる大艦隊を率いた。

▲④鄭和(1371～1434？) 雲南省出身。ムスリムの宦官。永楽帝の命で，南海諸国に朝貢貿易を促すため前後7回の南海遠征を行った。東南アジア・インドを経てホルムズに達し，分隊はメッカやアフリカ東岸のマリンディに達した。

→p.34～35,97 3

明の変遷

◀p.110　　p.118▶

年	明	日本
1368	**洪武帝(朱元璋・太祖)** 位1368～98	南北朝
1368	明を建国 都:**南京[応天府]** ●明律(大明律)・明令(大明令)制定 ●一世一元の制 ●中書省・宰相の廃止→六部皇帝直属	
	●民衆管理…**里甲制** 軍制…**衛所制** 海禁を実施→民間の海上貿易や海外渡航を禁止，対外関係を朝貢・冊封関係に限定(**朝貢貿易**)	
1399	靖難の役(～1402，建文帝に対し燕王朱棣(のちの永楽帝)がクーデタ)	
	永楽帝(朱棣・成祖) 位1402～24 →p.306	室町時代
	●『永楽大典』編纂 ●内閣大学士設置	1404 日明間に勘合貿易が始まる 05 鄭和の南海遠征(～33) 06 ベトナム出兵→陳朝滅亡後のベトナムを支配(1407～27)
1421	**北京に遷都** →紫禁城を造営・万里の長城を修復	10 モンゴル遠征→モンゴル(韃靼)・オイラトを撃破(～24)
1448	鄧茂七の乱(～49)	1449 土木の変→オイラトのエセンが土木堡で正統帝(英宗)を捕虜に
	北虜南倭	1501 モンゴルのダヤン=ハンが華中に侵入 17 ポルトガル人が広州に来航 50 庚戌の変→モンゴルのアルタン=ハーンが北京を包囲 55 倭寇(後期倭寇)が南京に迫る 57 ポルトガル人がマカオの居住権を獲得 67 海禁を緩和
	▲⑤万暦帝	戦国時代
1578	アルタン=ハーンがチベット仏教最高者に「ダライ=ラマ」の称号を贈る	桃山
	万暦帝(神宗) 位1572～1620	【清の動き】→p.118
1581	**一条鞭法**，中国全土で実施，張居正が戸口調査・土地丈量・財政再建を推進	**ヌルハチ(太祖)** 位1616～26
82	マテオ=リッチ，マカオに到着	1616 後金が成立
92	豊臣秀吉，朝鮮出兵(壬辰・丁酉倭乱，～93,97～98)→明との関係悪化	19 サルフの戦い→明を撃破
1611	東林派と非東林派の対立が激化	**ホンタイジ(太宗)** 位1626～43
	崇禎帝(毅宗) 位1627～44	江戸時代
1631	李自成の乱(～45)→農民反乱	1635 チャハル征服
44	李自成が北京を占領，崇禎帝自殺 **明滅亡**	36 国号を**清**に改称
1644	清の**順治帝**，李自成軍を破り北京入城 → 清が中国を支配	

1368 / 1616 / 36 / 44 / 清

ひと 洪武帝(朱元璋)と明の建国

12世紀，弥勒信仰にマニ教などの要素を加え民間に広がったのが白蓮教で，漢族支配回復運動と結びつき，対モンゴル反乱に拡大した。赤い頭巾を着用したので紅巾とよばれた(→p.110)。白蓮教の極貧僧で紅巾軍に参加していた朱元璋は，群雄を撃破して南京(応天府)で即位，明を建国し，元号を洪武と定めた(以後一世一元となる)。彼は恐怖政治をしき，皇帝独裁を強化した。二つの肖像画は，下の方が実際の姿に近いと考えられている。

1 明の統治体制

皇帝

中央
- 内閣(内閣大学士)(皇帝の補佐)
- 六部(行政)：礼部・工部・戸部・刑部・吏部・兵部
- 都察院(文武官の監察)
- 五軍都督府(軍事)

地方
- 布政使司(行政)
- 按察使司(監察)
- 都指揮使司(軍事)

府・州・県・郷・里甲 里甲制 →巻末

衛・千戸所・百戸所 衛所制

里甲制	・一般の農民=民戸で構成 ・穀物等の納税，治安維持・治水灌漑など ・賦役黄冊(戸籍・租税台帳)の改訂作業
衛所制	・世襲の軍戸で構成 ・唐の府兵制にならった兵農一致の兵制

▲⑥洪武帝は，中書省や宰相職を廃止して，皇帝独裁による中央集権体制をめざした。しかし，実際は，皇帝1人で政務を処理できず，永楽帝以降，皇帝の秘書として内閣大学士が参与し，宦官も重用されるようになった。のちに，主席の大学士は事実上の宰相となった。

父母に孝順であれ。目上のものを尊敬せよ。郷村の人々は互いに仲良くせよ。子弟の教育を重んぜよ。それぞれの生業におちついて励精せよ。人倫にもとることをしてはならない。

〈吉田寅訳『太祖洪武実録』巻255 洪武30年9月〉

▲⑧六諭 洪武帝が，天子による民衆教化という儒教主義にのっとり，1397年に発布した教訓。江戸期の日本にも伝えられた。建国時の1368年には，法典として明律(刑法典)と明令(法典)とを発布した。

◀⑨張居正(1525～82) 明を再建した大政治家。外交ではモンゴル(韃靼)のアルタン=ハーンと和議を結び北方の脅威を取り除いた。内政では行政改革を断行，地主・郷紳(郷里に居住して官僚資格をもつ地方の実力者)を抑え全国検地を実施，一条鞭法により財政を再建した。→p.120,巻末

▲⑦魚鱗図冊(模刻) 全国の土地人口を調査した土地台帳。地番・面積・形状・土地所有者・租税負担などを記した鱗のような形状で，明では戸籍・租税台帳(賦役黄冊)とともに里甲制の官簿となった。

今日とのつながり 日常の食べ物でビタミンCの必要量を摂取すれば壊血病にはならないが，鄭和はその予防のため，船上でモヤシを栽培したという。

② 明の対外政策 →p.116~117

世界全図p.34-39 ←p.111 **1** , →p.119 **2**

永楽帝の対外政策
万里の長城（1600年ごろ）
● 九辺鎮
〔点線〕倭寇の本拠地
前期倭寇の侵略した沿岸
後期倭寇の侵略した沿岸
李自成の支配地域

0　　　500km

▼⑩明の対外関係

〈東京大学史料編纂所蔵〉

南倭

▲⑪**倭寇** **洪武帝（朱元璋）** は，国内の経済回復と治安維持のため，大交易時代に反する**海禁**政策をとったが，中国人・日本人・朝鮮人の私貿易商人は，武装して抵抗し，中国・朝鮮沿岸を襲った。16世紀末に海禁は解除され，また日本での**豊臣秀吉**の天下統一により，争乱はようやくおさまった。（前期倭寇 →p.33，後期倭寇 →p.37）

北虜

世界遺産 ◀⑫**万里の長城**（総延長 約8850km）と ▶⑬**その構造** 元の滅亡後もモンゴルと明との対立は続き，**永楽帝**は5回にわたってモンゴル遠征を行った。しかし，永楽帝以後は，**オイラトやモンゴル（韃靼）** の攻勢により，明は守勢にまわる。これを「**北虜**」とよぶ。長城は古代から築かれていたが，明が北虜への防衛線として強化した。 →p.91

〈八達嶺付近，明代のもの〉

③ 明末の社会混乱と衰退

永楽帝以降の皇帝による**宦官**の重用と政治混乱

テーマ 📖 紫禁城

永楽帝が北京に造営し，明・清代の皇帝の居城となった。増改築が繰り返され，南北約960m，東西約750mの敷地の中に，800近くの建物と1万もの部屋があったという。皇帝に許される黄色の瑠璃瓦が連なる荘厳な建物で，現在は博物館となっている。

「紫」は天空の帝座とされた紫微垣からきており，宮殿は人々が入れない「禁」区であったことから，紫禁城とされた。中央奥の太和殿などでは皇帝の即位や儀式，科挙の殿試が行われ，皇帝権力の象徴でもあった。

世界遺産

今日とのつながり 万里の長城のうち，最も美しい長城といわれる八達嶺長城（→⑫）は，北京から約80kmのところにあり，現在も多くの観光客が訪れる。

青字 日本に関する事項

元	1370	○**前期倭寇**の活動さかん➡**1**Ａ
	71	明、**海禁令**を発布、貿易を**朝貢・冊封関係**に限定
明	72	**琉球**中山王、明に朝貢する➡**1**Ｂ
	1403	明、市舶司を復活させる➡⑤
	04	日本の室町幕府、明に朝貢する(勘合貿易開始)
	05	**鄭和**の遠征(〜33、7回行う)、諸国に朝貢・冊封関係をせまる
		○**マラッカ王国**の繁栄➡**1**Ｃ
	1526	日本で**石見銀山**の採掘始まる➡p.113
	47	日本、最後の遣明船を派遣する
	50	○**後期倭寇**の活動さかん➡**2**Ａ
	57	ポルトガル人のマカオ居住を許可する➡⑬
	70ご	海禁を緩和する
	92	豊臣秀吉、**朝鮮出兵**を行う(〜93、97〜98)➡⑮
	1624	オランダ、台湾にゼーランディア城を築く➡⑭
	39	明、ポルトガル船の来航を禁ずる(「**鎖国**」の完成)➡⑰
清	56	清、**海禁令**を発布する
	61	**鄭成功**、台湾を占領する➡⑭
	83	清、台湾を平定する
	84	清、海外との貿易を許可する、**互市貿易**が主流に*
	1757	清、ヨーロッパ貿易を**広州**に限定する➡⑱

海禁 / 緩和 / 海禁 / 解除

*このとき福建や広東から東南アジアに住みついた人々は、のちに南洋華僑となった。

▲①明・清代のアジア海域の貿易

凡例：■中国との朝貢・冊封関係　■中国との互市貿易関係

ヨーロッパ(明代)(清代)／イスラーム諸国／朝鮮／明・清／日本(明代)(清代)／インド／マラッカ(明代)／琉球

互市／朝貢／外交関係がない(民間)貿易／外交関係がある(朝貢)貿易

◀②中国と周辺諸国の関係図 14〜19世紀の東アジア地域の国際秩序は、中国を中心とした**朝貢・冊封関係**にあった。明は厳密な朝貢・冊封関係にもとづく厳しい**海禁**を基本とし、朝貢貿易のみ認めた。**琉球**や東南アジアの**マラッカ**はこの朝貢貿易で中継貿易地として繁栄した。清は朝貢貿易を基本にしながら、1683年の**鄭氏**降伏後、日本などと外交関係を伴わない民間貿易である**互市貿易**を認めたが、ヨーロッパに対しては、1757年、**広州**一港に限定しかつ**公行**(➡⑱)に貿易を一任させる制限を加えた。

〈濱下武志著『近代中国の国際的契機』より改編〉

1 厳しい海禁政策 Ａ **前期倭寇の活動**➡p.33

14世紀後半〜15世紀

朝鮮／前期倭寇／明／日本／琉球王国／マラッカ王国／インド洋へ／モルッカ諸島／中継貿易の点拠地

海禁　中継貿易

⟷ 朝貢・冊封関係　⟷ 鄭和の航海

▲③**前期倭寇**を警戒し、明は**海禁**政策をとり、冊封を受けた**マラッカ**や**琉球**が中国物産の**中継貿易**で繁栄した。

	前期倭寇	後期倭寇
時代	14〜15世紀	15〜16世紀
構成員	日本人中心	中国人・日本人・ポルトガル人など
侵略地	朝鮮半島・中国北部の沿岸	中国中部沿岸

前期倭寇(件数)／後期倭寇(件数)

(1325〜1600年)

▲④**前期倭寇と後期倭寇** 倭寇は日本人や中国人による海賊商人集団で、前期は1370年代を頂点に朝鮮および元末明初で混乱する中国沿岸を、日本人が主体となって襲撃。後期は1550年代を頂点に、中国人を主体とした。海禁政策への反発から密貿易と海賊行為がより大規模化し、明滅亡の一因となった(**南倭**)。

▲⑤**市舶司** 海上貿易関係の事務を所管する機関で、唐代に広州に設置したのがはじまり。出入国の手続きや貨物の検査、徴税など職務は広範におよんでいたが、明代には厳しい海禁政策をしいたのでその役割が縮小した。写真は泉州の市舶司。

Ｂ **琉球王国の成立**➡p.35,307 *明への朝貢国中、琉球王国が朝貢回数最多。

明／海禁政策　倭寇　朝鮮王朝／南方(東南アジア)／琉球王国／日本

朝貢貿易*／造船・航海技術、暦、三弦など／明・朝鮮・日本の珍品／蘇木・胡椒など／南方の珍品／朝鮮人参、仏典、陶器の技術など／明との交易品、南方の珍品／仏教、鐚・鉄の鋳造、平がな・片かななど

▲⑥**琉球王国の交易関係** 琉球は1429年**中山王**により統一。明との朝貢・冊封関係を利用し、豊富な中国物産を輸入。また地理的条件に恵まれ、日本・朝鮮・東南アジア・中国との**中継貿易**の中心を担い、**マラッカ王国**と並び**港市国家**(➡p.84)として大繁栄した。

▲⑦**守礼門** 那覇市の旧首里城表門にあたり、明からの冊封使を国王がこの門まで出迎え**三跪九叩頭の礼***をとった。16世紀尚清王のときに創建された。門に掲げられている「**守禮之邦**」の額からこの名が俗称として使用されている。

*跪いて3度頭をたれる動作を3回行う、清朝皇帝に対する臣下の礼。

Ｃ **マラッカ王国の繁栄**➡p.85

明／海禁政策　日本／マラッカ王国 中継貿易地／モルッカ(マルク)諸島／インド／ジャワ

中国製品(陶磁器・絹織物)／銀／朝貢貿易／丁子(クローヴ)ナツメグ／綿布・コショウ／米

▲⑧**マラッカ王国の交易関係** マラッカは**鄭和**の寄港地として明と朝貢・冊封関係を結び、対インド交易(綿布・香辛料)を強力に推進。**イスラーム**を受容し西方ムスリム世界との関係を強化した。**港市国家**として大繁栄し、世界各地から商人が訪れたため、「マラッカの港では84種類もの言葉が聞かれる」といわれた。

▲⑨港市国家マラッカ

マラッカ港務長官の担当地域	
第一長官	グジャラート(インド西海岸北部)
第二長官	南インド、ベンガル、ビルマ、サムドラ
第三長官	東南アジア島嶼部
第四長官	中国、琉球、チャンパー

▲⑩**マラッカ港務長官の担当地域** マラッカには、東南アジア全域の物産がもたらされた。また西はトルコ・エジプトから、東は中国・琉球にいたる各地から商人が集まり、東西貿易の一大中心地となって大交易ネットワークが形成された。

② 海禁政策の転換

16世紀～17世紀前半

女真　朝鮮　朝鮮出兵
明　後期倭寇　日本　石見銀山
海禁緩和　マカオ　退　衰　琉球　メキシコ
ポルトガル居住権獲得（1557）
マニラ　スペインの拠点（1571）
マラッカ　ポルトガル領（1511）
→銀の動き →p.113

▲⑪明の**海禁**が厳しく，再び**倭寇**が活発化したため明は海禁を緩和。貿易が促進されることにより，女真や日本の織豊政権などの商業と軍事が結びついた強力な新興勢力が台頭した。

A 後期倭寇の活動 →p.37,115

倭寇　明の官軍

▲⑫**後期倭寇**　16世紀に再び**倭寇**の活動が活発化。中国東南沿岸部の中国人が多数加わったが，指導層は戦乱に長けた日本人が多かった。本拠地は福建・浙江部部から日本の九州西部までの広範囲に及んだ。南京が包囲され，明は1570年ごろに海禁の緩和を決断。写真は2010年に発見された「抗倭図巻」。

王直（？～1559）

東南アジアや日本との密貿易で巨富を獲得した海洋商人で，明の海禁強化に抗して五島や平戸を拠点に，**後期倭寇**の頭目として中国沿岸域を侵略。『鉄炮記』によると，1543年にポルトガル人を乗せて種子島に鉄砲を伝えたのも王直とされる。 →p.154

倭寇の首領 王直の活動

…嘉靖十九（1540）年，海禁がまだそれほど厳しくない時代に，王直は葉宗満とともに広東にゆき，巨艦を建造し，硫黄や生糸など禁制物品を積み込んで，日本やシャム，西洋（東南アジア西部をいう）諸国にいたり，往来交易すること五，六年，はかり知れぬ巨富を積んだ。…
〈『籌海図編』岸本美緒他著『世界の歴史⑫』〉

B アジア海域への新興勢力参入 →p.154～155

世界遺産

▲⑬マカオの天主堂　ポルトガルは**マカオ**を中国貿易の拠点として，中国の生糸・絹織物，日本の金銀を輸入し，ばくだいな利益を得た。

▲⑭ゼーランディア城　オランダの**連合東インド会社**が，1624年**台湾**支配のために築いた城塞。台湾は**マニラ**と**マカオ**の中間に位置する要衝で中国貿易の拠点だったが，清朝打倒をはかる**鄭成功**（→p.119）の来襲で61年に陥落した。

◀⑮豊臣秀吉の朝鮮出兵　全国統一に成功した秀吉は，積極的に東アジア海域世界の支配をめざし，**倭寇**の取り締まりを強化して一部商人の海外渡航を認めた。しかし朝鮮支配を企図した2回の出兵は，**李舜臣**（→p.122）の活躍や民衆のゲリラ戦，朝貢・冊封関係にもとづく明の援軍により失敗。以来，朝鮮との国交は断絶したが，徳川家康は対馬藩を介して関係改善に成功。明とは東南アジア経由の**朱印船貿易**を積極的に推進。写真は丁酉倭乱の蔚山城の戦い。

③ 朝貢貿易から民間貿易へ

17世紀半ば～18世紀

朝鮮　アイヌ
互市貿易　朝貢貿易　明→清　「四つの口」　日本　「鎖国」
広州　琉球
華僑の東南アジアへの進出
フィリピン　スペイン領
ヨーロッパの貿易拠点
スマトラ・ジャワ　オランダ領
←→朝貢・冊封関係

▲⑯清は1683年，**鄭氏**一族を打倒。海禁を解除し開放策に転じ，朝貢貿易にかわり民間貿易である**互市貿易**が主流となった。

▲⑰長崎港のようす　「**鎖国**」は国家による通交管理政策で，決して国を鎖してしまうものではない。長崎（オランダ・清），対馬（朝鮮），薩摩（琉球）そして松前（アイヌ）の「**四つの口**」が窓口となり，幕府は海外への門戸を開放しながら外国物産の安定供給に努めた（→p.41）。

＊13の組合があったため「広東十三行」とよばれたが，その後，数は変動した。

▲⑱公行（広東十三行＊）　互市はヨーロッパ商船にも認められたが，清は1757年以降，入港を**広州**一港に限定し，かつ特許商人組合の**公行**のみに独占取引を認めた。公行は価格決定や関税の徴収など広範囲な権限を与えられ，のちにアヘン戦争（1840～42）による**南京条約**（1842）で廃止された（→p.228～229）。

清 〜ユーラシアの帝国 清の繁栄

ヒストリーシアター 繁栄をきわめた東アジアの大帝国

▶①『盛世滋生図(姑蘇繁華図)』 蘇州 (→p.120②)は,南北をつなぐ大運河や豊かな江南地方にほど近いという地理的好条件により,物流の中心として明・清代に中国で最も繁栄した。

よみとき 拡大中「各省雑貨」の看板から,どのような商業が成立したと考えられるだろうか。

〈遼寧省博物館蔵〉

清の変遷

◀p.114　　　　p.228▶

明/清	〈清の動き〉	〈明の動き〉	日本
明 1616	**ヌルハチ(太祖)** 位1616〜26	**万暦帝(神宗)** 位1572〜1620 →p.114	
	●八旗制を開始 満洲文字制定 都:遼陽→瀋陽		
1616	満洲(女真)人を統一→後金が成立		
19	サルフの戦い→明を撃破		
	ホンタイジ(太宗) 位1626〜43	**崇禎帝(毅宗)** 位1627〜44 →p.114	
	●蒙古八旗・漢人八旗を設置		
1635	内モンゴルのチャハル征服→38 理藩院を設置		
36	国号を清(大清)に改称		
37	朝鮮(李朝)が服属		
	順治帝(世祖) 位1643〜61		江戸時代
	●辮髪を漢人に強制,緑営(漢人の地方軍)を設置		
	●ドルゴン(睿親王)が摂政として権力を独占		
1644	李自成が北京を占領→明滅亡 山海関を守る明将呉三桂が清側に →清,李自成軍を破り北京入城 清,中国を支配 都:北京		
	康熙帝(聖祖) 位1661〜1722		
	●『康熙字典』『古今図書集成』の編集など,学問を奨励		
1673	三藩の乱(〜81)	1661 遷界令公布(沿海部から内陸部への強制移住)→1684 撤廃	
99	イギリスの広州貿易を許可		
1704	典礼問題	83 鄭氏台湾(1661〜83)を征服 中国統一	
	(イエズス会以外の布教禁止)	89 ネルチンスク条約→ロシア (ピョートル1世)との国境条約	
13	盛世滋生人丁を施行		
17	広東で地丁銀を実施		
	雍正帝(世宗) 位1722〜35		
	●八旗制の改革や軍機処の創設により,君主独裁制を強化		
	●キリスト教布教禁止(宣教師をマカオに追放)		
1724	キリスト教の伝道を全面禁止	1727 キャフタ条約 →p.173,205 →ロシアとの国境条約	
29	軍機房を設置(32 軍機処) →軍事・行政上の最高機関		
清	**乾隆帝(高宗)** 位1735〜95		
	●ジュンガル部,回部を征服,最大版図を実現 五族支配の完成		
1757	西欧との貿易を広州1港に限る	1758 ジュンガルを征服	
	●公行が貿易を独占 →p.117,228	59 天山山脈以北(ジュンガル部)と東トルキスタン(回部)を新疆と名づける	
93	イギリス使節マカートニー通商交渉 →p.97		
1796	白蓮教徒の乱(〜1804)→農民反乱		

▲②康熙帝
▲③雍正帝
▲④乾隆帝

テーマ 偉大な3皇帝 〜康熙・雍正・乾隆

清の繁栄期をつくった3人の皇帝は勤勉で有名である。康熙帝は満洲語・漢語・モンゴル語を話すトリリンガル。毎日儒学の講義を受け,イエズス会士から西洋の学問を吸収した学者皇帝。武も重んじた。雍正帝は,即位してから死ぬまでの13年間,朝から深夜まで精力的に政務をこなした。乾隆帝は10回の戦争すべてに勝利し「十全老人」と自賛。康熙帝と同様に詩作や絵画が得意。清の全盛期を統治した。

1 清の統治体制

中央／皇帝／地方

内閣　軍機処(最高政務機関)　理藩院(藩部統治)*　六部　都察院　巡撫(各省1名)　総督(2省1名)

軍機大臣(本来,軍務を担当したが,のち宰相の権限ももにぎるようになった)
満章京(満洲語文書担当)
漢章京(漢語文書担当)1911年に廃止

提督(軍事)　布政使(行政)　按察使(監察)
府／州／県
保甲制

*ホンタイジ(太宗)が設置し,乾隆帝が整備。

▲⑤清は中国を征服し統治するため,明の制度をほぼ継承し,さらに,雍正帝はジュンガル征討に際して軍機処を設置した。旧明領では,官吏登用には科挙を行い,満洲人・漢人併用策(満漢併用制)を採用した。

全人口の10%未満
満洲(女真)人(約30〜60万人)

懐柔策	威圧策
・満漢併用制(官吏に満洲人漢人を同数採用)	・八旗(満洲人中心)による軍制
・科挙の実施	・辮髪の強制
・漢文化の保護 『康熙字典』『明史』『古今図書集成』『四庫全書』の編纂	・文字の獄・禁書 ・思想統制(白蓮教などの取り締まり)

全人口の90%以上

郷紳 →p.229
漢人(民衆)(約2億人)

▲⑥清の漢人統治政策

▲⑦辮髪を結う人々 清は北京入城の翌日,辮髪*を強制した。「留頭不留髪,留髪不留頭」といわれ,違反者は死刑となった。別冊史料18

*満洲人だけでなく,モンゴル高原の多くの民族に共通する風習。

▶⑧八旗軍 ヌルハチは,軍事行政単位として満洲人固有の社会組織をもとに,黄白紅藍の4旗と各旗に縁取りをつけた4旗で,計6万人の軍団を編成した。ホンタイジのとき,蒙古八旗と漢軍八旗が創設され,八旗につぐ正規軍として,漢人で編成された緑営(緑旗)が生まれ,強大な軍事力を誇った。

満洲八旗　蒙古八旗　漢軍八旗

旗人:八旗に属する人々　旗地:旗人に与えられた土地

② 清の対外政策 →p.116~117

⑨清の領域 世界全図p.40~41 →p.115 ②, →p.173 ③,228 ①

凡例：
- ---- 清の最大領域（18世紀後半）
- 清の領域／藩部
- 初期の清朝
- → 清の進出・遠征（数字は最終服属年）
- → ロシアの進出（数字は都市創建年）
- 呉三桂 三藩の乱（1673~81）
- ジュンガルの最大勢力範囲

1661 鄭成功が、オランダ人を追い出し、攻略。83年まで鄭氏が清に抵抗

1757~1842の唯一の対ヨーロッパ貿易港。公行が貿易を独占

500km

⑩ 清の対外関係
清は，その支配地域が内外モンゴル，東トルキスタン，青海，チベットに及ぶとこれらを**藩部**とし，ホンタイジが設置して乾隆帝時代に整備・拡張された**理藩院**によって間接的に統治した。

ハルハ 1688服属
チャハル 1635併合
黒竜江以北 1689 ネルチンスク条約
ジュンガル 1758併合
回部（ウイグル）1759併合
ホシュート 1724併合
チベット 1720 ラサ攻略
ビルマ 1769服属
満洲
清
朝鮮 1637服属
琉球 1646服属
台湾 1683領有
大越 1789服属
シャム 1787服属
朝貢・冊封関係 →p.101
- □ 直轄地
- □ 藩部
- □ 冊封国

〈杉山清彦著『大清帝国の形成と八旗制』より改編〉

⑪ 清の支配構造

		大清皇帝				
支配層	保護者	施主	大ハーン	ハン		中華皇帝
被支配層	王侯・ベグ	王侯・ラマ	王侯	八旗		宮僚・郷紳
	トルコ系ムスリム	チベット人	モンゴル人	満洲人		漢人
宗教	イスラーム	チベット仏教				儒教
支配地	（新疆）シンチャン	藩部		直轄領		

A 新疆（シンチャン）

⑫ 新疆ウイグル自治区のムスリム（カシュガル） 天山山脈の南北の地域は，清朝初期において最も支配しがたい地域であった。乾隆帝は**ジュンガル**を制圧し，「**新疆**」と名づけた。現在でもトルコ系ムスリムが多く住んでいる。 →p.301

B チベット

629	ソンツェン=ガンポによる吐蕃の樹立
	→チベット初の統一政権
821	唐と吐蕃の和平→**唐蕃会盟碑**建立
13世紀	パスパ（パクパ），**チベット仏教**のモンゴル布教
14世紀末	ツォンカパ，ゲルク（黄帽）派を創始
16世紀	モンゴルのアルタン=ハーン，チベット遠征
17世紀	**ダライ=ラマ5世**，ポタラ宮殿を造営
1720	清の**康熙帝**によるチベット制圧（藩部となる）
	→皇帝によるチベット仏教の保護
1911	辛亥革命の勃発と独立の機運の高まり
51	中華人民共和国に編入
54	インド，チベットでの中国の主権承認
59	チベット反乱
	→ダライ=ラマ14世のインド亡命
62	中印国境紛争激化
65	チベット自治区設置
89	ダライ=ラマ14世，ノーベル平和賞受賞

⑬ チベットの歴史 →p.301

世界遺産

⑭ ポタラ宮殿 1620年に造営されたチベットの**ラサ**にある仏教寺院・宮殿。1720年の康熙帝による征服以降，チベットは**藩部**となったが，清の歴代皇帝は**チベット仏教**を熱心に保護した。この宮殿はチベットにおける政治・宗教・文化の中心地となった。

C モンゴル

乾隆帝
モンゴル相撲

⑮ モンゴル相撲を見る乾隆帝 **満洲人**は，清の成立以前からモンゴル族との関係を重んじていた。そのため清の皇帝は，モンゴルからは大ハーンの地位を受け継ぐ存在としてみなされた。図は北方民族を集めた乾隆帝の宴会。

D 台湾

1544	ポルトガル人，美麗島（台湾）を発見
1624	オランダ，**ゼーランディア城**を築く
26	スペイン，サンサルバドル城を築く
42	オランダ，スペインを駆逐
61	清，**遷界令**を出し鄭氏と交易不可に
62	**鄭成功**，オランダ人を追放
	→鄭氏政権による台湾統治
	鄭氏による文教活動の推進
	→台南に孔子廟を建設（1665）
83	**康熙帝**に鄭氏が降伏
84	清，福建省台湾府を設置
17世紀	福建，広東などより漢人の大量移入
~18世紀	台湾の人口増加
	→平地の原住民の漢化が進む
1874	日本による**台湾出兵**
85	清，台湾省を建設
94	台湾の首府を台南から台北に遷す
	日清戦争（~95）
95	下関条約で清から日本へ台湾割譲（~1945）

⑯ 台湾の歴史 →p.301

〈台湾省文献委員会編『台湾史』〉

◀⑰台南の孔子廟にある碑 左側には満洲文字が書かれている。

（万人）
584*
304*
255*
194
60
12
6.3 15~20
*は原住民人口を含む。

1647（オランダ時代）1661-83（鄭氏政権時代）1683（清・康熙年代）1736（清・乾隆年代）1811（清・嘉慶年代）1893（清・光緒年代）1905（日本占領時代）1940年（日本占領時代）

⑱ 台湾の人口推移 オランダや鄭氏政権時代の台湾の人口は横ばいであったが，台湾が清の領土になると急激に増加した。清朝は台湾への移民を制限したが，移民は毎年増え続け，1683~1780までの100年間で約70万~80万人にのぼった。

東アジア

中華思想に与えた衝撃

▲①「**坤輿万国全図**」 マテオ=リッチがつくった世界地図（1602年刊行）。世界の広さが実感できる点が画期的であった。170cm×60cmの6幅組。〈宮城県図書館蔵＝模写〉

よみとき 図①を見て、どうして当時の中国の人々は衝撃を受けたのだろうか。

ひと **マテオ=リッチ** (1552〜1610)

宣教師は地元の知識人と交流しながら、西洋の科学知識を利用して効果的な布教を行った。**イエズス会宣教師**（→p.163）のマテオ=リッチは士大夫や文人の服装や行動様式をまね、儒家思想を織り混ぜながらカトリックの教義を説明し、中国社会に受け入れられた。写真はマテオ=リッチ（左）と、彼から洗礼を受けた**徐光啓**（右）。

マテオ=リッチ　徐光啓

1 産業と商業の発達

大運河
● 陶磁器
■ 塩
● 茶
■ 絹織物
▲ 綿織物

＊とうもろこし・綿花の伝播により、長江下流の商品作物栽培地になり、湖広（湖南・湖北）付近が稲作地へ。

北京
天津
直隷
朝鮮
山西
山東
盛京
西寧
山西商人（金融業）
開封
江蘇
鎮江
甘粛
西安
河南
蘇州
松江
黄海
陝西
南京
安徽
上海
清
湖北
徽州（新安）商人（塩商）
杭州
ニンポー寧波
四川
漢口
東シナ海
成都
湖南 長沙
景徳鎮
浙江
重慶
南昌
江西
福建
貴州
桂林
貴陽
雲南
広西
広東
十三行
台湾
アモイ厦門
湖広熟すれば天下足る＊
昆明
昇竜
広州
汕頭
スワトウ
香港
マカオ（葡）
最盛東南アジアなど
大越
海南島
0　　500km

◀②**清代の産業** 明・清代には、国内産業と国際貿易の発展を背景に経済が大きく成長し、江南を中心に都市文化が花開いた。中国産の陶磁器や生糸は、世界商品としてアジアやヨーロッパに輸出された。

▼③**税制改革〜一条鞭法から地丁銀へ** →p.36〜37,114,巻末

	一条鞭法（明代後期〜清初）	地丁銀（清代中期以降）
背景	**日本銀、メキシコ銀**の流入で、貨幣経済活性化。官僚は、俸給を銀で要求	郷紳・地主を通しての農村支配が確立
内容	地税や丁（成年男子）に課せられる徭役など、あらゆる税を一括して**銀納**させることで税制の簡素化をはかった	丁銀（**人頭税**）を廃止し、その分の必要税額を**地銀**（農地に課す税）に組み込んで土地所有者から徴収
実施	16世紀、江南地方で実施**万暦帝**のころ、全国へ普及	1713年、盛世滋生人丁を施行し丁銀額を固定1717年、広東で**康熙帝**期に実施**雍正帝**期、税法として確立**乾隆帝**期までに全国的に施行
結果	日常、銅銭を用いる農村経済に、混乱を引き起こした	中国の届出人口は飛躍的に増大し歳入額は安定した

（人口数）
7億
6億
5億
4億
3億
2億
1億
地丁銀全国に広まる
一条鞭法の施行
北宋 南宋 元 明 清 中華民国 中華人民共和国

▲④**中国の人口動向** 地丁銀の採用は、それまで隠れていた人口を明らかにし、また大規模な土地開発と食料の増産により、中国の人口は清代に激増した。

▶⑤**会館（公所）** 業種や郷里を同じくする人々が共同出資し、情報交換・相互扶助・教育などのために設立した建物。事務室・宿泊施設・倉庫・貸店舗などを備え、明代後期に始まり、清代に普及した。写真は、横浜にある現在の会館（広東会館）。

テーマ **ヨーロッパへの輸出品 シノワズリ**

17〜18世紀にかけて、ヨーロッパでは**ロココ**趣味と結びついて**シノワズリ**（中国趣味）が流行した。中国との貿易でもたらされた文物が、その趣味を先導し、とくに陶磁器は**マイセン**や**デルフト**でさかんに模倣された。一方で、思想面でも儒教や孔子の教えがイエズス会宣教師によって翻訳され、ヨーロッパに紹介されたことで、**ヴォルテール**などの啓蒙思想家たちに影響を与えた。→p.176 1

▲⑥**シノワズリのマイセン焼**（ドイツ、ザクセン）

2 完成期を迎えた陶磁器

キーワード **陶磁器** 中国を意味するchinaが磁器をも意味するように、中国は古来、陶磁器生産の高い技術をもつ。その技術の発展の裏には、**ろくろ**と**釉薬**（上薬）の二つの発明があった。ろくろは、整った形の陶磁器をスピーディに製作できるようにした。釉薬は、水もれ防止だけでなく、さまざまな質感を可能にし、芸術的多様性を高めることに資した。

▶⑦**赤絵** 宋代の陶磁器は無地のものが多かったが、明・清代になると、**染付**（→p.112⑦）や**赤絵**とよばれるはなやかなものが多くなった。写真のような赤絵は、白磁の上に赤などのガラス質の色釉で文様をほどこし、さらに焼いたもので、景徳鎮が名産地である。日本にももたらされ、茶人などに好まれた。

3 実学の発展

▶⑧**『天工開物』** 明代、経済の大発展で**実学**が発達し、『**天工開物**』（**宋応星**著）などの技術書が編纂された。図は、花の模様を織り出すための織機。→巻末折込

④ 文学と編纂事業の進展

◀⑨『三国志演義』 明末から木版印刷による出版活動がさかんになり，小説が多く読まれた。『三国志演義』は，『水滸伝』・『西遊記』・『金瓶梅』とあわせて四大奇書とよばれる。

▶⑩『永楽大典』 永楽帝の命により編纂された中国最大の文献集（全2万2877巻）。『四庫全書』編纂の際，一部がテキストとして使用された。のち，義和団事件（➡p.231）などで多くが失われた。

▲⑪『四庫全書』 乾隆帝の命により，古今の書籍を経（儒学）・史（歴史）・子（諸学者の説）・集（文集）に分けて編纂した一大叢書。四種の表紙は順に，緑・赤・青・灰色に色分けされた。清朝は，このような編纂事業による学術振興をはかる一方で，国家統制に反する書物は扱わないなどして言論統制を強いた。

⑤ ヨーロッパとの接触

▲⑫円明園 乾隆帝期，北京郊外にカスティリオーネが設計したバロック洋館をもつ離宮で，庭園に噴水があった。円明園内の文源閣には，『四庫全書』（➡⑪）の一部がおさめられた。1860年のアロー戦争の際，北京に進軍した英仏軍の略奪・放火により廃墟と化した。➡p.229

▲⑬北京の天文台 明・清の政府がここで天文観測をした。現存する観測機器は清代にイエズス会士のフェルビーストが制作したもの。

▶⑭カスティリオーネ「乾隆帝大閲像軸」 宮廷画家として雍正・乾隆帝に仕えたカスティリオーネは，陰影を表現した西洋画法を清朝宮廷に伝えた。
〈故宮博物院蔵，323cm×232cm〉

⑥ 明・清代の文化

			明	清	
特色			・漢族王朝が成立し，伝統的・復古的傾向 ・庶民文化や実学が発達	・漢族懐柔策の一環として大規模な編纂事業を実施 ・庶民文化が発達　・西洋の学問が流入	
学問	儒学		王陽明…朱子学（知識の積み重ねを重視）に対し，認識と実践を （王守仁）重視　心即理，知行合一，致良知→陽明学の大成	◆明末清初の儒学経典の文献学的研究 黄宗羲…『明夷待訪録』（清代の政治論の書） 顧炎武…『日知録』（中国史の随筆中の学術研究書） 銭大昕…『二十二史考異』（中国歴代の正史の考証研究書）	考証学
	実学		李時珍…『本草綱目』（薬学の集大成） 徐光啓…『農政全書』（農業の総合知識） 宋応星…『天工開物』（産業技術を図解したもの） 徐光啓など…『崇禎暦書』（イエズス会士の協力でつくられた暦法書）	◆清末，実践的な経世実用を主張 康有為…孔子の名をかりて旧学批判，変法を宣伝 ➡p.230	公羊学派
編纂事業			『四書大全』（四書の注釈書） 『五経大全』（五経についての注釈書） 『永楽大典』（古今の図書を収集整理） 『性理大全』（宋・元代の性理学説を分類，集大成） ┐永楽帝期	康熙帝期…『康熙字典』（4万2000余字を収める漢字辞書） 雍正帝期…『古今図書集成』（全1万巻に及ぶ百科事典） 乾隆帝期…『四庫全書』（古今の図書を集めた一大叢書） 　　　　　『五体清文鑑』（満洲語・モンゴル語・チベット語・漢語・トルコ語の辞典）	
文学			『西遊記』 呉承恩（玄奘のインド旅行を題材とした空想小説） 『金瓶梅』 作者不明（明末の腐敗した社会を赤裸々に描写） 『水滸伝』 施耐庵・羅貫中（北宋の末に官軍に反抗した108人の豪傑物語） 『三国志演義』 羅貫中（『三国志』にもとづく英雄歴史物語） 『牡丹亭還魂記』 湯顕祖（戯曲で，明代伝奇の代表作）	『紅楼夢』 曹雪芹（満州族の上流社会をたくみに描写） 『儒林外史』 呉敬梓（科挙による知識階級の腐敗を痛烈に批判） 『聊斎志異』 蒲松齢（短編の怪異小説集） 『長生殿伝奇』 洪昇（白居易の「長恨歌」を題材とした戯曲） 『桃花扇伝奇』 孔尚任（文人と名妓の恋愛を描いた戯曲）	
芸術			『南宗画』 董其昌…北宗画（院体画の系統）に対抗して，南宗画の画法と理論を大成，他に沈周や文徴明らが活躍 『北宗画』 仇英…南宋の画院の院体画の流れをくむ宮廷様式の濃厚な色彩 景徳鎮が官窯として発展…染付（青花）・赤絵	『南宗画』 八大山人，石濤…ともに明の皇室の子孫。山水，花鳥などを描く カスティリオーネ…西洋画法を紹介，円明園（バロック式）の設計 ヨーロッパ諸国への磁器の輸出が増大	

●イエズス会宣教師の活動

	人物と活動
明	マテオ＝リッチ（利瑪竇） 1583 来朝　イタリア人 ・『坤輿万国全図』（世界地図）を作成 ・『幾何原本』（徐光啓と共訳） 　エウクレイデス『幾何学原本』の翻訳
清	アダム＝シャール（湯若望） 1622 来朝　ドイツ人 ➡p.52 ・大砲鋳造・『崇禎暦書』（「時憲暦」として実施）・北京の天文台長となる
	フェルビースト（南懐仁） 1659 来朝　ベルギー人 ・『坤輿全図』を作成 ・大・小砲を鋳造
	ブーヴェ（白進） 1685 来朝　フランス人
	レジス（雷孝思） 1698 来朝　フランス人 ・『皇輿全覧図』（中国最初の実測図）を作成
	カスティリオーネ（郎世寧） 1715 来朝　イタリア人 ・西洋画法 ・円明園（バロック式）の設計に参加

今日とのつながり 『康熙字典』の部首・画数による漢字の分類という概念は，現在も日本の漢和辞典に引きつがれている。

1 朝鮮半島の歴史

青字 文化に関する事柄　■■■ 日本との関係　近代 → p.232～233　現代 → p.302～303

*有田でつくられ伊万里港で積み出された。有田焼ともよぶ。

中国		朝鮮半島の主要事項	日本
漢	古朝鮮	前190ごろ 衛満、古朝鮮の王となる（**衛氏朝鮮**）	弥生
		前108 **漢の武帝**、4郡（**楽浪郡・真番郡・臨屯郡・玄菟郡**）設置（古朝鮮滅亡）	
魏・晋・南北朝	原三国	前37ごろ **高句麗**建国、都・**丸都**	
		後204 遼東の公孫氏、楽浪郡の南部に帯方郡設置	
		3世紀 朝鮮半島中南部に**三韓**（**馬韓・辰韓・弁韓**）分立	古墳
	三国（高句麗・百済・新羅）	313 **高句麗**、**楽浪郡**を滅ぼす	
		346ごろ 馬韓の伯済国、**百済**へと発展（～660）	
		356ごろ 辰韓の斯盧国、**新羅**へと発展（～935）	
		372 高句麗に仏教伝来、大学設置	
		384 百済に仏教伝来	
		391 高句麗、**広開土王（好太王）**即位（～412）	
		427 高句麗、**平壌**遷都	
		○ 新羅、**骨品制**確立（6世紀）	
		532 新羅、金官加耶を滅ぼす	
隋		538 百済、仏教を倭に伝える（一説には552）	
		562 新羅、大加耶を滅ぼす　○花郎制度確立	
		614 高句麗、隋軍の侵入を撃退	飛鳥
唐		660 **新羅・唐**の連合軍、**百済**を滅ぼす	
		663 **白村江の戦い**（倭の百済援軍が**新羅・唐**軍に敗れる）	
		668 **新羅・唐**の連合軍、**高句麗**を滅ぼす	
	統一新羅	676 **新羅**、朝鮮半島統一を完成、都・金城（慶州）	
		698 靺鞨人の**大祚栄**（高句麗遺民とする説あり）、震国（のちに**渤海国**と改称）建国（～926）、都・上京竜泉府	奈良
五代	渤海 高麗	918 **王建**、**高麗**を建国（～1392）、都・**開城**	
		926 渤海、キタイに滅ぼされる	平安
		936 高麗の後三国（新羅・後百済）統一	
		958 科挙制度の実施	
宋		976 田柴科制定	
		○ **大蔵経**刊行（11世紀）、**金属活字**（13世紀）の発明、**高麗青磁**	
		1196 崔氏、政権掌握（武人政権、～1258）	
元		1259 **高麗**、**モンゴル**に服属	鎌倉
		70 **三別抄**の抗争開始（～73）	
		74 元、高麗を従えて日本侵攻（**文永の役**）	
		81 元、再度高麗を従えて日本侵攻（**弘安の役**）	
		1391 **科田法**制定	
明	朝鮮	92 **李成桂**、**朝鮮**を建国（～1910）　都・**漢陽**（95年に漢城と改称、現**ソウル**）	南北朝
		1403 銅活字（金属活字）鋳造	室町
		46 **世宗**、朝鮮の国字（**訓民正音**、のちに**ハングル**）公布	
		74 成宗、「**経国大典**」頒布（1485実施）	
		1575 両班、東西に対立し、党争始まる	戦国
		92 **壬辰倭乱**（～93）（**文禄の役**）	安土桃山
		97 **丁酉倭乱**（～98）（**慶長の役**）→ p.117　**李舜臣**の活躍（**亀甲船**）	
		1607 **朝鮮通信使**来日（～1811、12回、内初めの3回は回答兼刷還使）	江戸
		27 **後金**（のちの清）軍の侵入（**丁卯胡乱**）	
		36 清軍の第2次入寇（**丙子胡乱**）、**清**への服属（37）	
清		1801 辛酉迫害（キリスト教弾圧）	
		11 **洪景来の乱**（没落両班と農民層の反乱）	
		60 **崔済愚**、東学を創始	
		○ 全国各地で農民反乱起こる（62 **壬戌民乱**）	
		75 **江華島事件** → p.232	
		76 **日朝修好条規**（**江華条約**）、強要された開国	
		84 **甲申政変**（急進開化派によるクーデタ）	
		94 **甲午農民戦争**（**東学信徒**・農民の蜂起）、甲午改革（近代的な制度改革）→ p.232	明治
	大韓帝国	97 国号を**大韓帝国**と改称	
		1905 **第2次日韓協約**（日本による外交権剥奪）	
		09 **安重根**、伊藤博文を暗殺 → p.233	
		10 **大韓帝国**、日本に併合される（～45）	

日本との関連

> ①**高句麗広開土王（好太王）碑** 子の長寿王が先王の征服事業をたたえるために414年建立（高さ約6.4m）。中国吉林省集安に位置。倭の活動に関する記述もみえ、古代東アジア関係史研究に重要な資料である。

世界遺産

②**朝鮮半島の弥勒菩薩像**

③**広隆寺の弥勒菩薩半跏思惟像**

▲④**釜山城**を包囲し、攻撃する小西行長の軍（壬辰倭乱）

▲⑤**伊万里焼** **壬辰・丁酉倭乱**で多くの朝鮮人陶工が日本に強制連行され、その陶工の技術を受容して開発・生産された磁器。

▲⑥**亀甲船** **李舜臣**が用いた軍船で、船上を厚板と刀で覆い、日本軍を苦しめた。

> ⑦**富山浦（釜山）の倭館** 倭館とは、朝鮮時代に日本との交易が行われた場所。おもな貿易品は朝鮮からは木綿・米・朝鮮人参、日本（**対馬の宗氏**）からは硫黄・銀などであった。→ p.39

A 4世紀の朝鮮半島

B 7～8世紀の朝鮮半島

C 12～13世紀の朝鮮半島

D 15～16世紀の朝鮮半島

2 政治と経済

新羅による農民と村落の国家支配

西原京（現在忠清北道清州（チョンジュ））付近の四つの村落の戸口・土地・牛馬・果樹等の実態を記録した帳籍が現存する。統一新羅の土地制度，村落の構造，国家による民の支配等の研究にきわめて重要な史料である。現在奈良の正倉院（しょうそういん）に保管されている。

▲⑧新羅の村落帳籍

要衝の地 江華島 ▶p.232

江華島はソウルの西に位置する島で，13世紀のモンゴル侵略の際には臨時の王都として機能した。近代には武力で開国を要求する西欧列強に対して抗戦し，王都防衛の前哨基地（ぜんしょうきち）としての役割を果たした。

▶⑨江華島の強固な城壁

李成桂（イソンゲ）の遷都と風水地理

風水地理とは地形と方位のようすで吉凶を判断する理論で，一般的に都城・住居・墳墓などの築造に用いられた。朝鮮の太祖李成桂は即位後，民心を一新させるために遷都を断行したが，漢陽（かんよう）（のちに漢城（ハンソン）と改称）が新王都に選ばれた理由は風水地理によって説明された。

▲⑩朝鮮王朝の都 漢城

産業の発達と常設市場

17世紀以後，諸産業（農業・商業・手工業）の発達と商品の生産・流通の普遍化によって，交易場所としての常設市場が全国各地に設けられた。その中で代表的なものは，漢陽（現在のソウル）の梨峴（リケン）・七牌（シチハイ）等があり，それぞれ，現在の東大門（トンデムン）・南大門（ナンデムン）市場（イヒョン）（チルペ）の前身である。

▼⑪南大門外に発展した現在の市場

3 生活と文化

高句麗の北方狩猟系文化

舞踊塚（ぶようづか）・薬水里（やくすいり）古墳等の高句麗古墳の壁画には狩猟図が描かれているが，それは，北方の騎馬遊牧文化（▶p.6）の影響とみられ，高句麗文化の北方的要素を表している。

▼⑫騎馬狩猟図〈舞踊塚壁画（中国吉林省集安）〉

印刷術と高麗の八万大蔵経

高麗朝廷は，モンゴル軍の侵略を仏力で撃退するため，大蔵経の彫板を行ったが，これは印刷術の発達にも貢献した。現在，慶尚南道陝川（ハプチョン）の海印寺（ヘインジ）に約8万枚の版木が保管されている。

▶⑮大蔵経の版木

地方に根付いた支配階層両班（ヤンバン）

▲⑰両班と農作業に従事する常民（じょうみん）

仏教の隆盛と貴族

統一新羅時代には，仏教の隆盛により寺院建立や仏像制作がさかんであった。慶州（キョンジュ）にある仏国寺は，統一新羅のときに完成した。豊臣秀吉（とよとみひでよし）の朝鮮出兵の際に消失したが，石造物が現存する。また，同じく慶州の石窟庵（せっくつあん）の本尊仏は，この時期の仏教美術の傑作。

◀⑬石窟庵の本尊仏　▼⑭仏国寺

完成された美 高麗青磁（こうらいせいじ）

高麗青磁は，中国以外で初めて制作された磁器。初期は中国青磁の影響を受けて生産されたが，12世紀になると象嵌技法（ぞうがんぎほう）の開発等によって，独自の青磁制作技術を確立し，美の極致ともいわれる高麗青磁を完成した。

▼⑯高麗青磁

▶p.27

両班とは，高麗・朝鮮時代の支配身分層のことで，文官と武官を合わせた呼称。彼らは科挙（かきょ）（文科・武科）を通じて中央政界へ進出して官僚になったが，出身地域でも支配勢力としての地位を維持した。また，同族村落を形成し，立身出世した祖先の子孫であることを内外に誇示するために族譜（チョクポ）を編纂（へんさん）した。その伝統は現在も続く。

▼⑱族譜

訓民正音（ハングル）（くんみんせいおん）の誕生 ▶p.53

訓民正音（ハングル）は朝鮮の第4代国王世宗（セジョン）が1446年公布した朝鮮の国字。制定の目的は，一般民衆が漢字で朝鮮語を表記するには限界があったことのほか，朝鮮建国の正当性を示すための意図もあった。

▼⑳世宗大王

伝統芸能'パンソリ'・'タルチュム'

パンソリは一人の役者が鼓手の伴奏に合わせ，ある物語を肉声で唱える芸能。タルチュムは仮面を付けた役者が庭で行う演劇。いずれも朝鮮後期における民衆の社会的・経済的地位の成長によって発達し，両班支配層の偽善（ぎぜん）への風刺と批判が中心であった。

▼㉑タルチュム

▼⑲訓民正音（ハングル）のしくみ

母音		子音			用例	
ㅏ[a]	ㅑ[ya]	ㄱ[ᵏg]	ㅇ[ŋ]	ㄲ[k']	キム　チ	
ㅓ[ʌ]	ㅕ[yʌ]	ㄴ[n]	ㅈ[tʃ/dʒ]	ㄸ[t']	김 치	
ㅗ[o]	ㅛ[yo]	ㄷ[ᵗd]	ㅊ[tʃʰ]	ㅃ[p']		
ㅜ[u]	ㅠ[yu]	ㄹ[r/l]	ㅋ[kʰ]	ㅆ[s'/ʃ]	k　i	tʃʰ　i
ㅡ[ɯ]	ㅣ[i]	ㅁ[m]	ㅌ[tʰ]	ㅉ[tɕ']	m	
		ㅂ[ᵖb]	ㅍ[pʰ]		子 母	子 母
上記の母音の他 11の二重母音がある		ㅅ[s]	ㅎ[h]		子	

イスラームの出現と拡大 ～アラブ帝国からイスラーム帝国へ

ヒストリーシアター **ムスリムなら一度は行きたい聖地メッカ**

◀①**カーバ神殿に巡礼するムスリム** 巡礼月（イスラーム暦第12月）に**メッカ**へ巡礼することは，その余裕のあるムスリムに課せられた義務とされる。**カーバ神殿**は，イスラーム成立以前から**アラブ人**の信仰対象であったが，**ムハンマド**が征服した際，神殿内の偶像をすべて破壊し，黒石のみを神聖視することになった。**メッカ巡礼**は，歴史的には巡礼者と隊商団が同行することが多く，交易の活性化にも役だった。

◀②**カーバの東隅にはめ込まれた黒石**

よみとき ムスリムはどこに向かって礼拝しているだろうか。

▲③**礼拝を行うムスリム** ムスリム（イスラームを信仰する人々）は1日5回の礼拝を行う。場所はどこでもよいが，方向と作法は定められている。毎週金曜日の正午過ぎには**モスク**で集団礼拝を行う。

青字 文化関連事項　赤字 おもな戦い

イスラーム世界の成立から拡大へ

◀p.61　p.126,132▶

年	できごと	日本
		西アジア
570ごろ	**ムハンマド**，**メッカ**に生まれる	
610ごろ	ムハンマド，神の啓示を受け，**預言者**に	
622	ムハンマド，ヤスリブ（**メディナ**）に移る **ヒジュラ=聖遷** **イスラーム暦（ヒジュラ暦）**（この年をイスラーム暦の元年にする）	飛鳥時代
630	ムハンマド，メッカを占領 **アラビア半島統一**	
632	ムハンマド病没 **正統カリフ時代** 始まる（～661） 都：**メディナ**	
	○ イラク，シリア，エジプト征服	
642	ニハーヴァンドの戦い（ササン朝を破る）▶p.61 →651 **ササン朝ペルシア滅亡**	
	○ 征服民に**地租（ハラージュ）**，**人頭税（ジズヤ）**を課す	
661	**アリー**（第4代正統カリフ）暗殺	
	ムアーウィヤ（位661～680）	
661	アリーの死後，**ウマイヤ朝** 創設，都：**ダマスクス** **カリフ**を宣言	
711	西ゴート王国を滅ぼし，**イベリア半島征服**	
732	**トゥール-ポワティエ間の戦い**（フランク軍に北進を阻止される）	
	アブー=アルアッバース 位750～754	
750	ウマイヤ朝を滅ぼし，**アッバース朝** 創設（～1258）	奈良時代
751	**タラス河畔の戦い**（唐を破り，中央アジアの支配者に） →中国の製紙法伝わる ▶p.22	
756	**後ウマイヤ朝**（756～1031）イベリア半島　都：**コルドバ**	
762	**マンスール**（2代目カリフ　位754～775）新都：**バグダード建設**	
	ハールーン=アッラシード（5代目カリフ　位786～809）	
	○ **イスラーム文化最盛期**	
	○辺境の地方王朝成立	
	サーマーン朝（875～999）都：**ブハラ**	
	ファーティマ朝＊（909～1171）**シーア派** ●**カリフ**を名のる　969 **カイロ建設**	
	ブワイフ朝（932～1062）**シーア派** 946 **バグダード入城**。アッバース朝 カリフから**大アミール**の称号を得る	平安時代
	カラ=ハン朝（10世紀半ば～12世紀半ば）	
	ガズナ朝（962～1186）	
	セルジューク朝（1038～1194） 1055 **バグダード入城**。アッバース朝 カリフから**スルタン**の称号を得る ▶p.144	
	ホラズム朝（1077～1231）	
	アイユーブ朝（1169～1250）エジプト ●**クルド人 サラディン**，**第3回十字軍**と戦う	
	マムルーク朝（1250～1517）エジプト，シリア	鎌倉時代
1258	アッバース朝，モンゴルにより滅亡 ▶p.110	

王朝の民族系統
- アラブ系
- イラン，アフガン系
- トルコ系
- ベルベル系
- その他

十字軍
- 第1回（1096～99）
- 第2回（1147～49）
- 第3回（1189～92）
- 第5回（1228～29）
- 第6回（1248～54）
- 第7回（1270）

＊ファーティマはムハンマドの娘の名前。ムハンマドの血を引くと自称。

左欄（縦書き）：ムハンマド時代 632　正統カリフ時代 661　ウマイヤ朝 750　アッバース朝

アラビア半島における教団国家建設／大征服運動の展開とイスラーム世界の拡大／帝国の分裂

---

1 アラビア半島に登場したイスラーム

▲④**アラビア半島の交易路**（6世紀）

ビザンツ帝国とササン朝ペルシアの争い
（メソポタミア付近の東西交通路遮断）

- 紅海側の陸海路の交易がさかんになる
  - ユダヤ教・キリスト教の流入
  - メッカ・ヤスリブの繁栄（オアシス都市）
  - 貧富の差の拡大・部族の伝統の崩壊
- 両国の衰退（権力の空洞化）

↓

社会改革の必要性・新しい秩序や宗教の希求

ひと **ムハンマド**（570ごろ～632）

メッカを支配していた**クライシュ族**の商人で，25歳ごろ結婚し，平穏に過ごしていた。40歳のとき，大商人による富の独占が進むメッカ社会に心を痛め，洞窟で瞑想にふけっていると，**アッラー（唯一神）**から啓示が下り，**預言者**であることを自覚した。以後布教を開始し，630年にはメッカを征服した。ムハンマドが受けた啓示は，のちに『**クルアーン（コーラン）**』にまとめられた。右の絵は大天使ガブリエルから啓示を受けるムハンマドで，**偶像崇拝禁止**の教えにより，顔が隠されている。

ガブリエル（ジブリール）
ムハンマド

◀⑤**正統カリフ系図** 正統カリフとはムハンマドの死後，信徒たちにより選ばれたカリフをいう。**クライシュ族**の中から選ばれ，4代目の**アリー**までがこれに該当する。カリフとは「**神の使徒の代理人**」を意味し，ムハンマド死後の最高指導者であった。

系図：クライシュ（クライシュ族の始祖）
アブー=バクル① ウマイヤ ハーシム
ウマル② アッバース
ハフサ（ムハンマドの妻）アーイシャ（ムハンマドの妻）ムハンマド＝ハディージャ
ムアーウィヤ ウスマーン＝ルカイヤ ファーティマ＝アリー アブー=アルアッバース
ハサン フサイン（シーア派イマーム）
①～④ 正統カリフ　赤文字 女性　**ウマイヤ朝**　**アッバース朝**

今日とのつながり　現在のヨルダン=ハシェミット王国は，「ハーシム家の王国ヨルダン」を意味している。

② イスラーム帝国の成立と構造

世界全図p.20-23 ← p.61 1 , → p.127 3

イスラーム世界の発展

- ■ ムハンマドの死(632)までの領土
- ■ 656年(第3カリフ)までの征服領土
- ■ ウマイヤ朝の征服領土(661～750)
- → イスラームの進出（数字は進出年代）
- ★ おもなミスル(イスラーム教団の征服地におかれた軍営都市)
- □ アッバース朝の最大領域(760ごろ)
- ユスティニアヌス帝の没年(565)のビザンツ(東ローマ)帝国の領域
- 610年ごろのフランク王国

地図中の注記:
- 732 トゥール-ポワティエ間の戦い
- 711 西ゴート王国滅亡
- 751 タラス河畔の戦い
- 680 カルバラーの戦い フサインの殉死
- 630 ムハンマド メッカ占領
- 642 ニハーヴァンドの戦い
- 622 ヒジュラ(聖遷)

ウマイヤ朝(661～750)	アッバース朝(750～1258)
〈アラブ帝国〉	〈イスラーム帝国〉
アラブ第一主義	すべてのムスリムの平等

カリフ 世襲化(預言者の代理)
- 総督(アミール) ←軍役
- アター(俸給)
- アラブ人戦士
- 免税の特権
- 救貧税(ザカート) … アラブ人ムスリム
- 地租(ハラージュ)・人頭税(ジズヤ) … 被征服民 改宗者(マワーリー)・非ムスリム(ズィンミー)

カリフ ウンマ(ムスリムの共同体)の代表
- 宰相
- ディーワーン(行政機構)
- 官僚
- マムルーク(奴隷兵) おもにトルコ人 → p.126
- 救貧税 地租 地租 人頭税
- ムスリム(アラブ・マワーリー) 非ムスリム

◀⑥アッバース革命 アラブ人が特権的支配層として他民族を支配する「アラブ帝国」から，民族を問わず**ムスリムの平等**を実現した「イスラーム帝国」へ移行した。

▼⑩イスラームの伝播と現代のムスリムの分布

- → 赤数字 伝播年
- ■ スンナ派
- ■ シーア派
- シーア派12% その他1% スンナ派87%
- 総数 16.7億人 現在のムスリム人口(2013年)

③ ムスリムの信仰と戒律

六信
- ①神(アッラー)…唯一絶対神,全知全能
- ②天使(マラーイカ)…神と人間の中間的存在(仲介者)
- ③啓典(キターブ)…アッラーの啓示(クルアーンが最後にして最良の啓典)
- ④預言者(ナビー)…ムハンマドが最後にして最高の預言者
- ⑤来世(アーヒラ)…最後の審判をうける
- ⑥予定(カダル)…人間の行為はすべて神の創造である

五行
- ①信仰の告白(シャハーダ)…礼拝のたびに唱える
- ②礼拝(サラート)…1日5回(夜明け・正午・午後・日没・夜半)メッカに向かう
- ③喜捨(ザカート)…困窮者救済のための一種の財産税
- ④断食(サウム)…ラマダーン月,日の出から日没までの飲食の禁止
- ⑤巡礼(ハッジ)…一生に一度は,巡礼月の7～13日にメッカに巡礼する

五行以外のおもな規範
- 賭けごとをしない
- 酒を飲まない
- 豚肉を食べない
- 利子を取らない
- 殺人をしない
- はかりをごまかさない
- 汚れから身を浄める
- 女は夫以外の男に顔や肌を見せないようチャドルなどで隠す
- 結婚は,商取引と同様に契約を結ぶ。平等に扱うことができるのなら,4人まで妻をもつことが可能

▼⑦六信五行

テーマ 『クルアーン(コーラン)』 別冊史料19

ムハンマドに下された神の啓示をまとめた聖典。第3代カリフ,**ウスマーン**の時代に現在の形に編集された。アラビア語で「読誦されるもの」という意味。日常生活で守るべきことも書かれている。

◀⑨サウジアラビアの国旗 中央上部に,『コーラン』の一節である「アッラーの他に神はなし。ムハンマドはその使者(預言者)なり」と書かれる。

▲⑧『クルアーン』〈16世紀,トルコ=イスラーム美術館蔵〉

テーマ シーア派とスンナ派 **◀⑪カルバラーのフサイン廟(イラク)**

第4代正統カリフアリーの子フサインは，**ウマイヤ朝**に抵抗したが，680年の**カルバラーの戦い**で死亡した。アリーとその子孫のみを**イマーム**と認めたのが**シーア派**で，のちに建てられたイマーム=フサイン廟は，シーア派の聖地の一つとなった。一方，ムハンマドの言行(スンナ)に従う信者として，歴代カリフの選任を**ウンマ(共同体)**の総意として受け入れたのが**スンナ派**である。

▼⑫イスラームの基礎用語

政治	カリフ…イスラーム社会の最高権力者 アミール…軍隊の司令官、または総督 スルタン…スンナ派イスラーム王朝の君主の称号 マムルーク…トルコ人・スラヴ人などの白人奴隷兵
経済	アター…年金、軍人や官僚の俸給 スーク(バザール)…市場 キャラバンサライ…隊商宿
信仰	ワクフ…イスラーム共同体のための宗教的な寄進 啓典の民…神の啓示にもとづく信仰をもつ民。ユダヤ教徒とキリスト教徒をさす ジハード…イスラーム世界の拡大または防衛のための戦い(聖戦) スーフィズム…イスラーム神秘主義

社会	イマーム…ムスリム集団の指導者 ウラマー…イスラームの学者・宗教指導者層 ウンマ…イスラーム共同体 シャリーア…イスラーム法。共同体の成員すべてに等しく適用される規範 ズィンミー…イスラーム世界で庇護を受ける非ムスリム マドラサ…ウラマーを育成するための高等教育施設 マワーリー…アラブの保護下にあった非アラブのムスリム ミスル…征服地に建設された軍営都市 ミッレト…非ムスリムの宗教共同体 ハディース…ムハンマドの言行に関する伝承 ハラール…イスラーム法において許容されたもの

イスラーム世界の変容 〜イスラーム世界の地方分権化

▲①マムルーク騎士 (シリア銀製品の一部)

奴隷　売り手　買い手　秤

▲②奴隷の売買のようす

よみとき 図②の奴隷はムスリムだろうか。p.128-129のムスリムの容姿を参考にして考えてみよう。

	宗教的指導者	政治・軍事的指導者
8〜9世紀　ムスリムの平等の実現		
アッバース朝	カリフ〈アラブ系政権〉	
11世紀　諸民族の台頭と受容		
ブワイフ朝	カリフ〈おもにアラブ系〉	大アミール〈おもにトルコ系〉
12世紀　社会の活性化とイスラーム世界の拡大		
セルジューク朝	カリフ〈おもにアラブ系〉	スルタン*〈おもにトルコ系〉
16世紀　諸宗教のゆるやかな統合システム		
オスマン帝国	スルタン（スルタン=カリフ制）〈おもにトルコ系〉	

*君主の意。この称号を最初に用いたのはセルジューク朝のトゥグリル=ベク。

▲③**イスラーム世界の変容**　11世紀以降、イスラーム世界では**トルコ系**が政治的・軍事的に台頭し、地方政権を樹立した。イスラームは第二の拡大期を迎えた。

イスラーム王朝興亡年表

◀p.124　p.132,134,222▶

	赤字 シーア派の王朝	青字 アラブ系 文化関連事項
	■アラブ系	
	■イラン、アフガン系	
	■トルコ系	
	■ベルベル系	
	■その他	

1 「平安の都」バグダード

シリア門　王族・高級官僚の邸宅　黄金門宮（カリフの宮殿）　クーファ門

▲④**バグダードの円城**と◀⑤**ハールーン=アッラシード**　ティグリス川沿いに建設された**アッバース朝**の都**バグダード**は、陸路・海路の国際都市として建設された。『千夜一夜物語』にも登場する第5代カリフ**ハールーン=アッラシード**の時代に最盛期を迎える。

2 地方分権化へ

アター制	イクター制
カリフ	スルタン
アター（俸給）↕軍役	イクター（徴税権）↕軍役
税金 軍人	軍人
↓管理	ハラージュ（地租）↓支配
占領地	分与地（イクター）

▲⑥**アター制とイクター制**　アッバース朝の衰退によりアターの支払いがとどこおり、ブワイフ朝（➡p.24）でイクター制が始まった。イクター制は従来の給与制度とは異なり、**スルタン**が軍人に、一定の**土地からの徴税権**を認めたもの。

世界遺産

▲⑦**繁栄するカイロ**（エジプト）　**ファーティマ朝**は、**カリフ**を名のってエジプトを征服し、首都カイロを建設した。写真はファーティマ朝時代に創建され、現在も総合大学として機能する**アズハル学院**。

３ イスラーム世界の変遷

凡例：
- アラブ系
- イラン，アフガン系
- トルコ系
- ベルベル系
- ビザンツ帝国
- その他

フランス王国／神聖ローマ帝国／後ウマイヤ朝 756〜1031／コルドバ／グラナダ／ローマ／コンスタンティノープル／ビザンツ帝国／アレッポ／バグダード／カラ＝ハン朝 10世紀ごろ／サーマーン朝 875〜999／ブハラ 11世紀中ごろ／アッバース朝／イスファハーン／ブワイフ朝 932〜1062／デリー／ヒンドゥー諸国

ファーティマ朝 909〜1171／フスタート／カイロ／メディナ／メッカ／アデン

946 ブワイフ朝侵入，カリフ制形骸化し，イスラーム帝国分裂

ガーナ王国／カネム王国／エチオピア

|カリフを立てた国 赤字 シーア派の王朝

A 10世紀中ごろ

イスラーム帝国の分裂決定化 世界全図p.24〜25 ← p.125 ②
- ファーティマ朝に続き，後ウマイヤ朝もカリフを名のる（3カリフ鼎立）
- ブワイフ朝がバグダードに入城し，アッバース朝カリフの権威は失墜

世界全図p.26〜27

レコンキスタ（国土再征服運動）／神聖ローマ帝国／第1回十字軍／セルジューク朝の興起地／カラ＝ハン朝／ジェンド／アラル海／ローマ／コンスタンティノープル／サマルカンド／ビザンツ帝国／ムラービト朝／マラケシュ／ジーリー朝／セルジューク朝／カーブル／ガズナ／ガズナ朝／カイロ／イェルサレム／ホルムズ／ファーティマ朝／1076〜77 ムラービト朝の攻撃を受ける／メディナ／メッカ／1055 トゥグリル＝ベク，バグダード入城

ガーナ王国／カネム王国／エチオピア

B 11世紀後半

トルコ人の台頭と自立化 → p.94 ② B
- トルコ系イスラーム王朝（カラ＝ハン朝・ガズナ朝・セルジューク朝・ホラズム朝）成立，中央アジアのイスラーム化が進む

世界全図p.28〜29

フランス／第3回十字軍／カラ＝キタイ（西遼）1132〜1211／アラル海／ローマ／コンスタンティノープル／ウルゲンチ／ルーム＝セルジューク朝／ビザンツ帝国／コルドバ／フェス／ムワッヒド朝 1130〜1269／マラケシュ／カイロ／イェルサレム／バグダード／ホラズム朝 1077〜1231／カーブル／ゴール朝 1148ごろ〜1215／アイユーブ朝 1169〜1250／アッバース朝／メディナ／メッカ／カネム王国 11世紀末イスラーム化／マリ王国 1240〜1473／チャド湖／エチオピア／アラビア海

C 12世紀末

キリスト教諸国（勢力）との対立〜レコンキスタ・十字軍〜 → p.145
- アイユーブ朝のサラディンの活躍，イェルサレムの奪回
- レコンキスタの進展 ・カーリミー商人の活躍 → p.28,86

世界全図p.30〜31

フランス／コンスタンティノープル／アラル海／ローマ／ナスル朝 グラナダ／ザイヤーン朝／ビザンツ帝国／アッコ／タブリーズ／バグダード／チャガタイ＝ハン国／マリーン朝／ハフス朝／カイロ／イル＝ハン国 1258〜1353／マムルーク朝／デリー＝スルタン朝／メディナ／メッカ／1258 フラグ侵入，アッバース朝滅亡／カネム王国／マリ王国／ナイル／チャド湖／エチオピア／アラビア海／1260 アインジャールート

D 13世紀後半

モンゴルのイスラーム化 → p.111
- フラグ（モンゴル）がアッバース朝を滅ぼす
- イル＝ハン国のガザン＝ハンがイスラームに改宗，イラン＝イスラーム文化が花開く
- マムルーク朝の建国と発展 ・カーリミー商人の活躍 → p.30,86

４ イベリア半島・北アフリカのイスラーム

◀⑧**コルドバの大モスク（メスキータ）** 後ウマイヤ朝の首都である**コルドバ**は，10世紀には人口50万を越え，当時の西欧最大の都市となった。987年に完成した**大モスク**には，内部の「円柱の森」などイスラーム美術の傑作が残るが，のちに**レコンキスタ**によってキリスト教教会に転用された。 別冊史料15

世界遺産

世界遺産

▲⑨**ベルベル人** マグリブ（北アフリカ西部）に分布しベルベル語を話す先住民。“ベルベル”はバルバロイに由来する蔑称で，自らは“イマジゲン”と称した。

▲⑩**マラケシュ旧市街**（モロッコ） ムスリム化した**ベルベル人**が建てた，**ムラービト朝・ムワッヒド朝**の首都。キリスト教徒による**レコンキスタ**が進むなか，両朝はイベリア半島にも進出した。 → p.145 ③

テーマ

ナスル朝のアルハンブラ宮殿 → p.145

世界遺産

◀⑪**アルハンブラ宮殿全景**（グラナダ，スペイン） イベリア半島最後のイスラーム王朝である**ナスル朝**の宮殿。1492年，グラナダがキリスト教徒の手に陥落し，ナスル朝は滅亡した。
→ p.151 ⑤

▶⑫**宮殿内部から見える中庭** イスラームの建築は，強い日差しと暑さのために壁が厚く窓が小さい。そのため，換気や採光，自然を憩う場として多くの場合中庭がある。

キーワード **アラベスク** イスラームでは教義上（偶像崇拝の禁止），人物や鳥獣などのモチーフを使うことを禁じていたため，幾何学的な模様であるアラベスクが発達した。植物の葉や茎，花，果実などを抽象化し，模様として使ったもので，建物の内外の壁面やじゅうたんなどに描かれた。

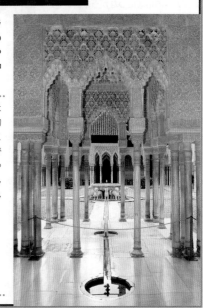

イスラーム文化 ～ネットワークから生まれた融合文化

ヒストリーシアター　アラビアン=ナイトの世界のネットワーク

◀①「船乗りシンドバッドの冒険」 8～9世紀にかけてつくられた『千夜一夜物語（アラビアン=ナイト）』は，女性不信のカリフに対し，大臣の娘シェヘラザードが1001夜にわたりいろいろな物語を聞かせるという設定で書かれている。この物語にはインドやイランに起源をもつ説話もあり，舞台はペルシア湾からインド洋，東シナ海にまで及ぶ。

▶②インド洋を航海するダウ船 モンスーンを利用して行き来した**ダウ船**によって，海域の結びつきは強くなっていった。➡p.86

英単語	意味　（　）内はアラビア語の意味
alcohol	アルコール（粉末）
algebra（アルジェブラ）	代数（統合）
alchemy（アルケミー）	錬金術（変質）
alkali	アルカリ（ソーダの原料）
sugar（シュガー）	砂糖
candy（キャンディー）	飴（きび砂糖）
safari	サファリ（旅）
cotton（コットン）	木綿（カタン糸）
syrup	シロップ（飲み物）
magazine（マガジン）	雑誌（倉庫・店）
coffee	コーヒー（果実酒）

〈パリ国立図書館蔵〉

▲③イスラーム文化はどこから来たか ギリシア・イラン・インドなどの文化を源流とし，形成・融合された。**固有の学問**と**外来の学問**に分けられる。図は外来の学問形成の流れを表したもの。

◀④アラビア語を起源とする英単語

よみとき 『千夜一夜物語』に収録された説話の起源や舞台がインドや東シナ海にまで及ぶことは何を示しているのだろうか。図②を参考に考えよう。

1　固有の学問

A　神学

神の属性と人間の行為とのかかわりを理論的に追究しようとする神学（カラーム）では，例えば信仰と罪の問題，自由意志と定命の問題，聖典解釈の問題などが取り扱われた。8世紀中ごろに本格的に始まった。

▶⑤修行に励む神秘主義者スーフィー **スーフィー**の本来の意味は「羊毛の粗衣を着た者」で，神の実在を感得するために修行場で，恍惚状態になるまで祈った。12世紀には**カーディリー教団**，13世紀には**メヴレヴィー教団**が成立。民衆の利益や救済を神に取りなす存在として大衆から信仰され，インドや東南アジアへの布教につながった。〈サクラーナ博物館蔵〉

スーフィーたち

B　法学

〈大英博物館蔵〉

法学は共同体の生活上での問題を解決するために生まれた。法は**「シャリーア」**とよばれ，この根拠となるのは**『クルアーン（コーラン）』**であるが，これを補完するものに**ハディース（伝承）とイジュマー（合意）とキヤース（類推）**がある。

マドラサ
ムスリムの女生徒
クルアーン
ウラマー

キーワード　ウラマー イスラーム諸学を**マドラサ（学問施設）**で学び，その知識をおさめた学者を**ウラマー**とよぶ。彼らは学院の教授，裁判官（**カーディー**）などで生計を立てた。シーア派では近代化以降も社会的影響力をもつ。

◀⑥マドラサで法学を説くウラマー

1 アラビア固有の学問	A 神学	B 法学	『クルアーン（コーラン）』の注釈，ムハンマドの言行に関する伝承（ハディース）を基礎として，両者合体して発達　**ガザーリー**（1058～1111，セルジューク朝）
	C 歴史学		ムハンマドの伝記研究から発達 ➡p.111 **ラシード=ウッディーン**（1247ごろ～1318，イル=ハン国の宰相）**『集史』** **イブン=ハルドゥーン**（1332～1406，マムルーク朝）**『世界史序説』** **タバリー**（839～923，アッバース朝）『諸預言者と諸王の歴史』
	その他		文法学・修辞学・詩学などクルアーンを正確に読むための研究
2 外来の学問	哲学		ギリシア哲学（アリストテレス注釈学）中心（「知恵の館」でアラビア語に翻訳） **イブン=ルシュド（アヴェロエス，ムワッヒド朝）**（1126～98）　**ガザーリー**
	A 数学		ギリシアのユークリッド幾何学・インドの代数学を吸収・発展 →**アラビア数字・ゼロの記号を完成。代数学・三角法，12世紀以降ヨーロッパへ　フワーリズミー**（780ごろ～850ごろ，アッバース朝）
	B 天文学		**占星術**から発達。ムスリム商人の活躍で航海術・暦学も発達 **バグダード・ダマスクス・サマルカンドに天文台設置**
	C 地理学		**イドリーシー**（1100～65ごろ，シチリアで活躍） **イブン=バットゥータ**（1304～77，モロッコ出身）**『三大陸周遊記』**➡p.32
	D 医学		**イブン=シーナー（アヴィケンナ）**（980～1037，サーマーン朝） **『医学典範』**ギリシア・アラビア医学の集大成
	E 化学		錬金術から発達 昇華作用の発見 蒸留・ろ過の方法を発明
	その他		論理学・音楽・機械学・光学・博物学など
その他	文学		**『千夜一夜物語（アラビアン=ナイト）』** **フィルドゥーシー**（940ごろ～1025，ガズナ朝）**『シャー=ナーメ』**宮廷文学・詩発達 **オマル=ハイヤーム**（1048～1131，セルジューク朝）**『ルバイヤート』**別冊史料20
	美術		**モスク建築（ドームとミナレット）　アラベスク　細密画（ミニアチュール）**
	研究機関		**アズハル学院**（カイロ，ファーティマ朝）　**ニザーミーヤ学院**（セルジューク朝）

◆ヨーロッパに影響を与えた科学以外の文化
火薬・磁針（羅針盤）・紙・印刷術…以上は中国起源 ➡p.160
築城法・石弓の使用・伝書鳩の利用・じゅうたんやカーテンの装飾・軍楽隊の打楽器・甲冑や紋章・戦勝祝賀のイルミネーション・砂糖・コーヒー飲用など

▲⑦イスラーム文化

C　歴史学

イスラーム世界では歴史学が9世紀に発展し，タバリーなどによる年代記が著された。**イブン=ハルドゥーン**は，さらにこれを発展させ，都市と遊牧民との関係を中心に歴史発展の法則を探ろうとした。

▶⑧**イブン=ハルドゥーン**（1332～1406）チュニス生まれ。裁判官として諸王朝に仕え，**マムルーク朝**とティムールの会談にも立ち会った。

2 外来の学問

A 数 学

ローマ字	I 1	V 5	X 10	L 50	C 100	D(IↃ) 500	M(CIↃ) 1000	V̄(IↃↃ) 5000	X̄(CCIↃↃ) 10000
インド文字	1	2	3	4	5	6	7	8	9
アラビア文字	1	2	3	4	5	6	7	8	9
算用数字	1	2	3	4	5	6	7	8	9	0

▲⑨数字の表記 8世紀にインドから**ゼロの概念**(かいねん)(➡p.81)を含むインド文字や計算法が伝えられ，9世紀の**アッバース朝**でギリシア語で書かれた**エウクレイデス（ユークリッド）**の数学などが**アラビア語**に**翻訳**され，数学が発達した。とくに代数学，幾何学などの分野の研究が進み，これらは12世紀西欧で**ラテン語**に翻訳され，その後の西欧の数学の発達に多大な影響を与えた。

C 地理学

▶⑬**イドリーシーの地図** ギリシアの**プトレマイオス**の知識を受け継ぎ，それに**ムスリム商人**の知識が加えられている。この世界地図は，**シチリア**(➡p.145)で作成された。当時シチリアは，イスラームとヨーロッパの文化の交流地であった(➡p.153)。地図の方位は南が上になっている。➡巻末折込

B 天文学

◀⑩**天文学の研究 アッバース朝**の時代には，インドの天文学書が翻訳され天文学が発達した。バッターニーなどの学者が行う観測により，天文表などが作成された。図は16世紀の**イスタンブル**の天文台のようすで，さまざまな天文器具が描かれている。〈トプカプ宮殿美術館蔵〉

テーマ アストロラーベ ➡p.153

◀⑪**緯度を知る方法** 船上で北極星と太陽の高度を測定することで緯度を知ることができる。

天体の高度をはかるために使われた観測器具で，**羅針盤**(らしんばん)(➡p.109,154)の普及とともに長距離の航海を可能とした。ヨーロッパでは13世紀ごろから使われるようになった。

▶⑫アストロラーベ

D 医 学

▲⑭**イブン゠シーナー**（アヴィケンナ）イブン゠シーナーの『**医学典範**』などは，ラテン語に翻訳され，最先端科学としてヨーロッパに輸入された。

◀⑮**帝王切開による出産のようす**(ていおうせっかい) イスラームでは早くから外科の技術が発達し，図のような手術が可能であった。〈エジンバラ大学図書館蔵〉

E 化 学 ➡p.153

▶⑯**調剤の光景** 図は13世紀の薬屋のようす。**スーフィー**たちは，「霊魂の調和による物質の変化」(れいこん)という観点から**錬金術**(れんきん)を独自に研究した。その研究で発展した蒸留法は，新しい物質の精製や蒸留酒の製造に受け継がれた。〈メトロポリタン博物館蔵〉

3 イスラームの社会と生活

キーワード **ワクフ** 商業施設や浴場などを建て，その所有権を放棄しアッラーに寄進，そこからの収益を公共の施設の維持費にあてる制度。『**クルアーン（コーラン）**』の教えでは けちが最大の恥とされるので，金持ちはさかんにワクフを行った。

◀⑰**スーク・バザール**（市場）**の風景** 市場やモスク・**キャラバンサライ**（隊商宿）・病院などの公共施設は，**ワクフ**によって建設・維持された。図のような市場では，大商人だけでなく，裕福でない商人も店を出すことができた。

テーマ ムスリム商人のネットワーク ➡p.22,24,86

8世紀，イスラーム世界が確立すると，東西を**バグダード**で結びつける陸のルートを通って**隊商（キャラバン）**貿易が行われた。また，海のルートでは，**ダウ船**と呼ばれる帆船によってインド洋中心のムスリムの海洋ネットワークが形成された。10世紀には，紅海を通るルートが開発され，**カイロ**が**イスラーム゠ネットワーク**の中心となった。ムスリムによる商業活動は，①イスラーム法にもとづく相互の信頼関係②共通言語（アラビア語）の使用③イスラームの発達した金融・信用取引④共同出資による協業組織などにより促進された。

◀⑱**世界共通貨幣としてつくられたディナール金貨**（ウマイヤ朝）

テーマ イスラームの女性

イスラームでは「結婚は信仰の半ばを成就する」(じょうじゅ)(しんこう)(せいじゅ)ものとして奨励されている。男性は複数の女性（4人まで）を妻とすることが許されている*。夫が離婚を希望するときは，カーディー（裁判官）に妻の不貞を繰り返し4回訴え，5回目にはこれを宣誓する必要があった。

▼⑲**カーディーに離婚の訴えをする夫**

＊当時は，夫を戦災で失った寡婦を経済的に救済する意図があったとされる。(かふ) 現在，トルコやチュニジアでは一夫多妻制は禁じられている。

イスラーム世界の成熟 ～ティムール帝国とサファヴィー朝の展開

ヒストリーシアター 「イスファハーンは世界の半分」

▶①イスファハーン アッバース1世が1597年に遷都。学術・文化が栄え，対外貿易の活性化などから人口50万人に達して**「イスファハーンは世界の半分**（の価値がある）」と称されるほどに繁栄をきわめた。

イマーム広場

イマーム=モスク

よみとき サファヴィー朝はスンナ派かシーア派か，イマームを最高指導者として重視している点から考えよう。

？とひと アッバース1世(1571～1629)

アッバース1世

アッバース1世は，**サファヴィー朝**第5代国王で，中興の祖とされる。**イスファハーン**に遷都し，ポルトガル人を**ホルムズ**から駆逐した。軍制改革を行い，王に直属する二つの近衛軍団を組織するとともに，銃兵部隊や砲兵部隊を新たに組織した。

▲②小姓とたわむれるアッバース1世

1 ティムール帝国の発展(14～15世紀)

世界全図p.32～35

凡例：
□ アラブ系
□ トルコ系
□ ベルベル系
□ その他

- イングランド
- 神聖ローマ帝国
- フランス
- ポルトガル
- カスティリャ王国
- ナスル朝
- ザイヤーン朝
- マリーン朝
- ハフス朝
- リトアニア=ポーランド
- モスクワ大公国
- ヴェネツィア
- ハンガリー
- 1396 ニコポリスの戦い
- オスマン帝国
- 1402
- キエフ
- クリム=ハン国
- カザン=ハン国
- キプチャク=ハン国
- サライ
- アストラハン
- 1395
- ウズベク
- 1405,明への遠征途上，ティムール病死
- ウルグ=ベク領
- サマルカンド ティムール興起の地 帝国の首都
- 東チャガタイ=ハン国
- イラン=ジャライル朝
- ヘラート
- シャー=ルフ領
- トゥグルク朝期，ティムールがデリーに侵入
- ティムール帝国 1370～1507
- デリー
- デリー=スルタン朝（トゥグルク朝）
- アンカラ（アンゴラ）の戦い オスマン帝国に勝利
- アレクサンドリア
- バグダード
- カイロ
- マムルーク朝
- メディナ
- メッカ
- アラビア海

凡例：
➡ ティムールの進出
◯ ティムール死後の諸子の分封地
0 1000km

- モンゴル帝国の再興をめざし，ティムール一代で，中央アジアからイランにいたる大帝国を成立，オスマン帝国にも大打撃を与えた

▲③**ティムール廟とティムール**（右上）「チンギスは破壊し，ティムールは建設した」といわれるように，ティムールは**サマルカンド**を中央アジアの一大中心地とした。明遠征の途上，志半ばにオトラルにて病死。写真はサマルカンドにある彼の墓廟。

◀p.110 ティムール帝国とサファヴィー朝の展開 p.222▶

青字 文化関連事項　赤字 おもな戦い

年代	できごと	日本
1370	**ティムール** 位1370～1405	南北朝時代
1370	西チャガタイ=ハン国からティムール自立，**ティムール帝国建国** 都:**サマルカンド**	
93	イル=ハン国の旧領を併合	
95	キプチャク=ハン国を圧迫，弱体化	
98	西北インド（トゥグルク朝）に侵入	
1402	アンカラの戦い（オスマン帝国を破る）	
05	明遠征途上，オトラルで没	
1409	シャー=ルフ 即位 都:ヘラート	室町時代
	◯ **イラン=イスラーム文化**が中央アジアに伝わる	
20	シャー=ルフ，明の永楽帝に使節を派遣	
	ウルグ=ベク 第4代 位1447～49	
	• サマルカンドに天文台を建設	
	• **トルコ=イスラーム文化**が栄える	
1449	ウルグ=ベク暗殺，衰退期に	
1507	ウズベクの侵入 **ティムール帝国滅亡**	
	→ティムールの末裔バーブル，北インドへ	
	イスマーイール1世 位1501～24	戦国時代
1501	**サファヴィー朝建国** 都:タブリーズ **十二イマーム派（シーア派）**を国教化	
14	チャルディラーンの戦い（オスマン帝国がサファヴィー朝を破る）	
	アッバース1世 位1587～1629	
	• サファヴィー朝最盛期	
	中央集権体制確立　銃兵隊・砲兵隊を創設　オスマン帝国から失地奪回	
1597	都:**イスファハーン**へ遷都	安土桃山時代
1622	ポルトガルからホルムズ島奪還	江戸時代
1736	アフシャール朝建国 **サファヴィー朝滅亡**	

2 オスマン帝国・サファヴィー朝・ムガル帝国の鼎立(16世紀)

世界全図p.36～37 → p.133 2

凡例：
□ イラン,アフガン系
□ トルコ系
□ その他

- イギリス
- 神聖ローマ帝国
- フランス
- ポルトガル
- スペイン
- 1529 第1次ウィーン包囲 オスマン帝国がウィーンを包囲
- 1526 モハーチの戦い
- ウィーン
- モスクワ大公国
- クリム=ハン国
- イスタンブル
- オスマン帝国
- 1514 チャルディラーンの戦い サファヴィー朝がオスマン帝国に敗北
- ヒヴァ=ハン国
- アラル海
- ブハラ=ハン国
- サマルカンド
- タブリーズ
- ヘラート
- カーブル
- バグダード
- バスラ
- サファヴィー朝
- イスファハーン
- ホルムズ
- ムガル帝国
- 1526 パーニーパットの戦い バーブルがデリー=スルタン朝のロディー朝に勝利，ムガル帝国の成立へ
- デリー
- アグラ
- 1538 プレヴェザの海戦 オスマン帝国軍がキリスト教連合艦隊に勝利
- 1571 レパントの海戦 オスマン帝国軍がスペインに敗北
- カイロ
- 1517 マムルーク朝滅亡
- メディナ
- メッカ
- アラビア海

凡例：
□ イスラーム3帝国
― サファヴィー朝の最西端
― オスマン帝国の最東端
0 1000km

- 強大な**イスラーム3帝国**が誕生し，イスラーム世界が繁栄期を迎える

今日とのつながり 8世紀以降イスラーム勢力が新たに建設した都市は，フスタートのほかフェズ（モロッコ），グラナダ（スペイン），バスラ（イラク）などがあり，今でもその地域の中心都市として栄えている。

1 アフリカの歴史 →p.220

北アフリカ
地理的にはアフリカであるが地中海世界の一部。イスラーム世界では「マグリブ」(「日没の地、西方」の意)とよばれる。

ニジェール川流域
中流に大きな内陸デルタがあり、早くから都市の形成が進んだ。金も産出し、**サハラ縦断交易**の中心となった。

凡例
- 熱帯雨林
- 砂漠
- 草原
- ∴ おもな人類の遺跡
- ‐‐ おもな交易路

おもな交易品
- ◇ 金
- ◇ 銅
- ● 奴隷貿易港

ザンベジ川流域
バントゥー系住民が多く、高い農業生産力と、金の産出を生かした**インド洋交易**によって繁栄した。

アフリカ東海岸
象牙、べっ甲や香料などを輸出する**インド洋交易**で繁栄した。遺跡からは中国陶器も発見される。

アフリカの歴史 〔林晃史氏の年表をもとに作成〕

時代	できごと
B.C.1000 前9世紀	**クシュ王国**成立
前747頃	クシュ、エジプトを征服→第25王朝
前571頃	クシュ王国、**メロエ**に遷都→**メロエ王国**
○	メロエで鉄の生産始まる
B.C. A.D. 後1世紀	**アクスム王国**(エチオピアの前身)成立
500 333	アクスム王国に**キリスト教**伝わる
350頃	アクスム、メロエを滅ぼす
634	**イスラーム勢力の侵入始まる**
691頃	**アラブ人、東海岸**に移住し都市の建設開始
7〜9世紀	**ガーナ王国、サハラ縦断交易**(塩金貿易)で栄える
	アクスム王国分裂
1000 10世紀初	**アフリカ東海岸諸都市栄える**
○	東海岸で**スワヒリ文化**形成
1076	ムラービト朝、ガーナ王国を攻撃(〜77)
1090頃	**カネム国王**、イスラームに入信
13世紀半	**マリ王国**のトンブクトゥ・ガオ・ジェンネ栄える
1324	マリ国王マンサ=ムーサ、メッカ巡礼に出発
14世紀半	**イブン=バットゥータ**、マリ王国訪問 別冊史料16
○	カネム王国衰退、チャド湖西岸で再興(ボルヌー王国)
○	**大ジンバブエ**栄える
15世紀半	明の鄭和、東海岸の**マリンディ**訪問
1488	**バルトロメウ=ディアス、喜望峰に到達** →p.154
98	ヴァスコ=ダ=ガマ、キルワ・モンバサ・マリンディに到達
1510頃	奴隷貿易始まる(ポルトガル、黒人奴隷を新大陸へ)
	アフリカの荒廃始まる →p.171
○	ベニン王国、奴隷貿易により強国化
1629	**モノモタパ王国**、ポルトガルの属国に
1795	イギリス、**オランダ領ケープ植民地**を占領
1830	フランス、**アルジェリア**出兵
47	リベリア共和国成立
○	「暗黒大陸」のイメージに(ヨーロッパ人による)
49	リヴィングストン、アフリカ大陸探検
1900 84〜85	ベルリン会議 **アフリカ分割の幕開け** →p.220

ナイル川流域

クシュ王国・メロエ王国(前9世紀〜後4世紀)
最古の黒人王国。一時全エジプトを支配するが、**アッシリア**に攻撃され、都を**メロエ**に移す。製鉄技術や隊商交易によって繁栄。未解読の**メロエ文字**や**ピラミッド**で知られる。

アクスム王国(1世紀〜?)
4世紀に**キリスト教**に改宗したエザナ王が**クシュ王国**を倒した。『エリュトゥラー海案内記』には**象牙**の集散地として記されている。

▲①メロエのピラミッド

ニジェール川流域

ガーナ王国(8世紀以前〜11世紀)
アフリカ西部の黒人王国。サハラの岩塩とギニアの金の、**サハラ縦断交易**を保護することで繁栄。**ムラービト朝**に攻撃され衰退した。

マリ王国(13〜15世紀)
マンディンゴ人が西スーダン、ニジェール川流域に建てたイスラーム王国。都は**トンブクトゥ**といわれている。**イブン=バットゥータ**も訪れた。

ソンガイ王国(15〜16世紀)
ソンガイ人が**マリ王国**を圧倒して建国。都はガオ。黒人初の大学を創設するなど、繁栄したが、モロッコ軍の攻撃により滅亡。

▲②ムスリム商人とマンサ=ムーサ(1280頃〜1337)
アラブからのラクダによって、サハラを縦断する交易が発展した。**ムスリム商人**のもたらす塩は、金と同じ重さで取り引きされたという(**塩金交易**)。14世紀、**マリ王国**最盛期の王**マンサ=ムーサ**はメッカ巡礼の途上、金を大量にふるまい、金の相場が大暴落したため"黄金の国"マリの伝説が生まれた。

東海岸諸都市

東海岸諸都市
東海岸は**ムスリム商人**による**インド洋交易**が行われた。彼らは象牙・金や黒人奴隷(ザンジュ)を、衣料品や鉄器・陶器などと交換した。代表的都市に、**キルワ・ザンジバル・マリンディ**などがある。

テーマ スワヒリ語
アフリカ東海岸に来航・居住するようになった**ムスリム商人**の**アラビア語**と、土着の**バントゥー語**が融合して成立、発展した。現在、ケニア・タンザニアなどで使用されている。

▲③ザンジバル 黒人奴隷(ザンジュ)が語源。香辛料や奴隷のインド洋交易で繁栄。19世紀には通商の一大中心地となる。

ザンベジ川流域

モノモタパ王国(15世紀ごろ〜19世紀)
ジンバブエ遺跡の文化を継承したショナ人が建国。金を輸出するインド洋交易で繁栄。その繁栄に、16世紀来航したポルトガル人が驚愕したと伝えられる。

▶④大ジンバブエ遺跡 ジンバブエは「石の家」の意味。曲線や勾配をつけたたくみな**石積み建築**の世界遺産。最盛期は14〜15世紀。

オスマン帝国 ～三大陸にまたがるイスラーム帝国

ヒストリーシアター オスマン帝国拡大の原動力

徴集された少年たち

▲①デヴシルメの現場

▼②デヴシルメ

バルカン半島の非ムスリムの諸宗教共同体（ミッレト）が対象

↓

7～15歳程度の身体強健・眉目秀麗・頭脳明晰な男子を徴集

↓

イスラームに強制改宗

↓

軍人・官僚などへ

よみとき　少年たちはおもにどこから徴集され、どのような仕事についたのだろうか。

イェニチェリ

▲③イェニチェリ　イェニチェリとは、オスマン帝国のスルタン直属の奴隷からなる常備歩兵軍団。鉄砲を使用した集団戦法は、ヨーロッパの脅威となり、オスマン帝国拡大の原動力となった。

オスマン帝国興亡年表

◀p.124,126　　p.222▶

青字 文化関連事項　　日本

西暦		事項	日本
1299	発展	**オスマン1世**（位1299～1326）、アナトリア西部に **オスマン帝国建国**	鎌倉
1326		ブルサを征服し、首都とする	南北朝時代
61頃		**アドリアノープル**（エディルネ）占領（諸説あり）	
		○ **イェニチェリ**（軍団）誕生	
89		**コソヴォの戦い** バルカン半島支配	
		バヤジット1世［雷帝］位1389～1402	
1396	混乱	**ニコポリスの戦い** （ハンガリー王ジギスムントを破る）	
1402		**アンカラ（アンゴラ）の戦い** （ティムールに敗れ、オスマン帝国混乱）	室町時代
1413		**メフメト1世**（位1413～21）**オスマン帝国再統一**	
		メフメト2世［征服王］位1444～46・51～81	
1453		**コンスタンティノープルを征服**し、遷都（現在の**イスタンブル**）→ビザンツ帝国滅亡	
		○ トプカプ宮殿造営	
75		**クリム=ハン国**が服属 **黒海の制海権掌握**	
	復興と全盛	**セリム1世**［冷酷者］位1512～20	戦国時代
1514		**チャルディラーンの戦い**で**サファヴィー朝**を破る	
17		**マムルーク朝**を破る **メッカ・メディナの保護権掌握** シーア派のサファヴィー朝と対立	
		スレイマン1世［立法者］位1520～66	
1526		**モハーチの戦い**、ハンガリーを併合	
29		**第1次ウィーン包囲** ▶p.163 ❶,164,174	
36		仏王**フランソワ1世**に**キャピチュレーション**＊²（カピチュレーション）を与えたといわれる	
38		**プレヴェザの海戦**→スペイン・教皇連合艦隊を破る **東地中海の制海権掌握**	
		○ 帝国最盛期	
1571	衰退	**レパントの海戦**→スペイン・教皇・ヴェネツィア連合艦隊に敗れる ▶p.164	
1683		**第2次ウィーン包囲**→失敗	
99		**カルロヴィッツ条約**（オーストリアにハンガリーを割譲）▶p.222	
1703		**アフメト3世**即位（位1703～30）○**チューリップ時代** 活版印刷の導入、西欧趣味の流行	
1811		**エジプト**（ムハンマド=アリー）▶p.222 オスマン帝国から事実上独立	江戸時代
21		**ギリシア独立戦争**（～29）→**東方問題** ▶p.205	
26		イェニチェリ軍団の廃止	
39		**タンジマート**（恩恵改革）（～76）▶p.222 →オスマン帝国の近代化	
1922		**スルタン制の廃止** **オスマン帝国滅亡** ▶p.244	明治大正

西
アジア

ヨーロッパ

▲④オスマン1世

▲⑤セリム1世

＊スルタン=カリフ制はセリム1世が、マムルーク朝征服後にアッバース朝カリフの末裔からその称号を継承し成立したとされてきたが、同時代の史料にはなく、近年は後代の伝説とされる。

＊2 領事裁判権や定率関税などの通商特権。セリム2世がフランスに与えたという説もある。

▲⑥アフメト3世

1 オスマン帝国のしくみ

スルタン ➡p.126
・イスラーム法の施行・維持
・正統派信仰の擁護する世俗の君主

《中央》
ディーワーン（御前会議）
宮廷官僚＊
宰相　国璽尚書　財務長官
「軍人の法官」（カーディー＊2の長）

軍隊
シパーヒー（ティマール（徴税権）を与えられたトルコ人騎兵）
イェニチェリ（スルタン直属の歩兵軍団）

ティマール制（騎兵に土地を割りあてるかわりに軍役を義務づける）
〈奉仕〉
〈徴税権授与〉

《地方》
州（総督の管轄）
県（知事の管轄）
郡（カーディー＊2の管轄）
農村・都市

デヴシルメ（キリスト教徒子弟から選抜・徴集→イスラームに改宗）

ミッレト
カトリック＊3　ギリシア正教徒　アルメニア教徒　ユダヤ教徒
ムスリム

＊ムスリムの宮廷官僚も能力次第で登用された。　＊2 ウラマー出身の裁判官　＊3 1831年、カトリックを承認

キーワード **ズィンミー制**　オスマン帝国では、支配下の地域の異教徒に納税（ジズヤ）と引きかえに信仰の自由を認め（ズィンミー制）、各宗教の共同体（ミッレト）ごとに自治を許した。これにより、ムスリム以外のネットワークが発展し、商業活動も活発化した。

▼⑦**ディーワーン**　ディーワーンとよばれる御前会議では、軍事や行政、財政などの問題が扱われた。絵には大宰相（中央）と高官、格子窓から会議のようすをうかがう**スルタン**が描かれている。

スルタン
宰相
大宰相
国璽尚書
財務長官
「軍人の法官」（カザスケル）

聖ソフィア大聖堂

▲⑧**イスタンブルに住むユダヤ人**　イベリア半島にいた**ユダヤ教徒**たちは**レコンキスタ**完成後に発布された追放令によって改宗か移住かを迫られた。そのため、諸宗教共同体（ミッレト）に自治を許すオスマン帝国に多く移住し、**イスタンブル**にもユダヤ人が多数移り住んだ。

今日とのつながり　オスマン帝国は、楽隊が演奏をしながら進軍を行った。その独特のリズムが、ヨーロッパに伝わり、現在でも名曲と知られるモーツァルトやベートーヴェンの「トルコ行進曲」に取り入れられた。

② 拡大するオスマン帝国

▼⑨オスマン帝国の拡大(1359〜1683年) ◀ p.127 ③ , ▶ p.223 ②

世界全図p.34-39

ポーランド王国　キエフ○　ロシア
ポドリア
1529　第1次ウィーン包囲
スレイマン1世，神聖ローマ皇帝
カール5世を圧迫 ➡ p.164
1529 1683 ウィーン
ハンガリー
モハーチ
1526
神聖ローマ帝国
フランス王国
教皇領
ローマ
ナポリ王国
スペイン王国　シチリア王国
ベオグラード
セルビア　ニコポリス　ヴァルナ
1389　1396
コソヴォ
1444 イスタンブル(コンスタンティノープル)
ニコメディア
1402
ブルサ
アドリアノープル(エディルネ)
プレヴェザ
レパント
地　中　海
アルジェ　チュニス
1574
アルジェリア
トリポリ
55
1453　メフメト2世，コンスタンティノープル占領，現在のイスタンブル
クリム＝ハン国
1475
黒　海
サライ
アラル海
カスピ海
アルメニア
アンカラ
カラマン
アレッポ
シリア
ダマスクス
イェルサレム
エジプト
1517
カイロ
ヒジャーズ
メディナ
メッカ
アラビア
ナイル川
1514　チャルディラーンの戦い
チャルディラーン
タブリーズ
サファヴィー朝
1501〜1736
イスファハーン
1598　アッバース1世が遷都
紅海
1538　プレヴェザの海戦
1571　レパントの海戦
アドリアノープル首都に(1366〜1453)
オスマン1世の根拠地
1517　セリム1世，マムルーク朝征服
ムスリム商人のインド貿易の拠点
アラビア海
マスカット[葡]
ホルムズ[葡]
ペルシア湾
ネジド
アデン

0　1000km

■ 1326年のオスマン帝国領
■ 1451年のオスマン帝国領
■ メフメト2世が獲得した地域(1451〜81)
■ セリム1世が獲得した地域(1512〜20)
■ スレイマン1世が獲得した地域(1520〜66)
■ 1566〜1683年に獲得した地域
― 1683年の国境
数字　獲得した年
Ⓧ　おもな戦い
[葡]　ポルトガル植民地

フランス(フランソワ1世)　神聖ローマ帝国(カール5世)　ハンガリー

キャピチュレーション(領事裁判権,定率関税などの特権)与える(1536?)
第1次ウィーン包囲(1529)　陥落寸前に冬の到来で撤退
モハーチの戦いで合併(1526)

スペイン(フェリペ2世)
レパントの海戦で敗北(1571)
プレヴェザの海戦で東地中海制覇(1538)
ベオグラード　占領(1521)
バグダード攻撃(1534)
サファヴィー朝
滅亡させる(1517)メッカ・メディナを支配下におく

オスマン帝国

スペイン・教皇連合艦隊
ロードス島(ヨハネ騎士団)　占領(1522)
マムルーク朝

⟸ 敵対　◀ 勝利　⟵ 敗北　← 友好

▲⑩オスマン帝国の対外関係

🔑**キーワード　キャピチュレーション**
（カピチュレーション）
キリスト教国などに対し，非ムスリムの来訪や活動を保護するために，恩恵的に与えられた友好的な通商条約。領事裁判権や定率関税などが含まれた。しかし18世紀末の帝国主義時代には，西欧の不平等条約に変質し，侵略の足がかりとなった。

◀⑪メフメト2世
(位1444〜46，51〜81) 第7代スルタン。**コンスタンティノープルを攻略**し，征服王(ファーティフ)の異名を得た。

▶⑫コンスタンティノープルの攻略と遷都
コンスタンティノープル攻略は，**メフメト2世**にとって子どものころからの夢の実現でもあった。この勝利を決定づけたのは，両国の経済力の差にあった。彼はハンガリー人技術者ウルバンを高い報酬で雇い，巨大な大砲をつくらせた。オスマンの軍勢10万〜12万人に対し，ビザンツ側は7000〜1万人だった。

赤字　オスマン軍の動き
⟹　オスマン軍の進路

413年建設，3重の構造をもち難攻不落を誇った
ベオ門
第2軍門
テオドシウス帝の大城壁
レギウム門
聖ロマノス門
オスマン正規軍(10万)1453年5月23日攻撃
聖ロマノス門
コンスタンティヌス帝の城壁跡
アルカディウス広場
イスハク＝パシャとアナトリア師団
牛広場
アマストリアノス広場
中央大路
中央大路
ヴェネツィア広場
テオドシウス広場
コンスタンティヌス広場
元老院広場
大宮殿
ヨーロッパ側
カラジャ＝パシャとヨーロッパ師団
ブラケルナエ宮殿
浮橋
ザガノス＝パシャ分隊
1453年5月初句
ガラタ地区(ジェノヴァ人居住区)
ガラタ塔
4.8kmの丘をころがして，50隻の軍艦を運ぶ
金角湾から砲撃
金角湾(ハリチ)
防鎖
マルマラ海
元老院
アジア側(ウスキュダル)
ボスポラス海峡
1453年4月22日

Ⓐ スルタン＝アフメト＝モスク 1609〜16年，アフメト1世が建設，愛称ブルーモスク
Ⓑ 聖ソフィア大聖堂 メフメト2世がモスクに改造
Ⓒ トプカプ宮殿 15〜19世紀，スルタンの住居
Ⓓ スレイマン＝モスク 1550〜57年，スレイマン1世が建設

▼⑬トプカプ宮殿　メフメト2世はコンスタンティノープル攻略後，1465年ごろから**トプカプ宮殿**の建設を行った。大砲(トプ)が門(カプ)にすえられていたため，のちにこの名がついたとされる。国政の中心となり，19世紀前半まで歴代**スルタン**が居住した。

世界遺産

◀⑭スレイマン1世(位1520〜66)彼の時代に**オスマン帝国はハンガリー**を併合し，**ウィーン包囲**を行った。フランス国王**フランソワ1世**と同盟を結び，当時のヨーロッパの国際関係に大きな影響を及ぼした。
➡ p.163

▼⑮スレイマン＝モスク(シュレイマニエ＝ジャーミー，イスタンブル)　帝国の繁栄を今に伝える。巨大なドームは直径26.5m，地上からの高さは約53m。

世界遺産

ドーム　ミナレット

◀⑯スレイマン1世の花押(サイン)　**オスマン帝国のスルタンのシンボル**となったのがトゥグラとよばれる花押である。この様式は**スレイマン1世**の時代に洗練され，重要な公文書に書かれた。右下から左に向かって文字が重ねて書かれている。

◀⑰プレヴェザの海戦　1538年オスマン艦隊がキリスト教徒連合艦隊を破り，**東地中海の制海権**を確保した。

👤**ひと　赤ひげのバルバロッサ(バルバロス)**
(1466?〜1546)
兄とともにチュニジア・アルジェリア方面で海賊として活躍し，人々から恐れられたハイレッディン＝レイスは，オスマン帝国の海軍提督に任じられ，**プレヴェザの海戦**で艦隊を指揮し，活躍した。バルバロッサは「赤ひげ」の意味で，左は晩年の彼の肖像である。

ムガル帝国 ～ヒンドゥー・イスラームの融合と競合

ヒストリーシアター　イスラーム帝国がインドにも出現！

▶①ボートの橋を象で渡るアクバル(左)と②ラージプートの城を攻撃するアクバル軍(右)

よみとき 図②右下に描かれている武器は何だろう。また、モスクの特色を思い出して(➡p.133,310)、タージ=マハルに見られるイスラーム建築の特徴をあげてみよう。

世界遺産

シャー=ジャハーン　ムムターズ=マハル(1595～1631)

▲③タージ=マハル　シャー=ジャハーン帝が妃ムムターズ=マハルのため、アグラに建築した霊廟。➡p.135

◀p.80 インドのイスラーム化と植民地化 p.224▶

青字 文化関連事項

	日本
11世紀 アフガニスタンの**ガズナ朝**が北インドに侵入	
12世紀 アフガニスタンの**ゴール朝**が北インドに侵入	
デリー=スルタン朝(1206～1526)　チョーラ朝	鎌倉時代
都:**デリー** **イスラーム政権成立** (前3～後13世紀)	
1206 **奴隷王朝**(トルコ系)(～90) ドラヴィダ系タミル人、	
アイバク(ゴール朝将軍)が建国 ヒンドゥー教	
90 **ハルジー朝**(トルコ系) 1221 モンゴル軍、侵入	
(～1320) 1336 ヴィジャヤナガル	
1320 **トゥグルク朝**(トルコ系) 王国成立(～1649)	南北朝
(～1413) 1347 デカン地方にバフマ	
1414 **サイイド朝**(トルコ系) ニー朝建国(～1527)	室町時代
(～51) 98 ティムール軍、	
51 **ロディー朝**(アフガン系) インド侵入	
(～1526)	
○ **カビール**、ヒンドゥー教と	
イスラームの融合を説く	
1498 **ヴァスコ=ダ=ガマ、カリカットに到着(インド航路開拓)**	戦国時代
1510 ポルトガルがゴアを占領 ➡p.154,155	
○ **ナーナク**、シク教を創始(16世紀初)	
26 **バーブル**(初代)位1526～30	
パーニーパットの戦いでロディー朝を破る	
ムガル帝国建国 都:デリー	
40 第2代フマーユーン、一時亡命(1555奪回)	
アクバル(3代)位1556～1605	
○ 都:**アグラ**に遷都、**ジズヤ**(人頭税)**廃止**	安土桃山
(ヒンドゥー教徒、ラージプートへの融和政策)	
1600 **イギリス、東インド会社設立**➡p.166	
17世紀初頭 マイソール王国成立	
シャー=ジャハーン(5代)位1628～58	
○ 都:**デリー**へ再遷都	
○ **タージ=マハル**完成	
○ **インド=イスラーム文化**の最盛期	
1639 イギリス、**マドラス**獲得(1640 要塞建設)	
アウラングゼーブ(6代)位1658～1707	
○ **領土最大に** シーア派、シク教徒、ヒンドゥー教徒を弾圧	江
イギリス　　　フランス	
1661 **ボンベイ**獲得 1664 **東インド会社**再建	
90 **カルカッタ**獲得 73 **シャンデルナゴル**獲得	
74 **ポンディシェリ**獲得	戸
1679 **ジズヤ復活** 1674 **シヴァージー**が**マラータ王国**建国(～1818)	
↓ →ムガル帝国と抗争	
ムガル帝国と対抗 1710 シク教徒の反乱	時
ヨーロッパ勢力と対抗 ○ **マラータ同盟**成立	
1757 **プラッシーの戦い**(イギリスの**クライヴ**が活躍)	
フランス、インドから撤退 ➡p.224	
67 マイソール戦争(～69,80～84,90～92,99)	代
→18世紀後半以降、イギリスの支配が拡大	
75 **マラータ戦争**(～82,1803～05,17～18)	
1845 シク戦争(～46,48～49)	
57 **インド大反乱**(シパーヒーの乱)(～59)➡p.224	明
58 **ムガル帝国滅亡** イギリス東インド会社解散	
77 **インド帝国成立** ➡p.225 **イギリスの植民地に**	治

インドのイスラーム化 / デリー=スルタン朝 / 南北分裂時代 / ムガル帝国 / ヨーロッパの進出本格化

2部2章

ヨーロッパの進出
ポルトガル
― イギリス
フランス

1 インドのイスラーム化

世界全図p.26-41 ⬅p.81 5 , ➡p.224 1

A 11～12世紀
0 1000km
ホラズム朝 / ニーシャープール / バルフ / ゴール / ガズナ / アフガニスタン / ラホール / ムルターン / デリー / アジメール / タッタ / インダス川 / ヴァラナシ / ヴァラナン / チャンデーラ朝 / ヤーダヴァ朝 / カーカティーヤ朝 / アラビア海 / ベンガル湾 / チョーラ朝(～13世紀)

■ ガズナ朝の領域(11世紀)	
■ ゴール朝の領域(12世紀)	

B 13～15世紀
0 1000km
カーブル / カンダハル / ラホール / デリー / ラホール / ヴァラナシ / グジャラート / インダス川 / ガンジス川 / ヴィジャヤナガル / マスリパタム / アラビア海 / ベンガル湾 / カリカット / 鄭和の航路 ➡p.34,114

ハルジー朝のイル=ハン国攻撃ルート(推定)

ヴァスコ=ダ=ガマの航路➡p.34,155

⬚ 奴隷王朝(1206～90)	
◯ トゥグルク朝(1320～1413)の最大領域	
■ ヴィジャヤナガル王国(1336～1649)	

C ムガル帝国(16世紀)
0 1000km
カーブル / カンダハル / スリナガル / パンジャーブ / アムリットサル / パーニーパット / アグラ / メワール / スーラト / インダス川 / ガンジス川 / アラビア海 / ヴィジャヤナガル / マドゥライ / ヴィジャヤナガル王国

アクバル帝がアグラに遷都

1526 パーニーパットの戦い バーブルがロディー朝を破る

◯ ムガル帝国バーブルとフマーユーンの領土(1539)	
⬚ アクバル死亡時の領土(1605)	
赤字 ヒンドゥー系諸国	

D ムガル帝国(18世紀)
0 1000km
カーブル / スリナガル / カンダハル / デリー / アグラ / ガンジス川 / インダス川 / ラージプート諸王国 / シャンデルナゴル1673[仏] / カルカッタ1690[英] / ボンベイ1661[英] / マラータ王国 / ニザーム王国 / マドラス1639[英] / アラビア海 / ベンガル湾 / ポンディシェリ1674[仏] / ゴア1510[葡] / カリカット1792[英] / コロンボ1517[葡]1658[蘭] / シク王国

アウラングゼーブ帝の最大領域(1707)

■ マラータ同盟(1674～1818)	
⬚ マラータ同盟支配下の最大領域	
■ シク王国の領域	
赤字 反ムガルのヒンドゥー教国	

[蘭] オランダ領	
[英] イギリス領	
[葡] ポルトガル領	
[仏] フランス領	

キーワード デリー=スルタン朝
デリーを都とした五つのイスラーム王朝の総称。約320年、北インドを支配した。

世界遺産

▶④**クトゥブ=ミナール**
アイバクがデリー占領を記念して建立させた「勝利の塔」。ミナールはミナレット(尖塔)の意。

テーマ ムガルはモンゴル？

ムガルとは、モンゴルからきた言葉である。**バーブル**は**ティムール帝国**出身で、**チンギス=ハン(カン)**(➡p.110)の末裔を自称したため、その名がある。しかし、当時のインドでは西方から侵入してくる異民族を一様にムガルとよんでいたこともあり、二つの意味があるといえる。

② ムガル帝国の社会

	アクバル帝 (位1556～1605)	アウラングゼーブ帝 (位1658～1707)
情勢	13歳で即位し，約半世紀にわたって版図を拡大し，中央集権化を整備した。	最大版図を実現するも，異教徒を弾圧したため，諸勢力の離反を招いた。

	宥和・懐柔	方針	スンナ派を尊重
異教徒への政策	廃止	人頭税(ジズヤ)	復活
	登用	官吏登用	追放
	ラージプートとの姻戚関係 **インド=イスラーム文化**の完成	その他	シク王国(シク教徒)，ラージプート諸王国・マラータ王国(ヒンドゥー教徒)の反乱

皇帝
↓ 任免・俸給
軍人・役人
=マンサブダール
(官位をもつ)
↓ 支配
農民

← 地租

▲⑤マンサブダール制 アクバルの時代に制定された官僚制度。マンサブはペルシア語で官位，ダールはもち主。官位に応じて土地を与えられ，地税額に応じた騎兵・騎馬が維持された。

テーマ 南インドの様相 ～ヴィジャヤナガル王国の繁栄

ヒンドゥー教国の**ヴィジャヤナガル**は，「**海の道**」(→p.86)の中継地として繁栄し，南インドを支配した。世界各地から人や物資が集散し，その繁栄ぶりは「あらゆる国の人々を見いだすことができる」と賞賛された。

▶⑥馬を売りにきたポルトガル商人が描かれたレリーフ ポルトガルの**香辛料貿易**が本格化し，重要な中継地である南インドへの勢力伸長をうかがい知ることができる。

▼⑦ポルトガル商人の記録に残るヴィジャヤナガルの交易品

輸出品	・金 ・ダイヤモンド ・胡椒 ・綿布 ・染料 ・白檀 など	輸入品	・象(セイロン) ・アラビア馬(ポルトガル)…軍馬 ・ビロード(ペルシア・アラビア半島) など

③ インド=イスラーム文化

特徴	イスラームとヒンドゥー両文化が融合
宗教	**シク教の成立** 創始者ナーナク ・唯一神信仰 ・偶像崇拝の禁止 ・カースト制否定 背景 融合 ┌ ヒンドゥーのバクティ*信仰(カースト否定) └ イスラームのスーフィズム(平等観) * シヴァ神やヴィシュヌ神に絶対的な帰依をささげる。14～15世紀北インドへ。
言語	**ペルシア語**…公用語に **ウルドゥー語**…ペルシア語とヒンドゥー系の地方言語が融合して成立。現在のパキスタンの公用語
建築	**タージ=マハル**…インド=イスラーム建築の最高傑作
絵画	**ムガル絵画**…イランの細密画(ミニアチュール)にインドの絵画文化が融合 **ラージプート絵画**…庶民的な宗教美術を表した細密画

ムガル絵画

祈りをささげるアクバル

▶⑧ムガル絵画 肖像画・宮廷風俗・花鳥などを取りあげるものが多い。**イラン細密画(ミニアチュール)**の影響を受ける。

▶⑨ラージプート絵画 ヴィシュヌ信仰や庶民の民間信仰など，**ヒンドゥー教**の神話を画題にしたものが多い。

ラージプート絵画

ラーマ王子
妃シーター
ハヌマーン
『ラーマーヤナ』より

▲⑩シク教の黄金寺院(パンジャーブ州，アムリットサル) 第4代のグル(師)が**シク教**の本山として建立した。黄金寺院の俗称は，1802年に銅葺きの屋根板を，教典の章句が刻まれた金箔でおおったことに由来する。

▶⑪現在のシク教徒 切らない髪をまとめるターバンとひげ，剣が彼らのシンボルである。

今日とのつながり インドでは，シク教徒は頭にターバンを巻くため，バイク運転中のヘルメット着用は免除されている。

テーマ タージ=マハル ～シャー=ジャハーンの夢

シャー=ジャハーンが愛妃「ムムターズ=マハル」のために22年の歳月と2万人を投じて造営。この廟と対にして自身の墓を，ヤムナー川の対岸に黒大理石で建てる計画をもっていた。しかし，息子**アウラングゼーブ帝**によってアグラ城に幽閉され，彼の夢は実現しなかった。白大理石の墓廟の前には，十字の水路による四分庭園が整備され，楽園を演出している。

シャー=ジャハーンが建立しようとした黒大理石の墓廟の計画地

★はイスラーム様式

▼⑫建設中のタージ=マハル

ミナレット★ 高さ42m。四隅に建ち，地震の際内側に倒れないよう約4度ほど外側に傾いている。

クルアーン(コーラン)の文様★ イーワーンの柱面に黒大理石で象眼された文様

ドーム★ 二重構造の蓮の形のドームで天頂に蓮の花弁の装飾がある

チャトリ(小塔) インド=イスラーム建築の特徴

墓室 現在はシャー=ジャハーンと妃の模棺が安置される(実際の棺は地下に安置)

風土 ヨーロッパ世界の風土

ヴァイキングのふるさと
フィヨルドは氷河によって侵食され,入り組んだ地形。ヴァイキングはフィヨルドを嵐の海からの避難所とした。

ローレライ
ライン川の中流にある大きな岩の呼び名。交通の難所となり,歌声で舟人を誘惑する水の精ローレライの伝説を生み出した。

東西の境
エルベ川はスラヴ人とゲルマン人の居住地の境で,東欧と西欧の境ともなった。

イベリアはアフリカ?
イベリア半島は3000m級のピレネー山脈によってへだてられており,ナポレオンが「ピレネーの向こうはアフリカだ」と述べたといわれている。

黒い森(シュヴァルツヴァルト)①

スカンディナヴィア半島
ボスニア湾
フィンランド
バルト海
ロシア連邦
エストニア
スウェーデン
ラトヴィア
ノルウェー
ロシア連邦(飛地)
リトアニア
リューベク
オーデル川
ユーラン半島(ユトランド)
デンマーク
ポーランド
ベラルーシ
東ヨーロッパ平原
大西洋
北海
アイルランド島 グレートブリテン島
アイルランド
イギリス
ロンドン塔
ドーヴァー海峡
オランダ
ベルギー
ケルン大聖堂
ヴェルサイユ宮殿
ルクセンブルク
ハイデルベルク
プラハ
チェコ
スロヴァキア
ウクライナ
ドニエプル川(ドニエプル)
ドニエステル川
南ロシア草原
ローレライ
ビスケー湾
ロアール川
シャルトル大聖堂
フランス
セーヌ川
ライン川
ドイツ
ネアンデルタール
聖ソフィア大聖堂
カルパティア山脈
サンティアゴデコンポステーラ
ラスコー(ヴェゼール渓谷)
クロマニョン
アルプス山脈
オーストリア
ハンガリー平原
ハンガリー
クリム半島(クリミア)
ポルトガル
アルタミラ
ピレネー山脈
ショベ
アヴィニョン
グリマルディ
ロンバルディア平原
スロヴェニア
クロアティア
ボスニア
ドナウ川
黒海
イベリア半島
スペイン
トレド
カルカソンヌ
モナコ
コルス島(コルシカ)
ローマ・ヴァティカン
イタリア
アペニン山脈
半島
アドリア海
モンテネグロ
セルビア
ルーマニア
ブルガリア
バルカン半島
アンダルシア平原
サルデーニャ島
ポンペイ
イタリア
アルバニア
マケドニア
ギリシア
エーゲ海
ボスポラス海峡
アナトリア高原
トルコ
ジブラルタル海峡
モロッコ
地中海
シチリア島
ペロポネソス半島
アルジェリア
チュニジア
マルタ島
クレタ島
ロードス島

凡例
約2万年前の氷床の範囲
先史時代のおもな遺跡
おもな世界遺産
偏西風
0 500km

ヨーロッパ

▲①森のヨーロッパ ドイツ南西部に広がる南北150km,東西50km前後の黒い森(シュヴァルツヴァルト)は,ヨーロッパを代表する森林地帯である。ヨーロッパの森は,熱帯などの密林と異なり,下生えの密度が低く,比較的容易に踏み込める。森は身近な存在で,『赤ずきん』『眠れる森の美女』『ヘンゼルとグレーテル』のように,ヨーロッパの童話には森にまつわる話が多い。

▶②グリム童話『ヘンゼルとグレーテル』さし絵

テーマ 最初のヨーロッパ人 ケルト人

ハルシュタット文化
ラ=テーヌ文化
ケルト人の移動
現在のケルト人の居住地

マン島
アイルランド
ヴェールズ
大西洋
北海
バルト諸族
スラヴ人
トラキア人
スキタイ人
前8〜前7世紀の居住地
ラ=テーヌ
ハルシュタット
リグリア人
イリュリア人
ガラティア
イベリア人
ローマ
アテネ
前4世紀
前3世紀
カルタゴ
地中海
黒海
スパルタ
800km

▶④ラ=テーヌ文化の角笛 らっぱの部分に美しい幾何学模様がほどこされている。

▲③ケルト人の広がり(前8〜前3世紀) ●p.4
　ゲルマン人侵入以前の西ヨーロッパにはケルト人が住み,ハルシュタットやラ=テーヌなどに独自の鉄器文化を形成した。この文化は紀元前700年ごろ最盛期を迎えた。精緻ならせん模様などがほどこされた金属器が多数発見されている。ケルト人は5世紀ごろから,ローマ軍に続いてゲルマン人に圧迫・征服され,スコットランドやウェールズ,アイルランドなどヨーロッパの北西部に追われた。

ゲルマン人の大移動 ～西ヨーロッパ世界の幕開け

フランク王国 〜西ヨーロッパ世界の成立

ゲルマンの王とローマ教会の出会い

聖油を運ぶ鳩

カトリック教徒の王妃クロティルド

聖レミギウス（司教）

クローヴィス王

▲①**クローヴィスの洗礼** クローヴィスは3000人の戦士とともに，妻の信仰する**カトリック（アタナシウス派）**に改宗した。これによりカトリック教会とローマ人の支持を得た。

📖 よみとき カール大帝に戴冠した人物と，冠からこの戴冠の意味を読みとろう。

教皇レオ3世　カール大帝

〈フランス，シャルトルーズ美術館蔵〉

◀②**西ローマ帝国の権威を受け継ぐ冠** 西ローマ帝国の冠を受け継ぐ習慣は**カール大帝**から始まり，東フランク王国（神聖ローマ帝国）へと引き継がれた。これは神聖ローマ皇帝**オットー1世**の冠と伝えられる。

◀③**カールの戴冠** カールは西暦**800年**クリスマスの夜，聖ピエトロ大聖堂で，教皇レオ3世より**西ローマ皇帝**の冠を受けた。ここに**教皇**と**皇帝**に代表される帝国が成立し，ローマ文化・ゲルマン・キリスト教（カトリック）の要素が融合した**西ヨーロッパ世界**が誕生した。

◀p.137 **フランク王国の発展と分裂** p.150▶

赤字 おもな戦い　青字 文化関連事項　｜日本

451	**カタラウヌムの戦い**…西ローマ・西ゴート・フランク連合軍が，**アッティラ**をうち破る	古墳時代
476	西ローマ帝国滅亡，**オドアケル**の王国（〜493）	
	クローヴィス（位481〜511）	493 東ゴート王**テオドリック**，東ゴート王国建国（〜555）
481	フランク諸部族を統一 **メロヴィング朝**	
496	**カトリック（アタナシウス派）**に改宗	
	○ 東ローマ皇帝，ガリア支配を承認	
534	**ブルグント王国**を併合	
7世紀	カロリング家の台頭…王国の**宮宰**（家政の長官）となる	奈良時代
732	**トゥール・ポワティエ間の戦い**…宮宰**カール＝マルテル**の活躍 イスラーム勢力（ウマイヤ朝）を撃退	
	ピピン（小）（ピピン3世）（位751〜768 カール＝マルテルの子）	
751	**カロリング朝**を開く	
756	**ランゴバルド王国**を攻め，**ラヴェンナ地方**などを教皇領として寄進（**ピピンの寄進**）**ローマ教皇領の始まり**	
	カール大帝（シャルルマーニュ） 位768〜814 ピピンの子	
774	**ランゴバルド王国**を倒す	王宮 **アーヘン**
8世紀末	**アヴァール人**を撃退，→以後マジャール人に同化	
	○ **カロリング＝ルネサンス**，発展（神学者アルクインを招く）	
800	**カールの戴冠** **西ヨーロッパ世界成立**	
	教皇レオ3世より西ローマ皇帝の帝冠を与えられる	
	○ 巡察使の派遣…**伯**を監督	

フランク王国の形成　フランク王国の発展　フランク王国の分裂

```
            843 ヴェルダン条約          *カール大帝の孫
  西フランク王国      ロタール王国      東フランク王国
  （シャルル2世）   （中部フランク王国）  （ルートヴィヒ2世）
                   （ロタール1世）
    末子*        第1子*        第3子*
              855 ロタールの死
  プロヴァンス   イタリア王国   アーヘン，ケルン，
  など         （ロドヴィコ2世）  アルザスなど
              （ロタール1世の子）
    870 メルセン条約   現代の仏・独・
                    伊の基礎成立
```

911	**ロロ**をノルマンディー公に封じる	
875	カロリング朝断絶（イタリア）	911 カロリング朝断絶（東フランク）
987	カロリング朝断絶（西フランク）	ドイツ **ザクセン朝** **ハインリヒ1世**（位919〜936）
	イタリア諸邦	
	フランス **カペー朝** 987〜1328 **ユーグ＝カペー**	**オットー1世（大帝）**（位936〜973）
		955 **レヒフェルトの戦い**で**マジャール人** p.140 を撃破
		962 教皇ヨハネス12世より**ローマ皇帝**の帝冠を受ける
		神聖ローマ帝国（962〜1806）

平安時代

---

1 カロリング時代のフランク王国

世界全図p.22-23
◀p.137 1 ，p.140 1 ▶

A 8〜9世紀前半

凡例	
	カール大帝即位当時（768）のフランク領
	カール大帝時代の獲得領
	カール大帝時代の勢力圏
→	カール大帝の外征 赤数字 進出年
→	イスラーム勢力の進出方向 黒数字 進出年
	教皇領
	ピピンの寄進地

スコットランド
北海
カール大帝の王宮所在地
ジュート人
デーン人
アングロ＝サクソン七王国（イングランド王国）9C建国
アイルランド
ウェールズ
ザクセン人 772〜 798・812 789 805
スラヴ系民族
ケント ロンドン
ブルターニュ
アーヘン トリーア ヴォルムス
パリ ヴェルダン 806
プラハ ボヘミア
791・803
大西洋
786・799 732 732 ブルグント
バイエルン
カルパティア山脈 マジャール人
アヴァール王国
774 ランゴバルド王国
799
ブルガリア王国
黒海
フランク王国
ジェノヴァ ヴェネツィア
732 トゥール・ポワティエ間の戦い
アクィタニア
ボルドー
アストゥリアス王国 777
ナルボンヌ
マルセイユ
ラヴェンナ 787
スポレト公国
コンスタンティノープル
756 ピピンの寄進
ローマ ナポリ
ベネヴェント公国
ビザンツ帝国
トレド
サラゴサ
798
後ウマイヤ朝（756〜1031）
バレンシア
760以後
800 カールの戴冠
アテネ
コルドバ
地中海
827
中海
0 200km
イドリース朝 **アッバース朝**
チュニス

B ヴェルダン条約（843年）

ヴェルダン条約の境界線
現在の国境

北海
ブルターニュ
アーヘン
ヴェルダン
ロートリンゲン・ロレーヌ
ヴォルムス
東フランク王国
西フランク王国
ロタール王国（中部フランク王国）
ヴェネツィア
ラヴェンナ
教皇領
ローマ
0 200km

C メルセン条約（870年）

メルセン条約の境界線
現在の国境

北海
ザクセン
メルセン
アーヘン
パリ
ブルターニュ
東フランク王国（ドイツ）
西フランク王国（フランス）
イタリア王国
ヴェネツィア
ラヴェンナ
教皇領
0 200km

今日とのつながり トランプの絵札にはそれぞれモデルがおり，ハートのキングは「ヨーロッパの父」シャルルマーニュといわれる。16世紀初頭パリで作成されたトランプが原型となって決められた。

ヒストリーシアター ローマ帝国の後継者たち

世界遺産

近衛兵 / 将軍 / ユスティニアヌス1世 / 紫色の衣 / ラヴェンナ大主教

◀①聖ヴィターレ聖堂のモザイク壁画（ラヴェンナ, イタリア）ビザンツ帝国の皇帝と高官たちが描かれる。

世界遺産

直径32mの大ドーム

イスラーム占領後（オスマン帝国）に建てられたミナレット

◀②聖（ハギア）ソフィア大聖堂
ユスティニアヌス帝が再建した, 巨大なドームをもつ典型的な**ビザンツ様式**の建築。建設には1万人の職人が働いたという。15世紀に**コンスタンティノープル**がオスマン帝国領となり, ミナレット（尖塔）が加えられた。➡p.133

よみとき 図①の中央の皇帝と左右の高官に注目し, 帝国における皇帝の役割を考えてみよう。また図②の大聖堂の特色をあげてみよう。

ビザンツ帝国の動き

◀p.72 ／ p.132▶

世紀	ビザンツ（東ローマ）帝国	西アジア
	青字 文化関連事項	サ サ ン 朝 ペ ル シ ア
4	330 **ローマ帝国**, ビザンティウムへ遷都（**コンスタンティノープル**と改称）	
395	395 ローマ帝国, 東西に分裂 **東ローマ帝国**	↑651
5	431 **エフェソス公会議** ➡p.74 **ネストリウス派**を異端とする	対立 **ホスロー1世**
518	**ユスティニアヌス1世** 位527～565	↔（位531～579）
6	534『**ローマ法大全**』完成（トリボニアヌスら編纂） 534 **ヴァンダル王国**征服 537 聖ソフィア大聖堂改築完成 555 **東ゴート王国**征服 **地中海世界支配** 6世紀**絹織物産業**の育成（内陸アジアから養蚕技術を入手） ○ **ラテン語**を公用語に	➡p.61
610	**ヘラクレイオス1世** 位610～641	対立 ホスロー2世（位591～628） 632
7	○ **軍管区（テマ）制**を採用→**屯田兵制**を実施 ○ **ギリシア語**を公用語に（コイネー化） →以降, **ビザンツ帝国**とよばれる	正統カリフ時代 661 ウマイヤ朝 661～750
8	**レオン3世** 位717～741 726 **聖像禁止令**→聖像崇拝論争 （→843 聖像崇拝復活）**ローマ教会**と対立 **イレーネ** 位797～802 ビザンツ最初の女帝	アッバース朝 750～1258
802		
9	867 **コンスタンティノープル総主教**, ローマ教皇を破門 **バシレイオス1世** 位867～886	
867	**バシレイオス2世** 位976～1025 ○ ビザンツ文化栄える **ビザンツ様式**（教会建築モザイク画） **コンスタンティヌス9世** 位1042～55	
10	1054 **キリスト教教会の東西分裂** 別冊史料23 **ギリシア正教**成立 1071 アナトリア占領	
1056		**マンジケルトの戦い**
11	**アレクシオス1世** 位1081～1118 1095 ローマ教皇に救援要請（→1096 **十字軍**へ） ○ **プロノイア制**導入 **中央集権崩壊, 封建制へ**	セルジューク朝（1038～1194）
1081		
12	当初は1代限りのものだったが, 13世紀, 皇帝権が弱体化するなかで世襲が認められたため, 帝国の分裂・衰退が加速。 ➡p.144	
1185		
13	1204 **第4回十字軍**, コンスタンティノープル占領 →**ラテン帝国**（1204～61） →アナトリアに亡命（**ニケーア帝国**） 61 ビザンツ帝国再興（コンスタンティノープル奪回）	1299～オスマン帝国
1204		
1261		
14	1361頃 **アドリアノープル**（エディルネ）占領（諸説あり）	
15	1453 **ビザンツ帝国滅亡** メフメト2世によりコンスタンティノープル陥落 ➡p.132	←**メフメト2世**

（左端縦書き）テオドシウス朝 / ユスティニアヌス朝 / ヘラクレイオス朝 / イサウロス朝 / マケドニア朝 / コムネノス朝 / アンゲロス朝 / パレオロゴス朝

---

1 ビザンツ帝国の盛衰

世界全図p.18-19, 22-27 ➡p.137 **1**, ➡p.145 **2**

A 6世紀

大西洋 / 北海 / スラヴ越族 / スラヴの拡大 / **フランク王国** / ランゴバルド人 / ドナウ川 / 黒海 / トラペズス / **スエヴィ王国** / アーヘン / パリ / ニケーア / トゥールーズ / ローマ / **サ
サ
ン
朝
ペ
ル
シ
ア** / **西ゴート王国** / トレド / エフェソス / アンティオキア / **東ゴート王国** / 地中海 / コルドバ / ダマスクス / イェルサレム / **ヴァンダル王国** / カルタゴ / ユスティニアヌスの進路 / アレクサンドリア

□ ユスティニアヌス即位時の東ローマ帝国領
□ ユスティニアヌス時代の最大領域　400km

B 9～11世紀

大西洋 / 北海 / クラクフ / **神聖ローマ帝国** / ブダ / **ハンガリー王国** / 黒海 / **フランス王国**（987～）/ ヴェネツィア / ジェノヴァ / ローマ / アドリアノープル / **コンスタンティノープル** / **マンジケルトの戦い** 1071 / **レオン=カスティリャ王国**（1037～）/ セビーリャ / コルドバ / 地中海 / **セルジューク朝** / アンティオキア / イェルサレム / **ムラービト朝** / **ジーリー朝** / アレクサンドリア / カイロ / **ファーティマ朝**

□ 9世紀のビザンツ帝国領
□ 1096年ごろのビザンツ帝国領　400km

▲③**ノミスマ金貨** 貨幣経済が発達し, 国際通貨ともなった。

C 政治・社会の構造

軍管区（テマ）制

7～11世紀の地方行政制度

背景 イスラーム勢力の台頭

しくみ
・屯田兵制による国境防衛
・軍団の司令官が各駐屯地の軍政・民政を行う

プロノイア制

11世紀末以降の土地制度

皇帝 ─徴税権か土地→ 国有地の農民 ←軍事奉仕─ 受封者
→ 帝国分権化

---

2 西ヨーロッパ世界とビザンツ帝国の比較

	西ヨーロッパ	ビザンツ帝国
政治	・聖（教皇）と俗（皇帝・国王）による二元的構造 ・**封建制**（封土による主従関係）	・皇帝が神の代理人として聖俗の両権を統括（皇帝教皇主義） ・**軍管区（テマ）制**, 官僚制
経済	・**荘園制** 農奴が生産の中心, **自給自足経済** ・のちに貨幣経済が浸透	・自由農民の**屯田兵制** ・**プロノイア制の導入** ・国家統制により商工業が発達, **貨幣経済**
文化・建築	・ローマ文化とゲルマン文化混在 ・**ロマネスク様式・ゴシック様式** ➡p.152	・ギリシア・ローマ文化と東方文化の融合 ・**ビザンツ様式**（モザイク壁画）
意義	・独自のキリスト教文化発展, ヨーロッパ文明の母体を形成	・古典文化を保持, **ルネサンス**に影響 ・東欧のキリスト教化に影響

	ローマ=カトリック	ギリシア正教
最高指導者	・ローマ教皇	・コンスタンティノープル総主教…ビザンツ皇帝が教会を支配下におき聖俗両権をにぎる
総本山（中心）	・**ローマ教会**（聖ピエトロ大聖堂）	・コンスタンティノープル教会
聖像崇拝	・"聖像"を用いてゲルマン人に伝道	・**聖像禁止令**（726～787, 815～843） ・**イコン**（聖像画）崇拝復活（843）➡p.141
教養・その他	・体験的・思弁的な神学が発達 →13世紀, **スコラ哲学完成**＝理性と信仰の統一 ➡p.153	・原始キリスト教の精神を継承 ・信仰体験を重視 ・9世紀以後, 南スラヴ人, キエフのロシア人に布教される

（右端縦書き）ヨーロッパ / MAPへII / 2部3章

外民族の侵入 〜囲まれる西ヨーロッパ世界

ヒストリーシアター やってきたヴァイキング

← 1本のマスト

▼①ヴァイキング（ノルマン人）の船
船はカシ材やマツ材でつくられた。全長は20〜30mあり、約60〜80人が乗船できた。〈オスロ、ヴァイキング船博物館蔵〉

オール

マスト

〔断面図〕
水深が1m余りもあれば航行できたため、内陸の河川もさかのぼることができた。

竜骨

キーワード ヴァイキング → p.136
ゲルマン系の**ノルマン*人**。各地を略奪する一方で商業活動をさかんに行い、「**中世の商業復活**」（→p.146）のきっかけとなった。また略奪により王権が弱体化し、封建社会を招来した。

* 北方の人を意味する。

▲②バイユー=タペストリー ヘースティングズの戦いなど、**ノルマンディー公ウィリアム**による**ノルマン=コンクェスト**（1066年）のようすは、北フランスのバイユーに残る刺繍画にあざやかに描かれている。長さ70m、幅50cmの亜麻地の絵巻は当時のノルマン騎兵の風俗や軍団の細部を今日に伝える貴重な資料となっている。

よみとき 図①の船の構造と彼らの活動範囲との関係について考えてみよう。また図②で、ノルマン騎兵はどこの国に侵入しただろうか。

1 第2次民族移動（ノルマン・マジャール・スラヴ）

世界全図p.24〜25
→p.138 **1**、→p.145 **2**

A 9世紀前半のヨーロッパ

凡例：
赤字 9世紀後半以降の各国の成立年
ノルマン人の原住地
ノルマン人の侵入地
カヌート（クヌート）の領土
→ ノルマン人の経路
→ マジャール人の経路｝8〜9世紀
→ イスラームの経路
→ スラヴの拡大 ┐6〜7世紀

グリーンランド（980年ごろ）北アメリカへ（1000年ごろ）

アイスランド

ノルウェー海

フェロー諸島

1066年 ヘースティングズの戦い ノルマンディー公がイングランドを征服

シェトランド諸島

スカンディナヴィア半島

フィン人

ラドガ湖

ノルウェー王国

スウェーデン王国

ノヴゴロド

ノヴゴロド国 862年ごろ

北海 ユーラン（ユトランド）半島

イングランド（アングロランド）

ヨーク

デンマーク王国

ダブリン

ロンドン

ヘースティングズ×

ルーシ（ルス）の首長リューリク建国

国際交易路に位置し繁栄

ノルマンディー公国 911年

ルアン

パリ

東フランク王国

レーゲンスブルク

スラヴ人

キエフ公国

キエフ 9世紀後半

大西洋

ボルドー

西フランク王国

ピレネー山脈

ヴェネツィア

レヒフェルト×

カルパティア山脈

マジャール人

トランシルヴァニア

ドン川

黒海

後ウマイヤ朝

カディス コルドバ マラガ

イタリア王国 ローマ

ナポリ

シチリア王国 パレルモ 1130年

サルデーニャ島

チュニス

地中海

コンスタンティノープル

ビザンツ帝国

アンティオキア

アッバース朝

955年 レヒフェルトの戦い オットー1世がマジャール人を撃退

テーマ アジア系のマジャール人

ウラル山脈南西部を原住地とする遊牧民の**マジャール人**は、6世紀以降西進し、9世紀末には**ハンガリー平原に移住**、ここから各地へ侵入した。10世紀後半、**レヒフェルトの戦い**で東フランク王オットーに敗れ、**アヴァール人**らと**ハンガリー王国**を形成した。現在もハンガリー人はマジャール人と自称している。

▶④町を襲うマジャール軍

2 ノルマン人の侵入

原住地
スカンディナヴィア半島
ユーラン（ユトランド）半島

北アメリカ

グリーンランド

アイスランド

10〜11世紀

ノルウェー系

ノルウェー王国
スウェーデン王国
デンマーク王国

デンマーク系

スウェーデン系 ルーシ（ルス）

イングランド
デーン朝

1016年
カヌート（クヌート）

ノルマン朝

1066年
ノルマンディー公ウィリアム（ウィリアム1世）

北フランス
ノルマンディー公国

ロロ 911年

南イタリア
シチリア王国

1130年 ルッジェーロ2世（位1130〜54）

北東ロシア
ノヴゴロド国

リューリク 862年ごろ

キエフ公国

オレーグ 9C後半

→スラヴ化

▶③ノルマン遠征軍に支払われた財産 ノルマン人は交易活動や略奪によって財貨を入手した。彼らは銀を通貨とし、重量で価値を決めた。

3 イングランドの形成

ケルト人（→p.136）の移住 前5世紀

↓

ローマ人の支配
前55、前54 **カエサル**（→p.73）のブリタニア侵入
後43 属州ブリタニア成立（クラウディウス帝）

↓

アングロ=サクソン人の侵入 449〜
449 七王国（ヘプターキー）時代始まる
〔ノーサンブリア・エセックス・東アングリア・ケント・マーシア・ウェセックス・サセックス〕
829 **イングランド王国 成立**・ウェセックス王エグバートによる統一

↓

エグバートの孫 **アルフレッド大王**（位871〜899）がノルマン人（デーン人）を撃退

ノルマン人（デーン人）の侵入
1016 デーン人**カヌート（クヌート）**がイングランド王に **デーン朝**

1042 再びウェセックス王家がイングランド王に

↓

1066 ハロルド即位／**ノルマン=コンクェスト**（ノルマンの征服）1066
ノルマンディー公ウィリアム、イングランド征服（ヘースティングズの戦いで勝利）
ノルマン朝 1066〜1154 →p.150

今日とのつながり ノルマン朝はフランスからの征服王朝であるため、百年戦争（→p.149）のときまでイングランド王室ではフランス語が話されていた。現在も語源がフランス語に由来する英語は多い。

スラヴ民族の動向　～東ヨーロッパのキリスト教化

ヒストリーシアター ## カトリックとギリシア正教の布教合戦

▲①**聖ソフィア聖堂**(キエフ)　**ビザンツ様式**(➡p.152)の影響で，大ドームを囲む12のネギ坊主型小ドームが特色。

ネギ坊主型のドーム

◀②**ウラジーミルの聖母**　ギリシア正教の礼拝用の**イコン**(聖画像)。12世紀にコンスタンティノープルでつくられ，**キエフ公国**にもたらされた。

ザビエル

▶③**チェコ プラハに建てられたイエズス会士ザビエルの像**　列聖されたザビエル(1506〜52➡p.163)の像を支える人の中には東洋人も見られる。

よみとき キエフ公国とチェコは，それぞれカトリックとギリシア正教のどちらを受け入れただろうか。

1 東欧諸国・ロシアの変遷

世界全図p.24~25，34~35 ➡p.172 **1**，173 **3**

A 10〜11世紀

- キエフ公国
- ノヴゴロド
- 10世紀ごろ神聖ローマ帝国に編入
- ポーランド王国
- ウラジーミル1世ギリシア正教改宗
- カトリック改宗 クラクフ キエフ
- 神聖ローマ帝国
- ハンガリー王国 カトリック改宗 ブダ
- クロアティア王国
- ブルガリア王国(ブルガール人)
- コンスタンティノープル
- アンカラ
- ビザンツ帝国
- 黒海 地中海
- 0 500km
- □ 10世紀中ごろのブルガリアの範囲

B 14〜16世紀

- ノルウェー王国
- スウェーデン王国
- モスクワ大公国
- ノヴゴロド
- キプチャク=ハン国の領域(13世紀)
- ドイツ騎士団領 リガ
- 1480 モスクワ大公国独立
- カザン=ハン国 カザン(カザニ)
- モスクワ
- ドン=コサック首長のイェルマークを用いたシベリア遠征
- リトアニア・ポーランド王国 クラクフ キエフ
- 神聖ローマ帝国
- ハンガリー王国 ブダ ペスト
- アストラハン=ハン国 アストラハン アラル海
- クリム=ハン国 カスピ海
- コンスタンティノープル(イスタンブル)
- 黒海
- オスマン帝国
- 0 500km
- ▨ 1300年ごろのモスクワ大公国
- □ イヴァン3世以後の領土(1462〜1533)
- ■ イヴァン4世が獲得した領土(1533〜84)

テーマ ## 「第三のローマ」を主張したロシア

▼④**モノマフの帽子**(左)と⑤**双頭の鷲**(右)　ともにロシア帝権の象徴。左はビザンツ皇帝から受領したとされる。右はビザンツ帝国の紋章で，皇帝の姪と結婚して後継者を自認する**モスクワ大公国**の**イヴァン3世**が，王朝の紋章として用いた図柄。

▼⑥**ギリシア文字から誕生したロシア文字**➡p.53

ギリシア文字	Α Γ Δ Ε Λ Φ
キリル文字	Α Γ Δ Є Λ Φ
ロシア文字	А Г Д Е Л Ф

2 東ヨーロッパ世界のキリスト教化

西欧とくにドイツの影響　ビザンツ帝国の影響

- **西スラヴ**
  - ポーランド人 → 10世紀 国家形成(ピアスト朝) カトリックへ改宗 → 13世紀 モンゴル侵入 ワールシュタット(リーグニッツ)の戦い → 14世紀 カジミェシュ3世(位1330〜70) クラクフ大学設立 → 14世紀末 リトアニア・ポーランド王国(ヤギェウォ朝)(1386〜1572) 1410 タンネンベルクの戦いでドイツ騎士団を破る
  - チェック人 / スロヴァキア人 → 9世紀 大モラヴァ(モラヴィア)王国 → 10〜11世紀 ボヘミア(ベーメン)王国 カトリックへ改宗 神聖ローマ帝国への編入 ドイツ化へ → 14世紀 カレル1世(カール4世) プラハ大学設立
- **アジア系**
  - マジャール人 → 9世紀 ハンガリー盆地へ定住化 → 10世紀 ハンガリー王国 カトリックへ改宗 1000年 イシュトヴァーン1世戴冠 独自の民族性を保持 → 15世紀 マーチャーシュ1世(位1458〜90) 中世ハンガリーの最盛期現出 → 16世紀 オスマン帝国侵入 モハーチの戦い ハプスブルク家・オスマン帝国による分割統治
  - ブルガール人 → 7世紀 ブルガリア王国 南スラヴと同化 → 9世紀 ギリシア正教へ改宗 → 12〜14世紀末 ブルガリア王国(第2次)
- **ラテン系**
  - ルーマニア人 → 14世紀 ワラキア公国 モルダヴィア公国 → 14〜16世紀 オスマン帝国の支配下に
- **南スラヴ**
  - クロアティア人* *クロアティアは西欧の影響も強かった → 9世紀 カトリックへ改宗 → 10世紀 クロアティア王国 → 14世紀末以降，ハンガリーの保護下に
  - セルビア人 → 7世紀 バルカン半島へ南下 → 9世紀 ギリシア正教へ改宗 → 12〜14世紀 セルビア王国 14世紀に強大化
- **東スラヴ**
  - ロシア人 / ウクライナ人 / ベラルーシ(白ロシア)人 → 862年ごろ ノルマン人リューリク ノヴゴロド国 拡大 東スラヴと融合 スラヴ化 → 9世紀後半 キエフ公国 → 10世紀 ウラジーミル1世 ビザンツ文化の吸収 ギリシア正教へ改宗 → 13世紀 モンゴル侵入 支配 "タタルのくびき" 1380 クリコヴォの戦いでモンゴル軍に勝利 → 14世紀 モスクワ大公国 ➡p.172 イヴァン3世(位1462〜1505) イヴァン4世(位1533〜84)

凡例:
- ▨ スラヴ系
- ■ アジア系
- □ カトリック
- ▨ ギリシア正教

今日とのつながり 『吸血鬼ドラキュラ』は19世紀の有名な小説だが，そのモデルは15世紀のワラキア公ヴラド=ツェペシュとされる(ワラキアは現在のルーマニア南部)。

封建社会の成立 ～封建制と荘園制の統合

ヒストリーシアター　土地がとりもつ人間関係

▶①臣従礼　主君と臣下の契約は，臣下が主君の前にひざまずき，両手をあずける託身と，臣下が忠誠を誓う宣誓によって成り立った。主君は臣下に土地を与え，臣下は主君に軍事や物的援助を行った。

よみとき　図①の主君と臣下，それぞれの義務は何だろう。また農夫ボドの賦役について書かれている箇所を史料から読み取ろう。

農夫ボドの生活

　彼（ボドという農夫）は妻と3人の子供と一緒に小さな木造の小屋に住んでおり，家の敷地と耕作地と牧草地と，2・3本のブドウの木のある土地を借りている。

　一週間のうち3日間自分の小作地を耕し，日曜日は必ず休み，あと3日は修道院の直営地に行って働かねばならない。直営地は広い農園で……その一部はこの小屋に住む奴隷が見張りを受けながら耕すのであるが，大部分はボドのような農夫が耕す。彼はここで一日中働く。家に残った妻はどうか？　彼女もまた忙しい。

〈E.パワー著『中世に生きる人々』要約〉

▲②騎士の叙任式　候補者が主君の前に進み出ると，主君は鎖帷子や剣などの武器を与え，剣の平で肩を一打ちするなどの儀式を行う。こうして騎士身分への加入が認められた。

封建社会の成立

（ローマ）　**恩貸地制度**　一定の奉仕の代償として土地を貸与する

（ゲルマン）　**従士制**　自由人の子弟が有力者に忠誠を誓う

8世紀　**カール=マルテルの騎士養成**　結合促進

9〜10世紀　**フランクの王権弱体化**　外民族侵入への対応　貨幣経済の衰退
・商業活動衰微
・自然経済へ移行

11〜13世紀　**封建的主従関係**　**封土**を媒介とする主従関係
・両者は双務的契約で結ばれる→■1

外的侵入　イスラーム勢力の地中海支配　第2次民族移動　**ノルマン人**　**マジャール人**
・自由農民の没落
・内陸の農業中心社会

奴隷制崩壊

（ローマ）　**コロナトゥス**→p.73⑲

（ゲルマン）　**大土地所有制**

自由民社会崩壊

荘園制

領主と農奴の支配隷属関係→■1

古典荘園　領主直営地　農民保有地　共有地　**労働地代（賦役）**　7〜11世紀

重量有輪犂・水車の利用，三圃制　生産力の向上

純粋荘園　農民保有地拡大　共有地　**生産物地代→貨幣地代**　12〜14世紀

→ **封建社会の成立**

■1 封建社会の構造

皇帝・国王　**大諸侯**　**諸侯**　**諸侯**　**騎士**　**騎士**

教皇　**修道院長**　**大司教**　**司教**　**司祭 司祭**　**司祭 司祭**

封建制　荘園制

→ 封土（土地を与える）
→ 忠誠（軍役・奉仕）
　には皇帝・国王の支配が及ぶ

領主　支配（領主裁判権など）　賦役・貢納（ほかに結婚・死亡税）　**農民（農奴）**

騎士領　諸侯領　皇帝国領　大諸侯領　諸侯領　騎士領　大司教領　教皇領　司教領　修道院領

＊司祭は領主ではないが，担当する教区の教会を管理し，**十分の一税**を徴収した（図に示されたもののほか，国王・皇帝領や教皇領もある）。

　領主は，領内への国王の役人の立ち入りや課税を拒否できる**不輸不入権**をもっていた。また，騎士は同時に複数の主君（諸侯など）をもつことができた。

■2 中世の荘園と三圃制

	1年目	2年目	3年目	4年目
耕地A	秋耕地	春耕地	休耕	秋耕地
耕地B	休耕	秋耕地	春耕地	休耕
耕地C	春耕地	休耕	秋耕地	春耕地

□ 夏作（春まき作物）　□ 冬作（秋まき作物）

カレンダー
休耕　秋まき　秋まき地　収穫　春まき　黎耕放牧地　収穫2回

〈春まき作物〉　えん麦・大麦
〈秋まき作物〉　小麦・ライ麦

えん麦　ライ麦

▲③三圃制　耕地を三分し，秋まき作物・春まき作物・休耕地として輪作を行い，それぞれ3年間で2回耕作した。

▼④中世の荘園（想像図）

　村の中心には教会があり，教会を維持するための教会領地では，司祭自身や農民が耕作していた。

森林　入会地　農民の共有地（山林，原野，湖沼など）　放牧地

隣の村との境界付近に処刑台（領主が裁判権をもつ）　鷹狩りに出かける領主　領主の館

すべての畑は畝ごとに，領主の直営地，農民の保有地，教会領地に分けられていた。

賦役労働を行う農民　領主直営地　農民の保有地　領主直営地　教会領地　秋まき作物（小麦）の収穫（6月，収穫）　秋耕地

薪拾いをする農民　水車小屋（小麦粉製造）　橋（領主の許可なくして通行禁止）　墓地　教会

聖職者　かじ屋　保有地　休耕地　家畜の共同放牧が行われることもあった

収穫を祝う祭　糸つむぎ

有輪犂を使った農作業　春まき作物（大麦）4月耕作　栽培の準備をする　5月種まき　春耕地

＊土地を深く耕すことが可能に。「ベリー公のいとも豪華なる時禱書」→p.147

今日とのつながり　三圃農法に家畜飼育が導入され，現在ヨーロッパで広く行われている混合農業に発展していった。

ローマ＝カトリック教会 〜「教皇は太陽，皇帝は月」

ヒストリーシアター **並び立つ二つの権力**

高位聖職者／教皇／皇帝／領主／市民・農民／修道士／羊

▲①**中世の階級を示すフレスコ画** 中世の階級別の人々が描かれている。中央の羊はキリスト教社会を表しているといわれる。

クリュニー修道院長／トスカーナ女伯 マティルデ／ハインリヒ4世

Rex rogat Abbatem Mathildim Supplicat At〜

◀②**カノッサの屈辱** 神聖ローマ皇帝**ハインリヒ4世**が，教皇に**破門**された事件。皇帝は教皇が滞在したカノッサ城に行き，許しを願った。トスカーナ女伯はカノッサ城主で事件にかかわった。

◀③ハインリヒ4世と対立した教皇グレゴリウス7世（位1073〜85）クリュニー修道院の影響を受け，ハインリヒ4世（位1056〜1106）との間で**聖職叙任権闘争**を開始。

よみとき 図①で聖・俗，二つの権力をグループ分けしてみよう。図②で皇帝ハインリヒ4世は何をしているのだろうか。皇帝と教皇の関係について考えよう。

ローマ＝カトリック教会の発展

ローマ教皇の在位年 →p.317

教皇権の推移

- 726 ビザンツ皇帝レオン3世，聖像禁止令
- **東西教会の対立**
- 位440〜61 レオ1世
- 496 **クローヴィスの改宗** アッティラからローマを守る
- 位590〜604 グレゴリウス1世 教皇権の確立
- 756 ピピンの寄進 教皇領の始まり
- 位795〜816 レオ3世
- 位955〜64 ヨハネス12世
- 800 カール大帝に加冠（西ローマ帝国復活*） *皇帝が聖職者の任免権をもつ
- 962 オットー1世に加冠（神聖ローマ帝国成立*） レオ3世
- 1054 **教会の東西分裂**
- 位1073〜85 グレゴリウス7世 **グレゴリウス改革**
- 1077 カノッサの屈辱（聖職売買，司祭の妻帯禁止など）（ハインリヒ4世を破門）聖職叙任権闘争
- 位1088〜99 ウルバヌス2世 クレルモン教会会議で十字軍提唱
- 十字軍の遠征（1096〜1270）
- 位1198〜1216 インノケンティウス3世「教皇は太陽であり皇帝は月である」英王ジョンを破門
- 1095 1122 ヴォルムス協約で聖職叙任権闘争終結
- 位1294〜1303 ボニファティウス8世 対立 仏王フィリップ4世
- 1303 アナーニ事件（カタリ派など）異端弾圧
- 1309〜77 教皇のバビロン捕囚（アヴィニョン）
- 1378〜1417 教会大分裂（大シスマ）
- 1414〜18 コンスタンツ公会議 教会改革運動 ウィクリフ・フスフス派を弾圧

教皇権の確立期（布教）／教会と王権の提携期／教会と王権の対立（首位権争い）／教皇権絶頂期／教皇権の衰退期

修道院の形成

- ・6〜7世紀 英国に布教
- 529 ベネディクト派修道院設立 ベネディクトゥス（480?〜547?）・モンテ＝カッシーノ・「祈り，働け」
- 910 クリュニー修道院設立 ・ベネディクトゥスの教えを実践 ・修道院改革運動の中心
- 1098 シトー派修道会設立 ・ベネディクトゥスの教えを実践 ・森林・荒野の開墾
- ドミニコ修道会設立 1215・托鉢修道会 清貧を重んじる
- フランチェスコ修道会設立 1209・托鉢修道会 清貧を重んじる

---

1 ローマ＝カトリックの構造

教皇 — 教皇庁
大司教（ヨーロッパに十数人）
司教（各国に数十人）— 司教区
司祭（各村で直接農民と接し，また十分の一税を徴収）— 教区

上のような教会**階層制（ヒエラルキー）**が整備されたのは12世紀以降。それまでは地域ごとに**司教**の力が強く，組織的なまとまりは，ローマ近郊に限られていた。

ヨーロッパ

---

2 宗教分布

←p.74 **1**，→p.163 **1**

11世紀の宗教分布
- ローマ＝カトリック
- ギリシア正教
- イスラーム
- ● 五本山
- ○ おもな大司教座
- ◆ おもな修道院
- 1209年当時の教皇領
- 巡礼の三大聖地

ローマ＝カトリックの範囲
— 700年
--- 1054年

- 1122 ヴォルムス協約
- 1077 カノッサの屈辱
- 11世紀 シトー派修道会
- 13世紀 フランチェスコ修道会
- 13世紀 ドミニコ修道会
- 10世紀 クリュニー修道院（ベネディクト派）
- 1303 アナーニ事件
- 1309〜77 教皇のバビロン捕囚
- 6世紀 モンテ＝カッシーノ修道院（ベネディクト派）
- 1054 教会の東西分裂

756 ピピンの寄進地
756 ペテロの世襲領（756以前）

カノッサ／ラヴェンナ／ローマ／ベネヴェント／アドリア海／アルノ川／アナーニ

ハンブルク／ブレーメン／プラハ／マインツ／ヴォルムス／ザルツブルク／ランス／トゥール／シトー／クリュニー／カノッサ／アヴィニョン／ローマ／アナーニ／カンタベリ／サンティアゴデコンポステラ／ドゥールーズ／トレド／ソフィア／アドリアノープル／コンスタンティノープル／アテネ／アンティオキア／イェルサレム／アレクサンドリア

大西洋／地中海／黒海

---

3 修道院の一日 〜「祈り，働け」

→p.147 **3**

（6月の例）

0時／2／日の出／4／6／8／10／12／14／16／日没／18／20／22

起床 朝課／ミサ／1時課 労働集会／3時課ミサ／読書／6時課昼食 午睡／9時課労働／晩課夕食 終課就寝

〈『シトー会修道院』平凡社〉 食事中も交代で詩篇を朗詠 1日の始まりと終わり，その間いくつかの時間ごとに課業があり，詩篇を朗読し，賛美歌を歌った。 昼の服のまま就寝

聖堂／院長の館／鐘楼／聖堂の身廊／巡礼・旅行者／門／訪問者用宿舎／内陣／中庭／修道僧の宿舎／病舎の礼拝堂／参事会堂／便所／病舎／食堂／厨房／菜園

▲④**修道院**（想像図）

今日とのつながり イタリアでは現在でも「強制されて屈服，謝罪すること」の慣用句として「カノッサに行く」（Andare a Canossa）と表現する。

2部3章

十字軍とレコンキスタ ～西ヨーロッパ世界の膨張

ヒストリーシアター 聖地イェルサレムを奪え！

◀①聖墳墓教会 イエスの処刑が行われたゴルゴタの丘に建立された。イェルサレムにはさまざまな時代に建造された教会が寄り集まっており、イエスの墓への巡礼者は今も絶えない。

▲②イェルサレム旧市街 p.293

⊞ キリスト教聖地
◉ イスラームの聖地
☪ ユダヤ教聖地

▲③岩のドーム（イスラームの聖地） **ムハンマド**が昇天した巨石を黄金色のドームでおおっている。

教皇ウルバヌス2世の演説

おお，神の子らよ。…あなた方が奮起すべき緊急な任務が生じたのである。…神はキリストの旗手なるあなた方に，…わたしたちの土地からあのいまわしい民族を根だやしにするよう…繰り返し勧告しておられるのである。

〈シャルトルの修道士フーシェの記録〉

📖 イェルサレムを聖地とする三つの宗教とは何だろう。教皇は，聖地をどうすべきだと主張しているのだろう。

十字軍の展開と結果 ◀p.143

十字軍の背景

・農業生産力の向上　・人口増加・土地不足
・宗教的情熱の高揚

- ビザンツ皇帝アレクシオス1世の救援依頼
  セルジューク朝が聖地**イェルサレム**占領，**アナトリア**侵攻
- ローマ教皇　**十字軍提唱** 別冊史料17
  1095 **ウルバヌス2世**（クレルモン教会会議）
- 封建領主の領土拡大の動き
- 東方貿易圏拡大のねらい

ヨーロッパキリスト教世界の膨張
・十字軍遠征・イベリア半島のレコンキスタ（国土再征服運動）
・ドイツ東方植民 ▶p.147

十字軍の動き

第1回十字軍 1096～99
聖地を奪還し，**イェルサレム王国**建設（1099～1291）

第2回十字軍 1147～49
ダマスクス攻撃失敗

第3回十字軍 1189～92
英王 **リチャード1世**
仏王 フィリップ2世
神聖ローマ皇帝 **フリードリヒ1世**
イェルサレムは回復できずサラディンと講和

第4回十字軍 1202～04
インノケンティウス3世提唱 目的逸脱
コンスタンティノープル占領 **ラテン帝国**建設（1204～61）
ヴェネツィア，ジェノヴァを排除 東方貿易独占

第5回十字軍 1228～29
神聖ローマ皇帝 **フリードリヒ2世**
アイユーブ朝と和解，一時イェルサレム回復
エジプトが聖地を占領

第6回十字軍 1248～54
仏王 ルイ9世
モンゴル人との提携を企てる→**ルブルク**派遣
仏王**ルイ9世**とらえられ，失敗

第7回十字軍 1270
仏王 ルイ9世，チュニスで病没，失敗
1291 十字軍最後の拠点，アッコ（アッコン）陥落
イェルサレム王国終焉

アイユーブ朝 1250
マムルーク朝 1250 1517

アイユーブ朝のサラディン
イェルサレム奪回

十字軍の結果

教皇権の失墜　→　諸侯・騎士の没落
↓　　　　　　　　↓
王権の伸張　←　荘園制の解体 ▶p.148

遠隔地商業・貨幣経済の普及
イタリア諸都市の繁栄 ▶p.146～147

中世封建社会の衰退

---

1 さまざまな十字軍

A 第3回十字軍～サラディンとの攻防

リチャード1世

▲④処刑されるムスリム 第3回十字軍は**アッコ**（アッコン）をめぐる攻防戦となった。**サラディン**に包囲され，あせった**リチャード1世**はムスリム捕虜を多数処刑した。

B 第4回十字軍～ラテン帝国の成立

▲⑤聖マルコ大聖堂の馬の彫刻（ヴェネツィア）
第4回十字軍は**ヴェネツィア**の戦略にのせられた脱線十字軍であった。現在ヴェネツィアにあるこの彫刻は，商敵**コンスタンティノープル**から奪ったものである。

C アルビジョワ十字軍

◀⑥アヴィニョンで抵抗を受ける仏王軍 **アルビジョワ十字軍**は，1209～29年，正統擁護の名のもと，南仏の**アルビジョワ派**（アルビ地方のカタリ派。異端とされた）への「異端」撲滅運動として行われた。同時にフランスの**ワルドー派**（リヨン発祥の異端とされる）も弾圧された。だが，実態としては，仏王**ルイ9世**らによる王権拡大の一面ももっていた。

ひと サラディン（サラーフ＝アッディーン）（位1169～93）

クルド人でアイユーブ朝を創設した。イスラーム勢力を結集してイェルサレムを奪回し，**第3回十字軍**を退けた英雄。彼は，十字軍の蛮行とは対照的に，ムハンマドの教えを守り，キリスト教徒に復讐せず，生命の安全を保証した。

テーマ 宗教騎士団

修道士と騎士の両性格をもち，聖地巡礼の保護，聖地の警備，傷病者の救護，異教徒の征伐などを掲げて結成。教皇や国王，諸侯の保護を受け，ヨーロッパ各地に領地も有した。

ヨハネ騎士団…**第1回十字軍**で傷病者の救護を目的に1113年に結成。地中海諸島を拠点に商業でも活躍。

テンプル騎士団…巡礼の警護を目的に1119年に結成。十字軍の戦闘で活躍，寄進や金融業・交易などでばくだいな財産を蓄えたが，フィリップ4世（仏）に弾圧され，1312年に解散させられた。

ドイツ騎士団…**第3回十字軍**で聖地の防衛を目的に1190年に結成。バルト海沿岸の開拓に努め，ドイツ騎士団領を形成して，プロイセンの基礎を築いた。 ▶p.147、174

▲⑦壁に描かれたテンプル騎士団の紋章

② 十字軍の遠征

A 第1回十字軍

→ 第1回十字軍 1096～99年
■ カタリ派の中心地
0 500km

スウェーデン王国
キエフ公国
デンマーク王国
イングランド王国
ポーランド王国
クラクフ
キエフ
ケルン
レーゲンスブルク
ハンガリー王国
グラン
マンジケルトの戦い
1071 セルジューク軍、ビザンツ軍を破る
神聖ローマ帝国
パリ
フランス
ナント
ヴェネツィア
ジェノヴァ
アヴィニヨン
マルセイユ
フィレンツェ
ローマ
バーリ
コンスタンティノープル
ニケーア
セルジューク朝
ビザンツ帝国
アンティオキア
エフェソス
ベイルート
ダマスクス
アッコ(アッコン)
イェルサレム
レオン=カスティリャ王国
レコンキスタ
トレド
バレンシア
アラゴン
バルセロナ
1095 クレルモン教会会議 教皇ウルバヌス2世、十字軍を提唱
教皇領
パレルモ
シチリア島
クレタ島
ダミエッタ
ジーリー朝
チュニス
ムラービト朝
ファーティマ朝 (909～1171)
アレクサンドリア
カイロ
1099 イェルサレム占領 イェルサレム王国成立

▼⑧十字軍の建設した国家
占領した地域には西欧の封建国家が建設された。この地域に所領を得た戦士たちが建国したが、多くの十字軍部隊は帰路についたため、人口不足に悩まされた。**ラテン帝国**はキリスト教国である**ビザンツ帝国**を占領し建てられたため、評判が悪かった。

□ 1190年までにサラディンが征服した地域
□ 第4回十字軍当時のビザンツ帝国
0 200km

ラテン帝国 [1204～61年]
ルーム=セルジューク朝
ニコメディア
ニケーア
ニケーア帝国 [1204～61年アナトリアに亡命]
小アルメニア王国
シス
エデッサ伯領 [1098～1144年]
エデッサ
コンヤ
タルソス
アンティオキア公国 [1098～1268年]
キプロス王国 [1186～1489年]
トリポリ伯領 [1102～1289年]
*② ロードス
*③
アッコ(アッコン)
ダマスクス
イェルサレム*①
イェルサレム王国 [1099～1291年]
アイユーブ朝
* ヨハネ騎士団の本拠。丸数字は移転の順序。

B 第2・3回十字軍

--→ 第2回十字軍 1147～49年
→ 第3回十字軍 1189～92年

イングランド王国
ロンドン
キエフ公国
ポーランド王国
神聖ローマ帝国
レーゲンスブルク
ハンガリー王国
グルジア
パリ
フランス王国
カスティリャ王国
ジェノヴァ
マルセイユ
教皇領
ローマ
ヴェネツィア
黒海
コンスタンティノープル
ルーム=セルジューク朝
ビザンツ帝国
アッバース朝
アラゴン王国
トレド
シチリア王国
アッコ(アッコン)
イェルサレム
イェルサレム王国
ムワッヒド朝
アイユーブ朝
1192 リチャード1世ら、サラディンと講和
0 500km

C 第4～7回十字軍

→ 第4回十字軍 1202～04年
→ 第5回十字軍 1228～29年
→ 第6回十字軍 1248～54年
--→ 第7回十字軍 1270年

13世紀ドイツ騎士団による入植
キプチャク=ハン国 (ジョチ=ウルス)
イングランド王国
ロンドン
ポーランド王国
神聖ローマ帝国
ハンガリー王国
1204 コンスタンティノープル占領 ラテン帝国成立
パリ
フランス王国
1209～29 アルビジョワ十字軍 カタリ派弾圧
ヴェネツィア
ジェノヴァ
教皇領
ローマ
ブルガリア王国
ラテン帝国
コンスタンティノープル
ニケーア帝国
ルーム=セルジューク朝
カスティリャ王国
アラゴン王国
トレド
バルセロナ
ナポリ王国
キプロス王国
十字軍最後の拠点
ポルトガル王国
ナスル朝
チュニス
アッコ(アッコン)
イェルサレム
ダミエッタ
1270 ルイ9世、チュニス攻撃失敗
ビザンツがアナトリアに亡命して成立
マムルーク朝 (1169～1250アイユーブ朝)
0 500km
ヨーロッパ

③ レコンキスタ(国土再征服運動)～イベリア半島

世界全図p.26-31
赤数字 レコンキスタ完了年

A 11世紀ごろ
0 200km
サンティアゴデコンポステラ
ナバラ
アラゴン
レオン王国
カタルーニャ諸伯領
バルセロナ
後ウマイヤ朝 756～1031
バレンシア
リスボン
コルドバ
グラナダ
11世紀のイスラーム勢力の範囲
→ イスラーム勢力の進出方向

B 12世紀ごろ
0 200km
サンティアゴデコンポステラ
アラゴン
ナバラ
レオン=カスティリャ王国
カタルーニャ諸伯領
サラゴサ(1118)
ポルトガル王国
トレド(1085)
バレアレス諸島
リスボン(1147)
12世紀の勢力の範囲
後ウマイヤ朝滅亡後、小国分立。レコンキスタ進展
セビーリャ
カディス
ムラービト朝

C 13世紀ごろ
0 200km
サンティアゴデコンポステラ
ナバラ
カスティリャ王国 (1230レオンと合同)
アラゴン王国
ポルトガル王国
マドリード
トレド
サラゴサ
バレンシア(1238)
バレアレス諸島(1232)
コルドバ(1236)
グラナダ(1492)
ムルシア(1243)
シルベス(1250) セビーリャ(1248) (1262)
タンジール(1471) セウタ(1471)
アフリカへ(1471)
オラン(1509)
13世紀初めの勢力の範囲
14～15世紀の勢力の範囲
→ キリスト教徒の進出方向
ナスル朝 1492滅亡
→ p.127

世界遺産
王城
タホ川

▲ ⑨**古都トレド** 711年、イスラームに征服され、**イスラーム文化**を西ヨーロッパに伝えた。1085年、**アルフォンソ6世**により奪回され、以後**カスティリャ王国**の政治・文化の中心都市として繁栄した。

テーマ 文明の十字路 シチリア

地中海のシチリア島は、ビザンツ帝国やイスラーム勢力、ノルマン人の進出を受け、さまざまな文化が混ざり合う独自の風土が育まれた。

▶ ⑩**シチリアのノルマン王宮のモザイク画** オアシスを描いたイスラーム風の題材をビザンツ様式のモザイクで表現している。王宮内の礼拝堂にはキリスト教の宗教画が描かれる一方、天井にはイスラーム風のアラベスクがあしらわれている。

世界遺産

前8世紀 ギリシア植民市シラクサ建設
前3世紀 ローマ帝国の属領に
9～11世紀 イスラーム勢力の支配下に
○ ノルマン人の進出
1130 **シチリア王国**成立
ルッジェーロ2世 位1130～54
・ノルマン、イスラーム、ビザンツ3要素の共存
・宗教的寛容* *ギリシア正教、イスラーム、カトリックが共存
(その後、ノルマン朝断絶)
1194 **神聖ローマ帝国**(ホーエンシュタウフェン朝)支配
フリードリヒ2世 位1197～1250
都:パレルモ 南イタリア文化開花
13世紀 アンジュー家(仏)とアラゴン王家抗争
1282 「シチリアの晩鐘」事件
1302 アラゴン王家、シチリアの支配確立
1442 アラゴン王家、シチリア・ナポリ再統一
18世紀 シチリアの支配は、スペイン、サヴォイア公国、オーストリアなどの支配下に
1816 両シチリア王国成立
60 サルデーニャ王国へ編入
▲ ⑪**シチリアの歴史** → p.200

青字 文化関連事項

MAP・K
2部3章

中世の都市・商業・農村の発展 ～商業の復活と大開墾(かいこん)時代

商工業市民の経済共同体

▲①中世都市ネルトリンゲン(ドイツ)

◀②ブリュッセルの中央広場(グランプラス)の市庁舎(左手前)とギルドハウス ブリュッセルの市政を担ったギルド(商工業者の同業組合)は、中央広場に面してギルドハウスを建てた。

人口	都市名
10万人以上	パリ ヴェネツィア コンスタンティノープル
5～10万人	フィレンツェ ジェノヴァ ヘント(ガン) ミラノ ブリュージュ(ブルッヘ)
5万人未満	ブリュッセル ボローニャ ケルン リューベク ネルトリンゲン ロンドン

▲③中世都市の人口規模

📖よみとき 中世都市の特徴を建物の種類とその配置などに注意してとらえてみよう。

1 都市の成立

A 都市の成立

背景
・農業の発達による余剰生産物の発生、貨幣経済の普及
・遠隔地商業の隆盛(十字軍遠征の影響、商業の復活)

↓

・10世紀以前からの都市
　司教座のある都市
　ローマ時代の都市
・新しくつくられた都市

発展↓

結果
・**中世都市の成立**
　教会・市庁舎・定期市・城壁・城塞
　「都市の空気は(人を)自由にする」*

⇄交換⇄ **農村**

*農奴が都市に1年と1日住み続ければ自由身分に。

B 都市の構造

11～12世紀から、**商人ギルド**が市政を運営した。13世紀になると**同職ギルド**が生まれ、商人ギルドに対抗(**ツンフト闘争**)して市政に参加するようになった。

都市参事会

商人ギルド (遠隔地商業を行う大商人)	ツンフト闘争	同職ギルド (ツンフト)
親方	⇄	親方
使用人		職人
		徒弟(とてい)

▲④親方と職人 ツンフトの親方の前で石工職人と大工職人が、親方になるための作品(マスターピース)をつくっている。**職人**や**徒弟**は原則として親方の家に住みこみで働き、親方の従属的な地位におかれた。

C 都市の自治

イタリア中・北部

農村 ◀支配 **都市(コムーネ)** 支配▶ 農村

事実上の都市国家
例:ヴェネツィア・ジェノヴァ・フィレンツェ

ドイツ

神聖ローマ皇帝
直属特許状↓ ↑税
諸侯 ◀同等 **帝国都市(自由都市)** 同等▶ 諸侯

例:リューベク・ハンブルク・ブレーメン

▲⑤中世都市は、皇帝や国王に対し軍役や税を負担し、かわりに自治権(じちけん)を獲得していった。

2 中世ヨーロッパの商業

→p.161 3 A

▲⑥おもな商業中心地と貿易路

ハンザ同盟船の航路　おもな陸上交通路

ハンザ同盟の盟主「ハンザの女王」

フッガー家…アウクスブルクを本拠とした金融業者。南ドイツで銀山を独占経営。16世紀後半没落。

ロンバルディア同盟の中心都市

メディチ家…フィレンツェの金融業者。大商人。ルネサンスのパトロンに。

カーリミー商人が紅海・インド洋の香辛料交易で活躍

● おもなハンザ同盟都市
■ ハンザ同盟4大在外商館
▲ 銀行業務中心地
◆ シャンパーニュ地方の大市都市

イタリア諸都市交易船の航路

*フランドルの製造業とイタリア都市を結ぶ大市　赤字 おもな生産物・交易品

北海・バルト海交易圏:日用品

イングランド(ロンドン)羊毛
北海・スカンディナヴィア(ベルゲン)木材・にしん・鉄・こはく
バルト海・ロシア(ノヴゴロド)木材・毛皮・蜜ろう

ハンザ同盟(リューベク・ハンブルク・ブレーメンなど)

フランドル地方 ブルッヘ(ブリュージュ)アントウェルペン 毛織物

モンゴル

イベリア・南フランス(リヨン)絹織物・塩・ぶどう

シャンパーニュの大市(トロワ・プロヴァン ラニー・ヴァール)

ドイツ・ポーランド(アウクスブルク)銀・絹織物・貴金・塩

南ロシア(キエフ)毛皮・木材

アフリカ(チュニス)金

イタリア都市(ジェノヴァ・ヴェネツィア)毛織物・ガラス

東方からの物産 香辛料・染料・絹織物・武器・宝石・医薬品

アレクサンドリア 香辛料

地中海交易圏:奢侈品

▲⑦遠隔地商業のしくみ

中部・北ヨーロッパ ◀アジアの物産(香辛料・絹など)
・フランドル諸都市
・シャンパーニュの大市
◀--ヨーロッパの物産(アウクスブルクの銀、フランドル・フィレンツェの毛織物など)

↓数百倍

北イタリア諸都市 --▶ **地中海東部** ◀-- **アジア**
・ピサ ・コンスタンティノープル ・インド
・ジェノヴァ ・トレビゾンド ・中国
・ヴェネツィア ・アレクサンドリア ・東南アジア

イタリア商人 カーリミー商人

香辛料価格 30～80倍

▲⑧東方貿易のしくみ

●北海・バルト海交易圏

世界遺産

▲⑨ハンザ同盟の盟主 リューベックのホルステン門 ハンザ商人の重要な取引品は魚の加工に必要な塩で、この門は税関としての役割ももった。

▶⑩ハンザ同盟のコグ船が描かれたコイン ヴァイキング船(→p.140)の伝統を受け継いで竜骨のある帆船。十字軍にも使われた。

●地中海交易圏～ヴェネツィアとジェノヴァの争い

ジェノヴァ	ヴェネツィア
特徴 個人主義だが、市民は誰でも貿易に参加、投資が可能。	特徴 商業国家。国家が貿易にのりだし、国営船団で利益追求。大評議会が機能。
ビザンツ帝国の亡命政権、ニケーア帝国を支援→1261年コンスタンティノープルを奪還	1204 第4回十字軍でコンスタンティノープルを占領→ラテン帝国を建設
13世紀 黒海沿岸カッファを支配。黒海方面の貿易に強くなる	1295 ヴェネツィア商人マルコ=ポーロが中国から帰還したとされる
13世紀後半 ジブラルタル海峡を越える大西洋航路の開拓	
1378～80 キオッジアの戦い	
	ヴェネツィアの勝利
①船の大型化、ガレー船から帆船への移行 ②羅針盤の使用 ③海図の制作	
1492 ジェノヴァ人コロンブス 西インド諸島へ到達 →p.155❷	

聖マルコ大聖堂 →p.152

大運河(カナル=グランデ)

世界遺産

▲⑪アドリア海の女王 ヴェネツィア 地中海に発展した港湾都市ヴェネツィアは、第4回十字軍でコンスタンティノープルを攻略、14世紀末にはジェノヴァも破って、東方貿易の中心として栄えた。その原動力はガレー船を中心とする武装艦隊にあった。

ガレー船

▶⑫ジェノヴァの港(15世紀) 都市内での抗争が激しく、14世紀以降、フランスなどに介入された。

---

❸ 農村の発展と東方植民～大開墾時代

←p.145❷

◀⑬開墾修道士 「祈り、働け」。12世紀、中部フランスから大発展したシトー派修道会は荒地の開墾に努めた。図左下では修道士による木の伐採を、上では助修士による薪取りを描いている。→p.143

▶⑭東方植民 ドイツ騎士団(→p.144)を中心とする東方植民は12世紀から本格化し、新しい農村が多数生まれた。のちにプロイセンなどの大領邦国家がこの地に成立していく。

	970年ごろの神聖ローマ帝国の範囲
	1060～75年ごろの神聖ローマ帝国の拡大
	1175年までの植民
	ドイツ騎士団の領域
	デンマーク領
●	ユダヤ人の虐殺

バルト海十字軍
→ デンマークの遠征
→ スウェーデンの遠征
→ ドイツ騎士団の進軍経路

0　300km

スウェーデン王国　ノルウェー王国　北海　デンマーク王国　レヴァル　リガ　プロイセン　ケーニヒスベルク　ハンブルク　ブレーメン　リューベック　ザクセン　マクデブルク　ケルン　トリーア　マインツ　ヴォルムス　ブラハ　メス(メッツ)　シュパイアー　バイエルン　ラティスボナ(レーゲンスブルク)　ウィーン　ブダ　ペスト　フランス王国　ポーランド王国　クラクフ　ハンガリー王国　神聖ローマ帝国　ミラノ　ヴェネツィア

環境 ヨーロッパの森と開墾

中世ヨーロッパの歴史は、「森の海」とのたたかいの歴史でもあった。図の①から②への変化は、開墾が進み、森が縮小したことを物語っている。一方、②から③で森が復活しているのは、ペストの流行などで、人口が激減したためである。

①500年ごろ

②1290年ごろ　③1430年ごろ

歴史と絵画 「ベリー公のいとも豪華なる時禱書」にみる農村

時禱書とは、貴族が祈りの際に用いるために身辺においたもの。右は中世時禱書の黄金期を築いたランブール兄弟らの作品。城に住む貴族やその領地を耕作する農民の姿が、季節感あふれる自然描写のなかにたくみに配置されている。

3月	春耕地の種まき、ブドウの剪定
7月	秋耕地の収穫、羊毛の刈り取り
11月	秋耕地の種まき 12月の屠殺に向けて豚を放牧し、太らせる

3月

7月

11月

封建社会の変質 〜封建制の危機

東方からやってきた疫病神 ▶p.305

◀①「死の舞踏」（バーゼル）ペスト（黒死病）の流行で，15世紀には，こうした絵が多数描かれた。

死神　教皇　皇帝　皇妃　王

公　公妃　伯　修道院長　騎士　法律家

貴族　貴婦人　商人　女子修道院長　障害者　隠者

◀②イープルの猫祭り（ベルギー西部）ペストを追い払うため，飼い猫に厄を負わせ，塔の上から投げたことを悼む祭。

◀③ユダヤ人迫害 ペストは，キリスト教徒の敵が毒をまいているためだとする噂で，ユダヤ人迫害が熾烈をきわめ，各居住区が焼き打ちにあった。 ▶p.58

よみとき 図①で死神に誘われているのはどのような人々だろうか。また三つの絵と写真から，人々がどのように対応したか，考えてみよう。

1 封建社会の変質

A 教皇権の衰退

世界遺産

▲④アヴィニョン教皇庁
1309〜77年の間，南フランスにおかれた教皇庁。

封建社会の経済発展

人口増加 → 商業・都市の復活／農業生産の向上
余剰農産物

十字軍　火砲の発達と戦術の変化　貨幣経済の発達

教皇権の衰退
・アナーニ事件(1303)
仏王フィリップ4世と教皇ボニファティウス8世が対立，仏王は教皇をローマ近郊のアナーニに包囲
・「教皇のバビロン捕囚」(1309〜77)
仏王フィリップ4世がアヴィニョンに教皇庁をおく
・教会大分裂(大シスマ)(1378〜1417)
ローマとアヴィニョンで2人の教皇が選出され教会が分裂した

都市の成長 → 富商の出現 → 王権の伸張 → 中央集権国家の成立 ▶p.149,151

騎士の没落・廷臣化
ジェントリ（郷紳）／自由農民／独立 ヨーマン／農奴

荘園制の変化
・賦役・貢納廃止 地代の金納化（貨幣地代）
・農民の分化（独立自営農民（ヨーマン）の出現など ▶p.180）
→ ペスト（黒死病）の流行 → 封建反動

寒冷化による飢饉

農民反乱 ▶p.305
ジャックリーの乱(1358)
ワット゠タイラーの乱(1381)

教会改革運動 ・ウィクリフ(英) ・フス(ボヘミア)

▲⑤火刑に処されるフス ウィクリフに共鳴し，聖書主義を唱えたプラハ大学長フスは，コンスタンツ公会議に召喚され，1415年，異端として処刑された。

悪魔の紙帽子

年	会議名	主唱者
325	ニケーア公会議 ▶p.72	コンスタンティヌス帝
431	エフェソス公会議 ▶p.74	テオドシウス2世
451	カルケドン公会議 ▶p.74	レオ1世
1095	クレルモン教会会議 ▶p.143	ウルバヌス2世
1414〜18	コンスタンツ公会議	ジギスムント帝
1545〜63	トリエント公会議 ▶p.162	カール5世 パウルス3世

▲⑥おもな公会議

C 社会への不安

世界全図p.32〜33

1381 ワット゠タイラーの乱
1358 ジャックリーの乱

1351年まで
1349年末まで
1349年半ばまで
1348年末まで
1348年半ばまで

ヨーク　リューベク　ロンドン 10万人　ケルン　パリ 5万人　コンスタンツ　ブダ　ボルドー　ヴェネツィア 10万人　アヴィニョン　ジェノヴァ　マルセイユ 7万人　フィレンツェ　コンスタンティノープル　リスボン　セウタ　アルメリア　パレルモ　フェス　チュニス　アルジェ　トリポリ　アテネ

ペストの流行した地域
1347年
ペストの広がり
赤数字 死者数（1348〜53年の積算推定）
伝染方向
農民反乱
おもな海上交易路

0　500km

▲⑧ペスト(黒死病)の流行（「14世紀の危機」）ペストの流行でヨーロッパの人口は3分の1が失われたとされ，深刻な労働力不足が起こった。

B 経済の成長と王権の伸張

▼⑦都市の発展 15世紀のパリの市場を描いた絵。中世都市の活気ある姿を伝えている。薬種商の薬にはアジア産の香辛料もあった。

床屋　洋服店　薬種商

農民たち
孤立した兵士

▲⑨ジャックリーの乱 フランス北部に広がった農民反乱。名称は農民の蔑称ジャックに由来する。こののち，イギリスで起きたワット゠タイラーの乱(1381年)では，同時代のウィクリフにも通じるジョン゠ボールが，「アダムが耕し，イヴがつむいだとき，誰が貴族であったか」と身分制度を批判し，農奴の解放を進めた。 別冊史料22

今日とのつながり ペストの猛威が去ったあと，助かった人々は聖母マリアに感謝する記念碑を町の広場に建立した。この「ペスト塔」は今日でも各地にみられる。

* 男装し、聖職階級を無視して"神の声"に
のみ従おうとしたため、異端とされた。

ヒストリーシアター 百年にわたる戦争

▶①クレシーの戦い
百年戦争前期、1346年の戦い。仏軍はハンドルをまわして弦を引きしぼり、引き金で射る弩を使用したが、操作に手間どった。続く重装騎士の突撃も英軍の農民長弓隊に撃退された。長弓は2m近い木製で扱いも簡単、連射も可能であった。

[紋章]

▲②フランス王家を示すゆりの紋章

▼③イングランド王家を示す紋章 エドワード3世は仏王位継承を主張して、ライオンの紋章にゆりを加えた。

> よみとき 紋章をヒントにイギリス軍とフランス軍を見分け、両軍の武器の違いをあげてみよう。

ひと "救国の少女"ジャンヌ=ダルク （1412～31） ➡巻頭21

"神の声"を聞いたと称する村娘は、仏軍に身を投じ、のちの王**シャルル7世**と会見、英軍に包囲されていた**オルレアンを解放**した。以後仏軍は劣勢を挽回し反撃するが、彼女はまもなくイギリス側にとらえられ、宗教裁判の結果、**異端**として*火刑に処せられた。1920年に列聖され、聖人となった。

1 イギリスとフランスの中央集権化

A 百年戦争(1337～1453年)

百年戦争の背景には、ぶどう酒の産地ギュイエンヌ地方の争奪や毛織物産地フランドルの利権をめぐる英仏の対立があった。

11世紀後半 / 12世紀後半 / 13世紀

11世紀後半
ノルマン朝イングランド王国
ヘースティングズ(1066)
神聖ローマ帝国
大西洋
1066 ノルマン=コンクェスト(英王はノルマンディー公として仏王の臣下)
フランス王国
フランス王領
400km

12世紀後半
プランタジネット朝イングランド王国
プランタジネット朝王はフランス内に大領土を所有
神聖ローマ帝国
大西洋
ロンドン
アンジュー家の勢力範囲
フランス王国
400km

13世紀
1180～1223 フィリップ2世の獲得地
1223～70 ルイ8世・9世の獲得地
ロンドン
神聖ローマ帝国
大西洋
1270～1314 フィリップ3世・4世の獲得地
400km

百年戦争 (1337～1453年)

世界全図p.32-35 ➡ p.164 1

- 1350年のフランス王国の国境
- 百年戦争勃発時のイングランド領
- 1360年のイングランド領
- 1415～29年のイングランド領
- ➡ エドワード黒太子の進路(1356)
- ➡ ジャンヌ=ダルクの進路(1429～30)
- ✗ エドワード3世の進路(1346)
- 数字 戦いの年

B イギリス・フランス王家系図

赤字 女性　(数字) 王位順　■ フランス王家　□ イギリス王家　── 婚姻

プランタジネット朝(1154～1399) ── 離婚 ── カペー朝(987～1328)

ヘンリ2世(位1154～89) ── エレオノール ── ルイ7世(位1137～80)
①フィリップ3世(位1270～85)
ギュイエンヌ地方の領主。ギュイエンヌがイギリス側に。
②フィリップ4世(位1285～1314) ── シャルル (ヴァロワ伯)

①エドワード2世(位1307～27) ── イザベル ── ③ルイ10世(位1314～16) ④フィリップ5世(位1316～22) ⑤シャルル4世(位1322～28)
ヴァロワ朝(1328～1589)
⑥フィリップ6世(位1328～50)
母がカペー家出身であったため、フランス王位継承権を主張し、百年戦争が始まった。
②エドワード3世(位1327～77)

エドワード(黒太子) エドモンド(ヨーク公) ジョン(ランカスター公)
ランカスター朝(1399～1471)
イギリス側の捕虜となる。
⑦ジャン2世(位1350～64)
たくみな外交でフランス側を優位にする。
⑧シャルル5世(位1364～80)

③リチャード2世(位1377～99)
ヨーク朝(1461～85)
④ヘンリ4世(位1399～1413)
⑨シャルル6世(位1380～1422)
政治的混乱を招く。

⑨リチャード3世(位1483～85) ⑦エドワード4世(位1461～70、71～83)
⑤ヘンリ5世(位1413～22)
イザボー
カトリーヌ
⑩シャルル7世(位1422～61)
エドモンド=テューダー*
テューダー朝(1485～1603)

⑧エドワード5世(位1483) エリザベス ── ⑥ヘンリ6世(位1422～61、70～71)
⑩ヘンリ7世(位1485～1509)

*ランカスター家分家の女性と結婚したため、ヘンリ7世は王位継承権を得た。

テーマ ばら戦争の薔薇とは？

▼④テューダーローズ

ばら戦争は、百年戦争後の1455～85年に、イギリスの**ランカスター家**と**ヨーク家**の間で繰り広げられた権力闘争。ヨーク家が白ばら、ランカスター家が赤ばらを紋章にしたとされ、ばら戦争と名づけられたが、それらは後世の創作であった。しかし、内乱の勝者テューダー家の紅白のばらを組み合わせた紋章はテューダーローズとして親しまれ、現在でもイギリス王室の紋章に組み込まれている。また、サッカーイングランド代表の紋章にも取り入れられている。

▲⑥ヘンリ7世(位1485～1509)
▲⑤サッカーイングランド代表のマーク

C 身分制議会

●イギリス身分制議会の変遷

1215 大憲章 （マグナ=カルタ） 別冊史料24
ジョン王
"国王もまた法に従う" という原則が定められる。

⬇

1265 シモン=ド=モンフォール 議会召集
ヘンリ3世
諸侯・聖職者の議会に州代表の騎士と都市代表も参加させる。

⬇

1295 模範議会
エドワード1世
初めて国王が庶民代表を召集。議会召集の模範となり、以後、定期的に召集。

⬇

1343 二院制の成立
エドワード3世
貴族院（上院）…貴族・聖職者
庶民院（下院）…騎士・市民

●フランスの三部会

成立の背景
1302年 **フィリップ4世**が教会の課税をめぐり、教皇ボニファティウス8世と対立。三部会を召集し、広く支持を求める。

構成員
・聖職者（第一身分）
・貴族（第二身分）
・都市民（第三身分）

性格
・王の諮問機関
・不定期
・立法機関ではない

⬇

休止
・1614年以降開催なし、1789年**フランス革命**直前に再開されたが、すぐに解散。 ➡ p.168,188

今日とのつながり　オルレアンでは、1435年より、4月末から5月上旬にかけて、毎年ジャンヌ=ダルク祭が開催されている。

ヒストリーシアター　分裂する神聖ローマ帝国

▲①金印勅書（きんいんちょくしょ）

よみとき　神聖ローマ帝国皇帝の権威はどのように変化しただろうか。

②七選帝侯　1356年皇帝**カール4世**は，**金印勅書**で7人を選帝侯とし，皇帝選出の権限を与えた。選帝侯は独立的な自治権を保障され，皇帝の権力は弱体化した。

（盾）マインツ大司教／ケルン大司教／トリーア大司教／プファルツ伯（ライン宮中伯）／ザクセン公／ブランデンブルク辺境伯／ボヘミア王（ベーメン王）

▶③ヴィルヘルム=テル像（ウーリ，スイス）ヴィルヘルム=テルは，13世紀末～14世紀初頭の**スイス**建国にまつわる伝説の英雄。

ヴィルヘルム=テル伝説

自治州ウーリのヴィルヘルム=テルは，**ハプスブルク家の悪代官の圧政に反抗し，罰**を受けることになった。テルは弩の名手であったので，息子の頭の上にリンゴを置き，それを射抜くか，死ぬかを選択させられる。テルはみごとにリンゴを射抜いたが，反抗的な態度をとったため，再び連行される。脱走に成功したテルは，悪代官を射殺，町の人々に英雄として迎えられた。これを機に，**独立の気運が高まり，人々は代官城を攻撃，圧政を退けた。

▲④スイスでは帝国都市・自由都市になった都市が13～14世紀に同盟を結び，皇帝との闘争を激化させ，15世紀末には事実上独立した。1648年の**ウェストファリア条約**（➡p.169）で独立が承認された。

◀p.138　　西ヨーロッパ諸国の変遷　　p.164▶

	イギリス	フランス	世紀	イタリア		ドイツ	イベリア半島	日本
アングロ=サクソン朝の支配	878 **アルフレッド大王**，デーン人を撃退			875 カロリング朝断絶 ○ サレルノ大学（医学）	カロリング朝	青字 文化関連事項	レオン王国	後ウマイヤ朝
	ヴァイキングの侵入激化				ザクセン朝	911 カロリング朝断絶 **オットー1世**（位936～973）		平安時代
デーン朝	*全イングランドの土地調査	911 セーヌ河口に **ノルマンディー公国** 成立	10			955 レヒフェルトの戦い➡p.140（マジャール人撃退）	930	
	*2 以後，プリンス=オブ=ウェールズがイギリス皇太子の称号となる					962 オットー1世，教皇ヨハネス12世より帝冠を受け，**神聖ローマ帝国**成立	1031 1035	
ノルマン朝	1016 デーン人の**カヌート（クヌート）**，デーン朝創設 42 アングロ=サクソンの支配復活➡p.140	987 カロリング朝断絶 **ユーグ=カペー**（位987～996），**カペー朝**を創設 パリ盆地周辺を支配				○ **イタリア政策**始まる	1056	ムラービト朝
	66 **ノルマン=コンクェスト**（ヘースティングズの戦いなど）により**ウィリアム1世**（位1066～87）が**ノルマン朝**を創設		11	**聖職叙任権闘争**（ローマ教皇と神聖ローマ皇帝の対立）		1122 **ヴォルムス協約**		
	86 ドゥームズデー=ブック*の編纂	1095 **クレルモン教会会議**（十字軍提唱）➡p.143,144		1054 東西教会分裂 ○ **ボローニャ大学**（法学）		1077 **カノッサの屈辱**➡p.143		
	十字軍遠征開始（1096～）							
カペー朝	1154 仏貴族アンジュー伯アンリ，英王として即位（**ヘンリ2世**，～89）**プランタジネット朝**始まる	1189 **フィリップ2世**（位1180～1223），**第3回十字軍**に参加 →仏国内の英領を奪回→王権を拡大	12	1130 シチリア王国成立➡p.145 ルッジェーロ2世（位1130～54）	ホーエンシュタウフェン朝	1122 **ヴォルムス協約** ○ 東方植民の推進➡p.147	1130	ムワッヒド朝
	○ **オックスフォード大学**（神学）	○ **パリ大学**（神学）		**教皇党（ゲルフ）と皇帝党（ギベリン）の対立**		89 **フリードリヒ1世**（位1152～90），イタリア遠征とともに**第3回十字軍**に参加	1143	
	89 **リチャード1世**（位1189～99），**第3回十字軍**に参加	1209 **アルビジョワ十字軍**（～29）		67 ロンバルディア同盟結成（**自治権**を認めさせる）		○ **ドイツ騎士団領**形成		
プランタジネット朝	**ジョン王**（位1199～1216）	**ルイ9世**（位1226～70）						
	○ 仏国内の王領の大半を喪失	1229 **アルビジョワ派（カタリ派）**を撲滅				1241 **ワールシュタット（リーグニッツ）の戦い**➡p.110 **ハンザ同盟**結成		鎌倉時代
	1209 **カンタベリ大司教**任免で**教皇より破門**	48 **第6回十字軍**に参加 53 モンゴル帝国へ**ルブルク**を派遣（～55）	13	○ 都市共和国（ジェノヴァ，ヴェネツィア，フィレンツェなど）		54（56）**大空位時代**（～73）	1232	
	15 **大憲章（マグナ=カルタ）**承認➡p.149	70 **第7回十字軍**に参加		1282 「**シチリアの晩鐘**」（反仏反乱）		73 ルドルフ1世（位1273～91，ハプスブルク家）の一時支配		
	1265 **ヘンリ3世**（位1216～72），**シモン=ド=モン**フォールの議会を承認	**フィリップ4世**（位1285～1314）			諸王朝の変遷	91 スイス誓約同盟成立 スイス3州の独立闘争起こる	ポルトガル王国	
	エドワード1世（位1272～1307）	1302 三部会を召集 ○ 聖職者課税問題		シチリア王国とナポリ王国に分裂			カスティリャ王国 アラゴン王国 ナスル朝	
	1282 ウェールズ戦争に勝利→**ウェールズ併合**	03 **アナーニ事件**➡p.143		1303 **アナーニ事件**				
	95 模範議会召集	07 テンプル騎士団解散（1312 正式に解体）		**09「教皇のバビロン捕囚」**（～77）		**カール4世**（位1346～78）		
	1301 皇太子をプリンス=オブ=ウェールズに叙す*2	09 教皇庁アヴィニョン移転（～77）／ローマ教皇に干渉						
	1327 **エドワード3世**即位（～77）=仏王位の継承権を主張	1328 **フィリップ6世**即位（～50）**ヴァロワ朝**始まる	14	○ **イタリア=ルネサンス**始まる		1348 **プラハ大学**設立（プラハを東欧の文化都市に）		南北朝
ランカスター朝 ヨーク朝 テューダー朝	**百年戦争***3 1337（1339）～1453 *3 おもな戦場はフランス国内							
	1341 二院制の成立	1346 **クレシー**の戦い						
	ペスト（黒死病）がヨーロッパ全土に拡大							
	1378 **ウィクリフ**（1320ごろ～84）の教会批判	1358 **ジャックリーの乱**➡p.148,305		1378 **教会大分裂（大シスマ）**（～1417）		1356 **金印勅書**を発布 **領邦国家**の形成 **ドイツ分裂**		室町時代
	81 **ワット=タイラーの乱**➡p.148 ジョン=ボール「アダムが耕し，イヴがつむいだとき，誰が貴族であったか」	1422 **シャルル7世**即位（～61）財務官ジャック=クール				○ **フス**（1370ごろ～1415）の教会批判		
	1453 百年戦争に**敗北** カレーを残し退却	29 **ジャンヌ=ダルク**，オルレアン解放			ハプスブルク朝	1414 **コンスタンツ公会議**（～18）		
		53 百年戦争に**勝利**				19 **フス戦争**（～36）		
	55 **ばら戦争**（**ランカスター・ヨーク**両家の王位争いによる内戦）（～85）	1442 アラゴン王家，ナポリ王国を併合	15			38 **ハプスブルク家**の帝位の世襲化（～1806）		戦国
	○ 諸侯・騎士の没落 ○ 国王の中央集権化進展						1479 スペイン王国成立 1492	
	85 **ヘンリ7世**即位（～1509）**テューダー朝**創設	94 **イタリア戦争**（～1559）➡p.164		**イタリア=ルネサンス**衰退		99 **スイス**，事実上の独立		

1 分裂するドイツ・イタリア

A ドイツ

神聖ローマ皇帝	VS	ローマ教皇

↘ イタリアの支配

1254(56)〜73 **大空位時代**
1356 **カール4世、金印勅書**を発布

●金印勅書

神聖ローマ皇帝 ← 選出 ← 七選帝侯

宗教諸侯
- マインツ大司教
- トリーア大司教
- ケルン大司教

世俗君主世俗諸侯
- ボヘミア(ベーメン)王
- プファルツ伯
- ザクセン公
- ブランデンブルク辺境伯

特権＝
・裁判権の独立
・領地不分割
・関税徴収権など

→ **ドイツ領邦国家の成立**

支配領地に完全な君主権を得る
(支配地＝領邦)
↓
独立国家の様相(＝**領邦国家**)
↓
他の諸侯・都市への拡大
↓
300の領邦と自治都市・帝国都市からなる集合体へ

ドイツの分裂

B イタリア

●中・北部…共和政都市国家(ヴェネツィア・ジェノヴァ・フィレンツェなど)、君主政領邦国家(ミラノ公国など)が成立。
●南部…シチリア王国、ナポリ王国が成立。
●神聖ローマ皇帝のイタリア政策に対し、**教皇党(ゲルフ)・皇帝党(ギベリン)**に分かれて抗争。

歴史と文学

分裂するイタリアとダンテ(1265〜1321)

ルネサンスを代表する詩人の**ダンテ**(→p.161)も、**教皇党(ゲルフ)**と**皇帝党(ギベリン)**の対立抗争に巻き込まれた一人であった。ダンテはフィレンツェの行政長官を務めていたが、教皇の支援を得た野党によって追放され、ヴェローナ・ボローニャなどを放浪し、ラヴェンナで没した。その放浪中に書いたのが、『**神曲**』である。『神曲』はトスカーナ方言で、煉獄と天国の様相を描いた作品である。

ダンテ

2 中央集権化を進めるイベリア半島・ポーランド・北欧

A レコンキスタの完成〜イベリア半島

ナスル朝の王　フェルナンド　イサベル

▲ **⑤グラナダ開城** 進軍してきたカトリック両王(**イサベル**(位1474〜1504)と**フェルナンド**(位1479〜1516))に恭順の意を示し、アルハンブラ宮殿のかぎを渡すグラナダのナスル朝最後の王。**1492年、レコンキスタ(国土再征服運動)**(→p.145)は完了した。絵は19世紀後半の作。

B ヤギェウォ(ヤゲロー)朝 リトアニア-ポーランド王国の成立(1386〜1572年)

世界遺産

◀ **⑥ヴァヴェル城**(クラクフ)
ドイツ騎士団とロシアに脅威を感じていたリトアニア大公国とポーランド王国では、ポーランド女王とリトアニア大公ヤギェウォの婚姻で**ヤギェウォ(ヤゲロー)朝**が成立した。クラクフは17世紀まで首都であり、ヴァヴェル城は王の居城となった。

C 北欧〜カルマル同盟(1397〜1523年) →p.175

▶ **⑦マルグレーテ**(位1387〜1412)**と▼⑧カルマル城** デンマーク王女でノルウェー王妃であった彼女は、父と夫の死後、デンマーク王国とノルウェー・スウェーデンの3国を連合し、ポンメルンのエリク7世を共同統治の王にすえた。カルマルで結ばれたこの連合を**カルマル同盟**という。

3 中世末期のヨーロッパ(14〜15世紀)

世界全図p.34-35
→p.145 **2** , →p.164 **1**

凡例:
- 神聖ローマ帝国
- モスクワ大公国
- カルマル同盟
- ジェノヴァ領
- ヴェネツィア領
- おもな領地(1388年)
- ハプスブルク家
- ブルゴーニュ家
- アラゴン家
- 司教領
- ケルン 七選帝侯

1397〜1523 カルマル同盟
デンマーク・スウェーデン・ノルウェーをデンマーク女王マルグレーテが支配

ノルウェー王国
クリスティアニア
スウェーデン王国
ノヴゴロド国
ヤロスラヴリ
ストックホルム
モスクワ大公国
モスクワ
スコットランド王国
エディンバラ
コペンハーゲン
カルマル
リヴォニア
リガ
ヴィルナ
アイルランド
デンマーク王国
ハンブルク　リューベック　ポンメルン
ケーニヒスベルク
×1380クリコヴォ →p.141
1381 ワット=タイラーの乱
イングランド王国
ロンドン
ブリュージュ
カレー
ブランデンブルク
ワルシャワ
×タンネンベルクの戦い →p.141
1410 リトアニア-ポーランド王国(ヤギェウォ朝)
キエフ
1358 ジャックリーの乱
パリ
オルレアン
クレシー
ブルゴーニュ公国
ケルン
マインツ
トリーア
ヴォルムス
プファルツ
プラハ
ボヘミア(ベーメン)
ザクセン
1414〜18 コンスタンツ公会議
クラクフ
1356 金印勅書
ドニエプル川
モルドヴァ(モルダヴィア)公国
クリム=ハン国(1430〜1783)
アンジュー伯領
1492 レコンキスタ完了
フランス王国
ボルドー
ギュイエンヌ公国
サヴォイア公国
スイス
アウクスブルク
バイエルン
コンスタンツ
ウィーン
ペスト
ハンガリー王国
ワラキア公国
1453 ビザンツ帝国滅亡
ナバラ王国
サラゴサ
アヴィニョン
ミラノ公国
ジェノヴァ　ピサ
ヴェネツィア共和国
ボスニア
アドリアノープル
ビザンツ帝国
コンスタンティノープル
ポルトガル王国
リスボン
カスティリャ王国
トレド
アラゴン王国
コルシカ島(コルシカ)
ローマ
教皇領
アナーニ
ナポリ王国 1442〜1504
アルバニア
×1396ニコポリスの戦い
グラナダ
ナスル朝
バレアレス諸島
サルデーニャ島
シチリア王国(1282年以降アラゴン領)
チュニス
オスマン帝国
ロードス島

0 500km

大西洋　北海　バルト海　地中海　黒海　ドナウ川

今日とのつながり 現在ドイツは連邦制国家だが、"各邦(州)"は中世の領邦や自由都市に由来している。

MAP K〜L

ヨーロッパ

2部3章

中世ヨーロッパの文化 〜すべてがキリスト教中心

1 中世の建築〜教会建築 ●p.310

バシリカ様式
4〜8世紀
南欧中心

▶①聖マリア=マジョーレ聖堂(ローマ，イタリア) バシリカはギリシア語で王の広間のこと。この聖堂の内部の列柱はローマの神殿から移築された。

← 柱廊

ビザンツ様式
4〜15世紀
東欧中心

円屋根 (ドーム)

モザイク

▶②聖マルコ大聖堂(ヴェネツィア，イタリア) 五つの**円屋根(ドーム)**と正面・内部の**モザイク壁画**が特徴。11世紀に建築が始まり，400年かけて完成した。●p.147, 310

ロマネスク様式 **11〜12世紀　南欧中心**

ピサの斜塔

半円型アーチ

▲③ピサ大聖堂(ピサ，イタリア) 1063年着工。ラテン十字型の平面構成，**半円型アーチ**の多用など，ロマネスク建築の特色を備える。左端は，ガリレイが重力実験をしたことで知られるピサの斜塔。

ヒストリーシアター **空高く，天をめざせ！**

ゴシック様式 **13〜15世紀　西・北欧中心**

尖頭アーチ

ステンドグラス

▲④ランス大聖堂の尖頭(せんとう)アーチとステンドグラス(フランス)

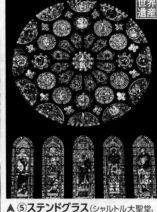

▲⑤ステンドグラス(シャルトル大聖堂，フランス)

よみとき 図①〜③と比較しつつ，図④〜⑥からゴシック様式の特徴をあげてみよう。

▼⑥ケルン大聖堂(ドイツ)　そびえたつ約156mの**尖塔**に特徴がある代表的なゴシック様式。毛織物交易で栄えたケルンで13世紀から建設が進められたが，資金難におちいり中断した。19世紀になって建設が再開され，完成。

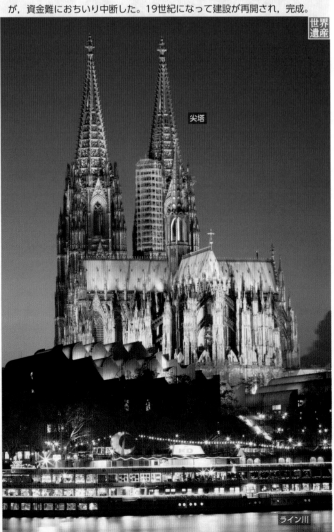

尖塔

ライン川

建築様式	バシリカ様式 (4〜8世紀)	長方形の身廊と側廊。ローマ時代の公共建築物の流れをくむ。南欧中心。 **代表例** 聖マリア=マジョーレ聖堂(ローマ)
	ビザンツ様式 (4〜15世紀)	正十字の平面の上に**円屋根(ドーム)**を架けた建築。**モザイク壁画**が特色。東欧中心。 **代表例** 聖マルコ大聖堂(ヴェネツィア)，聖(ハギア)ソフィア大聖堂(コンスタンティノープル)
	ロマネスク様式 (11〜12世紀)	平面が長十字型。ローマ風の半円型アーチ。窓が小さく重厚な感じ。南欧中心。 **代表例** ピサ大聖堂(伊)，クリュニー修道院(仏)，ヴォルムス大聖堂(独)
	ゴシック様式 (13〜15世紀)	平面が長十字型。窓が大きくステンドグラス使用。尖頭アーチ多用による高い天井と尖塔。西・北欧中心。 **代表例** ケルン大聖堂(独)，シャルトル大聖堂(仏)，アミアン大聖堂(仏)，ノートルダム大聖堂(パリ)，ミラノ大聖堂(伊)

2 中世の大学

大学の設立期
- 12世紀まで
- 13世紀以降
- 代表的なロマネスク建築
- 代表的なゴシック建築

ケンブリッジ大学 13世紀
- オックスフォードから学生が大挙移動して成立
- フランシス＝ベーコン

カレル（プラハ）大学 14世紀
- 神聖ローマ皇帝兼ボヘミア（ベーメン）王カール4世が設立　・フス

オックスフォード大学 12世紀
- 古くからの学問の地にパリ大学の学生が移動、基盤が形成された
- ロジャー＝ベーコン
- ウィリアム＝オブ＝オッカム
- ウィクリフ

パリ大学（神学） 12世紀
- 司教座付属学校より昇格
- アベラール
- トマス＝アクィナス

ボローニャ大学（法学） 11世紀
- 教皇党（ゲルフ）
- ダンテ
- ペトラルカ

ナポリ大学 13世紀
- 皇帝党（ギベリン）
- 神聖ローマ皇帝フリードリヒ2世が設立
- ボッカッチョ（ボッカチオ）

サレルノ大学 ?世紀
- 古くから医学校が存在

▲⑦中世の大学

◀⑧大学のようす（ボローニャ大学）　大学の起源は、中世ヨーロッパにおける「12世紀ルネサンス」のもと、教師や学生らがつくった一種のギルドに発する。この絵には私語をする学生、居眠りをする学生も描かれている。服装にはイスラームの影響もみられる。

⑨大学の運営

学生主導	・学生の相互扶助　・ボローニャ大学など
教師主導	・司教座教会付属学校などから発展　・パリ大学など

→ 12世紀ごろ →
- ・教師・学生の組合（ギルド）として自治権をもつ
- ・教会や領主の干渉を受ける

中世の大学

自由7科目	専門学部
文法・修辞・論証・算術・幾何・天文学・音楽	神学・法学・医学・哲学

▲⑨大学の運営

（テーマ）
イスラームの影響 ～「12世紀ルネサンス」

十字軍やレコンキスタでイスラームとの接触が増えたスペインの**トレド**や**シチリア**では、イスラーム世界から流入した本が大量に翻訳されるようになった（**大翻訳時代**）。知識人らの翻訳活動により、中世ヨーロッパはイスラーム固有の学問、ならびにイスラーム世界やビザンツ帝国で保存されていた古代ギリシアの哲学やヘレニズム文化を吸収し、その後の学問の基礎を確立した。こうした刷新は「**12世紀ルネサンス**」とよばれる。

▶⑩天体観測を行う修道士たち　修道士たちはイスラーム伝来のアストロラーベ（→p.129）で天体観測をしている。

ギリシアの著作	アラビアの著作
・プラトン『メノン』・アリストテレス『形而上学』・エウクレイデス『幾何学原論』	・フワーリズミー『代数学』（アルジャブラ）・イブン＝シーナー『医学典範』

▲⑪おもな翻訳書物

特色	・**神学**が中心で、哲学は「神学の婢」とされた。→p.312　・ラテン語ができる聖職者が担い手。・イスラーム文化の影響を受けた諸学問の発達（「**12世紀ルネサンス**」）

	ヒエロニムス（347ごろ～420）（アンティオキアの司祭）	聖書をラテン語に翻訳。カトリック教会の標準聖書（ヴルガータ）に
	アウグスティヌス（354～430）	中世の**スコラ哲学**に影響。中世神学の父。北アフリカの司教『神の国』『告白録』
	アルクイン（英）（735ごろ～804）	**カロリング＝ルネサンス**（→p.138）の中心人物。**カール大帝**が**アーヘン**に招く
神学（スコラ哲学）	アンセルムス（英）（1033～1109）	信仰が理性に優先する**実在論**（普遍論争）スコラ哲学の父
	アベラール（仏）（1079～1142）	理性が信仰に優先する**唯名論**（普遍論争）恋人エロイーズとの『愛の書簡集』で有名
	トマス＝アクィナス（1225ごろ～74）（伊）	『**神学大全**』でスコラ哲学を大成。実在論と唯名論の普遍論争を収拾
	ロジャー＝ベーコン（英）（1214ごろ～94）	オックスフォード大学教授。観察・実験による**経験を重視**→近代科学へ
	ドゥンス＝スコトゥス（英）（1266ごろ～1308ごろ）	哲学と神学を分離、意志の優位を主張。アクィナスの調和説を批判。実証を重視し、唯名論をとる。フランチェスコ修道会士
	ウィリアム＝オブ＝オッカム（英）（1280ごろ～1349ごろ）	唯名論確立。信仰と理性、神学と哲学を区別。オッカムは生地名
	ウィクリフ（英）（1330ごろ～1384）	聖書を英訳。宗教改革の先駆者。1378年、教会を批判。死後、**コンスタンツ公会議**（→p.148）で異端と宣告され、著書とともに遺体が焼かれた
	フス（ボヘミア）（1370ごろ～1415）	ウィクリフの影響を受け、教会改革を主張。のちに火刑（→p.148）
文学	騎士道物語	『**ローランの歌**』（仏）…カール大帝のスペイン遠征を背景に騎士ローランとムスリムの戦いを描く 『**アーサー王物語**』（英）…アングロ＝サクソンの侵入からブリタニアを守ったケルトの伝説的英雄アーサー王と円卓の騎士の物語 **吟遊詩人**のトゥルバドール（南仏）・ミンネジンガー（独）が各地の宮廷を遍歴してうたった
	民族的叙事詩	『**ニーベルンゲンの歌**』（独）…ゲルマン伝説の英雄ジークフリートの戦いと愛の物語 『**エッダ**』（北欧）…ゲルマンの神オーディンや戦士を主人公とした神話

▲⑬中世の文化

（歴史と文学）
騎士道物語 ～アーサー王物語

騎士道物語では、騎士のあるべき理想の姿として、忠誠や武勇、神や貴婦人への奉仕、弱者の保護などの騎士道精神がうたわれた。12世紀に成立した『アーサー王物語』は、アングロ＝サクソン人のイングランド侵入に抵抗したケルト人の伝説の王**アーサー**に関する物語群である。魔法使いマーリンや円卓の騎士ランスロットなども有名で、彼らは現代でもファンタジーとして映画などで親しまれている。

▲⑫映画「キング アーサー」（アメリカ、2004年）

（テーマ）
中世の魔術 ～錬金術・占星術 →p.129

錬金術は、12～13世紀ごろ、ヨーロッパに伝わり、17世紀ごろまで研究された。黄金を生み出すことはできなかったが、実験や物質に関する知識は近代科学の基礎となった。一方、シュメールに始まり、バビロニアでさかんになった**占星術**も、中世ヨーロッパの人々の間で流行した。

▶⑭錬金術の作業場

メディチ家フランチェスコ1世

今日とのつながり　大学universityの語源は、ラテン語のuniversitas（ウニヴェルシタス）＝組合を意味し、中世の大学が学生もしくは教師の組合から生まれたことがわかる。

大航海時代 ～アジアの栄華にあこがれて

◀p.150　新しい航路の開拓　p.164▶

ヒストリーシアター　未知との遭遇！新しい世界の発見

▲①トスカネリの世界地図（15世紀）　地理学者の**トスカネリ**（1397～1482）は地球が球体であると主張した。その考えは**コロンブス**（コロン）に影響を与えた。

TYPVS ORBIS TERRARVM

▲②アントウェルペンでつくられた世界地図（1570）

よみとき　図①と図②の地図は，どのようなところが違うだろう。

➡p.120①

新しい航路の開拓

	ポルトガル	スペイン
背景	経済：**香辛料**（➡p.82）の需要増大，不安定な**東方貿易**（**オスマン帝国**の東地中海進出）　政治：中央集権国家の形成と国王の援助（領土・**黄金**への欲求）　文化：東方への関心（**マルコ＝ポーロ**『**世界の記述（東方見聞録）**』）➡p.112　宗教：**カトリック**の拡大（**プレスター＝ジョン**の伝説）　科学：**地球球体説**（**トスカネリ**主張）・**羅針盤**・航海術・造船技術の発達	

15世紀	1143 **ポルトガル王国** **エンリケ航海王子**（1394～1460） **ジョアン2世**（位1481～95） 1488 **バルトロメウ＝ディアス**　**喜望峰**到達	1469 アラゴン王**フェルナンド2世**とカスティリャ女王**イサベル**が結婚 79 **スペイン王国**成立➡p.164 92 **レコンキスタ**（国土再征服運動）終結 **イサベル女王**，コロンブスを援助 1492 **コロンブス（コロン）**（伊），**サンサルバドル島**に到着　「**新大陸**」への到達
	1493 教皇アレクサンデル6世，境界線設定（**教皇子午線**）	
	1494 **トルデシリャス条約**（スペインに有利な教皇子午線をポルトガルの抗議で変更）	
	1498 **ヴァスコ＝ダ＝ガマ**➡p.34～35　**インド航路開拓**　**カリカット**に到着　別冊史料25	1497～98 **カボット**（伊）北米探検（英王ヘンリ7世の援助）
	1500 **カブラル**，ブラジル到着	
	1501～02 **アメリゴ＝ヴェスプッチ**（伊）南米探検　→「**新大陸**」と確認（**アメリカ**）	
	1509 **ディウ沖の海戦**（マムルーク朝を破る）	1513 **バルボア**，パナマ地峡横断，太平洋に到達
	1510 **ゴア占領**	
	1511 **マラッカ占領**	1519 **コルテス**，アステカ王国～21（**メキシコ**）征服
16世紀	1512 **モルッカ（香料）諸島**に至る	1519 **マゼラン（マガリャンイス）**～22 とその部下，**世界周航**
	1517 **中国（明）**との貿易開始	
	1518 **セイロン占領**	
	1529 **サラゴサ条約**（ポルトガル・スペインのアジアでの境界線設定）	
	1543 **種子島**に漂着	1532～33 **ピサロ**，インカ帝国征服
	1549 イエズス会士**フランシスコ＝ザビエル**の鹿児島来日➡p.163	1545 **ポトシ銀山**（ボリビア）**発見**
	1557 **マカオ**の居住権を獲得（1887年，正式に領有）	1571 **マニラ建設**　アカプルコ貿易➡p.36
	1550～1639 **平戸**に商館設置　**日本との貿易**	

□ アジアへの進出　■「新大陸」への進出
商業革命　**ヨーロッパに大量の銀流入**

（左サイド）ヨーロッパ／アメリカ

1 東まわりでアジアへ～香辛料を求めたポルトガルの進出

▶③**喜望峰**　バルトロメウ＝ディアスが，1488年にアフリカ南端の喜望峰に到達した。のちに，**ヴァスコ＝ダ＝ガマ**がここを通り，インドへ到達するインド航路を開拓した。

世界遺産　大西洋　喜望峰

▶④**ヴァスコ＝ダ＝ガマ**（1469ごろ～1524）

◀⑤**黄金のゴア**　ポルトガルは1510年にインドの**ゴア**を占領し，1961年まで植民地とした。アジアにおける貿易と布教の最大の拠点となり，「黄金のゴア」と称された。一方，中国大陸の拠点として繁栄した**マカオ**では，中国の生糸・絹織物，日本の金銀が貿易品として流通した。

■15世紀にカリカットにやってきた二つの船団

宝船　サン＝ガブリエル号（ガレオン船）
0　32m　61.2m

明	鄭和の船団（1405～33）➡p.114	
総船数	総乗組員数	旗艦：宝船
62隻	27800人	1170ｔ・マスト6本

ポルトガル	ヴァスコ＝ダ＝ガマの船団（1498）	
総船数	総乗組員数	旗艦：サン＝ガブリエル号
4隻	170人	120ｔ・マスト3本

15世紀にはポルトガルのヴァスコ＝ダ＝ガマがカリカットに到達したが，それより前に明の永楽帝の命を受けた鄭和もやってきていた。比較すると，鄭和の方が大船団でアジアを航海していたことがわかる。

エンリケ航海王子／ヴァスコ＝ダ＝ガマ／バルトロメウ＝ディアス／カブラル／マゼラン

▲⑥**発見のモニュメント**（リスボン，ポルトガル）　大航海時代を記念して20世紀半ばに建設された。**エンリケ航海王子**を先頭に，ポルトガルの探検家や宣教師などの像が並ぶ。エンリケは15世紀のポルトガルの王子で，自らは航海しなかったが，アフリカ西岸探検事業に熱心に取り組んだため「航海王子」とよばれた。

② 西まわりでアジアへ〜アメリカ大陸の「発見」

コロンブス(コロン)
(1451ごろ〜1506)

イタリア ジェノヴァに生まれ、貿易商会に入る。**トスカネリ**の影響を受けて、西まわりでのアジア到達計画を考えた。ポルトガル国王ジョアン2世に航海計画を提案したが、喜望峰をまわる航路が期待されていたため、支援を拒否される。イギリス・フランスにも交渉したが、結局、**レコンキスタ(国土再征服運動)** を完了した**スペインのイサベル女王**(→ p.151)が支援するようになり、西まわり航路が切り開かれた。

▲ ⑦現在の西インド諸島 サンサルバドル島で先住民と出会ったコロンブス一行 コロンブスは到達した地をインドの一部と誤解したため、その一帯の先住民は**インディアン(インディオ)** とよばれるようになった。背後には十字架が立てられている(領有宣言)。

◀ ⑧アメリゴ=ヴェスプッチのアメリカ大陸発見 1499年にブラジルに到達し、1501〜02年に大西洋岸を探検、アジアとは別の大陸だと主張した。「アメリカ」は彼の名に由来する。

◀ ⑨マゼラン(マガリャンイス) (1480ごろ〜1521)
1519年、ポルトガル人マゼランは、スペイン王の援助を得て5隻の艦隊で出発、現在のマゼラン海峡を通って、21年にマリアナ諸島に到達。横断した海を「太平洋」と名づけた。その後フィリピンのマクタン島首長ラプ=ラプと戦って戦死。残った部下が22年9月に帰国して、世界周航が達成され、地球が球体であることも証明された。

③ 大航海時代の世界 (16世紀ごろ)

世界全図p.36~37 → p.171 ①

④ ヨーロッパ社会の変化〜大航海時代がもたらしたもの

A 価格革命

ヨーロッパの人口増 → 大量の銀(ペルー・メキシコ産)が流入 → 100年間で物価数倍に → 物価騰貴=価格革命 → p.36

定額地代に依存する封建諸侯の没落
資本家的新興地主層の台頭

◀ ⑩ポトシ銀山
(ボリビア) 海抜4000mをこえる高地にある。先住民はコカの葉をかみ、神経をまひさせて過酷な鉱山での強制労働に耐えた。現在でも鉱山での採掘は行われている。→ p.113 ②

B 商業革命…ヨーロッパと新大陸・アジア間貿易の劇的発展

❶ 大航海時代以前

香辛料・絹・陶磁器・染料・宝石
ヨーロッパ ← (地中海 イスラーム世界) → アジア
銀
ヴェネツィア・ジェノヴァ・コンスタンティノープル (ヨーロッパのおもな貿易都市)

❷ 大航海時代以降 → p.170

アムステルダム・ロンドン・アントウェルペン (ヨーロッパのおもな貿易都市)

今日とのつながり 南米ではブラジルだけがポルトガル語を使用している(ほかはスペイン語)のは、トルデシリャス条約とカブラルのブラジル漂着に由来する。

世界全図p.36-37 → p.186 **1** ,194 **1**

凡例
- ♣ おもな遺跡
- ⛪ おもな世界遺産
- 0　　1000km

パナマ運河
大西洋と太平洋を結ぶ全長約80kmの運河として1914年に開通した。→p.221

ナスカの地上絵
ハチドリやさるなどの動物や幾何学模様を描いた巨大な地上絵がある。何のために描かれたのかは不明。

ポトシ銀山
ここで産出される銀が,世界経済に影響を与えた。→p.36,155

ドレーク海峡
イギリスの探検家ドレーク(→p.166)に由来。南極まで幅約800kmの海峡でパナマ運河開通まで重要な航路となった。

マゼラン海峡
太平洋と大西洋を結ぶ全長約600kmの海峡。1520年にマゼラン(→p.155)が発見した。

古アメリカ文明の特色
- **とうもろこし栽培**が中心の農業
- 高度な石造技術
- 金銀が豊富で**青銅器**を使用(鉄器はなし)
- **車輪の使用なし**
- 馬や牛などの大型動物はいない

1 メキシコ地方の文明

オルメカ文明

◀①巨石人頭像(メキシコ) アメリカ最古の文明で,古アメリカ文明に共通する文化(とうもろこし栽培,暦,文字,黒曜石加工など)の多くがこの文明で形成され,他の文明に影響を与えたとされる。

テオティワカン文明 世界遺産

太陽のピラミッド

▲②テオティワカンの古代都市(メキシコ) 夏至の日には,「**太陽のピラミッド**」の正面に太陽が沈むように設計されている。

マヤ文明 世界遺産

▲③ティカルの神殿(グアテマラ) オルメカ文明の影響を受けた**マヤ文明**の中心地の一つ。複数のピラミッド(神殿)が建設され,独特のマヤ様式が生み出された。

◀④マヤの絵文字 マヤ文明の諸都市は異なる特徴をもっていたが,暦や文字は共通だった。文字は解読が進み,292～909年の王朝史が再構成されている。また,マヤ文明では二十進法(20になると桁が繰り上がる数え方)が使用された。マヤ数字は,貝殻で0,点で1,横棒で5を表し,その組み合わせで数字を表現した。→p.53

古アメリカ文明の展開
p.194 ▶

地域 / 年	メキシコ地方			アンデス地方		
	メキシコ中央高原	メキシコ湾岸	ユカタン半島	ペルー北海岸	ペルー中央高地	ペルー南海岸
1000・		**オルメカ文明** ●メソ=アメリカ文明の源流 ●とうもろこしを主とする焼畑農耕 ●都市文明 ●ジャガー神信仰 ●文字・暦の起源		**チャビン文化** ●アンデス文明の源流 ●ジャガー神信仰 ●灌漑農耕の村落社会		
500・			前300ごろ滅亡			
B.C. A.D.	**テオティワカン文明** ●宗教・商業都市の発達		**マヤ文明** (新石器文明) ●絵文字使用・装飾的彫刻			**ナスカ文化** ●彩文土器 ●地上絵
500・	**トルテカ文明** ●好戦的 ●人身供犠の風習		●天文・暦法の発達 (1年=365.2420日) (現代の測定値365.2422日)	**モチェ文化** ●彩文土器 ●日干れんがによる太陽と月のピラミッド		
1000・	**アステカ王国**(青銅器文明) 都:テノチティトラン ●青銅器 ●都市文明 ●太陽暦 ●絵文字使用		●二十進法の使用 (衰退)	**シカン文化**	**ワリの拡大** ●農業技術を輸出	
1500・				**チムー王国**	**インカ帝国**(青銅器文明) 都:クスコ ●道路・都市建設 ●灌漑用水路 ●青銅器 ●**キープ**使用	
	1521 **コルテス**により,滅亡			1533 **ピサロ**により,滅亡		

アステカ王国

◀⑥人身供犠　アステカ王国には，神殿で多くの人間の生贄をささげることで，世界の安泰を守ることができるとする信仰があった。

▲⑦太陽の石　アステカ人の暦で直径3.6m。中央に現世を示す第5の太陽，その外側に過去の4つの時代を四角の枠内に刻んでいる。20の絵文字と13の数字を組み合わせ，260日を1年とする。

◀⑤アステカ王国の首都テノチティトラン　海抜2200mのテスココ湖上にあった。市場では各種の露店が並び，王国各地から集まった商品が取り引きされ繁栄していた。

② アンデス地方の文明

チャビン文化

インカ帝国

山の裏手に月の神殿

主神殿

住居

太陽の神殿

◀⑨マチュ=ピチュ（ペルー）　インカ帝国の都クスコの北西約114km，標高2500mの地に築かれた。なぜここに都市が建設されたのかはわかっていない。日あたりのよい南東部が農地，北西部が市街地とされ，灌漑設備も充実していた。　➡ p.53

世界遺産

世界遺産

▲⑩インカの石積み（クスコ，ペルー）　インカの人々は優れた石造建築技術をもっていた。一分のすき間もない石積みは，ほかに例をみない技術の高さを示している。

1
2
3

▲▶⑪キープ（結縄）　インカの人々はひもの結び目の形や色などで数を記録した。

▲⑧チャビン文化の神殿　体は人，顔はジャガー，髪の毛はへびの石像。重要な神の像と考えられている。

③ やってきた征服者と古アメリカ文明の変容（コンキスタドール）

◀⑫コルテス（1485～1547）
▶⑬ピサロ（1478ごろ～1541）
先住民は鉄器や馬を知らなかったため，スペインからの征服者たちに恐れを抱いた。コルテスはアステカ王国を，ピサロはインカ帝国を征服した。

エンコミエンダ廃止を訴えたラス=カサス（1484～1566）　別冊史料26

植民者として「**新大陸**」に渡るが，のちにドミニコ修道会士となる。征服戦争や**エンコミエンダ**による先住民の虐待をスペイン王**カルロス1世**へ報告・弾劾し，「インディオの使徒」とよばれている。➡ p.165①

◀⑭鉱山で働かされる先住民　スペインは**エンコミエンダ**で獲得した土地の管理と先住民の保護を現地のスペイン人に委託した。保護されるはずの先住民は銀山の開発やさとうきびのプランテーションで**過酷な労働**に従事させられ，また旧世界からもち込まれた**疫病**（天然痘など）による死亡により，人口が激減した。

▼⑮文明の破壊と交流「コロンブス（コロン）の交換」

	伝播したもの	ヨーロッパへの伝播年	原産地	日本への伝播
ア メ リ カ → ヨ ー ロ ッ パ	とうもろこし	15世紀末	メキシコ地方	16世紀末 ポルトガル人
	じゃがいも	16世紀初	アンデス地方	17世紀初 オランダ人
	トマト	16世紀初	アンデス地方	18世紀初 スペイン人
	たばこ	15世紀末	ボリビア	16世紀末 スペイン人
	カカオ	16世紀初	アマゾン地方	
	とうがらし	15世紀末	メキシコ地方	16世紀　ポルトガル人

	伝播したもの	アメリカへの影響
ヨ ー ロ ッ パ → ア メ リ カ	キリスト教	布教を口実に強制労働させられた 土着化し変容しながら信徒数は増大
	疫病（天然痘など）	免疫力のない先住民の人口減を招く
	馬・牛などの大型家畜・鉄・車輪	

ルネサンス① ～近代を生み出した大文化運動

キューピッド
西風の神ゼフュロス

ヒストリーシアター 三美神にみられる古代の"再発見"

▲①**古代の三美神**（1世紀）ポンペイ出土のフレスコ画。

▲②**中世の三美神**（14世紀）

よみどき 三美神の画法の違いや共通点は何だろう。その際に, 服装の変化にも注目してみよう。

▶③**ボッティチェッリ「春」**〈ウフィツィ美術館蔵, 205cm×315cm〉

メルクリウス　愛　貞節　美　ヴィーナス
ヴィーナスの侍女「三美神」　プリマヴェーラ（春）　花の女神* フローラ

＊女神の解釈は諸説ある。

ルネサンスの流れ

世紀	
14・15世紀	**イスラーム文化の刺激** →p.153　**古代ローマの遺産**／十字軍遠征／**地中海貿易の復興**／ビザンツ帝国の滅亡（学者などの亡命） **イタリア諸都市の勃興** ○都市国家での自由な市民の活動 ○産業発達（毛織物・造船・武具） ○東方貿易による富の蓄積 **イタリア＝ルネサンス** ヒューマニズム（人文主義）の発達　学問・芸術を奨励 **遠隔地貿易を行う大商人や都市貴族の保護** フィレンツェ：メディチ家 ヴェネツィア：共和政のもと十人評議会（都市貴族） ミラノ：ヴィスコンティ家→スフォルツァ家 ローマ：教皇（ユリウス2世・レオ10世）
16世紀前半	**イタリア＝ルネサンスの衰退** 北西ヨーロッパ諸国の台頭（英・仏）／インド航路の発見／都市間の対立・抗争／大航海時代　商業革命／オスマン帝国の東地中海進出／外国勢力の侵入　イタリア戦争 **イタリア諸都市の衰退・没落** **西ヨーロッパ諸国のルネサンス** →p.161

1 ルネサンス*期のイタリア →p.310 ＊「再生」を意味するフランス語。

神聖ローマ帝国／サヴォイア公国／モデナ公国／ミラノ公国／ヴェネツィア共和国／フェラーラ公国／ハンガリー王国／ジェノヴァ共和国／ガリレイ／フィレンツェ共和国／シエナ共和国／教皇領／ナポリ王国（アラゴン王家領）／コルシカ（コルス）島／サルデーニャ島／シチリア島

レオナルド＝ダ＝ヴィンチ／ダンテ／ボッカッチョ（ボッカチオ）／マキァヴェリ／ジョット／ブルネレスキ／ドナテッロ／ボッティチェッリ／トスカネリ／ラファエロ／ミケランジェロ／ブラマンテ

● ルネサンス芸術の中心地
□ 文学・思想家
□ 美術家 おもな活躍の場
□ 科学・技術者

0　　300km

▲④**聖ピエトロ大聖堂**（ヴァティカン）キリスト教世界最大の聖堂。ローマ教皇ユリウス2世, レオ10世が**ブラマンテ**や**ミケランジェロ**らに命じて建設させた。丸屋根は高さ132m。また, 現在のヴァティカン市国（→p.242）の面積は0.44km²。

世界遺産　ヴァティカン市国の範囲
聖ピエトロ大聖堂／システィナ礼拝堂／ヴァティカン宮殿／聖ピエトロ広場

世界遺産
メディチ家礼拝堂／鐘楼（高さ85m）／聖マリア＝デル＝フィオーレ大聖堂 丸屋根（高さ112m）／共和国広場／ヴェッキオ宮／シニョリーア広場／ウフィツィ美術館／ヴェッキオ橋／ピッティ宮殿／アルノ川

▶⑤**フィレンツェ市街**　14世紀初頭, 人口20万をようするヨーロッパ最大の都市であった。**メディチ家**の庇護の下で「**イタリア＝ルネサンス**」の中心として繁栄。現在も赤いタイル屋根の美しい町なみが残り, 当時のおもかげを伝える。「フィレンツェ」とは「花の都」の意。

ひと メディチ家

メディチ家 は **コジモ**（1389～1464）のころ, 銀行を設立し富を蓄えた。その孫のロレンツォは, メディチ家の当主, かつフィレンツェの指導者となり, 学芸を保護し, ルネサンスの発展に貢献した。

丸薬
薬業者出身であるため, 紋章に丸薬が描かれているという説がある。また, medicine（薬）の語源ともなったといわれている。

◀⑥**ロレンツォ**（1449～92）メディチ家最盛時の当主であり, ボッティチェッリに「春」の制作を依頼した。

▶⑦**教皇レオ10世**（位1513～21）ロレンツォの息子。学芸を保護し, **聖ピエトロ大聖堂**の改築に力を注いだ。その資金のために認めた贖宥状販売が**宗教改革**の契機となった。 →p.162

〈ラファエロ画〉

2 ヒューマニズム（人文主義） →p.161

別冊史料27

◀⑧**ボッカッチョ（ボッカチオ）** 彼の作品『デカメロン』には, 禁欲的なキリスト教的人間観にかわり欲望を肯定する新しい人間観が登場する。彼は, ギリシア・ローマ時代の古典を学ぶことを通じて, **ペトラルカ**とともに人間中心の世界観を肯定する**人文主義**の先駆者となり, ルネサンスの基本思想を形づくった。

◀⑨**マキァヴェリ** 『君主論』において, 政治をキリスト教的道徳から切り離して論じたマキァヴェリズムは, 近代政治学の先駆とされる。暴力や冷酷さも時には有効な統治方法と説いたが, 16世紀以降は, 目的のためには手段を選ばない権謀術数主義という反道義性のみが流布・定着していった。

十字架

受難のシンボルを運ぶ天使たち

円柱

中央で審判を下す
「キリスト」

聖母マリア

聖パウロ

洗礼者ヨハネ

天国の門の鍵を持つ
聖ペテロ

自分の生皮を持つ
聖バルトロメオ
（この生皮は苦悩する
ミケランジェロの自画像）

ラッパで審判の時を告げ
死者を呼び覚ます天使たち

地獄へ落ちる人々

天国へ向かう
人々

渡し守
カロン

冥府の王ミノス→

3 ルネサンス美術

▶ ⑩ボッティチェッリ(1444ころ〜1510)の自画像と
▼ ⑪「ヴィーナスの誕生」 「春」(➡③)と同様，ギリシ
ャ神話由来の題材をモチーフにメディチ家の注文を受け
て描かれた。〈ウフィツィ美術館蔵，175cm×278cm〉

*ルネサンスの三大巨匠

ミケランジェロ* (1475〜1564)

メディチ家やローマ教皇の
庇護を受け，彫刻家・画家と
して活動。

▶ ⑫ミケランジェロ「ダヴィデ像」 高さ5.4
mの巨大な大理石像。フィレンツェ共和政の
自由と独立の精神の象徴として，市政庁前広
場におかれていた。〈フィレンツェ，アカデミア美
術館蔵〉

レオナルド=ダ=ヴィンチ *
(1452〜1519)

トスカーナ地方のヴィ
ンチ村の出身。芸術家
としてだけでなく，科
学者としても有名。
➡ p.160

◀ ⑮ダ=ヴィンチ 「モナ=リザ」 神秘的な
微笑で知られる肖像画。〈ルーヴル美術館蔵，
77cm×53cm〉

ラファエロ* (1483〜1520)

▶ ⑰ラファエロ
「小椅子の聖母」
〈フィレンツェ，ピッティ
美術館蔵，直径71cm〉

ラファエロは約40点もの聖母子像
を描き，聖母の画家とよばれた。

▶ ⑱ラファエロ「アテネの学堂」
完璧な遠近法で古代ギリシアやヘレニズムの
哲学者などを一堂に集めて描いている。ルネサンスの芸術家，思想家たちが
モデルといわれている。〈ヴァティカン宮殿，577cm×814cm〉

楽園追放

アダムの創造

最後の審判

▲ ⑬ミケランジェロ「最後の審判」 ヴァティカン
のシスティナ礼拝堂祭壇のうしろに描かれた大壁
画。ミケランジェロが60歳から6年の歳月をか
け，ずば抜けた描写力で描いた。400人近い人物が
表される。〈14.4m×13.3m〉

◀ ⑭システィナ礼拝堂の内部に描かれた天井画
旧約聖書の「アダムの創造」，「楽園追放」などを題
材にし，周囲には預言者・巫女の絵が飾られてい
る。ミケランジェロが1人で描いたフレスコ画。

▼ ⑯ダ=ヴィンチ「最後の晩餐」 一点透視遠近法
で，受難前夜のイエスと12人の弟子たちが描か
れ，臨場感あふれる画面構成となっている。〈ミラ
ノ，聖マリア=デッレ=グラツィエ教会蔵，420cm×910cm〉

ヨーロッパ

ヤコブ
(イエスの兄弟)

バルトロマイ

アンデレ

ペテロ ヨハネ

イエス

トマス ピリポ

マタイ タダイ

ユダ

ヤコブ
(ヨハネの兄弟)

シモン

赤字はモデルとなった人物

プラトン(哲)
(レオナルド=ダ=ヴィンチ)

アリストテレス(哲)

アルキメデス(数)

ソクラテス(哲)

ラファエロ

ヘラクレイトス(哲)
(ミケランジェロ)

エウクレイデス(数)
(ブラマンテ)

ピュタゴラス
(数・哲)

ディオゲネス(哲)

プトレマイオス(天)

ルネサンス② ～人文主義と科学の芽生え

ヒストリーシアター　宇宙観の転換　宗教から科学へ

▲①教会が支持していたプトレマイオスの天動説　天動説は，地球が宇宙の中心にあるとする宇宙観。

▲②コペルニクスが発表した地動説　コペルニクスは，太陽を中心に，地球がその周りをまわるという地動説を説いた。

それでも地球はまわっている*

▲③宗教裁判にかけられるガリレイ

＊歴史的事実としては疑わしいが，彼の真情を吐露したものとして伝えられている。

よみとき　ガリレイは天体観測の結果，左の2枚の図のうちどちらが正しいと考えたのだろう。また宗教裁判で公式にはどのような発言をしただろうか。

1 「科学革命」への第一歩 →p.361

◀④コペルニクス(1473～1543)　ポーランド生まれの聖職者。クラクフ大学などで学び，1530年ごろに地動説を確信し，死の直前に，『天球の回転について』を公刊した。

▲⑤ガリレオ=ガリレイ(1564～1642)

▶⑥ガリレイの振り子時計(模型)　当時の時計は15分刻みが限界だった。振り子の等時性に気づいていたガリレイは，従来よりも正確な振り子時計の設計図を残している。

テーマ　「コペルニクス的転回」とは

18世紀の哲学者カントは，自身が主張した認識論上の転換を，このようにたとえた。彼はこの主張を，コペルニクスが地動説を主張して従来の天動説に180度の大転換を起こしたことになぞらえた。

▶⑦ヴェネツィア総督に望遠鏡を示すガリレイ　ガリレイは，1600年ごろに発明された望遠鏡で天体観測を行い，金星の満ち欠けを地動説で説明した。これは教皇庁から異端とされ，自説を放棄させられた。教皇庁が誤りを認め，ガリレイの名誉が回復されたのは1992年であった。

ひと　万能人レオナルド=ダ=ヴィンチと科学

レオナルド=ダ=ヴィンチ(→p.159)は画家として有名だが，実は科学者の一面ももっていた。自然の観察記録や解剖図，また失敗に終わったが，飛行機も試作した。最もルネサンス的な人間は「万能人」だと考える学者もいるが，レオナルドはまさに天才的な万能人であった。

▶⑧レオナルドの描いた人体解剖図
▼⑨彼の設計をもとにしたヘリコプターの模型

2 ルネサンスの三大改良～火薬・羅針盤・活版印刷 →p.109 4

▶⑩火薬(火砲)　火薬を発明した宋では，金との和睦後，花火に用いられたという。ヨーロッパでは，鉄砲の開発(軍事革命)につながり，封建制下の騎士の活躍の場を奪うこととなった。

影響（イスラーム経由）

◀⑪陶弾(中国，元代)　中に火薬をつめて使った。蒙古襲来時にも使用されている。→p.110

▶⑫羅針盤＊　中国から伝わった磁石の南北をさし示す性質は，12世紀末に地中海で羅針盤として実用化された。このことは大航海時代を準備した。＊コンパス

影響（イスラーム経由）

◀⑬指南魚(中国，宋代)　磁石を腹部に入れ，水に浮かせるなどして方角を調べた。羅針盤の原型。

▼⑭活版印刷　グーテンベルクの貢献は，金属活字＊の規格の統一，速乾性インクの改良，ぶどう圧搾機の印刷機への転用である。アルファベットは漢字より文字数が少ないことも印刷技術普及の一因。印刷物の低価格化と大衆化を実現し，宗教改革(→p.162)に大きな影響を及ぼした。

グーテンベルク　金細工師フスト

＊すでに13世紀の高麗では世界最初の金属活字が使われた。

今日とのつながり　現在の天文学の基礎は，古代以来の占星術をもとにしてこの時代に築かれ，錬金術が化学を招来した。また，現在使われている暦は，教皇グレゴリウス13世によって制定された。彼は，日本からの少年使節を引見している。

3 西ヨーロッパ諸国のルネサンス

	特徴	1300年	1400年	1500年　1517~宗教改革	1600年
イタリア	都市の富豪と**ローマ教皇**に保護され, 発展／都市の没落とともに衰退の方向へ／フィレンツェ…**メディチ家**／ヴェネツィア…共和政の十人委員会／ミラノ…**ヴィスコンティ家**, スフォルツァ家／ローマ…ローマ教皇	65〜 **ダンテ** 21 『神曲』『新生』(**トスカーナ語**→今のイタリア語のもと)／66〜 **ジョット** 37 『東方三博士の礼拝』／04 **ペトラルカ** 74 共和政ローマを賛美『叙情詩集』／13 **ボッカッチョ(ボッカチオ)** 75 『デカメロン』	地球球体説 97 **トスカネリ** 82／77 **ブルネレスキ** 46 「聖マリア=デル=フィオーレ大聖堂大円蓋」／ルネサンス彫刻 86 **ドナテッロ** 66	44 **ブラマンテ** 14 『聖ピエトロ大聖堂』／44〜 **ボッティチェッリ** 10 「春」「ヴィーナスの誕生」／52 **レオナルド=ダ=ヴィンチ** 19 「モナ=リザ」「最後の晩餐」／75 **ミケランジェロ** 64 「ピエタ」「最後の審判」「ダヴィデ像」／83 **ラファエロ** 20 「聖母子像」「アテネの学堂」／69 **マキァヴェリ** 27 『君主論』／地動説 73 **コペルニクス** 43 *ポーランド人／90〜 **ティツィアーノ** 76 ヴェネツィア派画家	68 **カンパネラ** 39 『太陽の国』／48 **ジョルダーノ=ブルーノ** 00 地動説を主張／64 **ガリレオ=ガリレイ** 42 地動説を補強
ネーデルランド	**毛織物工業**による繁栄に支えられ, イタリアと同時期に発展		70〜? **ファン=** 26 (兄)／90〜? **アイク兄弟** 41 (弟)「アルノルフィーニ夫妻の肖像」(弟)	69〜 **エラスムス** 36 『愚神礼讃』／28〜 **ブリューゲル** 69 「農民の踊り」「子どもの遊び」／12 **メルカトル** 94 「メルカトル図法世界図」	
ドイツ	商業, 鉱山業のさかんな南ドイツが中心。神と人間のかかわりを探求。学問的色彩が濃く, **宗教改革**と密接に関連		00〜 **グーテンベルク** 68 印刷術改良／55 **ロイヒリン** 22 旧約聖書研究	97 **メランヒトン** 60 新約聖書研究／71 **デューラー** 28 「四人の使徒」「アダムとイヴ」／97 **ホルバイン** 43 宮廷画家 肖像画「エラスムス像」	71 **ケプラー** 30 惑星運行の三法則 →p.361
イギリス	宮廷の保護と中産階級の支持により発展。**エリザベス1世**の時代に全盛	30〜 **ウィクリフ** 84 聖書の英訳／40〜 **チョーサー** 00 『カンタベリー物語』		78 **トマス=モア** 35 『ユートピア』／64 **シェークスピア** 16 『ハムレット』『ヴェニスの商人』／イギリス経験論を創始 61 **フランシス=ベーコン** 26	
フランス	国王**フランソワ1世**の保護, 宮廷を中心に発展			94〜 **ラブレー** 53〜 『ガルガンチュアとパンタグリュエルの物語』／33 **モンテーニュ** 92 『随想録』	
スペイン	絶対王政の国王の保護の下で発展／**カトリック**信仰。**騎士道精神**風刺			41〜 **エル=グレコ** *2 14 「聖母昇天」／47 **セルバンテス** 16 『ドン=キホーテ』／肖像画・宮廷画家 99 **ベラスケス** 60	

文学・思想家／美術家／科学・技術者

▶15**ケプラー** 惑星公転運動の速度・軌道形・周期に関する三法則を導き, 地動説を確認した。

▲16**トマス=モア** イギリスの人文主義者。『ユートピア』別冊史料28で囲い込みを批判。ヘンリ8世(→p.162,166)の離婚に反対し, 処刑される。

▼17**シェークスピア** エリザベス1世時代の劇作家, 詩人。『ハムレット』『オセロー』『リア王』『マクベス』の四大悲劇が有名。

*2 ルネサンス盛期とバロックとの合間に位置するマニエリスムの画家

A ヨーロッパ各地に広がるルネサンス (←p.146 2, →p.164 1)

■ メディチ家の銀行
▲ フッガー家の銀行
■ 毛織物業のさかんな都市
→ イタリア=ルネサンスの影響方向
→ 北方ルネサンスの影響方向

エラスムス／ファン=アイク兄弟／ブリューゲル／メルカトル

ポーランド王国

ロイヒリン／メランヒトン／デューラー／ホルバイン／グーテンベルク／ケプラー

北方ルネサンスの中心地

ウィクリフ／チョーサー／トマス=モア／シェークスピア／F.ベーコン

コペルニクス

ラブレー／モンテーニュ

神聖ローマ帝国

ハンガリー王国

イタリア=ルネサンスの中心地

ペトラルカ

セルバンテス／エル=グレコ

文学・思想家／美術家／科学・技術者

オスマン帝国

0 400km

▼18**ファン=アイク弟(フランドル派)**「アルノルフィーニ夫妻の肖像」

〈ロンドン, ナショナルギャラリー蔵〉

▼19**デューラー**「四人の使徒」 銅版画で有名な**デューラー**が, 人間の四気質を描いた油彩画の傑作。彼の信仰的告白とされる作品。

ヨハネ　ペテロ　マルコ　パウロ

〈ミュンヘン, アルテ=ピナコテーク蔵〉

◀20**エラスムス** ロッテルダム生まれの代表的人文主義者。**トマス=モア**の親友で, 既成の教会を風刺した『愚神礼讃』は, モアの家で執筆された。カトリックを批判した思想は**宗教改革**に影響を与え, 「エラスムスが産んだ卵をルターが孵した」といわれるが, **ルター**の宗教改革には同調しなかった。〈ホルバイン画, ルーヴル美術館蔵〉

▶21**セルバンテス** 中世騎士道を風刺し, 人間性を賛美した小説『ドン=キホーテ』を書いた。レパントの海戦(→p.164)に従軍し, 左腕の自由を失った。

ドン=キホーテ／セルバンテス／サンチョ=パンサ
〈マドリード, スペイン広場〉

▲22**ブリューゲル**「農民の踊り」「七つの大罪」などの寓意画や「子どもの遊び」といった**ネーデルランド**の風俗画を多数残し, 農民画家とよばれているが, 知識人たちとのかかわりも深かった。〈ウィーン美術史美術館蔵, 114cm×164cm〉

ヨーロッパ MAP K~M 2部4章

ヒストリーシアター 聖書か，教会・教皇か

メディチ家の紋章
教皇レオ10世
贖宥状を手渡す
聖書の中の改俊者
贖宥状にサインする聖職者
贖宥状箱にお金をいれる女性

よみとき 教会の外にいる④は誰だろうか。また，教会の内部と外部が並んで描かれているのには，どのような意図があるのだろうか。

▲①**贖宥状の販売** ローマ=カトリック教会は，祈りと寄進などで罪への罰が軽減される証として**贖宥状（免罪符）**を販売*。**教皇レオ10世**は聖ピエトロ大聖堂（→p.158）改築費捻出のため，大量販売を認めた。アウクスブルクの金融業者**フッガー家**は，これに融資を行い，教皇庁の財政に深く関わった。

*当時，神聖ローマ帝国は王権が弱く，ローマ教会から搾取され「ローマの牝牛」とよばれた。

赤字 おもな戦い

宗教改革時の各国の情勢と各派の比較

イタリア・ドイツ		スイス・フランス	イギリス	日本
1414～18 **コンスタンツ公会議** ・**ウィクリフ**を異端とし，**フス**を火刑(15)→p.148	1403 **フス**の教会批判 19 **フス戦争**（～36）	◀③**ヴィッテンベルク城の教会の扉に「95か条の論題」を貼り出す*ルター** *一説では貼り出したとされるが，歴史的事実としては不明	1378 **ウィクリフ**の教会批判 **聖書を英語訳** 81 **ワット=タイラーの乱**→p.148 （**ジョン=ボール**の思想的指導）	室町時代
1494 サヴォナローラ，教会批判 ↓「虚栄の焼却」98 火刑に **教会の腐敗** **レオ10世**，聖ピエトロ大聖堂改修のため，ドイツで**贖宥状乱売**	▲②**マルティン=ルター**(1483～1546) 宗教改革の口火を切る。	▶④**カルヴァン**(1509～64) ルターの考えをさらに徹底。**予定説**を主張。	1521 **ヘンリ8世**，ルターを非難（「信仰擁護者」の称号受ける） ◀⑤**ヘンリ8世**（位1509～47）離婚問題で教皇と対立。国王を首長とする**イギリス国教会**を成立させる。	
1517 **ルター，「95か条の論題」を発表** **ルターの宗教改革** **贖宥状**販売を**批判** 別冊史料29		1523 **ツヴィングリの改革（チューリヒ）**（～31） **カルヴァンの宗教改革**		戦国時代
1521 教皇，ルターを破門	19 ライプツィヒ討論（ルター，カトリック教会との対立を明確化） 20 ルター，『キリスト者の自由』を発表	**カルヴァン**，フランスで改革運動を始める ↓ スイスへ亡命	1534 **ヘンリ8世，国王至上法（首長法）**発布 **イギリス国教会成立**→p.166	
34 **イエズス会設立**（パリで） ↓45～63 **トリエント公会議** ・皇帝**カール5世**の要請に応じて教皇パウルス3世が召集 ・**カトリック教会の改革** ・教皇至上主義の確認 ・**宗教裁判の強化，禁書目録の制定**	21 **ヴォルムス帝国議会**，ルターを追放 **ザクセン選帝侯**，ルターを保護，**新約聖書をドイツ語訳** 24 ドイツ農民戦争 ～25 **トマス=ミュンツァー**が指導，ルターは反乱反対 26 **カール5世**，シュパイアー帝国議会で一時**ルター派**を黙認 29 カール5世，**ルター派を再禁止**←ルター派，抗議，**プロテスタント**（抗議者）とよばれる 30 **シュマルカルデン同盟**（ルター派の諸侯・都市が結成） 46～47 **シュマルカルデン戦争** 55 **アウクスブルクの宗教和議** **ルター派**のみ信仰容認（諸侯や都市は，カトリックかルター派のいずれかを選択でき，領民もそれに従う。カルヴァン派は容認されず）	1541～64 **ジュネーヴで神権政治** 各地へ伝播【各国でのカルヴァン派の呼称】	1536 カルヴァン『キリスト教綱要』をバーゼルで発表	
			49 **エドワード6世，一般祈禱書承認**（国教会のプロテスタント化推進）	
			55 **メアリ1世**，カトリック復活 59 **エリザベス1世**，統一法公布 **イギリス国教会確立**	
対抗宗教改革 軍隊組織で，海外へ伝道 アジア・アフリカ・新大陸へ			63 信仰箇条制定	桃山 安土
異端弾圧・強化 1618～48 **三十年戦争**→p.169		オランダ独立戦争(1568～1609)→p.165 ピューリタン革命(1642～49)へ→p.167 1562～98 ユグノー戦争 1572 サン=バルテルミの虐殺 98 **ナントの王令**	93 国教忌避者処罰法制定	

カルヴァン派の呼称の表：
ユグノー	フランス
乞食（ゴイセン）	オランダ
プレスビテリアン	スコットランド
ピューリタン（清教徒）	イングランド

	カトリック	ルター派	カルヴァン派	イギリス国教会
組織	**ローマ=カトリック教会** **ローマ教皇**－枢機卿 **大司教・司教** **司祭** 一般信徒	**領邦教会** **領邦君主** **牧師** 一般信徒	**長老制による教会** 補佐 **牧師**－**長老** 監督 選出 一般信徒	**国家教会** **イギリス国王** **大主教・主教** **牧師** 一般信徒
概要	教皇を頂点とする教会階層制（ヒエラルキー）→p.143 **対抗宗教改革**によって刷新，近代カトリックに脱皮，文化的使命に専念	領邦君主が教会を保護し，その下で牧師が信者を指導（**領邦教会制**）**ルター**の主張は信仰の世界に限定	選出された長老と牧師が教会を運営（**長老制**）経済活動を積極的に奨励，共和主義的 **神権政治**，社会改革運動に発展	国王の中央集権化と関係して形成（**国家教会主義**）**イギリス国王を首長とする**
主張	**教皇至上主義** 聖書と聖伝秘蹟による恩寵の付与	聖書主義 信仰義認説「**人は信仰によってのみ義とされる**」**万人祭司主義**	聖書主義 **予定説**（救いは神によって予め定められる）万人祭司主義	カトリックと新教の折衷 教皇とローマ式ミサの否定
職業観	営利行為の蔑視 →ユダヤ人に金貸し業をさせた	世俗の職業肯定（利子は禁止）	**勤勉・倹約・禁欲による蓄財肯定**→資本主義の形成に寄与 p.267 **マックス=ヴェーバー**	特になし
支持層	旧来の信者・スペイン国王・神聖ローマ皇帝	反皇帝派諸侯・富農・自由都市・富裕有力市民	新興市民層・知識人・商工業者	王権支持の封建貴族・聖職者・市民層
伝播	「新大陸」・アジア・アフリカ・ドイツ南部・イタリアを回復	ドイツ北部・デンマーク・スウェーデン・ノルウェー	スイス・フランス・オランダ・スコットランド・イングランド	イングランド

1 宗教戦争

イギリス
国教会
ヘンリ8世 ➡p.162
(位1509～47)

教皇レオ10世 ➡p.158
同盟／同盟

神聖ローマ帝国 ➡p.165

ルター派諸侯、都市
シュマルカルデン同盟
(ザクセン選帝侯フリードリヒなど)

対立

カトリック
カール5世
(位1519～56)
旧教派諸侯、都市

第1次ウィーン包囲(1529)／対立

フランス
カトリック
フランソワ1世
(位1515～47)

オスマン帝国
イスラーム
スレイマン1世 ➡p.133
(位1520～66)
同盟

▲⑥16世紀の国際関係 神聖ローマ皇帝カール5世(スペイン国王カルロス1世)は、イタリアの支配をめぐり、フランソワ1世と対立(イタリア戦争)。宗教と無関係に同盟がつくられた。

▼⑦宗教改革後の宗教分布 世界全図p.36～37 ➡p.143

凡例：ローマ=カトリック／ルター派／カルヴァン派・ツヴィングリ派／イギリス国教会／ギリシア正教会／イスラーム／神聖ローマ帝国の範囲／ルター派→／カルヴァン派→

1517 ルター「95か条の論題」発表
1555 アウクスブルクの宗教和議
1545～63 トリエント公会議

ユグノー：カルヴァン派の各国での呼び名

▲⑧サン=バルテルミの虐殺 1572年のサン=バルテルミの祝日に新教徒のアンリ=ド=ブルボン(のちのアンリ4世)と仏王の妹の婚儀があり、集まったユグノー約4000人をカトリック派が虐殺。摂政カトリーヌ=ド=メディシスの策謀といわれ、ユグノー戦争は泥沼化した。

	①ユグノー戦争(1562～98)	②オランダ独立戦争(1568～1609) ➡p.165	③三十年戦争(1618～48) ➡p.169
戦争	・ユグノーとカトリックの間で起こったフランスの宗教戦争	・スペイン=ハプスブルク家の強権的支配に対する反乱	・ドイツを舞台とするヨーロッパ諸国の宗教戦争
対立構造	ユグノー諸侯 × カトリック諸侯／イギリス・スペイン	新教徒(ゴイセン)など × スペイン本国／イギリス	デンマーク・スウェーデン・フランス ＋新教徒・諸侯 × 神聖ローマ帝国・スペイン
原因結果	・宗教的宥和政策に不満をもつカトリック強硬派が、ユグノーを襲撃・大貴族内部の権力闘争 **ナントの王令(1598)** アンリ4世がユグノーの信仰の自由、公職就任の権利などを認めた勅令	・スペイン=ハプスブルク家による重税や都市特権の剥奪、プロテスタントへの弾圧 **オランダ独立を宣言(1581)** 北部7州が実質的に独立	・ボヘミア(ベーメン)のプロテスタント貴族がカトリック君主の神聖ローマ皇帝に対して起こした宗教反乱をきっかけに国際戦争に発展 **ウェストファリア(ヴェストファーレン)条約(1648)** ➡p.169

▲⑨さまざまな宗教戦争

2 対抗宗教改革と宗教改革の波紋

イエズス会の動き

1534 **イグナティウス=ロヨラ**がパリで創設、**対抗宗教改革の旗手**に

アジアへの布教(中国・日本・インド・東南アジア) ➡p.121
意義：西欧科学技術・知識の伝播、民俗・社会の資料を残す

1545～63 **トリエント(トレント)公会議**
パウルス3世が主催。**カトリック**が教皇の至上権と教義の確認、教会内部の刷新(粛正)を行う

新大陸への布教
意義：教育施設の提供
1549 **ザビエル**、日本(鹿児島)にカトリックを伝える→王権と対立して各国から追放、解散
1583 **マテオ=リッチ**、中国でカトリックを布教

16～17世紀

▶⑩イグナティウス=ロヨラ(1491～1556) スペインの軍人だったが、のちに神学を学んだ。1534年にパリでイエズス会を創設。

▲⑪フランシスコ=ザビエル(1506ごろ～52) パリでロヨラに出会い、イエズス会の創設に参画。インド各地をめぐり布教。その後マラッカで日本人と会い、1549年に鹿児島に来日し布教。さらに中国にも渡ったが、直後に病死した。➡p.141 〈神戸市立博物館蔵〉

▶⑫魔女狩り 宗教改革期には、カトリック、プロテスタントを問わず、事件や社会的混乱が魔女のしわざとみなされ、男女を問わず数十万、ないし数百万とも推測される人々が宗教裁判所へ密告・告発され、処刑された。また、教皇庁は、反カトリックとみなした書物のリスト(禁書目録)を作成した。

テーマ 「神父」と「牧師」はどうちがう？
神父も牧師もともに信者の信仰生活上の指導者だが、**カトリック教会**では、教区の司教によって教会に派遣される司祭を**神父**とよび、**プロテスタント教会**では、信徒の中から選任された奉仕職を**牧師**とよんでいる。神父は終生独身を守るのに対し、プロテスタント諸教会の牧師は結婚が許されている。

▲⑬現代のカトリックの神父

▲⑭現代のプロテスタントの牧師

今日とのつながり 現在、アジア・南米でカトリック教徒が多いのは、スペインなどの植民地支配に加えて、ドミニコ修道会や対抗宗教改革のなかで生まれたイエズス会の海外布教によるところが大きい。

特集 ヨーロッパ主権国家の形成 ～絶対王政の国家機構と財政強化

1 絶対王政と主権国家の形成

主権国家 主権とは、国内的にも対外的にも、最も強力な権力をさし、ローマ教皇のような国をこえる権力にも従属しない。国境線で分かれた国家が主権をもつと、その国家は主権国家となる。16～17世紀の西ヨーロッパの主権国家では、絶対王政という政治体制がとられた。主権国家が併存しあい勢力均衡を原則として成立した国際関係は主権国家体制とよばれ、ウェストファリア条約によって確立した。→p.169

中世的封建国家の衰退

皇帝権の失墜	教皇権の失墜
（神聖ローマ帝国の衰退）原因：イタリア戦争三十年戦争など	原因：宗教改革の発生など
ヨーロッパの大勢力の消滅	聖職叙任権などは、各王国の権利に
政治的統一	宗教的統一

絶対王政の成立

各王国の対外的な主権が確立
→各王国が拮抗して並存（勢力均衡）
主権国家体制の成立
→各王国が相互に主権を認め合う国際秩序

▲②主権国家体制成立の流れ

▲③絶対王政のしくみ（フランスをモデルに）

▼①16世紀のヨーロッパ

ヒストリーシアター　親子二代にわたる「太陽の沈まぬ国」への夢

▲①**カルロス1世**と▶②**フェリペ2世**　スペインの最盛期を築いた親子。図①では、カルロスがヘラクレスの差し出した地球の上に手を乗せている。その息子のフェリペは、ポルトガルを併合しスペインを「太陽の沈まぬ国」としたが、極端なカトリック政策はオランダの独立を招くこととなった。

よみとき　カルロス1世が地球を手にしているのにはどのような意味があるのだろうか。また、「太陽の沈まぬ国」という言葉はどのような状態を意味しているだろうか。

◀③**ポルトガル併合後のスペイン領**

1 スペインの盛衰

◀④**貴金属の着荷額の比較**　ポトシ銀山で採掘された銀によって、**フェリペ2世**の時代にスペインは繁栄をきわめた。スペインに着荷する貴金属は、最盛期には、ヨーロッパ全体の大半を占めていた。

▶⑤**アルマダの海戦**(1588年)　レパントの海戦でオスマン帝国に勝利した**無敵艦隊(アルマダ)**は、**オランダ独立戦争**を援助するイギリス海軍とプリマス沖で衝突し、敗れた。イギリス海軍は、ドレーク(➡p.166)など実戦派中心で、船も機動性の高い小型船が多かった。

2 オランダの独立 世界全図p.36-37 ◀p.151 3 , ➡p.174 1

	南部10州 (ベルギー)	北部7州 (オランダ)
民族	**ラテン系**	**ゲルマン系**
言語	フランス語系	ドイツ語系
宗教	おもに **カトリック**	**カルヴァン派** 広まる
産業	農牧業・ **毛織物工業**	海運・商業
独立	1830年 (オランダより) ➡p.193	1581年 独立宣言、 1648年 独立承認

▲⑥**南北ネーデルランドの比較**

ユトレヒト同盟で、スペインからの独立を宣言した北部7州の盟主(「オランダ」の由来)

1648年に各国が独立を承認したネーデルランドの境界線

━━ おもな航路
（斜線）ユトレヒト同盟加盟の諸州
（白）同盟に加盟した7州(北部7州)
（斜線）毛織物工業地帯
（濃）スペイン領
（点）リエージュ司教領

0　50km

3 オランダの繁栄 ➡巻頭 9, p.38, 170〜171,178

*1602年に、複数あったオランダのアジア貿易会社が1つに統合され、連合東インド会社となった。

▶⑦**毛織物商組合の見本調査官たち**(オランダ)　独立以前からオランダの基幹産品であった毛織物などを取り扱う富裕な商人が、“商人貴族”として各都市で政治の実権をにぎり、国政に大きな影響を与えていた。
〈レンブラント画、アムステルダム王立美術館蔵〉

◀⑧**アムステルダムの繁栄**　中世より**バルト海貿易**で栄えた。独立後、**連合東インド会社**がアジア貿易で活躍した17世紀には、**アントウェルペン(アントワープ)**にかわり、西ヨーロッパ最大の商業・金融都市に発展した。

スペイン絶対王政とオランダ独立の展開 ◀p.154　p.169▶

	スペイン	オランダ	日本
スペイン帝国の台頭	**カルロス1世** 位1516〜56 (**神聖ローマ皇帝カール5世** 位1519〜56) 1519 **コルテス**がアステカ王国征服(〜21) 21 イタリア戦争に参入(〜59) 32 ピサロがインカ帝国征服(〜33) ➡p.157 1556 ハプスブルク家、スペイン(フェリペ2世)とオーストリア(フェルディナント1世)に分裂	（ハプスブルク家領）○ 国際商業・毛織物工業の発達 ○ アントウェルペン(アントワープ)、世界経済の中心に ○ 新教徒(プロテスタント)が広まる ➡p.162 1556 **スペイン=ハプスブルク家**の所領となる ○ 強権的支配→住民の不満高まる	室町時代 戦国時代
スペイン帝国の繁栄	**フェリペ2世** 位1556〜98 1559 **カトー=カンブレジ条約**でイタリア戦争終結 71 レパントの海戦でオスマン帝国を破る ➡p.132 **マニラ**を建設 80 ポルトガル併合(〜1640) 「太陽の沈まぬ国」**全盛期** 85 スペイン軍、アントウェルペン(アントワープ)を破壊 →商人・銀行家、アムステルダムに移る 88 **アルマダの海戦** **衰退へ** →無敵艦隊がイギリスに敗北 89 ユグノー戦争に介入 ➡p.163	（スペインの支配）67 新教徒の弾圧が強化される 68 反乱(**独立戦争**)*始まる 72 **オラニエ公ウィレム1世**、ホラント州総督に就任 79 **南部10州**が戦線離脱、 **北部7州**は**ユトレヒト同盟**を結び抗戦継続 81 **オランダ(ネーデルランド連邦共和国)独立**を宣言 **独立宣言** 84 独立運動の指導者**オラニエ公ウィレム1世**暗殺 *独立戦争開始からウェストファリア条約締結までの80年間を、オランダでは八十年戦争とよぶ。	安土桃山時代
スペイン帝国の落日	1618 **三十年戦争**開始(〜48) →介入 39 スペイン海軍、オランダ海軍に敗北 ○ アメリカ銀の輸入が減少し始める 40 ポルトガル、スペインより独立 48 **ウェストファリア条約**でオランダがハプスブルク家から独立を承認 ➡p.169	（独立と発展）1602 **連合東インド会社**設立 09 スペインと12年間の**休戦条約** 19 ジャワ島に**バタヴィア市**建設 **全盛期** 21 **西インド会社**設立 23 **アンボイナ事件** →モルッカ諸島から**イギリス**を追放 24 **台湾南部**を占領(〜61) 26 **ニューアムステルダム**建設(北米植民地の中心地) ➡p.170,186 → **オランダ独立の国際的承認**	江戸時代

MAP M〜N　2部4章　ヨーロッパ

イギリスの主権国家形成　～イギリス絶対王政の時代

ヒストリーシアター　海賊が騎士に？

エリザベス1世
ドレーク

国内関係 / 対外関係

国内関係	対外関係
・統一法 ⇨ 国教会確立	**対スペイン** ・スペイン領ネーデルランドの新教徒を援助, 独立を支持 ・スペイン無敵艦隊を破る
・貨幣改鋳 ⇨ 通貨安定 ↓ ポンド高:イギリスの毛織物が海外で不振 ↓ 失業者のため救貧法を制定	**対フランス** ・ユグノー戦争で新教徒を支援 **対新大陸** ・ローリによる植民⇨失敗 **対アジア** ・東インド会社の設置⇨アジアとの直接貿易開始
・イギリス=ルネサンス最盛期	

◀①エリザベスと海賊ドレーク
海賊を兼ねた商人**ドレーク**は, スペインから引き渡しを求められていた。しかし, 彼の活動をイギリスの対外進出の契機としていたエリザベスは引き渡しに応じず, スペイン王に対抗した。

よみとき エリザベスはドレークに対して剣をあてて叙任の儀式を行っている。ドレークは何の功績で何に叙任されたのだろうか。

▲②エリザベスの政策

アルマダの海戦　沈むスペイン船
地球儀

▲③アルマダの海戦の勝利を記念して描かれたエリザベスの肖像画

キーワード　私拿捕船 国家から特許状をもらい, 敵国の町や船を襲う民間の武装船(＝国家公認の海賊船)。「新大陸」やスペイン植民地から銀を運ぶ船を襲ったイギリスの私拿捕船が有名。

イギリス絶対王政の展開

◀p.150　　p.167▶

		日本
ヘンリ7世 位1485〜1509		
1485	**ばら戦争**終結, **テューダー朝** 成立 ➡p.145	
87	星室庁 (法廷) の整備	
97	ジェノヴァ人カボットの北米沿岸探検を後援	
15世紀末	**囲い込み運動 (第1次)** 始まる	
ヘンリ8世 位1509〜47		室
1515	囲い込み制限令	町
16	トマス=モア『**ユートピア**』➡p.161	戦
21	ローマ教皇レオ10世より「**信仰擁護者**」の称号を得る	
27	王妃離婚問題でローマ教皇クレメンス7世と対立	国
33	キャサリンと離婚し, アン=ブーリンと結婚	
34	**国王至上法 (首長法) 発布** ➡p.162	時
	イギリス国教会の成立	
35	大法官**トマス=モア**を処刑 ➡p.161	
36	**ウェールズ**を正式に併合 ➡p.150	代
36, 39	修道院解散法	
40頃	星室庁裁判所の成立	時
エドワード6世 位1547〜53		
1549	**一般祈祷書**承認 (国教会の礼拝儀式と教義を規定)	代
メアリ1世 位1553〜58		
1554	スペイン王子**フェリペ2世**と結婚→民衆反発	
55	**カトリックを復活**	
58	フランスのカレー (大陸における最後の拠点) を失う	
エリザベス1世 位1558〜1603		
		青字 外交政策
1559	**統一法公布** **イギリス国教会の確立**	
60	グレシャムの意見により幣制改革 (「悪貨は良貨を駆逐する」)	
62	ユグノー戦争で新教徒側を援助	
63	徒弟法制定	
68	スコットランドでの**宗教改革**が激化し, 元女王メアリ=ステュアートがイングランドに亡命	
77	**ドレーク**の世界周航 (〜80)	
84	**ローリ, ヴァージニア植民 (失敗)** ➡p.165	
85	**オランダ独立戦争**で新教徒側を援助 ➡p.165	
87	旧教徒のスコットランド元女王メアリ=ステュアートを処刑 ドレーク, スペインのカディス港を襲って略奪	
88	**アルマダの海戦 (スペインの無敵艦隊 (アルマダ) を撃破)**	
1600	**東インド会社**設立	
01	**救貧法**制定	安土桃山

（左欄縦書き：ヨーロッパ／絶対王政の確立期／絶対王政の全盛期／MAPM／2部4章）

---

1 イギリス絶対王政のしくみ

国王 =イギリス国教会首長

常備軍 (護衛兵のみ) / 官僚*
*イギリスでは常備軍と官僚制は未発達

均衡／課税／援助 独占特許状を与える／没収／修道院領解散

議会 (庶民院) (貴族院)
ジェントリ／聖職者 貴族／特権商人

地方行政を安治判事として把握

財の動き／徴税／地代徴収／出資

農　民

キーワード　ジェントリ (郷紳)
大地主で, 土地経営・植民活動・商業・鉱山業・製造業などを行った。身分は平民だが, 少数の貴族とともに, 支配階層となり, 庶民院議員や要職を独占, また**治安判事**として地方政治もおさえた。
➡p.180

---

2 第1次囲い込み (エンクロージャー) ➡p.180

農民は土地を耕し, 地主に税を納める
農民／共有地

羊毛生産のため耕地が牧場に変換される＝囲い込み
ジェントリ

耕作地を失う／経営／労働力

浮浪化 **別冊史料28**

マニュファクチュア／毛織物工業

囲い込みは多くの農民の耕作地を奪い, 人文主義者トマス=モアは, 羊が人間を食らうと激しく批判した。
➡p.161

テーマ　エリザベス1世をとりまく人間関係

*①②③の妻のほか, アン, キャサリン=ハワード, キャサリン=パーの計6人の妻と多くの愛人がいた。

①〜⑤ テューダー朝即位順　①ヘンリ7世(位1485〜1509)

ジェーン=シーモア 1537年 死去
キャサリン=オブ=アラゴン (スペイン出身) 1533年 離婚
②ヘンリ8世* (位1509〜47) **イギリス国教会創設**
アン=ブーリン② 1536年 国王により処刑
③エドワード6世 (位1547〜53)

「私は国家と結婚した」国益のため, 多くの求婚を拒み, 独身を通した。

暗殺計画
敵視
フェリペ2世 (スペイン王) **カトリック勢力**
④メアリ1世 (位1553〜58) **カトリック復活**
⑤エリザベス1世 (位1558〜1603) **イギリス国教会確立**
求婚 → エリザベスの拒否 アルマダの海戦で対決

メアリ=ステュアート (スコットランド女王) **カトリック勢力**
ジェームズ6世 (スコットランド王) 同一人物
ジェームズ1世 (イングランド王 位1603〜25)

ヘンリ8世の最初の妻キャサリンの娘が**メアリ1世**で, エリザベス1世の異母姉にあたる。彼女はスペイン国王フェリペ2世と結婚し, **カトリック**を復活させ国教会を弾圧したため, 「血まみれのメアリ」とよばれた。"もう一人のメアリ", スコットランド女王**メアリ=ステュアート**は, のちにイングランドに亡命。19年間幽閉されたのち, エリザベス暗殺計画への加担を理由に処刑された。その彼女の息子ジェームズ6世が, エリザベス亡き後, イングランドに迎えられ, ステュアート朝の**ジェームズ1世**となった。

イギリス立憲政治の形成 ～二つの市民革命と議会の発展

◀p.166 ... p.180▶

ヒストリーシアター 国王の処刑から「王は君臨すれども統治せず」へ

▲①チャールズ1世の処刑

チャールズ1世　首切役人

◀②名誉革命後に即位したメアリ2世とウィリアム3世(共同統治)

議会の提出した「権利の宣言」を受け取っている。その後, それを「権利の章典」として発布した。

よみとき 図①②は何革命後に国王がどうなったことを描いているだろうか。また, 二つの革命後のイギリスの統治形態はどのように変化したか, 下の資料から考えてみよう。

イギリス革命の展開と議会政治の確立

国　王	議　会
ジェームズ1世 位1603～25	1603 **スコットランド国王ジェームズ6世**を招く
1603 **ステュアート朝**成立(スコットランドとの**同君連合**) ○ **王権神授説**を強調	21 「**大抗議**」(国王に対する議会の抵抗)
チャールズ1世 位1625～49	28 「**権利の請願**」
1629 議会の解散(無議会の時代～40) 39 国教強制に反発し, **スコットランドで反乱→議会召集** 42 内乱始まる	40 **短期議会**(4.13～5.5), **長期議会**(～53) 41 「**大諫奏**」(国王に大抗議書提出)
ピューリタン革命(～49)	43 **クロムウェル**が鉄騎隊を組織
44 マーストンムーアの戦い 45 **ネーズビーの戦い** 46 国王降伏	45 新型軍の組織 47 国王の処置をめぐる混乱 **平等派(水平派)**が「人民協約」を提出
1649 **国王処刑　共和政に** 共和政宣言　**アイルランド征服** 50 スコットランド征服	48 **クロムウェル**が**長老派**を議会から追放(プライドの追放) 49 平等派(水平派)の反乱を鎮圧
52 **第1次英蘭(イギリス-オランダ)戦争**(～54) 53 **クロムウェル**, **護国卿**に就任 55 クロムウェルの遠征軍, ジャマイカ占領 58 クロムウェル没 60 チャールズ王子(2世), ブレダ宣言を出し, フランスより帰国	51 **航海法**制定(～1849)刊 ホッブズ『**リヴァイアサン**』刊 p.177 53 クロムウェルが長期議会を武力で解散 ○ イギリスの**商業革命**始まる 60 議会の復活
チャールズ2世 位1660～85	
王政復古 1665 **第2次英蘭戦争**(～67) 70 仏**ルイ14世**とドーヴァー密約を結び, **カトリック化**をはかる 72 **第3次英蘭戦争**(～74)	73 **審査法**(～1828) 79 **人身保護法** ○ **トーリ党とホイッグ党対立**(王位継承排除法案否決)
ジェームズ2世 位1685～88	
1688 ジェームズ2世に王子誕生　フランスに亡命　**名誉革命**(～89)	88 オランダ総督ウィレム3世を国王として招く→ウィレムが軍を率いて渡英(ウィリアム3世)
〔共同統治〕 **ウィリアム3世** 位1689～1702　**メアリ2世** 位1689～94	89 「**権利の宣言**」提出 ➡p.177 90 ロック『**統治二論(市民政府二論)**』刊
1689 「**権利の章典**」発布 **立憲君主政の確立**	94 **イングランド銀行**の設立 ➡p.196
アン 位1702～14	
1707 スコットランドが**併合**され, **グレートブリテン王国成立*** *近代のイギリスは, イングランド王国が19世紀までにウェールズやスコットランド, アイルランドを併合して成立したもの。	○ イングランド議会とスコットランド議会の合併
ジョージ1世[*2] 位1714～27	1721 ホイッグ党の**ウォルポール**内閣成立(～42)
1714 **ハノーヴァー朝**成立 ○ 「**王は君臨すれども統治せず**」の原則 *2 ハノーファー(独)選帝侯ゲオルク。ドイツから招かれたため, 英語を解さなかった。	**責任内閣制(議院内閣制)の確立**

▲③**クロムウェル**(1599～1658) 独立派の指導者。

▲④**ウォルポール**(任1721～42)

1 国王と議会の闘争～二つの市民革命

◀p.151 ❸, ➡p.170 ❷

A ピューリタン革命

国王（王党派）　チャールズ1世　対立　議会（議会派）

1628 「**権利の請願**」(課税に議会の同意必要 不当な逮捕の禁止)

対立激化

1642～49 **ピューリタン革命**
1645 **ネーズビーの戦い**で議会派勝利

議会派の分裂
→ 長老派を追放, 国王処刑
→ **独立派**が平等派(水平派)を弾圧
→ **クロムウェルによる軍事独裁**(1653 護国卿に就任)

凡例:
1643年議会派の保有地／1643年王党派の保有地／1645年末王党派に残された最後の保有地

1650 クロムウェル, スコットランド征服
1649 クロムウェル, アイルランド征服

スコットランド
アイルランド
イングランド
ウェールズ
王党派の拠点
ダンバー(1650)
エディンバラ
ニューカッスル
ヨークシャー
ヨーク
マーストンムーア(1644)
ラングポート
ドロエダ(1649)
ダブリン
ウェクスフォード(1649)
ウスター(1651)
オックスフォード
ネーズビー(1645)
ノッティンガム
ロンドン
プリマス
北海
大西洋

議会派の進路／王党派の進路／おもな戦場／議会派の拠点

▼⑤ピューリタン革命時の対立

	主　張	おもな支持層
ロイヤリスト **王党派**	絶対王政・国教会支持	貴族・ジェントリ　イングランド北部・西部が中心
議会派	議会支持・国王に対抗	貴族・ジェントリ　ロンドン・イングランド東・南部が中心
プレスビテリアン **長老派**	立憲王政・長老制教会	スコットランド人・ロンドン商人
インディペンデンツ **独立派**	王権制限・産業の自由・信仰の自由	ジェントリ・独立自営農民(ヨーマン)
レベラーズ **平等派(水平派)**	共和政・普通選挙・信仰の自由	下級士官・兵士
ディッガーズ*	土地の共有・原始キリスト教	土地を失った農民

*平等派の不徹底を批判して「真正平等派」と自称した。

B 名誉革命

「**権利の章典**」(一部抜粋) 別冊史料30

1. 国王は, 王権により, **国会の承認なしに法律を停止し, または法律の執行を停止しうる権限がある**と称しているが, そのようなことは違法である。

2. 王権により, 法律を無視し, または法律の執行をしない権限があると称し, 最近このような権限を僭取し行使したが, そのようなことは違法である。
〈高木八尺ほか編『人権宣言集』岩波書店〉

▲⑥1689年イギリス議会が, **ウィリアム3世**と**メアリ2世**に承認させた「**権利の宣言**」を法制化したもの。王権に対する**議会**の優位と立憲王政が確立した。

テーマ **イギリス国旗の歴史**　ユニオン:ジャック

イングランドとスコットランドは連合後も, 別の旗を掲げたが, **ジェームズ1世**は両国の統一をめざし, 統一旗を考案させた。これにアイルランドが加わり今日のイギリス国旗となった。

1603 イングランド-スコットランド同君連合(グレート=ユニオン旗)　1801

聖ジョージ(イングランド)
聖アンドリュー(スコットランド)
ユニオン=ジャック
1801 アイルランド併合 ➡p.195
聖パトリック(アイルランド)

朕は浪費家の太陽王なり

◀①ルイ14世(1638～1715) 5歳で即位し、補佐を行っていた宰相マザランの死後、1661年に親政を開始。フランス絶対王政の全盛期を現出させた「太陽王」。"朕は国家なり"と語ったと伝えられる。自然国境説にもとづき、たび重なる侵略戦争を行い、国家財政の悪化を招いた。

青字 文化に関する事項

◀②ヴェルサイユ宮殿 パリ南西に位置し、広大な敷地にルイ14世が20年以上の歳月をかけてつくったバロック建築の傑作。壮麗な宮廷生活が営まれた。 ➡p.178

世界遺産

よみとき 図①のルイ14世はどんな姿で描かれているだろうか。また、壮大な宮殿の建設やたび重なる戦争はどんなことを引き起こしただろう。

フランス絶対王政の展開

◀p.150 ｜ p.188

ヴァロワ朝	絶対王政の過渡期	1453 **シャルル7世** 位1422～61、**百年戦争に勝利**
		94 **シャルル8世** 位1483～98、イタリア遠征 **イタリア戦争始まる**(～1559)
		1521 **フランソワ1世** 位1515～47、神聖ローマ皇帝 **カール5世と対立 イタリア戦争激化**
		シャルル9世 位1560～74
		1562 **ユグノー戦争始まる**(～98) 宗教的対立
		72 **サン=バルテルミの虐殺** ➡p.163
		アンリ4世 位1589～1610
		1589 ナヴァル(ナバラ)王アンリ即位(**アンリ4世**) **ブルボン朝** 始まる
		93 アンリ4世、**カトリックに改宗**
		98 **ナントの王令** ➡p.163 →ユグノー戦争終結 宗教内乱終結
		1604 フランス東インド会社設立
		08 ケベック市建設(カナダ植民の拠点)
	確立期	**ルイ13世** 位1610～43
		1614 **三部会召集**(～15)
		15 三部会解散(以後、1789年まで召集せず) ➡p.188
ブルボン朝		24 **宰相リシュリュー**(任～42)
		35 リシュリュー、**アカデミー=フランセーズ創設** **三十年戦争に新教側にたち介入** ➡p.169
		ルイ14世〈太陽王〉 位1643～1715
		1642 宰相マザラン(任～61)
		48 **フロンドの乱**(～53、フランス最後の貴族・高等法院による反乱) ➡p.169 **ウェストファリア条約**(アルザスの領有権獲得)
		61 ルイ14世親政開始 王権最盛期 **ヴェルサイユ宮殿造営開始**
	全盛期	64 フランス西インド会社設立、**東インド会社再建**
		65 財務総監**コルベール**(任～83)の**重商主義政策**
		66 フランス科学アカデミー創設
		67 南ネーデルラント継承戦争(～68)
		72 オランダ侵略戦争(～78)
		82 ルイジアナ植民地建設
		85 ナントの王令廃止 →ユグノーの商工業者亡命 財政悪化
		88 プファルツ(ファルツ)継承戦争(～97)
		1701 **スペイン継承戦争**(～13)→13**ユトレヒト条約**
	衰退期	**ルイ15世** 位1715～74
		1740 **オーストリア継承戦争**(～48) ➡p.174 →48 アーヘン和約
		55 **フレンチ=インディアン戦争**(～63)
		56 **七年戦争**(～63)→63 **パリ条約** ➡p.170,186
		62 ルソー『社会契約論』 ➡p.176

ヨーロッパ

MAPM●O

2部4章

1 フランス絶対王政のしくみ～"朕は国家なり"

ヨーロッパ最大の陸軍 ← 侵略戦争
権力集中
常備軍 ← 国王 → 官僚 徴税

議会(三部会)
1615～1788年は召集されなかった

特権身分
(第一身分) 聖職者
(第二身分) 貴族 王に廷臣・官僚・軍人として仕える
(第三身分) 市民 商工業者・法律家などの代表

財の動き → 地代徴収
農 民(第三身分)

◀③アンリ4世の改宗 ユグノーからカトリックに改宗する一方で、ナントの王令を発してユグノーに信仰の自由を認めた。新教・旧教による内乱を終結させ、一つの国家としてのまとまりを求めた。

ひと 絶対王政を支えた人々

ルイ13世の宰相**リシュリュー**はフランス優位の体制確立のため**三十年戦争**に介入してハプスブルク家を抑えた。**ルイ14世**の親政以前の宰相**マザラン**は幼いルイを助け、**フロンドの乱**を鎮圧した。また、親政開始後、ルイ14世は**コルベール**を財務総監として重用し、重商主義政策をおし進めた。 ➡p.177

◀④リシュリュー (1585～1642)

▶⑤マザラン (1602～61)

◀⑥コルベール (1619～83)

◀⑦コルベールの重商主義政策(コルベール主義)

国内	王立マニュファクチュアの設立
対外	①保護関税政策 関税を課して輸入を抑制し、毛織物やゴブラン織を保護
	②排他主義 植民地貿易から外国人排除
	③東インド会社などの特権的貿易会社を再建・育成

2 ルイ14世の対外戦争～"領土の拡大は最も気持ちのよい仕事である"

①南ネーデルラント継承戦争(1667～68)

フランス ✕ スペイン
イギリス
オランダ
スウェーデン

原因 スペイン領ネーデルラントの継承権を主張
結果 アーヘン条約(1668) フランドルの一部を獲得

②オランダ侵略戦争(1672～78)

1674年講和
イギリス
フランス ✕ オランダ ← イギリス
スペイン
スウェーデン
ドイツ皇帝・諸侯

原因 南ネーデルラント継承戦争時の報復
結果 ナイメーヘンの和約(1678) スペイン領ネーデルラントとフランドルの一部獲得

③プファルツ(ファルツ)継承戦争(1688～97)

アウクスブルク同盟
イギリス オランダ
フランス ✕ ドイツ皇帝・諸侯
スペイン スウェーデン

原因 プファルツ選帝侯領の継承権主張
結果 ライスワイク条約(1697) ウィリアム3世のイギリス王位承認

④スペイン継承戦争(1701～13)

スペイン イギリス
フランス(ブルボン家) ✕ オーストリア(ハプスブルク家)
プロイセン オランダ

原因 孫のフェリペ5世のスペイン王位継承に各国が反対
結果 ユトレヒト条約(1713) フェリペ5世のスペイン王位継承の承認。スペイン領のジブラルタル、ミノルカ島、フランス領のハドソン湾、ニューファンドランド、アカディアをイギリスに割譲 ➡p.40

今日とのつながり フランス料理は、イタリアからアンリ2世に嫁いだカトリーヌ=ド=メディシス(➡p.163)によって16世紀にもたらされ、ルイ14世の時代にはとても豪華な宮廷料理となった。

三十年戦争 ～最大最後の宗教戦争

ヒストリーシアター　規律を守らない傭兵の末路は…？

▶①兵士の処刑　傭兵は三十年戦争の主役であった。彼らは資金・物資補給がとどこおると都市や農村で略奪を行い，民衆に恐れられた。〈カロー画〉

絞首寸前の者

盗賊化したために処刑された傭兵たち

最後の祈りを唱える者

よみとき　傭兵隊長は軍規を引き締めるために何をしたのだろう。また，傭兵の短所について考えてみよう。

キーワード　**傭兵**　金銭で雇われる軍人集団。ヨーロッパでは14世紀ごろから封建的軍隊の解体とともに本格的に活躍し，スイスがその供給地として有名。**三十年戦争**は史上空前の数の傭兵が投入された戦争であったが，国王の常備軍，さらに徴兵制による国民軍が成立すると歴史の表舞台から消えていった。

▶②ヴァレンシュタイン（1583～1634）皇帝軍総司令官として活躍した傭兵隊長。**グスタフ゠アドルフ**などの新教陣営の軍隊を次々と破ったが，野心を疑われ皇帝に暗殺された。

三十年戦争の経緯

宗教戦争

旧教側	神聖ローマ皇帝ハプスブルク家（旧教）	新教側
カトリック諸侯連盟結成（1609）		プロテスタント諸侯同盟結成（1608）

1618　**ボヘミア（ベーメン）反乱**

1618～23　ボヘミア・プファルツ（ファルツ）戦争

| スペインハプスブルク家（旧教） | フェル | ボヘミア新教徒反乱 |

イギリス　援助
オランダ　援助
デンマーククリスチャン4世（ルター派）

1625～29　デンマーク戦争

| スペインハプスブルク家（旧教） | ディナント | ドイツ新教徒 |

1630～35　スウェーデン戦争

| スペインハプスブルク家（旧教） | ヴァレンシュタイン | ドイツ新教徒 |

スウェーデングスタフ゠アドルフ2世（1594～1632）援助
フランスリシュリュー・マザラン（旧教）

政治戦争

1635～48　スウェーデン・フランス戦争

| スペインハプスブルク家（旧教） | フェルディナント3世 | ドイツ新教徒 |

1648　**ウェストファリア（ヴェストファーレン）条約**
ヨーロッパの**主権国家体制の確立**

ウェストファリア（ヴェストファーレン）条約

領土関係
①スウェーデンは**西ポンメルン・ブレーメン大司教領**などを獲得
②フランスは**ロレーヌ地方のメス（メッツ）・トゥール・ヴェルダンの3司教領とアルザスのハプスブルク家領**を獲得
③ブランデンブルクは**東ポンメルン・マクデブルク大司教領**などを獲得　＊正式名称はネーデルランド連邦共和国。
④**スイスとオランダ＊の独立国**の地位を承認
⑤**ドイツ諸侯（領邦君主）のほぼ完全な主権**が認められ，ドイツの分立主義が確定
　→「**神聖ローマ帝国の死亡証明書**」神聖ローマ帝国の有名無実化
　→**領邦国家の成立**

宗教関係
①**カルヴァン派**が初めて公認

▶③**グロティウス**（1583～1645）自然法にもとづき国家間において遵守すべき法が必要であると主張。『**戦争と平和の法**』を著し，**国際法の父**とよばれ，三十年戦争で争っていた君主たちに強い影響を与えた。→p.177

1　17世紀の戦争・反乱～「17世紀の危機」→巻頭 9, p.305 の影響

世界全図p.38-39
◀ p.164 1 , → p.171 1

ウェストファリア条約　この2都市がおもな協議地

1581　独立を宣言
1648　国際的に独立承認

1642～49　ピューリタン革命

1648～53　フロンドの乱　フランスの貴族の反乱

1683　第2次ウィーン包囲

1499　実質的独立確保
1648　国際的に承認

凡例：
→　1626年，ヴァレンシュタインの進路
→　1630～32年，スウェーデン王グスタフ゠アドルフの進路
→　1632年，アドルフを迎え撃つヴァレンシュタインの進路
→　1625～26年，デンマーク王クリスチャン4世の進路
✗　三十年戦争のおもな戦場
―　1648年の神聖ローマ帝国の境界

オーストリアのハプスブルク家領
スペインのハプスブルク家領
ホーエンツォレルン家領
●　条約締結地
ウェストファリア条約による各国の取得領

テーマ　傭兵のふるさとと「スイスの歴史」

13世紀にザンクト゠ゴットハルト峠（サンゴタルド峠）が開かれ，南ドイツと北イタリアを結ぶスイスは重要地域となった。**ハプスブルク家**がこの地を抑えようとしたため，1291年に**ウーリ・シュヴィーツ・ウンターヴァルデン**の3邦が永久同盟を結んで抵抗した。やがて1513年に13邦同盟が成立し1648年の**ウェストファリア条約**で独立が認められた。→p.150
▶④**ヴァティカン市国のスイス衛兵**　制服は**ミケランジェロ**のデザインといわれる。→p.159

今日とのつながり　19世紀後半に制作された児童文学『アルプスの少女ハイジ』のアルムおんじ（ハイジのおじいさん）は，若いころ傭兵として戦った経験があるという設定になっている。

→ p.184

主導権争いと植民地戦争

凡例:
- ポ ポルトガル
- ス スペイン
- オ オランダ
- フ フランス
- イ イギリス

「新大陸」への進出
- 1521 メキシコ(ヌエバエスパーニャ)へ ス
- 1532 ブラジルへ ポ
- 1533 ペルーへ ス
- ○「新大陸」の支配(エンコミエンダ),銀山採掘 ス

アジアへの進出
- 1510 ゴアへ ポ
- 1511 マラッカへ ポ
- ○アジア貿易に積極的に参入 ポ
- 1557 マカオへ ポ
- 1571 マニラへ ス
- 1600 イギリス東インド会社設立 イ
- 1602 連合東インド会社(オランダ東インド会社)設立 オ
- 1604 フランス東インド会社設立 フ
- 1619 バタヴィアへ オ
- 1624 ゼーランディア城(台湾)へ オ
- 1639 マドラスへ イ
- 1641 マラッカへ オ

ヨーロッパでの戦争
- 1568~1609 オランダ独立戦争
- 1588 英,無敵艦隊撃破
- 1618~48 三十年戦争
- 1623 アンボイナ事件
- 1642 ピューリタン革命
- 1648 ウェストファリア条約
- 1648~53 フロンドの乱
- 1651 英,航海法を制定
- 1652~74 英蘭(イギリス-オランダ)戦争
- 1672~78 オランダ侵略戦争
- 1688~89 名誉革命

- 1607 ヴァージニアへ イ
- 1608 ケベックへ フ
- 1620 ニューイングランドへ イ
- 1626 ニューアムステルダムへ オ

◀①オランダ連合東インド会社(VOC)向けの有田焼 景徳鎮(→p.108)の代替品として日本の有田焼が多く輸出された。

- 1652 ジャマイカへ イ
- 1655 ケープ植民地へ オ
- 1661 ボンベイへ イ
- 1664 ニューヨークへ イ
- 1673 シャンデルナゴルへ フ
- 1674 ポンディシェリへ フ
- 1682 ルイジアナへ フ
- 17世紀末 ハイチへ フ
- 1690 カルカッタへ イ

第2次英仏百年戦争 (1688~1815)

ヨーロッパでの戦争	北米での戦争
1688~97 構造図→p.168 プファルツ継承戦争(ファルツ)	1689~97 ウィリアム王戦争

キーワード 東インド会社
オランダ・イギリス・フランスなどのヨーロッパ諸国が,アジアとの交易の独占権を認めた会社。各国の東インド会社は,条約締結や軍事力の行使など,国家権力の代行権限をも認められていた。
→ p.165,166

- 1697 ライスワイク条約
  ・決定的な勝利なく,引き分け

1701~13 構造図→p.168 スペイン継承戦争	1702~13 アン女王戦争

- 1713 ユトレヒト条約
  ・イギリスが,フランスとスペインの海外領土の多くを得る
  スペイン→英:ジブラルタル・ミノルカ島
  仏→英:ハドソン湾地方・ニューファンドランド・アカディア
  ・イギリス,アシエント(スペイン領アメリカに対する奴隷供給請負契約)を獲得

- 1714 ラシュタット条約

インドでの戦争

1740~48 構造図→p.174 オーストリア継承戦争	1744~48 ジョージ王戦争	1744~48, 50~54,58~61 カーナティック(カルナータカ)戦争 ・イギリス勝利

- 1748 アーヘン和約
  ・英仏双方が占領地を奪還

1756~63 構造図→p.174 七年戦争	1755~63 フレンチ-インディアン戦争	1757 プラッシーの戦い

- 1763 パリ条約
  仏→英:カナダ・ミシシッピ川以東のルイジアナ・ドミニカ・セネガル(83年再び仏領)
  仏→スペイン:ミシシッピ川以西のルイジアナ スペイン→英:フロリダ
  フランス,インドの植民地放棄 北アメリカから撤退

- 1775~83 アメリカ独立戦争
- 1783 パリ条約
  英→米:独立を承認,ミシシッピ川以東のルイジアナを割譲

- 1792~1815 フランス革命戦争・ナポレオン戦争

（左端の縦書き時代区分）
16世紀 / 17世紀前半 / 17世紀後半 / 18世紀
ポルトガル・スペインが「新大陸」・アジアへ進出 / オランダの覇権 巻頭9 / イギリス・フランスの覇権争い
ポルトガル スペイン / オランダ / イギリス / フランス / イギリス

MAP N~O 2部4章

---

1 17世紀のヨーロッパと世界貿易

A オランダと世界貿易
→ 巻頭10

・北米植民地 ニューアムステルダム
・ブラジル
・砂糖 → ケープ植民地 → インド航路確保
・バルト海貿易:オランダ ⇄ 東欧(穀物・帆布・材木)
・アジア内貿易(互市):中国(広州)─ 銀 ─ 日本(長崎)「鎖国」
・香辛料 バタヴィア(オランダ拠点)⇄ モルッカ諸島
・アチェ王国 マタラム王国:オランダに抵抗したが,18~20世紀初頭に植民地化

●オランダはなぜ発展したか(17世紀) → 巻頭10
・バルト海貿易において圧倒的優位を得る。
・自国の商工業(毛織物業・造船業・陶器業)・漁業(にしん・捕鯨)・干拓による農業の発展。
・東南アジアのモルッカ(マルク)諸島(香料諸島),マラッカを支配,イギリスを追放。
・首都アムステルダムに資金の多くが集中,金融市場の中心になった。
・ヨーロッパで唯一,「鎖国」中の日本と銀などを取り引きした。

2 18世紀のヨーロッパと世界貿易

A イギリスと世界貿易 → 巻頭10

大西洋三角貿易 →p.40,184
・北米植民地 13植民地 ─ たばこ・綿花 → イギリス
・中国 ─ 茶・陶磁器 → イギリス
・インド ─ キャラコ・藍 → イギリス
・カリブ海諸島 ─ 砂糖・綿花・染料 →
・西アフリカ ← 綿織物・武器・雑貨
・奴隷* ＊総数1250万人 →p.38

▲②各国別*イングランド銀行への投資『近代国際経済要覧』東大出版会*イギリス国内の投資は含まず
（スイス券 4 / その他 10 / オランダ 86%）（1750年）総額 380万ポンド

▲③各国別*イギリス東インド会社への投資『近代国際経済要覧』東大出版会
（ドイツ 4 / イタリア 2 / その他 5 / オランダ 89%）（1750年）総額 76万ポンド

●オランダからイギリスへ覇権が移ったのはなぜか
・3度にわたる英蘭(イギリス-オランダ)戦争により,打撃をこうむった。
・オランダの主力商品 アジアの香辛料の人気が落ちた。
・イギリスの主力商品であったインドの綿布(キャラコ)が大流行し始めた。→p.180
・名誉革命でオランダ総督をイギリス国王に迎え,オランダ資金がイギリスの産業に投資されるようになった。

●イギリスはなぜフランスに勝ったのか
◎戦費調達能力が高かったため
〔その理由〕
・議会の承認により税収のほとんどを軍事費に投入できた(フランスは国王の浪費も財政に影響した)。
・議会が保証するイギリス国債の信用が高く,臨時の資金調達能力もすぐれていた(財政革命)。
・フランスでは徴税権をもつ貴族が多く,国の収入が少なかった。

← p.155 3

B 17世紀　ヨーロッパの世界進出

キーワード

東インドと西インド　17世紀
初期の北西ヨーロッパ人は、ヨーロッパから西に進むと出会う、カリブ海の島々や南北アメリカ大陸を**西インド**と認識していた。一方の**東インド**は、喜望峰以東の沿岸諸地域であるアラビア半島・インド・東南アジア・中国などを指した。

- スペイン領
- イギリス領　●拠点都市　◆島
- オランダ領　◎拠点都市　◇島
- フランス領　●拠点都市　◇島
- ポルトガル領　●拠点都市
- ▷ オランダの奴隷貿易
- → ポルトガルの奴隷貿易
- → オランダ東インド会社の貿易網
- --- オランダのバルト海貿易路
- → スペインの護送船団の航路

Map labels: デンマーク・ノルウェー連合王国, スウェーデン, プロイセン, オランダ, イギリス, 神聖ローマ帝国, フランス, ポーランド, モスクワ, ロシア帝国, 後金（清）, 朝鮮, 日本, 江戸, 長崎, 仏領ルイジアナ, ニューアムステルダム, 英領北米植民地, ポルトガル, リスボン, スペイン, オスマン帝国, サファヴィー朝, シャンデルナゴル, 明, ムガル帝国, カルカッタ, マカオ, ゼーランディア城, ヌエバエスパーニャ副王領, アカプルコ, ハイチ, ジャマイカ, ボンベイ, ゴア, アユタヤ朝, マドラス, マニラ, ポンディシェリ, マラッカ, モルッカ諸島, ゴレ, ベニン王国, バタヴィア, ペルー副王領, ブラジル, 大西洋, 太平洋, インド洋, オランダ領ケープ植民地, ケープタウン, 喜望峰

→ p.196 1

B 18世紀　ヨーロッパの世界進出

1763年パリ条約後の領土
- イギリス領　●拠点都市　◆島
- スペイン領
- オランダ領　◎拠点都市
- フランス領　●拠点都市　◇島
- ポルトガル領　◎拠点都市　◇島
- 1776年に独立宣言の13植民地
- → イギリスの大西洋三角貿易ルート
- → その他のイギリスの貿易ルート
- ⊗ イギリスの対フランス・スペイン戦争

Map labels: デンマーク・ノルウェー連合王国, スウェーデン, オランダ, イギリス, プロイセン, サンクトペテルブルク, モスクワ, ロシア帝国, 清, 朝鮮, 日本, 江戸, 長崎, カナダ, アカディア, ニューアムステルダム, ニューファンドランド島, フランス, ポルトガル, スペイン, ミノルカ, オスマン帝国, ニューヨーク, 13植民地, フロリダ, ジブラルタル, ヌエバエスパーニャ副王領, ジャマイカ, ヌエバグラナダ副王領, アシャンティ王国, ダホメ王国, ベニン王国, ラージプート同盟, プラッシーの戦い, ボンベイ, ゴア, マラータ同盟, カルカッタ, ビルマ, マドラス, ポンディシェリ, シャム, 大越, マラッカ, カーナティック戦争, ペルー副王領, ブラジル, リオデラプラタ副王領, ケープタウン, 大西洋, 太平洋, インド洋

テーマ

近代奴隷制度の歴史　〜「砂糖のあるところ奴隷あり」

→巻頭10,p.40

　大西洋三角貿易では、数千万人のアフリカの黒人がアメリカやカリブ海の植民地に**奴隷**として運ばれた。奴隷たちは植民地の**プランテーション**で、イギリスなどで紅茶に入れるために需要のある**砂糖**の生産に従事した。「砂糖のあるところ奴隷あり」とは、のちにトリニダード・トバゴの独立運動を指導し、同国の首相をつとめた黒人歴史家エリック゠ウィリアムズの言葉である。一方、働き盛りの人々を連れ去られたアフリカでは社会が停滞した。また、奴隷と交換にヨーロッパから武器を仕入れたアフリカの奴隷商人は、その武器で奴隷狩りを行った。奴隷狩りを仕事とする黒人国家も現れ、アフリカは荒廃していった。

断面図

◀④船につめ込まれた奴隷と▲⑤船の断面図　大西洋を越える「**中間航路**」の船内は、奴隷がすしづめ状態で、何か月もほとんど身動きができなかった。

16世紀前半	アフリカから南北アメリカに奴隷を組織的に導入
17世紀後半	蘭・英・仏が奴隷貿易に参入
18〜19世紀	英、**大西洋三角貿易**を独占　**奴隷貿易最盛期**
1776	アメリカ独立宣言→黒人奴隷は対象外
87	アメリカ合衆国憲法制定→黒人奴隷解放されず
93	ホイットニーの綿繰り機の発明→米**南部**で**綿花栽培**の拡大　**奴隷の需要急増**
1808	米大統領ジェファソン、奴隷貿易を禁止
20	**ミズーリ協定**（北緯36度30分以北に奴隷州を認めない）→p.206
33	英、奴隷制度を廃止 →p.195
52	ストウ『**アンクル゠トムの小屋**』発表
54	**カンザス゠ネブラスカ法**（奴隷州・自由州は住民投票で決める）→p.206
61	**アメリカ、南北戦争**（〜65）
63	米大統領**リンカン**、奴隷解放宣言
65	米、憲法修正第13条　**奴隷制度廃止**
1964	米、**公民権法**成立→**人種差別撤廃** →p.281

奴隷貿易の進展

奴隷制度の廃止へ

▲⑥奴隷制度の歴史

奴隷貿易の進展　奴隷制度の廃止へ

ヨーロッパ

MAP N〜O

2部4章

ロシアの西欧化 ～ロシアの絶対王政と領土の拡大

ヒストリーシアター　国王自ら西欧を視察！

▲①ロンドンの造船所でのピョートル1世のようす

◀②ピョートル1世（1672～1725）

羊の毛を刈るためのはさみ

アムステルダムの東インド会社造船マイスター特許状
…ピーター＝ミハイロフ（ピョートル1世の使節団参加時の偽名）は、当地でのその高貴なる滞在期間を通じ、献身的で立派な大工としてふるまってきた…その他、船全体の建造様式や製図法もまた、私を通じて全面的に教授されている。この結果として閣下自身が根底まで精通しており、われわれの判断する限りでは、同じように実践することも可能であると。真実の印として、私は本状に自筆で署名した。

◀③ひげを切る図　ピョートル1世は貴族に西欧の風習を強制し、彼らのあごひげを切らせると同時に、従わない者にはひげ税を徴収した。

よみとき　ピョートル1世は何のために西欧へ行き、そして造船所を訪ねたのだろう。また、ピョートル1世があごひげを嫌ったのはなぜだろう。

ロシア絶対王政の展開　p.204▶

絶対王政の模索		イヴァン3世（位1462～1505）	日本
	1480	モンゴルの支配から**モスクワ大公国**を自立させる	室町時代
		○ **ビザンツ帝国**の紋章を継承し、初めて**ツァーリ**（皇帝）の称号を用いる　**国家として独立**	
		イヴァン4世　位1533～84　▶p.141	戦国時代
	1547	ツァーリを正式の称号として採用、親政開始	
	52	**カザン＝ハン国**を併合	
	82	**コサック**の首長**イェルマーク**がシビル＝ハン国に勝利　**東方へ領土拡大**	安土桃山
時動代乱	1598	リューリク朝の断絶により、ボリス＝ゴドゥノフが政権獲得	
		ミハイル＝ロマノフ　位1613～45	
	1613	全国会議でツァーリに選出される　**ロマノフ朝の成立**	
	1667	ウクライナをポーランドより獲得	
	70	**ステンカ＝ラージンの反乱**（～71）	
		ピョートル1世（大帝）　位1682～1725	
	1689	**ネルチンスク条約**締結（清・康熙帝）▶p.119	
		シベリアへ領土拡大	
	97	**西欧使節団**の派遣（～98、自ら変名を用いて参加）	
	1700	**北方戦争**（～21）、**カール12世**（スウェーデン）と戦う	
	03	**サンクトペテルブルク**の建設開始（1712 首都となる）	
	07	**カムチャツカ**を領有	江
	21	**ニスタット条約**締結　**バルト海に進出**	
	25	**ベーリング**、カムチャツカ海域を探検（～30）	
絶対王政の確立期	1727	**キャフタ条約**締結（清・雍正帝）▶p.119	戸
	41	**アラスカ**を領有	時
		青字 ポーランド分割	
		エカチェリーナ2世　位1762～96	
	1767	「訓令」を布告、**啓蒙専制君主**として名を博す	代
	68	ロシアとオスマン帝国の戦い（第1次、～74）	
	72	第1回ポーランド分割（露・墺・普）	
	73	**プガチョフの乱**（～75）	
	74	オスマン帝国に勝利、黒海北岸を領有（**キュチュク＝カイナルジャ条約**）	
	80	武装中立同盟を提唱（英に対抗）▶p.187	
	83	**クリム＝ハン国**を併合　**黒海へ進出**	
	87	ロシアとオスマン帝国の戦い（第2次、～92）	
	92	**ラクスマン**を**根室**に派遣（大黒屋光太夫の帰国）オスマン帝国より**クリミア半島**を獲得（ヤシ条約）	
	93	第2回ポーランド分割（露・普）	
	95	第3回ポーランド分割（露・墺・普）→**ポーランド王国消滅**　**西方へ領土拡大**	

（左側縦書き：絶対王政の模索　時代動乱　絶対王政の確立期／西欧化政策）

（左端縦：ヨーロッパ／2部4章）

MAP M○O

1 ロシア絶対王政への道

◀④イヴァン4世　1547年、正式に**ツァーリ**を称した彼は、中央集権化のための容赦ない大貴族弾圧で知られ、その統治の厳格さから**雷帝**とよばれた。

◀⑤イェルマーク（?～1585）　ドン川流域のコサックの首領で、シベリア経営の警護にあたった。イヴァン4世の許可のもと、シビル＝ハン国を攻撃し、ロシアのシベリア進出の先兵となった。

▲⑥赤の広場（モスクワ）　サンクトペテルブルク完成まで首都として機能。ヴァシーリー聖堂はイヴァン4世の命により建設された。

（図中：ヴァシーリー聖堂　クレムリン　世界遺産）

テーマ　コサックとは何者？

もともとは農奴制の圧迫を逃れた農民であったが、南ロシアで共同体を形成。騎馬に長けた戦士集団として辺境警備などを行った。反乱を起こした**ステンカ＝ラージン**や**プガチョフ**もコサックの出身である。

▼⑦コサックの騎馬技術（20世紀初頭）

2 ピョートル1世の西欧化政策と北方戦争

▼⑧**北方戦争**（1700～21）　ピョートル1世のロシアが**バルト海**の支配をめぐり、カール12世のスウェーデン（▶p.175）と争った。勝利したロシアがバルト海沿岸に領土を拡大し、ロシアの大国化の契機となった。

（図）オスマン帝国　スウェーデン　×　ロシア　→　デンマーク／プロイセン／ポーランド

結果　ニスタット条約（1721）
＜ロシア＞リヴォニア・エストニア・イングリア・カレリアの一部などを獲得
＜スウェーデン＞フィンランドを回復、ロシアに賠償金を払う

A 14世紀　カルマル同盟
B 1721年　北方戦争開始前のスウェーデン領
C 1815年
D 1925年

0　200km

*1703年サンクトペテルブルク（ペテルブルク）→1914年ペトログラード→1924年レニングラード→1991年サンクトペテルブルク，と名称が変遷した。 世界全図p.38~41 ← p.141 **1**，→ p.205 **3**

3 ロシアの拡大

ロシアの領土		1601〜1700年
1462年		1701〜1800年
1462〜1500年	✕	北方戦争のおもな戦場
1501〜1600年	→	ロシアの進出方向

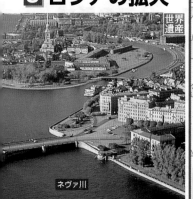

▲ ⑨「西欧への窓」サンクトペテルブルク* 北方戦争中にスウェーデンから奪ったバルト海沿岸に建設した要塞が起源であり，「西欧への窓」となった都市。名称は「聖ペテロの街」の意味をもち，**ピョートル1世**と同じ名の聖人である聖ペテロにちなんで名づけられた。

1721 北方戦争勝利 ニスタット条約

1712 サンクトペテルブルクに遷都「西欧への窓」となる

1725〜30 ベーリングによる探検

1709 スウェーデンに勝利し，バルト海での優位を確立

1670〜71 ステンカ=ラージンの反乱が起こった地域

1582 イェルマークがシビル=ハン国の首都を占領

1792 ラクスマン根室に来航

1689 ネルチンスク条約による国境線 → p.119

1773〜75 プガチョフの乱が起こった地域

1727 キャフタ条約による国境線 → p.119

4 啓蒙専制君主エカチェリーナ2世

▲ ⑩エカチェリーナ2世（位1762〜96） ドイツ貴族の出身で，夫のピョートル3世を廃して即位。**啓蒙専制君主**としてロシアを強国に導いたが，**プガチョフの乱**以降は農奴制の強化など反動化した。

▼ ⑪冬宮（エルミタージュ美術館，サンクトペテルブルク） ロマノフ家の冬の宮殿に，エカチェリーナ2世が美術品をコレクションし始めたことが，エルミタージュ美術館の前身となった。「エルミタージュ」はフランス語で「隠者の住まい」の意味。→ p.238

（テーマ）📖 **女帝に謁見した日本人 大黒屋光太夫**

伊勢の船乗りであった大黒屋光太夫らは，難破しアリューシャン列島に漂流。帰国を願い出るために，先住民やアザラシ毛皮猟の従事者らの助けを得ながらシベリアを横断し，サンクトペテルブルクで**エカチェリーナ2世**に謁見した。当時「鎖国」をしていた日本との通商を望んだロシアは，光太夫の送還と幕府への交渉のため，**ラクスマン**を派遣した。→ p.205, 308

▼ ⑫幕府からの帰国許可を待つ大黒屋光太夫とラクスマン（場所：根室）

5 ポーランド分割

世界全図p.40~41

▲ ⑬第1回ポーランド分割風刺画「国王たちの菓子」 16世紀後半，**ヤギェウォ（ヤゲロー）**朝（→ p.151）が絶え，ポーランドは**選挙王政**に移行した。西欧への食料輸出で領主の貴族や下層貴族（シュラフタ）が豊かになった一方で，農民は重い賦役に苦しんだ。ロシアの支援で国王となったスタニスワフ2世は，ポーランドの近代化を推進したが，エカチェリーナ2世がポーランドを保護領化しようとすると，警戒したプロイセン・オーストリアが加わって3国によって分割された。〈パリ，ポーランド図書館蔵〉

A 第1回（1772年）

フリードリヒ2世（プロイセン 以下普）
エカチェリーナ2世（ロシア 以下露）
ヨーゼフ2世（オーストリア 以下墺）

B 第2回（1793年）

フリードリヒ=ヴィルヘルム2世（普）
エカチェリーナ2世（露）

※フランス革命のため墺は不参加

★ 分割に抵抗し，蜂起した都市 赤数字 蜂起年

C 第3回（1795年）

フリードリヒ=ヴィルヘルム2世（普）
エカチェリーナ2世（露） フランツ2世（墺）

▶ ⑭コシューシコ（1746〜1817） パリ留学後，**アメリカ独立戦争**（→ p.187）に義勇兵として参加。1792年から**ポーランド分割**反対闘争を指導するが，ロシアにとらえられる。

ヨーロッパ

MAP M〜O

2部4章

ヒストリーシアター 君主は国家第一の下僕（げぼく）

ヴォルテール　フリードリヒ2世

▲①フリードリヒ2世とヴォルテール
(1694〜1778，➡p.176)　国王は**サンスーシ宮殿**(➡p.179, 311)内にフランスの啓蒙思想家であるヴォルテールの間をつくり，交流を深めた。

よみとき フリードリヒ2世のヴォルテールに対する態度はどのようなものだろうか。また，彼は，君主はどのようにあるべきだと考えているだろうか。

キーワード　啓蒙専制君主　フランスの啓蒙思想を身につけ，それにより中・東欧で国家の近代化を上から進めようとした絶対王政君主。

おもな啓蒙専制君主
フリードリヒ2世(プロイセン)
ヨーゼフ2世(オーストリア)
エカチェリーナ2世(ロシア)

フリードリヒ2世の政治遺訓
…君主を高い地位に就け，彼に最高の権力を委ねたのは，甘えのなかで無為に暮らすためではない。人民を搾取して私腹を肥やすためでも，皆が窮乏にあえぐときに享楽にふけるためでもない。君主は，**国家第一の下僕**なのである。…

プロイセン・オーストリアの発展

◀p.150　　　　　　　　　　　　　　　　　　p.200,202▶

プロイセン	オーストリア
1134 ブランデンブルク辺境伯領	10世紀 オーストリア辺境伯領，マジャール人に備える
13世紀 ドイツ騎士団領	1156 **オーストリア大公国成立**
1415 ホーエンツォレルン家支配	1282 **ハプスブルク家**支配確定
1525 **プロイセン公国**	1438 神聖ローマ皇帝位を事実上世襲に
1618 ブランデンブルク選帝侯，プロイセン公国を相続	**カール5世**(位1519〜56)➡p.165
ブランデンブルク-プロイセン同君連合成立	1529 オスマン軍，**第1次ウィーン包囲**
	1556 ハプスブルク家，スペインとオーストリアに分裂 **ハプスブルク家の分離**
フリードリヒ=ヴィルヘルム 位1640〜88	1618〜48 **三十年戦争**
1648 **ウェストファリア条約** 東ポンメルン獲得	→ **神聖ローマ帝国，事実上解体**
	1683 オスマン軍，**第2次ウィーン包囲**
オーストリア支持のかわりに王号を獲得	99 **カルロヴィッツ条約でハンガリー獲得** ➡p.222
1701〜13 **スペイン継承戦争**	
1701 **プロイセン王国成立**(ホーエンツォレルン家)	
フリードリヒ1世 位1701〜13	
プロイセン，主権国家に	
フリードリヒ=ヴィルヘルム1世 位1713〜40●軍備増強	**カール6世** 位1711〜40
	1714 スペイン領ネーデルランド領有
フリードリヒ2世(大王) 位1740〜86	**マリア=テレジア*** 位1740〜80
●啓蒙専制君主 1740〜48 **オーストリア継承戦争**	
1748 シュレジエン獲得←	←1748 アーヘン和約
50 **サンスーシ宮殿**にヴォルテールを招く	56 フランスのブルボン家と同盟(**外交革命**)
1756〜63 **七年戦争**	
63 フベルトゥスブルク和約でシュレジエン領有確定	**ヨーゼフ2世*2** 位1765〜90
	●啓蒙専制君主(農奴解放，宗教寛容令)
1772 **第1回ポーランド分割** ➡p.173	
フリードリヒ=ヴィルヘルム2世 位1786〜97	*「女帝」とよばれるが，神聖ローマ皇帝にはなっていない。
1793 **第2回ポーランド分割**	*2 1765〜80年 マリア=テレジアとの共同統治。
1795 **第3回ポーランド分割**	青字 ポーランド分割
ポーランド王国消滅	1804 **オーストリア帝国成立**
	06 ライン同盟成立
	神聖ローマ帝国消滅

ヨーロッパ

MAPNO 5

2部4章

1 プロイセン・オーストリアの形成

キーワード　ユンカーと農奴　ユンカーはプロイセンの地主貴族。自由農民の農奴化を強化させ(**再版農奴制**)，広大な農場で市場向けの穀物生産を行うグーツヘルシャフトをエルベ川以東のドイツで確立し，ばくだいな利益を得た。地方政治を支配し，高級官僚や上級軍人の職も独占した。農奴の解放は，プロイセン・オーストリアとも1848年の革命(➡p.193)を経て，完了した。

君主
賦役・貢租・人頭税
貴族・地主(ユンカー)
農民94.5%(そのうち半分以上が農奴*)
*再版農奴制

▲②東欧の主権国家体制

0　　400km	世界全図p.40-41 ←p.169 1 →p.191 4 ポーランド分割 →p.173

北海　バルト海
スウェーデン王国
1748 アーヘン和約
ネーデルランド連邦共和国 アムステルダム
プロイセン王国 ケーニヒスベルク 東プロイセン ダンツィヒ ベルリン ポツダム ポズナン ワルシャワ
ポーランド王国
オーストリア領ネーデルランド ストラスブール
フランス王国 ミュンヘン
1763 フベルトゥスブルク和約
オーストリア ウィーン
ハンガリー王国
ヴェネツィア共和国 ミラノ
ジェノヴァ カルロヴィッツ
ジェノヴァ共和国 **教皇領**
1699 カルロヴィッツ条約

右凡例：
ブランデンブルク-プロイセン(1618年)
1740年までにプロイセンが獲得した領土(北方戦争など)
フリードリヒ2世の時代にプロイセンが獲得した領土(1740〜86年)
1795年までにプロイセンが獲得した領土(第2回・第3回ポーランド分割)
ハプスブルク家領(1699年)
ハプスブルク家領(1740年)
ポーランド分割でハプスブルク家が獲得した領土
神聖ローマ帝国の境界(1740年)
条約締結地

2 プロイセン・オーストリアの対立

①オーストリア継承戦争(1740〜48)
(対イギリス)
イギリス ― オーストリア ×
バイエルン選帝侯*・ザクセン選帝侯
プロイセン／フランス／スペイン
→外交革命

原因 マリア=テレジアのハプスブルク家の領土の継承をめぐりフランス，プロイセンが異議
結果 アーヘン和約(1748)
マリア=テレジアの領土継承承認
プロイセンがシュレジエン獲得

②七年戦争(1756〜63)
(対フランス)
ロシア／フランス／スウェーデン ― オーストリア × イギリス ― プロイセン

原因 マリア=テレジアが**シュレジエン奪回**の動きをみせたため，プロイセンが宣戦
結果 フベルトゥスブルク和約(1763)
プロイセンのシュレジエン領有を再確認

*ウェストファリア条約でバイエルン公が選帝侯として認められた。

テーマ マリア=テレジアと貴婦人たちの同盟

マリア=テレジア(墺，ハプスブルク家)はエリザヴェータ女帝(露)と同盟し，**ルイ15世**(仏，ブルボン朝)の愛人ポンパドゥール夫人と接触し同盟を結び(**外交革命**)，プロイセンの孤立化をはかった。**フリードリヒ2世**は「3枚のペチコートの共謀」と悪態をついた。➡p.179

フランツ1世　ヨーゼフ2世　マリア=テレジア　マリ=アントワネット

▲③マリア=テレジアの家族　左端は夫フランツ。仏王妃**マリ=アントワネット**(➡p.188)は彼女の娘の一人。〈トリアノン宮殿蔵，1762年以降の作品〉

1 バルト海貿易とオランダの繁栄 →巻頭10,p.170 ①,184 ②

16世紀・都市の成長
- ・人口増加

課題	食料不足
	森林資源の枯渇

- ・工業化の進展
- ・海運業の成長

16世紀中～17世紀中
バルト海貿易の発展 → オランダ船が輸送を担う

オランダ　ポーランド
- ・毛織物（ライデン）
- ・造船（ハーレム）
- ・にしん加工
- ・染色加工

食料
- ・穀倉地帯
資源
- ・木材・船舶用資料供給地

18世紀～ イギリス　イタリア 16世紀
北大西洋貿易　地中海貿易の衰退
→ 貿易の中心の移動

◀①バルト海をめぐる各国の関係　16世紀以降，ヨーロッパでは人口増加と工業化により食料が不足し，森林資源が枯渇した。これらを自力で調達できなかった地中海貿易は衰退し，かわってバルト海がヨーロッパ経済の中心となった。**バルト海貿易はオランダ**が中心となり，ポーランドから穀物・木材等を輸送した。

▶②オランダ連合東インド会社の造船所（ロッテルダム）　オランダは，バルト海貿易で入手した木材で船の大量生産を行った。オランダの海運業は他国を圧倒して発展した。

▼③バルト海貿易

（地図）
ノルウェー　スウェーデン　ストックホルム　ラーバル　ナルヴァ　ヴゴロド　北海　デンマーク　コペンハーゲン　リガ　ケーニヒスベルク　リトアニア　ハーレム　リューベク　ダンツィヒ　シュチェン　トルン　ロンドン　ライデン　アムステルダム　ワルシャワ　オランダ　アントウェルペン　ヘント（ガン）　マクデブルク　プラハ　ブルッヘ（ブリュージュ）　クラク　ポーランド　神聖ローマ帝国

— バルト海貿易路
赤字 おもな商品
○ おもな穀物生産地
-- 神聖ローマ帝国の境界

テーマ　アムステルダムと商業情報

15世紀半ばのグーテンベルクの改良により活版印刷術が発展し各地に広まった。17世紀に**アムステルダム**が商業の中心になると，取引所の商品価格を記した価格表や商業新聞などの商業情報が印刷され，ヨーロッパ中に迅速に均質な情報が発信された。この情報により人々の市場への参入が容易になり，経済成長が促進された。このようにしてアムステルダムは，ヨーロッパの出版の中心地となり，商品の流通と情報の集約・発信において重要な機能を果たした。

▲④アムステルダムの証券取引所（1743年）

2 スウェーデンの繁栄～北欧の歴史

*北欧のスカンジナビア諸国の旗意匠は，かつてカルマル同盟の盟主であったデンマーク旗に由来する。

北欧の歴史

デンマーク	ノルウェー	スウェーデン	フィンランド
（旗）	（旗）*	（旗）*	（旗）*
9世紀ごろ デンマーク王国有力に	9世紀ごろ 建国	10世紀ごろ 建国	▢ デンマークの勢力範囲　▢ スウェーデンの勢力範囲
1016 デーン人カヌート（クヌート），イングランド王になる（デーン朝，～1042）→p.140	11世紀後半 カヌート王の進出		
1018 カヌート，デンマーク王になる	1028 カヌート，ノルウェー王になる	12世紀 スウェーデン，フィンランドを併合	
	13世紀ごろ デンマークから独立		
1397 デンマークを盟主とする**カルマル同盟**成立（～1523）→p.151			
1523 デンマーク=ノルウェー連合王国		1523 カルマル同盟から分離独立（ヴァーサ朝）	
三十年戦争（1618～48）に介入 →p.169 グスタフ=アドルフ活躍			
		17世紀後半 **バルト帝国**繁栄	
		18世紀 ロシアとの**北方戦争**に敗れ，領土を縮小 →p.172	一部ロシアに割譲
ナポレオン戦争（1793～1815）に関与 →p.191			
		ロシアに敗れフィンランドを失う	1809 ロシアに割譲される
スウェーデンに敗れノルウェーを失う	1814 スウェーデンに割譲される	1814 デンマークに勝ちノルウェーを得る	
1864 **デンマーク戦争**で敗北 →p.200	1905 スウェーデンから独立		
第一次世界大戦（1914～18）では中立を守る →p.234～237			1917 **ロシア革命**を受けて独立を宣言 →p.239
第二次世界大戦（1939～45）→p.254～256			1939 ソ連の侵攻を受ける
1940 ドイツ軍に侵攻される		1940 中立を宣言	1941 独ソ戦に巻き込まれる
1949 NATO加盟	1949 NATO加盟		1947 ソ連と講和条約
1973 拡大EC加盟	1960 EFTA結成	1995 EU加盟	1995 EU加盟

▲⑤ドロットニングホルム宮殿（スウェーデン）　1686年に建てられた，ストックホルム郊外の湖上の小島にある離宮。建物と庭園の美しさから「北欧のヴェルサイユ宮殿」と称される。

世界遺産

◀⑥カール12世（1682～1718）　「**バルト帝国**」（1648年，デンマーク・ポーランド・ロシアを破り建国）の国王。ロシアのピョートル1世（→p.172）の好敵手として知られる。

▲⑦ナルヴァの戦い　1700年，スウェーデンはバルト海の支配をめぐり，ロシアなどが起こした北方戦争（→p.172）にいどんだ。**カール12世**はナルヴァの戦いで勝利したが，ポルタヴァの戦いで大敗した。北方戦争によりスウェーデンは領土を縮小し，「バルト帝国」は実質的に崩壊した。

ヒストリーシアター　サロンで開いた文化の華

▶①ジョフラン夫人のサロン　俳優が**ヴォルテール**の書いた悲劇の原稿を朗読している。それを18世紀半ばの名だたる文人・学者たちが聴いているという場面を描いた**サロン**の想像図。

よみとき 描かれている人物の思想を調べてみよう。また、サロンが社会にどのような影響を与えたか予想してみよう。

ルソー／ヴォルテールの像／ケネー／ディドロ／テュルゴー／モンテスキュー／ダランベール／ジョフラン夫人

キーワード　サロン もともとはフランス語で住宅内の客間を意味していたが、17世紀になると、貴族が主人役となって文人・学者を邸宅に招き、文学や芸術について論ずる場や会合を意味するようになった。18世紀になるとパリから地方に普及するとともに、文学・芸術のみならず政治・宗教・思想まで広く論ぜられ、とくに**啓蒙思想**の普及に大きな役割を果たした。

1 啓蒙思想

●**ロック**(英)の影響を受けつつ、理性を重視し非合理的なものを徹底的に批判し、民衆のなかに正しい知識を広めることによって、新しい社会をつくろうとする思想

モンテスキュー	『**法の精神**』…イギリスの議会制を紹介し、三権分立を説いた	仏
ヴォルテール	『**哲学書簡**』▶p.174…啓蒙思想の指導者的存在。啓蒙専制君主主導の社会改革を提唱した	仏
ルソー	『**社会契約論**』『**人間不平等起源論**』…人間の自由・平等の実現のために、社会契約にもとづく直接民主政を訴えた	仏
ディドロ	『**百科全書**』を編集。啓蒙思想の記念的大著	仏
ダランベール		仏

◀②**ルソー**(1712～78) **社会契約説**(▶p.177)をとり、**ロック**よりも前進した人民主権論を提唱。別冊史料32

テーマ　子どもの発見

前近代の子どもは「小さな大人」とみなされていたが、**ルソー**は、人間の発達段階として子ども期を設定した。左の17世紀の絵では、子どもの服は、ただ大人の服を小さくしただけだが、右の絵では「子ども服」を着ており、子育てを重視する家族生活の形成がうかがえる。

▲③17世紀の家族の肖像
〈コルネリス=デ=フォス画「アントニー=レニアース家の人々」一部〉

▲④19世紀の家族の肖像
〈ルノワール画「シャルパンティエ夫人と娘たち」〉

2 科学革命の時代 ▶p.361

●中世以来の迷信や伝統的な因習から脱して、実験と観察を重視し、その結果を体系化
●近代的な自然科学の基礎が確立
●イギリス王立協会(1660年)、フランス科学アカデミー(1666年)の設立（___は王立協会員）

ホイヘンス	振り子時計を発明、反射と屈折の法則、土星の輪を発見	蘭
フランクリン	避雷針を発明▶p.187	米
ハーヴェー	血液の循環を立証	英
ボイル	ボイルの法則(気体の体積と単位面積あたりの圧力が反比例する)を発見	英
ニュートン	万有引力の法則を発見『**プリンキピア**』	英
リンネ	動植物の分類学を確立	スウェーデン
ビュフォン	進化論(▶p.213)の先駆者	仏
ラヴォワジェ	質量保存の法則を発見	仏
ジェンナー	種痘法を発明▶巻頭20	英

テーマ　生活革命 ～コーヒーハウスで生まれた文化

17～18世紀のヨーロッパでは、アジアや新大陸との交易が発展し、さまざまなアジア物産が流入した。当初、上流階級の豊かさの象徴であったこれらの商品を、やがて庶民階層も求めるようになった。この新しい消費生活の成立を**生活革命**という。また、各地域から新奇な植物を集めた植物園も設立された(ロンドン郊外のキューガーデン▶p.197など)。○茶 巻頭5 ○陶磁器▶p.120　○砂糖▶巻頭5,10 ○綿布▶p.180

▼⑤コーヒーハウスの大騒ぎ
コーヒーをかける人
17～18世紀のイギリスでは**コーヒーハウス**が流行した。ここには身分や階層をこえて多くの人が集まり、情報交換がなされた。図では議論に熱くなった人が相手にコーヒーをかけている。一方、居酒屋には底辺に暮らす労働者が集まった。

コーヒーハウスから生まれたもの～イギリス

①**イギリス王立協会**…オックスフォードのコーヒーハウスの学者たちを核として形成された。

②**新聞・雑誌**…コーヒー1杯と新聞はほぼ同額だった。発行部数は数百部で、A5判大の1枚の紙に片面または両面印刷していた。店には各種の新聞がそろえられ、客たちは回覧をした。字が読めない人のための音読もしばしばなされた。

③**政党**…王政復古後、国王派と反国王派それぞれが、気に入りのコーヒーハウスで政策論議を行い、やがて**トーリ党・ホイッグ党**(▶p.195)が形成された。

④**銀行・保険**…最新の海事ニュースを提供したので、貿易商や船主が集まり、海上保険の取り引きがなされるようになった。(例 ロイズ社)

今日とのつながり ロックなどの社会契約説やサロンで発達した啓蒙思想が市民階級の思想的武器となり、今にいたる市民社会が誕生した。

1 近代哲学の発生 →p.313

スコラ哲学への批判・懐疑

イギリス経験論

- 事実・経験・認識を重視
- **帰納法**によって科学的知識を得ると考える
- **帰納法**…個々の事実の集まりから一般的法則を導く

事実A 事実B 事実C 事実D

実験・観測
例：ソクラテスもプラトンもアリストテレスも死んだ

一般的法則
例：人間は死ぬ

▼①**フランシス゠ベーコン**
(1561～1626)

知は力なり

フランシス゠ベーコン『**新オルガヌム**』	英
ロック『人間悟性論』	英
ヒューム『人間本性論』	英

大陸合理論

- 人間の理性に照らして明らかなものを真理とし、数学的な推論で事実を導く
- **演繹法**によって科学的知識を得ると考える
- **演繹法**…一般的法則から個々の特殊な事実を導く

確実な法則
例：人間は死ぬ

推理
例：ソクラテスは人間である。ゆえに彼は死ぬ

結論A 結論B 結論C 結論D

▼②**デカルト**
(1596～1650)

われ思う、ゆえにわれあり

デカルト『**方法序説**』	仏
パスカル『パンセ』	仏
スピノザ(汎神論)『エチカ』	蘭
ライプニッツ(単子論)	独

ドイツ観念論

- **カント**に始まり**ヘーゲル**にいたって完成する哲学の総称
- 経験論と合理論を批判的にまとめた

カント『純粋理性批判』『永遠平和のために』〈19世紀以降〉→p.190,202	独
フィヒテ 主観的観念論 別冊史料36 講演「ドイツ国民に告ぐ」	独
シェリング 客観的観念論	独
ヘーゲル 弁証法哲学『歴史哲学』	独

2 政治・社会思想

王権神授説 →p.164

- 王権は神から授けられたものであり、王の権力は絶対であるとする
- **絶対王政を正当化**

ボーダン『国家論』	仏
フィルマー『家父長国家論』	英
ボシュエ 絶対王政正当化	仏

批判

自然法

- 人間の生存の権利を守るために存在すると考えられる法
- 絶対王政批判の基準となる

グロティウス →p.169 自然法に基づき、国際法を体系化『戦争と平和の法』『海洋自由論』	蘭

社会契約説

- 社会(国家)は人民相互・あるいは君主と人民の**契約**によって成立

ホッブズ 万人の万人に対する闘争

- ピューリタン革命の混乱から秩序を取り戻すために,各人が契約によって主権を国王に譲渡すると主張
- 各人の権利と国王特権のどちらも擁護
- 著作『**リヴァイアサン**』(1651)

▲③**ホッブズ**
(1588～1679)

ロック

- 各人が生命・自由・財産の権利を代表者に信託して、それが侵害された場合は、**革命権・抵抗権**をもつと主張
- 名誉革命を理論的に正当化 →p.167
- 著作『**統治二論(市民政府二論)**』(1690) 別冊史料31

▲④**ロック**
(1632～1704)

ルソー

- 著作『**社会契約論**』→p.176 1

テーマ 国際法と海洋政策

「**国際法の父**」とよばれる**グロティウス**は著作『**海洋自由論**』のなかで,公海自由の原則を主張したが,これは彼の祖国であり,当時強力な産業力と海運力をもっていたオランダにとって有利となるよう,**自由貿易**を主張したものでもあった。→p.169

17・18世紀の各国の海洋政策	上段：貿易 下段：自国人の海外渡航	
西ヨーロッパ諸国(重商主義政策)	外国人排除	積極的
オランダ(自由貿易)	外国商人の活動自由	積極的
江戸幕府(「鎖国」)	貿易港限定,幕府が管理	完全禁止
清(伝統的朝貢貿易)	貿易港限定,特許商人(公行)が管理	一応不許可(黙認)
イスラーム諸国	許可により外国商館の建設・活動可能	自由

3 経済学の誕生～絶対王政を支える経済学説と「自由放任」

重商主義 →p.164
商工業による経済育成と保護貿易を主張

▲⑤**コルベール**
(1619～83) →p.168

絶対王政を経済面からあと押し
前期：重金主義
後期：貿易差額主義

批判

主張の背景 絶対王政と新大陸進出によって国家経費が増大していたため,他国への輸出強化によって国家の収入(金・銀)を確保しようとした。

重農主義
農業の重要性と自由経済を主張

▲⑥**ケネー**
(1694～1774)

富は貿易からは生まれず、唯一、農業から生み出される。

主張の背景 重商主義政策によるフランス国内の農業疲弊と特権的な商業活動を批判し,農業生産を高めるための自由な経済活動を主張した。

徹底化

古典派経済学
経済への国家の干渉を排除し、自由競争にまかせる自由主義的経済を主張

▲⑦**アダム゠スミス**(1723～90)

個人の私利をめざす経済活動が、「見えざる手」に導かれて、社会の利益を促進する。

主張の背景 各国の**重商主義**政策によって保護貿易が主流となっていたなか,イギリスで**工業化**が始まり,特権商社の存在が弊害となっていた。そのため,**アダム゠スミス**は重商主義を批判し,個人の利益追求が結果的に国富を増進させるとして,国家は公正で**自由な経済活動**を保障するべきだと主張した。

キーワード 自由放任 レッセ゠フェール 18世紀フランスで,**重商主義**的な国家統制に反対した**重農主義者**が,経済における**自由放任**を主張した。これを古典派経済学者の**アダム゠スミス**が体系化し,資本主義成立期の基本原理とした。自由放任というと,あるがまま放置してよいという意味に誤解されがちだが,誰でも自由に市場競争に参加させるべきという主張である。

17世紀から18世紀末までの経済学の流れ

重金主義
貴金属こそが富であるという考え
↓
貿易差額主義
貴金属を増やす手段として輸出を増やし輸入を減らそうという考え
*「なすに任せよ」の意。
レッセ゠フェール*
自由放任主義
自由に市場競争に参加させるべきという考え
↓
自由放任主義
を継承

16世紀 18世紀 絶対王政を支える経済体制

17世紀 絶対王政の時代

18世紀 イギリスの工業化

重商主義 ← 絶対王政を支える経済体制
批判
重農主義 ← 国内の農業疲弊に警鐘
批判
古典派経済学 ← イギリスをあと押しする自由経済学説

トマス゠マン(英)
1664『外国貿易によるイギリスの財宝』(死後に公表)

コルベール(仏)
フランス財務総監(任1665～83)

ケネー(仏)
1758『経済表』…「自由放任」

テュルゴー(仏)
フランス財務総監(任1774～76) →p.188

アダム゠スミス(英)
1776『諸国民の富(国富論)』…「見えざる手」 →p.251

1 バロック美術

バロック様式

「ゆがんだ真珠」の意味をもち、富や権力を誇示するための、華麗で豪華な様式をいう。

▶①レンブラント「夜警」 火縄銃手組合の集団肖像画。オランダの市民生活を題材とし、**「光の画家」**とよばれた作者の代表作。〈アムステルダム国立美術館蔵、363cm×437cm〉

▼②「夜警」の3つの鑑賞ポイント

①	当時のオランダの高い経済力・軍事力（マスケット銃など武器製造産業・貿易業もこのころ急速に発展）
②	皆の姿を均一に描くという常識をくつがえし、出資額に応じて大きく描いた
③	背景を深いやみで包み、重要な部分のみ光を当てる「明暗法」 影響

▲③フェルメール「真珠の耳飾りの少女」〈マウリッツハイス美術館蔵、44cm×39cm〉

▲④エル=グレコ「聖三位一体」 カトリックの教会にかざられた神秘的な宗教画の一つ。〈プラド美術館蔵、300cm×179cm〉

▲⑤ルーベンス「レウキッポスの娘たちの掠奪」 あざやかな色彩と躍動感あふれる表現で、ギリシア・ローマの神話を題材に描いた。〈アルテ=ピナコテーク美術館蔵、224cm×210.5cm〉

◀⑥ベラスケス「ラス=メニーナス（女官たち）」 王宮の情景の中に、製作中の**ベラスケス**自身を描いている。また、鏡の中に国王夫妻を登場させ、当時の彼の環境を描き出している。〈プラド美術館蔵、316cm×276cm〉

歴史と建築

ヴェルサイユ宮殿 ➡ p.168,311

ヴェルサイユ宮殿の「鏡の間」は幅10m、奥行き75m、高さ13mの広さをもつ。壁は大理石で、庭に面した一面はガラス戸、他方はアーチの間に鏡がはめ込まれている。まだ貴重であった大型の板ガラスと鏡をふんだんに用いたこの部屋で、さまざまな宴会や国家的行事が行われた。

歴史の舞台となった鏡の間

1871年	ドイツ帝国皇帝ヴィルヘルム1世の即位式 ➡p.201
1919年	ヴェルサイユ条約の調印 ➡p.240

▼⑦ヴェルサイユ宮殿内の「鏡の間」

世界遺産

2 ロココ美術

ロココ様式

つる草や貝がらを模したロカイユ模様が「ロココ」の語源といわれる。パリを中心に展開された繊細優美な様式をいう。

▶ ⑧フラゴナール「ぶらんこ」
ぶらんこに乗る女性と戯れる男性。ほのかな官能がただよう恋人たちを繊細な筆致と輝く色彩で描いたこの絵画は、ロココ趣味の極致といえる。〈ウォーレス=コレクション蔵，83cm×65cm〉

ヴィーナスの彫像

▲ ⑨ワトー「シテール島の巡礼」 愛の女神ヴィーナスの島に巡礼する男女の姿を"雅宴画の画家"が幻想的に描いた。ロココ絵画の代表作。〈ルーヴル美術館蔵，129cm×194cm〉

歴史と建築 サンスーシ宮殿 →p.174,311

フリードリヒ2世（→p.174）は、ベルリン郊外ポツダムにロココ様式のサンスーシ宮殿を建設した。東西約100m，おもな部屋数10室の小さな宮殿。サンスーシとは「憂いなし」の意味。曲線中心の優美な装飾性がめだつ。バロックと新古典主義の中間に位置する。フリードリヒ2世はこの宮殿にヴォルテールなど啓蒙思想家を招いた。

世界遺産

▶ ⑩文庫の間
▼ ⑪サンスーシ宮殿でフルートを吹くフリードリヒ2世

フリードリヒ2世

3 文学・音楽

▶ ⑫ヴェルサイユ宮殿でのモリエールの公演 モリエールは、喜劇の天才とよばれ、人間のこっけいさを描くことを得意とし「性格喜劇」を完成させた。彼の最後の作品であり、徹底的に医者を笑いものにした「病は気から」が、ヴェルサイユ宮殿の庭園で上演された。

マリア=テレジア　モーツァルト

◀ ⑬マリア=テレジアの前で演奏するモーツァルト
有力者の名声と支援を得るため、父（のちに母）に連れられて行った6歳から始まる演奏旅行は、のべ9年余りに及んだ。→p.174

転んだ6歳のモーツァルトを助け起こした7歳のマリ=アントワネットに対し、「あなたはいい人だ。ぼくが大きくなったらお嫁さんにしてあげる」と言ったといわれている。

『法の精神』『百科全書』

ひと ポンパドゥール夫人（1721〜64）

◀ ⑭ラ=トゥール「ポンパドゥール夫人」 ブルジョワ階級の娘に生まれ、その美貌と才知から入廷し、ルイ15世の寵愛を受けた。外交政策を親オーストリアに転換させる（外交革命 →p.174）など国策にも関与し、哲学や芸術も保護した。机の上に彼女の知性を物語る『法の精神』や『百科全書』が見える。夫人はヴォルテールとも親交が深かった。〈ルーヴル美術館蔵，175cm×128cm〉

▶ ⑮「ポンパドゥール=ピンク」と名づけられた色彩のセーブル焼き

		1600		1700		1800年	
	ルネサンス 調和と安定	→	バロック美術	→	ロココ美術	古典主義	ロマン主義へ
			スペイン帝国衰退 オランダ発展	〈仏〉ルイ14世 位1643〜1715	このころより国力衰退		
			ピューリタン革命（1642〜49年）	市民階級成長　海外へ発展	〈普〉フリードリヒ2世 位1740〜86		
文学	・サロンの流行（フランス語の純化）・アカデミー=フランセーズ設立（正しい国語の確立）・市民文学の成立（英）・演劇は国王の権威の誇示とともに、国語の成立と普及にも役立った		フランス古典主義文学 06 コルネイユ（仏） 84「ル=シッド」フランス古典悲劇の誕生 22 モリエール（仏）73「タルチュフ」「人間嫌い」「守銭奴」古典喜劇の確立 39 ラシーヌ（仏）99「アンドロマク」古典悲劇の大成 08 ミルトン（英）74「失楽園」 28 バンヤン（英）88「天路歴程」 風刺文学 60頃 デフォー（英）31「ロビンソン=クルーソー」 67 スウィフト（英）45「ガリヴァー旅行記」			ピューリタン文学		フランス古典劇三大作家
音楽	・王族・貴族の保護の下で活動・市民階級にも広まり、定期演奏会も開始された		85 J.S.バッハ（独）50「マタイ受難曲」「音楽の父」 85 ヘンデル（独）59「水上の音楽」「王宮の花火の音楽」	バロック	32 ハイドン（墺）09「交響曲の父」 「魔笛」「フィガロの結婚」（墺）56 モーツァルト 91"神童"	古典派	
美術	・17世紀、国王の権力を背景に豪華なバロック美術が発達・18世紀になると、享楽的な貴族社会でロココ趣味がもてはやされた・繊細・優美なロココ美術から古代ギリシア・ローマを模範とする古典主義、情熱的なロマン主義へ	エル=グレコ14（西）	ハプスブルク朝宮廷絵画 99 ベラスケス 60（西） （西）17 ムリリョ 82 77ルーベンス40（フランドル） 99ファン=ダイク41（フランドル） 06 レンブラント 69（蘭） （蘭）32フェルメール75 フランスバロック美術 94 プッサン（仏）65 00 クロード=ロラン（仏）82	バロック	フランドル派に影響される 99 シャルダン（仏）79 フランスロココ美術 04 ラ=トゥール（仏）88 84ワトー21（仏） 03 ブーシェ（仏）70 32 フラゴナール（仏）06		ロココ

▶ ⑯バッハ

▶ ⑰モーツァルト

西→スペイン，蘭→オランダ，墺→オーストリア

ヨーロッパ

MAP N-O

2部4章

産業革命① ～最初の工業化，その光とイギリスの大発展

ヒストリーシアター　人の力から機械の力へ

▶①中世の機織り　手で杼を1回1回動かし，固定したたて糸によこ糸を通して布を織る。手前右の女性は羊毛をくしのようなものでとかしているところ，奥は手で糸をつむいでいるようす。

◀②19世紀初頭の紡績工場のようす　18世紀に開発されたミュール紡績機で，労働者たちが綿糸をつむいでいる。

よみとき　図①②を見比べ，作業の場と使用している器具の動力，さらに製品の違いをあげてみよう。また，これらの変化からイギリスの産業革命の本質と世界に与えた影響を考えてみよう。

イギリス産業革命のしくみ　p.195▶

産業革命を生み出した背景	工業原料	・豊富な資源（石炭・鉄鉱石） ・綿花（大西洋三角貿易によりカリブ海から輸入）
	資本	・毛織物工業や貿易，金融業による資本の原始的蓄積 ・奴隷貿易による収益
	労働力	・農業革命や第2次囲い込みによる工業労働力の創出 ・アイルランドからの移民
	海外市場	・商船隊と強大な海軍，植民地増加
	中産階級の台頭	・ギルド制の撤廃，市民革命

↓

繊維工業にみられる技術革命

綿布 ← 綿糸 ← 綿花

綿布（紡織）	紡績	綿繰り
1733 ジョン=ケイの飛び杼	1764 ハーグリーヴズのジェニー紡績機	1793 ホイットニー（米）の綿繰り機
	69 アークライトの水力紡績機	
85 カートライトの力織機	79 クロンプトンのミュール紡績機	

↓影響

動力革命

| 1712 ニューコメンの炭坑排水用蒸気機関
65 ワットの蒸気機関改良
～69 | ← | ・製鉄業，石炭業，機械工業
・ダービーのコークス燃料による製鉄法（1709）→p.218 |

↓影響

交通革命

1804 トレヴィシック，蒸気機関車発明
07 フルトン（米）の蒸気船，ハドソン川を航行　運河開設
25 スティーヴンソンが蒸気機関車を実用化
30 リヴァプール－マンチェスター間に鉄道開通

↓

工場制機械工業の成立

○大量生産の時代へ

産業資本家の台頭
○自由主義運動の進展

階級の分化
○資本家と労働者の二大階級が成立　→p.182

社会問題・労働問題の発生 → 社会主義運動・労働運動
○工業都市の発展とスラムの形成
○女性労働者・年少労働者の出現→1833 工場法
○劣悪（長時間・低賃金）の労働条件と貧富の差の拡大

（左端縦書き）工業化の進展　資本主義の確立

1 産業革命の背景

A イギリス人の「インド・キャラコ狂」

歴史と文学　デフォー（1660ごろ～1731）のみたイギリス

デフォー（→p.179）は小説『ロビンソン=クルーソー』の著者として名高いが，実は経済評論家でもあった。彼は17世紀のイギリスの生活を右のように記している。

…コットンはわれわれの家のなかにも侵入し，化粧室や寝室を占領している。カーテン・クッション・いすからベッドにいたるまで，キャラコ*のようなインド製品が使われていないものはまずない。要するに婦人の衣服や家具に関するものは，どれもこれもインド貿易によって供給されるものにとってかわられたのだ。

*インド製の綿織物。名は輸出港のカリカットから転じたもの。

◀③「食前の祈り」　図のように，白い綿布が流通した。綿布は洗濯が手軽にでき，衛生的であった。〈シャルダン画，ルーヴル美術館蔵〉→p.179

▲④綿花

（単位：100万ポンド＝約454,000kg）〈松井透氏による〉

イギリスから東へ輸出された綿布（機械織）

アジアから西へ輸出された綿花（手織）

1770 80 90 1800 10 20 30 40（年）

▲⑤東西間の綿布の流れ　インド綿布は当初，ヨーロッパで圧倒的な人気を誇ったが，産業革命後，インドは原料である綿花を輸出しイギリス綿製品を輸入することになった。

B 第1次・第2次囲い込み（エンクロージャー）

	第1次囲い込み→p.166	第2次囲い込み
時期	15世紀末～16世紀	17世紀後半～19世紀前半
推進者	ジェントリ（郷紳）・富裕農民〈非合法〉	地主寡頭制の議会立法による〈合法〉
目的	羊毛増産 → 牧場化	穀物増産
規模	全イングランドの2%	全イングランドの20%
影響と意義	・村落一括囲い込みで廃村も生じ，社会不安を招く ・ロンドンなど，都市への人口移動 ・都市浮浪者の増大（救貧法の施行）	・開放耕地制（保有地を共同で運営）の一掃 ・独立自営農民（ヨーマン→p.148）の没落 農業革命 資本主義的大農場経営，ノーフォーク農法（四輪作，休閑地なし）の普及 工業労働力の創出

▲⑥農業革命後の肥満牛　第2次囲い込みにより農地が増えると，生産力が飛躍的に増大し，家畜の越冬が容易になった。その結果，食肉生産量も増大し，牛1頭の体重は170kgから360kgに増えたといわれる。

2 技術革命（繊維工業）

1733 ジョン=ケイ，飛び杼を発明 ⇒	1764 ハーグリーヴズ， ⇒	1768 アークライト，水力紡績 ⇒	1779 クロンプトン，ミュール紡績 ⇒	1785 カートライト，力織機（りきしょくき）を
	ジェニー紡績機を発明	機を発明（69 特許取得）	機を発明	発明
布を織る速度が従来の2倍に。	糸をつむぐ速度6～8倍に。Ⓑ	水力利用で太くて強い糸をつむ	ⒷとⒸの長所をあわせ，強くて	蒸気機関を利用することで，大
原料である糸が不足。Ⓐ		ぐ。つむぐ速度600倍に。Ⓒ	細い糸をつむぐ。綿モスリン生産。Ⓓ	量の布の生産が可能に。Ⓔ

Ⓐ ろくろ／よこ糸／たて糸／杼箱／引き綱（引くとよこ糸の入った杼が反対側に飛び出す）／杼の部分の拡大／杼（シャットル）

Ⓑ 粗糸／はずみ車／個々のスピンドルに通じるベルト／スピンドル（糸を撚る）

Ⓒ 撚りと巻きとりを同時に行い，作業を連続して行うことができた

Ⓓ スピンドル（糸を撚る）／水力を用い，19世紀初頭には，最も多く使用された／キャリッジ（可動台）

Ⓔ たて糸／杼箱／ハンドルをまわす（ここを機械化）

3 動力革命

▲ ⑦ワット（1736～1819） ➡p.361
ニューコメンの蒸気機関の修理を頼まれ，試行錯誤するうちに効率のよい蒸気機関に改良した。

▼ ⑧蒸気機関のしくみ

①石炭を燃やし，水蒸気を発生させる。
②蒸気の力で，ピストンが上下運動を行う。
③回転運動へ転換する。

4 交通革命

▲ ⑨スティーヴンソン（1781～1848）
トレヴィシックの蒸気機関車に刺激され開発に熱中。1814年に進退自由な鉱山用の蒸気機関車を発明した。

▲ ⑩ストックトン―ダーリントン間を走るロコモーション号
1825年の開通式でスティーヴンソンが設計・製作した機関車は，600人以上の乗客を乗せて時速約18kmで走った。その後1830年のリヴァプール―マンチェスター間の鉄道開通が，最初の本格的な営業運転とされる。

▼ ⑪世界初の実用蒸気船 当時イギリス政府は蒸気機関の輸出を禁じていた。解体部品を購入し，組み立てて建造したフルトン（米）のクラーモント号は，平均4ノットで航行した。

5 「世界の工場」イギリスと各国の工業化

A イギリスの工業の発展と人口の増加

（百万人）
総人口／都市人口
1696年 550万／140万
1801年 832万／366万
1881年 2591万／1728万
綿花輸入量（100万ポンド）
石炭産出量（1,000万t）
銑鉄生産量（100万t）

B 産業革命後のイギリス

鉄道（～1852年）／人口20万人以上の都市（1850年）／石炭層／鉄鉱石／繊維工業／囲い込みが激しかった地方
0 100km
北海／スコットランド／グラスゴー／エディンバラ／ストックトン／ダーリントン／1830 鉄道開通／1825 蒸気機関車実用化／ランカシャー／ヨークシャー／リヴァプール／マンチェスター（綿工業）／1830／ノッティンガム／バーミンガム（製鉄）／ブリストル／貿易港として繁栄／ロンドン／ドーヴァー海峡／プリマス／サウサンプトン／ブライトン／イギリス海峡

▼ ⑫製鉄工場の内部のようす（ドイツ，1875年）
1709年，ダービーがコークス製鉄法（➡p.218）を開発し，木炭から石炭，コークスに燃料を変えることで，鉄材の大量生産が可能になった。イギリスと同様に石炭・鉄鉱石を産するドイツでも，遅れて重工業中心の産業革命が進展した。

C 各国の工業化 ➡p.218～219

	開始時期	特徴
イギリス	18世紀半ば	産業革命の発祥（はっしょう）地。「世界の工場」とよばれ19世紀前半まで他国をリード
ベルギー	19世紀初頭	石炭など豊富な資源を背景に，独立と同時にイギリスに次いで産業革命を達成
フランス	19世紀初頭	七年戦争やフランス革命により産業革命の開始が遅れ，1830年七月革命以降本格化 ➡p.193
ドイツ	19世紀前半	ドイツ関税同盟（➡p.201）により進展。おもに国家主導で行われる。重化学工業の分野で他国をしのぐ
アメリカ	19世紀半ば	1812年米英戦争を契機に開始し，南北戦争後（➡p.207）に本格化。19世紀末には英を追い越し，世界一の工業国へ
日本	19世紀後半	明治維新後に国家主導で着手（殖産興業）日清・日露戦争後に本格化
ロシア（ソヴィエト）	19世紀後半	1861年の農奴解放令が契機 ➡p.204 1890年代から仏資本の導入で本格化

今日とのつながり 今でもロンドンが世界金融の中心の一つであるのは，イギリスが産業革命によって「世界の工場」，そして19世紀には「世界の銀行」（➡p.196）になったことによる。

ヨーロッパ

MAP O〜P

3部1章

ヒストリーシアター 人々の生活にもたらされた光と影

▲①ロンドンでの舞踏会に集まる娘たち(左)と▲②マッチ工場で働く娘たちの住まい(右)

よみとき このころ，イギリスには「二つの国民」がいるといわれたが，その意味を2枚の絵から考えよう。また，都市に図②のような地域が形成されると，どのような問題や思想・運動が生じるか，さらに政府はそれに対してどのような政策をとったか考えよう。

環境 都市化の進展と公害

　鉄と**石炭**によって支えられた**産業革命**は，商工業を発展させ，**リヴァプール**や**マンチェスター**のような商工業都市が成長すると同時に人口の都市集中を招いた。都市では石炭を産業活動や家庭燃料として使用したので，有害な物質が排出され，人々は**スモッグ**に悩まされた。河川は工場からの排水と家庭から流れ出る汚水とで猛烈な異臭を発する状況であった。ロンドンのテムズ川では「一滴に百万匹の虫がいる」といわれたが，人々はこのような河川の水を生活用水として使用するしかなく，コレラの流行の一因ともなった。

▼③スモッグでけむる工業都市　▼④テムズ川の汚濁を描いた風刺画

1 労働者の生活

A 低賃金での長時間労働　別冊史料37

女性　工場経営者(資本家)

少年　監督

◀⑤ムチで打たれる少年(左)と▲⑥子どもの炭鉱労働者(上)　織機の下や狭い坑道での作業には子どもが使役された。低賃金で，劣悪な環境であったが，家族の重要な収入だった。

B ロンドンのスラム

質屋のマーク

母親の手から赤児が滑り落ちる

▲⑦ジン横町　急増した労働者が流入したロンドンにはスラムが形成された。人々はジンなどの強い酒で労働のうさを晴らし，夜泣きする乳幼児には酒が眠り薬として与えられたという。〈ホガース画〉

C ラダイト(機械うちこわし)運動

▲⑧機械をうちこわす人々　18世紀後半に機械の改良によって失業した熟練工たちが，機械や工場に敵意をもち，機械破壊を行った。1810年代に運動は激化し，政府は関係者を厳しく罰した。うちこわしの参加者には死刑を科されたこともあったため，この運動は衰退し，のちの**チャーティスト運動**(労働者の参政権獲得運動 ➡p.195)や**労働組合活動**へと変化していった。

2 社会主義思想の芽生え　社会主義の歴史 ➡p.183

```
┌─────────────────────────┐
│      社会主義思想        │
└─────────────────────────┘
・公平な分配制度で富の不平等を是正

┌──「空想的社会主義」──┐    イギリス ── フランス
●人道主義的な情熱        経済学      社会主義
ロバート=オーウェン(英)         ドイツ
工場法(1833)成立に尽力        観念論 ──── ヘーゲル(独)
協同組合を創設 ➡p.195                   ●弁証法的発展論
サン=シモン, フーリエ(仏)                 ➡p.177
ルイ=ブラン(仏)

┌─無政府主義─┐    ┌「科学的社会主義」┐
│(アナーキズム)│    ●資本主義の構造を理論
●国家権力を否定      的に究明し，階級闘争
●労働者の直接行動    による社会の発展を主
 を重視              張
プルードン(仏)       マルクス(独)
バクーニン(露)       エンゲルス(独)
                    『共産党宣言』別冊史料38
```

◀⑨ロバート=オーウェン(1771～1858)　イギリスの**社会主義思想家**，実践家。低所得の労働者の実情を見て，幼稚園や小学校，夜間の成人学校をも開設。のちにアメリカに渡り，共産主義的な共同生活村を創設するが，3年で失敗。

世界遺産

▶⑩ニューラナーク村の紡績工場(グラスゴー郊外)　オーウェンは工場を中心に村全体の改革に着手し，理想の「モデル」として工場主を説得した。現在は世界遺産に指定され，当時の労働者住宅や学校が再現されている。

今日とのつながり　イギリスに始まる産業革命は，現在の資本主義工業社会をもたらすとともに，本格的な環境問題を招いた。

🔑 キーワード
社会主義

生産手段（土地や工場・企業など）の共有や富の再分配などによって平等な社会をめざす思想や運動をいう。**マルクス・エンゲルス**らが提唱した「**科学的社会主義**」は高い支持を得たが、**ロシア革命**（→p.238）の進展のなかで、一党独裁を認める**ソ連型社会主義**（共産主義）と議会制民主主義により漸進的改革を進める**社会民主主義**に分かれた。ソ連型社会主義体制は、1989年の東欧革命を機に解体が進んだ。

1 社会主義思想の発展 →p.313

◀①**マルクス**（1818〜83）1848年、二月革命直前に**エンゲルス**とともに『**共産党宣言**』別冊史料38を発表し、労働者階級による政権獲得を訴えた。また主著『**資本論**』で資本主義社会の構造を分析し、それをもとに社会主義の必然性を説いて**第1インターナショナル**を理論面から支えた。経済学にもとづく彼の理論は、彼の死後、エンゲルスらによって「空想的社会主義」の理想論と対比して「**科学的社会主義**」とよばれた。

テーマ タイムマシンの"発明"と階級格差

イギリス労働党の一派で穏健な社会改革をめざす**フェビアン協会**に参加した作家**H.G.ウェルズ**は、1895年に小説『**タイムマシン**』を発表した。このなかでウェルズは、80万年後の未来を労働者と上流階級とが別種の生物へと分かれてしまった社会として描き、階級格差の拡大に警鐘を鳴らした。

▲②**H.G.ウェルズ**（1866〜1946）

③『**タイムマシン**』表紙

主人公が未来社会に到着した場面

社会主義の流れ

背景 労働者の劣悪な環境・政治的無権利

「**空想的社会主義**」（初期社会主義）→p.182 2

「**科学的社会主義**」 ⟷ **無政府主義（アナーキズム）**

マルクス（独）・**エンゲルス**（独）／**プルードン**（仏）・**バクーニン**（露）

1864〜76 **第1インターナショナル** 本部：ロンドン
・労働者の国際的連携をめざす ・マルクス派 vs 無政府主義者
・1871 **パリ=コミューン** →p.198 を支持 ・弾圧を受ける 崩壊

1889〜1914 **第2インターナショナル** 本部：パリ
・マルクス派主導 → 革命路線・議会路線併存
・第1回メーデー（1889 8時間労働制要求）指導
・**ドイツ社会民主党・ロシア社会民主労働党・労働党**（英）**・フランス社会党**
・1912 帝国主義戦争反対決議
しかし… →1903 分裂
ボリシェヴィキ vs **メンシェヴィキ**
（多数派）（少数派）

1914〜18 **第一次世界大戦**
加盟各党、政争を中断し戦争支持へ（城内平和）崩壊
→ 1917 **ロシア革命** →p.238

レーニン、第3インターナショナル提唱

社会民主主義
・議会主義
・一党独裁に反対
・複数政党制擁護

（独）社会民主党
（英）労働党
（仏）社会党 など

1919〜43 **コミンテルン**（第3インターナショナル）本部：モスクワ
ロシア共産党（1918 ボリシェヴィキが改称）が指導
・革命主義
・一党独裁を容認
・各国の共産党加盟（＝社会民主主義政党から分派して結成）
・中国革命に介入
1943 解散

ソ連型社会主義（共産主義）
1922 **ソヴィエト社会主義共和国連邦** 成立
・**レーニン** 一党独裁（社会革命党を排除）
・**スターリン** 計画経済

1935 **コミンテルン第7回大会**
・人民戦線の形成

反ファシズム人民戦線
ブルム人民戦線内閣（仏）（1936〜37）
スペイン人民戦線内閣（アサーニャ内閣）（1936）
→ **スペイン内戦** →p.253

1933 **ナチ党政権獲得**（独）→p.252

1939〜45 **第二次世界大戦** →p.254

東西冷戦 →p.262

1945〜 東欧に社会主義政権（**人民民主主義**）

西側陣営
社会民主主義政権（西欧・北欧諸国など）→p.284
・資本主義の枠内で改革→福祉国家
・**英 アトリー内閣**「ゆりかごから墓場まで」
・**独 ブラント内閣**
・**仏 ミッテラン政権**

ユーロコミュニズム
・イタリアなど各国共産党、ソ連の指導を否定
・議会主義

東側陣営（社会主義国）
・ソ連、東欧諸国を衛星国化
・東側陣営の拡大 中国・北朝鮮・キューバなど
・経済の停滞・政治的抑圧
・改革の実施
・**改革開放政策**（中国）社会主義市場経済 →p.299
・**ドイモイ政策**（ベトナム）→p.297

自主管理社会主義
ユーゴスラヴィア →p.286
ユーゴ解体
ユーゴ内戦 →p.273

・**ペレストロイカ**（ソ連）→p.270
・**東欧革命・ソ連解体** →p.270

2 各国における社会主義の動き

凡例：
■ 現存する社会主義国
■ 旧社会主義国
■ 社会主義的傾向を強めている国（2011年8月現在）

❶ドイツ
1863 全ドイツ労働者協会（ラサール）
69 社会民主労働党（ベーベル）
75 社会主義労働者党
78 **社会主義者鎮圧法** 90 失効
ビスマルクの社会政策 →p.201
90 **ドイツ社会民主党**（SPD）
革命路線（実際には議会で勢力伸長）
99〜1903 **修正主義論争**（ベルンシュタイン）
1918 **ドイツ革命** →p.242 社会民主党 分裂
・主流派…政権参加（**エーベルト大統領**）鎮圧
・急進派…共産党結成、**スパルタクス団の蜂起**（19）

❷イギリス
1884 社会民主連盟…マルクス主義
84 **フェビアン協会**…漸進的社会改革（ウェッブ夫妻・バーナード=ショー）
93 独立労働党（ケア=ハーディ）
1900 労働代表委員会（マクドナルド）
06 **労働党** 議会路線
24 マクドナルド内閣（初の労働党政権）→p.242

❸フランス
1895 労働総同盟（CGT、第2インターナショナル不参加）
・**サンディカリズム**…労働総同盟による社会改革
1905 **フランス社会党** 議会路線
20 フランス共産党（社会党から分離）
36 ブルム人民戦線内閣

❹ロシア
1898 ロシア社会民主労働党 **革命路線** →p.238
1901 **社会革命党**（エスエル）…農民重視

❹（❹ロシア右段）
1903 ロシア社会民主労働党、分裂
・**ボリシェヴィキ**…革命家の指導、急進革命
・**メンシェヴィキ**…大衆による漸進的革命
05 血の日曜日事件（→第1次ロシア革命）
17 **ロシア革命** →p.238
18 ボリシェヴィキ、**ロシア共産党**に改称
22 ソヴィエト社会主義共和国連邦

❺スペイン
1936 アサーニャ人民戦線内閣 →p.253

❻インドネシア
1920 インドネシア共産党（**アジア最初の共産党**）

❼モンゴル
1924 モンゴル人民共和国（**アジア最初の社会主義国**）

❽中国
1921 **中国共産党**（陳独秀ら）→p.246
49 **中華人民共和国**（毛沢東主席）→p.299

❾ベトナム
1930 **インドシナ共産党**（ホー=チ=ミンら）
45 **ベトナム民主共和国** 独立宣言 →p.298
76 **ベトナム社会主義共和国** →p.298

❿アメリカ
1886 アメリカ労働総同盟（AFL）
1901 アメリカ社会党
05 世界産業労働者同盟（IWW）
○ セオドア=ローズヴェルトの革新主義
社会主義勢力後退

⓫キューバ
1959 **キューバ革命**（カストロ・ゲバラら）→p.283
61 社会主義宣言

特集 近代世界システム（世界的分業体制）の成立

「近代世界システム」とは？

ここでは、**近代世界システム論**という理論に沿って近現代史をとらえなおしてみましょう。これまで地域別に学習してきた事項のなかには、実は世界の諸地域と強く結びついて起こったものが多くあったのです。

近代世界システム論とは、各地域の動きは、**世界的な経済分業システム**のなかで成り立っていると考え、世界規模の視点で歴史を見ていくものです。

覇権国家 — 中核のなかで生産・商業・金融で圧倒的な優位にたった国

中核 — 世界の中心となって繁栄した国・地域 ／ 工業製品

半周辺 — 中核と周辺をつなぐ国・地域

周辺 — 食料・原材料・労働力 ／ 食料・原料供給地として中核を支えた国・地域

近代世界システム論を唱えるウォーラーステイン（1930〜2019）

現代のアフリカ社会を研究していた社会学者ウォーラーステインは、アフリカが近代化できないのは、目に見えない形で**経済的に不利な立場**（「周辺」）におかれてきたためではないかと考えた。彼は、「**大航海時代**」以後、西欧諸国が**中核**となって、東欧・ロシア・「新大陸」・アジア・アフリカの富を収奪する**不平等なシステム（構造）**が成立し、歴史が展開したと考える、近代世界システム論を主張した。

1 16世紀 近代世界システムの成立

大航海時代を牽引したスペインが、「新大陸」との交易で大発展した！

近代世界システムに組み込まれた地域

A 16世紀半ば

中核 — 西ヨーロッパ

バルト海貿易／銀 — 東欧

武器・装身具 — アフリカ

労働力／奴隷 — ラテンアメリカ

周辺…

16・17世紀

何が取引されていた？

西ヨーロッパから…
武器などをアフリカへ、アフリカから「新大陸」へ奴隷を供給 ➡ p.171

＋

工業製品、ニシン加工製品、海運業（17世紀）

西ヨーロッパへ…
ペルー・メキシコ産の銀、さとうきび

＋

穀物、船舶資材となる木材・タールなど（17世紀）

なぜ発展した？

「新大陸」に到達したヨーロッパ人が、先住民を強制的に働かせ、産出された銀などの富を自分たちのものとし、得た銀でアジアとの交易を活性化させた。（16世紀）

オランダは、バルト海貿易で原料を安価に仕入れ、すぐれた製造業で製品を輸出。その高い生産力が潤沢な資本を生み出し、金融業も発展したことで最初の覇権国家に。（17世紀）

2 17世紀 オランダの覇権 ➡ p.170,175

バルト海とアジアとの貿易で栄えたオランダが貿易・商業・金融の中心に！

覇権国家

B 17世紀半ば

蘭 — 覇権！

西ヨーロッパ — 中核

金・銀 ／ 砂糖 — 毛織物など工業製品

原材料 ／ 食料

海運業

西アフリカ — ラテンアメリカ — 奴隷 — 東欧

周辺…

近代世界システムの中の東アジア

近代世界システムに組み込まれる以前の東アジアは、茶などの代価として銀を得て経済的に発展していた。しかし、需要の拡大した茶をより多く得るため、イギリスが植民地インドからアヘンを輸出し、それ以降近代世界システムの中に「**周辺**」として組み込まれることとなった。

16世紀 — すでにアジアで発達していた交易にヨーロッパが参入

↓

17世紀 18世紀 — 貿易・出入国の統制強まる 例）日本の「鎖国」など

↓

国内農業・手工業が発達

↓

19世紀 — 中国、近代世界システムへ組み込まれる ➡ p.209,228 ／ アヘン貿易で「周辺」へ、華僑ネットワークの発展

近代世界システムにおける覇権国家と情報

覇権国家は、最新の情報システムの掌握と強いつながりがあった。最初の覇権国家である**オランダ**は、**活版印刷術**を利用し、商業情報を迅速に伝達することで世界の中心となった。**イギリス**は、世界に敷いた**電信**（➡ p.197）で有利な情報を入手し、「**世界の銀行**」となった。**アメリカ**は電話という音声情報により、自国のイメージを世界に知らしめた。そして現代は**インターネット**が普及し、同質の情報を世界のどこでも誰でも入手できるようになった。このような社会は、中心となる国家を必要とせず、近代世界システムは**終焉**へ向かい、新たなシステムが誕生するとも考えられている。〈参考：玉木俊明『〈情報〉帝国の興亡』〉

3 19世紀 イギリスの覇権 ➡ p.170,196

世界で最初に産業革命を達成したイギリスが、輸出市場や原料供給地を求めて世界各地を植民地化していった！

C 19世紀初め

➡ p.170,196

英 — 覇権！

仏・米・独 — 中核

綿織物製品 — 半周辺

工業製品 — 欧州・カナダ・日本など

周辺…

綿花／原材料 ／ 砂糖 ／ 労働力 ／ 茶

ラテンアメリカ ／ オセアニア・アフリカ ／ インド・中国 ／ 東南アジア

何が取引されていた？

イギリスから…**綿織物**、機械などの工業製品、金融商品（株・国債）など

イギリスへ…**原材料**（綿花）、**嗜好品**（紅茶）など

なぜ発展した？

産業革命により、低コストで大量に工業製品を生産し、輸出市場・原料供給地としてアジアに進出。植民地だけではなく、他の地域もイギリスとの貿易に依存。

4 20世紀 アメリカの覇権

2度の世界大戦で唯一疲弊しなかったアメリカが、工業・商業・金融のどの面においても圧倒的な存在となった！

D 20世紀初め

ベトナム戦争後にはアメリカの覇権も衰退し始めました。21世紀になった現在は**グローバリゼーション**の時代となって世界の結びつきが強まるなか、確かな覇権が存在しない時代を迎えています。➡ p.274〜275

覇権：イギリス

綿織物生産の増加により、国内では供給過多になってしまった分、インドへ輸出するようになった！

周辺：インド

インドはかつて綿織物の産地であったのに、イギリスとの貿易で原材料である綿花の供給地となり、植民地化されてしまった！ ➡ p.180

◀ ①**イギリス人将校とインド人使用人** インドにやってきたイギリス人将校は高給をとり、多くのインド人を雇って、本国ではできない貴族さながらの生活を送った。

環大西洋革命とは

18世紀後半から19世紀前半に起こった**イギリスの産業革命**と**フランス革命・アメリカ独立革命・ラテンアメリカ諸国の独立**は，**七年戦争**を契機にほぼ同時期に発生し，自由主義的な要素をもつ一連の革命とみなすことができる。これらの革命は，貿易などで結びつきを強めた大西洋を取り巻く地域で起こったため，**環大西洋革命**とよばれる。

▲①七年戦争の各国への影響

		広大な植民地（「周辺」）を獲得 → **イギリス産業革命**	
イギリス	七年戦争 財政危機	植民地への課税強化 → **アメリカ独立革命** → アイルランド独立運動 → p.195 → インドの領土支配進行	
フランス		財政改革（テュルゴーネッケル）→失敗 → **フランス革命** → ナポレオン戦争（イギリスに挑戦）→敗北	
		ハイチの黒人革命 → p.194	
スペイン		植民地への課税強化 → 黒人革命を恐れ，現地の白人に譲歩 → ナポレオン戦争による本国の混乱 → **ラテンアメリカ諸国の独立**	

イギリス産業革命 → p.180

▲②ロンドン港のにぎわい ロンドンは大型船もテムズ川を遡上できたので，古くから貿易港として栄えた。絵はロンドン橋近くにあった東インド会社の埠頭。

七年戦争に勝利したイギリスは，広大な**植民地**を手に入れた。植民地は**産業革命**を迎えていたイギリスの工業製品の市場となり，また綿花のような原料を供給する場となって，ますますイギリスの工業化を進展させることとなった。

フランス革命 → p.188

七年戦争に敗北したフランスは財政改革を行ったが，課税をきらう貴族の抵抗で失敗。重税に耐えかねた農民や，より自由な活動を求めた商工業者などのブルジョワジーは絶対王政に反発。**フランス革命**が引き起こされた。

◀④サン＝キュロット フランス革命の中心となった都市の民衆。フランス語 sans-culottes はキュロット（貴族やブルジョワジーのはく半ズボン）をもたないという意味。

アメリカ独立革命 → p.186

イギリスは**七年戦争**に勝ったものの，財政は困窮し，その負担をアメリカ植民地に負わせようと，さまざまな税をかけた。植民地の独立への機運は高まり，ついに**アメリカ独立革命**にいたった。アメリカ革命の理念は**フランス革命に影響**を与えた。

▲七年戦争の負担を英領だったアメリカに課税

▼③七年戦争に関係した国のその後の動乱

北極海 太平洋 大西洋 ロシア帝国 清 インド洋

メキシコ 1821年
中央アメリカ連邦 1823年
大コロンビア 1819年
ペルー 1821年
ボリビア 1825年
チリ 1818年
パラグアイ 1811年
アルゼンチン 1816年
ブラジル 1822年
ウルグアイ 1828年

フレンチ＝インディアン戦争（1755〜63年）
アメリカ独立戦争（1775〜83年）
ハイチ独立革命（1791〜1804年）
シモン＝ボリバルの独立運動（1810〜25年）
トゥパク＝アマルの反乱（1780〜81年）
アイルランド独立運動（1782〜1801年）
フランス革命（1789年〜）
コシューシコの蜂起（1794年）
プガチョフの乱（1773〜75年）
プラッシーの戦い（1757年）

イギリス プロイセン オーストリア フランス ポルトガル スペイン オスマン帝国 ベンガル大守領 イスラーム諸王国 ダホメ王国 ベニン王国

▭	七年戦争に関係した国とその植民地
✕	七年戦争のおもな戦場
▨	アメリカ独立戦争・フランス革命の影響を受け反乱・革命の起きた地域
🚩	1814年までの成功につながった反乱・革命
⚓	1814年までに失敗した反乱・革命
国名	独立を勝ちとった地域（年は独立年）

▲⑤ナポレオンの登場 フランスの近代化を方向づけた。**大陸封鎖令**でイギリスの覇権にいどんだが，**ロシア遠征**失敗で没落。→ p.191

→ ヨーロッパ各国の革命へ → p.193

▲フランス革命の理念と本国の混乱

ラテンアメリカの独立革命 → p.194

アメリカ独立と**フランス革命**の理念は，ラテンアメリカに影響を与えた。まず**ハイチ**で黒人奴隷が蜂起し（**ハイチ革命**），ラテンアメリカ諸地域も**ナポレオン戦争**によって本国が混乱すると，独立へ向かった。

▲アメリカ独立革命の理念が影響

▲植民地生まれの白人（クリオーリョ）が起こした革命という共通点がある

▲⑥独立革命の発端となったレキシントン＝コンコードの戦い

▲⑦独立のためペルーで戦うシモン＝ボリバル

ヨーロッパ アメリカ MAP O〜P 3部1章

アメリカ独立革命　～成文憲法をもった共和政国家の誕生

税金払いますか？それとも…

◀ **①ボストン茶会事件**
1773年，イギリスは，アメリカにおける紅茶の販売独占権を**東インド会社**に与えるという**茶法**を発布した。これに反発した**植民地**の人々が，ボストン湾に停泊していた東インド会社の船を襲い，商品の紅茶が入った箱を海に投げ込んだ事件。

▲ **②船上での行動**

よみとき 船の上にいる植民地の人々の服装に注目してみよう。彼らが海に投げ込んでいるものは何だろう。それを投げ込んだ理由と人々が喝采している理由を考えてみよう。

アメリカ独立革命の展開　p.206▶

	北米イギリス植民地	イギリス・その他
		▨ 植民地への課税強化法（重商主義政策による）

年	北米イギリス植民地	年	イギリス・その他
1584	**ローリ**(英)の**ヴァージニア**植民(→失敗)		
1607	**ヴァージニア**植民地建設	1604	仏，**カナダ**植民開始
19	ヴァージニア議会成立（アメリカ最初の議会）	08	仏，**ケベック市**建設
20	**メイフラワー号**でピューリタンの**ピルグリム=ファーザーズ**がプリマス上陸	42	**ピューリタン革命**(～49)仏，モントリオール市建設
52	**第1次英蘭(イギリス-オランダ)戦争**(～54)	51	**航海法**
64	英，**ニューアムステルダム**を奪い，**ニューヨーク**と改称	82	ラ=サール(仏)，ミシシッピ流域を**ルイジアナ**と命名
81	ウィリアム=ペン，**ペンシルヴェニア**植民地建設	88	**名誉革命**(～89)

1689～97	**ウィリアム王戦争**	1688～97	**プファルツ継承戦争**
	➡ p.170	1699	**羊毛品法**

1702～13	**アン女王戦争** ←	1701～13	**スペイン継承戦争**
1732	ジョージア植民地建設	1732	**帽子法**
	13植民地の成立	33	**糖蜜法**

1744～48	**ジョージ王戦争**←1740～48		**オーストリア継承戦争**
		1750	**鉄法**

1755～63	**フレンチ-インディアン戦争**←1756～63		**七年戦争**
1763	**パリ条約** 英，カナダ・ミシシッピ川以東の**ルイジアナ**・**フロリダ獲得**➡p.170		**英仏植民地戦争終結**

		1764	通貨法・砂糖法
1765	「**代表なくして課税なし**」の決議 ←	65	**印紙法**
		66	印紙法撤廃
	英国品不買運動広がる	67	**タウンゼンド諸法**
73	**ボストン茶会事件**	73	**茶　法**
74	**第1回大陸会議**(フィラデルフィア)	74	**ボストン港閉鎖法**
75	パトリック=ヘンリの演説「**自由か，しからずんば死か**」		マサチューセッツ弾圧法 ケベック法

独立戦争(1775～83)			
1775	**レキシントン-コンコードの戦い** 第2回大陸会議（大陸軍司令官に**ワシントン**を任命）		
76	トマス=ペイン『**コモン=センス**』発刊 7月4日「**独立宣言**」(トマス=ジェファソンらの起草，フィラデルフィア)		
77	ラ=ファイエットの仏義勇兵到着 **サラトガの戦い**で植民地側勝利		
78	**フランス参戦** 79 **スペイン参戦** 80 **オランダ参戦**		
80	**武装中立同盟**結成（ロシアの**エカチェリーナ2世**が提唱）		
81	**ヨークタウンの戦い**で英，決定的敗北 「**アメリカ連合規約**」発効で**アメリカ合衆国**成立→連合会議発足		
83	**パリ条約**(英，アメリカ独立を承認)		**合衆国の誕生**
1787	**憲法制定会議**（連邦派と反連邦派の対立）		ミシシッピ川以東のルイジアナをアメリカに割譲➡p.170
	アメリカ合衆国憲法制定 翌年9州以上の批准で発効		
89	**ワシントン初代大統領就任**	1789	**フランス革命勃発**

MAP N・O　3部1章

1 北米植民地の変遷

A 18世紀前半の領土

世界全図p.38-41 ⟵ p.171 **2** B

凡例:
- ● オランダ植民都市
- ▨ ユトレヒト条約(1713)でのイギリスの獲得地 ➡p.170
- ▨ イギリスの支配地域
- ▨ スペインの支配地域
- ▨ フランスの支配地域
- — フランスの主張する西側の限界
- ⚔ 先住民との衝突
- ■ 毛皮取引所

地図中地名: ルパーツランド, ケベック(1608年), アカディア(ノヴァスコシア), ニューイングランド, メイフラワー号, ボストン, プリマス(1620年)[英], ニューネーデルラント, ニューアムステルダム(1664年以降ニューヨーク), ペンシルヴェニア, フィラデルフィア(1682年), ヴァージニア, ジェームズタウン(1607年), 大西洋, カロライナ, 先住民居住区, ジョージア, ヌエバ=エスパーニャ, ニューオーリンズ(1718年), フロリダ, メキシコ湾, 500km

▼ **③プリマスプランテーション**(復元) 宗教上の自由を求めて渡米したとされる**ピルグリム=ファーザーズ**だが，それは少数派で，大半は経済的理由から植民地のプランテーションで働くことを目的としていた。

B パリ条約(1763年)後の領土　世界全図p.40-41

凡例:
- ▨ イギリスの支配地域
- ▨ スペインの支配地域
- --- 1763年イギリス国王布告線（以西の白人移住を禁止）

地図中: ルパーツランド, 北部の輸出品 小麦・魚・タバコ・船舶・木材 植民地商人による取り引き, アカディア, ニューイングランド, ケベック, ボストン, ニューヨーク, プリマス, フィラデルフィア, ヴァージニア, ジェームズタウン, 大西洋, 中部の輸出品 小麦・魚・タバコ・木材 植民地商人による取り引き, 先住民居住区, カロライナ, 南部の輸出品 米・インディゴ*・タバコ イギリス本国や，スコットランド商人による取り引き *青色の染料, ジョージア, ヌエバ=エスパーニャ, ニューオーリンズ, メキシコ湾, 500km

C 植民地の特徴

	イギリス		フランス
東海岸（のちの13植民地）		おもな領域	カナダ，ルイジアナ
高い		人口密度	低い
自営農民		おもな職業	毛皮商人
定住の社会をつくりあげる→アメリカ先住民との確執		社会	毛皮取引がおもなため，定住少ない
国王の特許状による運営（自治権が強い）		統治制度	国王任命の総督による直接統治

▲ **④植民地の比較**

今日とのつながり ヴァージニアはイギリス国王女王エリザベス1世(➡p.166)に，ルイジアナはフランス国王ルイ14世(➡p.168)にちなんで名づけられた。

2 植民地の自治と独立の機運

北部　タウン=ミーティング	南部　カウンティ制
・小規模な村落のタウン(700人前後)に成立 ・教会の自治を基礎に政治も自治的に運営 ・自由人の成人男子がすべて参加する直接民主政 ・植民地議会の議員選出	・北部と違い、プランテーションなど、農地に住居が散在 ・カウンティ(郡)ごとに統治機関をもち、プランターが統治機関を独占

植民地議会
・最初の代表制議会はヴァージニアで開かれる(1619年)
・財産資格による制限選挙
・一般選挙による下院と、行政部を組織した上院

▲⑤植民地の自治

群衆によってつるされる印紙販売代理人

▲⑥印紙法に反対する人々
イギリス本国は七年戦争の負債解消のため、北米での出版物などに課税する印紙法を制定したが、植民地の人々は「代表なくして課税なし」と反対した。

独立は「当然の常識」と訴えたトマス=ペイン(1737〜1809年)

種々の職業を転じたのち、フランクリン(→p.176)の勧めでフィラデルフィアに移住した。独立革命が始まると、匿名で『コモン=センス』を発刊。独立後のアメリカの発展を強調し、植民地人の不安を取り除いた。刊行3か月で12万部売れたが、当時の白人人口が約200万人であったことを考えると驚異的といえる。植民地人の識字率が高かった点も、本書がベストセラーとなる要因であった。のちにフランスの国民公会(→p.188)の議員にもなった。

3 アメリカ独立戦争(1775〜83年)

世界全図p.40-41　→p.206①

13植民地
❶マサチューセッツ
❷ニューハンプシャー
❸ニューヨーク
❹コネティカット
❺ロードアイランド
❻ペンシルヴェニア　クエーカー教徒の植民地
❼ニュージャージー
❽メリーランド　宗教寛容策でカトリック教徒以外も容認
❾デラウェア
❿ヴァージニア　北米最初の植民地
⓫ノースカロライナ
⓬サウスカロライナ
⓭ジョージア
13植民地が成立

1777 サラトガの戦い
1775 レキシントン-コンコードの戦い
大陸会議、独立宣言、憲法制定
1800 ワシントン、首都になる
1781 ヨークタウンの戦い

1776年に独立宣言した13植民地
イギリスからの割譲地
イギリスの植民地
1783年パリ条約で確定した国境
→ イギリス軍の進路
→ アメリカ軍の進路

▲⑦ワシントン(1732〜99)最高司令官で、初代大統領となる。→p.206

▼⑧独立戦争時の対立関係

→イギリス、国際的に孤立

4 アメリカ合衆国の誕生

合衆国憲法　1787年制定(1781年の連合規約改正が名目)	
特色 1 **人民主権** 　　 2 **連邦主義**…中央政府と州自治を折衷 　　 3 **三権分立**…立法・行政・司法	主権在民を明示する世界初の成文憲法

連邦主義	三権分立制
連邦政府…軍事、外交、通商規制など一定の権限 州政府…その他の権限 ◆連邦派(中心 ハミルトン)と反連邦派(中心 ジェファソン)の対立 ◆商工業の発達した東部などは連邦制に賛成したが、概して西部は反対した	立法…**連邦議会** 　上院(各州2名　任期6年) 　下院(各州の人口により比例　任期2年) 行政…間接選挙による**大統領** 司法…**連邦最高裁判所**

▲⑨政治機構

◀⑩当時の合衆国国旗　星とストライプの数は独立時の州の数の13。この旗の製作を依頼したワシントンは、「星は天を、赤は母国なるイギリスを、赤地を横切る白いストライプはイギリスからの独立を表す」とした。

「アメリカ独立宣言」(1776年7月4日)(抜粋)　別冊史料33

We hold these truths to be self-evident, that all men are created equal, that they are endowed by their Creator with certain inalienable Rights, that among these are Life, Liberty and the pursuit of Happiness.(以下略)

　われわれは、次の真理を自明なものと認める。すべての人は平等につくられていること。彼らは、その創造者によって、一定の譲るべからざる権利を与えられていること。それらのなかには、生命、自由および幸福の追求がかぞえられること。そうして、これらの権利を確保するために、人々の間に政府が設けられ、その正当な権力は、被治者の同意にもとづくこと。どんな形態の政治でも、この目的に有害なものとなれば、それを変更または廃止して新しい政府を設け、その基盤となる原理、その組織する権力の形態が、彼らの安全と幸福をもたらすに最もふさわしいと思われるようにすることは、人民の権利であること。

①自然法(基本的人権)
②社会契約説
③革命権(抵抗権)

〈平凡社『西洋史料集成』〉

▶⑪独立宣言の採択　ジェファソンらがロック(→p.177)などの思想を参考に起草。フランクリンが校閲。外国の支援獲得と、国内の国王派制圧のために公表された。なお、独立宣言にいう「人民」には、先住民や黒人は含まれていなかった。

今日とのつながり　合衆国紙幣にはおもに歴代の大統領の顔が描かれている。1ドルがワシントン、2ドルがジェファソン、5ドルが奴隷解放宣言を出したリンカン(→p.207)となっている。

フランス革命 ～アンシャン=レジームの崩壊

◀ p.168

フランス革命の展開

p.190 ▶

1～5 事件の順番

	年月	事項	
絶対王政（ブルボン朝）	1774.8月	テュルゴーの財政改革（～76）	第一身分（聖職者）291人／第二身分（貴族）285人／第三身分（平民）578人（身分別議決法） 失敗
	1777.2月	ネッケルの財政改革（～81）(88～89)	
	1786.8月	特権身分への課税を提唱	
	9月	英仏通商条約（イーデン条約）締結	
	1788	天候不順による全国的な凶作	
	1789.1月	シエイエス『第三身分とは何か』刊行	
	5.5	三部会の召集（1615年から休会であった →p.168）	三部会
	6.17	国民議会成立（第三身分の議員中心）	国民議会 89.7.9 憲法制定国民議会と改称
	6.20	球戯場（テニスコート）の誓い 1	
	7.14	バスティーユ牢獄襲撃 フランス革命勃発 2	
	8.4	封建的特権の廃止宣言（封建地代の有償廃止）	
	8.26	人権宣言採択 3	
	10.5	ヴェルサイユ行進（～10.6, 国王一家をパリへ）4	
	11.2	教会財産の没収→国有化	
	12.14	アッシニャ発行（はじめ国債、90年から紙幣）	
	1790.7.12	聖職者基本法決議	
	1791.3.2	ギルド廃止 4.2ミラボー死去	
	6.20	ヴァレンヌ逃亡事件（～6.21）→国王一家亡命失敗, 共和主義台頭	
	8.27	ピルニッツ宣言（墺・普の革命干渉提議）	
	9.3	1791年憲法制定	
立憲君主政	10.1	立法議会成立（有産市民による選挙で議員選出）	立法議会 フイヤン派（右派）（ラ=ファイエット）など 264人／中間派 345人／ジロンド派中心の左派 136人
	10.31	亡命貴族の財産没収法成立	
	1792.3.23	ジロンド派内閣成立（～6月）	
	4.20	対オーストリア宣戦布告 革命戦争の開始	
	8.10	8月10日事件（テュイルリー宮殿襲撃）義勇兵とサン=キュロット中心→王権停止	
	9.20	ヴァルミーの戦い（フランス革命軍初勝利）	
第一共和政	9.21	国民公会召集（男子普通選挙により議員選出）, 王政廃止宣言	ジロンド派（ブリッソー, ロラン夫人*）137～178人／山岳派（マラー, ダントン, ロベスピエール など）258～302人（1793年春）／山岳派の独裁（恐怖政治）／山岳派解体期
	9.22	共和政宣言 第一共和政	国民公会
	1793.1.21	ルイ16世処刑 5	
	2.13	第1回対仏大同盟（英首相ピットの提唱）結成 →p.190	
	2.24	徴兵制実施	
	3.10	ヴァンデーの農民反乱→革命裁判所設置	
	4.6	公安委員会設置	
	5月	最高価格令	
	6.2	山岳派が権力掌握 恐怖政治の開始（ジロンド派処刑）	
	6.24	1793年憲法制定（未施行）	
	7.17	封建的特権の無償廃止（封建地代の無償廃止）	
	10.5	共和暦（革命暦）の採用	
	11.10	理性の崇拝（非キリスト教化運動）	
	1794.3.24	エベール派（左派）粛清	
	4.5	ダントン派（右派）粛清	
	7.27	テルミドールの反動（テルミドール9日のクーデタ, ロベスピエール派逮捕）	
	1795.8.22	1795年憲法（共和国第3年憲法）制定	総裁政府 5人の総裁 五百人会 元老院
	10.26	国民公会解散→10.27総裁政府成立	
	1796.5.10	バブーフの陰謀発覚	
	1799 6.22	メートル法の正式採用	
	11.9	ブリュメール18日のクーデタ フランス革命終結	

ヨーロッパ

* 「ああ自由よ、いったいお前の名でどれだけの罪が犯されたことか」の言葉を残したとされる。

ヒストリーシアター 誰が税金を払うのか

革命前 Ⓐ Ⓑ 革命後

▲①フランス革命前と後の変化

よみとき 図①で第三身分はⒶⒷⒸのどれだろうか。また、石は何を意味しているのであろうか。

1 不満爆発～革命の始まり

キーワード **特権身分** 特権階級である第一身分と第二身分（領主）は、免税特権をもち、農民に対しては、貢租（地代）や賦役（無償の労働）を課した。また、領主裁判権も行使できた。

▶②アンシャン=レジーム（旧体制）の構造 当時、社会的な矛盾は拡大、それに対する不満は、三部会開催時に6万の陳情書という形で示された。

* 領主直轄地などを一括借地し、日雇い農民によって運営する富農。おもな支持層

（ピラミッド図）
- 国王
- 特権身分（約12万人; 0.5%）
  - 第一身分（人口の約2%, 国土の約40%・免税特権, 年金受取, 高級官職を独占）
  - 第二身分（約38万人; 1.5%）（参政権なし・重税負担・封建的束縛）
- 第三身分（約2450万人; 98%）
  - 富農（大地主・大借地農）
  - 自営農民
  - 貧農（小作農・農奴）
  - ブルジョワジー：富裕市民（特権商人・金融業者）, 中産市民（商工業者）, 下層市民（小商店主・小手工業者）
  - サン=キュロット →p.185 …無産市民または労働者

支持層（右側）
- 王党派：上級聖職者・亡命貴族（エミグレ）
- フイヤン派：立憲君主派
- ジロンド派：共和主義派（穏健派）
- 山岳派：共和主義派（急進派）

- **革命広場** もとはルイ15世広場。ギロチンによる処刑場があった。
- **ジャコバンクラブ** 多くの革命客がここで議論をかわした。
- **パレ=ロワイヤル** 革命当時、論客の激論の場となったカフェ。
- **タンプル塔** 8月10日事件の後,国王一家が幽閉された。
- **ルーヴル宮殿（現ルーヴル美術館）**
- **テュイルリー宮殿** ヴェルサイユ行進（→⑧）により、国王一家が連れもどされた。
- **革命裁判所** 現在の最高裁判所。マリ=アントワネット, ダントン, ロベスピエールら多くの人々を断頭台に送った。
- **廃兵院（アンヴァリッド）→④**
- **サンジェルマン教会**
- **ノートルダム大聖堂**
- **リュクサンブール宮殿**
- **パンテオン**
- **サンタントワーヌ場末町**
- **バスティーユ牢獄（現バスティーユ広場）**
- 議会, 市庁舎, 練兵場

▲③革命の舞台～パリ

王妃マリ=アントワネット（1755～93）

マリア=テレジア（墺 →p.174）の娘で、ルイ16世の后。国王とともに国外逃亡を企てる（ヴァレンヌ逃亡事件）が失敗、93年に処刑された。4人の子どものうち、次男は反革命派によってルイ17世とよばれたが、幽閉され病死したとされる。

◀⑤マリ=アントワネットと子どもたち
（円内は処刑直前のマリ, ダヴィド画）

次男ルイ

バスティーユ牢獄

②1789年7月

◀④バスティーユ牢獄襲撃（革命の勃発）

1789年7月14日朝、パリ民衆は廃兵院で武器を奪い、その後、火薬・弾薬を求めてバスティーユに向かった。ここは当時、政治犯の牢獄であり、王政を批判する人々にとっては圧政の象徴でもあった。

国民議会議長バイイ

シエイエス　ロベスピエール　ミラボー

① 1789年6月

フランス革命事件簿
1〜5 は事件の順番を示す。2 →p.188④へ。

◀⑥**球戯場（テニスコート）の誓い**　**三部会**から離脱した**第三身分**とこれに同調する第一・第二身分の人々は，**国民議会**を結成し，**憲法制定**まで解散しないことを誓った。**シエイエス**は，パンフレット『**第三身分とは何か**』で，「第三身分とはすべてである」と主張した。

▶⑧**ヴェルサイユ行進**　食料の高騰に苦しむパリ市民は女性を先頭にヴェルサイユに向かい，翌日，国王一家をパリに連行した。
＊古代ギリシア，ローマの解放奴隷の象徴に由来する。

▼⑨**ルイ16世の処刑**　革命広場（現　コンコルド広場）で**ギロチン**にかけられた。「余を死にいたらしめた者を許す」が最後の言葉といわれる。

▼⑦**人権宣言の採択**　別冊史料34

赤い帽子（「自由」のシンボル）＊
天秤（「平等」のシンボル）

③ 1789年8月

④ 1789年10月

ルイ16世　　ギロチン（断頭台）

⑤ 1793年1月

② 革命の進展と激化

フイヤン派

山岳派（ジャコバン派の左派）

▲⑩**ラ＝ファイエット**（1757〜1834）自由主義貴族。**アメリカ独立革命**に参加。立憲君主政を志向し，**フイヤン派**を組織。

▲⑪**ダントン**（1759〜94）弁護士出身。山岳派右派の中心人物で，王政廃止後，法務大臣になる。のちに**ロベスピエール**と対立。

▲⑫**ロベスピエール**（1758〜94）弁護士出身。**第三身分**議員として**三部会・国民議会**で活躍。**国民公会**では山岳派を率いて主導権をにぎった（**恐怖政治**）。

▼⑬**憲法の制定**　＊未施行。＊2山岳派はジャコバン派（ジャコバンクラブ）という革命団体の一派であるが，ジロンド派やフイヤン派が離脱・脱退した後，主導権をにぎったため，山岳派をジャコバン派とよぶこともある。

	1791年憲法（1791.9.3）	1793年憲法＊（1793.6.24）	1795年憲法（1795.8.22）
制定者	国民議会	国民公会（山岳派＊2）	国民公会（テルミドール派）
政体	立憲王政	共和政	ブルジョワ中心の共和政
議会	一院制	一院制	二院制（五百人会・元老院）
選挙	制限（財産資格）・間接選挙	男子普通選挙（21歳以上）	制限（財産資格）・間接選挙
特徴	・前文に「人権宣言」・三権分立	・教育・福祉の権利，圧政に対する抵抗権を保障	・独裁政治を避けるため権力を分散（5人の総裁）

▼⑭**「祖国は危機にあり」**〜反革命勢力との戦争

オランダ

イギリス　ロンドン

1792.11 フランス軍大勝　ジェマップ　ケルン

プロイセン
オーストリア
ヴァレンヌ　マインツ　神聖ローマ帝国
ヴェルサイユ　パリ　ストラスブール
レンヌ　　ヴァルミー
ナント　ディジョン
1791.6 ヴァレンヌ逃亡事件
1793.3 ヴァンデーの農民反乱　農民が徴兵制に反対し，反革命反乱→虐殺の末鎮圧
ヴァンデー県
1792.9 フランス軍初勝利　ゲーテ従軍（プロイセン側）
ボルドー　リヨン
ジロンド県　サヴォイア
0　200km
サルデーニャ　ナポリ
1792〜94年の戦況
→ フランス軍
→ 連合軍
⊗ フランスの勝利
⊗ フランスの敗北
■ 1793年のフランス征服地
スペイン　マルセイユ　トゥーロン
イギリス
● 1789年の革命勃発地
▨「大恐怖」が広がった地域
▩ 反革命派による反乱 1792〜99年

③ 国民国家の形成

ラ＝マルセイエーズ（一番）

いざ祖国の子らよ，
栄光の日は来たれり。
我らに向かって，圧政の，
血塗られし軍旗は掲げられたり。
聞こえるか，戦場で，
あの獰猛な兵士どもが唸るのを？
奴らは我らの腕の中にまで

君らの息子を，妻を，
殺しに来る。
武器を取れ，市民諸君！
隊伍を整えよ，
進もう！ 進もう，
不浄なる血が我らの田畑に
吸われんことを。

〈吉田進著『ラ・マルセイエーズ物語』中央公論社〉

▲⑮**フランス革命**の際，パリに入ったマルセイユ連盟兵が歌い，国民の抵抗と団結の象徴として1795年に国歌となった。**王政復古**で取り消されたが，**第三共和政**（→p.198）期に再び国歌になった。

▶⑯**メートル法**　現代の日本でも使用しているメートル法は，地域ごとに異なっていた単位を，革命の際に統一してつくられた。

リットル　グラム　メートル

▶⑰**共和暦（革命暦）**　共和暦（革命暦）は1793年に制定され，**第一共和政**樹立の9月22日を第1日とする。1週間を10日，1時間を100分とした。1806年に廃止。→p.52

共和暦（革命暦）	西暦
ヴァンデミエール（葡萄月）	9 〜10月
ブリュメール（霧月）	10〜11月
フリメール（霜月）	11〜12月
ニヴォーズ（雪月）	12〜 1月
プリュヴィオーズ（雨月）	1 〜 2月
ヴァントーズ（風月）	2 〜 3月
ジェルミナール（芽月）	3 〜 4月
フロレアル（花月）	4 〜 5月
プレリアル（草月）	5 〜 6月
メシドール（収穫月）	6 〜 7月
テルミドール（熱月）	7 〜 8月
フリュクティドール（実月）	8 〜 9月

今日とのつながり　自由・平等・友愛のシンボルである三色旗（トリコロール）（現在のフランス国旗）は，ラ＝ファイエットが市民に与えた帽章に由来するといわれている。青・赤はパリ市軍隊，白はブルボン家の色である。

ヨーロッパ

MAP ○

3部1章

ナポレオン　〜フランスの英雄, そして諸国民にとっての「解放者」「侵略者」

「私は諸君が祖国の栄光のために有用であると信じる称号を受けとろう」

▶①「ナポレオンの**戴冠式**（たいかん）」1804年パリの**ノートルダム大聖堂**で戴冠式が行われた。**ナポレオン**の頭には古代ローマ風の冠がある。➡p.138③

母マリア
ナポレオン
教皇ピウス7世
タレーラン
弟ルイ
兄ジョゼフ
妻ジョゼフィーヌ

よみとき なぜ、ローマ教皇ではなく、ナポレオンが皇后に冠を授けているのだろうか。

〈ダヴィド画, ルーヴル美術館蔵, 621cm×979cm〉

ナポレオン時代のヨーロッパと各国の動き

◀p.188　　p.192,198▶

		年	できごと
ヨーロッパ	第一共和政	総裁政府 第1回	1796. 3 **イタリア遠征**（第1次イタリア遠征）開始（〜97）（オーストリア軍を破る）
			1797.10 カンポ=フォルミオの和約（対オーストリア）
		第2回対仏大同盟	1798. 5 **エジプト遠征**（〜99）（英・インドの連絡を断つ）
			.8 アブキール湾の海戦, 敗北
			.12 **第2回対仏大同盟**結成
			1799.11 **ブリュメール18日のクーデタ**
			フランス革命終結, ナポレオン時代へ
		統領政府	.12 **統領政府**成立（**第一統領**に就任）
			1800. 2 **フランス銀行**創設（フラン発行）
			.5 第2次イタリア遠征
			1801. 7 ローマ教皇ピウス7世と**宗教協約**（**コンコルダート**）
	統領政府		1802. 3 **アミアンの和約**（対英, 〜03）
			.8 **終身統領**に就任
		第3回対仏大同盟	1804. 3 フランス民法典制定（07**ナポレオン法典**）
			.5 **皇帝即位** 第一帝政開始 別冊史料35
			1805. 8 **第3回対仏大同盟**結成
	第一帝政		.10 **トラファルガーの海戦**（ネルソンのイギリス艦隊に敗北）
			.12 **アウステルリッツの戦い**（三帝会戦, 墺・プレスブルク条約）
			1806. 7 **ライン同盟**成立（〜13）
			.8 神聖ローマ帝国消滅
			.10 イエナの戦い
			.11 **大陸封鎖令**（ベルリン勅令）
			1807. 7 **ティルジット条約**（対普・露）
			ヨーロッパ各国のナショナリズム高揚
			.10 シュタイン・ハルデンベルクの指揮による**プロイセン改革**（〜22, 農奴制廃止・行政機構改革など）
			フィヒテ「**ドイツ国民に告ぐ**」（〜08）➡p.177
			1808. 5 マドリードの民衆蜂起（**スペイン反乱**→半島戦争始まる〜14）
			1810.12 ロシア, 大陸封鎖令を破棄
		第4回	1812. 6 **ロシア遠征**（〜12月）, 失敗
			1813. 3 解放戦争の開始
			.10 **ライプツィヒの戦い**（**諸国民戦争**）（連合軍に敗北）
			1814. 4 ナポレオン退位, **エルバ島**に流刑（5月）
	ブルボン朝		.5 ブルボン王政復古（**ルイ18世**）
			.9 **ウィーン会議**（〜15.6）
			1815. 2 ナポレオン, エルバ島を脱出
			「**百日天下**」始まる（〜6月）
			.6 **ワーテルローの戦い**（英指揮官**ウェリントン**に敗北）ナポレオン退位
			.7 ルイ18世復位
			.10 ナポレオン, **セントヘレナ島**に流刑
			1821. 5 ナポレオン死去（51歳）

（支配体制の形成期 / 全盛期 / 没落期）

④**ナポレオン=ボナパルト**（1769〜1821）**コルス（コルシカ）**島の出身。両親はコルシカ独立運動の闘士。父の方針でパリの士官学校に学び、砲兵少尉のとき, 革命勃発。**山岳派政権**時代の1793年12月, トゥーロン港攻囲戦で成功し, 司令官として台頭。〈ダヴィド画, ルーヴル美術館蔵〉

▼⑤**セントヘレナ**（➡p.42）**への流刑** ワーテルローの敗北後, ナポレオンは渡米を望んだが, 英国は拒否した。

▼②ボナパルト家の系図

シャルル=ボナパルト — マリア=レティティア=ラモリーノ

ジェローム ['07〜'13 ヴェストファーレン王] / ポーリーヌ ミュラ / カロリーヌ / ルクレール / ボルゲーゼ公 / オルタンス（ジョゼフィーヌの先夫との娘） / ルイ [06〜10 オランダ王] / エリーザ バチョッキ / リュシアン / ジョゼフィーヌ / **ナポレオン1世** / マリ=ルイーズ ハプスブルク家 / ジョゼフ [0608〜0813 スペイン王/ナポリ王]

ナポリ王 / カニーノ大公 / ナポレオン2世 [11 ローマ王] / ナポレオン3世

赤字は女性 　数字は1800年代の在位年

▲③ナポレオンの2番目の妻マリ=ルイーズと息子

1 革命の相続人ナポレオン

ボナパルト
ハンニバル
カール大帝

▲⑦「**サンベルナール越えのボナパルト**」 ナポレオンは言論統制を行ったり, **ダヴィド**を専属の公式画家として採用し, 作品を有効な宣伝手段として活用したりした。〈ダヴィド画〉➡巻頭3

ナポレオン法典（抜粋）➡p.214
545条 何人も, 公益上の理由にもとづき, かつ正当な事前の補償を受けるのでなければ, その所有権の譲渡を強制されることはない。　[所有権の絶対]
1134条 適法に締結された合意はそれをなした当事者間では法律たるの効力を有する。…　[契約の自由]

▲⑥革命理念を成文化し, **所有権の不可侵や契約の自由**を法的に確定した。ナポレオンは「私の真の栄誉は40度の戦勝ではなく, 永久に生きる私の民法典である」と言ったといわれる。

ナポレオンの名言
・不可能とは小心者の幻影であり, 卑怯者の逃避所である。
（ひ きょうもの／ナポレオンが日常よく口にした言葉 「余の辞書に不可能という文字はない」と訳されることもある）

・フランス人諸君, ピラミッドの頂点から4000年の時間が諸君を見つめていると思いたまえ。
（1798年のエジプト遠征時に兵士を激励した言葉）

2 対仏大同盟

回 数	第1回	第2回	第3回	第4回*
期 間	1793〜97	1798*²〜1802	1805	1813〜14
おもな参加国	英・普・墺・西・サルデーニャ	英・露・墺・土・ナポリ王国	英・露・墺	ほぼ全ヨーロッパ諸国
結成の動機	仏軍のベルギー占領とルイ16世処刑	ナポレオンの**エジプト遠征**	ナポレオンの皇帝即位	ナポレオンのロシア遠征失敗
おもな戦い	ナポレオンの**イタリア遠征**	マレンゴの戦い	**アウステルリッツの戦い**	ライプツィヒの戦い
結 果	→カンポ=フォルミオの和約で解消	→**アミアンの和**約で解消	→プレスブルク条約で解消	→ナポレオンの退位を実現

*実質的には表の4回だが, 1806〜07（第4回）, 1809（第5回）, 1815（第7回）を加えて計7回になる。表中の第4回は実際は第6回目にあたる。 　*2 99年, ナポリ・墺・土加盟。

今日とのつながり 「ナポレオン法典」は数々の修正を受けながら, 今なおフランスで効力をもっている。

3 イギリスとの抗争

中立を保ち英仏と中継貿易をしていたがイギリスの介入にあい1812年米英（アメリカ=イギリス）戦争へ

フランス牽制のためイギリスに攻撃され1807年参戦

イギリス勢力範囲	フランス勢力範囲

アメリカ合衆国

イギリス

フランス

デンマーク

オランダ領東南アジア植民地へ

インド

エジプト

ナポレオンの遠征によりイギリスとインドを結ぶ線が断たれる

本国同様フランスに占領されたためイギリスが攻撃

スペイン本国との通商断つためイギリスとの貿易増える

南米植民地

▲⑧**地球というケーキを食べる英仏** 英国首相**ピット**は，ナポレオンのライバルで，第1〜3回の**対仏大同盟**を組織，対抗した。

▶⑨19世紀初頭の英仏勢力範囲

ピット　ナポレオン

← p.169 1 , → p.193 1

キーワード 大陸封鎖令（ベルリン勅令）

1806年ベルリンを占領したナポレオンは，イギリスの商品を大陸から締め出し，ヨーロッパをフランス産業の市場にすることをねらい，イギリスへの経済封鎖を行った。

対応と影響	イギリス	海軍による逆封鎖と密輸，南米市場開発でのりきる
	フランス	英にかわるほど工業力のびず，砂糖など植民地の産物も不振で，深刻な打撃
	大陸諸国	イギリス依存の交易を失い，経済悪化→反ナポレオン感情高まる
結果		1810年の特許状制度採用で自己崩壊，13年ライプツィヒの戦いで完全崩壊

4 ナポレオン時代のヨーロッパ

0　　　500km

ノルウェー王国（1814までデンマーク領）
スウェーデン王国
デンマーク王国
グレートブリテン-アイルランド連合王国
北海
オランダ王国
プロイセン王国
ヴェストファーレン王国
ベルリン
1807 ティルジット条約
ティルジット
ヴィリナ
フリードラント1807
アイラウ1807
ベレジナ川1812.11
スモレンスク1812.8
ボロディノ1812.9
モスクワ
マロヤロスラヴェツ1812.10
ワルシャワ
1806 大陸封鎖令（ベルリン勅令）
ワルシャワ公国（1807〜15）
ロシア帝国
1815 ワーテルローの戦い
1802 アミアンの和約
ロンドン
ブーローニュ
アミアン
ブレスト
パリ
リュネヴィル
ライン同盟
アウエルシュタット1806
イエナ1806
ビルニッツ
1813 ライプツィヒの戦い（諸国民戦争）
1809 ワグラム
プレスブルク
アスペルン1809
1805 アウステルリッツの戦い（三帝会戦）
ベッサラビア
1812〔露〕
ロシュフォール
フランス帝国
スイス
サン=ベルナール峠
イタリア王国
ウルム
ウィーン
オーストリア帝国
カンポ=フォルミオ
ヴェネツィア
ハンガリー
ロディ1796
マレンゴ1800
アルコレ1796
ワラキア1806〜12〔露〕
黒海
大西洋
ラ=コルニャ
マドリード
ビトリア1813
リスボン
ポルトガル王国
スペイン王国
バイレン1808
カディス
ジブラルタル〔英〕
1805 トラファルガーの海戦
マルセイユ
トゥーロン
コルス島（コルシカ）
メノルカ島1798〜1802〔英〕
マヨルカ島
サルデーニャ王国
エルバ島
教皇領
ローマ
ナポリ王国
ナポリ
シチリア王国
1814 ナポレオン，エルバ島に流刑
マルタ島1798〔仏〕1800〔英〕
コルフ島1807〔仏〕
イオニア諸島1807〔仏〕1809〔仏〕
ギリシア
クレタ島
地中海
イスタンブル（コンスタンティノープル）
オスマン帝国
アッコ（アッコン）
アブキール湾1798
ロゼッタ1798
アレクサンドリア
エジプト
ギザ1798
カイロ1798

ナポレオン法典の施行地域
ナポレオン法典の影響を受けた地域

▲⑩**ロシア遠征** 1812年6月，ナポレオンは約60万の大軍を率いてロシアに侵攻，9月にボロディノの戦いでロシア軍を退却させ，モスクワに入城したが，モスクワの火災とクトゥーゾフ将軍による焦土作戦で，10月に撤退。ロシア軍の追撃と例年より早い厳寒（冬将軍）のため大敗北を喫した。

▲軍旗を焼くフランス兵

フランス　イギリス，ナポレオンの亡命受入を拒否

アフリカ大陸

1815 ナポレオン，セントヘレナ島に流刑
1821 ナポレオン死去
セントヘレナ島（イギリス領）

ナポレオンの遠征

→ 第1次イタリア遠征（1796〜97）
→ エジプト遠征（1798〜1801）
→ 第2次イタリア遠征（1800）
･･･ オーストリア・ドイツ出兵（1805〜09）
→ イベリア半島出兵（1807〜14）
→ ロシア遠征（1812）
→ エルバ島脱出（1815）
▨ 大陸封鎖地域
✳ おもな民族暴動
● 主要条約締結地
✕ おもな戦場

■ フランス帝国の領土（1804年）	▨ フランス帝国治下の諸国
▨ 1812年までにフランス帝国が獲得した領土	▨ フランスに従属する諸国
	▨ ライン同盟（1806〜13）

〈プラド美術館蔵，266cm×345cm〉

イエスになぞらえ手にあいた穴

マリアに見たてられた母子像

顔を見せないナポレオン軍

歴史と芸術 ナポレオンを嫌悪した芸術家たち ← p.179,212

◀⑪**「1808年5月3日マドリード市民の処刑」** ナポレオンの腹心ミュラは，民衆蜂起参加者を銃殺刑にした。スペインの宮廷画家であったゴヤは，「ヨーロッパの暴君に対するわれらが誉れある反乱の最も輝かしくも英雄的な行動の場面を絵筆で永遠化したい」としてこの絵を描いた。

▲⑫**ゴヤ**（1746〜1828）

ハイドンは，ナポレオン軍のウィーン占領の際，「皇帝」（原題「神よ，皇帝フランツを守りたまえ」）を毎日弾いていた。また，**ベートーヴェン**は，ナポレオンの皇帝即位を聞き，自作楽譜に書かれた題名「ボナパルト」をかき消して「英雄（エロイカ）」に改題したといわれる。

▲⑬**ハイドン**（1732〜1809）

今日とのつながり ナポレオン戦争による大陸制覇は，スペインにおける民衆の激しい抵抗にあった。小戦争という意味のスペイン語の「ゲリラ」が普及したのもこの時期である。

ウィーン体制の成立と崩壊 〜反動体制と自由主義・ナショナリズムの高揚

踊る王・皇帝のおもわくと立ち上がる諸国民

▶①**ウィーン会議の風刺画** ナポレオン戦争後の国際秩序再建のため，オーストリア外相の**メッテルニヒ**を中心に，各国の代表が集まった。会議は各国の利害が対立し，**「会議は踊る，されど進まず」**と皮肉られた。

オーストリア皇帝／ロシア皇帝アレクサンドル1世／イギリス代表カースルレー／プロイセン王／Ⓐ

よみとき 図①において，右側で踊る3人をイギリスのカースルレーとともに冷静に見ているⒶはどこの国の代表だろうか。また，この2国が冷静に見ているように描かれる理由について年表を参考にそれぞれ考えてみよう。

自由の女神／キリスト／革命での殉死者／捨てられる王冠

▲②**「諸国民の春」** 自由主義やナショナリズムの運動が各地に普及したため，**二月革命**に始まる1848年の春は**「諸国民の春」**と称され，一連の動きは**1848年革命**とよばれる。

◀190 **ウィーン体制の成立から崩壊へ** **p.198,200▶**

18世紀後半〜19世紀初頭	**フランス革命・ナポレオン戦争**	
1814.9	**ウィーン会議**（〜15）**〈オーストリア外相メッテルニヒ主宰〉**	
	●**正統主義**（フランス外相タレーラン提唱）　●**勢力均衡**	影響
15.6	**ウィーン議定書調印** **ウィーン体制成立**（〜48）	
15.9	**神聖同盟〈アレクサンドル1世の提唱〉**（イギリス王・ローマ教皇・オスマン帝国スルタンを除く全欧君主が参加）	
15.11	**四国同盟**（露・墺・普・英，1818年仏参加により**五国同盟**に）	

ウィーン体制側の動き⇒	自由主義とナショナリズムの動き⇐成功⇐不成功	

支配的	1819	**カールスバート決議**⇒	1815	ドイツの**ブルシェンシャフト運動**（〜19）
				↓ヴァルトブルクの祭典（17）
	21	オーストリア軍の革命鎮圧⇒	20	イタリアの**カルボナリの革命**（20ナポリ，21トリノ）
	23	フランス軍の革命鎮圧⇒	20	**スペイン立憲革命**（〜23）
		メッテルニヒの干渉⇒	10年代	**ラテンアメリカ諸国の独立運動** p.194
	20年代	**ラテンアメリカ諸国独立達成**⇐	22	イギリス，五国同盟脱退
			23	アメリカ，**モンロー宣言（教書）**
動揺	25	**ニコライ1世の鎮圧**⇒	25	ロシアの**デカブリストの乱**
	30	**ギリシアの独立承認**⇐	21	**ギリシア独立戦争**（〜29）
		フランス七月王政成立⇐	30	フランスの**七月革命**
		ベルギー，独立達成⇐	30	ベルギーの独立運動
	31	ロシア軍の鎮圧⇒	30	**ポーランド11月蜂起**（〜31）
		メッテルニヒの弾圧⇒	30	**ドイツ騒乱**
	31	オーストリア軍の弾圧⇒	31	イタリア騒乱（カルボナリ蜂起，パルマ・モデナ・教皇領）
			31	**「青年イタリア」結成**
	32	**イギリス，腐敗選挙区廃止，選挙権拡大**⇐	32	イギリスの**第1回選挙法改正**
			46	**ポーランドの独立運動**
崩壊	48	**フランス，七月王政崩壊　第二共和政成立**⇐	48	フランスの**二月革命**
	48	**四月普通選挙**		
	48	メッテルニヒ亡命　**ウィーン体制崩壊**⇐	48	**ウィーン，三月革命**
		⇐	48	**ベルリン，三月革命**
	48	オーストリア・ロシア軍の鎮圧⇐	48	ボヘミア（ベーメン）・ハンガリー（指導者コッシュート）の民族運動
	49	オーストリア軍の鎮圧⇐	48	サルデーニャの対墺宣戦（〜49）
	49	プロイセン王拒否⇐	48	**フランクフルト国民議会**（〜49）
	49	フランス軍の鎮圧⇒	49	**ローマ共和国建設** p.200

（欄外：第1波／第2波／第3波）

（側タブ）ヨーロッパ／MAPP／3部1章

---

1 ウィーン体制の成立

キーワード **正統主義** ウィーン会議の基本原則で，フランス革命前の主権と領土を正統とし，革命前の状態に戻すべきだとする考え。仏外相タレーランが主張。

□四国同盟加盟国　□復活したブルボン朝

スウェーデン／ノルウェー／フィンランド／イギリス／デンマーク／セイロン島ケープ植民地／プロイセン／オランダ立憲王国／マルタ島／フランス／南ネーデルラント（ベルギー）／スペイン／ザクセン北半分ラインラントヴェストファーレン／ポーランド立憲王国*／ワルシャワ大公国の消滅／ロシア／ベッサラビア／オーストリア／ヴェネツィア・ロンバルディア／両シチリア王国／ナポリ／シチリア／オスマン帝国／ドイツ連邦（35君主国と4自由市）成立／スイス，永世中立国化

*ロシア皇帝が国王を兼ねる。1832年ロシアに併合。

▲③**ウィーン会議によるおもな領土・体制変更**

期待／プロイセン 北ドイツの大国／ロシア 大陸最大の領土 大陸最大の兵力／ドイツでの相互の地位を確保／ドイツ統一運動／イタリア統一運動／オーストリア 大陸の要 ドイツ連邦議長国／弾圧

革命弾圧を軍事力で支援（3君主国連合の要）

ロシア・オーストリアの関係 クリミア戦争を機に悪化 p.204

1860〜70年代のイタリア・ドイツ統一へ p.200・201

▲④**革命封じ込めのしくみ**

歴史と絵画 **「キオス島の虐殺」**

Byron（バイロン）

◀⑤**アテネのギリシア神殿に残るバイロンのサイン**

ギリシア独立戦争中の1822年，エーゲ海のキオス（ヒオス）島で**オスマン帝国軍**によるギリシア系住民虐殺事件が起こった。**バイロン**など古代ギリシアにあこがれを抱く文化人は多く，その1人**ドラクロワ**は，事件への抗議を込めてこの絵を描いた。

p.210,212

◀⑥**「キオス島の虐殺」**〈ドラクロワ画，ルーヴル美術館蔵，419cm×354cm〉

世界全図p.42~43　← p.191 ④ , → p.202 ①

ウィーン会議による各国の併合地

- ▨ プロイセン
- ▨ ロシア
- ▨ オーストリア
- ▨ オランダ
- ▨ デンマーク

── ドイツ連邦の境界（1815年）

- ● ドイツの4自由市
- ● 主要会議開催地
- ✦ 1830～32年の革命発生地
- ✦ 1848年の革命発生地
- ▢ 革命の第1波での動き
- ▢ 革命の第2波での動き（七月革命の影響）
- ▢ 革命の第3波での動き（二月革命の影響）

ⓐ ロンバルディア
ⓑ ボズナン
ⓒ ザクセン
ⓓ ラインラント
ⓔ 南ネーデルラント

▶ ⑦ウィーン体制と革命運動 自由主義・国民主義の運動は，ブルジョワジーを軸とする**七月革命**後にはベルギー独立やイギリス選挙法改正などの成功にとどまった。しかし，**二月革命**後には社会主義者や自立をめざす少数民族を含む動きとなって拡大した。

地図内注記：
- 1815~19 ブルシェンシャフト運動
- 1830 ベルギー独立
- 1832 第1回選挙法改正 1838ごろ～50年代 チャーティスト運動
- 1830 七月革命 1848 二月革命
- 1848 フランクフルト国民議会
- 1820 ポルトガル革命
- 1831 「青年イタリア」結成
- 1820~23 スペイン立憲革命
- 1820 カルボナリの立憲革命（ナポリ蜂起）
- 1830 アルジェリア出兵 アルジェリア 1830（仏） マルタ島 1800（英）
- 1848 ベルリン，三月革命
- 1830~31 ポーランド11月蜂起 1848 ポーランド独立運動
- 1825 デカブリストの乱
- 1848 ボヘミア（ベーメン）民族運動 1848 スラヴ民族会議
- 1848 ウィーン，三月革命
- 1848~49 ハンガリー民族運動（コッシュートの指導）
- 1848 イタリア民族運動
- 1831 カルボナリの革命
- 1829 独立達成 1827 ナヴァリノ
- 1830年に国際的に承認されたギリシア領土

ロシア帝国

⑧ショパン（1810~49）　1830年の祖国ポーランド11月蜂起の失敗を聞いたショパンは，「ピアノで悲しみを訴える」としてエチュード「革命」を作曲した。 → p.212

0　500km

---

② 七月革命・二月革命

*ブルボン復古王政

七月革命（1830）		二月革命（1848）
国王**シャルル10世**の反動政治への反抗	原因	国王ルイ=フィリップや少数ブルジョワジーの政権独占への不満
ラ=ファイエット → p.189，ティエール（自由主義者）	指導者	ラマルティーヌ（穏健な共和主義者），**ルイ=ブラン**（社会主義者）
自由主義的大資本家	支持層	新興の中小資本家・労働者
上層市民の自由主義的改革	性格	自由主義的革命と社会主義的改革
七月勅令（議会解散，選挙制度の改悪など）→パリ市民蜂起→国王シャルル10世イギリス亡命，七月王政へ	経過	ギゾー内閣，**改革宴会**（選挙法改正をめざす集会）を禁止→二月革命→国王ルイ=フィリップ亡命，第二共和政へ
七月王政（立憲君主政）→ p.198 国王:**ルイ=フィリップ**（オルレアン家） 議会:銀行家などの大ブルジョワジー中心（有権者の対人口率0.6%）	新体制	**第二共和政**（1852第二帝政へ）→ p.198 大統領:**ルイ=ナポレオン** 議会:ブルジョワ共和派中心（社会主義者後退）**四月普通選挙**で自由主義派勝利→社会主義派の**六月暴動**を鎮圧

▲ ⑨バリケードを築くパリ市民 二月革命の際に，狭くて曲がりくねったパリの街路は蜂起するパリの民衆にとって容易にバリケードを築くために活用でき，また，その敷石は投石に活用することができた。

テーマ ■ ベルギーの独立

1581年以前の南ネーデルランド → p.165 ②

　豊かで交通の**要衝**に位置する南ネーデルランドは，外国の支配下にあることが多く，独立への動きは**七月革命**の際に成功した。その際にローマ帝国時代の属州の名称ベルギカにちなむ国名が採用された。

▼ ⑩南ネーデルランドの変遷

A オランダ独立宣言（1581~1815）　B ウィーン議定書（1815年）　C ベルギー独立（1830年）

---

③ 「諸国民の春」

産業革命の進展により成長

産業資本家 →対立← 労働者階級　マルクス，エンゲルス『共産党宣言』発表 → p.182,183

1830 七月革命　　1848 二月革命　　自由主義 ブルジョワジー優位の社会へ

自由主義運動の進展	・君主の圧政の排除，憲法の制定，言論の自由を求める動き ・機会の平等，自由な経済活動を求める動き
ナショナリズム運動の進展	・国民国家の形成（男子普通選挙や国民軍の創設）・民族自治の要求，独立運動，国家統一運動（ほぼ失敗に終わる）

今日とのつながり　ベルギー王国の首都ブリュッセルは第二次世界大戦後，ヨーロッパ有数の世界都市となり，NATO（北大西洋条約機構）の本部やEU（ヨーロッパ連合）の主要機関などがおかれている。

ラテンアメリカ諸国の独立 〜ラテンアメリカの環大西洋革命

ヒストリーシアター　独立革命を導いたのは…

◀①**シモン=ボリバル**(1783〜1830) 独立戦争では，コロンビア・エクアドル・ベネズエラを解放し**大コロンビア構想**を実現しようとした。ボリビアに彼の名が残る。

▶②**サン=マルティン**(1778〜1850) **チリ**や**ペルー**の独立に活躍した。

よみとき シモン=ボリバルやサン=マルティンはどの階級の出身だろうか。また，その階級が主導して独立をはかろうとしたのはなぜか。

ヨーロッパ本国からの白人（ペニンスラール） → ・社会の最高位　・特権階級　・ラテンアメリカの大半を支配

この二つが中南米独立を推進

クリオーリョ（植民地生まれの白人）→ ・本国生まれの白人から差別　・**サン=マルティン**や**ボリバル**もクリオーリョ

・**メスティーソ**（白人と先住民の混血）　・ムラート（白人と黒人の混血）　・**先住民・黒人** → ・全人口の約80%を占める　・大土地所有の底辺を支える　・クリオーリョからも差別

▲③**スペイン統治下の社会構造**

キーワード　アシエンダ制 16世紀半ば，先住民が激減して増えた空き地をスペイン人が買い入れ，大農場経営を行ったのが始まり。エンコミエンダ（●p.157）にかわって広がる。20世紀まで残存し，ラテンアメリカの近代化を阻害した。

クリオーリョ　黒人使用人
▲④**クリオーリョと黒人使用人**

1 ラテンアメリカ諸国の独立
世界全図p.42〜43
◀p.171 2B，●p.221 2

▶⑤**トゥサン=ルーヴェルテュール**(1743〜1803)

1810 イダルゴによるメキシコ独立運動

太平洋

メキシコ 1821　**キューバ** 1902 1962　**ジャマイカ**　**ドミニカ** 1844　プエルトリコ 西→米1898

グアテマラ 1821　**ホンジュラス** 1821　**ハイチ** 1804　ラテンアメリカ諸国初の独立を達成→⑤

エルサルバドル 1821　**ニカラグア** 1821　カラカス　**トリニダード・トバゴ** 1962

コスタリカ 1821　**パナマ** 1903　ボゴタ　**ベネズエラ** 1811(1830)　英領ギアナ(1966ガイアナ共和国)　蘭領ギアナ(1975スリナム共和国)　仏領ギアナ

運河の建設・管理権獲得をもくろむアメリカの援助で独立●p.221

コロンビア 1819　キト　**エクアドル** 1822(1830)　グアヤキル　アマゾン川

ペルー 1821　リマ　アヤクチョ　クスコ　**ブラジル**(1822〜89帝国)(1889共和国)　サルバドル

独立前の宗主国
- ■ スペイン
- ■ イギリス
- ■ ポルトガル
- ■ オランダ
- ■ フランス
- ── 大コロンビア共和国(1819〜30)
- ── ペルー・ボリビア国家連合(1836〜39)
- ── 中央アメリカ連邦(1823〜39)
- 赤数字 独立年次
- → シモン=ボリバルの進路
- ▨ シモン=ボリバルの指導で独立した旧スペイン領の国
- → サン=マルティンの進路
- ▥ サン=マルティンの指導で独立した旧スペイン領の国
- ▨ サン=マルティンとシモン=ボリバルの指導で独立した旧スペイン領の国

ラパス　**ボリビア** 1825　**パラグアイ** 1811　アスンシオン　リオデジャネイロ　サンパウロ

ボリビアの国名は**シモン=ボリバル**にちなんだもの

チリ 1818　バルパライソ　サンティアゴ　**ウルグアイ** 1828　ブエノスアイレス　モンテビデオ

アルゼンチン（1816ラプラタ連邦の独立国）（1862アルゼンチン共和国）

パタゴニア

フォークランド諸島

0　1000km

2 独立後のメキシコ

ビリャ　サパタ
▲⑥**ビリャとサパタ** メキシコ革命の農民運動指導者。地主派の**カランサ**と組んで政権を転換したが，のちカランサ政権と対抗した。

スペインから独立(1821年)

フアレスの自由党政権 任1858〜72　ナポレオン3世の**メキシコ出兵**(1861〜67年)・墺大公マクシミリアンをメキシコ皇帝に擁立→失敗

ディアスの独裁 任1877〜80，84〜1911・アメリカの支援・輸出の拡大と外資の流入　・工業化の進展

メキシコ革命(1910〜17年)

マデロ 任1911〜13　とサパタ，ディアスを追放

サパタ，ビリャら革命家が政府軍を破る

カランサ 任1917〜20・アメリカの支援・憲法制定

▲⑦**メキシコの歴史**

アメリカ

MAPP〜Q

3部1章

大英帝国の繁栄 ～イギリスの自由主義政策

▶ヨーロッパ

ヒストリーシアター　大英帝国はヴィクトリアの時代

ヴィクトリア女王の日記
5月1日、…われるような歓声，どの顔にも見られる喜び，建物のすばらしさ，珍しい木や草花の数々，彫刻の群れ，噴水，そして音楽。地球上のすべての国々の工業を結び合わせたこの“平和の祭典”…

ヴィクトリア女王

▲①即位後まもないヴィクトリア女王
◀②第1回万国博覧会(ロンドン，1851年)の開会式

ひと　ヴィクトリア女王(位1837～1901)

18歳で即位し，1840年アルバート公と結婚した。「国王は君臨すれども統治せず」の原則を維持し，議会政治がよく機能した。ヨーロッパ各王室と強いつながりをもち(→③)，大英帝国繁栄の象徴となった。→p.196

ロシア皇帝・孫(ロシア) Z　皇帝妃
孫(独皇帝) Y　ヴィクトリア女王　長女(独皇帝の母)

▲③ヨーロッパの祖母ヴィクトリア

よみとき 図②の建物を明るくしたＸは何だろう？写真③のＹ・Ｚの皇帝は誰だろう？

自由貿易主義への転換 / 自由貿易の完成と植民地拡大 / 「帝国主義の時代」

---

1 大英帝国と自由貿易

大英帝国　イギリス本国 強制的な自由貿易

自治領
1867 カナダ連邦
1901 オーストラリア
1907 ニュージーランド
1907 ニューファンドランド
1910 南アフリカ連邦
1922 アイルランド

植民地 / 直轄地
1801 アイルランド
1878 キプロス島
1882 エジプト
1895 ローデシア
1899 スーダン 他

1877 インド帝国
1880 アフガニスタン
1886 ビルマ
1895 マレー連邦

中国 / ラテンアメリカ / 日本 / ペルシア / トルコ

自由貿易とは…
輸入品に対する関税を廃止，あるいは引き下げる。商工業が発展していない国は自国の産業を保護できない。

テーマ　アイルランド問題

イギリスの「喉に刺さった棘」とよばれるこの問題は，民族的(ケルト系)・宗教的(カトリック)な対立を背景に，政治的自治を求める運動であった。クロムウェルによる征服を端緒に，苛酷な支配が始まった。

▲④オコンネル(1775～1847)

2 イギリスの政党

政党	保守党	自由党
前身	トーリ党	ホイッグ党
支持層	地主・貴族	産業資本家・労働者
政策	・伝統的制度維持 ・アイルランド自治に反対 ・植民地拡大 =大英国主義 ・保護関税 =帝国主義	・自由主義的な改革 ・アイルランド自治に賛成 ・植民地に自治(小英国主義) ・自由貿易
指導者	▲⑥ディズレーリ(1804～81) ヴィクトリア女王にインド皇帝の称号を与えた。	▲⑦グラッドストン(1809～98) 第3回選挙法改正を実現。

3 選挙法改正

	内閣(党)	おもな改正点 数字は有権者全国民比(%)
第1回 1832	グレイ(ホイッグ)	腐敗選挙区廃止。産業資本家も選挙権を得る (5%)
第2回 1867	ダービー(保守)	都市の労働者と中小商工業者が選挙権を得る (9%)
第3回 1884	グラッドストン(自由)	農業労働者，鉱山労働者まで拡大 (19%)
第4回 1918	ロイド=ジョージ(自由)	男子普通選挙権(21歳以上) 女子制限選挙権→p.242⑦ (30歳以上) (46%)
第5回 1928	ボールドウィン(保守)	男女普通選挙権(21歳以上) (62%)
第6回 1969	ウィルソン(労働)	18歳以上の男女普通選挙権 (71%)

▲⑤アイルランドの歴史

今日とのつながり アイルランド北部のアルスターが現在もイギリス連合王国に残留しているのは，17世紀以来イギリスの新教徒が多く入植してきたからで，アイルランド自治法案にも反対した。

1 大英帝国の覇権(はけん)

▼①工業化と世界の一体化 → 巻頭10,p.171 2 B

グレートゲーム
(1885 アフガニスタン占領)
カージャール朝(イラン)での抗争

英領カナダ
(1867自治領)
(1907自治領)
ニューファンドランド

アメリカ合衆国
サンフランシスコ
ニューヨーク
メキシコシティ
パナマ

ロンドン イギリス ドイツ
モスクワ
ロシア帝国
パリ フランス イスタンブル
オーストリア・ハンガリー帝国
アフリカ メッカ
英領インド
中国 上海 東京
香港
1840〜42 アヘン戦争
→香港島獲得(1842)
1856〜60 アロー戦争
→九竜半島の南部(1860),
九竜半島北部等(1898)獲得
ボンベイ
シンガポール

ブラジル
リオデジャネイロ
チリ アルゼンチン モンテビデオ ブエノスアイレス

1875 スエズ運河会社株買収
1882 エジプト占領

ケープタウン

インド洋

1857〜59 インド大反乱
1877 インド帝国成立

英領オーストラリア
(1901自治領)
シドニー
メルボルン

英領ニュージーランド
(1907自治領)

1899〜1902 南アフリカ戦争
→南アフリカ連邦(1910自治領)

大西洋 太平洋

▲②**イギリスの海運を支えた鉄製蒸気帆船**
1857年「絵入りロンドンニュース」に掲載されたグレート=イースタン号。1807年に実用化された蒸気船は改良が進み,海の**交通革命**を促進した。

工業化と世界の一体化
──── おもな鉄道網(1914年ごろ)
▨ 工業化の進んだ国
▨ イギリスの植民地(20世紀初頭)
── おもな航路
--- おもな電信網(1891年)
🏛 植物園

製造業の拠点
⚙ 重工業
🔨 鉄および鉄鋼
🧵 繊維製品

おもな農作物
🌱 コーヒー
🌾 綿花
ゴム
さとうきび
茶

イングランド銀行 王立取引所

▲③**世界金融の中心となったロンドンのシティ(金融街)** ロンドン旧市街の約1マイル(1.6km)四方を占めるシティは,19世紀半ばから第一次世界大戦まで金融・貿易・保険・情報の中心として世界の経済や政治に大きな影響力をもった。イギリスは,製品輸出より世界各地へ投資することで利益を得るようになり,「**世界の工場**」から「**世界の銀行**(ぎんこう)」の役割を担うようになった。

キーワード ジェントルマン 16世紀以降のイギリスの支配階層で,数百人の貴族と数万人の**ジェントリ**(→p.166)からなる。19世紀中ごろ以降は,シティの金融業者や専門職がその中心となった。**騎士道**に由来する思考や行動,生活様式をもち,肉体労働はせず,政治やチャリティをおもな活動とした。イギリスの帝国主義的拡張を,シティで働くジェントルマンの利害から理解する考え方を「**ジェントルマン資本主義**」という。

帽子(トップハット)
紙巻きタバコ
フロックコート
その他,ステッキ

▶④**典型的なジェントルマンの服装**

テーマ 国際組織の誕生
世界に影響を及ぼす覇権(はけん)国家が成立すると,彼らは国際社会がよりよく機能するために国際組織を設立した。国際的な協力を理念とする一方で,自国に有利に働くルールづくりであるという一面もある。

1864	スイスの銀行家**デュナン**,**国際赤十字社**設立,**赤十字条約**に16か国加盟
65	**国際電信連合**設立,20か国加盟
74	**万国郵便連合**設立
94	フランスの教育家**クーベルタン**,国際オリンピック協会(IOC)設立
96	アテネで第1回**オリンピック大会**
99	**万国平和会議**開催(ハーグ),ロシア皇帝**ニコライ2世**の提唱(1907年第2回)
1901	**国際仲裁裁判所**設置

▲⑤**19世紀後半の国際組織**

世界遺産 子午線

▲⑥**グリニッジ天文台** 19世紀から現在まで,経度と時間の基準がイギリスのグリニッジにあるのは,当時,高い航海技術をもったイギリス製の海図が世界各国で使用されていたことによる。

テーマ 2度にわたるジュビリー
大英帝国最盛期の女王ヴィクトリア(→p.195)の即位記念式典(ジュビリー)は2度にわたって行われた。1度目は1887年の50周年のとき。2度目の97年の60周年記念式典は,イギリス帝国の一体化を世界に示す意図をもち,壮大にとり行われた。ロンドン市街の祝賀の行進には,帝国各地の制服を着た兵士や警官が5万名も動員され,国民の愛国心や「帝国意識」を高揚させた。

▶⑦**ヴィクトリア女王の即位60周年を祝ってつくられたみやげ品**

テーマ カナダの歴史
カナダには16世紀以降フランスが進出したが,1763年のパリ条約でイギリスの植民地となった。1867年,自治が認められ「カナダ連邦」となった。第二次世界大戦後,完全な独立主権国家「カナダ」となった。

1497	カボット(伊),ニューファンドランドに到達	
1608	仏,**ケベック**を創設し,植民地経営を開始	**フランス領に**
1713	**ユトレヒト条約**でニューファンドランドなどを英に割譲	
63	**パリ条約**でイギリス領カナダ植民地成立	**イギリス領に**
1867	**自治**が認められ,「カナダ連邦」に	**イギリスの自治領に**
1931	**ウェストミンスター憲章**でイギリス連邦の一員に	
		実質的な独立国に
49	ニューファンドランドがカナダ連邦に NATO加盟 国名をカナダに変更	
65	カナダ国旗(メープルリーフ旗)制定	
82	カナダ憲法公布	

▲⑧**カナダの歴史**

2 通信業の発達

〈S.R.ラークソ著, 玉木俊明訳『情報の世界史』〉

年	情報伝達の手段	情報伝達の日数(年平均)
1820	郵便用帆船	62.2日間
50	郵便用帆船	51.9日間
51	郵便用蒸気船	29.7日間
59	郵便用蒸気船	25.2日間
72	郵便用蒸気船	22.0日間
	イギリスからリスボンへの電信とリオデジャネイロへの蒸気船	～18日間
75	電信	～1日間

▲ ⑨**ブラジル**(リオデジャネイロ)-**イギリス**(ファルマス/サザンプトン)間の帆船・蒸気船・電信による情報伝達の日数　イギリスは英仏海峡に続き, 1866年には大西洋を横断する海底ケーブルの開通に成功した。その後も, イギリスは自国の植民地帝国に沿って世界中に**海底電信ケーブル**を敷設した。この世界にのびる電信網によって, 商業的・軍事的な情報をより早くより正確に伝えることができた。

▲ ⑩**駅の売店で新聞を買う人々**　通信革命によるマスメディアの発達と公教育の普及による識字率の上昇は購読者を増大させた。

歴史と技術
ニュースは商品

ロイターは, 世界初のフランスの通信社アバス社での経験をもとにロイター通信社を創設。**海底電信ケーブル**を利用して世界中に情報網を敷いた。
▶ ⑪**P.J.ロイター**(1816～99)

▲ ⑫**1920年代のロイター通信社**

3 植物学の発達

▲ ⑬**キューガーデン**(植物園)**の大温室パームハウス**　帝国主義政策が推進される過程で, 植民地で発見された有用な植物は採取されて, ロンドンの**キューガーデン**で品種改良などの研究が行われた。

▲ ⑭**キニーネ**　キナノキはアンデス山脈に自生する常緑の高木。樹皮から熱帯地方の風土病マラリアの特効薬キニーネを製造できることがわかり, ジャワ島などの植民地で栽培されるようになった。キニーネの発見によって, 欧米の世界進出がうながされた。

4 娯楽の広がり

A 万国博覧会の始まり

▲ ⑯**民衆を万博に運ぶ乗合馬車**

▲ ⑮**ロンドンで開かれた第1回万国博覧会**(1851年)　**ガラス**と**鉄**でつくられた水晶宮(クリスタルパレス)に象徴される**ロンドン**万博は, **ヴィクトリア朝**の繁栄と新たな産業社会を象徴するものであった。 ➡ p.195

▶ ⑰**万博の歴史**　万国博覧会は各国の産業・技術等を展示し, 交流をはかる会合として始まった。参加国は国威発揚や競争心から最先端の技術をもちより, 19世紀の自由競争の理念が如実に表れることになった。

B 「世界旅行」の始まり

オリエンタリズム　「オリエンタリズム」とは, 元来**東方趣味, エキゾチシズム**という意味を含み, 絵画では**ドラクロワ**画「**アルジェの女たち**」, **アングル**画「**トルコ風呂**」が有名である。しだいに東アジアまで拡大し, **中国趣味**(シノワズリ)や**ジャポニスム**も含まれるようになった。しかし後年, 文学研究者の**サイード**は, この言葉には, 「西洋から見た後進的な東洋」というイメージが含まれている, と主張した。 ➡ p.211

◀ ⑲**イギリス領のエジプトを旅するイギリス人**　万博への見学旅行などが契機となり, ぜいたくと思われていた旅行が民衆にとっても娯楽の一つとして定着した。

◀ ⑱**トマス=クック社の広告**　クックは宣伝にも力を入れ, 色彩豊かで刺激的なポスターをつくった。

ヨーロッパ

MAP P～Q

3部1章

19世紀後半のフランス　〜めまぐるしく変わる政体

ヒストリーシアター **最後に来たのは？皇帝ナポレオン3世！**

Ⓓルイ=ナポレオン（ナポレオン3世）　Ⓒカヴェニャック　Ⓑラマルティーヌ　Ⓐルイ=フィリップ

Ⓒ・Ⓑとも大統領選挙でルイ=ナポレオンに敗れた

第二帝政　第二共和政　七月王政

▲①**フランス政体の風刺画**　あとから来るものが前任者を権力の座から追い落としていくさまを風刺している。

よみとき　Ⓐの前とⒹの後ろを描くとすれば，誰を描けばよいか，年表を参考にして考えてみよう。また，なぜⒹが登場したのか，その背景を考えてみよう。

ナポレオン3世　皇妃ウージェニー

シャムの使節

▲②**シャム（タイ）王の使節と会う皇帝夫妻**　ナポレオン3世は，伯父ナポレオン1世の名声を利用し，クーデターによって皇帝になった。この絵はナポレオン1世の戴冠式（→p.190①）を思い起こさせる。また，フランスとイギリスの植民地の狭間で独立を維持するシャムの外交もうかがえる。

フランス政体の変化

◀p.190,192　　　　　　　p.284▶

	政体	主要事項	日本
1792	ブルボン朝（絶対王政）	1789 **フランス革命** →p.188	
	第一共和政	93 **ルイ16世処刑**	
1804	第一帝政	皇帝：**ナポレオン1世** 位1804〜14,15	
14	ブルボン復古王政	1814 **ウィーン会議**（〜15）→p.192	
		国王：**ルイ18世** 位1814〜24	
		国王：**シャルル10世** 位1824〜30	江
30		1830 **アルジェリア出兵**	戸
	七月王政	1830 **七月革命** 七月王政樹立	時
48		国王：**ルイ=フィリップ** 位1830〜48	代
	第二共和政	1848 **二月革命** 第二共和政確立	
		臨時政府，**国立作業場**創設	
		四月普通選挙・**六月暴動**	
		大統領：**ルイ=ナポレオン**	
		1851 クーデタ	
52		52 **国民投票** 帝政宣言	
		皇帝：**ナポレオン3世** 位1852〜70	
		1853 **パリ大改造**（〜70）	
	権威帝政	**クリミア戦争**（〜56）→p.205	
		55 **パリ万国博覧会**	
	第二帝政	56 **アロー戦争**（〜60）→p.229	
		58 **インドシナ出兵**（〜67）→p.226	
		59 **イタリア統一戦争**→p.200	
	自由帝政	61 **メキシコ出兵**（〜67）	
70		70 **普仏戦争**（〜71）→p.201中，セダンで捕虜となり退位	
		対外進出の活性化	
70		1870 **臨時国防政府**成立	明
71		71 臨時政府（初代大統領**ティエール**，〜73）	治
	第三共和政	**パリ=コミューン**（3月〜5月）	時
		アルザス・ロレーヌをプロイセンに割譲	代
75		75 第三共和政憲法制定	
		第三共和政確立	
81		81 **チュニジア**保護国化	
87		87 **ブーランジェ事件**（〜91）	
		仏領インドシナ連邦成立	
89		89 **パリ万国博覧会**	
91		91 **露仏同盟**成立（〜94）→p.202	
94		94 **ドレフュス事件**（〜99）→p.202	
1901		1901 **急進社会党**結成	大
14		14 **第一次世界大戦**（〜18）	正
36		36 **ブルム人民戦線**内閣（〜37）	
39		39 **第二次世界大戦**（〜45）	
40		40 フランス降伏	昭
1940	ヴィシー政府	国家主席：**ペタン** →p.254	和
44	臨時政府（共和政）	主席：**ド=ゴール**	時
46		1946 第四共和政憲法制定	代
	第四共和政	46 **インドシナ戦争**（〜54）→p.298	
58		54 **アルジェリア戦争**（〜62）→p.288	
	第五共和政	初代大統領：**ド=ゴール**	

1 ナポレオン3世の対外進出と政治

世界全図p.44〜45

1870〜71 普仏（プロイセン-フランス）戦争→失敗→第二帝政崩壊
1866 普墺（プロイセン-オーストリア）戦争
1861〜67 メキシコ出兵→失敗→第二帝政の威信失墜
1863〜64 ポーランド1月蜂起
1868 スペイン
1869 スエズ運河開通
1859 イタリア統一戦争
1853〜56 クリミア戦争
1860 シリア
1858 日仏修好通商条約
1856〜60 アロー戦争（第2次アヘン戦争）
1858〜67 インドシナ出兵（仏越戦争1858〜62）

アルジェリア　ジブチ　広州湾　カンボジア　サイゴン　コーチシナ　タヒチ　ニューカレドニア

大西洋　太平洋　インド洋

※ 参戦　　　その他
※ 政治的干渉
■ 七月王政時代までの獲得
■ 第二共和政〜第二帝政までの獲得
■ 第三共和政時代の獲得

▲③**フランスの対外進出**

皇帝ナポレオン3世
・行政・軍事・外交権集中
・形式上は議会政治，普通選挙
①**産業投資・植民地拡大**＊
　←産業資本家の支持
②**公共事業（鉄道・道路拡張）**＊
　←労働者の支持
③**土地所有権の保護**
　←農民の支持
④**皇帝として君臨**
　←カトリック教会の支持

▲④**ボナパルティズム**　＊ナポレオン3世は，①や②などサン=シモン（→p.182）主義的な経済政策を行ったため，「馬上のサン=シモン」とよばれた。

ひと **皇妃ウージェニー**（1826〜1920）

スペインの名門貴族に生まれ，**ナポレオン3世**に嫁ぐ。1869年11月のスエズ運河開通式に彼女が主賓として招かれたのは，エジプト太守が彼女を思慕していたからだとされる。また，パリのオペラ座（オペラ=ガルニエ）を模したものがカイロにつくられ，ヴェルディ（→p.200）に「アイーダ」の作曲が依頼されたが，式典には間に合わなかった。

2 史上初の民衆による自治政府

▲⑤**赤い布を腰に巻くコミューン派**　革命の色である赤い布を，仲間の結束と戦意高揚を示す目印とした。

◀⑥**パリ=コミューンの最期**　1871年3月，国民衛兵とパリ民衆による自治政府（**パリ=コミューン**）が成立した。**ティエール**臨時政府はドイツの支援を受け，自治政府を攻撃。コミューン派の市民や兵士を弾圧した。

今日とのつながり　現在，フランスでは日本のような新聞の宅配はされていないが，19世紀の新聞宅配先進国はフランスであった。第二帝政時代の鉄道普及が地方まで宅配を可能にしたのである。

③ パリの大改造

▲ ⑦凱旋門 (⇨p.72) から放射状にのびる12本の大通り

▶ ⑧改造後のパリ 1853年に始まるパリ大改造の要点は，大きく次の三つである。
1 疫病や犯罪の温床となる非衛生的なスラムを除去して風通しと採光のよい住宅を建設すること。
2 交通整備のため，鉄道駅や大きな広場を結ぶ幅広い大通りを機能的に通すこと。
3 軍隊の移動と大砲の使用を前提とした治安上の目的。民衆蜂起でバリケード戦を可能にした狭い路地を下層市民ごと排除。投石を防ぐため，石畳をアスファルトに変える (1848年の市街戦はのちのナポレオン3世に衝撃を与えた⇨p.193)。

▶ ⑨オスマン (1809〜91) に設計書を渡すナポレオン3世 ナポレオン3世は「光り輝く永遠の都ローマ」への崇拝から「光の都パリ」建設の構想を練っていた。具体的な実施は，セーヌ県知事オスマンにゆだねられた。

▶ ⑩オペラ座 (オペラ゠ガルニエ) 新しいパリには新しいオペラ座を，というオスマンの提案によりつくられた。オペラ座からルーヴル宮にいたる大通りは，はじめ「ナポレオン通り」と名づけられたが，彼の失脚により「オペラ通り」と変更された。

④ パリ万国博覧会の開催 ⇨p.197

◀ ⑪エッフェル塔 (第4回パリ万博，1889年) フランス革命100周年と銘打って開催された万博であったため，立憲君主国は参加に積極的ではなかった。最大のよびものとして建造された約312mのエッフェル塔は，「鉄」の時代を象徴し，産業技術の高さを示すものであった。また，フランス植民地を紹介するパビリオン群も，フランス国民の帝国意識を高めた。

テーマ ナポレオン3世と日本

幕末の江戸幕府は，フランスから軍事顧問団を招聘するなどフランスとの結びつきが強く，15代将軍徳川慶喜は，ナポレオン3世と友好関係にあった。また，1867年には慶喜の弟の徳川昭武が日本政府代表として第2回パリ万博に参加した。彼らが訪れたのは，ナポレオン3世によるパリ大改造後の都市であった。

◀ ⑫パリ万博日本展示場 茶店も展示され，着物姿の芸者は大変な人気であった。〈横浜開港資料館蔵〉

〈徳川慶喜肖像写真〉

▲ ⑬ナポレオン3世から贈られた軍服を着た15代将軍慶喜

テーマ アルザス・ロレーヌと国民意識

アルザス・ロレーヌ地方は，フランス北東部のドイツに接する地域。ライン川の豊かな流れと鉄鉱石・石炭の産地として知られた。ウェストファリア条約 (⇨p.169) で神聖ローマ帝国からフランスへ割譲されたこの地は，その後も独仏国境地域の戦乱に巻き込まれた。普仏 (プロイセン-フランス) 戦争 (⇨p.201) ではプロイセンに併合された。フランス国民にとって，アルザス・ロレーヌの喪失は屈辱的であり，国民意識がいっそう強まった。このことから，その後のヴェルサイユ条約でフランスがこの地を取り戻したことには大きな意味があった。以降，一時的にナチス゠ドイツの手に渡るも，戦後は再びフランス領となった。現在は，アルザスのストラスブールに欧州評議会などの機関が多く存在する。

フランスへ	アルザス地方	ドイツへ
三十年戦争→ウェストファリア条約 (1648) 勝	神聖ローマ帝国	
	フランス (ブルボン朝)	普仏戦争→フランス敗北 (1870〜71) 勝
第一次世界大戦→ヴェルサイユ条約 (1919) 勝	ドイツ帝国	
	フランス (第三共和政)	第二次世界大戦→フランス敗北 (1940) 勝
第二次世界大戦→ドイツ敗北 (1945) 勝	ナチス゠ドイツ	
	フランス (第四共和政)	

▲ ⑭アルザス地方の領有権

▲ ⑮アルザス・ロレーヌ地方

イタリア・ドイツの統一 〜大国の障壁をのりこえる統一

ヒストリーシアター 「ここにイタリア国王がおられるのだ！」

ガリバルディ　ヴィットーリオ=エマヌエーレ2世

◀①ガリバルディ（1807〜82）とヴィットーリオ=エマヌエーレ2世（1820〜78）の会見　サルデーニャ国王は，千人隊（赤シャツ隊）を率いて南イタリアを統一したガリバルディがどのような態度に出るか心配した。しかし，ガリバルディは「ここに（イタリア）国王がおられるのだ」と叫び，サルデーニャ国王が統一の主役であることを明言したといわれる。

▼②サルデーニャ国王に「イタリア」という靴をはかせるガリバルディ

よみとき 図②でガリバルディが国王に靴をはかせているのは何を意味しているか？

イタリア・ドイツの統一への歩み

◀p.192　　p.217▶

イタリア		ドイツ
オーストリアの北イタリア支配と分裂	ウィーン会議 1814〜15 →p.192	1806 **神聖ローマ帝国消滅**
1816 両シチリア王国成立		07 **プロイセン改革**（〜22，**シュタイン・ハルデンベルク**による，農奴制廃止など）
20 **カルボナリの革命**（〜21）		15 **ドイツ連邦成立**，**ブルシェンシャフト（学生同盟）運動**（〜19）→自由と統一を要求
31 イタリア騒乱（カルボナリ蜂起）**マッツィーニ**，「**青年イタリア**」結成	七月革命 1830	19 カールスバート決議
		30 ドイツ騒乱
48 サルデーニャ王**カルロ=アルベルト**，対墺戦争→敗北（49）	二月革命 1848 →p.193	34 ドイツ関税同盟発足 →経済的統一
49 **ローマ共和国建設**（マッツィーニらによる三頭政治）→仏軍介入で崩壊		48 **三月革命**（ウィーン・ベルリン）**フランクフルト国民議会 大ドイツ主義と小ドイツ主義の対立** →小ドイツ主義によるドイツ憲法案作成 →プロイセン王拒否（→49解散）**ボヘミア（ベーメン）**民族運動
サヴォイア家のサルデーニャ王**ヴィットーリオ=エマヌエーレ2世**即位		
52 サルデーニャ首相に**カヴール**就任（〜61）	クリミア戦争 1853〜56 →p.204	50 **プロイセン欽定憲法施行**（フリードリヒ=ヴィルヘルム4世）
55 カヴール，英仏を支援出兵		
58 プロンビエール密約（カヴールが仏と結ぶ）		
59 **イタリア統一戦争**オーストリアに勝利→ロンバルディアを併合		
60 **ガリバルディ，千人隊（赤シャツ隊）**を組織して**両シチリア王国**を征服，サルデーニャ国王に献上　**中部イタリア**を併合		61 ホーエンツォレルン家のプロイセン王**ヴィルヘルム1世**即位（〜88）
61 **イタリア王国成立**（国王ヴィットーリオ=エマヌエーレ2世）	普墺戦争 プロイセン対オーストリア 1866	62 ビスマルク，首相就任→「**鉄血演説**」別冊史料40
		64 デンマーク戦争（シュレスヴィヒ・ホルシュタイン領有問題）
66 プロイセンと同盟**ヴェネツィア**を併合		67 **北ドイツ連邦成立**→政治的統一
70 プロイセンと同盟**教皇領**を併合 →統一完成（トリエステ・南ティロルなど**「未回収のイタリア」**問題残る）	普仏戦争 プロイセン対フランス 1870〜71	**オーストリア−ハンガリー（二重）帝国成立**（〜1918）
		70 エムス電報事件
		71 **ドイツ帝国成立（第二帝国）**

（左縦）ヨーロッパ

（縦）共和主義的統一運動／サルデーニャの立憲主義中心の統一運動

（縦）自由主義的統一運動／プロイセンによる「上からの」統一運動

（左下）MAP P〜Q　3部1章

1 諸国家がひしめくイタリア

0　200km　**↪p.158 1**

上段	フランス革命前（1789年以前）
中段	フランス革命・ナポレオン時代（1789〜1814年）
下段	ウィーン体制下（1815年以後）

▲③統一前のイタリア〜地域によって異なる歩み

▲④**マッツィーニ**（1805〜72）若いころ**カルボナリ**に参加し，のちに共和主義と民族統一を掲げて**「青年イタリア」**を組織した。国王を中心とする統一ではなく，共和政による統一をめざした。

歴史と音楽 統一はヴェルディの調べにのって

　ヴェルディの出世作の歌劇「ナブッコ」の合唱曲〈行け，思いよ，金色の翼にのって〉は当時オーストリア治下の人々の自由を求める心情をかきたてた。時は流れ，サルデーニャによる**リソルジメント（統一）**が進むなか，ヴェルディもその渦中にいた。彼の名Verdiの綴りはそのままVittorio Emanuele Re d'Italiaの略号になっていたのである。ミラノのスカラ座にこだまする"ヴェルディ万歳"の叫びは，イタリア統一の心の叫びであった。

ヴィットーリオ　エマヌエーレ　イタリア国王

▲⑤ミラノのスカラ座

▶⑥ジュゼッペ=ヴェルディ（1813〜1901）

▼⑦「国旗」にみるイタリア・ドイツの統一

◀現在の国旗　ナポレオン支配，カルボナリ・青年イタリアによる統一運動の旗印に由来。

▶現在の国旗　ナポレオン軍と戦った義勇兵の「黒い服，赤い肩章，金ボタン」に由来。

◀イタリア王国旗　上の国旗の白地にサヴォイア家（サルデーニャ王家）の紋章を配置。

▶ドイツ帝国旗　ハンザ諸都市を表す赤・白，プロイセン国旗の黒・白を採用。

サルデーニャ王国の「上からの改革」と，ガリバルディの活躍など民衆の協力による「下からの改革」が結実。

ビスマルクの鉄血政策に象徴・代表されるプロイセン主導の武力による「上からの改革」で成功。

② イタリア・ドイツの統一

A ドイツ関税同盟（1834年）　→ p.193 ①

当時のドイツは各国がそれぞれ関税を設け，プロイセン1国だけでも119種の貨幣が流通していた。

凡例
- プロイセン・ヘッセン関税同盟（1828年）
- ドイツ関税同盟（1834年）
- ドイツ関税同盟へ加入（1867年まで）
- ドイツ関税同盟へ加入（1888年まで）

B イタリア・ドイツの統一　世界全図 p.44-45 → p.235 ①

凡例
- ドイツ連邦の境界
- 南ドイツ諸邦
- 1815年のプロイセン
- 北ドイツ連邦（1867～71年）
- 1866年までにプロイセンが獲得した領土
- 1871年にフランスから獲得した領土
- ドイツ帝国の境界（1871年）

1864 デンマーク戦争
1870 エムス電報事件→普仏（プロイセン-フランス）戦争のきっかけに
1866 普墺（プロイセン-オーストリア）戦争でプロイセン勝利
1870 ナポレオン3世降伏
1860 フランスに割譲

「未回収のイタリア」

ブルボン王党軍最後の拠点

- 1815年のサルデーニャ王国
- 1859年サルデーニャ王国に併合
- 1860年サルデーニャ王国に併合
- 1866年イタリア王国に併合（普墺戦争）
- 1870年イタリア王国に併合（普仏戦争）
- → ガリバルディの進路
- → ヴィットーリオ=エマヌエーレ2世の進路
- × おもな戦場
- イタリア王国の首都：トリノ→フィレンツェ→ローマ

C 近隣諸国への対応

イタリア

▲ ⑧カヴール（1810～61）サルデーニャ王国宰相。近代化を進め，クリミア戦争で英仏に加担しイタリアを強国として認知させた。

（対）オーストリア 1859 ソルフェリーノの戦いで勝利（イタリア統一戦争）

クリミア戦争参戦とニース・サヴォイアの割譲による支持とりつけ（プロンビエール密約）

（対）フランス

▲ ⑨ナポレオン3世（1808～73）

1870 エムス電報事件で挑発

普仏（プロイセン-フランス）戦争

ドイツ

（対）デンマーク シュレスヴィヒ・ホルシュタインの帰属をめぐる争い
（対）オーストリア 1866 普墺（プロイセン-オーストリア）戦争

▲ ⑩ビスマルク（1815～98）ユンカー出身のプロイセン首相兼外相。鉄血政策でドイツの統一をおし進めた。のちドイツ帝国宰相。　→ p.234

③ プロイセン主導のドイツ統一

▼⑪小ドイツ主義と大ドイツ主義

プロイセン主導の民族統一
- 1834 ドイツ関税同盟
- 1848 フランクフルト国民議会 →ドイツ憲法案

小ドイツ主義

南ドイツ諸邦＝プロイセンの専制に反発

オーストリアを含む民族統一
多民族国家分裂の恐れ

大ドイツ主義

- 1867 北ドイツ連邦成立
- 1871 ドイツ帝国成立

▼⑫ドイツ帝国の構造

軍事・外交・宰相の任免権をもつ …… ドイツ皇帝 → プロイセン王が世襲

連邦参議院議長，皇帝にのみ責任を負う …… 帝国宰相 → プロイセン首相を兼任

帝国官僚（大臣）

帝国議会（下院）
25歳以上の男子普通選挙で選出

連邦参議院（上院）
22君主国・3自由都市の代表機関
議席の約29%がプロイセン

▶⑬ドイツ帝国の誕生

スペイン王位継承問題でのエムス電報事件をきっかけに起こった普仏（プロイセン-フランス）戦争（→ p.198）で，プロイセン軍は，参謀総長モルトケの作戦により，1か月半でナポレオン3世を降伏させた。プロイセン国王ヴィルヘルム1世は，パリ包囲中に，ヴェルサイユ宮殿（→ p.178）で，ドイツ皇帝として即位した。

ヴィルヘルム1世
ビスマルク
モルトケ

▼⑭ビスマルクの政策

ビスマルクの政策

社会保険制度	社会主義者鎮圧法（1878）	保護関税法（1879）	文化闘争
↓	↓	↓	↓
ドイツ社会主義労働者党（1875）	産業資本家・ユンカーなど		中央党（カトリック勢力）
妥協	支持		妥協

帝国内の安定

歴史と建築 ノイシュヴァンシュタイン城

◀⑮ルートヴィヒ2世

ビスマルクは，統一の重大な障害である南ドイツの大国バイエルンに多くの特権を認め，国王ルートヴィヒ2世（位1864～86）にノイシュヴァンシュタイン城建設の資金提供をひそかに約束し，懐柔した。ルートヴィヒは，心酔する作曲家ヴァーグナーの世界をつくることに熱中し，なぞの死をとげた。

今日とのつながり　現在のイタリアやドイツにあるサッカーチームのファンが熱狂的なのは，もともと所属する国が異なっていたり，独立・自立したりしていたという歴史が関係している。

特集 ナショナリズム

1 19世紀のナショナリズムと国家統合の動き

（地図内の注記）

- 1837～50年代 **チャーティスト運動** ➡p.193（アイルランド人の参政権要求と結合）
- イギリス
- 北海
- ロンドン
- ワルシャワ（ポーランド）
- ベルリン
- 1848 三月革命（ベルリン・ウィーン）➡p.193 1871 ドイツ帝国成立 ➡p.200
- 1848～49 ハンガリー民族運動 ➡p.193 1867 オーストリア=ハンガリー（二重）帝国成立 ➡p.203
- 1878 セルビア独立
- 1830 ベルギー独立 ➡p.193
- ドイツ帝国
- ベルギー
- パリ
- ミュンヘン
- ウィーン
- オーストリア=ハンガリー帝国
- 1878 ルーマニア独立 ➡p.223
- 1830 七月革命 1848 二月革命 ➡p.193
- フランス
- トリノ
- イタリア王国
- ルーマニア
- セルビア
- ブルガリア
- 黒海
- 大西洋
- マドリード
- リスボン
- 1861 イタリア王国成立 1870 イタリア統一完成 ➡p.200「未回収のイタリア」残る
- 1848 イタリア民族運動
- 1821～1829 ギリシア独立戦争 ➡p.192
- 1878 ブルガリア独立（自治公国）
- アテネ
- イスタンブル
- オ ス マ ン 帝 国
- ギリシア
- □ 国家統合の動きのあった国
- ― 独立を達成した国
- 0 — 500km

（右側 フローチャート）

国家 → 教育 → ナショナリズム

- 初等中等教育
- 識字率の向上
- 活字文化の発達
- 公用語の統一＝「国語」の成立
- 国民意識の形成（民族意識）
- 歴史教育の活用

▲①ナショナリズムと教育の関係　国家は，自らが進める政策に一般民衆の力を結集するため，統一した「国語」や歴史教育など教育によって国民意識をつくりだそうとした。教育の普及による識字率の向上は，新聞などを通じた下からの国民意識の形成もうながした。

キーワード 国民国家とナショナリズム

　国民国家とは，同一民族などーつの均質な「国民」が一つの「国家」をつくるべきという理念。実現化には困難を伴う。

　ナショナリズムとは国民・民族のまとまりを重視し，その独立や発展をめざす考え方をいう。国旗や国歌はその統一を象徴するものの一つである。ナショナリズムは民主主義を支え，また**民族自決**の原則を確立させる反面，他国・他民族を排除する考えと結びつき，ファシズム（➡p.252）などの国家主義や民族紛争（➡p.272）を生み出した。

ナショナリズムの流れ

	ナショナリズムの具体的な動き	フランス・ドイツのナショナリズム	

18世紀末～1840年代　ナショナリズムの形成

- 植民地白人の「われわれ」意識（本国からの自立）
  - →**アメリカ独立革命** ➡p.186
  - **ラテンアメリカ諸国の独立** ➡p.194
- 「国民」意識の覚醒
  - ・1789 **フランス革命** ➡p.188
    …自由・平等な「われわれ」＝「国民」の理念
  - ・1796～1815 **ナポレオン戦争** ➡p.190
    …欧州各地に国民意識（フランス支配への対抗）
- 1814 **ウィーン会議**（～15）➡p.192
- →下からの「国民国家」要求
  - ・1821～29 **ギリシア独立戦争**（30 独立承認）➡p.192
  - ・ヨーロッパ各地に革命運動波及 ➡p.193
  - ・**「諸国民の春」・1848年革命** ➡p.192～193

1789	ドイツ知識人に影響
94	エコール=ポリテクニク創設（仏）
1806	**ライン同盟成立　ナポレオン，ベルリン入城**
07	フィヒテ，「ドイツ国民に告ぐ」（～08）（独）p.177
10	ベルリン大学創設（独）
1815	ドイツ連邦成立 ➡p.193
1830	七月革命（パリ）
48	二月革命（パリ）　三月革命（ベルリン）

1850年代～　ナショナリズムの体制化

- ・**西欧**…上からの国家統合に利用
  - →1870 **イタリア統一** ➡p.201
- ・**東欧**…オスマン帝国からの独立始まる
  - →1878 **サンステファノ条約・ベルリン条約** ➡p.222～223

1862	ビスマルク「鉄血演説」➡p.200
66	普墺（プロイセン・オーストリア）戦争
70	普仏（プロイセン・フランス）戦争（～71）→プロイセン，**アルザス・ロレーヌ**獲得
1871	**ドイツ統一** ➡p.201

1880年代～　植民地への広がりと浸透

- **帝国主義** ➡p.217
  - →**アジア諸地域**…エリート・知識人層中心にナショナリズム覚醒
  - →**列強**…国内の労働者にナショナリズム浸透
- 1914～18 **第一次世界大戦**　**総力戦体制** ➡p.236 ➡p.234
  - ・三帝国の解体（ロシア・オーストリア・オスマン）
  - ・**「民族自決」**原則の登場 ➡p.240
  - **アジア各地**
    - ・独立運動本格化
    - ・社会主義思想との結合　レーニン『帝国主義論』
  - **東欧諸国・エジプト独立**　独・伊ほか ➡p.252
    - 1930年代 **ファシズム**
- 1939～45 **第二次世界大戦**　**総力戦体制** ➡p.254 ➡p.236,256

1880	ケルン大聖堂完成（独）
87	**ブーランジェ事件**（～91）（仏）［フランスが，ドイツに対抗意識をもやし，生じた事件］
94	**ドレフュス事件**（～99）（仏）
1905	**第1次モロッコ事件**（英仏協商vs独）［フランスがドイツをだしぬき，植民地化］
11	第2次モロッコ事件 ➡p.220
19	ヴェルサイユ条約→フランス，**アルザス・ロレーヌ**回復
23	仏，**ルール**占領（～25）
25	ロカルノ条約 ➡p.240→ドイツ，国際連盟加盟（26）
1940	ドイツ軍，パリ入城 ➡p.254
1944	連合軍，ノルマンディー上陸→パリ解放

1945年～　民族自決の確立と脱植民地化

- **旧植民地の独立**…　**東西冷戦**
  - ・アジア各国の独立 ➡p.296
  - ・アフリカ各国の独立…1960「アフリカの年」➡p.266,288

1949	ドイツ，東西に分裂 ➡p.262
55	西ドイツ主権回復
1958	EEC発足
67	**ヨーロッパ共同体（EC）**
90	東西ドイツ統一 ➡p.270

1991年～　ナショナリズムの多元化

- 東欧革命・ソ連解体 ➡p.270 → 民族紛争・地域紛争 ➡p.272

| 1993 | **ヨーロッパ連合（EU）**発足 |

（左側縦書き）国家統合の動き／脱植民地化の動き／ヨーロッパ

（中央縦書き）ナショナリズムの形成／対立と抗争／協調へ

2 独仏の対立とナショナリズム

▲②**マリアンヌ**（左）と◀③**ゲルマニア**（右）　19世紀末からそれぞれフランス，ドイツの**ナショナリズム**を鼓舞する象徴として用いられた。

マリアンヌ　共和政のフランスを象徴する女性像。パリにあるこの像は，フランス革命100年祭の1889年に工事が始まり，10年後に完成。

ゲルマニア　ドイツを象徴する女神。1860年に描かれたこの絵では，右手に剣を持ち，ライン河畔に立ってフランスをにらみつける表情が見られる。

ドレフュス

勝利の女神像／パリ広場

▲④**裁かれるドレフュス**　1894年，フランス軍部はユダヤ系のドレフュス大尉をドイツのスパイ容疑で逮捕し，真犯人が判明しても軍の威信と**反ユダヤ主義**から終身刑とした（**ドレフュス事件**）。1906年に無罪となったが，この事件は**シオニズム**（➡巻頭12，p.293）の発端となった。

▲⑤**ブランデンブルク門**　ドイツの代表的文化遺産。1806年，ナポレオンがベルリンを占領すると，門の上の像をルーヴル美術館に運び込み，1815年にプロイセン軍がパリを占領すると，この像を元に戻した。このようにこの門は，独仏それぞれの国民意識の強化に関与した。

1 複雑な民族構成

→p.243 **1**

1814	**ウィーン会議**（〜15）→p.192	
15	**ドイツ連邦成立**	正統主義の中心に
48	**三月革命**（ウィーン）　**メッテルニヒ失脚**	
	ハンガリー・イタリア・チェコで民衆蜂起	
	スラヴ民族会議（パラツキー）	ナショナリズム運動激化
59	**イタリア統一戦争**で大敗	
66	**普墺（プロイセン-オーストリア）戦争**で大敗，ドイツ連邦解体	
67	**「アウスグライヒ（妥協法案）」**が実現し，**オーストリア-ハンガリー（二重）帝国成立**	
		ハンガリー，自治権獲得
71	ボヘミアとの「アウスグライヒ」，不成立	
78	ベルリン会議でボスニア・ヘルツェゴヴィナに対する行政権を獲得	
1908	**ボスニア・ヘルツェゴヴィナ併合**	
14	**第一次世界大戦**（〜18）→p.234	
18	オーストリア-ハンガリー帝国解体	

▲①19〜20世紀初頭のハプスブルク帝国

◀②ハンガリーの人々が敬愛した皇后エリーザベト（1837〜98）
フランツ=ヨーゼフ1世の皇后であるエリーザベトは，かたくるしいウィーンの宮廷をきらい，その分，ハンガリーを愛した。ハンガリーの自治権獲得に尽力，現在も"シシー"の愛称で親しまれている。

オーストリア-ハンガリー帝国の民族の内訳（1910年）

オーストリア地域
- ドイツ人 35.6%
- チェコ人 23.0
- ポーランド人 17.8
- ウクライナ人 12.8
- その他 10.8

ハンガリー地域
- マジャール人 48.1%
- その他 18.6
- ルーマニア人 14.1
- ドイツ人 9.8
- スロヴァキア人 9.4

チェコ人13.2　　ウクライナ人8.0

| 全人口5000万人 | ドイツ人24.0% | マジャール人20.2% | ポーランド人10.0 | その他24.6 |

- ◁東スラヴ系　ウクライナ人
- ◁西スラヴ系　チェコ（チェック）人／ポーランド人／スロヴァキア人
- ◁スラヴ系以外　マジャール人／ルーマニア人／アルバニア人／ドイツ人
- ◁南スラヴ系　セルビア人／クロアティア人／スロヴェニア人／マケドニア人／ブルガリア人／ムスリム人
- ┅┅┅ 1914年のオーストリア-ハンガリー（二重）帝国の国境
- ━━━ オーストリア地域とハンガリー地域，ボスニア・ヘルツェゴヴィナ地域の境界

2 ハンガリーが勝ちとった自治〜「二重帝国」

ハプスブルク帝国

1867年以前　／　1867年以後

オーストリア地域（ドイツ人中心）／ハンガリー地域（マジャール人中心）／チェコ人（チェック）／スロヴァキア人／ポーランド人／ウクライナ人／ルーマニア人／セルビア人／クロアティア人／ムスリム人

内政権を認められた民族
○スラヴ系　○ラテン系

世界遺産

▶③自治の象徴〜ブダペストの国会議事堂
　1867年，ハンガリーとの**「アウスグライヒ（妥協法案）」**により，二重帝国が成立，ハンガリーは独自に議会をもつことが許された。しかし，外交・軍事・財政は帝国共通の政策とされた。

テーマ **ウィーンの世紀末文化を担ったユダヤ人**

　世紀末ウィーンでは，画家クリムトらにより，「ウィーン分離派」が生み出され，多くのユダヤ系の人々も活躍した。1897年マーラー（1860〜1911）は，ハンブルクよりウィーンオペラ座指揮者として着任し，ユダヤ系であった**フロイト**は，ヒステリー治療の研究から**精神分析学**の体系をつくりあげた。**ユダヤ人**（→p.258）であってユダヤ教徒ではないと自称する**カフカ**は，神の不在や失われた人間関係からくる不安を描き出している。

▲④フロイト（1856〜1939）

▲⑤カフカ（1883〜1924）

歴史と芸術　**「三重帝国」の夢**　〜高揚するチェコ民族主義

　「諸国民の春」はボヘミア（ベーメン）にも訪れ，ハプスブルク帝国内のドイツ人とチェコ（チェック）人の民族対立が激化した。1867年の**オーストリア-ハンガリー（二重）帝国**は，チェコ（チェック）人にとって受容できぬものであった。
　1881年に落成したプラハの国民劇場では，スメタナやドヴォルザークなどチェコの「国民楽派」の音楽家たちの作品をチェコ語で上演し，民族主義運動を高揚させようとした。

◀⑥プラハの国民劇場

▲⑦スメタナ（1824〜84）

テーマ **多民族の共生をめざして**　〜「帝国」から「連邦」へ

　ハプスブルク家の伝統をもつオーストリア伯爵**クーデンホーフ=カレルギー**（1894〜1972）は，1923年にその著書でヨーロッパの統一を訴え，彼の「**パン=ヨーロッパ主義**」（連邦構想）は，のちのEU（→p.284）誕生への大きなかけ橋となった。
　彼の母は日本人の青山光子で，1896年に，オーストリア伯爵と結婚し，7人の子どもを育てた。忍耐と勇気に満ちた母をよりどころに成長した彼は，「母がいなかったら，私は決してヨーロッパ統合運動を始めることはなかった」と語っている。

◀⑧1994年カレルギー生誕100年を記念してオーストリアで発行された切手

ロシアの反動と改革　〜上からの改革と南下政策

◀p.172

ヒストリーシアター「解放皇帝」アレクサンドル2世

▶①農奴解放令を読みあげるアレクサンドル2世　クリミア戦争の敗戦で、「上辺は金ぴかだが、中は腐っている」との体制批判を受け、皇帝は**農奴制の廃止**や検閲の廃止を軸に「大改革」を行おうとした。農奴制廃止については「下から起こるよりは、上から起こるほうがはるかによい」と貴族たちを説得した。 →p.219

▶②トランプの賭けにされる農奴の風刺画（1854年）

農奴解放令（1861年3月発表）
1. 農民は人格上自由の身になる。
2. 農地は、これを買い戻せば、農民のものとなる。
3. 買い戻し金は、政府が年6％の利子つきで農民に貸し出し、それを49年で返済していく。

よみとき　図①で皇帝に感謝している農奴は、本当に解放されたのだろうか。上の「農奴解放令」から判断してみよう。

キーワード　**農奴制**　農奴は、領主の所有物であり、図②のように人権も否定されていた。**農奴解放令**では領主制が廃止され、農奴に自由が与えられたが、土地は領主から**ミール**（農村共同体）が購入し、事実上、農民はミールにしばりつけられることとなった。

1 ロシアの国内問題

▲③**デカブリストの乱**　ナポレオン戦争で自由主義思想に触発された青年将校たちが憲法制定や農奴解放を求めてサンクトペテルブルクで蜂起した。反乱は12月に起きたため、彼らは**デカブリスト**（12月党員）とよばれた。

スラヴ派（スラヴォフィル）		西欧派（ザーパドニキ）
民族主義の高揚とロマン派の影響	思想背景	18世紀以降の西ヨーロッパでの革命運動に触発
ミール（農村共同体）を基盤とする社会。ツァーリの支配は容認するが**社会主義**を指向	理想とする社会	西ヨーロッパ型市民社会。立憲制の導入と農奴制の廃止を目標に
パン＝スラヴ主義、ナロードニキ運動へ	後世への影響	改革派と、急進的な革命派に分裂

▲④ロシアの進路をめぐる2つの考え方

▲⑤**ナロードニキの逮捕**（レーピン画）　1870年代以後**インテリゲンツィア**の間に、「**ヴ＝ナロード（人民の中へ）**」と唱え、農民と生活をともにして彼らを啓蒙し、農民の力で**ツァーリ**の打倒をめざす運動が起こった。彼らは**ナロードニキ**とよばれるが、農民はいまだツァーリへの親愛の情が強く、官憲の弾圧により運動は失敗した。

19世紀のロシアの歩み

◀p.172　　p.238▶

皇帝	国内の動き		対外関係（ロシアの南下・東方問題など）→p.216	日本
アレクサンドル1世（位一八〇一〜二五）	**ツァーリズム**（皇帝専制政治） 農奴制と官僚制を基盤とした専制政治	専制政治	1809　**フィンランド**、ロシアの属国となる 12　**ナポレオン戦争**（ロシア遠征）→p.191 13　**ゴレスターン条約**（イランからアゼルバイジャンなどを獲得） 14　**ウィーン会議**（ポーランドを実質的に支配下に）（〜15） 15　**神聖同盟提唱**（オーストリアと提携）**四国同盟結成**	江戸時代
	1815　ロシア皇帝、ポーランド王を兼ねる			
ニコライ1世（位一八二五〜五五）	25　**デカブリストの乱** 青年将校・自由主義貴族が蜂起→弾圧		28　**トルコマンチャーイ条約**（イランへ進出）**ギリシア独立戦争**に介入 アドリアノープル（エディルネ）条約（29）（トルコ ギリシアの独立承認／ロシア 黒海沿岸の領土獲得）	
	1830　**ポーランド11月蜂起**（〜31）→弾圧 →p.192		1831　**第1次エジプト＝トルコ戦争**（〜33）	
	1832　自治権失い、ロシアの直轄地となる		**ウンキャル＝スケレッシ条約**（33）（ロシア軍艦のボスポラス・ダーダネルス両海峡通過を承認）	
	1840〜60年代　**インテリゲンツィア**（知識人）の活動		1839　**第2次エジプト＝トルコ戦争**（〜40）	
	厳しい弾圧下で、文学・哲学により政治批判 **スラヴ派と西欧派**		**ロンドン会議**（40） **五国海峡協定**（41）（両海峡の中立化）（英・露・墺・普・仏）**ロシアの南下阻止**	
	←ロシアの後進性暴露		1852　**聖地管理権問題** 53　**クリミア戦争**（〜56） 55　**日露通好（和親）条約**締結	
アレクサンドル2世（位一八五五〜八一）	1861　**農奴解放令** **資本主義**時代に入る 63　**ポーランド1月蜂起**（〜64）弾圧	改革	**パリ条約**（56）（トルコの領土保全／五国海峡協定確認／黒海の中立化） **アイグン条約**（58）**北京条約**（60）**東シベリア総督ムラヴィヨフ**が締結	明治時代
	72　**『資本論』ロシア語訳** →p.183 70〜80年代　**ナロードニキ運動**		1867　**アラスカ売却** 73　**三帝同盟参加**（独・墺・露）（ビスマルク、フランスの孤立化を意図） 75　**樺太・千島交換条約** →p.232 77　**露土（ロシア＝トルコ）戦争**（〜78）	
	「**ヴ＝ナロード（人民の中へ）**」をスローガン→挫折	反動	**サンステファノ条約**（78）（大ブルガリア自治公国成立／バルカンのロシア勢力強大化）	
	虚無主義（ニヒリズム）　**無政府主義**（アナーキズム） →**テロリズム**		**ベルリン会議**（78）→**ベルリン条約**（78）（英・墺の干渉を**ビスマルク**が調停）（セルビア・モンテネグロ・ルーマニアの独立。大ブルガリア自治公国領土1/3に。**ロシアの南下政策、挫折**。墺、ボスニア・ヘルツェゴヴィナの行政権獲得。英、キプロス島領有）	
アレクサンドル3世（位一八八一〜九四）	1881　**アレクサンドル2世暗殺** ○資本主義的工業の発展により、賃金労働者が革命の中心として期待される	資本主義の発達	1881　**イリ条約** **バルカン問題**（ロシアのパン＝スラヴ主義と独墺のパン＝ゲルマン主義との対立） 1887　**再保障条約**（独・露〜90）→ビスマルク失脚 91　**露仏同盟**（94 完成）**シベリア鉄道**着工→極東進出（1904 開通） →第一次世界大戦へ	
	92　**ヴィッテ**、蔵相に就任**資本主義化**を推進			
	── **ニコライ2世** →p.238			

② 南下政策

Ａ バルカン半島（1815〜55年）
世界全図p.42-43 ← p.191 ４

ロシア
不凍港（冬でも凍らず使用できる港）の獲得，地中海への出口の確保

阻止

英仏
中東進出ねらう，ロシアの進出警戒

ボスポラス・ダーダネルス海峡

オスマン帝国
国力衰退　領土縮小

250km
ブダペスト
オーストリア帝国
ボスニア
カルロヴィッツ
ベオグラード
サライェヴォ
ドナウ川
セルビア公国
ヘルツェゴヴィナ
モンテネグロ
アドリア海
マケドニア
ソフィア
テッサロニキ
アルバニア
イオニア海
シロッコ
アテネ
ギリシア王国
ナヴァリノ 1827
クレタ島

ロシア帝国
セルビアの領土拡大
□ 1817年の領土
■ 1833年に獲得
■ 1878年に獲得

モルドヴァ
ワラキア
ブカレスト
クリム（クリミア）半島
1853〜56 対露 クリミア戦争
セヴァストーポリ
黒　海
1833 対露 ウンキャル=スケッレシ条約
ブルガリア
イスタンブル（コンスタンティノープル）
ウシュキャル=スケッレシ
ボスポラス海峡
オスマン帝国
アンカラ
1821〜29 ギリシア独立戦争
アナトリア
イズミル
□ 1830年のオスマン帝国領
--- 独立当時のギリシアの境界
■ オーストリア帝国とオスマン帝国の軍事境界域（18世紀末）
→ クリミア戦争時連合軍の動き
ロードス島　キプロス島
1829独立
1830国際的に承認
1822〜40 エジプト領

Ｂ バルカン半島（1878年）
→ p.223 ②

250km
オーストリア-ハンガリー帝国
ボスニア
カルロヴィッツ
クロンシュタット
サライェヴォ
ベオグラード 1878
セルビア公国
ワラキア **ルーマニア公国** 1878
ブカレスト
ドナウ川
モンテネグロ 1878
ヘルツェゴヴィナ
大ブルガリア自治公国 1878
東ルメリア自治州
イタリア
マケドニア
ディラキオン
アドリア海
テッサロニキ
アルバニア
イオニア海
コリントス
ギリシア王国 *1882年王政

ロシア帝国
クリム（クリミア）半島
セヴァストーポリ
黒　海
ボスポラス海峡
イスタンブル（コンスタンティノープル）
サンステファノ
イズミット
アンカラ
オスマン帝国
地中海諸島

サンステファノ条約による確定
--- ブルガリアの国境
ベルリン条約による確定
■ ブルガリアの領土
■ オーストリア-ハンガリー帝国の管理
国名 独立が認められた国（赤数字は独立年）

ベルリン条約後の変動
■ 1881年にギリシアに併合された地域
■ 1885年にブルガリアに併合された地域

クレタ島
ロードス島　キプロス島
1898自治　1908ギリシアへ
1878 イギリスへ

ナイティンゲール（1820〜1910）

イギリスのナイティンゲールは**クリミア戦争**中，不衛生な野戦病院で女性看護団を率いて献身的な看護を行い，クリミアの天使とよばれた。統計にもとづく医療衛生改革に取り組んだ彼女は，看護学校を設立して近代看護法を確立した。のちの第一次世界大戦では，戦争の後方支援などで女性を動員するための偶像とされた。→ p.236

⑥ベルリン会議 露土戦争後，ロシアは列強によってサンステファノ条約の破棄を求められた。「誠実な仲介人」を称する**ビスマルク**は，ベルリン会議（1878年）を主催してロシアの南下政策をはばんだ。

ディズレーリ（英）　ビスマルク（独）
オーストリア-ハンガリー外相　ロシア大使

← p.173 ③ , → p.223 ② ,239 ②

③ 東方への進出
→ 巻頭21
世界全図p.42-45

ロシアの東方進出

イヴァン4世	1582	**イェルマーク**，シビル=ハン国の首都を占領 → p.172
ピョートル1世	1689	**ネルチンスク条約**（清・康熙帝）→ p.118
	1727	**キャフタ条約**（清・雍正帝）→ p.118
エカチェリーナ2世	92	ラクスマンを派遣 → p.173
アレクサンドル1世	1804	レザノフ，長崎で通商要求
	21	アラスカ領有を宣言
	28	トルコマンチャーイ条約
		イラン方面への進出
	47	**ムラヴィヨフ**，東シベリア総督となる
ニコライ1世	53	プチャーチン，長崎で国書提出
	55	日露通好（和親）条約
	58	**アイグン条約** → p.228
	60	**北京条約** → p.228 ウラジオストク建設
	67	アラスカをアメリカに売却
アレクサンドル2世	68	ブハラ=ハン国保護国化
	73	ヒヴァ=ハン国保護国化
	75	**樺太・千島交換条約** → p.232
	76	コーカンド=ハン国併合
	81	**イリ条約** → p.228
	85	アフガニスタンを占領
アレクサンドル3世		**イギリスとのグレートゲーム**
	91	**シベリア鉄道**着工（1904開通）
ニコライ2世	96	露清密約 東清鉄道敷設権獲得
	98	東清鉄道南満支線の敷設権獲得，**旅順・大連租借** → p.231
	1904	**日露戦争**（〜05）→ p.231

西トルキスタンのロシア化

*19世紀，アフガニスタンをめぐり，南下政策をとるロシアと当地をインドの防壁にしようとするイギリスとの争奪戦。

■ 清との条約
□ 1841年までに獲得　□ 1905年までに獲得
□ 1855年までに獲得　□ 占領地
■ ロシアの影響下の領土

ドイツ帝国
サンクトペテルブルク 1861
オーストリア-ハンガリー帝国
ミンスク
モスクワ
1890
ポーランド
キシニョフ
ウクライナ
オデッサ
オスマン帝国
黒海
アゾフ（ロストフ）
バトゥミ
カフカス
地中海
キプロス島
アラビア半島
トルコマンチャーイ
カスピ海
ペルシア
1880
メルヴ
サマルカンド
ブハラ
西トルキスタン
ヒヴァ
アラル海
カザフスタン
タシケント
コーカンド
インド　**イギリス**
アフガニスタン

ロシア・シベリア境界
1858 アイグン条約国境線
1689 ネルチンスク条約国境線
1727 キャフタ条約国境線
シベリア横断鉄道
ロシア帝国
エニセイ川
エカテリンブルク
シベリア
1904
1898
イルクーツク
タルバガタイ（塔城）
バルハシ湖
イリ地方
新疆
1881 イリ条約国境線
1864 タルバガタイ条約国境線
チベット
北京
清

1860 北京条約にて獲得
樺太（サハリン）
興凱湖
アムール地方
1908〜16
1895〜97
1900
ネルチンスク
チタ
外モンゴル
1901
満洲
1896 東清鉄道敷設権獲得
アイグン
1898 東清鉄道南満支線の敷設権獲得
1905
ウラジオストク
旅順
朝鮮
日本

1907 英露協商によるロシアの勢力範囲

グレートゲーム*

── 鉄道
数字は建設年
500km

カムチャツカ半島
北極海
1860 北京条約国境線

⑦ロシアの対外進出に対する風刺画 ロシアの対外進出のルートには，黒海からボスポラス・ダーダネルス海峡を通る南下政策，次に中央アジアからイランや新疆に進出するルート，さらにシベリアおよび朝鮮や中国東方へ進出する三つのルートがあった。この画は，東に勢力を伸ばすロシアへの脅威を，当時の日本の視点で風刺している。

今日とのつながり　「カーディガン」は，クリミア戦争において英陸軍カーディガン7世が，負傷した兵士が着やすいように考案した，前開きのボタン付きセーターを起源とするといわれる。

アメリカ合衆国の発展 ～西部開拓と国家の真の統合

丸数字は大統領の代を示す

〈米国議会図書館蔵〉

◀p.186 独立後のアメリカ合衆国 p.248▶

	一般・領土関連事項	黒人・先住民関連事項	日本
イギリスに依存	**ワシントン***¹ 任1789～97		
	1793 **ホイットニー,綿繰り機**発明(綿花需要増大,南部が輸出の中心に)フランス革命に中立宣言	➡**南部奴隷制の拡大** *ワシントンはヴァージニアの農園主で奴隷を所有。妻の死後,奴隷を解放するよう遺言を残した。	
工業化の開始	**ジェファソン**③ 任1801～09		
	1803 **ルイジアナを仏より**購入	1808 **奴隷貿易禁止法**発効	
	1812 **米英(アメリカ-イギリス)戦争**(～14)	1820 **ミズーリ協定** (ミズーリ州を奴隷州として連邦に加入。以後ミズーリ州南境(**北緯36°30′**)以北に奴隷州認めず)	江
	経済的に自立		
	16 **最初の保護関税成立** **北部の工業化進む**		
	モンロー⑤ 任1817～25		
	1819 **フロリダをスペインより**購入		戸
	23 **モンロー宣言(教書)** 別冊史料41	*2 連邦政府官僚の採用が,世襲制から,新大統領選出ごとの交代制となった。	
	ジャクソン⑦ 民 任1829～37		
	○ **ジャクソニアン=デモクラシー***²	1830 **先住民強制移住法**	
	白人男性普通選挙の導入	33 **アメリカ奴隷制反対協会設立**	時
西部への発展・南北の対立	1845 **テキサス併合**(36 メキシコより独立)	1838 **チェロキー,「涙の旅路」を行く**(～39)	
	46 **アメリカ-メキシコ戦争**(～48) **オレゴン併合**(英と協定)	50 **カリフォルニアを自由州とするかわりに,より厳しい逃亡奴隷法を可決**	
	48 **カリフォルニアをメキシコより獲得,金鉱発見→ゴールドラッシュ** ➡巻頭8	52 **『アンクル=トムの小屋』**発表	代
	53 **ペリー提督,日本へ**(中国市場の拠点づくり)	54 **カンザス-ネブラスカ法**(将来,両地区の自由州・奴隷州の選択は住民に一任)	
	54 **共和党**(奴隷制拡大に反対)成立	59 **ジョン=ブラウンの蜂起**	
	リンカン⑯ 共 任1861～65		
	1861 南部11州,合衆国から離脱→**アメリカ連合国**(大統領ジェファソン=デヴィス)結成,首都:リッチモンド→**南北戦争**(～65)		
	62 **ホームステッド法(自営農地法)**(ミシシッピ川以西で5年間公有地を開墾した者に160エーカーを無償支給)		
	63 **ゲティスバーグの戦い**	1863 **奴隷解放宣言**	
		64 サンドクリークの虐殺(シャイアン族)	
	65 **南北戦争終結 リンカン暗殺**	奴隷制度の廃止(**憲法修正第13条**)	
	1867 **アラスカをロシアより購入**	1865 **KKK結成** ➡p.248,281	
資本主義の発展	69 **大陸横断鉄道開通** ➡巻頭8,p.219	67 南部「**再建法**」成立(**シェアクロッピング**(小作人制度の一種)の導入)	
	73 経済恐慌 **独占企業増大**	70 黒人の選挙権(憲法修正第15条)	明
	○ **アメリカの工業生産が世界一に**	76 リトルビッグホーンの戦い(スー・シャイアン族)	治
	86 **アメリカ労働総同盟(AFL)結成**	77 再建時代終わる(南部の白人勢力復活)	
	90 **シャーマン反トラスト法成立**	86 アパッチの長ジェロニモ降伏	時
	「**フロンティア***³の消滅」宣言 **西部開拓終了**	90 ウンデッド=ニーの虐殺(スー族)	
帝国主義	**マッキンリー**㉕ 共 任1897～1901	96 「分離するが平等」の州法を最高裁が合憲とする→人種差別を実質的に合法化	代
	98 **米西(アメリカ-スペイン)戦争**(フィリピン・プエルトリコ・グアム島獲得) ➡p.221		
	ハワイ併合 帝国主義政策を具体化		

*³ フロンティア(辺境)とは,開拓地と未開拓地との境界地で,1平方マイルにつき2～6人の地域をさす。

ヒストリーシアター 西部開拓の光と影

よみどき この絵で,進歩の女神に率いられるものは何で,未開を象徴するものは何だろう。

キーワード

マニフェスト=デスティニー(明白な天命)

未開の地域に欧米の文化を広めることは,神がアメリカ人に与えた**明白な天命**であり,その実行は神の意思にそくしているとした言葉。

➤①**進歩の女神**
➤②**「涙の旅路」**

文明の手引書
バッファロー
幌馬車
鉄道
駅馬車
先住民

➤③**「涙の旅路」を行くチェロキー** 先住民強制移住法により,先住民は,**ミシシッピ川以西**の不毛の居住区に閉じ込められた。移動中,多くの命が失われたので,そこへいたる道は**「涙の旅路」**といわれた。

先住民の祖先の地
オクラホマ
チェロキー
チカソー
クリーク
チョクトー
大西洋
セミノール
メキシコ湾
チェロキー 「涙の旅路」をたどった先住民
先住民居住区

1 アメリカの領土拡大 ➡p.219

世界全図p.42-45 ◀p.187 3

1846 併合	1803 フランスから購入	1818 イギリスから割譲	

①ニューハンプシャー ④コネティカット ⑦メリーランド
②マサチューセッツ ⑤ニュージャージー ⑧ウエストヴァージニア*
③ロードアイランド ⑥デラウェア ⑨ヴァージニア*

英領カナダ(1867 自治領)
1783 イギリスから割譲

北緯49°の緯線
シアトル
ワシントン 1889
ポートランド 1889
モンタナ 1889
ノースダコタ 1889
サウスダコタ 1889
スー
ミネソタ 1858
ヴァーモント 1791
メーン 1820
ボストン
オレゴン 1859
アイダホ 1890
ワイオミング 1890
ウンデッドニー 1890
ネブラスカ 1867
アイオワ 1846
ウィスコンシン 1848
ミシガン 1837
デトロイト
エリー湖
ニューヨーク
サクラメント
ネヴァダ 1864
ユタ 1896
コロラド 1876
カンザス 1861
ミズーリ 1821
イリノイ 1818
インディアナ 1816
オハイオ 1803
ペンシルヴェニア
ワシントン
リッチモンド
サンフランシスコ
ショーショニ
ソルトレークシティ
コマンチ
サンタクルーク 1861
カンザスシティ
サンタフェ鉄道(1888開通)
ケンタッキー 1792
ナバホ
北緯36°30′の緯線
テネシー 1796
ノースカロライナ
ロサンゼルス
アリゾナ 1912
ニューメキシコ 1912
プエブロ
オクラホマ 1907
アーカンソー 1836
ミシシッピ
アラバマ 1819
ジョージア
サウスカロライナ
チェロキー
チャールストン
1848 金鉱発見
1848 メキシコから割譲
アパッチ
テキサス 1845
アラモ
ルイジアナ 1812
ニューオーリンズ
フロリダ 1845
セミノール
1819 スペインから買収
メキシコ
1853 メキシコから購入
サンアントニオ
1835～36 テキサス独立戦争
1803 ルイジアナを1km²あたり7ドルで購入
1845 併合
大西洋

太平洋
0 500km

州の成立(数字は州になった次年)
1776年独立宣言 *はのちに分離した13植民地 独立した州
おもな先住民名
コマンチ
金鉱発見地(1848～90)
おもな大陸横断鉄道
1860年までに開通
1900年までに開通
入植者と先住民の衝突
× 18世紀末～1850年代
× 1860～90年代

歴史と文学 『大草原の小さな家』

➤④**西部開拓者たちの丸太小屋**

ウィスコンシンの丸太小屋で生まれたローラ=インガルス=ワイルダーは,19世紀後半の**西部開拓**時代の日常をリアルに描いた自伝的小説を発表した。**フロンティア=スピリット**あふれる開拓民は「小さな家」で自律的な生活を送り,過酷な「大草原」を世界屈指の穀倉地帯に変えた。

2 北部・南部の社会構造

A 北部と南部の違い

	北部（東部）				南部
経済構造	ニューイングランド中心の商工業地帯		●優位な経済力	●危機感増大	奴隷制にもとづく大農園中心の農業地帯
生産物	工業製品				綿花
中心勢力	銀行家 産業資本家				プランター大地主
貿易政策	保護貿易主義（高率の関税）	反攻 勝利	✕	開戦	自由貿易主義（関税撤廃）
国家体制	連邦主義（中央集権主義）	●ホームステッド法（1862年）西部の北部支持			州権主義（反連邦主義）
奴隷制度	拡大に反対	●奴隷解放宣言（1863年）別冊史料43 国際世論支持			肯定
支持政党	共和党				民主党
外交政策	モンロー主義 中南米との関係重視				イギリスとの関係重視

	北部		南部
人口	67	1850万人（900万人うち奴隷350万人）	33 (%)
工業生産	91	15億ドル 1.5億ドル	9 (%)
動員兵力	70	約200万人 約85万人	30 (%)
鉄道	69		31 (%)
銀行預金高	80		20 (%)

B 南部奴隷制

▶⑤ミシシッピの綿花プランテーション ホイットニーの綿繰り機（➡p.180）の発明により、南部で生産される綿花の需要がいっそう高まった。大変な手作業を必要とする綿花の摘みとりには、黒人奴隷が必要とされた。

（農場主の屋敷／ミシシッピ川／奴隷小屋／蒸気船／黒人奴隷）

歴史と文学
奴隷の悲しみを描いたストウ

ストウは1852年、黒人奴隷の惨状を『アンクル=トムの小屋』で描いた。反響は大きく、発売後1年で32万部（当時アメリカの人口は推定2320万）以上が売れ、「聖書につぐベストセラー」といわれた。南北戦争中リンカンは「この戦争を引き起こしたご婦人があなたですね」と話しかけたという。別冊史料42

▶⑥ストウ（1811〜96）

▼⑦奴隷制を告発するパンフレット

THE SLAVE AUCTION.

C 外国との関係

総輸入量 2822.2（千梱）
その他 6.0／東インド地域 17.0／アメリカ 77.0%
〈宮崎犀一編『近代国際経済要覧』東京大学出版会〉

▲⑧イギリス原綿輸入に占めるアメリカの割合（1856〜60）

総輸出額 1096（万ドル）
その他 35.7／中南米諸国 44.0%／イギリス 20.3
〈宮崎犀一編『近代国際経済要覧』東京大学出版会〉

▲⑨アメリカの鉄鋼製品の地域別輸出（1867〜68）

3 北部と南部の内戦（南北戦争＊）

＊英語ではthe Civil War（内戦）、南部では今でもthe War between the States（州間戦争）、さらにはThe War of Northern Agression（北部による侵略戦争）などともよばれる。

1820 ミズーリ協定 北緯36°30′以北に奴隷州を認めず

ゲティスバーグ 最大の激戦地、死者43000人 リンカンの演説

英領カナダ

北部諸州（自由州）／南部諸州（奴隷州）／南部に加わらなかった奴隷州

36°30′ N

1854 カンザス・ネブラスカ法 自由州か奴隷州かを住民が投票で決定

グラント将軍

リッチモンド アメリカ連合国首都 大統領ジェファソン=デヴィス

シャーマン将軍

1861サムター要塞

北軍による海上封鎖線（1862〜65）

北軍 ミシシッピ=ルート掌握

0 — 400km

→ 北軍の進路
→ 南軍の進路
✕ 数字 おもな戦いとその年（北軍勝利）
✕ 数字 おもな戦いとその年（南軍勝利）

	戦死者	
独立戦争	1.2万人	
南北戦争	北軍36万人 南軍26万人	62万人
第一次世界大戦	11.2万人	
第二次世界大戦	32.2万人	
朝鮮戦争	5.4万人	
ベトナム戦争	5.8万人	

0 20万 40万 60万（人）

▲⑩アメリカ兵士のおもな戦争別戦死者

▲⑪南軍の旗（左）と2020年までのミシシッピ州の州旗（右） 南北戦争時に南軍だったミシシッピ州の州旗には、南軍の旗のデザインが入っていた。

▼⑫政党の変遷
丸数字は大統領の代

連邦派（フェデラリスト）
・支持層：北部の資本家など
・政策：統一国家と憲法をつくることをめざす
①ワシントン
②アダムズ

対立

反連邦派（アンチフェデラリスト）
・支持層：南部の地主や自立的な西部農民
・政策：地方分権（州権）を主張

このころ政党の抗争少ない

リパブリカン
連邦派と反連邦派の融和に努める
③ジェファソン
⑤モンロー

1830年代
ホイッグ党
1854
共和党
政策：カンザス-ネブラスカ法に反発して結成 奴隷制の拡大反対を主張
⑯リンカン

1829ごろ 反ジャクソン派がジャクソン派が結成

民主党
政策：黒人奴隷制を支持
⑦ジャクソン

1861 分裂
南北戦争
再統一

アメリカ

MAP P〜Q

3部1章

Government of the people, by the people, for the people...
人民の、人民による、人民のための政治

◀⑬ゲティスバーグで演説するリンカン リンカンは「丸太小屋からホワイトハウスへ」という、アメリカの夢の実現者であった。彼は南北戦争中の1863年、激戦地ゲティスバーグでの追悼集会で、有名な演説を行った。ただしこの演説は数分の短いもので、カメラマンがまにあわないほどであった。また上記部分は他人のパンフレットからの引用でもあったが、民主主義の本質を示す名言となっている。

▲⑭ゲティスバーグの戦い

歴史と技術
日本史を動かした北部のライフル銃

鉄砲の性能は19世紀中ごろめざましい進歩をとげ、南北戦争ではライフル銃が使用された。幕末の長州藩は蘭学者大村益次郎の指導で、北軍の中古ライフル銃を長崎のイギリス人武器商人グラバーから坂本龍馬の仲介で大量に購入し、旧式銃中心の幕府軍を破った。

特集 移民の世紀 ～大移民の世界的なうねり →巻頭7

▲①**世界的な移民の流れ** 19世紀は「**移民の世紀**」であった。一体化が進むなかで，鉱山・プランテーションなど，とくに大量の労働力が必要になったところに，外部から労働者としての移民が流れ込んだからである。

移民の動き
- ➡ 1888年までの奴隷貿易
- ➡ ヨーロッパ人（19～20世紀）
- ➡ インド人（19世紀）
- ➡ 中国人・日本人（19～20世紀）
- ➡ ロシア人
- ➡ アメリカ内での移動（19世紀）

移民流出国
- 1850年以前
- 1850～1910年
- 移民流入国
- アメリカに移住したユダヤ人のおもな出身地

1 最大の移民受け入れ国～アメリカへの移民

▲②**人種のるつぼ** カップの中の諸民族を自由の女神がかき混ぜている。

ジャンク船

▲③**ニューヨークに到着したヨーロッパ移民** 移民たちは，アメリカに成功の夢（「**アメリカン=ドリーム**」）を見たが，実際に成功することはまれであった。

ひと 鉄鋼王カーネギー（1835～1919）

「**アメリカン=ドリーム**」を実現した者の典型は，鉄鋼王カーネギーである。スコットランドからの移民の子として貧しい少年時代を過ごした彼は，メッセンジャーボーイから身をおこして，鉄鋼業で大成功し，アメリカ有数の大富豪となった。教育や芸術の振興のために，カーネギー財団やカーネギーホールをつくったことでも知られている。→p.219

▶④**カーネギーホール** カーネギーが改装したニューヨークにある音楽の殿堂。

「旧移民」	
時期	19世紀前半～後半（1870～80年代がピーク）
出身地	西欧・北欧（アイルランドやドイツなど）
信仰	プロテスタント中心（アイルランド人はカトリック）

- **イギリス人移民**←旧宗主国（植民地時代～独立後）のため
- **アイルランド人移民**←じゃがいも飢饉（1845～49）による
- **ドイツ人移民・ユダヤ人移民**←ドイツ三月革命（1848）による
- **中国系移民（華僑）**←南京条約（1842）による

「新移民」	
時期	19世紀後半（1880年代）～20世紀前半（1900年代がピーク）
出身地	東欧・南欧（イタリアやロシア，ロシア領ポーランドなど）
信仰	カトリック中心

- **イタリア人移民・ポーランド人移民**の増加
- **ユダヤ系ロシア移民**←ロシアのユダヤ人排斥（1881）のため
- **日本人移民**の増加←中国人排斥法（1882）による
- **移民の減少**←**移民法**（1924，本格的移民制限）による

▲⑤「**旧移民**」と「**新移民**」

▲⑥**理想とされたWASP（ワスプ）の暮らし** 描かれているのは，イギリス出身の老銀行家夫婦と孫の生活。「新移民」は彼らのような生活にあこがれを抱いた。→p.280

▼⑦**レディーガガ** 日本でも人気のあるアメリカ人歌手レディーガガは，イタリアからの「新移民」を祖先にもつイタリア系アメリカ人。また，ポップス界の女王とされるマドンナもイタリア系の3世である。ほかに両親がドイツ系移民である野球選手のベーブ=ルースなど，アメリカに渡った移民の子孫が活躍している。

〈Splash/アフロ〉

② 移民と先住民～オーストラリア・ニュージーランド

▲⑧ゴールドラッシュ　オーストラリアは，1788年にイギリスの囚人植民地として始まったが，金鉱の発見で各地から移民が流入した。のちに保護政策に転じたが，先住民であるアボリジニーに対して迫害が行われた。ニュージーランドでも，移民は先住民であるマオリの土地を奪った。→巻頭8

イングランド 47.1%	アイルランド 24.8	スコットランド 13.5	ウェールズ 1.5	アボリジニーなど3.4 太平洋0.3

その他ヨーロッパ 7.3　アジア2.1

▲⑨オーストラリアの民族構成(1891年)　〈Australian Immigration,'79〉

◀⑩白豪主義　白人の移民はアボリジニーを迫害し，アジア系移民を差別して白豪主義を展開した。1860年以降に増加した中国人移民に対する憎悪はとりわけ強く，排外的な暴動にまで発展した。

▼⑪現在のアボリジニー　1967年に市民権が認められ，保護政策によって少しずつ人口も増えてきている。

③ 黒人奴隷の後継～アジアからの移民

印僑

▲⑫フィジーでさとうきびの収穫を行うインド人移民　奴隷貿易で非難を浴びたイギリスは，19世紀前半に奴隷制を廃止した。そのため，新たな労働力はアジアなどの移民で補われることとなった。

▶⑬世界各地の中華街(サンフランシスコ)　中国人は移民先でコミュニティをつくり，食文化をはじめ，中国文化を世界中に伝えた。

華僑(華人)

近代アジア交易圏の動向

19世紀前半	イギリスを中心とする列強の貿易自由化の推進
	アジア諸国へ開国要求(アジア諸国の抵抗) ／ 奴隷制・奴隷貿易の廃止 黒人奴隷にかわる新たな労働力の必要性
19世紀後半	欧米列強による東アジア，東南アジアの植民地化 ・プランテーション(世界市場向けの商品作物の生産)と鉱山の開発 ・拡大する都市における労働 ／ 人口過剰地域からの出稼ぎ労働・移民＝中国人(華僑)，日本人，インド人(印僑) ／ カリブ海，金鉱が発見されたアメリカ西部(大陸横断鉄道建設など)，オーストラリア 苦力 p.226
	アメリカ移民法改正(1882，中国人移民禁止) ／ 移民先・出稼ぎ先でのアジア商品(生活必需品)の消費と故郷への送金
	商品と労働力を運ぶ華僑・印僑ネットワークの活性化
20世紀前半	アジア交易圏の活性化 シンガポールを拠点とした，欧米とアジアの両方と結びつく物・労働力・資金のネットワークの形成
	インド・中国・日本など，アジア諸地域の軽工業の成長・発展
	アジア地域内での交易の活性化と産地間競争の激化 ／ インド・中国における民族資本の成長
	日本のアジア進出(市場拡大・資源獲得など) ／ 民族運動を資金面で支援
	日本の対アジア貿易を支えていた華僑・印僑ネットワークが後退

(第二次世界大戦による欧米商品の減少，用途における分子)

	1885	1898	1924	1932	1942
	第1回官約移民，ハワイへ	アメリカ・北米・ロシア(ソ連)，ハワイを併合	アメリカで排日移民法	満洲国成立	ブラジルと国交断絶

移民の渡航先：ハワイ・北米・ロシア(ソ連)／中南米／東南アジア／「満洲国」

▲⑭日本からの移民と渡航先の推移　〈『わが国民の海外発展』ほか〉

1868～80 85 90 95 1900 05 10 15 20 25 30 35 40 45(年)

ひと ブラジルの農園に渡った日本人～少年時代のアントニオ猪木(1943～2022)

世界各地で黒人奴隷制が廃止されていくなか，南米では多くのアジア人(おもに中国人・インド人・日本人)が移民として過酷な労働に従事するようになった。アントニオ猪木氏の一家も，猪木氏の少年時代に，ブラジルの農園に渡った。猪木氏が力道山と出会い，プロレス界入りしたのは，「ブラジル日本人移住50年祭」記念プロレスのときであった。

▶⑮アントニオ猪木氏 ©週刊プロレス

④ ポグロムをのがれて～ユダヤ人移民

ユダヤ人居住地域

◀⑯帝政ロシア時代のユダヤ人居留地　19世紀末，ロシアや東欧では，「ポグロム」とよばれるユダヤ人迫害が起こった。町を追いやられたユダヤ人は，移民としてアメリカなどへ移住した。

ロシア帝国高官の発言

ユダヤ人の⅓は死に絶えるだろう。⅓は国外に移住するだろう。あとの⅓は改宗して，跡形もなく周囲の人民のなかに溶解するだろう。

◀⑰衣服工場で働くユダヤ人移民　ユダヤ人は衣服業界に従事する人が多かった。労働条件は劣悪で，低賃金で1日12～18時間も働かされた。

◀⑱1928年のニューヨーク　ユダヤ人(Jew)が多く住みついたため，「ジューヨーク」ともよばれた。

▲⑲ベーグル　ニューヨーク名物ベーグルは，ドーナツ型の粘性の強いパンで，もともとは，ユダヤ系の人々の朝食用であった。

→巻頭8

ヒストリーシアター　光あふれるパリ市民のカフェ

腰の後ろをふくらませたドレス

オーケストラ

メロン帽

カンカン帽

シルクハット

◀ ①ルノワール「ムーラン=ド=ラ=ギャレット」
19世紀末のパリの繁華街モンマルトルの踊り場を題材に描いた作品。正式な舞踏会に行くことができない庶民が気軽に踊りを楽しんだ。黒のスーツに身を包んだ紳士から，帽子をかぶっていない庶民の女性まで，さまざまな階級の人々がそれぞれおしゃれをして楽しんでいる。〈オルセー美術館蔵，131cm×175cm〉

キーワード　フランスのカフェ　上流階級のサロンに対し，台頭しつつあるブルジョワ階級が集まり，政治談議をする場所として発展した。19世紀になると，サロンに入れない芸術家たちのつどう場所という性格が強くなり，ここから新しい芸術家たちが誕生した。

よみとき　絵の中でまだら模様のようになった斑点（右手前の男性の肩部分など）は何を表現したのだろうか。また，ここに描かれた人々とp.176のサロンに描かれた人々は同じ階級だろうか。

ヨーロッパ

1 絵画〜神話から日常へ

A　古典主義
ギリシア・ローマの神話画や歴史画を模範として理想的な美を描き，線描の正確さが特徴の絵画
背景 ポンペイ遺跡の発掘　フランス革命

B　ロマン主義
文学やオリエント世界，同時代の事件を主題として，自由な想像力でさまざまな美を描き，色彩豊かな絵画
背景 自由主義運動・国民主義運動（七月・二月革命）

▼ ③ドラクロワ「民衆を導く自由の女神」「自由」という理念を描いた寓意画。彼は七月革命にこの絵を描くことで応えた。〈ルーヴル美術館蔵，260cm×325cm〉

▲ ②ダヴィド「サビニの女たち」　娘たちを取り戻しに来たサビニ人と娘たちを奪ったローマ人との争いを，体を張って止める娘たち。〈ルーヴル美術館蔵，385cm×522cm〉

テーマ　世間を席巻したロマン主義
ギリシア・ローマの形式美や理知・調和を尊重した古典主義を否定して，人間の個性や感情に着目して表現しようとした。その動きは，絵画だけではなく，文学・音楽など多くの分野に及んだ。背景には，各地域や国における自由主義やナショナリズムの盛り上がりがあった。

	19世紀前半	19世紀後半	19世紀末
絵画	古典主義　ロマン主義	自然主義　写実主義	印象派
文学	古典主義　ロマン主義	写実主義　自然主義	象徴主義 耽美主義
音楽	古典派　ロマン派	国民楽派	印象派・象徴派

MAPP〜Q

3部1章

① 中央の女性はフランスの象徴マリアンヌ（➡p.202）で，かぶっているのは「自由」のシンボルである赤い帽子（➡p.189）

② 左端の男は労働者階級を，その右のシルクハットの男はブルジョワ階級を表している

▲ ④鑑賞ポイント

私は祖国のためには戦わなかった。だから少なくともそのために絵を描こうと思う。
（七月革命後に兄にあてた手紙より）

▲ ⑤ドラクロワ（1798〜1863）

テーマ 画家たちの心をとらえた「異国」

オリエンタリズム

▲⑥アングル「グランド＝オダリスク」 古典主義のダヴィドの弟子アングルの代表作で、当時の批評家から脊椎骨の数が多いなどと酷評された。オリエンタリズム（→p.197）を背景にトルコのハーレムの女性を描いた。〈ルーヴル美術館蔵，91cm×162cm〉

ジャポニスム

〈ゴッホ美術館蔵，73cm×54cm〉

▲⑦安藤（歌川）広重「名所江戸百景 大橋あたけの夕立」（左）と⑧ゴッホ「雨の大橋」（右） 明治維新前後、日本から大量の浮世絵などが流出し、大いにもてはやされた。マネ，モネ，ゴッホら画家たちは、浮世絵師の遠近法を無視した表現や大胆な色使いに感銘を受け、自身の画風に取り入れた。

「未開社会」への憧れ

▲⑨ゴーギャン「タヒチの女たち」 ゴーギャンは晩年をフランス保護領のタヒチで過ごし、「未開社会」を描くことにより腐敗堕落した「文明社会」を批判した。しかし、この考え方には「文明化されていない未開社会」という帝国意識が反映されていた。〈オルセー美術館蔵，69cm×91.5cm〉

C 自然主義・写実主義
理想化・空想化した美ではなく、身のまわりの素材を題材に美を見いだし、目に見えるがままに描く絵画
背景 市民の台頭 カメラの発明

D 印象派
科学の発展に触発され、光の分析から光の変化に応じる色調の変化を描き、その一瞬の主観的印象を描く絵画
背景 パリ＝コミューン 科学技術の発達 カフェの流行 ジャポニスム

テーマ 印象派を見る3つのポイント
① 光の3原色（赤・緑・青）を使った光の表現
② 戸外で制作
③ 身近なもの・風景が題材
注）スーラの絵を一部拡大

▲⑩ミレー「晩鐘」 夕刻の畑で鐘に合わせて祈った思い出をもとに制作。農民の平凡な暮らしに「造形の美」を探求した。〈オルセー美術館蔵，55.5cm×66cm〉

明 暗

▲⑫モネ「印象・日の出」 朝日に変化する風景。左の拡大図を見ると時間によって変わっていく光の表現がわかる。この絵の題名からモネたちの作品を印象派とよぶようになった。〈マルモッタン美術館蔵，48cm×63cm〉

▲⑬スーラ「グランドジャット島の日曜日の午後」 スーラは、光の表現を追求した、濁りのない単色の点を集合させる「点描」という画風を確立した。〈シカゴ＝アート＝インスティテュートHP蔵，205cm×305cm〉

② 文学〜日常となったブルジョワ・庶民の読書

古典主義文学 ギリシア・ローマの文化を理想とし、格調と形式のなかにおける美を追求。

ロマン主義文学 古典主義を否定し、人間の個性と感情を尊重して描く。中世を理想とした。

大衆文学と職業小説家の誕生 ①革命戦争により国民皆兵となり、識字率が向上した。②パトロンが消失し、不特定の大衆が相手となった。③萌芽的ながらジャーナリズムが勃興してきた。

▲⑪クールベ「石割り」 労働者や農民などの同時代の風俗を、写実主義的手法で描写した。労働の過酷さを隠さず表現することで、現実社会を鋭くあぶり出している。本作は第二次世界大戦中に焼失した。

▲⑭「本を読む少女」 18世紀は、私室での「プライベートな読書」がブルジョワ階級の習慣となったといわれる。絵画でも一人静かに読書する姿は主題として好まれた。〈フラゴナール画，ワシントンナショナルギャラリー蔵，82cm×65cm〉

ひと ゲーテ（1749〜1832）
ドイツでは啓蒙思想を文芸上の解放としてとらえ、「疾風怒濤」の運動として展開された。ゲーテはシラーとともに先頭に立ち、個人の意欲や自然を尊重して人間性の完成をめざす、古典主義文学を完成させた。人体解剖学や植物学、地質学でも業績をあげた。
▲⑮旅姿のゲーテ

テーマ 鉄道の旅と読書
19世紀、鉄道で旅行した人々は車内に長時間閉じ込められた。未知の乗客と一緒にいるために、各駅には読みやすく廉価な小説を売る書店が生まれ、読書が普及したといわれている。

◀⑯宝石入りのステッキを持ったバルザック バルザックは借金癖があり、みえっ張りであったため、戯画の格好の餌食となった。しかし、借金取りに追われながらも『人間喜劇』などを書き続けた。〈バルザック記念館蔵〉

哲学

人名	国	年	業績	区分
カント	独	1724-1804	ドイツ観念論の基礎を確立『純粋理性批判』	ドイツ観念論
フィヒテ	独	1762-1814	主観的倫理的観念論『ドイツ国民に告ぐ』→p.177	ドイツ観念論
シェリング	独	1775-1854	客観的観念論『先駆的観念論の体系』	
ヘーゲル	独	1770-1831	ドイツ観念論大成『歴史哲学』弁証法哲学を確立	
フォイエルバッハ	独	1804-1872	唯物論哲学	
コント	仏	1798-1857	実証主義哲学・社会学の創始	
ベンサム	英	1748-1832	『功利論』「最大多数の最大幸福」功利主義	
スペンサー	英	1820-1903	進化論を哲学に導入	
キェルケゴール	デンマーク	1813-1855	実存主義哲学の先駆『死に至る病』	
ショーペンハウエル	独	1788-1860	厭世哲学を展開　▶①ニーチェ	
ニーチェ	独	1844-1900	『ツァラトゥストラはかく語りき』超人哲学	

経済思想

人名	国	年	業績	区分
リスト	独	1789-1846	保護関税政策を主張→p.251	歴史学派経済学
アダム=スミス	英	1723-1790	『国富論』自由放任主義・自由貿易主義→p.177	古典派経済学
リカード	英	1772-1823	『経済学及び課税の原理』労働価値説→p.251	
マルサス	英	1766-1834	『人口論』	
J=S=ミル	英	1806-1873	『経済学原理』	

社会主義思想

人名	国	年	業績	区分
ロバート=オーウェン	英	1771-1858	「ニューハーモニー村」チャーティスト運動に発展→p.182	空想的社会主義
サン=シモン	仏	1760-1825	『産業者の政治的教理』勤労者の社会実現提唱	
フーリエ	仏	1772-1837	生産協同組合建設提唱	
ルイ=ブラン	仏	1811-1882	国立作業場設立主張、二月革命を指導→p.193	
バブーフ	仏	1760-1797	私有財産制を否定、共産主義を主張	
プルードン	仏	1809-1865	私有財産制の廃止を主張	無政府主義
バクーニン	露	1814-1876	『国家とアナーキー』	
マルクス	独	1818-1883	『資本論』弁証法的唯物論、唯物史観→p.183	科学的社会主義
エンゲルス	独	1820-1895	『共産党宣言』(マルクスと共著)唯物史観	
ラサール	独	1825-1864	『労働者綱領』	

法学

人名	国	年	業績
サヴィニー	独	1779-1861	『中世ローマ法史』歴史法学の祖
イェーリング	独	1818-1892	『ローマ法の精神』

科学技術

人名	国	年	業績
ファラデー	英	1791-1867	(物理)電磁誘導の法則
モールス	米	1791-1872	(電気)通信機の発明　▶②メンデル
リービヒ	独	1803-1873	(化学)有機化学・農芸化学の祖
ダーウィン	英	1809-1882	(生物)進化論『種の起源』
マイヤー	独	1814-1878	(物理)エネルギー保存の法則発見
ヘルムホルツ	独	1821-1894	(物理)エネルギー保存の法則発見、立体望遠鏡発明
メンデル	墺	1822-1884	(生物)遺伝の法則発表
パストゥール	仏	1822-1895	(医学)細菌学の祖、乳酸菌・酵母菌の発見、狂犬病予防法開発
ノーベル	スウェーデン	1833-1896	(化学)ダイナマイト発明
ダイムラー	独	1834-1900	自動車発明
コッホ	独	1843-1910	(医学)細菌学開拓、結核菌・コレラ菌など発見
レントゲン	独	1845-1923	(物理)X線発見
ベル	米	1847-1922	(電気)電話機発明
エディソン	米	1847-1931	(電気)電灯・映写機・蓄音機など発明
ディーゼル	独	1858-1913	ディーゼル機関発明
キュリー夫妻	ポーランド	夫1859-1906 妻1867-1934	(物理・化学)ラジウム・ポロニウム発見
ライト兄弟	米	兄1867-1912 弟1871-1948	動力飛行機発明　▲③レントゲン
マルコーニ	伊	1874-1937	(電気)無線電信発明

探検家

人名	国	年	業績	区分
タスマン	蘭	1603-1659	タスマニア島・ニュージーランドに到達(1642年)	太平洋
クック	英	1728-1779	1768年以降、太平洋方面探検→p.221	
リヴィングストン	英	1813-1873	宣教師 ナイル川の源流探検、ヴィクトリア瀑布発見(1855年)	アフリカ→p.220
スタンリー	米	1841-1904	リヴィングストン発見、のちコンゴ探検	
ヘディン	スウェーデン	1865-1952	中央アジア探検 楼蘭遺跡を発見	中央アジア→p.95
スタイン	英	1862-1943	中央アジア探検 敦煌などを調査	
ピアリ	米	1856-1920	北極点初到達(1909年)	
アムンゼン	ノルウェー	1872-1928	南極点初到達(1911年)	極地
スコット	英	1868-1912	アムンゼンの1か月後に南極点に到達も遭難	

歴史学

人名	国	年	業績
ランケ	独	1795-1886	『世界史概論』近代歴史学を確立
ドロイゼン	独	1808-1884	『ヘレニズム時代史』▶④ランケ
ギゾー	仏	1787-1874	『ヨーロッパ文明史』

文学

人名	国	年	業績	区分
ゲーテ	独	1749-1832	『若きウェルテルの悩み』『ファウスト』	古典主義
シラー	独	1759-1805	『群盗』『ワレンシュタイン』	
グリム兄弟	独	兄1785-1863 弟1786-1859	『グリム童話』(ドイツ人の民族意識を高揚)	ロマン主義
ハイネ	独	1797-1856	ユダヤ系詩人『歌の本』	
シャトーブリアン	仏	1768-1848	『アタラ』『ルネ』	
ユーゴー	仏	1802-1885	『レ=ミゼラブル』	
アンデルセン	デンマーク	1805-1875	童話作家『即興詩人』	
ワーズワース	英	1770-1850	詩人『叙情歌謡集』▲⑤グリム兄弟	
スコット	英	1771-1832	歴史小説家『湖上の美人』『アイヴァンホー』	
バイロン	英	1788-1824	『チャイルド=ハロルドの遍歴』ギリシア独立を支援→p.192	
ホーソン	米	1804-1864	『緋文字』	
ノヴァーリス	独	1772-1801	詩人『青い花』	
ホイットマン	米	1819-1892	『草の葉』	
プーシキン	露	1799-1837	『大尉の娘』『スペードの女王』	
スタンダール	仏	1783-1842	『赤と黒』	写実主義・自然主義
バルザック	仏	1799-1850	『人間喜劇』	
フロベール	仏	1821-1880	『ボヴァリー夫人』▲⑥バイロン	
サッカレー	英	1811-1863	『虚栄の市』	
ディケンズ	英	1812-1870	『二都物語』『オリヴァー=トゥイスト』	
ゴーゴリ	露	1809-1852	『検察官』『鼻』	
ドストエフスキー	露	1821-1881	『罪と罰』『カラマーゾフの兄弟』	
ゾラ	仏	1840-1902	『ナナ』『居酒屋』ドレフュス事件でドレフュスを弁護→p.202	
モーパッサン	仏	1850-1893	フロベールに師事『女の一生』	
イプセン	ノルウェー	1828-1906	『人形の家』	
ストリンドベリ	スウェーデン	1849-1912	『令嬢ジュリー』	
トゥルゲーネフ	露	1818-1883	『父と子』(ニヒリストを描く)『猟人日記』	
トルストイ	露	1828-1910	『戦争と平和』『アンナ=カレーニナ』	
チェーホフ	露	1860-1904	戯曲『桜の園』▲⑦トルストイ	
ボードレール	仏	1821-1867	詩人・批評家『悪の華』	象徴主義・耽美主義
メーテルリンク	ベルギー	1862-1949	詩人・劇作家『青い鳥』	
ワイルド	英	1854-1900	戯曲『サロメ』	

絵画・彫刻

人名	国	年	業績	区分
ダヴィド	仏	1748-1825	「ナポレオンの戴冠式」「サビニの女たち」	古典主義
ゴヤ	西	1746-1828	「1808年5月3日マドリード市民の処刑」→p.191	ロマン主義
ドラクロワ	仏	1798-1863	「キオス島の虐殺」→p.192「民衆を導く自由の女神」	
ドーミエ	仏	1808-1879	風刺画・版画「三等列車」「ドン=キホーテ」	写実主義・自然主義
クールベ	仏	1819-1877	「石割り」「オルナンの埋葬」パリ=コミューンに参加	
ミレー	仏	1814-1875	「晩鐘」「落ち穂拾い」「種まく人」	
モネ	仏	1840-1926	「睡蓮」「印象・日の出」	印象派
ルノワール	仏	1841-1919	「ムーラン=ド=ラ=ギャレット」「ブランコ」	
セザンヌ	仏	1839-1906	「水浴」「サント=ヴィクトワール山」	後期印象派
ゴーギャン	仏	1848-1903	「タヒチの女たち」▶⑧ルノワール	
ゴッホ	蘭	1853-1890	「糸杉」「ひまわり」	
マネ*	仏	1832-1883	「草上の昼食」「オランピア」　*「近代絵画の祖」として印象派の先駆者とみなされる。	その他
ロダン	仏	1840-1917	「考える人」	近代彫刻

音楽

人名	国	年	業績	区分
ベートーヴェン	独	1770-1827	「運命」「田園」「第九(合唱)」	古典派*2
シューベルト	墺	1797-1828	「冬の旅」「未完成」*2 後期の作品はロマン派に分類。	ロマン派
ショパン	ポーランド	1810-1849	「英雄ポロネーズ」「革命」→p.193	
ヴァーグナー	独	1813-1883	楽劇を創始「ニーベルングの指輪」	後期ロマン派
ドビュッシー	仏	1862-1918	「海」「月の光」▶⑨ヴァーグナー	印象派・象徴派
チャイコフスキー	露	1840-1893	「白鳥の湖」「悲愴」	
ドヴォルザーク	チェコ	1841-1904	「スラヴ舞曲」「新世界より」	国民楽派

ヨーロッパ／アメリカ　MapP~Q　3部1章

→ p.218, 278

ヒストリーシアター 蒸気自動車からガソリン自動車へ

▲①**蒸気3輪自動車** フランスの砲兵将校キュニョーが大砲運搬用につくった蒸気自動車(1769)。これが歴史上第1号の自動車とされていたが、現在は否定されている。

▲②**ガソリン自動車第1号** ベンツ(1844～1929)が1885年に完成させ、翌年、特許を取得。1気筒576ccで4分の3馬力の4サイクルエンジンを積み込み、最高時速15kmを出した。

▲③**T型フォード** 1903年に**フォード**(1863～1947)が設立したフォード自動車会社は、1909年から量産体制をとった。安価なT型フォードの出現で、アメリカは急速に自動車社会になっていった。自動車の型式を示すセダンやクーペという言葉は馬車の形と関連している。

→ p.249

よみどき 上の3つの図と写真から自動車の発達の経過を、内燃機関や車輪の形などに注目しながらたどってみよう。

1 科学の世紀

A 生物学の進歩

身近な医学 事始め

予防接種 →	ジェンナー(英,1796)
低温殺菌法 →	パストゥール(仏,1866)
ABO式血液型 →	ラントシュタイナー(墺,1901)

→ p.361

◀④**パストゥール** 発酵や腐敗は微生物によって起こることを証明し、ぶどう酒の風味をそこなわない低温殺菌技術を開発してフランスのぶどう酒づくりの発展に貢献した。医学分野でも炭そ病の研究や狂犬病ワクチンを開発し、予防接種に成功するなど功績を残した。

B 物理・科学の発展

→ p.361

▲⑤**ノーベル** 1866年に**ダイナマイト**を発明し、多くの工場の経営により巨万の富を築いた。この遺産がノーベル賞の基金となっている。

妻マリ　夫ピエール

▲⑥**キュリー夫妻** マリは夫ピエールと協力して**ラジウム**とポロニウムを発見。1903年、夫妻でノーベル物理学賞を受賞した。マリは夫の死後も研究を続け1911年、ノーベル化学賞も受賞した。

テーマ 人間はサルから進化した

ダーウィンは南半球各地の調査後、1859年『**種の起源**』で**進化論**を唱えた。サルからヒトが進化したというこの学説は聖書の文言を歴史的事実と考える従来の人間観に大きな衝撃を与え、宗教界・学界から激しい非難を浴びた。環境に適したもののみが他の生物より有利になり、敗者は滅びるという、**自然淘汰**と**適者生存**がその原理である。しかしこの理論は、人間社会の理解にも応用され、社会に大きな影響を与えた(社会進化論)。その後、植民地政策や人種差別を擁護する理論にも利用されていく。

→ p.361

▲⑦**ダーウィンに対する風刺画**

2 発明の世紀～発明大国アメリカ

1868	電気投票記録機(初めての特許)
77	蓄音機
79	白熱電球
82	エディソン電灯会社を設立
89	映画(キネトスコープ)
1910	アルカリ蓄電池

▲⑨**エディソンの発明**

→ p.361

▲⑧**エディソンと蓄音機** 発明には、費用・時間などのリスクが伴う。アメリカでは科学を産業に直結させる実用的な発明が奨励され、18世紀には**特許制度**が整備された。この環境で成功をおさめた最大の発明家が**エディソン**である。彼は最初の発明で得た金を元手に世界最初の発明会社を設立し、多くの発明品を社会に供給していく。その代表である**電球**のフィラメントには日本の竹が使われた。

▲⑩**ナイロンストッキングの発売** (1946) デュポン(1771～1834)は、フランス革命をのがれアメリカに亡命し、火薬製造工場をおこした。彼の会社は、20世紀には企業と科学者の共同で新素材を開発し、絹に比べて安くじょうぶな**ナイロン**をつくり出した。

→巻頭22

1 社会構造が生み出した良妻賢母

前工業化の時代（19世紀以前）

生産の場（職場）	消費の場（家庭）
同一	

家族が労働単位（農業・手工業など）

工業化の進展した時代（19世紀以降）

生産の場（職場）　分離　消費の場（家庭）

・郊外の家から通勤
・収入を得る

・子育てと家事
・外で働く男性にとっての安らぎの場

ホワイトカラー（事務職）の出現

男性　女性　専業主婦
家庭を守る女性＝主婦の誕生

"男尊女卑"（女性＝自立できない者）の風潮

例〉○教育の機会不均等
○女性は参政権なし

女性解放思想の展開

計報を伝える手紙

▲②悲しみにくれる夫を支える妻　当時の**中産階級**以上の女性にとって重要なのは「たしなみ」や家事をこなす能力で，高度な知識や思想は有害と考えられていた。

◀①工業化の進展による男女の分業

▼③『ナポレオン法典』にみる女性と子ども

ナポレオン法典（抜粋） →p.190

[家族制度]

A 夫が（家族）統率の主である。夫がその配偶者の財産も素行もすべて管理し，監督する。213条 夫は妻を保護し，妻は夫に服従する義務を負う。

B 子は父親に服すべきである。371条 子は年齢のいかんを問わず，父母に対し尊敬の義務を負う。

テーマ ヴィクトリア女王にみる「理想の女性」像

公式の場では国家元首として君臨する**ヴィクトリア女王**も，公職を離れるとアルバート公のよき妻，子どもたちのよき母というイメージがつくられていた。9人の子どもをもうけ，国民に模範的な家庭生活を示した。

ヴィクトリア女王　アルバート公　子どもたち
▲④ヴィクトリア女王と家族

2 専業主婦を取り巻く環境の変化

▲⑤家事使用人　妻は一家の男性の経済力を社会にアピールする消費者であり，その地位の象徴として家事使用人を雇って，自ら有閑化した。工業化により都市で男性労働者の需要が増えると，家事使用人は女性が担うようになっていった。

▶⑦子ども服の宣伝ポスター

AU BON MARCHÉ
Maison A. BOUCICAUT
PARIS PARIS
Lundi 26 MARS et jours suivants
EXPOSITION SPÉCIALE DES
VÊTEMENTS pour ENFANTS
et de tout ce qui concerne la TOILETTE
des FILLETTES et des JEUNES FILLES
des GARÇONNETS et des JEUNES GENS
LAYETTES et COIFFURES

▼⑥縫い物をする女性　有閑化した女性が新しいファッションを追い求めた結果，服の需要が増え，彼女たちの仕事も増えたが，当時縫い物は低賃金でつらい仕事であった。

◀⑧専業主婦の社交場 デパート　生活にお金をかける余裕が生まれた中産階級の妻たちは，当時各国に登場したデパートに出かけて行った。図は世界初のデパート，パリのボン＝マルシェ。豪壮な建物の内部は**万国博覧会**さながらのウィンドウ＝ディスプレイとなっている。従来の商売方法にはない，欲望を掘り起こすしかけがいたるところにほどこされていた。

3 政治参加を求める女性たち

▼⑨フランス革命期の女性クラブ　彼女たちは新聞やパンフレットから革命の動きを知り，次の行動を話し合った。しかし，**公安委員会**は，女性には「高度な思考や真剣な熟慮」が欠けるとし，女性の政治クラブを禁ずる法令を**国民公会**で通させた。
→p.188

ひと グージュ（1748～93）
メアリ＝ウルストンクラフト（1759～97）

フランス革命期に活躍した**グージュ**は，**人権宣言**を，男性のための宣言であると批判し，『女性と女性市民の権利宣言』（1791）を出版した。フェミニズムの先駆者として活躍するが，国王処刑に反対したため処刑された。

一方，イギリスの没落した家庭に生まれ育った**ウルストンクラフト**は，家庭教師などをして自活した。フランス革命に共感し，『女性の権利の擁護』を著して，反響をよんだ。

▲⑩メアリ＝ウルストンクラフト

▲⑪女性参政権運動（ロンドン，1909年）　19世紀後半，欧米で女性の権利を求める運動が展開された。**第一次世界大戦**で女性が労働力として貢献すると，社会進出の機会が増え，それにともない**女性参政権**も認められるようになった（→p.242）。イギリスでは1928年に男女普通選挙権が実現した（→p.195）。

1 近代政治制度一覧

＊'政'は'制'と表記されることがあるが，意味は同じ。

用語	解　説
君主政(制)＊ (王政・帝政)	世襲の君主(国王)が支配権をもち統治する政治体制で，王政や帝政などの形態があった。君主政には，大きく以下の二つがある **専制君主政**：君主に主権が存在。自らの権力の絶対性を主張し，原則として法の拘束を受けず独断で思いのままに統治する **立憲君主政**：憲法の制限の下で，君主が支配権を行使する(名誉革命後のイギリスなど)
貴族政(制)	家柄や財産などにもとづいて社会的に特権を認められた少数者(貴族)が政治権力をにぎり行う政治体制。イギリスなどでは，社会的名誉の称号としてではあるが，貴族政の伝統が現在も残っている
民主政(制)	すべての人民の主体的な政治参加のもと，人民自らがその意思にもとづいて権力を行使する政治体制。古代ギリシアでは，ポリスという小規模な共同体での政治形態の一つとして機能したが，近代以降は，現実的に不可能であり，理念・象徴としての意味合いをもつ。市民革命の勃発と国の近代化に伴い，政治は国民の総意にもとづいて行われるべきと考えられるようになった。フランス革命，二月革命などは，民主政の実現を求めて起こった
共和政(制)＊	国家に君主をおかない政体のことで，人民による直接または間接的な選挙で選ばれた代表者が合議で統治する政治体制。世襲による君主政を否定して生まれ，フランス革命やアメリカ独立革命を契機とし，多くの国々が君主政から共和政へ移っていった。古代ローマの共和政は，人民主権や選挙にもとづく議会制度の保障がない点で近代以降の共和政と異なる
中央集権制	統治の権限を中央政府に集中させ，強力な統治を行う制度。ヨーロッパでは中世末期から国王により推進された **官僚制**：行政官吏が人民の上に立って中央集権化された国家の権力を行使する制度。絶対王政の時代には，王の手足として働き，国王に対してのみ責任を負ったが，その後，合理的な規則にもとづく，体系的な官僚制に進化していった
大統領制	人民の直接または間接選挙で選ばれた大統領(元首)が，所定の任期のもと，行政権を行使する政治体制。大統領は，議会に対してではなく，人民に対して直接責任を負う。アメリカ合衆国が典型。フランスなどは大統領制度をもつが，議院内閣制も取り入れた制度であり，国によってその性格も異なる
議院内閣制	議会の信任にもとづき，政府(内閣)が組織され，政府が議会に責任をもつ制度。人民が議会を通じて，国の行政を監視する。イギリスで，名誉革命のときに議会主権(議会が政治の中心)が確立した後に発展し，18世紀前半，ハノーヴァー朝の政治的無関心から成立した。現在，日本はこの制度を採用している
三権分立制	国家権力を議会(立法)，政府(行政)，裁判所(司法)の独立した三機関に分けて分担させ，相互の牽制により権力の濫用を防ごうとする政治的原理。絶対王政の権力の集中独占を解消し，人民の政治的自由を保障するため，とくにモンテスキューなどが主張し，合衆国憲法において制度として確立された

▼①「法の支配」と「議会主権」

1215　大憲章(マグナ=カルタ)(英) ➡p.149
法による支配の成文化。課税に貴族の同意が必要など，貴族の特権を確認し王権を制限。

1628　権利の請願(英) ➡p.167
王の専制政治に対し，議会の同意のない課税や不法逮捕への抗議。

1689　権利の章典(英) ➡p.167
名誉革命の結果，立法や課税，言論の自由などに関し，王に対する議会の優位が確定(議会主権が確立)。

1776　独立宣言(アメリカ独立革命)(米) ➡p.187
本国イギリスの課税への反対などから独立革命へ。基本的人権，革命権を取り入れ，人民は被統治者から統治者へ(共和政)。

1787　アメリカ合衆国憲法(米) ➡p.187
世界初の近代的成文憲法。人民主権と連邦制，権力の分立制，大統領制の採用。

1789　人権宣言(フランス革命)(仏) ➡p.189
人間の自由と平等，圧政への抵抗権，私有財産の不可侵，人民主権による権利の行使，法の支配，三権分立などを規定。1791年憲法。

1889　大日本帝国憲法(日) 別冊史料52
プロイセン憲法を模範とし，天皇に強大な権限を認めた欽定憲法。議会は協賛機関にとどまる。

1911　議会法(英)
上院(貴族院)の拒否権を剝奪。下院(庶民院)の権限を強化した。

1919　ヴァイマル憲法(独) ➡p.242
人民主権，男女普通選挙制の導入，労働者の権利保障を規定し，社会権の思想を盛り込む。当時の世界で最も民主的な憲法で現代福祉国家の原型を提示。

2 近代外交用語一覧

用　語	解　説	事例・条約
植民地＊	征服や移住・開拓により領地に組み入れられ，外交・軍事・内政などの政治権力を失い，宗主国(内政・外交の支配権をもつ国)の完全な支配下におかれた地域。近代では，宗主国の原料供給地・商品市場・軍事的拠点の性格をもつ。古代ギリシア・ローマの植民市は，国外に定住して開発に従事した地域のこと	インド大反乱(1857〜59)以後の**英領インド**←インド統治改善法(1858) ➡p.224
保護国 (保護領)	条約にもとづき他国の主権によって保護された国または領主(地域住民にとっては，保護＝支配と認識されるのが一般的)。外交と軍事に関する政治権力を宗主国に奪われたり，干渉や制限を受けたりする(内政に関する政治権力・行政機構は維持)。自治領と違い，形の上では独立国の体裁は維持している	第2次アフガン戦争(1878〜80)以後の**アフガニスタン**←ガンダマク条約(1879)による　第2次日韓協約(1905)後の**朝鮮(大韓帝国)** ➡p.232　エジプト(1914〜22)
自治領	ある国家の領土の一部であるが，内政・外交ともある程度の自治権が与えられた地域。イギリスの植民地は，1931年のウェストミンスター憲章以降，本国との平等・完全自治権を獲得した	**カナダ**(1867) ➡p.196 **オーストラリア**(1901)
同君連合	二つ以上の国が同じ君主の下に連合すること	カルマル同盟(1397〜1523)(北欧三王国の国家連合) ➡p.151
併合	ある国家の領土のすべてあるいは一部を，自国のものとすること	**ハワイ併合**←ハワイ併合条約(1898) ➡p.221　**韓国併合**←韓国併合条約(1910)
割譲	条約によって，ある国の部分的な領域を，他国に譲り与えること	アヘン戦争(1840〜42)後の**香港**←南京条約(1842) ➡p.228
租借	条約によって，ある国の部分的な領域を他国が期限つきで借りて統治すること。租借地における行政・立法・司法権は租借国がもつ	清からロシアが租借した**旅順，大連**(期限25年)　ドイツの膠州湾(期限99年)　イギリスの威海衛(期限25年)　フランスの広州湾(期限99年)
租界	ある都市の中で外国が行政・裁判・警察権を行使し，租借期間に期限がない地域(外国人居留地)。治外法権(→後述)によってその国の主権が及ばない地域	アヘン戦争後の上海の**イギリス租界**(1845)
勢力圏	ある強国が自国の領土外で政治的・経済的な優先権をもつ地域。勢力範囲も同一	20世紀初頭の**イラン(カージャール朝)**←英露協商(1907) ➡p.222
同盟	他国と紛争が起こった場合には，互いに協力して防戦することを約束する	**三国同盟**(1882)　**露仏同盟**(1891)　**日英同盟**(1902)
協商	国家間で勢力範囲など特定の事項についての相互協力を非公式に取り決めること。一般的に同盟にいたらない親善協調関係をいうが，同盟としての性格を帯びることもある	英仏協商(1904)　英露協商(1907)　上記の協商に露仏同盟が加わり，**三国協商**と称される
協約	交渉や協議して約束すること。本質も効力も条約と同じ	**宗教協約(コンコルダート)**(1801)　**日露協約**(1907)
議定書	外交交渉や国際会議の議事録で国家間で署名の上，合意された文書	ウィーン議定書(1815) ➡p.192　北京議定書(1901) ➡p.229
連合(国)	二国以上が1つのグループになること。第一次世界大戦では，英・仏・露を中心に連合国グループを形成，第二次世界大戦では，反ファシズムで米・英・仏・ソ・中が連合国グループを形成	第一次世界大戦，第二次世界大戦で結成
中立(国)	国際法上の戦争状態になったとき，戦争に参加していない国家に生じる国際法上の地位。第一次世界大戦では，当時永世中立国であったベルギーの領土にドイツ軍が侵入，中立侵犯を行った。スイスはウィーン議定書で，オーストリアはオーストリア国家条約で永世中立が承認されている	**スイス**(1815〜)　**ベルギー**(1831〜1919) **オーストリア**(1955〜)←オーストリア国家条約
最恵国待遇	二国間で条約を結んだとき，締結国の一方が第三国に新たな特権を与えた場合，自動的に条約を結んだ相手国にも同様の特権を与えるという取り決め。一方のみにその義務がある場合，片務的最恵国待遇という	アヘン戦争後の清とイギリス←**虎門寨追加条約**(1843)　片務的最恵国 日本とアメリカ←**日米和親条約**(1854)　待遇の事例
治外法権 (領事裁判権)	特定の国の外国籍をもつ犯罪者などの裁判権を犯罪発生国ではなく犯罪者の国の領事がもち(領事裁判権)，滞在国の裁判権に拘束されない権利	開国後の日本とアメリカ←**日米修好通商条約**(1858)…治外法権， 関税自主権の放棄 別冊史料48
関税自主権	関税とは輸入品に対して輸入国が定める税で国内産業の保護のために定められる。関税自主権とは自国の関税率を自主的に決定する権利	朝鮮と日本←**日朝修好条規**(1876) ➡p.232…治外法権

＊国際連盟成立後，その委任にもとづいて特定の国が旧ドイツ領と旧オスマン帝国領を統治した(委任統治領)。第二次世界大戦後，国際連合の監督下で，信託統治領となり，その後の脱植民地化でほぼ消滅。

―ヨーロッパ―

―世界―　注)国名略記号は巻頭の「世界史の基礎知識」を参照

ウィーン体制と正統主義 1815〜1848 （日本・東アジア）

英 1822, 離脱 「光栄ある孤立」始まる

普

露 → 墺 軍事力で後援

四国同盟(1815)

警戒監視 → 仏

露の強大化抑止

五国同盟(1818)

●フランス革命前の政治体制、領土(国境線)に戻す**正統主義**を原則とする保守反動＝**ウィーン体制**
●保守的な3君主国にイギリス・フランスを加えた勢力均衡(四国同盟・五国同盟)

世界（1850年）
イギリスの覇権（パクス＝ブリタニカ）

ナショナリズム運動弾圧・東方問題・アルジェリア出兵・インド植民地化・セイロン・アヘン戦争・海峡植民地・制海権は英が掌握・ケープ植民地

世界の工業生産各国シェア（1850年）
国	シェア
イギリス	約28%
フランス	19
ドイツ	12
アメリカ	12
ロシア	5

ロシアの南下政策の失敗とドイツ・イタリア統一 1853〜1871

ドイツ帝国成立(1871)

英
普 普仏戦争(1870〜71) 勝利
墺 普墺戦争(1866)
露 大敗

イタリア統一戦争(1859)

仏 接近 サルデーニャ イタリア王国成立(1861)
孤立化
クリミア戦争(1853〜56)
オスマン帝国 露の南下を警戒、援助

●**クリミア戦争**でのロシア大敗→ロシア消極化により保守のかなめのオーストリアが孤立化
●ウィーン体制の崩壊にともない、**ドイツ・イタリア統一へ**→p.200
●ロシアの南下を恐れるイギリスとフランスが協力、ロシアは極東からの南下に転じ、沿海地方へ進出

世界（1870年）
ナポレオン3世の野心

メキシコ遠征・アイグン条約北京条約・クリミア戦争・アロー戦争・インドシナ出兵・インド大反乱鎮圧

世界の工業生産各国シェア（1870年）
国	シェア
イギリス	約32%
フランス	10
ドイツ	13
アメリカ	23
ロシア	4

ビスマルク外交による欧州の現状維持 1871〜1890

協調・親善関係維持 英
独
露 再保障条約(1887〜90)
縦断政策
アルザス・ロレーヌ問題 対立 対立
三帝同盟(1873〜78)(1881〜87)
独墺同盟(1879)
パン＝スラヴ主義
三国同盟(1882〜1915)
横断政策 孤立化 仏 対立 伊 チュニジア問題
墺 パン＝ゲルマン主義 対立

●ビスマルクによる新生ドイツの安全保障
・ロシア・オーストリア・イタリアとの同盟 →フランスの孤立化、列強間の戦争なし
・イギリスとの友好

世界（1880年）
加速する植民地獲得競争

露土戦争・中央アジア制圧・ビルマ併合・横断政策・スエズ運河株買収・清仏戦争仏領インドシナ(1887成立)・英領インド帝国・縦断政策

世界の工業生産各国シェア（1880年）
国	シェア
イギリス	約27%
フランス	9
ドイツ	14
アメリカ	29
ロシア	3

ビスマルク体制の破綻 1890〜1904

日英同盟(1902):「光栄ある孤立」解消
英
日 日露戦争(1904〜05)
インド経営 対立
中央アジア進出
建艦競争 バルカン進出 対立
独 露 露仏同盟(1891,94) パン＝スラヴ主義
ファショダ事件(1898) 対立
仏 仏伊協定(1902) 伊 三国同盟 対立(「未回収のイタリア」) 墺 パン＝ゲルマン主義

●ドイツの工業躍進(第2次産業革命)と積極化(→イギリスとの**建艦競争**)
→バルカン進出開始によるドイツとロシアの関係悪化(**露仏同盟**の成立)
●露仏同盟は、当面、海外でイギリスと対決

世界（1900年）
日英同盟VS露仏同盟

バルカン進出・中央アジアイランでの対立・日露戦争・中国分割・門戸開放通牒・ファショダ事件・米西戦争・オーストラリア連邦・南アフリカ戦争

世界の工業生産各国シェア（1900年）
国	シェア
イギリス	約20%
フランス	7
ドイツ	17
アメリカ	30
ロシア	5

対ドイツ包囲網の形成 1904〜1914

日英同盟(1902)
英
日 日露協約(1907)
3C政策 英露協商(1907)
対立
英仏協商 三国協商 独 3B政策 露仏同盟 露 パン＝スラヴ主義
モロッコ事件(1905,1911) 対立
仏伊協定 三国同盟 対立
仏 伊 未回収のイタリア 墺 パン＝ゲルマン主義
英仏協商(1904)

●イギリス・ロシア・フランスの世界分割での勢力圏がひとまず確定
→台頭するドイツを牽制するため結束(**三国協商**)
●イタリアは、オーストリアとの国境問題(「**未回収のイタリア**」)によりフランスとの関係を強化

世界（1914年）
ドイツの世界政策VS英・仏・露

バルカンでの対立・ベルリン・ビザンティウム(イスタンブル)・3B政策・バグダード・モロッコ事件・カイロ・3C政策・カルカッタ・南アフリカ連邦・ケープタウン

世界の工業生産各国シェア（1914年）
国	シェア
イギリス	約14%
フランス	6
ドイツ	16
アメリカ	36
ロシア	6

帝国主義の成立 ～列強による植民地確保

ヒストリーシアター イギリスの覇権に挑戦するドイツ

鉄道利権の上にあぐらをかくヴィルヘルム2世

◀①3B政策の風刺画　ドイツはベルリン・ビザンティウム(イスタンブルの旧名)・バグダードの3都市を結ぶ鉄道建設によって中東への進出をめざし(**3B政策**)、イギリスの**3C政策**に対抗した。(→p.44〜45)

ペルシア湾への直行便

よみとき　図①はイギリスで描かれたものである。どこの国のどのような行動を風刺したものだろうか。

▼②列強の侵略と対立　世界全図p.44-45

20世紀初頭　ドイツ3B政策 VS イギリス3C政策

ベルリン／ビザンティウム(イスタンブル)／アルジェリア／バグダード／カイロ／カルカッタ／ペルシア湾／ケープタウン

19世紀末　フランス横断政策 VS イギリス縦断政策

キーワード　**帝国主義**　19世紀後半から、先進工業国(列強)が植民地や勢力圏の獲得競争を行い、強大な武力で世界を分割していった動きをいう。その背景には、欧米列強では、**第2次産業革命**によって成立した独占資本主義(→p.219)のもと、過剰な生産力と資本を抱える独占資本やそれが銀行と結びついて形成された金融資本が商品の販路と資本の投下(**資本輸出**→p.44)先を海外に求めるようになった、という要因がある。

1 帝国主義の形成

18世紀後半〜19世紀前半		19世紀後半
第1次産業革命 →p.180〜182	→	**第2次産業革命** →p.213

	第1次産業革命	第2次産業革命
中心国	**イギリス**	**ドイツ アメリカ**
部門	**軽工業中心**(繊維産業など)	**重化学工業**
動力源	**蒸気力・石炭**	**電力・石油**

貧富の差の拡大

労働運動 社会主義運動 ←連携/対立→ **植民地の 民族主義運動**

対抗・協調

1880年代〜 **帝国主義**

植民地獲得競争 =列強の世界分割

▶③**帝国主義の成立**　新たな植民地獲得や本国と植民地との連携強化のために、列強が武力で膨張政策を展開する帝国主義の時代が到来した。帝国主義は、世界の一体化を促進した反面、被支配地域での反帝国主義、民族主義運動をうながし、列強間の世界規模での対立も激化させた。

▶④**「文明化の使命」を語る新聞のさし絵**　欧米諸国では、文化的に劣るとみなしたアジア人やアフリカ人を文明化する使命があり、経済開発が現地住民の生活を向上させるという主張が広く支持されていた。欧米諸国はこの主張をもとに植民地支配を正当化し、植民地獲得を進めていった。→p.206

19世紀中ごろ **産業資本主義**
- 個人の産業資本家中心
- 工場制機械工業による商品生産(綿工業など)
- 原料供給地・商品市場として植民地獲得 →p.184,196
- イギリスによる世界制覇

1870年代〜 **独占資本主義** →p.219
- 巨額の設備投資の必要
- 企業の巨大化=独占の進行
　独占資本 金融資本 ─**国家権力と結合**
- 労働者の低賃金→狭い国内市場→生産・資本の過剰
- 原料供給地・商品市場に加え、資本輸出先として植民地獲得(資本輸出…鉄道建設など)
- アメリカ・ドイツの成長

2 各国の帝国主義政策

帝国主義列強の動向

国名	イギリス	フランス	ドイツ	アメリカ	ロシア	日本
時期	1870年代〜	1880年代〜	1890年代〜	1880年代〜	1890年代〜	1900年代〜
特徴	・**「世界の工場」**から**「世界の銀行」**へ→p.196(海外投資の増大) ・自由主義の伝統強く、独占資本の形成遅れる	・第三共和政下で**金融資本**成長「ヨーロッパの高利貸し」(おもにロシアに投資) ・イギリスにつぐ植民地領有	・ビスマルクの保護関税政策により、鉄鋼・電気機器・化学工業など独占資本成立→**カルテル**形成 →p.219 例鉄鋼・兵器の**クルップ**	・高率保護関税政策と広大な国内市場により**独占資本**形成→**トラスト**形成 →p.219 例ロックフェラーのスタンダード石油 モルガンのUSスティール	・ツァーリズムの保護下で成立 ・**フランス資本**の注入 ・英・仏に追従しながらも東アジア・中央アジア・バルカン半島に進出	・「殖産興業」「富国強兵」をスローガンとする政府主導型の資本主義化 ・**コンツェルン**の形成例三井財閥・三菱財閥など →p.219
政策	・**3C政策** カイロ・ケープタウンを結ぶ**縦断政策**に、**カルカッタ**を加える →p.45,216 1875 **スエズ運河会社株買収** →p.222 1877 **インド帝国成立** →p.225 1882 **エジプト占領** →p.223 1898 **ファショダ事件** →p.220 1899〜1902 **南アフリカ戦争** ・1898 **威海衛・九竜半島租借** →p.231	・アフリカ分割(**横断政策**)→p.44,220 └1898 **ファショダ事件** →p.220 ・1887 **仏領インドシナ連邦成立** →p.226 ・1899 **広州湾租借** →p.231	・**ヴィルヘルム2世**の「**世界政策**」 ・**3B政策** … ベルリン・ビザンティウム(イスタンブル)・バグダードを結ぶ →p.44,216 →イギリスと衝突 ・**パン=ゲルマン主義** →ロシアと衝突 ・1898 **膠州湾租借** →p.231	・**マッキンリー**大統領の帝国主義 1898 **米西(アメリカ-スペイン)戦争**→フィリピン領有 1898 **ハワイ併合** 1899 ジョン=ヘイの**門戸開放通牒** ・**セオドア=ローズヴェルト**大統領(任1901〜09)の棍棒外交 →p.221 └**カリブ海政策** →p.221 ・1914 パナマ運河開通	・**ニコライ2世**の帝国主義 ・バルカン半島に進出(**南下政策**) ・**パン=スラヴ主義** →p.216 ・1891 **シベリア鉄道着工*** →p.205 ・1895 三国干渉 ・1898 **旅順・大連租借** →p.231 *着工時の皇帝はアレクサンドル3世	・朝鮮・中国へ進出 →p.230〜233 1894〜95 **日清戦争** 1895 **台湾領有** 1904〜05 **日露戦争** 1910 **韓国併合**

▲⑤**植民相ジョゼフ=チェンバレン**(任1895〜1903)　帝国主義政策を推進した。

▲⑥**ヴィルヘルム2世**(位1888〜1918)

◀⑦**マッキンリー**(任1897〜1901)

▲⑧**ニコライ2世**(位1894〜1917)

▲⑨**韓国統監府初代統監 伊藤博文**(任1906〜1909)

| 国内の事項 | ・1884 第3回選挙法改正
・1884 フェビアン協会設立
・1914 アイルランド自治法 →p.195 | ・1887〜91 **ブーランジェ事件**
・1894〜99 **ドレフュス事件** →p.202
・サンディカリスムの台頭 | ・1890 ビスマルク辞職
・1896 ベルンシュタイン、**修正主義**を主張 | ・1886 アメリカ労働総同盟(AFL)結成 →p.206
・1890 シャーマン反トラスト法成立、「フロンティアの消滅」宣言 | ・ツァーリズムの矛盾が表面化
・1898 ロシア社会民主労働党結成 →p.238
・1905 血の日曜日事件 | ・1889 大日本帝国憲法発布
・1901 八幡製鉄所操業 →p.219,230
・1901 社会民主党結成 |

特集 広がる産業革命と経済発展

下のグラフは19〜20世紀初頭の世界の工業生産に占める各国の割合を表したものである。この約100年間にわたる長期統計からおおむね読み解ける傾向をあげ，各国の工業化における激しい競争がどのように繰り広げられたのか考えてみよう。

〈J.クチンスキー著『世界経済の成立と発展』〉

注1）1820〜40年は概数。
注2）1830年の英独米，1830〜50年の露，1820〜90年の日はデータなし。

*統一前も統一後と同じ地域を示すと仮定。

▲①工業生産に占める各国の割合

よみとき グラフから何が読み解けるだろう

①19世紀初頭にはイギリスが抜きんでて高く，その後減少していく。→**1** なぜ工業化がイギリスで最初に起こり，その後イギリスは衰退したのだろうか。

②次に高い値を示すフランスはドイツ*に抜かれていく。→**1** フランスとドイツの工業化はどのような状況で進められていたのだろうか。

③アメリカは19世紀後半に急上昇し，1880年代にはイギリスにかわって世界第1位になる。→**2** アメリカの工業生産が急激に伸びた理由は何だろうか。

④日本・ロシアは欧米諸国よりも低調である。→**3** 日本・ロシアの産業革命は欧米諸国と比べていつ・どのように始まったのだろうか。

▼②産業革命の変化

第1次産業革命	
時期	18世紀後半〜19世紀前半
工業原料	**石炭・鉄鉱石**
生産物	綿織物などの**軽工業**

第2次産業革命	
時期	19世紀後半
工業原料	電気・**石油**
生産物	**重化学工業・電機工業・石油産業**

各国の産業革命の特色をつかむために，いつ・誰が・何を・どのように行ったのか着目してみましょう。また，グラフの値が割合を示していることに注意しましょう。

1 ヨーロッパの産業革命

あらすじ 18世紀後半のイギリスでは，資本投入による技術革新が起こり，綿織物などのアジア物産（国際商品）の国産化がはかられた。この工業化の動きは**産業革命**と称された。

〈『概説世界経済史II』〉

◀③1人あたりの石炭産出量

よみとき

①図①と対照的なイギリスの動きに注目→コークス製鉄法（→④）とは？産業革命の工業原料はどう変化（→②）した？

②1870年代以降のドイツの動きに注目→普仏戦争でドイツがフランスから獲得した場所は？

イギリス

◀④コークス高炉による製鉄
イギリスでは，綿工業分野で機械と動力が導入され，技術革新が開始された。**ダービー**が石炭を蒸し焼きにした**コークス**を利用する**製鉄法**を開発すると，製鉄業などの重工業にも技術革新の動きが波及した。鉄の生産は激増し，18世紀末には輸出が始まった。こうしてイギリスは他国に先がけて産業革命を達成し，「**世界の工場**」とよばれた（→p.180〜182）。

*1871年の値 『概説世界経済史II』

	1840年	1870年	1914年
イギリス	0.2	2.2*	3.3
フランス	0.04	1.6	3.7
ドイツ	0.04	1.9	6.2
アメリカ	0.5	8.5	41.0

（0〜10万km）

▲⑦鉄道の開通総距離

地図凡例：
☓ 炭田
工業地帯（1850年ごろ）
おもな鉄道網（1850年）
都市人口（万人）
1800年ごろ／1860年ごろ

▲⑥鉄道網の拡大と都市の成長　産業革命により，農村にかわって都市が生産の表舞台となった。1850年代以降，都市人口は本格的に増加した。

フランス

◀⑤ルーアンの織物工場を視察するナポレオン
ノルマンディーでは，フランス革命中に**ミュール紡績機**が導入されたが，フランスでは水力が豊かなため蒸気機関の普及が遅れた。ナポレオンの**大陸封鎖令**（→p.191）により商品の自給をめざし，やがて1830年代に本格的に機械化が始まった。

ドイツ

◀⑧パリ万博（1867年）のクルップ砲
1834年に18か国からなる**ドイツ関税同盟**（→p.201）が成立し，2300万の人口をもつ地域が経済的に統一され，産業革命が進展した。以前の砲身は破裂しやすかったが，**クルップ**は頑丈な鋼鉄砲の製造に成功し，万国博覧会で大評判となった。

2 アメリカの産業革命

あらすじ アメリカの産業革命は1810年代から始まったが，開拓農民が多く労働力が不足した。南北戦争後，国内市場が統一され，産業革命が本格化して，1880年代に世界最大の工業国となった。

▼銑鉄生産量（1900～09年平均）
▼鋼生産量
▨うちUSスティールの生産量とシェア（1901～09年平均）

（百万t）20

〈『近代国際経済要覧』ほか〉

	イギリス	フランス	ドイツ	アメリカ
銑鉄	9.2	3.0	9.2	19.8
鋼	5.5	2.1	9.0	17.2

43.2% 60.4%

◀⑨各国の銑鉄・鋼の生産量とアメリカの独占企業の国内シェア 1901年に銀行家のモルガンが鉄鋼トラストを結成した。これにカーネギー製鉄が加わりUSスティールが誕生した。

よみとき アメリカの独占企業と各国の生産量の値に注目→アメリカの産業革命を進めた主体は？

アメリカ

サンフランシスコ　ニューヨーク

バッファロー　先住民

◀⑩大陸横断鉄道 アメリカの急激な経済成長を可能にしたのが鉄道建設であった。19世紀末までに，4本の**大陸横断鉄道**が敷設された（→巻頭8,p.206）。鉄道建設の労働者として西からは**中国系移民**が，東からは**アイルランド系移民**が工業化を支えた。

▲⑪「上院の支配者たち」 利益を得て巨体となった**独占資本**（→p.217）が上院の傍聴席を占めて，議事をみつめている。議員たちは小さく描かれ，独占資本が国の内政や外交を支配していることを暗示している。

テーマ ### 現在まで続く大企業の登場

化学・電機・自動車などの新産業による**第2次産業革命**の展開は，新技術を生み，経済を活性化させた。その主体となったのが，巨額の資本を集め製品を大量生産・販売した大企業であった。カーネギー製鉄やペンシルヴェニア鉄道などのアメリカ企業，クルップ社やベンツ社などのドイツ企業は資本主義発展とともに成長した。

◀⑫建設途中のロックフェラーセンター(1932) 石油精製事業で大成功したロックフェラーは，ニューヨークのマンハッタンに超高層ビル群を建設した。ビル群は現在も同所に建ち，利用されている。

＊コンツェルンを形成　＊2 1901年，USスティールと合同化。

▼⑬世界の大企業

ジーメンス社	ドイツ	電機工業をドイツの基幹産業に
ロイター社	イギリス	通信業でイギリス経済を側面から支える
クルップ社*	ドイツ	鉄鋼メーカー。ドイツの兵器工場
カーネギー社*2	アメリカ	1900年には世界鉄鋼の4分の1を生産
スタンダード石油会社	アメリカ	**ロックフェラー**が設立。**トラスト**形成
ルノー社	フランス	自動車。高い技術と販売戦略で急成長
フォード社	アメリカ	流れ作業による自動車の大量生産

キーワード 独占資本 →p.217

不況期には多くの産業分野で，弱体企業の淘汰が進み，大資本の形成が進んだ。そうした大資本は多額の資金を調達するため銀行と結びつき，さらに集中と独占を進めた。19世紀後半に成立したそのような大資本を独占資本とよぶ。

カルテル（企業連合）	トラスト（企業合同）	コンツェルン（単一資本統合）
A製鉄　協定　B製鉄　C製鉄　生産・価格・販売経路	A石油　B石油　合同　C石油	親会社　資本　A銀行　B建設　C商事　資本
同業の企業が協定を組み，競争を制限する	同業の企業が株をもち合うなどし，事実上同一の企業として結合する	異種間産業の企業を，一つの資本系列のもとに統合する（→戦前の日本の財閥）

▲⑭独占資本の形態

---

3 日本・ロシアの産業革命 →p.181 5 c

あらすじ 日本は**富国強兵**政策の下，戦争とともに産業革命を実現した。ロシアは**クリミア戦争**敗北後，アレクサンドル2世による上からの近代化で，産業革命に着手した。

（万梱）120

1梱=300斤=180kg

〈『日本経済統計総観』ほか〉

日清戦争　生産量　日露戦争　輸出量　輸入量

1886　90　95　1900　05　10（年）

▲⑮日本の綿糸の生産と輸出入 日本では，**日清戦争**（→p.230）前後に国家主導の産業革命が進展した。

よみとき 生産量が輸入量をこえた年，輸出量が輸入量をこえた年に注目→国産化・貿易黒字とは，生産量・輸入量・輸出量がそれぞれどのような状態のこと？

日本

▲⑯日本の工業化 日本の軽工業は，高性能な紡績機の導入により，低賃金の若年女性の労働で対応できた。このためインド綿糸に対して国際競争力がつき，中国・朝鮮への輸出が急増した。一方で重工業では，**官営八幡製鉄所**（→p.230）が1901年に操業開始した。〈東洋紡提供〉

ロシア

▲⑰ロシアの工業化(19世紀) ロシアの産業革命は，1861年の**農奴解放令**（→p.204）後に推進され，91～94年の露仏同盟によりフランス資本が導入されて本格化した。70年代には繊維工業，90年代には重工業が中心で，90年代の成長率は年8％と非常に高かった。

アフリカの分割 〜列強に引きさかれるアフリカ

世界全図p.44~45 ← p.171 ②

ヒストリーシアター 「私は遊星をも併呑したい」

ライフル
電信線
B

◀①セシル=ローズ
(1853~1902) ダイヤモンド採掘や金鉱経営で巨富を得、ケープ植民地首相としてイギリスの**世界政策**を牽引した。彼は**トランスヴァール**に侵略を試みたが失敗した。手に電線を持ち、右肩にライフル銃を背負う姿からは、この縦断政策のために通信手段を確保し、障害になったり敵対したりする勢力を軍事力で蹴散らす強い意志が読み取れる。 別冊史料62

エジプト ケープ植民地

◀②セシル=ローズがアフリカ縦断政策を進めるために掲げた旗

よみとき 図①のAとBはそれぞれ何という都市か、右の地図を参考にして考えよう。また、3C政策という語からさらにどの地域・都市を結びつけることになるだろうか。

近現代のアフリカの歴史

◀p.131　　　　　　　　p.284▶

		アフリカの動き	ヨーロッパの動き	日本
1800-		19世紀前半、**西アフリカ**でジハード **イスラーム化**進む	18世紀末~ ・欧米で奴隷貿易廃止 ・**キリスト教**、アフリカ布教 ・**アフリカ探検**	江戸時代
47		**リベリア**建国		
50-		○ イスラームによる抵抗運動		
70代		**サモリ帝国**(ギニア)(~98)	79 **ベルギー王レオポルド2世**,コンゴ国際協会創設	
80-	各地で抵抗運動	81 **マフディーの反乱**(スーダン)	81 仏、**チュニジア**保護国化	明治時代
		指導者ムハンマド=アフマド(~98)、**ゴードン**戦死	82 英、**エジプト**軍事占領	
		オラービー革命(エジプト)(~82)	84 **ベルリン会議**(~85)	
			・コンゴ自由国(ベルギー王レオポルド2世の私領)の建設承認 ・列強の**先占権**(先に占領した国が領有できる)を確認 **植民地獲得競争激化**	
90-		96 **アドワの戦い**	イギリス~**縦断政策** フランス~**横断政策**	
1900-		00 最初の**パン=アフリカ会議**	98 **ファショダ事件**	
			99 **南アフリカ(ボーア)戦争**(~1902)	
05		**マジ=マジの蜂起**(~07)	05 **第1次モロッコ事件**	
10-			06 **アルヘシラス会議**	
			10 **南アフリカ連邦**成立	
12		**南アフリカ先住民民族会議**設立	11 **第2次モロッコ事件** 12 仏、**モロッコ保護国**化	
		1914~18 第一次世界大戦		
20-	民族運動の萌芽	19 第1回**パン=アフリカ**会議	18 ドイツ敗戦 →植民地失う	大正
23		**アフリカ民族会議**(ANC)に改称 各地で民族主義団体結成	アフリカ経済の**モノカルチャー化**	
			29 世界恐慌始まる →**開発経済強化**	
30-				昭和
35		アフリカ人のエチオピア支援団体結成	35 **イタリア、エチオピア戦争**開始(~36)	
		1939~45 第二次世界大戦	~アフリカ人、連合国側で参加	

（縦書きラベル：列強のアフリカ分割、パン=アフリカニズム、植民地再編成、アフリカ主義）

MAP Q~R
3部2章

（地図内のラベル）
1830 フランス、アルジェリア出兵
地中海
イタリア
ギリシア
オスマン帝国
カージャール朝
タンジール
アルヘシラス
チュニス
カサブランカ
フェズ
アルジェリア
1830[仏占領]
トリポリ
アレクサンドリア
スエズ
1869 レセップスによりスエズ運河開通
1875 ディズレーリ、スエズ運河会社株買収
アガディール
モロッコ
1912[仏、保護国化]
トリポリタニア
キレナイカ
カイロ
エジプト
1882[英、軍事占領]
アスワン
1905 第1次モロッコ事件(タンジール事件)フランス・ドイツの衝突
1911 第2次モロッコ事件(アガディール事件)フランス・ドイツの衝突
カナリア諸島
西領西アフリカ
モーリタニア
仏領北アフリカ
1911~12 伊土戦争→ローザンヌ条約
サハラ砂漠
スーダン英・エジプト共同統治
アフリカ縦断政策
1896 アドワの戦い エチオピア勝利 独立維持
アフリカ横断政策
仏領西アフリカ
セネガル
ガンビア
ギニア
サモリ帝国
フリータウン(~1898)
シエラレオネ共和国
リベリア共和国
アシャンティ王国(~1902)
ニジェール
ナイジェリア
チャド
ハルツーム
伊領エリトリア
仏領ソマリランド(ジブチ)
英領ソマリランド
アディスアベバ
エチオピア帝国
伊領ソマリランド
1898 ファショダ事件
ファショダ
モンロビア[象牙海岸]
トーゴ
カメルーン
仏領赤道アフリカ
ウバンギ=シャリ
ガボン
リオムニ
カビンダ
ブラザヴィル
コンゴ川
スタンリーヴィル
ウガンダ
英領東アフリカ
ケニア
ナイロビ
コンゴ自由国(1885~1908)
ベルギー領コンゴ(1908)
キンシャサ
カタンガ
独領東アフリカ
ダルエスサラーム
タンガニーカ湖
ザンジバル[英]
1847 リベリア独立 アメリカの解放奴隷が移住し建国
リベリア国旗
ルアンダ
アンゴラ
(北)
1905~07 マジ=マジの蜂起
英領中央アフリカ(ニアサランド)
ローデシア(南)
モザンビーク
マダガスカル
独領南西アフリカ
ベチュアナランド
リュデリッツ
トランスヴァール
スワジランド
ヨハネスバーグ
ズールーランド
1899~1902 南アフリカ(ボーア)戦争
オレンジ
ケープ植民地
南アフリカ連邦
バストランド
ナタール
ケープタウン
1000km

凡例：
- イギリス
- フランス
- ドイツ
- ベルギー
- ポルトガル
- イタリア
- スペイン
- 独立国
- → イギリスの進出方向
- → フランスの進出方向
- → ドイツの進出方向
- ··· スタンリー(米)
- ··· リヴィングストン(英)

---

① 南アフリカ戦争

（地図内ラベル）
イギリス領ベチュアナランド
リンポポ川
ポルトガル領東アフリカ(モザンビーク)
イギリスは黒人への優越を前提とする自治権をボーア人に与え、人種差別の種をまいた。
トランスヴァール共和国(1852~1902)
ドイツ領南西アフリカ
プレトリア
ヨハネスバーグ
ロレンソマルケス
③
キンバリー
②
オレンジ自由国(1854~1902)
ブルームフォンテーン
①
1843=イギリス領
ナタール
ダーバン
ケープ植民地
ケープタウン
喜望峰
ポートエリザベス
0　300km

凡例：
- ボーア人の2共和国
- → イギリス軍の進路
- □ 南アフリカ連邦(1910)
- ① スワジランド
- ② バストランド
- ③ ズールーランド
- 鉱物資源
- ◇ ダイヤモンド
- ⊠ 金　⊠ 銀

（右側の流れ図）
1652 オランダ連合東インド会社ケープ植民地建設
↓ ボーア人(オランダ系移民)入植
1814 ウィーン会議 ケープ植民地、英領に
↓ ボーア人、北方へ移動
1852 トランスヴァール共和国
1854 オレンジ自由国 建国
↓ ダイヤモンド・金鉱発見 ねらう
1895 セシル=ローズによる侵攻
↓
1899~1902 **南アフリカ戦争**
英植民相：ジョゼフ=チェンバレン → p.217
↓
イギリス、トランスヴァール共和国・オレンジ自由国を併合
1910 **南アフリカ連邦**成立

◀③南アフリカ戦争の流れ 金やダイヤモンドが発見された**ボーア人**国家をイギリスが併合しようとして、1899年に戦争が勃発。早期終結の予想に反し、ボーア人は最新の武器と**ゲリラ戦**で抵抗。1902年にようやく終結したが、戦勝したイギリスは国際的に孤立した。

ひと リヴィングストン(1813~73)とスタンリー(1841~1904)

医師でキリスト教伝道師の**リヴィングストン**は、**ナイル川**源流を求める探検の途中で消息を絶った。アメリカの新聞記者**スタンリー**は会社から捜索を命じられ、1871年タンガニーカ湖付近で彼らを発見した。 → p.131

スタンリー リヴィングストン

今日とのつながり ダイヤモンドの独占巨大企業であるデ=ビアス社は、ロンドンのユダヤ人財閥ロスチャイルド(→ p.258)の融資を得たセシル=ローズによって設立された。

太平洋・カリブ海の分割 〜棍棒外交とカリブ海政策

ヒストリーシアター 「優しく語り，棍棒を持って行け」

セオドア=ローズヴェルト

▶①**セオドア=ローズヴェルト**（米大統領任1901〜09）内政で革新主義，外政ではカリブ海における**棍棒外交**などの帝国主義政策をとった。**パナマ運河**建設と租借のためパナマ地峡帯をコロンビアから独立させた。

よみとき 図中の⊗の海域はどこだろうか。また，この図は何を表現しようとしたのだろうか。

1 アメリカのハワイ併合

▲③**さとうきび畑で働く日本人移民**（1932）19世紀後半，ハワイに欧米人が入植し，砂糖の**プランテーション**を展開した。労働力として**日系移民**が多くハワイに渡った（→p.209）。経済力を付けたアメリカ人入植者が，女王を幽閉して，王政を廃止した。

▲④**ハワイ最後の女王リリウオカラニ**（位1891〜93）アメリカ人入植者のクーデタののち，約20年間も軟禁された。民謡「アロハ=オエ」を作曲。

②ハワイ併合への道
- 1795 **カメハメハ王朝成立**
- キリスト教 ／ アメリカ
- 近代化の改革
  - 憲法制定（1840）
  - 土地改革（1848）
- 支配権をめぐり英米が介入
- アメリカのさとうきび業者のハワイ併合の動き
- アメリカの影響増大
- 1891 **リリウオカラニ女王即位** — 対立
- 1893 **クーデタ** 女王退位
- 1893 **ハワイ共和国成立**
- 1898 **アメリカ合衆国が併合**

近現代の太平洋史

	年	できごと
ヨーロッパ各国の探検・航海	1520	**マゼラン（マガリャンイス），太平洋Pacific Oceanと命名** →p.154
	16世紀後半	スペイン，**アカプルコとマニラ**間の航路確立
	1642	オランダ人**タスマン**，太平洋航海
	1768	イギリス人**クック**，太平洋航海（全3回，〜1779）
	88	**オーストラリア**，イギリスの流刑植民地に →p.209
	1823	アメリカ，モンロー宣言（教書）を発表 **アメリカ，モンロー主義**
	42	フランス，**タヒチ**を領有
	50年代	オーストラリアで金鉱発見→移民の流入急増
	67	アメリカ，フランスのメキシコ干渉を排除
	84	ドイツ，**ビスマルク諸島**を領有（その後，英・オーストラリア領に）**ドイツの太平洋進出**
	86	ドイツ，**マーシャル諸島**を領有（その後，日本・アメリカ領に）
列強による植民地化の進展	93	**ハワイ**でアメリカ人入植者がクーデタ→カメハメハ王朝倒れる（リリウオカラニ女王失脚）
		（米）マッキンリー 任1897〜1901 帝国主義推進
	1898	**米西（アメリカ-スペイン）戦争**→**フィリピン，プエルトリコ，グアム島**を獲得，**キューバ**を支配 **ハワイ併合** **アメリカの太平洋進出**
	99	国務長官ジョン=ヘイ，**門戸開放宣言** →p.231
	1901	イギリス自治領オーストラリア連邦成立（**白豪主義の始まり…アボリジニー**，迫害される）
		（米）セオドア=ローズヴェルト 任1901〜09
		● **カリブ海政策としての棍棒外交**
	1903	アメリカ，パナマ共和国よりパナマ運河建設権と租借権を獲得
	07	**イギリス自治領ニュージーランド成立**
		（米）タフト 任1909〜13 **ドル外交**（海外投資を拡大）
	1914	アメリカ，**パナマ運河開通**（パナマへの運河経営権は1999年返還）
	21	**ワシントン会議**（〜22）太平洋方面の植民地体制維持，日本の太平洋進出を抑制
	41	**太平洋戦争**（〜45）→p.255 →p.240
	59	**ハワイ**，アメリカの50番目の州に

（右側縦書き：日本 戦国安土桃山／江戸時代／明治時代／大正／昭和）

世界全図p.44〜47

2 太平洋・カリブ海の分割

▲⑤**パナマ運河**

（地図中の表記）
- ロシア帝国　チタ
- コマンドル諸島
- アリューシャン列島 1867
- アラスカ　スワード
- カナダ連邦　バンクーヴァー
- アメリカ合衆国　サンフランシスコ
- 外モンゴル　満洲
- ハバロフスク
- 北京　大連　奉天　朝鮮1910［日本］
- 樺太1905［日本］　ウラジオストク
- 中華民国 1912
- 上海　京城　大阪　千島列島1875［日本］
- マカオ 香港［英］　沖縄1879［日本］
- 台湾1895［日本］　日本 東京
- 南西諸島　小笠原諸島 1595日本人が発見 1875［日本］
- ミッドウェー諸島 1867
- ビルマ　南鳥島［日本］
- シャム　仏領インドシナ
- フィリピン1898　マニラ
- グアム島 1898　マリアナ諸島
- ウェーク島 1889
- オアフ島 1898　ハワイ諸島　ホノルル
- ドイツ領南洋諸島
- パラオ諸島 1899　カロリン諸島 1899
- マーシャル諸島 1885　ミクロネシア
- パルミラ島 1897　クリスマス島 1892
- シンガポール
- ギルバート諸島 1892
- ポリネシア
- オランダ領東インド　バタヴィア
- ニューギニア　ビスマルク諸島 1884
- ナウル島 1888　フェニックス諸島 1889
- ソロモン諸島 1899　エリス諸島
- 西サモア 1899　東サモア 1899
- マルキーズ諸島 1842
- ティモール島 1884
- ニューヘブリディーズ諸島（英仏共同統治）
- フィジー諸島 1899　トンガ諸島 1899
- タヒチ島 1842　トゥアモトゥ諸島 1858
- クック諸島
- ニューカレドニア島 1853　メラネシア
- オーストラリア 1788〜英の流刑植民地 1901自治領
- シドニー　メルボルン
- ニュージーランド 1840［英］1907自治領 オークランド ウェリントン
- タスマニア島 1825
- 1768〜71 クックの探検（第1回）
- 太平洋

（凡例）
→ アメリカの進出方向
→ ロシアの進出方向
→ 日本の進出方向
→ クックの探検ルート
- イギリス［英］
- フランス［仏］
- ドイツ［独］（1919年まで）
- オランダ［蘭］
- アメリカ［米］
- 地名 米西戦争 米の獲得地

（右下カリブ海拡大図）
- 0 500km →p.194 1
- バハマ　1901プラット条項
- キューバ 1902独立　1898米西戦争により獲得
- メキシコ 1821
- ドミニカ 1844独立
- ハイチ 1804独立
- ベリーズ　キングストン
- ジャマイカ 1655〜英 1962英領　プエルトリコ 1898
- サント=ドミンゴ
- フランス領グアドループ
- フランス領マルティニーク島
- ホンジュラス 1821
- ニカラグア 1821　オランダ領アンティル
- コスタリカ 1821　パナマ 1903独立
- コロンビア
- ベネズエラ 1821
- 1914 パナマ運河開通
- カリブ海
- アメリカ領 フランス領／イギリス領 オランダ領／アメリカの進出
- 大西洋　メキシコ湾　メキシコ
- ドミニカ　ハイチ　キューバ　ベネズエラ
- ホンジュラス　ニカラグア　パナマ　コスタリカ　コロンビア

（右端縦書き）アメリカ／オセアニア／MAP P〜Q／3部2章

近代の西アジア　〜西アジアの近代化とイスラームの団結

◀p.132

ヒストリーシアター　西アジアを襲った西洋の衝撃（ウエスタンインパクト）

新式軍

セリム3世

◀**①新式軍とセリム3世　セリム3世**（位1789〜1807）は，徴兵制による西洋式新式軍や近代的な軍需産業の創設，西欧諸国に常駐の大使館をおくなど改革を開始したが，保守派により廃位され，殺害された。

エジプト海軍

ムハンマド＝アリー

イギリス総領事キャンベル

▶**②列強代表と会談するムハンマド＝アリー**（1769〜1849）保守派のマムルークや**イェニチェリ**を除去したエジプトは，西洋式の新軍や海軍を整備し，オスマン帝国内で大きな存在となった。

（よみとく）オスマン帝国やエジプトの軍隊はどのような点で近代化したのだろうか。図①と②から読み取ってみよう。

赤字 戦争・内紛関連事項　青字 条約・協定関連事項

西アジアの改革運動とヨーロッパ列強の進出

p.244▶

	列強の進出	オスマン帝国	エジプト	アラビア半島	イラン	アフガニスタン	日本
オスマン勢力後退	○ヨーロッパからオスマン勢力後退 1699 **カルロヴィッツ条約**← 1718 パッサロヴィッツ条約← 74 キュチュク＝カイナルジャ条約←	1683 第2次ウィーン包囲失敗 ーハンガリーの大半を墺に割譲 ーボスニア北部などを墺に割譲 ー黒海沿岸を露に割譲 1789 セリム3世の近代化政策 （〜1807） マフムト2世 位1808〜39 近代化の継承・推進	1798 ナポレオン軍，エジプト占領→（〜1801）p.190 1805 **ムハンマド＝アリーの改革** 11 オスマン帝国から事実上の独立	18世紀半ば **ワッハーブ派，サウード家**の保護を受け，勢力拡大 1744 **ワッハーブ王国**（スンナ派）成立 1818 ワッハーブ王国滅亡←エジプトの攻撃 23 ワッハーブ王国再建（第2次サウード朝）	1796 **カージャール朝**創設（〜1925）→露に利権供与 1813 ゴレスターン条約 26 イラン-ロシア戦争 1828 **トルコマンチャーイ条約**	18世紀半ば **アフガニスタン王国の独立（ドゥッラーニー朝）**	**江戸時代**
弱体化	1821 ギリシア独立戦争（〜29）p.192 1829 アドリアノープル条約← ○露の南下 p.204 パン＝スラヴ主義 1840 **ロンドン会議** 英，露の南下封じ込め	1826 イェニチェリ軍団廃止 29 ギリシア独立承認 1831 第1次エジプト-トルコ戦争（〜33）p.204 1839 第2次エジプト-トルコ戦争（〜40）p.204 アブデュル＝メジト1世 位1839〜61 改革運動の進展 1839 **ギュルハネ勅令**発布 **タンジマート**開始 上からの近代化	1869 **スエズ運河**開通（仏） ○アフガーニー，パン＝イスラーム主義を提唱 p.223		○ロシアの勢力拡大 アルメニアの割譲 1848 バーブ教徒の乱（〜52） 52 国王暗殺未遂→**バーブ教徒大弾圧**	1838 英，露の南下を阻止するためにアフガニスタン侵攻 38 **第1次アフガン戦争**（〜42） 英，西北インド併合 69 露勢力，アム川まで南下	**明治時代**
列強の進出本格化	1853 **クリミア戦争**（〜56）p.204 1877 **露土（ロシア-トルコ）戦争**（〜78）p.204 1878 サン＝ステファノ条約← 1878 ベルリン条約（独仲介）p.204	アブデュル＝ハミト2世 位1876〜09 1876 **ミドハト憲法**発布 中断 78 憲法停止・議会閉鎖→専制政治 ーバルカン半島領土大半を失う 89 **青年トルコ**結成 1906 ムスタファ＝ケマル，「祖国と自由協会」設立 再開 08 **青年トルコ革命**→ミドハト憲法復活	75 英，スエズ運河会社株買収 81 **オラービー革命**（〜82）→失敗 82 **英の軍事占領下に**（1914保護国化） ○綿花栽培拡大 ○ムハンマド＝アブドゥフ，イスラーム改革思想を普及 1922 **エジプト王国独立**	89 ワッハーブ王国滅亡 1902 **イブン＝サウード**，王国再建 32 **サウジアラビア王国**と国号を定める	81 露と東北イランの国境協定 90 英，タバコ専売権獲得 91 **タバコ＝ボイコット運動**→92，反英・反国王感情高まる 1905 **イラン立憲革命**（〜11） 06/07憲法発布 1907 英露協商（独を牽制） ●イラン北部を露，南東部を英と二分 1909 立憲君主政へ	78 **第2次アフガン戦争**（〜80） 80 **英の保護国となる**（〜1919） ●アフガニスタンは露の勢力外と規定 1919 **第3次アフガン戦争** アフガニスタン王国独立	

1 オスマン帝国の近代化

◀**③ギュルハネ勅令を発布したアブデュル＝メジト1世**（位1839〜61）司法・行政・財政・軍事全般にわたり近代化をはかる**タンジマート**（恩恵改革）が本格化した。

▲**④ミドハト＝パシャ**（1822〜84）1876年大宰相に就任し，**アブデュル＝ハミト2世**を即位させ，**ミドハト憲法**を起草。この憲法はアジアの独立国家として最初の憲法で，自由主義的な理念をもっていた。しかし，77年にミドハトはスルタンにより国外追放とされ，憲法は凍結された。

▲**⑤アブデュル＝ハミト2世**（位1876〜1909）

タンジマート（恩恵改革）

内容	・ムスリム・非ムスリムを問わず全臣民が法の前に平等であることを明示（**ギュルハネ勅令**） ・中央集権的な官僚機構，近代的な軍隊，近代的な法整備を実施 ・イギリスなどとの条約の締結（不平等条約）
結果	・近代国家としての内実が次第に定着 ・ミドハト＝パシャなどの西欧的官僚の育成に成功 ・外国製品の流入により，国内の伝統的手工業が崩壊

ミドハト憲法

内容	・正式名称は「基本法（カヌーン＝エサーシー）」 ・宗教を問わず帝国内の諸民族の平等 ・上下両院からなる議会の開設 ・スルタンが危険な人物を国外追放できる権限をもつ
結果	・上記権限により，スルタンであるアブデュル＝ハミト2世がミドハト＝パシャを追放。78年，憲法は凍結され，スルタンによる専制政治が行われる

テーマ　列強の武器 〜外債

軍事や国内産業などの近代化をはかるオスマン帝国やエジプトでは，巨額な費用を必要とした。ヨーロッパ列強との経済的つながりは，国内の伝統的産業を弱体化させる一方，外債発行による外国資本に頼る収益構造をもたらした。このためヨーロッパが不況となると，国家破産におちいった。

1838 イギリスと通商条約締結
不平等条約

英 ←製品→ **オスマン帝国** 伝統的手工業が崩壊

たび重なる戦争と軍費の増加

列強 ←外債→ **オスマン帝国**

次第に外債に依存

1873 ヨーロッパ大不況の影響でオスマン帝国事実上の破産

▲**⑥外債発行と財政破綻**

今日とのつながり　スエズ運河が再びエジプトのものになるのは，ナセルによるスエズ運河国有化宣言がなされた1956年である。p.290〜291

❷ オスマン帝国の縮小

世界全図p.40~45　拡大するオスマン帝国 ← p.133 ❷　南下政策 ← p.205 ❷

1683 第2次ウィーン包囲失敗

❶1699 カルロヴィッツ条約
・ハンガリーの大半をオーストリアに割譲

❷1774 キュチュク=カイナルジャ条約
・アゾフなど黒海北岸地方をロシア（エカチェリーナ2世）に割譲

1813（イラン・ロシア間）ゴレスターン条約
・カフカス地方の大半をロシアに割譲

1800年のカージャール朝の領域

❹1878 サンステファノ条約
・大ブルガリア公国の自治承認

1878 ベルリン条約
・セルビア・ルーマニア・モンテネグロの独立
・ボスニア・ヘルツェゴヴィナの行政権をオーストリアが獲得
・ブルガリアの領土の縮小
・キプロス島の行政権をイギリスが獲得

❸1829 アドリアノープル（エディルネ）条約
・ギリシアの独立

1828（イラン・ロシア間）トルコマンチャーイ条約
・アルメニアをロシアに割譲

1830 七月革命直前のフランスが進出

ワッハーブ王国（サウード朝）
1744~1818, 1823~89
（1902~32, 32年サウジアラビア王国に改称）

1869 スエズ運河開通

エジプト
1811 事実上の独立
1882〔英〕軍事占領
1914〔英〕保護国
1922 独立

1911~12 伊土戦争

凡例
- 1683年のオスマン帝国の境界
- オスマン帝国が失った領土
  - 1699（カルロヴィッツ条約）まで
  - 1718年（パッサロヴィッツ条約）まで
  - 1774年（キュチュク=カイナルジャ条約）まで
  - 1829年（アドリアノープル条約）まで
  - 1914年まで
  - 1920年まで
  - 現在のトルコ
- ● おもな条約締結地
- オスマン帝国の領土の移動
- 黒数字はトルコの失地年
- 赤数字は独立年
- 赤字がイギリス、緑字がロシアの関与

⑦英・露の進出

❸ エジプト・イランの近代化と列強への抵抗

ムハンマド=アリーの近代化政策

1859~69 仏, スエズ運河建設
↓
多額の資金が必要
↓
財政難
列強 → 外債
↓
エジプト, 外債への依存高まる
↓
1875 英（ディズレーリ内閣）にスエズ運河会社株売却
↓
イギリスの直接影響下へ
↑抵抗
オラービー革命

⑧レセップス（1805~94）

⑨スエズ運河開通のようす　フランス人技師レセップスにより, 1869年に完成した運河は, 戦略的に重要な地点となったが, 財政状況が悪化したエジプト政府は「国際スエズ運河会社」の約1万7000株を英政府に400万ポンドで売却, 以後スエズ運河のばくだいな収益は列強のものとなった。

ひと　ナーセロッディーン=シャー（位1848~96）

カージャール朝の第4代国王。1890年, 彼は, イギリス政府にタバコの独占販売権を付与し, イラン国民の反発を招いた。それまで政治活動に関わらなかった各地のウラマー（→ p.128）がタバコ=ボイコット運動を組織し, 1896年の国王暗殺事件, 1905年のイラン立憲革命へとつながる民族運動の発端となった。

⑩正装したシャー

❹ 青年トルコ革命

⑪青年トルコ革命　「統一と進歩委員会」（青年トルコ）がアブデュル=ハミト2世の専制政治に反発し, ミドハト憲法の復活をめざして1908年蜂起し, 政権を獲得した。革命後, トルコ民族主義の傾向が強まった。

蜂起を率いたニヤーズィ=ベイ

オスマン帝国に住むトルコ人ムスリム

タンジマート実施期~
「宗教」「民族」にかかわりなく帝国の人々は平等（オスマン帝国の枠組みを維持）
→ オスマン主義（ミドハト=パシャなど）❶

アブデュル=ハミト2世*専制期~
「宗教」としてのイスラームを優先（ムスリムでの団結をめざす）
*アブデュル=ハミト2世はムスリムの帝国への帰属意識に利用
→ パン=イスラーム主義（アフガーニーなど）❶❹

青年トルコ革命期~
「民族」としてのトルコ人を優先（「トルコ国民」意識の形成）
→ トルコ民族主義（青年トルコ・ムスタファ=ケマルなど）→ p.244

⑫オスマン帝国のナショナリズム

テーマ　パン=イスラーム主義 → p.290

ムスリムによるイスラーム世界の統一をめざす思想や運動をいう。ムスリムの団結を主張するアフガーニーの弟子たちの多くが, エジプトのオラービー革命に参加。イランのタバコ=ボイコット運動の際には, アフガーニーはウラマー（→ p.128）たちに手紙を送って闘争をうながした。

⑬アフガーニー（1838~97）
イスラーム世界の復興のために, 改革とパン=イスラーム主義によるイスラーム世界の統一を訴えた。

⑭オラービー=パシャ（1841~1911）「エジプト人のためのエジプト」を訴え, 立憲議会設立と外国人支配からの解放を求めた。

今日とのつながり　オスマン帝国の国旗もビザンティウムに由来する赤地に白の月と星をあしらっているが, 現在のトルコ国旗（第一次世界大戦後に制定）とは月や星の形が少し異なっている。

近代の南アジア ～イギリスによる収奪と統治

南アジア

大反乱の引き金を引いたもの

▶①シパーヒーの蜂起 イギリス東インド会社のインド人傭兵のシパーヒーは，上層カーストのヒンドゥー教徒やムスリムであったが，薬包の油脂が問題となって，1857年に蜂起，5月にはデリーを占拠した。イギリス支配への不満とあいまって反乱は各地に広まり，インド大反乱となった。

弾丸をつめこむシパーヒー

エンフィールドライフル

▶②エンフィールドライフル

▼③薬包を歯でかむシパーヒー ライフルには，銃口からまず火薬を流し込み，その上に，紙ケースをつけたまま弾丸を挿入するが，その際，薬包をかみ切る必要がある。この薬包に，宗教上タブーとされる豚と牛の油脂が使われたとのうわさが広まった。

④薬包のつくり
紙ケース
火薬
弾丸
油脂

よみとき シパーヒーにとって，薬包の油脂がなぜ問題となったのか，その理由を考えてみよう。

赤字 戦争・紛争関連事項

イギリスのインド支配の進展

◀p.134　　　p.245▶

英仏の争いとイギリスの優位	1707	アウラングゼーブ死去 以後 **ムガル帝国弱体化**	イギリス東インド会社 (1600～1858)
	44	**カーナティック戦争** (～48,50～54,58～61)	ボンベイ マドラス →拠点に カルカッタ
		イギリス vs フランス ・**デュプレクス**(仏)の活躍 ・**オーストリア継承戦争の影響**	貿易独占権所有 インド経営に専念 (18世紀以降)
	50年代	マラータ同盟成立(～1818) ➡p.134	
	57	**プラッシーの戦い**	軍隊をもち，仏軍を 攻撃 インド征服戦争開始
		イギリス vs ベンガル太守 (東インド会社)　(フランスのうしろだて) ・**クライヴの活躍** ・**七年戦争の一環**	
		イギリスの優位確立 ➡p.170	
ムガル帝国 **英植民地化の始まりと社会の発展**	64	**ブクサールの戦い**	
	65	イギリス，ベンガル・ビハールの徴税権 (ディーワーニー)獲得	地税や関税を徴収 する統治権所有 (準政府的な組織へ)
		ベンガル地方植民地化	
	67	**マイソール戦争** (～69,80～84,90～92,99)	
		南インド植民地化	
	75	**マラータ戦争** (～82,1803～05,17～18)	地主から地税入手
		中部インド(デカン高原)植民地化	農民から地税入手
	93	**ザミンダーリー制**導入(ベンガル州)	
	19世紀初	**ライーヤトワーリー(ライヤットワーリー)制**導入(マドラス・ボンベイ州など)	東インド会社の 対インド貿易 独占権廃止
	1833	**インド政庁**設置(高級官職は英人が独占)	東インド会社の 商業活動停止， インド統治機関に
	45	**シク戦争**(～46,48～49)	
		北西インド(パンジャーブ)の植民地化	
インド帝国 **植民地化完了**	57	**インド大反乱**　*東インド会社の傭兵 〈**シパーヒー(セポイ)**の反乱〉(～59)	
		旧支配層や農民も加わり，初の大規模な 民族運動に発展	東インド会社解散
	58	**ムガル帝国滅亡** →ムガル皇帝，ビルマに流刑	
		インド統治改善法	**インド本国による直接統治**
	77	**インド帝国成立**(皇帝：ヴィクトリア女王)	**英植民地化の完了** ➡p.195
		分割統治…宗教・カーストごとに支配 鉄道建設・茶プランテーション開発など インド経済にばくだいな負担を与えた	
	85	第1回**インド国民会議**開催(ボンベイ，親英的) →のち，反英運動展開 ➡p.245	

MAP Q-IQ
3部2章

---

① インド植民地化の始まり

世界全図p.40~41 ➡p.134 ①

0　500km　**Ａ 18世紀後半**

清
アフガニスタン
カーブル
カンダハル
シク
ラホール
ラージプターナ
ムガル帝国
デリー
アウド王国
チベット
ラサ
ネパール
ベナレス
ガンジス川
1764 ブクサールの戦い
ベンガル
ビハール
ダッカ
カルカッタ(B)
1757 プラッシーの戦い
ディウ(P)
ボンベイ(B)
マラータ同盟
オリッサ
ニザーム
ハイデラバード王国
シャンデルナゴル(F)
(チャンダルナガル)
ゴア(P)
マイソール王国
カーナティック
ヤナム(F)
マドラス(B)
ポンディシェリ(F)
1767～69,80～84,90～92,99
マイソール戦争
1744～48,50～54,58～61
カーナティック戦争
キャンディ王国
キャンディ
セイロン島
インド洋

イギリス獲得地
ヒンドゥー系勢力
イスラーム系勢力
ムガル帝国の最大版図
マラータ同盟
18世紀にフランスが失った領土
(B)イギリス領
(F)フランス領
(P)ポルトガル領
各国の領土

▶⑤プラッシーの戦い 商業権益をめぐって抗争していたイギリスとフランスは，**ベンガル太守**の後継争いに介入。クライヴ率いる**イギリス東インド会社**軍が，フランスと組む太守軍に大勝し，新太守をすえた。

イギリス軍
クライヴ　新太守
ミール＝ジャーファル

テーマ ## イギリスのインド統治に利用された藩王国

18世紀初め，アウラングゼーブ帝死後にムガル帝国から独立し，**イギリス東インド会社**と軍事同盟を結んだ諸領邦を起源とする。**インド帝国**成立後も存続が認められたこれらの藩王国は，大小550程度あり，外交と国防を除く内政権のみが認められた。イギリスは，藩王(マハラジャなどと称する)を懐柔するとともに，彼らの封建的・保守的な性格を利用して民族運動などの抑圧に利用した。

▶⑥人質となるティプ＝スルタンの息子たち 南インドの**マイソール王国**は，イギリスとの4度にわたる戦争に負け，支配された。第3次戦争の時は，王子も人質として取られ，1799年以降は，イギリスの傀儡王国となった。

② イギリスによる植民地収奪とインド社会の変容

▶⑦インドの土地制度
ベンガル州の徴税権を得たイギリスは**ザミンダーリー制**を導入し，従来の徴税請負人であるザミンダールに土地所有権を認め，彼らに直接納税の義務を課した。そのため多くの農民は小作農に没落した。一方南インドでは小農民の土地所有権を認めて直接税を取る**ライーヤトワーリー制**とした。

ザミンダーリー制（おもにベンガル州）	ライーヤトワーリー制（マドラス州・ボンベイ州など）
ベンガル総督	州政府
地租 ／ 土地所有を承認	地租 ／ 土地所有を承認
ザミンダール（在地領主・豪族層）	ライーヤト（小規模自営農民）
貢 ／ 租	
小作人 小作人 小作人	

▼⑧19世紀のイギリス領インドの地税
(単位:億ルピー)
1820 30 40 50 60 70 80 90 1900 (年)
〈山本達郎編『インド史』〉

◀⑨飢えるインドの農民　イギリスによる過酷な収奪からのがれるため耕作が放棄されることや，輸出用作物の強制的な栽培などによって農業基盤が衰えたことにより，インドでは飢饉が多発した。

▲⑩飢饉の発生年（赤棒が発生年）　飢饉はとくに19世紀末から多発した。
1800 1850 1900 1950年

③ 植民地化への反抗　世界全図p.42~43

B19世紀初頭　ブハラ=ハン国／コーカンド=ハン国　0 500km
清 チベット ラサ カシミール カーブル アフガニスタン ラホール ネパール カトマンズ ブータン シク教国 バルーチスタン ラージプターナ シンド ガンジス アッサム ダッカ カルカッタ マラータ同盟 オリッサ シャンデルナゴル(F)(チャンダルナガル(F)) ディウ(P) ダマン(P) ボンベイ ハイデラバード藩王国 ゴア(P) マイソール王国 マドラス ポンディシェリ(F) カーライカール(F) セイロン島 コロンボ インド洋
マラータ戦争 1775~82 1803~05 1817~18
1805までのイギリス領／ヒンドゥー系勢力／イスラーム系勢力／(P)ポルトガル領／(F)フランス領

▶⑪ラクシュミー=バーイ（?~1858）　中部インドの**藩王国**の元王妃。王の没後，息子の死を理由に，領地はイギリスに併合された。**インド大反乱**が起こると，他人の子を腰にくくりつけ，奮戦したが戦死した。

◀⑫バハードゥル=シャー2世（位1837~58）　ムガル帝国最後の皇帝。すでに実権はなかったが，反乱軍に擁立され復権を宣言。逮捕され，ビルマに流罪となり没した。

テーマ　イギリス東インド会社
1813年に本国の産業資本家の要求で茶を除く対インド貿易独占権が廃止された。さらに，1833年にはインドでの全商業活動も停止され，インド統治のみの組織となった。**インド大反乱**後の1858年には，反乱を招いた責任で東インド会社は**解散**させられ，本国の政府による直接統治が始まった。また，東アジアにおいても，1833年に対中国貿易および全地域での茶貿易独占権が廃止された。

▶⑬イギリス東インド会社の変遷

1600	**東インド会社**設立　アジアでの貿易独占権　外交権・軍事権をもつ（**重商主義政策**）
1757	**プラッシーの戦い**
64	ブクサールの戦い　東インド会社の覇権確立（仏排除）→**貿易独占権**のほか**植民地支配権**をもつ
1813	対インド貿易独占権の廃止→**自由貿易推進**
33	植民地支配権のみもつ
58	東インド会社解散

④ 植民地化の完了とインド帝国の成立

▶⑭インド皇帝の冠を受けるヴィクトリア女王　ディズレーリ英首相はインド支配を円滑にするため，1877年**ヴィクトリア女王**を**インド皇帝**にし，ムガル皇帝の権威を受け継がせた（位1877~1901）。祝賀式典には，イギリス式に叙勲を受けたインド人有力者が参列した。　世界全図p.44~45 →p.295

C19世紀中期　0 500km
ロシア カーブル アフガニスタン（1880~1919 イギリス領）イラン カシミール シク教国 シク戦争 1845~46, 48~49 チベット ビルマ戦争(イギリス-ビルマ戦争)1824~26, 52, 85~86 グルカ戦争 1814~16 ラホール パンジャーブ ネパール デリー ラージプターナ シンド 清 ダッカ ビルマ 1886併合 国境画定デュランドライン 1893 アフガン戦争 1838~42, 78~80, 1919 ダマン(P) ハイデラバード インド大反乱 1857~59 ヤナム(F) ゴア(P) マイソール藩王国(1881~) マドラス ポンディシェリ(F) カーライカール(F) ラングーン タイ ベンガル湾 セイロン島 1815 全島領有 コロンボ
イギリスの支配領域 1753~1805年／1815~1858年／イギリス保護下の藩王国 ヒンドゥー・シク系／イスラーム系／その他／イギリス領(1886)／反乱地域／鉄道(1857)／鉄道(建設中)／(F)フランス領 (P)ポルトガル領

ディズレーリ →p.195　ヴィクトリア女王

イギリス本国 イギリス国王（インド皇帝）インド大臣　イギリス人／インド人　インド総督(副王)　叙勲　州知事 州知事 藩王（旧来の支配者藩王を通じて間接支配）インド人州政府 県知事 県知事 1937年以降就任 下級官僚 下級官僚 インド人民

▲⑮インド大反乱後のイギリスの統治制度　インド大反乱の結果，イギリス本国による直接統治になり，**ムガル帝国は滅亡**した。本国のインド大臣から任命された**インド総督**が派遣され，国王の名代の意味で「**副王**」ともよばれた。完全な中央集権体制で，鉄道・電信の整備・発達とともに「多様なインド」に「鉄枠」をはめる統治制度が完成した。

テーマ　イギリス統治とカースト制
イギリス植民地政府は，インド社会の**カースト制**や宗教的差異の廃止には消極的で，むしろ温存し，再編して支配に利用した。19世紀半ばまで植民地支配に抵抗した南インドの在地土豪層などを，新たに「**犯罪カースト（クリミナル=カースト）**」と定めて抑圧した例もある。イギリスは10年ごとの国勢調査でインド人の宗教，カースト（ジャーティ）の実態を調べ続けた。

今日とのつながり　イギリスは軍事目的や経済開発，そして有利な投資のためにも積極的にインドに鉄道を建設した。しかし，建設会社は利益優先・経費節約のため，路線によって異なるゲージを採用したことで，鉄道は各地で分断されてしまった。

南アジア　MAP Q　3部2章

東南アジア

ヒストリーシアター 流通を支えるアジア系肉体労働者 "苦力（クーリー）"

弁髪

◀①深夜に船に荷物を積む作業をする苦力　プランテーションや鉄道建設などで働いたインド人や中国人などの最下層のアジア系肉体労働者（→p.209）は**苦力**とよばれた。

よみとき 働いている苦力の容姿に注目し、彼らがどこから来たか考えてみよう。

◀②**シンガポールのチャイナタウン**　中国人のシンガポールへの流入が増加し、チャイナタウンが生まれた。そこでは各国の商品や、日用雑貨を含む多くの商品が売買され、中国での出身地域や同姓・同業ごとに会館も建設された。

1 植民地化の時代

東南アジアの植民地化

◀p.83 ／ p.227▶

タイ（シャム）	フランス → ベトナム・ラオス・カンボジア	オランダ → インドネシア	イギリス → マレー半島, ボルネオ, ミャンマー（ビルマ）	日本
アユタヤ朝(1351～1767)	北部：黎朝の鄭氏　┐対立 南部：広南王国の阮氏　┘	1602 **オランダ連合東インド会社**設立 →p.165		赤字 戦争・紛争関連事項 青字 条約・協定関連事項
		19 ジャワに**バタヴィア**建設		
	1771 **タイソン**（西山）**の反乱**で混乱 →**タイソン**（西山）**朝**(1788～1802)　→p.83	23 **アンボイナ事件**　→p.39,85	→以後、イギリスはインドへ進出	
			1786 イギリス、**ペナン**島を占領	**コンバウン朝**(1752～1885) （アラウンパヤー朝）　→p.83
ラタナコーシン朝(1782～) （チャクリ朝、バンコク朝） 都：バンコク →p.83	89 **黎朝滅亡**	1799 オランダ連合東インド会社解散 （本国直接統治）	1819 **ラッフルズ**(1781～1826)、 シンガポール建設	
	1802 **阮福暎**(位1802～20)、 仏宣教師ピニョーの援助で南北統一 し**越南国（阮朝）**建国 都：フエ	1811 英、ジャワ占領（～16)		
		1824 **英蘭（イギリス・オランダ）協定**（英、マラッカ海峡以北に進出）		
1855 **ボーリング条約** ラーマ4世、英と不平等通商条約	58 **仏越戦争**（～62)　**ナポレオン3世、** **ベトナムへ派兵**	1825 **ジャワ戦争**(～30)	1826 **海峡植民地成立** （**ペナン、マラッカ、シンガポール**)	1824 **第1次イギリス・ビルマ戦争**(～26) （英、インドとの国境地帯占領)
	62 **コーチシナ**東部領有（サイゴン条約)	30 東インド総督**ファン=デン=ボス** (1780～1844) ジャワで**政府栽培制度**（強制栽培制 度）を実施(～70)* （コーヒー、さとうきび、藍など） *1870年ごろまでにほぼ廃止		52 **第2次イギリス・ビルマ戦争** （英、下ビルマ占領)
1868 **チュラロンコーン** （ラーマ5世） (位1868～1910)、 近代化推進 （チャクリ改革）	63 **カンボジア**を保護国化		58 イギリス東インド会社解散	
	83,84 **フエ（ユエ）条約**で**ベトナム**を保護国化	73 **アチェ戦争**(～1912) （チュ＝ニャ＝ディンらが活躍) →ゲリラ戦続く	77 **インド帝国成立** →p.225	85 **第3次イギリス・ビルマ戦争**(～86) （英、上ビルマ占領)
	84 **清仏戦争**(～85)に勝利		88 北ボルネオ領有	**コンバウン朝滅亡**
	85 **天津条約**（清、ベトナムの宗主権を放棄)		96 **イギリス領マレー連合州成立** ・印僑・華僑の需要高まる ・ゴムのプランテーション、 すずの開発	86 **ビルマ併合（インド帝国に）**
	87 **フランス領インドシナ連邦成立**			
現王朝	99 **ラオス**をフランス領インドシナ連邦 に編入	1910年代 **オランダ領東インド成立**	→1909年までに **イギリス領マレー成立**	

江戸時代 / 明治時代

◀③**ビルマ戦争**（イギリス-ビルマ戦争）　3度にわたる戦争の結果、ビルマ（ミャンマー）はイギリスの植民地となった。ここで生産された米は、**イギリス領インド**や印僑向けに輸出された。

▼⑤**東南アジアの植民地化**

世界全図p.42～45 ←p.85 **1** E、→p.255 **1**

チュラロンコーン（ラーマ5世）(位1868～1910)

英仏の植民地抗争の緩衝地帯にあるタイでは、国王**チュラロンコーン**が、先代からの列強均衡政策・開国政策を継承しつつ、教育の西欧化・鉄道の敷設・電信設備の整備など近代化政策を進め、**独立を維持**した。ミュージカル映画「王様と私」の王様は、彼の父ラーマ4世がモデルとなっている。

▼④**チュラロンコーンと学生たち**

チュラロンコーン（ラーマ5世）

② 植民地経営のしくみ

　オランダ政府は，従来の米作地の5分の1に指定した商品作物（さとうきび・コーヒー・藍など）を栽培させ，安価で買い上げる**政府栽培制度**（強制栽培制度）を実施した（1830年）。そのため，インドネシアでは米不足となり，飢饉が続発，抵抗運動が生じ，独立運動に発展していった。

	さとうきび植付面積（バウ）*	砂糖生産量（ピコル）*2	1バウあたり平均生産量（ピコル）
1840年	4万4666	約75万2000	約14.6
1870年	5万4176	244万	45.38
1900年	12万8301	1205万544	93.75

▲ ⑥インドネシアの政府栽培時代の砂糖生産量

* 1バウ=7096.49㎡ …インドネシアの面積の単位
*2 1ピコル=61.7613kg …インドネシアの重量の単位

(1904〜11年平均)

ビルマ（ミャンマー）2170万ポンド
その他23／石油11／米66%

仏領インドシナ 930万ポンド
その他38／米62%

フィリピン 770万ポンド
その他35／マニラ麻43%／砂糖22

イギリス領マレー 1140万ポンド
すず鉱石48%／ゴム32／その他6／すず14

オランダ領東インド 3960万ポンド
その他38／砂糖31%／タバコ11／石油8／コプラ9／コーヒー3

*ココやしの果実の胚乳を乾燥させたもの

◀⑦**各植民地の輸出商品**　各植民地では，**モノカルチャー**型輸出貿易が発展。とくに優れた技術をもつインドネシアのさとうきび生産量はハワイ・キューバを抜いて世界第1位となった。一方で，メコンデルタ・エーヤワディーデルタの**プランテーション開発**も行われ，**米の流通も増加**した。

▲ ⑧さとうきびの刈り取り（インドネシア）

③ 東南アジアの民族運動

◀p.226　**東南アジアの民族運動の動き**　p.296▶

ミャンマー（ビルマ）	タイ（シャム）	ベトナム	インドネシア	フィリピン	日本
1886 イギリス，ビルマをインド帝国に併合　○ ビルマ全土に反英暴動	**ラーマ4世（チョームクラオ）**位1851〜68　・不平等条約（ボーリング条約）→英・仏の均衡により独立維持	1887 **フランス領インドシナ**に（1904〜05日露戦争）1904 **ファン＝ボイ＝チャウ**維新会結成　05 **ドンズー（東遊）運動**日本へ留学	19世紀末〜**サミン運動**　○ **カルティニ**（1879〜1904），ジャワ島で女性解放運動	16世紀〜**モロ戦争**（スペイン支配にムスリム抵抗）19世紀後半**ホセ＝リサール**の啓蒙運動スペインからの独立をめざす**フィリピン革命**（1896〜1902）・スペインの植民地支配打倒・アメリカの再植民地化阻止 1898 **米西**（アメリカ＝スペイン）**戦争**→アメリカの植民地に**アギナルド**独立宣言	明治時代
1906 青年仏教徒連盟	**チュラロンコーン（ラーマ5世）**位1868〜1910　・近代化推進（チャクリ改革）・独立維持・不平等条約撤廃	**ファン＝チュー＝チン**（1872〜）1926，仏と協力，啓蒙的近代化をめざす 07 **日仏協約**（日本政府，日本国内から留学生を追放）12 **ベトナム光復会**結成	1908 **ブディ＝ウトモ**結成（知識人主体）11 **イスラーム同盟（サレカット＝イスラム）**結成	99 **フィリピン共和国**成立　アギナルド，米の捕虜に1901 アギナルド，米の捕虜に1902 米による植民地化	
	第一次世界大戦中（1914〜18）に独立運動活発化				
1930 **タキン党**結成30 **サヤサンの反乱**（〜32）31 サヤサン処刑35 新インド統治法37 ビルマ，インドから分離**アウンサン**ら**独立運動**1944 抗日運動開始（**反ファシスト人民自由連盟**）	1932 **タイ立憲革命**プリディ・ピブンら若手官僚・軍人がクーデタを起こす→立憲君主政へ**太平洋戦争**（1941〜45）	1925 **ホー＝チ＝ミン**（1890〜1969）ら，**青年革命同志会**を結成27 **ベトナム国民党**結成30 ホー＝チ＝ミンらと**インドシナ共産党**結成（ゲーティン＝ソヴィエト運動）1941 **ベトナム独立同盟（ベトミン）**結成→p.298	1920 **インドネシア共産党**（アジア初の共産党）→27 解散27 **スカルノ**ら**インドネシア国民党**結成→31 解散**ムルデカ（独立）運動**	1916 ジョーンズ法成立（広範な自治を承認）34 フィリピン独立法（F.ローズヴェルト，10年後の独立を約束）35 自治政府発足　日本軍，仏領インドシナ・マライ・ジャワ・スマトラ・フィリピン占領（大東亜共栄圏構想）	大正時代 昭和時代

◀p.226　p.296▶

テーマ 民族運動の先駆者たち

▲ ⑨ホセ＝リサール（1861〜96）　▲ ⑩カルティニ（1879〜1904）

　19世紀後半になると**フィリピン**や**ジャワ**など早くから植民地支配を受けていた地域では，西欧の教育を受けた新しい知識人が誕生した。フィリピンでは西欧留学の経験のある医師**ホセ＝リサール**が小説でスペイン統治批判を展開し，のちに革命の首謀者として銃殺された。ジャワ島でも西欧の知識を学んだ**カルティニ**が女性教育による社会の変革をめざした。2人とも若くして死去したが，その後の民族運動に与えた影響は大きい。

東南アジア

▼⑪脱植民地化の動き

1908 **青年トルコ革命** →p.223
1919〜23 トルコ革命 →p.244

1891〜92 タバコ＝ボイコット運動 →p.222
1905〜1911 **イラン立憲革命** →p.222,286

1910 〔英〕保護国に

1816 〔英〕保護国にグルカ兵部隊を提供

1912 中華民国1919 中国国民党成立1921 中国共産党成立

1905 孫文，東京で中国同盟会結成

1929 インド国民会議派ラホール大会完全独立要求

清 ➡ 中華民国

1905 ドンズー（東遊）運動1920〜30年代独立運動1930 インドシナ共産党結成

日本

1895 日本植民地に

1881〜82 **オラービー革命** →p.222

オスマン帝国

イラン

アフガニスタン

イギリス領インド

香港〔英〕　南京

台湾

フィリピン（マロロス）共和国1899〜1901

1896〜1902 フィリピン革命1934 アメリカ，10年後の独立を約束

1919 ワフド党の反英運動1922 エジプト独立 →p.244

エジプト

スーダン

エチオピア帝国

リベリア共和国

1847 リベリア独立

1881〜98 マフディーの反乱 →p.220

1896 アドワの戦いエチオピア勝利独立維持

1906 国民会議カルカッタ大会国民会議派の非暴力・不服従運動

フランス領インドシナ

シャム王国

イギリス領マレーシンガポール

オランダ領東インド

1873〜1912 **アチェ戦争**

1803〜38 パドリ戦争

1908 ブディ＝ウトモ結成1911 イスラーム同盟（サレカット＝イスラム*）結成

第一次世界大戦前からの独立国	フランス領	イタリア領	イスラーム勢力のジハード
イギリス領	オランダ領	ドイツ領	ドンズー（東遊）運動
イギリス領インド内の藩王国	アメリカ領	ポルトガル領	日露戦争の影響を受けたできごと
	日本領	スペイン領	

*1911年組織化。1912年にイスラーム同盟に改称。

ひと ファン＝ボイ＝チャウ（1867〜1940）

　1904年，維新会を結成し，翌年日本に渡る。日露戦争の影響を受け人材育成の重要性を痛感し，ベトナムの青年を日本に留学させる**ドンズー（東遊）運動**を開始した。運動は失敗に終わったが，ベトナムのナショナリズム運動を刺激した。日本政府は1909年，彼を追放したが，その際，彼が小村寿太郎外相に宛てた抗議の手紙が残されている。

小村寿太郎への手紙

…なぜならば，亜州（アジア）人が欧州人の牛馬となることを願わず，黄種人が白種人の奴隷となることを願わないからである。…

近代の東アジア① ～武力による強制的開国から西洋化運動へ

ヒストリーシアター　イギリスの一発逆転打となったアヘン

▲①アヘン戦争

清のジャンク船

イギリスの鉄甲艦　ネメシス号

ボートで脱出する清の水兵

▲②上海のアヘン窟

▶③ケシの実　古来，中国で薬として用いられた**アヘン**は，ケシの乳液からつくられ，悪用すると身体や精神をむしばむ麻薬となる。イギリスは，対中国赤字の対策として，インド産アヘンを中国に輸出した。

よみとき　図①の戦争では，清とイギリスのどちらが優勢であるかに注目しよう。図②から，この戦争の原因と背景について考えよう。

赤字 反乱に関する事項　青字 革命に関する事項

中国の半植民地化の経過

◀p.118　　　p.230▶

		中国国内の動き	清をめぐる列強の動き	日本
乾隆帝	1757	西洋諸国との貿易を**広州1港**に限る　**公行**(特許商人の組合)の設置	○ 貿易条件改善の要求	
1795			1793 **マカートニー**(英)の交渉 ➡p.97	
嘉慶帝	96	白蓮教徒の乱(〜1804)	1816 **アマースト**(英)の交渉	
1820			➡p.225	
			33 英,東インド会社の中国貿易独占権を廃止(34実施)	
	1839	**林則徐**，アヘン没収	40 **アヘン戦争**(英VS清)(〜42)	
道光帝	41	平英団事件	42 **南京条約**(英:清)➡p.229	
			公行廃止・香港島を英に**割譲**	
	43	**洪秀全**，**上帝会**を組織	43 **虎門寨追加条約**(英:清)	江
1850			南京条約を補足	戸
	1851	洪秀全，**広西省 金田村**で挙兵 **太平天国**建国宣言 「**滅満興漢**」を主張	44 **望厦条約**(米:清) **黄埔条約**(仏:清) 南京条約・虎門寨追加条約とほぼ同じ内容 →英米仏に最恵国待遇と領事裁判権を与え，関税自主権を失う	時
咸豊帝	53	南京占領→**天京**と改称 「**天朝田畝制度**」発表(未実施) (土地均分・男女平等をうたう)	56 フランス人宣教師殺害事件(仏)，アロー号事件(英) **アロー戦争**(第2次アヘン戦争)(英・仏VS清)(〜60)	代
		曽国藩，湘軍(郷勇)を組織	58 **アイグン条約**(露:清)➡p.205 **3** アムール川(黒竜江)以北をロシア領とし，沿海地方を共同管理とする	
1861	61	総理各国事務衙門を設置	**天津条約**(英・米・仏・露:清)→清，条約批准を拒否	
	○	**洋務運動**始まる ➡p.230	60 **北京条約**(英・仏:清)天津条約の批准・追加	
		ウォード(米)，**常勝軍**を組織 (63以後，**ゴードン**(英)が指揮)	**北京条約**(露:清)➡p.229	
同治帝	62	**李鴻章**，淮軍(郷勇)を組織		
	64	洪秀全の死，天京陥落		
	○	同治中興		
	1866	**左宗棠**，福州船政局を設立		
1874	68	捻軍を鎮圧		
			81 **イリ条約**(露:清)➡p.205 **3** 清はイリ地方の多くの領土を回復したが，利権は失う	
	○	**仇教運動**(反キリスト教)が各地で頻発	84 **清仏戦争**(〜85)	
			85 **天津条約**(仏:清)➡p.226 **1** 清がベトナムの宗主権を失う	明
光緒帝	94	**孫文**，ハワイで**興中会**結成	94 **日清戦争**(〜95)	治
	95	**変法運動**始まる ➡p.230	95 **下関条約**(日:清)➡p.232 清が朝鮮の宗主権を失う	時
	98	**戊戌の変法→戊戌の政変**(百日維新)	98 列強**租借地**が急増(〜99)→**列強の中国分割**	代
	99	山東で**義和団**蜂起，「**扶清滅洋**」を主張	99 **ジョン=ヘイ**(米)，**門戸開放**通牒(〜1900)	
	1900	**義和団事件**(〜01)		
	01	光緒新政始まる ➡p.230	1901 **北京議定書**(辛丑和約)➡p.229 列強への総額4億5千万両の賠償金の支払い 義和団事件の責任者の処罰 北京駐兵権を認める	
	05	**中国同盟会**結成(東京にて)		
1908	08	清，**憲法大綱・国会開設**発表		
宣統帝	11	**辛亥革命**(**武昌**で蜂起)		
		会党(**天地会・哥老会**など)が革命を支援		
	12	**中華民国**成立　**清滅亡**		

(太平天国の乱／鎮圧／鎮圧)

---

1 アヘン戦争

世界全図p.42〜43　←p.119 **2** 別冊史料 **44・45**

朝鮮
内モンゴル　盛京
北京　天津
太原　直隷
済南
山西　黄河
甘粛
1840.6〜41.1 沿岸中心の戦争
陝西　河南　開封　江蘇
西安　1842 南京条約
清　湖北　南京(天京)　上海
四川　安徽　杭州　寧波
湖南　1841.8〜42.8 英軍，運河をおさえ，北への食料を断つ
貴州　江西　福州　福建　基隆
台湾
広西　湖南　厦門
広東　広州　香港
マカオ[葡]　南シナ海

アヘン戦争時のイギリス軍の進路
→ (1840.6〜1841.1)
→ (1841.1〜6)
→ (1841.8〜1842.8)
● 南京条約による開港場(5港)

1843 虎門寨追加条約(清:英)
1844 望厦条約(清:米)
1844 黄埔条約(清:仏)

0　　　500km
海南島

片貿易

| イギリス | 茶・絹・陶磁器 → | 公行*2 | 清 |
銀の流入により産業の発達促進
東インド会社* ➡p.225
← 銀
*1600年設立。アジア貿易独占。
*2 広東十三行。1757年の広州1港への貿易制限により，外国貿易を独占した特許商人の組合。

三角貿易

| イギリス 産業革命 | 茶・絹・陶磁器 | 公行 清 |
大量の銀流出　経済沈滞
銀　銀　綿花　銀
綿織物　東インド会社*3　アヘン
インド
*3 1813 インド貿易の独占権廃止。1833 中国貿易の独占権廃止。

▲④イギリスと清の貿易の変化 ➡p.184

(万スペインドル)　　　《世界史資料》東京法令出版版　(千箱)
中国からの銀流出額(万スペインドル)
中国のアヘン輸入量(千箱)
1817 18 19 20 21 22 23 24 25 26 27 28 29 30 31 32 33(年)

▲⑤中国のアヘン輸入と銀の流出　アヘンは清では禁止されていたが，密貿易によるアヘンの輸入が増大し，それに支払われる銀の流出が始まった。**東インド会社の貿易独占権廃止**後は，ジャーディン=マセソン社が対中国貿易の中心となった。

▶⑥**林則徐**(1785〜1850)　湖広総督のとき，アヘン厳禁を**道光帝**に具申して採用され，全権委任の**欽差大臣**として**広州**にのりこんだ。そして，イギリスなどがもち込んだアヘンを没収して**廃棄**したが，アヘン戦争を起こした罪を問われ，イリ地方へ左遷された。

② 太平天国とアロー戦争

A 太平天国の乱

天王洪秀全画像

◀⑦洪秀全(1813~64) キリスト教に触れ、上帝会を組織した客家出身の洪秀全は、1851年挙兵し、漢族王朝の復興(「滅満興漢」)、辮髪・纏足の廃止、土地の均分、男女平等などを掲げた。

▼⑧太平天国の玉璽(皇帝の印鑑)

(キリストを示す)

B アロー戦争(第2次アヘン戦争)

▲⑨破壊された円明園　アロー戦争の結果、調印された天津条約の批准を清が拒否したため、1860年に戦争が再開。北京に迫った英仏連合軍は、北京郊外の離宮円明園や頤和園を襲い、略奪・破壊を行った。→p.121

世界全図p.42~43 →p.230 ①

| 1860 北京条約 | 1858 天津条約 |
| 1860 英仏軍により破壊される |

1851 洪秀全挙兵

湖南省湘軍の拠点

安徽省淮軍の拠点

→ アロー戦争時の英仏軍の進路
--→ 太平天国軍のおもな進路
▨ 太平天国前期占領地
▨ 太平天国後期占領地
● 南京条約による開港地(5港)
■ 天津条約・北京条約による開港地(11港)

③ 郷紳・郷勇の台頭と洋務運動

◀⑩曽国藩(1811~72) 科挙合格者の彼は、組織した湘軍(湘勇)で太平天国の乱鎮圧にあたり、1864年に太平天国軍の首都天京を陥落させた。また、清朝体制の存続と強化をめざし、洋務運動を進め、李鴻章や左宗棠などの人材を輩出した。

キーワード 郷紳・郷勇　郷紳とは、科挙合格者を輩出し、地方の政治において指導的立場となった一族をいう。また郷勇とは、清中期以降に正規軍の八旗や緑営の戦力を補う目的で、地方官や郷紳により組織された義勇軍をいう。

▶⑪李鴻章(1823~1901) 李鴻章は安徽省で淮軍(淮勇)を組織して太平天国を討伐した。中体西用の名のもとに軍需産業中心の洋務運動を推進し、アジア随一を誇った北洋艦隊の建設を担った。しかし、西太后による海軍費の頤和園改修への流用が財政を逼迫させ、艦隊の力は停滞した。日清戦争では清国全権として日本と下関条約を結んだ。→p.230

▲⑫清の官僚と近代兵器

テーマ 朝貢・冊封関係の崩壊→p.101

伝統的な朝貢・冊封関係をとって対等な関係を認めない清は、イギリスのマカートニーやアマーストらによる貿易の改善要求を拒否してきた(→p.97)。しかし、アヘン戦争に敗北した清は、南京条約によって自由貿易を認めたことで、朝貢貿易を放棄せざるをえず、また、冊封関係も日清戦争の下関条約による朝鮮の独立で完全に崩壊してしまった。

④ 南京・天津・北京条約、北京議定書

条約	南京条約(1842) 別冊史料46	天津条約(1858)、北京条約(1860)	北京議定書(1901)(辛丑和約)
原因	アヘン戦争	アロー戦争(第2次アヘン戦争)	義和団事件
対象国	英(外相パーマストン)	英、露、仏、米(天津条約のみ)	日・英・米・仏など出兵8か国と蘭・西・ベルギー
開港地	広州、上海、厦門、福州、寧波	漢口、南京など10港 天津(北京条約で追加)	
その他の条項	①香港島を英に割譲 ②公行(特許商人の組合)の廃止と自由貿易の実施 ③賠償金2100万ドルを英に支払う ④対等の国交、開港地への領事駐在の承認 **虎門寨追加条約(1843)** 南京条約の追加条約 ・領事裁判権(治外法権)の承認(五港通商章程による) ・関税自主権の放棄 ・約締結国への一方的最恵国待遇の付与 →不平等条約	①外国公使の北京駐在 ②外国人の中国内移動の自由 ③キリスト教布教の自由 ④賠償金600万両を英・仏に支払う ⑤アヘン貿易の公認 **北京条約** 天津条約に追加・変更 対英仏 ・英・仏の賠償金を800万両に増加 ・九竜半島南部を英に割譲 対露 ・露にウスリー川以東の沿海地方を割譲 →p.205 ・中国人の海外渡航の自由	①責任者の処罰 ②賠償金4億5000万両を支払う(関税・塩税を担保) ③北京における外国公使館区域の設定 ④各国軍隊の北京・天津への駐屯 ⑤日・独への謝罪使の派遣

テーマ 香港の歴史

1842	①南京条約→香港島割譲
60	②北京条約→九竜半島南部割譲
98	③英、新界租借 英領香港成立
1941	太平洋戦争→日本軍占領(~45)
45	イギリス軍が再度占領
50年代~	工業化に成功し経済発展
67	中国の文化大革命が波及→p.300
80年代~	アジアNIEsとして躍進
82	香港返還交渉開始(英サッチャー首相)
84	中英共同声明で返還に合意(一国二制度、50年間現状不変、香港人による統治)
97	イギリスより香港返還

香港には、対岸の九竜半島と水深のある海峡があり、貿易拠点として絶好地であった。現在でも、かつて広州で活動していたジャーディン=マセソン社の拠点がおかれている。

▲⑬おもな事件と香港への影響

▶⑭英領香港　南京条約による香港島、北京条約による九竜半島南部、1898年に99年期限で租借した新界と島嶼部からなる。

広九鉄道(1911開通)

アロー戦争時のイギリス軍の進路

今日とのつながり 香港は資本主義経済体制の下で国際金融・物流・情報の一大センターであったので、香港を有効に活用するためには中国に返還後も一国二制度(資本主義と自由主義を50年間維持する)という形をとらざるをえなかった。

近代の東アジア② ～清朝の近代化・半植民地化と辛亥革命

ヒストリーシアター　満身創痍となった「眠れる獅子」

▲①東アジアの魚釣り(1887年, ビゴー筆)

▲②ケーキを分けあう列強(19世紀末にフランスで描かれたもの)　列強が借款や鉄道敷設権, 鉱山採掘権などを獲得し, **半植民地化**を進めるようすを, ケーキの切り分けに見立てて風刺している。

よみとき　図①の魚, 図②のケーキが表す国をそれぞれ答えよう。また, ①から②への変化を見て, ①の魚を手に入れたのはどの国か考えてみよう。

近代中国の改革運動の変遷

◀p.228　　p.246▶

清朝・袁世凱政権の動き	革命派の動き

清仏戦争(1884～85)での譲歩, **日清戦争**(1894～95)での敗北
→**下関条約・三国干渉** ➡p.228,232 (1895)

洋務運動(1860年代～90年代前半)
スローガン「**中体西用**」

民族資本家の台頭(紡績業・海運業など)

保守派による反対
(**西太后**を中心とする専制体制維持派)

挫折感

同治中興(洋務運動の推進と列強進出の平静化により, 一時的に国内情勢が安定)

革命運動
新式学校の設立や大量の**留学生**派遣により, **主権国家**の樹立をめざす知識人層が形成される

反対

変法運動(1895～98)
スローガン「**変法自強**」

戊戌の政変(1898.9)――クーデタ――**戊戌の変法**(1898.6) 挫折

興中会(1894, **孫文**がハワイで設立)
華興会(1903, 黄興)
光復会(1904, 章炳麟, 蔡元培)

8か国共同出兵(1900)
日本・ロシア・イギリス・フランス・オーストリア・イタリア・ドイツ・アメリカ

鎮圧

義和団事件(1900～01)
スローガン「**扶清滅洋**」

中国同盟会
(1905, **孫文**を中心に**東京**で設立)
・**三民主義**(民族, 民権, 民生)➡p.231
・**四大綱領**(駆除韃虜, 恢復中華, 創立民国, 平均地権)

北京議定書(1901.9)

路線の継承

日露戦争(1904～05)→**ポーツマス条約**(1905)

半植民地化

四国借款団成立(1910)
鉄道を担保にして清へ貸し付ける

光緒新政(1901～08)
・**科挙廃止**(1905)
・「**憲法大綱**」発表
・**国会開設の公約**(1908)

借金の担保

四川暴動(1911)

辛亥革命(1911.10.10～12)
・**武昌蜂起**から全国へ拡大
・**中華民国の建国宣言**(1912.1.1)
・**臨時大総統:孫文**
・**臨時約法の制定**(1912.3)

袁世凱(清朝最強の北洋新軍を率いる)
・**宣統帝**を退位させる **清朝滅亡**(1912.2)
・中華民国**臨時大総統**に就任(1912.3)

幹線鉄道国有化(1911)←反発―**民族資本家による利権回収運動**

取引

袁世凱の反動政治(北京)
・独裁化・宋教仁(国民党)暗殺
・**帝政化計画**(1915)

弾圧／反発

国民党(1912.8, 宋教仁)

二十一か条要求の受諾

第二革命(1913)

阻止

第三革命(1915)

失敗

袁世凱の死(1916.6)

軍閥の割拠

成功

中華革命党(1914, 孫文が亡命先の東京で設立)

▲③近代中国の改革運動

	洋務運動	変法運動	光緒新政
皇帝	同治帝	光緒帝	光緒帝
年代	1860年代～90年代前半	1895～98年	1901～08年
推進勢力	恭親王奕訢・曽国藩・李鴻章・左宗棠ら	光緒帝・康有為(公羊学派)・梁啓超ら	西太后・張之洞・袁世凱ら
改革の内容	・スローガン「中体西用」 ・伝統的支配体制の温存を大前提とする富国強兵 ・軍需産業を中心とする近代的工場の設立 ・海軍の創設(李鴻章の北洋艦隊など) ・鉱山開発　・鉄道の敷設	・スローガン「変法自強」 ・立憲君主政と議会制の樹立をめざす(日本の明治維新がモデル) ・科挙の改革　・新官庁の創設 ・近代的学校の創設(京師大学堂など)	・国政改革を加速 ・官制改革 ・学制の改革 ・西洋式陸軍の創設(新軍) ・科挙の廃止(1905) ・「憲法大綱」の発布(1908) ・9年以内の国会開設公約
結果	清仏戦争・日清戦争の敗北により挫折	西太后を中心とする保守派のクーデタにより挫折(戊戌の政変)	改革に対する民衆の不満や, 革命運動の高まりにより, 終焉(辛亥革命)

▲③近代中国の改革運動

1 中国の近代化と日清戦争

凡例:
- □ 中国の近代化関係 ➡p.229
- ♠ 綿織物工場　♦ 鉄鉱山
- ♣ 兵器工場　■ 炭田
- ♣ 造船所
- → 清軍　→ 黒旗軍
- → フランス軍(清仏戦争)
- → 日本軍(日清戦争)
- [英]イギリス　[葡]ポルトガル
- ▨ 甲午農民戦争の範囲

1894.9.17 黄海海戦 日本海軍が北洋艦隊を破った

1894.7.25 豊島沖海戦 日清戦争開始

ロシア

1867 天津機器局
1880 電報学堂(本格的電信の開始)
1881 水師学堂(北洋艦隊の根拠地)
1886 武備学堂(淮軍の強化)

1865 金陵機器局
→李鴻章が開設

1889 湖北槍砲廠
→張之洞が開設

1863 広方言館(外国語)
1865 江南製造総局(造船・兵器)
1872 輪船招商局(汽船)
1882 上海機器織布局(綿織物)
→李鴻章が開設

1866 福州船政局(造船・製造)・1867 福州船政学堂
→左宗棠が開設, 清仏戦争でフランス艦隊が破壊

日本

500km

◀④**下関講和会議**　日清戦争の講和条約として下関で調印。日本側全権は**伊藤博文・陸奥宗光**, 中国側全権は**李鴻章・李経方**。➡p.232
〈永地秀太画　明治神宮外苑聖徳記念館蔵(部分)〉

▶⑤**官営八幡製鉄所**(北九州)　世界遺産
　日清戦争は, 日本の産業革命を大きく進展させた。八幡製鉄所は日清戦争の賠償金をもとに1897年に設立され, 1901年操業を開始した。原料の鉄鉱石は, 日本の借款契約にもとづき中国の大冶鉄山から供給された。

テーマ　変法運動(変法自強)　別冊史料54.55

明治維新をモデルに立憲君主政, 議会制, 近代的教育などをめざした改革。**日清戦争**の敗北で**洋務運動**の限界が露呈し, 公羊学派の**康有為**や**梁啓超**らが**光緒帝**に進言して実施。しかし, **西太后**らによる**戊戌の政変**(1898年)で挫折, 康や梁は日本に亡命した。

◀⑥西太后(1835～1908)

▶⑦康有為(1858～1927)

② 列強の中国侵略と日露戦争 世界全図p.44~45 →p.232

中国での列強の勢力範囲
- イギリス
- ロシア
- フランス
- ドイツ
- 日本

→ 日露戦争時の日本軍の進路
✕ 主戦場

おもな鉄道利権
数字 利権獲得年
（数字）開通年
中国の自設
〔英〕（イギリス）
〔仏〕（フランス）
〔独〕（ドイツ）
〔露〕（ロシア）
〔日〕（日本）
〔米〕（アメリカ）
〔団〕（英仏独米借款団）
〔Be〕（ベルギー財団）
● 租借地　青字 各国租借地名

東清鉄道 →p.205
満洲里　1886（露）1901　チチハル
外モンゴル
1900〜01
義和団の反乱地域
ハルビン
1906
吉林
長春
南満洲鉄道 1905〔日〕
ウラジオストク
内モンゴル
1905.5
日本海海戦
奉天
張家口　山海関
遼東半島
北京　天津
大連 1898〔露〕
旅順 1905〔日〕
大韓帝国
1910〔日〕
正定　直隷
威海衛 1898〔英〕
膠済鉄道
1898〔独〕青島 1898〔独〕
漢城
甘粛　太原　山西
済南　1898〔独〕1904
膠州湾 1898〔独〕
釜山
陝西　山東
黄海
済州島
日本
西安　開封
清
河南　江蘇
浦口　鎮江
安徽　南京
上海
湖北　漢口
杭州
寧波
鉄道 1911〔団〕*
万州
四川　漢口　1905粤漢 1911〔団〕
武昌　九江
南昌
重慶　湖南
長沙　萍郷
浙江
貴州　江西
福建
福州
貴陽
雲南　河
広西
粤漢鉄道 1898〔米〕1911〔団〕
広東
台湾
昆明
桂林
三水　広州
台南
1895〔日〕
澎湖列島
滇越鉄道 1898〔仏〕（1910）
河口
九竜 1898〔英〕
香港 1842〔英〕
マカオ　1887正式領有〔葡〕
広州湾（湛江市）1899〔仏〕

東シナ海
沖縄島
太平洋
バルチック艦隊の進路（ロシア軍）

*敷設反対運動が辛亥革命の原因に。
日中戦争・国共内戦などにより未開通。

500km

◀⑧義和団員　義和団は白蓮教系の宗教結社。「扶清滅洋」を掲げて反キリスト教的排外運動（仇教運動）を展開、義和団事件へと発展した。

英領インド　米　独　仏　伊
墺　日　英　日　露

▶⑨8か国共同出兵　義和団事件には8か国の軍隊*が鎮圧にあたった。

*英が南アフリカ戦争（→p.220）、米がフィリピン革命（→p.227）に注力していたため、日・露主体に。

↔ 対立関係　── 友好関係　a 租借地（租借年）　b 期間　c 勢力圏　d 鉄道利権

フランス		イギリス
a 広州湾（湛江市）(1899)	英仏協商（1904）	a 九竜半島（新界）
b 99年	ドイツ	b 25・99年
c 広東・広西・雲南	a 膠州湾（1898）	威海衛（1898）
d 滇越鉄道	b 99年	c 長江流域
	c 山東半島	d 津浦鉄道
	d 膠済鉄道	

露仏同盟（1891）　伝統的対立　建艦競争　バルカン半島の支配　アフガニスタン・ペルシアの支配　日英同盟（1902）

ロシア		日本		アメリカ
a 旅順・大連 (1898)*	朝鮮・満洲の支配	a 遼東半島南部（関東州）(1905)	支持	ジョン＝ヘイ →p.221
b 25年		b 18年（のち99年に）		→門戸開放通牒で三原則提唱
c 万里の長城以北		c 福建・南満洲		・門戸開放
d 東清鉄道		d 南満洲鉄道（旧東清鉄道の支線）		・機会均等[1899]
→p.205		*日露戦争後、日本に譲渡	[ロシアの満洲進出に反対]	・領土保全[1900]

▲⑩日露戦争時の列強間の利害　→p.216

③ 辛亥革命と軍閥の割拠 →p.246 1

▶⑪袁世凱（1859〜1916）
もとは清朝の官僚であったが、辛亥革命では革命派と妥協し臨時大総統に就任。その後革命派を弾圧した。

外モンゴル
チチハル
❹1912.2 清朝滅亡
1912.3 袁世凱、臨時大総統就任
張作霖　ハルビン
吉林
長春
袁世凱
閻錫山
内モンゴル
奉天
直隷
平壌
朝鮮〔日〕
北京
寧夏　馮国璋
威海衛〔英〕
京城
太原　山西　済南　青島〔独〕
甘粛　蘭州
河南
山東
黄海
釜山
西蔵（チベット）
陝西　河南
黎元洪　❸1912.1
孫文臨時大総統
中華民国建国宣言
❶1911.9
四川暴動
西安　開封　段祺瑞
南京
湖北
漢口　安徽
上海
❷1911.10
武昌蜂起（辛亥革命始まる）
成都
重慶
武昌　漢陽
杭州
浙江
1904
光復会結成
四川
長沙　萍郷
南昌
貴州
湖南　醴陵　江西
福建
1903
華興会結成
貴陽　桂林
福州
雲南
河
広西　広東
台湾〔日〕
昆明
潮州　1894
興中会結成（ハワイ）
ビルマ
鎮南関　広州　恵州
香港〔英〕
❺1913.7
第二革命（反袁世凱）
フランス領
シャム　インドシナ
欽州　廉州　マカオ〔葡〕
防城　ハノイ
南シナ海
❻1915.12
第三革命（反帝政）

0　400km

- 革命発生の省
- 革命に呼応した省
- 革命後も清側の省
- 清側にもつかず革命にも呼応しない省
- 革命後、離脱した省・地域
- ● 革命前の蜂起地区（地名で表示）
- 袁世凱 おもな軍閥

◀⑫日本滞在中の孫文　孫文（1866〜1925）はマカオ近くの貧農の家に生まれたが、ハワイに渡り勉強し、医者となった。同時に革命運動に奔走し、1894年に革命組織 興中会をハワイでおこした。1905年には他の革命組織と連合して東京で中国同盟会を組織し、総理に就任、三民主義を唱えた。日本には宮崎滔天など支持者も多かった。

宮崎滔天　孫文

▶⑬三民主義　三民主義は時代を経るにつれ、主張の具体的な内容は変遷していった。とくに民生主義は、貧富の格差の是正を唱えたものだったが、ロシア革命ののちには社会主義の影響を受けた。 別冊史料60

三民主義	民族	異民族支配の打倒（民族の独立）
	民権	共和政国家の樹立（民権の伸長）
	民生	土地の均分化（民生の安定）

テーマ **中国の民族資本の成長**

民族資本とは、外国資本に対し、自民族の資本を意味する。中国では、アジア間交易を通じて力を蓄えた商人が、利権回収運動などで外国資本や清朝と対立し、民族資本として辛亥革命にも一定の影響を与えた。こうしたなかから、後に孫文や蔣介石を支援した浙江財閥（→p.246）などが現れた。

慶齢（次女）　美齢（三女）　靄齢（長女）

▶⑭浙江財閥　宋家の三姉妹　次女慶齢は孫文と、三女美齢は蔣介石と結婚した。

日本
東アジア
MAP Q
3部2章

特集 近代日本の膨張① 〜朝鮮半島と日本・清・ロシアの動き

⮕ p.257

近代の朝鮮と日本の動き・日本の領域の変遷

◀ p.122　　　　p.298 ▶

朝鮮半島	日本の動き
	青字 日本と結んだ取り決め
〈朝鮮王朝〉1392〜1910	1855 日露通好(和親)条約
1860 崔済愚, 東学を創始	68 明治維新
63 高宗即位, 大院君(高宗の父)が摂政に	71 日清修好条規
64 大院君の攘夷政策(〜73)	73 征韓論論争
73 大院君の失脚, 閔妃(高宗の妃)派政権掌握	74 台湾出兵
	75 樺太・千島交換条約
1875 江華島事件 日本軍が朝鮮軍を挑発し, 上陸・略奪	
76 日朝修好条規(江華条約) 3港の開港(釜山・元山・仁川) 日本の領事裁判権承認 など	
→ 排日運動激化(不平等条約への反発)	

大院君 (1820〜98) 攘夷・保守派
閔妃(明成皇后) (1851〜95) 開国・改革派

対立

| | 1876 小笠原諸島領有 |
| | 77 西南戦争 |

親日

| クーデタ | 1879 沖縄県の設置 (琉球処分の完了) |

→ 失敗(清軍により鎮圧)

1882 壬午軍乱
親清派に転換

大院君派が閔妃派を攻撃, 日本公使館を焼き打ち
清は大院君を捕え, 閔妃派を援助, 日本勢力後退

穏健開化派(事大党) 保守・親清派 閔妃の一族

対立

金玉均 (1851〜94)
急進開化派(独立党) 開化・親日派

大院君 (李昰応)
閔氏一族の女

高宗 ═ 閔妃

親日

→ 失敗(清軍により鎮圧)

クーデタ

1884 甲申政変
開化派(独立党)の金玉均らが, 日本の武力を借りてクーデタを起こすが清軍の出兵で失敗。金らは日本に亡命

支援

→ 1885 天津条約
日本・清両国の経済進出が拡大 ←
日清両国撤兵
今後の出兵事前通告

1894 甲午農民戦争(日中両国が出兵)	→ 1894 日清戦争(〜95)
(東学信徒・農民の蜂起, 指導者は全琫準)	95 下関条約 三国干渉 (露・独・仏, 遼東半島を清へ返還)
甲午改革(〜96) 清朝からの自立 近代的な制度改革	
閔妃, 日本への警戒強めロシアに接近	

日本の関与

1895 閔妃殺害事件 (乙未事変)
日本公使三浦梧楼らが排日政策へと傾いた閔妃を殺害した事件 ➡ 高宗, ロシア公使館へ避難

→ 反日義兵闘争(初期)
1896 独立協会結成
97 国号を大韓帝国*と改称
*清朝や日本などと対等の独立国であることを示すため, 皇帝の称号を採用した。

	1900 義和団事件鎮定
	01 北京議定書
	02 日英同盟 朝鮮をめぐる日露の対立

1904 第1次日韓協約	← 1904 日露戦争
→日本政府の指定する顧問を採用	05 ポーツマス条約 (露, 日本による韓国の保護権承認) 別冊史料57
05 第2次日韓協約	
→外交権を奪う=保護国化	
韓国統監府設置(初代統監 伊藤博文)	
07 ハーグ密使事件(万国平和会議に日本を提訴)	
第3次日韓協約	
→韓国軍隊解散・高宗退位	1909 安重根による
反日義兵闘争(後期)・愛国啓蒙運動	伊藤博文暗殺
1910 韓国併合条約→日本による朝鮮の植民地化 別冊史料59	
○ 武断政治(朝鮮総督府による強圧的な支配, 韓国を朝鮮と改称)	
1919 三・一独立運動	
(「独立万歳」と叫ぶ反日独立運動, 日本軍により徹底的に弾圧)	
○ 文化政治(統制の緩和, 産米増殖計画=日本本土の食糧問題への対応)	

日本の領域の変遷

A 開国・国境画定(1854〜79年ごろ)

— 画定された国境
*日露通好条約では, 樺太は両国民雑居

ロシア帝国
カムチャツカ半島
千島列島
アムール地方 (1858獲得)
沿海州 1860獲得
得撫島
択捉島
1855 日露通好条約(日露和親条約)
1875 樺太・千島交換条約
樺太
清
北京
元山
仁川
漢城
釜山
朝鮮
江華島
日本海
日本
東京
太平洋
1879 沖縄県を設置
小笠原諸島
1876
台湾
0 1000km

朝鮮 — 1876 不平等
ロシア
アメリカ
1854 開国
日本
イギリス
清 — 1871 対等
オランダ
フランス

---- 和親条約締結(1854〜55)
⋯⋯ 通商条約締結(1858)
— 修好条規締結

B 日清・日露戦争, 韓国併合(1895〜1910年ごろ)

— 画定された国境

ロシア帝国
カムチャツカ半島
千島列島
東清鉄道
1905 ポーツマス条約
樺太
沿海州
清
満州
長春
北京
大連
旅順
遼東半島
日本海
朝鮮
日本
東京
太平洋
1910 韓国併合
台湾
澎湖列島
1895 下関条約
0 1000km

フランス
1891 露仏同盟
1904-05 日露戦争
アメリカ
支持
1895 三国干渉
ロシア
満州
朝鮮半島
日本
支持
ドイツ
日清戦争 1894-95
清
1902 日英同盟
イギリス

日本と周辺諸国のおもな条約

樺太・千島交換条約(1875年)
①日本国皇帝は, 樺太の一部を所領する権利および君主に属する一切の権利を全ロシア国皇帝に譲る。
②全ロシア国皇帝は, 樺太の権利を受けるかわりに, クリル群島*の権利および君主に属する一切の権利を日本国皇帝に譲る。
*千島列島のこと
《『旧条約彙纂』より一部要約》

▲①1855年の日露通好条約では, 択捉島と得撫島の境が国境とされ, 樺太は両国の雑居地とされたが, この条約で千島列島が日本領となり, 樺太はロシア領とされた。

日朝修好条規(1876年)
①朝鮮国は自主の国であり, 日本国と平等の権利を有する。
④すでに日本公館が存在する釜山以外に, 2港(仁川・元山)を開港し, 日本人が往来・通商するのを認めること。
⑩日本人が, 朝鮮国の指定した各港に在留している際に罪科をおかし朝鮮人と関係する事件を起こした場合, すべて日本国官員の審判にまかせること(日本の領事裁判権を認める)。
《『旧条約彙纂』より一部要約》

▲②江華島事件ののちに結ばれた朝鮮に不利な不平等条約。

下関条約(1895年)
①清国は朝鮮国の独立を承認する。
②清国は, 遼東半島・台湾・澎湖列島(諸島)を永久に日本へ割讓する。
④清国は賠償金として銀2億両(当時の約3億円)*を日本へ支払う。
*当時の日本の国家予算の3.6倍。
《『日本外交年表竝主要文書』より一部要約》

▲③日本人の清での企業経営も認められ, 経済進出の道が開かれた。

ポーツマス条約(1905年)
②ロシア帝国は, 日本国が朝鮮半島において政治上・軍事上・経済上, 絶対的な利益を有することを認める。
⑤ロシア帝国は, 旅順・大連並びにその付近(遼東半島南端部)の租借権を日本国へ譲渡する。
⑥ロシア帝国は, 長春-旅順港間の鉄道とその付属利権を日本国に譲渡する。
⑨ロシア帝国は, 北緯50度以南のサハリン(樺太)とその付近の諸島を永久に日本へ譲渡する。
⑪ロシア帝国は, 沿海州とカムチャツカの漁業権を日本人に与える。
《『旧条約彙纂』より一部要約》

▲④南樺太の譲渡などの権益を得たものの賠償金が得られなかったため, 日比谷焼き打ち事件などの暴動が起きた。

1 朝鮮の開国と日本の介入

◀⑤斥和碑　大院君は、民衆がフランスやアメリカの侵攻を退けたことを受け、1871年、全国に斥和碑を建てて「西洋の蛮人と和親することは即、売国奴」と鎖国強化でのぞんだ。一方で、内政改革には目を向けなかった。

洋夷侵犯非戦則和主和売国

東学　崔済愚が、西学つまり天主教（キリスト教）に対抗して、在来の民間信仰に儒・仏・道の三教を融合して始めた宗教で、社会不安のなかで民衆に広まった。開化思想と外国の侵略への対抗、外国人の朝鮮退去を主張した。

テーマ 甲申政変と「脱亜論」

朝鮮独立と近代化をめざす開化派の指導者**金玉均**は、**清仏戦争**の勃発を機に、**壬午軍乱**以後強まる清朝の干渉に対し、1884年、日本と結んで**甲申政変**を起こしたが清国の軍に鎮圧され失敗した。**福沢諭吉**はこれに失望し、翌年「**脱亜論**」を書いたといわれる。この中で彼は、日本が朝鮮・中国と連帯することはもはや困難で、アジアから離れ、欧米を目標にすべきだと主張した。

▶⑦福沢諭吉
〈国立国会図書館蔵〉

〈国立国会図書館蔵〉

▲⑥江華島事件　1875年、朝鮮に開国を迫る日本は、江華島水域に軍艦を派遣して圧力をかけた。朝鮮側から砲撃を受けると、日本は仁川港対岸に報復攻撃を加え、近隣の役所や民家を焼き払った。日本は朝鮮に問罪の遣使を送り、翌76年、朝鮮側と不平等な**日朝修好条規**を締結し、開国させた。

2 日清・日露戦争と進む朝鮮進出

◀⑧甲午農民戦争の指導者 全琫準の逮捕　**東学**を通じて農民を組織し、前近代的な社会秩序の改革と日本など外国勢力の排斥を目標として蜂起した。清と日本が鎮圧軍を派遣し、**日清戦争**に発展した。敗れた清は朝鮮の独立を認めたが、事実上日本の占領下におかれることになった。

テーマ 反日義兵運動

日本の閔妃殺害や、親日的な開化派政府の断髪令の推進を受け、各地で儒学者らの指導下に義兵の**反日義兵運動**が起こった。**日露戦争**をきっかけに日本による植民地化が進むと闘争は本格化し、全国に拡散した。義兵は外国人の侵略で国が危機に瀕した際に、指導者と民衆が自発的に立ち上げた軍をさす。16世紀末の豊臣秀吉の朝鮮出兵（p.122）の際にも、両班（p.123）が民衆を組織し義兵を起こした。朝鮮におけるこの義兵の伝統が、日本による閔妃殺害を契機に復活したのである。

▶⑨義兵　第3次日韓協約により解散させられた韓国軍の軍人が加わった。

3 韓国併合と抵抗運動

ひと 安重根（1879〜1910）

開化派の両班であった彼は、日本の圧力が強まるなかで愛国啓蒙運動に取り組んだ。その後、**義兵運動**に進み、初代韓国統監の**伊藤博文**を1909年ハルビン駅で射殺（暗殺）し、翌年、死刑となった。左の写真は韓国の切手に表された安重根。安重根は、韓国では独立運動の英雄としてたたえられている。

○대한민국 KOREA　200

＊1968年の正門（光化門）復元以降の写真。植民地統治下には、光化門は庁舎の東側に移築されていた。

光化門　朝鮮総督府　景福宮

◀⑩運動の波及

◉総督府所在地
●三・一運動参加人員5万人以上の都市

中華民国

咸興　平壌　元山
1910 韓国併合
京城*（現在のソウル）
江華島　仁川　江陵
1919.3.1 三・一独立運動
黄海　群山　全州　大邱　＊日本の植民地時代には、漢城から京城に改称された。
南原　光州　金山 改称後　対馬

日本海

1919年3月中の蜂起地
1919年4月中の蜂起地

日本　500km

ソウルで「独立万歳」を叫び行進する市民

▲⑪三・一独立運動　1919年3月1日、ソウル市内のタプコル公園で独立宣言が発表され、前国王の高宗追悼集会に集まった民衆が「独立万歳」を叫ぶデモを行った。万歳事件とも称されるこの事件をきっかけに、運動は全国の都市や農村に波及した。日本は徹底的な武力弾圧を行った。別冊史料67

景福宮　光化門

▲⑫朝鮮総督府　1910年、**韓国併合**にともない韓国の王宮（景福宮）の敷地内に**朝鮮総督府**の庁舎が建設された（上）＊。総督府庁舎は景福宮をおおい隠していたが、1996年に解体され、かつての景観が回復された（下）。

▶⑬ウィルソンと民族自決　1918年、米大統領**ウィルソン**が提唱した「**十四か条の平和原則**」（p.240）には**民族自決**という言葉が盛り込まれた。この言葉に触発され、翌19年には朝鮮や中国、インド、エジプトなど、さまざまな地域で民族的な運動が展開された。➡巻頭11

ヒストリーシアター ヨーロッパをゆるがせたサライェヴォの銃声

▲①暗殺される直前のオーストリアの帝位継承者夫妻(左下)と▶②とりおさえられる暗殺犯(右) 当時**セルビア**は，中世セルビア王国の記憶から，バルカンのスラヴ民族の盟主だと自任していた(**大セルビア主義**)。そのため，1908年に**オーストリアがボスニア・ヘルツェゴヴィナを併合**したことに強い不満を抱いた。1914年6月28日，オーストリアの帝位継承者夫妻は，ボスニアの州都**サライェヴォ**でセルビア人青年(19歳)によって暗殺された(**サライェヴォ事件**)。

よみとき なぜセルビア人青年はオーストリアの帝位継承者を暗殺したのだろうか。

暗殺犯 プリンツィプ

フランツ=フェルディナント

▲③バルカン情勢「ヨーロッパの火薬庫」(1912年) 爆発寸前の「バルカン問題」という大釜をヨーロッパ列強が押さえ込んでいる。

第一次世界大戦の経過

◀p.195,198,200,204　　　p.240▶

	年	事項
大戦前夜	1882	**三国同盟**(独・墺・伊)
	1907	**三国協商**(英・仏・露)
	08	**オーストリア，ボスニア・ヘルツェゴヴィナを併合**
	12～13	第1次バルカン戦争→オスマン帝国敗北
	13	第2次バルカン戦争→ブルガリア敗北
	14.6.28	**サライェヴォ事件**
ドイツの進攻	7.28	**オーストリア，セルビアに宣戦** → 第一次世界大戦の始まり
	7.30	ロシア，総動員令
	8.1	ドイツ，ロシアに宣戦
	8.3	ドイツ，フランスに宣戦
	8.4	ドイツ，**中立国ベルギーに侵入** イギリス，ドイツに宣戦
	8.23	日本，ドイツに宣戦(**日英同盟**にもとづく)
	8.26	**タンネンベルクの戦い**(東部戦線)(～8.30)(独ヒンデンブルクの指揮)
	9.5	**マルヌの戦い**(西部戦線)(～9.12)
	10.	日本，南洋諸島占領
	11.7	日本，**青島**(膠州湾)のドイツ軍事要塞占領
	15.1.18	日本，**二十一か条要求**(対中国 袁世凱政府)
連合国側の反撃	4.26	ロンドン秘密条約(英・仏・露・伊)(伊に「**未回収のイタリア**」併合を約束)
	5.7	ドイツ潜水艦，ルシタニア号(英)を撃沈
	5.23	**イタリア，オーストリアに宣戦**
	16.2.21	ヴェルダン要塞攻防戦(～12.18)
	5.31	ユトランド沖海戦(～6.1)
	7.1	**ソンムの戦い**(～11.18)(英・仏軍総反撃，飛行機・戦車の使用)
	12.6	英，**ロイド=ジョージ**挙国一致内閣
	17.1.22	**ウィルソン**「勝利なき平和」演説
	2.1	ドイツ，無制限潜水艦作戦開始
	3.8	ロシア，ロシア暦二月革命(三月革命)
	4.6	アメリカ合衆国，ドイツに宣戦
	11.2	**石井-ランシング協定**
	11.7	ロシア，ロシア暦十月革命(十一月革命)
	11.17	仏，クレマンソー挙国一致内閣
ドイツ後退へ	18.1.8	ウィルソン「**十四か条の平和原則**」発表
	3.3	**ブレストリトフスク条約**(ソの単独講和)
	8月	日本，シベリア出兵(～1922)
	9.30	**ブルガリア降伏**
	10.30	**オスマン帝国降伏**
	11.3	**キール軍港の水兵反乱→ドイツ革命 オーストリア降伏**
	11.11	ドイツ，**休戦協定**に調印 → 第一次世界大戦終結

(茶色 日本の動き 青色 おもな戦い)

左欄外縦書き：西(アジア) ヨーロッパ　MapR　3部3章

1 第一次世界大戦前のヨーロッパ情勢

A ヨーロッパ列強の対立 →p.216

(1) ビスマルク時代(1871～90)

```
三国同盟
英 ─友好関係─ 独 ─1887～90 再保障条約─ 露
「光栄ある孤立」          三帝同盟①②
Splendid Isolation     三国同盟
                       1882～1915
仏                伊        墺
孤立                   独墺同盟
                       1879～1918
                       ①1873～78
                       ②1881～87
```

ビスマルクは三帝同盟・三国同盟・ロシアとの再保障条約により，フランスの孤立をめざした。

(2) 20世紀初頭

```
三国協商 1907～17       1902～21 日英同盟   日本
英 ─────────────────────────
1904英仏協商  3C政策 3B政策  1907英露協商  1907～17日露協約
独
伊  三国同盟  墺
仏   1902 仏伊秘密協定   露
露仏同盟 1891(94)～1917
パン=ゲルマン主義  パン=スラヴ主義
```

イギリス・フランス・ロシアの三国協商により，ドイツ包囲網が形成され，三国同盟と対立した。

B バルカン諸国間の対立

バルカン半島の民族分布 →p.243 ①

赤数字は独立年，黒数字は各国の領土獲得年

[B]ブルガリア [G]ギリシア [R]ルーマニア [S]セルビア [I]イタリア
━━ 1912年(第1次バルカン戦争勃発時)のオスマン帝国国境
━━ ロンドン条約(1913.5)によるオスマン帝国とブルガリアの国境
→ 1912～13年のバルカン戦争時の諸国の進出

▲④1913年のバルカン半島 第2次バルカン戦争の敗戦国ブルガリアは，戦勝国への領土割譲に強い不満を抱き，ドイツ・オーストリアに接近していった。

〔**第1次バルカン戦争**〕(1912～13)

```
三国同盟        三国協商
 伊           英 仏
独 墺          露   (英・仏の支援)
パン=ゲルマン主義  パン=スラヴ主義
        敗  勝
オスマン帝国 ✕ バルカン同盟
(ロンドン条約)      ブルガリア
オスマン帝国はイスタ   セルビア
ンブル以外のヨーロッ   モンテネグロ
パ領とクレタ島を放棄   ギリシア
```

〔**第2次バルカン戦争**〕(1913)

```
セルビア(中心)  勝      敗
モンテネグロ  ✕ ブルガリア
ギリシア
ルーマニア    (ブカレスト条約)
          ブルガリアの領土縮小
オスマン帝国
オスマン帝国，   ブルガリア，独 墺 に接近
独 に接近      パン=ゲルマン主義
```

〔**第一次世界大戦**〕(1914～18)

ミュンヘンから　メッツ経由で　パリへ

◀**①フランスへ出征するドイツ軍兵士**
第一次世界大戦は，当時の人々にとってすぐ終わるはずの戦争であった。列車に書かれた文字に，ドイツが長期戦を予想せず，簡単にフランスを降伏させる意図がうかがえる。

▶**②塹壕戦(1916年)** 長びく戦局に，ドイツ軍兵士たちは1914年はおろか1916年のクリスマスも戦場で迎えた。いつ飛び込んでくるかもしれない敵の砲弾を警戒しながら，塹壕の中でクリスマスを祝った。

よみとき 出征する兵士たちはどのような表情でいるだろうか。また，それはなぜだろうか。

1 第一次世界大戦下のヨーロッパ
*英・仏では「大戦争」(Great War)ともよばれている。

← p.193 **1**，→ p.241 **3**

▼**③ルシタニア号沈没を伝える新聞(上)と④出征するアメリカ兵(下)** 1915年5月，イギリス客船ルシタニア号がドイツ潜水艦*によって撃沈され，アメリカ人128人が犠牲となった。以後，アメリカの世論はドイツ非難の声を強め，1917年2月のドイツによる無制限潜水艦作戦の宣言を受けて，同年4月，ドイツに宣戦布告した。

*Uボート，U20

THE LUSITANIA IS SUNK;
1,000 PROBABLY ARE LOST

歴史と技術 戦争を激化させた新兵器の登場

19世紀以降の鋼鉄の普及，**無線電信**の実用化，内燃機関の発明などの技術は，いずれも戦争に利用された。飛行機・戦車・毒ガス・潜水艦などの新兵器により，大量の戦死者が出た。また，非戦闘員にも多大な犠牲をもたらした。

▲**⑤飛行機** 第一次世界大戦では，偵察機が肉眼で前線の状況や**大砲**の着弾点の観測を行った。

▲**⑥戦車(タンク)** 内燃機関を積み，キャタピラーで走る**戦車**は，1916年9月，**ソンムの戦い**でイギリス軍が初めて使用した。

▲**⑦毒ガス** ドイツ軍が1915年4月，**イーブルの戦い**で初めて使用した。写真は防毒マスク。

今日とのつながり 2014年にボスニア-ヘルツェゴヴィナの首都サライェヴォに暗殺犯プリンツィプの銅像が建設された。同国内には彼を英雄とみなす見解とテロリストとみなす見解がある。

特集 総力戦 〜一体化する「前線」と「銃後」

1 戦争をめぐる国民心理

▲①**出征兵士を見送る女性**（フランス）自衛戦争という政府の宣伝を受け入れた若者たちは，戦争を平凡な日常生活からの解放と受けとめた。この写真からはのちに展開される**総力戦**の悲惨さを予想できない。そこに戦争の恐ろしさがある。

▲②**海軍への入隊を呼びかけるポスター**（アメリカ）「私も男だったら海軍に入るのに」と大きな文字で，その下は小さな文字で「男らしくそうしよう」とある。

キーワード 総力戦 ドイツは当初，まずフランスを屈服させ，のちに全力でロシアを攻める作戦（シュリーフェン・プラン）を立てたが，結果として戦争はヨーロッパ全域に拡大し，ルーデンドルフの唱える「総力戦」に移行した。軍事力のみによって勝敗が左右された戦争と異なり，総力戦は**経済力・政治力，国民の心理**までも動員する。**第一次世界大戦**は初の総力戦であり，国民はいやおうなしに国家とかかわるようになった。ヒンデンブルクはタンネンベルクの戦いで名声を博し，ルーデンドルフとともに軍部独裁を行った。

▶③**ヒンデンブルク**（左）**とルーデンドルフ**

戦時下の統制 〜ドイツを例に〜

1914. 9「戦時金属会社」「戦時化学会社」を設立。原材料となる銅，鉛などを軍需産業に優先的に配分。

1915. 1 穀物の最高価格制度，パン配給制を導入。

1916.12「愛国的労働奉仕法」の制定。女性を除く17〜60歳の男子に軍需産業での労働義務を課す。

2 「銃後」の女性たち

▲④**軍需工場で働く女性** 当時フランスの軍需産業の労働者の4割が女性であった。戦時下の社会情勢を示すものとして，こうした写真がよく使われたが，政府の厳しい検閲も受けていた。

▲⑤**女性運転手の登場**（1917年，フランス）当時，男性優位の職種に女性が進出したことは，**戦後の女性の社会進出**（→p.242）の契機となった。

テーマ 戦争を支えた「イメージされた女性」

総力戦下では，女性は兵器製造や通信などの後方支援体制への動員だけではなく，そのイメージまでもが利用された。戦時国債の購入や募兵のポスターには女性が登場し，前線へ向かう男性を鼓舞するかのように描かれている。しかし，実際の銃後の女性の生活は，食料事情の悪化など，生きのびるために大きな困難を伴っていた。

◀⑥**戦時下のイギリスで制作されたポスター**

3 戦争と植民地の人々

植民地の兵士とアフリカ軍隊の日
JOURNÉE DE L'ARMÉE D'AFRIQUE ET DES TROUPES COLONIALES

▲⑦**アフリカ兵戦意高揚のポスター**（フランス制作）英仏は兵士を植民地からも動員した。このポスターでは，アフリカ人兵士とフランス人兵士が共闘する姿が描かれている。

◀⑧**英仏による植民地からの徴募兵員** →p.245

カナダ 62.9万人
西インド諸島 1.6万人
イギリス・フランス
インド 144万人
インドネシア 4.1万人
オーストラリア 41.3万人
ニュージーランド 12.9万人
アフリカ 49.3万人
アフリカ 約5.9万人

歴史と文学 その時前線では…『西部戦線異状なし』

従軍経験をもとにレマルクは小説『西部戦線異状なし』を書き，1929年に発表して当時ベストセラーとなった。塹壕戦の悲惨さにもかかわらず，前線から「異状なし」と報告されることへの批判がこのタイトルに込められている。

▶⑨**レマルク**（1898〜1970）

▶⑩**小説をもとにした映画「西部戦線異状なし」の一場面**

ヒストリーシアター　戦争を終わらせた兵と民衆

▶①**パンを買う人々の行列**(1917年，左)
第一次世界大戦中のロシアは経済基盤が弱く生活物資は底をついた。とくに食料危機は平和を希求させ，革命の原因となった(➡p.238)。

▶②**キール軍港の水兵反乱**(1918年，右)
ドイツの水兵らは海軍の出撃命令を「戦争を長びかせる無謀な命令」として拒否し蜂起した。この反乱は各都市に飛び火し，**ドイツの休戦**を決定的なものとした。

よみとき　短期戦を信じていた兵士や民衆は，戦争をどう考えるようになったか，写真から考えてみよう。

1 世界中に及ぶ戦争の影響

国民・植民地の人々に大きな犠牲

総力戦

*労働者と兵士の評議会

労働者の政治的要求活発化	現政府への不満→革命勃発	植民地の独立運動活発化
イギリス **労働党の台頭**　9日間にわたるゼネスト発生(1926)	**ロシア** 帝国崩壊(1917) **社会主義革命**	**インド** **非暴力・不服従**運動(1919)➡p.245
イタリア 労働者による工場占拠(1919〜20)	**ドイツ** 帝国崩壊，革命鎮圧 **独立社会民主党**(1917) **レーテ***(1918) **共和国政府の樹立**(1918)	**エジプト** **ワフド党**の反英運動(1919)➡p.244
		アイルランド **イースター蜂起**(1916)➡p.195

〈宮崎犀一編『近代国際経済要覧』東京大学出版会，ほか〉

▲④**19世紀の戦争と第一次世界大戦の戦死者比較**

190万人　802万人(数字は軍人のみ)
48.5万人　65.6万人　29万人

フランス革命〜ナポレオン戦争(1793〜1815年のみ)　クリミア戦争(1853〜56年)　南北戦争(1863〜65年のみ)　普仏戦争(1870〜71年)　第一次世界大戦1914〜18年

▼③**第一次世界大戦にかかわった国々**

同盟国側諸国	連合国側諸国	中立諸国	植民地	[Be]ベルギー領	[I]イタリア領
ドイツ植民地	連合国側の植民地	赤数字 対独宣戦または交戦状態に入った年月	[A]アメリカ領	[F]フランス領	[P]ポルトガル領
同盟国軍占領地	同盟国側に対し断交した諸国		[B]イギリス領	[G]ドイツ領	

▲⑤**第一次世界大戦の戦死者**(軍人)

489万人
313万人
ブルガリア2　ルーマニア7　その他2(アメリカ1ほか)
トルコ10　イタリア9
オーストリア・ハンガリー30　イギリス19
ドイツ58%　フランス28
　ロシア35%
同盟国側　連合国側

環境　戦争で変わった自然環境

第一次世界大戦では各国が**総力戦体制**をとり，前線に兵器が大量に投入された。最前線では，敵の攻撃をくいとめるために**塹壕**が深く掘られ，地形が大きく変化した。加えて火砲がさかんに使用され，砲弾を受けて燃えつきた街は廃墟と化し，森林破壊も進んだ。主戦場となったヨーロッパでは，多くの人命が失われただけでなく，人々が家も財産も失い，その痛手からなかなか立ち直ることができなかった。

◀⑥**激戦地ソワソン**(フランス)**の荒廃**

▲⑦**ウォー＝メモリアル＝アーチ**(インド，デリー)　通称インド門。第一次世界大戦で戦死した9万人のインド兵の名前が刻まれている。➡p.245③

今日とのつながり　フランスには現在でも第一次世界大戦による不発弾などにより汚染された立入禁止区域(ゾーン・ルージュ)がある。腕時計の使用(広い戦場で同じ時刻に作戦を始めるため塹壕戦で流行)，サマータイムの採用などは，戦争中に始まった生活習慣である。

南アジア

ヨーロッパ

MAPR

3部3章

ロシア革命 ～社会主義革命の実現と国づくり

→巻頭13

ヒストリーシアター　その時，ロシアの人々が望んでいたものは…？

時期	件数	参加者
1914(8～12月)	68件	3万4700人
1915(通年)	928	53万9500
1916(通年)	1284	95万1700
1917(1～2月)	1330	67万6300

▲①ロシア革命前のストライキ数

▶②ペトログラードでプラカードを掲げてデモをする人々(1917年6月)

全世界に平和を
すべての権力は民衆に
すべての土地は民衆に

デモに参加した人々は何を要求しているのだろうか。

ひと　帰ってきたレーニン

スイスに亡命中のレーニンは二月革命の知らせを聞き，一刻も早い帰国を考えた。だがロシア政府が革命家を受け入れるはずはない。そこで交戦国のドイツ軍が用意した"封印列車"で帰国し，翌日「四月テーゼ」別冊史料63で「すべての権力をソヴィエトへ」と訴え革命の方針を提起した。そして十月革命でソヴィエト政権を樹立，「平和に関する布告」→巻頭11「土地に関する布告」を出した。

▲③レーニン (1870～1924)

ロシア革命の歩み

◀p.204 p.286▶

1900.11	恐慌・労働運動激化	日本	
04	**日露戦争**(～05)→p.231		
	第1次ロシア革命		
05. 1	**血の日曜日事件**(サンクトペテルブルク)	明治時代	
.6	戦艦ポチョムキン号の反乱		
.9	**ポーツマス条約**		
.10	**ニコライ2世，十月宣言**(勅令，ウィッテの起草)→ **ドゥーマ**(国会)開設を約束		
06	**ストルイピンの反動政治**(～11)→ **ミール**(農村共同体)**解体**		
14	**第一次世界大戦**(～18)**参戦**		
16	**総力戦による国内疲弊**→p.237 (1400万人徴兵，穀物半減)		
	ロシア暦 **二月革命(三月革命)**		
17. 3	**ペトログラード蜂起** **臨時政府**の勧告でニコライ2世退位 (**ロマノフ王朝滅亡**)	革命の進行	
.4	**レーニン，「四月テーゼ」発表**		
.8	**ケレンスキー**(社会革命党)内閣成立		
	ロシア暦 **十月革命(十一月革命)**	大正時代	
.11	レーニン，革命を指導→武装蜂起→臨時政府打倒，**人民委員会議**成立 社会革命党左派参加へ		
	ソヴィエト政権樹立 (**全ロシア＝ソヴィエト会議で宣言**)		
	「**土地に関する布告**」 (地主の土地所有を廃止)		
	「**平和に関する布告**」 (無併合・無償金・民族自決)		
.12	**チェカ**(非常委員会)設置(～22)		
18. 1	憲法制定議会解散 **ロシア社会主義連邦ソヴィエト共和国成立**		
.3	**ブレストリトフスク条約** (ドイツなど同盟国と単独講和)		
.4	**対ソ干渉戦争**(～22)		
.7	ニコライ2世一家殺害		
	戦時共産主義(～21)	戦時共産主義からネップへ	
19. 3	**コミンテルン**(第3インターナショナル)**結成** (諸国の社会主義運動を指導)		
21	**ネップ**(NEP・新経済政策)採用(～27)		
.3	英ソ通商協定		
22. 4	**ラパロ条約**(独，ソヴィエト政権を承認)		
.12	**ソヴィエト社会主義共和国連邦成立** (ロシア・ウクライナ・白ロシア・ザカフカース)		
24. 1	**レーニン死去** ソヴィエト社会主義憲法採択	昭和時代	
28	**第1次五か年計画** 始まる(～32)		
33	**第2次五か年計画** 始まる(～37)		
34	**スターリンの独裁** → 大粛清始まる		
.9	国際連盟加盟		
36	スターリン憲法制定		

(左側縦書き) ヨーロッパ / 革命の進行 / 戦時共産主義からネップへ / 五か年計画

MAP Q～R
3部3章

ナロードニキ
左派　　　　　　　　　右派

1898 **ロシア社会民主労働党**

1903

1901 **社会革命党〔エスエル〕** 帝政打倒と土地の分配をめざす

1905 **立憲民主党〔カデット〕** ブルジョワ政党 立憲君主政をめざす

「多数派」 **ボリシェヴィキ**(レーニンら) 党員を少数の活動家に限定し，武装蜂起も否定しなかった

「少数派」 **メンシェヴィキ**(プレハーノフら) 党を大衆化させ，議会を通じての革命をめざした

ソヴィエト 「会議」の意 労働者・兵士中心 革命の深化を要求

臨時政府 ブルジョワ中心 リヴォフ首相 (立憲民主党) → **ケレンスキー首相** (社会革命党)

対立 → **二重権力**

ソヴィエト政府
1918.1 **ボリシェヴィキ，武力で憲法制定議会閉鎖**→ **独裁権確立へ**
.3 **ロシア共産党**と改称，**モスクワ遷都**
.7 **社会革命党左派**追放
24.1 レーニン死去

トロツキー (世界革命論) ── **スターリン** (一国社会主義論)

1929 スターリン，トロツキーを国外追放→スターリンの独裁化へ

---

1 革命の勃発

◀④**血の日曜日事件** 日露戦争中の1905年1月，聖職者ガポン率いるデモ隊は戦争中止などを求めたが，近衛兵に発砲され，1000人の死傷者を出した。この事件で，ロシア民衆の素朴な皇帝崇拝の念はうち砕かれた。

ボリシェヴィキ　　冬宮

▲⑤**十月革命** 西暦1917年11月7日，ボリシェヴィキは臨時政府がおかれた冬宮を攻撃，戦闘をほとんど行わずに権力を奪取した。

▼⑥世界初の社会主義革命

市民革命　　社会主義革命　　1918

ボリシェヴィキ独裁

1905 第1次ロシア革命

1917 二月革命　　1917 十月革命

二重権力　　**ソヴィエト政権樹立** (ボリシェヴィキ＋社会革命党左派)

ツァーリズム(皇帝による専政)　　ブルジョワ政党政治(臨時政府＋ソヴィエト)＋ツァーリズム

ひと　最後の皇帝ニコライ2世の悲劇

「超能力者」ラスプーチンは，皇太子の病気(血友病)を癒したのを契機に皇帝ニコライ2世(1868～1918)に近づいて，政治的発言力を強め，政治的腐敗をもたらした。二月革命後，ニコライは退位し自由を奪われるが，他国の王族は，亡命を望む彼を受け入れようとはしなかった。内乱が続くなか，**反革命軍**による皇帝奪還をおそれたソヴィエト政権の命令で，皇帝は皇后および5人の子とともに殺された。

▼⑧ラスプーチン (1864?～1916)

ヴィクトリア女王(英)

ニコライ2世 ═ アレクサンドラ(独ヘッセン大公国)

オリガ　タチアナ　マリア　アナスタシア　アレクセイ

アレクサンドラ皇后　ニコライ2世　アナスタシア　アレクセイ

▲⑦**ニコライ2世一家**(ロンドンで撮影) 皇帝と英国王ジョージ5世はいとこどうしであった。

② ロシア革命における内戦と干渉戦争

世界全図p.46~47 ← p.205 ③, → p.270 ②

内戦

▲⑨赤軍への加入を呼びかけるポスター　十月革命後もロシア情勢は安定せず，革命軍（赤軍）と反革命軍（白軍）との内戦が勃発した。**トロツキー**は，労働者・農民の志願兵からなる赤軍に軍事練習をし，戦闘力を高めた。

ポーランド-ソヴィエト戦争（1920~21）

エストニア／ラトヴィア／リトアニア／ポーランド

チェコスロヴァキア

ルーマニア

ウクライナ

ブレストリトフスク条約（1918.3）

トルコ

ムルマンスク 1920.3

アルハンゲリスク 1920.2

ペトログラード

白ロシア　モスクワ

キエフ 1920.6

ロストフ 1920.1

ニコライ2世一家射殺

ロシア

カザン　エカチェリンブルク

サマラ　ウファ 1919.6

オムスク

*北樺太は1925年まで日本軍占領

尼港事件（1920.3）　ニコライフスク

樺太（サハリン）*

ハバロフスク 1922.3

ソヴィエト社会主義共和国連邦

シ ベ リ ア　1920.10　チタ

クラスノヤルスク

シベリア鉄道　イルクーツク 1920.2

ウラジオストク 1922.12

日本

シベリア出兵（1918~22）チェコ兵救出を名目に出兵

モンゴル

中華民国

中ソ不可侵条約（1937）

黒海

地中海

バトゥミ 1921.3

カフカース

カスピ海

バクー 1920.4

タシケント 1919.11

ブハラ

0　1000km

中央アジア諸民族の蜂起（1916~）

ペルシア（カージャール朝）アフガニスタン

→ 革命軍（赤軍）の進路
1919.6 革命軍の支配開始年月
→ 反革命軍（白軍）の進路
→ 外国干渉軍の進路
┈┈> 日本のシベリア出兵進路
━━ ソ連国境（1922）
ロシア ソ連成立時の4共和国
▨ 革命勢力の支配地域（1918）
▨ 反革命勢力の支配地域（1920）
▨ 日本軍の占領地域（1918~22）
▨ ソ連邦内でトルコ系ムスリムの多い地域

干渉戦争

参戦国：英・仏・米・日など
口　実：捕虜となった**チェコスロヴァキア軍**の救出
目　的：①ドイツ戦力をロシアに留める（西部戦線に集中させない）
②ソヴィエト政権を打倒し，社会主義革命を阻止
英・仏→北部・南部・ザカフカースに侵入
米・日→シベリア出兵（日本は1922年まで駐留継続）

▲⑩対ソ干渉戦争（1918~22）の目的

③ ロシア革命の影響

◀⑪コミンテルンのポスター　世界革命をめざす**ロシア共産党**は1919年3月，各国の共産党の指令塔として**コミンテルン（第3インターナショナル）**を結成した（→ p.183）。

すべての国の労働者よ，結集しよう

▶⑫ロシア革命が世界に与えた影響

1924 イギリス労働党内閣
1926 ゼネスト決行

1917 フィンランド独立

ロシア革命（1917）

1919 コミンテルン結成

1920 フランス共産党成立
1924 エリオ左派連合内閣成立

1918 ドイツ革命
1919 スパルタクス団蜂起

1918 バルト3国・ポーランド独立

1924 モンゴル人民共和国成立

1919 三・一独立運動

1920 北イタリアストライキ
1921 イタリア共産党結成

1919 ハンガリー，ソヴィエト政権樹立

1919 エジプト，ワフド党の反英運動

1921 イラン，レザー＝ハーンのクーデタ

1919 五・四運動

1921 中国共産党成立

1925 五・三〇運動

1922 日本共産党成立

1919 インド，非暴力・不服従運動

1930 インドシナ共産党成立

1920 インドネシア共産党成立

▨ 社会主義の動き
▨ 民族運動

④ 国内における政策 ～人々の望みはかなったのか

経済政策の変化	
戦時共産主義（一九一八~二一）指導者：レーニン	目的 戦争遂行＝共産主義完成のための合理化　穀物の徴発・配給制度　企業の国有化　労働の義務化　→生産力の衰退・中央集権化
ネップ（新経済政策）（一九二一~二七）指導者：レーニン	目的 農民との妥協・戦後経済の復興　農民の現物税制の導入　余剰農作物の販売認可　中小企業家の経済活動自由化　→生産力の回復，財政の安定
第1次五か年計画（一九二八~三二）指導者：スターリン	目的 全労働力の国家管理化　農業集団化（コルホーズ，ソフホーズ）・機械化　重工業の生産強化　→工業国家への大発展　ソヴィエト社会主義へ社会の変換
第2次五か年計画（一九三三~三七）指導者：スターリン	目的 搾取階級の一掃・国民生活の向上　量的拡大よりも質的改善めざす　→農業の集団化の完成　大国として国際的地位向上

銑鉄生産量の推移

2000 1800 1600 1400 1200 1000 800 600 400 200 （万トン）
— ロシア*（ソ連）
--- ドイツ*2
┈┈ イギリス
1890 1900 10 20 30 40（年）

* 1890~1913年はロシア帝国全土の値，1914~40年はソ連1923年当時の国境による値。
*2 1890~1918年の値はアルザス・ロレーヌを含む。1921~24年の値はザールラントを除く。1922年以降の値はシュレジエン東部を除く。

▲⑬銑鉄生産量の推移 〈『マクミラン新編世界歴史統計 ヨーロッパ編1750-1975』〉

	革命直前	1927年	1937年
労働者・事務職員	17.0%	17.6%	36.2%
		2.9	
個人経営の小農民	66.7*	74.9	57.9
コルホーズ員		4.6	5.9
クラーク（富農）	16.3*2		

* 家内工業者を含む
*2 地主を含む

（このころはまだ馬も犂もクラークから借りて耕作する貧農が多かった。）

（1929年クラークの絶滅と全面集団化政策開始）

▲⑭土地所有者の変化

テーマ レーニン死後の後継者争い

ネップ（新経済政策）をめぐり激しい論争が展開され，レーニンの死後，**スターリン**（本名ジュガシヴィリ，グルジア出身）らと，赤軍創設などで革命の功労者とされる**トロツキー**らが対立。後者が敗れ，スターリンの独裁体制が築かれた。独裁政治下では**大粛清**や**強制収容所**での労働が行われた。

▲⑮トロツキー（1879~1940）　対立　▲⑯スターリン*（1879~1953）

世界革命論	一国社会主義論
工業後進国のソヴィエト政権が安定するには，ドイツなど西欧先進工業国と，ポーランドなど中欧の同時革命が必要だという考え。	ロシアは工業後進国だが広大な国土を有するので一国でも社会主義を実現できるという考え。

*「鋼鉄の人」の意

トロツキー

▲⑰消されたトロツキー　トロツキーは，亡命先のメキシコでスターリンの指令により暗殺された。レーニンの後継者のようにトロツキーが写っていた写真からもその存在を消された。

今日とのつながり　2013年に改正されたベトナム社会主義共和国憲法第4条には「ベトナム共産党は…マルクス＝レーニン主義及びホー＝チ＝ミン思想を思想的基礎として採用し…」とあり，現在でもロシア革命の影響が認められる。

→巻頭11　別冊史料64　巻頭11

ヒストリーシアター “平和”という理想と“利害”という現実

ウィルソン(米)　クレマンソー(仏)　ロイド・ジョージ(英)　イタリア代表はオルランド　ドイツ代表

◀①ヴェルサイユ条約の調印(ヴェルサイユ宮殿, 鏡の間 →p.178)

▶②ウィルソンの「十四か条の平和原則」 別冊史料66

よみとき　なぜ, ヴェルサイユ宮殿で講和条約が調印されたのだろうか。p.201⑬も見ながら考えてみよう。

十四か条のおもな内容
(1918年1月 アメリカ大統領ウィルソン発表)

①秘密外交の廃止
②海洋の自由
③自由貿易
④軍備の縮小
⑤植民地問題の公正な解決(民族自決)
⑥ロシアの国際社会への復帰
⑦ベルギーの領土の回復
⑧フランスの領土の回復
⑨イタリアの国境線の再調整
⑩オーストリア-ハンガリー帝国内の諸民族の自治
⑪バルカン諸国の復興
⑫オスマン帝国内の諸民族の自治
⑬ポーランドの独立
⑭国際的な平和機構の設立

ヴェルサイユ条約 (1919.6) (対ドイツ)

1. 国際連盟の設置
2. **アルザス・ロレーヌ**をフランスに割譲
3. 近隣諸国への領土割譲(ポーランドへ**ポーランド回廊**など割譲)
4. **ザール地方**国際管理 →p.241 ④ (ザール炭田の採掘権は**フランス**に)
5. **ダンツィヒ**国際管理 →p.241 ④
6. **オーストリアとの合併禁止**
7. ドイツは**海外領土**のすべての権利・要求を放棄
8. ドイツ陸海軍の**軍備縮小**, 航空隊の保有禁止
9. **ラインラント**(ライン川両岸)**非武装化** →p.241 ④
10. **多額の賠償金**(1320億金マルク)
11. ロシア革命政府と締結した条約の無効

◀p.234　**ヴェルサイユ-ワシントン体制の推移**　p.252▶

年	事　項	ドイツ賠償問題	日本
	赤字 国際協調の動き		
1918. 1	「十四か条の平和原則」の発表		
.3	**ブレストリトフスク条約**		
.11	**第一次世界大戦**終結		
19. 1	**パリ講和会議**		
.3	**コミンテルン**設立(～43)		
.6	**ヴェルサイユ条約**(英・仏中心)		
	ヨーロッパにおける帝国主義的勢力の再編成→ ヴェルサイユ体制		
.8	ドイツ, **ヴァイマル憲法**制定	2つのシステムの成立	
.9	**サンジェルマン条約**(対オーストリア)→イタリア,「**未回収のイタリア**」回復		
.11	**ヌイイ条約**(対ブルガリア)		
20. 1	**国際連盟**成立		
.6	**トリアノン条約**(対ハンガリー)		
.8	**セーヴル条約**(対オスマン帝国)		
21. 4	**ロンドン会議**	ドイツの賠償総額**1320億金マルク**に決定(当時のドイツ歳入の25倍)	
.11	**ワシントン会議**(～22.2)(アメリカ大統領ハーディング提唱)		
	アジアにおける帝国主義的勢力の再編成→ ワシントン体制		
.12	**四か国条約**(太平洋問題)	ドイツが支払延期を要求 破滅的インフレ進行	
22. 2	**九か国条約**(中国問題)		
.4	**ラパロ条約**(独, ソヴィエト政権を承認)		
.10	イタリア, **ムッソリーニ**のローマ進軍 →p.242		
.12	**ソヴィエト社会主義共和国連邦**成立 →p.238		
23. 1	仏・ベルギー, **ルール占領**(～25.8)		
.7	**ローザンヌ条約**(対トルコ)	レンテンマルク(不換紙幣)発行	
.8	**シュトレーゼマン**内閣(～23.11)発足		
.11	ドイツ, ナチ党の**ミュンヘン一揆** →p.242		
24. 8	**ドーズ案採択**独, ライヒスマルク(兌換紙幣)発行	支払い期限の延長 アメリカからの外資導入による打開策	
.10	ジュネーヴ議定書(未発効)		
25.12	**ロカルノ条約**		
26. 9	ドイツ, **国際連盟**加盟		
27. 6	ジュネーヴ海軍軍縮会議(失敗)		
.11	イタリア, **アルバニア**を保護国化		
28. 8	**不戦条約**(ケロッグ-ブリアン協定)		
.10	ソ連, **第1次五か年計画**(重工業化) →p.239		
29. 6	**ヤング案発表**	賠償額358億金マルクに	
.10	**世界恐慌始まる** →p.250		
30. 1	ロンドン海軍軍縮会議	支払い期限を1年猶予	
31. 6	**フーヴァー=モラトリアム**	賠償額30億金マルクに	
32. 2	ジュネーヴ軍縮会議(翌年, ドイツ脱退)	ドイツが一方的に破棄	
.6	**ローザンヌ会議**	ドイツが実際に支払った額は, 約300億金マルク(1918～31年)	
33. 5	ナチ政権, 賠償金支払いうち切り		

(左側欄外) 戦後の混乱期 / 緊張高まる / 暫定的に緊張やわらぐ / 緊張高まる　相対的安定期

(右側欄外) 大正時代 / 昭和時代

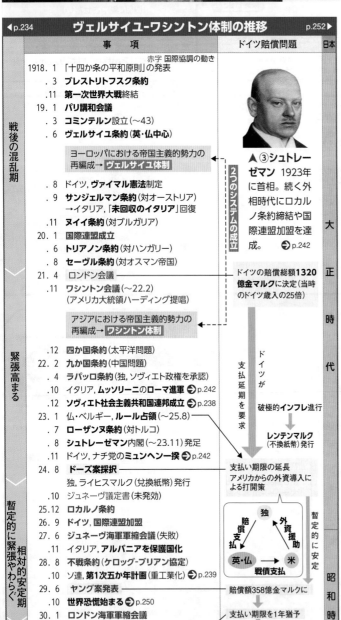

▲③**シュトレーゼマン** 1923年に首相。続く外相時代にロカルノ条約締結や国際連盟加盟を達成。→p.242

(図内) 賠償支払 / 外資援助 / 独 / 英・仏 ← → 米 / 戦債支払 / 暫定的に安定

---

1 国際連盟

*常任理事国：英, 仏, 伊, 日(のち独, ソ追加)
非常任理事国：4か国(のち9か国)

国際労働機関(ILO)ジュネーヴ	常設国際司法裁判所ハーグ	連盟事務局ジュネーヴ

など

本部ジュネーヴ　年1回開催

総会　理事会　A国　連盟加盟国　全会一致で制裁　侵略

ある国(A国)の, 連盟加盟国への侵略は, 連盟全体で対応 …**集団安全保障**

◀④**国際連盟のしくみ 全会一致**を原則とする総会, 理事会などからなる。勢力均衡を改め, 加盟国の安全を集団的に守る(**集団安全保障**)ため制裁を規定した。 →p.259

▼⑤国際連盟への加盟

	1920年	30	40	46
フランス				
イギリス				(22独)
イタリア		世	37(脱退)	
ドイツ	26	界 33(脱退)	第二次世界大戦	ソ連を承認した年を示す
日 本		恐 33(脱退)		
ソ 連	(22独)(24英伊仏)(25日)	慌 (33米)34	39(除名)	
アメリカ	(上院の反対により不参加 孤立主義)			

---

2 2つのシステムの成立

集団安全保障・国際協調主義

ヴェルサイユ体制	ワシントン体制
ヨーロッパ内の平和・安全(ヴェルサイユ条約, ロカルノ条約など)	アジア・太平洋地域の平和・安全ワシントン会議(四か国条約など)

会議・条約	年	おもな締結内容
パリ講和会議ヴェルサイユ条約	1919	第一次世界大戦の講和会議(27か国参加)**国際連盟**成立　独・ソは招かれず
ワシントン海軍軍備制限条約	1922	米・英・日・仏・伊5か国 主力艦保有制限**米5・英5・日3・仏1.67・伊1.67**
四か国条約	1921	米・英・仏・日 太平洋上の各国の領土を尊重**日英同盟の廃棄**
九か国条約	1922	米・英・仏・日・伊・オランダ・ベルギー・ポルトガル・中国中国の主権・独立の尊重と中国の領土保全→日本の中国への進出後退(青島など返還)→**石井-ランシング協定**破棄(1923)
ローザンヌ条約	1923	トルコと連合国間の条約　オスマン帝国に対する苛酷な**セーヴル条約**にかわる条約, トルコの国際的地位を回復
ロカルノ条約	1925	英・仏・独・伊・ベルギー・ポーランド・チェコスロヴァキアの7か国による欧州集団安全保障条約**ドイツの国際連盟加入を承認**(1926 加盟)　**シュトレーゼマン**[独]提唱
ライン保障条約		**ラインラント非武装**の再確認英・仏・独・伊・ベルギーの国境不可侵条約
ジュネーヴ海軍軍縮会議	1927	米・英・日の補助艦保有制限米・英の対立で不成立　(**クーリッジ**[米]提唱)
不戦条約(ケロッグ-ブリアン協定)	1928	紛争解決手段としての戦争を放棄することを約束(**ケロッグ**[米]提唱・**ブリアン**[仏]提唱, 当初15か国調印)
ロンドン海軍軍縮会議	1930	米・英・日の補助艦保有制限　仏・伊は不参加(**マクドナルド**[英]提唱)　**米10・英10・日6.975*****

(ハーディング(米)提唱 ワシントン会議)

▲⑥**二つの体制下でのおもな会議・条約**

*米の要望に応じて日本は0.025割を削ることで妥協した。

地図（上）

0 ─ 500km

凡例:
― 1914年のドイツ・オーストリア-ハンガリーの国境線
□ 第一次世界大戦成立したヨーロッパ諸国（赤数字は成立年）
❶ ロレーヌ　❹ ラインラント
❷ アルザス　❺ ザール
❸ ルール　　❻ ポーランド回廊
■ 国際管理地域（ダンツィヒ・ザール・メーメル）
■ ギリシア獲得領（1919～22、ブルガリア・トルコから獲得）
■ セーヴル条約以降のトルコ領（1920.8）
■ ローザンヌ条約以降のトルコ領（1923.7）
● 第一次世界大戦後の主要条約締結地・会議開催地

アイルランド → p.195
1921 条約調印
22 アイルランド自由国成立
37 エーレ（エール）共和国に改称

ノルウェー王国　オスロ
ストックホルム
フィンランド共和国 1917　ヘルシンキ（ベトログラード）
レニングラード（ペトログラード）
スウェーデン王国
エストニア 1918
ラトヴィア 1918　リガ
バルト3国
メーメル
リトアニア 1918
コヴノ（カウナス）
ミンスク

グレートブリテン-北アイルランド連合王国
アイルランド自由国　ダブリン
アルスター
デンマーク王国　コペンハーゲン
北海
ダンツィヒ
東プロイセン
西プロイセン
ワルシャワ
ブレストリトフスク
ベルリン
オランダ（王）　ハーグ
ロンドン
ベルギー（王）
ルクセンブルク
❸❹❺❶
❷
ドイツ共和国　ヴァイマル　プラハ
ポーランド共和国 1918　キエフ
リヴォフ
カーゾン線 1919.12.8画定のポーランド東部国境
ソヴィエト連邦
カスピ海

パリ
フランス共和国
バーゼル　チューリヒ
ローザンヌ　スイス　ロカルノ
ジュネーヴ　ストレーザ
ラパロ
チェコスロヴァキア共和国 1918
ウィーン　ブダペスト
オーストリア共和国 1918
南ティロル　ハンガリー王国 1918
トリエステ　ルーマニア王国 1918
フィウメ　ベオグラード　ブカレスト
イストリア　セルビア人・クロアティア人・スロヴェニア人王国 1918
サンマリノ
1929 ユーゴスラヴィア王国に改称

フランス委任統治領
黒海　バトゥミ
エレヴァン
タブリーズ
ペルシア
パフラヴィー朝

ポルトガル共和国　マドリード
アンドラ
スペイン王国 1931～共和政に移行
リスボン
コルシカ島（コルシカ）
サルデーニャ島
ローマ　ヴァティカン
ティラナ　アルバニア 1918
ブルガリア王国　ソフィア
イスタンブル　アンカラ
イズミル
ギリシア王国 アテネ
アレクサンドロポリス
オスマン帝国 1923.10トルコ共和国へ
アレッポ
シリア
バグダード
イラク

「未回収のイタリア」1919 サンジェルマン条約 南ティロル・トリエステ・イストリアがイタリア領に
イタリア王国
大西洋
地中海
クレタ島
ロードス島（伊）　キプロス島（英）
ダマスカス
イギリス委任統治領
パレスチナ　イェルサレム
トランスヨルダン
ヒジャーズ王国
エジプト王国　カイロ
1924 タンジール

パリ近郊の条約締結地（囲み地図）
セーヌ川
ヌイイ
サンジェルマン
トリアノン　セーヴル
パリ
ヴェルサイユ

▲⑦ ドイツ以外の敗戦国との条約

サンジェルマン条約（対オーストリア）（1919.9）
1. オーストリア-ハンガリー帝国の解体
2. 領内のポーランド・チェコ・セルビア人-クロアティア人-スロヴェニア人王国（→ユーゴ）・ハンガリーの独立と領土の割譲
3. 「未回収のイタリア」（南ティロル・トリエステ・イストリア）のイタリアへの割譲
4. オーストリアとドイツの合併禁止

ヌイイ条約（対ブルガリア）（1919.11）
1. トラキアをギリシアへ割譲
2. 領土の一部をセルビア人-クロアティア人-スロヴェニア人王国へ割譲
3. 大戦中に獲得したドブルジャをルーマニアに返還

トリアノン条約（対ハンガリー）（1920.6）
1. オーストリアからの分離と完全な独立
2. スロヴァキアをチェコへ割譲
3. クロアティア・ボスニアをセルビア人-クロアティア人-スロヴェニア人王国へ割譲
4. トランシルヴァニアをルーマニアへ割譲

セーヴル条約（対オスマン帝国）（1920.8）
1. ダーダネルス海峡・マルマラ海の非武装と国際化
2. アルメニア・ヒジャーズ王国の独立
3. メソポタミアとパレスチナをイギリスの委任統治領とする
4. シリアをフランスの委任統治領とする

4 苛酷（かこく）な条件をしいられたドイツ

テーマ ルール占領（1923年）

▲⑧ 古紙としてはかり売りされるドイツの紙幣

ドイツに課された賠償金1320億金マルクのうち, フランスの取り分は52％と最大であった。しかしドイツは支払延期を要求, しびれを切らしたフランスはベルギーとともに, ドイツ最大の工業地帯**ルール**を占領した。ドイツはサボタージュと不服従で対抗したが, 経済への打撃も大きく, インフレが一気に加速した。

1kgのパンの値段（単位マルク）	
1914年12月	0.32
1918年12月	0.53
1922年12月	163.15
1923年4月	474
6月	1,428
8月	69,000
10月	1,743,000,000
12月	399,000,000,000

▲⑨ ドイツのパンの値段

A 第一次世界大戦後のドイツ

ライン川右岸50kmまでと左岸を非武装化,左岸は連合国軍が15年間保障占領

国際連盟管理下の自由市となる
リトアニア
メーメル

0 ─ 200km

北海　バルト海
デンマーク
シュレスヴィヒ
ポーランド回廊
ダンツィヒ
東プロイセン
西プロイセン
オランダ　ベルリン　ワルシャワ
ルール　ドイツ共和国
ラインラント　上シュレジエン
ヴァイマル　プラハ
ベルギー　ザール
ラインラント
フランス　ストラスブール
アルザス
オーストリア
スイス
チェコスロヴァキア

国際連盟で管理し,15年後に住民投票で帰属を決定

凡例:
― 大戦後のドイツ国境
□ 大戦後ドイツが失った地
■ 住民投票によりドイツにとどまった地
■ 国際管理地
■ 連合国占領地
■ 軍備禁止区域

B ドイツが失った海外領土・勢力圏

世界全図p.46~47

ヴェルサイユ条約によるドイツの損失

13%　▲本国の領土面積
9%　▲本国の人口
100%　▲植民地

イギリス　ベルギー　ドイツ　フランス
1914 日本, 青島・山東省権益を接収（22 中国に返還）
山東省　青島　日本
中華民国
太平洋
マリアナ諸島　カロリン諸島　マーシャル諸島　ビスマルク諸島　ナウル島
トーゴ　カメルーン　東アフリカ　南西アフリカ
大西洋　インド洋
サモア島
オーストラリア
南アフリカ連邦
ニュージーランド

→ 矢印の先の国の委任統治領に

1920年代のヨーロッパ ～総力戦後のヨーロッパ社会

1 左派・右派の台頭と対立

左派 **イギリス**

◀①第1次マクドナルド内閣の成立 第4回選挙法改正に伴う選挙権拡大により，**労働党**は党首**マクドナルド**(1866～1937)の下で勢力を増し，イギリス史上初の労働党内閣が成立した。国際協調にも寄与した。

右派 **イタリア** ムッソリーニ

▲②ローマ進軍 **ムッソリーニ**(1883～1945)は，**ファシスト党**(国民ファシスト党)を結成後，1922年，2万5000人の武装行動隊を首都ローマに動員させ，政権を獲得した。

左派 **ドイツ** ローザ=ルクセンブルク

▲③ドイツでも社会主義革命を **ローザ=ルクセンブルク**(1871～1919)や**カール=リープクネヒト**(1871～1919)らは，**ドイツ共産党**の前身，**スパルタクス団**を結成したが，両者とも右翼の将校に殺害された。

右派 **ドイツ**

▲④右派勢力ナチ党 ドイツ労働者党を前身とする**ナチ党**は，1923年，共和国をクーデタで倒そうとし，失敗した(**ミュンヘン一揆**)。以後ヒトラーは宣伝や行動を通して選挙による政権掌握をめざした。

2 広がる民主主義

▶⑤社会政策費の拡大 **総力戦**後のヨーロッパ各国では，戦争に貢献した国民の政治参加の要求にこたえるため**普通選挙**が実施され，政治の大衆化が進んだ。政治だけでなく，経済・社会・文化に関しても政府の役割は大きくなり，とりわけ社会政策が重要な意味をもつようになった。

（グラフ：A—国防費，B—社会政策関係費（年間国家予算あたり）ドイツ・イギリス・フランス，1913・1924・1930年）

◀⑥シャネルスーツ 戦争期の女性の社会進出を受けて，ココ=シャネル(ココは愛称，1883～1971)は，動きやすく機能的なデザインの服を発表した。(写真は1928年当時の本人)

前あきの上着／胸もとを強調しないシンプルなライン／ひざたけスカート／消えたレース

1893	ニュージーランド
1902	オーストラリア
06	フィンランド
13	ノルウェー
17	ソ連
18	イギリス
19	オーストリア・ドイツ・オランダ
20	アメリカ
32	スペイン
34	トルコ
44	フランス
45	イタリア・日本

▲⑦おもな国の女性参政権の獲得年
➡p.214

3 1920年代のヨーロッパ

青字 右派の動き 赤字 左派の動き ▒ 国際協調の動き

◀p.234 **1920年代のヨーロッパ諸国** p.252▶

	イギリス		フランス		ドイツ		イタリア	日本
1918	**第4回選挙法改正** ➡p.195 (男21歳以上，女30歳以上に参政権)			1917	**独立社会民主党**結成	1919	ファシスト党の前身結成 サンジェルマン条約(対墺) (「未回収のイタリア」獲得) 義勇軍，フィウメ占領(～20)	
				18	ドイツ革命 **ドイツ共産党**結成			
1919 パ リ 講 和 会 議								
19	アイルランド国民議会による独立宣言			19	ドイツ労働者党結成(ヒトラー入党) スパルタクス団の蜂起(失敗) **エーベルト**，大統領就任 **ヴァイマル国民議会** ヴァイマル憲法制定 別冊史料65			大
20	アイルランド自治法公布	1920	**フランス共産党**成立	20	ドイツ労働者党，**国民社会主義ドイツ労働者党(ナチ党)**に改称 カップ一揆(失敗) 北イタリアで労働者の工場占拠・ストライキ(～20)			正
22	**アイルランド自由国**成立 (首相デ=ヴァレラ，自治領として独立→1937年**エール**と改称し，事実上独立国家)	21	**ブリアン内閣**(～22)	21	ヒトラー，ナチ党首に ナチ党，突撃隊(SA)創設	21	社会党左派，**イタリア共産党**結成 **ファシスト党**結成	時
		22	**ポワンカレ内閣** (対独強硬外交)	22	**ラパロ条約**(ソ連を承認)	22	ムッソリーニのローマ進軍 ファシスト党内閣成立	代
24	**第1次マクドナルド労働党内閣**(自由党と連立) **ソ連を承認**	1923	フランス・ベルギーによる**ルール占領**(～25)	23	**シュトレーゼマン内閣** ➡p.240 レンテンマルク発行 ナチ党，ミュンヘン一揆(失敗)			
		24	**左派連合政府** エリオ内閣(～25) **ソ連を承認**	24	**ドーズ案採択** ➡p.240	24	**フィウメ**を併合 **ソ連を承認**	
25	金本位制復帰			25	**ヒンデンブルク**，大統領就任 ヒトラー，『わが闘争』発行 親衛隊(SS)創設			
1925 ロ カ ル ノ 条 約								
26	**イギリス連邦**(本国と自治領の平等)構想(バルフォア報告)	26	ポワンカレ挙国一致内閣 (～29)	26	**国際連盟**加盟	27	**アルバニア**を保護国化	昭
28	**第5回選挙法改正** ➡p.195 (男女とも21歳以上に参政権→男女普通選挙)	28	**不戦条約(ケロッグ・ブリアン協定)**調印 ➡p.240			28	**ファシズム大評議会**，国家の最高機関に →ファシスト党の独裁確立	和
29	**第2次マクドナルド内閣**(～31)			29	**ヤング案**発表 ➡p.240	29	**ラテラノ条約でヴァティカン市国**独立(教皇庁との和解)	時
1929 世 界 恐 慌 開 始								
31	マクドナルド挙国一致内閣(～35) 金本位制停止 **ウェストミンスター憲章**成立			32	ナチ党，第一党に	○	社会の混乱 →ファシズム台頭 →対外侵略 ➡p.252	代
				33	**ヒトラー内閣** →ファシズム国家へ →対外侵略 ➡p.252			
1932～ 植民地との間に**ブロック経済**を形成								

国内条件
- 封建的体質の残存
- 議会政治の未発達
- 経済的社会的不安

資本家 地主	中間層	労働者
●革命に対する恐れ ●無力な保守政治に幻滅	●労働者の進出に不安 ●無力な革新政治に幻滅	●弱い革新政治に幻滅
強力な反共政策を期待	強力な革新政党を期待	強力な社会主義を期待

ファシズム政党

解決を期待 → 弾圧 → **共産党**

ヴェルサイユ体制への不満
ドイツ	・苛酷な賠償金・領土縮小
イタリア	・フィウメ・アルバニアに対する領土要求
東欧諸国	・他民族を抱えたなかでの民族自決主義

対外条件

▲⑧ファシズムの台頭

ヨーロッパ

MAPR

3部3章

戦間期の東ヨーロッパ

共和政	王政	独裁		

（縦軸 年表：1920／25／30／35／40／45）

各国：エストニア／リトアニア／ラトヴィア／ポーランド／フィンランド／チェコスロヴァキア／ハンガリー／ルーマニア／ブルガリア／アルバニア／ユーゴスラヴィア／ギリシア

右欄区分：
- 対ソ防波堤としての独立
- 独裁政権の登場
- 占領 参戦

- ソ連に併合（エストニア・ラトヴィア・リトアニア 40・40・40）
- 枢軸国占領（ポーランド 39）
- 枢軸国と同盟（ハンガリー 41・ルーマニア 40・ブルガリア 41）
- 枢軸国・イタリアに同・併合（アルバニア）
- 枢軸国占領と同盟（ユーゴ）
- 枢軸国占領（ギリシア）

年	事項
1918	**ポーランド・チェコ・バルト3国独立宣言**
	ハンガリーで民主主義革命
	第一次世界大戦終結
19	ハンガリー、ソヴィエト政権（.8崩壊 20.3王政）
	ブルガリアで農民同盟が第一党に
20	ポーランド・ソヴィエト戦争（～21）
20	**ユーゴ・チェコ・ルーマニアで相互援助条約**
21	約締結（小協商）
23	ローザンヌ条約
	ギリシア、トルコ、ブルガリアの住民交換協定
	右派クーデタでブルガリア政権崩壊
26	ポーランドでクーデタ（ピウスツキ独裁）
29	**セルビア人-クロアティア人-スロヴェニア人王国**、国王独裁開始
	→**ユーゴスラヴィア**に国名改称
34	**バルカン協商成立**
	（ユーゴ・ギリシア・ルーマニア・トルコ）
35	ブルガリア、国王独裁開始
	ギリシア王政復活
38	ルーマニア、国王独裁開始
	ミュンヘン会談 p.252,254
	→ズデーテン地方をドイツに割譲
39	**スロヴァキア独立、ドイツと保護条約締結**
	アルバニア，イタリアに併合
	英仏，対ポーランド相互援助条約締結
	ドイツ、ポーランドに侵攻
	第二次世界大戦勃発 ◆p.254
40	ソ連，バルト3国併合 ルーマニア侵攻
	ルーマニア、三国同盟に加入
41	ブルガリア・ユーゴ、三国同盟に加入
	枢軸国軍、ユーゴ・ギリシアを分割
44	**スターリン・チャーチル会談**
	（バルカンの勢力圏取り決め）

1 各国の国境線と民族構成

◆p.203 **1**，◆p.273 **6**

民族構成凡例：
東スラヴ系：ウクライナ人
西スラヴ系：チェコ（チェック）人／スロヴァキア人／ポーランド人
南スラヴ系：セルビア人／クロアティア人／ブルガリア人／スロヴェニア人／ムスリム人／マケドニア人
スラヴ系以外：ルーマニア人／ドイツ人／アルバニア人／ギリシア人／マジャール人／トルコ人

▼①全人口に占める農林水産業従事者の割合　建国まもない東ヨーロッパ諸国の経済基盤は農林水産業であった。

国	割合
アルバニア	80%
ユーゴスラヴィア	76
ブルガリア	75
ルーマニア	72
ポーランド*	64
ギリシア	60
チェコスロヴァキア*	
スロヴァキア	61
チェコ	32

*は1921年、その他は1930年前後

▼②戦間期にゆれた国々

	ハンガリー	ポーランド
1918	**ハンガリー共和国成立**	1918 **ポーランド共和国**
	ハンガリー革命（クン指導）	20 ソ連に侵攻→**ポーランド-ソヴィエト戦争**
19	→**ハンガリー＝ソヴィエト共和国**	**ピウスツキ**指揮、ウクライナ・白ロシアの一部を回復（～21）
	（133日で崩壊）←ホルティ、反革命政権	
20	→王政復活（ホルティ摂政に）	21 ドモフスキ政権
	→独裁 **ホルティの独裁**（～44）	23 **国際連盟**、ポーランド東方国境承認
	トリアノン条約	26 ピウスツキの五月クーデタ
	領土の4分の3を、チェコスロヴァキア・ルーマニア・ユーゴスラヴィアに割譲	→独裁へ **ピウスツキの独裁**（～28）
22	**国際連盟**加盟	32 ソ連と不可侵条約
27	イタリアと友好協力条約締結	34 ドイツと不可侵条約
34	ドイツと経済協定締結	35 四月憲法制定
39	**日独伊防共協定**に参加	39 英仏と相互援助条約締結
		ドイツ，ポーランドに侵攻→第二次世界大戦

2 民族の融合をめざして～チェコスロヴァキア

ユーゴスラヴィアの分裂 ◆p.273

◀③「建国の父」マサリク（1850～1937）　**チェコスロヴァキア**の初代大統領。父はスロヴァキア人，母はチェコ（チェック）人。チェコ人が多く住むボヘミア（ベーメン）地方と，ハンガリー北部のスロヴァキア人地域をあわせた国土に，「チェコスロヴァキア人」を創設しようとした。「ヨーロッパ連合」という高い理想と，中欧での「勢力均衡」という現実路線で新国家を運営した。

チェコ・・・・
国土面積の66%
独立前はオーストリア領
工業中心（ガラス，兵器など）
ビール文化圏

国土面積の34%
独立前はハンガリー領
農業中心
ワイン文化圏
・・・・スロヴァキア

▲④ドイツ系住民の指導者ヘンライン（1898～1945）　ナチスの支援を受け、ドイツ系住民の住む**ズデーテン地方**のドイツ併合を要求した。◆p.253

独立の獲得は、旧帝国を形成したすべての民族と地方に苦悩をもたらし、…これら諸民族のいずれも、…生まれかわったドイツとロシアの圧迫に直面して、自分自身を維持する力をもたなかった。…オーストリア・ハンガリー帝国の完全な解体は、悲劇であった。

▲⑤チャーチル（1874～1965）からみた東欧

（地図）仏ソ相互援助条約 1932,1935／1921／1935／1924,1935 フランス=チェコスロヴァキア相互援助条約／1921／1927／1934

凡例：小協商／バルカン協商／おもな条約

▲⑥独立後の東欧をめぐる国際関係

3 国境線が生み出した「住民交換」

① 少数民族の権利保護（言語の使用、教育・就職の機会均等など）
→現実には同化政策へ
② 住民交換（多数を占める国への移住）

（住民交換の地図）凡例：1～10万人／10～50万人／50～100万人／100万人以上／1914年／第一次世界大戦後

▲⑦トルコから脱出するギリシア人　ローザンヌ条約による住民交換により、ギリシアへ移住。

◀⑧少数民族問題の対策

◀⑨ギリシア・トルコ・ブルガリアの住民交換　この地域での住民交換は、**第2次バルカン戦争** ◆p.234 後にさかのぼる。1923年、ギリシアとトルコの間で**ローザンヌ条約**（◆p.240）が結ばれると、これまでで最大規模の住民交換が行われた。

戦間期の西アジア 〜民族運動と国家形成

ヒストリーシアター "トルコの父"とよばれた男　ムスタファ゠ケマル

◀①近代化を進めるケマル(1881〜1938)　ムスタファ゠ケマルは第一次世界大戦後、臨時政府を樹立、セーヴル条約に反対して連合軍を退けた。1923年にトルコ共和国を建国。初代大統領として、政治や公的なものからイスラームを排除したトルコ近代化に努め、アタテュルク(トルコの父)という姓が贈られた。

ムスタファ゠ケマル

よみとき 黒板に書いてある文字はどのような種類だろうか。また、ムスタファ゠ケマルは何をやろうとしているのか。

▼②トルコ共和国の成立

セーヴル条約(1920年)後のトルコ
ローザンヌ条約(1923年)後のトルコ

◀p.222　トルコ共和国の成立　p.290▶

オスマン帝国	1839〜76	タンジマート(恩恵改革)
		ミドハト憲法公布(1876) 二院制と責任内閣制度 立憲君主政をめざす →p.223
	77〜78	露土(ロシア-トルコ)戦争 敗戦→凍結 →p.204
	78	ベルリン条約領土縮小
	89	統一と進歩委員会結成
	1908	青年トルコ革命 → ミドハト憲法復活
	14	第一次世界大戦 ドイツ側にたって参戦→1918 降伏 →p.234〜237
	19〜22	ギリシア-トルコ戦争
	20	ムスタファ゠ケマル、アンカラ政府樹立 1920 セーヴル条約
	22	スルタン制廃止 オスマン帝国滅亡
1923 トルコ共和国	23	1923 ローザンヌ条約
	24	カリフ制廃止 トルコ共和国憲法発布
	25〜30年代	イスラーム法・イスラーム暦の廃止、文字改革(アラビア文字→ローマ字)、トルコ民族主義育成、女性解放と女性参政権、一党制、名字制度

右欄縦書き: 76〜アブデュルハミト2世〜09　日露戦争での日本の勝利とイランの影響

---

1 西アジアの独立運動

◀p.222　西アジアの独立運動　p.290▶

エジプト	トランスヨルダン	シリア・レバノン
1914 英、保護領化	1920 英委任統治領(セーヴル条約)	1920 仏委任統治領(セーヴル条約)
19 ワフド党による反英運動	23 ヨルダン川の東側がトランスヨルダン首長国として成立	26 レバノンとシリアが分離
22 独立(外交権・軍事権などの利権は保留)	28 ヨルダン王国独立(軍事権などは保留)	41 仏、委任統治終了宣言
36 イギリス-エジプト条約で完全独立(英、スエズ運河地帯を除き撤兵)	46 委任統治終了、完全独立	43 レバノン、独立宣言
		46 レバノンとシリアが完全独立

イラク	ペルシア(イラン)	アフガニスタン
1920 英委任統治領(セーヴル条約)	1919 英、カージャール朝を保護国化	1880 英、保護国化
21 ファイサル(ハーシム家)が王位に	25 レザー゠ハーン、王位に(パフラヴィー朝)	1919 第3次アフガン戦争→独立
32 委任統治終了、完全独立	35 国名を「イラン」に改称	26 国名をアフガニスタン王国に改称(〜1973)

世界全図p.46〜47 → p.291 ②

地図ラベル: セーヴル条約(1920)時のトルコ国境／ローザンヌ条約(1923)時のトルコ国境／イギリス委任統治領となった後、ユダヤ人多数移住／トルコ共和国 1923 完全独立／レバノン／シリア／ソヴィエト連邦／サマルカンド／ペルシア パフラヴィー朝 1925独立／1925 革命新政府はイギリスから独立回復／アフガニスタン 1919独立／イギリス領インド／イタリア領リビア／エジプト 1922独立／トランスヨルダン／イラク 1932独立／ヒジャーズ王国 1924滅亡／〜1956 独立後もスエズ運河地帯はイギリスが管理／サウジアラビア王国 1932成立／オマーン／エジプト領スーダン／イタリア領エリトリア／イエメン 1919独立／ハーシム家のフサインが想定したアラブ独立国の範囲／フランス領ソマリランド／イギリス領ソマリランド／イタリア領ソマリランド／イギリス植民地／フランス植民地／イタリア植民地／委任統治領

---

2 イギリスの矛盾する多重外交

サイクス-ピコ協定(1916)
対:フランス・ロシア

- イギリス代表:サイクス フランス代表:ピコ → 原案作成
- ○3国によるオスマン帝国領の分割(アラブ人居住地の主要部は英・仏領)
- ○英・仏の勢力範囲下におけるアラブ人の独立を容認
- パレスチナは国際管理下に

秘密外交

イギリス

矛盾

フサイン-マクマホン協定(1915〜16)
対:アラブ人

- イギリス:エジプト高等弁務官マクマホン
- アラブ:メッカ大守、フサイン゠イブン゠アリー(ハーシム家)
- ○アラブ人居住地の独立支持を約束(対トルコ戦争協力が条件)
- パレスチナはアラブ人居住地

矛盾

バルフォア宣言(1917)
対:ユダヤ人

- イギリス:外相バルフォア
- ユダヤ:英国シオニスト連盟会長
- ○ユダヤ人の民族的郷土建設を約束
- ・ユダヤ系現地住民の協力
- ・ユダヤ系金融資本(ロスチャイルド家など)の援助
- パレスチナが国家建設予定地と約束

目的

パレスチナ紛争の原因 →p.293

---

3 サウジアラビア王国の成立

▲③イブン゠サウード(アブド゠アルアジーズ)(1880〜1953) サウジアラビアの建国者。初代国王(位1902〜53)。1902年にリヤドを征服し、第3次サウード朝を成立させた。

フローチャート:
オスマン帝国 対立 英 攻撃
英 ← 協定 フランス(サイクス-ピコ協定) 支持 1902 第3次サウード朝(サウード家)
英 密約 フサイン-マクマホン協定 1916〜18 アラブの反乱 1916 ヒジャーズ王国(ハーシム家)
第3次サウード朝 攻撃 ヒジャーズを併合 1924滅亡
1920 シリア王国(ファイサル)
1932 サウジアラビア王国(イブン゠サウード) 対立
1921 イラク王国(ファイサル) 和解

ひと アラビアのローレンス

イギリスはオスマン領内のアラブの離反をはかり、ハーシム家に"アラビアのローレンス"を派遣した。ローレンスは、ファイサルと提携し、アラブの反乱を成功させたが、イギリス政府の多重外交に失望し、職を辞した。

ローレンス(アラビアのローレンス)

ファイサル太守(のちのイラク国王)

▲④ファイサル(1885〜1933)とローレンス(1888〜1935)

今日とのつながり 現在トルコで使用されているトルコリラの紙幣には、すべてムスタファ゠ケマルが描かれている。

戦間期の南アジア ～インド独立への歩み

ヒストリーシアター 弾圧には"非暴力・不服従"で抵抗 ⑥
→巻頭14

つむぎ車(チャルカー)

ガンディー

◀①糸をつむぐガンディー(左)と②"塩の行進"(右) つむぎ車で手つむぎしたり,自ら製塩したりするガンディーの姿は,インド大衆の感覚に根ざし,さまざまな対立をこえた独立運動へと発展する要素をもっていた。

よみとき ガンディーの服装に注目してみよう。イギリスとインドの貿易の関係をp.228で確認し,彼が糸をつむぐ理由を考えてみよう。

1 戦間期のインド統治

◀③第一次世界大戦に動員されたインド兵(1914年8月) イギリスが同盟国フランスを防衛するために,植民地であるインドから兵士をフランスに派遣。インドの兵士たちは自治を夢見て参戦した。

南 アジア

1914～18 第一次世界大戦
↓
インド,戦争協力(非戦闘員も含め約150万人の出兵) →p.236
↓
見返り(戦後の自治権)要求
↑
ウィルソンの「民族自決」提議 →p.240
↓
1919 インド統治法 ◀→ ローラット法(弾圧強化)

▶④第一次世界大戦後のイギリスによるインド統治の流れ インドの自治獲得はなされず,ローラット法施行などにより弾圧が強化された。

中央政府=イギリスが掌握	地方行政=インドに一部移管
目的 反英的な国民会議派運動(ヒンドゥー教徒が中心)の力を弱める。	目的 地方の保守層に親英インド人層をつくる。地主・ムスリム・不可触民に個別で政治参加をさせ,どの州でも支配的な勢力にならないようバランスをとる。

地方より選出 →

← 地方より選出

国民会議派の反英運動へ　　各勢力(ヒンドゥー教徒,ムスリムなど)間の対立へ

インド独立への歩み

年	イギリス → イギリスのインドへの動き	インド ← インドのイギリスへの動き	日本
1885	第1回**インド国民会議**(ボンベイ大会)(インドの代表諮問機関[穏健路線])	← 反英化(**ティラク**らの急進的なヒンドゥー=ナショナリストが台頭)	明治時代
1905	インド総督**カーゾン**,**ベンガル分割令**布告(ヒンドゥー教徒・ムスリムの分離策)	← **国民会議派**(カルカッタ大会,反英的) **4綱領**=英貨排斥・**スワデーシ**(国産品愛用)・**スワラージ**(自治獲得)・**民族教育**	1906
06	**全インド=ムスリム連盟**(親英的,国民会議派の分断をはかる)		
11	**ベンガル分割令撤回**	ティラク投獄→穏健路線へ	

1914～18 第 一 次 世 界 大 戦

	戦争協力を条件に**自治権付与**を約束	←→対英協力 →p.234～237	大正時代
19	**ローラット法***(弾圧強化)	→ 反英感情高まる	
	アムリットサル事件		
	インド統治法(州行政の一部を委譲せず)	← **ガンディー**(国民会議派)らの**非暴力・不服従運動**(**サティヤーグラハ**[*2])	19
	* 令状なしでの逮捕,裁判抜きでの投獄を認めるもの。		
	[*2]本来は不殺生と禁欲にもとづいて真理を追究するという意味。	ムスリム派との提携(闘争の暴力化)	
22	ガンディーを投獄→	→ ガンディー,闘争中止宣言	22
		ヒンドゥー教徒の国民会議派とムスリム派の対立激化	23
		インド共産党結成	25
27	サイモン委員会設置(インド統治法改定を検討)	→ ボイコット運動	28
		国民会議派(ラホール大会)完全独立(**プールナ=スワラージ**)要求(指導者**ネルー**)	29
30	ガンディーら6万人投獄 **英印(イギリス-インド)円卓会議**(～32)	第2次非暴力・不服従運動(～34)ガンディーの**"塩の行進"**	30

1935 新インド統治法

〈新しい点〉	
◇**連邦制の樹立**(外交権・軍事権はイギリスがにぎる)	← 藩王国の不参加
◇**各州の責任自治制の確立**(州内閣の上に,イギリス国王が任命権をもつイギリス人知事が存在)	← 1937年の州選挙で,11州中7州が国民会議派の州政府となる(ムスリム派との対立深まる)
〈変わらない点〉	
◇インド総督が,インド財政と通貨政策の最終的権限を保持	

(年欄 35 昭和時代)

1939～45 第 二 次 世 界 大 戦
→p.254～256

40	**全インド=ムスリム連盟**(指導者ジンナー),イスラーム国家要求を決議	国民会議派戦争非協力声明インド連邦成立	47
		インド・パキスタン分離独立	
		インド憲法施行 →p.294	50
		パキスタン=イスラム共和国に改称	56

2 独立運動家たち →p.294～295

インド国民会議派

・結成時はインド人知識人・中間層が中心
・独立運動を展開する中でヒンドゥー教徒が中心的に

◀⑤**ネルー**(1889～1964) 近代的合理主義思想をもっており,伝統的農村を賛美するガンディーとはしばしば意見が対立するが,終生緊密な関係を保った。

【協力と対立】

全インド=ムスリム連盟

・結成時は親英路線
・インド国民会議派と協力し,独立運動に参入
・1940年にムスリム国家建設を目標に掲げる

◀⑥**ジンナー**(1876～1948) はじめ**国民会議派**,のちに全インド=ムスリム連盟に加入。**パキスタンの分離独立**に成功し,初代総督となる。

国民会議派と協力していた全インド=ムスリム連盟は,しだいにムスリムとヒンドゥー教徒を分離する「二民族論」に傾き,1937年以降は国民会議派と対立するようになった。しかしガンディーは,ヒンドゥー教とイスラームの共存を訴え続けた。

アンベードカルによる改革の主張

▶⑦**アンベードカル**(1891～1956) 不可触民カースト出身。一生を反カースト運動にささげた。独立後,**ネルー**内閣の法務大臣,憲法起草委員長。死の2か月前に仏教に改宗。彼の説いた仏教は新仏教とよばれる。

テーマ 民族資本家の成長

20世紀初めの**スワデーシ(国産品愛用)**運動と,**第一次世界大戦**での需要増大により,インド国内産業は発展し,**民族資本家**も成長していった。写真は,民族資本家(タタ財閥)が建てたインド初の国際ホテル。 →p.295

▶⑧**タージマハルホテル**(ムンバイ)

タージマハルホテル

インド門

MAP Q～R

3部3章

今日とのつながり 首相となったインディラ=ガンディーやラジブ=ガンディーは,ネルーの娘,孫であり,ガンディーと血のつながりはない。なお,ガンディーのみならず,インディラやラジブも暗殺された。

中国の革命の進展　〜民族運動の大衆化と戦争の始まり

ヒストリーシアター　民衆を抗日に立ち上がらせたもの ⇒巻頭11

▲①五・四運動に立ち上がる人々　これをきっかけに、全国的な反帝国主義・反封建主義運動が展開された。

▶②陳独秀(1879〜1942)(上)と③胡適(1891〜1962)(下)　陳独秀が創刊した『青年雑誌』は、1916年『新青年』と改称、中国の旧体制を批判するとともに、胡適・魯迅らを中心にやさしい口語で文学を語る文学革命(白話運動)を提唱し、抗日運動である五・四運動を広げた。

🔍よみとき 図中の漢字で書かれたスローガンを読んでみよう。また、どのような人々を中心に、どのようなことを求めたのだろうか。

ひと　魯迅(1881〜1936年)

本名「周樹人」。浙江省紹興出身。1902年に官費留学生として来日。仙台の医学校で学ぶ途中、まず民族の精神を変革する必要があると感じ、文学に志望を変更した。帰国後、口語文の小説に取り組み、『狂人日記』『阿Q正伝』『故郷』など社会批判を含む作品を発表し続けた。

◀p.230　　　p.299▶

中国の革命の進展

（フローチャート）

袁世凱の独裁政治

第三革命　反袁世凱勢力の武装蜂起

新文化運動

文学革命(白話運動)(1917)
蔡元培(北京大学学長)…陳独秀,胡適,李大釗　魯迅

日本の二十一か条要求(1915)
パリ講和会議(1919.1)で列強が山東の旧ドイツ権益における日本の主張を擁護

五・四運動(1919.5.4) →ヴェルサイユ条約調印拒否

中華革命党(非公開)　カラハン宣言

中国共産党(1921.7)
陳独秀を総書記として上海で結成
コミンテルンの指導 ⇒p.238

中国国民党(1919.10)
孫文を中心に再編
国民党第1回全国代表大会(1924.1)
「連ソ・容共・扶助工農」

第1次国共合作(1924.1〜27.4)

五・三〇事件(1925.5)
孫文死去(1925.3)
広州国民政府樹立(1925.7)

遷都

武漢国民政府(1927.1)
国民党左派と共産党が連携
政府主席に汪兆銘就任

北伐開始(1926.7)
国民革命軍(北伐軍)
総司令に蔣介石就任

連携　左派　対立　右派(蔣介石)

国共分離宣言
上海クーデタ(1927.4)
(第1次国共合作崩壊)

合流

南京国民政府樹立(1927.4)

紅軍の育成
毛沢東,井崗山にソヴィエト政権樹立(1927.10)

攻撃

中華ソヴィエト共和国臨時政府樹立(1931.11,瑞金)
主席に毛沢東就任

長征(大西遷)出発(1934.10〜36.10)
・遵義会議(1935.1)
・八・一宣言(1935.8)
・12.9運動(1935.12)
延安に解放区建設

西安事件(1936.12)
張学良が西安で蔣介石を監禁

中ソ不可侵条約(1937.8)

第2次国共合作(1937.9〜45.11)
抗日民族統一戦線・八路軍*を組織
「新民主主義論」(1940)
双十協定(1945.10)

対日本

国共内戦(1945.11〜49.10)

中華人民共和国(1949.10) ⇒p.299
国民政府、台湾へ(1949.12) ⇒p.301

軍閥割拠
・袁世凱の死(1916.6)
北洋軍閥分裂
馮国璋(直隷派)　段祺瑞(安徽派)
曹錕　張作霖(奉天軍閥)東三省に拠点　呉佩孚
孫伝芳　馮玉祥
(★は実権者)

浙江財閥(蔣介石)

日本の動向 p.257

3次にわたる**山東出兵(1927〜28)**
済南事件(1928.5)
張作霖爆殺(奉天事件)(1928.6)
柳条湖事件(1931.9)
満洲事変(1931.9)
国際連盟脱退を通告(1933.9)
盧溝橋事件(1937.7)
日中戦争(1937〜45)
汪兆銘政府樹立(南京)(1940.3)
日本敗戦(1945.8)

日本　大正時代　昭和時代

北伐完了(1928.6)
全中国の統一(安内攘外)
・民族資本の育成
・関税自主権の確立
・幣制改革

国民政府、重慶に移転(1937.11)

---

1 第1次国共合作と北伐(1919〜28年) ◀p.231 3

（地図）

凡例
軍閥支配下の地域
張作霖 北洋軍閥
軍閥の退路
国民党支配下の地域
1926年7月
1926年12月
1927年4月
蔣介石 国民革命軍
国民党の北伐

*国民革命軍に合流した軍閥

1924.11 チョイバルサンたちの活躍でモンゴル人民共和国成立

ソヴィエト連邦　モンゴル　中華民国　日本

⑤1928.6 北伐完了
1928.6 張作霖爆殺
❶1919 五・四運動
1919 ⇒p.233 三・一独立運動
1927〜28 日本軍山東出兵
❹1927.4 南京国民政府
❸1927.4 上海クーデタ 国共分裂
❷1924.1 第1次国共合作 1926.7 北伐開始

チチハル　奉天(瀋陽)　京城(ソウル)　朝鮮　関東州　旅順　天津　青島　黄海　張家口　北京　寧夏(銀川)　済南　張作霖　張宗昌　蘭州　重慶　武昌　南京　上海　杭州　長沙　広州　香港　台湾　太平洋　南シナ海　ハノイ　フランス領インドシナ　シャム

閻錫山　馮玉祥　呉佩孚　孫伝芳　周蔭人　蔣介石

0　500km

ソ連(コミンテルン)	中国共産党	国共合作 反軍閥 反帝国主義	中国国民党	アメリカ・イギリス
労働者・農民	・1921年,コミンテルンの支援により成立　・マルクス–レーニン主義を掲げる　・労働者層・農民層の解放と無階級社会の確立をめざす	国共対立 内戦	・1919年,中華革命党を前身に成立　・三民主義を掲げる　・ブルジョワ革命による民主政治の確立をめざす	浙江財閥

▲④共産党と国民党の対立

宋美齢　蔣介石

▶⑤蔣介石(1887〜1975)と宋美齢(1897〜2003)　日本の士官養成学校を出た蔣介石は、黄埔軍官学校長となって孫文亡きあとの国民革命軍を掌握、軍閥打倒の北伐を指導した。さらに権力を固めるため、浙江財閥宋家の三女である美齢と結婚した。 ⇒p.231

テーマ 日本の満洲進出 →p.257

*満洲地方が山海関の東にあたることから「関東」と称した。

張作霖の爆殺

▲⑥張作霖爆殺の現場 奉天軍閥の**張作霖**が，北伐の国民政府軍に敗れて満洲に拠点を移そうとした。日本は，満蒙権益の確保に利用してきた彼を奉天郊外で列車ごと爆殺した。

▲⑦張作霖

「満洲国」の成立

昭和天皇／溥儀

▲⑧「満洲国」執政となった**溥儀** 3歳で即位した清朝最後の皇帝**溥儀**（宣統帝）は，7歳のときに**辛亥革命**（→p.231）が起こって退位したが，1932年新京を首都に五族協和や王道楽土を掲げた「満洲国」が成立すると，日本の**関東軍***によってかつぎ出されて執政に就任し，34年には皇帝となった。

南満洲鉄道の発展

▲⑨特急あじあ号と▶⑩時刻表 1906年に日本政府主導で設立された南満洲鉄道株式会社（満鉄）は，「満洲国」成立後の1934年に特急あじあ号の運転を開始した。当時の時刻表から，奉天が日本の大陸支配における交通の要衝であったことが読み取れる。

駅名	列車番号	ひかり急行 2	はと急行 14	あじあ特急 12
哈爾浜	発	···	···	9.30
新 京	〃	8.00	9.30	13.40
四平街	〃	9.44	11.11	15.04
奉 天	着	12.20	13.41	17.08

駅名	列車番号	ひかり急行 2	大陸急行 10	のぞみ急行 8
奉 天	発	12.28	22.48	23.18
蘇家屯	〃	12.50	23.11	23.40
安 東	〃	18.30	4.50	5.43
平 城	〃	22.35	8.48	9.38
京 山	〃	3.40	14.02	14.42
釜 山	着	11.05	21.50	22.05

駅名	列車番号	急行 18	はと急行 14	あじあ特急 12
奉 天	発	7.18	13.47	17.15
蘇家屯	〃	7.38	14.08	L
鞍 山	〃	8.38	15.08	18.21
大石橋	〃	9.45	18.15	19.13
大 連	着	13.30	19.45	22.05

---

2 第1次国共合作の崩壊と長征（1927〜36年）

世界全図 p.46-47

凡例:
- → 満洲事変における日本軍の侵攻（1931）
- → 長征ルート（1934〜36年）
- → 国民党の動き
- 共産党の革命根拠地
- 国民党支配下地域

- ソヴィエト連邦
- 「満洲国」1932成立
- チチハル
- ハルビン（哈爾浜）
- 熱河省 1933.3「満洲国」に編入
- 新京（長春）
- 奉天（瀋陽）
- 山海関
- 北京
- 塘沽／天津
- 京城（ソウル）
- 青島
- 朝鮮
- 黄河
- 黄海
- 日本
- 1935.12 冀東防共自治政府設立（長官は殷汝耕）
- 1931.9.18 柳条湖事件（満洲事変勃発）
- 1933 塘沽停戦協定
- ❺1936.10 長征終了
- ❹1935.8 八・一宣言
- 呉起鎮
- 延安
- 開封
- 西安
- 毛児蓋
- 万県
- 大雪山
- 遵義
- ❸1935.1 遵義会議 毛沢東の指導権確立
- 井岡山
- 瑞金
- 南京
- 上海
- 1932.1〜5 上海事変
- ❶1931〜34 中華ソヴィエト共和国臨時政府
- ❷1934.10 長征開始
- 長江
- 台湾
- マカオ
- 香港
- フランス領シャム／インドシナ
- 南シナ海
- ハノイ
- 0 500km

3 日中戦争と第2次国共合作（1936〜45年） →p.255 1

凡例:
- → 日中戦争での日本軍の進路
- → 共産党の進路
- → 国民党の進路
- → 対中援護ルート
- 1942年の日本軍占領地
- 1942年の共産党革命根拠地
- 1942年の国民党支配下地域

- ソヴィエト連邦
- 1939.5〜9 ノモンハン事件
- ハバロフスク
- チチハル
- ハルビン（哈爾浜）
- 新京（長春）
- ウラジオストク
- モンゴル人民共和国
- 「満洲国」
- 1938.7〜8 張鼓峰事件
- 奉天（瀋陽）
- 旅順
- 大連
- 天津
- 北京
- 京城（ソウル）
- 釜山
- 朝鮮
- 日本海
- 日本
- 1937〜47 共産党の本拠地
- ❶1936.12 西安事件
- 延安
- 黄河
- 済南
- 青島
- 中華民国
- ❷1937.11 国民政府，本拠地移動
- ❸1938〜45 援蒋ルート 米・英，蒋介石政権を援護
- 西安
- 鄭州
- 徐州
- 南京
- ❶1937.7 盧溝橋事件
- ❷1937.8 第2次上海事変
- 漢口／武昌
- 重慶
- 長沙
- 上海
- 杭州
- 寧波
- ❸1937.12 南京事件
- ❹1940 汪兆銘が親日政権樹立
- 温州
- 福州
- 台北
- 台湾
- 昆明
- 桂林
- 廈門
- 香港
- 広州
- 長江
- イギリス領ビルマ
- フランス領シャム／インドシナ
- ラーショウ
- ハノイ
- ハイフォン
- 南シナ海
- 太平洋
- 佐世保
- 呉
- 0 500km

周恩来／朱徳／毛沢東

▲⑪長征（大西遷） 第1次国共合作の崩壊後，**蒋介石**は**共産党**攻撃を強化。1934年**毛沢東**（1893〜1976）らは**瑞金**を脱出，大損害を出しながらも12500kmを移動し，37年に**延安**に拠点を構えた。この間，**抗日民族統一戦線**をよびかけた（八・一宣言 別冊史料73）。写真は難所の大雪山系を行く長征軍。 →p.299

▲⑫長征直後の共産党指導者

▲⑬盧溝橋事件 1937年7月，北京郊外の盧溝橋で，日本軍が夜間演習中，中国軍と小ぜり合いを起こした。これがきっかけとなり日中全面戦争となっていった。

テーマ 西安事件

張作霖の長男で抗日の意識が強かった**張学良**は，蒋介石に延安の共産党攻撃を命じられた。しかし，張は西安を訪れた蒋を軟禁し，共産党との**抗日民族統一戦線**の結成を要求。**周恩来**の説得もあり，**第2次国共合作**を実現させた。

▲⑭張学良（1901〜2001）

張学良／楊虎城／蒋介石

今日とのつながり チャイナドレスは，中国服と洋服の長所と美点を取り入れたファッションとして，蒋介石が1929年に定めた女子公務員の制服，礼服であった。

1920年代のアメリカ　〜その光と影　４

→巻頭13

ヒストリーシアター　ニューヨークのもつ二つの顔

よみどき　右の二つのニューヨークの写真から，そこに住む人々の暮らしを想像してみよう。図①と⑧の室内を比べてみよう。

▶①洋服の仕立てをする家族　ニューヨークには，出来高払いで働く移民が多くいた。彼らは狭いアパートで一家総出で仕事をしている。

▶②1920年ごろのニューヨーク　第一次世界大戦後に債権国となったアメリカの繁栄のシンボル，高層ビルが建ち並んでいる。エンパイアステートビルの建設が決まったのも20年代である（完成は1931年）。

丸数字は大統領の代を示す　共 共和党　民 民主党　青字 アメリカの対外政策

1 国内に抱えるさまざまな矛盾

A 国内にくすぶる人種差別

	1000km
●KKK会員が1万人以上の都市	

反黒人暴動　🔥1910〜20年代　⚔1940年代
黒人に対する集団暴力事件の報告数（1914〜41年，州別）
□150件未満　□150〜300件　□300件以上

ポートランド　デトロイト　ニューヨーク　シカゴ　シンシナティ　デンヴァー　ロサンゼルス　ダラス　テキサス　ミシシッピ　アトランタ　ジョージア

太平洋　大西洋　メキシコ湾

▲③KKKの集会　南北戦争後，WASP（→p.280）至上主義を背景に，反黒人のKKKが結成された。1915年に復活し，カトリック・ユダヤ・東洋人をも攻撃した。

B 禁酒法と犯罪組織の拡大

酒だる

▲④下水道に捨てられる酒　1919年に成立した禁酒法には反対も多く，酒類の密造・密売・密輸がさかんに行われた。また，密売が大きな収入をもたらすためにギャングが介入した。

テーマ　ギャングの暗躍

1920年代のアメリカで，闇の経済を支配したのがギャングである。その代表アル=カポネは，酒の密造・密売で巨額の利益をあげ，自動車とマシンガンを駆使して敵を倒し，なわ張りを拡大した。1929年の聖ヴァレンタインの虐殺は有名である。

▲⑤アル=カポネ（1899〜1947）

C 産業構造の変化

	運輸・サービス業				営業・事務
1880年	農業51%	工業25		商業10	9 5
1920年	26%	33	14	12	15

〈常松洋著『大衆消費社会の登場』山川出版社〉

▲⑥アメリカの産業構造の変化（就業人口の割合）

▶⑦不況にあえぐ農村　フーヴァーが「永遠の繁栄」とした1920年代，すでにアメリカの農業は不況にあえぎ，作物が収穫できても利益が残らない「豊作貧乏」におちいっていた。

*1ブッシェルは約27kg

（億ドル）農家負債残高　小麦価格（1ブッシェル*）（ドル）
農家負債　小麦価格
1910　15　20　25　30（年）

〈『アメリカ歴史統計：植民地時代〜1970年』〉

❷ アメリカ的生活様式（American way of life）

◀⑧家電製品のある暮らし 冷蔵庫などの家電製品やシステムキッチンの普及は，便利で豊かな生活を象徴していた。急速に電気が家庭に引かれ，1929年には全米の家庭の7割に電気がついており，その約4分の1に洗濯機，8割にアイロンがあった。だが，農家への電気の普及率はわずか9％であった。写真はホームパーティーの準備。

大量生産・大量消費を特徴とする画一的であるが「豊かな」イメージの生活

T型フォードに代表される大衆車
ガソリンスタンド，ドライブイン，チェーンストア，駐車場のあるデパートを登場させる

家庭電化製品
電気冷蔵庫，オーブンなど。家事労働の軽減により女性の社会進出を準備

購買意欲を高揚させる手段
分割払いのクレジット，通信販売，広告産業が活発化

新しいメディア
ラジオ放送，映画，レコード，ジャズ

▲⑨この時代の生活・文化の特徴

A 大量生産・大量消費

▶⑩街にあふれる広告 大量生産・大量消費のシステムが浸透し，**大衆消費社会**を迎えたアメリカの企業は，大衆を相手にさまざまな商品広告を行った。左はコカ=コーラ，右はレコードプレーヤーのポスター。

〈常松洋著『大衆消費社会の登場』山川出版社〉

▲⑪T型フォードの生産（左）と**⑫車の販売台数・所有世帯の割合**（右）　**フォード社**はベルトコンベヤーに乗せた流れ作業方式を採用し，大量生産を開始した。**自動車**産業は，機械・鉄鋼・ゴム・ガラス・石油・土木建設などの関連分野を刺激し，20年代の繁栄を促進した。
➡ p.213

B ショービジネス・娯楽の登場

▶⑬ハーディング大統領と握手するプロ野球選手ベーブ=ルース
（1895〜1948）　大リーグ屈指の強打者。3番・外野で活躍し，年間60本塁打の記録を樹立。生涯本塁打714本，打率3割4分2厘。

 テーマ

航空機産業のパイオニア ➡ p.361

アメリカは**航空機**の開発がさかんで，**ライト兄弟**の兄ウィルバーと弟オービルの2人は，実験を積み重ね，補助翼の原理を発見。1903年にキティホークで初の動力飛行に成功した。

**▶⑮1927年大西洋横断飛行に成功した
リンドバーグ** スピリット=オブ=セントルイス号に乗って，ニューヨーク–パリ間を無着陸で飛行，国民的英雄となった。

年月	乗員	区間	距離/時間
1923.5	マクレディー，ケリー	ニューヨーク→サンディエゴ	5150km 約27時間
1927.5	リンドバーグ	ニューヨーク→パリ	5809km 約33時間
1927.6	ハーゲンバーガー，メートランド	オークランド→ホノルル	3890km 約26時間

▲⑯初期のころの長距離飛行

▲⑭「ダンスホールのある都市の活動」（原題"City Activities with Dance Hall"トマス=ハート=ベントン画）　もともと黒人の間に生まれたジャズは，1920年代，アメリカ全土に広がった。ダンスホールでは男女が踊り，密造酒を売る闇の酒場も半ば公然と営業した。映画も人々の日常的な娯楽となり，ハリウッド映画がヨーロッパ映画にとってかわった。また，ミッキーマウスの生みの親であるウォルト=ディズニーはアニメ映画の製作で成功し，ディズニーランドを開くなどアメリカ大衆文化の代表者となった。©T.H.Benton and R.P.Benton Testamentary Trusts/VAGA, New York & SPDA, Tokyo, 2013 E0830

今日とのつながり　ILO（国際労働機関）はその後，国際連合の最初の専門機関となった（➡ p.259）。創立50周年にあたる1969年には，ノーベル平和賞を受賞した。

アメリカ

MAP Q~R

3部3章

世界恐慌 〜その対応は民主主義の試金石

→巻頭14 5

日本

ヒストリーシアター それはニューヨーク，ウォール街から始まった

WORLD'S HIGHEST STANDARD OF LIVING 「世界最高の生活水準」

There's no way like the American Way

ニューヨーク証券取引所

▲②周辺で情報を集める人々

▲③パンの配給を待つ人々の行列(1937年) 背後にアメリカの高い生活水準をアピールするポスターがある。行列の人々は実際には洪水の被災者であるが，アメリカの「繁栄」を象徴する看板の内容とは裏腹に，パンの配給に並ぶ人々に，当時のアメリカの苦悩が表されている。

▲①1929年10月ニューヨーク証券取引所につめかけた人々

よみとき 当時高い生活水準をほこったアメリカで何が起こったのか，図①②から考えよう。

1 世界恐慌の原因とその波及

アメリカ

好景気にあおられた投機ブーム → 株式の暴落

工業製品の大量生産 → 国民の購買力を上まわる過剰生産 → 工場倒産失業者増大

保護貿易主義による輸出不振 → 農産物の過剰生産 → 価格下落離農

市場の縮小

援助うち切り

1929年10月24日「暗黒の木曜日」価格大暴落 ニューヨーク，ウォール街の株式市場で株 大暴落 → **世界恐慌**

ヨーロッパ諸国

アメリカの資金援助による経済復興 → 農産物生産の復活 → 農産物価格暴落・失業者増大

ヨーロッパ

(1929年=100) 〈国際連盟『統計月報』〉
ソ連／日本／イギリス／ドイツ／アメリカ
1930　1935(年)
▲④各国の工業生産

〈東洋書林『新編世界歴史統計』〉
(%) (30.1) ドイツ／アメリカ／日本／イギリス
1929　1935　1938(年)
▲⑤各国の失業率

▲⑥ニューヨークの「フーヴァー村」 都市の公園やあき地には，人々があばら家を建てて住みつき，フーヴァー政権の無策を皮肉って「フーヴァー村」とよんだ。

2 各国の恐慌対策

アメリカ

持たざる国

日 →満洲・中国へ
「満洲国」建国，五・一五事件(1932)

独 →東欧諸国へ
ヒトラー内閣(1933)

伊 →エチオピアへ
ムッソリーニ内閣(1922)

─ 軍事力で侵略 ─

ファシズム（全体主義）体制

対立

第二次世界大戦へ

持てる国

米 →ドル＝ブロック，ニューディール
広い国内市場で対応

英 →スターリング＝ブロック
イギリス連邦経済会議
（オタワ，カナダ，1932）
→海外市場（植民地）で対応

仏 →フラン＝ブロック

─ ブロック経済体制 →p.251

反ファシズム連合

ソ →五か年計画
社会主義経済

■影響力を強めるアメリカ経済

第一次世界大戦において，**連合国**を支えたアメリカは，戦後にはイギリスにかわり**世界最大の債権国**となっていた。西半球，とくに太平洋の秩序にはこだわったが，世界全体の秩序への関与は避けようとする傾向があった。ドイツの賠償問題 →p.240〜241

1122
アメリカ ← イギリス
資本貸与 565
221 197
フランス → ドイツ
1426
33 107 203
イタリア

賠償金
戦債
数字は金額(100万ドル)
データは1924.7.1〜31.6.30

テーマ アメリカ民主主義の危機

ニューディールを批判し，ローズヴェルトが最も恐れた男，ルイジアナ州知事ロングはルイジアナ州の独裁者といわれ，一定の額以上の私有財産の没収とすべての家庭に5000ドルを支給すると宣言し，全米の権力掌握にのりだした。諸悪の根源を少数の富者として階級対立をあおり，大衆の支持を獲得するロングの手法は**ファシズム**を連想させる。当時のアメリカは民主主義を体現していたが，権力者への圧倒的支持，巧妙な政治手法がそろえば，民主主義はたやすく崩壊する可能性を秘めている。

〈三宅昭良著『アメリカン・ファシズム』講談社をもとに作成〉

▼⑨ヒューイ＝ロング(1893〜1935)

内政（3R政策）			外交
救済 Relief	復興 Recovery	改革 Reform	
1933年 **全国産業復興法(NIRA)**（全産業を政府の監督下に）1935年 違憲判決	1933年 連邦証券法		○対ラテンアメリカ**善隣外交**（高圧的外交→友好的外交）
連邦緊急救済法（失業の軽減のため援助金提供）	**テネシー川流域開発公社(TVA)**（政府企業によるテネシー川流域の総合開発）		1933年 ソ連承認 →p.240
農業調整法(AAA)（生産の制限，価格の調整）1936年 違憲判決	1935年 **ワグナー法**（団結権・団体交渉権保障）		1934年 フィリピン独立法（10年後の完全独立）を約束 →p.227
緊急銀行法(EBRA)	1938年 産業別組織会議(CIO)		1935年 キューバ独立承認
金本位制廃止			1935年 中立法制定

▲⑦ニューディール（新規まき直し）

◀⑧フランクリン＝ローズヴェルト(1882〜1945) 1932年の大統領選で「ニューディール」を掲げて当選。ラジオ放送で国民に語りかけ（「炉辺談話」），人気を集めた。米史上初の大統領4選を果たした。

今日とのつながり 10億分の1秒という速さで株の取り引きを行うロボ＝トレーダーの登場により，1929年の世界恐慌規模の株価の変動は，現在は分単位で生じている。

1 「世界の工場」イギリスと「後発国」ドイツの経済学者

19世紀前半 イギリス
国際分業（世界分業体制）による自由貿易を主張

各国が得意な製品を輸出し購入し合うことがたがいに利益である。
… 比較生産費説

▲①リカード（1772～1823）

批判

19世紀半ば ドイツ
後進国の産業保護・育成のため保護貿易を主張

自由貿易は先進国を豊かにするが，途上国の経済発展を阻害する。

▲②リスト（1789～1846）

主張の背景
19世紀前半に工業化を達成したイギリスは，大量生産した工業品を世界各地に輸出して，各地の物産を購入していた。この方向をおし進めるために，各地がイギリスの欲する特産品の生産に専心し，貿易が自由になることが望ましかった。

主張の背景
後進資本主義国であったドイツでは，安くて質の高いイギリス工業製品が輸入されることによって，ドイツ国内の産業が発展しなくなることを危惧し，それを防ぐために保護関税政策が主張されるようになった。

2 世界恐慌後のスタンダード ケインズの理論

政府による経済への介入を主張

自由放任の下では失業問題は解消されないため，政府による金融政策と財政政策によって，人為的に新しい需要（有効需要）を創出し，生産量を完全雇用の水準に調整する必要がある。
… 有効需要の原理

▲③ケインズ（1883～1946）

個人主義と自由な経済を主張 ↑批判

非合理的な人間が合理的に経済を計画することはできない。経済は自律的に形成される秩序であり，政府が介入する必要はない。

◀④ハイエク（1899～1992）

主張の背景
1929年の世界恐慌で世界経済は急激に降下した。ケインズは，それまで主流であった自由放任政策を否定し，政府介入による恐慌対策を主張したが，このことは革新的な主張であった。

有効需要の原理
→ニューディールを理論的にあと押しし，第二次世界大戦後の欧米諸国の福祉国家政策の基盤となる

管理通貨制度を体系化
・金本位制を廃止し，通貨発行量を裁量的に管理・調整することで物価安定や雇用促進をはかることを主張
→1931年以降，各国が採用

ヴェルサイユ条約を批判
・ドイツに過大な賠償金を課せば，混乱の果てに独裁者が現れると警告
→第二次世界大戦後の世界経済秩序の再構築に影響 ➡p.263

▲⑤ケインズの主張とその影響

キーワード **「小さな政府」と「大きな政府」** 近代国家では，政府は市場に介入せず，財政規模が小さいことが理想とされる「小さな政府」理論が一般的であった。だが，ケインズの「有効需要」以降，政府の市場への介入を強化した「大きな政府」の理論が普及するようになった。「大きな政府」では，市場の介入のほか，公共事業による雇用の創出や社会保障の充実なども包括する。

経済学の流れ

18世紀					アダム＝スミス（英）1776『諸国民の富（国富論）』➡p.177
	イギリスの世界進出	古典派経済学	イギリスをあと押しする自由主義経済学説		リカード（英）1817『経済学及び課税の原理』…比較生産費説→1 …古典派経済学を確立
19世紀	ドイツ・アメリカの台頭	歴史学派経済学	イギリス資本の侵入を防ぐ保護貿易主義 批判	マルクス経済学	リスト（独）1841『経済学の国民的体系』→1 （古典派経済学を批判的に摂取） マルクス（独）1867『資本論』➡p.183

1914～18 第一次世界大戦
マーシャル（英）
近代経済学
レーニン（露）1916『帝国主義論』→ロシア革命へ➡p.238

1929 世界恐慌
恐慌対策から政府介入による景気刺激を主張
ケインズ（英）1936『雇用・利子および貨幣の一般理論』…有効需要の原理→2

1939 第二次世界大戦 始まる

テーマ 究極の保護貿易体制「ブロック経済」

世界恐慌後，「持てる国」の各国は自国の貿易保護策として排他的な広域経済圏ブロック経済を形成した。植民地を含む経済圏内では共通通貨を使用し，関税を排して本国の輸出を増やそうとする一方，経済圏外からの貿易には高関税率を設定することで，多角的で自由な貿易体制を否定した。➡p.250

テーマ 金が通貨を支配する金本位制

20世紀初頭の世界各国の通貨制度は，金の価値の安定性によって通貨の価値を裏打ちし，その国が保有する金の量によって通貨発行量を制限するという，金本位制が採用されていた。金本位制は自国通貨の信用性を高めるなどメリットがあったものの，戦争時や恐慌時などの危機の時代には，金本位制が廃止されることがあった。世界恐慌後，各国は金本位制を廃止したが，第二次世界大戦後に，アメリカが金ドル本位制を採用した。➡p.263

米 ↔ ドル
英 金 交換 ポンド ポンド ポンド 基軸通貨
金の価値を基準にして取引
仏 ↔ フラン
日本 ↔ 円
独 ↔ マルク

▲⑥金本位制のしくみ（19世紀後半）

▼⑦金本位制のメリット・デメリット

| メリット | ・外国為替相場が安定する ・国内の物価が安定する ・自国通貨の信用性を高めることで，通貨の国際的地位を高めることができる |
| デメリット | ・求めに応じて通貨から金に交換しなければならない →戦争時に敵国から交換要求があると，自国の金が敵国に流出するおそれがある ・通貨の発行量が金の保有量によって決定する →国内経済を活性化するために通貨が必要な際，充分な量を発行できない |

▲⑦各国の関税率の推移

今日とのつながり 日本の安倍晋三内閣が打ち出したアベノミクスの「三本の矢」政策である，金融緩和・財政政策・成長戦略は，ケインズ主義に立脚したデフレ脱却経済政策といわれる。

ファシズム
～偏狭なナショナリズムとしのびよる戦争の影

ヒストリーシアター　街にひびく「ハイルヒトラー(ヒトラー万歳)」

◀①「われら最後の望みヒトラー」と書かれたポスター(1932年)　ナチ党は巧妙な大衆宣伝により勢力をのばし、大衆各層にわかりやすいポスターを作成した。

▶②支持者と握手するヒトラー　ヒトラーは、大衆集会が政治宣伝として有効であると考えていた。この写真は、1937年10月、ハノーファー近郊での収穫祭に出席したときのもので、当時貴重であったカラーフィルムを使用している。

ヒトラー

よみとき　ヴァイマル共和国の状況をふまえ、図①の1932年のナチ党のポスターがどのような階層に何を訴えているのか考察しよう。

ファシズム国家(全体主義国家)の動き

◀p.242　　　　　　　　　　　　　　　　　　　　　　p.254,255▶

	ドイツ	イタリア	日本	国際関係
	1929　世界恐慌始まる			
ファシズム国家の出現	32 ナチ党、第一党となる(過半数達せず)		31 満洲事変 32 「満洲国」を建国 五・一五事件	31 フーヴァー=モラトリアム(米) ウェストミンスター憲章(英) 32 リットン調査団 →p.257 別冊史料72 対外事項 ①～⑧ 3 地図に対応
	33 ヒトラー内閣成立(ヒンデンブルク大統領、ヒトラーを首相に指名) 国会議事堂放火事件 →共産党解散 全権委任法 (ナチス、独裁権確立) 第三帝国成立 国際連盟脱退を通告	ムッソリーニ　ヒトラー	33 国際連盟脱退を通告	
対外侵略	34 ヒトラー、総統(フューラー)に就任		34 ワシントン海軍軍備制限条約破棄	
	35 ①ザール編入　再軍備宣言(ヴェルサイユ条約破棄) 徴兵制復活　英独海軍協定	35 エチオピア戦争	35 ストレーザ会議(英・仏・伊) コミンテルン第7回大会(ソ) →人民戦線(反ファシズム統一戦線)提唱	
	36 ②ラインラント進駐(ロカルノ条約破棄) 四か年計画始まる ベルリン-ローマ枢軸成立	36 エチオピア併合	36 二・二六事件 日独防共協定	36 ブルム人民戦線内閣(仏) スペインで人民戦線内閣 →フランコが反乱 スペイン内戦始まる
	38 ③オーストリア併合 ミュンヘン会談 →p.254 →④ズデーテン地方併合	37 日独伊防共協定 国際連盟脱退	37 盧溝橋事件 →日中戦争 →p.247,257	38 ミュンヘン会談(英・仏・独・伊、対独宥和政策)→p.254
	39 ⑤チェコスロバキア解体 独ソ不可侵条約 ⑧ポーランド侵攻 →	39 アルバニアを併合	39 ノモンハン事件	
	1939　第二次世界大戦始まる			

1 ナチ党の台頭
*国民社会主義ドイツ労働者党のこと。ナチズムはその思想原理。

ナチ党が掲げたスローガン
- ヴェルサイユ体制の打破
- 反共産主義
- ドイツ民族の優位性と**ユダヤ人の排斥**
- 公共事業と軍需産業による**失業者の救済**
- 領土の拡大

1928.5月　ナチ党 2.4%、共産党 11.0%、社会民主党 31.2%、赤数字は全議席数 491

1929年 世界恐慌開始

1930.9月　18.5%、13.3%、24.9%　577

1932.7月　37.8%初めて第一党、21.9%、14.6%　608

1932.11月　33.6%、20.7%、17.1%　584

1933.2 国会議事堂放火事件

1933.3月　18.5%、12.5%、44.5%　647

◀③**ナチ党の議席獲得数**　ヴェルサイユ体制を批判して勢力を伸ばしたナチ党は、同様に勢力を拡大していた**共産党**を、**国会議事堂放火事件**の黒幕と見なして解散させることで一党独裁を実現させた。

▼④ナチ党員の職業別構成

				9.5
1923年	旧中間階層 44.6%	新中間階層 24.6	労働者 21.3	その他不明
	農民 10.4　手工業者・商人 34.2			
1933年	30.9%	33.6	32.1	3.4
	10.7　20.2	ホワイトカラー 20.6　官吏 13.0		

2 日常生活に入り込むナチズム

*右手を前方斜め上に伸ばすナチス式敬礼は、「ハイルヒトラー」のかけ声とともに行われることが多かった。

▲⑤**ナチス式敬礼*を行うドイツのサッカー選手**(1936, 対イングランド)　ナチ党は、民衆に人気の高いサッカー選手を取り込み、人心を掌握していった。

◀⑥**ベルリンオリンピックの開催**　1936年に行われた**オリンピック**はナチス=ドイツの国威発揚の場となり、その成功はドイツ国民の自信を回復することとなった。

▼⑦ヒトラーユーゲント　青少年教育組織であるヒトラーユーゲントでは、キャンプなどの余暇活動を多く取り入れて青少年を引きつけ、徹底的な教育と集団行動を通じた同胞意識の形成によって、党とヒトラーに忠誠を誓う青少年を育成しようとした。

〈活動例〉

6:30	起床・体操
8:00	団旗掲揚
8:15	朝食
9:00	点呼・テント整理
9:30	野外で訓練、制服を着て合唱しながら行進 景色のよいところへ行って合唱
12:30	
13:00	昼食
13:40	自由行動
15:00	スポーツ
17:00	合唱・談話
19:00	夕食
20:00	ファイヤーストーム・劇・講演・合唱
21:30	団旗下降、静かに合唱しながら歩く
22:00	帰営

〈『近現代史の授業づくり(世界史編)』青木書店〉

今日とのつながり　聖火リレーや選手村の設置、オリンピック記念映画の制作は1936年のベルリンオリンピックから始まった。また、ピカソの意思によりアメリカに寄託されていた「ゲルニカ」は、1981年にアメリカからスペインに返還された。

3 侵略による解決の準備 ◀p.241 3 , ➡p.254 1

▲⑨枢軸の形成

	1935	1936〜39	1936	1936	1937	1940
ドイツ	(支援) 伊によるエチオピア戦争	(接近) スペイン内戦	(提携) ベルリン＝ローマ枢軸	日独防共協定	(ベルリン＝ローマ＝東京枢軸) 日独防共協定	(同盟) 日独伊三国同盟
イタリア				提携	提携	
日本						

地図凡例:
スペイン内戦への不干渉
ヒトラー政権への宥和政策
スペイン内戦でフランコ支援

```
------ 1937年の国境
ドイツの侵略
   第一次世界大戦後の領域(1919〜37)
   1938年併合
   1939年併合
   1939年保護国(スロヴァキア地方)
   1940年併合
   1941年併合
   1939年9月の独ソ権益線
   1942年のドイツの範囲
   イタリアの併合地域
   ハンガリーの併合地域(1938〜41年)
①〜⑧ 進出の順序
```

▲⑧ウィーン市民に迎えられるドイツ軍　1938年3月, ナチス＝ドイツは**オーストリア**を併合した。このできごとは多くのオーストリア国民から歓迎を受け, これによってヒトラーの領土的欲求が加速することとなった。

テーマ　ヒトラーの野望「東方生存圏」とユダヤ人迫害

ヒトラーが東欧を侵略しようとした背景には「生存圏拡大」という概念があった。これはドイツが植民地をもたないため, 人口過剰と食料不足に直面し, 新しい土地なしには, 国民の未来を確実なものにすることができない, という考え方であった。侵略の際には, 「東欧にいるドイツ人を**ユダヤ人**から救い出さなければならない」という大義名分が使われた。

1925.	ヒトラー『**わが闘争**』 (上巻, 27年に下巻) 別冊史料71
33. 1	**ヒトラー政権発足**
35. 9	**ニュルンベルク法** (ユダヤ人の公職追放, 選挙権剥奪, ドイツ人との結婚禁止)
38.11	「**水晶の夜**」事件 (ユダヤ人商店などの襲撃)
39. 9	**第二次世界大戦勃発**
42. 1	ヨーロッパの全ユダヤ人の絶滅(**ホロコースト**)を決定 ➡p.258

◀⑩ナチ党が人々に植え付けようとしたユダヤ人のイメージ　ユダヤ人を「勤勉で健全なドイツ人」と相反する「敵」としてイメージさせようとした。

4 スペイン内戦

```
1929 世界恐慌
31 スペイン革命
  30 プリモ＝デ＝リベーラ辞任
36.2 スペイン人民戦線内閣
  ・共和政樹立・新憲法
  ・ブルボン朝アルフォンソ13世退位
  ・アサーニャ内閣

軍部のフランコ モロッコで反乱

独−伊 支援 1936.7〜39.3
英 仏 不干渉政策

ファシズム:フランコ将軍
✕ スペイン内戦
反ファシズム:人民戦線内閣

フランコ独裁(〜1975)

ソ連 支援
国際義勇軍
コミンテルン

ヘミングウェー*2
オーウェルら

・人民戦線:1935年コミンテルンが採用した反右派結集の戦術
*2 彼は代表作『誰がために鐘は鳴る』でスペイン内戦を描いた
```

▲⑪フランコ (1892〜1975)　スペインの軍人・政治家。**人民戦線内閣**成立に対し, 地主・資本家が彼を支持した。

▲⑫スペイン内戦　英・仏は**不干渉政策**を堅持。独・伊がフランコの反乱側に, ソ連が人民戦線内閣側を支援し, 内戦はファシズムと反ファシズムの国際紛争に発展した。

▲⑬人民戦線政府側の民兵　服装はまちまちだが士気は高く, 女性の姿も見られる。

歴史と絵画　名画に込められた怒りと平和への願い

1937年, **フランコ**を支援する独・伊の空軍により, スペインの古都**ゲルニカ**は史上初の**無差別爆撃**を受けて壊滅した。それに憤慨した**ピカソ**は, 「ゲルニカ」を描き, 戦争とファシズムを告発した。牛をファシズム(フランコ), 馬を抑圧される人民とする説やその逆の解釈もある。

▲⑭ドイツ軍の爆撃でがれきの山となったゲルニカ

➤⑮ピカソ「ゲルニカ」 〈349.3cm×776.6cm〉

ヨーロッパ

MAP R 3部3章

ヨーロッパ

ヒストリーシアター　ナチス=ドイツの侵略を許したもの

▶①ミュンヘン会談の風刺画　1930年代，**ナチス=ドイツ**の侵略的な領土割譲の要求に対し，英・仏は弱小国を犠牲にして要求に譲歩する**宥和政策**をとっていた。1938年のこの会議では，ドイツを反ソ・反共の防波堤とするため，その要求を認めた。

よみとき　図①で椅子に座らせてもらっていない人物は誰か，背後の地図はどこの国か，誰がこの国を欲しがったのかに注目しよう。

なんと，私の席はないのか！

(独)ヒトラー　(英)ネヴィル=チェンバレン　(仏)ダラディエ

伊 ムッソリーニ

▲②第二次世界大戦の国際関係

青字 ドイツの動き

1 大戦初期のヨーロッパ戦線(1939〜42年) ◀ p.253 3 , ➡ p.256 1

凡例：
- 1939年(開戦前)のドイツ領
- 1940年までの枢軸側領地
- 1942年までの枢軸側占領地
- 1941年までの枢軸側参加国
- 1942年のイタリア領
- 中立国
- 連合国
- ▲ ドイツが建設した絶滅収容所・強制収容所
- 枢軸国の最大勢力範囲(1942年)(イタリア・ドイツ)
- 1939年3月以降の独ソ権益線
- ドイツが1939年3月以降，ポーランド回廊の特権(通路)要求
- ← 枢軸国側の侵攻

連合国艦船2700余隻，Uボート730隻が撃沈
ドイツ作戦戦病(1941.3〜45.4)
ドイツ作戦戦病(1940.8〜41.3)

1943.5 コミンテルン解散

1940.6 連合軍ダンケルクから撤退
1940.7 ヴィシー政府成立(ドイツに協力)
1942〜43 スターリングラードの戦い
1939.4 イタリアアルバニアを併合
1942.8〜9 英独軍激戦区
1942.11 独軍撤退
1941.2 独ロンメル将軍，アフリカ遠征

❶ラインラント　❷ザール

◀ p.252　ヨーロッパ戦線の経過　p.261 ▶

1939.9	ドイツ，ポーランドに侵攻 別冊史料74
	→英，仏，独に宣戦布告 第二次世界大戦始まる
	ドイツ・ソ連，ポーランドを分割・併合
.11	ソ連-フィンランド戦争(〜40.3)
.12	ソ連，国際連盟除名
1940.4	ドイツ，デンマーク・ノルウェーに侵攻
.5	ドイツ，オランダ・ベルギーに侵攻
	イギリス，チャーチル内閣成立
.6	連合軍，ダンケルクから撤退　ドイツ，パリ占領
	ド=ゴール，ロンドンに自由フランス政府樹立
	イタリア参戦　ソ連，ルーマニアに侵攻

▲⑥パリに入城するドイツ軍騎兵(1940.6)

.7	フランス，ヴィシー(ペタン)政府成立　ドイツ，ロンドン空爆開始
.8	ソ連，バルト3国併合
.9	日独伊三国同盟
1941.3	アメリカ，武器貸与法可決
	ドイツ軍，バルカン制圧(1941年春)
.6	独ソ戦争開始 別冊史料75
.8	連合国，大西洋憲章発表 ➡p.259
.12	ドイツ・イタリア，対アメリカ宣戦布告
1942.1	連合国共同宣言(反ファシズム宣言) ➡p.259
	ドイツ，ユダヤ人絶滅を決定 ➡p.258
.5	英ソ相互援助条約
.7	スターリングラードの戦い(〜43) ➡p.256
.11	連合軍，北アフリカ上陸
1943.1	カサブランカ会談(米・英) ➡p.259
.2	スターリングラードでドイツ軍降伏
.7	連合軍，シチリア島に上陸　ムッソリーニ解任，逮捕
	イタリア，バドリオ政権成立
.9	イタリア，無条件降伏
.11	カイロ会談(米・英・中)　テヘラン会談(米・英・ソ)
1944.6	連合軍，ノルマンディーに上陸

▲⑦ノルマンディー上陸

.8	ダンバートン=オークス会議(米・英・ソ・中)(〜.10)
	連合軍，パリ解放
1945.2	ヤルタ会談(米・英・ソ) ➡p.259
.5	ソ連軍により，ベルリン陥落　ドイツ，無条件降伏
.7	ポツダム会談(米・英・ソ)(〜.8) ➡p.259

▲③抵抗運動をよびかけるド=ゴール(1940年)　ド=ゴールは，亡命先のロンドンで自由フランス政府をつくり，フランス国民に**レジスタンス**をよびかけた。

◀④ドイツ軍のギリシア占領(1941年)　バルカン半島への進出を画策していたドイツは，ユーゴスラヴィアで反枢軸国側の新政府が成立したことを契機に，ユーゴに侵入し，ギリシアまで一気に制圧した。

テーマ　バルカン半島での強制収容所

ドイツのユーゴスラヴィア侵攻を機に，クロアティアでは，ファシスト政党ウスタシャがクロアティア共和国をつくった。彼らは1941年に，ヤセノヴァツ強制収容所をつくり，ユダヤ人のほかロマやセルビア人などを収監し，8万人を虐殺したといわれる。このユーゴスラヴィア連邦内での遺恨は，のちのユーゴ内戦での「民族浄化」の原因の一つとなった。 ➡p.258

▲⑤強制収容所の跡地での追悼式典に参列する人々(2015年，クロアティア)

ヒストリーシアター
"共存共栄"がめざしたもの

- バー=モー（ビルマ）
- 張景恵（「満洲国」）
- 汪兆銘（中国対日協力政権）
- 東条英機（日本）
- ワン=ワイタヤコーン（タイ）
- ホセ=ペ=ラウレル（フィリピン）
- チャンドラ=ボース（自由インド仮政府）

◀①大東亜会議　1943年，東京で開催。欧米列強の支配を排除した大東亜の建設を掲げ，共同宣言を採択した。

よみとき　図①の会議にインドネシア，マレーシア，ベトナムが入っていないのはなぜか。また，図②で追い落とされている国はどこで，なぜだろうか。

▼②大東亜共栄圏を宣伝するビラ

ビルマ／アジアの人々／イギリス

茶字 日本の動き

▲③真珠湾攻撃で炎上するアメリカの戦艦

1 アジア・太平洋戦線

◆p.226 1

凡例
- 開戦当時の日本の領土
- 開戦当時の日本の勢力範囲
- →日本軍の進出方向（赤数字はその年月）
- 1942年夏の日本軍の前線
- 日本軍の空襲地点
- 日本軍の基地
- 連合軍の基地
- →連合軍の進出方向
- ✕ おもな戦い

ソヴィエト連邦

1945.8.8　ソ連対日宣戦　満洲・樺太・朝鮮に侵入

1941.4　日ソ中立条約

ダッチハーバー

1944.3〜7　インパール作戦　ビルマから山越えでインドへの進攻をはかる→惨敗

「満洲国」

単冠湾（択捉島）出発（1941.11.26）

機動部隊進路（1942.6）

アッツ島　キスカ島　（1942.6）

中華民国

新京／長春

日本

京城（ソウル）／広島／東京

南京／上海

1945.3〜6　沖縄戦　18万人以上が死亡。その半数は民間人

1942.6　ミッドウェー海戦　日本軍，主力空母を失い大敗

アメリカ合衆国

1938〜45　援蒋ルート

重慶／昆明／香港

1945.3　硫黄島全滅（日本軍）

1944.10　レイテ沖海戦

太　平　洋

ミッドウェー諸島

真珠湾（パールハーバー）／ハワイ諸島

仏領インドシナ進駐（北部1940.9）（南部1941.7）

フィリピン連合軍降伏（1942.5）

旧ドイツ領南洋諸島（1920〜日本が委任統治）

ウェーク島

ラングーン

サイゴン

コタバル

マニラ

フィリピン

ダヴァオ

1944.7　サイパン島陥落

サイパン島／グアム島／パラオ諸島／チューク（トラック）島／クェゼリン島／ギルバート諸島

1941.12.8（現地時間12.7）真珠湾（パールハーバー）攻撃

シンガポール連合軍降伏（1942.2）　マレー沖海戦（1941.12）　0°　シンガポール

バタヴィア沖海戦（1942.2〜3）　バタヴィア　スラバヤ　スラバヤ沖海戦（1942.2）　オランダ領東インド連合軍降伏（1942.3）

1941.12.8　日本軍上陸

ニューギニア島

ラバウル

ガダルカナル島　ポートモレスビー

日本軍の最大勢力範囲

1943.2　ガダルカナル島撤退（日本軍）　2万人以上死亡。極度の食糧難から「餓島」とよばれる

ポートダーウィン（1942.2）　珊瑚海海戦（1942.5）　タウンズヴィル

0　1000km

テーマ
沖縄戦

- →アメリカ軍の進路
- ■ 日本軍の飛行場

伊江島

北飛行場（読谷飛行場）

名護

中飛行場（嘉手納飛行場）

1945年4月1日　沖縄本島上陸

慶良間列島　3月26日上陸

那覇

6月22（23）日　日本軍司令官自決，組織的抵抗終わる（一部戦闘続く）

ひめゆりの塔

0　20km

日本軍は本土決戦を準備するため沖縄本島南部で持久戦をとり，時間をかせごうとした。さらに兵力不足を学生の鉄血勤皇隊，ひめゆり学徒隊などで補うなど一般住民を巻き込んで徹底抗戦したが，米軍の圧倒的武力の前に多大な被害を出した。現在，沖縄戦最後の激戦地にある平和公園内には「平和の礎」が建てられ，沖縄戦で亡くなった約23万人の名が，国籍を問わず彫られている。

▶④壕に向かって火炎放射を行う米軍兵士

今日とのつながり　2016年，杉原千畝（◆p.258）のビザで救われたユダヤ人が多く移り住んだとされるイスラエルのネタニヤ市に，「スギハラ・ストリート」が誕生した。

日本／東アジア／東南アジア／アメリカ

MAP R

3部3章

日本

ヨーロッパ

アメリカ

ヒストリーシアター 戦火は都市へ民衆へ

◀①ロンドン空襲で防空壕（ぼうくうごう）に避難する孤児(1940年)

◀②ワルシャワのゲットー（居住区）前で銃を向けられるユダヤ人(1943年) **ナチス＝ドイツ**の強烈な人種主義によって、**ユダヤ人迫害**は、組織的かつ公然とおし進められた。→p.258

よみとき 図①の子どもたちはどこに避難し、図②の子どもを含む人々はどこに送られるのだろうか。

1 大戦後期のヨーロッパ戦線(1942〜45年) ←p.254 1, →p.262

1945.5.7 独、連合軍に無条件降伏
1944.6.6 連合軍、ノルマンディー上陸
1943.2 独軍、スターリングラードでソ連に降伏
1944 ソ連、東欧に侵攻
1945.2 ヤルタ会談
1942.11 連合軍、北アフリカ上陸
1943.9.8 イタリア無条件降伏
1945.2 連合国、ドレスデン大空襲
1943.7 シチリア上陸作戦
イタリア 43.10対独戦
45.3対独宣戦
シリア 44.1独立
45.3対独宣戦

枢軸国	1944年4月の前線	ソ連軍の反攻
連合国	1945年4月の前線	米英軍の反攻
中立国	1945年5月7日までの独軍残存地	

0 500km

▲③**スターリングラードの戦い** スターリンの名を冠（かん）するこの街をソ連軍が死守し、ドイツ軍を撃退。この戦いによってヨーロッパ戦線の戦局は転換し、連合軍有利の状況となった。

◀④レジスタンス(1944年、イタリア) **ファシズム**諸国の占領支配に対し、フランス・イタリアなどでは、武力闘争を展開した。**ユーゴスラヴィア**では**ティトー**(→p.266,273)が**パルチザン**闘争を指導し、1945年には東欧初の共和国を建国して、首相に就任した。

2 第二次世界大戦の被害

数字は死傷者数
＊ うち英連邦約60万人。香港6万人、シンガポール8万人、マレーシアの華僑4〜5万人、ミャンマー5万人などを含む。
＊2 軍人のみ。
『ワールドアルマナック』1987、ほか

（万人）
第一次世界大戦／第二次世界大戦
2013　推計 2100　2300万人
1050
714　220　319　616
78　98　75　108
915
646
318(＊2)
200　3　100　0.8　200 200　350

ドイツ／イタリア／イギリス／フランス／アメリカ／ソ連／中国／日本／朝鮮半島／台湾／フィリピン／インドネシア／ベトナム

◀⑤ベルリンの陥落 1945年5月のベルリン陥落により、ヨーロッパでの戦争は終結した。この戦争は、ドイツだけではなくヨーロッパの戦勝国にも甚大（じんだい）な被害を与えた。
ドイツ国会議事堂
〈広島平和記念資料館提供、米軍撮影〉

▶⑥原爆投下後の広島 1945年8月6日、広島上空に飛来したアメリカのB29が原爆を投下、一瞬のうちに広島全市の6割が破壊された。

アインシュタイン(1879〜1955)

相対性理論で古典的物理学の常識をうち破った**アインシュタイン**は、ナチ党のユダヤ人迫害をのがれて1933年アメリカに移住した。第二次世界大戦が迫ると、ナチ党の原爆開発を恐れ、アメリカが先に開発するよう**ローズヴェルト**大統領に進言した。しかし、戦後は一貫して**核兵器**禁止運動に取り組んだ。

▼⑦研究所のアインシュタイン →p.276

アインシュタイン

MAPR

3部3章

近代日本の大陸進出

満洲 ◄ **①満洲への農業移民** 「満洲国」の建国後，多くの日本人が農業移民として入植（満蒙開拓団）。その主力は，耕地が少ない農村の次男・三男で，村の人口を二分して一方の者を送り出す「分村移民」も行われた。また戦争末期の混乱から多くの残留孤児も出た。

1 日本の大陸進出と植民地経営

フィリピン

▲ **②マニラへ進撃する日本軍**　1942年，フィリピンに上陸した日本軍は，マニラへ向けて一路前進した。米・英などの宗主国から東南アジアの植民地を解放する口実で，進撃を正当化していた。

▲ **⑤抗日を訴える壁画**　盧溝橋事件以降，中国民衆は日本軍の破壊と略奪に抵抗し，憎悪は激しくなっていった。

朝鮮

▲ **③朝鮮神宮と「皇民化」政策**　日本は，国際的に孤立化するなかで，植民地である朝鮮・台湾との一体化を推進した。朝鮮でも神社建設と参拝の強制，学校での日本語教育の強化，名前の日本式改名（創氏改名）など，「皇民化」政策が行われた。

▲ **④泰緬鉄道の建設**　日本軍が占領した東南アジアなどの南方地域でも，日本文化が押しつけられた。また，日本軍は，多くの現地の人々や連合軍捕虜を，鉄道建設などの過酷な労働に動員した。多くの犠牲者が出たとされ，「死の鉄道」ともよばれた。

東南アジア大陸部

ニューギニア

▲ **⑥日本語を学ぶニューギニアの子どもたち**

2 日本の領域変遷 →p.232

A 第一次・第二次世界大戦（1914～45年）

（凡例）
→ 日本軍の進路
― 画定された国境

B 戦後（1950～90年）

（凡例）
--- サンフランシスコ平和条約による日本の領土
数字 アメリカから日本に施政権が返還された年

サンフランシスコ平和条約（1951年）

・日本国は，朝鮮の独立を承認して，すべての権利を放棄する。
・日本国は，台湾および澎湖諸島に対するすべての権利を放棄する。
・日本国は，千島列島並びにポーツマス条約（→p.232）で獲得した樺太の一部に対するすべての権利を放棄する。
・日本国は，南西諸島（琉球諸島および大東諸島を含む），南方諸島（小笠原群島（諸島），西之島および火山列島を含む）ならびに沖ノ鳥島および南鳥島をアメリカの支配下に置く。
〈『主要条約集』より一部要約〉

▲ **⑦**条約発効後の1952年に日本は主権を回復したが，ソ連や東欧諸国は調印を拒否し，中国やインドは会議に参加しなかった。→p.263 別冊史料82

日ソ共同宣言（1956年）

・ソヴィエト連邦は，歯舞群島および色丹島を日本国に引き渡すことに同意する。ただし，日本国とソヴィエト連邦との間に平和条約が締結されたのちに現実に引き渡されるものとする。
〈『わが外交の近況 昭和32年9月』より一部要約〉

◄ **⑧**戦後の日本の領土は，サンフランシスコ平和条約で法的に画定された。その後，奄美群島や小笠原諸島，尖閣諸島を含む沖縄が本土復帰した。別冊史料84

特集 「民族浄化」による悲劇

テーマ 「民族浄化」とは

「**民族浄化**（エスニック クレンジング「ethnic cleansing」）」は，特定の領域から，ある特定の民族集団を強制的に追放することをさす。さらには，その民族集団が居住してきた痕跡をその領域から一掃し，その領域を支配する政治的な意図まで含まれる。

その方法は，その領域からの強制的な移送をさす。しかも，その移送方法は人道的ではないため，病気や飢えなどから追放された集団の多くを死にいたらしめる。さらには，その領域を離れない集団に対しては，直接的な大量虐殺「**ジェノサイド（genocide）**」へといたることが多い。1948年に，国連は，ジェノサイドを国際法上の犯罪とするジェノサイド条約を採択している。

「**民族浄化**」という言葉は，1990年代の旧ユーゴ内戦の際に，国際法上の犯罪を意味する用語として一般的に定着した。

〈『民族浄化のヨーロッパ史』をもとに作成〉

◀p.58,253　ユダヤ人の歴史　p.293▶

ユダヤ人解放の動き	17世紀	西ヨーロッパで富裕なユダヤ人が登場
	1656	クロムウェル，ユダヤ人のイギリス移住を認可
	1776	アメリカ合衆国，ユダヤ人解放
	91	フランス，ユダヤ人に平等の権利を認可
反セム主義（反ユダヤ主義）とシオニズム	1880	**反セム主義（反ユダヤ主義）**の別称が使われる
	81	**ロシアでのユダヤ人の迫害が激化（ポグロム）** →ユダヤ人の多くがアメリカに移住 ▶p.209
	94	**ドレフュス事件** ▶p.202
	97	**ヘルツル，第1回シオニスト会議**（バーゼル）開催
	1917	**バルフォア宣言** ▶p.244
	35	ドイツ，ニュルンベルク法制定により**ユダヤ人迫害**
	38	**「水晶の夜」事件**（ドイツで，ユダヤ人商店襲撃）
	42	ドイツ，「**最終解決（ユダヤ人絶滅策）**」を発表 **ホロコースト**（~45）
	47	国連，パレスチナ分割案を採択
	48	**イスラエル国建国宣言** 第1次中東戦争▶p.293

1 ユダヤ人迫害から「ホロコースト*」へ

* ホロコーストは，一般的にナチ党によるユダヤ人大量虐殺をさす。

- イエスを処刑したユダヤ教徒への不信感
- 古くよりキリスト教では禁止された金融業にたずさわる嫌悪感。近代では各国で商業・金融業で成功した富裕層への羨望
- 近代国民国家成立の過程で，ユダヤ人を異質な集団とする考えの台頭
- 市民社会のなかでは，ユダヤ人が，経済上の競争相手となったことへのいら立ち

▲①**近代欧米人がユダヤ人を迫害する心情的理由**　このような背景のもと，人種主義が台頭し，「ユダヤ人はその人種的特性のため，近代文明にとって不適格であり，隔離か根絶されるべき」という考えが生まれてきた。

ひと ロスチャイルド家

ヨーロッパ最大のユダヤ系金融資本家。その財力を背景に19世紀末に始まるユダヤ人の**パレスチナ**での**国家再建運動（シオニズム ▶p.293）**に影響力をもち，第一次世界大戦中にはイギリスへの戦費調達と引きかえに戦後のユダヤ人国家建設を認めさせた（1917年**バルフォア宣言** ▶p.244）。

▶②ネイサン＝ロスチャイルド

A ナチ党によるユダヤ人排斥

ヨーロッパのドイツ占領地では，ドイツ国内と同様にユダヤ人迫害が行われた。収容所が建設され，強制労働が行われたほか，**ホロコースト**が始まってからは毒ガスなどによる虐殺が行われた。戦後，ナチス＝ドイツによるユダヤ人虐殺の実態が明るみになることで，国際世論はユダヤ人に同情的になり，ユダヤ人の故郷を建設する**シオニズム**を支持する機運が高まった。▶p.293

働けば自由になる

▶③アウシュヴィッツ強制収容所

◀④**アンネ＝フランク**　ユダヤ人として**強制収容所**へ移送され，そこで15歳の生涯を閉じた。オランダの隠れ家での生活をつづった『アンネの日記』からは，迫害下でも希望を失うことなく生きるアンネの姿が読み取れる。

（1929~45）

『アンネの日記』

…なぜなら今でも信じているからです。たとえ嫌なことばかりだとしても，人間の本性はやっぱり善なのだと。…

▶⑤**杉原千畝**（1900~86）　迫害をのがれてリトアニアの日本領事館につめかけたユダヤ人に，外交官の杉原は日本通過のビザを発給し，約6500人のユダヤ人を救った。

2 アルメニア人への「ジェノサイド」

◀⑥**アルメニア人の強制移送**（1915年）　アルメニア人ジェノサイドは，1915~23年にオスマン帝国の「**青年トルコ**」政権によって計画的に行われた。当時のアルメニア人口約250万人のうち150万人が殺害・追放された。現在のトルコ政府は，この事実を認めておらず，被害も30万人としている。

▲⑦**アルメニア人虐殺の背景**　民族自決の考えによるアルメニア独立の意向と，オスマン帝国の**トルコ民族主義**（▶p.223）の台頭がおもな原因となった。

バルカン半島 セルビア，ルーマニア

第一次世界大戦（1914~18）

ロシア

ギリシア

国外追放

ギリシア人

オスマン帝国 **青年トルコ革命** ▶p.223 →**トルコ民族主義**

アルメニア人

支援

強制移送

砂漠地帯

青字 キリスト教
赤字 イスラーム

3 ユーゴスラビア内戦と「民族浄化」

▲⑧**スレブレニツァの虐殺における被害者の埋葬**（2014年）　1995年，ボスニア-ヘルツェゴヴィナのスレブレニツァで，セルビア人がボシュニャク人男性約8000人を殺害した。これは，ジェノサイド条約が初めて適用された事案となった。ユーゴ内戦中において，各域内の少数派セルビア人を保護する名目でセルビア共和国が「民族浄化」に関与した場合が多い。しかしときには，加害者と被害者の立場が入れかわっていることも忘れてはならない。

ユーゴスラヴィア連邦

数字は独立宣言の年

スロヴェニア 1991年 スロヴェニア人	
クロアティア 1991年 クロアティア人 セルビア人	**セルビア** セルビア人 ムスリム人
ボスニア-ヘルツェゴヴィナ 1992年 ［独立］ボシュニャク人 クロアティア人 ［分離］セルビア人	各域内でセルビア人が「民族浄化」の対象になっていると主張
コソヴォ 1998年 セルビア人 ↓抑圧 アルバニア人 ～～▶難民	

保護

▲⑨ユーゴスラビア内戦での「民族浄化」の背景 ▶p.273

1 連合国の戦争処理会談と裁判 → p.254

赤字は日本に直接関係する会談

―米・英・ソ・中の各国首脳― 米：ローズヴェルト(ポツダム会談のみトルーマン) 英：チャーチル(ポツダム会談では途中からアトリー) ソ：スターリン 中：蔣介石	
❶ 1941.8(米・英) **大西洋上会談**	枢軸国との対決,対ソ連援助を明らかにし,**大西洋憲章**を発表
❷ 1943.1(米・英) **カサブランカ会談**	対イタリア作戦を協議,枢軸国,とくに独の無条件降伏方式を発表 →シチリア島上陸(1943.7)
❸ 1943.11(米・英・中) **カイロ会談**	**カイロ宣言**(満州・台湾の中国への返還,朝鮮の独立まで戦いぬく) を発表
❹ 1943.11〜12(米・英・ソ) **テヘラン会談**	ドイツ総攻撃作戦決定 **第二戦線の形成**を協議→**ノルマンディー上陸作戦**の実施(1944)
❺ 1944.8〜10(米・英・ソ・中)* **ダンバートン=オークス会議**	**国際連合憲章**の原案を作成。この原案をもとに,**サンフランシスコ 会議**(1945.4〜6)で採択された
❻ 1945.2(米・英・ソ) **ヤルタ会談**	**ヤルタ協定**(国際連合,対独戦争処理,**南樺太・千島列島**のソ連帰属 を条件とする**ソ連の対日参戦**を決める)を結ぶ
❼ 1945.7〜8(米・英・ソ) **ポツダム会談**	**ポツダム協定**(ドイツの占領方針決定…米,英,ソ) **ポツダム宣言**(日本に無条件降伏を要求…米,英,中,のちソも参加)

*各国首脳は出席せず外交事務レベルの会談

▶①ニュルンベルク裁判　1945年11月から,ドイツの戦争指導者の罪を裁く**国際軍事裁判**が開かれ,12人が死刑となった。残虐行為など通常の戦争犯罪に加え,初めて「平和に対する罪」と「人道に対する罪」の規定がつくられた。

▲②ヤルタ会談

▶③極東国際軍事裁判(東京裁判)　日本でも1946年5月から,東京で戦争指導者(A級戦犯)を裁く**極東国際軍事裁判**が開かれた。**ニュルンベルク裁判**と同じく,残虐行為のほか,平和や人道に対する罪が問われ,7人が死刑となった。このほかに通常の戦争犯罪を裁く裁判が各国で開かれた。

2 国際連合の成立

大西洋憲章(1941.8) 別冊史料76
・領土不拡大・民族自決・軍備縮小・**平和機構の再建**など8か条
　↓
連合国共同宣言(1942.1)
・米英ソなど26か国,反ファシズム宣言
　↓
ブレトン=ウッズ会議(1944.7) → p.263
・連合国44か国
・**世界銀行,国際通貨基金(IMF)**設立を決定
　↓
ダンバートン=オークス会議(1944.8〜10)
・国際連合憲章草案の作成
　↓
サンフランシスコ会議(1945.4〜6)
・国際連合憲章の採択(連合国50か国)
・"拒否権"の確認
　↓
国際連合の発足(1945.10.24)
・原加盟国51か国,2020年現在193か国加盟

▼④国際連合のしくみ ── 直接報告の関係 --- 非従属の関係

事務局　国際司法裁判所
総会(年1回開催)
信託統治理事会　安全保障理事会 常任理事国 米・英・仏・中・ロ(拒否権あり) 非常任理事国 10か国
経済社会理事会
委員会 平和維持活動 加盟審査 軍事参謀

特別機関
国連難民高等弁務官事務所
国連貿易開発会議(UNCTAD)
国連児童基金(UNICEF)
国連環境計画(UNEP)
国連大学(UNU)
世界食糧計画
など

専門機関
国連教育科学文化機関(UNESCO)
国際通貨基金(IMF)
国連食糧農業機関(FAO)
国際労働機関(ILO)
世界保健機関(WHO)
国際復興開発銀行(IBRD)
など

地域経済委員会
南米・カリブ
アフリカ
ヨーロッパ
アジア太平洋
西アジア
世界貿易機関(WTO)
国際原子力機関(IAEA)

機能委員会
人権
人口開発
婦人地位
社会開発
統計
麻薬

国際連盟(1920年) → p.240		国際連合(1945年)
ジュネーヴ	本部	ニューヨーク
原加盟国42か国 **米の不参加・ソ連の加盟遅延** 日・独・伊の脱退	加盟国	原加盟国51か国 五大国(米・英・ソ・中・仏)が初めから参加* *常任理事国の交替 中華民国→中華人民共和国 ソ連→ロシア
総会における**全会一致主義**	表決	**安全保障理事会**における五大国一致主義(拒否権あり,総会にまさる権限をもつ)
金融・通商などの経済制裁	制裁	非軍事措置・裁判のほか**軍事措置**
・**軍事制裁ができない** ・全会一致のため迅速な対応ができない	問題点	・常任理事国が拒否権を発動した場合,採決が否決される

▲⑤国際連盟と国際連合の違い

3 現在の国連の活動

▲⑥カンボジアで平和維持活動(PKO)を行う自衛隊(1992年)　世界各地の紛争地域の平和の維持をはかる手段として**平和維持活動**が展開されている。活動は紛争地域の停戦や治安維持のほか,紛争後の復興支援,平和構築活動など多岐にわたる。→p.273

▼⑦国際原子力機関(IAEA)による北朝鮮核施設の査察　IAEAは原子力の平和利用の促進と核物質の軍事的転用の防止を目的として設立され,**核兵器**を開発している可能性の高い国に対して特別査察を行う権限をもっている。

*連合国の旧敵国に対する差別的規定。

テーマ
日本の常任理事国入りは可能か?

　安全保障理事会の常任理事国は,第二次世界大戦中に「連合国」であったという状況を反映して定められている。しかし現在では,戦後に経済成長をとげた日本やドイツが,アメリカについで**国連分担金**を拠出している。そのためアナン事務総長の時期に国連改革の機運が盛り上がったが,近年日本の国連分担金は減少し,かわって中国の分担金が増加している。また,国連憲章の敵国条項*が日本の常任理事国入りを阻んでいるという見方もある。

1946年	アメリカ 39.9%	イギリス 12.0	ソ連 7.7	フランス 6.3	中国 6.3	その他 27.8

| 2020年 | アメリカ 22.0 | 中国 12.0 | 日本 8.6 | ドイツ 6.1 | イギリス 4.6 | フランス 4.4 | イタリア | その他 36.1 |

▲⑧各国の国連分担金　〈外務省資料〉

第二次世界大戦終結から冷戦終結までの世界の流れ

	資本主義陣営	国際関係	社会主義陣営	第三勢力	
世界平和の維持をはかる国際連合が発足したが、アメリカの「封じ込め政策」により、米ソを軸とした東西陣営の「冷たい戦争(冷戦)」が始まった。またアジア各地の欧米植民地では、民族独立運動が高揚し、独立を達成する国が多数現れた。	**トルーマン／アメリカの指導による** 46.3 「鉄のカーテン」演説 47.3 **トルーマン=ドクトリン**発表 .6 **マーシャル=プラン** .10 GATT(関税と貿易に関する一般協定)調印 48.3 西ヨーロッパ連合条約 49.4 **北大西洋条約機構(NATO)成立** .5 ドイツ連邦共和国成立 51.9 **サンフランシスコ平和条約 日米安全保障条約** 53.8 米韓相互防衛条約 54.9 東南アジア条約機構(SEATO)成立	**冷戦体制の成立／冷戦激化** 45.10 国際連合成立 **冷戦の始まり** 48.4 朝鮮、南北に分裂 .6 **ベルリン封鎖**(~49) 49.5 ドイツ、東西に分裂 50.6 **朝鮮戦争**(~53) 53.7 朝鮮休戦協定 54.4 ジュネーヴ会議 .7 ジュネーヴ協定	**ソ連の指導による社会主義陣営の／スターリン** 47.9 **コミンフォルム**結成(~56) 48.2 チェコスロヴァキアに共産党政権樹立 .6 コミンフォルム、ユーゴスラヴィアを除名 49.1 **コメコン(COMECON)**設立 .9 ソ連、核実験 .10 ドイツ民主共和国成立 中華人民共和国成立 50.2 中ソ友好同盟相互援助条約(~80) 53.3 スターリン死去	**アジア・アフリカ諸国の独立** 46.12 インドシナ戦争(~54.7) 47.8 インド・パキスタン分離独立 48.5 **イスラエル建国宣言 第1次中東(パレスチナ)戦争** 49.12 インドネシア連邦共和国成立 51. イラン、石油国有化 53.6 エジプト共和国宣言	**45年～50年代前半** 262 ～ 263 ・ 276 ～ 299
朝鮮戦争後、「雪どけ」とよばれる緊張緩和が進んだ一方で、スターリン批判後の東欧各国での反ソ暴動は最終的に抑え込まれてしまった。またアジア・アフリカの新興諸国は、東西陣営に属さない第三勢力として、独自の平和路線を追求していった。	**アイゼンハウアー／資本主義陣営の形成／西欧／ケネディ** 55.5 西ドイツ、NATO加盟 .11 バグダード条約機構(中東条約機構、METO)、(59.8CENTOに改称) 58.1 ヨーロッパ経済共同体(EEC)発足 60.5 ヨーロッパ自由貿易連合(EFTA)発足 64.1 フランス、中国承認	**「雪どけ」／再緊張** 55.7 **ジュネーヴ4巨頭会談** 57.7 パグウォッシュ会議 59.9 **キャンプ=デーヴィッド会談** 60.5 U2偵察機撃墜事件 61.8 **「ベルリンの壁」構築 キューバ危機** 62.10 キューバ危機 63.8 **部分的核実験禁止条約**	**フルシチョフ／ソ連の指導力低下** 55.5 **ワルシャワ条約機構** 56.2 フルシチョフの**スターリン批判** .6 ポーランド、ポズナン暴動 .10 ハンガリー、反ソ暴動(~.11) 59.1 **キューバ革命** 63. 中ソ論争公然化	**第三勢力の形成** 54.6 ネルー・周会談(平和五原則) 55.4 **第1回アジア=アフリカ(AA)会議(バンドン)** 56.7 エジプト、スエズ運河国有化宣言 .10 **第2次中東(スエズ)戦争** 60. 「アフリカの年」 . コンゴ動乱 61.9 第1回非同盟諸国首脳会議 63. アフリカ統一機構(OAU)結成 64.3 国連貿易開発会議(UNCTAD)発足	**55年～60年代前半** 264 ～ 266 ・ 276 ～ 299
ベトナム戦争で大きな犠牲をはらったアメリカは、ソ連と対立を深めていた中国と関係を改善し勢力回復に努めた。一方、第4次中東戦争時にアラブ産油国がとった石油戦略は、石油危機をもたらし、その後の世界の産業構造の編成に影響を与えた。	**ジョンソン／と日本の復興／ニクソン** 66.7 フランス、NATO軍脱退 67.7 ヨーロッパ共同体(EC)発足 71.8 米、ドル防衛策(金・ドル交換停止)→ **ドル=ショック** 73.1 拡大EC発足 .10 **第1次石油危機(オイル=ショック)**	**デタント(緊張緩和)** 65.2 **ベトナム戦争**(~75) 68.6 **核拡散防止条約調印** 72.2 ニクソン訪中(米中共同声明) .5 米ソ、SALTI調印 73.1 ベトナム(パリ)和平協定 .9 東西ドイツ国連加盟	**中ソ対立と多極化／ブレジネフ** 65~ ルーマニアの独自外交 66.5 中国、文化大革命始まる 68.1 チェコ、「プラハの春」 .8 ワルシャワ条約機構軍、チェコに侵攻 71.10 中華人民共和国が国連の中国代表権獲得	**新植民地主義** 67.6 **第3次中東戦争** .8 東南アジア諸国連合(ASEAN)発足 73.10 **第4次中東戦争**	**65年～70年代前半** 268 ～ 269 ・ 276 ～ 299
経済の停滞が深刻だったソ連ではペレストロイカが始まり、市場経済の導入もはかられた。その結果、東欧諸国に民主化が広がり、冷戦の終結につながった。また日本は冷戦の間に急速な経済発展をとげ、日米間の貿易摩擦が深刻となった。	**フォード カーター レーガン ブッシュ(父)／アメリカの指導力低下と体制の動揺** 75.11 **第1回主要先進国首脳会議(サミット)** 79. 第2次石油危機 82.4 フォークランド戦争 83.10 米、グレナダ侵攻 85. プラザ合意 89.11 アジア太平洋経済協力(APEC)	**新冷戦／冷戦終結** 75.4 ベトナム戦争終結宣言 .7 全欧安保協力会議 79.1 米中国交正常化 .6 米ソ、SALTII調印 87.12 **INF全廃条約** 89.11 **「ベルリンの壁」崩壊** .12 **マルタ会談**(冷戦終結宣言) **冷戦の終結**	**社会主義崩壊／ゴルバチョフ** 78.12 中国で改革開放政策の開始 79.12 ソ連、**アフガニスタンに侵攻** 80.9 ポーランドで「連帯」結成 85. ソ連で**ペレストロイカ(改革)**開始(ゴルバチョフ書記長) 89. **東欧革命** .6 第2次**天安門事件** .12 ルーマニア革命(チャウシェスク処刑)	**とのたたかい** 76.7 ベトナム社会主義共和国成立 78.12 ベトナム、カンボジア侵攻 79.2 イラン=イスラーム革命 中越戦争(~79.3) 80.9 イラン-イラク戦争(~88) 82.6 イスラエル、レバノン侵攻 86. フィリピン政変	**75年～80年代** 270 ～ 271 ・ 276 ～ 299

グローバル化の時代

	広域統合とグローバル化	平和への取り組みと紛争	社会主義圏の再編	東アジアの経済発展	
ソ連解体後、経済の自由化と一体化が世界的に広がり、NGO活動や多国籍企業が勢力を伸ばす一方、グローバル化に反発するリージョナル(地域的)な活動も活発となっている。また唯一の軍事超大国となったアメリカに対しては、反対勢力によるテロ活動なども起こっている。	92.2 EC12か国、マーストリヒト条約調印 93.11 **ヨーロッパ連合(EU)発足** 95.1 世界貿易機関(WTO)発足(GATT、発展的解消) 97.6 EU15か国、アムステルダム条約採択 2004. EU、25か国に(07年27か国、13年28か国) 08.9 リーマン=ショック 09.10 **欧州債務危機** 16.6 イギリス、国民投票でEU離脱派が多数を占める 20.1 イギリス、EUを離脱	90.10 東西ドイツ統一 91.1 **湾岸戦争** .7 米ソ、STARTI調印 93.1 米露、STARTII調印 .9 パレスチナ暫定自治協定調印 98.5 インドとパキスタン、あいついで核実験 2001.9 **同時多発テロ** .10 米・NATO軍、アフガニスタン攻撃 03.3 イラク戦争 11~ **「アラブの春」**(~12)、シリア内戦激化 14. IS(「イスラム国」)の台頭	91.6 コメコン解散 **ユーゴスラヴィア内戦** .7 ワルシャワ条約機構解体 .12 **ソヴィエト連邦解体** 92.3 ユーゴスラヴィア内戦激化 94.12 ロシア、チェチェン侵攻(~96) 2012.8 ロシア、WTO加盟 14. ロシア、ウクライナのクリミアを編入宣言 15.7 キューバ、アメリカと国交回復	91.9 韓国・北朝鮮、国連加盟 .10 カンボジア和平協定調印 92. 中国、社会主義市場経済を宣言 97.7 イギリスから中国へ香港返還 **アジア通貨危機** 99.4 ASEAN、10か国に 2001.12 **中国、WTO加盟** 10. 中国、GDP世界第2位に 15.12 ASEAN経済共同体発足	**90年代～** 272 ～ 273 ・ 276 ～ 299

東西陣営の形成 〜冷戦の始まりとアジア諸国の独立 1945〜50年代前半

⑨
→巻頭15 別冊史料78

ヒストリーシアター ヨーロッパを分断した「鉄のカーテン」

…バルト海の**シュチェチン**からアドリア海の**トリエステ**まで，ヨーロッパ大陸をまたぐ**鉄のカーテン**が降りてしまった。その線の向こう側に，中・東欧の古き諸国の首都が並んでいる。**ワルシャワ，ベルリン，プラハ，ウィーン，ブダペスト，ベオグラード，ブカレスト，**そして**ソフィア**である。これらすべての有名な諸都市，そしてその周辺の人々は，私がソヴェトの圏域と呼ばねばならないものの中に位置し，それらすべては何らかのかたちで，ソヴェトの影響力に従属しているばかりか，とても強固で，多くの場合においてますます強まるモスクワのコントロールの下にあるのだ。（英米両国民は協力して共産主義の進出を阻止すべきである。）…

▲①**1946年3月ミズーリ州フルトンで演説を行うチャーチル**(1874〜1965) イギリス前首相チャーチルは，東欧が「ソ連圏」となったと強調することで，米英同盟の強化をはかり，さらにイギリス国内での自らの勢力挽回をねらった。また長年の戦争による財政危機のなか，海外におけるイギリスの影響力の後退をくいとめるため，アメリカより援助を引き出す意図もあった。**トルーマン**米大統領（任1945〜53）はこれに応じ，ソ連・共産主義の勢力拡大を防ぐ**「封じ込め政策」**を提起し，ソ連の対米不信が強まった。

よみとき 「鉄のカーテン」とは，何を比喩しているのだろうか。また，この演説の後に鉄のカーテンに組み込まれた地域があるが，それはどこだろうか。

▲②**第二次世界大戦後のヨーロッパ** 世界全図p.48-49 →p.256 **1** , →p.285 **2**

地図凡例：
- NATO結成時(1949)の加盟国（ほかにアメリカ・カナダ）
- その後のNATO加盟国（〜1991）
- ワルシャワ条約機構加盟国（1955結成→1991解体）
- 国名 ECの原加盟国
- 国名 1973年以降のEC加盟国
- 鉄のカーテン(1946年)

連合国による占領地域：
- イギリス
- アメリカ
- フランス
- ソ連

地図注記：
- 1955 西独，NATO加盟 東独，ワルシャワ条約機構加盟 →1990 東西統一
- 1966 NATO軍事機構を脱退
- 1947 パリ講和条約→国連管理下 1954 〜イタリア・ユーゴ分割領有
- 1968 ワルシャワ条約機構脱退
- 1989 マルタ会談 冷戦終結を宣言
- 米・英・仏・ソ分割管理 →1955独立（中立国）
- 1948 ユーゴ コミンフォルム除名
- 1952 NATO加盟→ 1974 軍事機構脱退→ 1980 復帰
- バルト3国 1940 ソ連が併合 1991.9 独立
- *1945年，ポツダム協定による。
- オーデル=ナイセ線*（東ドイツとポーランド）の国境
- 1939〜75 フランコ独裁

1 冷戦の象徴 〜ベルリンの東西分断

1945年
ドイツ敗戦
ベルリン4か国共同管理

↓

西ドイツ ← 仏 英 米 ← **対立** → ソ連 → 東ドイツ

○ 西側地区を早く復興させてソ連に対抗
・そのために通貨発行量をコントロールしてインフレを抑える

○ ベルリン全体をソ連の影響下におきたい
・ドイツの戦後復興には関心なし

1948年
西側管理地区 通貨改革

反発

↓

1948年
ベルリン封鎖

ベルリン封鎖

◀③**「空の架け橋」作戦** 1948年6月に西ドイツ単独の**通貨改革**を断行した米英仏は，ソ連が対抗措置として**西ベルリンを封鎖**すると，米軍機等による食料や燃料などの空輸作戦を展開した。封鎖は1年ほどで解除されたが，ベルリン分割は既成事実となり，ドイツの分裂が決定的となった。

1949年
ドイツ，東西に分裂
東：ドイツ民主共和国 西：ドイツ連邦共和国

亡命者の増加

東から西への亡命者数（万人）
（『世界国勢図会』ほか）
- 東西ドイツの成立 1949.5〜10
- 「ベルリンの壁」建設 1961.8
- 旧西ドイツ
- 旧東ドイツ
- 一人あたりGDP（ドル）
- 73 269 28 14 53
- 1945 50 55 60 65 70 75 80 85 90(年)

▲④**東から西への亡命者数と東西ドイツのGDP**

「ベルリンの壁」建設 (1961年)

◀⑤**築かれる「ベルリンの壁」** 1961年，急増していた西ベルリンへの流出者阻止のため，ソ連の承認で東ドイツが建設。当初の有刺鉄線から石造へ，最後はコンクリートとなった。総延長は155km。壁を越えようとした多くの者が逮捕，あるいは射殺され，東西対立の象徴となった。

⑩ →巻頭15

凡例：
- 「ベルリンの壁」(1961〜89年)
- ベルリンの境界
- 四国管理区界（1945〜50年）
- 鉄道
- 道路

地図内：フランス管理区，イギリス管理区，ソヴィエト管理区，西ベルリン，東ベルリン，テーゲル空港，ブランデンブルク門，チャーリー検問所，ガートウ空港，アメリカ管理区，テンペルホーフ空港，シェーネフェルト空港，フランクフルト・ミュンヘンへ，西ドイツ，東ドイツ

▲⑥**ベルリンの分割**

その時経済は 資金の動きで加速する東西分断

- 世界恐慌後のブロック経済が、第二次世界大戦の遠因となったことへの反省
- 新しい国際経済秩序を形成する必要性の高まり →p.251

↓

1944年7月 ブレトン=ウッズ会議
- IMF、IBRDの設立決定 →p.259
  （ブレトン=ウッズ体制）
- →経済的覇権がイギリスからアメリカへ移行

↓

冷戦が始まると…

トルーマン=ドクトリン
- ギリシアとトルコへの軍事・経済援助を表明し、反ソ・反共を公然と宣言
- →アメリカによるソ連「封じ込め政策」

▲⑦トルーマン大統領 別冊史料79

↓

| 1947年 マーシャル=プラン | VS | 47 コミンフォルム |
| | | 49 COMECON |

↓

- 米ソによる各国支援合戦
  →東西分断の加速

金ドル本位制とブレトン=ウッズ体制

金ドル本位制　　　　　　　　金本位制 →p.251

世界の貨幣用金の約²⁄₃を保有

米 → 英・仏
1ドル＝360円 日本
固定相場制

1オンス＊＝35ドル
＊約31.1グラム

圧倒的優位のドルのみが金との交換を保障される ＝ **ドルが世界の基軸通貨に**

ブレトン=ウッズ会議では、各国が戦争で疲弊（ひへい）したなかで、唯一経済的損失の少なかったアメリカのドルを**基軸通貨**とすることが決定した。ドルのみが金との交換が可能であり、他国の通貨は、ドルとの関係で価値が決まる**固定相場制**となった。

国際通貨基金（IMF）	国際復興開発銀行（IBRD）＊	関税と貿易に関する一般協定（GATT）＊2
・1945年創設 ・加盟国の金融・経済政策の監視、技術支援 ・国際収支が悪化した国に対する融資	・1945年創設 ・第二次世界大戦後の各国の経済面での復興を援助 ＊世界銀行ともよばれる。冷戦後は途上国への支援がメイン	・1947年創設 ・自由貿易、無差別貿易 ・ラウンド（多国間）交渉 →自由で多角的な貿易を推進 ＊2 1995年に世界貿易機関（WTO）へ

ブレトン=ウッズ体制

国際的な協力によって通貨価値の安定をはかり、世界的な規模で貿易の自由化を推進することが約された。しかしソ連は、国際収支や外貨準備の公表を条件とする**IMF**などに加盟しなかった。資本主義世界に限定されたこの体制のもとでは、アメリカ中心の経済秩序が形成された。

西側 マーシャル=プラン

1947年6月、アメリカ国務長官の**マーシャル**が、特定の国や主義にこだわらない全ヨーロッパの経済復興を訴えた。しかしソ連・東欧諸国が不参加だったため、ヨーロッパの分断が決定的となった。

総額 103億ドル（1948年4月～51年6月）
- イギリス 26.0%
- フランス 20.0
- 西ドイツ 11.4
- イタリア 10.0
- オランダ 7.9
- ベルギー・ルクセンブルク 5.2
- オーストリア 4.8
- その他 14.7

◀⑧マーシャル=プランの配分比率 1948年4月制定の対外援助法でアメリカは4年間で約130億ドルを支出し、西欧諸国を貿易自由化体制に組み込んだ。

VS

東側 COMECON

マーシャル=プランを拒否した社会主義諸国間での経済分業が目的であったが、実際はソ連中心の経済秩序といえた。

加盟国
ソ連・ポーランド・ハンガリー・チェコスロヴァキア・ルーマニア・ブルガリア・東ドイツ（のちにモンゴル・キューバ・ベトナム）

確認
① 戦後、世界経済のリーダーとなったのはどの国か？
② ①主体の経済秩序を支えた体制を何というか？
③ アメリカがトルーマン=ドクトリンを打ち出したのはどのような背景からだろうか？

その時日本は アメリカによる占領から独立へ

1945～54年の日本の動き

1945	ポツダム宣言受諾 （8.15受諾発表，9.2降伏文書調印）
	↓
	アメリカ占領下で民主化政策が始まる ・GHQ（連合国軍総司令部）による改革指令
46	極東国際軍事裁判 日本国憲法の公布
	冷戦の始まり
	GHQによる占領政策の転換 民主化から，経済の自立と防共をめざす政策へ
50	**朝鮮戦争** →p.302
	・特需により復興へ ・警察予備隊の設置 →再軍備へ（のちの自衛隊）
51	**サンフランシスコ講和会議 日米安全保障条約** →日本の独立と西側陣営への組み込み

◀⑨連合国軍最高司令官マッカーサー 戦争中は対日戦を指揮し、戦後は日本の**占領政策**を指導した。**朝鮮戦争**で国連軍を指揮したが、中国東北部への原爆を含む直接爆撃を進言し、トルーマン大統領と対立。1951年に解任された。

▼⑪サンフランシスコ平和条約の調印 この条約により、日本は独立を回復し、日清戦争以来の獲得領などを放棄した。しかし、中国は代表権問題により会議に招請されず、ソ連や東欧諸国は安保条約との関連により調印を拒否した。日本国内では、戦争当事国全体との「全面講和」か、アメリカ主導の「単独講和」（東側陣営とは講和を結ばず、講和を受け入れる国々と結ぶ）をとるか議論になったが、吉田内閣は単独講和を選択した。→p.315

調印拒否 ソ連・ポーランド・チェコスロヴァキア
理由 引き続き外国軍が駐留するべきでない、など
会議不参加 インド・ビルマ・ユーゴスラヴィアなど
理由 ① 中華人民共和国が会議に招かれるべきである
　　② 沖縄・小笠原は日本に返すべきである
　　③ アメリカ軍は駐留をやめるべきである
その他の批判
・日本への賠償請求権を放棄するべきではない、など

◀⑩朝鮮戦争特需（とくじゅ） 米軍の軍需が繊維・自動車・石炭部門を中心に急増し、多額のドルを得たことで、不況にあえいでいた日本経済は復興。1951年にはGNPと個人消費の総額が戦前の水準をこえた。

日米安全保障条約（要約） 1951年9月8日調印 52年4月28日発効
・米軍を日本に配備することを承諾する。
・米軍は、極東の平和と安全、内乱や外部からの武力攻撃など日本の安全確保に協力する（日本の安全を保障する義務はない）。
・アメリカ以外の国に軍事的権利を与えない。
・米軍の日本国における配備の条件は、**日米行政協定**で決定する。
　（**日米行政協定** ① 基地はどこでもおける
　　　　　② 防衛分担金を日本が払う
　　　　　③ 米軍関係者の犯罪は米軍に裁判権がある）
・日本が自衛力をもつことを期待する。

▲⑫アメリカ政府は、日本を西側陣営に確保するため講和を急いだが、軍部は**朝鮮戦争**勃発（ぼっぱつ）で**在日米軍基地**の重要性が高まったとして講和延期を主張した。両者の妥協として、沖縄を分離し、本土の米軍基地を維持できる形態がとられた。これによって、日本はアメリカの冷戦戦略のなかに編入された。別冊史料83

ハンガリーが望んだ早すぎる「春」
ヒストリーシアター

スターリン批判（1956年）

スターリンは「人民の敵」という概念を作りました。…第17回党大会で選ばれた党中央委員と候補者139名のうち，98名（すなわち70％）が逮捕・銃殺されたことが明らかになっています。…この事実そのものが，すでに述べたように，第17回党大会参加者の大多数に対する反革命罪の告発がいかにでたらめで，無茶で，常識に反したものであるかを物語っているのです。…

◀①ハンガリー反ソ暴動 **ブダペスト**での民衆蜂起（ほうき）の後，改革派の**ナジ**政権が成立した。しかしナジが，ソ連軍撤退・複数政党制・**ワルシャワ条約機構脱退**を表明したために，ソ連が軍事介入し，反ソ勢力は一掃された。

▼②スターリン批判 ユーゴスラヴィアとの関係改善をはかった**フルシチョフ**（任1953〜64）は，**スターリン**の専横的な政治・個人崇拝・大粛清などを明らかにしたため，世界に衝撃がはしった。別冊史料89

📖よみとき 図①で破壊されているのは誰（だれ）の像だろうか。また反ソ暴動はどのようなきっかけで起こったのだろうか。

1 緊張緩和の機運「雪どけ」

（年）低 ◀ 緊張 ▶ 高
45 — 45 第二次世界大戦終結
48〜49 ベルリン封鎖 ⇒p.262 / 46〜54 インドシナ戦争 ⇒p.298 / 49 ドイツ東西に分裂 北大西洋条約機構（NATO）結成 中華人民共和国成立
50 —
55 — 55 ジュネーヴ4巨頭会談 / 50〜53 朝鮮戦争 ⇒p.302 / 55 ワルシャワ条約機構結成
56 スターリン批判②ポズナン暴動 ハンガリー反ソ暴動① / 59 フルシチョフ訪米④
60 — 61「ベルリンの壁」構築 ⇒p.262
65 — 68「プラハの春」ソ連軍侵攻 ⇒p.268 / 65〜75ベトナム戦争 ⇒p.298 / 62キューバ危機②
70 — 72 米ソ，SALT I に調印 ⇒p.276
75 — 75 ベトナム戦争終結 / 79〜89 ソ連，アフガニスタンに侵攻 ⇒p.287,292
80 —
85 — 85 ソ連，ペレストロイカ開始
89「ベルリンの壁」崩壊 米ソ首脳マルタ会談 ⇒p.270
90 — 91ソ連解体 / 90 東西ドイツ統一

1953年 スターリン死去 → 1955年 ジュネーヴ4巨頭会談 → 1956年 スターリン批判 → 「雪どけ」 ← 平和共存路線 → 1959年 フルシチョフ訪米

◀③ジュネーヴ4巨頭会談 1955年7月に開かれた会談は，**ヤルタ会談**以降初めての（そしてフランスも参加した）頂上会談であった。朝鮮戦争・インドシナ戦争終結後の米ソ間の**緊張緩和**（「雪どけ」と称された）の象徴となったが，実効的な成果はほとんどなかった。

ブルガーニン（ソ連） フォール（仏）
アイゼンハウアー（米） イーデン（英）

▶④フルシチョフ訪米 スプートニクの打ち上げ成功で対米優位を意識した**フルシチョフ**は1959年に訪米し，**アイゼンハウアー**（任1953〜61）と会談。しかしアメリカの偵察機が撃墜（げきつい）される事件が起こり，次の会談の予定は中止された。

アイゼンハウアー
ニクソン（副大統領） フルシチョフ

2 再緊張 キューバ危機

1898 米西（アメリカ-スペイン）戦争
1901 プラット条項 ⇒p.194
02 アメリカの保護国化
33 バティスタ政権（〜44）
52 バティスタ，独裁開始（〜59）
56 カストロ，革命運動開始
59 **キューバ革命達成**
国内の米企業を国有化 農地改革 ⇒p.283
← ソ連の接近
61.1 米，キューバと断交，経済制裁
亡命キューバ人，キューバへ武力侵攻（米CIA，カストロ追い落としをはかる）
← 米による干渉強まる
61.5 **カストロ，社会主義宣言**
62.9 ソ連と武器援助協定を結ぶ ソ連の核ミサイル配備を受け入れ
62.10 **キューバ危機**

▲⑤キューバの動き

（縦書き）アメリカに従属「棍棒外交」／ソ連への接近・社会主義化

ミサイル収容テント

アメリカの偵察機
キューバへ向かうソ連の輸送船

◀⑥キューバのミサイル基地 1962年，ソ連はキューバにミサイル基地を建設した。ワシントン・ニューヨークはその射程距離圏にあり，キューバは共産主義包囲網の外に位置していた（⇒p.48）ことから，アメリカにとって非常な脅威（きょうい）に映った。最終的にはキューバへの不侵攻をケネディが確約し，ソ連がミサイルを撤去した。

◀⑦ソ連の輸送船を追尾するアメリカの偵察機 アメリカによるキューバの海上封鎖（しょうさ）で米ソは衝突寸前となった。「世界を震撼（しんかん）させた13日」の後，ソ連のフルシチョフの譲歩（じょうほ）で核戦争はまぬがれた。後日ホワイトハウスとクレムリンを結ぶ**ホットライン**がつくられた。

サンフランシスコ シカゴ ニューヨーク
アメリカ合衆国 ロサンゼルス ワシントン
太平洋 大西洋
メキシコ湾 メキシコ グアンタナモ米海軍基地
グアテマラ ハバナ キューバ プエルトリコ[米]
カリブ海 コロンビア

○ソ連製ミサイルの射程範囲
●アメリカによる海上封鎖
▮ソ連のミサイル発射基地
⚓アメリカ空軍基地
⚓アメリカ海軍基地

0 1000km

▲⑧アメリカとキューバの位置関係 世界全図p.48-49

その時経済は 西欧と日本の復興

パクス＝アメリカーナ（1945〜50年代前半）

製品
マーシャル＝プラン・IBRD
ドル

米 ⇄ 日・欧

ドル

アメリカ製品やドルがほしい

・復興に向けて，世界にアメリカ製品が流れ込む

日本・西欧の復興（1950年代後半〜）

製品

製品を輸出しドルをため込もう

米 ⇄ 日・欧

ドル

・復興した日本や西欧が工業製品をアメリカに輸出し始める

米の成長停滞（1960年代後半）

ドルと金の交換要求

米 ⇄ 日・欧

世界に出回るドルの量＞保有する金の量
その上，国内の経済が停滞し始めた

金の量よりドルの方が出回って，金に交換できなくなったら困るから今，交換しておきたい

・世界に出回るドルの量がアメリカの保有する金の量をこえ，各国が交換要求を始める
・成長の停滞したアメリカにとって，ドルの流通量を制限する金本位制が足かせに…

▲⑨主要資本主義国の鉱工業生産指数

〈東大出版会編『近代国際経済要覧』〉（年）

▲⑩主要資本主義国の外貨準備金の推移　ブレトン＝ウッズ体制のもと，国際収支のバランスをコントロールすることが強く求められたアメリカは，諸外国がドルを獲得できるように輸入超過によって一定の割合でドルを世界経済全体に注入し続けた。こうして1960年代には，アメリカの国際収支は大幅な赤字になった。

〈東大出版会編『近代国際経済要覧』〉（年）

テーマ EECの発足

1950年，フランス外相シューマンが，独仏の石炭・鉄鋼を両国で共同管理することを提案した。この**シューマン＝プラン**にベネルクス3国やイタリアも賛同し，52年に**ヨーロッパ石炭鉄鋼共同体（ECSC）**が発足した。石炭と鉄鋼は戦争に不可欠な資源であり，独仏によるこれらの共有は，敵対してきた両国の和解のみならず，第一次世界大戦後に掲げられたパン＝ヨーロッパの理念を実現する第一歩とみなされたからであった。やがてこれを経済の全分野に拡大する**ローマ条約**が57年に締結され，58年に6か国が相互に経済的国境を取り払った**ヨーロッパ経済共同体（EEC）**が成立した。➡p.284

▼⑪EEC発足に合意するヨーロッパ諸国

確認
①この時期に経済復興をとげた国と地域はどこだろうか？
②これらの国がドルをため込んだ結果，アメリカはどのような問題を抱えることになっただろうか？

その時日本は 日本，国際社会へ復帰

1955年〜60年代前半の日本の動き

1955	55年体制の始まり

自由民主党 ◀▶ **日本社会党**

改憲し，軍備の合法化をめざす安保を推進

護憲派　自衛隊の廃止を主張，安保には反対

56　日ソ共同宣言
日ソ間の戦争状態を終了，日本の国連加盟を支持

↓

日本，国連に加盟

○　高度経済成長期

60　「所得倍増」政策の始まり

新安保条約の調印
安保改定により，戦争に巻き込まれる危険が増すとして，再軍備反対・非武装中立をとなえて安保闘争が起こる

64　東海道新幹線（東京−新大阪）開通
東京オリンピック開催
（10月10日，のちに「体育の日」となる）

65　日韓基本条約調印 ➡p.303

▼⑫日ソ共同宣言の調印　外交路線の転換をはかったフルシチョフの提案により**日ソ交渉**が始まった。ソ連は歯舞・色丹の返還を提案し，日本は四島返還を主張した結果，領土問題は棚上げのまま1956年に国交が回復された。

鳩山一郎首相

ブルガーニン（ソ連）

◀⑭**東京オリンピック**　アジアで初めての第18回オリンピック東京大会は，日本の戦後復興を印象づけ，**高度経済成長**に拍車をかけた。東海道新幹線が開幕9日前に開通した。日本が獲得した金メダルの数は16個。

▼⑬日本の国連加盟　1956年の日ソ共同宣言とソ連との国交回復によって，社会主義諸国の反対がなくなり，同年12月に日本は**国際連合**に加盟した。

日本の国連加盟決る

全会一致で可決
安保理事会　80番目・宿願

▲⑮日本の実質経済成長率の推移

高度経済成長

50・51　朝鮮特需
60　「所得倍増」政策
64　東京オリンピック
67　公害対策基本法
68　GNP資本主義国第2位
73　第1次石油危機
79　第2次石油危機

1947　50　55　60　65　70　75　80（年）

第三勢力の形成 〜南北問題の顕在化 1955〜60年代前半

ヒストリーシアター のちの大国の首脳たちの選択とは？

周恩来(中国)　ネルー(インド)

◀①ネルー・周恩来会談 1954年，チベットとインドの間の通商・交通に関する協定締結のため，インドの**ネルー**(任1947〜64)と中国の**周恩来**(任1949〜76)の会談が行われた。この会談で，チベット問題や国境問題などを抱えていた両国が，社会体制の相違を越えて共存する意思を「平和五原則」で示したことは，東西陣営の冷戦から中立を保つ**第三勢力**の結集をうながした。

よみとき　なぜ第三勢力が形成されたのだろうか。当時の世界の状況をふまえて考えよう。

「平和五原則」(1954) 別冊史料87

(1)領土・主権の尊重　　(3)内政不干渉　　(5)平和共存
(2)相互不可侵　　(4)平等互恵

第三勢力結束の背景

反帝国主義・反植民地主義の主張
第三勢力の共通点…第二次世界大戦後に植民地支配から独立し，東西陣営から距離を置いた国々
→再植民地化や脱植民地化に合わせて起こる戦争への抵抗

冷戦構造は形を変えた帝国主義だという認識
経済援助・安全保障・イデオロギーによって米ソいずれかの影響を多大にこうむる可能性
→独立維持の主張

1 第三勢力の連帯

1954.4	**コロンボ会議**(アジア=アフリカ会議開催宣言)
1954.6	**ネルー・周恩来会談**(平和五原則の確認)

「平和十原則」〔バンドン精神〕(1955) 別冊史料88

(1)基本的人権と国連憲章の尊重
(2)**すべての国家の主権と領土の尊重**
(3)**すべての人種及び国家の平等の承認**
(4)他国の内政不干渉
(5)国連憲章による個別・集団的自衛権の尊重
(6)大国の特定の利益のために集団防衛の取り決めを利用しないこと
(7)**武力侵略の否定**
(8)**国際紛争の平和的手段による解決**
(9)相互の利益と協力の増進
(10)正義と国際義務の尊重

↓

非同盟諸国の基準(1961)

(1)平和共存と非同盟の原則にもとづく自主的政策の追求
(2)民族解放運動の無条件支持
(3)いかなる集団的軍事ブロックにも不参加
(4)いかなる大国との双務的軍事条約も結ばない
(5)自国領内に外国の軍事基地不許可

▶②アジア=アフリカ会議 1955年，アジア・アフリカの新興国の指導者がインドネシアの**バンドン**に集まり「平和十原則」を採択。その後の国際社会での新興独立国の発言力増大につながった。第2回会議が2005年に開かれた。

周恩来

スカルノ　エンクルマ　ナセル　ネルー

▲③非同盟諸国首脳会議 1961年，東西冷戦にさからって，平和的な国際秩序を積極的に確立するために**ティトー・ネルー・ナセル**が非同盟政策をとる諸国の連帯をよびかけた。第1回会議は**ベオグラード**で開催され，25か国が参加。

テーマ アフリカ黒人国家の独立

第二次世界大戦終結時のアフリカの独立国は4か国だった。しかし1950年代の北アフリカでの独立運動と**アジア=アフリカ会議**の成功を受け，57年に**ガーナ**が，サハラ以南で最初の独立国となった。17植民地が独立をした60年は「**アフリカの年**」とよばれた。だが植民地時代に形成されたモノカルチャーの経済構造は，独立だけでは解消できず，国内の部族問題，貧富の格差など問題は多い。

▶④ガーナの初代大統領エンクルマ(任1960〜66)

$ その時経済は 顕在化する南北問題と南南問題

独立を達成した旧植民地では，自国の資源を経済的自立と発展に結びつける**資源ナショナリズム**が高まった。しかしそれが**モノカルチャー**構造を強め，経済停滞と政治的混乱を招いた。この格差から起こる問題を**南北問題**とよぶ。またその一方で資源(とくに石油)をもつ国ともたない国の格差対立である**南南問題**も顕在化し，今日でも経済格差は世界的な課題となっている。

スウェーデン 61600　ロシア 13210
アメリカ合衆国 55250　スペイン 29940*　中国 7380　日本 42000
韓国 27090　サウジアラビア 25140　インド 1570　フィリピン 3470
ブラジル 11530　ナイジェリア 2970　マラウィ 250(最低国)　インドネシア 3630
アルゼンチン 14160　南アフリカ 6800　オーストラリア 64680

*2013年

1人あたりのGNI ─2014年─(国・地域別)
28000ドル以上　　3000〜9000　　資料なし
16000〜28000　　750〜3000　　地図中の数値の単位はドル
9000〜16000　　750ドル未満　(World Bank資料，ほか)

▲⑤1人あたりのGNI(国民総所得)で見る世界 ⇒巻頭折込

p.288,290

⑥アフリカの輸出の現状

貿易相手国の赤字は旧宗主国

国名	年次	輸出品目(第1位)	貿易相手国(第1位)
ガーナ	1960年	カカオ(63.3%)	**イギリス**(31.3%)
	2019年	金(37.0%)	中国(16.7%)
ナイジェリア	1960年	カカオ(21.7%)	**イギリス**(47.6%)
	2019年	原油(76.5%)	インド(15.4%)
モロッコ	1960年	りん鉱石(23.4%)	**フランス**(40.3%)
	2019年	機械(19.7%)	スペイン(24.1%)

〈国連貿易統計，ほか〉

確認

①旧植民地が独立して，経済的にどのような問題が噴出したか？
②途上国の中でも，経済格差が生まれたことを何というか？

特集 20世紀の文化

1 20世紀の美術

野獣派（フォーヴィスム）

写実表現が消え，純粋色による荒いタッチや形状の単純化などを特徴とし，「野獣たち」と批評された。

▲①マティス

▶②マティス「ダンス」　大胆な色彩を特徴とする代表作。マティスの野獣派としての活動期間は3年ほどであった。

立体派（キュビスム）

ピカソとブラックは，視覚より概念を忠実に表現することを主張。写実的伝統から絵画を解放したとされる。

▲③ピカソ

▲④ピカソ「泣く女」

超現実主義（シュールレアリスム）

人間の精神に内在する夢や潜在意識を描写する。画家たちは，人間の抱える「無意識」や「深層心理」を表現した。

▲⑤ダリ

▶⑥ダリ「内乱の予感」　原題は「茹でた隠元豆のある柔らかい構造」。スペイン内戦を予言したと，ダリは自画自賛している。ダリは代表的画家だが，商業的部分を批判されてもいる。

ポップアート

1950年代にイギリスで生まれ，60年代にアメリカの大量生産や大衆文化を背景に展開された。

▲⑦A.ウォーホル

▶⑧A.ウォーホル「マリリン」　シルクスクリーンという手法で，イメージを用いた版画を「ファクトリー」で大量生産した。「マリリン」は女優マリリン＝モンローをモデルとしている。

2 20世紀の文化 p.312,361

赤字 女性

分野	人物	国	年	業績
哲学・神学	ベルクソン	仏	1859-1941	『創造的進化』生の不断の創造的進化を説く
	ヤスパース	独	1883-1969	実存主義哲学の基礎を築く『哲学』『理性と実存』
	ハイデガー	独	1889-1976	『存在と時間』実存主義　人間の存在のあり方を探求
	ジェームズ	米	1842-1910	アメリカ心理学の基礎確立『プラグマティズム』
	デューイ	米	1859-1952	『民主主義と教育』プラグマティズムを大成
	サルトル	仏	1905-1980	現代実存哲学（実存主義）『存在と無』小説『嘔吐』
	ボーヴォワール	仏	1908-1986	『第二の性』女性解放運動活動家
	レヴィ＝ストロース	仏	1908-2009	文化人類学者　構造主義の代表的存在　『悲しき熱帯』
	フーコー	仏	1926-1984	構造主義の代表的存在　近代的思考を批判的に考察『知の考古学』
	シュペングラー	独	1880-1936	『西洋の没落』（第一次世界大戦後の西欧の喪失感を反映）
	バートランド＝ラッセル	英	1872-1970	核兵器を批判　パグウォッシュ会議(1957)の開催につながる
経済思想	ホブソン	英	1858-1940	『帝国主義論』資本輸出の批判
	ケインズ	英	1883-1946	『雇用・利子及び貨幣の一般理論』近代経済学を確立 p.251
社会主義	レーニン	ソ	1870-1924	『帝国主義論』『国家と革命』正統マルクス主義 p.238
	ローザ＝ルクセンブルク	ポーランド	1870-1919	スパルタクス団を指導『資本蓄積論』 p.242
社会学	マックス＝ヴェーバー	独	1864-1920	『プロテスタンティズムの倫理と資本主義の精神』
心理学	フロイト	墺	1856-1939	精神分析学創始『夢判断』『精神分析学入門』
	ユング	スイス	1875-1961	分析心理学を創始 集合的無意識や元型の概念を提唱
歴史学	マイネッケ	独	1862-1954	政治史と精神史の結合『歴史主義の成立』
	ピレンヌ	ベルギー	1862-1935	西欧中世史家『マホメットとシャルルマーニュ』
	ブロック	仏	1886-1944	アナール派の創始者　社会史を開拓『封建社会』
	ブローデル	仏	1902-1985	アナール派の全体史の代表的著作『地中海』
	トインビー	英	1889-1975	文明の視点からの世界史を提唱『歴史の研究』
	ウォーラーステイン	米	1930-2019	近代世界システム論『近代世界システム』 p.184
自然科学	パブロフ	ソ	1849-1936	条件反射の理論『パブロフの犬』の実験
	オパーリン	ソ	1894-1980	生命の起源を探究
	フレミング	英	1881-1955	ペニシリン(抗生物質)発見
	ラザフォード	英	1871-1937	原子自然崩壊説の提唱
	アインシュタイン	独	1879-1955	相対性理論の発見「ラッセル-アインシュタイン宣言」 p.256
	ボーア	デンマーク	1885-1962	量子論構造の提唱
	ハイゼンベルク	独	1901-1976	原子力学・原子核理論
	オッペンハイマー	米	1904-1967	原子爆弾の製造指揮（マンハッタン計画）
	湯川秀樹	日	1907-1981	中間子理論　日本人初のノーベル賞受賞（物理学賞）
文学	ロマン＝ロラン	仏	1866-1944	『ジャン＝クリストフ』『魅せられたる魂』人民戦線を支持
	アンドレ＝ジイド	仏	1869-1951	『狭き門』『背徳者』禁欲主義と自由への衝動との葛藤
	プルースト	仏	1871-1922	『失われた時を求めて』20世紀文学の出発点
	マルタン＝デュ＝ガール	仏	1881-1958	『チボー家の人々』（第一次世界大戦を背景とした大河小説）
	コクトー	仏	1889-1963	『恐るべき子どもたち』心理小説・詩人・劇作家
	ブレヒト	独	1898-1956	『三文オペラ』『夜打つ太鼓』風刺の効いた社会主義的戯曲
文学	カミュ	仏	1913-1960	『異邦人』『ペスト』不条理の文学，実存主義文学
	バーナード＝ショー	英	1856-1950	『人と超人』劇作家，批評家，フェビアン協会創設に参加
	H.G.ウェルズ	英	1866-1946	SF小説を確立『タイム＝マシン』 p.183『透明人間』
	ジュール＝ヴェルヌ	仏	1828-1905	SF文学の始祖『海底2万マイル』『月世界旅行』
	モーム	英	1874-1965	『人間の絆』『月と六ペンス』20世紀を代表する通俗小説作家
	ローレンス	英	1885-1930	『チャタレイ夫人の恋人』「生命の回復」をテーマに愛を描く
	オーウェル	英	1903-1950	『カタロニア讃歌』『動物農場』『1984年』（全体主義の批判）
	カフカ	チェコ	1883-1924	実存主義文学の先駆『変身』『審判』『城』
	トーマス＝マン	独	1875-1955	『魔の山』『ブッデンブローク家の人々』『ファウスト博士』
	ヘルマン＝ヘッセ	独	1877-1962	『車輪の下』『デミアン』『シッダルタ』マンとならぶドイツの文豪
	レマルク	独	1898-1970	新即物主義『西部戦線異状なし』『凱旋門』
	ヘミングウェー	米	1899-1961	『老人と海』『武器よさらば』『誰がために鐘は鳴る』 p.253
	マーガレット＝ミッチェル	米	1900-1949	『風と共に去りぬ』（南北戦争期の南部上流女性の人生）
	スタインベック	米	1902-1968	『怒りの葡萄』（大恐慌下の貧農が題材）『エデンの東』
	パール＝バック	米	1892-1973	『大地』(土に生きる中国の農民を力強く描く)
	ゴーリキー	ソ	1868-1936	『どん底』『母』社会主義リアリズムの先駆
	ショーロホフ	ソ	1905-1984	『静かなるドン』社会主義リアリズムの確立
	ソルジェニーツィン	ソ	1918-2008	反体制作家『収容所群島』『イワン＝デニーソヴィチの一日』
	シェンキェヴィチ	ポーランド	1846-1916	『クォ＝ヴァディス』(ネロ帝のキリスト教迫害)
	タゴール	インド	1861-1941	『ギーターンジャリ』(詩集)民族主義とヒューマニズム精神
	魯迅	中	1881-1936	『阿Q正伝』『狂人日記』白話運動　文学革命 p.246
	老舎	中	1899-1966	文化大革命で迫害される『駱駝 祥子』
	川端康成	日	1899-1972	『伊豆の踊子』『雪国』日本人初のノーベル文学賞
絵画・建築	ムンク	ノルウェー	1863-1944	「叫び」生命のフリーズをテーマとする
	マティス	仏	1869-1954	野獣派の中心　「ダンス」「赤い部屋（赤い調和）」
	ピカソ	西	1881-1973	立体派『ゲルニカ』 p.253『泣く女』
	ブラック	仏	1882-1963	立体派「レスタック風景」「アトリエ」コラージュ
	ダリ	西	1904-1989	超現実主義「内乱の予感」「記憶の固執」
	ガウディ	西	1852-1926	建築家「聖家族教会」（サグラダ＝ファミリア） p.311
	ル＝コルビュジエ	スイス	1887-1965	近代建築運動「サヴォア邸と庭師の小屋」「国立西洋美術館」
	シケイロス	メキシコ	1896-1974	象徴主義　民衆の生活を描く　スペイン内戦に参加
	A.ウォーホル	米	1928-1987	ポップアート「マリリン」「キャンベルスープの缶」
音楽	ラヴェル	仏	1875-1937	印象主義「ボレロ」「スペイン狂詩曲」
	シェーンベルク	墺・米	1874-1951	十二音楽の創始　「浄められた夜」
	ストラヴィンスキー	ソ・米	1882-1971	新古典主義音楽　「火の鳥」「春の祭典」
	ショスタコーヴィチ	ソ	1906-1975	社会主義リアリズム音楽　交響曲第7番「レニングラード」
	ガーシュイン	米	1898-1937	『ラプソディ＝イン＝ブルー』『パリのアメリカ人』
	シベリウス	フィンランド	1865-1957	国民楽派「フィンランディア」
	バルトーク	ハンガリー	1881-1945	ハンガリー民族音楽「コッシュート」「管弦楽のための協奏曲」

日本

東アジア

東南アジア

西アジア

ヨーロッパ

アメリカ

ヒストリーシアター **米中の接近，双方のおもわくは？**

ニクソン(米)

周恩来(中)

▲①**ニクソン訪中**　ベトナムからの「名誉ある撤退」を最優先とする米大統領**ニクソン**(任1969〜74)は，対中政策の修正のためにまず大統領補佐官の**キッシンジャー**を訪中させ，自身も訪中した。中国も中ソ対立のなかで対米和解と国連加盟をねらったため，1972年に**米中和解**が実現した。頭越し外交をされた日本や，米中対立が外交の基軸であった朝鮮半島には激震がはしった。

1956　スターリン批判

中国	中ソ論争	ソ連
対米強硬路線	×互いに批判	平和共存路線

・孤立化
・独自に核開発
（ソ連の脅威）←

中ソ対立
1969
中ソ国境紛争

・中印境界紛争でインドを支持
・中国への経済的技術的援助の停止

接近

アメリカ・日本

孤立
台湾
(国民政府)

中国	対立	ソ連
文化大革命の混乱 →p.300		冷戦

1971 中国，国連加盟
1972 米中和解

アメリカ

1972 日中国交正常化

日本

ベトナム戦争の打開

▲②**中ソ国境紛争**　1960〜70年代にかけて続発。とくに，中ソ国境のウスリー川にある珍宝島(ダマンスキー島)で1969年に起きた武力衝突では，戦死者も出て，**中ソ対立**は頂点に達した。1991年に中国領とすることで合意した。

よみとき　ニクソンが訪中したとき，アメリカはどのような問題を抱えていただろうか。また，そのとき中国は国際関係のなかでどのような動きをしていただろうか。

1 東西陣営の動揺 別冊史料90

西側

▲③**ベトナム反戦運動**　ベトナム戦争の泥沼化と**反戦運動**の高まりのなか，アメリカでは銃口に花をさす**フラワーチルドレン**とよばれる若者も現れた。この戦争をアメリカは「正義の戦争」と定義づけたが，最終的に敗北，南北ベトナムの統一が実現した。→p.281, 298

▼④**枯葉剤の散布**　南ベトナム解放民族戦線がジャングルに隠れ，ゲリラ作戦ができないようにするためアメリカ軍は枯葉剤をまいた。枯葉剤にはダイオキシンが混入しており，流産や奇形児が増加したといわれる。→p.298

東側

▲⑤**「プラハの春」の弾圧**　1968年，**チェコスロヴァキア**共産党第一書記**ドプチェク**は事前検閲の廃止や市場原理の導入など，自由化路線を進めた。しかし，ソ連中心のワルシャワ条約機構軍の侵攻により（チェコ事件），ドプチェクらは逮捕され，短い「春」は終わった。チェコスロヴァキアへの内政干渉は，当時ソ連の書記長であったブレジネフがとなえた「社会主義諸国の全体利益は各国の個別利益よりも優先される」という**ブレジネフ=ドクトリン**(制限主権論)によって正当化された。

2 石油危機

1960	石油輸出国機構(OPEC)結成 → 資源ナショナリズム
67	**第3次中東戦争** →p.290,293 OPEC，反イスラエルで結集せず
68	アラブ石油輸出国機構(OAPEC)結成
73	**第4次中東戦争** →p.290,293 OPEC，石油価格の大幅引き上げを決定 OAPEC，石油戦略発動 →イスラエル支持国への石油輸出を停止
	第1次石油危機
79	**イラン=イスラーム革命** →p.291 イランからの石油供給途絶湾岸諸国の政治的安定性への危惧
	第2次石油危機

▲⑥**アラブ石油輸出国機構(OAPEC)の結成**

(万バーレル／日)

1973 74 75 76 77 78 79 80 81 82 83 84 85 86 87 88 89(年)
〈石油開発資料1986，ほか〉

▲⑦**世界の原油生産とOAPECのシェア**

(ドル)

アラビアン=ライト原油の場合
(1バーレル=0.159kℓあたり)

1971 72 73 74 75 76 77 78 79 80 81 82 83 84 85 86 87 88 89 90 91(年)
〈石油資料，ほか〉

▲⑧**石油価格の変動**　1973年の**第4次中東戦争**を契機に，**石油輸出国機構(OPEC)**湾岸6か国は原油価格を引き上げた。また，**アラブ石油輸出国機構(OAPEC)**も石油生産の削減や輸出制限による**石油戦略**を行使したことで，**資源ナショナリズム**が高まり，資源は武器となった。OAPECの世界の原油生産に占める割合は今でも大きく，90年のイラクによるクウェート侵攻時に値上がりしたように，中東情勢は原油価格に連動する。石油に依存する生活が続く限り，中東情勢は世界の注目を集め続けると考えられる。→p.290

$ その時経済は　ドル=ショックによる世界経済秩序の崩壊

各国のドルから金への交換要求

対外投資や援助によるドルの流出

インフレによるアメリカの競争力低下

ベトナム戦争の戦費の増大

↓

ドル=ショック

1971 ニクソン声明
└金とドルの交換を停止し，変動相場制へ
目的:ドルを切り下げることによって自国経済を立て直す

↓

スミソニアン体制(1ドル=308円)
└国際経済の混乱を防ぐため，固定相場制へ
↓一時的な解決にすぎず…

1973 変動相場制へ

➡ブレトン=ウッズ体制の崩壊

米，際限なくドルを発行

第1次石油危機による石油価格の上昇

↓

激しいインフレーション

↓

世界同時不況　…スタグフレーション

対策
サミット開催

第2次石油危機　→　不況，長期化

パクス=アメリカーナの終焉

(トン)	40,000 30,000 20,000 10,000 0
— 世界総量	
— アメリカ保有量	

〈World Gold Council 資料〉
1948　53　58　63　68　73　78(年)

▶⑨アメリカの金の保有量の推移

財政赤字　金との交換要求

米

国内　　対外
成長の追求　　パクス=アメリカーナの維持

矛盾

・自国の経済立て直しのためにドルを切り下げて(ドルを安くして)輸出を増やしたい
・通貨の流通量を増やして経済成長を維持したい

各国 $

・自国通貨が安い方が輸出に有利
・もっているドルの資産価値が急に減少するのは避けたい
・急激なドル安を望まず

ドル=ショック

◀⑩米ドルと金の交換停止を発表するニクソン　1944年以来，ドルは世界唯一の**兌換通貨**であったが，その国際的ルールが放棄され，国際経済は歯止めを無くした。

◀⑪ドルをとりまく各国の状況　ニクソン声明の発表後，**金本位制**のくびきから解放されたアメリカは，国内のドルの流通量を増やすことで，国内の経済を活性化させようとした。しかし，ドルの供給量が急激に増えた分，インフレとなった。同時に，**石油危機**によって不況を招くこととなった。

キーワード　**スタグフレーション**
石油危機は，不況による高止まりの失業率と，**インフレーション**が沈静化しない状況を併存させることとなった。stagflationとはinflationとstagnation(不景気)の合成語であり，1974年以降の経済状況を示す。旧来の財政政策では解決できず，各国は対応に苦慮した。

サミット開催

石油危機	アフガニスタン侵攻(79)	日本の好景気	冷戦終結	グローバル化	ICT革命
第1回(1975)ランブイエ(フランス)世界経済の再建を討議	第6回(1980)ヴェネツィア(イタリア)政治問題も議題になる	第12回(1986)東京(日本)7か国蔵相・中央銀行総裁会議(G7)創設	第17回(1991)ロンドン(イギリス)ゴルバチョフ大統領を招待	第22回(1996)リヨン(フランス)経済のグローバル化への対応検討	第26回(2000)九州・沖縄(日本)ICT(情報通信技術)憲章

▲⑬サミットの議題の変遷

三木(日)

シュミット(西独)

フォード(米)

ジスカールデスタン(仏)

ウィルソン(英)

モロ(伊)

▲⑫第1回主要先進国首脳会議　1975年，石油危機・世界同時不況を西側先進国が経済協調により解決するために行われた「経済**サミット**」。フランス大統領ジスカールデスタンの呼びかけによる。

確認
①金の保有量の少なくなったアメリカはどのような政策に踏み切ったか？
②この時期に起こった，石油価格の上昇を引き起こしたできごとを何というか？

🏭 その時日本は　日本を襲う2つのショックと沖縄復帰

60年代後半から70年代の日本の動き

60年代	沖縄の祖国復帰運動高まる
1968頃	GNPが資本主義国で第2位に
	○学生運動がさかんになる
	○ベトナム戦争反対 ○日米安保条約反対 }を訴える
70	日本万国博覧会，大阪で開催
71	ニクソン 訪中宣言(第1次ニクソン=ショック)(訪中は72年)
	ドル=ショック(第2次ニクソン=ショック)1ドル=360円→308円に切り上げ
72	沖縄復帰
	日中共同声明
	中国との国交回復，台湾と断交
73	変動相場制に
	第1次石油危機(オイル=ショック)高度経済成長の終焉
75	第1回サミットへの参加
78	日中平和友好条約
79	第2次石油危機

田中角栄(日)

周恩来(中)

◀⑭日中国交正常化　田中角栄(任1972～74)内閣は日中関係を外交の最重要事項と位置づけ，1972年9月29日「日本国政府と中華人民共和国政府の共同声明(**日中共同声明**)」に調印。この後，日本は**中華人民共和国を唯一の中国政府と認め台湾**(中華民国国民政府)**と断交**した。

▶⑮石油危機による品不足　石油危機(オイル=ショック)によって，日本では広範な便乗値上げが行われ**狂乱物価**とよばれる物価高騰を招いた。この現象は人心の混乱を招くとともに**高度経済成長**の終わりを実感させた。大都市圏でトイレットペーパーや灯油の買い占めが起こった。

テーマ　**沖縄復帰**
沖縄はアメリカの極東政策の重要地であり，1965年春から**ベトナム**に出撃するB52の発進基地となっていた。しかしアメリカが，60年の**安保闘争**の再来を恐れたことや，ベトナムなどへの過剰な介入を避ける方針(ニクソン=ドクトリン)から返還に前向きであり，1972年に日本に返還された。

▼⑯沖縄の位置関係　世界全図p.50~51

朝鮮戦争1950～53年
北京　平壌　北朝鮮　日本
中国　ソウル　韓国　大阪　東京
ベトナム戦争1965～75年
沖縄　那覇
台湾
1000km
タイ　バンコク　ベトナム　フィリピン　グアム島
2000km　3000km

日本

東アジア

東南アジア

ヨーロッパ

アメリカ

ヒストリーシアター 「ベルリンの壁」崩壊！その後世界はどう変わった？ **14** →巻頭16

ブランデンブルク門

▲②ルーマニア革命 ルーマニアでは武力によって社会主義体制が崩壊した。チャウシェスク大統領が公開処刑されるなど、激しい革命となった。

◀①「ベルリンの壁」崩壊 1989年11月9日に壁は壊され開放された。それに伴い、**東西ドイツ統一**問題が国際政治の舞台に浮上。通貨統合を経て、東ドイツは西ドイツに吸収された。

1985 ペレストロイカ
↓
89 東欧革命 →p.286〜287
↓
ポーランド・チェコスロヴァキア・ハンガリーの民主化
↓
改革の遅れる東ドイツで民主化要求デモが多発
↓
「ベルリンの壁」崩壊
↓
バルト3国独立
ルーマニア革命
ブルガリア民主化
↓
90 東西ドイツ統一

よみとき 図②で倒されているのは誰の銅像だろうか。また、ベルリンの壁の崩壊や図②のできごとは、この時期に起こったどのようなことを象徴しているだろうか。

1 デタントから新冷戦へ

60年代

アメリカ　　ソ連
↓
経済停滞

60年代末〜70年代

デタント
・米、ベトナムから撤退
・軍縮交渉 →p.280
・全欧安保協力会議（ヘルシンキ宣言）
・関係改善

西ドイツ
東方外交
→p.285

79年
ソ連、アフガニスタン侵攻
新冷戦へ →p.287

デタント（緊張緩和）

カーター（米）　ブレジネフ（ソ）

▲③第2次戦略兵器制限交渉（SALTⅡ）の調印 カーター米大統領は、ニクソン政権からの**デタント**路線をおし進めた。SALTⅡには弾道ミサイル保有数のみならず、運搬手段の制限も盛り込まれ、1979年に米ソ両国は調印した。しかし、ソ連の**アフガニスタン侵攻**を理由としてアメリカ議会は批准を拒否した。

1979
ソ連、アフガニスタンに侵攻

新冷戦

◀④アメリカとソ連の軍事支出額の推移 デタント時代にアメリカの軍事支出額の減少に対しソ連は増加。デタントは「ソ連を利しただけ」と批判された。

▶⑤レーガン大統領 「弱腰外交」との批判を浴びたカーター政権の後を受けた**レーガン**は、「強いアメリカ」の復活を掲げ、軍事費を増大させ、SDI（戦略防衛構想）を発表するなど、ソ連に対抗する姿勢を明確にした。→p.282

悪の帝国（ソ連）の攻撃的な衝動を意に介さず…

2 冷戦の終結とソ連の解体

核軍拡競争（経済的負担）　ブレジネフ時代（政治・経済の停滞）

世界的な民主化の流れ　　中ソ対立

1985 **ゴルバチョフ、ソ連共産党書記長就任**
ペレストロイカ（建て直し＝改革）
グラスノスチ（情報公開）・新思考外交
86 チェルノブイリ原発事故
　→グラスノスチの必要性確認
87 中距離核戦力（INF）全廃条約
89.2 アフガニスタン撤退完了
.4 バルト3国独立運動
.5 ゴルバチョフ訪中、中ソ対立解消
　→アメリカ「封じ込め政策」終了宣言
.12 マルタ会談→冷戦終結宣言

経済的混乱　　　　共産党への不信
↓
民族運動激化（東欧革命の影響）
1991.8 軍部・保守派のクーデタ失敗
↓
ソ連解体

冷戦の終結

ブッシュ（父）（米）　ゴルバチョフ（ソ）

▲⑥マルタ会談 1989年12月、**冷戦終結宣言（マルタ宣言）**が出された歴史的会談。東欧6か国の自由化とドイツ統一が承認されたが、民族主義の高まりは、ソ連やユーゴスラヴィアの崩壊を誘発することになる。

▼⑦ソヴィエト連邦の解体 世界全図p.50-51 ←p.239 2 , →p.286 1

ロシア連邦
ソ連から独立した国
東欧の旧社会主義国

バルト3国 他国に先行してソ連から独立
エストニア
ラトヴィア
リトアニア
モスクワ
東ドイツ
ポーランド
ベラルーシ
チェコ
チェルノブイリ
ハンガリー
ウクライナ
キエフ
ユーゴスラヴィア
ルーマニア
モルドヴァ
ブルガリア
黒海
アルバニア
マルタ島
ジョージア（グルジア）
カスピ海
アルメニア
アゼルバイジャン
地中海

ロシア連邦
ソ連の解体後、リーダーシップをとる
原子力発電所事故起こる
カザフスタン
ウズベキスタン
キルギス
トルクメニスタン
タジキスタン
アフガニスタン

イスラームのアゼルバイジャンとキリスト教のアルメニアの紛争
解体後に自立を求め、チェチェン人が抵抗
1979〜89年にかけて、ソ連軍が侵攻

0　　1000km
紅海
アラビア海

その時経済は　ソ連が解体し，アメリカは勝利した？

アジア NIEs

グラフ：アジア各国のGDP成長率（1965年＝100とした場合）
韓国・台湾・シンガポール・香港・日本・アメリカ
（1965〜90年）

◀⑧アジア各国のGDP成長率の推移　東・東南アジア23か国は1965年から1991年にかけ，急速にGDPをのばした。とくに，日本とアジアNIEs（韓国・台湾・香港・シンガポール）は高度成長と不平等の減少を同時になしとげた最も公平な国々とされ，世界銀行はこれを「東アジアの奇跡」とよんだ。

ソ連型経済の終焉（しゅうえん）

◀⑨買い物のための行列　社会主義による経済の低迷，品不足のため，ソ連では行列が日常の風景であった。市場経済化によって，豊かになることが期待されたがインフレが起こり，品不足は解消されなかった。

グラフ：（%）＊1980年の国民所得経済成長率。（億ルーブル）
GNP前年比伸び率　3.8／2.3／3.3／2.9／5.5／3.0
財政収支・貿易収支
81／51／33／57／75／21／−33／−100
−139／−455／−525／−806／−807／−581／−20
ブレジネフ時代／ゴルバチョフ時代
1980／1985／1986／1987／1988／1989／1990
『ソ連・東欧データブック1991年』

◀⑩ソ連のGNP前年比伸び率　ソ連経済は低迷していたが，1990年にはついにGNPの伸び率がマイナスになった。

新自由主義の推進

写真：サッチャー（英）・コール（西独）・中曽根（日）・レーガン（米）・ミッテラン（仏）

◀⑪ヴェネツィアサミット　1987年開催。写真の5人は5年連続の参加。そのうち，レーガンとサッチャーは，「小さな政府」を志向。公共部門の削減と，自由競争を推進。日本でも公社の民営化が行われた。経済は活性化したが，格差拡大などの問題は残った。

テーマ　プラザ合意と各国の思惑

アメリカは「双子の赤字」（→p.282）に苦しんでいたが，日・欧も1970年代末期のようなドル危機の再発を恐れ，協調的なドル安をはかった。とくにアメリカの対日貿易赤字が顕著であったため，日本に対し円高ドル安を容認させるものとなった。だが，自国通貨の価値を他国の介入により左右され，ドルは基軸通貨としての威信を傷つけられた。

図：ニクソン声明時　米→一方的な宣告→各国
プラザ合意時　米・英・仏・西独・日　各国による協調介入→ドルはかつてほど強くなくなった！

ドル高是正へ

写真

▲⑫プラザ合意　1985年に日・米・英・仏・西独の代表が集まり，ドルに対して通貨を一律10〜12%切り上げた。ドル安によりアメリカは輸出競争力を高め貿易赤字を減らすことになった。

確認
①80年代は世界各地でどのような経済の動きがあっただろうか？
②プラザ合意にはどのような意味が含まれていただろうか？

世界経済の動き｜日本の動き

→p.269

不況の長期化

世界経済の動き	日本の動き

アジア NIEs の台頭
韓国・台湾・香港・シンガポール
→「東アジアの奇跡」

公共事業拡大
技術革新
対米輸出増大
↓
経済回復
"Japan as No.1"

アメリカ・西欧
構造改革による打開
「小さな政府」
＝
新自由主義
自由主義経済を構築し，経済再建と景気回復をめざす
・規制緩和
・国営事業の民営化
・税制改革

中曽根（なかそね）内閣，民営化を発表
日本電信電話公社→NTT
専売公社→JT
国鉄→JR

しかしアメリカの貿易赤字は変わらず
↓
1985 プラザ合意

日米貿易摩擦

円高不況
↓
金融緩和
輸出にたよらず，海外投資や国内需要拡大のために低金利政策を実施

ソ連
経済の停滞
市場経済への移行
→超インフレによる混乱

アジア諸国への投資
→さらなる経済成長

1986 バブル景気

その時日本は　Japan as No.1 と貿易摩擦

Japan as No.1

（年）	アメリカ	日本	ドイツ	フランス	その他
1975	26.9%	20.7	9.5	9.8	33.1
1980	20.6	28.4	10.0	8.7	32.3
1985	25.7	27.0	9.8	6.7	30.8
1990	20.0	27.6	10.2	7.7	34.5
1995	24.0	20.4	9.3	6.9	39.4

▲⑬主要国の自動車生産占有率　日本の対米自動車輸出の増大に伴い，日米自動車摩擦が激しくなった。アメリカ庶民は，アメリカ車より燃費のよい日本車を購入した。日本は輸出の自主規制とともに，現地生産を増やしていく。

『Japan as No.1』
　この国はその少ない資源にもかかわらず，世界のどの国よりも脱工業化社会の直面する基本的問題の多くを，最も巧みに処理してきたという確信をもつにいたった。私が日本に対して世界一という言葉を使うのは，実にこの意味においてなのである。
〈エズラ=ヴォーゲル著　広中和歌子・木元彰子 訳〉

▲⑭1979年に日本の経営力を高く評価する著作『Japan as No.1』が発表された。

日米貿易摩擦

▶⑮日本製の自動車を壊すアメリカ人

グラフ：（億ドル）アメリカの貿易赤字・うち対日赤字　『貿易統計年鑑』
72／334／124／421／1222／335／1695／548／1434／480／1257／382／1062／438／1767／554／1948／332／2640／523
1980／82／84／86／88／90／92／94／96／98（年）

▲⑯アメリカの貿易赤字と対日赤字　1981年のレーガン大統領の「減税によって税収を増やす」政策によって，財政が赤字となり，貿易にもそれが及んだ。

グラフ：（1ドル＝円）円相場の推移
（71）金とドル交換停止（ドル=ショック）／（73）変動相場制に移行／（73）第1次石油危機／（79）第2次石油危機／（85）プラザ合意／（86）バブル景気／（92）バブル崩壊／（93）円最高値
1970／75／80／85／90／95／2000（年）
〈円相場の推移（各年末現在）『日本の100年』〉

▲⑰円相場の推移　資源のない日本は輸出で経済を成り立たせるため，貿易黒字を出すことが命題となるが，そのため，円高傾向になりやすくなる（外圧がかかる）。

特集 頻発する紛争と解決への取り組み

 10 人や国の不平等をなくそう
 16 平和と公正をすべての人に

◀ 関連するSDGsの 17のゴール ➡ p.279

視点の アシスト 2010年代に難民数は増加傾向にある。難民を増やさない方法を見いだすため, 難民発生の主な要因となる紛争について, いろいろな角度から考えてみよう。

▲①ミャンマーからバングラデシュに避難したロヒンギャ難民 (2017年) ミャンマーの多数派である仏教徒とムスリムの少数民族ロヒンギャの衝突により発生 ➡ p.297⑮

▲②難民数の推移 国連高等難民弁務官事務所 (UNHCR) による被支援者で国内避難民などを含む。冷戦終結後においても増加傾向にある。

冷戦の終結後, グローバル化の一つの結果として, 民族や宗教など冷戦期とは異なる対立軸による紛争や弾圧が増加している。UNHCRの統計が示す通り, 地域紛争の増加によって, 難民の数もまた増加傾向にある。SDGsで掲げられている「人や国の不平等」をなくすためには, 難民の発生はもちろん, その原因となる紛争についても正しく理解し, 解決へ向けて将来を構想する必要がある。

現状 1 各地で増加する紛争と難民

1990年	**冷戦終結**
1990年代	ミャンマー政府による迫害でロヒンギャ難民流出
1990	ルワンダ内戦(〜94) ➡ p.289
1991	**ソ連解体**
91	湾岸戦争
	チェチェン共和国の独立を求める運動
	ユーゴスラヴィア解体に伴う民族間の紛争(〜2001)
94	メキシコ先住民の反政府運動
98	エチオピアとエリトリアの国境紛争(〜2000)
	北アイルランド和平合意(1969〜) ➡ p.285
99	インドとパキスタンのカシミール紛争
2001	**アメリカ同時多発テロ事件**
	アメリカ, アフガニスタン攻撃
03	ダールフール紛争(〜2013)
	アメリカ・イギリスによるイラク戦争
08	南オセチア紛争
09	ウイグル族の反政府運動
	スリランカの内戦終結(1983〜) ➡ p.295
11	シリア内戦
14	ロシア, クリミア侵攻
15	パリ同時多発テロ事件
21	アフガニスタン侵攻・内戦終結(1979〜) ➡ p.292
22	ロシア, ウクライナ侵攻 巻頭 17-18
(冷戦前より継続中)	
	パレスチナ紛争(1974〜) ➡ p.293
	南沙諸島の領有をめぐる問題(1974〜)
	キプロスのギリシア系とトルコ系住民対立(1974〜)
	クルド人の国家建設を求める運動(1979〜)
	ソマリア内戦(1980年代〜)
	独立を求めるチベット人の反政府運動(1988〜)

▲③冷戦終結後の紛争・戦争の推移

▲④各地の地域紛争と難民

近年の紛争の原因は多様である。そのため, 紛争を正しく理解するためには, その地域が経験してきた歴史から学ぶ必要がある。人種や民族, 宗教などのアイデンティティに関わる事象をはじめ, 国民国家の形成過程や政治の動向など, 多面的に考察する必要がある。一方, 紛争で大量に発生した難民は, 周辺国だけではなく遠い先進国まで渡ることがある。2015年には, シリア内戦の影響でヨーロッパに100万を超える難民(一部はシリア人以外の経済難民)が命がけで押し寄せて, 大混乱になった。当時EUは各国に難民の受け入れ数を設定したが, 加盟国に亀裂をもたらした。このように先進国には, 入国を希望する難民を, 適切な手続きを経て保護・受け入れることが求められている。

キーワード 難民 狭義には, 難民条約の定める「人種, 宗教, 国籍, 政治的意見やまたは特定の社会集団に属するなどの理由で, 自国にいると迫害を受けるか, あるいは迫害を受ける恐れがあるために他国に逃れた人々」をさす。近年は, 国内にとどまってはいるが, 武力紛争や自然災害などで家を追われ, 避難生活を送る「国内避難民」も増加している。彼らへの適切な援助ができなければ, 本当の難民となって国境を越え, 国際社会はより大きな負担をしいられることとなる。

事例 2 紛争や内戦の要因や背景 —ユーゴスラヴィアを例に—

A 紛争の経緯と民族的背景

1918	ユーゴスラヴィア王国成立(～41)
ユーゴ	
45	**ユーゴスラヴィア連邦共和国成立(ティトー政権～80)**
	東欧革命 東欧で民主化広がる
89	**ミロシェヴィッチ**, セルビア大統領に就任
90	**クロアティア, スロヴェニア独立宣言**
91	連邦解体, 内戦へ **マケドニア*独立**
92	**ボスニア-ヘルツェゴヴィナ戦争→独立宣言**
新ユーゴ	
	新ユーゴスラヴィア連邦成立(～2003)(含モンテネグロ)
95	NATO軍, セルビア空爆 デイトン合意(ボスニア和平合意)
97	ミロシェヴィッチ, 新ユーゴ大統領に就任
98	**コソヴォ紛争**(～99) 数十万人のアルバニア難民発生
99	**NATO軍, ユーゴ空爆**
2000	ミロシェヴィッチ, 退陣
03	セルビア・モンテネグロ
	セルビア・モンテネグロに国名変更
06	**モンテネグロ独立** ミロシェヴィッチ死去
	セルビア共和国
08	**コソヴォ独立**

内戦による荒廃
2019年2月, 北マケドニアに国名変更

▲⑤ユーゴスラヴィア解体の推移

〈ユーゴスラヴィアの民族構成〉—1990年—
セルビア人 36% / クロアティア人 20 / ムスリム人 9 / スロヴェニア人 8 / アルバニア人 8 / マケドニア人 6 / モンテネグロ人 3 / その他 10

◀⑥ユーゴスラヴィアの構成国と民族

▲⑦NATOによるコソヴォ空爆 (1999年) 爆撃を受けて破壊されたプリシュティナ中心部。

ユーゴスラヴィア紛争におけるセルビアの民族浄化の名目で行われたムスリム人への残虐行為に対し, NATOは1995年空爆を行った。その後発生したコソヴォ紛争に際しても, NATOはセルビアへの空爆を行っている。NATOの2度の介入によってコソヴォのアルバニア人, セルビア人双方に多数の難民が発生した。

B 解体前のユーゴスラヴィアと解体のさまざまな要因

▲⑧ユーゴスラヴィア大統領ティトー(1960年) 解体前のユーゴスラヴィアはソ連の衛星国とならず独自の社会主義路線で非同盟の立場をとった。

◀⑨クロアティアの独立宣言 (1991年) ティトーの死や, 東欧の自由化の影響を受けて, 共産主義政権から民主主義政権への移行を宣言。内戦となった。

◀⑩セルビアのミロシェヴィッチ大統領を支持する人々 (1997年) コソヴォ自治州におけるセルビア人とアルバニア人の民族対立に乗じてセルビア民族主義を掲げたミロシェヴィッチは, 新ユーゴスラビア大統領選挙に立候補, 当選した。

東西どちらの陣営にも属さず, 経済的にもある程度の発展を実現したユーゴスラヴィアは, ティトーのカリスマ性によって維持されていた。民族や宗教の違いのほか, 構成国や地域間の経済格差, 各共和国の自治強化などにより分裂傾向を強め, ティトーの死後解体へと向かった。

取組 3 紛争を防ぎ難民を増やさないための活動

国連兵力引き離し監視隊 1996.2～2013.1
国連ハイチ安定化ミッション 2010.2～13.2
国連エルサルバドル監視団(※) 1994.3～4
国連スーダンミッション 2008.10～11.9
国連南スーダン共和国ミッション 2011.11～
第2次国連アンゴラ監視団(※) 1992.9～10
国連モザンビーク活動 1993.5～95.1
国連ネパール政治ミッション 2007.3～11.1
国連カンボジア暫定統治機構 1992.9～93.9
国連東ティモール・ミッション(※) 1999.7～9
国連東ティモール暫定行政機構 2002.5～5
国連東ティモール支援団 2002.5～04.6
国連東ティモール統合ミッション 2007.1～08.2, 2010.9～12.9 (※)

国連がPKOを派遣した国・地域
● 日本のPKO派遣地(青字は派遣期間)
(※) 自衛隊以外の派遣

(注)ユーゴスラヴィアにも派遣(国連)
[国連資料, ほか]

▲⑪国連のPKO活動派遣国

※処理件数

国名	難民申請数*(人)	認定数(人)	認定率(%)
アメリカ	196,277	44,614	22.7
フランス	164,596	30,051	18.3
日本	15,422	44	0.3

▲⑬おもな国の難民申請数 (2019年) 〈UNHCR資料, ほか〉

◀⑫第三者による紛争の仲介 紛争の解決に際しては, しばしば第三者による仲介が行われる場合がある。また, 紛争が発生する前の仲介など, 期待される役割は大きい。1995年のデイトン合意では, 英米仏の首脳がセルビアとボスニア=ヘルツェゴヴィナの和平を仲介した。

紛争の抑止や平和の維持, 難民の救済に向けては, 国際機関に加えてNGOも活動を行っている。パレスチナにおけるPKO活動のように長期にわたる取り組みもある。また, 紛争で発生した難民を, 先進国などが受け入れる体制も必要とされている。主な先進国の難民申請数(認定数)では, 日本は他国に比べて認定率が低い。紛争の要因となりうる差別や貧困を解消していくと同時に, 庇護を求める難民に対して手を差し伸べることも重要である。

同テーマの参照ページ
●ナショナリズム
・国民国家とナショナリズム p.202
●北アイルランド, キプロス
・ヨーロッパに残る紛争 p.285 テーマ
●アフリカで起こった紛争
・各地で起こる内戦 p.289

探究する視点 国境を越えた結びつきと世界の経済の関係性はどうあるべきだろうか

8 働きがいも経済成長も　**12** つくる責任つかう責任

◀関連するSDGsの17のゴール → p.279

視点のアシスト 経済活動から始まったグローバル化は多様な分野に広がり，現在の社会を特徴づけている。反面，グローバル化はさまざまな矛盾を生み出してもいる。

世界のあらゆる地域は国境を越えて結びつき，人・モノ・カネは自由に国境を越えるようになった。グローバル化は情報技術の発展により，一層加速した。

▲ ①**インターネット普及率の変化**　約20年間で普及率は急激に高くなり，世界の一体化を一層進めた。地域間での差は見られるものの，現代の社会においては欠かせないツールの一つとなっている。

現状 1 グローバル化が進む世界経済

▶ キーワード **グローバル化**　グローバル化（グローバリゼーション）とは地球上のあらゆる活動が，時間や場所の制約をこえて展開し，地球規模に拡大してさまざまな変化を引き起こす現象をいう。**ICT**（情報通信技術）**革命**によりあと押しされ，ビジネスモデルをも変化させた。グローバル化により国際的分業が進展すると，効率的な生産が可能になるなど，社会が豊かになる反面，唯一の超大国 アメリカの文化が流入すること（アメリカ化）により，自国のシステムや文化が破壊されると批判されることがある。

◀ ②**世界の貿易による結びつき**　世界の貿易は，アメリカ・EU・中国などいくつかの極を中心に結びついている。

16世紀から始まった「世界の一体化」により世界資本主義システムが構築された。19世紀のヨーロッパの進出と二つの世界大戦を経て，冷戦の終結とソ連および東欧諸国における市場経済の導入は，自由主義諸国の企業にとって，新たな市場を広げることを意味し，経済のグローバル化を急速に進展させた。経済のグローバル化は，ヒトの移動や貿易によるモノの移動はもちろん，金融の自由化によって国境を越えたカネの移動を活性化させ，世界の金融を一つのシステムに統合していった。

▲ ③**WTOの協定の署名**（1994年）　GATTウルグアイラウンドの合意に基づき，世界自由貿易の推進役はGATTからWTOに引き継がれることとなった。→p.51年表

▲ ④**主な多国籍企業と国の予算の比較**　グローバル化により複数国に拠点を持つ多国籍企業が成長した。中には国家予算を上回る巨大企業となったものもある。

事例2 経済のグローバル化の光と影 ―経済の一体化・生産拠点の移転を例に―

A 新興国の成長とグローバル化の恩恵

▲⑤BRICSの発展（各国のGDPの変化）　BRICSの中でも，インドと中国は2000年代以降に大きな経済発展を遂げて，世界経済に影響を与えている。

▲⑥上海の再開発地区　IT産業で成長したインドや資源大国ロシア以上に，中国の世界経済に与える影響は大きい。世界の工場として，工業生産を集中させ，世界のサプライチェーンの中核に位置している。➡p.300⑧

▲⑦安価な流行の服があふれる衣料品店（2019年中国）　流行の衣料品を安価で提供するファストファッションが世界的に流行し，拡大している。グローバル展開しているブランドも多数存在している。

B グローバル化のさまざまな弊害

▲⑧リーマン＝ショックに端を発した世界的な株価の暴落（2008年）　金融の国際化が進み株価の変動は一国の問題にとどまらず，世界的な影響力を持つようになった。

▲⑨新型コロナウイルスの影響でがらんとした商品棚（日本）　世界規模でのサプライチェーンが滞り，中国などからの輸出が不可能になったため世界各地で物不足が顕著になった。

▲⑩バングラデシュの縫製工場　安価な衣類の背景には，劣悪な環境で低賃金労働に従事する途上国の労働者の存在がある。服飾関連産業が入ったビルが倒壊して，多くの犠牲者を出したこともある。

　経済のグローバル化は弊害も伴う。世界的な結びつきは，一国の生産の停滞による世界規模でのサプライチェーンの機能不全や，安価な商品の背景に存在する途上国の低賃金・劣悪な環境での労働，不況や通貨の下落で発生する国際的な金融危機を引き起こすこととなる。

取組3 課題に対する反応・取り組み

▲⑪G20開催地で反グローバル化を主張するデモ（2021年 イタリア）　発展途上国の搾取や環境問題の原因として，グローバル化に反対する動きが各地にみられる。世界の首脳が集まる会議やWTOの総会などに合わせてデモが行われる。

▲⑫農産物の地産地消を進める取り組み　輸入農産物に押され，日本の食料自給率は37％（カロリーベース，2020年）となっている。地産地消を奨励して自給率の向上を目指す取り組みが行われている。

▲⑬バングラデシュのフェアトレード団体で仕事をする女性　この団体は女性が収入を得る場として工房を経営，貧困家庭の子どもが通える小学校も運営している。生産された商品は日本にも輸出されている。

　経済のグローバル化によって生じた矛盾に対し，国際機関や国家レベルでは支援が難しい分野に対して，民間レベルでの支援の重要性が増している。バングラデシュのグラミン銀行をはじめとするマイクロファイナンスのように途上国の経済構造を変革しようとするものや，NPOや企業が取り組むフェアトレードのように，途上国の生産者と対等な関係を築く取り組みなどが挙げられる。経済格差問題の解消に向けて，さまざまなレベルで構造的矛盾を解決しようという試みがみられるようになってきた。

探究する視点 冷戦終結後の核兵器の保有や宇宙開発はどうあるべきだろうか

7 エネルギーをみんなに そしてクリーンに
16 平和と公正をすべての人に
◀ 関連するSDGsの17のゴール ➡ p.279

| **視点のアシスト** | 冷戦下で大国が進めた核兵器や宇宙空間の開発は，崩壊後多くの国に広がった。それらを安全・公平・有効に役立てるためにはどのような取り組みが必要か，国際協調の観点から考えてみよう。 |

ロシア 6255
イギリス 225
フランス 290
アメリカ 5550
イスラエル
中国 350
北朝鮮
パキスタン
インド

核弾頭数（発）—2021年—

■	核保有国（NPTによる核兵器国）	■	非核地帯条約の適用地域
■	核の保有，または開発が疑われている国		※域内での核兵器の生産・取得・保有を禁止する
■	核保有国（NPT未加入国・NPTによる非核兵器国）		※※南極は非核地帯と決められている

◀ ②世界の核兵器の保有状況

▲ ①核弾頭を搭載可能なロケットの打ち上げ（2022年 北朝鮮）
➡ p.303現代を読みこむ

　冷戦終結後，核兵器開発や宇宙空間での軍拡を進める国は増加しており，国際的な核兵器の管理はより困難さを増している。同時に，原子力発電の技術や，宇宙開発がもたらした通信や気象観測などは，グローバルな規模で社会インフラの拡充に寄与し，人々の生活を豊かにしている。

現状 1 核兵器保有・宇宙開発の推移

③核開発と軍備管理の変遷

各国による核開発競争 ／ 反核運動の高まり ／ 米ソによる軍備管理 ／ 冷戦の終結 ／ 核削減とそろわぬ足並み

冷戦の始まり			終末時計
49	ソ連，最初の原爆実験		
50	ストックホルム=アピール		3分前
	5億人が署名「原子力兵器の無条件使用禁止」1949		
52	英，最初の原爆実験		
53	米，水爆保有宣言		2分前
54	米，**ビキニ環礁水爆実験**		
	→**第五福竜丸事件**		1953
55	**ラッセル-アインシュタイン宣言**		
	第1回原水爆禁止世界大会開催（広島）		
57	国際原子力機関（IAEA）発足 ➡ p.259		
	ソ連，大陸間弾道ミサイル（ICBM）開発		
	パグウォッシュ会議（核廃絶運動）		
60	仏，最初の原爆実験		7分前
62	**キューバ危機**←米ソ，ホットライン設置		
63	**部分的核実験禁止条約（PTBT）** 調印 1960		
64	中国，最初の原爆実験		
66	仏，ムルロア環礁で核実験		10分前
68	**核拡散防止条約（NPT）** 調印 1969		
72	**第1次戦略兵器制限交渉（SALT I）** 調印		
74	インド最初の核実験 ➡ p.294		
75	全欧安全保障協力会議→**ヘルシンキ宣言**		
78	第1回国連軍縮特別総会（SSDI）開催		3分前
79	**米ソ，SALT II** 調印→発効せず ➡ p.270		
	スリーマイル島原子力発電所事故		1984
83	米，戦略防衛構想（SDI）発表 ➡ p.282		
86	チェルノブイリ原子力発電所事故		
87	**米ソ，中距離核戦力（INF）全廃条約** 調印		
冷戦の終結	89		17分前
91	米ソ，**第1次戦略兵器削減条約（START I）** 調印		1991
93	**START II** 調印→発効せず 化学兵器禁止条約		
95	NPT，無期限延長を採択		
96	**国連，包括的核実験禁止条約（CTBT）** 採択		
○	中国とフランスが核実験実施←各地で抗議		7分前
97	対人地雷全面禁止条約（1999年発効）		
98	インド・パキスタンによる核実験		2002
2002	米露，戦略攻撃能力削減条約調印		
06	北朝鮮による核実験（09年，13，16，17年にも）		
08	クラスター爆弾禁止条約（10年発効）		100秒前
10	米露，第4次戦略兵器削減条約（新START）調印		2020
11	福島第一原子力発電所事故 ➡ p.305		
18	米，INF全廃条約離脱を表明		

赤字 抑止 黒字 拡散・事故

A 核兵器の開発

核で攻撃された場合，報復を行う

抑止力

核ミサイル／キューバ／ソ連／ワルシャワ条約機構加盟国

日／NATO加盟国／米／核ミサイル

◀ ④核抑止理論（核の傘）のモデル　核兵器を保有することが，対立する2か国（あるいは陣営）の間で，核兵器の使用を抑止する状況を互いに作り出し，結果として核戦争が回避されるという考え方が核抑止理論である。結果的に冷戦期に大国間の戦争が起こらなかったことから，冷戦時代を核抑止によってもたらされた「永い平和」と意味づける論がある。これに対して核抑止が機能したかどうかは証明できないうえに，両陣営が軍拡競争にまい進したことは戦時体制の日常化を意味し，平和とは程遠い時代であったという反論もある。

核拡散防止条約（NPT）		包括的核実験禁止条約（CTBT）
・核保有国（米ソ英仏中）が他国へ核兵器を譲渡することを禁止 ・非核保有国の核兵器製造と取得を禁止	内容	・宇宙空間，大気圏内，水中，地下を含むあらゆる空間での核兵器の爆発実験を禁止
・2021年現在191か国加盟 ・インド，パキスタン，イスラエル，南スーダン不参加 ・2003年に北朝鮮が脱退	加盟国	・2021年現在185か国署名，170か国批准 ・アメリカ，中国など5か国未批准 ・北朝鮮，インド，パキスタン未署名
NPT-CTBT体制の問題点		
・軍事管理が前提で，核兵器廃絶をめざしたものではない ・コンピュータ=シミュレーションや臨界前核実験は禁止されていない ・核兵器を保有する5か国のみが核開発を独占できる		

◀ ⑤核拡散防止条約（NPT）と包括的核実験禁止条約（CTBT）　NPTは核拡散の防止を図ろうとしたが，冷戦後に非加盟国の核保有があいつぐなど課題がある。CTBTは核兵器開発の抑止を目的に国連総会で採択されたが，発効要件である全ての核保有国の批准がないため，未発効の状態である。

B 宇宙開発競争

　第二次世界大戦前後に開発されたミサイル技術は，ロケット開発に転用された。1961年にソ連が史上初の有人宇宙飛行に成功したのちは，国家の威信と軍事的優位をかけて宇宙空間への人類の進出が競われるようになった。

▲ ⑥スプートニク2号　アポロ月面着陸の12年前の1957年，ソ連はスプートニク2号で，史上初めて哺乳類を宇宙空間に送り込んだ。

▲ ⑦アポロ11号の月面着陸（1969年）　宇宙開発においてソ連に先行されていたアメリカは，月に人類を送り込むことに成功した。

事例2 核の利用と宇宙開発の光と影 —原子力発電・核兵器・人工衛星を例に—

A 化石燃料の代替エネルギーや生活を豊かにする技術として

⑧発電別二酸化炭素排出量

石炭火力	943
石油火力	738
LNG火力	599
太陽光（住宅用）	38
風力発電	25
原子力（プルサーマル）	19
地熱	13
水力	11

（設備・運用／発電燃料燃焼）〈電力中央研究所〉

◀**⑧発電別二酸化炭素排出量** 原子力発電は発電時の二酸化炭素排出量が火力発電と比べて少ない。また、燃料を輸入に頼る日本などの国にとっては、莫大な事故リスク対応費を考慮しても火力発電や太陽光発電よりコストが低く抑えられるという意見もある。各国の原子力発電に対する姿勢はさまざまで、ドイツやスイスは、原子力発電に依存しないエネルギー供給を目指す一方、アメリカは世界最多の原子力発電所を維持し続けており、インドや中国では今後も大幅な増設が予定されている。

◀**⑨通信衛星を用いたGPS** 通信衛星は、地球全体でほぼ同時に情報のやりとりができる社会を実現した。アメリカが莫大な軍事費を投入して開発した全地球測位システム（GPS）衛星は、地図アプリなどさまざまな商業サービスで利用されるなど、人工衛星を利用した民間事業はますます増えている。また、気象衛星は天候予測のみならず台風や火山活動の監視などにも役立っており、地球規模での防災の取り組みに欠かせない存在になっている。

B 核兵器開発の広がりや衛星の軍事利用など

▲**⑩核弾頭を搭載可能なインドの長距離弾道ミサイル** 冷戦後、第三世界地域においてさまざまな紛争が起こり国際関係が不安定になるなかで、これまでは核を持たなかった国も保有に踏み切った。1998年にインドとパキスタンが互いに対抗するかたちで核実験を行い、2000年代には北朝鮮が核実験を行っている。NPTに加盟せず独自の核開発路線を貫く国もあり、国際社会における核コントロールは困難を極めている。➡p.294年表

▲**⑪衛星の軍事利用** 〈2020年12月30日SankeiBiz配信〉

▲**⑫スペースデブリ（宇宙ごみ）の内訳**

（破砕物59%／運用を終えた衛星16／使用済ロケット12／衛星から外れた部品7／運転中の衛星6）

より精度の高いミサイル攻撃のための測位や、偵察衛星による諜報活動、機密性の高い軍事情報の通信など、軍事面におけるさまざまな用途で軍事衛星の重要性は年々高まっている。また、軌道上にある不要な人工物（スペースデブリ）の問題も深刻化している。衝突すれば衛星や有人探査機に致命的な損害を与えるため、近年国連などでデブリ問題が本格的に取り扱われるようになっている。

取組3 課題を解決するための取り組み

▲**⑬EU3+3（英仏独米中露）とイランによる核開発の合意**（2015年）

▲**⑭ノーベル平和賞受賞を喜ぶ核兵器廃絶キャンペーン（ICAN）のメンバー**（2017年）

冷戦後、大国による核コントロールが機能しなくなり、核保有国が増え利害が複雑化するなかで、国連は核兵器の拡散防止と原子力技術の平和で安全な利用を推進する取り組みを行ってきた。ただしアメリカなどでは、国際協調による核拡散防止には限界があり、拡散した核兵器に対抗できる軍事力を持つべきという意見もある。一方、核兵器廃絶に向けては、2000年代から核抑止理論への批判と段階的な削減を目指す議論が国連主導で進められている。また、人道的アプローチから核兵器廃絶を目指そうとする運動も起こっている。

第1条	宇宙空間での活動を全人類に認める
第2条	宇宙の領有の禁止
第4条	核兵器やミサイルなどを軌道に乗せることや宇宙空間に配置することの禁止
第12条	宇宙空間の施設の相互開放

▲**⑮宇宙条約の主な項目**
1967年に作成された宇宙条約は「宇宙の憲法」といわれ、宇宙活動が全人類に開かれていることや宇宙空間における領有禁止、平和利用などが規定されている。宇宙進出をする国が増加するにつれ利害関係が複雑化し、資源活用など新たな課題に関してのルールづくりが模索されている。

▲**⑯宇宙空間と領空（模式図）**
（1海里＝緯度1度分の長さ＝1852m）

同テーマの参照ページ

●冷戦構造の激化
・冷戦の象徴 ➡p.262 1
・再緊張キューバ危機 ➡p.264 2

●強いアメリカ
・「強いアメリカ」の再生 ➡p.282 1
・世界一の軍事超大国へ ➡p.282 2

探究する視点 科学技術の発展は人類や地球環境にどのような影響をもたらしているだろうか

視点のアシスト 第1次産業革命以降急速に発展した科学技術は，人々の生活を豊かにする一方でさまざまな課題をもたらした。私たちは科学とともにどう歩むべきか，科学技術の恩恵と課題について考えてみよう。

8 働きがいも経済成長も　12 つくる責任つかう責任

◀ 関連するSDGsの17のゴール ➡ p.279

	第1次産業革命	第2次産業革命	第3次産業革命	第4次産業革命
時期	18世紀後半〜19世紀前半	19世紀後半	20世紀後半	21世紀
発明された技術	**蒸気機関**	**内燃機関・電気モーター**	**コンピュータ・インターネット**	**IoT(モノのインターネット)・AI(人工知能)・ビッグデータ**
具体例	蒸気自動車 ➡p.213①	ガソリン自動車 ➡p.213②	カーナビゲーション	自動運転車・スマートフォン
効果	生産・運搬の**機械化**	**大量生産**可能に	生産の**自動化**・効率化	生産の**自律化**，生活の効率化

▲①経済システムと産業の変遷
18世紀後半の産業革命以降，動力革命や通信技術の発展により，産業構造は急速に変化した。

西欧における資本主義社会の成立は，多額の資本を技術開発に投入できる経済構造をもたらし，蒸気機関や電力の開発が進んだ。冷戦期には莫大な軍事費の投入により情報技術の開発が進み，民間に転用されて新たな産業の発展をもたらした。科学技術は数次の転換点を経て，現在に至るまで進歩し続けている。

▲②自動配送ロボットの実証実験 (2020年)　インターネット通販の急速な拡大に応えるべく，物流サービスの自動化技術の研究が進んでいる。

現状 1 社会のICT化とAI(人工知能)

1940	**コンピュータ**が制作される(アメリカ)
58	**IC(集積回路)**の開発
60年代	**AI(人工知能)**の研究始まる
61	産業用ロボットの開発
64	光ファイバーの発明(日本)
69年	アメリカ国防省が**インターネット**を開発
82	Eメールの始まり
89	インターネットの商用開始。プロバイダができて，wwwの使用開始
96	自立型二足歩行ロボットの開発
95	Windows 95発売開始
99	**Wifi**の始まり 携帯電話でネット接続可能になる(日本のiモード)
2010	AIのディープラーニング技術が始まる
11	**量子コンピュータ**の製品化
20	新型コロナウィルスの蔓延でリモート技術が進展

▲③ICT・通信技術の発展

▲④初期のコンピュータ(1946年)
1万8800本の真空管を用い，床面積は100㎡，重量は30ｔであった。写真はこわれた真空管の交換作業のよう。

▲⑤Windows95の登場(1995年)　優れた操作性から，それまで主に業務用だったコンピュータを一般家庭に普及させるきっかけとなった。

▲⑥AIを用いた顔認証システム　顔認証をはじめとするバイオメトリクス(生体)認証技術は，AIの活用により飛躍的に精度を向上させている。

20世紀前半にコンピュータの基礎理論が研究され，1946年には世界初のデジタル計算機がつくられた。冷戦期に主にアメリカで情報技術の研究開発が進んでコンピュータはより高性能になり，他の科学技術分野の進歩にも大きな影響を与えた。1990年ごろからインターネットの民間普及が進み，AI技術の進展とともに人々の生活に大きな影響をもたらした。

現状 2 医療の進歩と生命倫理

1928	**ペニシリンの発見**(イギリス)
53	ワトソン(米)・クリック(英)が**DNA**のらせん構造を解明
	凍結精子で初の人工授精による子ども誕生
67	世界初の心臓移植(南アメリカ)
78	世界初の体外受精児誕生(イギリス)
90	世界初の**遺伝子治療**が行われる(アメリカ)
94	**遺伝子組み換え作物**の販売(アメリカ)
96	クローン羊ドリーが誕生(イギリス)
98	ヒトES細胞株の樹立に成功(アメリカ)
2003	**ヒトゲノム**解読に成功
06	**iPS(多能性幹)細胞**の形成に成功
18	**ヒトの遺伝子操作**を行った子どもが誕生(中国)
20	新型コロナウィルスに対する**mRNAワクチン**の実用化

▲⑦医療・遺伝子研究の歩み

▲⑧ペニシリンの発見(1928年)　イギリスのフレミングにより発見され，1940年代に実用化された。ペニシリンをはじめとする抗生物質を用いた化学療法により，細菌性感染症による死亡者数は大きく減少した。

▲⑨DNAの構造模型　1953年に二重らせんモデルが発表され，DNAが遺伝情報を伝達する仕組みが明らかにされた。

◀⑩遺伝子組みかえされたトウモロコシ(右)と通常のトウモロコシ(左)　遺伝子組みかえされたトウモロコシは，虫や病気がつきにくく形が整っている。

DNAの人工的な合成や組み換え技術の発展は，農業や医療にも大きな影響をもたらした。農業の分野では，害虫がつきにくいとうもろこしや大豆が開発されたことで，収穫量の増加や農薬使用の低減につながった。医療においては，1980年ごろから遺伝性疾患やがんなどの治療のために遺伝子療法が研究されているほか，iPS細胞の作成により再生医療技術の進展が期待されている。

事例3 科学技術の発展の功罪 —ICTとAIを例に—

A ICTとAIの技術の発達による恩恵

▲⑪オンラインによるウクライナ大統領の国連演説(2022年) 交戦状態にある国にいながら，大統領が国連や各国議会など影響力のある組織に直接訴えることが可能になった。国際政治は，ICT技術の進展によりさらに緊密さを増している。

ロシアによるウクライナ侵攻では，軍事力で勝るロシアに対してウクライナ政府が積極的にICT技術を活用し，オンライン会議システムやSNSを使って世界に情報を発信している。また，SNSや動画配信サイトにより，マスコミや政府ではない一般の人々の声がそのまま世界中に配信されるようになっている。

◀⑫AIを利用した教材で学習する小学生(2019年) 生徒の操作時の情報からAIが使用者の弱点や傾向を割り出し，適切な問題を提供するシステムが使用されている。

AI技術の向上は，より多く，より深いデータ分析を可能にした。医療分野では画像分析などのAI手法を活用してMRI画像からがんを発見するシステムが開発されている。教育や小売などのサービス産業の分野では，ビッグデータ分析の技術を用いて学習アドバイスや顧客への商品提案を行うなど，個人の状況に合わせた細かな対応ができるようになった。

B ICT化とAIの進展でもたらされた課題

2015年 4月	フランスのテレビ局がサイバー攻撃を受け，放送が一時中断
6月	日本年金機構で，ウイルス感染により年金加入者の情報が流出
11月	東京オリンピック・パラリンピック組織委員会のホームページが，サイバー攻撃を受け約12時間閲覧不能になる
12月	ウクライナの電力会社のシステムがウイルスに感染し，停電が発生
2018年 1月	日本企業が保有していた暗号資産(仮想通貨)が，不正アクセスにより外部へ送信され，顧客資産が流出
2019年 9月	エクアドルで，不正アクセスにより国民ほぼ全員の個人情報が海外に流出
2020年	日本の民間会社の防衛関連情報を含む情報が，不正アクセスで外部流出した可能性

〈令和2年版『情報白書』〉

◀⑬サイバー攻撃を受けた被害の事例 政治的・軍事的・経済的な目的から，国の内外からネットワークを通じて情報端末を攻撃する事件は，急激な技術進化に伴い増加している。物理的な軍事力を必要としないこのようなサイバーテロは，国境を容易に越えて他国の重要システムを破壊したり，企業や組織に報復攻撃をしかけたりするなど，深刻な被害をもたらしている。

◀⑭AIで作成されたディープフェイク(動画)(2018年) AIの技術で本物そっくりにつくられたオバマ元大統領のフェイク動画が動画投稿サイトに登場し，その仕組みが明かされた。高度な仕上がりで真偽の見きわめがさらに難しくなった。

個人がSNSでまたたく間にさまざまな情報を発信できるようになった一方，世論をせん動する目的で真偽の不明確なニュースが流布・拡散されることが頻繁に行われている。また，国家に都合の悪い情報を自国民に流さない目的でインターネットに規制をかけたり，特定の国家に対してICT企業や通信事業者がサービスを中止・制限したりするなど，意図をもって自由なネットワーク通信を阻害する動きもある。

取組4 持続可能な社会をめざす取り組み

▲⑮企業へのサイバー攻撃を監視する会社(日本) セキュリティー監視センターで24時間体制の監視を行っている。

自由で開かれたサイバー空間のより良い活用をめぐって，法整備や技術向上，教育の充実などさまざまな取り組みが行われている。世界規模で発生するサイバー犯罪に有効に対処できるよう，2001年にはサイバー条約が採択された。批准国間で人権侵害や知的財産権侵害，サイバー犯罪取り締まりに関する国際的な協力が行えるよう法整備が進められている。各国ではサイバー攻撃を安全保障上の課題とみなして，セキュリティ技術の向上など防御措置がとられているほか，2015年に米中が相互にサイバー攻撃を行わないことで合意するなど，国家間の外交努力も行われている。ICT技術の健全な活用のためには，教育の充実も欠かせない。ユネスコなどの国際機関はメディア・リテラシー教育を推進しており，多様で膨大な情報に対して適切な分析や判断を行う批判的思考力の育成を目指す国が増えつつある。

同テーマの参照ページ

●第1次産業革命
・技術革命(繊維工業) ➡p.181 2
・動力革命，交通革命 ➡p.181 3 4

●第2次産業革命
・科学の世紀 ➡p.213 1
・発明の世紀 ➡p.213 2

持続可能な開発目標(SDGs)とは

2015年に国連で採択された持続可能な開発目標(SDGs)は，国際社会で2030年までの達成が合意された目標である。これにより，科学技術の進歩や経済活動もそのスピードや収益性だけではなく持続可能性においても評価されるようになった。一方，国家間の状況の違いなどから国際的な協力の枠組みは構築が遅れている。多様な利害を持つ人々の視点を反映した取り組みに向けて，努力と対話が続いている。

—17のゴール—

https://www.un.org/sustainabledevelopment/

◀ p.254,255

アメリカ合衆国の動き

	大統領 丸数字は代を示す 民民主党 共共和党	国内の動き	外交政策
45年〜50年代前半 根深く残る黒人差別 →1	トルーマン(民)㉝	○ **フェアディール政策** (ニューディールを継承) 1950〜 **マッカーシズム**(赤狩り) →反共産主義旋風	**冷戦の始まり** 1947 **トルーマン=ドクトリン** **「封じ込め政策」** →p.263 **マーシャル=プラン** 49 北大西洋条約機構(NATO)成立 50 朝鮮戦争(〜53) →p.302
55年〜60年代前半	アイゼンハワー(共)㉞	54 ビキニ環礁で水爆実験 ○ **黒人運動の高まり** ○ **軍産複合体の成長** 57 リトルロック高校事件 58 航空宇宙局(NASA)設立	53 **巻き返し政策** →p.264 55 ジュネーヴ4巨頭会談 59 **フルシチョフ訪米** →p.264 60 U2偵察機撃墜事件 61 キューバ国交断絶
	ケネディ(民)㉟	○ **ニューフロンティア政策** 62 アポロ計画 63 「**ワシントン大行進**」 **ケネディ大統領,暗殺**	「進歩のための同盟」による ラテンアメリカ反共経済支援 62 **キューバ危機** →p.264 63 部分的核実験禁止条約 →p.276
65年〜70年代前半 改革の動きと国際経済体制のいきづまり →2	ジョンソン(民)㊱	64 **公民権法**成立 65 「**偉大な社会**」計画 ○ 黒人解放運動,ベトナム 反戦運動の高まり →p.268 68 キング牧師暗殺 →p.281	65 **北ベトナム爆撃**(北爆) →本格介入 →p.298 68 ベトナム和平会談開始
	ニクソン(共)㊲	71 ドル防衛策 →p.269 (1ドル360円→308円に) **ドル=ショック** ○ 変動相場制に 72 ウォーターゲート事件 73 **第1次石油危機** 74 弾劾決議を受け,辞任	70 **ニクソン=ドクトリン** →p.298 (過剰なベトナム介入を避ける) 72 **ニクソン訪中** →p.268 訪ソ,沖縄返還 73 **ベトナム和平協定** →p.298
75年〜80年代	フォード(共)㊳	ニクソン前大統領を特別恩赦	75 第1回主要先進国首脳会議 (サミット) →p.269
	カーター(民)㊴	79 スリーマイル島原子力発電 所で事故 **第2次石油危機**	77 **人権外交**を強調 パナマ運河の返還を合意 78 国連軍縮特別国会開催 79 **米中国交正常化**
	レーガン(共)㊵	81 「**レーガノミクス**」 減税・予算縮小(「小さな政 府」)を実施 ○ 財政・貿易の赤字拡大 →p.282 →**「双子の赤字」** 87 ブラックマンデー(株価暴落)	81〜「強いアメリカ」を提唱 →第2次冷戦状態に 83 グレナダ侵攻 →p.283 85 **プラザ合意** →p.271 (→円高ドル安) 87 中距離核戦力(INF)全廃条約 に米ソ調印 →p.276
90年代〜	ブッシュ(父)(共)㊶	89 コロンビア映画,ソニーが買収 →ジャパン=バッシング活発化 92 ロサンゼルスで黒人暴動 (ロス暴動)	89 **マルタ会談** →p.270 **冷戦の終結** 米軍,パナマ侵攻 →p.283 91 湾岸戦争 →p.292 92 フィリピンの米軍基地閉鎖
	クリントン(民)㊷	○ 巨額の財政赤字解消 (重化学工業からIT・金融中心へ) 95 ブラックパワー,ワシントン で「100万人大行進」	93 パレスチナ暫定自治協定調印 →p.293 94 北米自由貿易協定(NAFTA) 95 ベトナムと国交樹立
	ブッシュ(子)(共)㊸	2001 **同時多発テロ** →p.282 ○ 新保守主義(ネオコン) 08 リーマン=ショック(金融危機) (カジノ資本主義への批判)	2001 **アフガニスタン攻撃** 02 イラン・イラクなどを 「悪の枢軸」と非難 03 **イラク戦争** →p.292 ○ 反ブッシュ批判の高まり
	オバマ(民)㊹	11 「ウォール街を占拠せよ」 (ウォール街デモ行進) ○ 貧富の差の拡大に抗議	09 核兵器廃絶演説(プラハ) 11 イラク撤退 15 キューバと国交回復 16 オバマ,初の広島訪問
冷戦後軍事超大国へ〈覇権とそのかげり〉→p.282 2	トランプ(共)㊺	○ 移民制限(メキシコ国境 に壁建設)	17 TPP永久離脱 パリ協定 離脱
	バイデン(民)㊻	○ 新型コロナウイルス対策の 強化	21 パリ協定復帰 アフガニスタン撤退

〔 〕は在職年 ▼①歴代大統領

トルーマン (1945〜53)
アイゼンハワー (53〜61)
ケネディ (61〜63)
ジョンソン (63〜69)
ニクソン (69〜74)
フォード (74〜77)
カーター (77〜81)
レーガン (81〜89)
ブッシュ(父) (89〜93)
クリントン (93〜2001)
ブッシュ(子) (01〜09)
オバマ (09〜17)
トランプ (17〜21)
バイデン (21〜)

アメリカを知るための基礎知識

○二大政党制

シンボルマークは選挙などにキャラクターとして使用される。

	共和党(Republican Party)	民主党(Democratic Party)
政策の特色	「小さな政府」と「強いアメリカ」 ・大企業の利益を促進 (保護関税政策,鉄道の建設, 金本位制) ・**経済の自由放任主義** ・積極的外交政策 共和党の シンボル:ゾウ	「大きな政府」 ・社会福祉政策の充実 ・経済への積極的介入政策 (ニューディール) ・国防強化 民主党の シンボル:ロバ
支持層	結成当初 ・東部の産業資本勢力 ・中西部の自営農民 現在 ・南部保守層 ・中南部サンベルト新興工業 地域帯の中産階層	結成当初 ・南部の農園主 ・西部の小農民 現在 ・北東部・西部の大都市住民 ・労働組合 ・黒人*・ラティーノなどを含む 低所得者層

*民主党は南北戦争時は奴隷制肯定派であったが,フランクリン=ローズヴェル
トのニューディール以来,黒人の支持を得た。

○多様な人種構成

　1970年代以降,アメリカの人種構成は急速に多様化が進んでいる。白人の割合が減少し,アジア系・ラティーノ(→p.282)が増加している。とくにラティーノの増加率が高く,黒人を抜き最大のマイノリティ集団となった。

先住民0.3
ラティーノ1.4*

1940年
1億3167万人 ── 白人88.3% ── 黒人9.8
アジア系・太平洋諸島0.2
その他1.4

2009年
3億700万人 ── 65.1 ── 12.3 ── 15.8
先住民0.8
アジア系・太平洋諸島4.6

*スペイン語を話す人々の総称であるヒスパニックは,ラティーノのなかに含まれる。
〈Statistical Abstract of the United States 2012,ほか〉

▲②アメリカの人種構成の変化 →p.282⑧

キーワード **WASP**(ワスプ) アメリカを建国したWhite-Anglo-Saxon-Protestantの人々の略語。東部出身のエリートや西欧・北欧からの移民も含む。建国以来,WASPのエリートがアメリカ社会を支配し,彼らの生活様式がアメリカ的生活様式の典型とされてきた。アメリカ大統領についても,WASP出身者が多数を占めている。

テーマ 反共産主義運動(赤狩り)

　1949年の**中華人民共和国**の成立は**トルーマン政権**にとって,大きな失策とされれた。政府内だけでなく,社会全体でヒステリックな反共産主義運動が起きた。運動の主導者マッカーシー上院議員の名から**マッカーシズム**とよばれる。喜劇王**チャップリン**も「赤狩り」の標的となり,ハリウッドを追われた。

▶③マッカーシー(1908〜57)

1 根深く残る黒人差別 →巻頭16

赤字 差別撤廃に向けた法

<table>
<tr><td rowspan="3">人種隔離制度の完成</td><td>1863</td><td>奴隷解放宣言 →p.206〜207</td></tr>
<tr><td>65</td><td>憲法修正第13条 奴隷制度廃止明文化
クー=クラックス=クラン(KKK)結成</td></tr>
<tr><td>68</td><td>憲法修正第14条 黒人の市民権承認</td></tr>
<tr><td rowspan="6">公民権運動の高揚</td><td>70</td><td>憲法修正第15条 黒人の選挙権承認
南部諸州でジム=クロウ(黒人分離)法採択</td></tr>
<tr><td>96</td><td>連邦最高裁判所判決
「分離しても平等ならば合憲」</td></tr>
<tr><td>1909</td><td>全米黒人地位向上協会(NAACP)創設</td></tr>
<tr><td>20世紀前半</td><td>黒人が北部・西部(大都市)へ移動</td></tr>
<tr><td>54</td><td>ブラウン判決
「公立学校における分離教育は違憲」</td></tr>
<tr><td>55</td><td>バス=ボイコット運動
(アラバマ州モントゴメリ)</td></tr>
<tr><td rowspan="5"></td><td>57</td><td>キング牧師、南部キリスト教指導者会議(SCLC)結成
公民権法成立　黒人投票権
リトルロック高校事件</td></tr>
<tr><td>63</td><td>「ワシントン大行進」キング牧師演説</td></tr>
<tr><td>64</td><td>公民権法成立　人種差別撤廃</td></tr>
<tr><td>65</td><td>投票権法成立　マルコムX暗殺
ロサンゼルス暴動(ワッツ事件)
→デトロイトなどで都市暴動
「長く暑い夏」(64〜68)</td></tr>
<tr><td rowspan="3">黒人問題の複雑化</td><td>68</td><td>キング牧師暗殺</td></tr>
<tr><td>92</td><td>ロサンゼルス暴動
(ロドニー=キング事件)</td></tr>
<tr><td>2009</td><td>黒人大統領オバマ誕生</td></tr>
</table>

▲④黒人差別と公民権運動の推移

▲⑤リンカン記念堂の前で演説するキング牧師
(1929〜68) **公民権運動**の指導者として、1963年「**ワシントン大行進**」を指導した。このときの「**私には夢がある(I have a dream)**」演説はあまりにも有名であり、翌年ノーベル平和賞を受賞した。別冊史料91

「私には夢がある(I have a dream)」

…I have a dream that one day on the red hills of Georgia the sons of former slaves and the sons of former slave-owners will be able to sit down together at table of the brotherhood.(以下略)
…私には夢がある、ジョージアの赤土の丘の上で、かつての奴隷の子孫たちとかつての奴隷主の子孫たちが、友愛に固く結ばれてひとつのテーブルを囲む、そんな日が来るという夢が。〈歴史学研究会編『世界史史料11』岩波書店〉

テーマ 2つの黒人解放路線

指導者	キング牧師(1929〜68)	マルコムX(1925〜65)
主義	人種統合主義	分離主義
思想背景	ガンディーの 非暴力・不服従運動	ブラックナショナリズム (黒人ナショナリズム運動)
要求	非暴力的直接行動による 社会における自由と平等を求める	暴力的公民権運動による 黒人社会建設を求める

◀⑥マルコムX 黒人は黒人だけの国や地域に住み(分離主義)、黒人の伝統や誇りを重視しようとするブラックナショナリズムを主張。

…われわれはキリスト教徒やムスリム、ユダヤ教徒、ヒンドゥー教徒、それに神を信じない人による国家だ。われわれは信じている。…古くからある憎しみはいつかなくなり、民族をへだてる線も消えると。

▶⑦オバマ* アメリカ史上初のアフリカ系大統領。"Change"(変革)と"Yes, we can"(やればできる)で選挙を戦い、当選した。
*アフリカ系とヨーロッパ系のあいだに生まれる。ハワイ州出身。父はムスリム。

2 改革と危機の時代の到来

A ニューフロンティア政策

ジャクリーン夫人／ケネディ／ニクソン／ジョンソン

▲⑧大統領に就任したケネディ 初のアイルランド系、カトリックの大統領。当時史上最年少の43歳で就任。**公民権の拡大**、ラテンアメリカ諸国への援助をめざす「進歩のための同盟」などを掲げ、**ニューフロンティア政策**を追求した。遊説中のテキサス州ダラスで暗殺された。

ケネディ大統領就任演説

…だからこそ、米国民の同胞の皆さん、あなたの国があなたのために何ができるかを問わないでほしい。あなたがあなたの国のために何ができるかを問うてほしい。世界の市民同胞の皆さん、米国があなたのために何をするかを問うのではなく、われわれが人類の自由のために、一緒に何ができるかを問うてほしい。…

B 泥沼化するベトナム戦争 →p.298

▶⑩アメリカの貿易収支の推移 年間250億ドルもの戦費を必要とした**ベトナム戦争**は、アメリカ経済にとって財政赤字を増大させ、貿易収支を悪化させた。

◀⑨ベトナム反戦運動 当時国防長官であったマクナマラは「国民の支持をつなぎとめておくことができなかったのは(ベトナムで)何が起きているのか、なぜこんなことをしているかを国民に十分に説明しなかったため」と回想した。黒人解放運動の側からも、多額の戦費支出は批判された。→p.268
別冊史料90

(グラフ)億ドル　ベトナム戦争　100 75 50 25 0 -25 -50 -75　1960　1965　1970　1975(年)
〈東大出版会編『近代国際経済要覧』〉

テーマ カウンターカルチャー(対抗文化)の台頭

　1960年代に出現した、アメリカの中産階級が築いてきた文化に対抗する文化。学生たちはスチューデント・パワーを誇示し、既存の秩序に挑戦した。既婚、未婚を問わないよび名「ミズ」を生み出した。ベトナム戦争と関連させて、**愛・自由・平和**などを唱える一方、マリファナ吸引などの弊害も生んだ。

50代 物質的豊かさの追求
60年代 戦争未経験世代の成長
カウンターカルチャー(大人や既存の文化への反抗)〈「人間性の復興」〉
ベトナム戦争
60年代末〜 ニューレフト(新左翼)　ヒッピーブーム
反戦、反政府、反核、**公民権運動**など(ロック→p.274、ミニスカなど)
若者文化

▶⑪ヒッピー 1960年代の対抗文化の運動を担った白人中産階級のこと。既存の体制や価値観からの脱却をめざし、原始的共同生活を営んだ。長髪やジーンズ、ミニスカートなどが流行した。

◀⑫「イージー・ライダー」(1969年*) オートバイで無計画なアメリカ横断の旅に出たヒッピーを描いた作品で、当時の社会への不信感や明るい「何か」を求めた若者のようすがうかがえる。
*日本公開は1970年。

20世紀後半から21世紀の アメリカ②

「強いアメリカ」の光と影

1 「強いアメリカ」の再生

A 「小さな政府」への転換

◀①**デモをする労働者たち** 政府支出の削減, インフレ抑制などをめざした**レーガン**政権下の1982年, 失業率は世界恐慌以降, 初めて10%をこえ, 企業倒産件数も1932年以来最大を記録した。

「レーガノミクス」は労働者をしめ殺している

| 国内 | これまでの「大きな政府」路線への反発（国内の混乱の元凶） |

1979 ソ連のアフガニスタン侵攻

レーガノミクス ➡ p.270

| 「強いアメリカ」反ソ・反共 軍備拡張 | 「小さな政府」大幅減税 |

B 軍備拡張

「双子の赤字」 ⟵ 財政赤字 貿易赤字 ⟵ 西欧・日本の発展

1985 プラザ合意 ➡ p.271

▲②レーガノミクスと「双子の赤字」

◀③**戦略防衛構想（SDI）の想像図** 対ソ強硬策をとるレーガン政権は, ソ連の戦略ミサイルがアメリカに到達する前に, 宇宙に配備した兵器が迎撃して破壊する計画（スターウォーズ計画）を発表したが, 財政難で頓挫した。

2 世界一の軍事超大国へ

アメリカのおもな軍事介入地

1950～53	朝鮮半島	赤字は長期戦争になったところ
53	イラン	
54	グアテマラ	
61	キューバ	
64～73	ベトナム	
65	ドミニカ共和国	
70～73	チリ	
80年代	アフガニスタン, ニカラグア	
80～90年代	エルサルバドル	
83	レバノン, グレナダ	
86	リビア	
87	ペルシア湾	
89	パナマ	
91	イラク	
2001～21	アフガニスタン	
03	イラク	
14～	シリア・イラク	

キーワード **軍産複合体** 軍と産業界（研究部門も含む）が新兵器の研究・開発などで協力体制をとることをさす。アメリカでは, 軍事産業の育成により航空宇宙やミサイルなどの先端技術産業が発展したが, 一方で軍産複合体の肥大化をもたらし, その結果, 海外市場を求めて武器の輸出も増大した。

▶④**おもな国の国防費** 第二次世界大戦後, アメリカは世界の自由主義・民主主義を守るとして, 各地の紛争・内戦に介入し,「世界の警察官」を自負している。冷戦後も国防費は他国と比べ突出しているが, 米露の核戦力はほぼ互角とされる。

アメリカ 6045（億ドル）
中国 1450
イギリス 525
日本 473
フランス 472
ロシア 466

—2016年—
《『世界国勢図会』2017/18》

テーマ **📖 テロとの戦い** ➡ p.292

2001年9月11日, ニューヨークの世界貿易センタービルにハイジャックされた飛行機が激突するなどの**同時多発テロ**が起きた。実行犯は**オサマ゠ビン゠ラーディン**を指導者とする**イスラーム過激派**のアルカーイダのメンバーとされる。ブッシュ大統領は同年に, アルカーイダとそれを支援する**タリバーン**政権下のアフガニスタンに侵攻し, 政権を追放した。その後, アルカーイダからIS（「イスラム国」）が分派し, シリア・イラクを拠点に各国でテロを繰り返した。

▶⑤ニューヨークでの同時多発テロ事件

現代を読みこむ ## コロナ禍でゆらぐ「移民の国」アメリカの結束

▲⑥**アジア系住民へのヘイトクライム*に反対するデモ**(2021年)
*人種, 宗教, 肌の色などを理由とした犯罪行為で「憎悪犯罪」とも訳す。

▲⑦**ブラックライブズマター運動の広がり**(2020年)「黒人の命は重要」とするBLM(Black Lives Matter)運動が2013年ごろから始まった。

ヨーロッパ系 72.6%	系 アフリカ	その他
（ドイツ系・アイルランド系・イギリス系・イタリア系・フランス系など）	12.7	8.5

アジア系 5.4
ネイティブアメリカン 0.8
*総人口のうち, 17.8%がヒスパニック

▲⑧**アメリカの住民の内訳**(2016年) 近年, ヒスパニックとアジア系住民が増加し, 2060年にはヨーロッパ系の割合が5割を下回ると予想される。

アメリカは多くの移民を受け入れ, 多民族国家として共生を目指してきたが, 新型コロナウイルスを「中国（武漢）ウイルス」とよぶなど偏見が広がり, アジア系住民への攻撃が増加した。また警察のアフリカ系への残虐行為をきっかけとするBLM運動など彼らの権利向上を目指す動きが活発化している。大統領選挙の結果を認めないトランプ大統領の支持者による連邦議会乱入事件（2021年1月6日）は, アメリカの「民主主義が死んだ日」といわれる。

バイデン大統領はアメリカの多様性を尊重するためアフリカ系, 女性などの閣僚を積極的に登用している。2021年5月「人種差別や不寛容という疫病に立ち向かい, アジア・太平洋諸島系コミュニティと連帯する」ため新型コロナウイルス・ヘイトクライム法を成立させ, 調査担当者を司法省におくなどした。また, 連邦最高判事に史上初のアフリカ系女性を, ホワイトハウス報道官に同性愛者を公言している移民のアフリカ系女性を起用した。前大統領が深めたとされるアメリカの分断を克服できるか, その手腕が問われている。

▲⑨**ヘイトクライム法案に署名するバイデン大統領**(2021年5月)

読みこみキーワード デモが起こった社会的背景について, 次のキーワードも参考に学習を深めよう。
人種差別 ➡ p.281 **1** 移民国家 ➡ 巻頭 7

▲**バティスタ**
（キューバ）
（1901～73）

▲**アジェンデ**
（チリ）
（1908～73）

▲**ピノチェト**
（チリ）
（1915～2006）

▲**フジモリ**
（ペルー）
（1938～ ）

ラテンアメリカを知るための基礎知識

○アメリカの裏庭

（1950～70年ごろのラテンアメリカ）

左翼政権　←介入　**アメリカ**　政治・軍事援助→　親米軍事独裁政権
グアテマラ　　　リオ条約，ラテンアメリカ諸国　　キューバ
チリ（アジェンデ）など　　との**米州機構（OAS）**設立など　　（バティスタ）など

ポピュリズム　土地国有化
アルゼンチン　対立　**大土地所有者**　連携
（ペロン）など

　アメリカは，1823年にモンロー宣言を唱えて以来，ラテンアメリカを裏庭として支配力を保持，ラテンアメリカに誕生した左翼政権にたびたび介入した。一方で，大土地所有者や資本家を基盤とする親米政権の腐敗も進んだ。

○カトリック社会と「解放の神学」

　カトリックは保守的な宗教とされるが，1960年代に，積極的に社会問題の解決をめざす，カトリック教徒の運動がさかんとなった。ラテンアメリカでは貧困と抑圧に苦しむ民衆の解放，救済をめざす「**解放の神学**」が唱えられた。

---

1 ポピュリズムの破綻（はたん）

◀①**ペロンとエヴァ** アルゼンチンの**ペロン**（位1946～55，73～74）軍事政権は典型的な**ポピュリズム**政権で，一次産品依存型経済から脱却し，民族主義を掲げ，工業化を推進した。しかしポピュリズムは権威主義的統治へと傾斜し，衰退していった。

キーワード
ポピュリズム
20世紀ラテンアメリカ諸国の都市化を背景とした政治動向で，人民主義と訳されることがある。都市労働者，中間層を支持基盤としたカリスマ的個人独裁が主流である。

2 社会主義革命とアメリカの介入

世界全図p.48～49

◀②**キューバ革命**
1959年，**カストロ**（1926～2016），**ゲバラ**（1928～67）らのゲリラ組織は，米資本と結び腐敗していた**バティスタ**独裁政権を打倒した。この**キューバ革命**は土地改革などをめざしたが，米系資本を接収して米政府と対立し，1961年，社会主義宣言を出した。➡p.264

▲③**アメリカの介入と各国の状況**

3 民主化と経済の停滞

▲④**ピノチェト元大統領逮捕を喜ぶ人々**
　1973年，アメリカから支援を受け，チリに軍事政権を樹立した**ピノチェト**は，軍政時代に反対勢力への人権侵害を行った嫌疑（けんぎ）により，1998年ロンドンで逮捕された。

テーマ
経済の停滞とIMFからの干渉

　通貨危機などで経済破綻（はたん）したラテンアメリカ諸国は，**IMF**（国際通貨基金➡p.263）へ経済援助を要請した。IMFは借入国に対して，輸入削減，インフレ抑制などの経済調整プログラムを課したが，逆にインフレの加速，労働者の所得配分率の不均衡（ふきんこう）などをもたらした。そのなかで，ブラジルは経済回復を果たし，最終的には高い経済成長率を達成し，**BRICS**（➡p.275）の一国となるまでにいたった。

現代を読みこむ
反米左翼政権の行方は？

　キューバの**カストロ**を尊敬するチャベス（位1999～2013）は，貧困層を中心に根強い支持があった。アメリカと距離をおくラテンアメリカ諸国やイラン，ロシア，中国などと友好的関係を結び，反米路線を広めようとし，その路線は彼の死後も継承されてきた。しかし近年，深刻な経済不況に見舞われ，情勢は混乱している。

▲⑤**反米のイラン大統領**（右）**との親密さをアピールするベネズエラのチャベス大統領**（2012年）

対外債務危機
↓
IMFによる金融政策
↓
格差の拡大，米国主導の新自由主義経済に対する不満
↓
反米左翼政権の誕生
「所得格差の是正」
「貧者救済」の公約

読みこみキーワード
なぜ反米左翼政権が支持されてきたのか，次のキーワードも参考に学習を深めよう。**アメリカの介入**➡基礎知識，**2**
経済の停滞とIMFからの干渉➡**3**

アメリカ

MAP&T

4部2章

◀p.254

ヨーロッパ諸国の動き

〔 〕革新系 〔 〕保守系

	イギリス	フランス	旧西ドイツ→ドイツ	その他の国々
45年～50年代前半	㊔**アトリー**(任45～51)	1944 **ド=ゴール**臨時政府成立	1945 **ドイツ降伏**, 4か国分割管理	1945 オーストリア, 4か国共同管理下に
	1946 **重要産業国有化**	46 **インドシナ戦争**(～54) 第四共和政(46～58)		46 **イタリア王政廃止**, 共和国に
		47.6 **マーシャル=プラン提案**→48.3 西欧連合条約調印, 48.4マーシャル=プラン受け入れ機関 ヨーロッパ経済協力機構(OEEC)設立		
	49 **エーレ(エール, アイルランド), 英連邦を離脱**		48 **ベルリン封鎖**(～49) ➡p.262	49 **コメコン設立**
		49.4 **北大西洋条約機構(NATO)成立** 米・英・仏・伊など12か国		
	50 中華人民共和国承認	50 **シューマン=プラン**	49 ドイツ連邦共和国・ドイツ民主共和国に分裂	
55年～60年代前半	㊙**チャーチル**(任51～55)		**アデナウアー**(任49～63) 経済の奇跡(**経済復興**)に成功	52 ギリシア・トルコ, NATO加盟
	52 核兵器保有	54 **アルジェリア戦争**(～62)		55 **オーストリア独立**, 永世中立国に(**オーストリア国家条約**)
	㊙**イーデン**(任55～57)		54 パリ諸条約に調印(**パリ協定**)	
	56 **第2次中東戦争(スエズ戦争)に派兵** ➡p.293	56 **モロッコ・チュニジア独立**	55 **NATOに加盟** ソ連と国交回復	56 **ハンガリー反ソ暴動** ➡p.264
	㊙**マクミラン**(任57～63)	*フランスは大統領名	56 徴兵制施行, **再軍備開始**	
	○ 英連邦アフリカ諸国の独立	58 **第五共和政**(58～)*		
	60 ヨーロッパ自由貿易連合発足(EFTA)	**ド=ゴール**(任59～69)* **核兵器保有**		60 キプロス独立
	60	62 **アルジェリア独立**	61 **東ドイツ,「ベルリンの壁」を構築**	64 キプロスで内戦(ギリシア系住民とトルコ系住民)
	㊙**ヒューム**(任63～64)	64 **中華人民共和国承認**	**エアハルト**(任63～66)	
	㊔**ウィルソン**(任64～70)	ソ連・東欧圏への接近	**キージンガー**(任66～69)	67 ギリシアで軍事クーデタ(王政廃止)
		66 NATO軍事機構から脱退		
65年～70年代前半		67 **ヨーロッパ共同体(EC)発足**(西独・仏・伊・ベネルクス3国)		
	68 **スエズ以東より撤兵**	68 **パリ5月革命**		68 「**プラハの春**」 ➡p.268
	69 **北アイルランド紛争** ➡p.195	**ポンピドゥー**(任69～74)	**ブラント**(任69～74)	
	㊙**ヒース**(任70～74)		**東方外交推進**	
			70 **初の両独首脳会議** ソ連と武力不行使条約 **ポーランドと国交正常化**(**オーデル=ナイセ線**を暫定的国境として承認)	
			71.8 **ドル=ショック**	
			71 ベルリン4国協定(米・英・仏・ソ)	
			72 **東西ドイツ基本条約**	
	73 **EC加盟**	拡大EC発足 (ベネルクス3国, 独, 仏, 英, アイルランド, デンマーク)	73 **両独, 国際連合同時加盟** チェコと国交正常化条約	
		73.10 **石油危機(オイル=ショック)**		
	㊔**ウィルソン**(任74～76)	**ジスカールデスタン**(任74～81)	**シュミット**(任74～82) ブラントの政策継承	74 **ギリシア, 民政移管** トルコ軍のキプロス侵攻 **ポルトガル革命(民主化)**
	75.7 **全欧安保協力会議(ヘルシンキ宣言)** 75.11 **主要先進国首脳会議(第1回サミット, 仏・米・西独・日・伊・英)** ➡p.269			
75年～80年代	75 北海油田開発	**ユーロコミュニズム**(伊・西・仏共産党中心)*2	75 スペインの**フランコ死去**, その後**王政復古**	
	㊔**キャラハン**(任76～79)	*2 ソ連とは異なる社会主義勢力の多極化	78 ポーランドのヨハネ=パウロ2世, 教皇に即位	
	㊙**サッチャー**(任79～90)			81 スペイン, NATOに加盟
	・「イギリス病」の克服 ・**新自由主義** ➡p.271	左翼連合政権 **ミッテラン**(任81～95)	**コール**(任82～98) **ドイツ統一**政策推進	83 トルコ占領地域,「**北キプロス=トルコ共和国**」独立を宣言
	・緊縮財政と国有企業の民営化	有給休暇の拡大, 労働時間の削減, 大学入試の廃止などの社会主義的政策	85 ヴァイツゼッカー大統領演説「過去に目を閉ざす者は, 現在に対しても盲目となる」	
	82 **フォークランド戦争** ➡p.283			
	85 北アイルランド協定	89 フランス革命200年祭開催	89 「**ベルリンの壁**」崩壊 ➡p.270	89 **東欧の民主化始まる** ➡p.286
			90.10 **ドイツ統一** 別冊史料92	
	㊙**メージャー**(任90～97)			91 **ソ連解体** ➡p.270
90年代～		93 **ヨーロッパ連合(EU)へ改組** →マーストリヒト条約発効 ➡p.285		
	㊔**ブレア**(任97～07)	**シラク**(任95～07)		93 アンドラ独立
	97 香港を中国に返還	95 **核実験強行**		99 ポルトガル, マカオを中国に返還
	98 北アイルランド和平合意	97 ジョスパン左翼政権成立	**シュレーダー**(任98～05)	
	2003 イラク戦争に参加			2004 バルト3国・旧東欧諸国, EUに加盟
	㊔**ブラウン**(任07～10)	2005 EU憲法批准を拒否	**メルケル**(任2005～21)	09 ギリシア債務危機
	㊙**キャメロン**(任10～16)	**サルコジ**(任07～12) 新自由主義経済政策路線提唱	～09 社会民主党との左右大連立	15 ギリシア債務危機
	16 EU離脱, 国民投票可決	**オランド**(任12～17)	09～ 中道右派連立	17 スペインのカタルーニャ自治州, 独立を問う住民投票で9割が賛成
	㊙**メイ**(任16～19)	**マクロン**(任17～)	**ショルツ**(任21～)	
	㊙**ジョンソン**(任19～22)			
	20 **EU離脱**			
	㊙**トラス**(任22)			
	㊙**スナク**(任22～)			

㊔=労働党　㊙=保守党

ヨーロッパを知るための基礎知識

○植民地の喪失（そうしつ）

第二次世界大戦後, 再植民地化をもくろむ宗主国に対し, 植民地側の激しい抵抗があった。また, 経済学者ガルブレイスは, 宗主国にとって植民地との貿易よりも, 先進国間の経済活動の方が経済的に大きな意味をもつようになったと指摘している。

第二次世界大戦での疲弊

英 1947
・パレスチナの委任統治を放棄
・インド独立を承認

仏 1946～1954
インドシナ戦争→ジュネーヴ協定

蘭 インドネシア出兵
→1949 独立を承認

1956 英仏, 第2次中東戦争出兵で国際批判

1956～ アフリカ諸国の独立

○ヨーロッパ連合(EU)

▼①EUのあゆみ 〔 〕加盟国数

1948	**ベネルクス3国関税同盟**(3か国) ベルギー オランダ ルクセンブルク	
	↓	
	OEEC(ヨーロッパ経済協力機構)	
1952	**ECSC(ヨーロッパ石炭鉄鋼共同体)**	6か国 ドイツ フランス イタリア
1957	**ローマ条約(EURATOM, EEC結成調印)**	
1958	**EURATOM(ヨーロッパ原子力共同体)**	
	EEC(ヨーロッパ経済共同体)	
1967	**EC(ヨーロッパ共同体)**	①関税撤廃 ②農業・交通・エネルギーの共通政策 ③域外に対する共通関税
1973	**拡大EC**(9か国) イギリス デンマーク アイルランド	
1979	**ヨーロッパ通貨制度(EMS)発足**	
1981	(10か国) ギリシア	
1986	(12か国) ポルトガル スペイン	
1987	**単一欧州議定書発効**	
1990	**ドイツ統一**により旧東ドイツ編入	
1993	**マーストリヒト条約発効(EUへ改組)** EU旗	
	市場統合	
1995	(15か国) オーストリア スウェーデン フィンランド	
	人の移動の自由化(シェンゲン協定の実施)	
1999	統一通貨(ユーロ)導入	
2002	ユーロ実用化 エストニア, ラトヴィア, リトアニア, ポーランド, チェコ, スロヴァキア, ハンガリー, スロヴェニア, マルタ, キプロス	
2004	(25か国)	
2007	(27か国) ルーマニア, ブルガリア	
2013	(28か国) クロアティア	
2020	イギリスがEUを離脱 (27か国)	
	欧州政治統合へ? 共通外交・安全保障政策の実施	

製品の規格が同じなので, 他国でもそのまま使える

国境の通過が自由で関税もない

他国の大学の授業を受けても卒業資格がとれる

仕事の資格が共通で, 他国でも働くことができる

▲②EU加盟国でできること EUでは, 人・モノ・サービスの移動に国境がなくなった。「欧州市民権」を確立し, 加盟国の国民なら他国に居住していても地方参政権が認められている。移住先の国では, 福祉などの点でも平等である。

1 協調と独自路線の時代

フランス

▲③ **パリ5月革命**(1968年) パリ大学での学生運動を機に，労働者のゼネストや全国的なデモに発展した。権威主義的な**ド゠ゴール**は国民投票で信任されず，大統領を辞任した。

西ドイツ

ブラント ゲットー跡

▲④ **ブラントの東方外交** 1969年，西ドイツ首相となった**ブラント**は，東ドイツ・ソ連・ポーランドなどの東側諸国との国交改善を行った。写真では，ブラントがポーランドのワルシャワ゠ゲットー跡前で，謝罪のためにひざまずいている。

イギリス

"SET BRITAIN FREE FROM THE E.E.C."

▲⑤ **イギリスのヨーロッパ経済共同体(EEC)加盟問題** 当初EECに対抗するためイギリスは，**EFTA**(ヨーロッパ自由貿易連合)を結成した。のちにEECへの参加を表明したが，**ド゠ゴール**に拒否され，**EC**(ヨーロッパ共同体)に参加したのは1973年であった。イギリスは国境管理を廃止したシェンゲン協定や統一通貨ユーロには参加していない。

テーマ ヨーロッパに残る紛争

カトリック地区を行進するプロテスタント系住民
抗議するカトリック系住民
警官

▶⑥ **北アイルランド問題** 英領北アイルランド(**アルスター**)でのアイルランド・カトリック系住民とイギリス・プロテスタント系住民は，1998年に和平に合意したが，散発的な紛争は続いている。

南北の再統一の国民投票(2004年)
賛成 64.9%
反対 75.8%

▶⑦ **キプロス問題** 1960年の独立時の人口比は，ギリシア系住民80%，トルコ系住民20%であったが，1974年トルコが軍事介入し，北部3分の1を占領，1983年に独立宣言した。南北分断による対立が続いている。

「北キプロス゠トルコ共和国」*(トルコ系キプロス支配地域)
ニコシア
キプロス共和国(ギリシア系)
パフォス ラルナカ リマソール

＊トルコ以外の国は北キプロスを承認していない。

2 統合にむかうヨーロッパ

◀⑧ **マーストリヒト条約**
(1992年調印) これにより，欧州中央銀行の設立，基準を満たした国における**統一通貨**の導入などが規定された。

▲⑩ **統一通貨ユーロの誕生 ユーロ**誕生の背景には，ドイツ統一が深く関わっている。統一によってドイツが再び脅威となるのを恐れたフランスなどの国々と，欧州各国と足なみをそろえたいというドイツの思惑が一致し，通貨統合がおし進められた。1999年に電子決済で導入，2002年に実用化され，欧州の経済統合は一気に加速した。

▲⑨ **極右政党の台頭** ヨーロッパが統合に向かう反面，既成政党の政策の行きづまりを背景に，移民問題などで強硬な姿勢をとる**極右政党**に一定の支持が集まっている。

▼⑪ **ヨーロッパ連合(EU)の拡大**

世界全図p.50-51

EUの拡大
- ベネルクス3国関税同盟(1948年)
- EC結成(6か国)(1967年)
- イギリス・アイルランド・デンマーク加盟(1973年)
- ギリシア加盟(1981年)
- スペイン・ポルトガル加盟(1986年)
- スウェーデン・フィンランド・オーストリア加盟(1995年)
- ポーランド・チェコなど10か国加盟(2004年)
- ルーマニア・ブルガリア加盟(2007年)
- クロアティア加盟(2013年)
- イギリス離脱(2020年)

＊1 1990年に旧東ドイツに拡大。
＊2 ノルウェーは1994年の国民投票でEU加盟が否決された。
＊3 リヒテンシュタインも加盟。

〈欧州委員会資料〉2022年現在

EU加盟申請中の国 〔トルコ〕候補国
EFTA諸国*3 〔スイス〕

現代を読みこむ ロシアのウクライナ侵攻がもたらしたヨーロッパへの影響 巻頭17-18

▲⑫ **ウクライナとモルドヴァのEU加盟申請の承認**
(2022年) かつてソ連に属していた両国は2月のロシアのウクライナ侵攻を契機に加盟申請し，6月に候補国として承認された。だが加盟候補国から加盟までにはさまざまな課題を解決する必要があり，10年余りを要する。

▲⑬ **フィンランドとスウェーデンのNATO加盟申請**(2022年) NATOの東方拡大にあって両国は中立政策をとっていたが，ウクライナ侵攻を受けて集団安全保障を求める世論が高まった。フィンランドは2023年3月に加盟した。

ロシアのウクライナ侵攻によりロシアとウクライナのエネルギー資源，鉱産資源，穀物などの供給不安はインフレを加速させ，コロナ禍からの経済回復を遅らせている。

ドイツでは全世帯の半分が暖房を天然ガスに頼っており，ロシアへの依存度が高いが，ロシアと結ぶ天然ガスパイプライン事業の承認手続きを停止した。

その他 1.5 (2020年)
オランダ 12.7
ロシア 55.2%
ノルウェー 30.6
〈BP/Statista〉

▲⑭ **ドイツの天然ガス輸入先**

読みこみキーワード ロシアのウクライナ侵攻，NATOの東方拡大の理解を深めよう。**ウクライナ侵攻**
巻頭17-18 **NATOの東方拡大** p.287 2 B

4部2章

◀p.238,261　**ソ連・ロシアの動き**

書記長
（1966以前は第一書記）
（　）は在職年

青字 東欧諸国の動き

年代	社会主義陣営の構築	書記長・大統領			

冷戦の始まり

1946	**第4次五か年計画**（戦後復興）
47.9	**コミンフォルム**結成（〜56）
48.6	**ベルリン封鎖**（〜49）➡p.262
49.1	**コメコン（COMECON）設立**
50.2	**中ソ友好同盟相互援助条約**
52	第5次五か年計画
53.3	**スターリン死去**➡p.239
55.5	**ワルシャワ条約機構成立**（〜91）
.7	ジュネーヴ4巨頭会談 ➡p.264

56.2 ソ連共産党20回大会
フルシチョフ、スターリン批判
平和共存路線へ ➡p.264

56.4	コミンフォルム解散
.6	ポズナン暴動
.10	**ハンガリー反ソ暴動**➡p.264
57.8	大陸間弾道ミサイル実験成功
.10	人工衛星打ち上げ成功
59.9	フルシチョフ訪米 ➡p.264
	米ソ協調、中ソ対立
62.10	**キューバ危機**➡p.264
64.10	フルシチョフ解任、ブレジネフへ
68	**「プラハの春」**➡p.268
	→8月ソ連軍介入
○	**ブレジネフ=ドクトリン**
69.3	**中ソ国境紛争**
	←珍宝島（ダマンスキー島）で
	武力衝突 ➡p.268
72.5	第1次戦略兵器制限交渉
	（SALT I）調印 ➡p.264
75.7	全欧安保協力会議
79.12	**アフガニスタンに軍事侵攻**

85.3 ゴルバチョフ政権➡p.270
グラスノスチ（情報公開）
ペレストロイカ（改革）

86.4	**チェルノブイリ**（チョルノービリ）
	原子力発電所事故
87.12	**中距離核戦力（INF）全廃条約**
	調印
88.3	「**新ベオグラード宣言**」
	→東欧に対するソ連の指導性
	を否定

89 東欧革命

○	市場経済への移行
89.12	**マルタ会談** **冷戦の終結**
90.3	複数政党制採用 ➡p.270

ソ連解体➡p.270

90.3	ゴルバチョフ、ソ連大統領に
91.6	コメコン解散
.7	ワルシャワ条約機構消滅
.8	軍部・保守派のクーデタ
	→失敗、共産党解散宣言
.9	バルト3国独立
.12	**CIS（独立国家共同体）**創設

ソ連解体
エリツィン、ロシア連邦大統領
に就任

94.12	**第1次チェチェン紛争**（〜96）
99.9	**第2次チェチェン紛争**
	（テロ化〜2009）
2000.5	プーチン、露大統領に就任
06.7	露で初のサミット
	（サンクトペテルブルク）
08.5	メドヴェージェフ、露大統領に
	就任
.8	**南オセチア紛争**
	→露、ジョージアと断交
12.5	プーチン、再び大統領に就任
.8	露、WTO（世界貿易機関）加盟
14.3	露、**クリミア編入**を表明
22.2	露、**ウクライナ侵攻**

フルシチョフ
（1953〜64）

ブレジネフ
（1964〜82）

アンドロポフ
（1982〜84）

チェルネンコ
（1984〜85）

ゴルバチョフ
（1985〜91）
1990〜91大統領

ロシア大統領

エリツィン
（1991〜99）

プーチン
（2000〜08、12〜）

メドヴェージェフ
（2008〜12）

ロシア・東欧を知るための基礎知識

○東欧諸国の立場の変化

かつて東欧諸国は**コメコン**や**ワルシャワ条約機構**などを通じ，ソ連の衛星国に位置づけられていた。しかし**東欧革命**と**ソ連解体**により，東欧諸国でも共産党政権が倒れ，民主化が進んだ。一方解体したソ連では，共和国によるゆるやかな共同体である**CIS（独立国家共同体）**が創設された。また旧ソ連の国連代表権などは，ロシア連邦に引きつがれた。

○ロシアの資源戦略

◀**①中央ユーラシアのおもなパイプライン** この地域は石油と天然ガスの宝庫である。**プーチン**政権以降，ロシアはエネルギー資源を外交上のカードに使い，他国と競争しながら通過料の高いパイプラインを自国へ引かせようとしている。

◀p.243　**東欧諸国の動き**　ソ連の解体➡p.270　EUの拡大➡p.285

旧東ドイツ	ポーランド	旧チェコスロヴァキア	ハンガリー
1945 連合国軍により占領	1945 ソ連軍により解放	1945 連合国軍により解放	1945 ソ連軍により解放
48 **ベルリン封鎖**	52 人民共和国成立	48 クーデタにより共産化	49 人民共和国成立
49 **ドイツ民主共和国成立**	56 **ポズナン暴動**（反ソ暴動）	56 **「プラハの春」**➡p.268	56 ブダペストで➡p.264
53 東ベルリン暴動	ゴムウカ政権（〜70）	ドプチェク失脚	**ハンガリー反ソ暴動**
61 **「ベルリンの壁」構築**	80 **自主管理労組「連帯」発足**（議長ワレサ）	77 ハヴェルらの「憲章77」	**ナジ=イムレ首相**失脚、カーダール政権（〜88）
➡p.262	➡p.262	89 「市民フォーラム」結成	88 「民主フォーラム」結成
71 ホーネッカー政権（〜89）	81 戒厳令→「連帯」弾圧	ビロード革命	89 自由化と民主化進展
72 **東西ドイツ基本条約**	89 「連帯」再合法化	93 チェコとスロヴァキアに分離	2004 **EUに加盟**
89 **「ベルリンの壁」崩壊**	非共産政権発足		
90 **ドイツ連邦共和国に編入→ドイツ統一**	90 ワレサ大統領（〜95）	2004 **チェコ・スロヴァキア、EUに同時加盟**	
2004 **EUに加盟**	2004 **EUに加盟**		

□東欧革命以降の動き

旧ユーゴスラヴィア
1945 **ティトー政権**（〜80），ナチス撃退、自力解放連邦人民共和国成立
48 **コミンフォルムから除名** →独自路線
80 ティトー死去、民族問題表面化
91 **連邦解体**、内戦へ
92 新ユーゴスラヴィア連邦成立（〜2003）、紛争激化➡p.272
2004 **スロヴェニアEU加盟**
13 **クロアティアEU加盟**

アルバニア
1944 ホッジャ政権（〜85）イタリア勢力追放
46 人民共和国成立
61 ソ連と断交
78 中国と断交、「鎖国」体制で経済悪化
90 信仰の自由復活
92 非共産政権発足

▲**ティトー**
（ユーゴスラヴィア）

▲**ワレサ**
（ポーランド）

▲**ハヴェル**
（チェコスロヴァキア）

▲**ナジ=イムレ**
（ハンガリー）

▲**チャウシェスク**
（ルーマニア）

ルーマニア
1944 ソ連軍により解放
47 人民共和国成立
65 **チャウシェスク政権**（〜89）
67 対ソ自主外交路線
89 **ルーマニア革命** →チャウシェスク処刑
90 共産党一党独裁体制崩壊
2007 **EUに加盟**

ブルガリア
1944 ソ連軍により解放
46 人民共和国成立
54 ジフコフ政権（〜89）、親ソ路線
89 民主化要求運動
90 共産党一党独裁放棄
2007 **EUに加盟**

1 ソ連の動揺と東欧の民主化

A ソ連の内憂外患

◀②ソ連のアフガニスタン侵攻 アフガニスタン支配をめぐる内戦に，1979年，ソ連は政府支援のため軍事介入（→p.292）。米ソ関係は急速に悪化し，ソ連経済も行きづまり，1989年ゴルバチョフ政権下で撤退した。アメリカのベトナム戦争と対比される。

▶③チェルノブイリ原発事故 1986年に起きたこの事故は，広島型原爆の約500倍の放射能汚染を引き起こし，周辺地域での住民退去・甲状腺がんの急増をもたらした。原発に対する不信感を高め，ヨーロッパでは原発推進政策が見直された。

B 東欧革命

◀④ハンガリー「民主フォーラム」（1988年） 議会制民主主義を掲げる「民主フォーラム」による自由化と民主化が進展し，ハンガリー反ソ暴動（→p.264）後に処刑された首相ナジ=イムレの名誉も回復された。

▶⑤チェコスロヴァキアから西側へ亡命する東ドイツ国民 東欧諸国の民主化が始まると，不正選挙への不満や基本的人権の要求から，東ドイツ国民の一部はチェコスロヴァキアやハンガリー経由で西ドイツへ亡命した。

2 大国再生をめざすロシアと東欧の旧西側諸国への接近

A チェチェン紛争

◀⑥ロシアのチェチェン攻撃 19世紀，激しい抵抗ののちにロシア帝国に併合されたチェチェンには，ムスリムが多い。チェチェンはロシア連邦から1991年に独立を宣言したが，エリツィンはこれを認めず，1994年武力介入した。

ロシアがチェチェン独立を認めない理由
・チェチェンを通るパイプラインと産出する石油の確保
・チェチェンの独立を認めることで，国内の他の共和国の独立気運が高まる可能性

カフカス地方の民族

黒海　カスピ海

インド=ヨーロッパ系
- スラヴ系
- アルメニア系
- イラン系
- アルタイ系（トルコ語系）
- カフカス系

（共）…共和国
（自共）…自治共和国
（自州）…自治州
---…国境と首都
○共和国・自治共和国の首都

アドゥイゲ（共）　カバルダ・バルカル（共）　北オセチア・アラニャ（共）　カラチャイ・チェルケス（共）　アブハジア（自共）　チェチェン（共）　グロズヌイ　イングシェチア（共）　南オセチア（自州）　ツヒンヴァリ　ダゲスタン（自共）　ジョージア　○トビリシ　アジャール（自共）　アルメニア　エレヴァン　アゼルバイジャン　ナゴルノ・カラバフ（自州）　バクー　ナヒチェヴァン（自共）（アゼルバイジャン飛地）

チェチェン人は，ロシアから独立要求。イングシェチア人はロシア残留希望で対立，分離

ジョージアからの分離独立要求

アヴァール人とチェチェン人の対立

アルメニアへの帰属要求

ジョージア（2014年）　ジョージア人86.8%　アルメニア系4.5　その他2.4　アゼルバイジャン系6.3

アルメニア（2011年）　アルメニア人98.1%　その他0.3　ロシア系0.4　クルド系1.2

アゼルバイジャン（2009年）　アゼルバイジャン人91.6%　アルメニア系1.3　ロシア系1.3　ダゲスタン系2.0　その他3.8

0　100km

B NATOの東方拡大

▲⑦東欧諸国のNATO加盟（2004年） ワルシャワ条約機構解体後，東欧諸国はロシアの脅威に対する不安からNATO加盟を実現させた。ロシアはこうしたNATOの拡大を警戒している。

アメリカ（ブッシュ大統領）　ブルガリア　エストニア　ルーマニア　スロヴァキア　スロヴェニア　ラトヴィア　リトアニア

▶⑧ロシアに抗議するジョージア人 1992年，旧ソ連から独立したジョージアは，2008年，ロシアへの編入を求めるジョージア国内の南オセチアに軍を進めた。ロシアもジョージアに侵攻し，NATO加盟を希望するジョージア・NATO諸国とロシアとの対立を招いた。

Georgian people choose NATO!

現代を読みこむ ロシアのウクライナ侵攻がもたらしたロシア国内への影響 →巻頭17-18

▲⑨撤退した外資系衣料品店（オムスク） マクドナルド，スターバックス（米），ルノー（仏）など欧米企業の撤退は国民生活にも影響を与えている。2009年にロシアに進出したH&Mも全店舗の営業を停止した。一方，経済制裁はロシア国民の西側諸国への反感を強めるとの見解もある。

▲⑩戦争に反対するデモの取り締まり モスクワのデモに参加し拘束された人々は顔認証可能なカメラにより特定されたという。2022年3月プーチン政権は軍事行動の「虚偽情報」を拡散すれば最大15年の懲役を科せる法改正をするなど言論統制を強めている。

G7やEUは経済制裁や国際的な決済ネットワークからの排除などによりロシア経済の孤立を目指しているが，プーチン大統領は強気である。ロシアはNATOに対抗するためソ連圏内にあったアルメニア，ベラルーシなど6か国と1992年に集団安全保障条約機構（CSTO）を発足させたが，ウクライナ侵攻に対する加盟国の温度差は意外に大きい。

▶⑪ロシアを中心としたCSTOの会議

読みこみキーワード ロシアのウクライナ侵攻の影響について理解を深めよう。EU加盟申請，NATO加盟申請→p.285「現代を読み込む」

アフリカの動き

◀p.220

北アフリカ（サハラ以北）	ブラックアフリカ	
	赤字 独立・解放　青字 内戦	
1951 リビア独立	**西アジア・アフリカ解放の皮切り**	
52 エジプト革命		
53 **エジプト，共和国宣言** ●p.290		
54 アルジェリア民族解放戦線（FLN）結成 →アルジェリア戦争開始		
	55 アジア＝アフリカ（AA）会議 （バンドン会議）	▲エンクルマ （任1957〜60，60〜66）
56 スーダン・チュニジア・モロッコ独立	**ガーナ独立（エンクルマ指導）** ●p.266	1957
58 エジプト・シリア，一時期合併	**ギニア独立（セク＝トゥーレ指導）**	58
	60 **アフリカの年** **ナイジェリア・コンゴなど17か国独立**	
60 アスワン＝ハイダム建設開始（〜70完成）		▲セク＝トゥーレ （任1958〜84）
	コンゴ動乱（60〜65）	60
	初代首相ルムンバ殺害	61
	南アフリカ連邦が英連邦を離脱→共和国に	
62 エヴィアン協定 →アルジェリア戦争（1954〜62）終結 →アルジェリア独立		
	▶ルムンバ （任1960〜61）	
63 **アフリカ統一機構（OAU）成立**（本部：アディスアベバ）		
	マラウイ・ザンビア独立	64
	ローデシア（白人政権）独立宣言	65
	ガーナでクーデタ（エンクルマ失脚）	66
	ナイジェリア内戦（ビアフラ戦争，〜70）	67
67 第1回発展途上国閣僚会議　**アルジェ憲章**採択		
69 リビアでクーデタ カダフィ政権成立	コンゴ，国名をザイールに変更	71
74 **エチオピア革命** （75 皇帝ハイレ＝セラシエ退位）	**モザンビーク・アンゴラ独立**	75
	ジンバブエ解放戦線結成	76
	→**ジンバブエ独立** （ローデシアの白人支配終わる）	80
	80年代 **アフリカの食料危機増大**	
81 **エジプト大統領サダト暗殺**		
88 **ソマリア内戦**（無政府状態に）	**アンゴラ内戦**	89
	南アの黒人解放指導者マンデラ釈放 **ナミビア独立**	90
	南ア，アパルトヘイト根幹3法廃止 ●p.289	91
92 **UNOSOMI** （第1次国連ソマリア活動，〜93）		
93 **UNOSOMII** （第2次，〜95 失敗） **エリトリア分離独立** （エチオピアから）	▶マンデラ （任1994〜99）	
	ルワンダ内戦（90〜94） →難民発生	94
	ザイールが国名変更→コンゴ民主共和国	97
98 **エリトリアとエチオピアの対立**	**コンゴ内戦**	
	2002 **OAUがアフリカ連合（AU）に発展改組** EU型の政治・経済統合をめざす	
	○南ア・ルワンダで民族融和の成功	
2006 ソマリアで「イスラーム法廷連合」首都制圧		
	南アでサッカーワールドカップ開催	2010
11 **「アラブの春」** ←チュニジアの民主化運動が発端に	**南スーダン独立** （スーダンから）	11

（左端縦組み）

45年〜50年代前半／55年〜60年代前半　アフリカ諸国の独立 ●1　〜第三世界を構成

65年〜70年代前半／75年〜80年代／90年代〜　各地で起こる内戦 〜地域紛争の激化と深刻化する貧困・飢餓 ●2

---

1 アフリカの独立

世界全図p.48-51　◀p.220

▲①現代のアフリカ

（地図内注記）
- 1952 エジプト革命（自由将校団中心）
- 1954〜アルジェリア戦争　1962 エヴィアン協定で独立
- 1974 エチオピア革命
- 1957 独立　1966 クーデタ（エンクルマ失脚）
- 1965 ローデシア独立宣言　1980 ジンバブエ共和国
- 1991 アパルトヘイト撤廃
- 1910 独立当時は（南アフリカ連邦（自治領））

（凡例）
- 第二次世界大戦前の独立国
- 1945〜59年に独立した国
- 1960年の独立国
- 1961年以降の独立国　数字は独立年
- アラブ（諸国）連盟加盟国
- アフリカ統一機構（OAU）加盟国（2002年AUに改称）
- 赤字は旧宗主国

◀②「アフリカの年」の背景　アフリカで17か国が独立した1960年を、「**アフリカの年**」とよぶ。宗主国の弱体化，アジア植民地における独立国の誕生，独立運動を担う黒人指導者層の成長などが背景となって一挙に実現した。

黒人知識人層のイデオロギー運動　カリブ海地域およびアメリカ

アフリカ＝ナショナリズムの萌芽　アフリカでの抵抗運動

1939〜45 第二次世界大戦

新興エリート層の成長　アフリカ人政党の誕生 ／ アジア植民地のあいつぐ独立 ／ 西欧列強の弱体化　1954〜62 アルジェリア戦争

パン＝アフリカ主義の台頭 ●p.220

1956 第2次中東戦争　英仏の軍事介入への国際的批判

1957 ガーナ独立（指導**エンクルマ**）

1958 ギニア独立（指導**セク＝トゥーレ**）

1960 「アフリカの年」（17か国独立）

アフリカを知るための基礎知識

○モノカルチャー経済 ●p.266

　少数の商品作物や鉱物資源に依存する経済をいう。ヨーロッパ諸国による植民地支配のなかで，アフリカは**モノカルチャー経済**を強制され，低開発状態に押しとどめられた。独立達成後も旧宗主国との関係が続き，経済基盤を強化することが難しい。

○人為的な国境線

　19世紀末の帝国主義時代，ヴィクトリア湖以北はイギリス，以南はドイツの植民地とされた。1960年代，前者はケニアおよびウガンダ，後者はタンザニアおよびルワンダとして独立するが，ほぼ直線の境界は民族分布と一致しない**人為的国境線**であり，これが現在まで続く民族紛争の一因になっている。

アフリカ諸国がモノカルチャー経済に依存する理由

① 植民地時代のプランテーション農業を現在も外貨獲得の手段として行っている点
② 輸出の多くを現在も旧宗主国に頼る現状
③ 貿易収入が工業製品や食料の輸入にまわされるため，工業化が進みにくい点
④ 豊富な鉱物資源の産出

▶③複雑な民族集団と一致しない国境線

（地図凡例）
── 民族集団の境界
---- 現在の国境

2 各地で起こる内戦

▼④アフリカで起こったおもな内戦・紛争

- 1954~62 アルジェリア戦争
- 1976~97 西サハラ紛争
- 1998~ ギニアビサウ内戦
- 1991~2002 シエラレオネ内戦
- 1989~2003 リベリア内戦
- 1967~70 ナイジェリア内戦（ビアフラ戦争）→⑥
- 1998~ コンゴ内戦
- 1989 アンゴラ内戦
- 1967~90 ナミビア独立運動
- 1966~2010 チャド内戦
- 2003~13 ダールフール紛争
- 1983~2005 スーダン内戦
- 1962~91 エチオピア内戦
- 1980年代~ ソマリア内戦→⑨
- 1990~94 ルワンダ内戦→⑧
- 1994~2008 ブルンジ内戦
- 1960~65 コンゴ動乱→⑤
- 1976~94 モザンビーク内戦
- 1980~1988 ジンバブエ内戦

■おもな内戦・紛争

B 民族・宗教による対立

▶⑧ルワンダ内戦 ルワンダでは，1994年に多数派のフツ人が少数派のツチ人を100日間に約80万人殺害したため，ツチ人難民が大量に隣国へのがれた。同年にツチ人中心の政権が発足すると，報復を恐れたフツ人がザイール（現コンゴ民主共和国）などへ多数流入した。

難民の列

```
エチオピア ──── ソ連
   │↑
   │ 1977~78
   ↓ オガデン戦争
ソマリア共和国 （1960年独立） ── アメリカ
   │
  内戦
 （1980年代~2000年）
  ┌────┬────┐
 統一      ソマリア
 ソマリア ×  国民同盟
 会議     （アイディー
          ド将軍派）
  └────┬────┘
       ↓
・中央暫定政府樹立 ←×→ 国連
 （2000年，03年に崩壊）  失敗
                PKO
                活動

飢餓  難民  海賊行為
```

◀⑨ソマリア内戦 1970年代，オガデン地方の帰属をめぐるエチオピアとの戦争に敗北。80年代からは内戦が始まり，統一ソマリア会議とソマリア国民同盟の交戦で長期化し，2度の国連PKO活動も失敗に終わっている。また，ソマリア沖アデン湾では海賊行為が多発している。

▲⑩ソマリア沖海賊の検挙

A 旧宗主国の介入

▶⑤コンゴ動乱 コンゴ独立直後，鉱業利権維持のため，カタンガ州の分離独立をねらうベルギーは軍隊を進駐させた。ルムンバは国連に保護を求めるが，モブツ派により殺害された。ルムンバ派を支持するソ連と，モブツ派を支持するアメリカとの対立が背景としてあった。

```
            コンゴ          カタンガ州の
          ルムンバ指導      地下資源
           のもと独立    ←──────  ベルギー
                         利権をねらい  （旧宗主国）
                           侵攻
              ↓ 内戦へ
ソ連─ルムンバ派  対立  モブツ派 ─米
   逮捕・処刑          軍事独裁政権樹立
```

```
 仏  南アフリカ          旧宗主国   アフリカ
     ↑支援            国際石油    への
 南東部 イボ人          資本      影響力
   │
ビアフラの分離        英  VS  ソ
独立を宣言          ↑支援
（豊富な石油資源）     連邦政府
   VS
  ↓        ↓
  敗        勝
```

◀⑥ナイジェリア内戦 多民族国家ナイジェリアは，北部のハウサ，南西部のヨルバ，南東部のイボの3大民族を有する。1967年イボ人を中心とする東部州が「ビアフラ共和国」の独立を宣言するが，政府はこれを認めず，多数の餓死者や難民を出す内戦となり，70年まで混乱が続いた。

▲⑦ナイジェリアの難民

テーマ 植民地時代の負の遺産 アパルトヘイト　別冊史料93

▲⑪会談するデクラークとマンデラ

1940年代後半に南アフリカでアパルトヘイト（人種隔離政策）が法制化され，白人優遇・黒人差別の政策を徹底した。国際的な批判が高まり，1991年にデクラーク政権はアパルトヘイト根幹3法を廃止，94年にはANC（アフリカ民族会議）のマンデラが大統領に就任した。

赤字 アパルトヘイト根幹法　青字 アフリカ人の動き

年	できごと
1910	南アフリカ連邦成立
1912	南アフリカ先住民民族会議（のちアフリカ民族会議（ANC）に改称）
13	原住民土地法
	全住民の約70%を占める先住民の土地所有権を，全土の13%にすぎない保護区に制限
51	人口登録法 集団地域法
53	公共施設分離法
60	シャープヴィル事件
60	ANC非合法化
61	英連邦脱退
76	ソウェトで暴動発生（黒人居住区）
	80年代 国際世論の批判高まる
	反アパルトヘイト闘争激化
90	デクラーク，ANCを合法化
91	アパルトヘイト根幹3法廃止
94	アパルトヘイト全廃　マンデラ，大統領に就任

白人用　黒人用
▲⑫白人・黒人用に区別された座席

現代を読みこむ 独立は果たしたものの安定しない政情-南スーダン-

▲⑬独立を喜ぶ人々（2011年）1956年にスーダンが英・エジプトから独立する際に北部（アラブ系ムスリム主体）とそこから分離・独立を求める南部（アフリカ系キリスト教徒主体）との間で内戦が勃発した。北部中心の政府軍と南部のスーダン人民解放軍の対立が続いたが，2005年に南北包括和平合意が成立し，内戦が終結した。2011年に住民投票の結果を受け，新たに南スーダン共和国が誕生した。

▲⑭PKO部隊による避難民の保護（2011年）独立後も政情が安定しないため，PKO活動として南スーダン派遣団が現地に派遣され，治安維持・医療など幅広い任務にあたっている。南スーダンは世界で最も貧しい国の上位に入り（2018年），人口の54%が深刻な食料不足で，特に5歳未満児の重度の急性栄養不良の割合は緊急警戒レベルにある（2019年）。

アフリカ系キリスト教徒を中心に多民族国家として誕生した南スーダンだが，国境紛争や大統領派（ディンカ人）と副大統領派（ヌエル人）の内戦は続いた。2015年に衝突解決合意がなされ，2018年には恒久的停戦が採択されたがこの間，約400万人の難民が発生し，UNHCRなどがその支援を訴えている。2016年にはハイパーインフレが起こり，キール大統領は「失われた10年を取り戻す」と述べたが，その前途は多難である。

キール大統領　副大統領
▲⑮暫定統一政権の設立（2020年）反政府勢力との和平合意を受けて，従来の32州制の維持撤回と10州制への復帰が決定された。

読みこみキーワード 南スーダンの独立について，次のキーワードも参考に学習を深めよう。 人為的な国境線→基礎知識 アフリカで起こったおもな内戦・紛争→②④

アフリカ

MAP S|T

4部2章

◀p.244

西アジア・北アフリカの動き

赤字 戦争・紛争関係

	エジプト・北アフリカ	イラクを除く中東諸国	イラク	イラン	アフガニスタン
	1945 **アラブ連盟結成**（原加盟7か国[エジプト・イラク・サウジ・シリアなど]，2017年現在21の国とPLO）（本部カイロ）				
45年〜50年代前半		47 パレスチナ分割案採択			
		48 **第1次中東戦争（パレスチナ戦争，〜49）** ➡p.293		51 **モサデグ政権，石油国有化**	
	51 リビア独立			クーデタにより	
	52 **エジプト革命**（ナセルらが国王追放）			モサデグ首相失脚	
	53 **エジプト共和国宣言**			→1979解体	
55年〜60年代前半	56 **ナセル**大統領就任	55 **バグダード条約機構**（中東条約機構，METO）成立（のち**中央条約機構（CENTO）**）		▶モサデグ（任1951〜53）	
	→**スエズ運河国有化宣言**				
	▶ナセル（任1956〜70）	59 METO，CENTOに改称（本部アンカラ）	58 **イラク革命**（王政廃止）		60年代 ザーヒル=シャー立憲君主政
	60 **アスワン=ハイダム**建設開始（〜70完成）	60 **石油輸出国機構（OPEC）**結成（2019年1月現在14か国）（本部ウィーン）	59 METO脱退	63 パフラヴィー2世の白色革命	
		64 **パレスチナ解放機構（PLO）**結成		64 ホメイニ，国外追放される	
65年〜70年代前半	67 **第3次中東戦争**（エジプト敗退）			▶パフラヴィー2世（位1941〜79）	
	68 **アラブ石油輸出国機構（OAPEC）**結成（2018年現在11か国*）（本部クウェート） *チュニジアは資格停止中		68 バース党による一党独裁		
	69 リビアでクーデタ，王政廃止 →カダフィ政権成立	69 アラファト，PLO議長に就任			73 クーデタ→共和政権へ
	70 ナセル死去→大統領にサダト就任	71 シリア，アサド（父）政権樹立			79 ソ連，**アフガニスタン侵攻**→親ソ政権（カルマル）樹立 ➡p.287
	73 **第4次中東戦争→石油戦略（第1次石油危機）** ➡p.268			79 **イラン=イスラーム革命（ホメイニ指導）**米大使館占拠事件	
75年〜80年代	79 **エジプト・イスラエル平和条約**調印	75 レバノン内戦（〜89）	79 フセイン政権樹立		○ **ムジャヒディーン**によるゲリラ活動（米，サウジアラビア，パキスタンが支援）
	81 ジハード団によりサダト暗殺→ムバラク政権樹立	78 キャンプ=デーヴィッド合意	80 **イラン-イラク戦争**（〜88）		
	82 イスラエルよりシナイ半島返還	82 イスラエル，レバノン侵攻	○ アメリカによる軍事援助	▶フセイン（任1979〜2003）	
	87 チュニジア，ベンアリ政権樹立	83 レバノン，ヒズボラの活動が公然化			89 ソ連撤兵
		86 サウジアラビア「二聖都の守護者」を名のる			92 親ソ政権崩壊→内戦
	▶サダト（任1970〜81）	90 ヨルダン，同胞団が第1党に	90 イラク，クウェートに侵攻	▶ホメイニ（1902〜89）	96 **タリバーン**，首都カーブル制圧→タリバーン政権成立
90年代〜		91 **湾岸戦争**→中東和平会談			2001 **9・11事件** ➡p.282 →米，アフガン攻撃 →タリバーン政権崩壊 →暫定政権発足
		93 パレスチナ暫定自治協定調印			
	▶ムバラク（任1981〜2011）	97 ヘブロン合意		▶アフマディネジャード（任2005〜13）	02 暫定行政機構発足
		2000 シリア，アサド（子）政権樹立	2003 **イラク戦争** →フセイン政権崩壊		04 カルザイ政権発足（〜14）
		04 PLO議長アラファト死去→後任アッバス	06 マリキ政権発足	2002 核開発疑惑浮上	
	2010 チュニジアで格差是正を要求するデモ	06 イスラエル，レバノン侵攻（ヒズボラを攻撃）			
	2011 **「アラブの春」**				
		12 シリア内戦激化	←14 IS（「イスラム国」）イラク・シリアで勢力拡大→		14 国家統一政府が成立
					21 タリバーン"勝利宣言"

（左端縦書き）ナショナリズムの台頭と弾圧されるイスラーム復興運動 ➡1／諸政権の強権統治 ➡2／イスラーム改革と大国の干渉 ➡3／ペルシア湾岸の戦争と「アラブの春」 ➡ p.292

西アジアを知るための基礎知識

○石油と資源ナショナリズム

　資源ナショナリズムとは，それまで資源の開発・管理権をにぎっていた先進国から，資源保有国が経済的自立をめざして，自国の資源を自国で管理・開発する動きをさす。アラブの産油国を中心に結成された**OAPEC**は，**第4次中東戦争**時（1973年）に石油戦略を実行し，先進国はその力を思い知らされた。➡p.268

▼①おもな資源ナショナリズムの例

1951 モサデグによる石油国有化宣言

目的	イギリスの支配下にあった石油利権を自国に取り戻す
結果	モサデグによる石油国有化は失敗するも，70年代以降，産油国の石油会社国有化が顕著に

1973 第4次中東戦争の石油戦略

目的	親イスラエル諸国への石油制裁，石油メジャーによる石油価格決定から産油諸国による価格決定へ ➡p.268
結果	産油国の世界への影響力の増大，西側先進国の対イスラエル政策の見直し

○イスラーム復興運動

　イスラーム世界の衰退は，西欧列強の侵攻・支配と信仰の衰退に起因するととらえ，イスラームの教義にもとづいて社会革新をめざす運動をさす。そのなかには**ワッハーブ運動**や**パン=イスラーム主義**が含まれる。

▼**②近現代のイスラーム復興運動に関連するおもな動向**
　パン=イスラーム主義を掲げてムスリムの団結をよびかけた**アフガーニー**（➡p.223）の活動は，世界各地に影響を及ぼした。彼の死後もその思想は受け継がれ，エジプトでは1928年にイスラーム復興をめざす大衆組織である**ムスリム同胞団**が結成された。

18世紀 19世紀	**西洋の衝撃と運動の芽生え** ➡p.223
	ワッハーブ運動
	アフガーニーのパン=イスラーム主義
1920年代	**近代国家建設と弾圧** ➡1
	「民族」主体の国家建設 → 弾圧 → 1928 ムスリム同胞団結成
1967	**下からのイスラーム改革** ➡3
1979	第3次中東戦争大敗 イラン=イスラーム革命（このころ最高潮）
1990年代〜現在	**信仰のよりどころとしてのイスラーム復興**
	民衆の草の根的な広がり 一部過激派の破壊活動 ➡p.288 ③

（右端縦書き）③イスラーム復興運動の流れ

0　1000km

1 ナショナリズムの台頭と弾圧されるイスラーム復興運動

A スエズ運河の国有化

ナセル

20世紀前半
ヨーロッパ諸国による植民地化
↓
1928〜
ムスリム同胞団結成
↓
1939
第二次世界大戦
↓
1945終結
アラブ諸国による
国家建設
↓
1948
イスラエル建国
アラブ民族主義の台頭
↓
1956
ナセル大統領就任
スエズ運河国有化宣言

▲④スエズ運河の国有化を宣言したナセル　アスワン=ハイダム
の建設費援助を拒否された**ナセル**は，**スエズ運河国有化**を宣言し，
その利益をダム建設に充てることを考えた。これに反発した英・仏
はイスラエルとともにエジプトを攻撃したが，ナセルは国際世論を
味方につけ，英・仏を撤退に追い込んだ。

キーワード **アラブ民族主義**
アラビア語とそ
の文化伝統を基盤
とするアラブの一体性を自
覚し，アラブ人の統一を求
める思想・運動をいう。第
2次中東戦争で外交的勝利
を得た**ナセル**は，アラブ民
族主義の指導者となり，北
アフリカ諸国の独立にとも
なって運動は盛り上がりを
みせた。またアラブ民族主
義は，反植民地主義（欧米
的な資本主義への反対）か
ら，社会主義的な傾向を帯
びることが多い。

B 世俗政権から弾圧されるイスラーム

オスマン帝国滅亡後，イスラ
ーム世界の政治的統合は難しく
なり，かわって世俗政権が個別
に近代国家として独立するよう
になった。経済開発や民族主義
が主流となり，国家を越えた連
帯を唱えるイスラーム復興運動
は弾圧されるようになった。

それは聖クルアーン（コーラン）である

ムスリムの同胞

備えよ

▲⑤ムスリム同胞団の
シンボルマーク

◀⑥イスラーム復興運動
のなかの過激派　イスラ
ーム復興運動（報道では「原理
主義」と称される）のなかに
は，過激派も存在するが穏
健派が多数であり，「原理
主義」＝過激派ではない。

イスラーム復興運動

穏健派（主流）		過激派（一部）
ムスリム **同胞団**など	**ハマス** **ヒズボラ**など	**アルカーイダ** **タリバーン**など
（慈善行為 議会進出）	（慈善活動 武装闘争）	（武装組織）

↩ p.125 **2**

2 強権統治にはしる諸政権

石油資源で
得たお金

政権 ←→ 石油
資源 ←→ 欧米
諸国 ソ連
（ロシア）

強権統治の方が
安定的に石油が
手に入る

民族・宗派間の
争いを抑え込む

民衆

強権統治支持
武器輸出

**⑦政権の強権統治が長期
化した理由**　西アジア各国
の政権は石油などの資源を欧
米諸国やソ連に輸出し，その
見返りとして政権の支援を受
け続けた。その結果，かつて
は社会主義的思想を持ち，富
の分配を行っていた政権も長
期化する中で反体制派を弾圧
し，富を独占するように
なった。

◀⑧フランス大統領と
会談するリビアの指導
者カダフィ（1973年）

カダフィ（リビア）　ポンピドゥー（仏）

▶⑨西アジアの国々と
宗教分布（2012年現在）

国名 OAPEC加盟国
（このほかアルジェリアが加盟）

国名 アラブ連盟加盟国
（このほかアルジェリア，モーリタニア， モロッコ，チュニジア，コモロに加え パレスチナ解放機構（PLO）が加盟）

石油パイプライン ＃おもな油田
イスラーム勢力（スンナ派）の範囲
シーア派が多数を占める範囲
イスラーム共和国を宣言した国
クルド人の居住地域
イスラーム復興運動にかかわる紛争

0　500km

＊イスラームの異端ハワーリジ派の流れをくむ。

3 下からのイスラーム改革と諸外国の干渉

A イラン=イスラーム革命

1963 パフラヴィー2世の白色革命
→アメリカ援助による近代化
↓
1967 第3次中東戦争
アラブ諸国の敗退

貧富の差
の拡大

民衆の欧米追従路線
への不信　→ デモ・暴動多発
政府への不満
↓
1979 シーア派指導者ホメイニ，
フランスから帰国
イラン=イスラーム革命
└ イスラームを基盤とした新たな国家体制

▲⑩イランの指導者となったホメイニ

B イラン-イラク戦争（1980〜88年）

サウジアラビア ←同盟強化→ アメリカ
王政国家　　　　　　　旧王政の支援者
支援　軍事援助 / 革命の輸出　反発
イラク　　　　　　　　　イラン
スンナ派 → 宗派 ← シーア派
アバダン油田奪取 → 石油 ← アバダン油田防衛
排除 → クルド人 ← 支援
↓
1980　イラン-イラク戦争（〜88）

900億ドルの負債　　　500億ドルの負債
軍事大国へ

国境問題に端を発し，イランとイ
ラクが対立した。**イラン=イスラー
ム革命**の拡大を恐れるサウジアラビ
アやアメリカがイラクの**フセイン**政
権を支援し，戦争となった。

フセイン大統領　アラファト
PLO議長

▲⑪停戦発表後群衆に手を振るフセインとアラファト（1988年10月）

◀⑫クルド人の居
住地　トルコ・イ
ラン・イラクなど
にまたがって居住
する山岳民族の**ク
ルド人**は独立を望
んでいるが，水資
源と油田の存在か
ら，関係国はそれ
を認めていない。

0　500km
クルド人居住地

[THE TIMES COMPLETE
HISTORY OF THE WORLD]

第3次中東戦争でのアラブ陣営の敗北は，民衆の無力感と政府へ
の不信感を招き，政府の威信は一挙に低下した。イランにおいて
は，アメリカと友好的なパフラヴィー王朝に対する不満が大きくな
り，イスラーム復興を唱える**ホメイニ**に人々の支持が集まった。

西アジア

アフリカ

MAPS T

4部2章

20世紀後半から21世紀の 西アジア② 混迷続く西アジア

1 ペルシア湾岸の戦争とアメリカの介入

A 湾岸戦争（1991年）

66万人の兵力

イラク 世界4位 の軍事力	負×勝	**アメリカ** （多国籍軍） ・28カ国が参加

ミサイル攻撃
脅威　侵攻

イスラエル
アラブの敵

サウジアラビア　**クウェート**　**日本**
米軍駐留強化　石油輸出国　軍事援助110億ドル

結果　●中東でのアメリカの発言力が強まる　●アラブ諸国の分裂

イラン-イラク戦争（1980～88年）後の財政難打開をはかるため，1990年8月にイラク軍が産油国クウェートに侵攻し，全土を制圧した。翌91年1月，アメリカ軍を中心とする多国籍軍がイラクに対して軍事行動を開始し，**湾岸戦争**が勃発した。6週間の戦闘で多国籍軍がイラク軍を破り，2月にクウェートは解放された。

B イラク戦争（2003年）

イラク ・フセイン失脚 ・アメリカによる占領 ・2004年6月～暫定政権成立	負×勝 空爆	**アメリカ** ・イラクの大量破壊兵器所有を主張

結果　●イラク国内混乱　●自爆テロ多発 スンナ派とシーア派の対立激化 米軍駐留続く（～2011）

2003年3月，イラクの大量破壊兵器所有を主張したアメリカが，イギリスとともにイラク攻撃を開始し，**イラク戦争**が勃発した。4月にはバグダードが米英軍の手に落ち，**フセイン**政権は崩壊したが，大量破壊兵器は発見されなかった。06年5月，マリキ政権が発足，12月にはフセイン元大統領の死刑が執行された。戦後も内戦が続くなど，治安は安定していない。

▲①政権崩壊後に裁判を受けるフセイン（1937～2006）

テーマ **アフガニスタンで台頭したイスラームを掲げる武装組織**

*サウジアラビア国内の過激化する若者を吸収した。

▲②アフガニスタンの紛争の構造　1979年，アフガニスタン侵攻（→p.287）を開始したソ連に対し，サウジアラビアなどからの志願兵を含めたイスラーム聖戦士（ムジャーヒディーン）がゲリラ戦を展開した。アメリカの支援もあり，89年にソ連を撤退させたが，多様な民族を抱えるうえ，元々の政情不安に諸外国の介入も加わったことで社会の混乱がさらに深まり，イスラームを掲げる武装組織の台頭をもたらした。そうしたなかで，サウジアラビアの志願兵が組織したのが**アルカーイダ**である。

▶③バーミアーンの石仏破壊　2001年，**タリバーン**政権は，偶像崇拝を禁止するイスラームの教義に反するとして**バーミアーン**の2体の石仏を破壊した。同年，アメリカ軍の攻撃によりタリバーン政権は崩壊したが，その後勢力を復活させてテロを実行している。

バーミアーンの石仏像／破壊後　世界遺産

2 アラブ世界を揺るがした「アラブの春」

〈CIA資料〉

1人あたりGNI（国民総所得）

■ 20000ドル以上	■ 1000～5000ドル
■ 15000～20000ドル	■ 1000ドル未満
■ 10000～15000ドル	(数字) おもな国の政権年数
■ 5000～10000ドル	（2011年初頭まで）

0　1000km

▲④「アラブの春」の状況　チュニジアに端を発した「アラブの春」は，アラブ世界に波及した。チュニジアに続き，エジプトやリビアでも独裁政権が倒れたが，シリアやイエメンは諸外国の介入により，混迷が深まることとなった。

▶⑤チュニジアで起こった**若者のデモ**　一人の若者が野菜の路上販売を取り締まる役人に抗議して焼身自殺をした事が発端となり，反政府デモが連鎖的に広がった。この結果23年間続いたベンアリ政権が崩壊した。（**ジャスミン革命**）

現代を読みこむ **イランとサウジアラビアの関係の変化**

1990～2000年代前半までは，イランとサウジアラビアは共通の敵（イスラエルとイラクのフセイン政権）への対抗意識から，比較的良好な関係が続いていた。しかし2006年に，イラクでシーア派政権が成立すると，イランの影響力が中東で拡大し，両国の関係は悪化した。2011年**「アラブの春」**以降のシリア内戦では，イランは「アサド政権」を，サウジアラビアは「反政府勢力」を支援し，同じくイエメン内戦でも両国の代理戦争の様相をていするようになった。また，2016年に欧米諸国が「対イラン制裁解除」を実施し，イランと欧米諸国の関係が改善される直前，サウジアラビアがシーア派法学者をテロリストとして処刑した。処刑に抗議するイラン暴徒がテヘランのサウジアラビア大使館を襲撃し，両国は国交断絶にいたっている。

読みこみキーワード　石油価格が国際関係に影響を及ぼす背景について，次のキーワードも参考に学習を深めよう。**資源ナショナリズム** → p.266,268 **強権統治長期化の理由** → p.291

ユダヤ人の歴史 → p.58,258　　イギリスの矛盾する多重外交 → p.244

パレスチナ問題の変遷

ユダヤ側	アラブ側
	■ 戦争・紛争関係
1897 第1回シオニスト(バーゼル)会議	□ 合意に向けた取り決め
1916 サイクス-ピコ協定	1915 フサイン-マクマホン協定 英,アラブ人の独立を約束 → p.244 ②
17 バルフォア宣言 英,ユダヤ人国家建設支持を表明 → p.244 ②	
	39 第二次世界大戦(〜45)
	45 アラブ連盟結成
受諾 → 47 国連総会,パレスチナ分割案採択 ← 拒否	
48 イスラエル建国宣言	
48 第1次中東戦争(パレスチナ戦争)(〜49)	
勝利	イスラエル建国にアラブ諸国反発
	パレスチナ難民激増
	56 エジプト,スエズ運河国有化宣言
56 第2次中東戦争(スエズ戦争)	
スエズ運河国有化に反対する英・仏・イスラエル軍の出兵→失敗	64 パレスチナ解放機構(PLO)結成
67 第3次中東戦争(六日戦争)	惨敗
イスラエル軍奇襲→シナイ半島など占領 地拡大→圧勝	68 アラブ石油輸出国機構(OAPEC)結成
73 第4次中東戦争(十月戦争)	
シナイ半島返還をねらうエジプト・シリアが奇襲	73 OAPEC,石油戦略発動
	74 PLO,国連オブザーバー代表権獲得
	75 レバノン内戦(〜89)
78 キャンプ=デーヴィッド合意	
カーター米大統領が仲介	
79 エジプト-イスラエル平和条約	他のアラブ諸国反発
(単独和平)	81 エジプト大統領サダト暗殺
82 イスラエル,エジプトにシナイ半島返還	→ PLO,ベイルート退去
イスラエル,レバノン侵攻	
	87 インティファーダ(第1次)
	ガザ地区やヨルダン川西岸地区
	88 PLO,パレスチナ国家独立宣言
91 中東和平会議	
93 パレスチナ暫定自治協定に調印	
クリントン米大統領が仲介	
94 イスラエル-ヨルダン平和条約	
95 自治拡大協定に調印	
イスラエル首相ラビン暗殺	
97 ヘブロン合意 ヨルダン川西岸のヘブロンからイスラエル軍撤退	
2001 シャロン首相就任(〜06)	2000 第2次インティファーダ開始
02 分離壁の建設開始	長期化
03 中東和平計画(ロードマップ)に合意	
	04 PLOのアラファト議長死去 →後任 アッバス議長
06 イスラエル,レバノン侵攻	
08 イスラエル,ガザ空爆	12 パレスチナ,国連オブザーバー国家に昇格
14 イスラエル,ガザ空爆	
2023 イスラエルとパレスチナ武装勢力間の衝突激化	

パレスチナ問題の解決を阻む要因
- イェルサレムの管理問題(双方とも首都として要望)
- パレスチナ難民の帰還権(450万人以上とされる難民の帰還補償は困難)
- 和平に反対する過激派勢力の活動

▲⑩イスラエル・パレスチナを取り巻く環境　反イスラエル諸国に囲まれたイスラエルは,アメリカの支援を背景に,自国を守る手段として攻撃を辞さない構えでいる。一方,パレスチナは内部抗争や周辺諸国からの孤立で弱い立場にあり,自治はなかなか進展しない。

1 イスラエルの建国と中東戦争

▶①イェルサレムの旧市街　ユダヤ教の「嘆きの壁」,イスラームの「岩のドーム」,キリスト教の「聖墳墓教会」の聖地が近距離にある。イェルサレムの帰属は中東和平最大の焦点である。→ p.144

世界遺産

◀②イスラエル国の建国　古代末期以降迫害を受け続けてきたユダヤ人は,国連でパレスチナ分割案が可決された翌年の1948年,念願であった「民族的郷土」をパレスチナに建設した。後方に掲げられているのはシオニズムの創始者ヘルツル(1860〜1904)。しかし,イスラエルの建国はパレスチナに住むアラブ人の住居地を奪い,長く続くユダヤ側とアラブ側の対立を生むこととなった。

▼③パレスチナ分割案

▼④第1次中東戦争

▼⑤第3次中東戦争

▼⑥パレスチナ暫定自治

2 つかのまの平和と憎しみの応酬

◀⑦パレスチナ暫定自治協定の調印　1993年,イスラエルのラビン首相(任1974〜77,92〜95)とPLOのアラファト議長(任1969〜2004)が調印し,占領地での暫定自治を認めた。これによりイスラエルの占領地はパレスチナ側に返還されたが,和平に反感を抱いたユダヤ人過激派がラビン首相を暗殺した。

▼⑧ガザ空爆　2008年,イスラエルはパレスチナのガザ地区に大規模空爆を行った。イスラエル側は対テロ戦争を主張するが,犠牲者の多くは民間人であったといわれる。14年にも,イスラエル・パレスチナ人青年の誘拐殺害事件に端を発した衝突が起こり,パレスチナ側に多くの死傷者が出た。

▲⑨分離壁の構築　(2017年撮影)　テロ対策と称してイスラエル政府は高さ8m,全長約700kmにおよぶ「スマートフェンス」を建設している。占領地の一部を併合する形になっている。2004年には国際司法裁判所が違法との判断を下し,イスラエルと支援国アメリカの国際的孤立が明確になった。

20世紀後半から21世紀の 南アジア　貧困から繁栄へ

南アジアの動き

◁p.245

1947.7	インド独立法成立(英, アトリー内閣)	
	分離独立	
.8	インド独立	パキスタン独立
	国民会議派	全インド=ムスリム連盟
	ネルー 初代首相に就任	(指導者ジンナー)
.10	第1次印パ(インド-パキスタン)戦争	48.2 セイロン独立
	(カシミールの帰属をめぐる)	ジンナー, 死去
48	ガンディー暗殺	
	(ヒンドゥー教徒による)	
	▶ マハトマ=ガンディー	
49	国連の仲介で第1次印パ戦争停戦	シンハラ人(仏教徒)とタミル人(ヒンドゥー教徒)の対立
50	インド憲法(カーストによる差別禁止)→インド連邦共和国	
54	ネルー, 周恩来「平和五原則」を提唱 インド, 第三勢力の代表に	
55	ネルー, アジア=アフリカ会議主導 ▷p.266	
59	チベットのダライ=ラマ14世, インドに亡命	60 バンダラナイケ, 首相に就任(世界初の女性首相)
62	中印国境紛争→非同盟中立外交後退	
65	第2次印パ戦争	
66	インディラ(ネルーの娘), 首相に就任	71
71	第3次印パ戦争 バングラデシュ独立を支持	バングラデシュ独立
74	インド核実験成功	73 ブット(父), 首相就任　72 スリランカに改称
77	国民会議派, 選挙で惨敗(インディラ退陣)	77 軍事クーデタ(米の支援)
	▶ インディラ=ガンディー (ネルーの娘)(任1966〜77, 80〜84)	81 バングラデシュ大統領暗殺(政情混乱)
80	国民会議派, 政権復帰	
	インド人民党設立(ヒンドゥー至上主義)	
84	ヒンドゥー教徒, シク教総本山黄金寺院を攻撃	83 スリランカ内戦(タミル人独立運動)
.10	シク教徒, インディラを暗殺	タミル=イーラム解放のトラ(LTTE)
	ラジブ(インディラの息子), 首相に就任	
	▶ ラジブ=ガンディー (インディラの息子)(任1984〜89)	
	ヒンドゥー教徒によるシク教徒襲撃多発	
87	スリランカに介入 タミル人の自治承認	88 首相にブット就任(第1次)
91	ラジブ暗殺	タミル人拒否
	経済自由化の推進(新経済政策)	93 首相にブット就任(第2次)　91 憲法改正議院内閣制へ
		96 ブット解任
	政局混乱	
98	インド人民党のバジパイ, 首相に就任(〜2004)	
	インド, パキスタン核実験	
99	ラホール宣言	
	インド, パキスタンミサイル発射実験	99 軍事クーデタ(ムシャラフ)
		2001 ムシャラフ, 大統領に就任(〜08)
2002	中国の朱鎔基首相訪印	02 総選挙実施　02 民族和平交渉(〜03, 6回)
03	バジパイ首相訪中	
04	シン, 首相に就任	07 ブット暗殺
		09 内戦終結宣言
	▶ マンモハン=シン (初のシク教徒首相)(任2004〜14)	
14	インド人民党のモディ, 首相に就任	

赤字 戦争・内戦
青字 指導者の暗殺
□ 国民会議派

(左欄縦書き) インド首相: ネルー／シャーストリ／インディラ=ガンディー／ラジブ=ガンディー／ナラシンハ=ラオ／バジパイ／シン／モディ

(左端時代) 45年〜50年代前半／55年〜60年代前半／65年〜70年代前半／75年〜80年代／90年代〜

1 分離独立と印パ戦争

ネルー　最後のインド総督 マウントバッテン　ジンナー

◀①インドとパキスタンの分離独立
第二次世界大戦後, **ガンディー**や**ネルー**を中心とする**インド国民会議派**は即時独立を要求したが, **ジンナー**らの**全インド=ムスリム連盟**はパキスタンの建国を求めていた。このため, インドとパキスタンは分離して1947年に独立した。➡p.245

▶②紛争の国際的関係　インドは**カシミール**をめぐってパキスタンと対立し, タミル人の分離独立問題をめぐってはスリランカと対立していた。また, 東パキスタンがバングラデシュとして独立する際に, インドがそれを支持したため, **第3次印パ戦争**が勃発した。以後も印・パ両国の対立は続き, ともに**核兵器**を開発して相手を威嚇する戦略を継続している。

▲③核実験(1974年)後, 現地視察をするインディラ=ガンディー

対立・友好図: ソ連─中ソ対立─中国／チベット問題 国境紛争／冷戦／パキスタン─印パ戦争─インド／カシミール紛争 宗教的対立 核開発問題／(バングラデシュ独立時に対立)／独立を支持／タミル人の分離独立問題／アメリカ／スリランカ／バングラデシュ

南アジアを知るための基礎知識

○多宗教
南アジア諸国のうち, インドはヒンドゥー教, パキスタン及びバングラデシュはイスラーム, スリランカ・ネパール・ブータンは仏教がそれぞれ多数を占める。しかし, いずれの国においても多数派以外の宗教も信仰され, 少数派ながら集団を形成しており, これと民族の違いとが組み合わさって, しばしば紛争や衝突が発生する。

▼④南アジアの宗教分布
0 500km

パキスタン: イスラーム 96.1%, その他 0.2, ヒンドゥー教 1.2, キリスト教 2.5 (2000年)

モルディブ　コロンボ●スリランカ

バングラデシュ: イスラーム 89.1%, ヒンドゥー教 10.0, その他 0.9 (2013年)

インド: ヒンドゥー教 79.8%, イスラーム 14.2, キリスト教 2.3, シク教 1.7, 仏教 0.7, その他 1.3 (2011年)

スリランカ: 仏教 70.3%, ヒンドゥー教 12.6, イスラーム 9.7, キリスト教 7.4 (2012年)

〈Census India, ほか〉

大集団を形成する教徒: ヒンドゥー教／イスラーム／仏教

○カシミール紛争

0 200km
中国／ギルギット／ラダック／アクサイチン／イスラマバード／スリナガル／ジャム／レー／パキスタン／ジャンム／インド
ムスリムの多い地域／ヒンドゥー教徒の多い地域／仏教徒の多い地域／うすい色の地域は割合が低い／-----インド・パキスタン停戦ライン
▲⑤カシミール地方

1947年のインドとパキスタンの分離独立の際, カシミール地方を治めていたヒンドゥー教徒の藩王はインドへの帰属を表明するが, 住民の多数を占めるムスリムはこれに反対し, パキスタンへの帰属を望んだ。以後, **第1次・第2次印パ戦争**を経て現在にいたるが, 両国の対立は解消していない。

2 パキスタン

A バングラデシュの独立(1971年)

▶⑥バングラデシュの独立戦争 パキスタンの東パキスタン州で,1971年に分離独立を宣言し内戦が始まった。同年12月にインドの軍事介入で**第3次印パ戦争**が起こり,パキスタン軍の降伏により,バングラデシュが独立を達成した。

B 繰り返されるクーデタと軍事政権

◀⑦軍の式典にのぞむムシャラフ大統領 陸軍参謀総長であった**ムシャラフ**は,1999年クーデタを起こし事実上の国家元首に就任した。その後大統領となり,それまでの親タリバーン路線から一転して親米路線をとって,アメリカのアフガニスタン空爆(2001年)などに際して,対テロ戦争に協力する姿勢を見せた。→p.292

テーマ
スリランカの反政府運動と内戦

多数派の**シンハラ人**(仏教徒)と少数派の**タミル人**(ヒンドゥー教徒)との対立を背景として,1983年に内戦が始まった。タミル人過激派の武装闘争やテロ活動が激化するが,2009年に政府軍がタミル人過激派の支配地域をすべて奪取し,内戦終結が宣言された。

▼⑧内戦の終結を喜ぶ人々

割合が最多の民族
- シンハラ人
- タミル人
- ムーア人

コロンボ○
スリジャヤワルダナプラコッテ

0　100km

---

3 インド

A 国民会議派一党体制の動揺

▶⑨インディラ=ガンディーの暗殺 ネルーの娘**インディラ**は,**シク教徒**によるパンジャーブ地方の分離独立運動を弾圧し,1984年にシク教徒過激派により暗殺された。写真は葬儀のよう。ついで首相となった**ラジブ**(インディラの息子)も91年にタミル人過激派により暗殺された。

B 「強いインド」〜インド人民党の台頭

▶⑩首相に就任したインド人民党のバジパイ(右) 首相在任中は「強いインド」をめざして政策を展開した。1998年,インドで2回目の**核実験**を実施し(対抗してパキスタンも半月後に実施),印パ対立の要因となった。一方,中国との関係改善をはかり,2003年に中国への訪問を実現した。

C 著しい経済発展

◀⑪ニューヨーク株式市場に上場を果たしたインド企業 2004年,民族資本のタタ自動車は,インド企業初のニューヨーク上場を果たした。09年に発売した小型乗用車「ナノ」は,新中間層の年収で購入可能な11万ルピーという廉価な製品で,話題をよんだ。→p.245

キーワード **新経済政策** 市場経済原理や競争を重視し,自由化を柱とする政策で,1991年に始まった。産業の許可可制度撤廃,公営企業独占部門への民間参入,関税引き下げ,外国企業の出資制限の緩和などがおもな内容。この結果順調に経済が発展し,BRICS(→p.275)の一国となった。

世界全図p.48~51 →p.225 4

▲⑫現代の南アジア

地図内ラベル:
- アフガニスタン
- 1947〜カシミール紛争
- 核実験センター
- パキスタン
- ペシャワール
- イスラマバード
- ラホール
- アムリットサル
- カラチ
- 中国
- スリナガル
- インド・パキスタン停戦ライン
- シク教徒独立運動
- デリー
- ジャイプル
- ネパール カトマンズ
- ティンプー ブータン
- ラクナウ ガンジス川
- バングラデシュ
- ダッカ
- ガンディナガル
- ボーパール
- コルカタ(カルカッタ)
- ブバネーシュワル
- チッタゴン
- ムンバイ(ボンベイ)
- インド
- ハイデラバード
- 1971 バングラデシュ パキスタンより分離独立
- アラビア海
- 0　500km
- ベンガルール
- チェンナイ(マドラス)
- ベンガル湾
- スリランカ
- タミル人独立運動 1983 スリランカ内戦
- コロンボ
- スリジャヤワルダナプラコッテ
- ソフトウェアテクノロジーパーク
- 原子力発電所
- 宗教的対立
- カシミール紛争地域

現代を読みこむ
インドの経済発展を支えるICT(情報通信技術)産業

○ICT産業の発展と新中間層

ICT産業の発達によりICT技術者の雇用が拡大し,購買力をもった彼らが中心となって国内市場が拡大している。ICT技術者に限らず,事務,サービス,販売関係業務に従事する賃金労働者が増加しており,彼らは新中間層とよばれる。年収9万〜20万ルピーのこの階層が商品需要の牽引役である。

▲⑬ICT企業で働く技術者 小学校低学年で20×20までのかけ算の暗記をさせるほど数学に力を入れ,大学ではコンピュータのソフトウェア関連の授業が行われている。ICT企業に就職する学生も多く,技術者として活躍している。

▶⑭インドのICT関連産業の輸出額

(億ドル) 〈ESC資料〉
1200, 1000, 800, 600, 400, 200
1995　2000　05　10　15(年度)

読みこみキーワード インドでICT産業が発達した背景や理由について,次のキーワードも参考に学習を深めよう。
カースト制 →p.79　**イギリスによる植民地化** →p.224　**ICT革命** →p.274　**新経済政策** →3

南アジア

MAPS~T

4部2章

20世紀後半から21世紀の 東南アジア 独立・戦乱から経済発展へ

◀p.227

東南アジアの動き

		ベトナム	ラオス・カンボジア・ミャンマー	マレーシア・ブルネイ	シンガポール	タイ	フィリピン	インドネシア
		1945 **ベトナム民主共和国**独立宣言(ホー=チ=ミン国家主席)	1945 **ラオス王国**独立宣言		青字 東南アジア諸国の独立 赤字 戦争・内戦	1946 プミポン国王即位(～2016)	1946 **フィリピン共和国**独立	1945 **インドネシア共和国**独立宣言(スカルノ大統領,任45～67)

45年～50年代前半／55～60代前／65年～70年代前半／75年～80年代／90年代～

各国の独立／開発独裁と経済危機／民主化と改革をめざして／急速な経済発展と格差拡大

ベトナム
- 46 **インドシナ戦争**(～54)
- 54 **インドシナ3国***の独立承認(ジュネーヴ協定)
- *ベトナム・ラオス・カンボジアのこと。ラオス・カンボジアは1953年独立。
- 55 **ベトナム共和国**成立(ゴー=ディン=ジエム大統領(任55～63))
- 65 **ベトナム戦争**(～75)
- ▶ **ホー=チ=ミン**(任1945～69)
- 73 ベトナム(パリ)和平協定調印
- 75 サイゴン陥落
- 75 **インドシナ3国*²の親米政権解体**
- *2 南ベトナム・ラオス・カンボジア
- 76 **ベトナム社会主義共和国**成立
- 77 国連加盟
- 79 **中越戦争**
- 86 **ドイモイ(刷新)政策**→市場経済導入
- 95 米と国交正常化 ASEAN加盟
- 2007 WTOに正式加盟
- ▶ **アウンサン=スーチー**(国家顧問 任2016～21*)
- *クーデタにより事実上廃止

ラオス・カンボジア・ミャンマー
- 48 **ビルマ連邦**成立
- 1957 **マラヤ連邦**独立
- 63 **マレーシア連邦**成立
- 70 カンボジア内戦(～91)
- ▲ **ポル=ポト**(任1975～79)
- 74 ビルマ大統領 ネ=ウィン(任74～81)
- ○ 独自の社会主義路線「鎖国」政策
- 75 **ラオス人民共和国**成立 カンボジア,**ポル=ポト派**が政権掌握
- 76 **民主カンプチア**成立
- 78 ベトナム,カンボジアに侵攻
- 88 ビルマ,**軍事クーデタ**勃発
- 89 ビルマ,ミャンマーと改称
- 93 **カンボジア王国**(国王シハヌーク)
- 97 ミャンマー・ラオス,ASEAN加盟
- 99 カンボジア,ASEAN加盟
- 2007 ミャンマー,反政府運動
- 11 ミャンマー,民政移管
- 17 **アウンサン=スーチー**が率いるNLD(国民民主連盟)が総選挙で勝利
- 16 ティン=チョウ大統領(NLD)政権発足
- 21 ミャンマー,軍事クーデタ勃発

マレーシア・ブルネイ
- 1965 **シンガポール共和国**成立(リー=クアンユー首相)→シンガポール分離独立
- 1967 **東南アジア諸国連合(ASEAN)成立***³
- ▲ **マハティール**(任1981～2003)
- 81 マレーシア,**マハティール首相**就任
- ○ ルック=イースト政策
- 84 **ブルネイ**独立(英から) ブルネイ,ASEAN加盟
- 97 **アジア通貨危機**
- 2005 第1回東アジアサミット開催
- 06.5 **P4*⁴協定**→米主導でTPP協定へ→貿易自由化の進展
- *4 シンガポール・ブルネイ・チリ・ニュージーランド
- 15 **ASEAN経済共同体(AEC)発足**

シンガポール
- ○ 開発独裁
- ▲ **リー=クアンユー**(任1959～90)
- 友好関係
- 90 リー=クアンユー引退
- 2004 リー=シェンロン首相就任(任04～)

タイ
- 57 軍事クーデタ 近代化
- 軍政下で
- 73 軍政崩壊
- 77 軍政復活 政党政治に移行するも経済発展
- 92 民主化運動
- 2006 軍事クーデタ
- 17 新憲法発布

フィリピン
- 65 **マルコス大統領**就任→親米路線
- ○ 開発独裁
- 長期政権下で腐敗進行
- ▲ **マルコス**(任1965～86)
- 83 ベニグノ=アキノ(父)暗殺
- 86 **フィリピン政変**,マルコス政権崩壊→コラソン=アキノ政権成立(任86～92)
- 2001 アロヨ大統領就任(任01～10)
- 10 ベニグノ=アキノ(子),大統領就任(任10～16)
- 16 ドゥテルテ大統領就任(任16～22)
- 22 マルコス大統領就任(任22～)

インドネシア
- 49 ハーグ協定締結 蘭,インドネシアの独立承認
- 55 **アジア=アフリカ会議**(バンドンで開催)
- 65 九・三〇事件
- 68 **スハルト独裁政権成立**
- ○ 開発独裁
- 74 ジャカルタで反日暴動
- 75 東ティモールに軍事侵攻
- ▲ **スハルト**(任1968～98)
- 98 **スハルト政権崩壊**
- 2002 東ティモール独立
- ○ 民主化進む
- 04 ユドヨノ大統領就任(任04～14)
- 14 ウィドド大統領就任(任14～)

*3 インドネシア・マレーシア・フィリピン・タイ・シンガポール

東南アジアを知るための基礎知識

○東南アジア諸国連合(ASEAN)

▼①ASEAN経済共同体(AEC)調印式(2015)

ASEAN COMMUNITY
KUALA LUMPUR, MALAYSIA | 22 NOVEMBER 2015

```
インドネシア  ┐         1967年         初のASEAN         日本・中国・韓国      ASEANを含む      ASEAN
マレーシア    │       ┌──────┐       首脳会議           の首脳との会談      周辺16か国        経済共同
フィリピン    ├──────│ASEAN │       東南アジア友好     ASEAN+3での        による東アジア    体発足
シンガポール  │       │ 結成 │       協力条約締結       対話が始まる        サミットの開催    2015年
タ  イ       ┘       └──────┘       1976年             AFTA(ASEAN         1997年            ASEAN10
                                                        自由貿易地域)       2005年
                                                        発足 1993年
```

ASEANの目的
1. 域内の経済発展
2. 社会の進歩
3. 文化の発展
4. 共通利益のための協力・相互扶助
5. 東南アジア地域の安全確保

1984年加盟 **ブルネイ**
1995年加盟 **ベトナム**
1997年加盟 **ミャンマー** / **ラオス**
1999年加盟 **カンボジア**

ベトナム戦争中に親米・反共諸国が結成した**ASEAN**だが,冷戦終結後はベトナム,ミャンマーなども加わり地域協力機構として存在感を増している。また加盟諸国の経済発展とともにその影響力は強まり,域外の諸国・地域を加えた拡大外相会議,ASEAN地域フォーラム(日・中・韓・米・豪・EUなどが参加)を組織している。

---

① 植民地からの独立

◀②**訪日したインドネシア初代大統領スカルノ**(1966年) 1927年のインドネシア国民党結成以来,独立運動の指導者として活躍。独立後は初代大統領となり,国内の二大勢力,軍部と共産党のバランスの上にたち国政を運営,外交では**アジア=アフリカ会議**を主催した。

（デヴィ夫人／スカルノ）

テーマ 東南アジア独立の志士たち

ビルマの**アウンサン**(1915～47)は1930年代以来イギリスからの独立運動を続け,第二次世界大戦中には日本軍に協力しビルマ独立義勇軍を率いた。のち抗日に転じ,独立直前の47年に暗殺された。ベトナムの**ホー=チ=ミン**(1890～1969)は留学中にフランス共産党に参加し,コミンテルンの活動に従事。インドシナ共産党やベトナム独立同盟を組織し,45年**ベトナム民主共和国**国家主席となり,**インドシナ戦争・ベトナム戦争**を指導した。

▲③**アウンサン**

▲④**ホー=チ=ミン**

② 開発独裁と経済危機

◀⑤経済発展するシンガポール　リー=クアンユー首相の長期政権下で，工業都市国家として経済発展をとげた。一方，検閲や労働運動の制限があり，長髪やゴミ捨て禁止など市民生活の管理は厳しい。

キーワード **開発独裁**　経済の発展を優先課題とし，国内の政治的要求を強権的な手段で抑えた，中南米やアジアの独裁政権をさす。経済発展とともに，貧富の格差や対外債務が増大した。1960年代後半に現れ，80年代後半の民主化で崩壊した。

◀⑥経済成長率の変化　1997年タイの通貨バーツの下落をきっかけに各国の通貨が暴落した**アジア通貨危機**。タイ・韓国・インドネシアは深刻な経済危機におちいり，マレーシア・フィリピン・香港も打撃を受けたが，その後回復した。

〈国際比較統計 2000〉

③ 民主化と改革をめざして

→ p.227 ③

▲⑦東南アジア・台湾の民主化

2011 民政移管
2015 総選挙でアウンサン=スーチー率いるNLD圧勝→側近が大統領に就任(16)
1992 民主化運動→民政復帰
2006軍事クーデタ　17新憲法発布
1970~91 カンボジア内戦
1998 民主化運動激化(アジア通貨危機の影響)→スハルト政権崩壊
2002 住民投票によりインドネシアから独立(21世紀最初の独立国)
1988 李登輝が総統に就任→民主化推進→p.301
1986 ドイモイ(刷新)政策
1986 マルコス政権崩壊→コラソン=アキノ政権成立

ASEAN加盟国(1975)
社会主義諸国(1975)
赤字 ASEAN加盟国(2009)

▶⑧インドネシアの民主化　スハルト政権は，**開発独裁**と批判されながらも独裁的な権力で経済成長を達成してきた。しかし，1997年の**アジア通貨危機**を契機にインドネシア経済も崩壊し，**民主化**の時代が始まり現在にいたる。

◀⑨フィリピン政変　1983年，独裁者**マルコス**の政敵アキノが暗殺され，反マルコス運動が活発化した。86年の大統領選挙では，アキノ夫人の**コラソン=アキノ**が出馬，マルコスの選挙不正が発覚し，民衆と国軍の支持を受けて大統領に就任，マルコスは亡命した。

コラソン=アキノ

テーマ **ドイモイ(刷新)政策**

社会主義国ベトナムが採用した開放経済政策。背景には，ベトナム戦争後停滞の続いた南部経済の復興，タイをはじめとするASEAN諸国の経済発展，中国で1978年から始まった改革開放政策，ソ連からの援助の減少がある。**市場経済**を取り入れ，農業の個人経営を認め，外資を導入し，IMFの勧告も受け入れた。

▲⑩外国企業の看板が並ぶ市街(ベトナム)

④ 急速な経済発展と格差

▶⑪ASEANと主要国のGDP(国内総生産)の変化　1990年代前半まで堅調にのびていたASEANのGDPは，97年の**アジア通貨危機**で落ち込み，域内で格差はあるものの，再び中国と並んで高い成長を続けている。日本との違いに注目。

〈世界国勢図会 2011/12, ほか〉
(1970年を100とする指数)
*ミャンマーを除く
中国／ASEAN*／日本／インド／アメリカ

世界全図p.50~51

ラオス 1650ドル
カンボジア 1020ドル
ミャンマー 1270ドル
タイ 5370ドル
ベトナム 1890ドル
フィリピン 3470ドル
ブルネイ 37320ドル*
マレーシア 10760ドル
シンガポール 55150ドル
インドネシア 3630ドル
*2012年

1人あたりGNI(2014年)
■ 10000ドル以上
■ 5000~10000
■ 1500~5000
□ 1500ドル未満

〔参考〕
日本 42000ドル
韓国 27090ドル

◀⑫ASEAN各国の1人あたりGNI (国民総所得)　ASEAN内の経済格差は大きく，貧困国にとって政権安定のためにも経済発展が緊急の課題となっている。海外からの投資をよび込むためには，改革は避けられない。

現代を読みこむ **クーデタで混迷するミャンマー**

*国民民主連盟　赤字 アウンサン=スーチーの動き
1988 軍事クーデタ，軍政→NLD*総書記長に就任　民主化運動激化→自宅軟禁
90 NLDが8割の議席獲得→軍部により総選挙無効に
91 軟禁のままノーベル平和賞受賞
95 解禁され，NLD議長に
2000 度重なる自宅軟禁(~10)
11 民政移管
12 補選で国会議員に当選
15 総選挙でNLD圧勝
16 NLD政権獲得
21 軍事クーデタ→軟禁

▲⑬ミャンマーの民主化改革

▲⑭警察によるデモ隊への放水(2021年2月)　2021年，ミャンマー軍は独立後3回目となるクーデタを起こし，政権を掌握。アウンサン=スーチーはじめNLD幹部を拘束，軟禁状態にしている。反発する国民によって大規模抗議デモが発生しているが，治安当局による武力鎮圧により多数の負傷者・死者が出ている。

◀⑮避難するロヒンギャ(2017年)　ミャンマー西部に住むイスラームの**ロヒンギャ**(→p.272)は，1982年以降，軍事政権による迫害で多くがバングラデシュに逃れ，難民となっている。ミャンマー政府はロヒンギャの多くを「不法移民」と位置づけており，国際的な非難が集まっている。

読みこみキーワード　ミャンマーの民主化改革と今後の展望について，次のキーワードも参考に学習を深めよう。**ASEAN**→基礎知識　**民主化**→③　**急速な経済発展と格差**→④

東南アジア

世界全図p.48~49

1 ベトナム戦争 13 →巻頭16

◀①ジャングルの民家を焼き払う米軍 **南ベトナム解放民族戦線**は、ジャングルに潜伏し、手製の地雷をつくって攻撃するなどのゲリラ活動を展開した。米軍は、ジャングルの家々を焼き払うだけではなく、枯葉剤を空中散布した（→p.268）。1973年のベトナム和平協定で米軍は撤退し、75年には北ベトナムにより南北が統一された。

▶②「安全への逃避」1965年、南ベトナム中部で米軍の攻撃からのがれて川を渡る2組の親子。日本人カメラマン沢田教一が撮影したこの写真は、全世界に**ベトナム戦争**の悲惨さを伝えることに成功した。70年代末には大量のベトナム・カンボジア難民が発生し、国際問題となった。

A インドシナ戦争（1946~54）　B ベトナム戦争（1965~75）

A インドシナ戦争（1946~54）
- 1954.3~.5 ディエンビエンフーの戦い
- 1945.8 八月革命 .9 ホー=チ=ミンが独立を宣言
- 北緯17度線
- フランス領インドシナ（バオ=ダイ政権）
- カンボジア王国（1953独立）
- 1954.7 ジュネーヴ協定による臨時休戦ライン
- 1946年英仏軍上陸
- アメリカがフランスを援助
- 1954年までのフランス領
- 1946~50年のベトナム人民軍の占領地
- 1951~54年のベトナム人民軍の占領地

B ベトナム戦争（1965~75）
- 中国・ソ連から援助
- 1964 トンキン湾事件
- 1975年、内戦終結し、人民革命党政権樹立
- 1975.4 サイゴン・プノンペン陥落
- 1961年の共産勢力の地域
- 1968年の共産勢力の地域
- 米軍基地
- 北爆対象地
- 1968年のテト攻勢
- 米軍による補給

インドシナ戦争・ベトナム戦争の経過 p.296~297▶

1887	**フランス領インドシナ連邦**（~1945）→p.226	フランス
1930	**インドシナ共産党結成（ホー=チ=ミン創設）**	
41	**ベトナム独立同盟（ベトミン）**結成 〈北〉　〈南〉	日本
45	**ベトナム民主共和国**　国家主席：**ホー=チ=ミン**　首都：**ハノイ**	
46	**インドシナ戦争**	フランス
49	**ベトナム国**（支援）元首：バオ=ダイ（仏、再支配をねらう）首都：サイゴン	
54.3	**ディエンビエンフーの戦い**（~.5仏軍敗北）	
.4	コロンボ会議	
.7	**ジュネーヴ協定調印**（北緯**17度線**で南北分割）仏撤退	アイゼンハワー
55	**ベトナム共和国**（支援）大統領：ゴー=ディン=ジエム	
60	**南ベトナム解放民族戦線**（反ジエム・反米闘争）弾圧	ケネディ
63	**軍部のクーデタ** →ジエム政権崩壊（黙認）	
64	**トンキン湾事件**	アメリカ
65	**ベトナム戦争**　**北爆開始**　南部にアメリカ軍派兵、米で反戦運動高まる	ジョンソン
68.1	南ベトナム解放民族戦線、テト（旧正月）攻勢	
.5	**パリ和平会談開始**（~73）	
.10	北爆停止	
69.6	**南ベトナム臨時革命政府**成立	
.9	ホー=チ=ミン死去	
70	**ニクソン=ドクトリン**（過剰介入を避ける方針）	
72	北爆再開←国際的非難高まる	ニクソン
73.1	**ベトナム（パリ）和平協定調印**	
.3	**米軍ベトナム撤退**	
75.4	**サイゴン・プノンペン陥落**	
76	**ベトナム社会主義共和国**　首都：ハノイ	中国・ASEANとの対立
78	**ベトナム軍、カンボジア侵攻**	
79.1	ベトナム軍、プノンペン占領（ヘン=サムリン派支持）	
.2	**中越戦争**（中国がベトナムへ侵攻）（~.3）	
86	**ドイモイ（刷新）政策**→p.297 3　→市場経済導入	
89	ベトナム軍、カンボジアから撤退	グローバル化
95	米と国交正常化　ASEANに加盟	

テーマ ベトナム戦争の膨大な損失

カテゴリ		（派遣兵力）1万 10 20 30 40 50 60万	
アイゼンハワー			
ケネディ	1963年6月	1万2000人　米軍人員	
ジョンソン	1964年6月	1万6000人 トンキン湾事件（8月）	
ジョンソン	1965年12月	18万1000人 北爆開始（2月）	
ジョンソン	1968年1月	テト攻勢（1月）50万200人	
ニクソン	1969年1月	54万9500人	
ニクソン	1970年4月	43万9500人	
ニクソン	1972年1月	14万4500人	
ニクソン	1973年1月	1万5000人 米軍撤退終了（73年3月）	

南ベトナムにおける死傷者
- 解放民族戦線　47万人
- サイゴン政府軍　13万人
- 米軍　27万人

総面積に対して毒ガスが散布された割合
- 森林〔56290km²〕 37.4%
- 耕地〔32960km²〕 14.4%

米軍が使った爆弾
- ベトナム戦争（755万t）
- 朝鮮戦争（60万t）
- 第二次世界大戦（300万t）

▲③**南ベトナム派遣米軍人員の推移**（左）と④**ベトナム戦争の損失**（右）米軍はさまざまな新型爆弾を使用し、約300万人の戦死傷者と多数の難民を発生させた。国土には2000万個以上の穴があり、200万発もの不発弾や地雷の被害もあとを絶たない。枯葉剤の散布は今も深刻な影響を与えており、2012年に米・ベトナム両国政府が共同で枯葉剤の汚染除去作業を開始した。

2 カンボジア内戦（1970~91）

20世紀後半から21世紀の東南アジア →p.296~297

年	できごと		外国の影響
1953	**カンボジア王国独立**	1953 カンボジア王国 **シハヌーク国王**	
54	**ジュネーヴ協定**で独立承認		
65	**ベトナム戦争（北爆開始）**		
70	**ロン=ノル将軍クーデタ**（シハヌーク、中国に亡命）	70 ロン=ノル将軍	米
75	赤色クメール政権掌握		
76	**民主カンプチア**に改称	75 **ポル=ポト政権**（赤色クメール）	中国
77	ベトナムと国交断絶		
78	ベトナム軍、カンボジアに侵攻	79 カンプチア人民共和国 **ヘン=サムリン**政権	ベトナム
79	**カンプチア人民共和国**		
82	**民主カンプチア連合政府発足** →内戦激化	82 民主カンプチア連合政府 VS ヘン=サムリン政権	
89	**ベトナム軍撤退**	シハヌーク派　ポル=ポト派	
91	**パリ和平協定**		
93	**UNTAC***監視下で第1回総選挙	ロン=ノル ソン=サン派	
	王政復活（国王シハヌーク）		
94	ポル=ポト派との内戦	反ベトナム	親ベトナム
98	第2回総選挙	**内戦激化**	
99	**ASEANに加盟**		

▲⑤**カンボジアの動き**

*国連カンボジア暫定統治機構

▲⑥**ポル=ポト派に処刑された人々の遺骨**
カンボジアでは中国の文化大革命に影響を受けた**ポル=ポト**が1975年に政権に就き、都市住民の農村への強制移住や知識人敵視、貨幣廃止など極端な共産主義政策で国民を弾圧し100万~300万人が犠牲となった。ポル=ポト政権はベトナム軍の侵攻にあい崩壊したが、中ソ対立など国際関係の影響がカンボジア内まで及び、内戦は90年代まで続いた。

◀p.246

中国の動き

年代	国内の動き	対外関係
45年〜50年代前半	1949.9 中国人民政治協商会議開催	
	.10 **中華人民共和国成立**（1日）	
	.12 中華民国政府（国民党政権）が台湾に移転 →国連の常任理事国の地位に残留	
	▲毛沢東 もうたくとう マオ ツォトン	1950.2 中ソ友好同盟相互援助条約成立（〜80）
50	土地改革法	.10 中国, **朝鮮戦争**に人民義勇軍派遣
51	三反五反運動（官僚主義・汚職・浪費の一掃）	
53	**第1次五か年計画**（〜57）	54 **ネルー・周恩来会談（平和五原則）** →p.266
54	中華人民共和国憲法制定	
56	「百花斉放・百家争鳴」（自由化政策）	56 **中ソ論争開始**（ソ連のスターリン批判）
57	反右派闘争が本格化（〜58）	
58	**第2次五か年計画 大躍進政策**（人民公社設立・鉄鋼増産など）→失敗	59.5 ソ連, 中ソ国防用新技術協定破棄
	▲周恩来 しゅうおんらい チョウエンライ	.9 フルシチョフ訪米・訪中, **中ソ対立**深まる
59.3	**チベット動乱**（ダライ=ラマ14世, インドに亡命）	○ ソ連の技術者引き上げ
.4	劉少奇, 国家主席に就任 調整政策	
64	初の原爆実験に成功	62 **中印国境紛争** →p.294 →p.268
	▲劉少奇 りゅうしょうき リウシャオチー	
66	**プロレタリア文化大革命**（〜76）（劉少奇失脚）	69 **珍宝島（ダマンスキー島）事件**
71	林彪失脚, 死亡 りんぴょう リンピヤオ	71 **国連代表権**獲得
	▲華国鋒 かこくほう ファ クォファン	72.2 ニクソン米大統領, 訪中 →p.268
73	「批林批孔」運動展開 ひりんひこう	.9 日中共同声明（**日中国交正常化**）→p.269
75	新憲法を採択, 周恩来「**四つの現代化**（農業・工業・国防・科学技術）」を提起	
76.1	**周恩来死去**→.4 **第1次天安門事件**（鄧小平失脚）	
.9	**毛沢東死去**	
.10	江青ら四人組逮捕（**華国鋒体制へ**, 鄧小平復活） こうせい	78 日中平和友好条約
78.12	華国鋒,「**四つの現代化**」を強調	79.1 米と国交樹立
80年代	**改革開放政策**を推進	.2 ベトナムに出兵 **中越戦争**
81	**鄧小平・胡耀邦体制確立**（文革を全面否定） こようほう フーヤオバン	
82	新憲法採択（**人民公社解体**など）	
	▲鄧小平 とうしょうへい トンシャオピン	
89.4	胡耀邦死去, 民主化要求高まる	89 **ゴルバチョフ訪中 中ソ関係正常化**
.6	**第2次天安門事件** 江沢民, 総書記	
92	鄧小平の南巡講話	92 韓国との国交樹立
93	**社会主義市場経済**を導入	
97.2	鄧小平死去	
.7	イギリスより**香港返還** こうたくみん	
	▲江沢民 チャンツォミン	*香港・マカオを特別行政区とし, 資本主義制度を並存させること。
99	ポルトガルより**マカオ返還** ——**一国二制度**＊ →p.229	
01	WTO（世界貿易機関）に正式加盟	
2003	有人宇宙ロケット「神舟」打ち上げ成功	
08	チベット人の反中国運動	
09	ウイグル人の反中国運動	
10	GDP, 世界第2位となる	
	▲習近平 しゅうきんぺい シー チン ピン	
12	習近平, 総書記に（13年から国家主席就任）	15 アジアインフラ投資銀行（AIIB）発足

縦軸（左側）の記載：

[国家主席] 毛沢東49〜59／劉少奇59〜68／（この間設置されず）／華国鋒76〜81／李先念82〜88／楊尚昆88〜93／江沢民93〜03／胡錦濤03〜13／習近平13〜

[共産党主席（82年以降は総書記）] 毛沢東49〜76／華国鋒76〜80／胡耀邦82〜87／趙紫陽87〜89／江沢民89〜02／胡錦濤02〜12／習近平12〜

[首相] 周恩来49〜76／華国鋒76〜80／趙紫陽80〜87／李鵬88〜98／朱鎔基98〜03／温家宝03〜13／李克強13〜

社会主義体制の建設と大躍進政策の失敗 →1

プロレタリア文化大革命 →2

改革開放への転換 →3

民主化の弾圧 →5

めざましい経済発展 →4

中国を知るための基礎知識

○社会主義国家

◀①**中華人民共和国建国を宣言する毛沢東** もうたくとう マオツォトン **中国共産党**は, 抗日戦を通じて根拠地を拡大, 1946年からの国民党との内戦に勝利し, 49年に**中華人民共和国**の成立を宣言した。ソ連の支援にたよらず, **毛沢東**の独創的戦略から達成された社会主義革命であった。ソ連の衛星国ではない社会主義国家誕生に世界は注目した。

○共産党による一党独裁体制

```
共産党 ─実質的に政府と一体化
    国家主席 任期5年
行政 ─任命/指名→ 総理 国務院
立法 ─選出→ 常務委員会 全国人民代表大会 ─任命→ 司法 最高人民法院
```

マルクス・レーニン主義の理論では, 社会主義の政治体制は労働者・農民の階級的利害を代表する共産党による独裁が正しいとされていた。これに加えて中国共産党は, 内戦を戦い自ら国家権力を勝ち取ったのだから, 権力を独占するのは正当だと考えている。5年に1度の中国共産党大会は, 国の最高意思決定機関で, 2017年10月に19回目の大会が開催された。

○漢民族と少数民族

中国の民族構成（2010年）〈中国統計年鑑2013〉

総人口 13億3972万人：漢民族 91.5%／その他の民族 8.5

少数民族計 1億1379万人：チョワン族1.3／満州族0.8／ホイ族0.8／ミャオ族0.7／イ族0.6／モンゴル族0.4／その他1.9／ウイグル族0.8／トゥチャ族0.6／チベット族0.5

中国は56の民族からなる多民族国家である。92%を漢民族が占めるが, 各民族は平等とされ, 固有の文化の尊重がうたわれている。少数民族居住地域には各級自治区がおかれているが, 分離独立につながる運動は厳しく弾圧されている。

テーマ 弾圧される民主化運動

2008年, 劉暁波は民主的立憲政治を求める「**零八憲章**」を りゅうぎょうは ぜろはち 起草, 民主化運動を推進しようとしたが, 中国政府に「国家政権転覆扇動罪」によって拘束された。2010年**ノーベル平和賞**を受賞, 初の中国人ノーベル賞受賞者となり, 受賞直後から世界各国で彼の釈放を求める要求が出されたが, 有罪判決はくつがえらなかった。懲役11年の判決により, 2020年まで遼寧省の錦州監獄で服 きんしゅう リヤオ チン チョウ 役を命じられたが, 末期の肝臓がんで2017年7月に死去した。

▶②**本人不在のノーベル賞受賞者席**（2010年）

大国への道を歩む中国

1 社会主義体制の建設と大躍進政策の失敗

キーワード 大躍進政策
毛沢東が主導した農工業の大増産運動。過重なノルマは生産現場での虚偽報告や、ノルマにこたえるための粗悪品の大量生産を招いた。合理性を欠く生産方法の導入もあり、生産は低下し、国民生活は疲弊した。天災も重なり2000万ともされる餓死者を出し、大躍進政策は失敗、毛は国家主席を辞任した。

▲①鉄鋼の増産　1958年、**大躍進政策**で鉄鋼の増産が掲げられ、全国各地で土法炉（原始的な溶鉱炉）がさかんに建てられた。しかし、生産された鉄の大半は使い物にならず、労働力と資源の浪費に終わった。

▼②人民公社設立　**人民公社**は行政組織と集団農業の生産組織を兼ねた共同体。学校・病院・工場なども経営し、社会の基礎単位となった。大躍進政策の際に設立され、1982年以後解体した。

▲③四川省の人口の増減

凡例：出生率／自然増加率／死亡率
5.937％　4.223
大躍進政策失敗に伴う人口の急減
1950 60 70 80 84(年)

2 プロレタリア文化大革命の勃発 11 →巻頭15

1956	中ソ論争開始
59	**大躍進政策**の失敗
	毛沢東主席辞任
	劉少奇による国民経済の立て直し
66	**文化大革命開始**（毛沢東復活）
	紅衛兵による批判や運動の展開
	劉少奇・鄧小平ら資本主義の道を歩む**実権派**（走資派）を失脚させる
71	**林彪**失脚、死去
76	**毛沢東死去**⇒四人組（毛夫人江青ら）逮捕
77	**文化大革命終結宣言**（鄧小平復活）

十年の動乱

◀④『毛沢東語録』を掲げる紅衛兵　**劉少奇**の政策に不満を抱く**毛沢東**は、自らの革命路線を実現するため**文化大革命**を呼びかけた。これに動員されたのは学生・青少年からなる**紅衛兵**だった。彼らは毛沢東の短い言葉を集めた『毛沢東語録』を掲げ、「反革命」とみなした各級幹部や知識人を糾弾し、暴力や精神的屈辱を加えた。ついには劉少奇も標的となり失脚した。

▲⑤過激化する紅衛兵による弾劾　紅衛兵はしだいに過激化し、分派間の武力闘争にまで発展することもあった。文化大革命指導層は統制不能になった紅衛兵を地方に送り労働に従事させること（下放）で混乱を収拾した。

3 改革開放政策への転換

（指数）
食糧は1949年、石油・鉄鋼は1970年、石炭は1975年を100とした生産指数
700 693
鉄鋼 520
石油 449
食糧 259
第1次5か年計画(1953)
大躍進政策(1958)
文化大革命(1966〜)
改革開放政策(1978〜)
社会主義市場経済導入(1992)
石炭
1950 60 70 80 99(年)
〈中国年鑑 2000 年版ほか〉
◀⑥中国経済の変遷

キーワード 「四つの現代化」
文化大革命による経済や科学技術などの立ち遅れが明らかになった1975年、周恩来は「四つの現代化」（農業・工業・国防・科学技術の近代化）で現実路線を掲げ、この路線は鄧小平に引きつがれた。

ひと 鄧小平（1904〜97）

1924年、フランス留学中に中国共産党に入党。帰国後、長征に参加し実績をあげるが、**文化大革命**で実権派（走資派）として失脚。1973年に復活し、周恩来とともに経済再建をめざしたが、文化大革命派により76年の第1次天安門事件で再失脚。文化大革命の終結とともに再び復活し、80年代に大胆な**改革開放**政策を主導、現在の経済発展をもたらした。「白猫であれ黒猫であれ、ねずみを捕える猫がよい猫である」という彼の発言は、文化大革命時には集中的な批判の的となったが、彼の経済重視の考え方が表れている。

▲⑦深圳に掲げられた鄧小平の看板

4 めざましい経済発展

上海タワー（東方明珠塔）

◀⑧急速に発展する上海（2010年）　**鄧小平**による改革開放の一環として**経済特区**や**経済技術開発区**が設置され、90年代には経済活動が活発化、**社会主義市場経済**は年率12％の急速な成長を実現した。

▶⑨中国のWTO加盟
2001年のWTO（世界貿易機関）加盟により、国際経済に本格的に参入。関税引き下げや金融の規制緩和などにより対外開放は一段と進み、2000年からの10年間でGDPは4倍となり、日本を抜いて世界第2位の経済大国となった。

中国加入世界貿易組織簽字儀式
SIGNING CEREMONY ON CHINA'S ACCESSION TO THE WTO
11 November 2001, Doha

（万社）
50 40 30 20 10 0
1985 90 95 2000 05 10 13(年)
〈中国統計年鑑 2014, ほか〉
◀⑩中国へ進出した外資系企業数の推移

5 民主化運動と民族独立運動

▲⑪第2次天安門事件　東欧諸国の民主化が劇的に進展した1989年，中国でも民主化要求が高まり，学生らが天安門広場を占拠し，街頭に100万人を超える市民が繰り出す事態となった。政府は軍隊を出動させ，これを鎮圧し，国際社会から批判を浴びた。

1949	中国軍，東トルキスタン侵攻
50	中国軍，チベット侵攻
51	チベット，中華人民共和国に編入
55	**新疆ウイグル自治区成立**
59	ダライ=ラマ14世，インドに亡命政府樹立
65	**チベット自治区成立**　漢人の移住と同化政策を進める
88	タリム盆地で油田発見
89	**第2次天安門事件**
90年代	ウイグル独立運動活発化（言語統制やイスラームへの介入に対する反発）
2008	北京オリンピック開催　反中国運動活発化
○	チベットで反政府暴動
09	ウルムチで反政府暴動
14	ウルムチ駅で爆発テロ事件

▲⑫ウイグル・チベットの民族独立運動年表 ➡p.119

▲⑬ダライ=ラマ14世(1935〜)

▲⑭ウイグル民族運動の指導者ラビア=カーディル(1947〜)

▲⑮厳戒態勢下のウルムチ (2009年)　新疆ウイグル自治区では，1970年代以降の漢族の流入，豊富な地下資源の搾取に加え，宗教（イスラーム）への規制を不満としてトルコ系民族の独立運動が活発化した。2009年に大規模な衝突が起きて以降，厳戒態勢がとられているが，市民の鎮圧にあたる兵団の88%が漢族で構成されていることから，緊張関係はさらに強まっている。

東アジア

6 台湾の経済発展と対中関係

1874	日本の台湾出兵 ➡p.232
95	**日本の植民地に**（下関条約）
1945	終戦 台湾，中華民国に編入
49	国民政府，国共内戦に敗れる **→台湾へ移転（蔣介石独裁）**
○	本省人と外省人の対立
71	国連代表権を失う
88	**李登輝が総統に**（初の本省人）
○	中国との緊張緩和
96	初の総統直接選挙で李登輝圧勝
2000	陳水扁，総統に就任 台湾独立派
03	中国への航空機直行チャーター便開設
08	馬英九，総統に就任 対中融和派
16	蔡英文，総統に就任 台湾独立派

▲⑯台湾の変遷 ➡p.119

▲⑰李登輝の総統就任　蔣経国（蔣介石の長男）死後，台湾出身の李登輝（任1988〜2000）が台湾総統・国民党主席となった。国民党＝大陸出身者（外省人*）による台湾人支配という政治構造の大転換で，開発独裁の終わりでもあった。
*1945年以前から台湾に本籍をもつ人を本省人，45年以降に中国大陸から移住した人を外省人とよぶ。

ひと 蔡英文(1956〜)

2016年1月の**総統選挙**で**国民党**を破り，初の女性総統に就任。台湾独立派で，アメリカの主張に従い，中台関係では現状維持を主張している。しかし，中国政府は「台湾は中国中央政府直轄の特別行政区になる」との従来の主張を変更せず，中国本国と台湾との緊張関係は続いている。

▲⑱蔡英文

▼⑲台湾企業の電気機械工場　1970年代以降工業輸出地として発展した。台湾最大の鴻海精密工業は，経営再建中のシャープ（日本企業）を2016年に買収するなど，ICT関連の電子部品産業の発展が著しい。政治的対立が続く中国との相互浸透も進んでいる。

現代を読みこむ　緊張が高まる台湾問題

2020年9月以降，台湾が実効支配している南シナ海の東沙諸島の空域に，たびたび中国空軍機が進入を繰り返し中台関係が緊迫化している。一方で，1979年に国交を断交して以降，アメリカは台湾とは正式な外交関係がなかったが，2021年にバイデン政権は非公式の代表団を台湾に派遣し，蔡英文総統と会談した。アメリカが台湾との関係を深めようとしていることに中国は猛反発している。経済や外交，科学技術などあらゆる分野で米中対立が激しさを増している中，台湾をめぐっても2国間の対立が浮き彫りになってきている。

習近平 トランプ → バイデン

中国
・台湾政策五項目（中台統一と中国の夢，「一国二制度」，「一つの中国」の堅持，中台経済の融合，同胞意識の推進）
・海外進出の最前線
・台湾は「核心的利益*」の一つ

対立

アメリカ
・トランプ前大統領以降，台湾に接近
・武器売却を積極化
・2021年の日米共同声明で半世紀ぶりに台湾に言及（台湾海峡の平和と安定の重要性を確認）

軍事的挑発，国際社会での締めつけ

支持・支援強化

台湾
・民主主義の発展，"台湾人"意識
・半導体など世界的ハイテク企業が多数存在

▶蔡英文

◀⑳台湾をめぐる米中対立

*中国が自国の体制，政治制度，社会の安定などを維持するために断固保護する事項。

▶㉑アメリカが台湾に提供した新型コロナウイルスワクチン (2021年6月)　コロナ対策においてもアメリカは台湾への協力を進めている。アメリカはワクチンを無償で提供したほか，台湾製ワクチンの開発にも技術協力している。

読みこみキーワード　中国の対外政策や民主化，独立運動を弾圧する背景について，次のキーワードも参考に学習を深めよう。**共産党による一党独裁** ➡p.299基礎知識　**民族独立運動と同化政策** ➡5　**天安門事件** ➡5　**経済発展** ➡4

東アジア

MAPS→T

4部2章

南北の分断と深まる格差

20世紀後半から21世紀の
朝鮮半島

◀p.232

朝鮮半島の動き

	韓国(大韓民国)	北朝鮮(朝鮮民主主義人民共和国)
	□韓国大統領 ■軍部出身者	

45年～50年代前半

1945		
	45.8 日本の敗戦→北緯38度線を境に米ソが南北分割占領	
	.9 建国準備委員会、朝鮮人民共和国成立宣言→米否認	

48.8	**大韓民国**成立	48.9 **朝鮮民主主義人民共和国**成立
	□**李承晩**(任1948～60)	(金日成首相(任1948～72)→主席(任72～94))
	▶李承晩(イ スンマン/りしょうばん)	49.6 朝鮮労働党結成
	50.6 **朝鮮戦争**勃発(1953 **板門店**で**休戦協定**)	▲金日成(キムイルソン)

55～60代前半

53.8	米韓相互防衛条約調印	
61.5	■**朴正熙**、軍事クーデタで政権掌握	61.7 ソ連・中国との友好協力相互援助条約調印
		* ベトナム戦争参戦によるドル資金と、日本からの円借款により経済復興が促進された。
65.6	日韓基本条約調印	
	▶朴正熙(パクチョンヒ)(任63～79)	*2 社会主義建設のため、思想・技術・文化の3つの革命を推進する大衆運動。
	○開発独裁	
	○「漢江(ハンガン)の奇跡*」による高度経済成長(～90年代)	

65～70代前半

	72.7 南北共同声明(7・4声明)、南北対話開始	
73.8	金大中拉致事件	73.3 三大革命運動*2決定、主体(チュチェ)思想を強化
79.10	朴正熙大統領暗殺	79.10 **金正日**、正式に金日成の後継者に

75年～80年代

80.5	光州事件(韓国軍、デモを武力弾圧)	87.11 大韓航空機爆破事件
	■**全斗煥**(チョンドゥファン)(任80～88) ■**盧泰愚**(ノテウ)(任88～93)	
88.9	ソウルオリンピック開催(～.10)	88.9 ソウルオリンピック不参加
90.9	**ソ連と国交樹立**	

90年代～

	91.9 **国連に南北同時加盟**	
92.8	**中国と国交樹立** .12 ベトナムと国交樹立	92.1 核査察協定に調印
	□**金泳三**(キムヨンサム)(任93～98)	93.3 **核拡散防止条約(NPT)**脱退宣言(保留)
		94.7 金日成死去
97.7	アジア通貨危機 ➡p.297	97.10 金正日、労働党総書記に就任
	□**金大中**(キムデジュン)(任98～2003)	▲金正日(キムジョンイル)
98.10	日本大衆文化を開放	
	○**太陽政策**(対北宥和(ゆうわ)政策)	
		南北共同宣言 南北の歩みより
		2000.6 **南北首脳会談**
2000.10	金大中大統領、ノーベル平和賞受賞	
02.5,6	サッカーワールドカップ日韓共催	02.9 小泉首相(日本)が訪朝→平壌(ピョンヤン)宣言
	□**盧武鉉**(ノムヒョン)(任03～08)	03.1 核拡散防止条約脱退を再度表明
		03.8 **6か国協議**(韓・朝・中・ロ・日・米)
		06.7 テポドン発射 .10 地下核実験
		07.10 南北首脳会談
	□**李明博**(イミョンバク)(任08～13)	10.11 延坪(ヨンピョン)島砲撃事件
	□**朴槿恵**(パククネ)(任13～17)	11.12 金正日死去、**金正恩**が後継者に
	□**文在寅**(ムンジェイン)(任17～22)	▲金正恩(キムジョンウン)
	▲文在寅(ムンジェイン)	18.4,5,9 **南北首脳会談**
	□**尹錫悦**(ユンソンニョル)(任22～)	

---

1 朝鮮戦争による半島の分断

世界全図p.48~49

ⓐ ー1950年9月ー	ⓑ ー1950年11月ー	ⓒ ー1951年ー
→1950年6月北朝鮮軍の侵攻 ー1950年9月北朝鮮軍の最前線	→1950年9～11月国連軍の進路 ー1950年11月国連軍の最前線	→中国人民義勇軍の進路 ー1951年1月中国義勇軍の最前線 ▨おもな戦闘地帯

1950年9月15日 国連軍の攻撃
1950年7月米軍・国連軍が日本から上陸
1951年11月27日 停戦ライン(現在まで続く)
1953.10 米韓相互防衛条約

▶①朝鮮戦争で焼け野原となったソウル 北朝鮮軍の南下で始まった**朝鮮戦争**は、国連軍*(アメリカ軍中心)と**中国人民義勇軍**がそれぞれ韓国・北朝鮮側に立って参戦したことで、戦局が二転三転した。前線は朝鮮半島全土を南北に移動し、同胞同士が敵となり、多くの都市が破壊された。

*国連安全保障理事会の決議によって編成されたアメリカを中心とする多国籍軍。国連憲章の規約に従って組織された軍ではない。

▲②朝鮮戦争の構造

中華人民共和国
義勇軍(1950.10～)
朝鮮民主主義人民共和国
牽制(けんせい)
台湾海峡へ派兵(1950.6～53.7)
大韓民国
派兵 補給 特需景気
アメリカ 日本

▲③朝鮮戦争の犠牲者

(1950年～53年、負傷者・行方不明者含む)(万人)

民間人(韓国)	軍人(韓国)	国連軍	民間人(北朝鮮)	軍人(北朝鮮)	義勇軍(中国)
99万人	99万人	16万人	268万人	61万人	92万人

◀④避難する民間人 国土のほぼ全域が戦場になったことで、民間人の犠牲者も多く出た。また、敵側の協力者と疑われて市民が軍に虐殺(ぎゃくさつ)される事件もしばしば発生した。さまざまな推計があるが、民間人犠牲者は南北あわせて300万人をこえるともいう。写真は避難するソウル市民。

朝鮮半島を知るための基礎知識

○南北に分断された民族

韓国と北朝鮮の成立は**米ソ分割占領**の結果であり、半島の分断は国民が求めたものではなかった。北朝鮮は朝鮮戦争によって国内の統一をはかったが、南北分断が固定化する結果となった。両国はいまだ平和条約を結ばず、法的には1953年以来、休戦状態が続いている。**分断国家**の悲劇の象徴ともいえる離散家族は、現在も1000万人を数える。

▲⑤板門店(パンムンジョム)での南北会談

北朝鮮側 韓国側

○拡大する南北間の格差

北朝鮮は指導者の世襲や個人崇拝という特殊な政治体制を守ってきた。そのため中国のような改革開放路線をとれず、ソ連解体でその援助もなくなり、民主化と経済発展をとげた韓国との経済格差は広がっている。

*国民総所得

北朝鮮

2450万人
人口(2010年)

約1250ドル
1人あたりGNI*(2013年)

輸出32億ドル
輸入41億ドル
総貿易額(2013年)

韓国

5022万人
人口(2013年)

25920ドル
1人あたりGNI(2013年)

輸出5596億ドル
輸入5156億ドル
総貿易額(2013年)

② 北朝鮮

A 主体思想による国家建設

◀⑥**主体思想塔前の銅像**(平壌) 労働者・知識人・農民を表す像の背後には、**金日成**70歳の誕生日を記念した170mの主体思想塔が建つ。これらの建造物は金日成・正日親子の「不滅の業績」などを物語っているとされる。

キーワード **主体思想** 金日成が中ソと一線を画す社会主義をめざし、1960年代半ばに唱え始めた主体思想は、「唯一思想体系」として採択された。革命と建設の主人は人民大衆であると説きながら、党は首領に従属するとして個人独裁を正当化している。現在も北朝鮮の指導思想である。

B アメリカ/韓国との外交関係

▲⑦**初の米朝首脳会談**(2018年6月) 朝鮮戦争以来約70年間対立してきた両国首脳がシンガポールで握手を交わした。

▲⑧**南北共同連絡事務所の爆破**(2020年) 北朝鮮が軍事境界線沿いの南北融和の象徴を爆破した。

北朝鮮は総合的な軍事力の劣勢を核・ミサイル開発でカバーする戦略をとっており、米朝首脳会談では自国への経済制裁解除を要求したが、北朝鮮の非核化が不十分とし、制裁解除は拒否された。一方、金正恩の妹の金与正は韓国の脱北者による北朝鮮批判のビラ散布への対抗策として南北共同連絡事務所を爆破し、「韓国当局と確実に決別する」と宣言した。

③ 韓国

A 軍部による政権掌握と開発独裁

ひと **朴正熙**(1917~79)

1961年に軍事クーデタで権力をにぎり、63年大統領となった**朴正熙**は、独裁体制をしき、民主化運動や労働運動を徹底的に弾圧した。一方で、**日韓基本条約**を結び、国交を回復した日本から多大な経済援助を引き出すなどして、経済発展・工業化を進めた。開発独裁の典型とされる。娘はのちの韓国大統領の朴槿恵。

▲⑨**大統領就任式での朴正熙**

◀⑩**光州事件** 1979年、朴正熙大統領が暗殺され、全国で民主化運動が活発化するなか、クーデタで権力を掌握した軍人の**全斗煥**は、80年5月、光州市に軍隊を派遣し民主化運動を弾圧。多数の死者を出した。全斗煥はその後大統領に就任した。

B 民主化とめざましい経済発展

▼⑫**世界的企業に急成長したサムスン** 1960年代後半からの経済発展で、サムスン、LG、ヒュンダイなどの財閥が急成長した。サムスングループはその代表格で、韓国のGDP・輸出の約2割を占める。電機製品では世界市場において日本企業にとってかわった。

▲⑪**ソウルオリンピック**(1988年) 日本につぐアジアで2番目のオリンピック夏季大会開催は、韓国経済の発展ぶりを世界に示した。開催の前年1987年には大統領直接選挙を実施し、軍部出身ではあるものの**盧泰愚**が大統領に選出され、民主化の達成も印象づけた。

現代を読みこむ ## 加速する北朝鮮のミサイル開発

▲⑬**金正日時代のミサイル開発**(2009年) 韓国は1990年にソ連と、1992年には中国と国交を樹立した。核保有国の中国・ロシアと宿敵・韓国に包囲された北朝鮮はその体制維持のために弾道ミサイルや核開発を始めた。1992年核拡散防止条約から脱退、2005年核保有を宣言、2006年初の核実験を実施した。

▲⑭**金正恩が開発を命じた大陸間弾道ミサイル**(2022年) 2013年金正恩は核保有の恒久化を宣言、攻撃対象国をアメリカ・韓国・日本に定めた。2021年9月以降は変則軌道で飛翔する新型の潜水艦発射型弾道ミサイルなども発射した。2022年のICBM発射に対して国連安保理による北朝鮮への制裁を強化する決議案は、中国・ロシアの拒否権行使で否決された。

金正恩はコロナ禍を「建国以来の大動乱」としながら、2022年1~6月時点ですでに26発もの弾道ミサイルを発射した(防衛省資料)。2月のウクライナ情勢を踏まえ、核開発で安全保障能力を高め、アメリカからの攻撃をかわすためとされる。だが、国民生活を犠牲にし、国力を無視した軍拡路線は非現実的な国家運営といえる。

▲⑮**金正日と金正恩のミサイル発射実験回数の変化** 金正日による1998年のテポドン1号の発射以降、発射回数は正恩の代になってから加速している。防衛省資料では、近年の北朝鮮の弾道ミサイル技術や攻撃能力の大幅な向上が指摘されている。

読みこみキーワード 北朝鮮の核開発について、次のキーワードも参考に学習を深めよう。**核兵器開発の広がりや宇宙の軍事利用**→p.275 ② B

| 最温暖期 | 温暖期 | 移行期 | 寒冷期 | 氷河期 | | | | | | | | *3 ヴァイキング |

*											
*2 氷河期	1万3000年前	1万年前	前2142	前1401	前1056	前580	前113	後246	732		

日本

自然災害・気候変動にかかわる世界の動き

サハラの砂漠化

世界各地で定住・農耕開始
ナイル川や黄河などの大河の氾濫

大河周辺の大規模灌漑農耕
ア文明・黄河文明・インダス文明など

前3500〜1600
都市文明発生、文明の形成（エジプト文明・メソポタミ

前20世紀
インド＝ヨーロッパ語族諸族の移動開始 → p.4

前20世紀
太平洋諸島への人類進出開始

フェニキア人・アラム人の活動 → p.57

アーリヤ人のガンジス川流域進出 → p.79

ギリシア人の地中海各地への植民
（アケメネス朝・マウリヤ朝・漢・匈奴・ローマ）
巨大帝国の出現と諸地域世界の成立

北方民の異変（匈奴の分裂、ローマのケルト征服）

後79
ヴェズヴィオ火山が噴火（火砕流によりポンペイが埋没）→ p.76

「3世紀の危機」→ p.73

3〜6世紀
民族の大移動と古代帝国の崩壊・混乱
（フン人・ゲルマン人の大移動、五胡の侵入）→ p.14〜15, 137

7世紀
隋唐帝国・アラブの大征服による秩序回復
ビザンツ帝国でペスト（黒死病）がひんぱんに流行

温暖期

世界各地で開発ブーム
各地の経済発展・交易の拡大 → p.22
（ヨーロッパの大開墾時代、中国の江南開発、東南アジアで農業を基盤とする国家の成長）

イスラームの広域ネットワーク出現
ヨーロッパで人口増加

（ノルマン人、トルコ・モンゴル系遊牧民の拡大）
北方民の活発化 *3 → p.140

ノルマン人のグリーンランド入植（14世紀に撤退）

※ 気候変動のデータは、前2400〜後1900年は、尾瀬ヶ原の泥炭層の花粉分析（阪口豊氏1993）による（『講座文明と環境6歴史と気候』朝倉書店）。
*2 年次は、その花粉分析の示す数値の転換年。

1 自然災害と世界史

古代の多くの文明は、豊かな水をたたえる大河の流域で発展した。大河は、ひんぱんに洪水を引き起こし、人類に対する試練となったが、水を制御し活用するために人類が考え出した治水の技術は、文明の発祥と発展の礎となるとともに、その命運をも左右した。また、地震や噴火などの地殻の変動は、その震源域や周辺の文明を破壊するなど、人類の営みに大きな影響と衝撃を与え、社会の再編をもたらすことがあった。

洪水 メソポタミア文明の盛衰を左右した水との戦い

ジッグラト（聖塔）

▲①**ウル**（CG復元図） ユーフラテス川の河畔の丘陵にれんがで築かれたメソポタミア文明の都市。ユーフラテス川は、流れが変わりやすく、しばしば氾濫する天井川で、大規模な**治水**と**灌漑**の必要から、強い王権が誕生し、**灌漑農業**を基盤とした都市国家へと発展した。 → p.55

テーマ 塩害と文明の衰退 → p.54

灌漑は、管理を怠ると塩類を含む地下水面が上昇し、水分の蒸発で塩類が残り、土地の荒廃をもたらす。**メソポタミア**の粘土板からは、前24〜前22世紀にかけて、小麦の生産量が急激に減少したことがわかり、過剰な灌漑による塩害が、文明衰退の一因と考えられている。

◀②塩害で荒廃したオアシスの農作地

地震 ポルトガル衰退の決定打となった大地震

▲③**リスボン地震** 1755年、東北地方太平洋沖地震（東日本大震災）と同規模の大地震と大津波がポルトガルの南西部を襲った。この地震は、海洋交易でポルトガル経済を支えていたリスボンに壊滅的な被害を与え、当時、イギリスなど新興国との競争にさらされていたポルトガルの国際的地位を低下させる一因となった。

▶④**カント**（1724〜1804） リスボンの惨事は、当時のヨーロッパの思想家たちにも大きな衝撃を与えた。カントは、人はただ自然の脅威に屈服するのではなく、理性によって自然現象を解明する必要がある、と主張した。 → p.177

噴火 フランス革命に影響を与えた大噴火

◀⑤**浅間山の大噴火**
1783年に、ほぼ同時期に浅間山とラーキ火山（アイスランド）が大噴火し、二つの火山による大量の噴煙は、北半球の各地に天候不順と大凶作をもたらした。日本では前年より起こっていた天明の大飢饉を深刻化させ、ヨーロッパでは小麦の不作をもたらし**フランス革命**の遠因となったとされる。
〈群馬県立歴史博物館蔵〉

西アジア

ヨーロッパ

日本　西アジア　ヨーロッパ

1296　1900

十字軍・レコンキスタ・東方植民

13世紀　ユーラシア規模の交易圏形成（モンゴル世界帝国の出現）→p.30~31,112

「14世紀の危機」→p.32

14世紀　各地で異常気象・飢饉の頻発 →p.32

中近東・ヨーロッパでペスト（黒死病）大流行

ヨーロッパで人口激減

農民による大反乱が起こる（フランスのジャックリーの乱、イギリスのワット=タイラーの乱、中国の紅巾の乱など）→p.154

15世紀　大航海時代 →p.154

ヨーロッパで人口増加

16世紀　ヨーロッパ人、アメリカ大陸へ進出

1556　華県地震（明代の陝西省で83万人以上の犠牲者を出す）

アメリカ大陸でプランテーション成立 →p.194

温暖化

17世紀　「17世紀の危機」→巻頭9

流行 →p.148

ヨーロッパで強烈な寒冷化、ペスト（黒死病）再び

ヨーロッパ人、アメリカ大陸への植民本格化

17~18世紀　資本主義的大農場経営の確立／ノーフォーク農法の普及／第2次囲い込みによる耕地の拡大

イギリスで農業革命が進展

18世紀　リスボン地震（ポルトガル）　1755

ドイツでじゃがいもの栽培が広まる

18世紀後半　天明の大飢饉（～88年、日本）　1782

ラーキ火山の大噴火（アイスランド）　1783

浅間山の大噴火（日本）　1783

1789　フランス革命

19世紀　産業革命の進展 →p.180~182

84～86年までヨーロッパを厳冬が襲う

化石燃料の消費増加（二酸化炭素などの温室効果ガスの排出増加）

世界的な開発の進展、熱帯林の破壊 →p.227

地球環境問題意識の芽生え

1972　国連人間環境会議の開催（ストックホルム）

1997　「京都議定書」採択

2011　東北地方太平洋沖地震（日本）→東日本大震災

2015　「パリ協定」採択

② 気候変動と世界史

気候の変動は，人類の営みを大きく左右した。温暖期には，人間活動が活発化して社会の安定がもたらされたが，寒冷期には，大規模な民族移動や，農業生産の低下による飢饉や食料をめぐる争い，また広範囲に及ぶ伝染病の蔓延が起こり，それは，ときに世界史の大きな転換点となった。17世紀以降になると，自然に積極的に働きかけ，人類の営みに合う形に自然を改変する地球規模での開発の時代が到来した。

「14世紀の危機」 寒冷化による人口激減

▶⑥中世の気候変動とヨーロッパ人口の推移 9～12世紀にかけてのヨーロッパは，長期間温暖な気候が続き，農業生産も安定して人口も増加した。しかし，14世紀に入ると気候は寒冷化していき，飢饉の発生や，ペスト（黒死病）の大流行により，人口が激減した（「14世紀の危機」）。 →p.148

〈安田喜憲「ペスト大流行」『講座文明と環境7』朝倉書店〉

「17世紀の危機」 ヨーロッパの再度の危機 →巻頭9,p.169

▼⑦凍結したテムズ川のようす 17世紀には再び寒冷化が進み（小氷期），ロンドンのテムズ川やアムステルダムの港はしばしば凍結した。穀物生産は低下し，社会不安の増大から，魔女狩りなども横行した。

③ 「環境問題」の認識

1962	レイチェル＝カーソンの『沈黙の春』刊行	89	バーゼル条約採択
70	グリーンピース（NGO）誕生	90	IPCC（気候変動に関する政府間パネル），温室効果ガス削減をアピール
72	国連人間環境会議（ストックホルム）／国連環境計画（UNEP）発足（本部：ナイロビ）	91	湾岸戦争→石油流出による海洋汚染・劣化ウラン弾の使用
75	ラムサール条約発効／ワシントン条約発効	92	地球サミット・リオ宣言「アジェンダ21」を採択
77	UNCOD（国連砂漠化防止会議）開催	95	IPCC，地球温暖化を警告
79	スリーマイル島原発事故（アメリカ）	97	「京都議定書」採択
82	「ナイロビ宣言」採択	2001	アメリカ，「京都議定書」から離脱
85	南極のオゾンホール発見	02	持続可能な開発世界サミット（WSSD）開催
86	チェルノブイリ原発事故（ソ連）→越境汚染の認識深まる	11	福島第一原発事故
87	「オゾン層を破壊する物質に関するモントリオール議定書」採択	12	国連：持続可能な開発会議（リオ+20）
		15	「パリ協定」採択（COP21）
		17	アメリカ，「パリ協定」から離脱を表明

▲⑨福島第一原子力発電所の事故 2011年3月11日，東日本大震災後の津波により，史上最悪の原発事故が起きた。きっかけは自然災害だったが，原発の炉心溶融という事態を引き起こし，多量の放射性物質が放出された。

▲⑧レイチェル＝カーソン（1907～64）
▼⑩世界に広がる環境問題

※おもな原油流出地点（原油10万t以上流出のタンカー事故）
●原子力発電所事故

砂漠化の進んでいる地域　消滅した熱帯林　塩害の激しい地域　酸性雨の被害地域　汚濁の激しい水域　減少するマングローブ

日本のおもな ▷輸入品 ◁輸出品

東アジア・日本のおもな動き（年表）

中国／朝鮮	東アジアのおもな動き	日本のおもな動き	時代	対応
前漢	前202 劉邦, **漢を建国（前漢）** →p.92 前37ごろ 高句麗建国	○ 百余国に分立, 漢に遣使	弥生時代	
後漢 三国	25 光武帝, 漢を再興（後漢） 220 後漢滅亡, 三国時代 →p.98 346ごろ 馬韓に百済おこる　［鉄］ 356ごろ 辰韓に新羅おこる ○ 中国, 南北朝時代へ	57 倭奴国王, 光武帝より「漢委奴国王」の印綬賜る 239 邪馬台国の**卑弥呼**, 魏より「親魏倭王」の称号賜る ○ ヤマト王権による統一が進む ○ 百済と連合し, 高句麗と戦う 413～ 「倭の五王」, 中国に冊封される		
晋・南北朝	［渡来人］漢字・須恵器の焼成技術・鍛冶技術・土木技術・機織り 仏教・暦・医学・易	▶厩戸王（聖徳太子）	古墳時代	1 日中の朝貢・冊封関係の成立
隋	589 **隋**が中国統一 →p.100 618 隋が滅亡, **唐**が成立	607 厩戸王, 遣隋使（小野妹子）を派遣 →p.100 630 遣唐使の派遣を開始 645 大化改新始まる	飛鳥時代	
唐 統一新羅	676 新羅, 朝鮮半島を統一 律令・仏教文化	663 白村江の戦い 701 大宝律令制定 710 平城京に遷都 794 平安京に遷都 ○ 渤海使, しばしば来日	奈良時代	
五代 北宋	907 唐が滅亡, 五代十国が成立 918 王建, 高麗を建国 979 **宋（北宋）**, 中国を統一 →p.105	894 遣唐使派遣を停止 1019 刀伊（女真）, 対馬・壱岐に来襲	平安時代	2 遣唐使の停止と民間貿易の活性化
南宋	1127 宋（北宋）滅亡, **南宋**成立 ［日宋貿易］銅銭・陶磁器・書籍・経典 砂金・扇・蒔絵・硫黄	1167 **平清盛**, 太政大臣となる ○ 清盛, 大輪田泊を修築 ○ **日宋貿易**さかん ▶平清盛		
元 高麗	1206 チンギス＝ハン, モンゴル帝国を建国 →p.110 71 フビライ, **元**を建国 →p.111 ［日元貿易］銅銭・陶磁器・書籍・経典 砂金・扇・蒔絵	92 源頼朝, 征夷大将軍となる 1268 フビライ, 朝貢と服属を日本に求める 74 文永の役 ─蒙古襲来 81 弘安の役 ─（元寇）→p.110	鎌倉時代	
	○ 倭寇の活動, 活発化（**前期倭寇**） 1367 高麗, 倭寇の禁圧を日本に要請 68 朱元璋, **明を建国** →p.114 69 明, 倭寇の禁圧を日本に要請 ○ 明, **海禁**を実施 →p.115 92 李成桂, **朝鮮を建国** →p.122	1336 足利尊氏, 建武式目発表 ▶足利義満	南北朝時代	3 倭寇と明の海禁政策
明 朝鮮	［勘合貿易］銅銭・陶磁器・生糸・絹織物 刀剣・銅・硫黄 →p.154 1498 ポルトガル, インド航路開拓 ○ 倭寇の活動, 活発化（**後期倭寇**）	92 義満, 南北朝合体 1401 義満, 明に遣使 02 義満, **明に冊封**される 04 勘合貿易始まる 29 琉球王国成立 67 応仁・文明の乱（～77） 1543 **ポルトガル人, 鉄砲**を伝える 47 **最後の勘合貿易船**派遣	室町時代	
	［南蛮貿易］鉄砲・火薬・生糸・絹織物 銀	49 ザビエル, **キリスト教**を伝える 90 豊臣秀吉, 天下統一 92 **朝鮮出兵**（～93, 97～98）→p.115,122	戦国時代 安土桃山時代	
	○ 明, **互市貿易**を認める 1602 オランダ連合東インド会社設立 →p.165 ○ 東南アジアで日本町繁栄 →p.85 ［朱印船貿易］生糸・絹織物 銀・銅・陶磁器・漆器 1619 オランダ, バタヴィア建設	1603 江戸幕府成立 ○ **朱印船貿易**さかん →p.85 07 朝鮮使節が来日再開（1636より通信使）, 国交回復 09 オランダ, 平戸に商館開設 13 全国でキリスト教を禁止		4 国交断絶から「鎖国」へ
清 朝鮮	＊江戸時代前期の輸出入品 ［四つの口］生糸・絹織物（長崎・薩摩・対馬）鮭・鷹（松前）＊ 金・銀・銅・俵物（長崎・薩摩・対馬）米（松前）＊ 1644 明が滅亡, **清**が中国統一 →p.118 83 清, 台湾の鄭氏を鎮圧 →p.119 1757 西欧諸国との貿易を広州に限定	23 イギリス, 日本貿易から撤退 24 スペイン船の来航禁止 35 明船の入港を長崎に制限 39 **ポルトガル船**の来航を禁止 41 **オランダ商館を出島**に移す（「鎖国」完成） ○ たびたび貿易を制限（金銀流出抑制のため） 89 長崎に唐人屋敷を設置	江戸時代	

（左端帯）日本／東アジア／ヨーロッパ

---

1 日中の朝貢・冊封関係の成立

中国の皇帝は**中華思想**（→p.97）にもとづいて, 周辺国に臣従の形をとらせるかわりに回賜を与えて王に**冊封**し, 貢物を持参させた（**朝貢**）（→p.11,101）。冊封は, 朝貢国の政権安定や対外的優越を保障したため, 日本も5世紀には中国の冊封を受けた。また, 朝貢は, 朝貢品を上まわる回賜品によって経済的利益が得られた。日本は隋代以降臣従の形をきらい, 朝貢のみを行うようになった。唐代には, 朝貢関係を通して中国の制度・文化が伝播した。

世界全図p.20-23　7～9世紀ごろ

朝貢・冊封関係　○ 冊封を受けた国　○ 朝貢のみ行った国　○ 姻戚関係をもった国

---

2 遣唐使の停止と民間貿易の活性化

894年, 菅原道真が唐の疲弊などを理由に**遣唐使の停止**を進言し, 公的な外交はとだえた。一方で, 博多などを拠点とした**民間交易（私貿易）**はさかんとなり, 日宋・日元貿易では**中国海商**によって多くの中国産品が引き続きもたらされた。中国では宋代の文治主義のもと周辺勢力が自立し外圧に苦しんだが, 貨幣経済と文化は発展した（→p.108）。モンゴル帝国はユーラシア規模の交易を成立させ, 銀・貨幣の経済が浸透した（→p.112）。

世界全図p.28-29　12世紀ごろ

○ 遊牧騎馬民勢力　□ ジャンク船の活動範囲

---

3 倭寇と明の海禁政策

前期倭寇に苦慮した明は, 民間の海上貿易を禁止し（**海禁**）, 対外通交を国家間の**朝貢・冊封**関係に限定した（→p.115）。そのため15世紀初頭, 足利義満は明の**冊封**を受け, 勘合貿易（**朝貢貿易**の一形式）を開始した。戦国時代になると, 禁令を破って私貿易を行う**後期倭寇**の活動が再び活発化した（**南倭**）。戦国大名は利益を求めて活発に貿易を始め, **大航海時代**のなかで東アジア貿易に参入したヨーロッパと**南蛮貿易**を行った（→p.154）。

世界全図p.32-37　14世紀半ば～16世紀半ば　0　1000km

○ 明への朝貢・冊封　○ 遊牧民勢力　○ 海禁政策を行った国

---

4 国交断絶から「鎖国」へ

豊臣秀吉の**朝鮮出兵**により明と公的な貿易ができなくなった日本は, 東南アジア経由でヨーロッパや中国商人と**朱印船貿易**を行った（→p.39）。その後, 徳川政権は禁教と貿易統制を目的に, 「**四つの口**」のうち長崎口にのみオランダ人と中国人の寄港を許す「鎖国」政策をとった（海禁政策）。17世紀半ば, 中国を支配した清は明代後期に行われた公的な朝貢貿易と民間の互市貿易を踏襲したため, 日本は公式な外交関係をもたず, 民間貿易が続いた。

世界全図p.38-39　17世紀半ばごろ　0　1000km

⇄ 「四つの口」と交易　○ 清への朝貢・冊封　○ 海禁政策を行った国

〈福岡市博物館蔵〉　〈正倉院宝物・正倉〉

▲①**金印** 日本にとって朝貢し冊封されることは政権安定の面で重要であり，のちに朝鮮半島の鉄（→p.15）を獲得する上でも必要となった。

▲②**奈良時代の戸籍** 朝貢使節として派遣された遣唐使は，**律令制度**や多くの技術・文物を日本にもち帰った。戸籍は律令制度で必要な徴税の基礎となった。

▲④**銅銭**（宋銭，左）と⑤**硫黄を産出した硫黄島**（鹿児島，右） 宋と金との戦い（→p.107）に火器が使われ，火薬の原料である**硫黄**の需要が高まったため，硫黄は日本の代表的な輸出品となった。一方日本では，**本朝十二銭**以降，銭貨が鋳造されず，商業の活性化にともない**宋銭**が大量に輸入された。宋銭は中国から日本へ戻る船のバラスト（重り）にもなった。

〈ポーラ美術館蔵〉　〈滋賀大学経済学部附属史料館蔵〉

▲⑦**赤絵** 白磁に赤を主調として黄・緑・青・黒など文様を描いて絵付けした**陶磁器**で，生糸と並ぶ中国の重要な交易品。15世紀以降，生産量で染付を凌駕。ヨーロッパ商人が交易品として買い求めた（→p.120）。

▲⑧**那覇港の進貢船** 1429年に琉球を統一した中山王は明の**冊封**を受け，171回という朝貢国の中で最も多い進貢船を送り，ばくだいな利益をあげた（→p.35）。

〈神戸市立博物館蔵〉　〈写本，国立国会図書館蔵〉

▲⑩**長崎の出島** 1641年に平戸のオランダ人を移転させ，出入を厳しく統制した。この**長崎口**の他に開かれた**対馬口・薩摩口・松前口**を，「**四つの口**」と称する（→p.41）。

▲⑪**オランダ風説書** オランダ船が入港するたびに，オランダ商館長が老中に提出した海外情報書。写真は1854年の口書きで，クリミア戦争のことなどが書かれている。

テーマ **時を支配する君主　～暦と元号**

〈早稲田大学図書館蔵〉

暦は天体観測や占星術と結びつきながら発達し，その正確さが農作業にも影響したことから，暦を支配する中国の皇帝は時をも支配すると考えられた。また**元号**は，中国の皇帝の治世を表すものとして定められた。そのため冊封国は中国の元号と暦の使用を義務づけられた。日本が唐代以降独自の元号を用い，のちに暦を開発したことは，中国の権威を否定し，独立した国家としての意志表明でもあった。逆に朝鮮は，19世紀まで中国の元号を使い続けた。

▲③**貞享暦** 渋川春海が完成させた，初めての日本独自の暦。1685～1754年に使用された。
→p.52

テーマ **宋を囲む武人政権**

〈『男衾三郎絵詞』東京国立博物館蔵〉

宋は文治政治をめざしたが，宋を囲む東アジア諸地域では武人政権が誕生した。渤海が遊牧騎馬民の**キタイ（契丹）**に併合され，**高麗**でもクーデタにより武人政権が成立した。それらは**金**の南宋攻撃の軍事力，あるいはモンゴルに抵抗した**三別抄**としてのちに痕跡を残した。日本でも，平将門・藤原純友らの乱の鎮圧に端を発した武士勢力が，源氏・平氏ら武門の棟梁に統合され，12世紀の**平清盛**政権，そして**源頼朝**の鎌倉幕府開設へと結びついていった。

▲⑥**武芸の訓練をする鎌倉時代の武士**

テーマ **世界に知れ渡る日本銀** →p.113

1530年代に博多商人が朝鮮伝来の**灰吹法**という精錬技術を**石見銀山**に導入すると，効率よく銀を採取できるようになった。この精錬技術が広まり，17世紀初めには日本は世界の銀の3分の1を産出するほどになった（→p.37）。日本銀は中国に運ばれたが，豊臣秀吉の朝鮮出兵以降，日本船が中国に渡航できなくなると，ポルトガル船が仲介して大きな利益をあげた。

▲⑨**ポルトガル人が描いた日本地図** 「Hivami」＝石見，「Argenti fodina」＝銀鉱山と表記される。

テーマ **長崎と広州**

長崎は1641年に，**広州**（→p.117）は西洋諸国に対し1757年に，対外的に唯一の貿易港となった。両港は国家が管理して，さかんに交通・通商が行われた。広州は長崎を参考にしたと考えられ共通点も多いが，両者には違いもある。長崎では末端の人々まで何らかの交易の利益を受けたが，高官と商人が結託する広州ではそうならなかった。さらに長崎では，中国人やオランダ人は上流階級や知識層の間で敬意をもたれたが，広州の人々は中華思想（→p.97）にもとづき外国人を見下したとされる。

▲⑫**清朝のヨーロッパとの窓口 広州**

日本のおもな 輸入品／輸出品

世界のおもな動き（アメリカ中心）	日本のおもな動き	時代	対応

世界のおもな動き（アメリカ中心）

○ アメリカ北部の工業化進む
1840 **アヘン戦争**（～42）p.228

▶ ペリー 日本に来航し開国を要求。

57 インド大反乱（～59）p.224

p.207

61 アメリカ，**南北戦争**（～65）

金・生糸・茶

綿織物・毛織物・武器
西洋の近代文明
（制度・技術・文化・思想・風俗）

75 **江華島事件** p.233

○ アメリカ，工業生産世界一に
○ **帝国主義**の時代へ p.217
1890 「**フロンティアの消滅**」宣言 p.206
98 列強の中国分割（～99）p.230
米西戦争，アメリカがフィリピン等領有，ハワイ併合

繊維産業（軽工業）

綿花・米・機械

○ 日本人移民排斥運動の激化
1912 中華民国成立 p.230

1914 第一次世界大戦（～18）p.234～237

製糸・鉄鋼産業（重工業）

鉄鉱石・石炭

1918 「**十四か条の平和原則**」発表
19 **ヴェルサイユ条約**調印 p.240
21 **ワシントン会議**開催（～22）
24 アメリカで排日移民法成立
29 **世界恐慌**始まる p.250

39 アメリカ，日米通商航海条約破棄を通告

1939 第二次世界大戦（～45）p.254～256

1941 米英蘭，日本資産を凍結
「ABCDライン」形成
44 ブレトン＝ウッズ会議

▶ フランクリン＝ローズヴェルト
世界恐慌や第二次大戦期の大統領。

○ **冷戦**開始

1950 **朝鮮戦争**（～53）p.302

重化学工業

原材料・資源・エネルギー

1962 キューバ危機 p.264
65 **ベトナム戦争**（～75）p.298
71 金・ドル交換停止（ドル＝ショック）
73 石油危機（オイル＝ショック）
79 第2次石油危機 p.269

1989 冷戦終結 p.270

1991 湾岸戦争 p.292
93 EU発足 p.284
2001 米，**同時多発テロ事件** p.282
03 イラク戦争

日本のおもな動き

1792 ロシア使節ラクスマン来航
1825 異国船打払令
53 **ペリー**，浦賀に来航 p.42
54 **日米和親条約**締結 ～43
蘭・露・英と同様の条約締結（～55）
58 **日米修好通商条約**締結
蘭・露・英・仏と同様の条約締結（安政の五か国条約）
○ 尊王攘夷運動さかん
63 長州藩，下関で外国船を砲撃
薩英戦争
64 四国連合艦隊，下関を砲撃
67 大政奉還
68 戊辰戦争（～69）
○ 明治維新
71 **日清修好条規**締結
岩倉使節団派遣（～73）

▲ 伊藤博文 初代内閣総理大臣。

74 台湾出兵
76 **日朝修好条規**締結
79 琉球を領有し，沖縄県設置
81 国会開設の勅諭
89 **大日本帝国憲法**発布
94 **日清戦争**（～95）p.230
日米通商航海条約調印
95 下関条約締結→三国干渉
○ 日本の産業革命の進展
1902 **日英同盟**締結
04 **日露戦争**（～05）p.231
05 ポーツマス条約締結
10 **韓国併合** p.233
11 日米通商航海条約改正

1915 二十一か条要求
17 石井-ランシング協定締結
18 米騒動
シベリア出兵（～22）
19 ヴェルサイユ条約で旧ドイツ領南洋諸島の委任統治権獲得
31 **満洲事変**起こる p.247
33 国際連盟脱退を通告
37 **日中戦争**（～45）p.247
39 ノモンハン事件

1940 日独伊三国同盟締結
41 **日ソ中立条約**締結
真珠湾攻撃，**太平洋戦争**（～45）p.255
45 広島・長崎に原爆投下 p.256
ポツダム宣言受諾
46 日本国憲法公布

1951 **サンフランシスコ平和条約・日米安全保障条約**調印 p.257,263
54 自衛隊発足
56 **日ソ共同宣言**調印 p.257
日本の**国連加盟**承認 p.265
60 日米新安全保障条約調印
65 **日韓基本条約**調印
68 日本に小笠原が返還される
72 日本に**沖縄**が返還される
78 **日中平和友好条約**調印

1991 多国籍軍へ支援
92 PKO協力法成立

2016 安全保障関連法施行

時代／対応

江戸時代 ／ 1 近代世界システムに組み込まれる日本

明治時代 ／ 2 日本の産業革命と帝国主義のめばえ

大正時代 ／ 3 アメリカの覇権に挑戦する日本

昭和時代 ／ 4 アメリカの覇権と取り込まれる日本

高度経済成長期

平成時代

---

1 近代世界システムに組み込まれる日本

アヘン戦争に敗れた清が開国した後，アジア・太平洋地域に市場や資源を求めたアメリカは，**日米和親条約**により日本を開国させた。さらに日本は，関税自主権がなく治外法権を定めた，不平等な修好通商条約を欧米諸国と結び，**近代世界システム**（→p.184）に組み込まれた。**日清修好条規**は対等であったが，江華島事件を機に朝鮮を開国させた**日朝修好条規**は朝鮮に不平等であった。この間，日本は欧米諸国をめざす近代化を推進した。

世界全図p.42～45
19世紀後半
英 仏 蘭 露 米 清 朝 日 勝 敗
アジア・太平洋地域に進出
対等条約 ＊矢印の先の国にとって劣勢な条約。
不平等条約＊
戦争関係
安政の五か国条約締結国

2 日本の産業革命と帝国主義のめばえ

日清・日露戦争に勝利した日本は，中国・朝鮮への**帝国主義**的進出を強め，欧米諸国と結んだ不平等条約を改正し，**産業革命**を達成した。日露戦争後，**満洲**をめぐり日米は対立し，さらに第一次世界大戦後，アメリカ主導の**ワシントン体制**が形成され，日本の帝国主義は完全に抑えこまれた。アメリカ国内では増加した日系**移民**への反発が強まったが，日本経済は対アメリカ貿易に大きく依存していた。

世界全図p.44～47
1900～20年代
英 露 清 満洲 米 日 ドイツ領南洋諸島
日英同盟（1902～23）
赤道以北を日本の委任統治領に（1920～45年）
ワシントン体制
帝国主義 抑制
戦争関係

3 アメリカの覇権に挑戦する日本

満洲事変後，外交的に孤立した日本は中国への侵略を進めた。日本はその後勃発した**日中戦争**の長期化を打開するため，資源を求めて東南アジアへ進出した。アメリカは「**ABCD**（米・英・中・蘭）**ライン**」を形成し，東アジアにおける日本の軍国主義的膨張を抑えようとした。日本はハワイ真珠湾を奇襲攻撃し，**太平洋戦争**が始まった。**日独伊三国同盟**にもとづき，独・伊も対米参戦し，**第二次世界大戦**は全世界規模に拡大した。

世界全図p.46～47
1930～45年
日独伊三国同盟
ソ 中 「満」 米 日 東南アジア 旧ドイツ領南洋諸島 真珠湾 太平洋戦線
日ソ中立条約
連合国 枢軸国
「**ABCDライン**」
＊日本の傀儡国家「満洲国」

4 アメリカの覇権と取り込まれる日本

中国や朝鮮半島での共産党政権の成立に危機感をもったアメリカは，**朝鮮戦争**勃発を契機に日本を独立させ，共産主義に対する防壁として西側陣営に組み込んだ。日本は**日ソ共同宣言**により**国際連合**へ加盟し，国際社会に復帰した。冷戦終結後もアメリカ軍の基地や施設は世界の約150か国に配備されており，日本もアメリカ軍にとっての要衝になっている。アメリカ軍は，中国・ロシア等の旧東側諸国を包囲するかのように配備されている。

世界全図p.48～51
1945年以降
イタリア イラク ドイツ イギリス アフガニスタン ロシア（旧ソ連） アメリカ 中国 北朝鮮 韓国 日本 太平洋上
1万人以上の米軍が配備
おもな東側諸国（冷戦期）
おもな西側諸国（冷戦期）
〈講談社『興亡の世界史19』〉

〈神奈川県立歴史博物館蔵〉
〈加藤祐三著『黒船前後の世界』〉

▲①**黒船**(左)と②**アメリカの対清国貿易**(右) 19世紀前半から茶の輸入や綿布の輸出を軸とする対清国貿易を重視したアメリカは，太平洋航路や捕鯨船の寄港地を求め，日本を開国させた。図①は当時の日本人が想像で描いた，**ペリー艦隊の旗艦**とみられる風刺画。

日本 東アジア ヨーロッパ アメリカ

アメリカの産業革命の原動力 鯨油

　当時進行していたアメリカの産業革命において，鯨油は石油精製以前の油として，街灯や機械の潤滑油などに不可欠であった。南部の綿糸製造者にとっても，昼夜工場を稼働させてイギリスに綿糸を供給するために鯨油が必要だった。アメリカの捕鯨業は，薪水給与のための寄港地として日本を必要とした。ペリーは，アメリカの街灯を灯し，近代化を進めるために日本に来航したともいえる。

▲③**アメリカの捕鯨** 最盛期には700隻もの捕鯨船があったとされ，鯨油は重要な外貨獲得の手段でもあった。

〈三菱重工㈱長崎造船所提供〉

▲④**長崎造船所** 1887年，三菱に払い下げられ，重工業部門の**産業革命**を主導した。

▶⑤**排日を訴えるアメリカの選挙ポスター**(1920年) カリフォルニアに手を伸ばす日本を，アメリカがはばんでいる。

HOLD
RE-ELECT
JAMES D. PHELAN
U.S. SENATOR
And let him finish the work he now has under way to stop the SILENT INVASION

鳥類資源の宝庫 南洋諸島

　この地域の鳥類の羽毛やはく製は，日本にとって重要な輸出品であった。羽飾りが使用された婦人帽はフランスへ輸出され，ファッションとしても流行した。フィリピンやグアムを領有し，太平洋地域への支配欲をふくらませるアメリカは，旧**ドイツ領南洋諸島**を獲得した日本を警戒した。窒素やリン鉱などを含む海鳥糞(グアノ)は農地の地力回復に有効で，アメリカはその獲得をめざした。日米の太平洋地域進出は，鳥類資源や軍需資源ともなるリン鉱の獲得という側面があった。

▲⑥**鳥類資源 アホウドリ** 羽毛から製作される衣服は軽くて暖かく，捕獲対象にされた。

〈森武麿著『日本の歴史20』〉

	1941年	1944年
国民総生産	11.8	12.0
軍事費	2.1	4.4
粗鋼	12.1	13.3
商船	5.0	7.5
航空機	5.2	3.4
石炭	9.3	13.8
石油	527.9	956.3

*数字は日本を1とした場合

▲⑦**世界恐慌のあおりを受ける農家**(左)と⑧**日米の国力比**(右) **世界恐慌**により生糸の対米輸出がとだえ，養蚕農家は大打撃を受けた。世界恐慌によってアメリカの経済も大きくゆらいだ。日本は対米戦争の短期戦を想定したが，日米の国力の格差は明らかであった。

SEA PowerからSKY Powerへ

　第一次世界大戦後のワシントン体制での海軍軍縮条約にみられるように，1920年代は戦艦保有量(t数)が軍事力を左右したが，その後アメリカは空軍を充実させ，爆撃機を大量に保有した。一方，日本は依然として，戦艦を主とした戦略をとった。アメリカは**太平洋戦争**中，日本から遠く離れたグアムやサイパンから日本へ爆撃機を発進させており，日米の主力軍備の違いが勝敗を分けたといえる。以後，SKY Powerを手に入れたアメリカが世界の覇権をにぎっていく。

▲⑨**長崎への原爆投下** テニアン島を離陸したB29爆撃機が投下した。

〈2015年撮影〉

▲⑩**サンフランシスコ平和条約調印式**(1951年) **サンフランシスコ平和条約**と同時に締結された**日米安全保障条約**により，日米の同盟関係が成立した。

▲⑪**握手を交わす日米首脳**(2015年) 日本の**安全保障関連法**は，アメリカに歓迎されたが，日本国内の賛否は分かれている。

米戦略上の沖縄　〜「太平洋の要石」

　沖縄の米軍基地は，海外に駐留するアメリカ最大の基地であり，アメリカは沖縄を「**太平洋の要石**」と称して極東戦略の拠点とした。実際に，**朝鮮戦争・ベトナム戦争**は，沖縄なくしてはありえなかった。「核抜き・本土なみ」の沖縄返還がようやく1972年に実現したが，日本の米軍専用施設の約71％が沖縄県に集中し，沖縄本島の約8％が米軍専用施設に占められている。

▲⑫**嘉手納基地からベトナムへ飛び立つB52** 沖縄では，祖国復帰運動の高まりとともに，撤去要求のデモが行われた。

特集 西洋建築史完全整理

〈円形本堂内径・天井の高さとも43.2m〉

▶①パンテオン（万神殿，ローマ）　ハドリアヌス帝（→p.72）によって建てられた神殿。ローマ最大の円蓋建築。

1 神々のための建築

エジプト建築 ［前27世紀〜］

- 背景：王権（中央集権制）の成立
- 特色：住宅はれんがであるが，王権を象徴するピラミッドや多くの神殿は大規模で，石灰岩，花崗岩などの石造である。
- 建築：ギザの**ピラミッド**（前26世紀ごろ）→p.56　カルナックのアメン大神殿（前14世紀ごろ）

世界遺産

▲②聖マルコ大聖堂（ヴェネツィア）　聖ソフィア大聖堂（→p.139）の影響を受けて建造されている。

ギリシア建築 ［前7世紀〜］

注）（　）の表記のイタリアは，所在地で記載

- 背景：**アクロポリスの丘**を中心とした**都市国家**
- 特色：円柱の根元の半径を基準とした比例の定式（オーダー）で建造されている神殿建築と，神殿を中心とした都市計画。→p.65
- 建築：コンコルディア神殿（シチリア，前6世紀ごろ）　**パルテノン神殿**（ギリシア，前5世紀ごろ）→p.65,68

オリエント建築 ［前21世紀〜］

- 背景：乾燥した気候　民族の激しい興亡
- 特色：迫り出し式**アーチ工法**を利用し，泥れんがで城壁・神殿・家屋を建て，戦時を意識している。
- 建築：**ジッグラト**（イラク，前25世紀ごろ）→p.55　**ペルセポリス**（イラン，前5世紀ごろ）→p.60

ヘレニズム建築 ［前4世紀〜］

- 背景：**アレクサンドロスの遠征**
- 特色：新都市を建設し，劇場・図書館などもつくる。建物の配置に対称性を重んじる。→p.69

エトルリア建築 ［前8世紀〜］

- 背景：地中海での交易
- 特色：石造城壁の都市，**アーチ工法**採用。→p.70

ローマ建築 ［前1世紀〜］

- 背景：**世界帝国ローマ**の成立
- 特色：ローマ時代には，共同住宅，浴場，劇場，競技場など巨大建築物が建てられた。れんがと**コンクリート**で本体をつくり，仕上げに石を使うという方法がとられ，ローマ支配下の各地に広まった。
- 建築：**コロッセウム**，水道橋，凱旋門，公共浴場，道路，**パンテオン**→p.75,76〜77

ビザンツ建築 ［4世紀〜］

- 背景：**ローマとオリエントの技術を統合**→p.152
- 特色：教会は上から見ると，ギリシア十字型（正十字）が多く，**ドームとモザイク壁画**が特徴。
- 建築：**聖マルコ大聖堂**（ヴェネツィア），**聖ソフィア大聖堂**（トルコ）

初期キリスト教建築 ［4世紀〜］

- 背景：ローマのキリスト教公認→p.152
- 特色：ローマ公共建築の様式である。上から見ると長方形の**バシリカ様式**の教会堂が特徴。
- 建築：聖マリア＝マッジョーレ聖堂（ローマ）

イスラーム建築 ［6世紀〜］

- 背景：**イスラームの拡大，偶像崇拝の禁止**
- 特色：タマネギ型のドーム，ミナレット（尖塔），アラベスク装飾。
- 建築：**アルハンブラ宮殿**（スペイン）→p.127　**岩のドーム**（イェルサレム）→p.144

ロマネスク建築 ［11世紀〜］

- 背景：中世世界の成立→p.152
- 特色：教会はラテン十字型（長十字）が多い。石造**ヴォールト**，厚い壁，小さい窓，半円アーチなど。
- 建築：**ピサ大聖堂**（ピサ）　**ヴォルムス大聖堂**（独）

ゴシック建築 ［12世紀〜］

- 背景：「見る聖書」としての役割→p.152
- 特色：12世紀以降，北フランスから西欧に普及。高い尖塔，**尖頭アーチ**，**ステンドグラス**などが特徴。
- 建築：シャルトル大聖堂（仏），ミラノ大聖堂（ミラノ），ランス大聖堂（仏）ケルン大聖堂（独），ノートルダム大聖堂（仏），ブールジュ大聖堂（仏）

ルネサンス建築 ［15世紀〜］

- 背景：ルネサンスの隆盛　建築家の誕生→p.158
- 特色：点対称の平面をもつ集中形式の建築が理想とされ，大ドームと列柱が特徴。
- 建築：**聖マリア＝デル＝フィオーレ大聖堂**（フィレンツェ）　**聖ピエトロ大聖堂**（ヴァティカン）

世界遺産

▲③岩のドーム（イェルサレム）　ウマイヤ朝期の建築。内部は華麗な**アラベスク**と**モザイク**で装飾されている。ドームや外壁のタイルはオスマン朝時代に修復されたもの。

◀④ガーゴイル　ヨーロッパの教会の外壁には，しばしばグロテスクな怪物やユーモラスな人間の像がついている。これらはガーゴイルとよばれ，13世紀以降さかんに取りつけられた。その用途は**排水口**である。

右ページに続く

0　　　20m

聖マリア＝デル＝フィオーレ大聖堂

聖ソフィア大聖堂

パンテオン

▶⑤ドーム建築　ドームの技法は**ミケーネ時代**から見られ，**ローマ**でも**パンテオン**で使われた。ビザンツで，**ペンデンティヴ**の技法が確立すると，劇的に空間を演出する教会建築が多くできた。また，**イスラーム世界**では，**モスク**の建築に取り入れられ，多様な発展をとげた。

テーマ 重力との戦い

キーストーン

◀⑥アーチ工法　アーチ工法では自由な大きさで頑丈な開口部をつくることができる。築くには枠をあて両側から石を積み，最後に中央の石で固定するので，これを**キーストーン**とよぶ。

▶⑦**交差ヴォールト**（交差穹窿）・**リブヴォールト**（肋骨穹窿）　アーチを横方向に連続させたものが**ヴォールト**，それを2つ直交させたものが交差ヴォールト。ゴシック期には，骨組みを示す線状の**リブ**（肋骨のような形からつけられた）が発達した。

飛梁

◀⑧**飛梁**（フライング＝バットレス）　ヴォールトは必然的にアーチより多く横力を生むため，壁は厚くして，その力を抑える必要があり，そのため窓は小さくつくらざるをえなかった。**飛梁**の採用によって，その力が壁にかからないようになり，大きな窓やより高い聖堂建設が可能になった。

▶⑨**ドームとペンデンティヴ**　中世には，円は天上，正方形は地上を象徴した。四角と円形ドームの組み合わせ問題をビザンツは**ペンデンティヴ**で解決した。正方形の外接円上に半球を乗せ，さらに高いドームを重ねる。

ペンデンティヴ

壁の壁面を延長し，その外にある半球のすそを切り落とす。

2 国王のための建築

── ルネサンス建築 ──

バロック建築 [17世紀〜]

背景	反宗教改革, 絶対王政期
特色	教会や国王の威光を誇示する, 豪壮・躍動的文化。スペインを通じて中南米にも広まった。都市においては, 壮麗な道路・広場・噴水なども意図的に造営された。→p.178
建築	**ヴェルサイユ宮殿**(仏) リュクサンブール宮殿(仏)

左右対称の庭園
▶⑩ヴェルサイユ宮殿

ロココ建築 [18世紀〜]

背景	フランスにおけるサロンの流行
特色	繊細・優雅な様式。重厚なバロック様式に対し, 白を基調とした上品な室内装飾や, 家具調度品などが重視されるようになった。→p.179
建築	**サンスーシ宮殿**(独) スービーズ館(仏)

世界遺産
▶⑪**サンスーシ宮殿**(ポツダム)

バシリカ様式
❶聖マリア=マッジョーレ聖堂(ローマ)
❷聖パオロ=フォーリ=レ=ムーラ聖堂(ローマ)

ビザンツ様式
❸聖マルコ大聖堂(ヴェネツィア)
❹聖ソフィア大聖堂(イスタンブル)
❺聖ヴィターレ聖堂(ラヴェンナ)

ロマネスク様式
❻ロンドン塔(ロンドン)
❼ピサ大聖堂(ピサ)
❽クリュニー修道院(マコン近郊)
❾ヴォルムス大聖堂(ヴォルムス)
❿マインツ大聖堂(マインツ)

ゴシック様式
⓫シャルトル大聖堂(シャルトル)
⓬ミラノ大聖堂(ミラノ)
⓭ケルン大聖堂(ケルン)
⓮アミアン大聖堂(アミアン)
⓯ノートルダム大聖堂(パリ)
⓰聖ドニ大聖堂(サンドニ)
⓱ブールジュ大聖堂(ブールジュ)
⓲カンタベリ大聖堂(カンタベリ)
⓳ランス大聖堂(ランス)

ルネサンス様式
⓴聖マリア=デル=フィオーレ大聖堂(フィレンツェ)
㉑聖ピエトロ=イン=モントリオのテンピエット(ローマ)
㉒サンタンドレア教会(マントヴァ)
㉓シュノンソー城(ロワール地方)

近代建築
㉗マジョリカハウス(ウィーン)
㉘サグラダ=ファミリア(バルセロナ)
㉙バウハウス(ヴァイマル)

バロック・ロココ様式
㉔ヴェルサイユ宮殿(ヴェルサイユ)
㉕リュクサンブール宮殿(パリ)
㉖サンスーシ宮殿(ポツダム)

▲⑫ヨーロッパの建築

3 人々のための建築

▲⑭**ウィーンの集合住宅** 歴史様式から脱するために合目的性を唱えた, オーストリアのオットー=ヴァーグナーの代表作。通称マジョリカハウス。とくにマジョリカ焼のタイルを使った花模様の壁面装飾は有名で, 世紀末ウィーンを代表するもの。
世界遺産

近代建築運動 [19世紀末〜]

背景	産業革命後の社会の近代工業化 19世紀後半に, 鉄・ガラス・コンクリートなどの新建材登場
特色	近代工業社会は従来の生活を大きく変え, 伝統的な建築様式では対応が困難になったとき, 新社会にふさわしい建築をめざし, 伝統を発展的に継承しようという動きと, 伝統を否定し新たに理想的社会をつくろうという動きが**社会主義**と連動して起こってきた。

鉄棒
・崩れにくい
コンクリート
・圧縮に強い
・耐火
▲⑬鉄筋コンクリート

テーマ 曲線美と直線美

アール=ヌーヴォー 流れるような曲線による新しい様式。19世紀末のパリで発展した。各種分野の工芸デザインに及び, ジャポニスムとの関係も深い。

◀⑰**パリ地下鉄の入り口**

アール=デコ アール=ヌーヴォーの過剰な曲線装飾に対し, 対称的・直線的な装飾様式。1925年のパリ工芸美術博覧会に由来する。アメリカで発展し, 摩天楼やデパートが建てられた。
▶⑱**クライスラービル**(ニューヨーク)
世界遺産

伝統の継承と新たな着想

伝統を無視した近代運動が画一的で無味乾燥におちいい非人間的な都市をつくり出す一方, 地方では伝統を引きついだ**ガウディ**などが現われ, やがて近代を批判する**ポストモダン**へとつながっていった。

世界遺産
◀⑮**サグラダ=ファミリア** ガウディがバルセロナに残した未完の聖堂。

伝統の否定的展開

背景	工業化時代にふさわしい機能的・合理的な都市計画
特色	新素材を使用し, 装飾よりも機能性を重視した建築。先駆者の一人である**ベーレンス**の影響を受け, **グロピウス**や**ル=コルビュジエ**などが多くの提言と建築を行った。

▶⑯**バウハウス校舎** グロピウスがヴァイマルにつくった建築学校。鉄筋コンクリート, 無装飾な壁面, 大きなガラス窓などを特色とする様式。**国際様式**として各国に普及。

世界遺産

ヨーロッパ

特集 # 西洋思想史完全整理

地中海

1 ソクラテス以前の思想

神 秘 主 義 の 流 れ
ディオニュソス信仰

バビロニア・エジプトとの交流

→ 対立を示す

イオニアの自然哲学
自然現象を神話ではなく合理的に解釈する

イオニアの自然哲学
ミレトス学派〔万物の根源の探求〕

哲学の父 **タレス**(前624㌻〜前546㌻)アルケーは「水」
アナクシマンドロス(前610㌻〜前547㌻)　アルケーは「無限なるもの」
アナクシメネス(前585㌻〜前528㌻)　アルケーは「空気」

ピュタゴラス学派(教団)
ピュタゴラス(前582㌻〜前497㌻)
アルケーは「数」である

▲①ピュタゴラス

パルメニデス(前515㌻〜前445㌻)
永遠不変の存在を唱える

ヘラクレイトス(前544㌻〜?)
アルケーは「火」,「万物は流転する」

唯物論の祖
デモクリトス(前460㌻〜前370㌻)
アルケーは「原子(アトム)」

古
代

ソクラテス・プラトン・アリストテレス

ギリシアの民主主義

ソクラテス ➡p.67,69
(前469㌻〜前399)
「汝自身を知れ」
「無知の知」と真の知の探求
問答法を実践, 刑死

真理

ソフィストたち
プロタゴラス
(前485㌻〜前415㌻)
「人間が万物の尺度」

ソフィスト ➡p.67
職業教師(弁論・修辞)。
時と場合に応じて異なる価値判断を尊重

プラトン(前427㌻〜前347)
イデア(魂の目によりとらえられる事物の本質)
アカデメイアの設立
『国家論』

理想

論理

キュニコス(犬儒)派
ディオゲネス(前400㌻
〜前325㌻) 禁欲主義

地中海世界の拡大
世界市民主義(コスモポリタニズム)

アリストテレス ➡p.67
(前384〜前322)
アレクサンドロスの
家庭教師
現実の事物を論理で整理
リュケイオンを設立

ストア派
ゼノン(前335〜前263)
禁欲=心の平静=幸福
万人は同等

エピクロス派
エピクロス(前342㌻〜前271㌻)
快楽=魂の安静=最高善

アカデメイア派(学園)
➡p.67

▲②プラトン

セネカ(前4㌻〜後65) ➡p.75,77
ネロの家庭教師
マルクス=アウレリウス=アントニヌス ➡p.72
(121〜180)『自省録』,五賢帝の一人
エピクテトス(55㌻〜135㌻)奴隷出身『語録』

万民法,
自然法の形成へ

神秘主義の流れ

新プラトン学派
プロティノス(205㌻〜269)
神は論理では認識できない

キリスト教

2 教 父 時 代

教会史の父 **エウセビオス**(260〜339)
神寵帝理念(皇帝位は神の恩寵によるもの)
→皇帝教皇主義
『教会史』

アウグスティヌス(354〜430)
『神の国』『告白録』
教会の権威構築
北アフリカ出身, もとマニ教徒

アリウス派

➡p.128

ア ラ ビ ア 哲 学
アル=キンディ(?〜866㌻)
『アリストテレスの神学』
イブン=ルシュド
(アヴェロエス)(1126〜98)
アリストテレス哲学の
偉大なる注釈者

中
世

ス コ ラ 哲 学

スコラ哲学の父 **アンセルムス**(1033〜1109)
信仰は人間(理性)に優先
(実在論)

アルクイン(735㌻〜804)
カロリング=ルネサンス

普遍論争

アベラール(1079〜1142)
人間(理性)が信仰に優先(唯名論)

➡p.153

スコラ哲学
「哲学は神学の婢」
スコラは教会付属学校

トマス=アクィナス(1225㌻〜74)
『神学大全』
唯名論・**実在論**を融和
スコラ哲学の大成者

ロジャー=ベーコン(1214㌻〜94)
実験科学の提唱者(フランチェスコ派)
ウィリアム=オブ=オッカム(1280㌻〜1349㌻)
理性と信仰とを区別(唯名論)

ルネサンス期の思想 ➡p.161

カンパネッラ
(1568〜1639)
反スコラ的思想を展開
『太陽の町』(ユートピア国家論)

ヒューマニズム(人文主義)
神学を脱し, 人間中心の世界観を展開,
この思想にたつ知識人を人文主義者
(ヒューマニスト)という

**ヒューマニズム
(人文主義)**
ピコ=デラ=ミランドラ
(1463〜94)

理性の自立

コペルニクス的転回
科学の発展 ➡p.160

▼③エラスムス

宗 教 改 革 の 思 想
ルター(1483〜1546) ➡p.162
「95か条の論題」『キリスト者の自由』
カルヴァン(1509〜64)
『キリスト教綱要』

モンテーニュ(1533〜92)
『随想録(エセー)』
人間の現実に密着した
道徳の探求

エラスムス
(1469㌻〜1536㌻) ➡p.161
『愚神礼讃』
自由な精神で風刺

社 会 哲 学
トマス=モア(1478〜1535)
『ユートピア』

マキァヴェリ(1469〜1527)
『君主論』(政治哲学)
権謀術数 ➡p.158

個人主義の発展

因習への懐疑・合理論へ

イギリス経験論へ

3 17～18世紀の思想 →p.176,177

▲④デカルト

大陸合理論

デカルト（仏,1596〜1650）
「われ思う，ゆえにわれあり」『方法序説』
「困難は分別せよ」

合理論
人間の理性を重視し論理的に結論を導く（演繹法）
フランスを中心に発展

経験論
実験と観察を重ね，現実に即した認識を得る（帰納法）
イギリスを中心に発展

パスカル（仏,1623〜62）
『パンセ』
「人間は考える葦である」

汎神論
すべての物体や概念・法則が神のもっている性質のあらわれとする考え方

啓蒙思想
キリスト教を背景とした伝統的権威や制度に対し，人間の理性をもとにした合理的批判を行い，人間生活の進歩を勧める考え方

観念論
世界のものごとは，自分の心がそれを認めたとき存在するという考え方

スピノザ（蘭,1632〜77）
『倫理学（エチカ）』（汎神論）

ライプニッツ
（独,1646〜1716）
『単子（モナド）論』
記号論理学

イギリス経験論

フランシス=ベーコン（英,1561〜1626）
帰納法，『新オルガヌム』『随筆集』
「知は力なり」

ホッブズ（英,1588〜1679）
「万人の万人に対する闘争」
『リヴァイアサン』（「契約による絶対主権」をもつ国家の必要性を主張）

ロック（英,1632〜1704）
「人民の抵抗権」（革命権）
『人間悟性論』，『統治二論（市民政府二論）』「心」は白紙状態（タブラ=ラサ）で，経験を通じて認識される。→p.176

バークリ（英,1685〜1753）
『人知の原理』

ヒューム（英,1711〜76）
『人間本性論』（懐疑論）

海外進出と世界観の拡大

国際法
国際法の父
グロティウス（蘭,1583〜1645）『海洋自由論』
『戦争と平和の法』
→p.169

ボーダン（仏,1530〜96）
ユグノー戦争のなかで寛容を主張，国家主権強化を通じて解決を説く『国家論』

ボシュエ（仏,1627〜1704）
王権神授説　ルイ14世に仕える

経済思想

フランス啓蒙哲学
モンテスキュー
（仏,1689〜1755）
『法の精神』（三権分立論）

ヴォルテール（仏,1694〜1778）→p.174,176
『哲学書簡（イギリスだより）』

百科全書派
ディドロ
（仏,1713〜84）
ダランベール
（仏,1717〜83）

ルソー（仏,1712〜78）
「自然（各人が自由・平等・独立・自足の状態）に帰れ」
『社会契約論』→p.176
『人間不平等起源論』

社会主義 →p.182,183
資材や利益は労働者の共有とし，階級的差別のない社会をつくろうとする考え

ドイツ観念論哲学
批判哲学の祖
カント（独,1724〜1804）
『純粋理性批判』『実践理性批判』『判断力批判』
『永遠平和のために』

ショーペンハウエル（独,1788〜1860）厭世哲学（ペシミズム）
「世界の本質は盲目的な生への意志である」

イギリス功利主義
ベンサム（英,1748〜1832）
「最大多数の最大幸福」

4 19 世 紀 の 思 想

弁証法
対立する理論を統一し，さらに高度な新しい境地を生み出そうとする方法

歴史学派
各地域固有の歴史的経緯を重要視。ナショナリズムをあと押しする

フィヒテ（独,1762〜1814）
『ドイツ国民に告ぐ』→p.177,190,202
ベルリン大学初代総長

ナショナリズム
→p.202

シェリング
（独,1775〜1854）
自我と自然の合一

ジョン=ステュアート=ミル
（英,1806〜73）社会改良主義

功利主義
個人の利害と社会一般の利害を合致させようとする思想

工業化
→p.182

初期（空想的）社会主義
サン=シモン（仏,1760〜1825）
フーリエ（仏,1772〜1837）
ロバート=オーウェン（英,1771〜1858）
→p.182

歴史学・歴史法学
ランケ（独,1795〜1886）
サヴィニー（独,1779〜1861）
国民固有の歴史的法制度

ヘーゲル（独,1770〜1831）
『精神現象学』『歴史哲学』
弁証法哲学を提唱

社会学の祖
コント（仏,1798〜1857）
実証主義哲学

フォイエルバッハ（独,1804〜72）
唯物論哲学『キリスト教の本質』

科学的社会主義
マルクス（独,1818〜83）→p.183
エンゲルス（独,1820〜95）
『資本論』『共産党宣言』

20 世 紀 の 思 想

実存主義
観念的な人間把握ではなく，人間の主体的・自覚的なあり方に重点をおく考え方

構造主義
事物そのもののみでなく，事物と事物の間に作用しあう関係性（構造）に着目する考え方

実存主義
キェルケゴール
（デンマーク,1813〜55）
『死に至る病』

現象学
フッサール
（独,1859〜1938）
『デカルト的省察』

現象学
超越的な観念や理論を考えず，純粋な意識体験としての世界や生活の存在を考える

ニーチェ（独,1844〜1900）「神は死んだ」
『ツァラトゥストラ（ゾロアスター）はかく語りき』→p.212

ヤスパース（独,1883〜1969）
『理性と実存』

ハイデガー（独,1889〜1976）
『存在と時間』

サルトル（仏,1905〜80）
実存主義を文学に適用
『実存哲学』『存在と無』

スペンサー（英,1820〜1903）
社会進化論（社会ダーウィニズム）

プラグマティズム
実用主義と訳し，真理の基準を人生における実用的価値としておく考え方

プラグマティズム
デューイ
（米,1859〜1952）
『民主主義と教育』
道具主義

マックス=ヴェーバー（独,1864〜1920）『プロテスタンティズムの倫理と資本主義の精神』

カウツキー
（独,1854〜1938）
→p.242

ローザ=ルクセンブルク
（1871〜1919）
スパルタクス団を指導

カール=リープクネヒト
（1871〜1919）
スパルタクス団を指導

レーニン →p.238
（1870〜1924）
『帝国主義論』

構 造 主 義
レヴィ=ストロース（仏,1908〜2009）
『悲しき熱帯』
フーコー（仏,1926〜84）
『知の考古学』

精神分析学
フロイト →p.203
（墺,1856〜1939）
『夢の解釈』

現代ヒューマニズム
ロマン=ロラン（仏,1866〜1944）
絶対平和主義　『ジャン=クリストフ』
バートランド=ラッセル（英,1872〜1970）
核兵器批判，パグウォッシュ会議につながる
シュヴァイツァー（仏,1875〜1965）
生命への畏敬　アフリカでの医療

毛沢東 →p.247
（中,1893〜1976）
『新民主主義論』
『矛盾論』

特集 近現代の条約と会議完全整理 ～国境の変遷・外交上の画期

1 主権国家体制確立からウィーン体制成立まで

注）地図中の❶～㉓は表中の番号と対応し、国境線や領域の変遷に関わる内容を示す。条約解説文中の各国名略称は巻頭の「世界史の基礎知識」を参照。

- **ウェストファリア条約（1648）❶** 三十年戦争の講和条約。主権国家体制の確立。神聖ローマ帝国内の領邦君主の主権確立と独立国化。カルヴァン派の公認。仏がアルザス獲得。スウェーデンが西ポンメルンを獲得。スイス・蘭の独立承認。➡p.169
- **カルロヴィッツ条約（1699）❷** 第2次ウィーン包囲に失敗したオスマン帝国と墺・ヴェネツィア・ポーランド間の条約。オスマン帝国の衰退が決定的になった。墺がハンガリーの大半とトランシルヴァニアを獲得。➡p.132,223
- **ユトレヒト条約（1713）❸** スペイン継承戦争の講和条約。ブルボン家のスペイン王位継承を承認するが、仏とスペインの合邦を永久禁止。英はスペインからジブラルタル・ミノルカ島を、仏からハドソン湾地方とアカディア、ニューファンドランドを獲得。➡p.168,186
- **ラシュタット条約（1714）❹** 神聖ローマ皇帝カール6世と仏のルイ14世が締結。スペイン継承戦争の完全終結。墺がスペイン領ネーデルラント・ミラノ・ナポリ・サルデーニャを獲得。➡p.170
- **アーヘン和約（1748）❺** オーストリア継承戦争の終結。マリア＝テレジアのハプスブルク家継承を承認。普がシュレジエンを獲得。➡p.174
- **フベルトゥスブルク和約（1763）❻** 七年戦争の終結。マリア＝テレジアの子ヨーゼフの皇帝位の継承を承認。普のシュレジエン領有を再確認。➡p.174
- **パリ条約（1763）** 七年戦争とフレンチ・インディアン戦争の講和条約。英の北米支配が確定。英は、仏からカナダとミシシッピ川以東のルイジアナ、スペインからフロリダを獲得。スペインは、仏からミシシッピ川以西のルイジアナを獲得。➡p.186
- **パリ条約（1783）** アメリカ独立戦争後に締結された英と米の講和条約。英が米の独立を承認し、ミシシッピ川以東のルイジアナを割譲。仏は北米より一時撤退。➡p.187
- **ウィーン議定書（1815）❼** フランス革命・ナポレオン戦争後の国際秩序再建。近代外交手続きが確立。露はポーランド、普はザクセン北半分とラインラントを獲得。墺は、蘭に南ネーデルラント（ベルギー）を割譲し、ヴェネツィアとロンバルディアを獲得、英は、蘭領のセイロン島とケープ植民地を領有。スイスは永世中立国に。➡p.192

1815年ごろのヨーロッパ

ドイツ連邦の境界（1815年）

2 列強の世界進出開始から第一次世界大戦まで

- **イギリス-オランダ協定（1824）❽** マラッカ海峡をはさみ、英がマレー半島とシンガポールを、蘭がスマトラ・ジャワをそれぞれ勢力圏にすることを相互承認。現代のインドネシアとマレーシアの国境のもとに。➡p.226
- **南京条約（1842）❾** アヘン戦争の講和条約。その翌年の追加条約により、中国（清）の最初の不平等条約となった。清が広州など5港を開港し、公行廃止。英へ香港島を割譲。➡p.229
- **プロンビエール密約（1858）❿** 仏とサルデーニャ王国の密約による協定。仏がサルデーニャのイタリア統一戦争の支援を、サルデーニャはサヴォイアとニースの仏への割譲を約束。➡p.200
- **北京条約（1860）** アロー戦争の講和条約。清と英・仏・露との間で結ばれた条約。清は天津を開港、英へ九竜半島南部を割譲。露ヘウスリー川以東（沿海地方）を割譲。➡p.205,229
- **ベルリン条約（1878）⓬** 露土戦争後のサンステファノ条約の露有利の内容に英と墺が反発し、ビスマルクの調停によるベルリン会議で締結。ルーマニア、セルビア、モンテネグロの独立承認。ボスニア・ヘルツェゴヴィナの統治権は墺へ。英はキプロス島の行政権をトルコより獲得。ブルガリアの領土は大幅縮小され、半独立の自治公国として独立。ロシアの南下政策は挫折。➡p.223
- **ベルリン（西アフリカ）会議（1884～1885）⓭** アフリカ分割に対するヨーロッパ列強間の合意（先に占領した国が領有できる権利）の確認。アフリカ分割が加速化。コンゴ川流域の統治権をベルギーが獲得し、コンゴ自由国が成立した。➡p.220
- **露仏同盟（1891（94）～1917）** 1891年に政治協定、1892年に軍事協定に発展し、1894年に完成。ビスマルク辞任後に締結された、独に対抗するための秘密条約。➡p.204,216
- **下関条約（1895）⓮** 日清戦争の講和条約。朝鮮の独立を確認し、清は遼東半島・台湾・澎湖列島を日本に割譲。露・独・仏の三国干渉により遼東半島は返還。➡p.230
- **北京議定書（辛丑和約）（1901）** 義和団事件収拾のため、清と日・露・英・仏・米・独など11か国との条約。各国軍隊の北京駐兵が認められ、列強による中国進出が加速。➡p.228,229

- **日韓協約（1904・1905・1907）⓯** 日本による大韓帝国植民地化のための3次にわたる協約。日本は、第2次日韓協約（韓国保護条約）で大韓帝国の外交権を奪い、保護国化。➡p.232
- **英仏協商（1904）⓰** ファショダ事件の平和的解決から協力関係へ転換し、締結。英のエジプト支配、仏のモロッコ支配を互いに保障し、独の進出に対抗。➡p.234
- **アルヘシラス会議（1906）⓱** 第1次モロッコ事件（1905）をおさめるために独が要求した国際会議。独は孤立し、モロッコは仏の勢力範囲へ。➡p.220
- **英露協商（1907）⓲** イランやアフガニスタンなどにおける英と露の勢力範囲を画定し、協力関係形成。イラン南東部は英、北部は露、中南部は緩衝地帯へ。アフガニスタンは英の勢力範囲となり、チベットは清の宗主権を承認、内政不干渉を決定。➡p.205,222,234
- **韓国併合条約（1910）⓳** 日本が大韓帝国に要求した完全植民地化のための条約。大韓帝国を日本の領土に編入。➡p.232~233
- **ローザンヌ条約（1912）⓴** 伊土戦争の講和条約。トリポリとキレナイカが伊領へ。➡p.220
- **ロンドン条約（1912）㉑** 第1次バルカン戦争の講和条約。バルカン同盟とオスマン帝国間で締結。オスマン帝国は、イスタンブルを除くバルカン半島とクレタ島を失う。➡p.234
- **サイクス-ピコ協定（1916）㉒** 英・仏・露によるオスマン帝国分割の秘密条約。三国の勢力範囲を決定し、パレスチナを国際管理地域に。フサイン-マクマホン協定（1915）やバルフォア宣言（1917）と内容的に矛盾。➡p.244
- **ブレストリトフスク条約（1918）㉓** 第一次世界大戦中のソヴィエト政権と独の単独講和条約。ソヴィエト政権は独の要求でポーランド・ウクライナ・フィンランドなど広大な領土を失い、戦争から離脱したが、大戦後、独の敗戦により破棄された。➡p.234,235,238

各国の領土と勢力圏
- イギリス
- フランス
- ドイツ
- ロシア
- アメリカ
- スペイン
- ポルトガル
- オランダ
- イタリア
- ベルギー

1910年ごろの世界

3 ロシアの領土の拡大

- **ネルチンスク条約(1689)** 露と清が、スタノヴォイ山脈(外興安嶺)とアルグン川を結ぶ線を国境に画定。➡p.173,205
- **ニスタット条約(1721)** 1700年からの北方戦争の講和条約。露はバルト海沿岸部(エストニアなど)を獲得。スウェーデンはフィンランドを回復。➡p.172
- **キャフタ条約(1727)** 清と露がモンゴル方面の国境を画定し、通商事項を定めた。➡p.173,205
- **キュチュク=カイナルジャ条約(1774)** 第1次露土(ロシア-トルコ)戦争後のオスマン帝国と露の講和条約。ロシアが、アゾフなど、黒海北岸地方を獲得し、オスマン帝国はギリシア正教徒への保護権、クリム=ハン国の宗主権と黒海の支配権を失う。➡p.172,223
- **トルコマンチャーイ条約(1828)** イラン-ロシア戦争後、カージャール朝イランが露に治外法権を認めた不平等条約。イランの半植民地化の出発点。イランが、露にアルメニアを割譲。➡p.204,222~223
- **パリ条約(1856)** クリミア戦争後の講和条約。ボスポラス・ダーダネルス海峡の通行禁止、黒海の中立化により、露の南下政策が阻止される。オスマン帝国の領土保全。列強の利害を調整する。➡p.204
- **アイグン条約(1858)** 露と清の国境条約。露が黒竜江(アムール川)以北を領有、ウスリー川以東(沿海地方)を両国の共同管理地と画定。➡p.205,228
- **北京条約(1860)** 清が露へ、ウスリー川以東(沿海地方)を割譲。➡p.205,229
- **樺太・千島交換条約(1875)** 露と日本が国境を画定。樺太全島を露領、全千島列島を日本領に。➡p.204,232
- **サンステファノ条約(1878)** 露土(ロシア-トルコ)戦争の講和条約。ブルガリアは自治が承認され露の事実上の保護国へ。露の南下成功に英・墺が猛反対し、国際危機を招くが、ベルリン条約により、露の南下は再び阻止された。➡p.205
- **イリ条約(1881)** 露と清が国境を画定。露は、イリ地方を清に返還するが、通商上の利権を獲得。➡p.205,228
- **ポーツマス条約(1905)** 日露戦争の講和条約。韓国の保護権、遼東半島南部、北緯50度以南の樺太を日本が獲得。➡p.232

条約が成立するまで *日本では国会での採決による承認

全権公使・大使（締結権を所持）→ 国際会議（出席）→ 調印（代表が署名・捺印）→ 帰国 批准（政府(国家)が承認）→ 発効

外交関係を結ぶということは、相手国を主権国家として認めることである（近代外交の基本）。国家間で条約を締結する際には、全権委任状を持った全権委員（ただし、大統領・総理・外務大臣は国家代表と見なされ、委任状は必要なし）が国際会議での交渉にのぞむ。会議での採択が終わると、代表者による条約の署名（調印）が行われ、その条約が効力をもつには（発効）、国家の承認（批准）が必要になる。

◀①**サンフランシスコ平和条約調印式** 署名を行う吉田首相以下の全権委員（1951年9月8日）。同時に、**日米安全保障条約**も結ばれ、10月の国会批准で、あまりのアメリカ一辺倒の内容のため、反対が続出、西側陣営入りの是非をめぐって日本に深い亀裂を残した。

吉田茂 主席全権

4 ヴェルサイユ体制から第二次世界大戦後(1951年)まで

- **ヴェルサイユ条約(1919)**㉔ 第一次世界大戦後の独と連合国の講和条約。独への厳しい軍備制限と賠償義務、領土の大幅削減。国際連盟の設立。アルザス・ロレーヌは仏領。西普(ポーランド回廊)はポーランド領へ。ダンツィヒは自由市として国際連盟管理下へ。ラインラントの非武装化。海外の全植民地の放棄。➡p.240
- **サンジェルマン条約(1919)**㉕ 第一次世界大戦後の墺と連合国の講和条約。オーストリア-ハンガリー帝国の領土がいくつかの民族国家に分割され、帝国は解体。軍備が厳しく制限され墺と独の合邦を禁止。「未回収のイタリア」はイタリア領に。➡p.241
- **ヌイイ条約(1919)**㉖ 第一次世界大戦後のブルガリアと連合国の講和条約。ブルガリア領のうち、西トラキアがギリシア領となりエーゲ海への出口を失う。ユーゴスラヴィアに領土の一部を割譲。ドブルジャをルーマニアへ返還。➡p.241
- **トリアノン条約(1920)**㉗ 第一次世界大戦後のハンガリーと連合国の講和条約。ハンガリー領のうち、スロヴァキアがチェコ領となる。クロアティア、ボスニアがユーゴスラヴィア領、トランシルヴァニアがルーマニア領へ。➡p.241
- **セーヴル条約(1920)**㉘ 第一次世界大戦後のオスマン帝国と連合国の講和条約。メソポタミアとパレスチナを英、シリアを仏の委任統治領とする。➡p.241,244
- **ワシントン会議(1921~1922)** 米の提唱で開催された国際会議。中国の主権の尊重と門戸開放を決めた九か国条約、太平洋の現状維持と日英同盟の破棄を定めた四か国条約、海軍主力艦の保有比率を定めた海軍軍備制限条約を締結。➡p.240
- **ローザンヌ条約(1923)**㉙ ムスタファ=ケマルのトルコ新政権と連合国との講和条約。治外法権を認めたセーヴル条約を破棄し、主権を回復。イズミル・イスタンブル周辺・トラキア東部を回復し、治外法権を撤廃させ独立を守る。➡p.240,244
- **ロカルノ条約(1925)** ヨーロッパの安全保障条約。独と仏・ベルギー国境の安全保障を約し、ラインラントの非武装化を再確認。仏とポーランド・チェコスロヴァキアとの安全保障を約す。➡p.240
- **不戦条約(ケロッグ-ブリアン協定)(1928)** ケロッグ(米)とブリアン(仏)が提唱。紛争解決の手段としての戦争を放棄することを約束。15か国が調印。➡p.240
- **ロンドン海軍軍縮会議(1930)** 海軍補助艦の比率を英米10に対し、日本を7弱と定める。日本国内では反発があり、軍国主義化が進む。➡p.240
- **イギリス連邦経済会議(1932)** 英とその連邦諸国の間の大恐慌に対するブロック経済方式(スターリング=ブロック)の採用。世界のブロック経済化やその形成化が加速。➡p.250
- **ミュンヘン会談(1938)**㉚ 独・伊・英・仏の4首脳会談。対独の宥和政策の典型。ヒトラーの領土要求を認め、チェコスロヴァキアのズデーテン地方の独への割譲を決定。➡p.254
- **独ソ不可侵条約(1939)** 独とソ連間の相互不可侵条約。独はポーランドへ侵攻し、第二次世界大戦が勃発。秘密条項で、ポーランドとバルト3国の分割、東欧での互いの権益圏を定めた。➡p.252~253
- **日ソ中立条約(1941)** 日本とソ連の間で、互いの中立を守ることを約した条約。日本の南進政策が決定。➡p.255
- **ダンバートン=オークス会議(1944)** 米・英・ソ連・中国の代表が、第二次世界大戦後の国際連合の原則(国連憲章)を決定した会議。➡p.254,259
- **ヤルタ会談(1945)** 米・英・ソ連の代表により、第二次世界大戦後の体制の大枠と枢軸国の戦後処理が定められたヤルタ協定が成立。➡p.259
- **パリ講和条約(1947)** 連合国と伊・ルーマニア・ハンガリー・ブルガリア・フィンランドとの間で結ばれた講和条約。➡p.262
- **西ヨーロッパ連合条約(1948)** 英仏とベネルクス3国の連合条約。NATOの原形。➡p.261
- **サンフランシスコ平和条約(1951)**㉛ 第二次世界大戦後の日本と共産圏などを除く48連合国との単独講和条約。日本は独立を回復し、朝鮮・台湾・南樺太・千島列島を正式に放棄。同時に、日米安全保障条約を締結し、日本は米陣営へ。➡p.263

1950年ごろの世界

イギリス

①ウィリアム1世(征服王) →p.140
(1066〜87)

ノルマン朝

*最初仏王ルイ7世妃、離婚して英妃に。

ロバート2世(ノルマンディー公)　ウィリアム2世(1087〜1100)　**③ヘンリ1世**(1100〜35)　アデラ(ブロワ伯妃)

マティルダ(スコットランド王女)

ジョフロア(アンジュー伯)　マティルダ

④スティーヴン(1135〜54)

プランタジネット朝

①ヘンリ2世(1154〜89)　エレオノール* →p.149

②リチャード1世(獅子心王)(1189〜99) →p.144　**③ジョン**(欠地王)(1199〜1216)

④ヘンリ3世(1216〜72)

⑤エドワード1世(1272〜1307) →p.149

⑥エドワード2世(1307〜27)　イザベラ(仏王フィリップ4世娘)

⑦エドワード3世(1327〜77)

百年戦争の英軍の英雄。甲冑が黒色であったため、「黒太子」とよばれた。

エドワード(黒太子)　ジョン(ランカスター公)　エドモンド(ヨーク公)

⑧リチャード2世(1377〜99)

ランカスター朝

①ヘンリ4世(1399〜1413)

②ヘンリ5世(1413〜22)

③ヘンリ6世(1422〜61)(1470〜71)　エドモンド=テューダー

ヨーク朝

①エドワード4世(1461〜70)(1471〜83)　リチャード3世(1483〜85)

②エドワード5世(1483)

テューダー朝

①ヘンリ7世(1485〜1509)　エリザベス

→p.162
(スペイン王女)キャサリン(カタリナ)　**②ヘンリ8世**(1509〜47)　ジェーン=シーモア　マーガレット　ジェームズ4世(スコットランド王)

ジェーン=グレイ(1553)

③メアリ1世(1553〜58) →p.166　アン=ブーリン

④エドワード6世(1547〜53)

⑤エリザベス1世(1558〜1603) →p.166

メアリ=ステュアート →p.166

ステュアート朝

①ジェームズ1世(1603〜25)(スコットランド王ジェームズ6世)

③チャールズ2世(1660〜85)　メアリ　ウィレム2世(オラニエ公)　エリザベス　フリードリヒ(フレデリック)(プファルツ侯)　ソフィア　ハノーファー選帝侯

④ジェームズ2世(1685〜88)

ウィリアム3世(1689〜1702)　**⑤メアリ2世**(1689〜94)　**⑥アン**(1702〜14)

(共治) →p.167

②チャールズ1世(1625〜49) →p.167

ハノーヴァー朝

①ジョージ1世(1714〜27)　**⑦エドワード7世**(1901〜10)　チャールズ3世(2022〜　)

②ジョージ2世(1727〜60)

ウィンザー朝(1917以降改称)

⑧ジョージ5世(1910〜36)

③ジョージ3世(1760〜1820)

⑨エドワード8世(1936)(ウィンザー公)　**⑩ジョージ6世**(1936〜52)

④ジョージ4世(1820〜30)　**⑤ウィリアム4世**(1830〜37)

⑥ヴィクトリア女王(1837〜1901) →p.195

⑪エリザベス2世(1952〜2022)

フランク王国

カール=マルテル(宮宰、714〜741)

カロリング朝

①〜⑪の番号がついた人物は、ローマ皇帝位を得た

①ピピン3世(ピピン(小)短軀王)(国王、751〜768) →p.138

②カール大帝(シャルルマーニュ)(フランク王、768〜814、皇帝、800〜814)

③ルートヴィヒ1世(敬虔王、ルイ1世)(814〜840)

在位46年で53回も出征したとされ、一大帝国を築いた。

①ロタール1世イタリア王皇帝、840〜855　**②ルートヴィヒ2世**東フランク王843〜876　**③シャルル2世**(禿頭王)西フランク王843〜877皇帝、875〜877

②ルートヴィヒ2世イタリア王皇帝、855〜875　**④カール3世**(肥満王)東フランク王、876〜887皇帝、881〜887西フランク王、884〜887　**⑥アルヌルフ**東フランク王、887〜899皇帝、896〜899　**⑪ルイ5世**(986〜987、絶)

ルートヴィヒ4世(899〜911、絶)

フランス

カペー朝

①ユーグ=カペー(987〜996)

②ロベール2世(敬虔王、996〜1031)

③アンリ1世(1031〜60)

④フィリップ1世(1060〜1108)

⑤ルイ6世(肥満王、1108〜37)

⑥ルイ7世(若年王、1137〜80)

⑦フィリップ2世(尊厳王、1180〜1223)

⑧ルイ8世(獅子王、1223〜26)

⑨ルイ9世(聖王、1226〜70)

⑨ルイ9世
第6回、第7回十字軍を主導。死後列聖され、理想の君主とみなされた。 →p.144

⑪フィリップ4世
聖職者課税問題で教皇ボニファティウス8世と対立。三部会の支持を背景に、教皇庁をアヴィニョンに移し、直接支配した。 →p.148

⑩フィリップ3世(勇胆王、1270〜85)

ヴァロワ朝

シャルル(ヴァロワ伯)　**⑪フィリップ4世**(端麗王、1285〜1314) →p.150

①フィリップ6世(1328〜50)

②ジャン2世(1350〜64)

③シャルル5世(1364〜80)

⑫ルイ10世(強情王、1314〜16)　**⑭フィリップ5世**(長身王、1316〜22)　**⑮シャルル4世**(端麗王、1322〜28)　イザベル(英王エドワード2世妃)

⑬ジャン1世(1316)

④シャルル6世(1380〜1422)

⑤シャルル7世(1422〜61)　ルイ12世(1498〜1515)　**⑨フランソワ1世**(1515〜47)

⑥ルイ11世(1461〜83)　カトリーヌ=ド=メディシス　**⑩アンリ2世**(1547〜59)

⑦シャルル8世(1483〜98)　**⑪フランソワ2世**(1559〜60)　**⑫シャルル9世**(1560〜74)　**⑬アンリ3世**(1574〜89)　マルグリット

ブルボン朝 →p.168

①アンリ4世(1589〜1610)　マリ(マリーア)(メディチ家)

②ルイ13世(1610〜43)　アンヌ(アンナ)(スペインのハプスブルク家)

マリ=テレーズ(スペインのハプスブルク家)　**③ルイ14世**(太陽王)(1643〜1715) →p.168

スペイン=ブルボン朝

フィリップ(オルレアン家)　ルイ15世(1715〜74)

④ルイ15世(1715〜74)

(ボナパルト家)

ナポレオン1世(1804〜14,15フランス皇帝) →p.190

⑤ルイ16世(1774〜92、1793刑死) →p.190　**⑥ルイ18世**(1814〜24)

オルレアン朝

ルイ=フィリップ(1830〜48) →p.193

⑦シャルル10世(1824〜30)

ナポレオン3世(1852〜70フランス皇帝) →p.198

第一帝政の復活を夢み、積極的な対外進出を行い人気とりに努めた。普仏戦争に敗れ廃位。

スペイン

(ブルボン朝以降)

ルイ14世(フランス王)　マリ=テレーズ(スペインのハプスブルク家)

ルイ

マリア=ルイザ　**①フェリペ5世**(1700〜24)(1724〜46)　ルイ　ルイ15世(フランス王)　エリザベート

②ルイス1世(1724)　**③フェルナンド6世**(1746〜59)　(略)

⑩ファン=カルロス1世(1975〜2014)

⑪フェリペ6世(2014〜　)

プロイセン・ドイツ

ホーエンツォレルン家

フリードリヒ1世(ブランデンブルク辺境伯、1415〜40)

(6代略)

ヨハン=ジギスムント(プロイセン公、1618〜20)

ゲオルグ=ヴィルヘルム(1620〜40)

フリードリヒ=ヴィルヘルム(大選帝侯、1640〜88)

ポーランドの宗主権を退け、王国の基礎を固めた。

①フリードリヒ3世(1688〜1713)(プロイセン王としてはフリードリヒ1世、1701〜1713)

②フリードリヒ=ヴィルヘルム1世(1713〜40)

③フリードリヒ2世(大王)(1740〜86) →p.174

軍事力で強国化を達成した啓蒙専制君主。音楽好きの一面もあった。

④フリードリヒ=ヴィルヘルム2世(1786〜97)

⑤フリードリヒ=ヴィルヘルム3世(1797〜1840)

⑦①ヴィルヘルム1世(1861〜88ドイツ皇帝1871〜88)

⑥フリードリヒ=ヴィルヘルム4世(1840〜61)

②フリードリヒ3世(1888)　ヴィクトリア(イギリス女王ヴィクトリアの娘)

③ヴィルヘルム2世(1888〜1918、退位)

神聖ローマ帝国

赤字は女性
（ ）内の数字は在位年

ザクセン（サクソニア）朝

①ハインリヒ1世
（ドイツ王, 919～936）

②オットー1世（大帝）
（ドイツ王, 936～973
962～, 神聖ローマ皇帝）

ハインリヒ
（バイエルン公）

⑤ハインリヒ2世
（1002～24）

コンラート（フランク大公家）＝ルイトガルト

オットー

ハインリヒ

③オットー2世
（973～983）

④オットー3世
（983～1002）

ザリエル朝

①コンラート2世
（1024～39）

②ハインリヒ3世
（1039～56）

③ハインリヒ4世
（1056～1106）→p.143

教皇グレゴリウス7世に破門（カノッサの屈辱）。

④ハインリヒ5世
（1106～25）

アグネス＝フリードリヒ（シュタウフェン家／シュヴァーベン）

フリードリヒ（シュヴァーベン公）

ホーエンシュタウフェン朝

②フリードリヒ1世
赤髭王
（1152～90）

①コンラート3世
（1138～52）
（シュヴァーベン大公家）

赤髭（バルバロッサ）のあだ名をもち、ドイツの危機に際して現われるという伝説のもち主。

③ハインリヒ6世
（1190～97）

④フィリップ
（1198～1208）

ハインリヒ（獅子公）

ヴェルフェン朝

⑥フリードリヒ2世
（1215～50）シチリア王国を領有。
ドイツ領内では領邦国家の形成促進。

ベアトリクス＝⑤オットー4世
（1208～15）

⑦コンラート4世
（1250～54）

大空位時代　1254（1256）～73
（ハプスブルク朝ルドルフ1世へ）

（諸王家の交代）

ハプスブルク家
①ルドルフ1世
（1273～91）

③アルブレヒト1世
（1298～1308）

ナッサウ家
②アドルフ=フォン
=ナッサウ
（1292～98）

ルクセンブルク家
ハインリヒ7世
（1308～13）

カール4世＝アン
（1346～78）

ジギスムント（1411～37）　ヴェンツェル（1378～1400）

①アルブレヒト2世
（1438～39）

②フリードリヒ3世
（1439～93）

③マクシミリアン1世
（1493～1519）

マリア（ブルゴーニュ公女）

フェルナンド2世
（アラゴン王
スペイン王
フェルナンド5世）
＝イサベル（カスティリャ王女）→p.151

カタリナ（キャサリン）
（イギリス王
ヘンリ8世妃）

フアナ（ジョアンナ）＝フィリップ（オーストリア大公
カスティリャ王
フェリペ1世）

イサベル（ポルトガル王女）＝④カール5世（スペイン王
カルロス1世）
（1519～56）
（1516～56）→p.165

⑤フェルディナント1世
（1556～64）

⑥マクシミリアン2世
（1564～76）

⑦ルドルフ2世
（1576～1612）

⑧マティアス
（1612～19）

⑨フェルディナント2世
（1619～37）

⑩フェルディナント3世
（1637～57）

メアリ1世（英女王）

フェリペ2世＝マリア→p.165
（スペイン王）
（1556～98）

フェリペ3世
（1598～1621）

フェリペ4世
（1621～65）

カルロス2世
（1665～1700）

スペイン王
ブルボン家へ

マルガレーテ=テレサ（スペイン王女）＝⑪レオポルト1世＝エレヤノル
（1658～1705）

マクシミリアン2世（バイエルン選帝侯）＝クニグンダ=ソビエスカ

⑫ヨーゼフ1世
（1705～11）

⑬カール6世
（1711～40）

ヴィッテルスバハ朝

⑭カール7世
（1742～45）
＝マリア=アマリア

マリア=ヨゼファ
（ヨーゼフ2世妃）

ハプスブルク=ロートリンゲン朝

①フランツ1世
（ロートリンゲン公
1745～65）
＝マリア=テレジア→p.174
（オーストリア大公
1740～80）

啓蒙専制君主で、農奴解放や病院・学校の建設など大胆な諸改革を行うが、封建貴族などの反対で成功せず。

②ヨーゼフ2世
（1765～90）→p.174

②レオポルト2世
（1790～92）

マリ=アントワネット→p.188
（フランス王
ルイ16世妃）

④フランツ2世
（1792～1806）

神聖ローマ帝国終焉

①フランツ1世
（1804～35）

同一人物
オーストリア皇帝

マリア=ルイザ（マリ=ルイーズ）→p.190
（ナポレオン1世后）

②フェルディナント1世
（1835～48）

フランツ=カール=ヨーゼフ

エリーザベト＝③フランツ=ヨーゼフ1世
（1848～1916）

ルドルフ

マクシミリアン（メキシコ皇帝）

カール=ルートヴィヒ

◀ エリーザベト

フランツ=ヨーゼフ1世の妃。美貌で知られ、後期印象派文学に理解を示す。アナーキストに暗殺される。→p.203

フランツ=フェルディナント
（トロンフォルガー公、1914、サラィェヴォ事件で暗殺）→p.234

オットー大公

④カール1世
（1916～18、退位）

ロシア

リューリク朝

イヴァン3世
（1462～1505）
モスクワ大公

イヴァン4世
（1533～84）
雷帝 →p.172

ロマノフ朝

①ミハイル=フョードロヴィッチ=ロマノフ
（1613～45）

②アレクセイ
（1645～76）

③フョードル3世
（1676～82）

ソフィア→p.172

④イヴァン5世
（1682～89）
のち廃位

エヴドキア＝⑤ピョートル1世（大帝）＝⑥エカチェリーナ1世
（1682～1725）
（1725～27）

アレクセイ

⑦ピョートル2世
（1727～30）

⑧アンナ=イワノヴナ
（1730～40）

⑨イヴァン6世
（1740～41）

カール=フリードリヒ（ドイツ辺境伯）＝アンナ

⑩エリザヴェータ
（1741～62）

⑪ピョートル3世
（1762、廃位、暗殺）
＝⑫エカチェリーナ2世
（1762～96）→p.173

⑬パーヴェル1世
（1796～1801）

⑭アレクサンドル1世
（1801～25）

⑮ニコライ1世
（1825～55）

⑯アレクサンドル2世→
（1855～81,1881暗殺）p.204

コンスタンチン

オルガ（ギリシア王ゲオルグ1世妃）

⑰アレクサンドル3世
（1881～94）

⑱ニコライ2世 →p.238
（1894～1917、翌年刑死）

ミハイル

ローマ教皇

（おもな教皇のみ）

初代	?～64?	ペテロ
第45代	440～461	レオ1世
第64代	590～604	グレゴリウス1世
第70代	625～638	ホノリウス1世
第96代	795～816	レオ3世
第103代	847～855	レオ4世
第105代	858～867	ニコラウス1世
第107代	872～883	ヨハネス8世
第130代	955～964	ヨハネス12世
第152代	1049～54	レオ9世
〔1054　東西教会の分裂確定〕		
第154代	1057～58	ステファヌス9世
第155代	1059～61	ニコラウス2世
第157代	1073～85	グレゴリウス7世
第159代	1088～99	ウルバヌス2世
第160代	1099～1118	パスカリス2世
第162代	1119～24	カリストゥス2世
第163代	1124～30	ホノリウス2世
第167代	1145～53	エウゲニウス3世
第170代	1159～81	アレクサンデル3世
第171代	1181～85	ルキウス3世
第174代	1187～91	クレメンス3世
第176代	1198～1216	インノケンティウス3世
第178代	1227～41	グレゴリウス9世
第181代	1243～54	インノケンティウス4世
第183代	1265～68	クレメンス4世
第193代	1294～1303	ボニファティウス8世
〔1309～77 「教皇のバビロン捕囚」〕→p.148		
第195代	1305～14	クレメンス5世
第196代	1316～34	ヨハネス22世
第198代	1342～52	クレメンス6世
第202代	1370～78	グレゴリウス11世
〔1378～1417　教会大分裂（大シスマ）〕		
第214代	1492～1503	アレクサンデル6世（ボルジア家）
第216代	1503～13	ユリウス2世
第217代	1513～21	レオ10世（メディチ家）
第231代	1592～1605	クレメンス8世
第234代	1605～21	パウルス5世
第251代	1800～23	ピウス7世
第255代	1846～78	ピウス9世
第256代	1878～1903	レオ13世
第259代	1922～39	ピウス11世
第261代	1958～63	ヨハネス23世
第262代	1963～78	パウルス6世
第264代	1978～2005	ヨハネ=パウロ2世（ヨハネス=パウルス2世）
第265代	2005～13	ベネディクト16世
第266代	2013～	フランシスコ

初の南米出身の教皇。

国連事務総長

①	1946～52	トリグブ=リー（ノルウェー）
②	1953～61	ハマーショルド（スウェーデン）
③	1961～71	ウ=タント（ミャンマー）
④	1972～81	ワルトハイム（オーストリア）
⑤	1982～91	デクエヤル（ペルー）
⑥	1992～96	ブトロス=ガーリ（エジプト）
⑦	1997～2006	アナン（ガーナ）
⑧	2007～16	潘基文（韓国）
⑨	2017～	グテーレス（ポルトガル）

イスラーム帝国

アッバース朝

ハーシム家

アッバース
(略)

①アブー＝アル
アッバース
(750～754)

②マンスール
(754～775)

アブド＝アッラーフ

ムハンマド
(イスラーム
創始者)
→p.124

③マフディー
(775～785)

④ハーディー
(785～786)

⑤ハールーン＝アッラシード
(786～809)

⑥アミーン
(809～813)

⑦マームーン
(813～833)

⑧ムータスィム
(833～842)

⑨ワースィク
(842～847)

⑩ムタワッキル
(847～861)

⑫ムスタイーン
(862～866)

⑭ムフタディー
(869～870)

⑪ムンタスィル
(861～862)

⑬ムータッズ
(866～869)

⑮ムータミド
(870～892)

⑯ムータディド
(892～902)

(略)

㊲ムスタースィム(1242～58)

トルコ

オスマン帝国

①オスマン1世(1299～1326) →p.132

②オルハン(1326～62)

③ムラト1世(1362～89)

④バヤジット1世(1389～1402)

(10年空位)

⑤メフメト1世(1413～21)

⑥ムラト2世(1421～44)(1446～51)

⑦メフメト2世(1444～1446)(1451～1481) →p.133

⑧バヤジット2世(1481～1512)

⑨セリム1世(1512～20) →p.132

⑩スレイマン1世(1520～66) →p.133

⑪セリム2世(1566～74)

⑫ムラト3世(1574～95)

⑬メフメト3世(1595～1603)

⑭アフメト1世(1603～17)

⑮ムスタファ1世(1617～18)(1622～23)

⑯オスマン2世(1618～22)

⑰ムラト4世(1623～40)

⑱イブラヒーム(1640～48)

⑲メフメト4世(1648～87)

⑳スレイマン2世(1687～91)

㉑アフメト2世(1691～95)

㉒ムスタファ2世(1695～1703)

㉓アフメト3世(1703～30) →p.132

㉔マフムト1世(1730～54)

㉕オスマン3世(1754～57)

㉖ムスタファ3世(1757～74)

㉗アブデュル＝ハミト1世(1774～89)

㉘セリム3世(1789～1807) →p.222

㉙ムスタファ4世(1807～08)

㉚マフムト2世(1808～39)

㉛アブデュル＝メジト1世(1839～61) →p.222

㉜アブデュル＝アジズ(1861～76)

㉝ムラト5世(1876)

㉞アブデュル＝ハミト2世(1876～1909) →p.222

㉟メフメト5世(1909～18)

㊱メフメト6世(1918～22)

朝鮮

朝鮮王朝

①太祖(李成桂)(1392～98)
イ ソンゲ

②定宗(1398～1400)

③太宗(1400～18)

④世宗(1418～50) →p.123
セジョン

⑤文宗(1450～52)

⑦世祖(1455～68)

⑥端宗(1452～55)

⑧睿宗(1468～69)

成宗(1469～94)

⑩燕山君(1494～1506)

⑪中宗(1506～44)

⑫仁宗(1544～45)

⑬明宗(1545～67)

⑭宣祖(1567～1608)

⑮光海君(1608～23)

⑯仁祖(1623～49)

⑰孝宗(1649～59)

⑱顕宗(1659～74)

⑲粛宗(1674～1720)

⑳景宗(1720～24)

㉑英祖(1724～76) →p.232

㉒正祖(1776～1800)

養子 大院君(テウォングン)

㉓純祖(1800～34)

養子

閔妃＝㉖高宗(李太王)(1863～1907) →p.232

㉔憲宗(1834～49)

㉕哲宗(1849～63)

㉗純宗(1907～10)

インド

ムガル帝国 →p.134

①バーブル(1526～30)

②フマーユーン(1530～56)

③アクバル(1556～1605) →p.135

ジズヤを廃止するなどヒンドゥー教に寛容な政策をとる。ムガル帝国の真の建設者とされる。

④ジャハーンギール(1605～27) →p.134

ムムターズ＝マハル →p.134 ＝⑤シャー＝ジャハーン(1627～58) →p.134

⑥アウラングゼーブ(1658～1707) →p.135

⑦シャー＝アラーム(バハードゥル＝シャー)(1707～12)

⑧ジャハーンダール(1712～13)

⑨ファッルフシヤル(1713～19)

⑩ラフィー＝アッダラジャート(1719)

⑪ラフィー＝アッダウラ(1719)

⑫ムハンマド＝シャー(1719～48)

⑬アフマド＝シャー(1748～54)

⑭アーラムギール(1754～59)

(略)

⑰バハードゥル＝シャー2世(1837～58)

中国

秦 嬴氏 →p.91

荘襄王

①始皇帝(政)(前221～前210)

②二世皇帝(胡亥)(前210～前207)

③三世皇帝(子嬰)(前207～前206)

前漢 劉氏

①高祖(劉邦) →p.92(前202～前195)

②恵帝(前195～前188)

③少帝恭(前188～前184)

④少帝弘(前184～前180)

⑤文帝(前180～前157)

⑥景帝(前157～前141) →p.92

⑦武帝(前141～前87) →p.92

⑧昭帝(前87～前74)

⑨廃帝(賀)(前74)

⑩宣帝(前74～前49)

⑪元帝(前49～前33)

⑫成帝(前33～前7)

⑬哀帝(前7～前1)

⑭平帝(前1～後5)

⑮孺子嬰(後6～8)

(略)

後漢 劉氏

①光武帝(劉秀)(25～57) →p.92

②明帝(57～75)

③章帝(75～88)

④和帝(88～105)

⑤殤帝(105～106)

⑥安帝(106～125)

⑦少帝(125)

⑧順帝(125～144)

⑨冲帝(144～145)

⑩質帝(145～146)

⑪桓帝(146～167)

⑫霊帝(167～189)

⑬少帝(弘農王)(189)

⑭献帝(189～220)

内外で実績を上げ、漢の最盛期を現出。一方、外征のための重税を課し、塩鉄専売を実施。

三国

魏 曹氏

曹操 →p.98

①文帝(曹丕)(220～226)

②明帝(226～239)

③廃帝(芳)(239～254)

④廃帝(髦)(254～260)

⑤元帝(260～265)

蜀 劉氏

景帝(前漢)

昭烈帝(劉備)(221～223)

後主禅(223～263)

呉 孫氏

孫堅

①大帝(孫権)(222～252)

②廃帝(亮)(252～258)

③景帝(258～264)

④烏程侯晧(264～280)

晋 司馬氏

高祖宣帝

太祖文帝

【西晋】①武帝(司馬炎)(265～290)

②恵帝(290～306)

③懐帝(306～313)

【東晋】元帝(司馬睿)(317～322)

④愍帝(313～316)

②明帝(322～325)

③成帝(325～342)

④康帝(342～344)

簡文帝(371～372)

⑥哀帝(361～365)

⑤穆帝(344～361)

⑦廃帝(奕)(365～371)

⑧孝武帝(372～396)

⑩安帝(396～418)

⑪恭帝(418～420)

北魏 拓跋氏

①道武帝(386～409)

②明元帝(409～423)

③太武帝(423～452)

④文成帝(452～465)

⑤献文帝(465～471)

⑩長広王曄(530～531)

⑥孝文帝(471～499) →p.98

⑦宣武帝(499～515)

⑧孝明帝(515～528)

⑨孝荘帝(528～530)

⑫廃帝(朗)(531～532)

⑪節閔帝(531)

⑬孝武帝(532～534)

西魏

①文帝(535～551)

②廃帝(欽)(551～554)

③恭帝(554～556)

東魏

①孝静帝(534～550)

隋 楊氏

①文帝(楊堅)(581～604)

②煬帝(604～618) →p.100

③恭帝(侑)(618)

④恭帝(侗)(618～619)

唐 李氏

①高祖(李淵)(618～626)

②太宗(李世民)(626～649) →p.101

③高宗(649～683)＝則天武后(武則天)(690～705)(国号：周)

④中宗(683～684)(705～710)

皇后

⑤睿宗(684～690)(710～712)

⑥玄宗(712～756) →p.103

楊貴妃

⑦粛宗(756～762)

⑧代宗(762～779)

⑨徳宗(779～805)

⑩順宗(805)

⑪憲宗(805～820)

⑫穆宗(820～824)

⑬敬宗(824～826)

⑭文宗(826～840)

⑮武宗(840～846)

⑯宣宗(846～859)

⑰懿宗(859～873)

⑱僖宗(873～888)

⑲昭宗(888～904)

⑳哀帝(昭宣帝)(904～907)

遼 耶律氏

- ①阿保機（太祖）(916～926) →p.107
  - ③世宗(947～951)
  - ④穆宗(951～969)
  - ②太宗(嶢骨)(926～947)
    - ⑤景宗(969～982)
      - ⑥聖宗(982～1031)
        - ⑦興宗(1031～55)
          - ⑧道宗(1055～1101)
            - 章懐太子濬
              - ⑨天祚帝(1101～25)

カラ＝キタイ（西遼）
- ①大石（徳宗）(1132～35)

宋 趙氏

①②③…北宋　①②③…南宋

- ①太祖（趙匡胤）(960～976) →p.105
- ②太宗(976～997)
  - ③真宗(997～1022)
    - ④仁宗(1022～63)
      - （9代略）⑤英宗(1063～67)
        - ⑥神宗(1067～85)
          - ⑦哲宗(1085～1100)
          - ⑧徽宗(1100～25) →p.106
            - ⑨欽宗(1125～27)
            - ①高宗(1127～62)
  - （6代略）孝宗(1162～89)
    - 理宗(1224～64)
      - 度宗(1264～74)
        - 恭宗(1274～76)
        - 端宗(1276～78)
        - 帝昺(1278～79)
    - ②光宗(1189～94)
      - ③寧宗(1194～1224)

清 愛新覚羅氏（アイシンギョロ）

- ①太祖ヌルハチ(1616～26)
- ②太宗ホンタイジ(1626～43) →p.118
  - ③世祖（順治帝）(1643～61)
    - ④聖祖（康熙帝）(1661～1722) →p.118
      - ⑤世宗（雍正帝）(1722～35)
        - ⑥高宗（乾隆帝）(1735～95)
          - ⑦仁宗（嘉慶帝）(1796～1820)
            - ⑧宣宗（道光帝）(1820～50)
              - ⑨文宗(咸豊帝)(1850～61)　西太后 →p.230
                - ⑩穆宗（同治帝）(1861～75) →p.247
                - ⑪德宗（光緒帝）(1875～1908) →p.230
              - 醇親王載灃(1908)
                - ⑫溥儀（宣統帝）(1908～12)　溥傑 →p.230

モンゴル（元）

①②③…モンゴル帝国　①②③…元朝成立(1271)以降

- →p.110 ①チンギス＝ハン(カン)(1206～27)
  - ジュチ(ジョチ)
    - バトゥ【キプチャク＝ハン国】
  - チャガタイ【チャガタイ＝ハン国】
  - ②オゴタイ（太宗）(オゴデイ)(1229～41)
    - ③グユク（定宗）(1246～48)
    - （カイドゥ）ハイドゥ
  - トゥルイ
    - ④モンケ（憲宗）(1251～59)
    - ①フビライ（クビライ）（世祖）(1260～94) →p.111
      - チンキム
        - ③武宗(1307～11)
          - ⑦天順帝(1328)
          - ⑧明宗(1328～29)
            - ⑪順帝(惠宗)(1332～70)
            - ⑩寧宗(1332)
        - ④仁宗(1311～20)
          - ⑤英宗(1320～23)
        - 泰定帝(1323～28)
      - ②成宗(1294～1307)
    - フラグ(フレグ)【イル＝ハン国】
  - 北元

金 完顔氏

- 劾里鉢
  - ①阿骨打（太祖）(1115～23) →p.107
  - ②太宗(1123～35)
    - ③熙宗(1135～49)
    - ④廃帝海陵王(1149～61)
    - ⑤世宗(1161～89)
      - ⑦廃帝衛紹王(1208～13)
    - ⑥章宗(1189～1208)
    - ⑧宣宗(1213～23)
      - ⑨哀宗(1223～34)

明 朱氏

- ①太祖（朱元璋, 洪武帝）(1368～98) →p.114
  - ②恵帝（建文帝）(1398～1402)
  - ②成祖（朱棣, 永楽帝）(1402～24) →p.114
    - ④仁宗（洪熙帝）(1424～25)
      - ⑤宣宗（宣徳帝）(1425～35)
        - ⑦代宗（景帝）(1449～57)
        - ⑥英宗（正統帝, 天順帝）(1435～49, 1457～64)
          - ⑨憲宗（成化帝）(1464～87)
            - ⑫世宗（嘉靖帝）(1521～66)
              - ⑬穆宗（隆慶帝）(1566～72)
                - ⑭神宗（万暦帝）(1572～1620) →p.114
                  - ⑮光宗（泰昌帝）(1620)
                    - ⑯熹宗（天啓帝）(1620～27)
                    - ⑰毅宗（崇禎帝, 荘烈帝）(1627～44)
                  - 福王
                    - 安宗（福王, 弘光帝）(1644～45)
                  - 桂王
                    - 永明王（永暦王）(1646～61)
            - ⑩孝宗（弘治帝）(1487～1505)
              - ⑪武宗（正徳帝）(1505～21)

靖難の役を起こし即位。宦官重用策, 大編纂事業を行う。対外的にも積極策をとり, モンゴル遠征やベトナム遠征, 鄭和の南海遠征を行う。

中華民国

職	期間	人名
臨時大総統	(1912.1～2)	孫文
	(1912.3～1913.10)	袁世凱
大総統（一部省略）	(1913.10～1916.6)	袁世凱
臨時執政	(1924.11～1926)	段祺瑞
	(1928.10～1931.12)	蔣介石
国家主席	(1931.12～1943.8)	林森
	(1943.9～1948.5)	蔣介石

中華人民共和国 →p.299

職	期間	人名
国家主席* （一部省略）	(1949.9～1959.4)	毛沢東
	(1959.4～1968.10)	劉少奇
	(1983.6～1988.4)	李先念
	(1993.3～2003.3)	江沢民
	(2003.3～2013.3)	胡錦濤
	(2013.3～)	習近平
●総書記	(1982～1987)	胡耀邦
	(1987～1989)	趙紫陽
	(1989～2002)	江沢民
	(2002～2012)	胡錦濤
	(2012～)	習近平
●首相	(1949～1976)	周恩来
	(1976～1980)	華国鋒
	(1980～1987)	趙紫陽
	(1988～1998)	李鵬
	(1998～2003)	朱鎔基
	(2003～2013)	温家宝
	(2013～2023)	李克強
	(2023～)	李強

*国家主席制は1970年代に一度廃止され, 1983年に復活した。

（鄧小平は文化大革命で失脚, その後も復活と失脚を繰り返したが, 80～90年代に最高権力者として強い指導力を発揮した。）

フランス　大統領

〔第三共和政1870～1940〕
- 1870～73　ティエール
- 1873～79　マクマオン
- 1879～87　グレヴィー
- 1887～94　カルノー
- 1894～95　ペリエ
- 1895～99　フォール
- 1899～1906　ルーベ
- 1906～13　ファリエール
- 1913～20　ポアンカレ
- 1920　デシャネル
- 1920～24　ミルラン
- 1924～31　ドゥメルグ
- 1931～32　ドゥメール
- 1932～40　ルブラン
- 1940～44　ペタン

〔第四共和政1947～58〕
- 1947～53　オリオール
- 1953～58　コティ

〔第五共和政1958～〕
- 1958～69　ド＝ゴール →p.254
- 1969～74　ポンピドゥー
- 1974～81　ジスカールデスタン
- 1981～95　ミッテラン
- 1995～2007　シラク
- 2007～12　サルコジ
- 2012～17　オランド
- 2017～　マクロン

▲ペタン(1856～1951)ナチス＝ドイツに降伏, ヴィシー政府の元首へ。

▲ミッテラン(1916～96)ユーロ＝コミュニズムの動きのなかで当選。

ロシア連邦 →p.286

（ソヴィエト連邦, 1991ロシア連邦に）

ソヴィエト連邦議長, 書記長, 第一書記
- 1917～24　レーニン　人民委員会議長 →p.238
- 1922～53　スターリン　党中央委員会書記長 →p.239
- 1953～64　フルシチョフ　党中央委員会第一書記
- 1964～82　ブレジネフ　党中央委員会第一書記
- 1982～84　アンドロポフ　党中央委員会書記長
- 1984～85　チェルネンコ　党中央委員会書記長
- 1985～91　ゴルバチョフ →p.270

（1990年ゴルバチョフ初代大統領に就任）*
（1991年書記長辞任, 共産党解体）＊1991年12月25日, 大統領を辞任し, ソ連の消滅が確定

ロシア連邦大統領
- 1991～99　エリツィン
- 2000～08　プーチン
- 2008～12　メドヴェージェフ
- 2012～　プーチン

アメリカ合衆国

大統領 →p.280

- ①1789～97　ワシントン　(フェ)
- ②1797～1801　J.アダムズ　(フェ)
- ③1801～09　ジェファソン　(リ)
- ④1809～17　マディソン　(リ)
- ⑤1817～25　モンロー　(リ)
- ⑥1825～29　J.Q.アダムズ　(リ)
- ⑦1829～37　ジャクソン　(民)
- ⑧1837～41　ヴァン＝ビューレン　(民)
- ⑨1841　W.ハリソン　(ホ)
- ⑩1841～45　タイラー　(ホ)
- ⑪1845～49　ポーク　(民)
- ⑫1849～50　テーラー　(ホ)
- ⑬1850～53　フィルモア　(ホ)
- ⑭1853～57　ピアース　(民)
- ⑮1857～61　ブキャナン　(民)
- ⑯1861～65　リンカン　(共)
- ⑰1865～69　A.ジョンソン　(民)
- ⑱1869～77　グラント　(共)
- ⑲1877～81　ヘイズ　(共)
- ⑳1881　ガーフィールド　(共)
- ㉑1881～85　アーサー　(共)
- ㉒1885～89　クリーヴランド①　(民)
- ㉓1889～93　ハリソン　(共)
- ㉔1893～97　クリーヴランド②　(民)
- ㉕1897～1901　マッキンリー　(共)
- ㉖1901～09　T.ローズヴェルト　(共)
- ㉗1909～13　タフト　(共)
- ㉘1913～21　ウィルソン　(民)
- ㉙1921～23　ハーディング　(共)
- ㉚1923～29　クーリッジ　(共)
- ㉛1929～33　フーヴァー　(共)
- ㉜1933～45　F.ローズヴェルト　(民)
- ㉝1945～53　トルーマン　(民)
- ㉞1953～61　アイゼンハウアー　(共)
- ㉟1961～63　ケネディ　(民)
- ㊱1963～69　L.ジョンソン　(民)
- ㊲1969～74　ニクソン　(共)
- ㊳1974～77　フォード　(共)
- ㊴1977～81　カーター　(民)
- ㊵1981～89　レーガン　(共)
- ㊶1989～93　ブッシュ(父)　(共)
- ㊷1993～2001　クリントン　(民)
- ㊸2001～09　ブッシュ(子)　(共)
- ㊹2009～17　オバマ　(民)
- ㊺2017～21　トランプ　(共)
- ㊻2021～　バイデン　(民)

（フェ）フェデラリスト
（リ）リパブリカン（民主党の前身）
（ホ）ホイッグ党
（民）民主党
（共）共和党

イギリス

（②～④は再任・三任・四任を示す）

首相 (一部省略)
- 1721～42　ウォルポール　(ホ)
- 1783～1801　ピット(小)①　(ト)
- 1804～06　ピット(小)②　(ト)
- 1827　カニング　(ト)
- 1830～34　グレイ　(ホ)
- 1846～52　ラッセル①　(ホ)
- 1858～59　ダービー②　(ト)
- 1865～66　ラッセル②　(自)
- 1866～68　ダービー③　(保)
- 1868　ディズレーリ①　(保)
- 1868～74　グラッドストン①　(自)
- 1874～80　ディズレーリ②　(保)
- 1880～85　グラッドストン②　(自)
- 1885～86　ソールズベリ①　(保)
- 1886　グラッドストン③　(自)
- 1886～92　ソールズベリ②　(保)
- 1892～94　グラッドストン④　(自)
- 1895～1902　ソールズベリ③　(保)
- 1902～05　バルフォア　(保)
- 1905～08　キャンベル＝バナマン　(自)
- 1908～16　アスキス　(自)
- 1916～22　ロイド＝ジョージ　(自)
- 1923～24　ボールドウィン①　(保)
- 1924　マクドナルド①　(労)
- 1924～29　ボールドウィン②　(保)
- 1929～31　マクドナルド②　(労)
- 1931～35　マクドナルド③　(挙)
- 1935～37　ボールドウィン③　(保)
- 1937～40　チェンバレン　(保)
- 1940～45　チャーチル①　(保)
- 1945～51　アトリー　(労)
- 1951～55　チャーチル②　(保)
- 1955～57　イーデン　(保)
- 1957～63　マクミラン　(保)
- 1963～64　ヒューム　(保)
- 1964～70　ウィルソン①　(労)
- 1970～74　ヒース　(保)
- 1974～76　ウィルソン②　(労)
- 1976～79　キャラハン　(労)
- 1979～90　サッチャー　(保)
- 1990～97　メージャー　(保)
- 1997～2007　ブレア　(労)
- 2007～10　ブラウン　(労)
- 2010～16　キャメロン　(保)
- 2016～19　メイ　(保)
- 2019～22　ジョンソン　(保)
- 2022　トラス　(保)
- 2022～　スナク　(保)

（ホ）ホイッグ党　（ト）トーリ党
（保）保守党　（自）自由党
（労）労働党　（挙）挙国連立

ドイツ

大統領
〔共和国1918～34〕
- 1919～25　エーベルト
- 1925～34　ヒンデンブルク

〔第三帝国〕
- 1934～45　ヒトラー

〔ドイツ連邦1949～〕
首相
- 1949～63　アデナウアー
- 1963～66　エアハルト
- 1966～69　キージンガー
- 1969～74　ブラント
- 1974～82　シュミット
- 1982～98　コール
- 1998～2005　シュレーダー
- 2005～21　メルケル
- 2021～　ショルツ

〔ドイツ民主共和国1949～90〕
大統領
- 1949～60　ピーク

国家評議会議長
- 1960～73　ウルブリヒト
- 1973～76　シュトフ
- 1976～89　ホーネッカー

大統領
- 1949～59　ホイス
- 1959～69　リュプケ
- 1969～74　ハイネマン
- 1974～79　シェール
- 1979～84　カルステンス
- 1984～94　ヴァイツゼッカー
- 1994～99　ヘルツォーク
- 1999～2004　ラウ
- 2004～12　ケーラー
- 2012～17　ガウク
- 2017～　シュタインマイアー

(使い方) 赤字 戦争・紛争に関すること　青字 文化に関すること

	ヨーロッパ	ギリシア	小アジア	エジプト	シリア・パレスチナ
紀元前(B.C.)	B.C.=Before Christ の略 A.D.=Anno Domini の略 C.=Circa(このころ)の略			C.4000　ナイル川流域に都市国家(ノモス)分立(エジプト人) ○ヒエログリフ(神聖文字)発明 **エジプト王国** C.3000～341 C.3000　メネス、上下エジプトを統一、第1王朝始まる C.2800　太陽暦　アメン神を信仰 前27世紀　古王国(都:メンフィス、～前22世紀) ○クフ王、ギザにピラミッド 前21世紀　中王国(都:テーベ、～前1世紀)	
	○西ヨーロッパ巨石文化	C.3000　エーゲ文明始まる(青銅器文化)	C.2600　トロイア文明(～1200)		C.2800　フェニキア人、エジプトと交易
		インド=ヨーロッパ語族諸族の移動			
2000	C.1600　ドナウ川流域に青銅器文化	C.2000　アカイア人、バルカン半島南下 C.2000　クレタ文明栄える(クノッソス宮殿、～C.1400) ○クレタ象形文字 ○線文字A使用 C.1600　ミケーネ文明(ミケーネ、ティリンス、～C.1200) ○線文字B使用　アカイア人、小アジア西岸に移住 C.1627～C.1450　サントリーニ島で火山爆発 C.1400　クレタ文明滅亡 C.1100　ドーリス(ドーリア)人、ギリシアに侵入　ギリシア人、小アジア西岸に移住(～C.1000) C.1100　ギリシア、鉄器使用	**ヒッタイト王国** 前17世紀～前12世紀 ○鉄器の使用 C.1380　全盛期 C.1286　カデシュの戦い C.1200　トロイア戦争	C.1720　ヒクソスの侵入 前16世紀　第18王朝ヒクソスを撃退し、新王国建設(～前11世紀) C.1504～C.1450　トトメス3世 C.1379～C.1362　アメンホテプ4世(イクナートン)アテン神(唯一神)を信仰(都:アマルナ[アケトアテン]に遷都) ○アマルナ美術	C.1482　メギドの戦い 前13世紀ごろ　モーセ、出エジプト C.1150　フェニキア人の交易活動の最盛期(シドン・ティルス繁栄、～C.850) ○フェニキア文字 C.1100　アラム人、ダマスクス中心に交易活動を行う(～C.800)
	○イタリア、鉄器使用	○海の民来襲	ヒッタイト王国崩壊	C.1361～C.1352　ツタンカーメン C.1304～C.1237　ラメセス(ラメス)2世 C.1286　カデシュの戦い	**ヘブライ王国** C.前10世紀～C.前922 都:イェルサレム
1000	C.900　エトルリア人、北イタリアへ南下		**フリュギア王国** C.前1000～C.前675	○前10世紀　ナイル川上流にクシュ王国(～C.571)	C.前10世紀～C.960　ダヴィデ C.960～C.922　ソロモン C.922　ヘブライ王国分裂
					イスラエル王国 C.前922～前722　／　**ユダ王国** C.前922～前586 C.814　フェニキア人、カルタゴ植民市建設
800	○エトルリア文化発達 **ローマ** 前753～後395 753　ロムルスとレムス、ローマ建国(伝説)	776　第1回オリンピア競技開催 前8世紀　ポリス(都市国家)成立(集住) C.750　ギリシア人、黒海沿岸・南伊・南仏・キレナイカ地方で植民市を建設(～C.550)　アルファベット、フェニキアより伝わる ○ギリシア神話(オリュンポス12神) C.730　ホメロス『イリアス』『オデュッセイア』		C.747　クシュ王国がエジプト征服	C.730　預言者イザヤの活動(『旧約聖書』) 722　イスラエル、アッシリアに滅ぼされる
700	○エトルリア人、ローマを支配	C.700　リュクルゴスの制(スパルタ) C.700　ヘシオドス『神統記』『労働と日々』 ○アゴラ(公共の広場)中心に市民生活、手工業が発達 ○重装歩兵、戦闘力の中心となる(貴族政治の動揺) ○リュディアの貨幣伝わる ○アテネ(イオニア人)、民主政治への歩み始まる C.621　ドラコンの成文法(アテネ)	**リュディア王国** C.前7世紀～前546 ○最古の硬貨(コイン)製造 ○ギリシア・アッシリアと交易 C.670　キンメリア人の圧迫を受ける	671　アッシリア、下エジプト征服 663　アッシリア、テーベ占領 655　アッシリアから独立 612　アッシリア滅亡 4王国分立(エジプト・リュディア・メディア・新バビロニア) 605　カルケミシュの戦い(新バビロニアに敗れる)	677　シドン市破壊される C.626　預言者エレミヤの活動(『旧約聖書』)
600	○エトルリアにケルト人侵入	594　ソロンの改革(財産政治、市民の債務奴隷化禁止) 585　タレス(C.624～C.546)日食を予言 ○女流詩人サッフォー(C.612～?) 前6世紀中ごろ　ペイシストラトス、アテネに僭主政治確立 ○イソップ『寓話』 ○ピュタゴラス(C.582～C.497)自然哲学			C.593　預言者エゼキエルの活動(『旧約聖書』) 586　ユダ、新バビロニアに滅ぼされる 597 **バビロン捕囚** 586～538 538　ユダヤ人、キュロス2世に解放される C.前6世紀　ユダヤ教成立(唯一神ヤハウェ信仰、選民思想、律法主義)
	共和政ローマ 前509～前27 509　ラテン人、エトルリア人の王を追放し、共和始まる	○抒情詩人ピンダロス(C.518～C.438) 510　僭主ヒッピアス追放(僭主政治終わる) 508　クレイステネスの改革(陶片追放・部族制の改革)	**アケメネス朝ペルシア**　前550～前330 546　ペルシアに征服される	525　ペルシアに征服される	
		525　アケメネス朝ペルシアのオリエント統一			
500	494　聖山事件(貴族と平民の争い)護民官設置、元老院とコンスル職、貴族が独占 C.471　平民会設置 C.450　十二表法成立(市民法) 445　カヌレイウス法制定(貴族と平民の通婚を認める)	○アテネ民主政治の発達 500～449　ペルシア戦争(492第1回　ペルシア軍難破　490第2回　マラトンの戦い　480～479第3回 テルモピュライの戦い・サラミスの海戦・プラタイアイの戦い・ミュカレ岬の戦いでペルシア敗北) 478　デロス同盟(～前404) ○アイスキュロス(525～456) ○ソフォクレス(C.496～406) 447～432　パルテノン神殿(フェイディアスC.490～C.430) 443　ペリクレス時代(～429) ○プロタゴラス(C.485～C.415)、ヘロドトス(C.484～C.425)『歴史』、エウリピデス(C.485～C.406) 431　ペロポネソス戦争(～404) ○トゥキュディデス(C.460～C.400)『歴史』	480　ペルシア戦争3度目の遠征失敗(～479) 449　カリアスの和約(ギリシア人カリアス、スサでペルシアと勢力圏を決定)	C.455　エジプトの反乱	
400		○ソクラテス(C.469～399)　○衆愚政治		404　第28王朝樹立(ペルシアより独立、～398)	○シリア・メディアで反乱

メソポタミア	イラン	インド・東南アジア	中国・日本	
C.3500 シュメール人の都市国家 　（ウルク期）太陰暦，六十進法（～C.3100） C.2500 ウル第1王朝（～C.2400） 前24世紀 アッカド王国（アッカド人，～前22世紀） 前24世紀 **サルゴン1世** 　（メソポタミア南部を統一） 前22世紀 ウル第3王朝（～前21世紀） C.2050 シュメール文化最後の繁栄		C.2600 インダス文明繁栄 インダス川流域，モヘンジョ=ダロ，ハラッパーなどの都市文明，（～C.1900） ○インダス文字（未解読） C.2000 アーリヤ人，西北インド移住，（～C.1500）	C.5000 原中国人，黄河流域に新石器農耕を開始 C.5000 長江下流域に稲作農耕文化（河姆渡文化）黄河文明 C.5000 仰韶文化繁栄 　（彩陶を特色とする黄河流域の農耕文化～C.3000） C.3000 竜山文化繁栄 　（黒陶・灰陶を特色とする～C.1500） C.3000 良渚文化繁栄（長江流域～C.2000）	紀元前（B.C.） 2000
アッシリア王国 前2000初め～前612 **古バビロニア王国**（バビロン第1王朝，アムル人）C.前20世紀末～前16世紀 C.1792～1750 **ハンムラビ王**（メソポタミア統一） C.1760 ハンムラビ法典（楔形文字） C.1595 ヒッタイト人侵入 前16世紀 カッシート人がカッシート朝を建てる（～前12世紀） 前16世紀 メソポタミア北部にミタンニ王国成立	C.1500 アーリヤ人の進出 ○ルリスタン青銅器文化	C.1500 アーリヤ人，パンジャーブ地方に移住（ヴェーダ時代，～C.600） ○東北タイ，北部ベトナムに青銅器文化 C.1200 『リグ=ヴェーダ』成立 （『ヴェーダ』はバラモン教の聖典の総称，～1000）	夏 C.前2070～C.前1600　○縄文後期（C.2000） ○環状列石（大湯） ○灰陶多く作られる（鬲・鼎などの三足土器） 殷（商） C.前16～C.前11世紀　○邑の発達 （夏の桀王，殷の湯王に滅ぼされる） ○甲骨文字，青銅器　○縄文晩期（～B.C.300） 周 C.前11世紀～前256　C.前11世紀 周の武王，殷の紂王を討ち，周を建てる 西周 C.前11世紀～前770　○周公旦，成王の摂政となり周室の基礎を確立，渭水盆地（"関中"の地）に定住	1000
前14世紀 アッシリア，ミタンニから独立 C.1350 アッシリアの発展期（都：アッシュル） C.1115 アッシリア帝国時代始まる C.877 フェニキアにしばしば遠征（～625）		C.1000 アーリヤ人，ガンジス川流域に進出 ○鉄器使用 C.900 ガンジス川流域に都市国家成立	都：鎬京 ○封建制実施（卿・大夫・士） 841 共伯和が執政，共和と号する（～828）	
○鉄製武器装備の農民軍活躍 744～727 **ティグラトピレセル3世** ○アッシリア，世界帝国へ発展 722～705 **サルゴン2世** 710 メソポタミアへ遠征		C.800 部族統合の進展 ○バラモン教，種姓（ヴァルナ）制発達 （バラモン，クシャトリヤ，ヴァイシャ，シュードラ）	C.771 犬戎の侵入，幽王敗死，西周滅亡 東周 春秋時代 前770～前403 770 周室，洛邑に遷都	800
			春秋の五覇（諸説あり） 斉の桓公（685～643） 晋の文公（636～628） 秦の穆公（659～621） 宋の襄公（651～637） 楚の荘王（613～591） 呉の夫差（495～473） 越の勾践（496～465）	
704～681 **センナヘリブ**（都：ニネヴェ） 671 下エジプトを征服 ○アッシリアのオリエント統一 668～627 **アッシュル=バニバル** **新バビロニア王国**（カルデア人）前625～前538 625 アッシリアから自立	○ゾロアスター（C.前7世紀） ○南ロシアにスキタイが遊牧国家を建設 **メディア王国** 前7世紀～前550 612 新バビロニア・メディア連合軍，アッシリアを滅ぼす	C.700 インド各地に十六王国並存 コーサラ・マガダなどがとくに有力 ○ウパニシャッド哲学成立（前7世紀ごろ）	○覇者（諸侯）の活躍 尊王攘夷 651 斉の桓公，初めて覇者となる C.632 晋の文公，覇者となる 623 秦の穆公が西方で覇を唱える 606 楚の荘王，北進し周室に対し鼎の軽重を問う	700 600
605～562 **ネブカドネザル2世** 538 ペルシアに征服される	○ゾロアスター教さかん，アーリマン（悪）に対するアフラ=マズダ（善）の神を信仰，最後の審判の思想 **アケメネス朝ペルシア** 前550～前330 都：スサ イラン（ペルシア）人による王朝 559～530 **キュロス2世** 530～522 **カンビュセス2世** 522～486 **ダレイオス1世**	C.563 ガウタマ=シッダールタ（ブッダ，釈迦牟尼）生誕，仏教を創始（～483*） **マガダ国**（シスナーガ朝）?～前413 C.549 ヴァルダマーナ（マハーヴィーラ）ジャイナ教を創始（～C.477*2） C.545～494 ビンビサーラ，マガダ王となり，国力強大	孔子（C.551～479） 510 呉，初めて越を討つ（呉越攻防の始まり） ○諸子百家の活躍始まる ○鉄器の使用（農具）が普及	
	C.519 ペルシア王ダレイオス1世，ガンダーラに侵入			
○ペルシア，中央アジアに属州をおく	○王の道整備 "王の目・王の耳"，各州を巡察 ○帝国を20余州に分け，サトラップ「王の代理人」を設置 486～465 **クセルクセス1世** 465～424 **アルタクセルクセス1世** 404～358 **アルタクセルクセス2世**	C.494～459 アジャータシャトル王，マガダ国の領域をガンジス川流域に拡大し，コーサラ国併合 C.477 第1回仏典結集（上座仏教） C.430 ガンジス川流域を統一 **マガダ国**（ナンダ朝）前413～C.前322	473 越の勾践，呉を滅ぼし，覇者を称する 453 晋の三大夫（韓・魏・趙），晋の地を3分する ○青銅貨幣 403 韓・魏・趙，諸侯となる ○詩経（儒家が編集，最古の詩集） **東周 戦国時代** 前403～前221	500 400

* 463～383という説もある。*2 539～437，442～372という説もある。

	ヨーロッパ	ギリシア	エジプト・小アジア （オリエント） シリア・イラン

400

共和政ローマ 前509～前27

マケドニア王国 前7世紀半ば～前168

アケメネス朝ペルシア 前550～前330

- 396 ウェイイ征服（エトルリア人の都市征服）
- 390 ケルト人，ローマ市に侵入
- 367 リキニウス-セクスティウス法制定
- 343 サムニウム戦争（3回，～290）
- 340 ラティニ戦争（ラテン都市同盟を解体し，ラティウム諸都市を支配，～338）
- 326 ポエティリウス法（市民の債務奴隷化禁止）
- 312 アッピア街道着工（～C.224）

- 395 コリントス戦争（～386） ヒッポクラテス（C.460～C.370）医学の父
- C.387 プラトン（427～347）アテネにアカデメイア開設『国家論』
- 386 アンタルキダスの和約（大王の和約）
- 371 レウクトラの戦い（テーベ，ギリシアを制覇）
- デモクリトス（C.460～C.370）原子論を唱える
- 359～336 **フィリッポス2世** 338 カイロネイアの戦い
- 337 コリントス同盟 336～323 **アレクサンドロス**
- 335 アリストテレス（384～322）アテネにリュケイオン開設
- 334～323 東方遠征（333 イッソスの戦い 各地にアレクサンドリア市建設
- **アレクサンドロスの帝国**
- アレクサンドロスの死後，将軍間の争い（ディアドコイ戦争）
- 306 **リュシマコス**，王号を称する 301 イプソスの戦い

- 396 スパルタの侵入（～395）
- 378 エジプトの独立（第30王朝～341）
- 341 エジプト第30王朝を征服
- 336～330 **ダレイオス3世**（イッソスの戦い，アルベラの戦いで敗北）
- 331 アルベラ〔ガウガメラ〕の戦い）
- 331 ナイル川河口にアレクサンドリア建設始まる
- 330 ダレイオス3世，部下に殺され，ペルシア帝国滅亡
- アレクサンドロスの帝国の分裂 →イプソスの戦い

300

- 287 ホルテンシウス法（平民会の立法権承認，貴族と平民の政治的平等）
- 272 ピュロス戦争 ギリシア植民市タラス（タレントゥム）を占領 イタリア半島統一完成
- 264 第1次ポエニ戦争（～241）
- 241 シチリア島，ローマの属州となる
- 218 第2次ポエニ戦争（ハンニバル戦争，～201）（216 カンネーの戦い 202 ザマの戦い）

- C.280 アカイア同盟 ○ヘレニズム文化
- 306～168 アンティゴノス朝マケドニア
- ○コスモポリタニズム（世界市民主義）広まる
- ○エウクレイデス 平面幾何学
- ○エピクロス（C.342～C.271）エピクロス派
- ○ゼノン（335～263）ストア派
- ○アリスタルコス（C.310～C.230）地動説
- ○アルキメデス（C.287～212）
- ○エラトステネス（C.275～C.194）
- 215 第1次マケドニア戦争（～205）
- 200 第2次マケドニア戦争（～197）

ヘレニズム時代

プトレマイオス朝エジプト 前304～前30
- C.304～283 **プトレマイオス1世**
- C.290 アレクサンドリアにムセイオン創立
- C.298 ポントゥス王国（～63）

セレウコス朝シリア 前312～前63
- 277 第1次シリア戦争（～272）（エジプトとパレスチナを争う）
- 262 ペルガモン王国，シリアから自立
- 260 第2次シリア戦争（～255）
- 247 第3次シリア戦争（～241）

パルティア王国 C.前248～後226
- C.248～214 **アルサケス**
- ○ギリシア風文化さかん
- 219 第4次シリア戦争（～216）

200

- ○ラティフンディウム広まり始める
- 192 シリアのアンティオコス3世と戦う（～188）
- ○中小農民の没落
- C.150 騎士階級出現
- **カトー（大）**（234～149）ラテン国粋主義を唱える
- 149 第3次ポエニ戦争（カルタゴ滅亡，～146）
- C.140 ポリュビオス（C.201～120）『歴史』
- 135 シチリアの第1回奴隷反乱（～132）
- 133 スペイン全土征服，ペルガモン領有
- 133～121 **グラックス兄弟（ティベリウスとガイウス）の改革**
- 107 **マリウスの兵制改革（傭兵制採用）**

- ○ミロのヴィーナス
- 171 第3次マケドニア戦争（～168）（168 ピュドナの戦いに敗北）
- 149 第4次マケドニア戦争（ローマと戦う）（～148）
- 146 マケドニア，ローマの属州に
- アカイア同盟壊滅し，全ギリシア，ローマの属州に
- 111 ユグルタ戦争（ヌミディア王ユグルタ，ローマと戦う）（～105）
- 104 シチリアの第2回奴隷反乱（～99）
- ○ローマ，地中海地域へ発展

- ○ローマ勢力の進出
- ○ローマと結び，セレウコス朝と戦う

- 190 マグネシアの戦い（セレウコス朝，ローマに敗北）
- 171～138 **ミトラダテス1世** セレウコス朝からメソポタミアを奪う
- 167 マカベア戦争 ユダヤ人，シリアに反乱（～142）
- ○小アジアでペルガモン市全盛
- C.170 ラオコーン像
- 142～63 ユダヤのハスモン朝
- 133 ペルガモンのアリストニコスがローマに反乱を起こす
- 124～88 **ミトラダテス2世** ローマ軍とユーフラテス川領域で戦う

100

- 91 同盟市（ソキイ）戦争（～88） 90 ローマ市民権，イタリア全土に普及
- 88 マリウス（平民派）とスラ（閥族派）の対立（～82）（82～79スラ，独裁）
- 73 スパルタクスの反乱（～71）
- 67 ポンペイウスの東地中海海賊征討
- 65 ポンペイウス，地中海よりシリア方面まで征服（～62）
- 60 **第1回三頭政治（ポンペイウス・クラッスス・カエサル）**
- 58 カエサル（C.100～44）ガリア遠征（～51） （～53）
- C.50 『ガリア戦記』
- 48 ファルサロスの戦い（カエサル，ポンペイウスを破る）
- 46 **カエサル独裁**（～44，44 カエサル暗殺）
- 43 第2回三頭政治（オクタウィアヌス・アントニウス・レピドゥス）（～36）
- 31 アクティウムの海戦（アントニウス・クレオパトラ敗北） 30 エジプト征服
- 27 オクタウィアヌス，元老院よりアウグストゥスの称号をうけ，元首政を開始 ○ゲルマン人，ローマに移住

- ○キケロ（106～43）『国家論』
- ○ウェルギリウス（70～19）『アエネイス』
- ○詩人ホラティウス（65～8）
- ○エピクロス派の詩人ルクレティウス（C.99～55）
- ○地理学者ストラボン（C.前64～後21）『地理誌』
- ○歴史家リウィウス（前59～後17）『ローマ建国史』
- 45 ユリウス暦制定（エジプトの太陽暦を改良）

- 88 ミトリダテス戦争（ポントゥス王ミトリダテス6世，ローマと戦う）（～63）
- 63 ポントゥス王国滅ぶ
- 51～30 **クレオパトラ**
- 37 クレオパトラ，アントニウスと結婚
- 31 アクティウムの海戦
- 30 アレクサンドリアをローマに占領され滅亡

- ○イラン民族文化さかん
- 63 セレウコス朝，ポンペイウスに滅ぼされる
- 63 ポンペイウス，ユダヤを征服する
- 53 カルラエの戦い（パルティア軍ローマのクラッススの軍を壊滅）
- 37 **ヘロデ**，ローマの援助でユダヤ王となる

紀元前(B.C.)

帝政ローマ 前27～後395

ローマ，地中海世界を統一

- C.4 イエス誕生

(A.D.)紀元後

- 前27～後14 **オクタウィアヌス**
- 14～37 **ティベリウス**
- 37～41 **カリグラ**
- 41～54 **クラウディウス**
- 54～68 **ネロ**
- 69～79 **ウェスパシアヌス**
- 79～81 **ティトゥス**
- 81～96 **ドミティアヌス**
- 96～98 **ネルウァ**
- 98～117 **トラヤヌス**（スペイン出身）

- ○属州を2種に分け，治安不安な州を皇帝，他を元老院の統治下におく 共和政治の伝統尊重 ローマ精神振興
- 9 トイトブルクの森の戦い（ローマ軍，ゲルマン人に惨敗）
- ○ローマ市民権，属州の一部に拡大
- 43 ブリタニア州創設 46 トラキア州創設
- 64 ローマ市の大火 ネロの迫害 キリスト教徒殉教
- 69 東方属州軍，ウェスパシアヌスを擁立
- ○皇帝権力強化 財政再建 辺境防備強化
- 79 ヴェズヴィオ火山噴火，ポンペイ，ヘルクラネウム等が埋没，プリニウス死去（C.23～79）『博物誌』
- ○皇帝と元老院の協調成立 83 ライン・ドナウ両川上流に防塁（リメス）構築始まる
- 96 元老院，ネルウァを推挙

- ○ラテン文学黄金時代
- ○セネカ（C.前4～後65）ストア派『幸福論』
- C.45～64 ペテロ・パウロら使徒の伝道
- 80 コロッセウム，公共浴場建設
- ○ガール水道橋建設
- ○『エリュトゥラー海案内記』

- 6 ユダヤ，ローマの属州に
- C.30 イエス刑死
- ○キリスト教の成立（イエスをキリスト〔メシア，救世主〕とする）
- 44 ユダヤ，再びローマ領となる
- 58 ローマと戦い，アルメニアを失う（～63）
- 66 ティトゥスのローマ軍，イェルサレムを破壊（ユダヤ人流浪始まる）（～70）
- C.97 後漢の班超の部下甘英，条支（シリア？）に到着

100

中央アジア	インド・東南アジア	中央ユーラシア	中 国	朝鮮・日本	
					400
	○『マハーバーラタ』『ラーマーヤナ』の原型成立 C.377　第2回仏典結集 C.326　アレクサンドロス，西北インドへ進攻 ○東南アジアでドンソン文化（～後1世紀）	C.500　オルドス青銅器文化盛期（～100）	○牛犂耕，普及する 戦国の七雄（斉・楚・秦・燕・韓・魏・趙） 386　斉の田氏，その主にかわる ○公孫竜（名家）　○墨子（C.480～C.390） 359　秦の孝公，　　（兼愛を唱える） 　　商鞅の策を入　○呉子（？～381） 　　れ，変法実施　○孫子（孫武・孫臏，前500ごろ） 350　秦，咸陽に　○商鞅（？～338） 　　遷都　　　　○申不害（？～C.337） 333　蘇秦，合従　○老子（C.395～335） 　　策を説き，6国　○楊子（C.395～335） 　　の宰相となる　○蘇秦（？～？）縦横家 ○匈奴の騎馬戦術を採用　○張儀（？～310） 311　張儀，連衡策を説くが，のち崩壊		
	マウリヤ朝 C.前317～C.前180 C.317～296　チャンドラグプタ	匈奴			300
バクトリア王国 前3世紀半ば～C.前139 C.255　シリアより独立	○カウティリヤ『アルタ゠シャーストラ』（実利論） C.268～C.232　アショーカ王，インド統一（マウリヤ朝全盛） C.260　アショーカ王，カリンガ征服，このころより仏教を保護 ○仏教圏の拡大 C.256　スリランカに仏教伝わる 　　　アショーカ王磨崖碑 ○サーンチーの仏塔建立 C.244　第3回仏典結集 前3世紀　南インドにチョーラ朝 （～後13世紀）	匈奴（オルドス），月氏（甘粛），キルギス・丁零（南シベリア），烏孫（天山北方），鮮卑（モンゴリア），フェルガナ（シル川上流），康居（アラル海北東）などの活躍がはじまる ○万里の長城建設 215　匈奴，秦の将軍蒙恬に討たれ，オルドスから後退 209～174　冒頓単于（匈奴），大遊牧帝国建設 200　白登山の戦い（匈奴，漢の高祖を囲む）	○鄒衍，五行説を唱える（陰陽家） 256　秦，東周を滅ぼす　○荘子（？～？） 247　秦王政即位　　　○孟子（C.372～C.289） 秦　　　　都：咸陽　○屈原（C.340～C.278）『楚辞』 前8世紀～前206　　○荀子（C.298～C.235） 221　秦王政，天下統一　皇帝と称する　○韓非（韓非子，？～234） 郡県制実施　　○中国古代帝国の成立 221～210　始皇帝（秦王政） 213　焚書・坑儒（～212） 209　陳勝・呉広の乱（～208） 206　項羽・劉邦の争い（～202） 206　秦滅亡 203　南越建国（～111）　202　垓下の戦い	日本の北九州に弥生文化生まれる	
C.190～167　デメトリオス2世西北インドに侵入 C.176　月氏，匈奴に追われ西遷（～160） C.163　メナンドロス（ミリンダ）西北インド支配 C.140　月氏，烏孫に追われオクソス（アム）川北岸へ移動（～C.129） C.139　バクトリア，トハラ（大夏）により滅亡	C.180　マウリヤ朝崩壊 ○分裂時代	176　月氏を滅ぼし，西域を支配 174～161　老上単于，匈奴を支配 129　漢将衛青，匈奴討伐（7回）（西域の経営） 121　漢将霍去病，匈奴を討つ	前漢 前202～後8　202～195　高祖（劉邦） 郡国制実施 195　高祖死し，呂太后専制始まる（～180） 154　呉楚七国の乱 ○董仲舒（C.176～104）『春秋繁露』 141～87　武帝（漢の全盛） 139　武帝，匈奴挟撃のため張騫を大月氏に派遣（～126） 136　五経博士をおく（儒学の官学化）134　郷挙里選 127　推恩の令（諸侯弱体化，集権強まる） 　　匈奴の渾邪王，漢に降る C.123　淮南王劉安『淮南子』	衛氏朝鮮時代 C.前190～前108 C.190　衛満，古朝鮮の王となる	200
大月氏 C.前140～後1世紀　C.130　バクトリアの地を併合	オアシスの道さかんになる（シルク゠ロード）	104　漢の李広利，フェルガナ（大宛）遠征（～102）	119　五銖銭鋳造，塩・鉄・酒専売　115　均輸法 111　南越を滅ぼし，南海9郡設置　110　平準法	108　漢，古朝鮮（衛氏）を滅ぼし楽浪・玄菟・真番・臨屯の朝鮮4郡をおく	100
65　大月氏，5翕侯を封じてバクトリア地方を分治させる	サータヴァーハナ朝 （アーンドラ朝） 前1世紀～後3世紀 都：プラティシュターナ	ノインウラの匈奴文化 C.65　匈奴乱れ五単于並立 54　匈奴，東西に分裂 58～31　呼韓邪単于（東匈奴） 56～36　郅支単于（西匈奴） ○西匈奴，康居方面へ移る（36滅亡） 33　王昭君，呼韓邪単于に嫁ぐ	○桓寛『塩鉄論』 ○司馬遷（C.145*～86*2）『史記』 60　西域都護府をおく（～後107） 54　常平倉をおく（～44） 8　王莽，大司馬となる 7　限田法（大土地所有者の反発で実施されず） 1　哀帝死に，王莽政権を握る	82　漢，真番・臨屯の2郡を廃止（漢の勢力後退） 高句麗 C.前37～後668 C.37　朱蒙，高句麗を建国と伝えられる	紀元前（B.C.）
クシャーナ朝 1世紀～3世紀 1世紀半ば　カドフィセス1世，4翕侯をあわせ覇を称す ○パルティア衰え，クシャーナ朝西北インドに勢力拡大 C.60　ガンダーラ地方支配 1世紀末～2世紀初　カドフィセス2世	ローマとの季節風貿易さかん（海の道） ○『マヌ法典』 ヒンドゥー教成立 ヴィシュヌ・シヴァ神（信仰） ○サータヴァーハナ美術 ○サータヴァーハナ朝，領域最大に ○メコン川下流に扶南おこる	1世紀半ば　匈奴，南北に分裂 49　鮮卑・烏桓ら後漢に朝貢 73　後漢の将竇憲北匈奴を討つ（～75） 89　後漢の将竇憲北匈奴を撃破（～91） 91　北匈奴，イリ地方に移動開始 93　鮮卑，北匈奴の故地に移る C.100　メコン川下流に扶南おこる	8　外戚の王莽，前漢を奪い，新建国 18　赤眉の乱（～27） 新　8～23　23　王莽敗死し，新滅びる 25　劉秀，後漢建国（都：洛陽） 後漢 25～220　25～57　光武帝（劉秀） 36　後漢，中国を統一 40　ベトナムでチュン（徴）姉妹の反乱（～43） 57～75　明帝　○仏教伝わる*3　○豪族の台頭 ○班固（32～92）『漢書』（班昭が完成） ○班超，西域に派遣される 88～105　和帝 91　班超，西域都護となりクチャ（亀茲）に駐屯 94　班超，カラシャールを討ち，西域諸国，後漢に服属 97　班超，甘英を大秦に派遣　○許慎『説文解字』	21　高句麗，扶余に出兵 32　高句麗，後漢に朝貢 57　倭の奴国王の使者，洛陽にいたり，光武帝より印綬を受ける	（A.D.）紀元後
					100

＊前135年という説もある。　＊2前87年という説もある。　＊3一説では前2世紀ごろとも。

ヨーロッパ・北アフリカ	西アジア・イラン

帝政ローマ 前27～後395

パクス=ロマーナ

五賢帝時代 96～180

117～138 **ハドリアヌス**
138～161 **アントニヌス=ピウス**
161～180 **マルクス=アウレリウス=アントニヌス**(哲人皇帝)
180～192 **コンモドゥス**(悪帝)
193～211 **セプティミウス=セウェルス**

101 ダキア占領(～106)
113 トラヤヌスの大遠征, アルメニア・メソポタミア服属(～117)
122 ブリタニアにハドリアヌスの城壁(リメス)建設(～127)
○官僚制・軍制整備 救貧事業・公共建造物に尽力
○ゲルマン諸族, しばしば領内に侵入
C.166 ペスト大流行, 大飢饉で人口減少(～167)
168 ゲルマンのマルコマンニ人, 北イタリアへ侵入, 撃退される(～175, 177～180)
○ラティフンディア衰退
C.180 ゲルマン人の領内居住始まる
○貨幣経済の危機始まる

C.98 タキトゥス(C.55～C.120) 『ゲルマニア』
○プルタルコス(C.46～C.120) 『対比列伝(英雄伝)』
120 ローマのパンテオン建設
○エピクテトス(C.55～C.135) ストア派『語録』
○プトレマイオス(C.2世紀) 『天文学大全』
○ガイウス(C.110～C.180) 『法学提要』
○マルクス=アウレリウス=アントニヌス(121～180)『自省録』
○医師ガレノス(C.130～200) C.2世紀末 『新約聖書』

○凱旋門(トラヤヌス帝)
132 ユダヤ人の反乱鎮圧(第2次ユダヤ戦争, ユダヤ人, 完全に流浪民化, ～135)

パルティア王国 C.前248～後226

115 トラヤヌス帝にクテシフォンを占領される
116 ローマ, ティグリス川を国境とする
○パルティアの衰退
161 ローマ, パルティアと戦う(～165)

[3世紀の危機]

211～217 **カラカラ**

軍人皇帝(26名)時代
235～238 **マクシミヌス1世**
253～260 **ウァレリアヌス**
283～284 **ヌメリアヌス**

284～305 **ディオクレティアヌス**(東)
286～305 **マクシミアヌス**(西)

212 アントニヌス勅令(ローマ市民権, 帝国全土に拡大)
○ローマ支配体制の動揺
○キリスト教徒の迫害激化
249 デキウス帝, キリスト教徒を迫害(～251)
C.250 ゴート人, ドナウ川を越え侵入 ゲルマン人・フランク人の侵入 国境地帯防衛を強化
293 ディオクレティアヌス, 帝国四分統治始める ドミヌスの称号採用(専制君主政[ドミナトゥス]) ニコメディアに遷都(皇帝崇拝強制)
○現物税・農民の土地束縛(コロナトゥス)始まる
296 マニ教迫害

216 カラカラ浴場完成
○プロティノス(C.205～C.269) 新プラトン主義
○キリスト教教会各地に成立

260 ウァレリアヌス, シャープール1世と戦い捕虜となる(エデッサの戦い)

サSアン朝ペルシア 224～651
224～C.241 **アルダシール1世**
226 パルティアを滅ぼす
○ゾロアスター教, 国教となる
241～272 **シャープール1世**
C.245 マニ, マニ教を創始
○『アヴェスター』編纂
○対ローマ抗争激化
276 マニ処刑

306～337 **コンスタンティヌス帝**(1世)
324 東西ローマを再統一(単独の支配者に)
330 ビザンティウムに遷都(コンスタンティノープルと改称)
361～363 **ユリアヌス**(背教者)
364～375 **ウァレンティニアヌス**(西)
364～378 **ウァレンス**(東)
379～395 **テオドシウス帝**(1世)

301 最高価格令 302 マニ教禁止
303 キリスト教への最後の大迫害(ディオクレティアヌス帝の大迫害, ～305)
312 マクセンティウスを破る
313 ミラノ勅令(キリスト教公認)
325 ニケーア公会議(アタナシウス派を正統とし, アリウス派は異端とされる)
332 職業世襲化勅令 コロナトゥスの完成
361 ユリアヌス, 異教復興し, キリスト教弾圧
364 東西分治制始まる
369 ゴート人を撃退
375 フン人ヴォルガ川を越え東ゴートを支配 西ゴート, 移動開始(ゲルマン人の大移動)
376 西ゴート, ドナウ川を渡る
378 アドリアノープルの戦い→ウァレンス帝敗死(ローマ, ゲルマン人との戦いに敗北)
380 キリスト教信仰を強制する勅令を発す
381 コンスタンティノープル公会議
392 キリスト教, ローマ帝国の国教となる(他のすべての異教信仰を厳禁)

305～306 エジプトにキリスト教最初の修道院 アタナシウス(C.295～373)三位一体説
326 聖ピエトロ寺院(バシリカ式)
363 ユリアヌス帝「キリスト教徒駁論」
393 古代最後のオリュンピア競技

309～379 **シャープール2世**
337 ローマ軍, メソポタミアに侵入(～350)
371 ローマと戦う(～376)
○ミトラ教さかん

西ローマ帝国 395～476
都：ミラノ (402 ラヴェンナ)
395～423 **ホノリウス**

395 ローマ帝国, 東西に分裂

395～408 **アルカディウス**
皇帝教皇主義
都：コンスタンティノープル

東ローマ帝国 395～1453

420～421 東ローマ, サSアン朝と戦う
421 東ローマに敗れ, キリスト教徒に信仰の自由を認める
○このころネストリウス派キリスト教流入
C.450 エフタルの活躍
484 エフタルに敗れ, 以後その影響下にはいる

イギリス(イングランド)

449 アングロ=サクソン人・ジュート人侵入
○アングロ=サクソン七王国(ヘプターキー)時代(449～829)

西ゴート王国 418～711
415～419 **ワリア王**(418 ローマ皇帝から南ガリア支配権承認される)
470 イスパニア大半を占領

C.409 ヴァンダル・スエヴィ・アラン人の侵入開始

ブルグント王国 443～534
451 カタラウヌムの戦い
443 ローヌ川上流に建国

フランク王国(メロヴィング朝) 481～751
○クローヴィス(481～511)
486 ソワソンの戦い
496 クローヴィス, アタナシウス派(カトリック)に改宗(ゲルマン布教)

○各地にゲルマン諸国家建設
C.433ごろ～453 **アッティラの大帝国**(フン人)
438 『テオドシウス法典』発布
452 教皇レオ1世, アッティラを退去させる
476 西ローマ帝国滅亡
476～493 **オドアケルの王国**
○恩貸地制
C.473～526 **東ゴート王国** 493～555
テオドリック

教父哲学 ○アウグスティヌス(354～430) 『神の国』『告白録』

ヴァンダル王国 429～534
429～477 **ガイセリック**
429 ヴァンダル, 北アフリカに建国
439 カルタゴの故地に移る
455 ローマ略奪
488 皇帝ゼノン, テオドリックにイタリア回復を命ずる
499 ブルガール人侵入

431 エフェソス公会議(ネストリウス派, 異端となる)
451 カルケドン公会議(単性論派, 異端となる)

---

508 トロサをフランクに占領されトレドに遷都
560 ケント王エセルベルト優勢(～616)
585 スエヴィ王国併合
C.597 ブリタニアにキリスト教布教

C.529 ベネディクトゥス, モンテ=カッシーノに修道院創設「ベネディクトゥス戒律」
547 聖ヴィターレ聖堂完成
555 東ゴート王国, 東ローマに征服される

511 『サリカ法典』
511 クローヴィス死後王国分裂
511～561 **クロタール1世**(558 フランク再統一)
534 ブルグント王国を併合
561 クロタール1世の死後, 再び分裂
584～628 **クロタール2世**(613 王国統一)
○ピピン(大)(C.580～640) アウストラシア王国の宮宰(カロリング朝の祖)
○分割相続により王国分裂, 王権弱体化

東ローマ帝国 518～610 (ユスティニアヌス朝)
527～565 **ユスティニアヌス1世**
529 アテネのアカデメイア閉鎖
532 ニカの反乱鎮圧
528 『ローマ法大全』編纂(～534)
534 東ローマ, ヴァンダルを征服
537 聖ソフィア大聖堂改築完成 モザイク壁画
549 アンティオキア回復 (ビザンツ式)
565 アヴァール人の王国さかん(～602)
C.583 スラヴ人, バルカン半島への移動始まる

ランゴバルド(ロンバルド)王国 568～774
568 アルボイン, 北イタリアに建国
590～604 教皇グレゴリウス1世

524 東ローマと戦う(～531)
531～579 **ホスロー1世**
540 東ローマと戦い, アンティオキア占領, コーカサス, エジプト占領(～562)
○最大版図実現
○サSアン朝美術発達
562 ホスロー1世, エジプト遠征
581 東ローマと戦う(～591)
591～628 **ホスロー2世**

中央アジア	インド・東南アジア	中央ユーラシア	中国	朝鮮	日本	
クシャーナ朝 1世紀～3世紀	**サータヴァーハナ朝** 前1世紀～後3世紀	匈奴	後漢 25～220	高句麗 C.前37～668		100
○ガンダーラ美術隆盛 （仏像彫刻）			105 蔡倫, 製紙法を改良　　○訓詁学	105 高句麗, 遼東に侵入	107 倭王帥升, 後漢に生口献上	
C.128～C.155 **カニシカ王** （クシャーナ朝最盛期）	C.125 インダス川下流にサカ族建国（～C.390）		107 西域諸国離反, 西域都護廃止　　馬融（79～166） 120 西域都護復活　　鄭玄（127～200）			
C.150 第4回仏典結集			124 班勇, 匈奴を討ち, 西域諸国再び服属			
○ソグド地方に住むソグド人, 東西交易に活躍		鮮卑 156～	125 宦官19人列侯となる（宦官の弊しだいに著しくなる） 146～167 桓帝　　○候風地動儀（張衡）			
○仏教詩人アシュヴァゴーシャ（馬鳴, 100～C.160）	○ナーガールジュナ（竜樹）大乗仏教確立	156 鮮卑の檀石槐, モンゴル統一	148 パルティアの僧安世高, 洛陽にいたり仏典漢訳 166 党錮の禁（, 169）			
○オアシス都市を結んでオアシスの道発達	C.192 中部ベトナムにチャンパー（チャム人の国）成立	158 鮮卑, 遼東に侵入, 領土拡大	166 大秦王安敦（マルクス=アウレリウス=アントニヌス帝?）の使者, 海路日南（ベトナム）に到着			
		C.178 鮮卑のモンゴル統一崩れる（～C.184）	184 黄巾の乱こる（太平道の開祖張角が指導） 189 董卓, 洛陽に入り献帝を擁立			
			○張陵が四川地方で五斗米道を始める 192 曹操（155～220）挙兵			200
	○サータヴァーハナ朝衰えインド分裂		207 劉備, 諸葛亮を宰相とする 208 赤壁の戦い　以後天下3分の形勢（三国時代）	C.204 遼東の公孫氏, 帯方郡設置		
		206 烏桓, 華北に侵入	220 魏晋南北朝（～589）	209 高句麗, 丸都城（国内城）に遷都		
		224 鮮卑, 華北に侵入	**魏** 220～265　　220 曹丕, 後漢を滅ぼす　○三国鼎立 220～226 曹丕（文帝）			
	C.300 インド南東岸にパッラヴァ朝成立（～9世紀）	○鮮卑分裂（慕容部, 宇文部, 段部, 拓跋部など）	220 九品官人法（九品中正） ○屯田制	238 魏, 遼東を占領	239 邪馬台国女王卑弥呼, 魏に遣使	
	○バクティ信仰普及（ヒンドゥー教）		○竹林の七賢, 清談流行　　**蜀** 221～263　**呉** 222～280 263 魏, 蜀を滅ぼす　221～223 劉備　222～252			
3世紀 ササン朝の勢力西北インドに及び, クシャーナ滅亡			227 諸葛亮　　孫権 『出師表』 ○羌・氐・羯, 中国西北辺に進出	244 魏, 高句麗の丸都を攻略（～245）		
			西晋 265～316　265 司馬炎, 魏を奪う		266 倭女王（壱与?）, 西晋に遣使	
		281 慕容部台頭 289 慕容部, 西晋に降る	265～290 武帝（司馬炎） 280 西晋, 呉を滅ぼす　○西晋の中国統一　○占田法・課田法実施		C.3世紀 朝鮮中南部, 三韓時代（馬韓・辰韓・弁韓）	
			291 八王の乱（～306）　○陳寿（233～297）『三国志』			300
○インドの再統一		319 慕容部, 遼東占領	306～312 懐帝	313 高句麗, 楽浪郡を滅ぼす		
グプタ朝 C.318～C.550		337 慕容皝, 燕王と称する（前燕, ～370）	310 西域僧仏図澄（ブドチンガ）（C.232～348）, 洛陽に来る　○神仙思想 311 永嘉の乱（匈奴劉聡が, 西晋を滅ぼす, ～316）　○老荘思想			
318～C.335 **チャンドラグプタ1世** C.335～376 **サムドラグプタ**			**五胡十六国** 304～439　○五胡（匈奴・羯・鮮卑・氐・羌）の中国侵入　**東晋** 317～420			
			○仏図澄（ブドチンガ）, 後趙の保護を受け, 仏教を広める　317 司馬睿（元帝）江南に建国 都：建康 江南の開発	**百済** C.346～660	○古墳文化	
○バラモン教復興		**柔然** ?～555	351 氐の苻健, 前秦建国　○葛洪（C.283～363）『抱朴子』 366 敦煌千仏洞開鑿　○王羲之（C.307～C.365）『蘭亭序』			
	○アジャンター・エローラ石窟寺院（グプタ美術）	○柔然, 拓跋部の支配を脱する	376 前秦の苻堅, 華北統一　○王献之（344～388）　六朝文化 382 前秦, 西域を討つ　　○陶淵明（365～427）『帰去来辞』 222	**新羅** C.356～935	C.350 ヤマト王権の成立	
○ブッダガヤの大塔建造始まる			383 淝水の戦い, 前秦, 東晋に敗れ, 覇業失敗　○謝霊運（385～433）　～ 364 土断法制定　　589	369 百済・倭国連合軍, 新羅を破る		
C.375～C.414 **チャンドラグプタ2世（超日王）**このころグプタ朝最盛期			○西域僧鳩摩羅什（クマラジーヴァ）（344～413）, 仏典を漢訳 390 慧遠（334～C.416）, 廬山で白蓮社を結社　○顧愷之（C.344～C.405）『女史箴図』	372 高句麗に仏教伝来 384 百済に仏教伝来		
390 サカ王朝を滅ぼす		**北魏** 386～534	4～5世紀 法顕（C.337～C.422） 386 鮮卑の拓跋珪建国	391～412 高句麗広開土王（好太王）（高句麗と倭国の南朝鮮での対立激化）		
○東南アジアにインド系文化広がる		391 柔然, 北魏に敗れる	386～409 道武帝（拓跋珪）　　インド旅行『仏国記』	391 このころから倭国何回か朝鮮侵入		
4世紀 中国の僧法顕, インド訪問						400
○サンスクリット文学黄金時代		402 柔然の社崙, 可汗を称する	**北朝**　**南北朝時代**　**南朝** 439～581　　420～589　　○山水画	404 帯方界に進出し, 高句麗と戦う		
○カーリダーサ 『シャクンタラー』			423～452 太武帝 439 華北を統一（都：平城）　　**宋** 420～479	414 高句麗, 広開土王碑を建立	413 倭王讃, 東晋に朝貢　以後倭の五王の使者, 宋にいたる	
○『マハーバーラタ』『ラーマーヤナ』完成		449 柔然, 北魏に敗れ急速に衰退	○寇謙之（363～448）道教を大成　420～422 **武帝（劉裕）** 446 廃仏 450 文帝北征し, 北魏と関中で戦う　424～453 **文帝** 元嘉の治	427 高句麗, 平壌遷都		
○ナーランダー僧院建立		450 高昌国おこる（～640）	○雲崗石窟開鑿　　　　　　『後漢書』（范曄撰）			
エフタル C.5世紀～6世紀	○グプタ様式仏像 彫刻さかん（アジャンター・エローラ石窟寺院）	C.485 高車, 柔然より独立し, 天山北麓に建国	471～499 孝文帝（漢化政策） ○禅宗　　　　　　　　　　**斉** 479～502	475 高句麗, 百済の都漢城を攻める		
C.450 中央アジアに台頭	○エフタルの侵入		485 均田制を実施 486 三長制実施　479～482 **高帝（蕭道成）** 494 洛陽に遷都　竜門石窟開鑿			500
○アヴァール人, 中央ヨーロッパに侵入			祆教伝来　○酈道元（469～527）『水経注』 532 賈思勰『斉民要術』完成（～544）　　　　　　**梁** 502～557	520 新羅, 律令を制定（都：慶州）	513 百済より五経博士来朝	
	C.520 エフタルの侵入によりグプタ朝分裂	**突厥** 552～744　552 柔然を破り建国	534 北魏, 東西分裂　502～549 **武帝（蕭衍）** **西魏** 535～556　**東魏** 534～550　○昭明太子（501～531）『文選』	6世紀 新羅, 骨品制確立 527 新羅初めて仏法を行う	538（552）百済より仏教伝わる（大乗仏教）	
	C.550 南インドにチャールキヤ朝（～642）	555 柔然滅亡	○府兵制採用　548 侯景の乱（～52）	532 新羅, 金官加耶を滅ぼす	587 蘇我氏, 物部氏を滅ぼし政権掌握	
6世紀 突厥, ペルシアと結んでエフタルを滅ぼす	○カンボジアにクメール人の真臘おこり, 扶南衰退	583 突厥, 東西に分裂	**北周** 556～581　　**北斉** 550～577	538 百済, 泗沘（扶余）に遷都	593～622 厩戸王（聖徳太子）	
		○タングート, 青海地方に居住	574 武帝の廃仏　577 北周, 北斉を滅ぼす　　**陳** 557～589	562 新羅, 大加耶を滅ぼす	**飛鳥時代** ～710	
			隋 581～618　581 楊堅, 北周を奪い建国　557～559 **武帝（陳覇先）** 589 陳を滅ぼし, 中国統一			600

年	イギリス	イベリア半島	フランス	ドイツ・イタリア	東欧・北欧・ロシア	西アジア・北アフリカ
		西ゴート王国 418〜711	フランク王国(メロヴィング朝) 481〜751	ランゴバルド王国 568〜774	東ローマ帝国 518〜610(ユスティニアヌス朝)	ササン朝ペルシア 224〜651
600	601 カンタベリ大司教座設置	C.630 東ローマをイスパニア南部から撃退	C.640 王国東西分裂のきざし　○ピピン(中), 全フランクの宮宰となり, 王国の実権掌握	○グレゴリオ聖歌成立　○ランゴバルド王国のローマ化進む　○都市ヴェネツィアの共和政始まる　○ランゴバルド全盛	○ビザンツ世界の成立(ラテン語の公用化)　○ビザンツ文化　**ビザンツ帝国(東ローマ帝国)(ヘラクレイオス朝)610〜717**　610〜641 ヘラクレイオス1世　617 ペルシア軍, コンスタンティノープルに迫る　○軍管区制・屯田兵制を採用　626 アヴァール人を撃退　628 ヘラクレイオス1世, ペルシアと講和　634 イスラームの侵入始まる　○エジプト, イスラーム軍により征服される アレクサンドリアの図書館焼失　668〜685 コンスタンティヌス4世　673 イスラーム軍, コンスタンティノープル包囲　678「ギリシアの火」でイスラーム軍撃退される　680 コンスタンティノープル公会議(キリスト両性説確立, 〜81)　697 イスラーム軍, カルタゴ占領　○自由農民形成による帝国強化	603 東ローマと戦い, ダマスクス・イェルサレム・エジプト占領(〜619)　C.610 ムハンマド(C.570〜632), アッラーの教え(イスラーム)を説く　622 ヒジュラ(聖遷), イスラーム暦元年　630 ムハンマド, メッカを占領, アラビア半島統一　**正統カリフ時代 632〜661**　642 ニハーヴァンドの戦い　651 ササン朝ペルシア滅亡　653『クルアーン(コーラン)』　661 アリー暗殺(正統カリフ時代終わる)→シーア派　**ウマイヤ朝 661〜750(アラブ帝国)**　661〜680 ムアーウィヤ(カリフ襲制)(都:ダマスクス)
700	C.700『ベオウルフ』成立　731 ベーダ(673〜735)『イングランド教会史』	711〜 ヘレスの戦い(西ゴート王国滅亡, イスラーム支配開始)　711 ウマイヤ朝支配(〜750)　718 西ゴート人, アストゥリアス王国建設　**後ウマイヤ朝(西カリフ国) 756〜1031** 都:コルドバ　756〜788 アブド=アッラフマーン1世	714〜741 宮宰カール=マルテル　732 トゥール・ポワティエ間の戦い(イスラーム軍撃退)　○荘園制の発達始まる　**フランク王国(カロリング朝) 751〜843**　751 宮宰ピピン(小), フランク王位を篡奪 ピピン3世(〜768)　756 ピピンの寄進, ランゴバルドを破り, 教皇領を献上(ラヴェンナ 教皇領の始まり)　768〜814 カール大帝　774 ランゴバルド王国征服(カール大帝, イタリア王を兼ねる)　8世紀末 アヴァール人を撃退　○アルクイン, 宮廷に招聘される(カロリング=ルネサンス)　800 カール大帝皇帝の帝冠うける(西ローマ帝国の復興, 〜814)	715〜731 教皇グレゴリウス2世　739 ランゴバルド, ローマ包囲　751 ランゴバルド, 東ローマ領のラヴェンナ攻略　**ローマ教皇領**	**ビザンツ帝国(イサウロス朝) 717〜802**　717〜741 レオン3世　717 イスラーム軍, コンスタンティノープルを包囲し敗退(〜718)　726 聖像禁止令(聖像崇拝問題の論争)　746 キプロス島をウマイヤ朝より回復　C.760 ブルガール人と戦う　787 摂政イレーネ, 聖像崇拝を復活　797〜802 女帝イレーネ	サハラ南端にガーナ王国(〜11世紀)　○イスラーム世界の拡大　**アッバース朝(東カリフ国) 750〜1258(アッバース家)(イスラーム帝国)(カリフ制)**　750〜754 アブー=アルアッバース　754〜775 マンスール　756 ウマイヤ朝の遺族コルドバに後ウマイヤ朝おこす　762 新都バグダード建設開始　786〜809 ハールーン=アッラシード　○イスラーム文化最盛
800	829 ウェセックス王エグバート(775〜839)のイングランド統一　C.850 デーン人の侵入始まる　878 アルフレッド大王, デーン人を撃退　○ヴァイキングの侵入	822〜852 アブド=アッラフマーン2世　852〜886 ムハンマド1世	812 アーヘン条約(東ローマ皇帝, カールの西ローマ帝位を承認)　○ノルマン人, ヨーロッパ各地に侵入(第2次民族移動, 9〜11世紀)　814〜840 ルートヴィヒ1世(敬虔帝)　840〜855 ロタール1世　843 ヴェルダン条約(東・西・中部フランクに3分)　**西フランク王国 843〜987**　843〜877 シャルル2世(875皇帝)　870 メルセン条約　879〜882 ルイ3世　884〜887 カール3世の東西フランク合同　898〜923 シャルル3世	○アインハルト(C.770〜840)『カール大帝伝』　○階層制(ヒエラルヒー)司教制度　**東フランク王国 843〜911**　843〜876 ルートヴィヒ2世(ドイツ人王)　876〜887 カール3世(881皇帝)　875 カロリング朝断絶　**ロタール王国(イタリア王国) 843〜75**　840〜855 ロタール1世　855〜870 ロドヴィコ2世　875 カロリング朝断絶	843 コンスタンティノープル公会議(聖像崇拝承認)　867 コンスタンティノープル総主教, ローマ教皇を破門　**ノヴゴロド国 C.862〜1478**　C.862 リューリク建国(伝説)　**ビザンツ帝国(マケドニア朝) 867〜1056**　**キエフ公国 9世紀後半〜13世紀**　C.9世紀 ノルウェー王国・デンマーク王国成立　895 マジャール人, ハンガリー侵入	813〜833 マームーン　832 バグダードにバイト=アルヒクマ(知恵の館)開設(ギリシア文化の移入) 外来の学問のイスラーム化　○フワーリズミー(780〜C.850)代数学を創始　○錬金術　833 トルコ人親衛隊創設　868 エジプトにトゥールーン朝成立(〜905)　8〜9世紀『千夜一夜物語』
900	○『アングロ=サクソン年代記』の編集　C.950 ウェセックス朝による全イングランド統一　C.980 デーン人の侵入激化	905 ナヴァル王国成立　912〜961 アブド=アッラフマーン3世　929 カリフを称する(西カリフ国)　○後ウマイヤ朝全盛　**カスティリャ王国 C.930〜1479**　C.930 成立　レコンキスタ(国土再征服運動, 〜1492)	910 クリュニー修道院設立　911 ノルマン首長ロロ, ノルマンディー公に封ぜられる(ノルマンディー公国成立)　987 カロリング朝断絶　**カペー朝(フランス王国) 987〜1328**　987〜996 ユーグ=カペー(パリ伯)	900〜911 ルートヴィヒ4世(カロリング朝断絶)　911〜918 コンラート1世　**ザクセン朝 919〜1024**　919〜936 ハインリヒ1世　○イスラーム, 南イタリア侵入　○マジャール人, ドイツ・北イタリア侵入　936〜973 オットー1世　951〜 3回のイタリア遠征　955 レヒフェルトの戦い(マジャール人撃退)　955〜964 教皇ヨハネス12世　**神聖ローマ帝国 962〜1806**　962 オットー1世, 神聖ローマ皇帝に即位　996〜999 教皇グレゴリウス5世(初めてのドイツ人教皇)	○セルビア・ブルガリアのキリスト教化　○西スラヴ系民族自立運動始まる　910 ダルマティアのトミスラフ, クロアティア公になる　924 トミスラフ, クロアティア王を名乗る　966 ポーランド, カトリック化　980〜1015 ウラジーミル1世(キエフ公国)　989 ウラジーミル1世, ギリシア正教に改宗	**ファーティマ朝 909〜1171**　909 チュニジアに成立　**ブワイフ朝 932〜1062** バグダードで実権掌握　○イクター制　969 エジプト征服 首都カイロ建設　○アズハル学院設立
1000	**デーン朝 1016〜42**　1016 デーン人のクヌート(〜35)イングランド王に　**ノルマン朝 1066〜1154**　1066〜87 ウィリアム1世　1066 ノルマン=コンクェスト(ヘースティングズの戦いで勝利)　1086 ドゥームズデー=ブック編集	1031 後ウマイヤ朝断絶　**アラゴン王国 1035〜1479**　**ムラービト朝 1056〜1147**　1076 アラゴン, ナバル合同(〜1134)　1091 ムラービト朝イベリア半島南部を支配	○封建制度の完成　○吟遊詩人の活動(騎士道)　C.1065『ローランの歌』成立(騎士道物語)　○ロマネスク式建築隆盛　**1096〜99 第1回十字軍**(聖地イェルサレム奪回のため遠征)　1098 シトー派修道会設立	1002〜24 ハインリヒ2世(3回のイタリア遠征)(歴代の皇帝, イタリア政策)　1024〜39 コンラート2世　**ザリエル朝 1024〜1125**　1041 ボヘミア服属　1044 ハンガリー服属　1056〜1106 ハインリヒ4世　1070 南イタリア征服　1073〜85 教皇グレゴリウス7世　1075 聖職叙任権闘争(〜1122)　1075 グレゴリウス7世, 聖職売買禁止　1077 カノッサの屈辱　1088 ボローニャ大学成立　○ピサ大聖堂　1088〜99 教皇ウルバヌス2世　1095 ウルバヌス2世, クレルモン教会会議召集	1000 ハンガリー王国のイシュトヴァン, 教皇より王号を許される　1018 ビザンツ, ブルガリア征服　1054 キリスト教会東西分裂(ギリシア正教会)　**ビザンツ帝国(コムネノス朝) 1081〜1185**　○プロノイア制の導入　1081〜1118 アレクシオス1世　1071 マンジケルトの戦い, セルジューク朝, イェルサレムを占領　1082 ヴェネツィア, 東ローマの商業権獲得 東方(レヴァント)貿易活発化　○大土地制の進展　1095 ローマ教皇に救援要請	**セルジューク朝(大セルジューク朝) 1038〜1194**　1038〜63 トゥグリル=ベク　○哲学者イブン=シーナー(アヴィケンナ, 980〜1037)『医学典範』　1055 バグダード入城 スルタンの称号を獲得　1099 十字軍, イェルサレム占領　1099 イェルサレム王国(〜1291)　『ルバイヤート』オマル=ハイヤーム(1048〜1131)
1100						

インド・東南アジア	中央ユーラシア	中国	朝鮮	日本	
	突厥 552～744	**隋** 581～618　都：大興城（長安）581～604　**文帝（楊堅）** 590 府兵制　592 均田制・租庸調制　598 科挙制	**新羅** C.356～935	**飛鳥時代** ～710	600
ヴァルダナ朝 606～7世紀後半 C.606～C.647 **ハルシャ=ヴァルダナ（戒日王）** 612 北インドを統一，都カナウジ（曲女城） ○唐の玄奘，ナーランダー僧院で修学 C.655 南インドにチャールキヤ朝復活（～C.970） ○地方政権の抗争激化 C.7世紀 スマトラにシュリーヴィジャヤ成立（～C.8世紀）	629～649 **ソンツェン=ガンポ**の吐蕃支配 630 東突厥，唐に服属 639 西突厥，南北に分裂 641 唐太宗の娘文成公主が吐蕃に降嫁 657 唐に討たれ，西突厥唐に服属 669 瀚海都護府を安北都護府と改称 682 東突厥復興 698 靺鞨人の大祚栄，震国建国	604～618 **煬帝** 584～610 大運河建設（通済渠・邗溝・永済渠・江南河） 612 高句麗遠征（612 第1次 613 第2次 614 第3次）失敗 618 李淵，長安を落とし建国 **唐** 618～907　618～626 **高祖（李淵）** 622 ハノイに交州大総管府をおく（679 安南都護府と改称） 624 均田制・租庸調制　雑徭・州県制 626～649 **太宗（李世民）**　○貞観の治　627 天下を十道に分ける 629 玄奘（602～664）のインド旅行（～645）『大唐西域記』 635 景教（ネストリウス派キリスト教）伝来 636 府兵制完備（～749）637 新律令制定　三省，六部，御史台整備 唐，高昌国を滅ぼし，安西都護府設置　○欧陽詢（557～641） 653 孔穎達（574～648）『五経正義』　644，645 太宗，高句麗遠征 649～683 **高宗**　660 新羅と結んで百済の扶余を攻め，百済滅亡 663 白村江の戦いで倭軍に勝利　百済再興失敗 668 新羅と結んで平壌を落とし，高句麗を滅ぼす　平壌に安東都護府設置 671 義浄（635～713）のインド旅行（～695）675 新羅，唐に反抗 『南海寄帰内法伝』676 安東都護府を遼東に移す（朝鮮半島放棄） 683～684 中宗（則天武后によって廃位）684～690 睿宗 690～705 則天武后，国号を周と改める　○武韋の禍　○浄土宗	614 高句麗，隋軍の侵入を撃退 643 新羅，唐に援を請う 647 毗曇の内乱 660 新羅と結んで百済の扶余を攻め，百済滅亡 676 新羅，朝鮮半島統一	600 遣隋使派遣（『隋書』による） 604 十七条憲法制定 607 小野妹子を隋に派遣 ○法隆寺建立　○飛鳥文化 630 遣唐使の始まり（～894） 645 蘇我氏滅亡　大化改新始まる 652 班田収授の法実施 ○律令国家の形成 668～71 **天智天皇** 672 壬申の乱 673～86 **天武天皇** ○白鳳文化 ○日本最古の貨幣富本銭鋳造 689 飛鳥浄御原令	
712 イスラーム勢力，西北インド進出 C.739 雲南地方で南詔が周辺を統一（～902） C.750 ベンガルにパーラ朝成立（～12世紀末） C.753 南インドにラーシュトラクータ朝成立（～973） 8世紀半ばジャワにシャイレーンドラ朝成立（～9世紀前半） C.800 北インド地方にプラティハーラ朝成立（～1019） ○インド分裂状態続く	**渤海** 698～926 ○突厥文字創始 713 大祚栄，渤海郡王となり国号を渤海と改称 **ウイグル** 744～840　744 ウイグルおこり東突厥滅亡 C.750 チベット仏教成立 754 吐蕃最盛期（～797） ○イスラーム勢力の優勢（トルキスタン地方）	694 マニ教伝来（海路）○回鶻本（？～673）『歴代帝王図巻』 705 中宗復位し，国号を唐に戻す 710 劉知幾（661～721）『史通』 710 韋后，中宗を殺す 李隆基，韋后を倒し睿宗復位 唐詩，さかんになる 710 逐士十節度使を置く（～742）711 按察使設置 ○呉道玄（680～750） 712～756 **玄宗** 713 開元の治（～41）○王維（C.701～761） 722 募兵制（兵農分離）○均田制・租庸調制・府兵制崩壊 ○李白（701～762） 734 天下を15道に分ける 745 玄宗，楊太真を貴妃とする（楊貴妃） 751 安禄山，平盧・范陽・河東節度使を兼ねる 8世紀 広州に市舶司設置 751 タラス河畔の戦い（唐将高仙芝，アッバース朝と戦い敗北）（製紙法西伝） 755 安史の乱（756 楊国忠・楊貴妃死す 757 安禄山を殺す 759 史思明，史慶緒を殺す 761 史朝義，史思明を殺す，～763） 763 吐蕃，長安に侵入 765 ウイグル侵入 ○杜甫（712～770） ○節度使勢力の拡大（藩鎮）　○顔真卿（709～785） 779～805 徳宗　○均田制崩壊進む 780 楊炎，両税法献策，実施 781 大秦景教流行中国碑建立 ○安史の乱後，国内にも節度使配置 藩鎮の弊害強まる ○荘園の発達	735 唐より浿水（大同江）以南の領有を承認される（半島統一完成） 751 仏国寺建立 C.780 このころより，王位争奪激化し，集権体制崩れる	701 **大宝律令**なる 708 和同開珎鋳造 **奈良時代** 710～784 710 平城京遷都 712 『古事記』なる 717 阿倍仲麻呂渡唐 718 養老律令なる 720『日本書紀』なる 724～749 **聖武天皇** ○正倉院 ○天平文化 727 渤海の使者初めて来朝 752 東大寺大仏開眼供養 754 鑑真入京 ○『万葉集』 784 長岡京遷都 788 最澄，延暦寺創建 794 平安京遷都 **平安時代** 794～12世紀末 ○唐文化の摂取	700
802 カンボジア，アンコール朝始まる（～1432） C.830 パーラ朝ガンジスに勢力を拡大 C.846 チョーラ朝，南インドに再興（～C.1279） ○ボロブドゥール（ジャワ）つくられる（大乗仏教）	**ターヒル朝** 821～873 ○キルギス（結骨），中央アジアに分布 840 ウイグル帝国，キルギスの急襲を受け崩壊 **サッファール朝** 867～903 873 ターヒル朝を滅ぼす	820 宦官，憲宗を殺す　○唐朝の衰退 821 太和公主（穆宗の実妹），ウイグル可汗に嫁する 821 唐蕃会盟（唐，チベットと和睦）○柳宗元（773～819） 826 宦官，敬宗を殺す　○韓愈（768～824） 830 牛李の争い（牛僧孺・李徳裕の党争，～844） 845 会昌の廃仏（武宗の仏教弾圧）○白居易（772～846） 859 雲南に南詔独立　『長恨歌』 ○キルギスの支配力弱く，873 王仙芝の乱 モンゴルに小国分立 875 黄巣の乱（～884） ○北方民族の中国圧迫	822 金憲昌，独立をはかり長安国建設 892 甄萱反し，後百済国建設（～936） ○新羅・摩震・後百済の3国分立	816 空海，金剛峯寺創建 839 最後の遣唐使帰朝 ○円仁『入唐求法巡礼行記』 858 藤原良房に摂政の詔（人臣摂政の初め） 884 藤原基経に関白の詔 894 遣唐使を停止	800
C.928 東部ジャワにクディリ朝成立（～1222） 937 雲南に大理国（～1253） C.966 ベトナムの丁部領，皇帝となる 973 南インドにチャールキヤ朝再興（～1189） 981 ベトナムに前黎朝（～1009） ○チャウハーン王国（～1192）	**サーマーン朝** 875～999 903 サッファール朝を滅ぼす **遼（キタイ）** 916～1125　907 耶律阿保機，モンゴルを統一 キタイ，華北北辺を領有 916 阿保機，帝を称する（太祖，～926） ○二重統治体制 920 キタイ文字 926 渤海を滅ぼす 947 国号を遼と改める 982 国号をキタイに復す 984 キタイ，北宋に侵入（岐溝の戦い）993 高麗遠征 **カラ=ハン朝** 10世紀中ごろ～12世紀中ごろ **ガズナ朝** 962～1186 962 アフガニスタンに成立 999 カラ=ハン朝がサーマーン朝を滅ぼす	五代：後梁・後唐・後晋・後漢・後周 907 朱全忠，唐を滅ぼす **五代十国** 907 朱全忠，後梁建国（～923） 907～979 923 李存勗，後唐建国（～936） C.930 馮道，経書の印刷を実施 936 石敬瑭，キタイ（契丹）の助けにより後唐を滅ぼし，後晋建国（～946）キタイに燕雲十六州割譲 946 キタイにより後晋滅ぶ 947 劉知遠，後漢建国（～950） 951 郭威自立し，後周建国（～960） **宋（北宋）** 960 趙匡胤，北宋建国（都：開封） 960～1127 960～976 **太祖（趙匡胤）**（文治主義的君主独裁） 971 広州に市舶司設置 976～997 **太宗** 979 北漢を滅ぼし，中国統一完成 ○科挙（三試制） 983 『太平御覧』なる ○文治的官僚国家形成（官戸・形勢戸の出現）○交子発行 ○磁針・火薬・木版印刷の発明	**高麗** 918～1392 918～943 **王建** 摩震を奪い高麗建国 都：開城 935 王建，新羅征服 936 王建，後百済征服 朝鮮半島統一 958 科挙制度の実施 962 宋に朝貢 976 田柴科を定める 994 キタイに朝貢	905 『古今和歌集』 ○武士団の形成 935 承平・天慶の乱（～941） 972 高麗使，対馬に来る 997 高麗の賊，九州に侵寇	900
1000 ガズナ朝のインド侵入激化 1009 ベトナムに李朝（大越国，～1225） 1019 ガズナ朝，カナウジ占領，プラティハーラ朝を滅ぼす ○チョーラ朝最盛期 1044 ビルマにパガン朝（～1299） ○パガン仏教遺跡群	1016 ガズナ朝，サマルカンド・ブハラ占領 1036 西夏文字 **西夏** 1038～1227 李元昊（1038～48） 1041 カラ=ハン朝，東西分裂（～42） 1044 慶暦の和約，宋，西夏間に君臣関係成立 李元昊を大夏国王とする 1066 国号を夏，再び国号を遼と改める 1077 ホラズム朝，セルジューク朝から自立（～1231） ○西カラ=ハン朝にセルジューク朝勢力拡大	1010 高麗に侵入し開京政略 1006 諸州に常平倉をおく 1039 李元昊さかんに侵入する（～42） 1004 澶淵の盟 ○鎮・市の成立 ○行（商人同業組合） ○作（手工業組合） ○瓦子（盛り場）隆盛 詞（楽曲）の発達 ○坊制，市制崩壊 ○蘇洵（1009～66） 1067～85 **神宗** ○欧陽脩（1007～72） 1069 王安石，新法開始 『新唐書』『新五代史』 ○士大夫階級の出現 ○周敦頤（1017～73） 1076 王安石失脚 ○曾鞏（1019～83） 1084 司馬光（1019～86）『資治通鑑』○程顥（1032～85）○程頤（1033～1107） 1085～1100 哲宗，司馬光を宰相とし新法廃止 ○蘇軾（1036～1101）○蘇轍（1039～1112）○黄庭堅（1045～1105）○秦観（？～1106）○米芾（1051～1107） ○旧法党と新法党の党争激化	1009～31 顕宗 1010 キタイにより首都開城陥落 1018 キタイ，3度高麗を討つ ○このころキタイに備え長城築造 11世紀 高麗版大蔵経（第1回）	1017 藤原道長，太政大臣となる ○摂関政治全盛 1019 刀伊の入寇 1051 前九年合戦（～62） 1083 後三年合戦（～87） 1086 院政始まる（白河上皇） 1095 白河上皇，北面の武士設置	1000 1100

(使い方) 赤字 戦争・紛争に関すること　青字 文化に関すること

年代	スペイン・ポルトガル	イギリス	フランス	ドイツ・イタリア	東欧・北欧・ロシア	西アジア・北アフリカ
1100	カスティリャ C.930～1479 / アラゴン 1035～1479		カペー朝 987～1328	ザリエル朝 1024～1125	ビザンツ帝国(コムネノス朝)1081～1185	アッバース朝 750～1258 / イェルサレム王国(1099～1291)
	ムワッヒド朝 1130～1269	○スコラ学者アンセルムス(1033～1109)	1108～37 ルイ6世 / ○スコラ哲学者アベラール(1079～1142) / ○三圃制開始 / ○遠隔地商業活発化	1106～25 ハインリヒ5世 / 1113 ヨハネ騎士団成立 / 1122 ヴォルムス協約 / ○ドイツ人の東方植民 / 1130 シチリア王国成立(ルッジェーロ2世)	1134 ビザンツ、小アジア占領	
	ポルトガル王国 1143～1910	プランタジネット朝 1154～1399 / 1154 アンジュー伯アンリ英国王即位(ヘンリ2世、～89) / ○『アーサー王物語』成立 / 1167 オックスフォード大学創立	1137～80 ルイ7世 / ○商人ギルドの成立 / 1147 第2回十字軍(～49) / 1163 ノートルダム大聖堂建築開始(～C.1245) / ○ゴシック式 / 1180～1223 フィリップ2世 / ○シャンパーニュで定期市 / ○パリ大学創立	ホーエンシュタウフェン朝 1138～1254 / ○イタリアで皇帝党(ギベリン)教皇党(ゲルフ)両党抗争 / 1152～90 フリードリヒ1世(6回のイタリア遠征) / 1167 ロンバルディア同盟結成 / ○封建制度の完成 / 1198～1216 教皇インノケンティウス3世	1143～80 マヌエル1世 (1176 ルーム＝セルジューク朝に敗北) / 1185 ノルマン侵入 / ビザンツ帝国(アンゲロス朝)1185～1204	○スーフィズム / 1157 セルジューク朝分裂 / アイユーブ朝 1169～1250 / 1169～93 サラディン / 1187 イェルサレムを征服、サラディン、十字軍と戦う
	1147 ムワッヒド朝、ムラービト朝を滅ぼす / 1157 ムワッヒド朝イベリア半島南部を支配(～1225) / ○哲学者イブン＝ルシュド(アヴェロエス、1126～98)	1189～99 リチャード1世(獅子心王) / ○ロンドン、自治都市となる	1189 第3回十字軍(～92) / ○南仏にアルビジョワ派	○サレルノ大学隆盛		
1200		1199～1216 ジョン王 / 1209 ジョン破門 / ケンブリッジ大学創立	1202～04 第4回十字軍(コンスタンティノープル占領) / 1209 アルビジョワ十字軍(～29) / 1212 少年十字軍 / 1226 ドミニコ修道会設立	○ドイツ騎士団領形成 / ○ヴェネツィア、東地中海の制海権掌握 / ○教皇権の絶頂期 / 1209 フランチェスコ修道会設立 / 1215～50 フリードリヒ2世 / 1226 ドイツ騎士団のプロイセン植民始まる / 1243～54 インノケンティウス4世	(ノヴゴロド国)C.862～1478 / 1204 第4回十字軍、コンスタンティノープル占領、ラテン帝国建設(～61)	○西サハラにマリ王国成立(～15世紀) / マムルーク朝 1250～1517
	ナスル朝 1232～1492 / 都：グラナダ / 1230 カスティリャ・レオンの最終的合同 / 1236 カスティリャ、コルドバを占領	1214 ブーヴィーヌの戦い(仏、英独連合軍を破る) / 1215 大憲章(マグナ＝カルタ)制定 / ○都市の自治権拡大 / 1216～72 ヘンリ3世 / 1265 シモン＝ド＝モンフォールの身分制議会(イギリス議会の始まり) / ○農奴の解放進む	1226～70 ルイ9世 / 1248 第6回十字軍(～54) / 1253 ルブルクをモンゴル帝国へ派遣(～55) / 1270 第7回十字軍	1228 第5回十字軍(～29) / 1241 ハンザ同盟結成 / 1245 プラノ＝カルピニをモンゴルへ派遣(～47) / 1248 ケルン大聖堂起工 / ○帝権の衰退 / 1254 ライン都市同盟 / 1254(1256) 大空位時代(～73) / 1266 トマス＝アクィナス(C.1225～74)『神学大全』(～67)	1237 モンゴル軍、モスクワ、キエフを占領(～40) / 1241 ワールシュタット(リーグニッツ)の戦い / キプチャク＝ハン国 1243～1502 / 1243 バトゥ(～55)建国 / ビザンツ帝国(パレオロゴス朝)1261～1453 / 1261 ビザンツ再興	1258 アッバース朝滅亡 / 1260～77 バイバルス / イル＝ハン国 1258～1353 / 1258 フラグ(～65) / ○サーディー(C.1184～1291)詩人 / 1291 マムルーク朝、アッコ(アッコン)攻略、イェルサレム王国終わる
		1272～1307 エドワード1世 / 1284 ウェールズ併合 / ロジャー＝ベーコン(C.1214～1294) / 1295 模範議会召集	1285～1314 フィリップ4世 / 1296 教皇との対立始まる / ○封建制度の動揺 / ○貨幣経済の普及	1266 フランスのアンジュー家、シチリア王国支配(～82) / 1282 「シチリアの晩鐘」(反仏反乱) / アラゴン、シチリア王位獲得 / 1273～91 ルドルフ1世(ハプスブルク家出身) / 1278 オーストリア、ハプスブルク家領に / 1295 モンテ＝コルヴィノを元に派遣 / ○マルコ＝ポーロ(1254～1324)『世界の記述(東方見聞録)』完成 / 1294～1303 ボニファティウス8世		オスマン帝国 1299～1922 / 1299～1326 オスマン1世
1300 [14世紀の危機]	C.1333 アルハンブラ宮殿建設(アラベスク) / 1341 ポルトガル人カナリア諸島にいたる / 1342 カスティリャ、アルヘシラス占領	1327～77 エドワード3世 / 1337～1453 百年戦争 / 1343 議会、二院制となる / 1346 クレシーの戦い / 1347 全欧にペスト(黒死病)の流行(人口の3分の1を失う、～51) / 1356 ポワティエの戦い / 1360 ブレティニーの和約 / 1376 エドワード黒太子死 / ○貨幣地代普及、ヨーマン台頭、農奴制崩壊 / ○チョーサー(C.1340～1400)『カンタベリ物語』	ヴァロワ朝 1328～1589 / 1302 三部会召集 / 1303 アナーニ事件 / ○ユダヤ人迫害 / 1328～50 フィリップ6世 / 1358 ジャックリーの乱(農民一揆)	ハンザ同盟の商人の北方商業独占 / ルクセンブルク朝 1346～1437 / 1346～78 カール4世 / イタリア＝ルネサンス / 1303 ローマ大学創立 / 1348 プラハ大学創立 / 1303 アナーニ事件 / 1309 教皇庁、アヴィニョンへ(～77)「教皇のバビロン捕囚」 / ○イタリア都市の隆盛(自治都市) / ○ダンテ(1265～1321)『神曲』トスカナ語 / 1356 金印勅書(7選帝侯を定め、皇帝選挙法を確立) / ○ジョット(C.1266～1337) / 1365 ウィーン大学創立 / ○ペトラルカ(1304～74) / ○自由都市 / ○ボッカッチョ(ボッカチオ)(1313～75)『デカメロン』 / 1354 独皇帝カール4世侵入	1313～40 ウズベク＝ハン(キプチャク＝ハン国最盛期) / 1325 イヴァン1世、モスクワ大公となる(～40) / ○セルビアの繁栄 / ○ポーランドの繁栄 / ○ハンガリー王国強大 / C.1361 オスマン帝国、アドリアノープル(エディルネ)占領 / 1386～1572 ポーランド、ヤギェウォ朝 リトアニア＝ポーランド王国	1307 ルーム＝セルジューク朝滅亡 / ○ラシードゥッディーン(C.1247～1318)『集史』 / 1326 ブルサ征服 / ○イェニチェリ制度創設 / 1366 オスマン帝国、セルビア・マケドニア・ブルガリア征服 / 1389～1402 バヤジット1世 / ○イブン＝バットゥータ(1304～.77)『三大陸周遊記』 / ○イブン＝ハルドゥーン(1332～1406)『世界史序説』
	1385～1433 ジョアン1世 / ○ポルトガル、エンリケ航海王子のもとで大西洋・アフリカ進出を始める / ◎大航海時代へ	1378 ウィクリフ、教会批判 / 1381 ワット＝タイラーの乱(農民一揆) / ランカスター朝 1399～1461 / 1399～1413 ヘンリ4世	1363 ブルゴーニュ公領の成立(～1477) / 1378 教会大分裂(大シスマ、～1417) / 1380～1422 シャルル6世	1378 チオンピの乱(フィレンツェ) / 1381 ヴェネツィア、ジェノヴァを破り地中海貿易掌握 / 1386 ゼンパハの戦い / ○ファン＝アイク兄弟(蘭、フランドル派)	1389 コソヴォの戦い、セルビア人、オスマン帝国に服属 / 1397 北欧3国、カルマル同盟(～1523)	1389 コソヴォの戦い / 1396 ニコポリスの戦い(オスマン軍、ハンガリー王を撃破)
1400	1445 ヴェルデ岬発見(葡) / 1469 カスティリャのイサベル、アラゴンのフェルナンドと結婚 / 1479 スペイン王国成立 / 1474～1504 イサベル(西) / 1479～1516 フェルナンド5世(西) / 1481～95 ジョアン2世(葡) / 1488 バルトロメウ＝ディアス、喜望峰到達	1413～22 ヘンリ5世 / 1415 アザンクールの戦い(仏の敗北) / 1420 トロワの和約 / 1455 ばら戦争(～85) / ヨーク朝 1461～85 / ○独立自営農民	1422～61 シャルル7世 / 1429 オルレアン解放、ジャンヌ＝ダルクの活躍(英、カレーを保つ) / 1453 百年戦争終結 / 1461～83 ルイ11世 / 1477 ナンシーの戦い	1403 フス、教会批判 / 1411～37 ジギスムント / 1419 フス戦争(～36) / 1406 フィレンツェ、ピサを征服 / 1409 ピサ公会議 / 1414 コンスタンツ公会議(～18) / 1415 フス(C.1370～1415)火刑に処せられる / ○ブルネレスキ「聖マリア大聖堂大円蓋」 / ハプスブルク朝 1438～1740 / 1438～39 アルブレヒト2世 / C.1445 グーテンベルク活版印刷術改良 / 1442 アラゴン王、ナポリ王国併合 / 1441 フィレンツェにプラトン＝アカデミア設立 / 1434～94 メディチ家、フィレンツェ支配 / 1463 ヴェネツィア、オスマン帝国と海戦(～79) / 1466 ドイツ騎士団領ポーランドに譲渡 / ○ボッティチェリ(C.1444～1510) / ○トスカネリ(1397～1482)	1410 タンネンベルクの戦い(ドイツ騎士団敗北) / C.1430 クリム＝ハン国(～1783) / 1453 オスマン帝国、コンスタンティノープル征服 / ビザンツ帝国滅亡 / 1442 イヴァン3世(～1505)、モスクワ大公となる / 1472 イヴァン3世、最後のビザンツ皇帝の姪と結婚 / 1478 イヴァン3世、ノヴゴロド併合	1402 アンカラ(アンゴラ)の戦い(オスマン帝国、ティムールに敗れる) / 1413 オスマン帝国再統一 / 1413～21 メフメト1世 / 1421～51 ムラト2世 / 1444 ヴァルナの戦い(オスマン帝国、ハンガリー・ポーランドを破る) / ○ジンバブエにモノモタパ王国(～19世紀) / 1444～46、51～81 メフメト2世 / 1453 コンスタンティノープル征服、イスタンブルと改称 / 1460 ギリシア全土征服 / 1466 アナトリア征服 / ○トプカプ宮殿造営
	1492 ナスル朝滅亡(レコンキスタ完了) / コロンブス、サンサルバドル島に到達 / 1493 教皇子午線設定 / 1494 トルデシリャス条約 / 1498 ヴァスコ＝ダ＝ガマ、インド航路開拓 / 1499、1501 アメリゴ＝ヴェスプッチ南米探検(～02)	テューダー朝 1485～1603 / 1485～1509 ヘンリ7世 / 1487 星室庁整備 / 1497 カボット北米沿岸探検(～98)	1483～98 シャルル8世 / 1494 イタリア戦争始まる(～1559) / 1498～1515 ルイ12世	1493～1519 マクシミリアン1世 / 1494～95 仏王シャルル8世侵入、メディチ家追放 / 1498 スイス、事実上の独立 / 1498 サヴォナローラ刑死	モスクワ大公国 1480～1613 / 1480 イヴァン3世(1462～1505)キプチャク＝ハン国より独立	1475 クリム＝ハン国を服属させる / 1481～1512 バヤジット2世 / ○サハラ南縁にソンガイ王国(～16世紀)
1500						

インド・東南アジア

○アンコール=ワット建設（ヒンドゥー教のち上座仏教）
ゴール朝 C.1148～1215
12世紀　ゴール朝の北インド侵入
1192　ゴール朝，ラージプート軍を破る
○アンコール朝，王都アンコール=トム建設
奴隷王朝 1206～1290
○インドにおけるイスラーム政権
1206～10　**アイバク**
1215　ゴール朝崩壊
1221　モンゴル軍のインド侵入を撃退
1222　ジャワにシンガサリ朝（～1292）
1225　大越に陳朝成立（～1400）
○チューノム（字喃）
○インドシナ北部にタイ人諸国家が成立（～15世紀）
1284　元，大越・チャンパーを討つ
1287　元，パガン朝に侵攻
ハルジー朝 1290～1320
1293　ジャワにマジャパヒト朝成立（～C.1527）
トゥグルク朝 1320～1413
1333　イブン=バットゥータ，デリー滞在（～42）
1336　南インドにヴィジャヤナガル王国（～1649）
1347　デカン地方にバフマニー朝（～1527）
1351　シャム（タイ）にアユタヤ朝（～1767）
○東南アジア大陸部の上座仏教化
1398　ティムール，インドに侵入しデリー占領，トゥグルク朝分裂混乱
サイイド朝 1414～1451
1414　ティムールの武将ヒズル=ハンが建国
1428　大越に黎朝（～1527, 1532～1789）
○ベトナムの南進（～18世紀）
15世紀後半　マラッカ王，イスラームに改宗
ロディー朝 1451～1526
1451　アフガン系のロディー朝建国
1498　ヴァスコ=ダ=ガマ，カリカット到達
○マラッカ王国（14世紀末～1511）繁栄，東南アジア島嶼部のイスラーム化進む
1407　明が大越を支配（～27）

（中央アジア）中央ユーラシア（北アジア）

西夏 1038～1227
カラ=キタイ（西遼）1132～1211
1132～43　耶律大石，カラ=キタイ（西遼）建国
○女真人
1115～23　**太祖（完顔阿骨打）**猛安・謀克制
1119　女真文字創始
1124　西夏服属
1125　遼を滅ぼす
金 1115～1234
ゴール朝 C.1148～1215
C.1148　ゴール朝の独立（アフガニスタン～1215）
1186　ガズナ朝を滅ぼし，アフガニスタン統一
1206　モンゴル帝国成立
1211　ナイマン部，カラ=キタイを滅ぼす
テムジン，モンゴル統一，**チンギス=ハン**（～27）と称す
1214　金，汴京（開封）遷都
1220　チンギス=ハン，ホラズムを攻略
1227　モンゴル，西夏を滅ぼす
1236　バトゥの西征（ヨーロッパ遠征，～42）
（オゴタイ=ハン国）C.1225～1252
1246　プラノ=カルピニ，カラコルムにいたる
1254　ルブルク，カラコルムにいたる
○フビライ，大理を征服
1258　**フラグ**，アッバース朝征服（イル=ハン国）
1266　ハイドゥの乱起こる（～14世紀初め）
チャガタイ=ハン国 1307～14世紀（～16世紀）
14世紀　チャガタイ=ハン国，東西分裂
ティムール帝国 1370～1507
1370～1405　**ティムール**
○サマルカンド繁栄
1380　イラン，インドへ侵入開始
1389　東チャガタイ=ハン国併合
1395　キプチャク=ハン国を圧迫
1402　アンカラの戦い（ティムール，バヤジット1世をとらえる）
1405　ティムール，中国遠征途上，オトラルで病死
1409～47　**シャー=ルフ**，ティムール帝国統一
1447～49　**ウルグ=ベク**（天文学の発達）

北元 1371～1388
1368　明軍により大都陥落，元，北方に逃れ，北元と称す
ツォンカパ（1357～1419）ゲルク（黄帽）派の開祖
1388　明将藍玉，北元を滅ぼす
○モンゴル高原に，モンゴル（韃靼）・オイラト台頭
1410　永楽帝の北征（モンゴル・オイラトの討伐，～24）
1439　オイラトにエセン立ち，勢力拡大
1487～1524　モンゴル（韃靼）のダヤン，内モンゴルに覇権確立

中国

宋（北宋）960～1127
1100～25　徽宗　"蘇湖熟すれば天下足る"
○院体画さかんになる
○景徳鎮で白磁・青磁生産
○文人画
1120　方臘の乱（～21）
○異民族との抗争激化
宋（南宋）1127～1276
1127～62　高宗　都：臨安（杭州）
1131　秦檜，宰相となる
○広州・泉州・杭州繁栄
○主戦・和平論（岳飛・秦檜対立）
1142　紹興の和議（金と和議締結。大散関・淮水を国境とする）
1160　南宋，初めて会子（紙幣）発行
○朱熹（1130～1200）朱子学を大成『通鑑綱目』
○陸九淵（1139～92）
元 1271～1368
1229～41　**オゴタイ（太宗）**
1235　カラコルムに首都建設
1236　交鈔を発行
1246～48　**グユク（定宗）**
1251～59　**モンケ（憲宗）**
1260～94　**フビライ（世祖）**
1264　中都（72 大都に改称）に遷都
1271　フビライ，国号を元とする
1275　マルコ=ポーロ，大都に到着
1280　郭守敬，『授時暦』制定
○駅伝制（ジャムチ）
1294　モンテ=コルヴィノ，大都でカトリック布教
画家：梁楷，牧谿
○馬致遠『漢宮秋』元曲（雑劇）
○王実甫・関漢卿『西廂記』
○高則誠『琵琶記』
○書家趙孟頫（趙子昂）
1276　元軍，臨安を占領，南宋滅亡
1279　崖山の戦い
元末四大画家
黄公望（1269～1354）
呉　鎮（1280～1354）
倪　瓚（1301～1374）
王　蒙（1298～1385）
○白蓮教　○染付磁器の発明

C.1313　仁宗，科挙を復活させる
C.1345　イブン=バットゥータ，泉州・大都にいたる
1351　紅巾の乱（このころ各地に反乱，～66）
明 1368～1644　○漢族国家の再建
1368　朱元璋，南京（応天府）に即位し，明を建てる
1368～98　**太祖（洪武帝・朱元璋）**○衛所制（軍戸）
1367　明律　1368　明令
1380　胡惟庸の獄　中書省の廃止（皇帝独裁制を確立）
○魚鱗図冊
1381　里甲制実施，賦役黄冊
1384　科挙復活
1397　六諭発布
1398～1402　**恵帝（建文帝）**
1399　燕王朱棣（太祖の第4子）挙兵（靖難の役～1402）
1402　燕王，金陵を落とし即位，**成祖（永楽帝～24）**
1405　鄭和の南海遠征（7回，朝貢貿易さかん，～33）
○明の対外発展　1408　『永楽大典』
○内閣大学士設置　『四書大全』『五経大全』『性理大全』
1421　永楽帝，北京に遷都　○羅貫中『三国志演義』
1435～49　**英宗（正統帝）**（宦官王振の専横）
1448　鄧茂七の乱（～49）○抗租運動
1449　土木の変（オイラト侵入し，英宗をとらえる）
1449～57　**代宗（景泰帝）**
1450　明，オイラトのエセンと和約
1457～64　**英宗（重祚，天順帝）**（宦官曹吉祥の専横）
1461　『大明一統志』完成
1464～87　**憲宗（成化帝）**（宦官汪直の専横，政治紊乱）
1487～1505　**孝宗（弘治帝）**（中興の英主とされる）

朝鮮

高麗 918～1392
1126　金に臣礼
1135　妙清の乱
1145　『三国史記』（金富軾）
○高麗青磁
1196　将軍崔忠献政権掌握，以後崔氏独裁（武人政権，～1258）
1213～59　高宗
1219　キタイの遺民をモンゴルと挟撃
1231　モンゴル侵略開始
1232　江華島遷都（～35）
1236　高麗版大蔵経（～52）
1258　モンゴル，永興に雙城総管府設置，直接支配
1259　モンゴルに服属
1270　三別抄の抗争（～73）
1274～1308　**忠烈王**
1274　元の日本遠征に高麗参加（元寇，文永の役）
1281　元の日本遠征に高麗参加（元寇，弘安の役）
1350　庚寅の倭寇（倭寇始まる）
○倭寇，高麗の全羅道を侵す
1356　高麗，元の雙城総管府攻撃
1385　李成桂，倭寇を撃退
1388　李成桂，実権掌握
1391　科田法制定
朝鮮（李氏）1392～1910
1392～98　**太祖（李成桂）**
（都：漢城）
1403　銅活字鋳造
○朱子学の採用
1418～50　**世宗（最盛）**
1419　朝鮮，対馬を侵す（応永の外寇）
1443　朝鮮，対馬の宗氏と癸亥（嘉吉）約条
1446　『訓民正音』公布
1451　『高麗史』編纂
1467　李施愛の乱
1474　『経国大典』頒布
1481　『東国輿地勝覧』成る
1494～1506　燕山君
1498　戊午の士禍

日本

平安時代 794～12世紀末
○武士の台頭
1156　保元の乱
1159　平治の乱
1167　**平氏全盛**　清盛，太政大臣となる
○日宋貿易（中国から銅銭流入）
1180　源氏挙兵
1185　平氏滅亡　源頼朝，各地に守護・地頭をおく
鎌倉時代 12世紀末～1333
1192　**源頼朝**，征夷大将軍
1203～05　**北条時政（執権）**
1219　将軍実朝暗殺　源氏の正統断絶
1221　承久の乱，六波羅探題設置
1224～42　**北条泰時**
1227　道元，宋より帰朝（曹洞宗）
1253　日蓮，法華宗を始める
1268　高麗使，フビライの国書をもたらす
1268～84　**北条時宗**
1275　元使杜世忠らを斬る
1297　永仁の徳政令
1318～39　**後醍醐天皇**
1325　建長寺船を元に派遣
1333　鎌倉幕府滅亡
建武の新政
室町時代 1338～1573　**南北朝時代 1336～92**
1338　**足利尊氏**，征夷大将軍となる（室町幕府）
1341　足利尊氏，天竜寺船を元に派遣
1368～94　**足利義満**
1392　南北朝統一
1397　義満，金閣造営
1401　義満，明に遣使
1404　義満，明より勘合を獲得　勘合貿易始まる
1429　**中山王琉球を統一**
1438　永享の乱
1457　コシャマイン戦争
1467　応仁・文明の乱（～77）（戦国時代～1568）
○雪舟（1420～1506）
1475　幕府，銅銭・書籍を明に求める
1483　義政，銀閣建立
1485　山城の国一揆（～93）
1488　加賀の一向一揆（～1580）
1495　北条早雲，小田原城攻略

（使い方）赤字 戦争・紛争に関すること　青字 文化に関すること

スペイン王国 1479～1931 ／ ポルトガル王国 1143～1910	イギリス テューダー朝 1485～1603	フランス ヴァロワ朝 1328～1589	ドイツ ハプスブルク朝 1438～1740	イタリア・ローマ教会	北欧・東欧・ロシア モスクワ大公国 1480～1613
1500 1500 カブラル, ブラジルに到着(葡) 1501 アメリゴ=ヴェスプッチ, ブラジル沿岸到着(～02) 1503 エンコミエンダ制開始 1504 コロンブス, パナマ地峡に到達 1505 ポルトガル, キルワ・モンバサを掠奪 1510 ポルトガル, ゴア占領 1511 ポルトガル, マラッカ占領 1513 スペイン人バルボア, 太平洋に到達 1516～56 カルロス1世(カール5世)(スペイン=ハプスブルク家) 1517 ポルトガル人広州到着 1518 スペイン, 黒人奴隷輸入の最初の独占的許可状発行 1519 マゼラン(マガリャンイス)艦隊の世界周航(～22) 1521 マゼラン死 1519 スペイン人, パナマ市建設 コルテス, アステカ王国征服(～21) 1521～57 ジョアン3世(葡)	○絶対主義進展 1509～47 ヘンリ8世 1514 ロンドン近郊の囲い込み反対暴動 1515 囲い込み制限令 1516 トマス=モア(1478～1535刑死)『ユートピア』 1521 ヘンリ8世, ルターを非難	1506 セントローレンス湾探検 1508 カンブレー同盟(仏王・独帝・教皇・スペイン王の対ヴェネツィア同盟, ～10) 1515～47 フランソワ1世 ○アルプス以北のルネサンスおこる 1521 イタリア戦争激化(～44, 59終結)	○フッガー家最盛期 1509 エラスムス(蘭1469ごろ～1536)『愚神礼讃』 1517 ルター(1483～1546)『95か条の論題』 1519～56 カール5世 1519 ライプツィヒ討論 1520 ルター『キリスト者の自由』発表 1521 ローマ教皇 ルター破門 1521 ザクセン選帝侯フリードリヒ, ルターを保護する 『新約聖書』のドイツ語訳 1523～31 ツヴィングリの宗教改革 1524 ドイツ農民戦争(トマス=ミュンツァー死, ～25)	○レオナルド=ダ=ヴィンチ(1452～1519)『モナ=リザ』『最後の晩餐』 1503～13 教皇ユリウス2世 1512 メディチ家, フィレンツェに復帰 1513 マキァヴェリ(1469～1527)『君主論』 1513 教皇レオ10世 贖宥状(免罪符)販売(～21) ○ブラマンテ(1444～1514) ○ラファエロ(1483～1520)『アテネの学園』 聖ピエトロ大聖堂大修築	ウズベク人, ブハラ=ハン国, ヒヴァ=ハン国, コーカンド=ハン国を建国 1505～33 ヴァシーリー3世 1523 カルマル同盟を解消 スウェーデンがデンマークより独立
1525 ○西・葡の海外発展 アフリカ東岸(ザンジバル, キルワ, マリンディ)にポルトガル人進出 1529 サラゴサ条約 1530 異端禁止令, 宗教裁判所設置 1532 ポルトガル, ブラジル領有 1532 ピサロ, インカ帝国征服(～33)(1533 インカ帝国の首都クスコ破壊) 1534 ロヨラ, イエズス会を設立 ○イグナティウス=ロヨラ(1491～1556) 1545 スペイン, ポトシ銀山採掘開始(16世紀後半価格革命起こる)商業革命 ○ラス=カサス(1484～1566)	○絶対主義体制固まる (毛織物工業発達) 1533 ヘンリ8世, キャサリンと離婚, アン=ブーリンを王妃に 1534 国王至上法(首長法)発布 イギリス国教会成立 1536 ウェールズを正式に併合 1536,39 修道院解散法発布 1547～53 エドワード6世 1549 礼拝統一法制定, 一般祈祷書承認 1549 ケットの反乱起こる(囲い込みに反対)	1534 ラブレー(C.1494～1553)『ガルガンチュアとパンタグリュエルの物語』 1534 イエズス会設立 1535 オスマン帝国と同盟結ぶ 1536 カルヴァン『キリスト教綱要』発表 1541 カルヴァン, ジュネーヴにて神権政治(～64) 1544 クレピー和約(イタリアでのドイツ・スペインの優位確立) 1547～59 アンリ2世(妃はカトリーヌ=ド=メディシス)	○ロイヒリン(1455～1522) ○画家デューラー(1471～1528) 1525 プロイセン公国成立 1526 第1回シュパイアー帝国議会 1529 第2回シュパイアー帝国議会(新教徒, 皇帝に抗議しプロテスタントとよばれる) オスマン軍, 第1次ウィーン包囲 1530 シュマルカルデン同盟結成 1546 シュマルカルデン戦争(～47)	1526 対独帝同盟(コニャック神聖同盟) 1527 ドイツ軍によるローマの劫掠 1527 メディチ家再び追放 1529 ジェノヴァ, 共和国となる 1534～49 教皇パウルス3世 1535 スペイン, ミラノを支配 ○ヴェネツィア衰退 1540 イエズス会公認 1545 トリエント公会議(反宗教改革会議, ～63)	○北欧3国ルター派採用し, 中央集権化の進行 1526 モハーチの戦い(ハンガリーの一部, オスマン帝国に併合される) 1533～84 イヴァン4世(雷帝) 1543 コペルニクス(1473～1543)『天球の回転について』(地動説) 1547 イヴァン4世, ツァーリの称号を正式に採用 ○イヴァン4世, 貴族を抑え専制権強化をはかる
1550 ○宗教裁判頻発 1556～98 フェリペ2世(西)(スペイン=ハプスブルク家) 1557 ポルトガル人, マカオに居住権を得る 1557～78 セバス ○ブリューゲル(1528～69) 1566 ゴイセン, スペイン支配に抵抗 1567～73 ネーデルラント総督アルバ公 1568 オランダ独立戦争始まる(～1609) 1569 メルカトル(1512～94)世界地図完成 1571 レパントの海戦(スペイン・教皇・ヴェネツィア連合艦隊, オスマン海軍撃破) 1572 オラニエ公ウィレム1世, ホラント州総督に就任	1553～58 メアリ1世 (55 カトリック復活) 1554 メアリ1世スペイン王子フェリペと結婚 1558 フランスのカレー市を失う 1558～1603 エリザベス1世 1559 統一法公布 イギリス国教会確立 1560 グレシャムの意見により幣制改革 1563 徒弟法 信仰箇条制定	1559 カトーカンブレジ条約(イタリア戦争終結) 1560～74 シャルル9世 1562 ユグノー戦争始まる(～98) 1572 サン=バルテルミの虐殺 1574～89 アンリ3世	1555 アウクスブルクの宗教和議 ○ブリューゲル(C.1528～69)『農民の踊り』 1556 フェルディナント1世即位(～64)ハプスブルク家, スペインとオーストリアに分離 1559 ローマ教会禁書目録制定 1561 ドイツ騎士団領, ポーランドに奪われる 1564～76 マクシミリアン2世 1571 レパントの海戦	○ミケランジェロ(1475～1564)『最後の審判』『ダヴィデ像』『ピエタ』など ○イタリア都市の衰退 1572～85 教皇グレゴリウス13世 1569 フィレンツェ, トスカーナ大公国となる(メディチ家コシモ1世支配)	1550 全国会議開催 1552 ロシア, カザン=ハン国 1558 リヴォニア戦争(ロシアのバルト海進出の企て, ～83) 1564 オプリーチニナ制(直轄領, ～72) ○イヴァン4世の貴族に対する恐怖政治 1569 ルブリンの合同(ポーランド・リトアニア) 1571 クリム=ハン国, モスクワ劫掠 1572 ヤギェウォ朝断絶(ポーランド選挙王政)
1575 ○西, 絶対主義の最盛期 1576 ネーデルラントのヘント(ガン)の盟約(諸州連合なる) 1579～84 オラニエ公ウィレム1世 1579 ユトレヒト同盟(北部7州の連合) 1580 フェリペ2世, ポルトガル併合(～1640) 1581 オランダ(ネーデルラント連邦共和国)独立宣言, オランダ総督の地位, オラニエ家が世襲(～1802) 1585 スペイン軍, アントウェルペンを破壊, アムステルダムが発展 日本少年使節フェリペ2世に謁見 1588 アルマダの海戦(スペイン敗北) 1590 ヤンセン(蘭), 顕微鏡発明	1577 ネーデルラントと同盟 1577 ドレークの世界周航(～80) 1584 ローリ, ヴァージニアに植民(失敗) 1585 オランダに援軍 1587 メアリ=ステュアート処刑 1593 国教忌避者処罰法制定 ○シェークスピア(1564～1616)『ロミオとジュリエット』『ヴェニスの商人』	○都市・農村荒廃し国力衰退 1576 ボーダン(1530～96)『国家論』 1577 モンテーニュ(1533～92)『随想録』 **ブルボン朝 1589～1792** 1589～1610 アンリ4世 1593 アンリ4世, 旧教(カトリック)に改宗 1598 ナントの王令 1599 シュリーの財政改革始まる	○ルター派の拡大 1576～1612 ルドルフ2世 1590 ルールの石炭, 初めて使われる 1593～98 オスマン軍, オーストリアへ侵入	○ティツィアーノ(1490～1576) 1575 タッソー(1544～1595)『解放されたイェルサレム』 1582 グレゴリウス13世の暦法改正(現行太陽暦) 1583 ガリレオ=ガリレイ(1564～1642)地動説を立証 1585 日本少年使節, グレゴリウス13世に謁見	○デンマークのティコ=ブラーエ(1546～1601), 天体観測 ○コサック, 辺境を防備 1582 イェルマーク, シビル=ハン国の首都占領 ○ロシアのシベリアへの発展始まる 1583 リヴォニア戦争終結(バルト海進出失敗) 1588～1648 クリスチャン4世(デンマーク) 1589 モスクワにギリシア正教総主教管区設置 1598 リューリク朝断絶

1600

西アジア	インド・東南アジア	中央ユーラシア	中　国	朝　鮮	日　本
オスマン帝国 1299〜1922	ロディー朝 1451〜1526		明 1368〜1644	朝鮮(李氏) 1392〜1910	室町時代 1333〜1573

西アジア	インド・東南アジア	中央ユーラシア	中国	朝鮮	日本	
サファヴィー朝 1501〜1736 1501 **イスマーイール1世**, イランにサファヴィー朝樹立(〜1736) 1505 ブハラ=ハン国(〜1920) 1511 ポルトガル人ホルムズ占領 1512〜20 **セリム1世** 1512 ヒヴァ=ハン国(〜1920) 1517 シリア・エジプト占領(マムルーク朝滅ぶ) 1520〜66 **スレイマン1世** 1521 ベオグラード占領 1522 ロードス占領 **○オスマン帝国発展**	1504 **バーブル**, カーブルに拠り南進 1505〜09 ポルトガル初代インド総督アルメイダ 1509 ディウ沖の海戦 1510 ポルトガル, ゴア占領 1511 ポルトガル, マラッカ占領 マラッカ王室はのがれてジョホール王国を建てる ○カビール(1440〜1518)ヒンドゥー教改革 1512 モルッカ諸島にポルトガル人到達 オスマン軍, ディウの攻撃に失敗 1518 ポルトガル, セイロン占領 1519 バーブル, パンジャーブ占領 1521 マゼラン, フィリピンにいたって戦死	1500 ウズベク人, トランスオクシアナ占領 1501 **ダヤン=ハン**, モンゴル統一 ダヤン, 華北に侵入 C.1520 ダヤン, 山西の大同に入寇	1502 『大明会典』なる 1505〜21 **武宗(正徳帝)** ○施耐庵・羅貫中『水滸伝』 ○四大画家 沈周(1427〜1509) 唐寅(1470〜1523) 文徴明(1470〜1559) 仇英(?〜?) 1517 ポルトガル人広州にいたる, 貿易開始 1519 寧王宸濠の乱, 王守仁, 寧王を破り乱を鎮定(〜20) 1521〜66 **世宗(嘉靖帝)** ○王陽明(王守仁1472〜1528)陽明学を説く(知行合一)	1506 燕山君を廃し, 中宗即位(中宗反正) 1506〜44 **中宗** 1510 三浦の乱(三浦の日本居留民の反乱) 1512 三浦の日本人居留地廃止	1503 幕府, 朝鮮に通信符を求める 1506 大内氏, 使僧を朝鮮に派遣 1508〜21 **足利義稙** 1512 宗氏, 朝鮮と永正条約締結 1516 幕府, 大内義興に遣明船の管掌を委託 1521〜46 **足利義晴** 1523 寧波の乱(細川氏, 大内氏, 明に遣使, 両使節が寧波で争う)以後大内氏貿易独占	1500
1526 モハーチの戦い(ハンガリー,一部併合) 1529 第1次ウィーン包囲 1534 バグダード占領 1535 フランスと同盟結ぶ 1538 プレヴェザの海戦(スペイン・教皇連合艦隊撃破) 1541 アルジェリア征服 1546 イエメン占領	○シク教祖ナーナク(1469〜1538) **ムガル帝国 1526〜1858** 1526 第1次パーニーパットの戦い, バーブル, デリーを占領し建国 1526〜30 **バーブル** 1527 大越の莫氏(〜1592), 黎朝を纂奪 1529 モルッカ諸島, ポルトガルの勢力圏に 1530〜56 **フマーユーン** 1531 ビルマにタウングー朝成立(〜1752) 1540 フマーユーン, アフガンのシェール=シャーに敗れ, ペルシアに亡命(ムガル中絶, スール朝, 〜55) 1542 ザビエル, ゴアにいたる(キリスト教布教)	1542〜82 **モンゴルのアルタン=ハーン活躍** 1546 アルタン, 延安・慶州に侵入	○北虜南倭(モンゴル族と倭寇の侵入さかん) 1528 王守仁, 両広諸蛮を平定 ○このころより江南地方で**一条鞭法**実施 1533〜34 山西大同の兵乱 1535 ポルトガル人, マカオで商業活動始める 1541 明, 安南国を改めて安南都統使とする, 以後, 安南2分される, 莫氏・黎氏の対立 1549 倭寇, 浙江を侵す, これより倭寇激化(海禁策強化)	1530 『新増東国輿地勝覧』なる 1545〜67 **明宗** 1545 乙巳の士禍	1531 一向一揆起こる(越前) 1532 石見銀山開発 1543 **ポルトガル人, 種子島漂着(鉄砲伝来)** 1546〜65 **足利義輝** 1547 最後の勘合貿易船 1549 ザビエル, 鹿児島にいたりキリスト教布教	1525
1565 トリポリ支配(〜1911) 1565 マルタ島を攻撃して失敗 1566 スレイマン1世西部ハンガリー征服途中陣没 1566〜74 **セリム2世** 1571 レパントの海戦で敗北 1574 チュニジア併合 1574〜95 **ムラト3世**	1555 フマーユーン, アフガンのスール朝よりデリー回復 1556〜1605 **アクバル** 1556 第2次パーニーパットの戦い, アフガンを打倒 1560 アクバル, アグラに遷都 アグラ城建設 1564 アクバル, ジズヤ(非ムスリムへの人頭税)を廃止 1571 スペイン, マニラを建設(メキシコとのガレオン貿易でアジアに新大陸銀流入) 1574 アクバル, ベンガル・ビハール・オリッサを征服(〜76)	1550 アルタン, 直隷に入寇し北京を包囲(庚戌の変) 1551 明朝, 大同・宣府に馬市を開く, 翌年廃止 1553 アルタン, 直隷北部に入寇, 以後しばしば侵入 1570 アルタンの孫, 明に降る 1571 明, アルタンを順義王に封じる	1552 ザビエル, 上川島で没 1553 王直, 倭寇を糾合して沿海諸郡を劫掠 1555 倭寇, 南京に迫る 1555 明将愈大猷, 江口付近の倭寇を撃破(〜56) 1557 ポルトガル人のマカオ居住を許す 1559 明将胡宗憲, 倭寇の頭目王直を誘殺 ○李攀竜(1514〜70)『唐詩選』 1563 戚継光, 倭寇を福建に破る 1566〜72 **穆宗(隆慶帝)** 倭寇衰退 1567 張居正入閣, 政務をとる 海禁を緩和 1570 呉承恩(1500〜82)『西遊記』 1572〜1620 **神宗(万暦帝)** 1572 張居正(1525〜82)『帝鑑図説』献上 1573 張居正の改革政治(〜82) ○新安商人, 山西商人活躍 ○景徳鎮中心(赤絵, 染付)	1555 倭寇, 全羅道を侵す(乙卯の倭変) 1567〜1608 **宣祖**	1550 葡, 平戸に商館設置(〜1639) 1551 大内氏滅び, 勘合貿易終わる 1556 明, 倭寇の禁圧を要求 ○西洋医学伝来 1560 織田信長, 桶狭間に今川義元を破る 1568 信長(1534〜82), 足利義昭を奉じて入京 1568〜73 **足利義昭** 1569 信長, 宣教師の京都在住と伝道を許す 1570 日葡貿易始まる 1573 信長, 義昭追放(室町幕府滅亡)	1550
1580 イギリスに恩恵の特権貿易を許す 1587 イラク・ルリスタンを占領 1587〜1629 **アッバース1世(サファヴィー朝最盛期)** 1595〜1603 **メフメト3世** 1597 サファヴィー朝, イスファハーンに遷都	1579 イギリス人初めてインドにいたる 1581 アクバル, カーブルに遠征 1582 アクバル, 新宗教ディーネ=イラーヒーを公布する 1586 アクバル, カシミール進撃 1590 シンド征服 1592 黎朝, ハノイを奪還 1593 デカン征服 1596 オランダ人, ジャワ到達, ポルトガル人と抗争 1599 デカン遠征(〜1601) ○ジャワのマタラム王国, スマトラのアチェ王国などイスラーム勢力拡大	1578 第3代ダライ=ラマ, モンゴルにいたる チベット仏教の拡大 1582 コサックの首長イェルマーク, シビル=ハン国の首都占領 1583 建州女真ヌルハチ挙兵 ○満洲人の勃興 1593 ヌルハチ, 女真諸部を制圧 1599 満洲文字作成	○会館・公所発達 1578 戸口調査, 民田検察 冗官淘汰 ○華僑増大 1581 **一条鞭法, 全国で実施** 1582 マテオ=リッチ(利瑪竇1552〜1610), マカオに到着(83広東, 87南京, 1601北京で神宗に謁見) ○李贄(李卓吾1527〜1602)陽明学左派 1592 モンゴルの降将ボバイ, 寧夏に拠って反する 1592 明軍, 朝鮮を救援(〜98) ○詩人王世貞(1529〜93) 1594 東林派, 非東林派の党争開始 1596 李時珍(C.1523〜96)『本草綱目』 1597 楊応竜, 苗族を糾合して播州で反乱 1598 湯顕祖(1550〜1617)『牡丹亭還魂記』	1575 両班, 東西に対立し, 党争始まる 1592 壬辰倭乱(豊臣秀吉の朝鮮の役, 文禄の役, 〜93) 1593 碧蹄館の戦い(日本軍, 明軍を撃破) 1597 丁酉倭乱(再度の朝鮮出兵, 慶長の役, 〜98) 1598.8 秀吉没し, 日本軍撤退開始 .11 李舜臣戦死(1545〜)	**安土桃山時代 1573〜1603** 1582 大友・大村・有馬, 教皇に少年使節派遣(〜90) 1582 本能寺の変 1582〜98 **豊臣秀吉** 1582 初めて**太閤検地**が行われる 1588 刀狩令 **1590 秀吉, 全国統一** 1592 朱印船貿易始まる 1596 スペイン船, 土佐に漂着 26聖人の殉教	1575 1600

（使い方）赤字 戦争・紛争に関すること　青字 文化に関すること

	アメリカ	イギリス	オランダ	フランス	ドイツ・イタリア	スペイン・ポルトガル	北欧・東欧・ロシア
		ステュアート朝 1603〜49, 1660〜1714　重商主義政策	ネーデルラント連邦共和国 1581〜1795	ブルボン朝 1589〜1792	ハプスブルク朝 1438〜1740	スペイン王国 1479〜1931	スウェーデン 1523〜 王国

1600「17世紀の危機」

- **アメリカ**：1603 セントローレンス川を探検(仏)／1607 ジェームズタウンの建設 ヴァージニア植民地(英)／1608 ケベック市建設(仏)／1619 ヴァージニアに植民地議会成立／1620 メイフラワー契約, ピルグリム=ファーザーズ(ピューリタン)プリマス上陸(ニューイングランド)
- **イギリス**：1600 東インド会社設立／1601 救貧法／1603 アルスター地方へプロテスタント入植／1603〜25 ジェームズ1世／1605 火薬陰謀事件／1606 ロンドン・プリマス両会社に北米特権許可／○囲い込み反対の暴動 ジェントリ, 議会に進出／○ジェームズ1世, 王権神授説を強調 ヴァン=ダイク(1599〜1641)肖像画／1611 聖書の欽定訳完成／1620 フランシス=ベーコン(1561〜1626)『新オルガヌム』帰納法, 経験論／1621 下院, ジェームズ1世の専制に大抗議
- **オランダ**：1602 連合東インド会社設立 重商主義政策／1609 スペインと休戦, アムステルダム銀行設立／1619 ジャワにバタヴィア市建設／1621 西インド会社設立
- **フランス**：1604 東インド会社設立(まもなく中断)／1604 カナダ植民開始／1610 アンリ4世, 旧教徒に暗殺される／1610〜43 ルイ13世(母后マリ=ド=メディシス摂政)／1614 三部会召集(〜15, 以後1789まで中断)／1624〜42 宰相リシュリュー
- **ドイツ・イタリア**：1600 哲学者, ブルーノ火刑／1608 プロテスタント諸侯同盟／1609 カトリック諸侯連盟／1609〜19 ケプラー(1571〜1630)惑星運行の三法則／1616 ローマ宗教裁判所, 地動説を異端と判定／1618 ボヘミア(ベーメン)反乱／1618〜48 三十年戦争／1618〜23 ボヘミア-プファルツ戦争ヴァレンシュタイン活躍／1623 カンパネラ(1568〜1639)『太陽の国』
- **スペイン・ポルトガル**：1609 スペイン・オランダ間休戦条約成立／○エル=グレコ(C.1541〜1614)／1615 セルバンテス(1547〜1616)『ドン=キホーテ』第2部
- **北欧・東欧・ロシア**：ロマノフ朝 1613〜1917／1611〜32 グスタフ=アドルフ(バルト海・リヴォニアを獲得)／1613〜45 ミハイル=ロマノフ

1625

- **アメリカ**：1626 ニューアムステルダム建設(蘭)／1630 イギリス人マサチューセッツ植民(ボストン建設)／1636 ハーヴァード大学設立／1639 コネティカット基本法成立／1642 モントリオール市建設(仏)／1649 メリーランド信教自由法発布
- **イギリス**：1625〜49 チャールズ1世／1628「権利の請願」／1629 チャールズ1世, 議会を解散／1639 スコットランドの反乱／1640 短期議会(.4〜.5) 長期議会(.11〜53)／1641 議会,「大諫奏」提出／1642〜49 ピューリタン(清教徒)革命／1643 クロムウェル, 鉄騎兵を組織／1644 マーストンムーアの戦い／1645 ネーズビーの戦い(王党派敗北)／1649 チャールズ1世処刑 共和政宣言(〜60)平等派, 弾圧
- **オランダ**：1625 グロティウス(1583〜1645)『戦争と平和の法』自然法／○ルーベンス(1577〜1640)／○バロック式／1639 オランダ海軍, スペインに勝利／○オランダの海外発展／1642 タスマン, タスマニア・ニュージーランド探検／1648 ウェストファリア条約
- **フランス**：1635 リシュリュー, アカデミー=フランセーズ創設／1635 三十年戦争介入／1637 デカルト(1596〜1650)『方法序説』／○合理論 演繹法／1642〜61 宰相マザラン(1602〜61)／1643〜1715 ルイ14世「朕は国家なり」／1648 フロンドの乱(〜53)
- **ドイツ・イタリア**：1625〜29 デンマーク戦争(三十年戦争にデンマーク介入 1629 リューベク条約)／1630 スウェーデン戦争(スウェーデン, ドイツに侵入, 〜35)／1633 ガリレイ宗教裁判を受ける(地動説)／1635 スウェーデン-フランス戦争(仏, スウェーデンと同盟し三十年戦争に介入, 〜48)／1640〜88 フリードリヒ=ヴィルヘルム大選帝侯(普)／○帝国の実質的解体
- **スペイン・ポルトガル**：1629 モノモタパ王国を属国に／1640 ポルトガル, スペインより独立／○ベラスケス(1599〜1660)
- **北欧・東欧・ロシア**：1632 グスタフ=アドルフ戦死(リュッツェンの戦い)／1638 太平洋岸に到達(シベリアに進出)／1645〜76 アレクセイ

1650

- **アメリカ**：1655 イギリス, ジャマイカ島占領／1664 イギリス, ニューアムステルダムを占領し, ニューヨークと改称
- **イギリス**：1649〜58 クロムウェル独裁／1649 アイルランド征服／1651 ホッブズ(1588〜1679)『リヴァイアサン』社会契約説／1651 航海法制定／1652 第1次英蘭(イギリス-オランダ)戦争(〜54)／1653 クロムウェル, 護国卿となる／1660 王政復古(〜85 チャールズ2世)／○ニュートン, 万有引力の法則発見／1665 第2次英蘭戦争(〜67)／1667 ミルトン(1608〜74)『失楽園』／1670 ドーヴァー密約(英仏間)／1672 第3次英蘭戦争(〜74)／1673 審査法制定／○このころトーリ・ホイッグの2大政党おこる
- **オランダ**：1652 ケープ植民地建設／○レンブラント(1606〜69)／○スピノザ(1632〜77)／1667 南ネーデルラント継承戦争(〜68)
- **フランス**：1659 ピレネー条約／1661 ルイ14世親政始まるルイ14世, 王権神授説を唱える／1664 東インド会社再建／1665 財務総監コルベール／1666 フランス科学アカデミー創設／○絶対王政の完成／○古典主義文学 コルネイユ(1604〜84) ラシーヌ(1639〜99) モリエール(1622〜73)／1670 パスカル(1623〜62)『パンセ』
- **ドイツ・イタリア**：1658〜1705 レオポルト1世／1661 オスマン軍, オーストリア攻撃再開／1663 オスマン軍, ハンガリー侵入／1667 ポーランド, ブロイセンの独立承認
- **スペイン・ポルトガル**：1655 ポルトガル, オランダにコロンボ(セイロン島)を奪われる／1665〜1700 カルロス2世
- **北欧・東欧・ロシア**：1652 清と初めて衝突／1654 ポーランドと戦う／1655 清に使節を送る／1667 ウクライナをポーランドより獲得／1670 ステンカ=ラージンの反乱(〜71)

1675

- **アメリカ**：1679 フランス人ラ=サール, ミシシッピ川探検(〜82)／1681 ウィリアム=ペン, ペンシルヴェニア植民地建設／1682 フィラデルフィア建設 ラ=サール, ミシシッピ流域をルイジアナと命名／1688〜89 名誉革命／1689 ウィリアム王戦争(〜97)(英・仏植民地戦争)／1699 羊毛品法
- **イギリス**：○重商主義政策続く／1675 グリニッジ天文台／1679 人身保護法制定／1685〜88 ジェームズ2世／1687 ニュートン(1642〜1727)『プリンキピア』／1688〜89 名誉革命(オランダ総督ウィレム3世を国王として招く)／1689 ウィリアム3世(〜1702)・メアリ2世(〜94)の共同統治／1689「権利の宣言」→「権利の章典」／1690 ロック(1632〜1704)『統治二論(市民政府二論)』／1694 イングランド銀行設立
- **オランダ**：1672 オランダ侵略戦争(ルイ14世オランダに侵入, 〜78)／1677 オランダ総督ウィレム3世, 英王女メアリと結婚／1688 プファルツ継承戦争(アウクスブルク同盟戦争, 仏対蘭・独帝・英・バイエルン・ザクセン 1697 ライスワイク条約, 〜97)／1689 ウィレム, 英王即位(英・蘭同君連合)
- **フランス**：1682 ルイ14世, ヴェルサイユに移る／1685 ナントの王令廃止(ユグノー, 英・蘭・プロイセンに逃む)／○ハイチに進出(サントドミンゴ)／○スペイン王位継承問題
- **ドイツ・イタリア**：1680 ライプニッツ(1646〜1716)微積分法考案／1683 オスマン軍, 第2次ウィーン包囲／○大選帝侯のユグノー招致(プロイセンの産業発展)／1687 モハーチの勝利(オスマン帝国よりハンガリー奪還)／1699 カルロヴィッツ条約
- **北欧・東欧・ロシア**：1677 オスマン／1682〜89 イヴァン5世, ピョートル1世(〜1725)と共治／1689 ネルチンスク条約／1697〜1718 カール12世／1697 ピョートル1世, 西欧視察(〜98)

1700

- **アメリカ**：1701 エール大学創立／1702 アン女王戦争(〜13)／1713 ユトレヒト条約(英は仏よりニューファンドランド・アカディア・ハドソン湾地方を獲得)／○西領植民地への英船による黒人奴隷貿易開始／1717 ニューグラナダ副王領成立
- **イギリス**：1701 スペイン継承戦争(英・墺・普・蘭対仏・西, 〜13)／1702〜14 アン女王／1707 グレートブリテン王国成立(スコットランドと合同)／1712 ニューコメン, 蒸気機関発明(炭坑排水用)／1713 ユトレヒト条約(ジブラルタルなど英取得)／ハノーヴァー朝 1714〜1917／1714〜27 ジョージ1世／1719 デフォー(1660〜1731)『ロビンソン=クルーソー』／1720 南海泡沫事件／1721〜42 ウォルポール内閣／→責任内閣制の確立(「王は君臨すれども統治せず」)
- **フランス**：1704 ブレンハイムの戦いに敗北／1710 ヴェルサイユ宮殿完成／1714 ラシュタット条約(墺, 西領ネーデルラントを領有)／1715〜74 ルイ15世／1720 イギリス人ロー, 蔵相となる／○ロココ画家ワトー(1684〜1721)
- **ドイツ・イタリア**：1705〜11 ヨーゼフ1世／プロイセン王国 1701〜1871／1701 プロイセン公国, 王国となる(ホーエンツォレルン家)／1711〜40 カール6世／1714 ライプニッツ(1646〜1716)『単子論』／1716〜18 墺・ヴェネツィア, オスマン帝国と交戦／1701〜13 フリードリヒ1世／1713〜40 フリードリヒ=ヴィルヘルム1世／1720 サヴォイア公国, サルデーニャ王国となる(〜1861)
- **スペイン・ポルトガル**：1700 スペインのハプスブルク家断絶／1700〜24.24〜46 フェリペ5世(ブルボン家)
- **北欧・東欧・ロシア**：1700〜21 北方戦争／1702 デンマーク, 農奴解放／1709 ポルタヴァの戦い(スウェーデン, 露に敗北)／1718 カール12世(スウェーデン)戦死／1721 ニスタット条約(露, バルト海沿岸を獲得)／1703 サンクトペテルブルク建設開始／1702 カムチャツカを領有／1710 露, オス／1711 プルート(露, アゾフ)／1712 バルト海沿岸を占領／1712 サンクトペテルブルクへ遷都

1725

西アジア（オスマン帝国 1299～1922 / サファヴィー朝 1501～1736）	インド・東南アジア（ムガル帝国 1526～1858）	中央ユーラシア	中国（明 1368～1644）	朝鮮（李氏 1392～1910）	日本（江戸時代 1603～1867）
1603～17 アフメト1世 1612 オランダに恩恵貿易を許す 1622 サファヴィー朝、ポルトガルからホルムズ島奪回 **1623～40 ムラト4世** 1623 イェニチェリ、反乱を起こす	1600 英、東インド会社設立 1602 蘭、連合東インド会社設立 1604 仏、東インド会社設立 1603 江戸幕府の朱印船貿易(～35) ○東南アジア各地に日本町成立 **1605～27 ジャハーンギール** 1612 英、スーラトに商館設置 1619 蘭、ジャワにバタヴィア市を建て総督府をおく 1622 王子シャー=ジャハーンの反乱 1623 アンボイナ(アンボン)事件(英勢力の駆逐) 1624 鄭氏(トンキン)と阮氏(コーチシナ)の抗争	○満洲人の発展 1601 ヌルハチ、海西諸部討滅(～13) 1615 八旗制拡充 **後金(清) 1616～1912** **1616～26 太祖(ヌルハチ)** 1619 サルフの戦い(後金、明軍を撃破) 1621 後金、遼陽に遷都	1600 在朝鮮の明軍帰還 1601 マテオ=リッチ(利瑪竇)、北京にいたり万暦帝に謁見 1602 マテオ=リッチ、「坤輿万国全図」刊行 1607 マテオ=リッチ、徐光啓『幾何原本』漢訳 1610 『金瓶梅』刊行　○郷紳、地方社会で活躍 1611 東林・非東林派の党争激化 1620 光宗(泰昌帝) 1620～27 熹宗(天啓帝) ○宦官魏忠賢の専権 1622 アダム=シャール(湯若望1591～1666)来朝 1624 オランダ、台湾を占領(ゼーランディア城、～61)	1607 回答兼刷還使を日本に派遣 1609 己酉約条(対馬の宗氏、朝鮮と通商条約を結ぶ) 1619 姜弘立、サルフの戦いで降服、抑留される 1623 光海君を廃し、仁祖即位(仁祖反正)	1600 関ヶ原の戦い　家康、江戸幕府を開く **1603～05 徳川家康** **1605～23 徳川秀忠** 1609 オランダ、平戸に商館設置　島津氏、琉球を征服 1613 イギリス船来航、通商開始(～23) 1616 外国貿易を長崎・平戸に限定 **1623～51 徳川家光** 1624 スペイン船の来航禁止
1630 イランのハマダーン獲得 1638 バグダードを奪回　イラク併合 1645 ヴェネツィアと戦う(～69) **1648～87 メフメト4世**	**1628～58 シャー=ジャハーン** 1630 山田長政、シャムで毒殺される 1632 タージ=マハル造営(インド=イスラーム文化、～53) 1633 英、ベンガルに植民 1640 英、マドラスに要塞建設 1641 蘭、マラッカをポルトガルより奪う 1645 英にベンガルにおける貿易上の特権を得る 1648 デリー遷都 1649 ヴィジャヤナガル王国滅亡	1625 後金、瀋陽に遷都 **1626～43 太宗(ホンタイジ)** 1628 露、クラスノヤルスク築城 1635 チャハル征服 1636 国号を清と改称 1636 朝鮮遠征(～37) 1638 理藩院設置 **1643～61 世祖(順治帝)** 1643 ポヤルコフ(露)、黒竜江探検(～46) 1648 ロシア、オホーツク市建設	1625 大秦景教流行中国碑発見　○実学さかんとなる **1627～44 毅宗(崇禎帝)**　徐光啓(1562～1633) 1629 後金軍大挙して侵入　『農政全書』『崇禎暦書』 1631 李自成の乱(～45)　董其昌(1555～1636)南宗画大成 1632 徐光啓、国政に参与　宋応星(C.1590～C.1650)『天工開物』 C.1633～C.44 抱甕老人「今古奇観」　明の赤絵(磁器)発達 1636 孔有徳・耿仲明ら後金に降る **1644 李自成(1606～45)北京占領、崇禎帝自殺し明朝滅ぶ　清、北京に遷都** 1645 辮髪令 1646 鄭芝龍、清に降るも子の成功は明・唐王に従う　○満洲人の中国支配　○満漢併用制	1627 後金に侵略され、仁祖が江華島へのがれる 1636 清軍のホンタイジ、朝鮮に侵略　日本に正式に朝鮮通信使を派遣 1637 朝鮮、清に服属	「鎖国」政策　○寛永文化 1629 絵踏始まる 1633 奉書船(朱印船)以外の海外渡航禁止 **1635 日本人の海外渡航・帰国禁止　参勤交代制の確立** 1636 朝鮮通信使来日 1637 島原・天草一揆(～38) 1639 鎖国令(蘭・中国・朝鮮のみ通商可) 1641 オランダ商館を出島に移す
1661 オーストリアを攻撃 1669 クレタ島をヴェネツィアより獲得	1655 オランダ、葡領セイロン島を占領(～58) **1658～1707 アウラングゼーブ** 1661 ポルトガル、ボンベイを英に割譲 1664 コルベール、仏東インド会社を再建 1668 ボンベイ、英より東インド会社に付与 1669 ヒンドゥー教抑圧 1673 仏、シャンデルナゴル獲得 1674 仏、ポンディシェリ獲得　マラータ王国成立 1674～80 シヴァージー(マラータ族)デカン高原に勢力拡大	○緑営設置 1658 露、ネルチンスク築城 1663 露、アルバジン築城 1676～97 ジュンガルのガルダン活躍	1652 ロシアと衝突し、松花江上に戦う 1659 清軍、雲南攻略　フェルビースト(南懐仁1623～88)来朝 **1661～1722 聖祖(康熙帝)** 1661 鄭成功、台湾占領(鄭氏台湾、～83) 1661 遷界令(対台湾、～84) 1662 呉三桂(1612～78)永明王を殺し、明完全に滅びる 1667 康熙帝による親政が始まる 1669 フェルビースト、欽天監副(副天文台長)となる 1673 三藩の乱(呉三桂ら藩王が鎮圧される、～81) 1674 フェルビースト、軽利の火砲鋳造、「坤輿全図」作成	1653 初めて時憲暦を行う 1660 礼論おこり党争激化	**1651～80 徳川家綱** 1651 慶安の変(由井正雪の乱) 1657 『大日本史』の編集始まる(～1906) 1658 鄭成功、援助を求める 1669 シャクシャインの戦い平定 1670 末次平蔵、蘭式船を製造 1673 英船、通商を要求 1674 関孝和『発微算法』
軍と戦う(～81) 1683 第2次ウィーン包囲失敗 **1687～91 スレイマン2世** **1691～95 アフメト2世** 1696 アゾフ海を失う **1699 カルロヴィッツ条約**	1679 アウラングゼーブ、ジズヤ(非ムスリムへの人頭税)復活、ラージプート族抵抗 1681 アウラングゼーブ、デカン遠征、マラータ制圧 1687 アウラングゼーブ、ゴールコンダ王国併合(領土最大) 1690 イギリス、カルカッタを占領 1696 蘭、ジャワでコーヒーを導入、義務供出制をしく 1697 ベトナムの阮氏、カンボジアからサイゴンを奪う	1685 アルバジンで露・清戦う(～86) 1688 ガルダン、外モンゴル侵入、清、内モンゴル防備強化 ○ロシア人、黒竜江沿いに南下 1689 ネルチンスク条約 1696 康熙帝、青海・外モンゴル遠征 1697 ガルダン自殺、外モンゴル、清に服属	1678 呉三桂が死に、三藩の勢力弱体化　○考証学発達 1679 蒲松齢(1640～1715)『聊斎志異』　顧炎武(1613～82)『日知録』 1683 鄭氏を討ち、台湾を領有　黄宗羲(1610～95)『明夷待訪録』 1684 遷界令を解く、4海関(上海・定海・厦門・広州)設置 1690 『大清会典』『康熙会典』なる 1699 英に広州貿易を許す	1678 常平通宝を鋳造 ○党争続く 1693 日本・朝鮮間に竹島問題発生	1675 オランダ風説書の初め **1680～1709 徳川綱吉** 1684 貞享暦完成 1685 長崎貿易を一定額以下に制限 1687 生類憐みの令 1689 長崎に唐人屋敷を建設 ○元禄文化 1690 昌平坂学問所創立
C.1710 コーカンド=ハン国(～1876) ○オスマン、チューリップ時代 マン帝国と交戦(～11) 条約 海をオスマン帝国に返還 1716 墺・ヴェネツィアと交戦(～18) 1718 パッサロヴィッツ条約(セルビア・ワラキアを墺に譲渡) 1723 サファヴィー朝、露にカスピ海南岸を奪われる 1724 イラン領奪取	1700 英、カルカッタに城塞建設 1707 アウラングゼーブ死後、ムガル継承戦争起こる ○ランサン王国(タイ系ラオ人)の分裂 1710 シク教徒の反乱 **1713～19 ファルーク** 1714～20 バーラージ、マラータ王国宰相となり、連合王国形成 **1719～48 ムハンマド=シャー** 1724 デカン地方のニザーム独立　ムガル宰相サアダッド=ハン、オードに独立	1709 カンダハルのミール=ワイスの独立(ギルザイ朝) 1722 ワイスの子マフムート、イスファハーンを占領し、ペルシア王を称する(～29)	1702 広州・厦門に行商制度　○万斯同(1638～1702) 1707 典礼問題起こる　○閻若璩(1636～1704) 1709 円明園造営始まる 1711 『佩文韻府』 1713 盛世滋生人丁を施行、丁銀の額を一定とする 1715 英東インド会社、広東に商館設置　カスティリオーネ(郎世寧1688～1766)北京にいたる 1716 『康熙字典』 1717 地丁銀、広東省に実施　ジュンガル、チベットに侵入 1720 清、ラサ攻略、チベットに宗主権確立　広州に公行制度 **1722～35 世宗(雍正帝)**　○地丁銀、全国に広まる 1724 キリスト教布教禁止	1712 白頭山を清との国境と定める 1721 辛丑の獄(～22)	**1709～12 徳川家宣** 1709 新井白石(1657～1725)を幕政に登用(正徳の治) 1711 朝鮮通信使の待遇是正 **1712～16 徳川家継** 1715 長崎新令を発し、金銀の海外流出制限 **1716～45 徳川吉宗(享保の改革)** 1720 禁書の令ゆるむ 1724 倹約令発布

年代目盛：1600 / 1625 / 1650 / 1675 / 1700 / 1725

使い方　赤字　戦争・紛争に関すること　青字　文化に関すること

	アメリカ	イギリス	フランス・オランダ		ドイツ・オーストリア	プロイセン	南欧
		ハノーヴァー朝 1714～1917	ブルボン朝 1589～1792	ネーデルラント連邦共和国 1581～1795	ハプスブルク朝 1438～1740	ホーエンツォレルン朝 1701～1918	スペイン王国 1479～1931

アメリカ

- 1732　ジョージア植民地建設（13植民地成立）英，帽子法
- 1733　英，糖蜜法発布
- 1739　ジェンキンズの耳の戦争（英西戦争，～48）
- 1744　ジョージ王戦争（～48）
- 1750　フランクリン，避雷針を発明
- 1755　フレンチ＝インディアン戦争（～63）
- 1759　英，ケベック占領
- 1760　英，モントリオール占領（英のカナダ支配）
- 1763　パリ条約
- 1764　英，砂糖法発布
- 1765　英，印紙法発布　ヴァージニア決議（植民地人反対，66撤廃）"代表なくして課税なし"
- 1767　英，タウンゼンド諸法（鉛・紙・ガラス・茶などに課税）
- 1773　英，茶法発布　ボストン茶会事件
- 1774　第1回大陸会議
- 1775～83　アメリカ独立戦争
- 1775　第2回大陸会議
- アメリカ合衆国 1776～
- 1776.7.4　独立宣言
- 1777　サラトガの戦い
- 1780　武装中立同盟結成
- 1781　ヨークタウンの戦い
- 1783　パリ条約（英，米の独立承認）
- 1787　アメリカ合衆国憲法制定（88発効）
- 1789～97　初代大統領 ワシントン
- 1790　フィラデルフィア首都（～1800）
- 1791　憲法10か条修正　合衆国銀行設立
- 1793　ホイットニー（1765～1825）綿繰り機を発明　仏革命に中立を宣言，連邦派形成
- 1794　消費税反対のウィスキー反乱
- 1797～1801　J.アダムズ（フ）
- 1800　首都ワシントン
- 1801～9　ジェファソン（リ）
- 1803　ルイジアナ西部を仏より購入
- 1804　ハイチ，仏より独立（トゥサン＝ルーヴェルチュール）
- 1807　ポルトガル王室，ブラジルへ亡命　フルトン，蒸気船を試運転（ハドソン川）
- 1808　奴隷貿易禁止法
- 1809～17　マディソン（リ）

イギリス（ハノーヴァー朝 1714～1917）

- 1726　スウィフト（1667～1745）『ガリヴァー旅行記』
- 1727　英・西間の戦争（～29）
- 1733　ジョン＝ケイ，飛び梭を発明
- 1740　オーストリア継承戦争（墺・英対仏・西・普，48）
- 1753　大英博物館創立
- ○農業革命
- 1756　七年戦争（英・普対墺・仏・露・スウェーデン，第3次シュレジエン戦争，～63）
- 1760～1820　ジョージ3世
- 1763　パリ条約（仏，ミシシッピ川以東のルイジアナを英に割譲）
- 1764　ハーグリーヴズ，ジェニー紡績機
- 1765　ワット，蒸気機関改良（～69）
- 1769　アークライト，水力紡績機
- ○第2次囲い込み運動
- ○イギリス産業革命（機械工業確立）
- 1775　レキシントン・コンコードの戦い
- ○古典派経済学
- 1776　アダム＝スミス（1723～90）『諸国民の富』
- 1779　クロンプトン，ミュール紡績機
- 1782　アイルランドの独立運動
- 1783～1801　第1次ピット（小）内閣
- 1785　カートライト，力織機
- 1788　オーストラリア，流刑植民地に
- 1791　トマス＝ペイン（1737～1809）『人権論』
- 1793　第1回対仏大同盟（英・普・墺・西・サルデーニャ，～97）
- 1795　救貧法（英）
- 1796　ジェンナー（1749～1823）種痘法発見
- 1798　マルサス（1766～1834）『人口論』
- 1798　第2回対仏大同盟（英・露・墺・土・ナポリ～1802）
- 1799　アイルランド反乱
- ○機械うちこわし運動
- 1800　英，マルタ島占領
- 1801　アイルランド併合（グレートブリテン・アイルランド連合王国の成立）
- 1802　アミアンの和約（英・仏・～03）最初の工場法
- 1804～06　第2次ピット（小）内閣
- 1805.8　第3回対仏大同盟（英・露・墺）.10 トラファルガーの海戦（ナポレオンの英上陸作戦失敗）
- 1807　奴隷貿易廃止法

フランス・オランダ（ブルボン朝 1589～1792／ネーデルラント連邦共和国 1581～1795）

- 1733　ポーランド継承戦争（仏対墺・露，～35）
- 1748　アーヘン和約（普のシュレジエン領有承認，諸国による墺の国事詔書承認）
- ○啓蒙思想広まる　モンテスキュー（1689～1755）『法の精神』三権分立論
- 1751　ディドロ・ダランベールらの『百科全書』出版始まる（～72）
- 1755　ルソー（1712～78）『人間不平等起源論』
- 1758　ケネー（1694～1774）『経済表』（重農主義）
- 1762　ルソー『社会契約論』
- 1765　ルイ15世，イエズス会解散
- ○ヴォルテール（1694～1778）『哲学書簡』
- ○ロココ画家ブーシェ（1703～70）
- 1770　東インド会社解散
- 1774～92　ルイ16世
- 1774～76　財務総監テュルゴー
- 1777～81　財務総監ネッケル
- ○ラヴォワジェ（1743～94）燃焼理論確立
- 1778　米の独立承認，対英宣戦（～83）
- 1779　農奴廃止令　○アンシャン＝レジーム（旧制度）の矛盾深まる
- 1785　マリ＝アントワネットのダイヤモンド首飾り事件
- 1787　名士会開催　○特権身分と第三身分対立
- 1788　ネッケル財務総監に再任（～89）
- 1789～99　フランス革命　1789.5 三部会召集 .6 国民議会結成，球戯場（テニスコート）の誓い .7 バスティーユ牢獄襲撃 .8 封建的特権廃止，人権宣言 .10 ヴェルサイユ行進
- 1791.6　ルイ16世亡命失敗（ヴァレンヌ逃亡事件）.9 憲法制定 .10 立法議会成立（～92）
- 1792.3　ジロンド派内閣成立 .4 対墺宣戦布告，墺・普連合軍，仏に侵入，義勇軍結成，義勇兵活躍 .8 8月10日事件（テュイルリー宮殿襲撃）王権停止 .9 ヴァルミーの戦い，国民公会召集（～95），共和政宣言
- 第一共和政 1792～1804
- 1793.1　ルイ16世処刑 .3 徴兵制 .3 革命裁判所創設 .4 公安委員会設置 .5 最高価格令 .6 ジロンド派追放（山岳派独裁）.7 マラー暗殺 .10 王妃処刑，共和暦（革命暦）採用
- 1793　ロベスピエールの恐怖政治（～94）
- 1794.4　ダントン処刑 .7 テルミドールの反動（ロベスピエール処刑）
- 1795　蘭，仏に征服され，バタヴィア共和国成立
- 1795.10　国民公会解散，総裁政府成立（～99）
- バタヴィア共和国 1795～1806
- 1796　バブーフ陰謀発覚，ナポレオン，イタリア遠征
- 1798　ナポレオン，エジプト遠征（～99）
- 1799　オランダ連合東インド会社解散
- 1799　ブリュメール18日のクーデタ，統領政府（～1804）
- 1800　ナポレオン，第2次イタリア遠征　フランス銀行設立
- 1801　宗教協約（ナポレオンと教皇ピウス7世）
- 1802　アミアンの和約（～03），終身統領となる
- 1804　フランス民法典（ナポレオン法典）制定
- 第一帝政 1804～14
- 1804.5～14.4, 15　ナポレオン1世（コルシカ島出身）
- 1805.12　アウステルリッツの戦い
- 1806　イエナの戦い　ナポレオン，ベルリン入城　大陸封鎖令（ベルリン勅令）ナポレオンの弟ルイ，オランダ王となる（～10）
- オランダ王国 1806～1810
- 1807　ティルジット条約（対普・露）スペインを占領　ミラノ勅令（大陸封鎖令を強化）

ドイツ・オーストリア（ハプスブルク朝 1438～1740）

- ○バッハ（1685～1750）バロック音楽
- 1736　対オスマン帝国戦争（～39）
- ハプスブルク=ロートリンゲン朝 1740～1806
- 1740～80　マリア＝テレジア
- 1740　第1次シュレジエン戦争（～42）
- 1744　第2次シュレジエン戦争（～45）
- 1745～65　フランツ1世（共治）
- ○ヘンデル（1685～1759）バロック音楽
- 1756　外交革命（オーストリア，フランスと同盟）
- 1757　ロスバッハ・ロイテンの戦い（普の勝利）
- 1759　クネルスドルフの戦い（普，露・墺連合に敗北）
- 1763　フベルトゥスブルク和約（普のシュレジエン領有確定）
- 1765～90　ヨーゼフ2世
- 1766　レッシング（1729～81）『ラオコーン』
- 1772　第1回ポーランド分割（露は白ロシア，普は西プロイセン，墺はガリツィア）
- ○疾風怒濤時代
- ○古典主義
- 1774　ゲーテ（1749～1832）『若きウェルテルの悩み』　ドイツ観念論
- 1778　バイエルン継承戦争（～79）
- 1781　シラー（1759～1805）『群盗』宗教寛容令　農奴制廃止
- 1782　武装中立同盟に参加
- 1784～91　ヘルダー（1744～1803）『歴史哲学』
- 1788　露土戦争に参加
- ○モーツァルト（1756～91）
- 1790～92　レオポルト2世
- 1791　ピルニッツ宣言（皇帝と普王の対仏警告）
- 1792～1806　フランツ2世
- 1793　第2回ポーランド分割（普・露）
- 1795　第3回ポーランド分割（墺・普・露）
- 1797　カンポ＝フォルミオの和約
- 1800　マレンゴの戦い
- 1801　リュネヴィルの和約
- オーストリア帝国 1804～1867
- 1804　ハンガリーを合併して成立
- 1804～35　フランツ1世
- 1806　ライン同盟成立（神聖ローマ帝国消滅）
- 1807　ヘーゲル（1770～1831）『精神現象学』
- 1809　ワグラムの戦い　メッテルニヒ，外相就任

プロイセン（ホーエンツォレルン朝 1701～1918）

- ○プロイセンの発展
- 1740～86　フリードリヒ2世（啓蒙専制君主）
- 1745～51　『フリードリヒ法典』
- 1745　サンスーシ宮殿建造（～47）
- 1750　ヴォルテールを招く（～53）『君主は国家第一の下僕』
- 1760　露，一時ベルリンを占領
- 1762　露と和議
- 1765　ベルリン銀行設立
- ○ドイツ観念論
- 1781　カント（1724～1804）『純粋理性批判』
- 1786～97　フリードリヒ＝ヴィルヘルム2世
- 1797～1840　フリードリヒ＝ヴィルヘルム3世
- 1801～08　ゲーテ『ファウスト』第1部
- 1804　シラー（1759～1805）『ヴィルヘルム＝テル』
- 1807　ティルジット条約（普降伏，領土半減，ワルシャワ公国成立）シュタインの改革，農奴制廃止
- フィヒテ（1762～1814）『ドイツ国民に告ぐ』（～08）

南欧（スペイン王国 1479～1931）

- 1727　英・西間の戦争（～29）
- 1729　セビリャ条約
- 1735　ナポリ・シチリア領有
- 1755　リスボン地震
- 1762　ナポリに宣戦（七年戦争の一環）
- 1767　イエズス会追放
- 1773　教皇クレメンス14世，イエズス会解散
- 1779　米と同盟，英と開戦（～83）
- 1787　ギルド諸法廃止
- 1793　西，仏と戦う（～95）
- 1794　ボローニャ暴動
- 1795　バーゼルの和約（伊，普・仏に中立を約す）
- 1796　サンイルデフォンソ条約（西，仏の対英戦争に参加）
- 1799　ヴォルタ（伊，1745～1827）電池を発明
- 1800　西，ルイジアナを仏に割譲
- 1800～21　ヴィットーリオ＝エマヌエーレ1世（サルデーニャ）
- 1808　ナポレオンの兄ジョゼフ，西王となる（～13）スペイン反乱（半島戦争，～14）
- 英，ポルトガルに上陸

ロシア・東欧	西アジア・アフリカ	インド	東南アジア・太平洋	中国	朝鮮	日本	
ロマノフ朝 1613～1917	**オスマン帝国** 1299～1922	**ムガル帝国** 1526～1858 ・英のインド進出		**清** 1636～1912	**朝鮮(李氏)** 1392～1910	**江戸時代** 1603～1867	
1725～27 エカチェリーナ1世 1727～30 ピョートル2世 1727 キャフタ条約 1733 ポーランド継承戦争(～35) 1735 リンネ(スウェーデン、1707～78)『自然の分類』 1739 ベオグラード和約(オスマン帝国、セルビア、小ワラキアを墺より回復) 1741～62 エリザヴェータ 1741 スウェーデン、露と交戦(～43) ベーリング、アラスカに到達 1742 フィンランド占領(翌年返還)	1730～54 マフムト1世 ○ワッハーブ(1703～87)イスラーム復興運動を起こす(ワッハーブ運動) 1736～47 ナーディル=シャー **アフシャール朝** 1736～96 1739 ナーディル=シャー、デリー占領 C.1744 ワッハーブ王国(第1次サウード朝、～1818)	1737 マラータ勢力、デリーに迫る 1739 ナーディル=シャー、デリー占領 1742 デュプレクス、ポンディシェリ総督就任(～54) 1744 クライブ来る(～53) 1744 第1次カーナティック戦争(～48) ○マラータ同盟 1748～54 アフマド=シャー	○東南アジア各地に中国人の小政権(～19世紀後半)	1725 『古今図書集成』 1727 キャフタ条約(モンゴル・シベリアの国境画定) 1728 安南、清と国境を画定 1729 軍機房を設置 1732 軍機処設置 1735～95 高宗(乾隆帝) 1737 帰化城建設 1739 『明史』完成 ○禁書(文字の獄) 1740 『大清律令』完成 1742 イエズス会布教禁止 1743 『大清一統志』完成 1747 外国人宣教師の清国内居住を禁ずる	1728 李麟佐の乱起こる 1729 英祖、蕩平策(党争の禁止)を本格的に 1744 『続大典』なる	1727 カンボジア船、長崎で貿易要求 1741 農民の強訴逃散を禁止 1742 公事方御定書 1744 青木昆陽(1698～1769)蘭学を講じる 1745～60 徳川家重 1746 貿易船を清10蘭2に制限	1725 1750
1755 モスクワ大学創立 1756 スウェーデン、普に宣戦(七年戦争) 1761～62 ピョートル3世(62 普と単独講和) 1762～96 エカチェリーナ2世(啓蒙専制君主) 1768 ロシアとオスマン帝国の戦い(第1次、～74)	○英の支配体制強化 **ザンド朝** 1751～94 1750～79 カリーム=ハン 1754～74 ムスタファ3世(土) 1761 第3次パーニーパットの戦い 1769 ドニエストルの戦い(オスマン帝国敗れる)	1750 第2次カーナティック戦争(～54) 1757 プラッシーの戦い 1758 第3次カーナティック戦争(～61) 1765 アラハバード条約(英東インド会社、ベンガル・オリッサ・ビハールの地租徴収権獲得) 1767 第1次マイソール戦争(～69)	1752 ビルマにコンバウン(アラウンパヤー)朝(～1885) 1758 オランダ勢力、ジャワ全域に拡大 1767 ビルマ、タイのアユタヤ朝を滅ぼす 1768 クック(英)、第1次太平洋探検(～71)	1750 清、チベットの反乱鎮圧 1757 西欧諸国との貿易を広州に限定 ○呉敬梓(1701～54)『儒林外史』 1758 ジュンガル併合 ○恵棟(1697～1758) 1759 東トルキスタン併合、天山山脈以北とあわせ新疆と命名 ○曹雪芹(C.1724～63)『紅楼夢』 1768 ○カスティリオーネ(1688～1766)西洋画法を伝える	1750 均役法を実施(軍制・財政改革)	1756 米価高騰のため蓄米を禁止 1758 宝暦事件 1760～86 徳川家治 1763 対清貿易に銀支払いを停止 1767 明和事件	1770
1771 クリミア半島占領 1773 プガチョフの乱(～75) 1774 キュチュク=カイナルジャ条約(露、黒海北岸を獲得) 1780 武装中立同盟(露の提唱でスウェーデン・デンマーク等、英に対抗) 1783 クリム=ハン国を併合、黒海に進出 1787 ロシアとオスマン帝国の戦い(第2次、～92)	1770 英、バスラに拠点をおく 1774～89 アブデュル=ハミト1世 1779 カリーム=ハン死後、同族争い激化 1783 クリム=ハン国、露に併合 1789 セリム3世の近代化政策	1774～85 初代ベンガル総督ヘースティングス 1775 第1次マラータ戦争(～82) 1780 第2次マイソール戦争(～84) 1782 サルバイ条約 1784 小ピットのインド条令 1786～93 ベンガル総督コーンウォリス	1771～ タイソン(西山)の反乱(～1802)阮氏・鄭氏(黎朝)を滅ぼし、ベトナムを統一、のち阮映サイゴンに復帰 1782 ラーマ1世 ラタナコーシン(バンコク)朝成立 1786 英、ペナン島を占領、阮福暎、仏と結ぶ(宣教師ピニョーの援助) 1789 タイソン(西山)の阮恵、侵入した清軍を破る	1771 小金川、大金川の乱(～76) ○戴震(1723～77)『孟子字義疏証』 1773 『四庫全書』(1782完成) 1776 和坤、軍機大臣となる 1781 甘粛のムスリム反乱(～84) ○中央官僚の堕落と満州貴族の弱体化 1784 米船、初めて広州にいたり通商	1770 『東国文献備考』編纂始まる 1784 李承薫、北京でキリスト教の洗礼を受ける	1772～86 田沼意次の政治 1774 杉田玄白『解体新書』 1778 露人、根室半島に来航し通商要求 1782 天明の大飢饉(以後農民一揆激化、～88) 1786 最上徳内、千島探検 1787～1837 徳川家斉 1787 天明のうちこわし 1787～93 松平定信(寛政の改革)	1790
1791 ポーランド新憲法公布 1792 ヤシ条約 1794 コシューシコの蜂起(ポーランド)	1795 英、蘭領ケープ植民地占領 **カージャール朝** 1796～1925 1796 カージャール朝イラン統一(アフシャール朝滅亡) 1798 ナポレオンのエジプト遠征(ロゼッタ石発見、～99)	1790 第3次マイソール戦争(～92) 1792 イギリス、カリカットを領有 1793 ベンガル・ビハール・オリッサにザミンダーリー制施行 英、ポンディシェリ占領(～1802) ドゥッラーニー朝インド侵入(～98) 1795 英、蘭よりセイロン島獲得 1799 第4次マイソール戦争	1799 蘭、連合東インド会社解散、本国の直接統治へ(オランダ領東インド)	1790 グルカ、チベット侵入 1791 グルカ遠征 1792 『紅楼夢』刊行 1793 英使節のマカートニーが北京にいたり通商要求 1794 蘭使節、来朝 1795 貴州・湖南のミャオ族の反乱(～98) 1796～1820 仁宗(嘉慶帝) 1796 白蓮教徒の乱(～1804) アヘン輸入の禁止 1799 嘉慶帝親政、和坤死罪	1791 キリスト教・洋学禁止 1797 英軍艦来航	1790 寛政異学の禁 1791 大黒屋光太夫、エカチェリーナ2世に謁見 1792 林子平禁固(『海国兵談』)露使節、ラクスマン、光太夫を送り根室にいたり通商要求 1798 近藤重蔵らエトロフ島を探検 ○通商を求め、各国船来航	1800
1801 露、オスマン帝国よりグルジア獲得 1801～25 アレクサンドル1世 1804 ロシア・ペルシア戦争(～13) 1805 露、第3回対仏同盟加盟、アウステルリッツの戦いで敗北 1806 ロシアとオスマン帝国の戦い(第3次、～12) 1807 ティルジット条約 ワルシャワ公国成立(～15) 1808 露、スウェーデンと戦い、フィンランド併合(～09)	1804 ワッハーブ派メディナ占領(第1次サウード朝) 1805 エジプト太守 ムハンマド=アリーの改革 1808～39 マフムト2世(オスマン帝国西欧化推進) ○オスマン帝国支配下諸民族の独立運動	1801 英、オードの一部とカーナティックを併合 1803 第2次マラータ戦争(～05) 1804 英、ムガル帝国を保護国化	1802 阮福暎がベトナム統一(越南国阮朝、～1945) 1802～20 嘉隆帝(阮福暎) 1802 阮攸『金雲翹』 1809 英、マニラに商館設置	1800 アヘン輸入禁止 ○銭大昕(1728～1804)『二十二史考異』 1803 海賊蔡牽ら、東南海岸を騒がす(～04) 1805 欧人の書籍印刷とキリスト教布教を禁じる(刻書伝教の禁) 1806 江蘇・浙江の米の輸出禁止 1807 英人モリソン、中国に初めて新教布教 1808 英船、マカオを攻撃 1809 広東互市章程を定める	1801 キリスト教伝道者をとらえ、信徒処刑(辛酉迫害)	1800 伊能忠敬、蝦夷地を測量 1801 富山元十郎ウルップ島探検 1802 蝦夷奉行設置 1804 露使節、レザノフ長崎で通商要求(幕府拒否) 1806 外国船への薪水給与令発布 露人、樺太・千島攻撃 1808 間宮林蔵、樺太探検 フェートン号事件	1810

（使い方）　赤字 戦争・紛争に関すること　青字 文化に関すること

アメリカ	イギリス	フランス・オランダ・ベルギー	ドイツ	南欧
アメリカ合衆国 1776〜　／　○西漸運動時代 西部開拓	ハノーヴァー朝 1714〜1917	第一帝政 1804〜14　／　オランダ王国 1806〜1810	オーストリア帝国 1804〜1867　／　ホーエンツォレルン朝 1701〜1871	スペイン王国 1479〜1931　／　サルデーニャ王国 1720〜1861

1810

- 1810　イダルゴの独立運動（メキシコ）
- 1811　ベネズエラ・パラグアイ独立宣言（シモン=ボリバルら）
- 1812　米英（アメリカ‐イギリス）戦争（〜14）
- 1814　ヘント（ガン）条約　マサチューセッツに最初の紡績工場設立
- 1816　サン=マルティン，ラプラタ連邦（アルゼンチン）の独立宣言
- 1817〜25　モンロー（リ）
- 1818　チリ独立　サヴァンナ号，米英間大西洋初航海
- 1819　フロリダ買収，大コロンビア共和国成立
- ○アーヴィング（1783〜1859）『スケッチブック』

- 1810　スコット（1771〜1832）『湖上の美人』
- 1811　ラダイト（機械うちこわし）運動最高潮
- 1812　治安維持法制定
- 1814　オーウェン（1771〜1858）『新社会観』　○空想的社会主義
- ヨーロッパ解放戦争（.10 ナポレオン，ライプツィヒの戦いに敗れる）
- 1814　スティーヴンソン，蒸気機関車発明　.5 ナポレオン，エルバ島に流刑　.9 ウィーン会議（メッテルニヒ主宰，〜1815.6）タレーラン，正統主義を主張
- 1815　穀物法制定　セイロン・マルタ島・ケープ植民地獲得
- 1817　リカード（1772〜1823）『経済学及び課税の原理』
- 1819　ピータールー事件

- 1810　オランダ併合　ナポレオン，オーストリア皇帝マリ=ルイーズと結婚
- 1812.6　ロシア遠征　.9 モスクワ占領（.10 退却開始）

ブルボン朝 1814〜30　蘭，ベルギー合併　オランダ立憲王国 1815〜
- 1814〜24　ルイ18世　○反動政治期
- 1815.3　ナポレオン，パリ入城，百日天下　.6 ワーテルローの戦い　.10 ナポレオン，セントヘレナ島に流刑
- 1818　アーヘン列国会議で四国同盟に加入（五国同盟）
- 1819　言論・出版の自由の弾圧始まる

- 1810　フンボルト，ベルリン大学創立（学長フィヒテ）　ハルデンベルクの改革（普）
- 1813　ライン同盟解体
- 1814　シャルンホルスト，国民皆兵実施
- 1814.9　ウィーン会議（〜15.6）
- 1815　ウィーン議定書　ドイツ連邦成立（35君主国と4自由市）ブルシェンシャフト（学生同盟）運動（〜19）　スイス永世中立　神聖同盟（墺・普・露中心）　四国同盟（英・墺・普・露）
- 1816　フランクフルト連邦議会
- 1817　ヴァルトブルクの祭典（大学生の自由改革運動）
- 1819　カールスバート決議

- 1811　アヴォガドロ（1776〜1856）気体に関する仮説発表
- 1814　ゴヤ（1746〜1828）『1808年5月3日マドリード市民の処刑』
- 1815　伊，ミラノ王ミュラー，トレンティノで敗北（墺の伊支配強まる）
- 1816　両シチリア王国成立

1820

- ○民主党成立
- 1820　ミズーリ協定
- 1821　メキシコ独立，ペルー独立
- 1822　ブラジル帝国独立
- 1823　中央アメリカ連邦成立（〜39）　モンロー宣言（教書）
- 1825　ボリビア独立
- 1825〜29　J. Q. アダムズ（リ）
- 1828　メキシコとの国境画定
- 1829〜37　ジャクソン（民）
- ○ジャクソニアン=デモクラシー

- 1820〜30　ジョージ4世　ロマン派詩人シェリー（1792〜1822）　ロマン派詩人キーツ（1795〜1821）
- 1822〜27　カニング外相（諸国の独立運動を支援）
- ○詩人バイロン（1788〜1824）
- 1824　団結禁止法廃止
- 1825　ストックトン‐ダーリントン間に最初の鉄道開通
- 1826　中南米諸国の独立承認
- 1827　ブラウン（1773〜1858）ブラウン運動発見
- 1828　審査法廃止
- 1829　カトリック教徒解放法

ウィーン（反動）
- 1821　ナポレオン，セントヘレナ島で死去
- 1822　シャンポリオン（1790〜1832）ロゼッタストーンなどによりエジプト神聖文字解読
- 1823　仏軍，スペイン革命鎮圧のため出兵
- 1824〜30　シャルル10世
- ○自由主義運動
- ○サン=シモン（1760〜1825）空想的社会主義
- ○ドラクロワ（1798〜1863）ロマン主義絵画『キオス島の虐殺』
- 1829　ポリニャック内閣

- 1821　ナポリに出兵　メッテルニヒ，首相兼外相となる（〜48）
- ○ロマン派音楽
- 1822　シューベルト（1797〜1828）『未完成交響曲』
- 1823　ベートーヴェン（1770〜1827）『交響曲第9番』
- 1827　ハイネ（1797〜1856）『歌の本』ロマン主義　オームの法則

- 1820　スペイン立憲革命（〜23）　ナポリにカルボナリの革命（墺により鎮圧，〜21）
- 1821　ピエモンテ革命（サルデーニャ王追放）
- 1823　仏軍，マドリードを占領（スペイン革命失敗）
- 1829　ロッシーニ（1792〜1868）『ウィリアム=テル』

1830

- 1830　先住民強制移住法　大コロンビア解体　ベネズエラ・エクアドル独立
- 1831　ヴァージニアでナット=ターナーの奴隷暴動起こる
- 1833　アメリカ奴隷制反対協会設立
- ○奴隷解放運動（南部，奴隷制度）
- 1835　ペルー・ボリビア国家連合成立
- 1836　テキサス共和国の独立承認
- 1837〜41　ビューレン（民）
- 1837　モールス（1791〜1872）有線電信機発明
- ○1830年代　アメリカ産業革命始まる
- 1838　チェロキー族強制移住（涙の旅路，〜39）
- 1839　中央アメリカ連邦解体，諸国分立（グアテマラ，エルサルバドル，ホンジュラスなど）　ペルー・ボリビア国家連合解体

- 1830　マンチェスター‐リヴァプール間の鉄道開通
- 1830〜37　ウィリアム4世（英）
- 1832　第1回選挙法改正
- ○ベンサム（1748〜1832）功利主義哲学「最大多数の最大幸福」
- ○トーリ党，保守党に改称
- 1833　英帝国内の奴隷制廃止　工場法制定（児童労働・週48時間制）　英，東インド会社の対中国貿易独占権廃止（34実施）
- ○ホイッグ党，自由党に改称
- 1834　英・仏・西・葡の四国同盟（西，葡の憲政援助）　ファラデー（1791〜1867）ファラデーの法則発見
- 1837〜1901　ヴィクトリア女王
- 1837　カーライル（1795〜1881）『仏革命史』
- C.1838　チャーティスト運動（〜50年代）
- 1839　人民憲章，議会に提出　反穀物法同盟結成（コブデン，ブライト）

七月王政 1830〜1848　／　1830　ロンドン議定書（露土紛争への仏干渉承認）
- 1830　七月革命（ラ=ファイエット活躍）　スタンダール（1783〜1842）『赤と黒』写実主義
- 1830〜48　ルイ=フィリップ（オルレアン家）
- 1830　ベルギー独立宣言
- 1831　ベルギー王にレオポルド1世即位
- ○産業革命進展
- 1834　リヨン絹織物工の反乱鎮圧される
- 1836　ティエール内閣
- 1836,40　ルイ=ナポレオン反乱失敗（英に亡命）
- ○フーリエ（1772〜1837）空想的社会主義
- ○選挙法改正運動
- ○プルードン（1809〜65）無政府主義
- 1839　蘭，ベルギー独立を承認（五列強によるベルギー永世中立の保証）

- 1830　ベルギー，独立達成　ドイツ騒乱（自由主義運動）　ザクセン・ハノーファーの農奴解放
- ○ヘーゲル（1770〜1831）ドイツ観念論
- 1831　ゲーテ『ファウスト』完成
- 1834　ドイツ関税同盟
- ○サヴィニー（1779〜1861）歴史法学
- 1837　ハノーファー公国，英王室より分離

- 1831〜49　カルロ=アルベルト（サルデーニャ）
- 1831　マッツィーニ，「青年イタリア」結成，イタリア騒乱（パルマ・モデナ・教皇領のカルボナリ蜂起，墺による弾圧）
- 1833　スペインのカルリスタ戦争（〜39）
- 1836　スペイン，南米諸国の独立承認

1840

- 1841　W. ハリソン（ホ）
- 1841〜45　タイラー（ホ）
- ○フロンティアの拡大，マニフェスト=ディスティニー
- 1842　ウェブスター=アシュバートン条約（英領カナダ・合衆国間の東部国境画定）
- 1844　モールスの電信機実用化
- 1845　テキサス併合
- 1845〜49　ポーク（民）
- 1846　アメリカ=メキシコ戦争（〜48）　英とオレゴン協定締結，オレゴン併合
- 1848　グアダルーペ=イダルゴ条約（メキシコよりカリフォルニア獲得）　カリフォルニアに金鉱発見，ゴールドラッシュ

- ○自由主義経済の進展（産業資本家）
- 1840　ロンドン四国条約（英・露・墺・普）
- 1841　ピール内閣（保）
- 1842　英，第1回関税改革（自由貿易政策に踏みきる）
- 1843　オコンネルのアイルランド分離運動
- 1845　アイルランドじゃがいも大飢饉（〜49）
- 1846　穀物法廃止
- 1847　工場法（女性・少年の10時間労働）成立
- 1848　チャーティスト大示威運動（運動失敗する）　J.S.ミル（1806〜73）『経済学原理』
- 1849　航海法廃止　青年アイルランド蜂起

- 1841　少年保護法
- 1842　アルジェリアを直轄領に　コント（1798〜1857）『実証哲学講義』実証主義哲学　バルザック（1799〜1850）『人間喜劇』
- 1846　大不況，物価騰貴（〜47）
- 1847〜48　ギゾー内閣

第二共和政 1848〜52　／　1848　二月革命
- 1848　臨時政府，ルイ=ブラン，国立作業場開設，のち廃止　.4 四月普通選挙　.6 六月暴動（労働者の反乱）　.12 ルイ=ナポレオン大統領となる（〜52）

- 1840〜61　フリードリヒ=ヴィルヘルム4世（普）
- 1840　ロンドン四国条約（仏を出しぬいて，英・露・墺・普のエジプト圧迫）
- 1840　リスト（1789〜1846）『経済学の国民的体系』歴史学派経済学
- 1842　マイヤー（1814〜78）エネルギー保存の法則
- 1847　ヘルムホルツ（1821〜94）エネルギー保存の法則確立
- 1848　マルクス・エンゲルス『共産党宣言』　三月革命（ウィーン・ベルリン）ハンガリー民族運動，メッテルニヒ失脚，フランクフルト国民議会開催（〜49大ドイツ主義・小ドイツ主義の対立）　ボヘミア（ベーメン）民族運動
- 1848〜1916　フランツ=ヨーゼフ1世（墺）

- 1843　ナポリ・トスカーナ地方で民衆蜂起の企図
- 1848　イタリア諸邦に自由主義的憲法発布　イタリア民族運動　サルデーニャ，対墺戦争（49敗北）
- 1849　マッツィーニ，ローマ共和国建設失敗（ノヴァラの戦いで仏・墺に敗北）
- 1849〜61　ヴィットーリオ=エマヌエーレ2世（サルデーニャ）

1850

- 1849〜50　テーラー（ホ）

アメリカ大統領の所属政党　（リ）…リパブリカン（民主共和派），（ホ）…ホイッグ党，（民）…民主党　　イギリス首相の所属政党　（保）…保守党，（自）…自由党

ロシア・東欧	西アジア・アフリカ			インド・東南アジア・太平洋		中国		朝鮮	日本	
ロマノフ朝 1613～1917	○エジプトの台頭と列強の東方政策	**オスマン帝国** 1299～1922	**カージャール朝** 1796～1925	**ムガル帝国** 1526～1858	○英の支配強化	**清** 1636～1912	○アヘン問題の深刻化	**朝鮮（李氏）** 1392～1910	**江戸時代** 1603～1867	1810
1810 大陸封鎖令を破棄 1812 ブカレスト和約（露、ベッサラビア獲得）ナポレオン、ロシアに遠征 モスクワ炎上 1813 ゴレスターン条約（露・イラン間） 1814 デンマーク、ノルウェーをスウェーデンに割譲 1815 ロシア皇帝、ポーランド王を兼任 1818 ドン地方の農民反乱（～20） 1819 ペテルブルク大学創立	1811 **エジプト事実上独立（ムハンマド=アリー）** 1815 英のケープ領有承認される（ケープ植民地） 1818 ムハンマド=アリー、ワッハーブ王国（第1次サウード朝）を滅ぼす	1813 ゴレスターン条約（カフカス地方の大半をロシアに割譲） 1817 セルビア公国成立		1813 英、東インド会社特許状更新（対インド貿易独占権廃止） 1814 グルカ（ネパール）戦争（～16） 1815 英、セイロン全島領有 1816 ビルマ軍、アッサム侵入（～26占領） 1817 第3次マラータ戦争（～18）	1811 英のジャワ支配（～16） 1814 英、ニュージーランドに植民 1816 オランダ、ジャワ回復 1819 **ラッフルズ**、シンガポール建設	1811 欧人のキリスト教布教と居住を厳禁 ○趙翼（1727～1814）『二十二史箚記』 ○アヘンの弊害問題化 1813 アヘン販売、吸煙に関する法令制定 天理教徒の乱 ○段玉裁（1735～1815）『説文解字注』 1815 アヘン輸入禁止 1816 英使節、アマースト来る（三跪九叩頭の礼を拒否）		1811 洪景来の乱 1815 疫病流行 キリスト教徒の処刑 1816 英艦来航	1811 露艦長ゴローニンをとらえる 1812 露艦、高田屋嘉兵衛をとらえる 1815 杉田玄白『蘭学事始』 1816 英船、琉球に来航し貿易要求（幕府拒否） 1817 英船しばしば浦賀に来る（～22）	1820
体制 1821 露、アラスカ領有宣言 1824 北米大陸における米露国境画定 1825～55 **ニコライ1世** 1825 デカブリストの乱 1826 イラン=ロシア戦争（トルコマンチャーイ条約で露、アルメニア獲得、～28） 1828 ロシアとオスマン帝国の戦い（第4次、～29）	1820 ムハンマド=アリー、スーダンを征服 1823 ワッハーブ王国再建 第2次サウード朝（～89） 1825 エジプト軍、ギリシアを撃破 1829 **アドリアノープル（エディルネ）条約**（ギリシア独立承認）	○国民主義運動 1821 ギリシア独立戦争（～29） 1822 ギリシア独立宣言 1826 イラン=ロシア戦争（～28） 1825 ミソロンギの戦い（～26） 1826 イェニチェリ廃止		1822 ビルマ軍、ベンガル侵入 1823～28 ベンガル総督**アマースト** 1825 ジャワ戦争（～30） 1828～33 ベンガル総督**ベンティンク** 1829 サティ（寡婦の殉死）の禁止	1824 英蘭協定 1824 第1次イギリス=ビルマ戦争（～26）英、マラッカ獲得 1826 英領海峡植民地成立 1828 蘭、ニューギニアに植民開始	1820～50 **宣宗（道光帝）** 1820 ムスリムのジャハーンギールの乱（～28） 1821 英人モリソン、『漢英辞典』をあらわす 1822 火器の私蔵を禁じる 1823 民間のケシ栽培、アヘン製造を禁じる 1827 満洲人の漢風俗同化を禁じる 1829 銅版画「平回得勝図」成る 外国商人との内地通商禁止			1820 相模沿岸の警備を命じる 1821 伊能忠敬「大日本沿海輿地全図」 1823 独人シーボルト、長崎にいたる 1825 **異国船打払令** 1827 頼山陽『日本外史』 1828 シーボルト事件	1830
1830 ポーランド11月蜂起（ワルシャワ革命、～31） 1830 ロンドン議定書（英仏など、ギリシア承認） 1832 ポーランド、自治権失い露直轄地となる ○プーシキン（1799～1837）『大尉の娘』	1831 第1次エジプト=トルコ戦争（ムハンマド=アリー、シリアに侵入、～33） 1832 エジプト軍、オスマン軍をコンヤに破りシリアを征服 1833 **ウンキャル=スケレッシ条約**（露土間） ○フランス人、サハラ砂漠探検 1833 オスマン朝、**ムハンマド=アリー（エジプト）のシリア領有を認める** 1835 ボーア人、ケープ植民地より奥地に移動開始 1839 第2次エジプト=トルコ戦争（～40）	1830 仏、アルジェリア占領 1837 イラン、ヘラートを占領 1839～61 **アブデュル=メジト1世（土）** 1839 ギュルハネ勅令発布 タンジマート（恩恵改革）開始		1831 英東インド会社、マイソールを支配 1833 英、東インド会社の商業活動停止 1833～35 初代インド総督**ベンティンク** 1838 第1次アフガン戦争（～42） 1837～58 **バハードゥル=シャー2世**（最後の皇帝） 1838 英、シク教徒と同盟を結ぶ 英、ニュージーランド会社を設立	1830 **ファン=デン=ボス（蘭）総督**、ジャワに政府栽培制度実施	1830 回部の乱鎮定 アヘン禁止令を頻発 ○イギリス、三角貿易を行う 1831 アヘン輸入、重ねて厳禁 1832 湖南・広州のヤオ族の反乱 福建・台湾の反乱（～33） 1833 英、東インド会社の対中国貿易独占権廃止 1834 英使節ネーピア、広州到来 外国船を駆逐し、アヘンの運搬販売を厳禁 1836 アヘン吸煙罪を定める 1839 林則徐を欽差大臣として広州派遣 林則徐、アヘン2万余箱没収、英船広州入港禁止		1832 英船、貿易を要求 1836 仏人宣教師、漢城に潜入 1839 キリスト教徒の大迫害	1830 薩・長の近代改革始まる 1833 天保大飢饉（～36） ○諸外国の圧迫と対外基本政策の動揺 1837 大塩平八郎の乱 米船モリソン号、浦賀に入港 1837～53 **徳川家慶** 1838 徳川斉昭、将軍に内外の危機を説く 1839 蛮社の獄	1840
1840 露、列強とともにエジプトを圧迫（ロンドン四国条約） 1841 土地付農奴の売買禁止、五国海峡協定（英・仏・露・普・墺、露の南下政策阻止） 1846 ポーランドの独立運動 1847 ムラヴィヨフ、東シベリア総督となる 1848 ボヘミア・ハンガリー民族運動失敗 ○ショパン（1810～49）（ポーランド）	1841 ムハンマド=アリー、シリア放棄 1845 英、ナタールを植民地化 1847 黒人共和国リベリアの建設 1849 リヴィングストンのアフリカ探検開始（～56）	1844 ギリシア、立憲政となる ○バーブ教徒迫害 1848 バーブ教徒の乱（～52）		1842 仏、タヒチ領有 英、カーブル占領 1843 英、シンド地方を征服併合 1845 第1次シク戦争（～46） 1848 第2次シク戦争（～49） 1849 パンジャーブ併合	1840～93 ハワイ王国 1840 ニュージーランド、英領に	1840～42 **アヘン戦争** 1841 和議破れ、英軍、厦門・寧波を占領、平英団事件 1842 魏源（1794～1857）『海国図志』 **南京条約**（5港の開港、香港島割譲、公行の廃止） 1843 五港通商章程（**領事裁判権**）虎門寨追加条約（**最恵国待遇**）洪秀全、上帝会を組織 1844 対米望厦条約、対仏黄埔条約 1845 カシュガルのムスリム反乱 1846 雲南でムスリムの乱 1847 スウェーデン・ノルウェーと通商条約 新疆回部の乱		1842 千歳暦を刊行 1844 『東国文献備考』刊行 1848 『三朝宝鑑』	1841 **天保の改革（水野忠邦）**（～43） 1842 異国船打払令を緩和（薪水給与令） 1844 オランダ国王、開国勧告 1845 英船、長崎来航 1846 米船・デンマーク船、来航 1849 英船、浦賀に入港 沿岸警備強化	1850

(使い方) 赤字 戦争・紛争に関すること　青字 文化に関すること

	アメリカ	イギリス	フランス・オランダ・ベルギー	ドイツ	南欧
	アメリカ合衆国 1776〜	ハノーヴァー朝 1714〜1917	第二共和政 1848〜52	ホーエンツォレルン朝 1701〜1871	スペイン王国 1479〜1931

1850

- アメリカ：1850 クレイの妥協(南北対立の危機一時的に避) カリフォルニア，州に昇格／1850〜53 フィルモア(ホ)／1852 ストウ(1811〜96)『アンクル=トムの小屋』発表／1853〜57 ピアース(民)／1854 カンザス-ネブラスカ法成立 共和党結成(ミズーリ協定廃止)／1855 ホイットマン(1819〜92)『草の葉』／1857 ドレッド-スコット判決 アメリカ・西ヨーロッパに恐慌広まる／1857〜61 ブキャナン(民)／1859 ジョン=ブラウンの蜂起

- イギリス：1851 第1回万国博(ロンドン)／○イギリス，「世界の工場」に／1853 クリミア戦争(54英・仏，露に宣戦，〜56)／1855〜58，59〜65 パーマストン内閣(自)／1856 パリ条約(クリミア戦争終結)(ダーダネルス・ボスポラス両海峡閉鎖の再確認，黒海の中立化，トルコの独立と保全，ドナウ川自由航行の原則，露の南下政策阻止)／1858 東インド会社解散／1859 ダーウィン(1809〜82)『種の起源』(進化論)

- フランス：1851 ルイ=ナポレオンのクーデタ／第二帝政 1852〜70／1852〜70 ナポレオン3世(ルイ=ナポレオン)／1855 パリ万国博／1857 フロベール(1821〜80)『ボヴァリー夫人』 ボードレール(1821〜67)『悪の華』／1858 インドシナ出兵 プロンビエール密約(仏，サルデーニャのイタリア統一を援助，〜67)／1859 ヴィラフランカ和約(仏・墺)

- ドイツ：1850 普，欽定憲法 オルミュッツ会議／○産業革命進展／○キェルケゴール(1813〜55)『死に至る病』／○ランケ(1795〜1886)近代歴史学／1854 普・墺，対露同盟締結 ドイツ関税同盟完成(墺を除き全領邦加入)／○数学者ガウス(1777〜1855)／○地理学者フンボルト(1769〜1859)／○ショーペンハウアー(1788〜1860)／1859 イタリア統一戦争(サルデーニャ，仏の援助のもとに墺と戦う) サルデーニャ，ロンバルディア併合

- 南欧：1852〜61 サルデーニャ首相カヴール／1855 サルデーニャ，クリミア戦争に参加／1858 プロンビエール密約

1860

- アメリカ：1861 メキシコ内乱(英・仏・西のメキシコ遠征，〜67)／1861〜65 リンカン(共)／1861 南部11州，合衆国を離脱 アメリカ連合(首都リッチモンド，〜65)／**1861〜65 南北戦争**／1862 ホームステッド法／1863 リンカン，奴隷解放宣言 ゲティスバーグの戦い ゲティスバーグ演説／1865 リンカン暗殺(1809〜)，クー-クラックス-クラン(KKK)結成／1865〜69 ジョンソン(民)／1866 大西洋横断海底電線敷設／1867 南部「再建法」 露よりアラスカ購入 フランスのメキシコ干渉を排除／1869 大陸横断鉄道開通／1869〜77 グラント(共)

- イギリス：1860 英仏通商条約／1862 スペンサー(1820〜1903)『第一原理』(社会進化論)／1863 ロンドンに地下鉄開通／1864 第1インターナショナル結成(国際労働者協会，ロンドンにて，〜76)／○第2次産業革命始まる／1867 カナダ連邦，自治領となる 第2回選挙法改正／1868 第1次ディズレーリ内閣(保)／1868〜74 第1次グラッドストン内閣(自)

- フランス：1860 サヴォイア・ニース獲得／1861 メキシコ出兵(〜67)／1862 ユーゴー(1802〜85)『レ=ミゼラブル』 越南とサイゴン条約締結／○クールベ(1819〜77)『石割り』写実主義絵画／1864 団結法／1867 パリ万国博覧会開催 ルクセンブルク公国，永世中立国となる／1868 スペイン王位継承をめぐる普仏紛争(〜70)

- ドイツ：1861〜88 ヴィルヘルム1世(普)／1862 ビスマルク，プロイセン首相に就任 "鉄血"政策／1864 デンマーク戦争(対普・墺 デンマーク，2州を放棄) 国際赤十字条約成立(ジュネーヴ)／1866 普墺戦争(プロイセン-オーストリア)戦争(プラハの和約)／1867 北ドイツ連邦成立(〜71)／オーストリア-ハンガリー帝国 1867〜1918／1867 マルクス(1818〜83)『資本論』第1巻

- 南欧：1860 サルデーニャ，中部イタリア併合 ガリバルディ，両シチリア王国征服，ナポリ王国崩壊／イタリア王国 1861〜1946／1861〜78 ヴィットーリオ-エマヌエーレ2世(伊)／1866 伊，普と同盟，墺と戦いヴェネツィア併合

1870

- アメリカ：1871 ニューヨークに地下鉄開通／1873 経済恐慌，独占企業増大(米) チリ硝石の採掘開始 グレンジャー運動最盛期／1874 グリーンバック党結成／1875 ハワイと互恵通商条約 市民権法制定／1876 ベル(1847〜1922)電話機発明／1877 社会主義労働党の結成 メキシコでディアスの独裁始まる モルガン(1818〜81)『古代社会』／1877〜81 ヘイズ(共)／1877 エディソン(1847〜1931)蓄音機発明／1879 エディソン，白熱電球発明 イーストマン(1854〜1932)写真フィルムの製造に成功／○独占資本の形成(カルテル・トラスト・コンツェルン)

- イギリス：1870 アイルランド土地法制定 初等教育法制定／1871 労働組合法／1872 秘密投票法／1874〜80 第2次ディズレーリ内閣(保)／1875 スエズ運河会社の株式を買収／1877 インド帝国成立，ヴィクトリア女王，インド皇帝を兼任／1878 ベルリン会議(ベルリン条約，セルビア・モンテネグロ・ルーマニアの独立承認，墺のボスニア・ヘルツェゴヴィナ行政権獲得，英のキプロス行政権獲得)／1879 アイルランド土地同盟(〜82)／○自由・保守両党による政党政治の黄金時代

- フランス：1870 普仏(プロイセン-フランス)戦争(〜71) ナポレオン3世，セダンで降伏 .9 第三共和政宣言／第三共和政 1870〜1940／1871〜73 大統領ティエール 臨時政府／1871.3 パリ=コミューン(〜.5)／1871 フランクフルト条約(普，アルザス・ロレーヌ獲得)／1873〜79 マクマホン／○ミレー(1814〜75)『晩鐘』／○ゾラ(1840〜1902) 自然主義／1875 第三共和政憲法制定／1875 ビゼー(1838〜75)『カルメン』 印象派の画家活躍／○マネ(1832〜83)『草上の昼食』／○モネ(1840〜1926)『日の出』『睡蓮』／1879〜87 グレヴィ／1879 ラ=マルセイエーズ，フランスの国歌となる

- ドイツ：1870 エムス電報事件／1870 普仏戦争(〜71)／○ドイツ産業革命／ドイツ帝国 1871〜1918／1871〜88 ヴィルヘルム1世／1871〜90 宰相ビスマルク ○帝国議会／1871 フランスよりアルザス・ロレーヌ地方を獲得／1871 文化闘争(ビスマルク，カトリック中央党と対立，〜80)／1873 三帝同盟(独・墺・露)成立(〜87)／○ワグナー(1813〜83)『さまよえるオランダ人』／1875 社会主義労働党結成(90〜ドイツ社会民主党)／C.1877 コッホ(1843〜1910)細菌培養法発明／1878 社会主義者鎮圧法制定(〜90) ベルリン会議，ベルリン条約／○資本主義の発展／1879 独墺同盟締結(〜1918) ビスマルクの保護関税政策(〜1918)

- 南欧：1870 伊，普仏戦争に乗じ教皇領併合「未回収のイタリア」問題(トリエステ，南チロルなど)／1871 伊，ローマに遷都／1873 スペイン，共和国となる／1874 スペイン，王政復古／1874〜85 アルフォンソ12世(西)／1878〜1900 ウンベルト1世(伊)／1879 アルタミラの洞窟絵画発見

1880

- アメリカ：1880 鉄道の建設時代(〜90)／1881 ガーフィールド(共)／1881〜85 アーサー(共)／1882 ロックフェラーの石油トラスト発足(スタンダード石油)／1885〜89 クリーヴランド(民)／1886 アメリカ労働総同盟(AFL)成立 アパッチの長ジェロニモ降伏／1889 ブラジル連邦共和国成立 第1回パン=アメリカ会議／1889〜93 ハリソン(共)

- イギリス：1880〜85 第2次グラッドストン内閣(自)／1881 アイルランド土地法制定／1882 エジプト占領(〜1914)，スエズ運河地帯，駐兵権獲得／1884 フェビアン協会設立 第3回選挙法改正 労働組合法／1885〜86 ソールズベリ内閣(保)／1886 第3次グラッドストン内閣(自) アイルランド自治法案否決／1887 第1回植民地会議開催 炭坑法(少年労働禁止)

- フランス：1880〜81 首相J.フェリー／1883 モーパッサン(1850〜93)『女の一生』／1883〜85 首相J.フェリー(再任)／1885 パストゥール(1822〜95)狂犬病のワクチン治療に成功／1886〜87 陸相ブーランジェ／1887〜94 カルノー／1887 ブーランジェ事件(〜91) パストゥール研究所設立／○ゾラ(1840〜1902)『ナナ』／○ゴッホ(1853〜90)『蘭』／1889 パリにエッフェル塔建設 パリ万国博覧会 第2インターナショナル結成(〜1914)

- ドイツ：1880 ケルン大聖堂完成／1881 独・墺・露の新三帝同盟(〜87)／○ランケ(1795〜1886)近代歴史学の祖／1882 三国同盟(独・墺・伊)(〜1915)／○コッホ，結核菌(1882)・コレラ菌(1883)発見／1883〜91 ニーチェ(1844〜1900)『ツァラトゥストラはかく語りき』／○ダイムラー(1834〜1900)内燃機関発明／1884 アフリカに関するベルリン会議(〜85)／1886 独・英，アフリカ分割協定 万国著作権保護協定成立(スイス)／○プランク(1858〜1947)エネルギー保存の原理証明 ○独占資本の形成／1887 独露，再保障条約(〜90)／1888〜1918 ヴィルヘルム2世／1889 社会民主労働党設立(スウェーデン)／○フロイト(1856〜1939墺)精神分析学

- 南欧：1881 スペイン労働者連盟結成／1882 伊，エリトリア占領／1885 英伊協商 ○伊の海外進出始まる／1886〜1931 アルフォンソ13世(西)／1887 近東協約(英・伊・墺) イタリア-エチオピア戦争(〜89)／1889 伊，ソマリランドの一部を獲得

1890

ロシア・東欧・北欧	アフリカ	西アジア（オスマン帝国 1299～1922／カージャール朝 1796～1925）	インド・東南アジア・太平洋	中国（清 1636～1912）	朝鮮（李氏 1392～1910）	日本（江戸時代 1603～1867）
ロマノフ朝 1613～1917 1851 モスクワ-サンクトペテルブルク間に鉄道開通 1852 モンテネグロ、反乱をおこす ○反動体制行きづまり 1852 聖地管理権問題 1853 クリミア戦争(～56) 1855～81 **アレクサンドル2世** 1855 セヴァストーポリ陥落 1856 パリ条約(黒海の中立化) 1840 インテリゲンツィア、体制批判(～60年代) 1858 アイグン条約 1859 モルドヴァ・ワラキア、連合公国を形成 1860 北京条約(沿海州獲得)、ウラジオストク建設 1861 **農奴解放令** 1862 トゥルゲーネフ(1818～83)『父と子』 1863 ポーランド1月蜂起(～64) 1866 ドストエフスキー(1821～81)『罪と罰』 ノーベル、ダイナマイト発明 1867 アラスカを米に売却 1868 ブハラ・ハン国保護国化 1869 露、メンデレーエフ(1834～1907)元素の周期律発見 トルストイ(1828～1910)『戦争と平和』 1870 ヴ=ナロード(ナロードニキ運動、～80年代) 1873 三帝同盟成立(～87) ○アンデルセン(1805～75)(デンマーク) 1877 露土(ロシア-トルコ)戦争(～78) 1878 ベルリン会議(セルビア・ルーマニア・モンテネグロの独立承認)サンステファノ条約 ○テロリズム横行 1879 イプセン(ノルウェー)(1828～1906)『人形の家』 ドストエフスキー『カラマーゾフの兄弟』(～80) 1881 イリ条約 アレクサンドル2世の暗殺 1881～94 **アレクサンドル3世** 1881 ルーマニア王国成立 1882 バクーニン(1814～76)『神と国家』 セルビア王国成立 1885 アフガニスタンを占領、英に対抗 ブルガリア、東ルメリア併合 1887 独露、再保障条約(～90) 1888 トランスコーカサス横断鉄道開通	1852 ボーア人のトランスヴァール共和国成立(～1902) 1853 豪州の囚人植民地廃止 1854 ボーア人のオレンジ自由国成立(～1902) 1856 リヴィングストン、アフリカ大陸横断 1859 仏人レセップス、スエズ運河着工(～69) 1867 オレンジ自由国でダイヤモンド鉱山発見 1869 スエズ運河開通 1871 リヴィングストン、ウジジでスタンリーと会見 1874 スタンリー、アフリカ大陸横断(～77) 1875 英、エジプトよりスエズ運河会社の株式買収、実権掌握 1876 英仏、エジプトの財政を管理 1877 英、トランスヴァールを併合 1879 コンゴ国際協会 ○エチオピア帝国、西欧列強の干渉を受ける 1880 トランスヴァール共和国を宣言 1881 仏、チュニジアを保護国化 オラービー(ウラービー)革命(エジプト、～82) マフディーの反乱(スーダン、～98)英ゴードン将軍、戦死 1884 独、トーゴランド・カメルーンを保護国化 1885 仏、マダガスカル征服始まる コンゴ自由国成立(ベルギー王私有地、～1908) 1886 トランスヴァールに金鉱発見 1889 伊、ソマリランド領有 ワッハーブ王国滅亡	1850 イランでバーブ処刑 1852 アフガン人、ヘラート占領 1853 クリミア戦争(～56) 1855 ペシャーワル条約 1856 カージャール朝のナーセレッディーン、ヘラートを占領 1861～76 **アブデュル=アジズ1世**、トルコの内政改革 1863 アフガン人、ヘラートよりペルシア人駆逐 1871 シュリーマン、トロイア(トロヤ)遺跡発掘 1875 ボスニアのギリシア正教徒反乱 1876～1909 **アブデュル=ハミト2世** 1876 トルコ、新憲法発布(ミドハト憲法、～78) 1877 露土戦争(～78) 1878 サンステファノ条約 ベルリン条約(英、キプロス行政権獲得 モンテネグロ独立) 1879 第2次アフガン戦争(～80) 1880 英、アフガニスタンを保護国化 1881 ロシアと東北イランの国境協定 1887 英・露、アフガニスタンの国境画定 1888 露のトランスコーカサス鉄道、サマルカンドに達す 独・トルコ協約 独、アナトリア鉄道建設(～93) 1889 青年トルコ結成	○英、インド周辺に勢力拡大 1850年代 豪州で大金鉱発見 1852 第2次イギリス=ビルマ戦争 1853 英、アフガン会社特許状更新 1856 英、アウド併合 1857 カルカッタ・ボンベイ・マドラスに大学設置 **1857～59 インド大反乱(シパーヒーの反乱)** 1858 ムガル帝国滅亡 **英領インド** 1858～77 英、東インド会社解散 1858～62 総督カニング 1858 インド統治改善法 仏越戦争(～62) 1860 ニュージーランドのマオリ人反乱(～72) 1862 第1次サイゴン条約(仏、コーチシナ東部領有) 1863 仏、カンボジアを保護国化 1864 ブータン戦争 1865 インド・ヨーロッパ間に電信連絡開始 1867 英、海峡植民地を直轄とする 1868～1910 シャム王チュラロンコーン(ラーマ5世)(近代化推進) C.1870 蘭領東インドの政府栽培制度廃止 1873 アチェ戦争(蘭、スマトラのアチェ王国征服)～1912 1874 第2次サイゴン条約 仏、トンキン出兵 1875 アーリヤ=サマージ設立(ヒンドゥー教改革運動) 1876 英、バルティスタンを保護国化 1876～80 インド総督リットン 1876 パネルジー、インド人協会設立 **インド帝国** 1877～1947 1877 ヴィクトリア女王、インド皇帝を宣言 1881 工場法(インド最初の労働立法)成立 1883 全インド国民協議会発足 1883,84 フエ条約(仏、ベトナムを保護国化) 1884 東部ニューギニアに英・独進出 独、ビスマルク諸島領有 1885 インド国民会議成立(ボンベイ) 1885 第3次イギリス=ビルマ戦争(ビルマ併合、～86) 1886 独、マーシャル諸島領有 ○ナオロジー(1825～1917) 1887 仏領インドシナ連邦成立(～1945) 1888 英、北ボルネオ(サバ・ブルネイ・サラワク)を保護国化	1850～61 **文宗(咸豊帝)** **1851～64 太平天国の乱** 1851 洪秀全、広西省金田村に挙兵 対露イリ通商条約 1853 太平軍、南京占領、首都とし天京と称す 曾国藩、湘軍を組織 太平軍、天朝田畝制度を発表 ○纏足禁止 1854 曾国藩、湖南・湖北で太平軍を撃破 1856 フランス人宣教師殺害事件 アロー号事件(～60アロー戦争) 1857 英仏軍、広州を攻略 1858 アイグン条約(黒竜江以北を露領にする) 天津条約(対英仏米露) 1860 英仏軍、北京占領 円明園焼失 北京条約(.8対英仏、.11対露)締結 1861～74 **穆宗(同治帝)** ○西太后 1861 総理各国事務衙門設置 ウォード(米)常勝軍を組織 1860年代 洋務運動(中体西用、～90年代前半) 1862 李鴻章、淮軍を組織 1863 英人ゴードン、常勝軍指揮 1864 洪秀全死亡、太平天国滅亡 ○同治中興 1866 捻軍、山東・陝西侵入(～68) 李鴻章、上海に江南機器製造局を設置 1866 左宗棠、福州船政局を設立 1867 左宗棠、甘粛ムスリムの鎮定に尽力(～73) 1870 天津でカトリックの教会襲撃(仇教運動) 1871 露、イリ地方占領(～81) 日清修好条規成立(辛未条約) 1873 陝西、甘粛のムスリム平定 1874 日本、台湾に出兵 日清天津条約成立(台湾問題) 1875～1908 **光緒帝(徳宗)** 1876 英と芝罘条約 英人、上海・呉淞間に鉄道を敷設するが、撤去される 留学生を英・仏に派遣 1878 左宗棠、甘粛・新疆のムスリムの反乱鎮定 銭貨の私鋳を厳禁 1879 ロシアとイリ還付条約 1880 李鴻章、海軍創設 1881 イリ条約(サンクトペテルブルク条約) 露とキャフタ新条約 1884 **新疆省を新設** 露とカシュガル西北界約 1884 趙之謙(1829～84) 1884 清仏戦争(ベトナムの宗主権をめぐる、～85) 1885 朝鮮問題に関し、日清間に天津条約 仏と天津条約締結、清はベトナムの宗主権を放棄 1887 マカオ、ポルトガル領となる 1888 天津・塘沽鉄道成る 北洋海軍成立 1888 西太后摂政をやめ、光緒帝の親政が始まる 雲南で反乱起こる	1851 『憲宗実録』 1855 『西賢伝心録』 1859 書院の私設禁止 1860 崔済愚、東学を創始 1862 壬戌民乱 1863～1907 **高宗** 1863～73 **大院君摂政** 1865 『大典会通』 1866 米船シャーマン号事件 キリスト教弾圧 仏軍艦、江華島攻撃 1871 寧海の農民反乱 米艦、江華島砲撃 1873 **大院君の失脚→閔妃派が政権掌握** 1875 江華島事件 1876 日朝修好条規(江華条約)締結 朝鮮開国 釜山開港 1880 元山開港 1882 米英独と修好通商条約 壬午軍乱(朝鮮軍隊の反乱、大院君が一時復権)→清・日本ともに出兵 1885 袁世凱、朝鮮に常駐 英、巨文島占領(～87) 1886 朝仏修好通商条約 1888 露と通商条約締結 1889 防穀令事件(～93)	○開国政策への転換 1852 露船、下田入港 1853～58 徳川家定 1853 米使節ペリー、浦賀で開国を要求 露使節プチャーチン、長崎で国書提出 1854 日米和親(神奈川)条約 1855.2.7 日露通好(和親)条約 1858～66 徳川家茂 1858 日米修好通商条約 安政の大獄(～59) 1859 横浜開港 1860 桜田門外の変 1862 生麦事件 1863 薩英戦争 1864 四国連合艦隊、下関砲撃 1866 薩長連合成立 1866～67 徳川慶喜 1867 大政奉還 王政復古 1867～1912 **明治天皇** **明治時代** 1868～1912 **明治維新** ○ 1869 版籍奉還 1871 **廃藩置県** 日清修好条規 岩倉使節団派遣 1872 田畑永代売買禁止令廃止 新橋・横浜間鉄道開通 太陽暦採用 1873 徴兵令公布 地租改正 1874 民撰議院設立建白書 台湾出兵 ○日本の大陸侵略開始 1875 露と樺太・千島交換条約 1877 西南戦争 1879 琉球を領有(沖縄県とする) 1881 国会開設の勅諭 自由党結成 1882 立憲改進党結成 日本銀行創立 1883 鹿鳴館落成(欧化政策) 1884 甲申政変(開化派の金玉均ら、日本の武力により政権奪取めざす) 1885 内閣制度成立 天津条約 1885～88 第1次伊藤博文内閣 1887 保安条例公布(自由民権運動弾圧) 1888 メキシコと対等通商条約 1888～89 黒田清隆内閣 1889 **大日本帝国憲法発布** 東海道本線開通 1889～91 第1次山県有朋内閣

年代目盛：1850／1860／1870／1880／1890

	国際関係	アメリカ	イギリス・オランダ	フランス・ベルギー	ドイツ・オーストリア		イタリア・スペイン	
	露仏同盟 1891～	アメリカ合衆国 1776～	ハノーヴァー朝 1714～1917	第三共和政 1870～1940	ドイツ帝国 1871～1918	オーストリア=ハンガリー帝国 1867～1918	イタリア王国 1861～1946	スペイン王国 1479～1931
1890	1891 露仏同盟(94完成) 1894 日清戦争(～95) ○帝国主義 1894 クーベルタン，国際オリンピック協会設立 1895 三国干渉 1897 第1回シオニスト会議(スイス，バーゼル) 1898 ファショダ事件 1899 ハーグ国際平和会議 南アフリカ戦争(～1902)	1890 ウンデッド=ニーの虐殺 1890 シャーマン反トラスト法成立「フロンティアの消滅」宣言 1893 ハワイ革命 カメハメハ王朝転覆 1893～97 クリーヴランド(民) 海外への膨張始まる(帝国主義政策) 1895 キューバの独立運動(米援助，～98) 1897～1901 マッキンリー(共) 1898 米西(アメリカ-スペイン)戦争 パリ条約(キューバ独立 米，フィリピン・グアム島・プエルトリコ領有) ハワイ併合 1899 中国の門戸開放通牒(国務長官ジョン=ヘイ，～1900)	1890～96 ケープ植民地首相セシル=ローズ 1890 ローデシア占領(95植民地化，～94) 1892～94 第4次グラッドストン内閣(自) 1893 アイルランド自治法案上院否決 独立労働党結成 1894 第2回植民地会議 8時間労働制を承認 アフリカ縦断政策⇒ ○3C政策 1895～1903 ジョゼフ=チェンバレン植民相 1897 労働者保護法(8時間労働) 1898 ファショダ事件(英仏の衝突) 1899 南アフリカ(ボーア)戦争(～1902)	1891 露仏同盟(94完成) ○金融資本の形成 1894 ドレフュス事件(～99) 1895～99 フォール大統領 1895 労働総同盟(CGT)結成 ○ルノワール(1841～1919) ○ゴーギャン(1848～1903) ○セザンヌ(1839～1906) 1896 仏，マダガスカル領有 ⇒アフリカ横断政策 1897 仏・独，アフリカ植民地境界を画定 1898 キュリー夫妻，ラジウム発見 ゾラ，「私は弾劾する」を発表 1899 ハーグ条約(欧州列国，毒ガス使用禁止決定) 1899～1906 ルーベ大統領	1890 コッホ，ツベルクリン創製 ビスマルク辞職 社会民主党成立 1891 ドイツ社会民主党エルフルト大会(エルフルト綱領) 1892 ディーゼル(1858～1913)ディーゼル機関発明(97完成) 1893 独議会，軍拡法案可決 自由労働組合連合結成(墺) 1895 エンゲルス『資本論』完成，唯物史観 1895 レントゲン(1845～1923)X放射線発見 1896 ベルンシュタイン，修正主義主張 1897 言語令(ボヘミアにおいてドイツ語とチェコ語を同等とする) ティルピッツ，海軍拡張を主張 1899 バグダード鉄道敷設権獲得		1892 イタリア社会党結成 1894 社会主義団体・労働組合等弾圧令(伊) 1895 イタリア軍のエチオピア侵入(伊，アドワで敗北，～96) マルコーニ(1874～1937)無線電信発明	1890 スペイン，普通選挙法成立 1894 スペイン-モロッコ紛争 1896 アテネで第1回国際オリンピック大会開催 1898 米西(アメリカ-スペイン)戦争
1900	1901 ノーベル賞設置される 国際仲裁裁判所設置 1902 日英同盟成立 ○金融資本の形成(銀行による企業支配) 1904.2 日露戦争(～05.9) .4 英仏協商成立 ○英独の市場争奪戦 1905 第1次モロッコ事件(タンジール事件) 1906 アルヘシラス会議(モロッコ問題を討議) 1907 ハーグ第2回平和会議(軍備制限協定の必要要請) .8 英露協商 三国協商(英・仏・露)	1900 金本位制 1901 モルガン，鉄鋼トラスト結成 アメリカ社会党結成 1901～09 セオドア=ローズヴェルト(共) ○カリブ海政策(棍棒外交) 1902 キューバ，米の保護国化 ○米帝国主義の発展 1903 パナマ，コロンビアより独立 米，パナマ運河建設権獲得，運河地帯を永久租借 ライト兄弟，初飛行に成功 1904 米，パナマ運河建設着工 1905 世界産業労働者同盟(IWW)結成 1908 移民に関する日米紳士協定成立 1909 ピアリ，初めて北極点に到達 1909～13 タフト(共) ○ドル外交(海外投資を拡大)	1900 労働代表委員会設立 1901～1910 エドワード7世 1901 オーストラリア連邦成立 1902 日英同盟成立 "光栄ある孤立"政策放棄 トランスヴァール・オレンジ両国をケープ植民地に併合 ラザフォード(1871～1937)『原子核崩壊の原理』 1904 英仏協商(英のエジプト，仏のモロッコでの権益を承認) 1905 アイルランドでシン=フェイン党結成 1906 ラザフォード，ガンマ線を発見 労働党成立(労働代表委員会改組) 1907 英自治領ニュージーランド成立 英露協商成立(チベットの中国主権承認 アフガニスタン・ペルシア北部の英，ペルシア北部の露権益を承認) 1908 女性参政権要求運動 1908～16 アスキス内閣(自)	1900 仏伊協定(北アフリカの勢力圏を相互承認) 1900 急進社会党結成 1902 戦時の中立に関する仏伊秘密協定(仏伊協商成立) 1904 英仏協商(英のエジプト，仏のモロッコでの権益を承認) 1905.3 第1次モロッコ事件(独帝ヴィルヘルム2世のタンジール上陸，仏の独占的進出を非難) 政教分離法の成立 フランス社会党結成 1906～09 クレマンソー内閣 ピカソら立体派を創始 1908 カサブランカ事件 ベルギー，コンゴ自由国を併合 1909 メーテルリンク(1862～1949)『青い鳥』 ジイド(1869～1951)『狭き門』 モロッコに関するドイツ-フランス協定	1900 ツェッペリン，飛行船発明 ○マックス=ヴェーバー(1864～1920)『プロテスタンティズムの倫理と資本主義の精神』 プランク(1858～1947)，量子力学の基礎を確立 1903 トルコとバグダード鉄道をペルシア湾まで延長する条約に調印 ○3B政策 1905.3 第1次モロッコ事件(独帝ヴィルヘルム2世のタンジール上陸，仏のモロッコへの独占的進出を非難) ○ドヴォルザーク(1841～1904)『新世界交響曲』(チェコ) 1905 アインシュタイン(1879～1955)『特殊相対性理論』を発表 1906 パン=ゲルマン会議 ハーバー，アンモニア合成法を発明	1907 男子普通選挙法(墺) 1908 オーストリア，ボスニア・ヘルツェゴヴィナを併合	1900～46 ヴィットーリオ=エマヌエーレ3世(伊) ○ヴェルディ(1813～1901) 歌劇「椿姫」 1902 仏伊協商(モロッコ問題に関する秘密協定) 1903～14 教皇ピウス10世 1904 ミラノ暴動 1906 イタリア労働総同盟結成	1908 ポルトガル王暗殺 1909 バルセロナで共和主義者の反乱
1910	1911 第2次モロッコ事件 1911 伊土戦争(～12) 1912 タンジール協定 1912.10 第1次バルカン戦争(～13.5) ○バルカン半島"ヨーロッパの火薬庫"に 1914.6.28 サライェヴォ事件 .7～18.11 第一次世界大戦(総力戦の始まり) 1914.8 タンネンベルクの戦い 1916.7 ソンムの戦い(～.11) ○航空機・戦車・毒ガス兵器の出現 1917.4 アメリカの参戦 1918.3 ブレストリトフスク条約(ロシア単独講和) .8 シベリア出兵(英・米・日・仏の対ソ干渉戦争) .11 ドイツ休戦協定 1919.1 パリ講和会議開催(～6) .3 コミンテルン結成 .6.28 ヴェルサイユ条約調印	1910 メキシコ革命(11ディアスの失脚，～17) 1913～21 ウィルソン(民) 1913 カリフォルニア排日土地法制定 1914 メキシコ革命に介入 第一次世界大戦に中立を宣言 .8 パナマ運河開通 1915 クー=クラックス=クラン(KKK)復活 1916 フィリピンの自治承認，大戦により債務国から債権国へ転換 1917.1.22 ウィルソン「勝利なき平和」を上院で発表 .4 ドイツに宣戦 中南米諸国，ドイツに宣戦 1917～20 カランサ大統領(メキシコ) 1917 石井-ランシング協定 1918.1.8 ウィルソン，「十四か条の平和原則」 1919 禁酒法成立(33廃止)	1910～36 ジョージ5世 1910 英領南アフリカ連邦成立 1911 議会法(上院の拒否権を2回に制限，下院の優位確認) 1912.3 スコット南極点到達 .4 タイタニック号氷山に衝突 1913 アルスター暴動(北アイルランド分離運動) 1914.8 対独宣戦 .9 アイルランド自治法成立 1915 ロンドン秘密条約(英・仏・露・伊，「未回収のイタリア」の解決) 1915～16 アスキス連立内閣 1916.4 アイルランドでイースター蜂起(シン=フェイン党) .5 サイクス-ピコ協定(英・仏・露，トルコを分割) 1916～22 ロイド=ジョージ挙国一致内閣(外相バルフォア) ウィンザー朝 1917～ 1917 英王室名をウィンザーと改名 .11 バルフォア宣言 1918 第4回選挙法改正(男子普通選挙，女性参政権成立) 1919 シン=フェイン党，アイルランド共和国の独立宣言 H.G.ウェルズ(1866～1946)『世界文化史大系』	1910 ファーブル(1823～1915)『昆虫記』 1911 第2次モロッコ事件(独の軍艦，アガディール港入港) 1912 モロッコを保護国化 ロマン=ロラン(1866～1944)『ジャン=クリストフ』 1913～20 ポワンカレ内閣 1913 プルースト(1871～1922)『失われた時を求めて』 1914.8 ドイツに宣戦 .9 マルヌの戦い 1916.2 ヴェルダン要塞攻防戦(西部戦線，～.12) .7 ソンムの戦い(～.11) 1917～20 クレマンソー挙国一致内閣 ○ロダン(1840～1917)彫刻家 ○ドガ(1834～1917)画家 1918.7 連合軍の総反撃開始	1910 フロイト(1856～1939)『精神分析学入門』 1911 第2次モロッコ事件(独の軍艦，アガディール港入港) 1912 独社会民主党，総選挙勝利 1914.7.28 墺，セルビアに宣戦 .8 独，露・仏に宣戦，ベルギーの中立侵犯，タンネンベルクの戦い 1916 アインシュタイン，一般相対性理論を発表 .1 スパルタクス団結成 1917.2 無制限潜水艦作戦開始 1918.11 キール軍港の水兵反乱，オーストリア-ハンガリー帝国，革命起こり降伏 ドイツ革命，皇帝退位 休戦協定，ドイツ共和国宣言 **ヴァイマル共和国 1918～33**　**オーストリア共和国 1918～38** 1919.1 ドイツ労働者党結成(ヒトラー入党) スパルタクス団の蜂起鎮圧 .6 ヴェルサイユ条約 .8 ヴァイマル憲法制定 .9 サンジェルマン条約		1910 ポルトガル共和国宣言 1911 伊土戦争(トリポリ戦争，～12) 1912 ローザンヌ条約(伊，トリポリ・キレナイカ獲得)→伊領リビア 1914～22 教皇ベネディクトゥス15世 1914 伊全土にストライキ，伊社会党参戦反対 スペイン・ポルトガルの中立宣言 1915.5 伊，三国同盟を破棄し，墺に宣戦(第一次世界大戦に参戦) 1916.8 伊，独に宣戦 ポルトガル連合国側に参戦 1919.3 ムッソリーニ，「戦士のファッシ」(ファシスト党の前身)結成(ミラノ) トリエステ，イタリア領に .9 ダヌンツィオの率いる義勇軍，フィウメ占領(～20)	
1920								

ロシア・東欧・北欧	アフリカ・西アジア		インド・東南アジア	中国・朝鮮		日本	
ロマノフ朝 1613〜1917	オスマン帝国 1299〜1922	カージャール朝 1796〜1925	インド帝国 1877〜1947	清 1636〜1912	朝鮮(李氏) 1392〜1910 (1897〜大韓帝国)	明治時代 1868〜1912	

1891 露仏同盟(94完成) シベリア鉄道建設開始(04開通) ○露仏関係の密接化 1893 チャイコフスキー(1840〜93)『悲愴』 ○ロシア産業革命 1894〜1917 ニコライ2世 1895 ナンセン, 北極探検(北緯86°4'到達, ノルウェー) 三国干渉 1896 露清密約(東清鉄道契約) 1898 ロシア社会民主労働党結成(プレハーノフ, レーニン) 1899 トルストイ『復活』 中部・南東部ロシア大凶作 ウラジヴォストクに東洋語学校設立	1890〜96 ケープ植民地首相にイギリスのセシル=ローズ 1891 イランでタバコ=ボイコット運動(〜92) 1894 「統一と進歩委員会」 1895 列強, トルコに内政改革案を提出 1896 仏, マダガスカル領有を宣言 伊, アドワの戦いに敗れ, エチオピア独立承認 1897 ギリシア, トルコと戦い敗北 1898 ファショダ事件 1899 独, バグダード鉄道敷設権獲得(3B政策) 南アフリカ(ボーア)戦争(〜1902)		1890 シッキム王国, 英保護領に 1891 第2回工場法制定 ジャワ原人発見(トリニール) 1893 仏, ラオスを保護国化 1894 英露間のパミール問題解決 英清間のビルマ国境問題解決 1895 英露清, パミールにおける勢力圏画定 英仏, シャムの領土保全に関する協定 フィリピン独立戦争(フィリピン革命)始まる(〜1902) 1898 米西戦争(フィリピン, 米領となる) アギナルド, フィリピンの独立宣言(米軍が鎮圧) 1899〜1905 インド総督カーゾン ○カルティニ, 啓蒙運動開始	1891 康有為(1858〜1927)『大同書』『新学偽経考』刊行 哥老会, 宣教師を殺し教会を焼く(仇教運動) 1894 日清戦争(〜95) 孫文, ハワイで興中会を結成 1895 下関条約調印 三国干渉(露・仏・独)日本, 遼東半島返還 康有為, 変法自強論上奏 興中会, 広州で挙兵し失敗 孫文, 日本に亡命 台湾民主国, 日本軍の鎮圧で消滅 1896 露との密約成立 1897 山東でドイツ人宣教師殺される(仇教運動) 1898 列強租借地が急増(〜99) 戊戌の政変(変法運動失敗)福建不割譲条約 雲南・広西不割譲条約 1899 山東で義和団蜂起 仏, 広州湾租借 安陽で甲骨文字発見 米の対中門戸開放通牒(〜1900)	1894 甲午農民戦争起こる(東学党の乱) 金玉均, 上海で暗殺 甲午改革(〜96) 1895 全琫準処刑される, 閔妃暗殺 1896 高宗, 露公使館へ移る 1897 国号を大韓帝国とし皇帝号採用 1898 馬山など開港 独立協会活動	1890 第1回帝国議会開会 1891〜92 第1次松方正義内閣 1892〜96 第2次伊藤博文内閣 1893 陸奥宗光, 条約改正交渉開始 1894 日英改正通商航海条約調印 日清戦争(〜95) 1895 下関条約(台湾領有) 三国干渉 1896〜98 第2次松方正義内閣 1896 日露協商(朝鮮の協同保護) ○産業革命 1897〜1900 第2次山県有朋内閣 1898 福建省不割譲条約調印 1899 改正条約実施(治外法権の撤廃)	1890

1901 シベリア鉄道と東清鉄道が結ばれる 社会革命党結成 ○チェーホフ(1860〜1904)『桜の園』など 1903 社会民主労働党, ボリシェヴィキとメンシェヴィキに分裂 1904 日露戦争(〜05) ○帝政ロシアの矛盾表面化 1904 シベリア鉄道完成 1905.1 血の日曜日事件, 第1次ロシア革命の始まり(〜07) ソヴィエト誕生 .6 ノルウェー, スウェーデンから独立 戦艦ポチョムキン号の反乱 .9 ポーツマス条約 .10 ニコライ2世, 「十月宣言」発表 立憲民主党設立 1906 ストルイピンの改革, ドゥーマ(国会)開設 1907 英露協商成立 1908 パン=スラヴ会議(プラハ) ブルガリア独立宣言 1909 ブルガリアの独立承認	1903 オスマン帝国, 独とバグダード鉄道条約締結 1904 マケドニアの改革問題で墺露のオスマン帝国干渉 ○列強の帝国主義的進出(アフリカ分割) 1905 マジ=マジの蜂起(〜07) 1906 国会開設, ペルシア憲法発布 1908 青年トルコ革命, 国会開設, ミドハト憲法復活を約束, ベルギー領コンゴ成立 1909〜18 メフメト5世(オスマン帝国) ○バルカン問題の緊迫化	1901 イラン, 石油採掘権を英に与える 1905 イラン立憲革命(〜11) 1909 アングロ=イラニアン石油会社設立 イラン国民軍の蜂起, 立憲君主政へ	1904 英, チベット問題で清とラサ条約締結 ○インド民族運動激化 1905 カーゾン, ベンガル分割令布告(ヒンドゥー教徒・ムスリムの分離策) 国民会議派, 反英運動を開始(ティラクの指導) ベトナムで東遊運動 1906 国民会議派カルカッタ大会 英貨排斥・スワデーシ・民族教育・スワラージ要求決議, 全インド=ムスリム連盟結成 1907 国民会議派分裂 1908 インドネシアでブディ=ウトモの第1回大会 1909 インド参事会(モーリー=ミント)法 会議派とムスリム連盟提携	1900 義和団事件(〜01) 8カ国共同出兵 1901.6 各国の軍隊の北京撤兵 .9 北京議定書(辛丑和約, 義和団事件最終議定書) 1903 黄興ら華興会組織 1904.2 日露戦争に局外中立宣言 .5 山東鉄道開通 .9 ラサ条約 .11 ハーグ国際仲裁裁判に加盟 1905.8 孫文, 東京で中国同盟会結成 三民主義 .9 科挙廃止 .10 立憲大綱準備に着手 1906.4 英と清間にチベット条約締結 .7 立憲予備の詔勅 1908 憲法大綱・国会開設公約発表 .11 徳宗, 西太后死去 1908〜12 宣統帝(溥儀) 1909.2 万国アヘン会議(上海) .9 満州・間島に関する日清協約成立 .12 各諮議局連合して国会早期開設を請う	1900 京仁鉄道開通, 馬山浦事件(露の買収計画失敗) 1903 義州・竜岩浦にロシア拠点設置 1904 第1次日韓協約 1904.8 一進会おこる 1905 京釜鉄道開通 1905.11 第2次日韓協約(日本, 韓国の外交権を奪う) .12 日本, 韓国統監府設置 初代統監伊藤博文 1907 ハーグ密使事件 新民会結成(愛国啓蒙運動) .7 第3次日韓協約(日本内政監督権) ○反日義兵闘争さかん 1909 安重根, ハルビンで伊藤博文を暗殺	1900 治安警察法公布 立憲政友会成立 1900〜01 第4次伊藤博文内閣 1901.6〜06 桂太郎内閣 1901 社会民主党結成 1902.1 日英同盟成立(〜21) 1903 内村鑑三・幸徳秋水ら日露戦争に反対 1904.2 日露戦争始まる(〜05)日韓議定書調印 1905.9 ポーツマス条約(南樺太を獲得) 1906.1〜08 第1次西園寺公望内閣 1906.11 南満州鉄道株式会社設立 1907.7 日露協約 1908.7〜11 第2次桂太郎内閣 1909.10 伊藤博文, 安重根によりハルビンで暗殺される	1900

1911 アムンゼン(ノルウェー)南極に到達 1912.10 第1次バルカン戦争(〜13.5) .11 アルバニア独立宣言 1913.5 ロンドン条約(オスマン帝国がバルカン4国に領土を割譲) .6 第2次バルカン戦争(〜13) .8 ブカレスト条約でブルガリア領土を割譲 1914.6 サライェヴォ事件 .8 独軍ワルシャワ占領(東部戦線) 1915.10 ブルガリア, 同盟国側に参戦 1916.9 ルーマニア, 連合国側に参戦 1917 ロシア革命 1917.3 ペトログラード蜂起 ロシア暦二月革命(ロマノフ朝滅亡) 臨時政府 .4 レーニン「四月テーゼ」 .8 ケレンスキー内閣成立 .11 フィンランド独立宣言 レーニン, ソヴィエト政権樹立(十月革命)「平和に関する布告」 1918 対ソ干渉戦争(〜22), 戦時共産主義(〜21) .2 エストニア独立 .3 ブレストリトフスク条約 .10 チェコスロヴァキア独立 .11 ポーランド独立, ラトヴィア独立 1919.3 コミンテルン結成 .11 ヌイイ条約(対ブルガリア)	1910 南アフリカ連邦成立, 英自治領に 1911 アガディールで第2次モロッコ事件 1911 伊土戦争(〜12) 1912 第1次バルカン戦争(〜13) ローザンヌ条約 南アフリカ先住民族会議 1913.5 ロンドン平和会議 1914.10 オスマン帝国, 第一次世界大戦に参戦 エジプト, 英の保護国に 1915.10 フサイン・マクマホン協定(英がアラブのハーシム家とアラブ独立について協定) 1916.5 サイクス・ピコ協定(英・仏・露, オスマン帝国分割, パレスチナの国際管理) 1917.11 バルフォア宣言(英, パレスチナのユダヤ人国家建設支持を表明) 1918.10 オスマン帝国降伏, エジプトでワフド党成立 1919 ギリシア=トルコ戦争(〜22) ギリシア軍イズミル占領 第1回パン=アフリカ会議 .5 第3次アフガン戦争 .7 アフガニスタン王国独立		1911 インドネシアでイスラーム同盟(サレカット=イスラーム)結成 ジョージ5世, インド訪問 ベンガル分割令取り消し宣言 1912 インド政府, 首都をデリーへ移す(カルカッタから) 1913 チベット独立を宣言 タゴール(1861〜1941)叙事詩『ギーターンジャリ』でノーベル文学賞受賞 1914 ガンディーら大戦に際し対英協力声明を発表 1915 ガンディー帰国 インド国防法・インド統治法 1916 インド国民会議派自治を要求 1917 英インド相モンタギュー, 下院でインドに漸次自治を認める宣言(モンタギュー=チェルムスフォード報告) 1919.3 ローラット法発布 .4 アムリットサル事件 .5 非暴力・不服従運動(ガンディーら) .12 インド統治法成立	1910.5 幣制改革 .11 英米仏独の四国借款団成立 1911.5 幹線鉄道国有化 .9 四川暴動 .10 武昌挙兵 〜12 辛亥革命 中華民国 1912〜 1912.1 中華民国成立, 首都南京, 孫文, 臨時大総統 .2 宣統帝退位, 清朝滅亡 .3 袁世凱, 臨時大総統となる 臨時約法制定 .8 中国同盟会, 国民党と改称 1913.10〜16 大総統袁世凱 1913.7 第二革命失敗 .8 孫文, 日本へ亡命 1914 孫文, 中華革命党結成 1915.1 日本, 中国に二十一か条要求 .5 袁世凱, 二十一か条要求承認(五・九国恥記念日) .12 袁世凱の帝政化計画各省に帝政反対運動(第三革命) 1916 袁世凱, 帝政取消し宣言 .6 袁世凱死去 1916 軍閥政権(〜28) 1917 文学革命(胡適・陳独秀ら) 1917.8 対独墺宣戦 .9 孫文, 広東軍政府を組織し大元帥となる 1918.1 南北軍閥抗争の開始 .2 張作霖, 満洲から北京進出 魯迅『狂人日記』 ○中国民衆運動の発展 1919.5 北京大学生ら抗日デモ(五・四運動) .7 カラハン宣言 .10 中華革命党, 中国国民党と改称	1910.8 韓国併合 韓国を朝鮮と改称 朝鮮総督府設置 初代総督寺内正毅 1911 朝鮮教育令公布 1912 土地調査事業本格化 1919.1 高宗死去 .3 三・一独立運動 .4 上海に大韓民国臨時政府樹立 ○日本が宥和をはかり, "文化政治"始まる	1910 大逆事件 1911 西田幾多郎『善の研究』 1911.2 関税自主権回復 .7 日英同盟改訂 .8〜12 第2次西園寺内閣 大正時代 1912〜1926 ○日本の中国侵略 1912.7〜26 大正天皇 1912.12〜13 第3次桂内閣 1912 護憲運動起こる 1913.2〜14 山本権兵衛内閣 1914.4〜16 第2次大隈内閣 1914.8.23 日本の参戦 1915 中国に二十一か条要求 遼東半島南部租借 1916.10〜18 寺内正毅内閣 1917.11 石井・ランシング協定 1918.8 日本軍, シベリア出兵(〜22) 米騒動起こる 1918.9〜21 原敬内閣 1919 旅順に関東軍司令部設置	1910
							1920

(使い方) 赤字 戦争・紛争に関すること　青字 文化に関すること

国際関係	アメリカ	イギリス・オランダ	フランス・ベルギー	ドイツ・オーストリア		イタリア・スペイン
	アメリカ合衆国 1776〜	ウィンザー朝 1917〜	第三共和政 1870〜1940	ヴァイマル共和国 1918〜33	オーストリア共和国 1918〜38	イタリア王国 1861〜1946

1920

国際関係	アメリカ	イギリス・オランダ	フランス・ベルギー	ドイツ・オーストリア	イタリア・スペイン
○アメリカ　債務国から債権国へ				ヴェルサイユ体制	
1920.1　国際連盟成立	1920　ヴェルサイユ条約批准を上院で拒否（国際連盟不参加）	1921　炭鉱大ストライキ，日英同盟解消	1921〜22　ブリアン内閣	1919〜25　エーベルト大統領（独）	1920　伊でゼネスト　ラパッロ条約（伊，フィウメ市を自由市とする）
1921.11　ワシントン会議（〜22.2）　.12　四か国条約　（ワシントン体制）	○「孤立主義」外交	1922　ジョイス（1882〜1941）『ユリシーズ』　.12　アイルランド自由国成立	1922〜24　ポワンカレ内閣	1920.2　国民社会主義ドイツ労働者党（ナチ党）綱領採択　.3　カップ一揆	1921.11　ムッソリーニ，ファシスト党結成
1922.2　九か国条約　ワシントン海軍軍縮条約　国際司法裁判所設置（ハーグ）	1920　サッコ・ヴァンゼッティ事件　ラジオ放送開始	1922　マルタン=デュ=ガール（1881〜1958）『チボー家の人々』	1921.4　賠償総額1320億金マルクと決定（ロンドン会議）　.7　ヒトラー，ナチ党首に	1922〜39　教皇ピウス11世	
.5　ジェノヴァ国際経済復興会議（失敗）　.11　第1回ローザンヌ会議	1921〜23　ハーディング（共）	エリオット（1888〜1965）『荒地』など	1923.1　仏・ベルギー軍，ルール地方の保障占領（〜25）	1922　シュペングラー（1880〜1936）『西洋の没落』　.4　ラパッロ条約（独ソ通商条約，ソヴィエト政権を承認）	1922.10　ムッソリーニのローマ進軍　.11　ファシスト党内閣成立
○世界平和への希望強し	○米の繁栄・ドル外交			1923.1　独，賠償支払い拒否	
1923.4　第2回ローザンヌ会議（ローザンヌ条約，〜.7）	1923〜29　クーリッジ（共）	1924.1〜.10　第1次マクドナルド内閣（労），初の労働党内閣	1924　チェコと相互援助同盟締結　左派連合政府（エリオ内閣，〜25）　.10　ソ連を承認	○インフレーション進行	1923.9　スペインでプリモ=デ=リベラの独裁始まる（〜30）　.11　ムッソリーニの選挙法改正（得票数1/4以上の第1党に2/3席を与える）
1924.7　ロンドン賠償会議（ドーズ案採択，〜.8）　.9　ドーズ案実施	1923　第5回パン=アメリカ会議（サンティアゴ）　ヨーロッパ諸国の米に対する戦債支払い協定（総額103億ドル）	1924.2　ソ連を承認		1923.8　シュトレーゼマン内閣（独）　.11　ナチ党，ミュンヘン一揆　レンテンマルク発行	1924.1　伊，フィウメ併合
1925.10　ロカルノ会議（〜.12）　.12　ロカルノ条約	1924　移民法（排日移民法）の実施，アジアからの移民を禁止	1924.11〜29　第2次ボールドウィン内閣	1925.7　仏軍，ルール撤退開始	1924　トーマス=マン（1875〜1955）『魔の山』　.9　ドーズ案実施	
	1925　オレゴン州に排日暴動	1925　キプロス，英の直轄植民地となる　ベアード（1888〜）金本位制復帰	1926〜29　ポワンカレ挙国一致内閣	1925〜34　ヒンデンブルク大統領（独）	
1926.9　ドイツ，国際連盟に加盟	1926　ニカラグアの自由主義革命，米の干渉　ブラジル，国際連盟脱退	1926.10　英帝国会議，バルフォア報告発表（本国と自治領の平等），「イギリス帝国」から「イギリス連邦」の名称に（〜.11）	1927.11　ユーゴと同盟条約を締結	1925　ヒトラー（1889〜1945）『わが闘争』　.6　独ソ中立条約　.12　ロカルノ条約調印	1926　伊，ファシスト党以外の政党の解散令を出す
1927.5　ジュネーヴで第1回世界経済会議（50か国）	1927　メキシコ，カトリック教会の財産国有化　リンドバーグ，大西洋無着陸横断飛行に成功　.5　サッコとヴァンゼッティに死刑判決（.8　処刑）	1926.10　英帝国会議　金本位制復帰	1928.6　フラン平価切り下げ（約1/6に）金本位制復帰	1926.9　独，国際連盟加盟（常任理事国）	.9　スペイン，国際連盟脱退（1928.3復帰）　.11　伊・アルバニア間に第1次ティラナ条約（伊，現状維持と相互援助）
1928　不戦条約（ケロッグ・ブリアン協定，15か国調印，1929年までに54か国）		1927.5　対ソ断交　.6　労働争議および労働組合法（ゼネストの禁止）	.8　不戦条約（ケロッグ・ブリアン協定）調印	○経済復興の気運	1927.11　伊，アルバニアを保護国化（第2次ティラナ条約）
1929.2　ソ連・ルーマニア・ポーランド・エストニア・ラトヴィア間に不可侵条約	1928　チリ・ペルー間にリマ条約成立	1928　第5回選挙法改正（男女とも21歳以上）　フレミング（1881〜1955）ペニシリン発見		1927　ハイデガー（1889〜1976）『存在と時間』	
.6　ヤング案発表（30正式決定）	1929〜33　フーヴァー（共）	1929〜31　第2次マクドナルド内閣（労）		1928.5　墺，社会民主党総選挙に勝利	1928.9　伊，ファシズム大評議会が国家最高機関となる，ファシスト党の独裁確立
1929.10.24　世界恐慌始まる（暗黒の木曜日）	1929　ヘミングウェー（1899〜1961）『武器よさらば』　.10.24　ウォール街の株価大暴落「暗黒の木曜日」	1929.10　対ソ国交回復		1929.6　ヤング案調印（30.1　正式決定）	1929.2　ラテラノ条約でヴァティカン市国独立を承認（伊・ローマ教皇間のコンコルダート）

1930

国際関係	アメリカ	イギリス・オランダ	フランス・ベルギー	ドイツ・オーストリア	イタリア・スペイン
○ファシズム陣営の進出（全体主義）	1931.6　フーヴァー=モラトリアム	1931.8〜35.6　マクドナルド挙国一致内閣	1930.6　仏軍ラインラントの撤兵終了	1931.5　墺，中央銀行破産，経済恐慌広がる	1931.4　スペイン革命，ブルボン朝倒れ共和政樹立　.12　スペイン共和国憲法
1930.1　ロンドン海軍軍縮会議（ワシントン軍縮条約の5か年延長，米・英・日の補助艦の保有制限，〜.4）　.3　ジュネーヴ国際経済会議	1932.2　復興財団設立	1931.9　金本位制停止　失業保険の削減　.12　ウェストミンスター憲章（英連邦成立）	1932.11　仏ソ不可侵条約	1932.6　ローザンヌ会議　.7　ナチ党，第一党になる	1931〜36　サモーラ大統領（スペイン）
1931.9　満洲事変起こる	1933〜45　F.ローズヴェルト（民）	1932　チャドウィック（1891〜1974）中性子発見　.7　イギリス連邦経済会議（オタワ，〜.8）　連邦内の保護関税制度を採用，スターリング=ブロック形成	○ベルグソン（1859〜1941）『生の哲学』など	1933.1.30〜34　ヒトラー内閣	1932〜68　サラザール，ポルトガル首相独裁化
1932.2　ジュネーヴ軍縮会議（失敗，〜34.5）　.6　ローザンヌ会議（ヤング案修正，〜.7）　.7　イギリス連邦経済会議（オタワ，〜.8）	1933.3　大統領緊急命令（銀行の4日間休業と金輸出禁止）	1934　トインビー（1889〜1975）『歴史の研究』	○ロマン=ロラン『魅せられたる魂』	1933.2　国会議事堂放火事件	1933.9　伊，ソ連と不可侵友好条約
1933.6　ロンドン世界経済会議（失敗，〜.7）	1933〜36　ニューディール		1934　ジョリオ=キュリー（1867〜1934）人工放射能放出に成功	ナチス=ドイツ　1933〜45	1934　フェルミ（1901〜1954）中性子による原子核破壊連鎖反応実験　.1　伊，国家組合法
1934.9　ソ連，国際連盟に加盟	1933.5　農業調整法（AAA），テネシー川流域開発公社（TVA）法　.6　全国産業復興法（NIRA）　.11　ソ連を承認	1935.4　ストレーザ会議（ドイツに対する英・仏・伊の提携）　.6〜37　ボールドウィン挙国一致内閣	1935.5　仏ソ相互援助条約　.11　人民戦線結成	1933.3　独，全権委任法成立　.5　賠償金支払い打ち切り　.10　独，国際連盟脱退を通告	1935.10　伊，エチオピア戦争（〜36）
1935.4　ストレーザ会議　.10　エチオピア戦争（〜36.5）	1934.3　フィリピン独立法成立　.5　キューバ完全独立承認　プラット修正条項廃止	1935.6　英独海軍協定	1936.6〜37.6　ブルム人民戦線内閣（第1次）	1934.6　レーム事件　.7　墺でドルフス首相暗殺　.8　ヒトラー総統就任（〜45）	1936.5　伊，エチオピア併合　.2　スペイン人民戦線内閣成立（アサーニャ首相）　.7　スペイン内戦（〜39）　.10　フランコ，スペイン国家主席を称する　国際義勇軍，フランコ軍と戦う
○枢軸国対反枢軸国（連合国）の対立	1935.7　ワグナー法（労働者の団結権保障）　.8　社会保険　中立法制定　.11　CIO成立	1936.1〜.12　エドワード8世	1936.6　週40時間労働制　.10　フラン再切り下げ	1935.1　ザール人民投票，独に編入　.3　独，再軍備宣言，徴兵制実施　.9　ニュルンベルク法（ユダヤ人迫害法）	
1936　ワシントン・ロンドン両軍縮条約が満期になる（軍備制限時代終了）　.7　スペイン内戦（〜39）	1936.3　パナマ新条約	1936〜52　ジョージ6世	.9　スペイン内乱不干渉政策（英・仏中心）	1936　四か年計画（ゲーリング）　.3　独，ロカルノ条約破棄，ラインラント進駐　.6　独墺修好条約　.8　ベルリンオリンピック　.11　ベルリン=ローマ枢軸成立　.11　日独防共協定，独フランコ政権承認	○独・伊，スペイン内戦に干渉（〜39）
1937.11　日独伊防共協定（枢軸国）	1937　ブラジル，ヴァルガス独裁	1937.5〜40　N.チェンバレン挙国一致内閣　.12　アイルランド自由国，エーレ（エール）と改称	1938.4〜40　ダラディエ内閣		1937　ピカソ（1881〜1973）「ゲルニカ」発表　.4　独空軍，ゲルニカ爆撃　.8　教皇庁，フランコ政権を承認　.12　伊，国際連盟脱退
1938.9　ミュンヘン会談（英・仏・独・伊，対独宥和政策）	1938.3　メキシコ，石油国有化宣言　.5　海軍拡張法の成立　.12　第8回パン=アメリカ会議（リマ）	1938.4　アイルランドの独立を承認	1938.4　サルトル（1905〜1980）実存主義を提唱　.11　人民戦線崩壊	1937.11　日独伊防共協定	1938　英伊協定　（伊のエチオピア併合承認）
1939.9〜45　第二次世界大戦	1939.7　日米通商航海条約破棄を通告　米・中立を宣言　カナダ，独に宣戦　.10　パン=アメリカ会議（パナマ）・米州諸国中立宣言　.11　米，中立法を修正（武器禁輸除く）	1939.8　英仏の対ポーランド相互援助条約　.9.1　総動員令布告　.9.3　英・仏，ドイツに宣戦　.11　英・仏，スペインのフランコ政権承認	1939.9.1　総動員令布告　第二次世界大戦始まる	1938.3　独，オーストリア併合　.9　ミュンヘン会談（英仏独伊）　.9　ズデーテン地方割譲	1939.3〜58　教皇ピウス12世
				1939.3　チェコスロヴァキア解体，ダンツィヒ割譲を要求　.8　独ソ不可侵条約　.9　独軍ポーランド侵攻　独ソ，ポーランド分割	1939.4　伊，アルバニア侵入　伊，アルバニア併合　.9　伊，中立宣言

1940

アメリカ大統領の所属政党　（民）…民主党，（共）…共和党　イギリス首相の所属政党　（自）…自由党，（保）…保守党，（労）…労働党

ソ連・北欧・東欧	アフリカ・西アジア	インド・東南アジア	中国	朝鮮	日本
ソヴィエト連邦 1922～91 ／ ○ソヴィエト連邦の発展	**オスマン帝国** 1299～1922　**カージャール朝** 1796～1925	**インド帝国** 1877～1947	**中華民国** 1912～		**大正時代** 1912～26

《1920～1930年》

ソ連・北欧・東欧
1920.6 トリアノン条約（対ハンガリー）ポーランド-ソヴィエト戦争（～21, 1921.3正式講和）バルカンに小協商（ユーゴ・ルーマニア・チェコ間に相互援助条約締結, ～21）トロツキー『世界革命論』
1921.3 ソヴィエト, ネップ開始
1922.4 ロシア-ソヴィエト・独間ラパロ条約（独のソヴィエト政権承認）.12 ソヴィエト社会主義共和国連邦成立（ロシア・ウクライナ・白ロシア・ザカフカースで構成）
1924 列国, ソ連を承認 .1 レーニン死去, ペトログラードをレニングラードと改称 .3 ギリシア, 共和政宣言
1925.1 トロツキー失脚, **スターリン権力掌握, 一国社会主義論**
1926.5 ポーランドでクーデタ（ピウスツキの独裁）
1927.5 英・ソ断交 .12 ジノヴィエフ・トロツキー, 共産党中央委より除名 ネップ打ち切り, コルホーズ・ソフホーズの建設
1928.10 第1次五か年計画（～32）
1929.1 トロツキー国外追放
○計画経済の躍進

アフリカ・西アジア
1920 ムスタファ=ケマル, アンカラでトルコ大国民議会開催 セーヴル条約 イラク, 英委任統治領に
1921 レザー=ハーンのクーデタ（イラン） イラク国王に**ファイサル**（～1933）
1922 エジプト王国（～52）.11 オスマン帝国滅び, スルタン制廃止
トルコ共和国 1923～
1923～38 **大統領ムスタファ=ケマル（アタテュルク）**
1923 ローザンヌ条約
1924 アフリカ各地で猿人の化石発掘（アウストラロピテクス） .3 トルコ, カリフ制廃止 ○トルコ革新
パフラヴィー朝 1925～79
1925～41 **レザー=ハーン**
1928 トルコ, ローマ字採用 イラン治外法権撤廃
1929 トルコ関税自主権獲得

インド・東南アジア
1920 インドネシア共産党結成
1922 ネルー・ダースらスワラージ党結成 ○モヘンジョ=ダロの発掘
1923 スワラージ党, 選挙で大勝 ネパール, 英と永久修好条約（独立を達成）蘭領東インドにインドネシア協会結成
1925 インド共産党結成 スワラージ党党首ダース死 ホー=チ=ミンら, 青年革命同志会を結成
1925 ムスリムとヒンドゥー教徒, カルカッタで衝突
1927 スカルノ, インドネシア国民党結成 ベトナム国民党結成 サイモン委員会（インド行政調査委員会）
1928 インドネシアで「青年の誓い」（国旗・国歌・国語を決定）ネルー・ボースら, インド独立連盟結成
1929 国民会議派ラホール大会（プールナ=スワラージ要求）

中国
1920 アンダーソン, 仰韶で彩陶発見 .7 安直戦争（安徽派敗退）.11 治外法権撤廃運動起こる
1921 北京原人の発見（周口店）魯迅『阿Q正伝』.3 外モンゴル人民政府成立 .4 広東新政府 .7 中国共産党成立
1923.1 孫文・ヨッフェ会談 .2 孫文, 大元帥に就任
1924.1 第1次国共合作（～27.4）孫文, 国民党改組と「連ソ・容共・扶助工農」三大政策発表 .11.26 モンゴル人民共和国成立
1925.3 孫文死 .5 五・三〇事件（反帝運動）.7 広州国民政府成立
1926.4 張作霖, 北京占領 .7 蔣介石, 国民革命軍総司令として北伐開始（～28.6）浙江財閥の援助による
1927.1 汪兆銘, 武漢国民政府樹立 .3 国民軍, 上海・南京占領 .4 蔣介石, 上海クーデタ 南京国民政府 .5 日本, 第1次山東出兵 .8 共産党, 南昌蜂起 .9 南京・武漢両政府の合体 .10 毛沢東, 江西省井崗山に革命根拠地を樹立
1928.4 北伐再開 .5 日本, 第2次山東出兵（済南事件）第3次山東出兵（～29.5）.6 北伐完了（北伐軍の北京入城）張作霖爆殺事件 .12 東三省, 国民政府に合体
1928.10～31 蔣介石（国民政府首席）
1929 国共内戦開始（～36）.7 鉄道・国境問題で中ソ抗争, 国交断絶

朝鮮
1920 東亜日報・朝鮮日報等創刊
1923 衡平社結成
1925 朝鮮共産党創設
1926 六・一〇 ○万歳事件
1927 新幹会結成
1929 光州学生事件

日本
1920.1 国際連盟正式加入（常任理事国）.3 ニコライフスク（尼港）事件 .5 日本最初のメーデー
1921.4 メートル法採用 .11 原敬, 暗殺される
1921.11～22 高橋是清内閣
1921.12 四か国条約（日英同盟解消）
1922.2 ワシントン海軍軍縮条約, 九か国条約調印 .3 全国水平社創立
1922.6～23 加藤友三郎内閣
1922.7 日本共産党結成 .10 シベリア撤兵
1923.9 関東大震災
1924.6～25 加藤高明内閣（護憲三派連立）
1925.1 日ソ基本条約（日ソ国交樹立）.4 治安維持法公布 .5 男子普通選挙法公布
1926.1～27 若槻礼次郎内閣
1926.12 大正天皇没
昭和時代 1926～89
1926.12～89 昭和天皇
1927.3 金融恐慌起こる
1927.4～29 田中義一内閣
1927.6 ジュネーヴ海軍軍縮会議
1928.2 第1回普通選挙
1929.4 四・一六事件（共産党弾圧）
1929.7～31 浜口雄幸内閣

《1930～1940年》

ソ連・北欧・東欧
1932.2 ソ連, ポーランド・ラトヴィア・エストニア・フィンランドと不可侵条約 .11 仏ソ不可侵条約 .12 クラーク追放令公布
1933.1 第2次五か年計画（～37）
1934～41 **スターリン独裁確立**
1934 スターリンの大粛清（～38）バルカン協商成立（トルコ・ルーマニア・ユーゴスラヴィア・ギリシア）.9.18 ソ連, 国際連盟加盟
1935.5.2 仏ソ相互援助条約 .8 コミンテルン第7回大会, 人民戦線戦術提唱
1936.12 スターリン憲法制定
1937 オパーリン（1894～1980）『生命の起源』.8 中ソ不可侵条約
1938 ソ連-ポーランド不可侵条約更新 .3 第3次五か年計画
1939.5 外相にモロトフ就任 .8 独ソ不可侵条約成立 .9 ソ連, ポーランド侵入 .11 ソ連-フィンランド戦争（～40.3）.12 ソ連, 国際連盟から除名される

アフリカ・西アジア
1930 イラク, 対英条約批准
1932 イラク王国独立（ファイサル1世, ～33）サウジアラビア王国成立（イブン=サウード, ～53）
1933 パレスチナにアラブ人によるユダヤ人排撃運動起こる
1935.3 ペルシア, 国号をイランと改称 伊によるエチオピア戦争（～36）
1936 英・エジプト条約（国王ファルーク1世）
1937 トルコ・イラン・アフガニスタン・イラクの相互不可侵条約
1938 イラン縦貫鉄道完成
1938～50 トルコ大統領イノニュ

インド・東南アジア
1930 ベトナム共産党成立（のちにインドシナ共産党と改称）ガンディー, 第2次非暴力・不服従運動開始（"塩の行進", ガンディー逮捕, ～34）ビルマでサヤサンの反乱（～32）**第1回英印（イギリス-インド）円卓会議（ロンドン, ～32）**
1931 **第2回英印円卓会議**
1932 シャム（タイ）立憲革命 国民会議派非合法化, ガンディー再び逮捕 第3回英印円卓会議
1933 周口店上洞人発見
1934 フィリピン独立法, 米議会で可決 .10 インドの不服従運動停止, 国民会議派の合法化, ガンディー引退 ネルー国民会議派を指導
1935.8 新インド統治法公布 .11 フィリピン連邦共和国成立（10年後の独立準備政府, 大統領ケソン）自治政府発足
1936 インド第1回州議会選挙（国民会議派の圧勝）ビルマ, インドより分離 タキン党の独立運動
1939 インド総督, インドの大戦参加を宣言, 国民会議派全閣僚辞職 .6 シャム, 不平等条約を改正, 国号をタイと改称（ピブン政権）

中国
1931.5 国民党左派（汪兆銘）, 広東国民政府樹立 .9.18 柳条湖事件, 満洲事変起こる .11 中華ソヴィエト共和国臨時政府, 江西省瑞金に成立（～34）
1932.1 上海事変 .3「満洲国」建国宣言（執政に溥儀就任）.10 リットン調査団, 報告書を発表
1933.2 日本軍, 熱河侵入（～.3）
1933 周口店上洞人発見
1934.10 中国共産党の長征（～36.10）・国共対立の激化
1935.1 遵義会議（毛沢東, 中国共産党の指導権確立）.8 八・一宣言（『抗日救国のために告ぐる書』）.11 国民政府, 幣制改革（～36.5）
1936.1 内モンゴル自治政府成立 .12 西安事件（張学良, 蔣介石を監禁）
1937.7.7 盧溝橋事件, 日中戦争始まる .9 第2次国共合作（抗日民族統一戦線, ～45.11）.11 国民政府, 重慶遷都 .12 南京事件（日本軍, 南京占領, ～45.11）
1938.3 中華民国維新政府, 南京に成立 .4 国民党抗戦建国綱領採択 .7 張鼓峰事件 .10 日本軍, 武漢三鎮占領 .12 汪兆銘, 重慶脱出
1939.5 ノモンハン事件（日ソ両軍衝突）

朝鮮
1936.2 朝鮮民族独立運動, 義烈団を弾圧 .5 在満韓人祖国光復会結成 .8 孫基禎, ベルリンオリンピックのマラソンに優勝
1937 皇国臣民の誓詞制定
1939 創氏改名公布

日本
1930.1 金輸出解禁 ロンドン海軍軍縮会議
1931.4～.12 第2次若槻内閣
1931.9 柳条湖事件, 満洲事変起こる（～33.5）
1931.12～32 犬養毅内閣
1932.5 五・一五事件
（政党内閣終焉）
○軍国主義の躍進と大陸侵略
1932.5～34 斉藤実内閣
1933.3 国際連盟脱退を通告
1934.7～36 岡田啓介内閣
1934.12 ワシントン海軍軍備制限条約破棄
1935.1 美濃部達吉の天皇機関説問題化 .6 梅津・何応欽協定
1936.2 二・二六事件
○戦時体制の強化
1936.3～37 広田弘毅内閣
1936.11 日独防共協定
1937.6～39 近衛文麿内閣
1937.11 日独伊防共協定
1938.1 近衛声明「国民政府を対手とせず」.4 国家総動員法公布 .12 東亜新秩序建設声明
1939.5～.9 ノモンハン事件（日ソ両軍衝突）.7 米, 日米通商航海条約破棄通告

（年代目盛：1920 ／ 1930 ／ 1940）

（使い方） 赤字 戦争・紛争に関すること　青字 文化に関すること

	国際関係	アメリカ	イギリス	フランス	ベネルクス	ドイツ・オーストリア	南欧
		アメリカ合衆国 1776～	ウィンザー朝 1917～			○ドイツ軍支配地域で強制収容所建設（アウシュヴィッツなど）	イタリア王国 1861～1946
1940	1939.9～45 第二次世界大戦						
	1940.9 日独伊三国同盟	1940.7 ハバナ宣言（米州諸国共同行動の方針）	1940.5～45 チャーチル戦時内閣 .6 連合軍ダンケルク撤退 .7 独によるロンドン空襲開始	1940.5 独軍,マジノ線突破 .6 独軍,パリ占領 ペタン政権,独に降伏 ド=ゴール,自由フランス政府（ロンドン） .7 ヴィシー政府（～44）	1940.5 独軍,ベルギー,オランダ,ルクセンブルクに侵攻	1940.3 ヒトラー・ムッソリーニのブレンネル峠会談 .4 デンマーク・ノルウェー侵攻 .5 オランダ・ベルギー侵攻 .9 日独伊三国同盟成立	1940.6 伊,参戦,英領ソマリランド侵入
	1941.8 大西洋上会談（米・英）,大西洋憲章発表 .12太平洋戦争（～45）	1941.1 ローズヴェルト「4つの自由」演説 .3 武器貸与法 .5 国家非常事態宣言 .7 対日石油全面禁輸 .12 対日宣戦,伊独の対米宣戦,中南米諸国の対枢軸国宣戦	1941 レーダー実用化	1941 英ソ間に対独共同行動協定 .12 対日宣戦		1941春 ブルガリア・ユーゴ・ルーマニア・ギリシア・クレタ島占領,バルカン制圧 .6 独ソ戦争開始（独伊,対ソ宣戦） .10 枢軸軍,モスクワに近づく .12 独伊,対米宣戦	1941.1 英軍,エチオピア占領
	1943.1 カサブランカ会談（米・英） .10 モスクワ4国外相会議（米・英・ソ,国際平和機構設立を提唱） .11 カイロ会談（米・英・中）,カイロ宣言,テヘラン会談（～12,米・英・ソ）	1942.1 米州21か国外相会議 .6 ミッドウェー海戦（戦局米に有利に転換） .12 フェルミ,米にてウラン原子核分裂実験に成功	1943.8 米英のケベック会談	1943.6 アルジェリアに仏国民解放委員会成立 レジスタンス活動激化		1942.1 独軍,北アフリカで反撃（～2） .7 独軍,カフカス進撃 .11 英軍,キレナイカ再占領,独軍,チュニジア上陸	1943.7 連合軍,シチリア島上陸,ムッソリーニ逮捕,バドリオ内閣成立 .9 連合国,伊上陸,伊,無条件降伏
	1944.7 ブレトン=ウッズ会議（世界銀行,IMF設立へ→IMF体制）	1943.5 鉱山労働者のストライキ,大統領鉱山接収命令	1944.7 独,V1号で英を攻撃 .9 第2次ケベック会談	1944.6 連合軍ノルマンディー上陸 .8 パリ解放 .9 臨時政府（ド=ゴール主席,～46）		1944.1 東部戦線で撤退開始 .9 V2使用開始（～11）	1944.6 ローマ解放
	1944.8 ダンバートン=オークス会議（国連憲章原案作成,～10）	1944 アルゼンチン,対枢軸断交 .11 ローズヴェルト4選					
1945	1945.2 ヤルタ会談（米・英・ソ） .4 サンフランシスコ会議（～6） .6 国際連合憲章調印 .7 ポツダム会談（～8） .7 ポツダム宣言（米・英・中・ソ） .10 世界労連成立 .10.24 国際連合発足	1945.4 ローズヴェルト死去,トルーマン大統領昇格（民,～53） .7 原子爆弾開発に成功	1945.7～51 アトリー内閣 .8 社会保障法 .3 重要産業国有化 イングランド銀行国有化を実施	1945.10 制憲議会で共産党第1党	1946.11 オランダ・インドシナ休戦協定 1947.7 オランダがジャワ,スマトラの半分を占領（～8）	1945.5 ソ連軍ベルリン包囲,ヒトラー自殺 .5 ベルリン陥落,ドイツ無条件降伏 .6 米英仏ソでベルリン分割占領,4か国分割管理 .7 オーストリア4か国共同管理 .11 ニュルンベルク国際軍事裁判（～46.10） .12 オーストリア共和国成立	1945.4 ムッソリーニ処刑 .12 ガスペリ内閣（～53）
	1946.1 第1回国連総会	1946.3 チャーチル「鉄のカーテン」演説（フルトンで）デューイ（1859～1952）,プラグマティズム	1947.1 炭坑国有化 .7 インド独立法 .12 英ソ通商協定調印	第四共和政 1946～58		1947.6 全ドイツ諸州首相会議（ミュンヘン）	イタリア共和国 1946～
	○"冷たい戦争"（米ソ対立）		1946 第四共和政憲法制定 1947.1～54 オリオール大統領 1947.11 大規模ゼネスト	1948.6 西独で通貨改革 ソ連,ベルリン封鎖（東西ドイツの分裂決定的となる,～49.5）	1946.6 伊・王政廃止,国民投票で共和政に .9 ギリシア,国民投票で王政復活,ブルガリア王政廃止	
	1946～52 国連事務総長トリグブ=リー .7 パリ平和会議	1947.3 トルーマン=ドクトリン .6 マーシャル=プラン提案 タフト-ハートレー法成立（反労働,～54） .9 米州相互援助条約（リオ条約,米州19か国参加）	1948.3 西ヨーロッパ連合条約（ブリュッセル条約） .9 労働組合会議,世界労連を脱退	1947.6 伊,連合国と平和条約 .3 フランコ終身総統となる（～75,西）		
	1947.2 パリ講和条約 .3 モスクワ4国外相会議（米・ソ対立の開始,～4） .4 国連特別総会（.11パレスチナ分割案採択） .7 ヨーロッパ経済復興会議開催 .9 コミンフォルム結成（～56） .10 GATT（関税と貿易に関する一般協定）調印	1948.4 対外援助法成立,米州機構（OAS）発足（ボゴタ憲章）		1948.1 フラン切り下げ .10 全国でストライキ	1948.1 ベネルクス3国関税同盟発効 .12 オランダのインドネシア第2次侵攻	ドイツ連邦共和国 1949～	ドイツ民主共和国 1949～90	1948.4 伊・第1回総選挙でキリスト教民主党勝利
	1948.3 西ヨーロッパ連合条約（ブリュッセル条約） .6 ベルリン封鎖（～49.5） ヨーロッパ経済協力機構（OEEC） .12.10 世界人権宣言発表（国連）	1949.1 トルーマン,フェアディール政策,ポイント=フォア計画発表 .3 カナダ,英連邦内の完全独立国となる .9 ユーゴに借款供与 .11 対共産圏輸出統制委員会（COCOM）設置（15か国参加）	1949.4 エーレ（エール）英連邦離脱しアイルランド共和国となる .4 ガス産業国有化 .9 ポンド切り下げ .11 国際自由労連ロンドンで結成	1949.4 パリで第1回世界擁護世界大会 .3 ベトナム国樹立 .9 フラン切り下げ	1949.11 ハーグ協定 .12 インドネシアの主権譲渡	1949.5 ドイツ連邦共和国（西独）,連邦共和国基本法公布 1949.9～63 アデナウアー内閣（キリスト教民主同盟） 1949.10 ドイツ民主共和国（東独）成立,グローテヴォール臨時政府 ○実存哲学	
	1949.4 北大西洋条約機構（NATO）成立 .11 国際自由労連成立						
1950	1950.3 平和擁護世界大会,「ストックホルム=アピール」採択 .6 朝鮮戦争（～53） .7 安全保障理事会,国連軍の朝鮮派遣決議 .9 国連軍出動 1951.9 サンフランシスコ講和会議	1950.1 トルーマン,水爆製造を指令 .2 マッカーシズム（反共攻撃,～54）	1950.1 中華人民共和国承認 .2 総選挙で労働党が辛勝 .12 アトリー首相訪米,トルーマンと会談（原爆使用に反対）	1950.5 シューマン=プラン発表		1950.3 仏・西独間ザール国境協定 .7 東独・ポーランド国境画定（オーデル=ナイセ線,西独不承認）	1950.4 国連がソマリア南部を伊の信託統治領とすることを承認 .11 スペインの国際復帰
		1951.4 マッカーサー国連軍総司令官解任,欧州統一最高司令官にアイゼンハウアー就任 .8 米比相互防衛条約 .9 オーストラリア・ニュージーランドと太平洋安全保障条約（ANZUS）調印,マッカランウォルター移民法成立 .10 相互安全保障法	1951.2 鉄鋼国有化 1951.10～55 第2次チャーチル内閣（保）	1951.4 ヨーロッパ石炭鉄鋼共同体（ECSC）条約調印（シューマン=プランにもとづく） .6 ド=ゴール派総選挙圧勝		1951.7 英米仏など西独と戦争状態終結宣言	1951.12 伊の講和条約改訂 旧イタリア領リビア独立（王政）
	1953.4～61 国連事務総長ハマーショルド	1952.2 キューバでバティスタ独裁政権成立 .4 ボリビア革命 .7 プエルトリコ自治領となる	●政情不安定 1952.2 ジョージ6世死去,エリザベス2世即位,チャーチル首相原爆保有宣言	1952.3 ピネー内閣成立（ド=ゴール派分裂） .7 ECSC発足		1952.9 東独,国防軍創設声明	1952.9 トリエステを伊へ返還 ○クローチェ（1866～1952）『精神の哲学』など
		1953～61 アイゼンハウアー大統領（共） 1953.1 ダレス国務長官の「巻き返し政策」 .6 ローゼンバーグ夫妻処刑 .8 米韓相互防衛条約	.5 米・英・仏と西独間にボン協定,ヨーロッパ防衛共同体（EDC）条約調印 .10 原爆実験成功 .11 ロンドン英連邦経済会議			1953.6 東ベルリンで,反ソ暴動	1953.9 イタリア,ユーゴとトリエステ紛争
	1954.4 ジュネーヴ会議（～7） .7 ジュネーヴ協定 .10 パリ諸条約	1954.3 ビキニ環礁で水爆実験	1954.1 イランと外交復活	1954～59 コティ大統領 1954.11 アルジェリア戦争（アルジェリア民族解放戦線,FLN,～62）		1954.2 西独,国防関連立法権限を連邦に認める基本法改正 .8 ソ連,東独の主権完全承認 .10 パリ諸条約調印	1954.10 トリエステ協定成立
1955	○平和共存への歩み		.10 ロンドン協定・パリ協定に調印,西ヨーロッパ連合（WEU）結成				

アメリカ大統領の所属政党　（民）…民主党,（共）…共和党　イギリス首相の所属政党　（労）…労働党,（保）…保守党

ソ連・北欧・東欧	アフリカ・西アジア		インド・東南アジア	中国	朝鮮	日本
ソヴィエト連邦 1922～91	トルコ共和国 1923～	パフラヴィー朝 1925～79	インド帝国 1877～1947	中華民国 1912～		昭和時代 1926～89

1940

ソヴィエト連邦
1940.3 ソ連-フィンランド講和条約 .6 ソ連軍ルーマニアを一部占領 エストニア・ラトヴィアにソ連軍侵入 .8 バルト3国併合 トロツキー暗殺(メキシコ) .10 独軍、ルーマニア侵入 .11 ハンガリー・ルーマニア、三国同盟に加入

1941.4 ソ連・ユーゴ友好不可侵条約、日ソ中立条約調印

1941.5～53 スターリン

1941.6 独ソ戦争開始 .7 英ソ、対独共同行動協定 .11 米英ソ、武器貸与借款成立

1942.5 ソ英相互援助条約 .6 米ソ相互援助協定 .7 スターリングラードの戦い(～43.2独軍降伏)

1943.5 コミンテルン解散

1944.8 ワルシャワ蜂起

1945.4 ソ連、対日宣戦 .11 ユーゴに**ティトー**政権成立(～80、首都ベオグラード)

1946.2 千島・南樺太領有宣言

1947.3 モスクワ4国外相会議(米ソ対立、～4) .5 ハンガリー政変(ナジ退陣) .9 東欧9か国コミンフォルムを結成(～56)

1948.2 チェコスロヴァキアクーデタ(共産党政権樹立) .6 ユーゴ共産党、コミンフォルムから除名される

1949.1 経済相互援助会議コメコン(COMECON)設立 .2 ハンガリー人民共和国成立 .9 原子爆弾保有宣言 .10 中華人民共和国承認

1950.2 中ソ友好同盟相互援助条約(～80.4) .3 ストックホルム=アピール .10 東欧8か国外相会議 .11 平和擁護世界大会(ワルシャワ)

1951.3 ユーゴ、ソ連を批判 .9 プラハ世界平和会議

1952.4 モスクワ国際経済会議

○集団指導制

1953.1 ユーゴ、**ティトー**大統領 .3 スターリン死去

1953.3～64 **フルシチョフ第一書記長**

1953.3～55 **マレンコフ首相**

1953.6 東ベルリン反ソ暴動 .7 ベリア副首相追放(12処刑) .8 水爆保有を宣言

1954.8 東欧8か国経済会議 .8 バルカン同盟(ギリシア・トルコ・ユーゴ) .12 東欧8か国モスクワ共同宣言

トルコ共和国 / パフラヴィー朝
1941.3 トルコ、ソ連と中立に関する共同声明 .6 独ソ友好不可侵条約で、レバノンで仏委任統治終了宣言 .8 英ソ両軍、イラン侵入

1941～79 **ムハンマド=レザー=パフラヴィー2世**(イラン)

1942.1 イラン、英ソと軍事同盟 .11 英米連合軍、北アフリカ(モロッコ・アルジェリア)上陸

1943.9 イラン、対独宣戦 .11 レバノン、独立宣言

1945.2 トルコ、対日宣戦 .2 エジプト、対日宣戦 .3 アラブ連盟結成 .10 第5回パン=アフリカ会議

1946.3 英、トランスヨルダンの独立承認 .4 シリア共和国からフランス軍撤退 .8 レバノンからフランス軍撤退、シリア・レバノン独立

1947.11.29 国連、パレスチナ分割案採択

1948 南ア共和国でアパルトヘイト政策 .5.14 イスラエル国建国宣言 .5 第1次中東戦争(パレスチナ戦争、～49)パレスチナ難民流出

1949.2 イスラエル-エジプト停戦協定 .5 イスラエルの国連加盟

1950.6 アラブ集団安全保障条約締結

1951.3 イラン、石油国有化宣言 .5 アングロ=イラニアン石油会社接収 .10 エジプト、対英同盟条約破棄 .12 リビア連合王国独立

1952.7 エジプト革命(自由将校団ナギブのクーデタ)

1953.6 エジプト共和国宣言(大統領ナギブ～54) .8 イランでクーデタ(モサデグ失脚)

1954.2 **ナセル**、エジプト首相となる .11 アルジェリア戦争(アルジェリア民族解放戦線、FLN、～62)

インド・東南アジア
1940.7 会議派全国委員会、完全独立を求める決議を採択 .9 日本軍、北部仏領インドシナ進駐

1941.5 ベトナム独立同盟(ベトミン)結成 .7 日本軍、南部仏領インドシナ進駐 .12 日本軍、マレー半島上陸、日タイ攻守同盟を強要

1942.1 日本軍マニラ占領 .2 シンガポール占領 .5 フクバラハップ団(抗日ゲリラ組織)活動

1943.8 ビルマ独立宣言 .10 フィリピン、対日協力政権成立 チャンドラ=ボース、自由インド仮政府樹立(シンガポール)

1945.3 日本軍、仏軍を武装解除しインドシナ3国に独立宣言させる .8 インドネシア共和国独立宣言(大統領スカルノ～67) .9 ベトナム民主共和国独立宣言(国家主席ホー=チ=ミン)

1946.5 英・印のシムラ会議決裂 .7 フィリピン共和国独立宣言 .8 ネルー、臨時政府樹立 .12 インド憲法制定会議開催 インドシナ戦争起こる(～54)

1947.7 インド独立法成立

インド連邦 1947～50

1947.8.14 パキスタン独立 .8.15 インド連邦独立(首相ネルー、～64) .10 第1次印パ(インド・パキスタン)戦争(カシミール帰属問題、～49)

1948.1 ビルマ連邦成立 .1 ガンディー暗殺 .2 セイロン独立

1949.3 ベトナム国、フランスが樹立 .12 ハーグ協定でインドネシア独立

インド連邦共和国 1950～

1950.1 インド憲法施行(大統領プラサド・首相ネルー)

1951.1 インド第1次五か年計画 .7 コロンボ計画発足

1953 仏、カンボジア独立承認

1954.4 東南アジア5か国首脳会議(コロンボ会議)、インドシナ休戦を決議 .5 ベトナム人民軍、ディエンビエンフー占領 .6.28 ネルー・周恩来、「平和五原則」を提唱 .7 ジュネーヴ協定(北緯17度線で南北分断)とラオスの独立承認 .9 東南アジア条約機構(SEATO)成立(～77)

中国 中華民国
1940.1 毛沢東「新民主主義論」 .3 汪兆銘による政権成立

1941.12 国民政府、対日独伊宣戦布告

1942.10 米英、対華不平等条約廃棄を発表

1943.1 国民政府、米英と治外法権撤廃条約に調印 .9 蔣介石、国民政府主席となり軍政両権掌握(～48) .11.27 カイロ宣言署名

1944.6 ウォーレス・蔣介石会談

1945.4 中共7全大会(延安) .8 毛沢東「連合政府論」発表 .8 中ソ友好同盟条約調印 .11 国共内戦始まる(～49.10)

1946.1 国民政府、重慶より南京還都 .9 国共両軍の全面的内戦始まる .10 マーシャル米特使・周恩来会談(ものわかれ)

1947.1 国府、新憲法公布 .9 中共、満州に人民政府を樹立、総反攻宣言 .10 中共、中国土地法大綱公布

1948.3 米、対国府軍事援助決定 .4 蔣介石総統となる(～49) .10 中共軍、長春占領 .12 中共軍、北平(北京)へ進出

1949.1 国府、米英仏ソ4国に内戦調停を依頼 蔣介石下野 1.31 中共軍、北京入城

○中共の中国支配

.9 中国人民政治協商会議

中華人民共和国 1949～

1949.10.1 **中華人民共和国成立**

1949 主席毛沢東(～59)、首相周恩来(～76)

1949.12 国府、台湾に移る(～71)

1950.1 英、中国を承認 .2 中ソ友好同盟相互援助条約成立(～80) .6 労働組合法・土地改革法公布 .10 中国義勇軍、朝鮮半島出兵

1951.5 チベット自治区委員会設置 .12 三反五反運動(～52.6)

1952.5 対日講和条約不承認を声明

1953.1 第1次五か年計画開始

1954.4 チベットに関する中印協定 .7 周恩来、ビルマ首相ウ=ヌーと会談し、「平和五原則」を確認 .8 中韓相互防衛条約

1954.9 中国人民共和国法制定 .10 中ソ共同宣言 「紅楼夢」論争起こる .12 米華(国府)相互防衛条約締結

朝鮮
1940.2 創氏改名実施 .8 東亜日報、朝鮮日報を廃刊処分

1942.10 朝鮮語学会事件

1944.2 国民徴用令による徴用 .8 女子挺身勤労令公布

○米・ソ占領下の朝鮮

1945.8 朝鮮建国準備委員会結成(ソウル) .8 38度線を境に米ソが占領 .9 朝鮮建国準備委員会、朝鮮人民共和国成立を宣言

1946.2 北朝鮮臨時人民委員会(主席金日成)、大韓独立促進国民会(議長李承晩)成立

1947.2 北朝鮮人民委員会成立 南朝鮮過渡政府成立 .11 米、国連に朝鮮問題を提案

1948.2 南朝鮮でゼネスト .4 統一朝鮮協商会議

大韓民国 1948～

朝鮮民主主義人民共和国 1948～

1948.8 大韓民国成立(韓国、**大統領に李承晩**) .9 朝鮮民主主義人民共和国成立(北朝鮮、首相に**金日成**) .12 ソ連軍撤退

1949.6 米軍撤退

1950.6.25 朝鮮戦争勃発

1950.9 国際連合軍出動 .10 国連軍、38度線突破

1951.1 北朝鮮・中国軍、38度線を越えて南下 .7.10 **朝鮮休戦会談始まる**(開城→板門店)

1952.1 李承晩、海洋主権宣言(李ライン) .5 巨済島捕虜取締所事件 .10 板門店政治予備会談開始

1953.2 李承晩、竹島領有を声明 .7 **朝鮮戦争休戦協定調印** .8 米韓相互防衛条約

1954.11 韓国、憲法改訂

日本 昭和時代
1940.7 大東亜共栄圏構想
1940.7～41 **第2次近衛内閣**
1940.9 北部仏領インドシナ進駐、日独伊三国同盟

1941.4 日ソ中立条約、日米交渉始まる
1941.10～44 **東条英機内閣**
1941.12.8 日本軍、真珠湾(パールハーバー)奇襲、太平洋戦争始まる
1942.3 ラングーン占領 .6 ミッドウェー海戦
1943.2 ガダルカナル島撤退 .5 アッツ島守備隊全滅 .12 学徒出陣
1944.7 サイパン島陥落
1944.7～45 **小磯国昭内閣**
1944.11 サイパン基地の米空軍、日本本土空襲開始

1945

1945.1 米軍、フィリピン奪回 .4 米軍、沖縄本島上陸
1945.4～46 **鈴木貫太郎内閣**
1945.8.6 広島に原子爆弾投下 .8.8 ソ連宣戦 .8.9 長崎に原子爆弾投下 .8.14 ポツダム宣言受諾 .8.15 無条件降伏の発表 .8.30 マッカーサー着任 .9.2 ミズーリ号上で降伏文書調印、GHQ設置
1945.10～46.5 **幣原喜重郎内閣**
1946.1 昭和天皇、神格否定宣言 .2 農地改革 .5 東京(極東国際軍事)裁判始まる
1946.5～47 **第1次吉田茂内閣**
1946.11.3 日本国憲法公布
1947.3 教育基本法公布 .4 独占禁止法・地方自治法公布
1947.5～48 **片山哲内閣**
1948.10～54 **第2次吉田内閣**
1948.11 東京裁判終わる(東条英機ら7人絞首刑)
1949.1 法隆寺金堂炎上 .3 ドッジ=ライン発表(日本経済安定策) .8 シャウプ勧告(税制の根本的改革) .11 湯川秀樹、ノーベル物理学賞受賞

1950

1950.6 共産党幹部追放指令 .7 レッドパージ拡大 .8 警察予備隊発足、朝鮮特需
1951.4 マッカーサー解任 .9 サンフランシスコ講和会議(9.8対日平和条約・日米安全保障条約調印)
1952.2 日米行政協定 .4 日華(国府)平和条約 .5 メーデー事件 .6 日印平和条約
1953.4 日米友好通商航海条約 .12 奄美諸島返還協定締結
1954.3 日米相互防衛援助協定 .3 第五福竜丸水爆被災事件 .7 自衛隊発足
1954.12～56 **鳩山一郎内閣**

1955

	国際関係	アメリカ	イギリス	フランス	ベネルクス	西ドイツ 1949〜	東ドイツ 1949〜90	南欧 イタリア共和国 1946〜	北欧・東欧
		アメリカ合衆国 1776〜	ウィンザー朝 1917〜	第四共和政 1946〜58		ドイツ・オーストリア			

1955

○アフリカナショナリズム

国際関係:
1955.4 第1回アジア=アフリカ(AA)会議(バンドン会議) .5 西欧8か国会議(ワルシャワ条約機構成立) .7 ジュネーヴ4巨頭会談(米英仏ソ), ジュネーヴ精神 .11 バグダード条約機構成立

1956.2 中ソ論争開始 .7 ティトー・ナセル・ネルー会談(非同盟中立) .8 スエズ運河問題国際会議

1957.3 ヨーロッパ経済共同体(EEC)設立条約調印 ヨーロッパ原子力共同体(EURATOM)調印(ローマ) .4 ゲッティンゲン宣言 .7 パグウォッシュ会議(国際科学者会議) 国際地球観測年(〜58.12) .9 国際原子力機関(IAEA)発効 国連特別総会(ハンガリー問題)

1958.1 EURATOM発足, EEC発足 .10 米英ソ核実験停止発表(〜12)

1959.11 国連総会で完全軍縮決議案採決 .12 南極条約(ワシントン)

アメリカ:
1955.2 ネヴァダで原爆実験 .9 アルゼンチンで軍部クーデタ ペロン大統領追放 .11 ブラジルで軍部クーデタ .12 AFLとCIOの合併 キング牧師, バス=ボイコット運動開始

1956.12 カストロ, キューバ上陸

1957.1 アイゼンハウアー=ドクトリン(中東教書)発表

1958.1 人工衛星打ち上げ成功 .7 海兵隊のレバノン出兵(〜.10) .8 米英ソ条件付き核実験1年間停止発表

1959.1 キューバ革命(カストロ) .1 アラスカ, 州に昇格 .8 ハワイ, 州に昇格 .9 フルシチョフ訪米 キャンプ=デーヴィッド会談

イギリス:
1955.3 水爆製造計画発表

1955.4〜57 イーデン内閣(保)

1956.7 スエズ運河国有化問題で, 英仏の軍事力行使声明 スエズ運河国際会議開催 .10 英仏軍, スエズ出兵 .12 英仏軍撤兵

1957.1〜63 マクミラン内閣(保)

○英連邦アフリカ諸国の独立

1957.5 クリスマス島で水爆実験

1958.1 人工衛星打ち上げ成功

1959.2 英ソ不可侵条約

フランス:
1955.2〜.12 フォール内閣

1956.3 モロッコ・チュニジア独立(仏連合内)

1957.11 蘭, 西イリアン問題でインドネシアと対立

1958.5 アルジェリアで駐留仏軍反乱

1958.6〜59 ド=ゴール内閣

第五共和政 1958〜
1958.10 第五共和政発足

1959.1〜69 ド=ゴール大統領

ベネルクス:
1958.2 ベネルクス条約 .7 蘭, 徴兵制

ドイツ・オーストリア(西ドイツ):
1955.1 ソ連, 対独戦争終結宣言 オーストリア国家条約 主権回復 西独, 主権回復, NATO加盟 .9 ソ連と国交回復 .10 オーストリア国民議会, 永世中立を決議

1956.1 東独, ワルシャワ条約機構軍加盟 .10 ザール人民投票

1957.1 ザールの西独復帰 .9 ブラント西ベルリン市長就任

1958.3 西独, 国防軍の核武装決定 .11 ソ連の西ベルリン自由市化案(ベルリン危機)

1959.5 ジュネーヴ4国外相会議に東西ドイツ代表特別参加 .11 西独, 社会民主党新綱領採択

南欧(イタリア共和国):
1955.12 伊・西・葡, 国連加盟

1956.6 ポーランドでポズナン暴動 .10 ハンガリー反ソ暴動(〜.11)

1957.1 音楽家トスカニーニ死去(1867〜)

1958.10〜63 教皇ヨハネ23世

1959.11 ポルトガル, ヨーロッパ自由貿易連合調印

北欧・東欧:
1955.5 ソ連・東欧(ワルシャワ条約)

1956.6 ポーランドでポズナン暴動 .10 ハンガリー反ソ暴動(〜.11)

1957.6 ユーゴ, ソ連に接近, 東独承認 .9 ノルウェー王オラフ6世

1957.11〜68 チェコ, ノヴォトニー大統領

1958.6 ナジ元ハンガリー首相ら処刑

1959.11 北欧3国, ヨーロッパ自由貿易連合(EFTA)調印

○東欧諸国自由化への歩み

1960

国際関係:
1960.5 ヨーロッパ自由貿易連合(EFTA)正式発足 .5 パリ東西首脳会談(U2偵察機墜落事件で流会) .10 アフリカ16か国国連加盟 .12 経済協力開発機構(OECD)条約調印(西欧20か国) 国連総会, 植民地独立宣言を採択

1961〜71 国連事務総長ウ=タント

1961.6 ウィーンでケネディ・フルシチョフ会談 .9 第1回非同盟諸国首脳会議(ベオグラード)

1962.3 ジュネーヴ軍縮会議 .7 ラオス中立宣言調印(14か国) .10 キューバ危機(〜11)

1962.10〜11 キューバ危機
.12 米英首脳会談(ナッソー協定)

1963.8 米英ソ, 部分的核実験禁止条約(PTBT)に調印

1964.3〜 国連軍, キプロス派遣 .3 第1回国際連合貿易開発会議(UNCTAD, 〜6) .10 第2回非同盟諸国首脳会議(カイロ)

アメリカ:
○キューバ問題
1960.2 ラテンアメリカ自由貿易連合条約調印 .7 キューバ, 米資産国有化 .10 対キューバ輸出禁止

1961.1 米, キューバと断交

1961.1〜63 ケネディ(民) ニューフロンティア政策 .5 カストロ, 社会主義宣言

1962.2 キューバ全面禁輸 初の有人宇宙船打ち上げ成功 .3 アルゼンチンで軍部クーデタ

1962.10〜11 キューバ危機

1963.6 人種差別撤廃の特別教書 米ソ間に直通電話設置 .8 ワシントン大行進

1963.11.22 ケネディ, ダラスで暗殺される 日米TV中継成功

1963.11〜69 ジョンソン(民)

1964.7 公民権法成立 .10 キング牧師, ノーベル平和賞受賞

イギリス:
1960.5 ヨーロッパ自由貿易連合(EFTA)正式に発足 .8 キプロス独立 .10 ナイジェリア独立

1961.5 南ア共和国成立

1962.8 ジャマイカの独立 トリニダード・トバコの独立

1963.1 英のEEC加盟, ド=ゴールの反対により理事会で拒否される

1963.10〜64 ヒューム内閣(保)

1964.10〜70 ウィルソン内閣(労)

フランス:
1960.2 核開発(サハラで原爆実験)

1962.3 エヴィアン協定(仏, アルジェリアと和平協定)

1962.4〜68 ポンピドー内閣 .7 アルジェリア独立

1963.1 仏・西独協力条約調印

1964.1 中国承認 .9 ド=ゴール南米10か国歴訪(〜.10)

ベネルクス:
1960.6 ベルギー領コンゴ独立 ? コンゴ動乱(〜65)

1962.9 ボンでアデナウアーとド=ゴール共同声明

1962.8 蘭, 西イリアン協定

1963.3 蘭, インドネシア国交回復

1964.11 ベルギー, 多面的核戦略不参加表明

ドイツ・オーストリア(西ドイツ):
1960.9〜73 東独国家評議会議長ウルブリヒト .9 東西ドイツ間の危機

1961.8 東独, 「ベルリンの壁」を構築

1963.1 西独・仏協力条約 .6 東独, 西ベルリン市民のクリスマス訪問協定調印

1963.10〜66 エアハルト内閣(西独)

1964.6 東独・ソ連友好相互援助協力条約調印 .11 西独・米軍事協力強化声明発表

南欧(イタリア共和国):
1960.7 ソマリア独立

1961.6 ポルトガル, サンタ=マリア号事件 .11 コンゴ派遣の伊国連軍兵虐殺される 12. ポルトガル, ゴア喪失

1962 第2回ヴァティカン公会議(〜65)

1963.4 教皇の「地上の平和回状」

1963.6〜78 教皇パウロ6世

1963.12〜68 モロ内閣(伊)

北欧・東欧:
1960.7 チェコスロヴァキア憲法成立

1961.12 ソ連・アルバニア断交

1962.2 ソ連・チェコ間石油パイプライン完成

1963.4 ユーゴ新憲法採択(ティトー終身大統領)

1964.6 フルシチョフ北欧3国訪問 .12 チェコ, 利潤追求方式推進を表明

1965

国際関係:
1965.2 ベトナム戦争(〜75) .7 ジュネーヴ軍縮委再開 .9 第2次印パ戦争 国連安保理事会停戦決議, 印・パ両国受諾

1966.7 10か国蔵相会議(国際通貨制度の改革) .7 ベトナム参戦7か国会議(マニラ)

1967.1 宇宙空間平和利用条約調印 .5 ケネディ=ラウンド(関税一括引き下げ交渉)妥結(米英仏EEC) .6 安保理, 中東での即時停戦決議 グラスボロ米ソ首脳会談 .7 ヨーロッパ共同体(EC)発足 .8 IMFの特別引き出し権(SDR)創設を決定 アルジェ憲章(発展途上国77か国閣僚会議)を採択(南北問題)

1968.7 核拡散防止条約(NPT)調印

1969.2 欧州で金価格高騰 国際通貨危機広まる(〜.3) .6 世界共産党大会

アメリカ:
1965.2 北ベトナム爆撃開始 ベトナム介入 .8 黒人投票権法成立 .9 ドミニカ臨時政府発足

1966.6 月面軟着陸成功 .6 アルゼンチン軍部クーデタ .12 地下核実験を実施

1967.2 中南米14か国が中南米・カリブ圏非核武装条約に調印 .7 デトロイト市の黒人暴動 .10 ゲバラ, ボリビアでゲリラ戦中に殺害される ワシントンでベトナム反戦大集会

1968.4 キング牧師暗殺 .6 ロバート=ケネディ上院議員暗殺 .10 北爆全面停止のジョンソン演説 メキシコオリンピック

1969.1〜74 ニクソン(共)

1969.7 アポロ11号月着陸成功 .10 ベトナム反戦運動・集会(〜.11)

イギリス:
1965.7 死刑廃止法

1966.7 ポンド防衛政策発表

1967.10 鉄鋼国有化実施 .11 ポンド切り下げ

1968.1 国防費削減, 極東・中東の英駐留軍の撤退計画発表

1969.1 移民制限 .2 上院大改革 .8 北アイルランド紛争 .12 死刑永久廃止を決議

フランス:
1965.11 人工衛星打ち上げ

1966.6 ド=ゴール, 訪ソ .7 NATO軍事機構脱退

1967.7 ド=ゴール, カナダ訪問(ケベック発言)

1968.5 学生デモ, 五月革命 .6 国民議会選挙 ド=ゴール派勝利 .6 ポンピドー内閣辞職 .8 水爆実験 .10 新教育法

1969.4 ド=ゴール辞任

1969.6〜74 ポンピドー大統領

ベネルクス:
1965.4 EEC, EURATOM, ECSC統合条約(EC)調印

1966.10 NATO本部, パリからブリュッセルへ

1967.7 ヨーロッパ共同体(EC)発足

ドイツ・オーストリア(西ドイツ):
1965.5 西独, イスラエルと国交樹立 .9 シュヴァイツァー死去(1875〜)

1966.3 東独, 国連加盟を申請, 米英仏反対声明 .11 西独, 国家民主党(ネオ=ナチ)第3党に進出

1966.12〜69 キージンガー内閣(西独)

1967.1 西独・ルーマニア国交樹立 .3 東独・チェコ・ポーランド相互援助条約

1968.4 東独, 新憲法

1969.5 ハルシュタイン原則廃止

1969.10〜74 ブラント内閣(西独)

南欧(イタリア共和国):
1965.11 第2回ヴァティカン公会議(信仰の自由に関する宣言)

1966.11 フランコ, 新国家基本法発布 .12 ギリシア軍事政権成立 ローマ教皇・ギリシア正教総主教, 破門取り消し宣言

1967.10 ギリシア正教総主教, ヴァティカン訪問

北欧・東欧:
1965.4 ユーゴ, コメコン参加

1966.6 ユーゴとヴァティカン外交関係樹立

1967.1 ルーマニア, 西独と国交樹立 .7 ポーランド, GATT(ガット)加盟

1968.1 ドプチェク, チェコ第1書記 チェコの自由化 "プラハの春" .3 チェコ, スヴォボダ大統領 .8 チェコ自由化にワルシャワ条約機構軍の介入

1969.4 チェコ, ドプチェク辞任

1970

ソ 連	アフリカ・西アジア	インド・東南アジア	中 国	朝 鮮	日 本
ソヴィエト連邦 1922～91	エジプト共和国 1953～58	インド連邦共和国 1950～	中華人民共和国 1949～	韓国 1948～／北朝鮮 1948～	昭和時代 1926～89

1955

ソ連
1955.5 8か国友好協力相互援助条約（ワ調印）
1955～58 ブルガーニン首相
1956.2 ソ連共産党第20回大会 フルシチョフのスターリン批判 .4 コミンフォルム解散 .10 ソ連軍、ハンガリーに進攻・鎮圧（～.11） 日ソ国交回復共同宣言
1957.10 史上初の人工衛星（スプートニク1号）打ち上げ成功 .11 共産圏12か国モスクワ共同宣言
1958.1 ソ連、東欧7か国と経済統合15か年計画に同意 米ソ文化交換協定調印、農業政策の改革
1958.3～64 フルシチョフ第一書記首相兼任
1958.3 核実験の一方的停止を宣言 .9 ブルガーニン除名
1959.1 第21回党大会（新経済7か年計画、～.2） .9 フルシチョフ訪米（キャンプ＝デーヴィッド会談） .10 月探査機ルナ3号、月の裏側の写真撮影成功

アフリカ・西アジア
1955.2 トルコ・イラク相互防衛条約 .11 バグダード条約機構結成
1956.1 スーダン独立 .3 モロッコ・チュニジア独立 .7 ナセル大統領就任、スエズ運河国有化を宣言 .10 第2次中東戦争（スエズ戦争、～57.3）
1957.3 ガーナ独立（60～大統領エンクルマ） .4 スエズ運河再開 .10 アルジェリア民族解放戦線（FLN）、軍事行動開始 .12 第1回アジア＝アフリカ人民連帯会議開催（カイロ）

アラブ連合共和国 1958～71
1958.2 エジプト・シリア合併してアラブ連合共和国成立（大統領ナセル、～70） .7 イラク革命 .10 ギニア独立 .12 第1回アジア＝アフリカ経済会議（カイロ）
1959.8 中央条約機構（CENTO）成立（バグダード条約機構から改称）

インド・東南アジア
1955.4 アジア＝アフリカ（AA）会議（バンドン、「平和十原則」発表） .10 ベトナム共和国成立（大統領ゴー＝ディン＝ジエム）
1956.3 パキスタン＝イスラム共和国成立（大統領ミールザー、～58）
1957.8 マラヤ連邦独立（英連邦内）
1958.10 パキスタンで軍事クーデタ
1959.6 イギリスよりシンガポール自治権獲得 .7 スカルノ、国会を解散させ独裁体制

中国
1955.3 幣制改革 .5 ソ連、旅順・大連を返還 .6 胡風批判始まる .9 金門島地区で砲撃戦
1956.4 ソ連と経済協力協定締結 .5 「百花斉放・百家争鳴」の新文芸政策開始
1957.4 整風運動起こる（官僚主義・セクト主義・主観主義に反対） .8 全国人民代表大会、反右派闘争を展開 .8 重要農作物の自由販売禁止 武漢長江大橋完成 .10 蔣介石、国民党8全大会で総裁に再選
1958.8 中国軍、金門島攻撃（～.10） .8 人民公社の全国的な建設運動開始 .10 蔣介石・ダレス会談（大陸反攻を断念）○大躍進
1959.3 チベット動乱 ダライ＝ラマ14世のインド亡命 .4 国家主席に劉少奇（～68） .9 フルシチョフ・毛沢東会談

朝鮮（韓国／北朝鮮）
1955.2 韓国行政組織法（大統領権限強化）
1956.4 朝鮮労働党、南北統一を提議
1957.1 北朝鮮第1次五か年計画 .4 李承晩政府と政府の弾圧（～.5）
1957.12 日韓相互の抑留者交換交渉妥結
1958.10 北朝鮮から中国義勇軍撤退 .12 韓国、国家保安法公布
1959.8 在日朝鮮人の北朝鮮帰国に関する日朝協定成立

日本
1955.6 日米原子力協定 .8 第1回原水爆禁止世界大会（広島）
1956（昭31）.5 日ソ漁業条約 .10 日ソ共同宣言（ソ連と国交回復） .12 国連加盟
1956.12～57 石橋湛山内閣
1957.2～60 岸信介内閣
1957.8 東海村の原子炉点火 .12 日ソ通商条約
1958.1 インドネシアと平和条約 .12 日ソ貿易協定
1959.4 皇太子成婚 .9 安保改定論争激化 伊勢湾台風

1960

ソ連
1960.5 U2偵察機撃墜発表 .8 人工衛星2号、犬の回収成功 .11 モスクワ会議（81か国共産党の共同声明、～.12）
1961.4 有人衛星ヴォストーク1号（ガガーリン） .5 核爆発実験再開 .10 第22回共産党大会で新綱領採択、アルバニア非難に関し中ソ対立 .12 アルバニアと断交
1962.7 全面軍縮に関するモスクワ世界大会 .10 キューバのミサイル基地撤去 .12 平和共存に関する中ソ論争
1963.7 中ソモスクワ会談決裂 .8 米ソ直通通信線（ホットライン）開通
1964.2 米ソ新文化交流協定調印 .3 フルシチョフ、中国非難 .10 フルシチョフ解任、第一書記ブレジネフ、首相コスイギン .11 工業・農業を地域別に再編

アフリカ・西アジア
1960 アフリカ諸国の独立あいつぐ 「アフリカの年」 .1 アスワン＝ハイダム起工 .6 ベルギー領コンゴ独立（.7 コンゴ動乱） .8 キプロス共和国独立（大統領マカリオス、～） .9 石油輸出国機構（OPEC）設立
1961.1 アフリカ諸国首脳会議（カサブランカ会議） .3 トルコ新憲法制定、南ア共和国成立 .5 シリア、アラブ連合を離脱 .12 タンガニーカ独立
1962.7 アルジェリア独立
1963.2 イラクでバース党のクーデタ .3 シリア革命 .5 アフリカ独立諸国首脳会議（アディスアベバ） アフリカ統一機構（OAU）憲章採択 .9 イエメン革命（共和国宣言） .10 イラク・シリア連邦結成
1964.2 キプロスでギリシア・トルコ両住民衝突 .5 パレスチナ解放機構（PLO）結成 .8 トルコ、キプロスに武力行使

インド・東南アジア
1960.8 ラオス3派の内戦激化 .12 南ベトナム解放民族戦線結成
1961.12 インド、ポルトガル領ゴアを武力併合
1962.3 ビルマで軍部クーデタ（ネ＝ウィン） .8 インドネシア・蘭の西イリアン協定 .10 インド・中国国境で武力衝突（中印国境紛争、～.11）
1963.9 マレーシア連邦成立 .11 南ベトナムでクーデタ（ゴー＝ディン＝ジエム政権崩壊）
1964.5 ネルー死去 .6 シャーストリー、インド首相に就任 .8 トンキン湾事件

中国
1960.3 三宝（社会主義総路線・大躍進・人民公社）政策の促進決議 .7 ソ連、中国より技術者を引きあげ（中ソ対立の深まり）
1961.4 中国・インドネシア友好協力相互援助協定調印 .7 中国・北朝鮮友好協力相互援助条約
1962.4 アルバニア問題に関し、周恩来、フルシチョフ批判 モンゴル国連加盟
1963.3 パキスタンと国境協定 .7 中ソモスクワ会談（決裂） .9 「人民日報」、ソ連共産党との対立点指摘
1964.1 仏と国交樹立 .7 中ソ対立深刻化 .10 核開発（原爆実験に初めて成功）

朝鮮（韓国／北朝鮮）
1960.4 韓国で4月革命、李承晩失脚
1960.8～63 韓国大統領尹潽善
1961.5 大韓民国クーデタ 林正熙政権掌握 .7 中国・北朝鮮友好協力相互援助条約
1962.12 韓国新憲法公布（第三共和国成立）
1963.12～79 韓国大統領朴正熙
1964.3 日韓会談（韓国学生の反対デモ） .6 韓国戒厳令（～.7）

日本
1960.7～64 池田勇人内閣
1960.1 日米新安全保障条約調印（ワシントン） .5 安保阻止国民運動（6.15事件、～.6）
1961.3 第1回国際見本市 .6 農業基本法
1962.1 ガリオア-エロア協定 .12 日中民間貿易議定書調印
1963.8 原水禁大会分裂、部分的核実験禁止条約に調印
1964.4 経済協力開発機構（OECD）に加盟 .10 東海道新幹線開通 第18回国際オリンピック東京大会開催
1964.11～72 佐藤栄作内閣

1965

ソ連
1965.3 2人乗り宇宙船ヴォストーク2号 .3 世界共産党協議会（中国・ルーマニア共産党欠席、19か国参加） .9 利潤制度導入を決定
1966.1 タシケント会議 モンゴルと友好協力相互援助条約調印 .2 月ロケット月面着陸成功 .3 金星（ベナ）3号金星へ到着 .11 米ソ民間航空協定 国防相中共を非難
1967.1 ポドゴルヌイ、教皇庁訪問 .6 コスイギン首相訪米 .9 ソ連、北ベトナム軍事経済援助協定
1968.5 東欧諸国の自由化警告 .8 ワルシャワ条約機構軍のチェコ侵攻
1969.3 ダマンスキー島（珍宝島）で中国と国境紛争 .6 世界共産党大会（モスクワ） .10 中ソ国境会談 .11 核拡散防止条約批准

アフリカ・西アジア
1965.6 アルジェリアでクーデタ .11 ローデシア白人政権、一方的独立宣言（国連非難決議） コンゴでクーデタ
1966.2 ガーナでクーデタ（エンクルマ失脚） .7 シリア・イスラエル紛争
1967.6 第3次中東戦争起こる スエズ運河閉鎖
1968.9 アブシンベル神殿の移転完了
1969.5 スーダンのクーデタ、民主共和国成立 .9 リビア、クーデタで共和国となる

インド・東南アジア
1965.2 米空軍の北爆始まる ～75.4 ベトナム戦争 .8 シンガポール、マレーシアから分離（リー＝クアンユー首相） .9 第2次印パ（インド－パキスタン）戦争 .12 フィリピン大統領にマルコス就任
1967.3 インドネシア、スカルノ失脚 .8 東南アジア諸国連合（ASEAN）発足
1968.1 テト攻勢 .3 ソンミ虐殺事件 スハルト大統領に就任 .5 パリ和平会談開始（～73） .10 米、北爆停止
1969.9 ホー＝チ＝ミン死去

中国
1965.5 第2回原爆実験 .7 北ベトナムと経済技術援助協定 .9 チベット自治区成立
1966.1 第3次五か年計画開始 ～76 プロレタリア文化大革命 .8 「プロレタリア文化大革命に関する決定」発表 北京に紅衛兵運動 .12 劉少奇主席、自己批判
1967.4 北京市革命委員会成立 .5 香港の反英暴動（～.7） .6 初の水爆実験 .10 インドネシアと事実上国交断絶
1968.9 革命委員会、中国全土に成立 .10 中共8期12中全会で、劉少奇を除名
1969.3 珍宝島（ダマンスキー島）事件 .4 第9回全国人民代表大会で中国共産党規約改正、林彪を毛沢東の後継者とする（毛沢東・林彪体制） .8 新疆で中ソ武力衝突 .10 北京で中ソ国境会談

朝鮮（韓国／北朝鮮）
1965.2 韓国、南ベトナムに派兵 .6 日韓基本条約 .7 李承晩死去（1875～）
1966.7 米韓行政協定 .11 北朝鮮・韓国軍衝突
1967.3 ソ連・北朝鮮経済技術協定 .8 北朝鮮・北ベトナム軍事協定
1968.1 プエブロ号拿捕事件 .4 米韓首脳会談
1969.4 北朝鮮、米偵察機を撃墜 .10 韓国憲法改正

日本
1965.10 朝永振一郎、ノーベル物理学賞受賞
1966.1 日ソ航空協定 .6 ILO87号条約発効
1967.11 日米首脳会談（小笠原問題）
1968.4 小笠原諸島返還協定調印 .6 核拡散防止条約調印 .10 川端康成、ノーベル文学賞受賞
1969.6 大学闘争拡大 .7 ジュネーヴ軍縮会議に初参加 .11 佐藤・ニクソン会談

1970

	国際関係	アメリカ	イギリス	フランス	ベネルクス	ドイツ・オーストリア		南 欧	北欧・東欧
		アメリカ合衆国 1776〜	ウィンザー朝 1917〜	第五共和政 1958〜		西ドイツ 1949〜	東ドイツ 1949〜90	イタリア共和国 1946〜	

1970

国際関係
- 1970.3 核拡散防止条約発効
- 1971.2 海底軍事利用禁止条約　.10 中国の国連代表権交替，中華民国（台湾）脱退　中華人民共和国，国連加盟　.12 スミソニアン体制
- 1972.4 生物兵器禁止条約調印　.5 第1次戦略兵器制限交渉(SALTⅠ)調印　.6 国連人間環境会議　人間環境宣言（ストックホルム）.12 海洋汚染防止条約
- 1973.1 ベトナム和平協定調印　.2 国際通貨危機再燃（〜.3）.3 スミソニアン体制崩壊　.9 東西両ドイツ国連同時加盟　.10 第4次中東戦争勃発　OAPEC，石油戦略発動（原油生産25%削減発表）
- 第1次石油危機（オイル=ショック）
- 1974.8 世界人口会議（ブカレスト）.10 国連総会，PLOをパレスチナ代表として招請することを可決　.11 世界食糧会議（ローマ）

アメリカ合衆国
- 1970.2 ニクソン=ドクトリン表明　.4 カンボジアに介入　.10 カナダ，中国承認　.11 米，ドル防衛策発表（金・ドル交換停止）ボリビアでクーデタ　アジェンデ（人民連合政権）
- 1971.1 チリ，中国承認　.8 米，ドル防衛策発表（金・ドル交換停止）ボリビアでクーデタ　.11 ペルー，中国承認
- 1972.2 ニクソン訪中　.5 ニクソン訪ソ　.6 ウォーターゲート事件起こる
- 1973.1 米軍，ベトナム撤兵　.7 徴兵制停止　.9 チリ，アジェンデ政権崩壊，チリ軍事クーデタ　.10 アルゼンチン大統領就任
- 1974.2 米ソ，SALTⅡ交渉開始　.3 ピノチェト，チリ大統領就任（〜90）.7 アルゼンチン大統領イサベル=ペロン　.8 ニクソン辞任
- 1974.8〜77 フォード（共）

ウィンザー朝
- 1970.6 ヒース内閣（保）成立
- 1971.10 英連邦5か国防衛協定発効
- 1972.1 ダブリンで暴動，ベルファスト爆弾テロ（〜.3）
- 1973.8 アイルランド暫定自治　.12 アイルランドにIRA弾圧法
- 1974.3 ウィルソン内閣（労）.6 北アイルランド直接再統治

第五共和政
- 1970.2 ポンピドゥー訪米　.11 ド=ゴール死去
- 1971.8 ドル=ショックでヨーロッパ各国為替市場一時閉鎖，各国変動為替相場制へ
- 1971.10 ブレジネフ訪仏　.12 ニクソン訪仏
- 1972.7 メスメル内閣　.10 ポーランドと友好協力宣言
- 1973.9 ポンピドゥー訪中　.12 北ベトナムと援助協定
- 1973.1 拡大EC発足（英・アイルランド・デンマークの参加）
- 1974.5〜81 ジスカールデスタン大統領

ベネルクス
- 1971.5 蘭，変動相場制移行

西ドイツ
- 1970.3 初の両独首脳会議　.8 西独ソ連条約調印
- 1971.12 東西ベルリンの通行協定調印
- 1972.6 ベルリン問題最終協定書調印　.8 ミュンヘンオリンピック（〜.9）.9 西独，ポーランド・中国と国交正常化（〜.12）.12 東西ドイツ基本条約調印
- 1973.9 両独同時に国際連合に加盟
- 1974.5 シュミット首相　.9 東独，米国交樹立

イタリア共和国（南欧）
- 1970.11 伊，中国承認　.12 伊，離婚法成立
- 1971.12 伊大統領レオネ
- 1972.12 葡，海外植民地の自治承認
- 1973.7 西，東独と国交樹立　.4 ピカソ死去（1881〜）.12 スペインのブランコ首相暗殺
- 1974.4 ポルトガル，無血クーデタ（カーネーション革命）.7 ギリシア文民政府成立（軍事政権崩壊）

北欧・東欧
- 1970.1 ワルシャワ条約機構統合軍編成　.12 ポーランド反ソ暴動
- 1972.1 ユーゴでクロアティア独立運動　.9 ポーランド，西独国交樹立
- 1973.7 東欧8か国首脳クリミア会議　.8 ハンガリー，ガット(GATT)加盟　.9 東独，国連加盟

1975

国際関係
- 1975.5 国連海洋法会議（領海12海里，経済水域200海里）.6 国際婦人年世界会議　.7 全欧安保協力会議（ヘルシンキ）.11 主要先進6か国首脳ランブイエ会議（サミット）始まる
- 1976.6 主要先進7か国首脳サンファン会議　.8 第5回非同盟諸国会議　.11 国連総会，イスラエル撤退決議
- 1977.3 第1回アラブ・アフリカ首脳会議　.5 第3回主要先進国首脳ロンドン会議　.11 国連総会，ハイジャック防止決議，南ア武器輸出禁止決議
- 1978.3 レバノンに国連軍派兵　.7 第4回主要先進国首脳ボン会議
- 1979.3 中東和平条約調印　.6 第5回主要先進国首脳東京会議　.6 米ソSALTⅡ調印　.12 国連，テヘラン人質即時解放決議，ソ連，アフガニスタンに侵攻
- 第2次石油危機

アメリカ合衆国
- 1975.4 フォード，ベトナム戦争終結宣言　.7 米ソ宇宙船ドッキング　キューバ封鎖解除　.12 フォード，中国訪問
- 1976.2 多国籍企業調査委員会，ロッキード社の贈賄摘発　.5 米ソSALTⅡ基本合意　.7 無人探査衛星ヴァイキング1号，火星軟着陸　モントリオールオリンピック
- 1977.1〜81 カーター（民）.9 米・パナマ運河新条約調印米，中性子爆弾予算化　.11 ILO脱退通告
- 1978.1 ドル防衛策発表　.9 米中国交正常化　.3 スリーマイル島原発事故　.7 ニカラグア，サンディニスタ民族解放戦線政府成立　.10 パナマ運河，米・パナマ共同管理　.11 イラン米大使館占拠事件

ウィンザー朝
- 1975.2 サッチャー，保守党首に　.5 女王訪日
- 1976.4〜79 キャラハン内閣（労）.9 アイルランド共和国，国家非常事態宣言
- 1977.8 女王，北アイルランド訪問
- 1978.2 スコットランド分離法
- 1979.5〜83 サッチャー内閣（保）.8 マウントバッテン，IRAにより暗殺

第五共和政
- 1975.10 大統領訪ソ　.12 大統領，エジプトを訪問（サダト大統領と友好協力宣言）
- 1976.8 バール内閣　.10 アンドレ=マルロー死去（1901〜）
- .11 EC首脳会議，対日貿易について，日本の大幅黒字に懸念を表明
- 1977.1 仏・西独首脳会議　.6 ジブチ共和国独立
- 1978.2 シラク，パリ市長就任　.6 仏ソ首脳会談
- 1979.4 大統領訪ソ

ベネルクス
- 1976.8.26 蘭，ロッキード社贈賄疑惑，ベルンハルト公職辞任

西ドイツ
- 1975.10 東独・ソ連新友好協力相互援助条約　西独首相訪中
- 1976.3 共同決定法改正（共同決定制度を全企業に拡大）.5 ハイデガー死去（1889〜）.11 西独大統領，訪ソ
- 1978.4 西独・ソ連経済協定　.5 ソ連書記長，西独訪問　.10 西独首相訪日　.11 ベルリン協定
- 1979 西独，ナチスの殺人時効停止

イタリア共和国（南欧）
- 1975.6 伊総選挙，共産党第2党　.11 西，フランコ総統死去（1892〜）王政復古（フアン=カルロス）
- 1977.2 西，ソ連・チェコ・ハンガリーと国交正常化　.11 西，国会改革法
- 1978.3 伊，モロ前首相誘拐事件（.5殺害）.8 教皇ヨハネ=パウロ1世　.10 教皇ヨハネ=パウロ2世（ポーランド出身）
- 1979.6 教皇，ポーランド訪問

北欧・東欧
- 1975.7〜.8 全欧安全保障協力会議　.7 米大統領東欧訪問（〜.8）.8 ポーランド，西独の戦後処理協定
- 1976.9 スウェーデン総選挙，社会民主党敗北
- 1977.1 チェコ反体制知識人「憲章77」.3 ティトー，ソ連・中国・北朝鮮訪問　.10 欧州安保再検討会議
- 1978.4 ルーマニア大統領訪米・訪中

1980

国際関係
- 1980.9 イラン-イラク戦争起こる（〜88）
- 1981.4 アフリカ難民救済国際会議（ジュネーヴ）.10 南北サミット（メキシコ）
- 1982.1 国連事務総長にペルーのデクエヤル就任　.2 国連特別総会，イスラエル軍を侵略軍と決議　.7 国際捕鯨委，捕鯨禁止決議
- 1983.9 大韓航空機撃墜事件
- 1984.4 アフリカ難民救済国際会議

アメリカ合衆国
- 1980.4 対イラン国交断絶
- 1981.1〜89 レーガン（共）レーガン，「強いアメリカ」強調　.1 イラン大使館占拠事件解決
- 1982.4 フォークランド戦争　.6 アルゼンチン軍，英軍に降伏
- 1983.4 米，戦略防衛構想(SDI)発表　.10 米・カリブ6か国軍，グレナダ侵攻　.12 アルゼンチン，民政移管
- 1984.7 ロサンゼルスオリンピック（ソ連・東欧諸国不参加）.11 レーガン再選，米・イラク国交回復

ウィンザー朝
- 1980.1 鉄鋼労働者10万人無期限スト
- 1982.4 フォークランド戦争
- 1983.6 総選挙に保守党勝利，第2次サッチャー内閣（保）
- 1984.12 サッチャー訪中香港返還協定調印英米会談

第五共和政
- 1981.5 ミッテラン大統領に当選（社会党）初の左翼政権
- 1983.6 中性子爆弾実験

ベネルクス
- 1980.4 オランダ女王ベアトリクス即位

西ドイツ
- 1980.10 西独，総選挙で社会民主党圧勝
- 1981.12 西独首相東独第1書記会談
- 1982.10 コール首相就任（キリスト教民主同盟）
- 1983.6 西独総選挙，保守派勝利　.7 西独首相訪ソ
- 1984.7 大統領にヴァイツゼッカー就任

東独
- 1982.12〜96 西，ゴンサレス内閣

イタリア共和国（南欧）
- 1981.1 ギリシアEC加盟　.10 ギリシア，パパンドレウ内閣
- 1982 スペイン，NATOに加盟　.5 カトリック，英国教会と和解
- 1983.8 伊，社会党クラクシ内閣　.11 キプロスのトルコ占領地域が北キプロス・トルコ共和国と宣言

北欧・東欧
- 1980.5 ユーゴ大統領ティトー死去（1892〜）.9 ポーランド，新労働組合法，自主管理労組「連帯」結成「連帯」議長にワレサ
- 1981.12 ポーランドヤルゼルスキ首相　.12 ポーランド，戒厳令
- 1983.6 教皇，ポーランド訪問　.11 ポーランドのワレサにノーベル平和賞

1985

国際関係
- 1985.9 先進国蔵相会議「プラザ合意」米・EC対南ア経済制裁
- 1986.4 アメリカ，リビア爆撃　.9 非同盟諸国，南ア制裁宣言　.10 米ソ首脳会談（レイキャビク）.12 南太平洋非核地帯条約
- 1987.7 国連安保理，イラン-イラク戦争停戦決議　.12 米ソ，中距離核戦力(INF)全廃条約調印
- 1988.4 アフガン和平協定調印（ジュネーヴ）.6 INF全廃条約発効　.7 イラン，国連停戦決議受諾　.9 イラン-イラク戦争停戦
- 1989.8 カンボジア和平会議（パリ）.9 地球環境保全会議（東京）.12 米ソ首脳会談（マルタ）冷戦終結を宣言
- 冷戦終結

アメリカ合衆国
- 1985.3 ブラジル，民政移管
- 1986.1 米，リビア経済制裁，スペースシャトル「チャレンジャー」打ち上げ後爆発
- 1987.7 米海軍，ペルシア湾出動　.10 ブラックマンデー　.12 米ソ首脳会談（ワシントン）
- 1988.2 パナマ，ノリエガ将軍司令官解任　.3 米，パナマで非常事態宣言　.4 米，イランとペルシア湾で交戦　.11 ブッシュ，大統領選に勝利
- 1989.1 アメリカ第41代大統領にブッシュ(父)（共）就任　.5 米，対ソ封じ込め政策転換を表明　.11 エルサルバドル内戦激化　.12 パナマに侵攻

ウィンザー朝
- 1985.11 北アイルランド紛争合意文書調印
- 1986.10 女王，中国訪問
- 1987.6 総選挙で保守党圧勝
- 1989.3 NATOとワルシャワ条約機構による欧州通常戦力交渉の開始

第五共和政
- 1986.3 保守連合総選挙勝利，首相にシラク　.12 学生の大規模デモ（大学改革法案撤回）
- 1988.5 ミッテラン大統領再選
- 1989.7 フランス革命200年祭開催

西ドイツ
- 1986.6 墺大統領にワルトハイム当選
- 1987.3 西独コール首相3選　.9 東独ホーネッカー議長，西独訪問
- 1989.8 東独市民，西独へ大量脱出　.10 東独のホーネッカー議長退陣，後任にクレンツ選出　.11 「ベルリンの壁」崩壊

イタリア共和国（南欧）
- 1986.1 ポルトガル・スペイン，EC加盟

北欧・東欧
- 1986.2 スウェーデンのパルメ首相暗殺
- 1986 ワルシャワ条…
- 1989 東欧革命　.6 ポーランド選挙で連帯圧勝（ワレサ大統領90.12〜95）.12 ルーマニアでチャウシェスク政権崩壊，チェコのビロード革命，大統領にハヴェル就任

1990

アメリカ大統領の所属政党　（民）…民主党，（共）…共和党　　イギリス首相の所属政党　（労）…労働党，（保）…保守党

ソ連	アフリカ・西アジア	インド・東南アジア	中国	朝鮮		日本
ソヴィエト連邦 1922～91	アラブ連合共和国 1958～71	インド連邦共和国 1950～	中華人民共和国 1949～	韓国 1948～	北朝鮮 1948～	昭和時代 1926～89

〔1970年～〕

ソ連	アフリカ・西アジア	インド・東南アジア	中国	朝鮮（韓国／北朝鮮）	日本
1970.8 西独・ソ連条約調印 .9 無人月ロケット, 月の石採取 .12 金星7号, 金星到着 1971.5 ソ・アラブ連合友好協力条約 .9 フルシチョフ死去(1894～) 1972.1 バングラデシュ承認, 米大統領訪ソ, 米ソ宇宙開発協力協定 .7 米ソ穀物協定 1973.4 ユダヤ人教育税適用中止 .5 万国著作権条約参加 .6 ブレジネフ訪米, 核戦争防止協定に調印 .8「プラウダ」サハロフ・ソルジェニーツィンら, 反体制派を批判 1974.1 ブレジネフ, キューバ訪問 .2 ソルジェニーツィン国外追放 .4 シリア大統領訪ソ, 軍事援助・中東和平に関する共同声明 .6 ニクソン米大統領, 訪ソ .12 ソルジェニーツィンにノーベル文学賞	1970.9 ナセル死去(1918～) .10 サダト, エジプト大統領に就任 .11 アサド(父), シリア大統領に就任 **エジプト・アラブ共和国 1971～** 1971.9 エジプト・アラブ共和国と改称 .10 旧ベルギー領コンゴ, ザイールと改称 .9 アラブ首長国連邦成立 1972.5 テルアヴィヴ空港乱射事件 .9 ミュンヘン乱射事件 ○アラブ闘争激化 1973.5 西アフリカ一帯の大干ばつ(～.8) .7 アフガニスタンでクーデタ .9 第4回非同盟諸国会議 .10 第4次中東戦争 OAPEC諸国, 石油戦略発動 1974.1 スエズ地帯兵力分離協定(イスラエル・エジプト間) .9 エチオピア革命, 皇帝退位(75)	1970.3 カンボジアのシハヌーク政権崩壊 .4 米軍, カンボジアに直接介入 1971.4 バングラデシュ独立宣言 .12 第3次印パ(インド=パキスタン)戦争 1972.3 米軍, 北爆再開 .5 セイロン, スリランカと改称 1973.1 ベトナム和平協定調印 .2 ラオス和平協定調印 .3 ベトナム駐留の米軍撤退 .10 タイで学生革命(タノム政権崩壊, ～1976) 1974.2 パキスタン, バングラデシュ承認 .5 インド, 最初の核実験	1970.4 周恩来, 北朝鮮を公式訪問 .4 人工衛星の打ち上げに成功 .10 カナダと国交樹立 .11 イタリアと国交樹立 1971.8 中国全域一級行政区(省・自治区)に党委員会組織再建 .9 林彪, 毛沢東暗殺のクーデタ失敗, 逃亡途中のモンゴルで墜落死 .10.25 中華人民共和国の国連加盟 中華民国政府, 国連脱退 1972.2 ニクソン訪中 .7 馬王堆の漢墓発掘 .9 日本との国交回復なる 1973.8 中共10期1全大会開催(林彪事件の総括,「批林批孔」運動の強化) 1974.3 秦始皇帝陵で兵馬俑発見	1971.9 中国・北朝鮮無償軍事援助協定調印 .12 韓国, 大統領に非常大権に関する特別措置法制定 1972.8 南北赤十字会談開始 .11 韓国新憲法成立 1972.11 北朝鮮新憲法成立(金日成国家主席に就任) 1973.6 韓国, 金大中ら「民主救国宣言」を発表, 政府弾圧 .8 韓国,「第2民主宣言」 1973.6 北朝鮮, WHOに加入 .8 金大中事件起こる(日本のホテルから拉致され, ソウル市の自宅付近で発見される) 1974.1 日韓大陸棚協定調印 .8 朴大統領狙撃事件	1970.3 万国博覧会開催(～.9) 1971.6 沖縄返還協定調印 1972.3 高松塚古墳壁画発見 沖縄復帰 .7～74 田中角栄内閣 .9.29 日中国交正常化 1973.2 変動為替相場制に移行 .5 東独と国交樹立 .10 江崎玲於奈, ノーベル物理学賞受賞 第1次石油危機 諸物価高騰 1974.1 日中貿易協定調印, 田中首相の東南アジア歴訪(各地で反日運動) .12～76 三木武夫内閣

〔1975年～〕

ソ連	アフリカ・西アジア	インド・東南アジア	中国	朝鮮（韓国／北朝鮮）	日本
1975.1 米ソ通商協定破棄 .2 英ソ首脳会談「覇権」問題で声明 米ソ, 気象兵器禁止合意 .7 米ソ宇宙船ドッキングに成功 .10 サハロフ博士, ノーベル平和賞(博士拒否) 1976.5 地下核実験制限条約 .6 フィリピンと国交 .9 ミグ25事件 .12 200海里漁業専管水域設定 1977.1 サハロフの反国家的言動に警告 .6 ブレジネフ書記長, 最高会議幹部会議長 新憲法発表.(10 発効) 1978.11 ベトナムと友好協力条約 .12 アフガニスタンと善隣協力条約 1979.1 カンボジア新政権承認 .2 中越戦争でベトナム援助 .6 米ソ首脳会談, 第2次戦略兵器制限交渉(SALTⅡ)調印 .12 アフガニスタンに軍事介入	1975.3 サウジアラビア王ファイサル暗殺される(新王にハリド) .4 レバノン内戦始まる(～89) .6 スエズ運河再開(8年ぶり) モザンビーク独立 .11 アンゴラ独立 1976.3 エジプト, ソ連との友好協力条約を破棄 .8 第5回非同盟諸国会議(コロンボ) 1977.1 アラブ・アフリカ首脳会議(カイロ) .5 エチオピア, ソ連と友好協力宣言 .6 イスラエルにベギン内閣成立 .11 エジプト大統領サダト, イスラエル訪問 1978.9 アラブ12か国首脳会議(除エジプト, バグダード宣言) 1979.2 ホメイニ帰国, イラン=イスラーム革命 .3 イラン=イスラーム共和国成立 エジプト-イスラエル平和条約調印 .7 サダム=フセインイラク大統領に就任 .11 イラン米大使館占拠事件 .12 ソ連軍, アフガニスタン軍事介入	1975.4 サイゴン, プノンペン陥落 .8 バングラデシュでクーデタ(マジブル=ラーマン殺される) .12 ラオス人民共和国となる(王政廃止) 1976.1 カンボジア, 国名を民主カンプチアと改称.(4 ポル=ポト政権) .7 ベトナム社会主義共和国成立 ベトナム統一 インドネシア, 東ティモールに併合宣言 1977.7 SEATO解体 .7 パキスタン, クーデタでハク軍事政権成立 .10 タイで軍事クーデタ 1978.4 アフガニスタンでクーデタ .11 ベトナム, ソ連と友好協力条約 .12 ソ連・アフガニスタン友好善隣協力条約 ベトナム軍, カンボジア侵攻 1979.2 中越戦争(～.3)	1975.1 第4期全国人民代表大会開催(新憲法採択, 国家主席廃止)鄧小平, 副首相就任 .4 蔣介石死去(1887～) .7 ECと外交関係成立 1976.1 第5次五か年計画 周恩来死去(1898～) .4 天安門事件(第1次), 華国鋒首相就任, 鄧小平失脚 .9 毛沢東死去(1893～) .10 江青ら「四人組」逮捕, 華国鋒, 党主席に就任(文化大革命終了) 1977.8 中共11期1全大会, 華国鋒体制の確立, 文化大革命終結宣言 1978.2 第5期全国人民代表大会開催(3 新憲法公布, 新国家制定) .7 対ベトナム援助中止 .8 日中平和友好条約調印 .12「四つの現代化」路線決定 1979.1 米中国交正常化 .4 中ソ友好同盟相互援助条約の破棄 .7 米中貿易協定調印	1975.9 米, 核兵器の韓国配備を公認 1976.3 韓国, 金大中ら「民主救国宣言」を発表, 政府弾圧 .8 韓国,「第2民主宣言」 1977.6 米議会証言でKCIAの非合法活動表面化 .8 北朝鮮経済水域200海里実施 1978.4 ソウルの学生の反政府デモ .8 韓国, 領海12海里実施 1979.10 韓国, 釜山で反体制暴動 .10.26 朴大統領暗殺 .12 韓国, 崔圭夏大統領(～80)	1975.3 山陽新幹線全通 英女王エリザベス2世来日 .7 沖縄国際海洋博覧会開催 .9 昭和天皇訪米(～.10) 1976.7 田中前首相, ロッキード疑惑で逮捕 .12～78 福田赳夫内閣 1977.2 初の静止衛星きく2号打上げ成功 .7 海洋2法実施(200海里時代) .9 日本赤軍の日航機乗っ取り事件(ダッカ) 1978.5 成田空港開港 .8 日中平和友好条約調印 .9 稲荷山古墳の鉄剣に銘文を発見 .12～80 大平正芳内閣 1979.1 太安万侶墓誌出土 .6 東京サミット

〔1980年～〕

ソ連	アフリカ・西アジア	インド・東南アジア	中国	朝鮮（韓国／北朝鮮）	日本
1980.7 モスクワオリンピック(日・米など西側諸国不参加) 1982.11 ブレジネフ書記長死去(1906～), アンドロポフ書記長就任 1984.2 アンドロポフ書記長死去(1914～), チェルネンコ書記長就任	1980.4 ジンバブエ共和国独立 .9 イラン-イラク戦争起こる(～88) 1981.10 エジプト大統領サダト暗殺(大統領にムバラク昇任) 1982.4 イスラエル, シナイ半島をエジプトに返還 .6 イスラエル軍, レバノンに侵攻, PLOベイルート退去 1983.5 イスラエル, レバノン撤兵 1984.11 イラク, 米と国交回復	1980.1 インド総選挙, ガンディー派勝利 .7 インド初の人工衛星 1981.7 マレーシア, マハティール首相就任(～2003) 1982.7 カンボジア, ポル=ポト派ら3派連合政府(民主カンプチア) 1983.8 フィリピン, ベニグノ=アキノ(父)暗殺事件 ○スリランカ, タミル人の分離独立運動(シンハラ人と対立) 1984.1 ブルネイ独立 .10 インディラ=ガンディー首相暗殺される	1980.2 劉少奇の名誉回復 .8 華国鋒首相辞任, 後任に趙紫陽就任 1981.1 江青ら四人組反革命勢力の裁判終結(1980.11～) .6 鄧小平・胡耀邦体制確立 .12 中印国境交渉 1982.9 党総書記に胡耀邦就任 .12 新憲法採択 1984.1 米と産業技術協力協定・科学技術協力協定調印 .12 香港の中国返還で中英両国が調印 中ソ経済技術協定調印	1980.5 韓国光州事件 .9 韓国, 全斗煥大統領就任(～88) 1983.9 大韓航空機撃墜事件 .10 ラングーン爆弾テロ事件(韓国閣僚ら爆死) 1984.9 韓国の全斗煥大統領訪日	1980.7～82 鈴木善幸内閣 .10 福井謙一, ノーベル化学賞受賞 1982.6 東北新幹線開通 .7 教科書検定問題, 外交問題に発展 .11 上越新幹線開通 1982.11～87 中曽根康弘内閣 1983.10 ロッキード裁判, 田中元首相に有罪判決 1984.3 中曽根首相, 訪中

〔1985年～〕

ソ連	アフリカ・西アジア	インド・東南アジア	中国	朝鮮（韓国／北朝鮮）	日本
1985.3 チェルネンコ書記長死去(1911～), ゴルバチョフ, 書記長就任, 外相シェワルナゼ ゴルバチョフ, ペレストロイカ, グラスノスチ提唱, 改革開始 約機構期間終了, 20年延長 1986.4 チェルノブイリ原子力発電所で爆発事故 1987.12 ゴルバチョフ, 訪米, 中距離核戦力(INF)全廃条約調印 1989.2 ソ連軍, アフガニスタン撤退完了 .4 バルト3国などで民族問題が表面化 .5 中ソ関係完全正常化 .12 米ソ首脳会談(マルタ)	1985.7 南アで人種差別反対の黒人暴動激化 .12 レバノン内戦終戦協定調印 1986.4 米軍機, リビアを爆撃 ○第一次インティファーダ 1988.8 イラン-イラク戦争停戦 .11 パレスチナ独立宣言 1989.2 ソ連軍, アフガニスタンから撤退完了 .5 エジプト, アラブ連盟に復帰(10年ぶり) .6 イランの最高指導者ホメイニ死去(1902～) .9 南ア大統領にデクラーク就任	1986.2 フィリピン, マルコス政権崩壊し, コラソン=アキノ政権誕生 .12 ベトナム, グエン=ヴァン=リン書記長就任, ドイモイ(刷新)政策開始 1987.11 スリランカ国民議会, タミル人の限定自治承認 1988.9 ビルマで軍事クーデタ1989.6 ビルマ, ミャンマーと国名を改称 .9 カンボジア駐留ベトナム軍全面撤退	1985.1 農村の人民公社解体, 郷政府に再編成 1986.12 中国各地で民主化要求の学生デモ 1987.4 ポルトガルとマカオ返還共同声明に調印 .10 趙紫陽を総書記に選出 1988.1 台湾の蔣経国死去, 李登輝が新総統に就任 .3 チベット自治区で反政府暴動 .10 中ソ国境交渉で合意(珍宝島の中国領確認) 1989.5 ソ連共産党書記長ゴルバチョフ訪中(中ソ対立に終止符) .6 天安門事件(第2次)趙紫陽総書記が解任, 後任に江沢民 .11 中国共産党最高実力者の鄧小平が公職辞任	1987.6 韓国で反政府デモ, 民主化運動進む .11 大韓航空機爆破事件 1988.2 韓国, 盧泰愚大統領就任 .9 ソウルオリンピック(～.10) 1989.2 韓国, ハンガリーと国交樹立	1985.3 米議会, 貿易不均衡で対日批判 1986.4 男女雇用機会均等法施行 .5 第12回サミット(東京) 1987.4 国鉄分割民営化 .10 利根川進にノーベル医学生理学賞 .11 竹下登内閣成立 1988.3 青函トンネル開業 .8 リクルート疑惑発覚 1989.1.7 昭和天皇没(1901～) **平成時代 1989～** .4 消費税3%スタート .6 宇野宗佑内閣成立 .8 海部俊樹内閣成立

1970 / 1975 / 1980 / 1985 / 1990

使い方　赤字　戦争・紛争に関すること　青字　文化に関すること

年	国際関係	アメリカ合衆国 1776〜	ウィンザー朝 1917〜	第五共和政 1958〜	西ドイツ 1949〜／東ドイツ 1949〜90	イタリア共和国 1946〜	北欧・東欧
1990	1990.6 米ソ首脳会談, START I で合意 .8 イラク軍, クウェートに侵攻	1990.1 パナマのノリエガ将軍投降 .2 ニカラグア大統領にチャモロ .7 ペルー, 日系2世のフジモリ大統領就任	1990.11 サッチャー首相辞任, 新首相にメージャー(保) .12 EC首脳会談(ローマ開催)		ドイツ連邦共和国 1990.7 東西ドイツ経済統合 .10 ドイツ統一	1991.2 伊共産党, 解散(左翼民主党として再出発)	1990.5 ユーゴで共産党解散 .12 アルバニア複数政党制導入
1991	1991.1 米など多国籍軍がイラクを攻撃, 湾岸戦争勃発(6週間で終結) .7 米ソ首脳会談で, STARTIに調印	1991.1 米軍を中心とする多国籍軍イラクを空爆開始		1991.5 ロカール首相辞任し, 新首相にクレッソン	1991.6 ドイツの首都をベルリンに決定	1992.7 バルセロナオリンピック	1991.6 ユーゴ内戦に突入 .7 ワ
1992	1992.3 国連カンボジア暫定行政機構(UNTAC)の設置 .6 地球環境サミット(リオデジャネイロ) .7 全欧安保協力会議(CSCE)の開催(ヘルシンキ)	1992.2 ロサンゼルスで黒人らの暴動	1992.2 EC加盟国がマーストリヒト条約(欧州連合条約)に調印 .4 総選挙で保守党が勝利 .6 アイルランド, 欧州連合条約を批准	1992.4 仏首相にベレゴボア .9 国民投票でマーストリヒト条約を批准	1992.10 元西独首相ブラント死去		1992.1 ECがスロヴェニアとクロアティアを承認 .4 ボスニア, 本格的内戦状態にセルビアとモンテネグロが新ユーゴを創設
1993	1993.1 米露, START IIに調印 .9 イスラエルとPLOが暫定自治に調印	1993.1 アメリカ第42代大統領にクリントン(民)就任	1993.1 ECの市場統合により人・物の移動が自由化 .11 マーストリヒト条約発効, ヨーロッパ連合(EU)発足		1994.7 大統領にヘルツォーク就任		1993.1 チェコとスロヴァキアが分離独立
1994		1994.9 ハイチ軍政権指導者セドラ司令官退任, 米軍進駐 .10 ハイチのアリスティド大統領復権	1994.5 英仏海峡トンネル開通				
1995	1995.1 世界貿易機関(WTO)発足 1996.3 ASEM(アジア欧州会議)発足 .9 包括的核実験禁止条約(CTBT)採択 1997 対人地雷全面禁止条約(オタワ条約) アジア通貨危機 京都議定書採択 .12 対人地雷全面禁止条約に121か国が署名 1998.6 国連安保理が核不拡散決議を採択 .11 APECにロシア・ベトナム・ペルーが参加	1995.7 ベトナムと国交樹立 .10 ワシントンで黒人による「100万人大行進」 1996.7 アトランタオリンピック .11 アメリカ大統領選挙実施, クリントン再選 1997.7 火星探査機が着陸 1998.4 チリで米州サミット 1999.12 パナマ運河返還	1995.1 オーストリア・スウェーデン・フィンランド, EUに加盟(15か国に) 1995.7 メージャー首相, 再選 1997.5 総選挙で労働党圧勝, ブレア首相(労)就任 .6 EU首脳会議, アムステルダム条約採択 1998.4 北アイルランド和平合意 1999.1 EUの単一通貨ユーロがイギリス・デンマーク・スウェーデン・ギリシアを除く11か国に導入 1999.3 ポーランド, チェコ, ハンガリー, NATOに加盟	1995.5 シラク大統領に就任 .9 ムルロア環礁で核実験強行 1997.6 総選挙で社会党圧勝, 首相にジョスパン就任	1998.9 総選挙, 社会民主党勝利 .10 コール首相辞任 新首相にシュレーダー(社会民主党)	1996.3 スペイン総選挙で国民党が勝利 1997.10 伊プロディ政権が復活 教皇, ユダヤ人迫害を謝罪 1998.1 ローマ法皇, キューバを訪問	1995.12 ボスニア和平に合意 1996.6 9月にボスニア統一選挙の実施を決定 1998.2 コソヴォ紛争(〜99.6) .9 アルバニアで暴動 1999.3 NATO軍, ユーゴ(セルビア)空爆開始
2000	2000.7 中東和平会談開始 .9 シドニーオリンピック 2004.10 ASEM, アジア20か国, 欧州18か国に拡大	2001.1 アメリカ第43代大統領にブッシュ(子)(共)就任 .9 同時多発テロ(ニューヨーク) .12 アルゼンチン通貨危機 2003.3 米・英軍, イラク攻撃開始(イラク戦争)	2002.1 EU単一通貨ユーロがイギリス・デンマーク・スウェーデンを除く12か国で流通開始 2004.5 EU25か国に拡大(チェコ, ポーランド, ハンガリーなど10か国加盟)			2004.8 アテネオリンピック	2000.11 ユーゴ, 国連に復帰
2005	2005.4 アジア=アフリカ(AA)会議, 50年ぶりに開催 2008.9 世界的金融危機(リーマン=ショック)	2005.8 ハリケーン「カトリーナ」がニューオーリンズに大きな被害をもたらす 2009.1 アメリカ第44代大統領にオバマ(民)就任	2007.1 EU27か国に拡大(ブルガリア, ルーマニア加盟) 2007.6 ブラウン(労)内閣成立	2007.5 サルコジ大統領, 就任 2009.4 NATO軍事機構に復帰	2005.11 メルケル, ドイツ首相に就任	2005.4 ローマ教皇ヨハネ=パウロ2世死去 2005〜13 ローマ教皇ベネディクト16世 2008.5 伊, ベルルスコーニ内閣 2009.10 ギリシャ債務危機(1回目)	2006.6 セルビア・モンテネグロが分離独立 2008.2 コソヴォ独立
2010	2012.11 国連総会でパレスチナを「オブザーバー国家」に格上げ採決	2012.11 オバマ大統領再選 2013.4 ボストンマラソン大会で爆弾テロ .7 デトロイト市財政破綻	2010.5 キャメロン(保)内閣成立 2012.8 ロンドンオリンピック 2013.7 EU28か国に拡大(クロアティア加盟) 2014.9 スコットランド住民投票イギリス残留決定	2012.5 オランド大統領, 就任		2013〜 ローマ教皇フランシスコ	2010.7 コソヴォの独立承認
2015	2015.12 パリ協定採択	2015.7 キューバと国交回復 2016.8 リオオリンピック 2017.1 アメリカ第45代大統領にトランプ(共)就任 2018.10 米, 中距離核戦力(INF)全廃条約離脱を表明	2015.5 キャメロン(保)再選 .6 国民投票でEU離脱派が過半数をこえる 2016.7 メイ(保)内閣成立 2019.7 ジョンソン(保)内閣成立	2015.11 パリ同時多発テロ事件 12. 国連気候変動枠組条約第21回締約国会議(COP21) 2017.5 マクロン大統領, 就任	2015.9 シリア難民急増	2015.7 ギリシャ債務危機(2回目)	
2020		2021.1 アメリカ第46代大統領にバイデン(民)就任	2020.1 EUを離脱 2022.7 トラス .10 スナク(保)		2021.12 ショルツ, ドイツ首相に就任		

アメリカ大統領の所属政党　(民)…民主党, (共)…共和党　イギリス首相の所属政党　(労)…労働党, (保)…保守党

ソ連・ロシア	アフリカ・西アジア	インド・東南アジア	中国	朝鮮（韓国 1948〜 / 北朝鮮 1948〜）	日本	
ソヴィエト連邦 1922〜91 1990.3 共産党一党独裁放棄 リトアニア独立宣言 ゴルバチョフ，初代大統領に就任 エストニア独立宣言 ラトヴィア独立宣言 ワルシャワ条約機構，解体 1991.6 ロシア共和国大統領にエリツィン就任，コメコン解散 .8 反ゴルバチョフ=クーデタ失敗，共産党解散 .9 バルト3国の独立を承認 .12 ソ連解体しCIS（独立国家共同体）創設 ロシア連邦大統領にエリツィン **ロシア連邦** 1991〜 1992.3 旧ソ連8か国が国連に加盟 1994.12 ロシア軍，チェチェン侵攻（〜96）	**エジプト・アラブ共和国** 1971〜 1990.2 南アの黒人指導者ネルソン=マンデラ釈放 .3 ナミビア独立宣言 .8 イラク，クウェート侵攻 1991.1 湾岸戦争勃発（6週間） .6 南アで人種差別法が全廃されデクラーク大統領がアパルトヘイト体制の終結を宣言 1992.4 アフガニスタンでタリバーンが暫定政権樹立 .7 イスラエル，ラビン主導の連立政権成立 1993.5 エリトリア分離独立 .9 パレスチナ暫定自治協定 1994.5 南ア，マンデラ大統領就任 .5 パレスチナのガザ・イェリコで先行自治開始 .10 イスラエルとヨルダン，平和条約に調印	**インド連邦共和国** 1950〜 1990.4 ネパール，民主化宣言 .5 ミャンマーでアウンサン=スーチー率いる国民民主連盟，選挙で圧勝 .8 パキスタンでブット首相解任 1991.6 インド首相にラオ就任 .10 カンボジアの各派，和平協定に合意 1992.3 国連カンボジア暫定機構（UNTAC）正式発足（〜93.9） .4 タイ民主主義擁護運動で議会政治定着（〜.5） 1993.5 カンボジア王国成立（シハヌーク国王復位）	**中華人民共和国** 1949〜 1990.3 モンゴルで一党独裁放棄 .7 サウジアラビアと国交樹立 .8 インドネシアと国交回復（23年ぶり） 1991.4 台湾が「内戦」終了を宣言 .5 江沢民総書記が訪ソ，中ソの東部国境協定に調印 .11 中越の国交正常化宣言 1993.3 社会主義市場経済を導入 1992.8 中国，韓国が国交樹立 1994.11 李鵬首相，初の韓国訪問	1990.9 韓ソ国交樹立 1991.9 大韓民国・朝鮮民主主義人民共和国が国際連合に同時加盟 1992.1 北朝鮮が核査察協定に調印 .12 韓国，ベトナムと国交樹立 1993.2 韓国，金泳三大統領就任 1994.7 北朝鮮，金日成死去（1912〜）	**平成時代** 1989〜2019 1990.2 自民党，総選挙で安定多数確保 1991.3 湾岸戦争で多国籍軍に多額の支援 .11 宮沢喜一内閣成立 1992.1 従軍慰安婦問題で日本政府が謝罪 .6 PKO協力法成立 .9 カンボジア平和維持活動（PKO）参加 1993.8 細川護熙連立内閣発足 1994.6 自・社・さ連立村山富市内閣成立 .10 大江健三郎にノーベル文学賞	**1990**
	1995.11 ラビン暗殺 1996.1 パレスチナ自治政府議長にアラファト就任 .4 イスラエル，レバノンを空爆 .5 イスラエル首相にネタニヤフ就任（〜99） 1997.5 イラン大統領にハタミ就任 ザイール，コンゴ民主共和国に国名変更，カビラ政権発足 1999.8 トルコ北西部イズミットで大地震	1995.7 米越国交正常化 ベトナム，ASEANに加盟 1997.7 ASEANにミャンマー，ラオス加盟 アジア通貨危機 .7 カンボジアでフン=セン派が首都制圧 1998.5 インド・パキスタン地下核実験 .5 インドネシア，スハルト大統領辞任 .6 パキスタン地下核実験 1999.4 ASEANにカンボジア加盟（10か国に） .5 印・パ，カシミールで紛争	1995.5 地下核実験 1996.3 台湾で李登輝が総統に再選 1997.2 鄧小平死去（1904〜） .7 香港，中国に返還 1998.3 「江李朱体制」確立（国家首席に江沢民，新首相に朱鎔基，全人代常務委員長に李鵬） 1999.11 アメリカ，中国のWTO加盟に合意 .12 マカオ，中国に返還	1997.10 北朝鮮の金正日が総書記に就任 .12 朝鮮半島平和のための4者会談始まる 1998.2 韓国大統領に金大中就任 .10 韓国，日本大衆文化を段階的に開放	1995.1 阪神・淡路大震災 .3 地下鉄サリン事件 1996.1 橋本龍太郎内閣発足 .9 民主党成立 1997.4 消費税5％に引き上げ 1998.7 小渕恵三内閣発足 1999.1 飛鳥池遺跡で富本銭が出土 .9 茨城県東海村で臨界事故発生	**1995**
1996.7 エリツィン大統領再選 .8 ロシア軍，停戦に合意，チェチェンから撤退 1998.3 エリツィン，首相ら全閣僚を解任 1999.12 エリツィン辞任，代行にプーチン首相を任命 2000.2 ロシア軍，チェチェン首都を征圧 .5 ロシア大統領にプーチン就任 .8 ロシア原潜クルスク沈没 2002.5 ロシア，NATOに準加盟 .10 モスクワ劇場占拠事件 2004.3 プーチン，ロシア大統領に再任	2000.7 アサド（子），シリア大統領に就任 2001.3 イスラエル，シャロン内閣成立 .10 米，アフガニスタン攻撃 .12 タリバーン政権崩壊 2002.4 アンゴラ内戦終結 .6 イスラエル，ガザ地区に壁を建設開始 .7 アフリカ連合（AU）発足 2003.2 ダールフール紛争（スーダン） .3 イラク戦争勃発（米・英，イラク攻撃） 2004.10 アフガニスタン，カルザイ大統領再選 .11 アラファト死去（1929〜）	2000.6 パプアが独立宣言 2001.1 フィリピン大統領にアロヨ就任 .7 インドネシア，メガワティ大統領就任 2002.5 東ティモール独立 2004.10 インドネシア，ユドヨノ大統領就任 .12 スマトラ沖大地震およびインド洋津波	2000.5 陳水扁が台湾総統に就任 2001.12 中国，WTOに加盟 2002.11 胡錦濤が総書記就任 2003.3 胡錦濤が国家主席就任 温家宝が首相就任 .10 有人宇宙ロケット「神舟」打ち上げ成功	2000.6 南北首脳会談（金大中・金正日） 6. 韓国，日本文化の開放拡大 2002.5 日韓共催，サッカーW杯開催 2003.2 韓国大統領に盧武鉉就任 .8 第一回6か国協議開催	2000.4 森喜朗内閣成立 .9 白川英樹にノーベル化学賞 2001.4 小泉純一郎内閣成立 .10 小柴昌俊にノーベル物理学賞，野依良治・田中耕一にノーベル化学賞	**2000**
2005.5 ウズベキスタンで反政府暴動 2006.6 ウクライナで親欧米の連立政権成立 .7 ロシアで初のサミット開催（サンクトペテルブルク） 2008.5 ロシア大統領にメドヴェージェフ就任 プーチンは首相に就任 .8 南オセチア巡り，ロシアとグルジア戦闘	2005.5 アフガニスタンで反米デモ .6 イラン大統領にアフマディネジャード当選 2006.5 イラク新政府発足 .12 フセイン元イラク大統領処刑 2007.12 パキスタン，ブット暗殺	2005.12 第1回東アジア首脳会議開催（クアラルンプール） 2006.9 タイで軍部によるクーデタ 2007.12 パキスタン，ブット暗殺	2005.4 中国各地で反日デモ 2008.3 チベット自治区で暴動 .5 馬英九が台湾総統に就任 .8 北京オリンピック 2009.7 新疆ウイグル自治区で反政府暴動	2006.10 北朝鮮核実験 2008.2 韓国大統領に李明博就任	2005.3 愛知万博開催 2006.9 安倍晋三内閣成立 2007.9 福田康夫内閣成立 2008.9 麻生太郎内閣成立 .10 南部陽一郎，小林誠，益川敏英にノーベル物理学賞，下村脩に化学賞 2009.9 鳩山由紀夫内閣成立	**2005**
2012.5 プーチン，ロシア大統領に再々任 .8 WTOに加盟 2014.2 ソチ冬季オリンピック大会 .3 ロシア，クリミア自治共和国の併合を宣言	2010.6 南アでサッカーW杯開幕 2011.1 「アラブの春」（〜12）チュニジアのベン=アリ政権崩壊 .2 エジプトのムバラク政権崩壊 .7 南スーダン独立 .8 リビアのカダフィ政権崩壊 2013.7 エジプト大統領モルシ，軍クーデタで失脚 .12 マンデラ死去 2014.6 過激派組織IS（「イスラム国」）樹立宣言	2010.6 フィリピン，ベニグノ=アキノ（子）大統領就任 2011.3 ミャンマー民政移管 2013.11 タイ反政府デモ 2014.4 パキスタンの少女マララ=ユスフザイにノーベル平和賞 .5 タイで軍部によるクーデタ インド首相にモディ就任	2010.5 上海万博開催 2012.11 習近平が総書記就任 2013.3 習近平が国家主席に李克強が首相に就任 .10 天安門前でテロ 2014.9〜12 香港で大規模デモ発生	2012.4 北朝鮮の金正恩が第一書記に 2013.2 韓国大統領に朴槿恵就任（〜17） 2014.4 韓国，セウォル号沈没事件	2010.6 菅直人内閣成立 2011.3 東日本大震災 .9 野田佳彦内閣 2012.12 第2次安倍晋三内閣 2014.4 消費税8％に引き上げ .7 集団的自衛権行使を認める憲法解釈を閣議で決定 .12 第3次安倍晋三内閣	**2010**
2015.11 ロシア，対トルコ経済制裁を決議	2015.9 シリアからEU諸国へ向かう難民急増 .11 トルコ，ロシア軍機を撃墜 2017.4 トルコのエルドアン大統領に権力集中 .10 ISの拠点ラッカ陥落	2015.12 ASEAN経済共同体（AEC）発足 2016.5 フィリピン，ドゥテルテ大統領就任	2015.10 「一人っ子政策」の廃止を発表 .12 アジアインフラ投資銀行（AIIB）発足 2016.5 蔡英文が台湾総統に就任	2017.5 韓国大統領に文在寅就任 2018.4,5,9 南北首脳会談（文在寅・金正恩）	2015.6 選挙権18歳以上に引き上げ .9 安全保障関連法成立 2016.5 オバマ米大統領広島訪問 2018.10 第4次安倍晋三内閣 **令和時代** 2019〜 2019.10 消費税10％に	**2015**
2022.2 ロシア，ウクライナに侵攻	2023.10 イスラエルとパレスチナ武装勢力間の衝突が激化	2021.2 ミャンマーで軍事クーデタ	2020.6 香港国家安全維持法施行	2022.5 韓国大統領に尹錫悦就任	2020.9 菅義偉内閣成立 2021.10 岸田文雄内閣成立	**2020**

地名索引の見方　本文内の地名・国名は赤文字で示した。
人名索引の見方　本文内の人名は青文字で示した。
事項索引の見方　本文内の上記以外の事項は黒文字で示した。
●ページ数で太文字のものは本文でとくに大きく扱ったもの。
※ページ数のあとの記号
　「ヒ」は「ヒストリーシアター」をさす。
　「年」は「年表」をさす。　「①②」は「ゾーン番号」をさす。
　「折込」は「世界の国々」以降をさす。

写真資料所蔵・提供・協力一覧 （敬称略，50音順）

愛知県立大学古代文字資料館／青山邦彦／浅沼光晴／朝日新聞社／アーテファクトリー／アフロ／安倍文殊院／アマナイメージズ／あみだ池大黒／出光美術館／イノキ・ゲノム・フェデレーション／茨城県立歴史館／ウイングス・Ｐ・Ｅ 宮崎一雄／AFP＝時事／遠藤紀勝／延暦寺／大阪府立弥生文化博物館／大村次郎／沖縄県立博物館・美術館／外務省外交史料館／神奈川県立歴史博物館／共同通信社／京都大学附属図書館／京都萬福寺／宮内庁／宮内庁正倉院事務所／宮内庁書陵部／群馬県立歴史博物館／getty images／建仁寺／公益財団法人 鍋島報效会／公益財団法人 日本国際問題研究所／皇居三の丸尚蔵館／神戸市立博物館／廣隆寺／国立国会図書館／国立保健医療科学院／埼玉県立さきたま史跡の博物館／佐賀県教育委員会／The Trustees of the British Museum／JTBフォト／滋賀大学経済学部附属史料館／時事通信社／時事通信フォト／静岡浅間神社／シーピーシー・フォト／島根県立古代出雲歴史博物館／下田開国博物館／集英社／週刊プロレス／寿福寺／小学館／水産航空／静嘉堂文庫美術館／ソウル国立中央博物館／大成建設／中国通信社／DNPアートコミュニケーションズ／Deutsches Historisches Museum／東京国立博物館 Image：TNM Image Archives／東大寺／東洋紡／十日町市博物館／徳川記念財団／徳川美術館／長崎歴史文化博物館／奈良県立橿原考古学研究所／奈良国立博物館／日本製鉄㈱九州製鉄所／日本美術著作権協会／日本漫画資料館／根津美術館／ノエマ／芳賀ライブラリー／長谷川重子／PIXTA（ピクスタ）／ピーピーエス通信社／ピープルツリー／広島県立歴史博物館／広島平和記念資料館／福岡市博物館／藤田美術館／文化庁／ベースボール・マガジン社／便利堂／法隆寺／星亨則／公益財団法人 ポーラ美術振興財団 ポーラ美術館／毎日新聞社／丸山勇／三島村役場／三菱重工㈱長崎造船所／宮城県図書館／明治神宮外苑聖徳記念絵画館／明治安田生命保険相互会社／森安孝夫／悠工房／ユニフォトプレスインターナショナル／横浜開港資料館／横浜市中央図書館／読売新聞／鹿苑寺／六波羅蜜寺／早稲田大学図書館／ワールドフォトサービス

※本書のSDGsのロゴを使用している箇所（p.272,274,276,278,279）の内容は国連の許諾を得たものではなく、国連や国連加盟国の見解を反映させたものではありません。

凡例
- 化学の系譜
- 物理学・幾何学の系譜
- 天文学の系譜
- 生物学・医学の系譜

発明品
- 発明 化学分野
- 発明 天文分野
- 発明 物理分野
- 発明 生物分野

地動説
コペルニクス（ポーランド,1473〜1543）
『天球の回転について』→p.160
ジョルダーノ＝ブルーノ（伊,1548〜1600）

望遠鏡

1 17世紀の科学革命

知は力
フランシス＝ベーコン（英,1561〜1626）
先入観を廃し，経験（実験）から出発＝帰納法 →p.177

科学全体に影響

機械論的自然観
デカルト（仏,1596〜1650）
座標軸を考案 『方法叙説』
合理的思考法＝演繹法 →p.177

近代科学の父 →p.160
ガリレオ＝ガリレイ（伊,1564〜1642）
落下の法則　振り子の研究
真空ポンプの研究
『天文対話』地動説支持
『新科学対話』

ケプラー（独,1571〜1630）
惑星運行の3法則 →p.161

実験生理学
ハーヴェー（英,1578〜1657）
血液循環の原理

顕微鏡

観測と法則化
パスカル（仏,1623〜62）
大気圧　液体圧力の法則

★ボイル（英,1627〜91）
気体体積と圧力の法則
4元素説を否定

★ホイヘンス（蘭,1629〜95）
振り子時計の発明
（精密な時間測定が可能に）
光の波動説　土星の環を発見

古典力学の完成
★ニュートン（英,1642〜1727）
『プリンキピア』
物体運動の3法則
万有引力の法則

★17世紀のイギリス王立協会会員 →p.176

▲①ニュートン

2 工業化と科学の発展（18〜19世紀）

近代化学の形成へ

物質と原子の探求
化学方法論の確立
ラヴォワジエ（仏,1743〜94）
質量保存の法則
燃焼理論の確立

原子論の確立
リービヒ（独,1803〜73）
有機化合物の分析

パーキン（英,1838〜1907）
1856年，ベンゼンから紫色の 合成染料 開発

ノーベル →p.213
（スウェーデン,1833〜96）
1866年， ダイナマイト 発明

ハーバーとボッシュ（独）
1909年， 化学肥料 の素アンモニア開発

ニトロ火薬・化学薬品

プラスチック

カロザース（米,1896〜1937）
1931年， 合成繊維 ナイロン開発

マリ＝キュリー →p.213
（ポーランド・仏,1867〜1934）
放射性元素の発見
（原子内部に何かが!）

熱力学の形成へ

熱力学の研究
蒸気機関 （ボイルの弟子が発明）
ワット（英,1736〜1819）→p.181
1781年，回転運動する蒸気機関に改良

フルトン（米,1765〜1815）
1807年，外輪式 蒸気船 発明

スティーヴンソン（英,1781〜1848）
1814年， 蒸気機関車 発明 →p.181

内燃機関

ダイムラー（独,1834〜1900）
1866年， ガソリン自動車 発明

ディーゼル（独,1858〜1913）
1897年， ディーゼル機関 発明

エネルギー保存の法則
マイヤー（独,1814〜78）
熱・電磁気と仕事量の関係を説明，エネルギー保存の法則

ヘルムホルツ（独,1821〜94）
数学的に定式化

エントロピー理論
冷凍装置・冷暖房装置

波動学の形成へ

電気の研究
フランクリン（米,1706〜90）
雷の研究　避雷針
正電荷＋と負電荷−

ヴォルタ（伊,1745〜1827）
電池 の発明

ファラデー（英,1791〜1867）
発電機 の発明
電気分解の法則を発見

モールス（米,1791〜1872）
1837年,（電気） 通信機 発明

ベル（米,1847〜1922）
1876年， 電話機 発明

エディソン（米,1847〜1931）→p.213
1879年，白熱 電球 発明など

電磁波の研究
電磁気学
ヘルツ（独,1857〜94）
電磁波の発見

マルコーニ（伊,1874〜1937）
1895年, 無線電信機（ラジオ） 発明

レントゲン（独,1845〜1923）
X線発見 レントゲン →p.212

波動の研究
ドップラー（墺,1803〜53）
ドップラー効果の発見

フーコー（仏,1819〜68）
光の速度を測定

病気の原因との闘い
ジェンナー（英,1749〜1823）
種痘法（免疫理論の端緒）

ワクチン

細菌学
パストゥール（仏,1822〜95）
自然発生説否定の証明 →p.213
殺菌法　狂犬病予防接種

コッホ（独,1843〜1910）
結核菌　コレラ菌発見

A.フレミング（英,1881〜1955）
菌で菌に対処（ペニシリン）

抗生物質

宇宙の探求
ラプラース（仏,1749〜1827）
宇宙進化論

ハッブル（米,1889〜1953）
星雲への距離の観測法
宇宙の膨張を観測

ビッグバン理論

宇宙への雄飛
ライト兄弟（米）
1903年， 飛行機 開発

ロケット

月面への着陸

動植物界の法則とは?
大航海時代後にひらけた新たな多様な世界

博物学
リンネ（スウェーデン,1707〜78）
動植物の分類

ビュフォン（仏,1707〜88）
進化思想を表明『博物誌』
（啓蒙思想の立場から）

進化論 →p.213
ダーウィン（英,1809〜82）
自然淘汰と適者生存
『種の起源』

細胞説の確立
遺伝の研究
遺伝の法則
メンデル（墺,1822〜84）
エンドウマメ交配実験
遺伝因子の存在を予言

品種改良

分子生物学
ワトソン（米,1928〜　）
クリック（英,1916〜2004）
染色体＝DNA（デオキシリボ核酸）は二重らせん構造遺伝情報・遺伝子複製のしくみ解明

生命工学
ヒトゲノムの解読

遺伝子組みかえ

クローン羊ドリー誕生

クローン

ES細胞
iPS細胞 →p.278

3 古典からの飛翔（20世紀）

原子を構成する究極物質とは?
原子構造モデル
ラザフォード（英,1871〜1937）
原子核（陽子と中性子）と周囲の電子

原子炉

素粒子
湯川秀樹（日,1907〜81）
中間子説（陽子・中性子を集合させる粒子）

原子内部の力学の探究
量子力学
ボーア（デンマーク,1885〜1962）
電子はとびとびの軌道を回る
（電磁場の力学を否定）

ハイゼンベルク（独,1901〜76）
電子は粒子　不確定性原理

ファインマン（米,1918〜88）
電子・光と電磁場理論の統合

テレビ・半導体・携帯電話・発光ダイオード

時間と空間の見直し
相対性理論
アインシュタイン →p.256,276
（独,1879〜1955）
光との運動速度の差が，時間と空間の状態を変化させる。質量の存在は，時空をゆがめる。

▶②アインシュタイン

光（電磁波）の不思議

テラフォーミング（火星居住可能化）計画

ヨーロッパ

① 世界の国々
1:105 000 000

ミラー図法（高緯度ほど面積が拡大）
—2023年12月現在—

（注1）白い部分は、帰属が確定していない地域。
（注2）イスラエルは、イェルサレムを首都として宣言しているが、国際的な承認は得ていない。
（注3）キリバスには3つの標準時があるが、国内の日付は、経度180度の西側（首都タラワがある側）に統一されている。

● 首都　　国名 国連未加盟
○ おもな都市　国名 安全保障理事会の常任理事国

② ヨーロッパ
1:67 000 000

さまざまな地図 ～地図の歴史に表れた世界像～

ローマ人の世界像

◀①プトレマイオス地図　ローマ人は、アレクサンドリアのプトレマイオスが150年にギリシア語で記した『地理書』によって、ユーラシアの大まかな形を把握していた。この地図は15世紀にいたるまで、ユーラシア西方で精度の高い地図の一つとして知られた。

仏教徒の世界像

ジャンブドヴィーパ（閻浮提）

▶②玄奘『大唐西域記』に記された世界　内陸交易に従事する者も多かった仏教徒の世界観は、アジアを、風土によってみごとに4つに分類している。

←--- 玄奘の行路